한 권으로 배우는
자바 마스터 가이드북

초보 개발자를 위한
JAVA

저자 **이병승**

YoungJin.com **Y.**
영진닷컴

초보 개발자를 위한 자바

Copyright ⓒ 2023 by Youngjin.com Inc.

401, STX-V Tower 128, Gasan digital 1-ro, Geumcheon-gu, Seoul, Republic of Korea.

All rights reserved. First published by Youngjin.com. in 2023. Printed in Korea

저작권법에 의해 한국 내에서 보호를 받는 저작물이므로 무단 전재와 복제를 금합니다.

ISBN 978-89-314-6988-2

독자님의 의견을 받습니다

이 책을 구입한 독자님은 영진닷컴의 가장 중요한 비평가이자 조언가입니다. 저희 책의 장점과 문제점이 무엇인지, 어떤 책이 출판되기를 바라는지, 책을 더욱 알차게 꾸밀 수 있는 아이디어가 있으면 이메일, 또는 우편으로 연락주시기 바랍니다. 의견을 주실 때에는 책 제목 및 독자님의 성함과 연락처(전화번호나 이메일)를 꼭 남겨 주시기 바랍니다. 독자님의 의견에 대해 바로 답변을 드리고, 또 독자님의 의견을 다음 책에 충분히 반영하도록 늘 노력하겠습니다.

파본이나 잘못된 도서는 구입처에서 교환 및 환불해 드립니다.

이메일 : support@youngjin.com

주 소 : (우)08507 서울특별시 금천구 가산디지털1로 128 STX-V타워 4층 401호

등 록 : 2007. 4. 27. 제16-4189호

STAFF

저자 이병승 | **총괄** 김태경 | **기획** 현진영 | **표지 디자인** 임정원 | **내지 디자인·편집** 김효정
영업 박준용, 임용수, 김도현, 이윤철 | **마케팅** 이승희, 김근주, 김도연, 김민지, 김진희, 이현아
제작 황장협 | **인쇄** 예림인쇄

저자의 말

제가 "초보자를 위한 Java Programming"을 쓴 것이 2015년이었습니다. 자바를 이용해서 쉽게 프로그램을 만들어보자는 의도로 책을 집필했었습니다.

어느덧 시간은 흘러 2023년 현재 자바를 비롯해서 많은 프로그래밍 언어가 출현해서 사용되고 있습니다. 더욱이 2016년에 세상에 충격을 던져준 "알파고"를 시작으로 2022년에는 "챗GPT" 인공지능 기술로 인해서 앞으로의 미래는 어떻게 전개될 지 아무도 예측할 수 없게 되었습니다.

아마 미래에는 사람이 직접 프로그램 코드를 작성하기보다는 인공지능이 모든 코드를 완성해 줄 것이다라고 예측하는 사람들도 많습니다.

현재도 프로그램을 처음부터 코딩하는 경우는 거의 없습니다. 이미 많은 기능들이 오픈 소스로 제공되므로 프로그래머는 쉽게 이런 기능들을 조립해서 자신의 기능을 구현할 수 있습니다.

따라서 앞으로는 프로그래머가 일일이 세부적인 기능을 코딩하기보다는 아이디어나 새로운 요구를 찾아서 분석한 후, 설계하는 과정이 더 중요해질 것이라고 생각합니다.

그러나 지금의 자바 책들은 각각의 기능에 대해서만 자세하게 설명할 뿐, 그것들을 이용해서 하나의 완성된 프로그램으로 만들어가는 과정은 설명하고 있지 않습니다. 물론 규모가 큰 프로그램을 실제 개발하려면 객체 지향 설계, UML, 디자인 패턴과 같은 어려운 개념을 알아야 합니다. 그러나 이것은 입문자에겐 너무 많은 시간과 노력을 요구합니다.

따라서 저는 이런 것들을 모르더라도 가능하면 상식적으로 생각해서 어떻게 하나의 프로그램을 완성해 갈 수 있을까를 지속적으로 고민했습니다.

그 결과, 저는 이 책을 1부와 2부로 나누어서 자바 기술을 설명함으로써, 먼저 나온 코어 자바를 바탕으로 쉽게 프로그램을 만들어 봄과 동시에 최신 자바 기술도 추가적으로 학습할 수 있게 했습니다.

먼저 1부에선 각 챕터별로 자바 프로그램 구현 시 반드시 필요한 기본 기능을 학습한 후, 학습한 기능을 렌터카 프로그램에 적용해 가면서 렌터카 프로그램을 완성하는 과정으로 구성했고, 2부에선 ChatGPT와 같은 인공지능과 빅데이터를 다루는데 필요한 심화 기술들을 다루게 됩니다.

입문자가 자바를 가장 빠르게 학습하는 방법은 자바의 전체적인 기능을 쉽게 학습한 후, 한 개의 완성된 프로그램을 만들어 보는 것이라고 저는 생각합니다. 일단 자바가 어떤 식으로 구현되는지를 전체적으로 알면 자바의 다른 세부 기능들을 필요할 때 찾아서 사용하면 됩니다.

개인적으로 자바 프로그래밍을 하면서 감명을 받은 부분은 데이터베이스 연결 기능을 제공하는 JDBC 부분입니다.

기존의 자바에서 데이터베이스 연결은 데이터베이스 제공 회사에서 지정한 방법으로 프로그래머가 설정해 주어야 했습니다. 따라서 각각의 데이터베이스 연결 방법은 다 달랐습니다.

반대로 JDBC를 도입함으로써 데이터베이스 제공 회사들이 자신의 데이터베이스 연결 방법을 표준화된 방법으로 구현하게 함으로써, 자바 프로그래머는 단일한 데이터베이스 연결 방법으로 편리하게 접속할 수 있게 됩니다.

미래의 프로그래밍은 기업이나 조직이 중요한 것이 아니라, JDBC처럼 기업이나 조직이 개인이 편리함에 맞춰서 기능을 제공함으로써 개인은 더욱 더 자신의 아이디어와 상상력을 펼칠 수 있게 될 것입니다. 그리고 챗GPT같은 인공지능은 개인의 상상력을 더욱 쉽고 자유롭게 펼칠 수 있게 해줄 것입니다.

"구슬이 서 말이라고 꿰어야 보배"라는 속담도 있듯이, 이 책과 무료 동영상 강의를 이용해서 지속적인 반복 학습이 가장 좋은 프로그래밍 학습 방법이라고 생각합니다. 처음 자바를 배우는 분들에게 이 책이 원하는 목표를 이루는데 도움이 되기를 진심으로 바랍니다.

마지막으로 이 책의 출판에 여러 도움을 주신 영진닷컴의 현진영 주임님과 출판사 관계자 분들에게 진심으로 감사드립니다.

저자 이병승

목차

이 책의 소스 코드는 아래의 깃허브나 영진닷컴 출판사 홈페이지에서 다운로드받을 수 있으며, 책으로 학습하면서 궁금한 점이 있으면 아래의 카페에서 저자와 소통할 수 있고 동영상을 볼 수 있습니다.

책 소스 코드 위치
깃허브: https://github.com/leebs126/webJava.git
홈페이지: https://www.youngjin.com/

자바책 Q&A 게시판 / 학습 동영상
https://cafe.naver.com/spring4shoppingmall

01장

자바와 개발환경 설정

> 시작 전 가볍게 읽기 <

자바가 1995년에 나온 후 거의 30여 년이 지났습니다.
자바 기술 또한 발전을 거듭하였고, 현재 여러 분야에서 쓰이고 있습니다.
1장에서는 자바가 왜 이렇게 널리 쓰이게 되었는지 그 이유를 알아보겠습니다.
그리고 현재 쓰이고 있는 자바 기술의 종류도 알아봅니다.
마지막으로 우리가 자바를 실습할 수 있는 환경을 구성해 보겠습니다.

1 프로그래밍 언어의 발전 과정

지금은 컴퓨터나 스마트폰의 프로그램을 이용해서 편리하게 원하는 작업이나 정보를 얻습니다. 이런 프로그램을 만드는 도구 역할을 하는 것이 **프로그래밍 언어**입니다.

1.1 프로그래밍 언어의 종류

프로그래밍 언어는 발전 단계에 따라서 기계어, 어셈블리어와 같은 저급 언어와 고급 언어로 분류할 수 있습니다.

그림1-1 프로그래밍 언어 발전 과정

컴퓨터가 처음 나왔을 때 컴퓨터에게 어떤 작업을 시키기 위해서는 중앙처리장치(이하 CPU)가 이해할 수 있는 2진 명령어를 컴퓨터를 다루는 사람이 명령문을 작성한 후 컴퓨터에 입력해서 기능을 실행했습니다.

이런 언어를 **기계어**라고 합니다. 즉 기계인 CPU가 직접 인식할 수 있는 명령문을 사람이 CPU 입장에서 원하는 작업을 할 수 있도록 프로그래밍하는 방식입니다. 따라서 이런 작업은 소수의 컴퓨터 전문가들만 할 수 있었습니다.

그림1-2 0과 1로 이루어진 기계어를 실행하는 초기 컴퓨터

기계어를 사람이 직접 작성하는 것은 한계가 있었습니다. 그래서 사람 입장에서 좀 더 편리하게 작성하자고 나온 언어가 어셈블리어입니다.

그림1-3처럼 어셈블리어는 MOV(move), LDA(load) 등의 명령어를 간단한 영어 단어를 이용해서 표기합니다. 따라서 기계어보다는 훨씬 프로그래머 입장에서는 가독성이 좋습니다. 그러나 어셈블리어도 컴퓨터의 기능이 복잡해지고 요구 사항이 많아지면서 기계어처럼 사용하기가 불편해졌습니다. 그래서 나온 프로그래밍 언어가 고급 언어입니다.

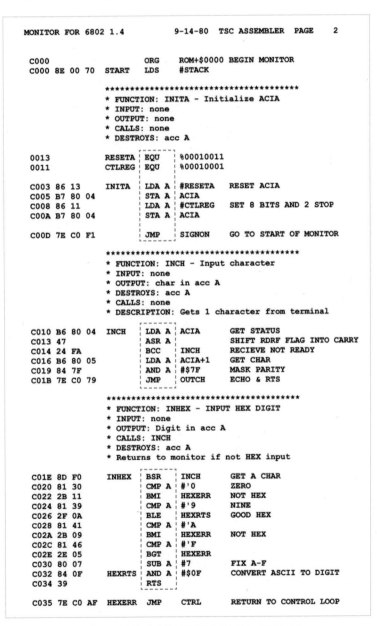

```
MONITOR FOR 6802 1.4           9-14-80  TSC ASSEMBLER  PAGE    2

C000                      ORG    ROM+$0000 BEGIN MONITOR
C000 8E 00 70   START     LDS    #STACK

                *******************************************
                * FUNCTION: INITA - Initialize ACIA
                * INPUT: none
                * OUTPUT: none
                * CALLS: none
                * DESTROYS: acc A

0013            RESETA  EQU   %00010011
0011            CTLREG  EQU   %00010001

C003 86 13      INITA   LDA A #RESETA   RESET ACIA
C005 B7 80 04           STA A ACIA
C008 86 11              LDA A #CTLREG   SET 8 BITS AND 2 STOP
C00A B7 80 04           STA A ACIA

C00D 7E C0 F1           JMP   SIGNON    GO TO START OF MONITOR

                *******************************************
                * FUNCTION: INCH - Input character
                * INPUT: none
                * OUTPUT: char in acc A
                * DESTROYS: acc A
                * CALLS: none
                * DESCRIPTION: Gets 1 character from terminal

C010 B6 80 04   INCH    LDA A ACIA      GET STATUS
C013 47                 ASR A           SHIFT RDRF FLAG INTO CARRY
C014 24 FA              BCC   INCH      RECIEVE NOT READY
C016 B6 80 05           LDA A ACIA+1    GET CHAR
C019 84 7F              AND A #$7F      MASK PARITY
C01B 7E C0 79           JMP   OUTCH     ECHO & RTS

                *******************************************
                * FUNCTION: INHEX - INPUT HEX DIGIT
                * INPUT: none
                * OUTPUT: Digit in acc A
                * CALLS: INCH
                * DESTROYS: acc A
                * Returns to monitor if not HEX input

C01E 8D F0      INHEX   BSR   INCH      GET A CHAR
C020 81 30              CMP A #'0       ZERO
C022 2B 11              BMI   HEXERR    NOT HEX
C024 81 39              CMP A #'9       NINE
C026 2F 0A              BLE   HEXRTS    GOOD HEX
C028 81 41              CMP A #'A
C02A 2B 09              BMI   HEXERR    NOT HEX
C02C 81 46              CMP A #'F
C02E 2E 05              BGT   HEXERR
C030 80 07              SUB A #7        FIX A-F
C032 84 0F      HEXRTS  AND A #$0F      CONVERT ASCII TO DIGIT
C034 39                 RTS

C035 7E C0 AF   HEXERR  JMP   CTRL      RETURN TO CONTROL LOOP
```

그림1-3 간단한 영단어로 명령어를 작성하는 어셈블리어

공상 과학 영화에서 사람이 인공지능과 자유자재로 이야기하면서 작업하는 장면을 보았을 겁니다. 컴퓨터 전문가들도 컴퓨터에게 사람들이 사용하는 언어를 이용해서 컴퓨터에게 작업을 지시하면 효율적으로 프로그래밍을 할 수 있을 것이라고 생각했습니다. 그래서 나온 방법이 고급 언어입니다.

고급 언어란 사람이 사람에게 어떤 지시나 명령을 하는 것처럼 사람이 컴퓨터에게 일을 시킬 때도 사람이 사용하는 언어를 기반으로 해서 작업을 시키는 언어입니다. 대표적인 고급 언어로는 C언어와 자바가 있습니다. 현재 나오는 모든 언어는 고급 언어에 속합니다.

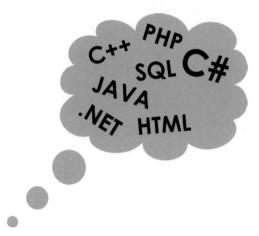

그림1-4 현재 사용되고 있는 고급 언어들

물론 아직까지 사람의 일상적인 언어를 완벽하게 인식해서 원하는 기능을 수행하는 컴퓨터는 없지만, 최대한 사람의 언어를 기반으로 프로그램을 작성하면 기존의 저급 언어 방식보다는 더 쉽게 프로그래밍을 할 수 있습니다.

1.2 컴파일러(Compiler)

C언어나 자바와 같은 고급 언어로 명령어를 작성하면 컴퓨터의 CPU는 작성한 명령어를 바로 읽어서 실행할 수 없습니다. 고급 언어로 작성한 명령어들은 반드시 CPU가 인식할 수 있는 기계어들인 2진 명령어 코드로 변환하는 과정을 거쳐야 합니다. 이 과정을 컴파일링이라고 하고, 이 변환을 수행하는 도구를 컴파일러(Compiler)라고 합니다.

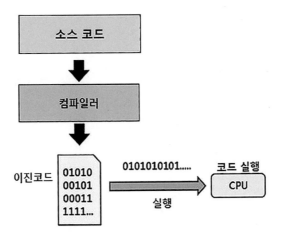

그림1-5 고급 언어의 실행 과정

2 자바 소개

자바는 1995년 제임스 고슬링(James Gosling)에 의해서 창안되었습니다. 초기에 이 언어의 이름은 Oak였습니다.

그림1-6 최초의 자바 창안자 제임스 고슬링(James Gosling)

자바가 원래 지향했던 것은 전자레인지, 리모콘, 가전 제품에 내장될 소프트웨어를 위한 플랫폼 독립적인 언어였습니다. 이런 기기들은 각각의 특수한 운영체제에 맞게 동작합니다. 따라서 자바는 각각의 운영체제에 상관없이 일정하게 동작하도록 발전했습니다.

다음은 자바 개발 도구(JDK, Java Development Kit)의 발전 과정입니다. 지금은 JDK20(2023. 03)이 출시되었습니다.

버전	발표 시기	주요 특징
1.4	2002.02	IPv6 지원, JDBC 3.0, 정규식 지원
5	2004.09	제네릭, foreach문, 오토박싱, 열거형, StringBuilder, 애너테이션
6	2006.12	JAX-WS, 스크립트 지원, JDBC 4.0
7	2011.07	이진 리터럴, switch문에 String 사용 가능, 숫자 리터럴에 _사용, JDBC 4.0
8	2014.08	람다식, 스트림
9	2017.09	모듈화, REPL(JShell), 유니코드 8.0 지원
10	2018.03	지역변수 타입 추론, GC 개선, 메모리 선택 할당
11	2018.09	구독 라이센스 적용, JavaFX 분리, 유니코드 10
		…
		…
20	2023.03	가상 스레드 도입

표1-1 자바 버전별 주요 기능

[참고] Open JDK와 Oracle JDK

JDK는 크게 Open JDK와 우리가 실습에 사용할 Oracle JDK로 나뉘어집니다. java는 원래 여러 기업이나 단체가 참여해서 기능을 정의하고 구현한 기능을 라이브러리로 제공하는 오픈 소스입니다. 우리가 실습에 사용할 Oracle JDK는 Open JDK와 달리 오라클사에서 기능을 특화해서 제공합니다. 따라서 개발 시에는 무료로 사용할 수 있지만 상업적으로 이용 시 라이센스비를 지불해야 합니다. 반면에 Open JDK는 자유롭게 사용할 수 있습니다. Open JDK는 아래 사이트에서 다운로드받을 수 있습니다.
http://jdk.java.net

3 자바의 특징

자바는 다음과 같은 특징을 가지고 있습니다.

⚙ 고급 프로그래밍 언어입니다.

자바는 사람이 사용하는 언어 기반으로 컴퓨터에게 지시할 명령어를 작성합니다. 그리고 작성한 소스 코드를 컴파일한 후, 생성된 실행 코드를 실행시키면 CPU가 읽어 들여서 동작합니다.

⚙ 객체 지향 언어입니다.

자바는 이전의 고급 언어와는 달리 객체 지향 개념을 추가해서 개발자가 좀 더 쉽고 효율적으로 프로그램을 만들 수 있게 했습니다.

⚙ 모든 운영체제에서 실행 가능합니다.

자바의 가장 중요한 특징으로 자바는 한 번만 소스 코드를 작성하면 어떤 운영체제에서도 동일하게 실행이 됩니다. 즉, 윈도우에서 실행되는 자바 프로그램을 그대로 리눅스에서 실행해도 정상적으로 실행됩니다.

⚙ 메모리 관리를 자동으로 해 줍니다.

자바는 이전 고급 언어와는 달리 개발자가 구현하는 기능 외에 메모리 관리나 시스템 연동 기능 등을 자동으로 해 줍니다. 따라서 개발자는 자기가 원하는 기능 구현에만 신경 쓰면 됩니다.

⚙ 무료 라이브러리가 풍부하게 제공됩니다.

수많은 오픈 소스가 자바로 구현되어 무료로 제공되고 있습니다. 따라서 개발자는 일일이 개발할 필요 없이 빠르고 쉽게 원하는 기능을 구현할 수 있습니다.

⚙ 동시 작업을 할 수 있는 멀티 스레드 기능을 제공합니다.

자바는 스레드 기능을 제공해서 여러 개의 작업을 동시에 수행할 수 있게 해 줍니다.

그림1-7은 2023년도 기준 프로그래밍 언어 사용 순위입니다.

Jan 2023	Jan 2022	Change		Programming Language	Ratings	Change
1	1		🐍	Python	16.36%	+2.78%
2	2		C	C	16.26%	+3.82%
3	4	^	C	C++	12.91%	+4.62%
4	3	˅	☕	Java	12.21%	+1.55%
5	5		C	C#	5.73%	+0.05%
6	6		VB	Visual Basic	4.64%	-0.10%
7	7		JS	JavaScript	2.87%	+0.78%
8	9	^	SQL	SQL	2.50%	+0.70%

그림1-7 2023년 사용 언어 순위(https://www.tiobe.com/tiobe-index)

4 자바 기술의 종류

현재 자바는 여러 분야에서 사용되고 있습니다. 다음은 현재 자바 기술의 종류입니다.

자바 기술	사용 분야
Java SE(Java Standard Edition)	데스크톱 컴퓨터의 응용 프로그램 개발용 자바 기술
Java EE(Java Enterprise Edition)	서버용 응용 프로그램 개발용 자바 기술 servlet, jsp, spring framework 등
Java ME(Java Micro Edition)	소규모 장치에서 실행되는 응용 프로그램 개발용 자바 기술 휴대전화, 셋톱박스 등

표1-2 자바 기술과 사용 분야

이 중 우리가 이 책에서 배우는 자바 기술은 Java SE입니다. Java EE는 현재 JSP와 같은 웹 프로그래밍을 할 때 사용됩니다. Java ME는 안드로이드라는 다른 모바일 기반 자바 기술에 의해서 지금은 많이 사용되지 않습니다.

그런데 모든 자바 기술들은 모두 이 책에서 배우는 Java SE를 기반으로 각각의 환경에 맞는 기능을 추가해서 제공합니다. 따라서 다른 자바 기술을 사용하기 위해서는 먼저 Java SE가 필요합니다. 그리고 다른 자바 기술을 사용하기 위해선 먼저 Java SE의 개발 환경부터 설치한 후 사용해야 합니다. 다음은 자바 기술 분포를 나타냅니다. Java ME나 Java EE는 모두 Java SE의 기술을 필요로 합니다.

그림1-8 자바 기술 분포

잠깐 복습 🔍

현재의 자바 기술은 (,   ,   )가 있습니다.

5 Java SE 개발 환경 설치하기

다음은 Java SE와 자바 프로그래밍에 필요한 여러 도구 설치 과정입니다.

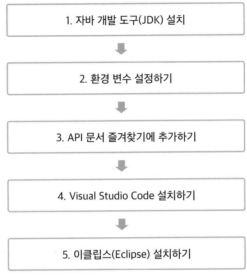

그림1-9 Java SE 개발 환경 설정 순서

5.1 자바 개발 도구(JDK) 설치하기

자바 프로그램을 개발하기 위해서는 Java SE 기술을 구현하게 해 주는 자바 개발 도구(JDK, Java Development Kit)를 설치해야 합니다. 이 책에선 오라클에서 제공하는 Oracle JDK를 사용하겠습니다.

1 _ 오라클 웹사이트(https://www.oracle.com)에 접속한 후 상단의 [Products]를 클릭합니다.

그림1-10 오라클 홈페이지 접속하기

2 _ Hardware and Software 항목에서 Java를 클릭해서 다음 페이지로 이동합니다.

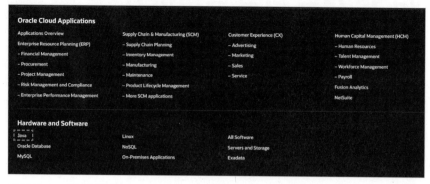

그림1-11 Java 항목 클릭하기

3 _ 페이지 하단의 [Java SE] 항목의 [Download Java now]를 클릭합니다.

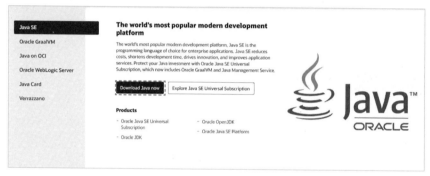

그림1-12 Download Java now 클릭

4 _ JDK20 탭에서 사용하는 운영체제에 맞는 버전을 클릭해서 다운로드받습니다(필자는 윈도우11이므로 Windows 탭을 선택합니다).

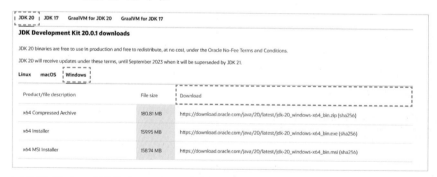

그림1-13 Windows 하위의 x64 Installer 클릭해서 다운로드 받기

5 _ 다운로드받은 후, 파일 탐색기로 폴더를 열어서 설치 파일을 클릭합니다.

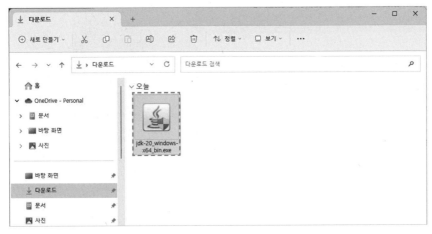

그림1-14 설치 파일 클릭해서 JDK 설치하기

6 _ 각 화면에서 [Next]를 클릭해서 기본 설치를 진행합니다. JDK20인 경우 다음과 같습니다.

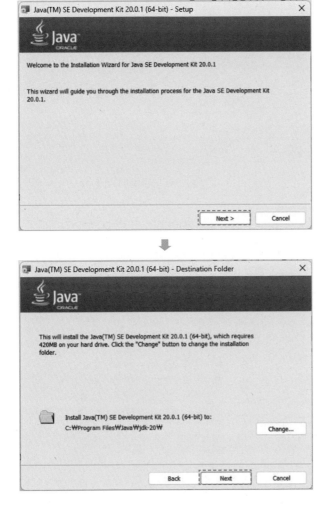

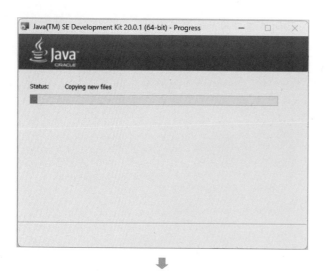

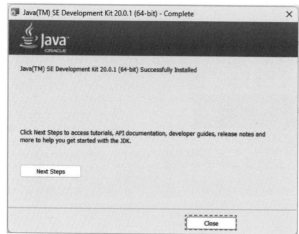

그림1-15 기본 설정대로 JDK 설치하기

7_ 설치 완료 후 파일 탐색기로 기본 설치 시 지정한 경로에 JDK20이 설치되었는지 확인합니다.

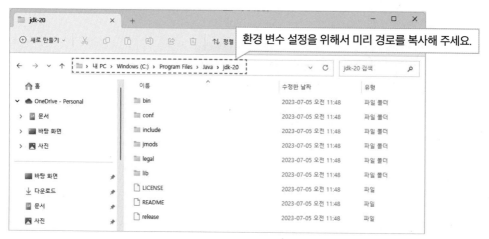

그림1-16 기본 경로에 설치된 JDK 20 확인하기

5.2 환경 변수 설정

JDK가 설치된 폴더를 일반적으로 JAVA_HOME이라고 합니다. 지금은 수많은 오픈 소스들이 JDK를 사용해서 개발하므로 미리 운영체제의 환경 변수에 등록해 놓으면 쉽게 JDK의 위치를 찾아서 사용할 수 있습니다. 그럼 환경 변수를 등록해 보겠습니다.

1 _ 윈도우의 [검색 창]에서 [제어판] 입력 후 [시스템 및 보안]을 선택합니다.

그림1-17 시스템 및 보안 클릭하기

2 _ [시스템]을 선택 후, **[고급 시스템 설정]**을 클릭합니다.

그림1-18 고급 시스템 설정 클릭

3 _ [고급] 탭을 선택한 후, [환경 변수]를 클릭합니다.

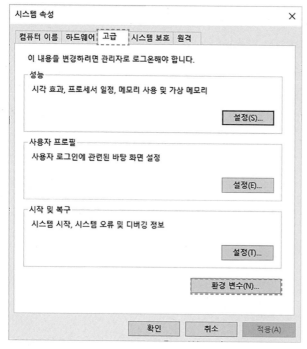

그림1-19 고급 탭 클릭 후 환경 변수 클릭하기

4 _ [환경 변수] 대화 상자가 나타나면 [시스템 변수]에서 [새로 만들기]를 클릭합니다.

그림1-20 새로 만들기 클릭하기

5 _ [새 시스템 변수] 대화 상자가 나타나면 [변수 이름]에 [JAVA_HOME]을 입력하고, [변수 값]에 JDK
가 설치된 경로를 입력합니다. 입력이 끝나면 [확인]을 클릭합니다.

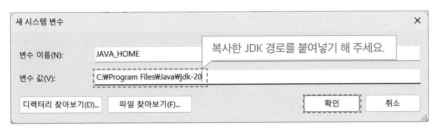

그림1-21 변수 이름과 변수 값 입력하기

Path 환경 변수 수정하기

파일 탐색기에서 JAVA_HOME에 위치한 폴더 중 bin 폴더에는 자바 프로그램 개발 시 사용되는
여러 가지 실행 파일이 있습니다. 이 실행 파일들을 **[명령 프롬프트]**에서 사용하기 위해선 Path
환경 변수에 지정을 해 주어야 합니다. 다음은 Path 환경 변수를 수정해 보겠습니다.

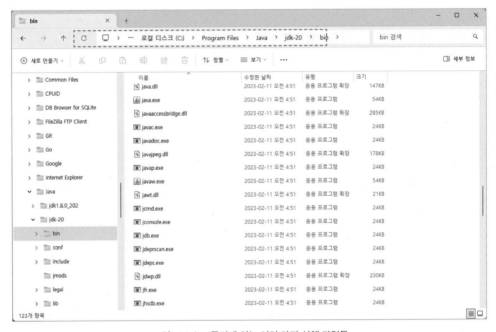

그림1-22 bin 폴더에 있는 여러 가지 실행 파일들

1 _ [환경 변수] 대화 상자의 [시스템 변수]에서 Path 환경 변수를 선택하고 [편집]을 클릭합니다.

그림1-23 Path 선택 후 편집 클릭하기

2 _ [환경 변수 편집] 대화 상자가 나타나면 [새로 만들기]를 클릭하고 추가된 항목에 직접 '%JAVA_
HOME%\bin'을 입력합니다.

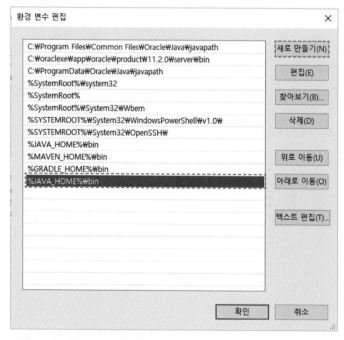

그림1-24 bin 폴더 경로 설정하기

[참고] '%JAVA_HOME%\bin' 의미

'%JAVA_HOME%'은 환경 변수 JAVA_HOME의 값을 사용한다는 의미입니다. JAVA_HOME이 'C:\Program Files\Java\jdk-20'이므로 '%JAVA_HOME%\bin'은 'C:\Program Files\Java\jdk-20\bin'을 의미합니다. 'C:\Program Files\Java\jdk-20\bin'처럼 절대 경로로 설정해 주어도 되지만, JDK의 버전이나 위치가 바뀌면 일일이 수정해 주어야 하므로 JAVA_HOME을 사용하면 편리합니다.

3 _ 입력을 마쳤으면 등록된 **[%JAVA_HOME%\bin]**을 선택한 후, **[위로 이동]**을 클릭해서 첫 번째 항목으로 올려줍니다. 모든 작업이 끝났으면 **[확인]**을 클릭해서 설정을 마칩니다(명령 프롬프트에서 자바 명령어를 찾을 때, 위에서부터 순서대로 찾으므로 다른 JDK 버전보다 우선적으로 적용하기 위해서 첫 번째 항목에 위치시킵니다).

그림1-25 '%JAVA_HOME%\bin' 위로 이동하기

4 _ 환경 변수가 올바르게 설정되었는지 확인하기 위해서 윈도우의 검색 창에서 **[명령 프롬프트]** 또는 **[cmd]**를 입력해서 **[명령 프롬프트]**를 실행시킵니다.

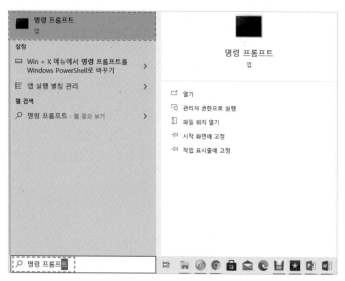

그림1-26 검색 창에 '명령 프롬프트' 입력하기

5 _ 명령 프롬프트가 실행되면 'java -version'을 입력한 후, Enter 키를 누릅니다. 다음과 같이 java 버전이 출력된다면 제대로 환경 변수가 설정되었다는 의미입니다.

그림1-27 명령 프롬프트에서 JDK 버전 확인하기

[참고] java -version 입력 시 에러 메시지가 나오는 경우

명령 프롬프트에서 'java -version' 입력 시 아래와 같은 오류 메시지를 출력하는 경우에는 환경 변수 설정이 잘못된 것입니다. 이 경우 앞의 과정을 따라서 다시 JAVA_HOME과 Path 환경 변수를 수정한 후, 명령 프롬프트를 재시작하여 버전을 확인해야 합니다.

```
명령 프롬프트                    ×  +  ∨

Microsoft Windows [Version 10.0.22621.1702]
(c) Microsoft Corporation. All rights reserved.

C:\Users\leebs>java -version
'java'은(는) 내부 또는 외부 명령, 실행할 수 있는 프로그램, 또는
배치 파일이 아닙니다.

C:\Users\leebs>
```

잠깐 복습 🔍

운영체제에 등록하면 실행 시 필요한 정보를 제공해 주는 변수를 (   )라고 합니다.

잠깐 복습 🔍

JDK를 설치한 후, 명령 프롬프트에서 JDK의 명령어를 사용하려면(_   ) 환경 변수를 등록한 뒤, (   )
환경 변수에서 bin 폴더의 위치를 지정해 주어야 합니다.

5.3 API 문서 설치하기

JDK에서 미리 제공하는 클래스 사용법을 설명하는 API 문서를 설치합니다.

1 _ 5.1절의 JDK 다운로드 페이지 하단에 **[Online Documentation]**을 클릭합니다.

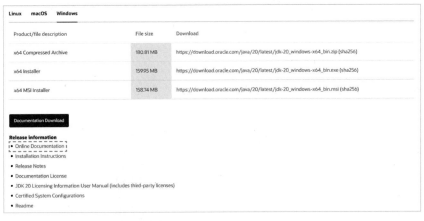

그림1-28 Online Documentation 클릭

2 _ **[Specifications]** 항목의 **[API Documentation]**을 클릭합니다.

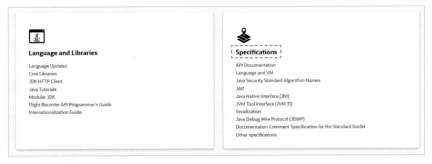

그림1-29 Specification -> API Documentation 클릭

3 _ java.base 모듈을 클릭합니다.

그림1-30 java.base 모듈 클릭

4 _ [java.base] 패키지 설명 페이지를 북마크에 추가합니다.

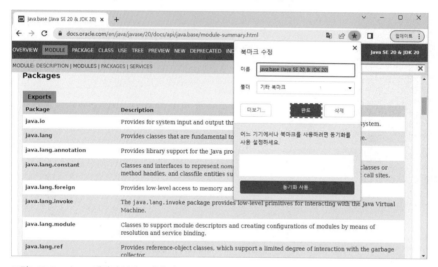

그림1-31 java.base 페이지 북마크에 추가

5 _ 필요할 때 북마크를 이용해서 바로 볼 수 있습니다.

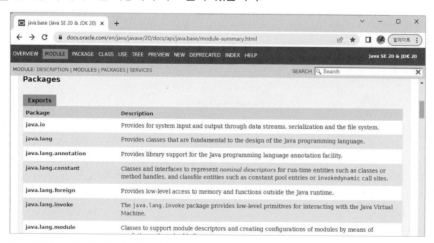

그림1-32 북마크를 이용해서 브라우저에서 문서 바로 보기

잠깐 복습 🔍

JDK에서 미리 클래스로 만들어서 제공하는 기능을 (   )라고 부릅니다.

5.4 Visual Studio Code 설치하기

이번에는 텍스트 편집기인 Visual Studio Code를 설치하겠습니다.

1 _ Visual Studio Code 홈페이지(https://code.visualstudio.com)에 접속한 후, [Download for Windows] 옆의 화살표를 클릭하면 나오는 [windows x64]의 stable 아이콘을 클릭해서 다운로드받습니다.

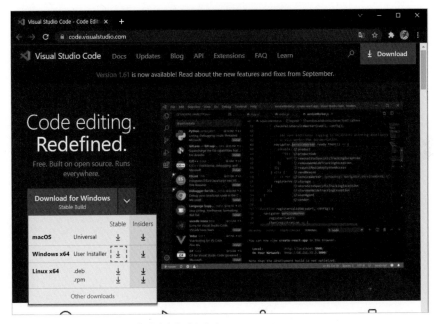

그림1-33 Visual Studio Code 홈페이지에 접속하기

2 _ 파일 탐색기를 이용해서 다운로드받은 설치 파일을 클릭해서 설치를 시작합니다.

그림1-34 VS Code 설치 파일 클릭하기

3 _ [동의합니다]를 체크한 후, [다음]을 클릭해서 설치를 진행합니다.

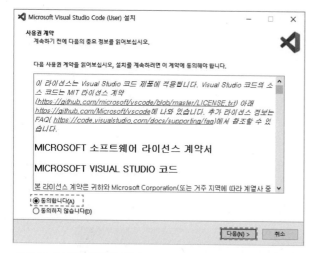

그림1-35 [동의합니다] 체크하기

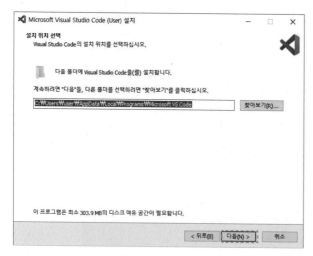

그림1-36 기본 폴더에 설치하기

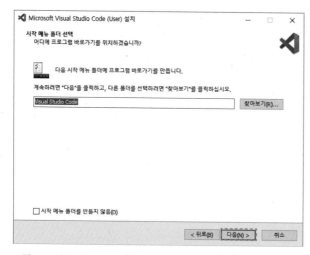

그림1-37 기본 이름으로 설치하기

4 _ [바탕화면에 바로가기 만들기]를 체크한 후, [다음]을 클릭합니다.

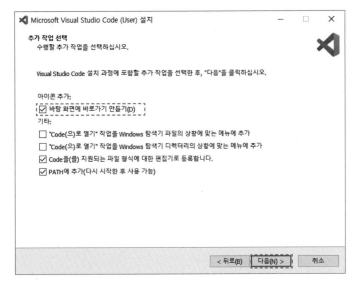

그림1-38 바로 가기 만들기

5 _ [설치]를 클릭해서 설치를 진행합니다.

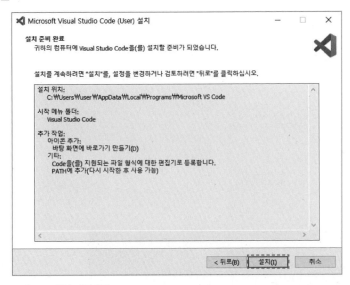

그림1-39 설치 시작하기

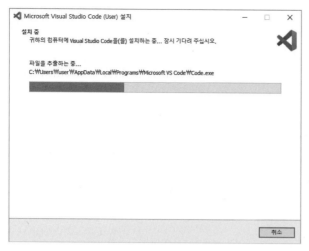

그림1-40 설치 진행 화면

6 _ [종료]를 클릭해서 Visual Studio Code를 실행합니다.

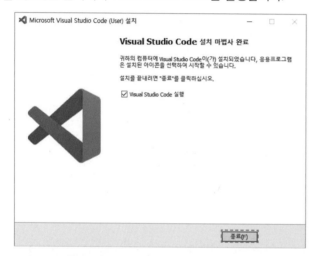

그림1-41 설치 종료 화면

그림1-42 설치 종료 후 실행시킨 VS Code 시작 화면

5.5 이클립스(eclipse) 설치하기

이번에는 자바 개발 시 사용되는 대표적인 통합 개발 환경인 이클립스를 설치해 보겠습니다.

1 _ 이클립스 홈페이지(https://www.eclipse.org)에 접속 후, 오른쪽 상단에서 **[Download]**를 클릭합니다.

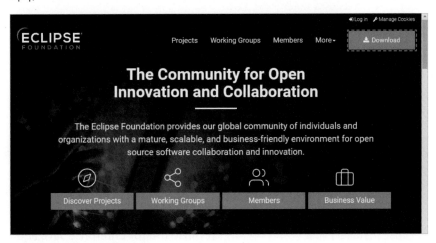

그림1-43 이클립스 홈페이지 접속하기

2 _ 화면 중간에 **[Download x86_64]**를 클릭합니다.

그림1-44 [Download x86_64] 클릭하기

3 _ **[Download]**를 클릭해서 다운로드받습니다.

그림1-45 'Download' 클릭하기

4 _ 다운로드한 설치 파일(eclipse-inst-jre-win64.exe) 파일을 선택하고 마우스 오른쪽 버튼을 클릭해 **[관리자 권한으로 실행]**을 선택합니다.

그림1-46 [관리자 권한으로 실행] 선택

[참고] 관리자 권한으로 실행하는 이유

관리자 권한으로 실행하는 이유는 'C:\Program File' 폴더에 이클립스를 설치하기 위해서입니다.

5 _ 다음과 같이 [eclipse installer] 대화 상자가 나타나면 **[Eclipse IDE for Enterprise Java and Web Developers]**를 선택합니다.

그림1-47 Eclipse IDE for Enterprise Java and Web Developers 클릭

[참고] [Eclipse IDE for Enterprise Java and Web Developers] 설치 이유

자바만 개발할 때는 [Eclipse IDE for Java Developers]를 사용해도 되지만, [Eclipse IDE for Enterprise Java and Web Developers]에는 웹 개발에 필요한 기능까지 모두 추가되어 있습니다. 따라서 웹 애플리케이션 개발까지 고려하면 [Eclipse IDE for Enterprise Java and Web Developers]를 설치하는 것이 좋습니다.

6 _ 설치 위치를 변경하기 위해 [Installation Folder]의 폴더 아이콘을 클릭해서 'C:₩Program Files'를 지정한 후, [INSTALL]을 클릭합니다.

그림1-48 [INSTALL] 클릭하기

7 _ [Certificates] 대화 상자가 나타나면 모든 항목을 체크하고 [Trust selected] 버튼을 클릭합니다.

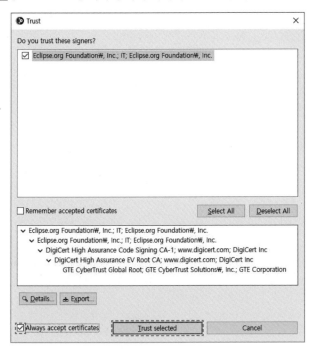

그림1-49 [Certificates] 체크하기

8 _ 설치가 완료되면 다음과 같이 [LAUNCH] 버튼이 활성화됩니다. 파일 탐색기로 'C:₩Program Files'
에 가보면 eclipse 폴더가 생성되어 있는 것을 확인할 수 있습니다.

그림1-50 [LAUNCH] 클릭하기

9 _ 설치 완료 화면에서 [LAUNCH]를 클릭하면 이클립스의 워크스페이스(workspace) 설정 대화 상
자가 나타납니다. [Browse]를 클릭해서 'C:₩java₩worksapce_webjava'로 지정되게 한 후,
[Launch]를 클릭하면 이클립스가 실행됩니다.

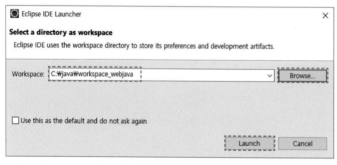

그림1-51 [Browse] 클릭해서 워크스페이스 지정하기

[참고] 워크스페이스(workspace)란?

이클립스는 프로젝트 단위로 애플리케이션을 개발합니다. 이클립스에서 생성한 프로젝트들이 저장되는 폴더를 워
크스페이스(workspace)라고 합니다.

10 _ 이클립스 시작 화면입니다. **[Welcome]** 화면이 나오지 않게 하려면 하단의 **[Always show Welcome at start up]**을 체크 해제하고, **[Welcome]** 탭의 **[x]**를 클릭해서 닫아줍니다.

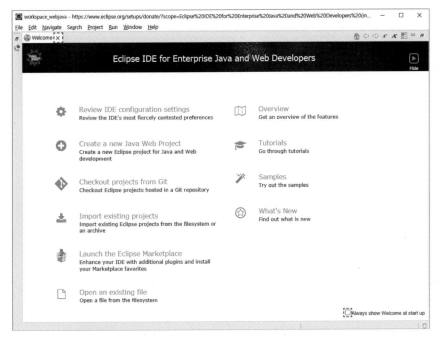

그림1-52 화면 표시하지 않기

11 _ 이클립스의 퍼스펙티브(Perspertive)를 변경하기 위해서 우측 상단의 아이콘을 클릭한 후, 대화 상자에서 **Java**를 선택합니다.

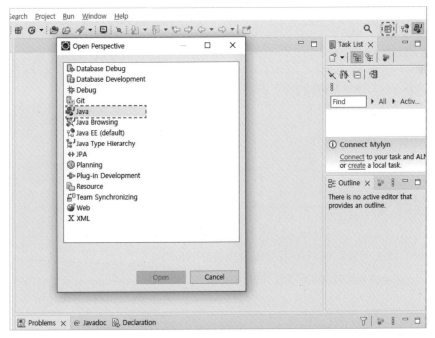

그림1-53 [Java] 퍼스펙티브 지정하기

[참고] 퍼스펙티브(Perspective)란?

이클립스는 통합 개발 환경이므로 여러 종류의 애플리케이션을 개발할 수 있습니다. [eclipse for Java EE Developer]
버전은 기본 개발 환경이 웹 애플리케이션을 개발하게끔 되어 있습니다. 따라서 Java 학습 시에는 Java 개발을 편리하
게 할 수 있도록 모든 설정을 Java 개발로 바꾸어 줍니다.

12 _ 이클립스의 모든 설정이 Java로 변경됩니다.

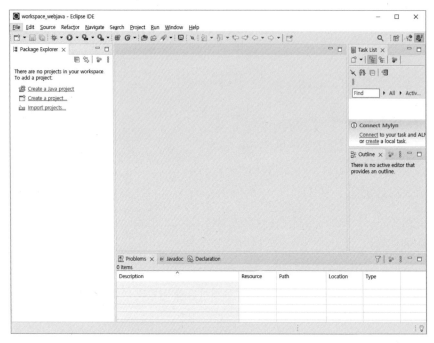

그림1-54 [Java 퍼스펙티브]로 지정된 이클립스 사용하기

잠깐 복습 🔍

이클립스에서 애플리케이션 종류에 맞게 개발 환경을 설정해 주는 기능을 (   )라고 합니다.

→ 요점 정리 ←

- Visual Studio Code는 무료로 제공되는 문서 및 코드 편집기입니다.
- 이클립스(Eclipse)는 무료로 제공되는 통합 개발 환경(IDE, Integrated Developmemnt Environment)
  입니다.

연습 문제

1 _ 자바의 초기 이름은 oak이고, 1995년 (   )에 의해서 창안되었습니다.

2 _ 자바는 크게 무료로 사용할 수 있는 (   )와 유료로 사용할 수 있는 (   )로 나눌 수 있습니다.

3 _ 다음 중 자바의 특징이 아닌 것은?

    a. 자바는 고급 언어입니다.

    b. 자바는 컴파일 언어입니다.

    c. 자바는 운영체제별로 컴파일을 해야 합니다.

    d. 자바는 객체 지향 언어입니다.

4 _ 서버에서 클라이언트의 요청을 처리하는 자바 프로그램을 개발할 때 사용되는 자바 기술은 (   )입니다.

5 _ 자바 프로그램을 개발할 수 있게 하는 도구를 (   )라고 합니다.

6 _ 이클립스는 프로그램 개발에 관련된 기능을 통합적으로 제공합니다. 이런 개발 도구를 (   )라
고 합니다.

02장

JDK 구성 요소와 기능

> 시작 전 가볍게 읽기 <

JDK의 구성 요소와 각 구성 요소의 역할에 관해서 알아보겠습니다.
JDK의 구성 요소와 동작 원리를 알아보기 위해 우선 간단한 자바 프로그래밍 과정을 통해
자바 코드가 어떻게 작성되고 컴파일되며 실행되는지 편집기와 명령 프롬프트에서
실습해 보겠습니다. 현재는 편집기로 코드를 작성해서 명령 프롬프트에서 실행하는
방식으로 프로그래밍하지는 않습니다. 그러나 우리가 JDK의 원리를 이해하기 위해서는
한 번 정도는 명령 프롬프트에서 실습해 보아야 합니다.

1 HelloWorld 실습 예제를 통한 자바 프로그래밍 과정
2 HelloWorld.java를 통한 자바 코딩 규칙
3 JDK 구성 요소와 기능
4 이클립스에서 "HelloWorld" 출력하기

1 HelloWorld 실습 예제를 통한 자바 프로그래밍 과정

자바를 이용해서 간단한 메시지를 명령 프롬프트로 출력해 보겠습니다. 다음은 명령 프롬프트에서 "Hello World!"를 출력하기 위한 자바 프로그래밍 과정입니다.

그림2-1 "Hello World!" 메시지 출력 과정

1 _ VS Code를 실행하고 메뉴에서 **[파일] > [새 파일]**을 선택한 후, 다시 메뉴에서 **[파일] > [저장]**을 선택해서 원하는 폴더에 파일명을 HelloWorld.java로 저장합니다. 필자는 **C:₩₩java₩ch02₩ HelloWorld.java**로 저장했습니다.

그림2-2 VS Code로 HelloWorld.java 파일 만들기

2 _ 다음의 코드를 작성한 후, **[저장]**을 선택해서 파일에 저장합니다.

```java
public class HelloWorld {
        public static void main(String[] args) {
                System.out.println("Hello World!");
        }
}
```

3 _ 윈도우 검색 창에 **[명령 프롬프트]**나 **[cmd]**를 입력해서, 명령 프롬프트를 띄운 후, **[cd]** 명령어를 사용해서 HelloWorld.java가 저장된 폴더로 프롬프트를 이동합니다.

그림2-3 명령 프롬프트에서 HelloWorld.java가 저장된 디렉터리로 이동하기

	명령어	설명
①	cd ₩	루트 디렉터리로 이동합니다(윈도우는 C 드라이브입니다).
②	cd java	하위의 java 디렉터리로 이동합니다.
③	cd ch02	하위의 ch02 디렉터리로 이동합니다.
④	dir	ch02 디렉터리의 파일 정보를 조회합니다.

표2-1 명령 프롬프트에서 사용되는 명령어들

4 _ **javac.exe** 명령어를 이용해서 **HelloWorld.java** 파일을 컴파일합니다. 정상적으로 컴파일이 되면, 실행 파일인 HelloWorld.class가 생성됩니다.

컴파일 형식

```
javac  파일명.java
예) javac  HelloWorld.java
```

```
C:\java\ch02>javac HelloWorld.java

C:\java\ch02>dir
 C 드라이브의 볼륨: C drive
 볼륨 일련 번호: EEA5-A7D1

 C:\java\ch02 디렉터리

2021-10-17  오후 03:56    <DIR>          .
2021-10-17  오후 03:56    <DIR>          ..
2021-10-17  오후 03:56               401 HelloWorld.class
2021-10-17  오후 03:28               113 HelloWorld.java
               2개 파일                 514 바이트
               2개 디렉터리  111,895,064,576 바이트 남음

C:\java\ch02>_
```

그림2-4 정상적인 컴파일 후 HelloWorld.class가 생성

5 _ 컴파일 후 **java.exe** 명령어를 이용해서 **HelloWorld.class**를 실행시키면 명령 프롬프트에 "Hello World!"가 출력됩니다.

실행 형식

```
java  파일명
예) java  HelloWorld
```

```
C:\java\ch02>java HelloWorld
Hello World!

C:\java\ch02>_
```

그림2-5 java.exe로 클래스 파일 실행하기

[참고] 디렉터리에서 javac.exe와 java.exe를 실행할 수 있는 이유

1장에서 JAVA_HOME 환경 변수가 가리키는 JDK 홈 폴더 아래의 bin 폴더를 Path 환경 변수에 지정해 주었으므로 명령 프롬프트에서 자유롭게 사용할 수 있습니다.

명령 프롬프트에서 한글 인코딩

다음 코드처럼 코드에 한글을 명령 프롬프트에서 컴파일할 경우, 컴파일 오류가 발생합니다.

```java
public class HelloWorld {
    public static void main(String[] args) {
        System.out.println("Hello World!");
        System.out.println("안녕 자바!");
    }
}
```

```
C:\java\ch02>javac HelloWorld.java
HelloWorld.java:4: error: unmappable character (0xEC) for encoding x-windows-949
        System.out.println("?붫?꿣 ?역 諛?!");
                           ^
HelloWorld.java:4: error: unmappable character (0xEB) for encoding x-windows-949
        System.out.println("?붫?꿣 ?역 諛?!");
                            ^
HelloWorld.java:4: error: unmappable character (0xEC) for encoding x-windows-949
        System.out.println("?붫?꿣 ?역 諛?!");
                              ^
HelloWorld.java:4: error: unmappable character (0x94) for encoding x-windows-949
        System.out.println("?붫?꿣 ?역 諛?!");
                                ^
4 errors
```

그림2-6 한글이 추가된 자바 파일 컴파일 시 인코딩 에러 발생

따라서 다음과 같이 인코딩 옵션을 사용해서 컴파일해야 오류가 발생하지 않습니다.

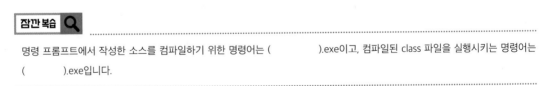

```
C:\java\ch02>javac HelloWorld.java -encoding UTF-8

C:\java\ch02>java HelloWorld
Hello World!
안녕 자바!!

C:\java\ch02>_
```

그림2-7 UTF-8로 인코딩 옵션으로 컴파일하기

잠깐 복습 🔍

명령 프롬프트에서 작성한 소스를 컴파일하기 위한 명령어는 (   ).exe이고, 컴파일된 class 파일을 실행시키는 명령어는
(   ).exe입니다.

2 HelloWorld.java 실습을 통한 자바 코딩 규칙

앞의 "Hello World!" 메시지를 출력하는 코드는 몇 줄 되지 않아서 작성하는데 불편함이 없었습니다. 그러나 실제 프로그래밍 시 작성하는 코드의 분량은 많고 복잡하므로 작성하는 사람 관점에서는 일정한 규칙에 따라서 코드를 작성해야 프로그래머 간의 상호 참조와 개발 후 유지 관리에 유리합니다. 이번에는 자바 소스 코드를 작성할 때 알아야 하는 규칙에 관해서 알아봅시다.

1 _ 자바 클래스명은 파일명과 반드시 일치해야 합니다.
- 자바 소스 파일의 확장자는 반드시 .java로 끝나야 합니다.
- 클래스명은 반드시 파일명과 대소문자까지 일치해야 합니다(자바에서는 클래스 이름의 첫 글자는 관례적으로 영문 대문자로 표기합니다).

```
public class helloWorld { ........................... H를 소문자 h로 바꿨습니다.
        public static void main(String[] args){
                System.out.println("Hello World!");
        }
}
```

클래스 이름을 "helloWorld"로 수정 후, javac로 다시 컴파일해 보면 클래스명과 파일명이 다르다는 에러가 출력됩니다.

```
C:\java\ch02>javac HelloWorld.java
HelloWorld.java:1: error: class helloWorld is public, should be declared in a file named helloWorld.java
public class helloWorld {

1 error

C:\java\ch02>
```

그림2-8 파일명과 다른 클래스명으로 컴파일 시 에러 발생

2 _ 자바 프로그램의 시작점은 main() 메서드입니다. main 메서드의 형식은 다음과 같습니다.

```
public static void main(String[] args){
    ...
}
```

main 메서드는 소문자로 씁니다. 다음 예제와 같이 Main을 대문자로 쓰면 어떻게 될까요?

```
public class HelloWorld {
    public static void Main(String[] args){
        System.out.println("Hello World!");          main 메서드명은 소문자이어야 합니다.
    }
}
```

예제를 저장하고 javac로 다시 컴파일해 봅니다. 컴파일까지는 문제가 발생하지 않습니다. 그러
나 HelloWorld.class를 실행하면 main() 메서드를 찾을 수 없는 에러가 발생합니다.

```
C:\java\ch02>javac HelloWorld.java

C:\java\ch02>java HelloWorld
Error: Main method not found in class HelloWorld, please define the main method as:
   public static void main(String[] args)
or a JavaFX application class must extend javafx.application.Application

C:\java\ch02>_
```

그림2-9 자바의 시작점 main() 메서드가 없을 때 에러 발생

3 _ 자바 실행문은 반드시 세미콜론(';')으로 마쳐야 합니다.

```
public class HelloWorld {
    public static void Main(String[] args){
        System.out.println("Hello World!")          "Hello World!" 출력 명령문의
    }                                                마지막에 세미콜론(;)이 빠졌습니다.
}
```

소스에서 세미콜론을 생략한 후 다시 컴파일하면 컴파일 에러가 발생합니다.

```
C:\java\ch02>javac HelloWorld.java
HelloWorld.java:3: error: ';' expected
        System.out.println("Hello World!")
                                          ^
1 error

C:\java\ch02>
```

그림2-10 세미콜론(';') 생략 시 발생하는 에러

자바 소스 코딩 시 하나의 명령문 마지막에는 반드시 세미콜론을 추가해 주어야 합니다.

4 _ 소스 코드 작성 시 반드시 들여쓰기를 해야 합니다.

```
public class HelloWorld {
    public static void main(String[] args){
        System.out.println("Hello World!");
    }
}
```

main 메서드는 클래스명의 public을 기준으로 탭 키를 눌러 4칸 들여쓰기를 합니다.

명령문은 main 메서드의 public을 기준으로 탭 키를 눌러 4칸 들여쓰기를 합니다.

코드 작성 시 반드시 클래스 영역 블록({})이나 메서드 영역 블록({})을 기준으로 들여쓰기를 해서 작성해야 합니다.

5 _ Sytem.out.println("출력할 문자열");을 이용해서 각각의 행에 문자열을 출력합니다.

```
public class HelloWorld{
    public static void main(String[] args){
        System.out.println("Hello World!");
        System.out.println("자바 프로그래밍입니다.");
    }
```

두 번째 줄에 메시지를 출력합니다.

```
C:\java\ch02>javac HelloWorld.java -encoding utf-8

C:\java\ch02>java HelloWorld
Hello World!
자바 프로그래밍입니다

C:\java\ch02>_
```

그림2-11 println() 메서드를 이용해서 각각의 행에 문자열 출력하기

이번에는 System.out.print() 메서드를 이용해서 같은 줄에 연속해서 출력해 보겠습니다.

```
public class HelloWorld{
    public static void main(String[] args){
        System.out.print("Hello World!");
        System.out.print("자바 프로그래밍입니다.");
    }
}
```

print() 메서드를 이용해서 같은 줄에 연속해서 출력하고 있습니다.

```
C:\java\ch02>javac HelloWorld.java -encoding utf-8

C:\java\ch02>java HelloWorld
Hello World!자바 프로그래밍입니다
C:\java\ch02>_
```

그림2-12 print() 메서드를 이용해서 한 줄에 연속해서 문자열 출력하기

6 _ 코드를 설명하거나 특정 코드를 컴파일에서 제외할 때에는 주석문을 사용합니다.

- 한 줄 주석문은 코드가 있는 줄에 '//'를 이용해서 만듭니다.

- 여러 줄 주석문은 '/* ... */' 를 이용해서 만듭니다.
- 문서화 주석 /** ... */은 작성한 코드를 javadoc.exe를 이용해서 참조 문서로 만들 때 사용합니다.

```
public class HelloWorld{
    public static void main(String[] args){
        System.out.print("Hello World!");  //"Hello World!"  출력 ___명령어를 설명합니다.

        //System.out.print("자바 프로그래밍입니다.");  _____ 명령어를 주석 처리했으므로 컴파일에서
                                                                    제외되어 실행되지 않습니다.
    }
}
```

두 개의 코드를 주석 처리 후 다시 컴파일하여 실행해 보겠습니다. 주석문은 컴파일이 되지 않으므로 "Hello World" 메시지만 출력합니다.

```
C:\java\ch02>javac HelloWorld.java -encoding utf-8

C:\java\ch02>java HelloWorld
Hello World!
C:\java\ch02>_
```

그림2-13 한 줄 주석문 사용하기

이번에는 여러 줄을 한꺼번에 주석문으로 만들어 보겠습니다.

```
/**
파일명:HelloWorld.java
작성자: 이병승
작성일자:2022.10.19                    ----- 문서화 주석을 이용해서 파일을 설명합니다.
파일 내용: 주석문 사용법
*/


public class HelloWorld {
    public static void main(String[] args){
        /*
        System.out.print("Hello World!");
                                              --- 두 줄을 한꺼번에 주석 처리하고 있습니다.
        System.out.print("자바 프로그래밍입니다.");
        */
    }
}
```

다시 컴파일 후 실행하면 아무런 메시지도 출력되지 않습니다.

```
C:\java\ch02>javac HelloWorld.java -encoding utf-8

C:\java\ch02>java HelloWorld

C:\java\ch02>_
```

그림2-14 여러 줄 주석문 사용하기

잠깐 복습 🔍

1. "Hello World!"를 출력하는 방법으로 올바른 것을 고르세요.

    a. System.out.println("Hello World!"

    b. System.out.println("Hello World!")

    c. System.in.println("Hello World!");

    d. System.out.println(Hello world!);

    e. System.out.println("Hello World");

잠깐 복습 🔍

2. 자바 프로그램 실행 시 가장 처음 실행되는 메서드는 무엇입니까?

    a. public void main(String[] args)

    b. public static main(String[] args)

    c. public static void Main(String[] args)

    d. public static void main(String[] args)

    e. public static void MAIN(String[] args)

▣ JDK 구성 요소와 기능

01장에서 설치한 JDK의 구성 요소와 기능 그리고 실행 시 어떻게 자바 프로그램이 실행되는지를 알아봅니다.

다음 그림은 JDK의 구성을 나타냅니다. 코드를 작성한 후 자바 프로그램을 실행했을 때 JDK가 JRE를 이용하여 컴퓨터의 운영체제와 연동하면서 하드웨어에서 실행되는 구조를 나타내고 있습니다.

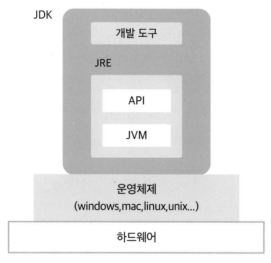

그림2-15 자바가 실행되는 구조

3.1 자바 개발 도구(JDK)의 구성

JDK(Java Deveolpment Kit)는 크게 **자바 개발 도구(Java Tools)**와 자바 실행 환경을 제공하는 JRE(Java Rumtime Environment)로 나눌 수 있습니다.

그림2-16 JDK의 구성 요소

자바 개발 도구는 말 그대로 자바 프로그래밍 시 필요한 여러 가지 기능을 제공합니다. 이런 기능은 환경 변수에 설정한 폴더인 '**%JAVA_HOME%\bin**'에 여러 가지 실행 파일 형태로 제공합니다. 표2-2는 자바 개발 시 가장 많이 사용되는 실행 파일들의 기능을 설명하고 있습니다.

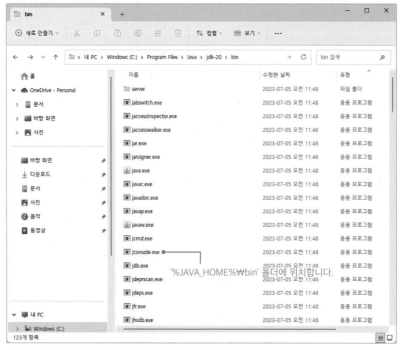

그림2-17 bin 폴더에 위치한 실행 파일들

실행 파일들	설명
javac.exe	자바 소스를 class 파일로 변환합니다.
java.exe	JVM을 실행한 후 class 파일을 읽어 들인 후 실행합니다.
jar.exe	컴파일된 class 파일을 jar 파일로 압축합니다.
javadoc.exe	자바 소스에 주석문을 추가합니다.
javap.exe	class 파일의 bytecode를 출력합니다.
jshell.exe	jshell 모드로 동작하게 합니다.
serialver.exe	직렬화 가능한 클래스의 버전을 관리합니다.

표2-2 여러 가지 자바 개발 기능을 제공하는 실행 파일들

3.2 자바 실행 환경(JRE)의 구성 요소와 기능

JRE(Java RunTime Enviroment)는 크게 API(Application Programming Interface)와 JVM(Java Virtual Machine)으로 나눌 수 있습니다.

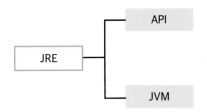

그림2-18 JRE의 구성 요소

1 _ API(Application Programmig Interface)

API는 JRE에서 자바 프로그래밍 시 많이 사용하는 기능을 미리 만들어서 제공하는 라이브러리입니다. 프로그래밍 시 입문자가 당장 새로운 기능을 구현하는 경우는 없습니다. 입문자 입장에서 자바 프로그램 작성은 미리 주어지는 API의 기능들의 사용법을 익힌 후 이것을 이용해서 원하는 기능을 구현하는 과정입니다. 우리는 앞 절에서 이미 API에서 제공하는 **System.out.println()** 메서드를 이용해서 화면에 문자열을 출력했습니다.

그림2-19는 일반적인 자바 프로그램들의 구성입니다. 일반적인 자바 프로그래밍은 여러 가지 API를 조립해서 더 큰 기능(부품)을 만들고, 그것들을 최종 조립해서 하나의 프로그램을 완성합니다. JRE에서 제공하는 API들의 기능들은 이 책에서 차례대로 배울 것입니다.

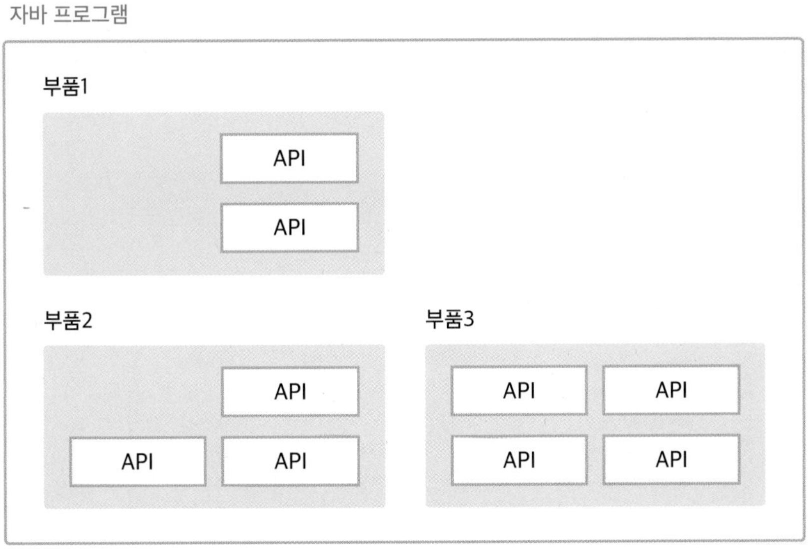

자바 프로그램

부품1

API

API

부품2

API

API

API

부품3

API

API

API

API

그림2-19 여러 가지 API 기능을 조립해서 만들어진 자바 프로그램 구조

다음은 '**%JAVA_HOME%₩lib**'에 있는 JRE에서 제공하는 여러 가지 API에 해당되는 자바 소스 파일인 src.zip을 보여주고 있습니다.

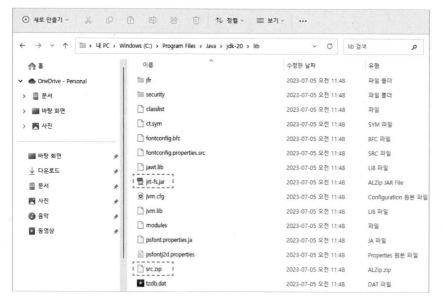

그림2-20 '%JAVA_HOME%₩lib'에 위치한 src.zip 파일

src.zip을 압축 해제해서 열어보면 API를 이루는 클래스들의 소스 코드를 볼 수 있습니다. 이 클래스들의 기능을 설명해 놓은 것이 1장에서 브라우저의 즐겨찾기에 추가한 **API 문서**입니다.

[참고] API 클래스들의 압축파일인 rt.jar

이전 JDK에서는 API 클래스들은 src.zip에 있는 java 파일들을 컴파일한 후, 압축 파일인 rt.jar 형태로 제공했습니다. 그러나 JDK9부터 모듈 개념이 도입되면서 jrt-fs.jar로 변경되었습니다.

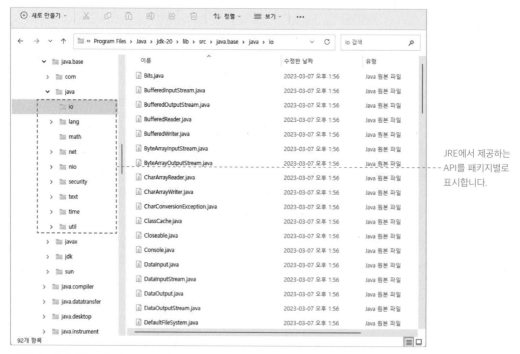

JRE에서 제공하는 API를 패키지별로 표시합니다.

그림2-21 패키지별로 제공되는 API 클래스들

2 _ JVM(Java Virtual Machine)

앞 절에서 "Hello World!" 메시지를 출력하는 과정에서 컴파일된 HelloWorld.class 파일을 java.exe 실행 파일을 이용해서 메시지를 출력했습니다. 그러나 자바는 실제 java.exe를 실행하면 HelloWorld.class 파일을 실행하는 것이 아니라 JVM이라는 해석기(interpreter)를 실행한 후, HelloWorld.class 파일에서 바이트코드(Bytecode)를 읽어 들여서 운영체제(CPU)가 인식할 수 있는 2진코드로 변환 후 CPU로 전달해서 실행합니다. 그림2-22는 일반적인 컴파일 언어와 자바와 같은 인터프리터 언어의 실행 과정을 나타내고 있습니다.

> **[참고] 해석기(인터프리터, Interpreter)**
>
> 프로그래밍 언어의 소스 코드를 바로 실행하는 컴퓨터 프로그램 또는 환경을 말합니다. 인터프리터는 소스 코드를 효율적인 다른 중간 코드로 변환하고, 변환한 것을 바로 실행할 수 있습니다.

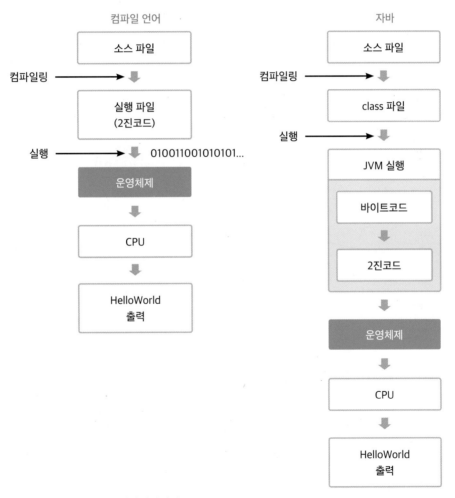

그림2-22 컴파일 언어와 자바의 실행 과정

JVM은 인터프리터 기능 외에 자바 프로그램 실행 시 백그라운드에서 여러 가지 기능을 수행합니다. 세부 기능은 뒷부분에서 차례대로 배우겠습니다.

자바가 인터프리터 방식으로 실행되는 이유가 있습니다. 자바가 JVM과 같은 인터프리터를 사용해서 실행하면 자바는 모든 운영체제에서 코드 수정 없이 실행할 수 있기 때문입니다. 다음은 JDK 다운로드 시 각각의 운영체제별로 JDK를 다운로드받아서 설치하는 그림과 그 이유입니다.

Linux macOS Windows		
Product/file description	File size	Download
Arm 64 Compressed Archive	170.95 MB	https://download.oracle.com/java/17/latest/jdk-17_linux-aarch64_bin.tar.gz (sha256 ☑)
Arm 64 RPM Package	153.12 MB	https://download.oracle.com/java/17/latest/jdk-17_linux-aarch64_bin.rpm (sha256 ☑)
x64 Compressed Archive	172.19 MB	https://download.oracle.com/java/17/latest/jdk-17_linux-x64_bin.tar.gz (sha256 ☑)
x64 Debian Package	147.98 MB	https://download.oracle.com/java/17/latest/jdk-17_linux-x64_bin.deb (sha256 ☑)
x64 RPM Package	154.73 MB	https://download.oracle.com/java/17/latest/jdk-17_linux-x64_bin.rpm (sha256 ☑)

그림2-23 운영체제별로 JDK 다운로드 받기

운영체제별로 미리 JDK를 설치해 놓으면 자바 소스를 한 번만 작성하면 어떤 운영체제에서도 동일하게 실행됩니다. 즉, **원소스 멀티유즈(one source, multi use)**로 사용할 수 있습니다.

그림2-24는 윈도우 운영체제에서 작성한 HelloWorld.java를 컴파일한 클래스 파일인 HelloWorld.class가 모든 운영체제에서 동일하게 실행되는 것을 보여줍니다. 각각의 운영 체제에서 HelloWorld.class를 실행하면 미리 운영체제별로 설치한 JVM이 HelloWorld.class의 bytecode를 읽어들여서 각 운영체제에서 실행되는 2진코드로 변환해서 운영 체제에 전달해서 실행됩니다.

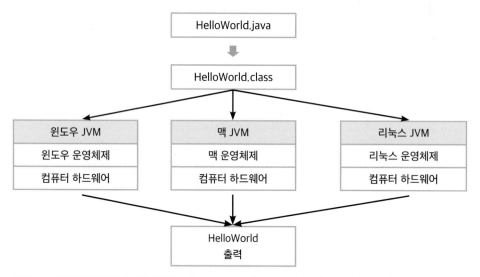

그림2-24 윈도우 운영체제에서 컴파일된 HelloWorld.class가 모든 운영체제에서 동일하게 실행되는 과정

이러한 구조 덕에 자바 웹 애플리케이션 개발 시에는 사용 환경이 편리한 윈도우 운영체제에서는 개발과 테스트를 하고, 개발 후 동일한 class 파일을 리눅스나 유닉스 서버에 올려서 애플리케이션을 운영합니다.

잠깐 복습 🔍

JDK는 크게 (   )와 (   )로 나눌 수 있습니다.

잠깐 복습 🔍
....
JRE는 크게 (　　　)와 (　　　)로 나눌 수 있습니다.
....

4 이클립스에서 "HelloWorld" 출력하기

실제 실습이 이루어지는 이클립스를 사용해서 "Hello World!" 메시지를 출력해 보겠습니다. 이클립스는 편리하게 사용할 수 있는 개발도구이므로 2.3절에서 실습한 것처럼 자바 파일을 한 개씩 만들어서 실행하는 것이 아니라 프로젝트 단위로 실행합니다. 먼저 이클립스를 실행한 후 프로젝트를 만들겠습니다.

4.1 프로젝트 생성하기

1 _ 자바 프로젝트를 생성하기 위해서 키보드의 Ctrl + N 이나 상단 메뉴의 **[File] > [New] > [Java Project]**를 선택합니다.

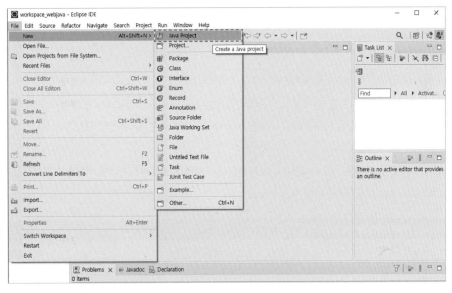

그림2-25 자바 프로젝트 생성

2 _ [New Java Project] 대화 상자가 나타나면 [Project name] 입력란에 새 프로젝트명 'ch02'를 입력하고, [JRE]는 'Use default jre 'jre' and workspace compiler preferences'를 체크한 후, [Finish]를 클릭합니다.

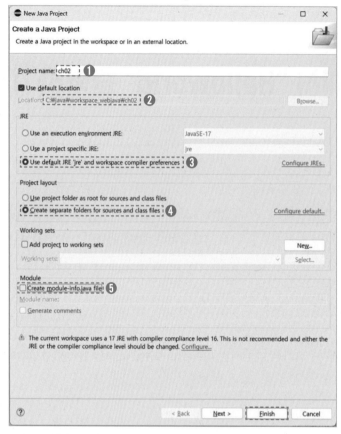

그림2-26 자바 프로젝트 생성

① [Project name] 입력란에 새로운 프로젝트명 'ch02'를 입력합니다.

② [Location] 입력란에서 프로젝트 폴더 생성 위치를 지정합니다.

③ [JRE]에서 사용할 Java 버전을 지정합니다. 이클립스에 내장된 JRE 버전이 아니라, 01장에서 설치한 JDK20
   의 JRE를 사용하도록 지정합니다.

④ 프로젝트에서 자동 빌드 설정 시 소스 파일(.java)과 클래스 파일(.class)이 분리되어서 저장되도록 설정합니다.

⑤ 'Create module-info.java file' 항목을 체크 해제합니다.

[참고] 'Create module-info.java file' 기능

JDK8 이전에는 다른 프로젝트에서 생성한 패키지(클래스)에는 접근할 수 없었습니다. 그러나 JDK9 이후부턴 module-info.java를 통해서 다른 프로젝트 사이에서도 패키지(클래스)에 접근할 수 있게 되었습니다. 모듈에 관한 자세한 내용은 부록을 참고하세요.

---

3 _ 좌측 패키지 탐색기에 '**ch02**'로 프로젝트가 생성되었음을 알 수 있습니다.

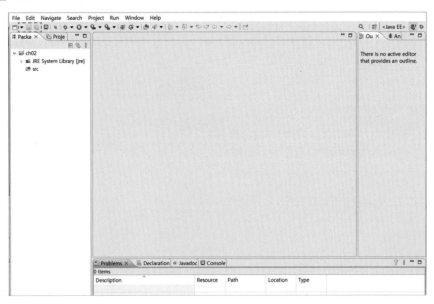

그림2-27 자바 프로젝트 생성 완료

4.2 소스 파일 생성과 작성

1 _ 패키지 탐색기에서 ch02 프로젝트의 src 폴더를 선택한 후 **[마우스 우클릭] > [New] > [Package]**
를 선택합니다.

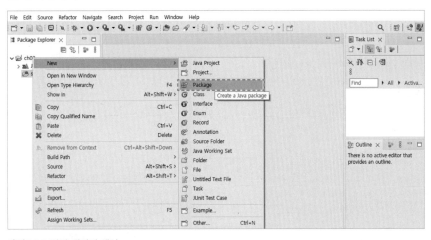

그림2-28 자바 패키지 생성

[참고] 패키지(package)란?

대형 마트에 가면 상품들을 종류별로 구역을 나누어서 판매합니다. 그러면 이용객 입장에선 자신이 진공 청소기를
사고 싶은 경우 전자 제품들이 진열된 위치로 가서 쉽게 자신이 원하는 물건을 찾을 수 있습니다. 자바 프로그램도
여러 가지 다른 기능을 결합해서 하나의 프로그램을 이루므로 각각의 기능들을 구성하는 세부 요소들(클래스, 인터
페이스 등)을 묶음으로 만들어서 개발하고 관리하게 하는 개념이 패키지입니다.

2 _ [New Java Package] 대화 상자에서 [Name] 입력란에 패키지 이름으로 'sec01.ex01'을 입력하고 [Finish] 버튼을 클릭합니다.

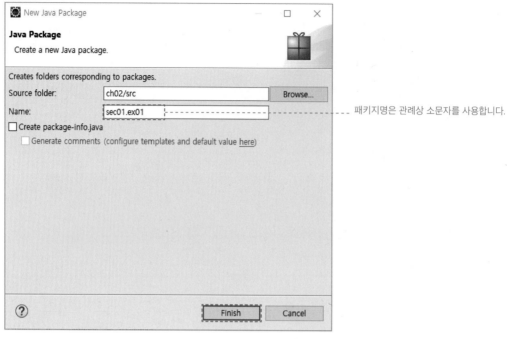

패키지명은 관례상 소문자를 사용합니다.

그림2-29 자바 패키지 이름 설정

3 _ 패키지 탐색기에서 다시 **sec01.ex01** 패키지 선택 후, [마우스 우클릭] > [New] > [Class]를 선택합니다.

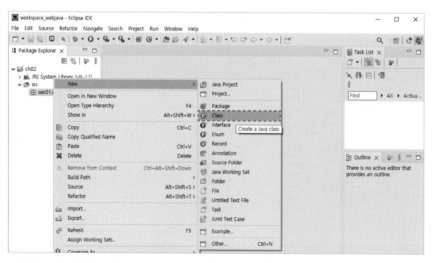

그림2-30 자바 클래스 생성

4 _ **[New Java Class]** 대화 상자에서 [Name] 입력란에 클래스 이름인 **'HelloWorld'**를 입력합니다. 그리고 **[Finish]** 버튼을 클릭합니다.

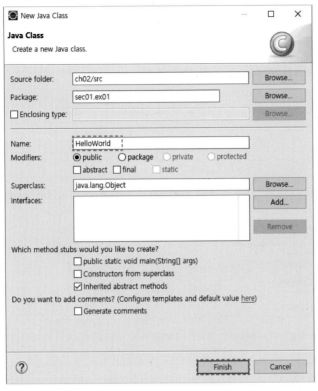

그림2-31 자바 클래스 이름 설정

5 _ 패키지 탐색기를 보면 sec01.ex01 패키지 아래에 HelloWorld.java 소스 파일이 생성된 것을 볼 수 있습니다. 그리고 HelloWorld.java 파일이 편집기에 자동으로 열려 있습니다.

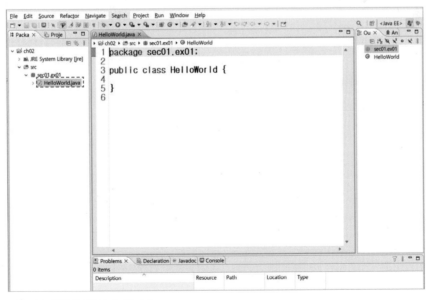

그림2-32 자동 생성된 HelloWorld.java

6 _ HelloWorld.java 편집 뷰에서 자바 코딩 규칙에 따라서 다음의 코드를 작성합니다.

[직접 코딩해 보기] "Hello World!" 출력하기

ch02/sec01/ex01/HelloWorld.java

```java
public class HelloWorld {
    public static void main(String[] args) {
        System.out.println("Hello World!");
    }
}
```

7 _ 이클립스에서 코드 작성 후, 키보드의 `Ctrl`+`S`를 누르거나 이클립스 상단의 🖫 을 누르면 자동으로 컴파일이 됩니다.

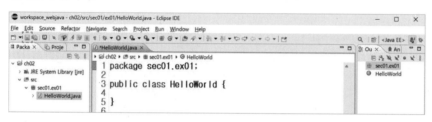

그림2-33 HelloWorl.java 코드 작성

이클립스에서 class 파일 생성 위치

자동 컴파일되어서 생성되는 HelloWorld.class 파일은 이클립스 workspace 아래의 ch02 프로젝트 폴더의 bin 폴더 아래에 이미 만든 패키지 아래에 생성됩니다. 지금 실습에선 'workspace_webjava₩ch02₩bin₩sec01₩ex01' 아래에 생성됩니다.

![폴더 탐색기 화면: java > workspace_webjava > ch02 > bin > sec01 > ex01 경로에 HelloWorld.class 파일(2021-10-20 오후 4:23)]

4.3 class 파일 실행

1 _ 이클립스 상단의 ▶ 이나, 키보드의 Ctrl + F11 키를 누르면 HelloWorld.class 파일을 실행시킵니다.

그림2-34 HelloWorld.java 코드 실행

2 _ 이클립스 하단의 Console 창에 "Hello World!"가 출력됩니다.

그림2-35 HelloWorld.java 실행 결과

이클립스는 사용자가 코드를 작성하면 자동으로 문법 에러를 체크해 줍니다. 따라서 반드시 에러를 해결한 후 실행해야 합니다.

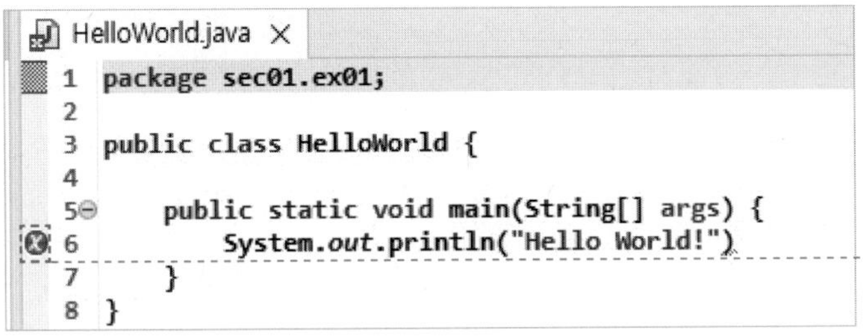

```
HelloWorld.java ×
1  package sec01.ex01;
2
3  public class HelloWorld {
4
5      public static void main(String[] args) {
6          System.out.println("Hello World!")
7      }
8  }
```

그림2-36 HelloWorld.java 에러 체크

설명선: 명령어 마지막에 ";" 생략 시 자동으로 에러를 표시해 줍니다. 앞의 에러 표시에 마우스 커서 위치 시 풍선말로 에러 내용을 표시합니다.

이클립스에서 글자 크기와 글자체 변경하기

이클립스에서 소스 작성 시 글자 크기나 글자체를 변경해서 설정할 수 있습니다.

1 _ 이클립스 상단 메뉴에서 [Preference] > [General] > [Appearance] > [Colors and Fonts]를 선택
합니다.

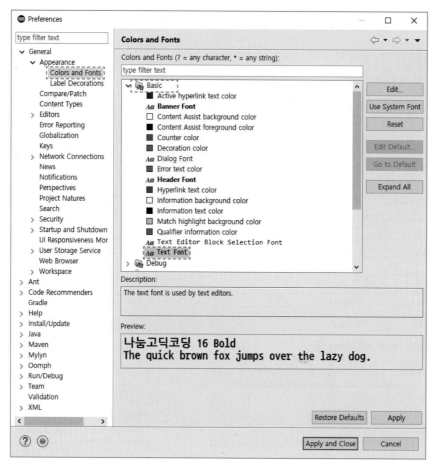

그림2-37 HelloWorld.java 글자 설정

2 _ 본문에 [Basic] > [Text and Font]를 선택 후 더블 클릭하거나, [Edit..]를 클릭해서, [글꼴] 대화 상
자가 표시되면 글꼴과 글자 크기를 수정합니다.

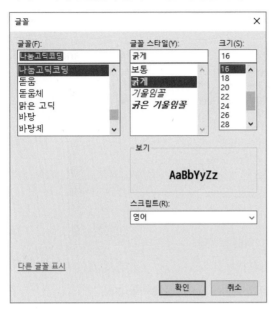

그림2-38 HelloWorld.java 글꼴 설정

3 _ 수정 후 [확인]을 클릭 후, [Apply and Close]를 클릭하면, 편집 뷰에 설정한 글꼴과 크기가 적용됩니다.

```
J HelloWorld.java  ⊠
 1  package ex01;
 2
 3  public class HelloWorld {
 4      public static void main(String[] args) {
 5          System.out.println("Hello World!");
 6      }
 7  }
 8
```

그림2-39 HelloWorld.java 글자 설정 완료

[참고] 나눔고딕 코딩체 설치하기

코딩하기에 편리한 글자체인 나눔고딕 코딩체 설치는 아래 사이트를 참고하세요.

https://zetawiki.com/wiki/윈도우_나눔고딕코딩_설치

자바 프로그래밍에서 (   )는 각각의 기능들을 구성하는 세부 요소들(클래스, 인터페이스 등)을 묶음으로 만들어서 개발
하고 관리하도록 합니다.

→ 요점 정리 ←

명령프롬프트에서 자바 코딩 과정

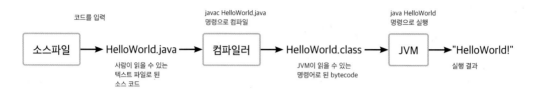

자바 코딩 규칙

- 자바 프로그램의 시작점은 main() 메서드입니다.
- 개별 자바 명령문은 반드시 세미콜론(';')으로 마쳐야 합니다.
- 소스 코드 작성 시 반드시 들여쓰기를 해야 합니다.
- System.out.println("출력할 문자열")을 이용해서 화면에 문자열을 출력합니다.
- 코드 기능을 설명하거나 특정 코드를 컴파일에서 제외할 때는 주석문을 사용합니다.

화면에 문자열 출력하기

- System.out.println("문자열") ->문자열을 출력한 후 다음 출력은 다른 줄에 합니다.
- System.out.print("문자열") ->문자열을 출력한 후 다음 출력은 같은 줄에 합니다.
- System.out.println() ->문자열 출력 없이 다음 줄로 개행합니다.

JDK 구성요소

- 개발도구 ┌ javac.exe
  │ java.exe
  │ jar.exe
  ┤ javadoc.exe
  │ javap.exe
  └ ...
- JRE ┌ API: JDK에서 미리 만들어서 제공하는 기능
  └ JVM: 자바의 bytecode를 모든 운영체제에서 실행될 수 있게 하는 기능

자바 프로그램 실행 과정

이클립스 사용하기

- 작성한 코드 컴파일 및 실행하기: 상단의 녹색 실행 아이콘 또는 Ctrl + F11

연습 문제

1 _ [명령 프롬프트]로 "Hello World!" 메시지 출력 과정을 나열해 보세요.

( ) → ( ) → ( ) → ( )

① 에디터로 HellWorld.java 파일을 생성합니다.

② java 명령어로 실행합니다.

③ javac 명령어로 컴파일합니다.

④ "Hello World!"를 출력합니다.

2 _ 다음은 JDK의 구성 요소를 그림으로 나타낸 것입니다. ①과 ②에 들어가는 요소들은?

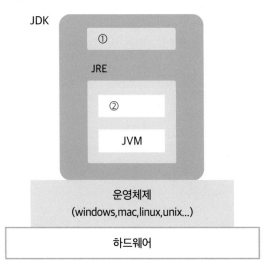

3 _ 다음은 JDK에서 프로그래밍을 위해서 제공되는 실행 파일들입니다. 각각의 기능을 설명하세요.

실행 파일들	설명
javac.exe	자바 소스를 class 파일로 변환합니다.
java.exe	JVM을 실행한 후 class 파일을 읽어 들인 후 실행합니다.
jar.exe	①
javadoc.exe	②
javap.exe	③
jshell.exe	jshell 모드로 동작하게 합니다.
serialver.exe	④

4 _ JVM에 관한 설명으로 틀린 것을 모두 고르세요.

a. 프로그래머가 작성한 소스를 class 파일로 변환합니다.

b. 자바 class 파일을 실행하면 제일 먼저 실행됩니다.

c. JVM을 사용함으로써 어떤 운영체제에서도 class 파일이 실행됩니다.

d. JVM은 bytecode를 입력받습니다.

e. class 파일을 실행하기 위해서는 미리 운영체제에 대응되는 JVM이 설치되어 있어야 합니다.

5 _ 다음의 기능을 하는 이클립스의 단축키는?

기능	단축키
작성한 코드 컴파일 및 실행하기	
System.out.println() 자동으로 만들기	
한 줄 주석 및 주석 해제	

03장
자바 프로그래밍 기본 문법

사람들끼리는 언어를 이용해서 소통합니다. 그런데 언어는 반드시 사용 규칙,
즉 문법에 맞게 사용해야 서로가 의미를 알 수 있습니다. 한국인이 미국인과
소통하려면 우선 한국인이든 미국인이든 상대방의 언어를 이해한 후 그 규칙을 기반으로
소통해야 합니다. 사람이 컴퓨터와 소통하는 것도 같은 원리입니다. 컴퓨터가 이해할 수
있는 규칙이나 문법을 미리 알고서 그 규칙을 이용해서 사람이 컴퓨터와 소통하는 겁니다.
이번 장에서는 컴퓨터와 소통하는데 필요한 기본 규칙을 알아보겠습니다.

1 자바 프로그래밍이란?

자바와 같은 고급 언어로 프로그래밍을 한다는 것은 컴파일러가 이해할 수 있는 단어(식별자, 키워드 등)를 문법에 맞게 작성하여 입력받은 데이터(자료)를 조작, 처리, 연산 후 그 결과를 출력하는 과정입니다. 따라서 우리는 일단 컴파일러가 이해할 수 있는 단어가 어떤 것들이 있는지, 사용할 수 있는 문법은 어떤 것이 있는 지와 처리할 수 있는 데이터 종류와 이런 데이터들을 처리할 수 있는 연산자들을 먼저 알아보고서 프로그래밍해야 합니다.

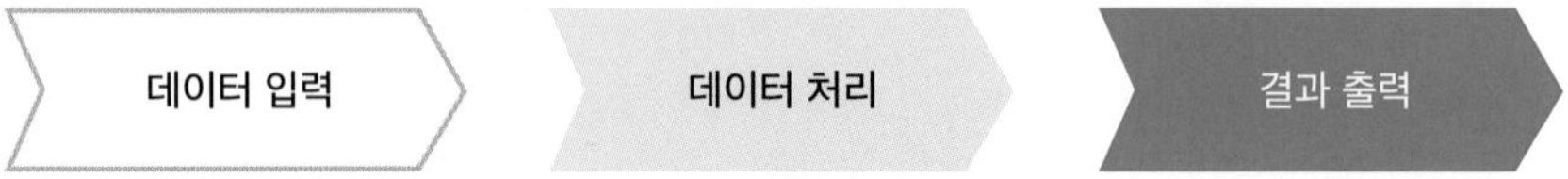

데이터 입력 > 데이터 처리 > 결과 출력

그림3-1 일반적인 자바 프로그래밍 과정

2 자바 키워드란?

키워드(Keyword)는 자바의 기능을 위해서 미리 사용하는 단어를 의미합니다. 따라서 자바에서 지정한 키워드를 클래스명이나 변수명으로 사용하면 컴파일 에러가 발생합니다. 그리고 키워드들의 기능들은 뒷부분을 학습하면서 자세히 배웁니다.

abstract	assert	boolean	break	byte	case	catch
char	class	const	continue	default	do	double
else	enum	extends	false	final	finally	float
for	goto	if	implements	imort	instanceof	int
interface	long	native	new	null	package	private
protected	public	return	short	static	super	switch
strictfp	synchronized	this	try	var	void	while
...						

표3-1 자바의 키워드들

3 변수란?

자바에서 데이터를 저장하는 방법을 알아보겠습니다.

3.1 변수의 정의

수학 시간에 배운 변수의 용도는 여러 가지 값을 대입하는 용도로 사용됩니다. 자바의 **변수(variable)**는 특정 메모리 영역에 할당한 이름입니다. 앞에서 프로그래밍이란 입력된 데이터를 처리하는 과정이라고 했습니다. 변수는 입력한 데이터나 처리 중인 데이터를 특정 메모리 영역에 저장한 후, 처리 시 변수에 접근해서 사용하게 합니다.

3.2 변수 선언

다음은 변수의 선언 형식을 나타내고 있습니다. 변수 선언 시에 사용되는 변수명은 데이터가 저장되는 메모리 영역의 이름입니다(데이터 타입에 관해서는 뒷부분에서 자세히 다룹니다).

그림3-2 자바 변수 선언 형식

① : 변수에 저장될 데이터 타입과 변수에 할당되는 메모리 크기를 지정합니다.
② : 메모리 영역의 이름을 지정합니다.

다음은 int 타입 변수 선언 시 메모리 상태를 나타내고 있습니다. 데이터 타입에 관해서 뒤에서 상세히 배우겠지만 int 타입으로 선언되었으므로 4바이트(32비트)가 할당됩니다. 그리고 그 영역의 이름이 num으로 지정됩니다.

[참고] 메모리 영역에 변수 할당 방법

변수 선언 시 할당되는 메모리 영역은 자바 실행 시에 JVM이 알아서 할당합니다.

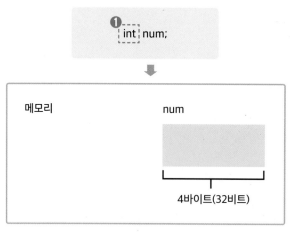

그림3-3 int형 변수 메모리 생성 과정

① : int는 변수에 정수(int) 타입 데이터만 저장하라는 의미입니다.

3.3 변수 이름 짓는 방법

이번에는 변수의 이름을 짓는 방법을 알아보겠습니다. 변수 이름은 원하는 대로 지으면 되지만 다음과 같은 규칙을 따르는 것이 관례입니다.

규칙	좋은 사용법	나쁜 사용법
변수명은 영문자와 숫자를 사용해서 만듭니다.	int num;	
키워드는 변수명으로 사용할 수 없습니다.		int class;
변수는 대소문자를 구분합니다.	int grade;	int Grade;
변수명의 첫 문자는 반드시 '_', '$'와 영문자이어야 합니다(변수명으로 한글도 사용할 수 있으나 가독성을 해치므로 사용하지 않는 것이 좋습니다).	int seven11;	int 7eleven;
특수문자는 '_'와 '$'만 가능합니다.	int _7eleven; int _7_eleven;	int #7eleven;
첫 문자는 항상 소문자로 시작한다.	String name;	String Name;
하나 이상의 단어가 합쳐지는 경우 두 번째부터 나오는 다음의 첫 문자는 대문자로 표현합니다.	int sevenEleven;	int seveneleven;
변수명은 의미있는 명사형으로 표현하는 것이 좋습니다.	int score;	int s;

표3-2 변수 명명 규칙

```
🗋 VarDeclTest.java ×
 1  package sec01.ex01;
 2
 3  public class VarDeclTest {
 4
 5⊖     public static void main(String[] args) {
📎6          int num;
 7 //         int 7eleven;   //변수의 첫자는 반드시 문자이어야 합니다.
 8
📎9          int eleven7;    //숫자는 첫자를 제외하면 사용가능합니다.
📎10         int _7eleven;   //'_'와 '$'는 변수로 사용 가능합니다.
📎11         int $_7eleven;
 12
 13 //        int #7eleven;   //특수 문자는 변수로 사용할 수 없습니다.
 14
 15 //        int class;      //예약어는 변수명으로 사용할 수 없습니다.
📎16         int class1;
 17
📎18         int sevenEleven;  //하나 이상의 단어가 합쳐지는 경우 다음의 첫문자는 대문자로 표현합니다.
 19     }
 20 }
```

그림3-4 자바 변수 이름 선언 규칙

TIP

변수 이름 쉽게 짓기

자바에서 변수는 주로 처리해야 할 데이터를 저장하는 역할을 합니다. 따라서 변수 이름은 저장하고 있는 데이터의 의미를 가장 잘 나타내는 단어로 짓는 것이 좋습니다. 예를 들어 변수에 시험 점수를 저장할 경우 점수에 해당하는 단어인 score로 짓는 식입니다. 그리고 변수 이름은 충분히 길어도 프로그램 실행과는 상관 없습니다. 따라서 여러 개의 단어를 이어서 이름을 지어도 상관 없습니다.

카멜 표기법과 스네이크 표기법

자바는 여러 단어로 이루어진 변수 이름을 지을 때 두 번째 단어부터 첫 글자는 대문자로 표기합니다. 이런 표기법은 **카멜(Camel) 표기법**이라고 합니다. 반면에 단어 사이를 "_"로 연결해서 변수명을 지을 수도 있는데 이런 표기법을 **스네이크(Snake) 표기법**이라고 합니다. 자바는 일반적으로 카멜 표기법을 사용하고, C언어나 C++에서는 스네이크 표기법이 일반적입니다.

```
int totalScore;      //카멜 표기법
int total_score;     //스네이크 표기법
```

잠깐 복습 🔍

다음 중 자바 변수 이름으로 사용할 수 없는 것을 모두 고르세요.

① book_price

② bookPrice

③ book$Price

④ book%Price

⑤ #book_price

3.4 변수 사용하기

이제 변수를 선언해서 메모리에 변수를 생성했으므로 변수에 값을 저장하는 방법을 알아봅니다.
다음은 변수에 값을 저장하는 형식입니다. 변수에 값을 저장할 때는 대입 연산자(=)를 사용합니다.

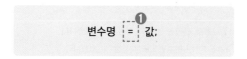

그림3-5 대입 연산자 사용 방법

① : 우측의 값을 좌측의 변수에 저장합니다.

그림3-6처럼 앞에서 선언한 변수 num에 12를 대입하면, 메모리의 변수 영역에 12가 저장됩니다.
이처럼 선언된 변수에 최초로 값을 저장하는 것을 **변수 초기화**라고 합니다. **변수는 선언 후 반드시 초기화를 해야 합니다.**

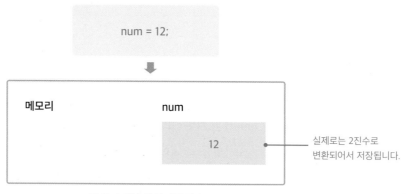

그림3-6 변수에 값 대입하기

변수 초기화는 다음처럼 변수 선언과 동시에 할 수도 있습니다.

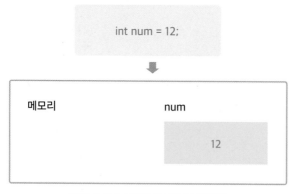

그림3-7 변수 선언과 동시에 초기화하기

문자열 변수를 초기화한다면 다음과 같이 됩니다.

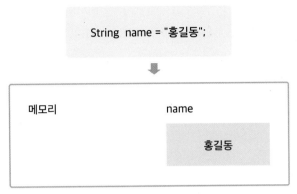

그림3-8 문자열 변수 선언과 동시에 초기화하기

이번에는 변수에 저장된 값을 가지고 오는 방법을 알아보겠습니다. 변수에 저장된 값을 얻는 방법은 실행문 내에서 변수명을 써 주면 됩니다.

실행문(변수명);

그림3-9처럼 println() 메서드 내에 변수명 num을 써 주면 변수 num에 저장된 값 12를 가지고 와서 콘솔로 출력합니다.

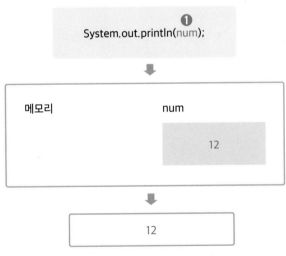

그림3-9 변수 num의 값 출력하기

다음은 문자열 변수의 값을 콘솔로 출력합니다.

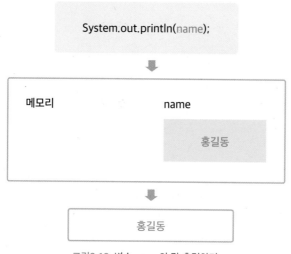

그림3-10 변수 name의 값 출력하기

변수의 값은 언제든지 대입 연산자를 이용해서 바꿀 수 있습니다. 변수는 한 개의 값만을 저장할 수 있으므로 다른 값을 저장하면 기존의 값은 유지되지 않습니다.

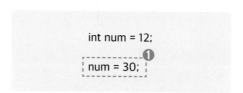

그림3-11 대입 연산자로 변수의 값 변경하기

①: num에 30을 저장하면 기존의 12는 사라집니다.

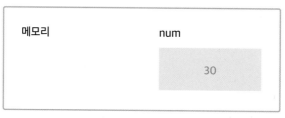

그림3-12 num = 30; 실행 후 변수의 상태

[참고] 변수에는 변수 선언 시 사용된 데이터 타입의 값만 저장 가능

변수는 변수 선언 시 사용된 타입에 해당되는 데이터만 저장 가능합니다. num은 int 타입으로 선언되었으므로 3이나 -55같은 정수만 저장할 수 있습니다. 13.56이나 -3.15F와 같은 실수나 다른 타입의 값을 저장하려고 하면 에러를 발생시킵니다.

int num;

num = 50;

num = 13.56; ●────────── num은 int 타입으로 선언되었으므로
실수를 저장하면 에러가 발생합니다.

그림3-13 num에 실수 저장 시 에러가 발생하는 경우

이처럼 변수라고 부르는 이유는 프로그래밍 시 다른 값으로 자유롭게 변경해서 저장해서 사용할 수 있기 때문입니다.

다음은 변수 사용 예제입니다. 변수 num은 int 타입으로 선언되었으므로 12.5와 같은 실수는 저장할 수 없습니다. **이처럼 자바의 변수에는 동일한 타입의 값만 저장할 수 있습니다.**

[직접 코딩해 보기] 변수 선언과 초기화하기

sec01/ex01/VarInitTest1.java

```
package sec01.ex01;

public class VarInitTest1 {
    public static void main(String[] args) {
        int num;
//      System.out.println(num);  ----------------- 변수를 초기화하지 않고 출력 시 에러를 발생시킵니다.
        num = 12;  -------------------------------- 변수 num 선언 후 12로 초기화합니다.
//      int num = 12;  --------------------------- 변수 선언과 동시에 초기화합니다.
//      num = 12.5;  ----------------------------- 변수에는 선언한 타입의 값만 저장할 수 있습니다.
        System.out.println(num);  ----------------- 변수명 num에 저장된 값을 출력합니다.

        System.out.println("num = " + num);  ------- 변수명 num을 이용하여 num의 값 12를 가지고 와서 출력합니다.
                       변수 num에 30을 저장합니다.
        num = 30;      대입 연산자를 이용해서 변수값을 변경합니다.
        System.out.println("num = " + num);  ------- num의 값 30을 출력합니다.
    }
}
```

[실행결과]

```
12
num = 12
num = 30
```

[참고] System.out.println("num = " + num); 출력 과정

① println() 메서드에 변수명을 입력하면 변수값이 자동으로 문자열로 변환되어서 콘솔에 출력됩니다.

② '+' 연산자를 이용해서 문자열끼리 더하라는 의미는 두 문자열을 연결해서 출력하라는 의미입니다.

다음은 변수로써 다른 변수에 값을 초기화하는 예제입니다. 대입 연산자(=)는 우측의 수식을 먼저 계산한 후, 그 결과값을 좌측의 변수에 저장합니다.

[직접 코딩해 보기] 변수를 이용해서 변수값 변경하기

sec01/ex01/VarUseTest1.java

```java
package sec01.ex01;

public class VarUseTest1 {
    public static void main(String[] args) {
        int num1 = 12;
        int num2 = num1 + 30; ------------------------- 변수 num1의 값 12를 가지고 온 후, 30과
                                                        더한 값으로 변수 num2를 초기화합니다.
        System.out.println("num1 = " + num1 + ", num2 = " + num2);
    }
}
```

[실행결과]

```
num1 = 12, num2 = 42
```

같은 변수라도 대입 연산자 오른쪽에 위치하면 그 변수의 값을 의미합니다. 다음은 변수 num의 값을 가지고 와서 계산 후, 다시 결과를 변수 num에 저장하는 예제입니다.

[직접 코딩해 보기] 변수값 변경하기

sec01/ex01/VarUseTest2.java

```java
package sec01.ex01;

public class VarUseTest2 {
    public static void main(String[] args) {
        int num;
        num = 12;
        System.out.println("num = " + num);
        num = num + 30; -------------------------------- 변수 num의 값 12를 가지고 와서 30을 더한
                                                         결과를 다시 변수 num에 저장합니다.
        System.out.println("num = " + num);
```

```
    }
}
```

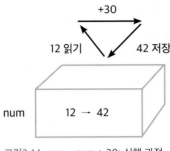

그림3-14 num = num + 30; 실행 과정

[실행결과]

```
num = 12
num = 42
```

다음은 문자열 변수의 값을 초기화한 후, 다시 값을 변경해서 출력하는 예제입니다.

[직접 코딩해 보기] 문자열 변수 초기화하기

sec01/ex01/StringVarTest1.java

```
package sec01.ex01;

public class StringVarTest1 {

  public static void main(String[] args) {
    String name;
    name = "홍길동";                                      변수를 초기화합니다.
//  String name = "홍길동";                               변수 선언과 동시에 초기화합니다.

    System.out.println("이름은 " + name);
    name = "이순신";                                      변수의 값을 변경합니다.
    System.out.println("이름은 " + name);
  }
}
```

[실행결과]

이름은 홍길동
이름은 이순신

3.5 동시에 여러 개의 변수 선언하기

같은 타입의 변수가 여러 개 있을 경우는 한 줄에 콤마(,)를 이용해서 동시에 여러 개의 변수를 선언할 수 있습니다.

```
int num1, num2, num3;
num1 = 1;
num2 = 2;
num3 = 3;
```

여러 개의 변수를 선언하면서 동시에 초기화도 가능합니다.

```
int num1 = 1, num2 = 2, num3 = 3;
```

[직접 코딩해 보기] 동시에 여러 변수 선언하기

sec01/ex02/MultiVarInitTest.java

```
package sec01.ex02;

public class MultiVarTest {
    public static void main(String[] args) {
        int num1, num2, num3; ......................... 같은 타입의 변수를 콤마(,)를 이용해서
                                                        한 줄에 동시에 선언합니다.

        num1 = 1;
        num2 = 2;
        num3 = 3;

//      int num1 = 1, num2 = 2, num3 = 3; ............. 같은 타입의 변수를 콤마(,)를 이용해서
                                                        한 줄에서 선언과 동시에 초기화를 합니다.

        System.out.println("num1 = " + num1);
        System.out.println("num2 = " + num2);
        System.out.println("num3 = " + num3);
    }
}
```

[실행결과]

```
num1 = 1
num2 = 2
num3 = 3
```

다음은 문자열 변수를 동시에 선언하는 코드입니다.

[직접 코딩해 보기] 문자열 변수를 동시에 선언하기

sec01/ex02/MultiStringVarTest.java

```
package sec01.ex02;

public class MultiStringVarTest {

    public static void main(String[] args) {
        String name, address, major;  ---------- 문자열 변수를 동시에 선언합니다.

        name = "홍길동";
        address = "서울시 강동구";
        major = "컴퓨터 공학과";

    System.out.println("이름: " + name
                            +",   주소: " + address
                            + ", 전공: " + major);
    }
}
```

[실행결과]

```
이름: 홍길동, 주소: 서울시 강동구, 전공: 컴퓨터 공학과
```

변수 사용 시 주의점

1 _ 변수는 선언 후, 반드시 초기화를 해야 합니다. 다음처럼 초기화하지 않고 변수를 사용하면 에러가 발생합니다. 따라서 변수는 선언 후, 반드시 초기화를 해 주어야 합니다.

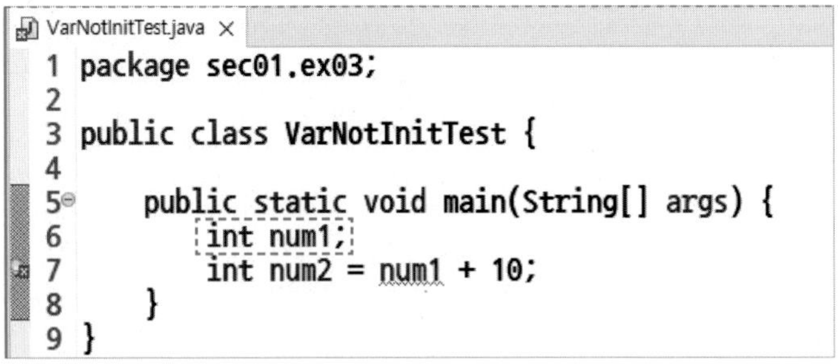
VarNotInitTest.java
1 package sec01.ex03;
2
3 public class VarNotInitTest {
4
5 public static void main(String[] args) {
6 int num1;
7 int num2 = num1 + 10;
8 }
9 }

변수 num1을 초기화하지 않고 사용하면 초기화하지 않았다는 에러가 발생합니다.

그림3-15 초기화하지 않고 변수 사용

변수 num1을 10으로 초기화한 후 사용하므로 에러가 발생하지 않습니다.

```java
1 package sec01.ex03;
2
3 public class VarNotInitTest {
4
5    public static void main(String[] args) {
6        int num1 = 10;                    -------- 변수 num1을 10으로
7        int num2 = num1 + 10;                       초기화한 후 사용합니다.
8    }
9 }
```

그림3-16 num1 초기화

2 _ 변수는 선언된 블록({ }) 내에서만 접근이 가능합니다. 아래는 변수 num1과 value1이 main 메서드
내에서 선언되었으므로 main 메서드 블록({ }), 내에서만 접근 가능합니다. main 메서드 블록 밖에서
접근 시 에러가 발생합니다.

```java
1 package sec01.ex03;
2
3 public class VarScopeTest {  ◀---------- 클래스 블록 시작
4
5    public static void main(String[] args) {  ◀------- main 메서드 블록 시작
6        int num1 = 10;
7        int value1 = num1 + 20;     ❶
8
9        System.out.println("num1 = " + num1 + ", value1 = " + value1);     ❷
10   }  ◀------- main 메서드 블록 끝
11
12   System.out.println("num1 = " + num1 + ", value1 = " + value1);     ❸
13
14 }  ◀---------- 클래스 블록 끝
```

그림3-17 변수 선언 위치와 접근 가능 범위

① : 변수 num1과 value1은 main 메서드 블록에서 선언되었습니다.

② : main 메서드 블록 내에서는 변수에 접근할 수 있습니다.

③ : main 메서드 블록 밖에서는 변수에 접근하면 에러가 발생합니다.

잠깐 복습 🔍

다음 중 변수에 관한 설명을 올바르게 고쳐 보세요.

• 변수는 여러 개의 값을 저장할 수 있다. --> (   )

• 변수는 선언 후 바로 사용할 수 있다. --> (   )

• 변수는 클래스 블록 내에서는 사용 가능하다. --> (   )

잠깐 복습 🔍

다음의 실행문 실행 시, 콘솔에 출력되는 값을 차례대로 나열해 주세요.

```java
int num = 20;
System.out.println(num);
```

```
    num = num + 50;
    System.out.println(num + 30);
```

4 상수란?

이번에는 상수에 관해서 알아보겠습니다.

4.1 상수의 정의

일상 생활에선 5, 3.141592, 500000와 같은 숫자들을 상수라고 합니다. 반면에 자바에서 **상수 (Constant)**는 값을 한 번 저장하면 변경할 수 없는 메모리 공간을 의미합니다. 상수를 선언하는 방법은 변수와 동일하지만, 데이터 타입 앞에 **final** 키워드를 붙어 주어야 합니다. 다음은 상수 선언 형식입니다. 상수는 선언과 동시에 값으로 초기화하는 것이 일반적입니다.

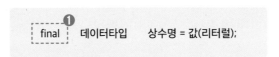

그림3-17 final을 이용한 상수 선언

① final 키워드로 상수를 선언합니다.

4.2 상수 이름 짓는 방법

다음은 상수의 이름을 짓는 방법입니다. 상수는 변수와 구분하기 위해서 일반적으로 대문자로 이름을 짓습니다. 그리고 두 개의 단어가 연결되는 경우 '_'를 이용합니다.

규칙	좋은 사용법	나쁜 사용법
상수는 모든 문자를 대문자로 표현해야 합니다.	ADDRESS PI	address pi
하나 이상의 단어가 합쳐지는 경우에는 '_' 로 연결합니다.	SERVER_IP_ADDRESS MAX_VALUE MIN_VALUE	serverIpAddress maxValue minValue
의미있는 명사형으로 표현해야 합니다.	SAFE_SPEED EARTH_RADIUS	

표3-3 상수 명명 규칙

다음은 상수를 이용해서 자바 정수의 최댓값과 최솟값을 출력합니다. 상수도 변수처럼 선언 후 초기화할 수 있으나, 가능하면 선언과 동시에 초기화하는 것이 좋습니다. 상수는 변수와는 달리 프로그래밍 중간에 값을 변경할 수 없습니다.

[직접 코딩해 보기] 상수 사용하기

sec02/ex01/ConstantTest.java

```java
package sec02.ex01;

public class ConstantTest {
    public static void main(String[] args) {
        final int SAFE_SPEED = 60 ;                              상수명은 대문자와 '_'를
        final int MAX_VALUE = 2147483647;                        이용해서 표기합니다.
        final int MIN_VALUE =-2147483648;
        final String SERVER_IP_ADDRESS = "13.124.56.189";        문자열 상수를 선언합니다.

        System.out.println("규정 속도는 " + SAFE_SPEED + "km입니다.");

//      SAFE_SPEED = 70;                                         상수는 프로그래밍 중간에 값을 변경할 수 없습니다.

        System.out.println("정수의 최댓값: " + MAX_VALUE);
        System.out.println("정수의 최솟값: " + MIN_VALUE);

        System.out.println("서버 IP 주소는 " + SERVER_IP_ADDRESS + " 입니다.
        System.out.println("원주율은 "+Math.PI + "입니다.");
    }                                        자바의 Math 클래스의 PI로 원주율을 사용합니다.
}
```

[실행결과]

규정 속도는 60km입니다.
정수의 최댓값: 2147483647
정수의 최솟값: -2147483648
서버 IP 주소는 13.124.56.189입니다.
원주율은 3.141592653589793입니다.

잠깐 복습 🔍

자바의 상수는 (   ) 키워드를 이용해서 선언합니다.

TIP

리터럴(literal)이란?

일상 생활에서는 5, 3.14 같은 숫자를 상수라고 합니다. 그러나 자바와 같은 프로그래밍 언어에선 이런 구체적인 값이나 문자열을 리터럴(literal)이라고 부릅니다.

예

숫자 리터럴: 5, 3.14, 1011,067, 0xB4,...

문자열 리터럴: "안녕하세요", "홍길동", "192.168.0.1", www.jweb.com", "010-1111-2323",....

5 자바 기본 데이터 타입

사람들은 일상에서 수집한 데이터를 바탕으로 판단하고 행동합니다. 사람 입장에서 데이터의 종류는 다양합니다. 컴퓨터도 역시 데이터를 입력받아서 처리합니다. 그러나 컴퓨터는 사람이 아니므로 우리가 상식적으로 생각하는 데이터들을 동일하게 데이터로 인식하지 못합니다. 그럼 이번 절에서는 자바가 처리하는 데이터의 타입에 관해서 알아보겠습니다.

5.1 자바 데이터 타입 종류

자바의 데이터는 크게 기본 타입 데이터과 참조 타입 데이터로 나눌 수 있습니다.

먼저 기본 타입 데이터는 수치 타입과 논리 타입으로 다시 나눌 수 있습니다. 수치 타입은 일상에서 쓰는 정수와 실수를 가리킵니다. 논리 타입은 참(true), 거짓(false)을 나타내는 데이터입니다. 기본 타입 데이터는 모두 8가지입니다.

기본 타입 데이터 (Primitive Type)	수치 타입	byte, short, int, long
		float, double
		char
	논리 타입	boolean
참조 타입 데이터 (Reference Type)	문자열 배열 클래스 인스턴스 ...	

표3-4 자바 데이터 타입 종류

기본 데이터 타입 알아보기

먼저 기본 데이터 타입들의 특징을 알아보겠습니다.

표3-5는 각 기본 데이터들의 특징을 나타내고 있습니다. 논리 타입은 참(true), 거짓(false)의 정보만을 저장하므로 1byte가 할당되나 그 중 1bit만 사용됩니다.

문자 타입은 키보드로 입력 시에 다시 각 문자의 유니코드로 변환되어서 메모리의 2byte에 저장됩니다. 정수 타입은 byte, short, int, long의 네 가지가 있습니다. 정수 타입의 종류가 많은 이유는 정수를 입력받을 때 정수를 저장하기 위해서 할당되는 메모리의 크기를 설정하기 위함입니다. 실수도 마찬가지로 입력받은 실수에 할당될 메모리의 크기에 맞춰 타입을 결정할 수 있습니다. 당연히 메모리 크기가 클수록 더 큰 값을 저장할 수 있고, 숫자의 표현 범위가 넓습니다. 자세한 사항은 각각의 데이터 타입을 다룰 때 알아보겠습니다.

타입	키워드	메모리크기	기본값	표현범위
논리형	boolean	1bit	false	true, false
문자형	char	2byte	0	0~65535(유니코드)
정수형	byte	1byte	0	-128~127
	short	2byte	0	-32768~32767
	int	4byte	0	-2147483648 ~2147483647
	long	8byte	0	-9223372036854775808 ~9223372036854775807
실수형	float	4byte	0.0	-3.4E38~3.4E38
	double	8byte	0.0	-1.79E308~1.79E308

표3-5 기본 데이터 타입들의 종류와 특징

[참고] 데이터 타입들의 키워드

변수 선언 시에 사용한 int처럼 각 데이터 타입에 대한 키워드들은 해당 데이터를 저장하기 위한 변수 선언 시에 사용됩니다.

[참고] 데이터 타입의 기본값

변수는 선언 후 반드시 초기화를 해야 합니다. 그러나 클래스 내에서 해당 데이터 타입으로 변수 필드 선언 후, 초기화를 하지 않으면 각각의 데이터 타입의 기본값으로 초기화가 됩니다. 자세한 내용은 클래스 부분에 가서 알아보겠습니다.

 잠깐 복습

자바의 기본 데이터 타입은 크게 논리 타입, (　　) 타입, (　　) 타입으로 나눌 수 있습니다.

5.2 정수 데이터 타입

먼저 가장 많이 사용되는 정수에 대해서 알아봅니다. 정수 데이터 타입은 입력받은 정수를 메모리에 저장하기 위해서 할당되는 메모리 크기에 따라서 **byte, short, int, long** 네 가지 타입으로 나뉘어집니다.

[직접 코딩해 보기] 여러 가지 정수 타입 사용하기

ch03/sec02/ex02/IntegerTypeTest.java

```java
package sec02.ex02;

public class IntegerTypeTest {
    public static void main(String[] args) {
        System.out.println(5);                              int 타입 정수(기본형)
        System.out.println(5 + 290);
        System.out.println(5 - 290);
        System.out.println(7L);                             long 타입 정수

        System.out.println(2147483647);
        System.out.println(2_147_483_647);                  긴 길이의 정수는 '_'를 사용하면
        System.out.println(1_234_567_000 + 222000);         편리합니다.

        System.out.println(-9223372036854775808L);
        System.out.println(9_223_372_036_854_775_807L);
        System.out.println(2_000_000_000_000L - 100_000L);
    }
}
```

[실행결과]

```
5
295
-285
7
2147483647
2147483647
1234789000
-9223372036854775808
9223372036854775807
1999999900000
```

다음은 자바에서 각각의 정수 타입에 대응하는 클래스의 속성으로 각 정수 리터럴의 최대값과 최소값을 출력하는 예제입니다.

[직접 코딩해 보기] 자바의 정수 타입의 최대값과 최소값

ch03/sec02/ex01/IntMinMaxValueTest.java

```
package sec02.ex01;

public class IntMinMaxValueTest {
    public static void main(String[] args) {
        System.out.println("byte 정수 최소값: " + Byte.MIN_VALUE + ", 최대값: " + Byte.MAX_VALUE);
        System.out.println("short 정수 최소값: " + Short.MIN_VALUE + ", 최대값: " + Short.MAX_VALUE);
        System.out.println("int 정수 최소값: " + Integer.MIN_VALUE + ", 최대값: " + Integer.MAX_VALUE);
        System.out.println("long 정수 최소값: " + Long.MIN_VALUE + ", 최대값: " + Long.MAX_VALUE);
    }
}
```

[실행결과]

```
byte 정수 최소값: -128, 최대값: 127
short 정수 최소값: -32768, 최대값: 32767
int 정수 최소값: -2147483648, 최대값: 2147483647
long 정수 최소값: -9223372036854775808, 최대값: 9223372036854775807
```

[참고] 자바에서 byte와 short 정수 타입이 있는 이유

- byte 정수는 배열이나 네트워크로 데이터 전송의 기본이 되는 정수 타입으로 많이 쓰입니다.
- short 정수는 사물인터넷(IOT, Internet of Things)이나 셋톱박스, 세탁기 등의 전자기기의 제어에 사용되는 자바 프로그램에서 다른 언어(C언어)의 2바이트 메모리 체계의 int 타입과 호환성을 유지하기 위해서 주로 사용됩니다.

정수 타입 변수 선언하기

본격적으로 정수 타입을 사용해 보겠습니다. 프로그래밍 시 데이터는 입력받은 후 대부분 변수에 저장해서 프로그램에서 사용합니다. 정수 타입을 나타내는 키워드들은 정수 타입 변수 선언 시 사용됩니다.

[직접 코딩해 보기] 정수 타입 변수 사용하기

ch03/sec02/ex01/IntVarTest.java

```
package sec02.ex03;

public class IntVarTest {
```

```java
    public static void main(String[] args) {
        byte b1 = 100; _____ byte 타입 변수 b1 선언 후 100으로 초기화합니다.
        short s1 = 30000; _____ short 타입 변수 s1선언 후 변수에 2byte를 할당합니다.

        int num1 = -1234567890;
        _____ int 타입 변수 num1 선언 후 변수에 4byte를 할당합니다.
        int num2 = 1_234_567_890;

        long num3 = 9223372036854775807L; _____long 타입 변수 num3 선언 후 변수에 8byte를 할당합니다.
        long num4 = -9_223_372_036_854_775_808L;

        System.out.println("b1=" + b1);
        System.out.println("s1=" + s1);
        System.out.println("num1=" + num1);
        System.out.println("num2=" + num2);
        System.out.println("num3=" + num3);
        System.out.println("num4=" + num4);
    }
}
```

[실행결과]

```
num1=-1234567890
num2=1234567890
num3=9223372036854775807
num4=-9223372036854775808
```

> **자바의 기본 정수는 int 타입입니다.**   TIP
> 자바는 여러 정수 타입을 제공합니다. 그러나 자바의 기본 정수는 int 타입입니다. 따라서 int 타입 정수를 사용하면 빠르
> 게 처리되므로 다른 정수 타입을 특별히 사용할 이유가 없으면 int 타입 정수를 사용하는 것이 좋습니다.

다음은 여러 진수들로 표현된 정수를 변수에 저장하는 방법입니다. 2진수는 숫자 앞에 '0b'가 붙습니다. 8진수는 숫자 앞에 '0'이 붙습니다. 16진수는 숫자 앞에 '0x'가 붙습니다. 자바에서 제공하는 Integer 클래스는 정수를 다른 진수의 값으로 변환하는 기능을 제공합니다(정수를 다른 진수로 변환하는 방법은 부록을 참고하세요).

[직접 코딩해 보기] 다른 진법으로 표현된 정수 데이터들

```java
package sec02.ex03;

public class BinOctHexTest {
    public static void main(String[] args) {
        int num1 = 200;
```

```
        int bin = 0b11010011; ------------------------------- 2진수를 변수에 저장합니다.
        int oct = 0110; ----------------------------------- 8진수를 변수에 저장합니다.
        int hex = 0x13FC;

    System.out.println("num = " + num1);
     System.out.println("bin = " + bin);
     System.out.println("oct = " + oct);                              toBinaryString() 메서드를 이용해서
     System.out.println("hex = " + hex);                        ---- 변수값을 2진수로 출력합니다.
     System.out.println("num1 = " + Integer.toBinaryString(num1));
     System.out.println("bin = " + Integer.toOctalString(bin));
     System.out.println("oct = " + Integer.toHexString(oct));          ------- toOctalString() 메서드를
   }                                                                           이용해서 변수값을
 }                              toHexString() 메서드를 이용해서 ----           8진수로 출력합니다.
                               변수값을 16진수로 출력합니다.
```

[실행결과]

```
num1 = 200
bin = 211
oct = 72
hex = 5116
num1 = 11001000
bin = 323
oct = 48
```

잠깐 복습 🔍

자바에선 (,   ,   ,   )의 4가지 정수 타입이 있습니다.

잠깐 복습 🔍

long 타입으로 변수를 선언하면 변수에는 몇 byte가 할당될까요?

① 2byte
② 4byte
③ 8byte
④ 16byte

오버플로우와 언더플로우

앞 절에서 각각의 정수 데이터를 저장하는 변수를 선언하면 각 정수 타입에 해당되는 크기의 메모리가 할당됩니다. 따라서 메모리에 저장되는 정수 값은 메모리가 표현할 수 있는 범위의 값이어야 합니다. 그런데 각각의 정수 타입의 표현 범위를 벗어나는 값을 변수에 저장하면 원래의 값이 아닌 다른 값이 저장됩니다.

다음은 int 타입 정수의 오버플로우가 일어나는 과정입니다. 프로그래밍 시 사용되는 정수는 2진수로 변환되어 4byte 크기의 메모리에 저장됩니다. 4byte 메모리에 저장할 수 있는 가장 큰 수는 +2147483647입니다. 그런데 이 최대값에 1을 더하면 최상위 bit만 제외하고 다른 비트들은 0이 됩니다. 컴퓨터는 최상위 bit를 부호 bit로 사용하는데 1은 음수로 인식합니다. 따라서 다른 모든 bit는 0이 되므로 최종적으로 -2147483648으로 인식합니다.

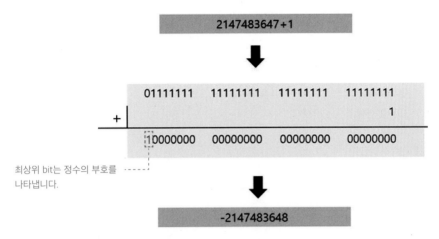

그림3-18 int 타입 정수의 오버플로우 과정

다음은 int 타입 정수의 언더플로우가 발생하는 과정입니다. -2147483648에서 -1을 빼면 그림처럼 최상위 bit의 1은 0이 되고, 다른 하위 bit들은 모두 1이 됩니다. 따라서 이번에는 최상위 부호 bit가 0이 되므로 컴퓨터는 결과값을 +2147483647로 인식합니다. 따라서 프로그래밍 시 정수를 다룰 때는 정수의 크기를 항상 고려해야 합니다.

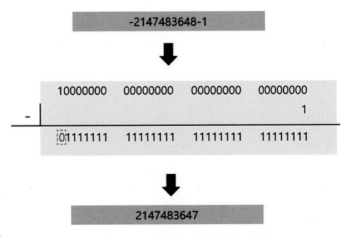

그림3-19 int 타입 정수의 언더플로우 과정

[직접 코딩해 보기] 정수의 오버플로우와 언더플로우

ch03/sec02/ex03/IntegerOverflowTest.java

```java
public class IntegerOverflowTest {
    public static void main(String[] args) {
        byte b1=127;
        short s1=32767;
        int num1=2147483647;
        int num2=-2147483648;
        long num3=9_223_372_036_854_775_807L;
        long num4=-9_223_372_036_854_775_808L;

        System.out.println("b1 = " + b1);
        System.out.println("s1 = " + s1);
        System.out.println("num1 = " + num1);
        System.out.println("num2 = " + num2);
        System.out.println("num3 = " + num3);
        System.out.println("num4 = " + num4);
        System.out.println();

//      b1 = b1 + 1; _____ byte 정수를 연산한 결과값은 int 정수로 자동 변환됩니다.
//      s1 = s1 + 1; _____ short 정수를 연산한 결과값은 int 정수로 자동 변환됩니다.
        num1 = num1 + 1; _____ 언더플로우가 발생합니다.
        num2 = num2 - 1; _____ 오버플로우가 발생합니다.
        num3 = num3 + 1; _____ 오버플로우가 발생합니다.
        num4 = num4 - 1; _____ 언더플로우가 발생합니다.

//      System.out.println("b1 + 1 = " + b1);
//      System.out.println("s1 = " + s1);
        System.out.println("num1 = " + num1);
        System.out.println("num2 = " + num2);
        System.out.println("num3 = " + num3);
        System.out.println("num4 = " + num4);
    }
}
```

[실행결과]

```
b1 = 127
s1 = 32767
num1 = 2147483647
num2 = -2147483648
num3 = 9223372036854775807
```

```
num4  =  -9223372036854775808


num1  =  -2147483648
num2  =  2147483647
num3  =  -9223372036854775808
num4  =  9223372036854775807
```

잠깐 복습 🔍

다음 중 오버플로우가 발생하는 것을 고르세요.

a. int num1= 32767+1;

b. short s1= 127+1;

c. byte s1=127+1;

d. int num1= 65535+1;

e. long num1= -9223372036854775808L+1L;

5.3 문자(char) 타입

이번에는 문자 타입 데이터를 알아보겠습니다.

문자 타입 데이터는 '**a**', '**A**', '**홍**', '**가**'처럼 한 개의 문자를 작은따옴표(' ')로 감싼 데이터를 의미합니다. 키보드로 문자를 입력하면 컴퓨터는 해당 문자를 2byte로 이루어진 고유의 정수로 변환 후, 저장하거나 처리합니다.

각각의 문자에 대한 고유값을 **유니코드(Unicode)**라고 부릅니다. 따라서 자바는 문자 타입 데이터를 다루기 위해서 char 타입을 사용하여 2byte를 문자에 할당합니다. 각 문자에 대한 유니코드는 부록을 참고해 주세요. 다음은 char 키워드를 이용해서 문자 타입 변수를 선언하는 형식입니다. 변수에 문자를 대입하면 메모리의 2byte에는 해당 문자의 유니코드가 저장됩니다.

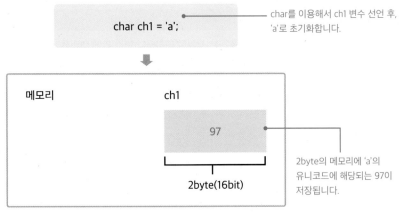

그림3-20 문자 타입 변수에 문자 데이터 저장 과정

char 타입 변수를 이용해서 문자를 저장 후, 출력해 보겠습니다. char 타입 변수를 문자로 초기화하면 변수에는 해당 문자의 유니코드로 초기화됩니다.

[직접 코딩해 보기] 문자 타입 변수 선언 후 값 출력하기

ch03/sec03/ex01/CharDeclTest.java

```
package sec03.ex01;

public class CharDeclTest {
    public static void main(String[] args) {
        char ch1 = 'a';                            char 타입 변수를 선언 후 문자로 초기화합니다.
        char ch2 = '가';
//      char ch3 = 'ab';                           문자형 변수는 한 개의 문자만 저장합니다.
//      char ch4 = "a";                            문자형 변수에 문자열을 대입하면 에러가
                                                   발생합니다.

        System.out.println(ch1);
        System.out.println(ch2);
        System.out.println();
                                          ┌------ int를 이용해서 'a'를 정수로 변환 후
        System.out.println(ch1 + "의 유니코드 = " + (int)ch1);   'a'에 대한 유니코드를 출력합니다.
        System.out.println(ch2 + "의 유니코드 = " + (int)ch2);
    }                                     └------ int를 이용해서 'b'를 정수로 변환 후
}                                                'b'에 대한 유니코드를 출력합니다.
```

[실행결과]

```
a
가

a의 유니코드 = 97
가의 유니코드 = 44032
```

[참고] 문자를 정수로 타입변환하기

문자나 char 타입 변수 앞에 (int)를 사용하는 것처럼 데이터나 변수 앞에 타입을 나타내는 키워드를 표시하면 값을 해당 키워드의 타입으로 바꾸라는 의미입니다. 자세한 것은 타입 변환 부분에서 알아보겠습니다.

이번에는 유니코드를 변수에 저장한 후, 문자로 변경해서 출력해 보겠습니다. 프로그래밍 시 문자 타입 데이터의 유니코드를 이용할 수도 있습니다. 또 문자 타입 변수의 값을 변경해서 소문자를 대문자로 출력해 보겠습니다. 알파벳 소문자들은 대문자보다 32가 더 큽니다('a'의 유니코드는 97 입니다). 따라서 소문자의 유니코드에 32를 빼주면 대문자를 얻을 수 있습니다. 그러나 자바에선

문자 타입 변수에 32를 빼면 정수를 결과값으로 반환합니다. 해당 정수값을 문자로 출력하기 위해서는 (char)를 이용해서 타입 변환을 해 주어야 합니다.

[직접 코딩해 보기] 소문자를 대문자로 바꾸기

ch03/sec03/ex01/ CharConversionTest.java

```java
package sec03.ex01;

public class CharConversionTest {
    public static void main(String[] args) {
        char ch1 = 'h';
        char ch2 = 'e';
        char ch3 = 'l';
        char ch4 = 'l';
        char ch5 = 'o';

        System.out.print(ch1);
        System.out.print(ch2);
        System.out.print(ch3);
        System.out.print(ch4);
        System.out.print(ch5);
        System.out.println();

        System.out.print(ch1 - 32); ------------------- char 타입 변수에 32를 빼면 결과값은 72입니다.
        System.out.print(ch2 - 32);
        System.out.print(ch3 - 32);
        System.out.print(ch4 - 32);
        System.out.print(ch5 - 32);
        System.out.println();

        System.out.print((char)(ch1 - 32));
        System.out.print((char)(ch2 - 32));
        System.out.print((char)(ch3 - 32));
        System.out.print((char)(ch4 - 32));
        System.out.print((char)(ch5 - 32));
    }
}
```

[실행결과]

```
hello
7269767679
HELLO
```

TIP

변수는 의도에 맞게 사용해야 합니다

문자 타입 데이터는 프로그래밍 시 유니코드로 변환되어서 처리됩니다. 유니코드는 정수이므로 다른 정수와 연산이 가능합니다. 그러나 문자 타입 변수 사용 시 원래 변수의 목적에 맞게 사용하는 것이 좋습니다. 즉 int 타입 변수에는 정수를 저장해서 사용하고 char 타입 변수에는 문자를 저장해서 사용해야 가독성 좋게 코드를 작성할 수 있습니다.

[직접 코딩해 보기] 변수에 다른 데이터 저장해서 출력하기

```java
package sec03.ex01;

public class CharVarUseTest {
    public static void main(String[] args) {
        int univNum = 0; _____ 전국 대학 수를 저장하는 정수 타입 변수를 선언합니다.
        char grade = 'A'; _____ 학점을 저장하는 문자 타입 변수를 선언합니다.

        //좋은 변수 사용법
        univNum = 235; _____ 정수 타입 변수에 대학 수를 의미하는 정수 235를 저장합니다.
        grade = 'F'; _____ char 타입 변수에 학점 'F'를 저장합니다.
        System.out.println("국내 대학수: " + univNum + ", 학점: " + grade);

        //좋지 않은 변수 사용법
        univNum = grade + 210; _____ 정수 타입 변수에 문자를 저장하는 것은 좋은 사용법이 아닙니다.
        grade = 97 - 32; _____ char 타입 변수에 정수를 저장하는 것은 좋은 사용법이 아닙니다.
        System.out.println("국내 대학수: " + univNum + ", 학점: " + grade);
    }
}
```

[실행결과]

```
국내 대학수: 235, 학점: F
국내 대학수: 280, 학점: A
```

잠깐 복습 🔍

다음 중 변수에 문자를 저장하는 방법으로 옳은 것은?

a. char ch1= a;

b. char ch1 = "a";

c. char ch1 = 'a';

d. char ch1 = 'abcd';

e. char ch1 = abcd;

이스케이프(Escape) 문자

영문이나 한글 문자 외에 자바는 키보드의 Tab 키나 Enter 의 기능에 해당되는 특수문자들을 프로그래밍에서 사용할 수 있습니다. 이처럼 키보드의 특수문자들을 이스케이프(Escape) 문자라고 부릅니다. 이런 문자들은 앞에 '\(역슬래시)'를 붙여서 사용합니다. 다음 표는 여러 가지 이스케이프 문자의 기능을 나타냅니다.

이스케이프 문자	의미
\t	탭
\n	개행 문자
\r	열 복귀(다음 줄 맨 앞으로 이동)
\"	이중 인용 부호(')
\'	단일 인용 부호(")
\\	백슬래시(\)
\u16진수	16진수 유니코드에 해당되는 문자 출력

표3-6 여러가지 이스케이프 문자

다음은 이스케이프 문자를 적용해서 문자를 출력합니다. 작은 따옴표(')나 큰 따옴표(")를 문자로 사용하기 위해서 \(역슬래시)를 붙여서 사용합니다.

[직접 코딩해 보기] 이스케이프 문자 사용해 보기

ch03/sec03/ex03/EscapeTest.java

```
package sec03.ex02;

public class EscapeTest {
    public static void main(String[] args) {
        String str1 = "Hello World!";
        String str2 = "Hello \nWorld!";        \n 뒤에 오는 문자열을 다음 줄에 출력합니다(개행).
        String str3 = "Hello \tWorld!";        \t 다음의 문자열을 한 탭 띄어서 출력합니다.
        String str4 = "Hello \rWorld!";        \r 뒤에 오는 문자열을 다음 줄에 출력합니다(개행).
        String str5 = "\'Hello World!\'";      \'를 이용해서 문자열 양단에 작은 따옴표(')를 출력합니다.
        String str6 = "\"Hello World!\"";      \"를 이용해서 문자열 양단에 큰 따옴표(")를 출력합니다.
        String str7 = "\\Hello World!\\";      \\를 이용해서 문자열 양단에 \(역슬래시)를 출력합니다.

        System.out.println(str1);
        System.out.println(str2);
        System.out.println(str3);
        System.out.println(str4);
        System.out.println(str5);
```

```
        System.out.println(str6);
        System.out.println(str7);
    }
}
```

[실행결과]

```
package
Hello
World!
Hello    World!
Hello
World!
'Hello World!'
"Hello World!"
\Hello World!\
```

[참고] '\n'과 '\r'의 유래

'\n'(LINE FEED)와 '\r'(CARRIAGE RETURN)은 이 전에 문서 작업에 쓰던 타자기에서 나온 용어입니다. 타자기에서 줄 바꿈을 하려면 종이를 오른쪽으로 쭉 밀고, 다시 종이를 한 줄만큼 위로 올립니다. 이렇게 종이를 위로 올리는 행동을 개 행(LINE FEED)이라고 하고, 오른쪽으로 밀어서 처음으로 오게 하는 행동을 복귀(CARRIAGE RETURN)라고 합니다. 이제 타자기는 사라지고 컴퓨터와 키보드로 대체되었지만 타자기의 흔적이 완전히 사라지지 않고 남은 것이 '\n'(LINE FEED), '\r'(CARRIAGE RETURN) 입니다. 윈도우 운영체제에서는 둘 다 줄바꿈 기능으로 사용되고 있으나 운영체제마 다 조금씩 차이가 있습니다.

잠깐 복습

다음의 실행 결과가 나오기 위해서 ch1의 값을 설정해 주세요.

char ch1 = '?';

System.out.print("Hello");
System.out.print(ch1);
System.out.print(ch1);
System.out.print("World!");

[실행결과]

100   초보 개발자를 위한 자바

5.4 실수 타입

이번에는 실수 타입에 대해서 알아보겠습니다. 일상 생활에서 사용하는 실수는 3.9, 5.0, 3.1415 와 같이 소수점이 있는 수를 의미합니다. 자바의 실수도 동일하게 소수점을 가지는 수를 의미합니다. 표3-7은 자바에서 사용되는 실수 타입 데이터에 할당되는 메모리 크기와 메모리에 저장할 수 있는 값의 범위입니다. 실수를 메모리에 저장 시 할당되는 메모리의 크기에 따라 float와 double 로 나뉩니다. 실수는 정수와 달리 메모리에 저장되는 방식이 정수와 다릅니다. 자바의 실수 저장 방법은 부록을 참고해 주세요(여기에 나오는 내용은 외울 필요는 없으며 필요시 찾아서 사용하면 됩니다).

자바에선 큰 실수나 작은 실수를 표현할 때 지수 표기법(exponential notation)을 사용합니다. 지수 표기법은 과학적 표기법(scientific notation)이라고도 합니다.

- 실수e+지수 : 실수 * 10의 거듭제곱입니다. 3.5e+3이라면, 3.5×10^3 = 3.5*1000=3500입니다.
- 실수e-지수: 실수 * (1/10의 거듭제곱)입니다. 3.5e-3이라면 3.5×10^{-3} = $3.5 \times (1/1000)$ = 0.0035입니다.

컴퓨터는 숫자를 0과 1로 저장하는데 실제 실수가 정확하게 2진수로 변환되지 않는 경우가 있습니다. 따라서 실수를 메모리에 저장하면 오차가 발생할 수 있기 때문에 float 타입의 유효 자릿수는 7 자리이고, double 타입은 16자리입니다.

데이터 타입	크기	범위	유효자릿수
float	4바이트(32비트)	$-3.4 \times 10^{38} \sim 3.4 \times 10^{38}$	7
double	8바이트(64비트)	$-1.8 \times 10^{308} \sim 1.8 \times 10^{308}$	16

표3-7 실수 자료형의 크기와 표현 범위

다음은 자바에서 사용되는 여러 가지 실수들의 표현법입니다.

- 자바의 실수에서 'f'나 'F'를 붙이면 float 타입 실수를 의미합니다.
- 자바의 실수에서 'd'나 'D'를 붙이면 double 타입 실수를 의미합니다.
- 자바의 실수에서 'e'나 'E'는 기수 10을 의미합니다($5e2 = 5 \times 10^2$입니다).

다음은 여러 가지 실수를 출력하는 예제입니다.

[직접 코딩해 보기] 여러 가지 자바 실수 표현법

ch03/sec04/ex01/FloatDoubleValueTest.java

```
package sec04.ex01;
```

```java
public class FloatDoubleValueTest {
    public static void main(String[] args) {
        System.out.println("float 최소값:" + Float.MIN_VALUE);
        System.out.println("float 최대값:" + Float.MAX_VALUE);
        System.out.println("double 최소값:" + Double.MIN_VALUE);
        System.out.println("double 최대값:" + Double.MAX_VALUE);

//      float와 double형 실수 표현법
        System.out.println(1.23456F);----------------------float 타입 실수입니다.
        System.out.println(1.23456d);--------------------double 타입 실수입니다.
        System.out.println(1.23456);---------------------1.23456d와 같습니다.

        System.out.println(123.0);
        System.out.println(123.)---------------------------- 소수점 이하 0은 생략할 수 있습니다.
        System.out.println(.28);--------------------------- 정수 부분의 0은 생략할 수 있습니다.

//      지수 표현법
        System.out.println(2e+10);
        System.out.println(9.26E3);
        System.out.println(0.67e-7);

//      정밀도                                          ,--- float 타입 실수의 유효 자릿수는 7자리입니다.
        System.out.println(3.141592653589793238462643383271F);
        System.out.println(3.141592653589793238462643383271d);
    }
                                                        '---- double 타입 실수의 유효 자릿수는 16자리입니다.
}
```

[실행결과]

```
float 최소값:1.4E-45
float 최대값:3.4028235E38
double 최소값:4.9E-324
double 최대값:1.7976931348623157E308
1.23456
1.23456
1.23456

123.0
123.0
0.28
2.0E10
9260.0
6.7E-8
```

```
3.1415927
3.141592653589793
```

[참고] 자바의 기본 실수 타입은 double입니다.

자바의 기본 정수 타입은 int입니다. 동일하게 자바의 기본 실수는 double 타입입니다. 프로그래밍 시 특별한 경우가 아니면 실수는 double 타입으로 사용하는 것이 좋습니다.

다음은 실수 타입 변수 사용 예제입니다.

[직접 코딩해 보기] 자바 실수 변수 사용하기

ch03.sec04/ex01/FloatDoubleVarTest/java

```java
package sec04.ex01;

public class FloatDoubleVarTest {
    public static void main(String[] args) {
        float num1 = 1.23456F;
        double num2 = 1.23456d;
        double num3 = 1.23456;                          ------- 자바의 기본 실수는 double 타입입니다.

        System.out.println("num1 = " + num1);
        System.out.println("num2 = " + num2);
        System.out.println("num3 = " + num3);
        System.out.println();
//      num1 = .28;                                     ------- 자바의 실수는 double이 기본 타입이므로
                                                                float 타입 변수에 할당하면 에러가 발생합니다.
//      num2 = .28F;                                    ------- 자동으로 double 타입 실수 0.28d로 변환되어서
                                                                변수에 저장됩니다.
//      변수에 지수형 실수 대입하기
        num1 = .28F;
        num2 = 2e+10;
        num3 = 9.26E3;
        System.out.println("num1 = " + num1);
        System.out.println("num2 = " + num2);
        System.out.println("num3 = " + num3);
    }
}
```

[실행결과]

```
num1 = 1.23456
num2 = 1.23456
num3 = 1.23456
```

```
num1 = 0.28
num2 = 2.0E10
num3 = 9260.0
```

잠깐 복습 🔍 ....

각각의 대입되는 값을 저장할 수 있는 변수의 타입을 선언해 보세요.

① _____ num1 = 1.23456F;

② _____ num2 = 1.23456d;

③ _____ num3 = 1.23456;

④ _____ num4 = 11.F + 302.34;

....

5.5 논리(boolean) 타입

논리 타입은 참이나 거짓을 나타냅니다. 논리 타입 데이터의 값은 true와 false 중 하나입니다. 실제 값을 저장하는 공간은 1byte 중에 1bit만 사용합니다. 논리 타입 데이터는 주로 조건문이나 반복문에서 실행 흐름을 제어하는 역할을 합니다.

데이터 타입	키워드	크기	기본값	표현 범위
논리 타입	boolean	1바이트(1비트)	false	true, false

표3-8 논리 자료 타입의 특징

다음은 논리 타입 데이터를 사용하는 예제입니다. 논리 타입 변수에는 true와 false만 저장할 수 있습니다.

[직접 코딩해 보기] 논리 타입 데이터와 변수 사용하기

ch03/sec04/ex01/BooleanTest.java

```
package sec04.ex02;

public class BooleanTest {
    public static void main(String[] args) {
        boolean b1 = true;
//      boolean b1 = "true";     --------------------------- 문자열 "true"를 저장하면 에러가 발생합니다.
        System.out.println("b1 = " + b1);

//      b1 = 5;          --------------------------------- 논리 타입 변수에는 true, false만 저장 가능합니다.
//      b1 = "false";    ------------------------------- 에러가 발생합니다.
        b1 = false;
        System.out.println("b1 = " + b1);
```

```java
    if(b1) {
        System.out.println("참입니다.");
    }else {
        System.out.println("거짓입니다.");
    }
```

변수 b1이 false이므로 else 구문이 실행됩니다.

```java
    boolean b2 = false;
    b2 = Boolean.parseBoolean("true");
    System.out.println("b2 = " + b2);
    }
}
```

Boolean 클래스의 parseBoolean() 메서드를
이용해서 "true"를 true로 변환합니다.

[실행결과]

```
b1 = true
b1 = false
거짓입니다.
b2 = true
```

잠깐 복습 🔍

boolean bool = (?);

① "true"

② false

③ 3

> 요점 정리 ←

- 자바의 정수 타입 데이터는 저장하는 메모리의 크기에 따라서 byte, short, int, long의 4가지가 있습니다.
- 자바의 문자(char) 타입 데이터는 한 개의 문자를 작은 따옴표(")로 묶어서 표현합니다.
- 자바의 실수 타입 데이터는 저장하는 메모리의 크기에 따라서 float와 double의 2가지가 있습니다.
- 자바의 논리 타입 데이터는 true와 false의 두 가지의 값만 가집니다.

6 타입 변환

지금까지는 같은 데이터 타입끼리 연산하는 방법만을 알아봤습니다. 그런데 다른 타입의 데이터들끼리 연산을 하면 어떻게 될까요? 일상 생활에서도 우리는 자주 다른 타입의 데이터들끼리 계산하는 경우가 있습니다. 예를 들어, 실수 5.5과 정수 10을 더하면 우리는 쉽게 15.5를 계산합니다. 우리는 자연스럽게 정수 10을 실수 10.0으로 변환시킨 후 5.5와 더합니다.

자바도 가능하면 사람에게 익숙한 방법으로 타입 변환 기능을 제공하는 편입니다. 자바에서도 동일한 과정으로 다른 타입인 데이터들의 연산을 하고 있습니다.

6.1 자동 타입 변환

일상 생활에서도 정수는 실수로 표현할 수 있듯이 자바에서도 정수와 실수를 함께 연산하면 정수는 표현 범위가 더 큰 실수로 자동 변환됩니다. 따라서 결과값은 모두 실수가 됩니다.

- 자바는 다른 데이터 타입끼리 연산 시 컴파일러에서 자동 타입 변환을 수행합니다.
- 데이터 타입은 크기가 큰 쪽, 표현 범위가 넓은 쪽으로 자동 변환됩니다.
- 큰 데이터 타입 변환 시 값은 원래의 값을 유지합니다.

다음은 자바에서 다른 데이터 타입끼리 연산 시 큰 타입으로 변환되는 순서를 나타냅니다. 다른 데이터 타입 사이의 값 저장 여부는 일상 생활에서 작은 상자의 물건은 더 큰 상자에 담을 수 있어도 큰 상자의 물건은 작은 상자에 모두 담을 수 없는 것과 같은 이치로 생각하면 알 수 있습니다.

그림3-21 더 큰 데이터 타입으로 자동 변환되는 과정

수치 타입과 논리 타입은
서로 변환되지 않습니다.

다음은 자동 타입 변환 실습 예제입니다. 다른 종류의 데이터를 연산하면 먼저 큰 타입을 기준으로 자동 타입 변환 후 연산합니다. 따라서 결과는 큰 타입이 됩니다.

[직접 코딩해 보기] 자동 타입 변환하기

ch03/sec04/ex02/DataPromotionTest.java

```java
package sec05.ex01;

public class DataPromotionTest {
    public static void main(String[] args) {
        byte bVar1 = 12;
        int iVar1 = bVar1;                      bVar1의 값 12가 int 타입으로 자동 변환됩니다.
        System.out.println("iVar : " + iVar1);

        short sVar1 = 17;
        iVar1 = sVar1;                          sVar1의 값 17이 int 타입으로 자동 변환됩니다.
        System.out.println("iVar : " + iVar1);

        long lVar1 = bVar1 ;
        lVar1 = sVar1;
        lVar1 = iVar1;                          iVar1의 값이 long 타입으로 자동 변환됩니다.
        System.out.println("lVar1 : " + lVar1);

        System.out.println(lVar1 + 50.5F);      다른 데이터 타입끼리의 연산 시 큰 타입으로 변환됩니다.

        float fVar1 = lVar1;                     long 타입 정수가 float 타입 실수로 자동 변환됩니다.
        System.out.println("fVar1 : " + fVar1);

        fVar1 = 103.25F;
        double dVar1 = fVar1;                    float 타입 실수가 double 타입 실수로 자동 변환됩니다.
        System.out.println("dVar1 : " + dVar1);
    }
}
```

[실행결과]

```
iVar : 12
iVar : 17
iVar1 : 17
67.5
fVar1 : 17.0
103.25
dVar1 : 103.25
```

6.2 강제 타입 변환

일상 생활에서 우리는 대개 물건값이나 고지서의 요금을 볼 때 복잡한 소수점 이하를 버리고 정수부분만 봅니다. 자바에서도 원래의 데이터를 강제로 다른 데이터 타입으로 변환하는 기능을 제공합니다. 강제 타입 변환은 자동 타입 변환과는 달리 각각의 데이터 타입의 키워드를 데이터나 변수 앞에 붙여서 명시적으로 타입 변환을 합니다.

다음은 강제로 타입을 변환하는 형식입니다. 3.141592F를 int를 이용해서 타입을 변환하면 변수 num1에는 소수점 이하는 버려지고 정수 부분 3만 저장됩니다.

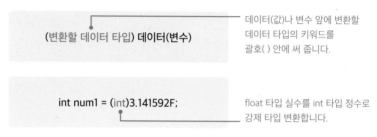

(변환할 데이터 타입) 데이터(변수) 데이터(값)나 변수 앞에 변환할 데이터 타입의 키워드를 괄호( ) 안에 써 줍니다.

int num1 = (int)3.141592F; float 타입 실수를 int 타입 정수로 강제 타입 변환합니다.

그림3-22 (int)타입으로 강제 타입 변환 과정

다음은 정수의 강제 타입 변환 예제입니다. 자바에선 정수를 정수로 나누면 결과값은 정수가 됩니다.

[직접 코딩해 보기] 정수의 타입을 강제로 변환하기

ch03/sec05/ex01/IntTypeCastingTest.java

```
package sec05.ex01;

public class IntTypeCastingTest {
    public static void main(String[] args) {
        byte bVar1 = 12;
        byte bVar2 = 17;
//      byte bVar3 = bVar1 + bVar2; ........... 자바에선 byte 타입끼리의 연산 결과는 int 타입으로 자동 변환됩니다.
        byte bVar3 = (byte)(bVar1 + bVar2); ................ int 타입은 byte 타입으로 강제 변환됩니다.
        System.out.println("bVar3 = " + bVar3);

//      bVar3 = 100 + 120;
        bVar3 = (byte)(100 + 120); ........................ byte 타입으로 강제 변환 후, 변수에 대입 시
        System.out.println("bVar3 = " + bVar3);            오버플로우가 발생합니다.

        short sVar1 = 12;
        short sVar2 = 17;
```

```
//      short sVar3 = sVar1 + sVar2;                              자바에선 short 타입 데이터끼리의 연산 결과는
                                            in 타입으로 자동 변환됩니다.
        short sVar3 = (short)(sVar1 + sVar2);                    short 타입 데이터로 강제 변환합니다.
        System.out.println("sVar3 = " + sVar3);


//      sVar3 = 20000 + 22000;                          더하기의 결과값은 int 타입이므로 에러가 발생합니다.
        sVar3 = (short)(20000 + 22000);                 오버플로우가 발생합니다.
        System.out.println("sVar3 = " + sVar3);


        int iVar1 = 20000 + 22000;
        System.out.println("iVar1 = " + iVar1);


        int iVar2 = (int)(3.141592);                    double 타입 실수를 int 타입 정수로 강제 변환합니다.
        System.out.println("iVar2 = " + iVar2);


        int iVar3 = 5 / 2;                              자바에선 정수를 정수로 나누면 결과값은 정수를 반환합니다.
        System.out.println("iVar3 = " + iVar3);


        char cVar1 = 'A';
        int iVar4 = (int)cVar1;                         유니코드를 int 타입으로 강제 변환합니다.
        System.out.println("iVar4 = " + iVar4);
    }
}
```

[실행결과]

```
bVar3 = 29
bVar3 = -36
sVar3 = 29
sVar3 = -23536
iVar1 = 42000
iVar2 = 3
iVar3 = 2
iVar4 = 65
```

[참고] byte 타입과 short 타입 정수가 연산 후 결과값을 자동으로 int 타입으로 변환하는 이유

[표3-5]를 보면 byte와 short 타입 정수들은 int 타입에 비해서 표현 범위가 작습니다. 따라서 두 정수 타입끼리 연산한 결과값은 표현 범위를 넘어버리는 오버플로우가 자주 발생합니다. 오버플로우가 발생하면 정확한 값이 아닌 다른 값이 변수에 저장되어 여러 가지 문제를 일으킬 수 있습니다. 예를 들어 계산한 정수 데이터가 금액에 관한 것이라면 아주 난처한 일이 발생할 수 있겠죠. 그래서 자바는 작은 정수 타입인 byte와 short의 연산 결과는 int 타입으로 자동 변환시켜 버립니다.

다음은 실수의 강제 타입 변환 예제입니다. 사칙연산에서 실수와 정수가 섞여서 사용되는 경우에는 데이터들 중에서 가장 큰 데이터 타입을 기준으로 다른 데이터들이 자동 변환됩니다.

[직접 코딩해 보기] 실수들의 강제 타입 변환

```
package sec05.ex01;

public class FloatTypeCastingTest {
    public static void main(String[] args) {
        float fVar1 =  3.25F;
//      fVar1 = 3.25;_____ double 타입을 대입하면 에러가 발생합니다.
        fVar1 = (float)3.25; _____ double 타입 실수를 강제 변환 후 float 타입 변수에 대입합니다.

        System.out.println("fVar1 = " + fVar1);

        float fVar2 = 3.25F + 3.5F;
//      float fVar3 = 3.25F + 3.5; _____ 두 개의 다른 실수를 더하면 결과값은 더 큰 double 타입 실수가 됩니다.
        System.out.println("fVar2 = " + fVar2);

        float fVar3 = (float)(3.25F + 10.5);_____ 더한 결과를 float로 강제 변환 후 대입합니다.
        System.out.println("fVar3 = " + fVar3);

        double dVar1 = 5.25;
        System.out.println("dVar1 = " + dVar1);

        double dVar2 = 13.25F; _____ 작은 타입을 큰 타입에 대입하면 자동으로 큰 타입으로 변환됩니다.
        System.out.println("dVar2 = " + dVar2);

        double dVar3 = 5.25F + 13.5;
        System.out.println("dVar3 = " + dVar3);

        double dVar4 = 5 / 2.0; _____ 정수를 double 타입 실수로 나누면 정수는 double 타입 실수로 변환됩니다.
        System.out.println("dVar4 = " + dVar4);

        dVar4 = (double)5 / (double)2;  _____ 5와 2를 double 타입으로 변환 후 나누기를 합니다.
        System.out.println("dVar4 = " + dVar4);

        dVar4 = (double)5 / 2; _____ 5를 double 타입으로 변환 후 정수로 나누면 정수가 double 타입으로 자동 변환됩니다.
        System.out.println("dVar4 = " + dVar4);

        final float PI = 3.141592F;
        double area = 0.0;
        int radius = 15;
```

```
        area = PI * radius * radius; --------------- 최종적으로 double 타입으로 변환 후 변수에 대입됩니다.
        System.out.println("원의 넓이 : " + area);
    }
}
```

[실행결과]

```
fVar1 = 3.25
fVar2 = 6.75
fVar3 = 13.75
dVar1 = 5.25
dVar2 = 13.25
dVar3 = 18.75
dVar4 = 2.5
dVar4 = 2.5
dVar4 = 2.5
원의 넓이 : 706.858154296875
```

잠깐 복습 🔍

다음 코드에서 result의 값은?

int score = 95;

float result = 0.0F;

result = score / 4.0F;

→ 요점 정리 ←

- 자바 타입 변환은 8개의 기본 타입 데이터 중에서 수치 타입 데이터 사이에서만 가능합니다.

- 수치 타입과 논리 타입 사이에선 타입 변환이 불가능합니다.

- 기본 타입과 참조 타입 사이에선 타입 변환이 불가능합니다.

7 콘솔로 값 출력하기

지금까지 print() 메서드나 println() 메서드를 이용해서 여러 값들을 콘솔로 출력했습니다. 특히 큰 실수를 출력할 경우 지수 형식으로 출력했습니다. 그리고 double 타입은 소수점 16자리까지 출력했습니다. 그런데 사용자 입장에서는 지수 형식보다는 소수점으로 표시되는 실수가 더 익숙합니다. 그리고 유효 숫자도 사용자에 따라서 적게 또는 더 많이 표시되기를 원합니다. 이번에는 printf() 메서드를 이용해서 원하는 형식으로 출력하는 방법을 알아보겠습니다.

7.1 printf() 메서드 출력 형식과 서식 지정자 종류

다음은 printf 메서드의 출력 형식과 서식 지정자 종류를 나타냅니다.

System.out.printf('%' + 옵션 + '서식지정자', 값1, …)

그림3-23 printf() 메서드의 출력 형식

- 옵션: 출력 값의 필드 폭과 소수점 이하 자릿수 지정
- 서식지정자: 출력될 데이터 타입 지정
- 예) System.out.printf("%-6.3f", 3.1415);
  > 출력 공간을 6칸 확보한 후, 왼쪽부터 소수점 아래 3자리까지 실수로 출력
  > 출력 결과: 3.142_(네 번째 자리는 반올림됩니다)

다음은 printf() 메서드에서 사용되는 서식 지정자들의 종류입니다.

서식 지정자	출력 형태
%d	10진수 정수로 출력
%o	8진수 정수로 출력
%x	16진수 정수로 출력
%f	10진수 실수로 출력
%e	지수 형식으로 실수 출력
%c	문자로 출력
%s	문자열로 출력

표3-9 여러 가지 서식 지정자들

7.2 printf() 메서드로 정수 출력하기

서식 지정자를 이용해서 정수를 출력해 보겠습니다. 정수 출력 서식 지정자와 옵션을 이용해서 여러 가지 형태로 정수를 출력할 수 있습니다.

[직접 코딩해 보기] 여러 서식 지정자로 정수 출력하기

sec05/ex02/IntPrintfTest.java

```java
package sec05.ex02;

public class PrintfIntTest {
    public static void main(String[] args) {
        int num1 = 543;
        System.out.printf("%d\n", num1);                   _____ 543을 10진수로 출력한 후 개행하라는 의미입니다.
        System.out.printf("num1의 값은 %d입니다.\n", num1);
        System.out.printf("%10d\n", num1);                 _____ 10칸을 확보한 후 오른쪽부터 채우면서 출력합니다.
        System.out.printf("%-10d\n", num1);                _____ 10칸을 확보한 후 왼쪽부터 채우면서 출력합니다.
        System.out.printf("%010d\n\n", num1);              _____ 10칸을 확보한 후 오른쪽부터 채우면서 출력하되,
                                                                    빈칸은 '0'으로 채웁니다.
        System.out.printf("%o\n", num1);                   _____ 정수를 8진수로 출력합니다.
        System.out.printf("%x\n", num1);                   _____ 정수를 16진수로 출력합니다.
        System.out.printf("%X\n", num1);
        System.out.printf("%%d = %d 출력", 500);            _____ "%" 기호를 출력하기 위해서는 앞에 "%" 기호를 추가합니다.
    }
}
```

[실행결과]

```
543
num1의 값은 543입니다.
       543
543
0000000543

1037
21f
21F
%d = 500 출력
```

이번에는 실수를 서식 지정자를 이용해서 원하는 형식으로 출력하는 예제입니다.

[직접 코딩해 보기] 여러 서식 지정자로 실수 출력하기

ch03/sec05/ex02/RealNumPrintfTest.java

```
package sec05.ex02;

public class RealNumPrintfTest {
    public static void main(String[] args) {
        float num1 = 6.5E5F;
        double num2 = 7.654321E-5d;
        double num3 = 3123.14159234234563;

        System.out.printf("%f\n", num1);
        System.out.printf("%15.5f\n", num1);
        System.out.printf("%-15.05f\n\n", num1);

        System.out.printf("%f\n", num2);
        System.out.printf("%15.9f\n", num2);
        System.out.printf("%-15.09f\n\n", num2);

        System.out.printf("%e\n", num3);
        System.out.printf("%15.7e\n", num3);
        System.out.printf("%-15.07e\n", num3);
    }
}
```

15칸을 확보한 후 왼쪽부터 채우면서 소수점 이하 5자리까지 실수를 표시합니다(6자리에서 반올림됩니다).

15칸을 확보한 후 오른쪽부터 채우면서 소수점 이하 5자리까지 실수를 표시합니다(6자리에서 반올림됩니다).

실수를 지수 형식으로 출력합니다.

[실행결과]

```
650000.000000
      650000.00000
650000.00000

0.000077
      0.000076543
0.000076543
3.123142e+03
   3.1231416e+03
3.1231416e+03
```

잠깐 복습 🔍

다음과 같이 정수를 출력시키는 printf() 메서드를 모두 고르세요('_'는 빈칸을 의미합니다).

```
_ _ _ _ _12395
```

a. System.out.printf("%d",12395);

b. System.out.print("%10d, 12395);

c. System.out.printf("%10d", 12395);

d. System.out.printf("%-10d", 12395);

e. System.out.println("%-10d", 12395);

7.3 printf() 메서드를 이용해서 문자와 문자열 출력하기

이번에는 printf() 메서드를 이용해서 문자와 문자열을 출력해 보겠습니다.

[직접 코딩해 보기] 서식 지정자를 이용해서 문자와 문자열 출력하기

sec05/ex03/StringCharPrintfTest.java

```
package sec05.ex03;

public class StringPrintfTest {
    public static void main(String[] args) {
        String str = "Hello, World!";
        String name = "홍길동";
        char grade = 'A';        ,------------ 문자열을 출력합니다.
        System.out.printf("%s\n", str);
//      System.out.printf("%f\n", str);_____ 출력할 데이터 타입과 맞지 않으면 에러가 발생합니다.
        System.out.printf("%20s\n", str);_____ 20칸 확보 후, 오른쪽부터 채웁니다.
        System.out.printf("%-20s\n", str); _____ 20칸 확보 후, 왼쪽부터 채웁니다.
        System.out.printf("학생 이름은 %s입니다.\n", name);

        System.out.printf("학점은 %c입니다.\n", grade); _____ 문자를 출력합니다.
    }
}
```

[실행결과]

```
Hello, World!
        Hello, World!
Hello, World!
학생 이름은  홍길동입니다.
학점은  A입니다.
```

7.4 printf() 메서드로 여러 값 동시에 출력하기

이번에는 printf() 메서드를 이용해서 한 번에 여러 종류의 값들을 동시에 출력해 보겠습니다. 다음은 printf() 메서드를 이용해서 여러 개의 값을 출력하는 형식입니다. 각각의 값에 서식 지정자를 대응시켜서 출력합니다.

> System.out.printf("서식지정자1 서식지정자2···', 값1, 값2,···);

그림3-24 대응되는 각각의 서식 지정자와 값

- printf() 메서드로 여러 값을 출력 시에 반드시 서식 지정자의 개수와 출력하려는 값의 개수가 동일해야 합니다.
- 반드시 출력하는 값에 대응하는 서식 지정자의 형식을 사용해야 합니다.
  (정수 ->%d, 실수 -> %f ...)

다음은 여러 값들을 동시에 출력하는 예제입니다. 여러 개의 값을 출력할 때는 반드시 출력하려는 값의 개수와 타입에 맞는 서식 지정자를 사용해야 합니다.

[직접 코딩해 보기] 여러 개의 값을 동시에 출력하기

ch03/sec05/ex03/PrintfValuesTest.java

```java
package sec05.ex03;
public class PrintfValuesTest {
    public static void main(String[] args) {
        int num1 = 10, num2 = 20, num3 = 30;
        double height = 178.93;
        String name = "홍길동";
        char grade = 'A';

        System.out.printf("%d %d %d\n", 100, 200, 300);
//      System.out.printf("%d %d %d\n", 100, 200);
//      System.out.printf("%d %d\n", 100, 200, 300);

        System.out.printf("%d %d %d\n", num1, num2, num3);
        System.out.printf("%d, %o, %x\n\n", num1, num2, num3);

        System.out.printf("%d, %.4f, %s\n", 100, 3.141597, "Hello World!");
//      System.out.printf("%d, %.4f, %f\n", 100, 3.141597, "Hello World!");

        System.out.printf("이름: %s, 키: %.4f, 학점: %c\n", name, height, grade);
```

"%d"에 대응하는 값들을 차례대로 출력합니다.

실행 중 예외가 발생합니다.

정수값들을 서식지정자의 형식에 맞는 정수로 출력합니다.

여러 종류의 다른 값들을 동시에 출력합니다.

문자열 출력 시 '%s'를 사용해야 합니다.

```
System.out.printf("이름: %s\t 키: %.4f\t 학점: %c\n\n", name, height, grade);
                                                      출력하는 값들을 탭으로 띄웁니다.

        System.out.printf("학생의 이름은 %s이고, 학점은 %c입니다.\n", name, grade);}
    }
}
```

[실행결과]

```
100 200 300
10 20 30
10, 24, 1e

100, 3.1416, Hello World!
이름: 홍길동, 키: 178.9300,  학점: A
이름: 홍길동      키: 178.9300       학점: A

학생의 이름은 홍길동이고,  학점은 A입니다.
```

잠깐 복습 🔍

다음과 같이 출력하는 printf() 메서드를 모두 고르세요(값들 사이는 탭으로 띄웁니다).

홍길동	19	178.9

a. System.out.printf("%s %d %d", "홍길동", 19, 178.9);

b. System.out.printf("%s\t%d\t%s", "홍길동", 19, 178.9);

c. System.out.printf("%s\t%d\t%f", "홍길동", 19, 178.9);

d. System.out.printf("%s\t%d\t%.1f", "홍길동", 19, 178.9);

e. System.out.printf("%s\a%d\a%.1f", "홍길동", 19, 178.9);

8 키보드로 값 입력하기

지금까지 자바에서 사용하는 데이터는 변수 선언 시 직접 입력을 했습니다. 그러나 실제 프로그램에서는 대부분 데이터를 사용자로부터 키보드로 직접 입력받습니다.

이번에는 처리할 데이터를 키보드로 입력받아서 변수에 저장하는 방법을 알아보겠습니다. 자바 프로그래밍에서 데이터를 입력하는 방법은 많습니다. 그 중에서 키보드로 입력하는 방식을 **표준**

입력(standard input)이라고 하고, 모니터로 출력하는 방식을 **표준 출력(standard output)**이라고 합니다.

8.1 Scanner 클래스 이용하기

자바에서는 Scanner 클래스를 이용해서 키보드로 데이터를 입력받습니다. 다음은 Scanner 클래스를 이용해서 키보드로 여러 가지 값을 입력받는 과정을 나타내고 있습니다. 소스 코드에 사용되는 import문이나 인스턴스 생성은 뒷부분에서 자세히 배우니 지금은 사용 방법이 이렇다는 것 정도만 이해하면 됩니다.

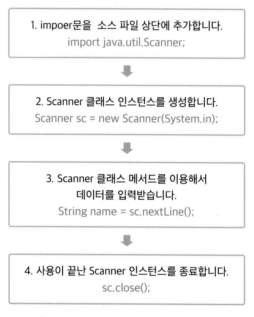

그림3-25 Scanner 클래스로 키보드 입력받는 과정

8.2 Scanner 클래스로 정수 입력받기

다음은 Scanner 클래스로 정수를 입력받아서 변수에 저장하는 예제입니다. 키보드로 숫자를 입력해도 실제 컴퓨터는 문자열을 입력받습니다. 따라서 입력받은 문자열을 정수로 변환하기 위해서는 Integer 클래스의 parseInt() 메서드로 정수로 변환 과정을 거칩니다.

[직접 코딩해 보기] Scanner 클래스로 정수 입력받기

ch03/sec06/ex01/InputIntegerTest.java

```
package sec06.ex01;

import java.util.Scanner;  ················ Scanner 클래스를 util 패키지에서 import합니다.
```

```
public class InputIntegerTest {
    public static void main(String[] args) {
        Scanner sc = new Scanner(System.in);........... Scanner 인스턴스를 생성한 후, 참조 변수 sc에 대입합니다.
        int num1 = 0;

        System.out.println("정수를  입력하세요.");          Scanner 클래스의 nextLine() 메서드로 키보드에서
        String temp = sc.nextLine();   ................. 문자열을 입력받습니다.
        num1 = Integer.parseInt(temp); ................. 입력받은 문자열을 정수로 변환합니다.

        System.out.println("입력한 정수는  " + num1 + "  입니다.");
        sc.close();................................... Scanner 인스턴스 사용 종료 후 close() 메서드로 닫아줍니다.
    }
}
```

[실행결과]

정수를 입력하세요

100   Enter

입력한 정수는 100입니다.

이번에는 두 개의 정수를 입력받아서 그 합을 출력합니다.

[직접 코딩해 보기] Scanner 클래스로 두 정수 입력받기

ch03/sec06/ex01/NextIntValuesTest.java

```
package sec06.ex01;

import java.util.Scanner;

public class InputTwoIntegerTest {
    public static void main(String[] args) {
        Scanner sc = new Scanner(System.in);
        int num1 = 0, num2 = 0;
        String temp = null;

        System.out.println("두 정수를  입력하세요.");
        temp = sc.nextLine();
        num1 = Integer.parseInt(temp); ................. 첫 번째로 입력받은 문자열을 정수로 변환합니다.

        temp = sc.nextLine();
        num2 = Integer.parseInt(temp);

        System.out.println("입력한 두 정수: " + num1 +", " +  num2);
```

```
        System.out.println("정수 합: " + (num1 + num2) );----------------두 번째로 입력받은 문자열을
        sc.close();                                                      정수로 변환합니다.
    }
}
```

[실행결과]

두 정수를 입력하세요

100 `Enter`

200 `Enter`

입력한 두 정수: 100, 200

정수 합: 300

8.3 Scanner 클래스로 실수 입력받기

이번에는 실수를 입력받아서 출력해 보겠습니다. float 타입과 doduble 타입 실수도 키보드로 a 문자열로 입력 후, **Float.parseFloat()**와 **Double.parseDouble()** 메서드로 각각의 실수 타입으로 변환해 줍니다.

[직접 코딩해 보기] Scanner 클래스로 실수 입력받기

ch03/sec06/ex01/InputRealNumberTest.java

```
package sec06.ex01;
import java.util.Scanner;

public class InputRealNumberTest {
    public static void main(String[] args) {
        Scanner sc = new Scanner(System.in);
        float num1 = 0.0F;
        double num2 = 0.0d;
        String temp = null;

        System.out.println("두 개의 실수를 입력하세요.");
        temp = sc.nextLine();
        num1 = Float.parseFloat(temp);---------------키보드로 입력한 문자열을 float 타입 실수로 변환합니다.

        temp = sc.nextLine();
        num2 = Double.parseDouble(temp);-------------키보드로 입력한 문자열을 double 타입 실수로 변환합니다.

        System.out.println("첫 번째 실수: " + num1);
        System.out.println("두 번째 실수: " + num2);
        sc.close();
```

```
        }
    }
```

[실행결과]

두 개의 실수를 입력하세요.
12.345 [Enter]
123.4567 [Enter]
첫 번째 실수: 12.345
두 번째 실수: 123.4567

8.4 Scanner 클래스로 문자열 입력받기

키보드로 문자열을 입력받으려면 Scanner 클래스의 nextLine() 메서드를 이용하면 됩니다.

다음은 nextLine() 메서드로 키보드로 문자열을 입력받는 예제입니다. nextLine() 메서드는 개행 문자([Enter])를 기준으로 입력을 받으므로 입력한 한 줄 전체를 문자열로 입력받습니다.

[직접 코딩해 보기] nextLine() 메서드로 공백 있는 문자열 입력받기

sec06/ex02/NextLineTest.java

```java
package sec06.ex02;

import java.util.Scanner;

public class NextLineTest {
    public static void main(String[] args) {
        Scanner sc = new Scanner(System.in);
        String message = null;
        message = sc.nextLine();--------------- 문자열의 개행을 기준으로 입력받습니다.
        System.out.println(message);
        sc.close();
    }
}
```

[실행결과]

메시지를 입력하세요:
Hello World! [Enter]
Hello World!

다음은 nextLine() 메서드를 이용해서 여러 문자열을 입력받는 예제입니다.

[직접 코딩해 보기] nextLine() 메서드로 동시에 여러 문자열 입력받기

```
package sec06.ex02;

import java.util.Scanner;

public class NextLineValuesTest {
    public static void main(String[] args) {
        Scanner sc = new Scanner(System.in);
        String name, addr;

        System.out.println("이름과 주소를 입력하세요:");
        name = sc.nextLine();          두 개의 문자열을 입력받습니다.
        addr = sc.nextLine();

        System.out.println("이름: " + name + " , 주소: " + addr);
        sc.close();
    }
}
```

[실행결과]

이름과 주소를 입력하세요.
이순신 [Enter]
강남구 [Enter]
이름: 이순신, 주소: 강남구

8.5 Scanner 클래스로 문자 입력받기

자바에서 문자만 따로 입력받는 방법은 없습니다. 앞에서 사용한 nextLine() 메서드를 이용해서 문자열로 입력받은 후, String 클래스의 charAt() 메서드를 이용해서 지정한 문자를 입력받습니다.

다음은 키보드로 한 개의 문자를 입력받는 예제입니다. 먼저 nexLine() 메서드로 문자열을 입력받은 후, 문자열에서 특정 위치의 문자를 추출하는 charAt() 메서드로 0을 전달해서 첫 번째 문자를 가지고 옵니다.

[직접 코딩해 보기] 문자열 입력받기

sec06/ex03/CharInputTest.java

```java
package sec06.ex03;

import java.util.Scanner;

public class CharInputTest {
    public static void main(String[] args) {
        Scanner sc = new Scanner(System.in);
        char grade;

        System.out.println("학점을 입력하세요:");
        String temp = sc.nextLine();
        grade = temp.toUpperCase().charAt(0);_____ 입력한 문자열을 대문자로 변환 후,
                                                            첫 번째 문자를 가지고 옵니다.

        System.out.println("학점: "+ grade);
        }
}
```

[실행결과]

학점을 입력하세요.
b Enter
학점: B

→ 요점 정리 ←

- 자바의 표준 입력 장치는 키보드이고 표준 출력 장치는 모니터(콘솔)입니다. .
- 자바는 Scanner 클래스에서 제공되는 nextLine() 메서드를 이용해서 키보드로 데이터를 입력받습니다.
- nextLine() 메서드와 자바의 String 클래스에서 제공하는 charAt() 메서드를 이용해서 문자를 입력받습니다.

연습 문제

1 _ 다음 설명 중 맞는 것은 O표, 틀린 것은 X표를 하세요.

① 변수는 메모리 영역에 지정한 이름입니다. (   )

② 변수에는 선언한 타입의 데이터만 저장 가능합니다. (   )

③ '_'와 '$'는 변수명에서 한 번만 사용할 수 있습니다. (   )

④ 상수는 실행 중 값을 한 번만 변경할 수 있습니다. (   )

2 _ 다음 중 에러가 발생하는 코드는?

① byte b1 = 200;

② short s1 = 50000;

③ int n1 = 1_200_000;

④ double d1 = 4000;

3 _ 다음 중 변수로 사용할 수 없는 것은?

① sevenStar

② star7;

③ _7Star;

④ 7Star;

4 _ 각각에 대입되는 값에 대응되는 변수의 타입을 선언해 보세요.

① (   ) num1 = (1000 + (float)100);

② (   ) num2 = 5.2 / 5;

③ (   ) num3 = (double)500 / (float)40;

④ (   ) num4 = (double)(50.5F / 5);

5 _ 다음 중 Scanner 클래스로 문자를 입력받는 방법으로 올바른 것을 고르세요.

```
Scanner sc = new Scanner(System.in);
```

① char ch1;

   ch1 = sc.next();

② char ch1;

   ch1 = sc.nextChar();

③ char ch1;

   ch1= sc.nextLine().charAt(0);

④ char ch1;

   ch1 = sc.nextLine().char(0);

6 _ 키보드로 아래의 학생의 "이름 나이 키 몸무게 주소"를 입력한 후 각 줄에 출력하는 프로그램을 만드세요.

키보드

학생 정보를 입력하세요.
이름: 홍길동
나이: 16
키: 178.9
몸무게: 56
주소: 부산시

출력(문자열 사이의 간격은 탭으로 띄움)

이름	나이	키	몸무게	주소
홍길동	16	178.9	56	부산시

7 _ 아래와 같이 학생의 시험 점수들을 키보드로 입력받아서 총점과 평균을 출력하는 프로그램을 작성해 보세요(평균은 소수점 이하 2자리까지 출력해 주세요).

과목	국어	영어	수학	화학
점수	98	88	78	87

04 장

연산자

> 시작 전 가볍게 읽기 <

프로그래밍이란 데이터를 입력받아서 원하는 결과를 얻기 위해서
데이터를 처리하는 과정입니다. 이번에는 데이터를 처리하는 기능을 제공하는
여러 가지 연산자들을 차례대로 알아봅니다.

1 연산자의 종류와 피연산자

자바는 연산자를 이용해서 입력한 데이터를 처리합니다. 이 때 연산자들에 처리되는 데이터들을 **피연산자**라고 합니다. 다음은 자바에서 제공하는 연산자들을 나타내고 있습니다.

종류	연산자
증감 연산자	++, --
산술 연산자	+, -, *, /, %
비교 연산자	>, <, > =, <=, = =, ! =
논리 연산자	&&, ||, !
삼항 연산자	?, :
대입 연산자	=, *=, /=, % =, + =, - =
증감 연산자	++, --
시프트 연산자	<<, >>
비트 연산자	&, |, ^, ~

표4-1 자바의 여러 가지 연산자들

다음은 자바 실행문(연산식)에서 연산자와 피연산자들을 나타냅니다. 피연산자는 값(리터럴)이 될 수도 있고, 변수(변수의 값)가 될 수도 있습니다.

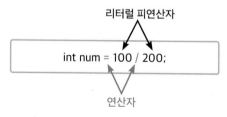

그림4-1 값(리터럴)이 피연산자로 쓰이는 연산식

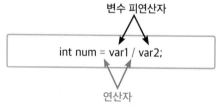

그림4-2 변수가 피연산자로 쓰이는 연산식

[참고] 피연산자 수에 따른 연산자 분류

- **단항 연산자**: 피연산자가 한 개인 연산자
- **이항 연산자**: 피연산자가 두 개인 연산자
- **삼항 연산자**: 피연산자가 세 개인 연산자

2 이항 연산자

이항 연산자는 연산자에 의해서 처리되는 피연산자가 2개인 연산자를 의미합니다. 대표적으로 '+', '-', '*', '/' 같은 산술 연산자가 있습니다.

2.1 산술 연산자

산술 연산자는 사칙연산을 수행합니다. 다음은 자바 산술 연산자의 종류입니다. '%'는 **나머지** 연산자를 의미하고, 두 수를 나누었을 때 나머지를 구하는 연산자입니다.

연산자	설명
+	덧셈 연산
-	뺄셈 연산
*	곱셈 연산
/	나눗셈 연산
%	나머지 연산

표4-2 산술 연산자 종류

다음은 산술 연산자를 사용하는 예제입니다. 나눗셈 연산자(/)로 정수를 정수로 나누었을 때는 결과값 중 몫(정수)을 반환합니다.

[직접 코딩해 보기] 산술 연산자 사용하기

ch04/sec01/ex01/ArithmeticOpTest.java

```java
package sec01.ex01;

public class ArithmeticOpTest {
  public static void main(String[] args) {
```

```java
        int result = 0;
        int var1 = 5, var2 = 4;

        result = 100 + 200; ------------------------------- 두 개의 값을 피연산자로 사용합니다.
        System.out.println("result : " + result);

        result = var1 + 200; ------------------------------ 변수와 값을 피연산자로 사용합니다.
        System.out.println("result : " + result);

        result = var1 + var2; ----------------------------- 변수를 피연산자로 사용합니다.
        System.out.println("result : " + result);

        result = result + var1; --------------------------- 변수 result의 값에 변수 var1의 값을 더한 후
        System.out.println("result : " + result);            결과값을 다시 result에 저장합니다.

        result = var1 - var2;
        System.out.println("result : " + result);

        result = var1 * var2;
        System.out.println("result : " + result);

        result = var1 / var2; ----------------------------- 정수를 정수로 나누면 결과값 중 몫을 반환합니다.
        System.out.println("result : " + result);

        result = var1 % var2; ----------------------------- 나머지를 반환합니다.
        System.out.println("result : " + result);
    }
}
```

[실행결과]

```
result : 300
result : 205
result : 9
result : 14
result : 1
result : 20
result : 1
result : 1
```

2.2 대입 연산자

대입 연산자(=)는 우측의 값을 좌측의 변수에 저장하는 기능을 합니다. [표4-3]은 자바의 대입 연산자를 나타내고 있습니다. '+=', '-=', '*=', '/=', '%='를 **복합 대입 연산자**라고 합니다.

연산자	설명
=	우측의 값을 좌측 변수에 저장
+=	좌측 변수에 저장된 값에 우측의 값을 더한 결과를 좌측 변수에 저장
-=	좌측 변수에 저장된 값에 우측의 값을 뺀 결과를 좌측 변수에 저장
*=	좌측 변수에 저장된 값에 우측의 값을 곱한 결과를 좌측 변수에 저장
/=	좌측 변수에 저장된 값을 우측의 값으로 나눈 결과를 좌측 변수에 저장
%=	좌측 변수에 저장된 값을 우측의 값으로 나누어 나온 나머지를 좌측 변수에 저장

표4-3 대입 연산자 종류

다음은 복합 대입 연산자 'sum += var1;'의 실행 과정입니다.

```
int sum = 6;
int var1 = 4;
sum += var1;_____ sum = sum + var1;과 같은 결과를 얻습니다.
```

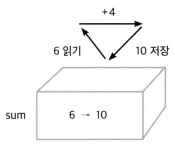

그림4-3 sum += var1 실행 과정

① : 좌측 변수 sum의 값 6을 가지고 옵니다.

② : 우측 변수 var1의 변수값 4를 가지고 와서 6과 더합니다.

③ : 좌측 변수 sum에 10을 저장합니다.

이번에는 두 변수를 이용해서 복합 대입 연산자 'sum *= var1;'를 실행합니다.

```
int sum = 6;
int var1 = 4;
sum *= var1;_____ sum = sum * var1;과 같은 결과를 얻습니다.
```

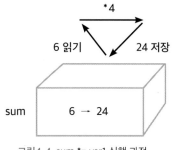

그림4-4 sum *= var1 실행 과정

① : 좌측 변수 sum의 값 6을 가지고 옵니다.

② : 우측 변수 var1의 값 4와 6을 곱합니다.

③ : 좌측 변수 sum에 24를 저장합니다.

다음은 복합 대입 연산자의 사용 예제입니다. 각각의 복합 대입 연산자는 좌측 변수값을 우측의 값과 산술 연산을 한 후, 다시 결과값을 좌측 변수에 저장합니다.

[직접 코딩해 보기] 복합 대입 연산자 사용하기

ch04/sec01/ex02/AssignmentOpTest.java

```java
package sec02.ex01;

public class AssingmentOpTest {
  public static void main(String[] args) {
    int sum = 6;
    int var1 = 4;

    sum += 4;                                           sum = sum + 4;와 동일하게 실행합니다.
    System.out.println("sum : " + sum);

    sum = 6;
    sum *= 4;                                           sum = sum * 4;와 동일하게 실행합니다.
    System.out.println("sum : " + sum);

    sum = 6;
    sum += var1;                                        sum = sum + var1;과 동일하게 실행합니다.
    System.out.println("sum : " + sum);

    sum = 6;
    sum -= var1;                                        sum = sum - var1;과 동일하게 실행합니다.
    System.out.println("sum : " + sum);

    sum = 6;
    sum *= var1;                                        sum = sum * var1;과 동일하게 실행합니다.
```

```
            System.out.println("sum : " + sum);

            sum = 6;
            sum /= var1;------------------------------------------- sum = sum / var1;과 동일하게 실행합니다.
            System.out.println("sum : " + sum);

            sum = 6;
            sum %= var1;------------------------------------------- sum = sum % var1;과 동일하게 실행합니다.
            System.out.println("sum : " + sum);
        }
}
```

[실행결과]

```
sum : 10
sum : 24
sum : 10
sum : 2
sum : 24
sum : 1
sum : 2
```

[참고] 'sum += 4'와 'sum = sum + 4'의 차이점
두 개의 연산식을 실행하면 같은 결과를 얻습니다. 그러나 개발자는 같은 기능을 하는 코드를 가능하면 간략화해서 사용하는 경향이 있습니다. 따라서 코드의 양이 많아지면 일반적으로 복합 대입 연산자를 사용해서 코딩을 합니다.

2.3 비교 연산자

비교 연산자는 두 값의 크고 작음과 동등 여부를 비교합니다. 다음은 자바의 비교 연산자들입니다. 비교 연산자 사용 시 좌측의 값이 기준이 됩니다. 그리고 비교 연산자의 결과값은 true나 false 두 개만 가능합니다.

연산자	설명
>	좌측의 값이 우측의 값보다 큰가?
<	좌측의 값이 우측의 값보다 작은가?
>=	좌측의 값이 우측의 값과 크거나 같은가?
<=	좌측의 값이 우측의 값과 작거나 같은가?
==	좌측의 값이 우측의 값과 같은가?
!=	좌측의 값이 우측의 값과 다른가?

표4-4 비교 연산자 종류

다음은 기본 타입 데이터들 간에 비교 연산자들을 사용하는 예제입니다. 비교 연산자의 피연산자들의 타입이 다른 경우 미리 피연산자들을 더 큰 타입으로 변환시킨 후, 비교 연산을 수행합니다. 비교 연산자는 다음 장에서 배우는 조건문이나 반복문의 조건식으로 많이 사용됩니다.

[직접 코딩해 보기] 비교 연산자 사용하기

ch04/sec01/ex03/ComparatorOpTest.java

```java
package sec01.ex03;

public class ComparatorOpTest {
  public static void main(String[] args) {
    int x = 10;
    int y = 11;
    boolean result = false;

    result = (x < 20);
    System.out.println("x < 20: " + result);

    result = (x > y);
    System.out.println("x > y: " + result);

    result = (x < y);
    System.out.println("x < y: " + result);

    result = (x == 10);
    System.out.println("x == 10: " + result);

    result = (x == 10.0);
    System.out.println("x == 10.0: " + result);

    result = (x == y);
    System.out.println("x == y: " + result);

    result = (x != y);
    System.out.println("x != y: " + result);

    result = (x >= 20);
    System.out.println("x >= 20: " + result);

    result = (x <= y);
    System.out.println("x <= y: " + result);

    char ch1 = 'A';
```

피연산자들의 타입이 다른 경우 피연산자들을 자동으로 더 큰 타입으로 변환 후 비교합니다.

```
        result = (ch1 == 'A');
        System.out.println("ch1 == 'A': " + result);

        result = (ch1 != 'A');
        System.out.println("ch1 != 'A': " + result);

        result = (ch1 == 'B');
        System.out.println("ch1 == 'B': " + result);

        result = (ch1 < 'B');
        System.out.println("ch1 < 'B': " + result);

        double num1 = 3.14;
        result = (num1 == 3.14);
        System.out.println("num1 == 3.14: " + result);

        result = (num1 <= 3.15);
        System.out.println("num1 <= 3.15: " + result);
    }
}
```

[실행결과]

```
x < 20 : true
x > y : false
x < y : true
x == 10 : true
x == 10.0 : true
x == y : false
x != y : true
x >= 20 : false
x <= y : true
ch1 == 'A' : true
ch1 != 'A' : false
ch1 == 'B' : false
ch1 < 'B' : true
num1 == 3.14 : true
num1 <= 3.15 : true
```

문자열 비교하기

자바에서 가장 많이 사용되는 데이터는 문자열입니다. 따라서 같은 문자열인지 비교하는 경우도 빈번하게 발생합니다. 문자열은 참조 타입 데이터이므로 비교 연산자로는 비교할 수 없습니다. 따라서 문자열은 String 클래스에서 제공하는 equals() 메서드를 이용해서 같은 문자열인지 비교합니다.

다음은 문자열 변수들의 값을 equals() 메서드를 이용해서 같은 문자열인지 비교하는 방법입니다.

```
String name1 = "홍길동";
String name2 = "홍길동";
boolean sameName  = name1.equals(name2);
```

그림4-5 equals() 메서드를 이용한 문자열 비교

- 문자열은 equals() 메서드를 이용해서 같은 문자열 여부를 비교합니다.
- 같은 문자열인 경우 equals() 메서드는 true를 리턴하고, 다르면 false를 리턴합니다.

다음은 equals() 메서드를 이용해서 각각의 이름이 같은지 비교하는 예제입니다.

[직접 코딩해 보기] 문자열 비교하기

ch04/sec01/ex03/StringComparatorTest.java

```java
package sec01.ex03;

public class StringComparatorTest {
  public static void main(String[] args) {
    String name1 = "홍길동";
    String name2 = "홍길동";

    boolean sameName1 = name1.equals(name2);             문자열 비교 시 equals() 메서드를 사용합니다.
    System.out.println(sameName1);                   equals() 메서드는 문자열이 같으면 true를 리턴합니다.

    boolean sameName2 = name1.equals("홍길동");
    System.out.println(sameName2);

    boolean sameName3 = "홍길동".equals("이순신");
    System.out.println(sameName3);                 equals() 메서드는 문자열이 다르면 false를 리턴합니다.
  }
}
```

[실행결과]

```
true
true
false
```

2.4 논리 연산자

우리는 실생활에서 한 개의 조건만을 고려할 때도 있지만, 여러 개의 조건을 고려해서 어떤 결정을 내리기도 합니다. 다음은 중학교 수학 시간에 배운 논리곱(AND)과 논리합(OR) 연산의 진리표입니다. 자바의 논리 연산자는 이런 논리곱과 논리합을 연산자로 구현한 것입니다.

A	B	A AND B	A OR B
true	true	true	true
true	false	false	true
false	true	false	true
false	false	false	false

표4-5 논리곱(AND)과 논리합(OR)의 진리표

다음은 자바의 논리 연산자의 종류와 기능을 설명하고 있습니다. 논리 연산자의 좌, 우측의 수식의 최종값은 반드시 true이거나 false이어야 합니다.

논리 연산자	설명
&& (논리곱)	좌측과 우측의 논리값이 true이면 연산 결과는 true
|| (논리합)	좌측과 우측의 논리값 중 하나라도 true이면 연산 결과는 true
^ (배타적 논리합)	좌측과 우측의 논리값이 다르면 연산 결과는 true
! (논리 부정)	주어진 값과 반대의 논리값

표4-6 논리 연산자 종류

다음은 논리 연산자 사용 예제입니다. 논리 연산자의 좌, 우측에 위치한 수식의 결과값은 반드시 true이거나 false이어야 합니다. 따라서 논리 연산자는 비교 연산자와 함께 조건문이나 반복문의 조건식에 많이 사용됩니다.

[직접 코딩해 보기] 논리 연산자 사용하기

ch04/sec01/ex04/LogicalOpTest.java

```
package sec01.ex04;

public class LogicalOpTgest {
  public static void main(String[] args) {
    System.out.println(true && true);    ----
```

```java
        System.out.println(true && false);
        System.out.println(false && true);          논리곱 연산자는 좌, 우측의 값이 모두 true여야 true입니다.
        System.out.println(false && false);

        System.out.println(true || true);
        System.out.println(true || false);          논리합 연산자는 좌,우측의 값중 하나라도
        System.out.println(false || true);          true이면 true입니다.
        System.out.println(false || false);

        System.out.println(!false);
        System.out.println(false ^ false);          좌, 우측의 값이 같으면 false를 리턴합니다.
        System.out.println(true ^ false);           좌, 우측의 값이 다르면 true를 리턴합니다.

        int a = 10, b = 10, c = 20;
        boolean result = (a == b) && (b == c);       우측의 값이 false이므로 결과값이 false입니다.
//      result = (5 + 6) && (b += 10);               논리 연산자의 좌, 우측 수식의 결과값은
        System.out.println(result);                  반드시 true이거나 false이어야 합니다.

        result = (a == b) || (b == c);               좌측의 값이 true이므로 결과값이 true입니다.
        System.out.println(result);
        System.out.println(!result);                 false를 출력합니다.
    }
}
```

[실행결과]

```
true
false
false
false

true
true
true
false

true
false
true

false

true
false
```

싱글 논리 연산자와 더블 논리 연산자의 차이점

논리곱 연산자 '&&'와 '&'는 기능은 같지만 연산 과정이 다릅니다. 논리곱 연산자 '&&'는 표4-5에서 보이듯이 좌, 우측의 값이 모두 true이어야 true가 됩니다. 그 외에는 모두 false입니다. 그러므로 '&&'는 먼저 좌측의 값이 false이면 우측의 값을 확인하지 않고 바로 false를 리턴합니다. 그러나 '&'는 좌측의 값이 false이더라도 우측의 값을 확인합니다.

동일하게 더블 논리합 연산자 '||'는 좌, 우측의 값이 하나라도 true이면 다른 쪽은 확인하지 않고 true를 리턴합니다. 반면에 싱글 논리합 연산자 '|'는 좌, 우측의 모든 값을 확인합니다.

다음은 싱글 논리 연산자와 더블 논리 연산자의 사용 예제입니다. 싱글 논리곱과 싱글 논리합 연산자인 경우 좌측 수식의 결과값이 명확하더라도 우측의 수식을 실행합니다.

[직접 코딩해 보기] 싱글 논리 연산자와 더블 논리 연산자 사용하기

ch04/sec01/ex04/SingleAndDoubleOpTest.java

```java
package sec01.ex04;

public class SingleAndDoubleLogicalOpTest {
  public static void main(String[] args) {
    int a = 0;
    int b = 10;
    int c = 0;

    System.out.println((a != 0) && ((c = b) > 20));   ············ 좌측의 결과값이 false이므로
    System.out.println("c = " + c)                                 우측의 수식은 확인하지 않습니다.


    System.out.println((a != 0) & ((c = b) > 20));    ············ 좌측의 결과값이 false이더라도
    System.out.println("c = " + c);                                우측의 수식을 실행합니다.
    System.out.println();

    c = 0;
    System.out.println((a == 0) || ((c = b) > 20));   ············ 좌측의 결과값이 true이므로
    System.out.println("c = " + c);                                우측의 수식은 확인하지 않습니다.


    System.out.println((a == 0) | ((c = b) > 20));    ············ 좌측의 결과값이 true이더라도
    System.out.println(" c= " + c);                                우측의 수식을 실행합니다.
  }
}
```

[실행결과]

```
false
c = 0
false
c = 10

true
c = 0
true
c = 10
```

잠깐 복습 🔍

다음 논리 연산자의 결과는?
a. true && true 의 결과는 (   )
b. true && false의 결과는 (   )
c. true || false 의 결과는 (   )
d. false || !false의 결과는 (   )
e. false ^ !true의 결과는 (   )

→ 요점 정리 ←

- 이항 연산자는 피연산자가 2개입니다.
- 대입 연산자는 우측의 모든 수식을 실행한 후, 결과값을 좌측의 변수에 저장합니다.
- 비교 연산자는 기본 타입 데이터(논리 타입 제외)의 크고 작음, 동등 여부를 비교하고 결과값으로 논리 타입 데이터를 리턴합니다.
- 논리 연산자는 여러 개의 조건들이 모두 참이거나 하나라도 참인지 판별합니다.
- 비교 연산자와 논리 연산자는 조건문이나 반복문의 조건식으로 많이 사용됩니다.

2 단항 연산자와 삼항 연산자

이번에는 피연산자가 1개인 단항 연산자와 3개인 삼항 연산자를 알아보겠습니다.

3.1 부호 연산자

일상 생활에서도 양수와 음수를 사용합니다. 자바에서도 +나 -를 변수나 숫자 앞에 사용해서 양수와 음수를 표시합니다. 양수를 나타내는 + 부호는 생략이 가능합니다. 다음 예제에서는 부호 연산자를 사용해서 변수와 숫자의 값을 출력합니다. 실제 변수의 부호를 변경하려면 대입 연산자를 이용해서 부호를 바꿉니다.

[직접 코딩해 보기] 부호 연산자 사용하기

ch04/sec02/ex01/SingOpTest.java

```java
package sec02.ex01;

public class SignOpTest {
  public static void main(String[] args) {
    int num1 = -100;
    double num2 = +3.1415;

                                          // 음수에 (+)를 붙이면 음수입니다.
    System.out.println(+num1); //-100
    System.out.println(+num2); //3.1415

                                          // 음수에 (-)를 붙이면 양수가 됩니다.
    System.out.println(-num1); //100
    System.out.println(-num2); //-3.1415
                                          // 양수에 (-)를 붙이면 음수가 됩니다.

    System.out.println(num1); //-100
    System.out.println(num2); //3.1415

    num1 = -num1;
    num2 = -num2;                         // 대입 연산자를 이용해서 변수의 부호를 변경합니다.

    System.out.println(num1); //100
    System.out.println(num2); //-3.1415
  }
}
```

```
-100
3.1415
100
-3.1415
-100
3.1415
100
-3.1415
```

잠깐 복습 🔍

다음 실행문에서 result1과 result2의 값은?

```
int a = -200;
int result1 = +a;
int result2 = -a;
System.out.println(result1);
System.out.println(result2);
```

3.2 증감 연산자

자바에서 변수의 값을 1 증가(++)시키거나 1 감소(--)시키는 연산자를 증감 연산자라고 합니다. 증감 연산자는 논리 타입 변수를 제외한 모든 기본 타입 변수에 사용할 수 있습니다. 다음은 증감 연산자를 나타내고 있습니다.

연산자	설명
++	피연산자의 값을 1 증가시킵니다.
--	피연산자의 값을 1 감소시킵니다.

표4-1 증간 연산자 종류

다음은 증감 연산자의 사용 형식입니다. 증감 연산자는 변수의 앞이나 뒤에 위치해서 변수의 값을 1 증가 또는 감소시킵니다. 그러나 증감 연산자의 위치에 따라서 연산 순서가 달라집니다.

① ++**변수**, --**변수**
② **변수**++, **변수**--

그림4-6 증감 연산자 사용 형식

①: 변수의 앞에 증감 연산자가 위치하면 우선 변수의 값을 1 증가 또는 감소시킨 후, 다른 연산자들을 수행합니다.

②: 변수의 뒤에 증감 연산자가 위치하면 변수에 관련된 다른 연산자들을 수행한 후, 마지막으로 변수의 값을 1 증가 또는 감소시킵니다.

다음은 증가 연산자가 다른 연산자와 함께 쓰이는 경우를 나타냅니다. 증가 연산자가 변수 앞에 위치하면 먼저 변수를 1 증가시킨 후, 다른 연산을 수행합니다. 반대로 뒤에 위치하면 다른 연산을 수행한 후, 마지막에 변수를 1 증가시킵니다.

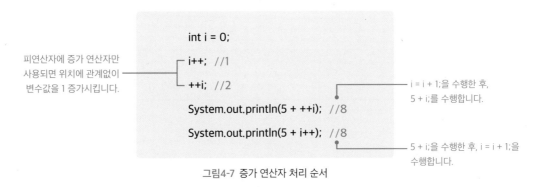

그림4-7 증가 연산자 처리 순서

다음은 증감 연산자 사용 예제입니다. println() 메서드 내에서 증감 연산자 사용 시 변수 앞에 위치하면 먼저 변수를 1 증가시킨 후, 변수값을 출력합니다. 반대로 뒤에 위치하면 변수값을 먼저 출력 후, 변수를 1 증가시킵니다.

[직접 코딩해 보기] 증감 연산자 사용하기

sec02/ex01/IncDecOpTest.java

```
package sec02.ex01;

public class IncDecOpTest {
  public static void main(String[] args) {
    int i = 0;
    i++; //i = i + 1 ┄┄┄
    ++i;                          증가 연산자가 변수에 단독으로 쓰이면 위치에 관계 없이 1 증가시킵니다.
    System.out.println("i = " + i);
    System.out.println("i = " + ++i);          먼저 i의 값을 1 증가시킨 후 값을 출력합니다.
    System.out.println("i = " + i++);          먼저 i의 값을 출력한후 i의 값을 1 증가시킵니다.
    System.out.println("i = " + i);
    System.out.println();

    System.out.println(5 + ++i);          i의 값을 1 증가시킨 후 덧셈 연산을 수행합니다.
    System.out.println(5 + i++);          덧셈 연산을 수행 후 i의 값을 1 증가시킵니다.
    System.out.println();
```

```
    int j = 5;
    j--; //j = j - 1 ┈┈┐
                      ├┈┈┈┈┈┈┈┈ 감소 연산자가 변수에 단독으로 쓰이면 위치에 관계 없이 1 감소시킵니다.
    --j; ┈┈┈┈┈┈┈┈┈┘
    System.out.println("j = " + j);
    System.out.println();

    int k = --j; ┈┈┈┈┈┈┈┈┈┈┈┈┈┈┈┈┈┈┈┈┈┈┈┈┈┈┈┈┈ j의 값을 1 감소시킨 후, 변수 k에 대입합니다.
    System.out.println("j = " + j + ", k = " + k);
  }
}
```

[실행결과]

```
i = 2
i = 3
i = 3
i = 4

10
10

j = 3

j = 2, k = 2
```

잠깐 복습 🔍

다음 실행문의 출력되는 결과값은?

int x = 5;

int y = 5;

int z = (++x) + (y--);

System.out.println(z);

3.2 삼항 연산자

조건 연산자라고도 불리는 삼항 연산자는 연산자에 사용되는 피연산자의 개수가 3개입니다. 다음은 삼항 연산자의 형식입니다.

조건식 ? 값1(수식1) : 값2(수식2) ●━━━ 조건식의 결과값은 반드시 boolean 타입이어야 합니다.

그림4-8 삼항 연산자 형식

① : 조건식을 수행해서 true/false를 판별합니다.

② : true이면 값1(또는 수식1의 결과값)을 반환합니다.

③ : false이면 값2(또는 수식1의 결과값)을 반환합니다.

다음은 삼항 연산자 사용 예입니다. 삼항 연산자의 조건식에는 비교 연산자나 논리 연산자가 포함된 수식이 사용됩니다.

```
int score = 89;
String result = (score >= 70) ? "합격" : "불합격";
```

그림4-9 삼항 연산자 사용 예

- 조건식 (score >= 70)이 true이므로 "합격"을 변수 result에 대입합니다.

다음은 삼항 연산자 사용 예제입니다. 간단한 조건문은 삼항 연산자로 사용하는 것이 편리합니다.

[직접 코딩해 보기] 삼항 연산자 사용하기

ch04/sec02/ex01/ConditionalOpTest.java

```java
package sec02.ex01;

import java.util.Scanner;

public class ConditionalOpTest {
  public static void main(String[] args) {
    Scanner sc = new Scanner(System.in);
    System.out.println("시험 점수를 입력해 주세요.");
    String temp = sc.nextLine();
    int score = Integer.parseInt(temp);
    String result = ((0 =< score) && (score <= 100)) ? "바르게 입력했습니다." : "다시 입력해 주세요.";
    System.out.println(result);              입력한 시험 점수의 유효성을 판별합니다.

    if((0 =< score) && (score <= 100)) {
      result = "바르게 입력했습니다.";
    } else {                                 삼항 연산자는 조건문으로 대체할 수 있습니다.
      result = "다시 입력해 주세요.";
    }
    System.out.println(result);
  }
}
```

시험 점수를 입력해주세요.

89

바르게 입력했습니다.

바르게 입력했습니다.

잠깐 복습 🔍

다음 실행문의 출력되는 결과값은?

int num1 = 100, num2 = 200;

System.out.println((num1 == 100) ^ (num2 == 200)) ? num1 : num2);

이상으로 자바에서 사용되는 연산자들에 관해서 알아봤습니다. 비트 단위로 연산 시 사용되는 비트 연산자와 시프트 연산자는 부록을 참고해 주세요.

➤ 요점 정리 ◀

- 부호 연산자는 숫자 리터럴이나 수치 타입 변수 앞에 위치해서 양수와 음수를 표시합니다.
- 증감 연산자가 변수 앞에 위치하면 해당 수식에서 변수의 값을 먼저 1 증감시킨 후 다른 연산자를 수행합니다.
- 증감 연산자가 변수 뒤에 위치하면 해당 수식에서 변수에 대해서 다른 연산자를 먼저 수행한 후 마지막에 변수값을 1 증감시킵니다.
- 삼항 연산자는 간단한 조건문을 대체해서 사용할 수 있습니다.

4 연산자 우선 순위

실제 프로그래밍에선 하나의 실행문에 여러 개의 연산자들이 사용됩니다. 이렇게 동시에 연산자들이 사용되는 경우 자바에선 연산자들 사이에 우선 순위를 지정해서 실행합니다. 표4-8은 자바에서 사용되는 연산자들의 우선 순위를 나타내고 있습니다.

- 수식에서 연산자의 우선 순위가 같은 경우 좌측에 위치한 연산자부터 계산하면서 우측으로 진행합니다.
- 연산자 중 대입 연산자는 우선 순위가 가장 낮습니다.
- 하위 연산자를 먼저 실행하려면 수학의 수식처럼 괄호( )를 사용해서 묶어주면 됩니다.

우선순위	연산자	종류
1	., ( ), [ ]	점, 괄호, 대괄호
2	+, -	부호 연산자
3	++, --, !	부정/증감 연산자
3	*, /, %	산술 연산자
4	+, -	
4	<<, >>	시프트 연산자
5	<, <=, >=	비교 연산자
6	==, !=	
7	&, ^,		비트 연산자
8	&&, ||	논리 연산자
9	?, :	조건 연산자
10	=, +=, -=	대입 연산자

표4-8 자바 연산자 우선 순위

다음은 여러 연산자들이 사용되는 수식의 연산자 실행 과정입니다.

y = 15 % 4 / 3 + 5 * (7 - 4);

- ① 괄호 안에 있는 수식의 연산자가 가장 먼저 수행합니다.
- ②, ③, ④ 산술 연산자들이 같이 쓰이는 경우 '%', '*', '/' 를 좌측부터 먼저 수행한 후, '+', '-'를 수행합니다.
- ⑤ '+' 연산자는 산술 연산 중 우선 순위가 가장 낮습니다.
- ⑥ 대입 연산자 '='는 연산자 우선 순위가 가장 낮습니다.

4.1 화씨 온도와 섭씨 온도 변환하기

다음은 연산자 우선 순위를 이용해서 화씨 온도를 섭씨 온도로 변환해 보겠습니다. 섭씨 온도를 화씨 온도로 변환하는 공식은 다음과 같습니다. 산술 연산자에선 * 연산자가 우선 순위가 높으므로 좌측에서부터 우측으로 계산합니다.

$$화씨\ 온도 = 섭씨\ 온도 \times 9/5 + 32$$

다음은 반대로 화씨 온도를 섭씨 온도로 변환하는 공식입니다. 이 경우에는 괄호를 사용해서 '*' 보다 '-'를 먼저 실행해서 섭씨 온도를 구합니다.

$$섭씨\ 온도 = (화씨\ 온도 - 32) \times 5/9$$

다음은 화씨 온도를 섭씨 온도로 변환하는 예제입니다.

[직접 코딩해 보기] 화씨 섭씨 온도 변환하기

ch04/sec03/ex01/FahCelConversionTest.java

```
package sec03.ex01;

public class FahCelConversionTest {
  public static void main(String[] args) {
    final int BASE = 32;
    float celsius = 0.0F, fahrenheit = 0.0F;
    celsius = 37.0F;
//  fahrenheit = celsius * 9.0F / 5.0F + BASE;            연산자 우선 순위가 같아도 가독성을 위해서
    fahrenheit = celsius * (9.0F / 5.0F) + BASE;          괄호로 묶어줍니다.
    System.out.println("섭씨: " + celsius + "도 -> 화씨: " + fahrenheit + "도");

//  celsius = (fahrenheit - BASE) * 5.0F / 9.0F;          연산자 우선 순위가 같아도 가독성을 위해서
    celsius = (fahrenheit - BASE) * (5.0F / 9.0F);        괄호로 묶어줍니다.
    System.out.println("화씨: " + fahrenheit + "도 -> 섭씨: " + celsius + "도");}
  }
}
```

[실행결과]

섭씨: 37.0도 -> 화씨: 98.6도

화씨: 98.6도 -> 섭씨: 37.0도

잠깐 복습 🔍

다음 실행문의 출력되는 결과값은?

```
int a = 100, b = 6;
int y = (a / ++b) % (5 + 2) * b + 12;
System.out.println(y);
```

➤ 요점 정리 ◄

- 같은 실행문에서 연산자 여러 개가 사용되는 경우 미리 지정된 우선 순위에 따라 순서대로 실행됩니다.

- 대입 연산자는 우선 순위가 가장 낮습니다.

- 괄호( )를 이용하면 우선 순위가 낮은 연산자를 다른 연산자보다 빠르게 실행할 수 있습니다.

5 연산자 실습하기

현재 컴퓨터에서 실행되는 챗GPT와 같은 인공지능이나 모든 프로그램은 앞 절에서 배운 연산자를 고속으로 실행시켜서 원하는 결과를 얻습니다. 이번에는 앞 절에서 배운 연산자를 이용해서 실습을 해 보겠습니다.

5.1 홀수, 짝수 판별하기

[문제] 한 개의 정수를 입력받아서 홀수, 짝수를 판별해 주세요.

- 짝수의 정의는 2로 나누어서 나누어 떨어지는 정수입니다.
- 입력받은 정수를 2로 나누어서 나머지가 0이면 짝수이고, 1이면 홀수입니다.

[직접 코딩해 보기] 홀수, 짝수 판별하기

ch04/sec04/ex01/OddEvenTest.java

```java
package sec04.ex01;

import java.util.Scanner;

public class OddEvenTest {
  public static void main(String[] args) {
    Scanner sc = new Scanner(System.in);
    System.out.println("정수를 입력하세요.");
    String  temp = sc.nextLine();
    int num1 = Integer.parseInt(temp);

    String result = ((num1 % 2) == 0) ? "짝수" : "홀수";
    System.out.println(num1 + "은 " + result + "입니다.");
  }
}
```

[실행결과]

```
정수를 입력하세요.
7
7은 홀수입니다.
```

[문제] 두 개의 양수를 콘솔에서 입력받아서 두 양수 중 큰 수를 출력해 주세요.

- 먼저 분석해 보면 입력받은 두 수의 크고 작음을 비교 연산자로 비교할 수 있습니다.
- 다시 삼항 연산자를 사용해서 true이면 두 수 중 큰 수를 반환하면 됩니다.

[직접 코딩해 보기] 두 수 중 큰 수 출력하기

ch04/sec04/ex01/MaxValueTest.java

```java
package sec04.ex01;

import java.util.Scanner;

public class MaxValueTest {
  public static void main(String[] args) {
    Scanner sc = new Scanner(System.in);
    System.out.println("두 수를 입력하세요.");
    String  temp1 = sc.nextLine();
    int num1 = Integer.parseInt(temp1);

    String temp2 = sc.nextLine();
    int num2 = Integer.parseInt(temp2);
    int result = (num1 >= num2) ? num1 : num2;
    System.out.println(num1 +"와 " +num2 +" 중 큰 수는 " + result +"입니다.");
    }
}
```

[실행결과]

```
두 수를 입력하세요.
12
20
12와  20  중 큰 수는  20입니다.
```

잠깐 복습 🔍

세 개의 양수를 입력받아서 제일 큰 수를 출력해주세요.

콘솔 출력 내용

세 개의 양수를 입력해 주세요.

10

20

30

세 수 중 가장 큰 수는 30입니다.

5.2 정수 자릿수 합 구하기

[문제] 세 자리 정수를 콘솔로 입력받아서 각 자릿수의 합을 출력해 보세요.

- 자바에선 정수를 100으로 나누면 몫(세 번째 자리의 수)을 구할 수 있습니다.
- 나머지 연산자(%)를 이용해서 먼저 각 자릿수의 나머지를 구하는 방법으로 바로 아래 자리의 수를 구할 수 있습니다(123은 %연산자를 사용해서 100으로 나눈 나머지를 구해 바로 아래 자리의 수로 이루어진 23을 구합니다).
- 다시 아래 자리를 10으로 나누면 몫을 구할 수 있습니다.

다음은 문제를 분석한 후, 생각해 낸 해결 과정입니다.

단계 1: 100으로 나누어서 몫을 구합니다.

단계 2: 100으로 나누었을 때의 나머지를 구합니다.

단계 3: 단계 2의 결과값에 대해서 10으로 나눈 몫을 구합니다.

단계 4: 단계 2의 결과값에 대해서 10으로 나누었을 때의 나머지를 구합니다.

단계 5: 단계 4의 결과값에 대해서 1로 나눈 몫을 구합니다.

단계 6: 단계 1, 단계 3, 단계 5의 몫을 더합니다.

다음은 해결 과정을 구현한 최종 예제입니다.

[직접 코딩해 보기] 자릿수의 합 구하기

ch04/sec04/ex01/DigitSumTest.java

```
package sec04.ex01;

import java.util.Scanner;

public class DigitSumTest {
  public static void main(String[] args) {
    Scanner sc = new Scanner(System.in);
    System.out.println("세 자리의 정수를 입력하세요.");

    String temp = sc.nextLine();
    int num1 = Integer.parseInt(temp);
    int total = num1 / 100; ------------------- 100으로 나누어서 몫을 구합니다.

    num1 %= 100; ----------------------------- 100으로 나누었을 때의 나머지를 구한 후, num1에 대입합니다.
    total += num1 / 10; ---------- 100으로 나누었을 때의 나머지를 다시 10으로 나누어서 몫을 구합니다.
    num1 %= 10; ------------------- 100으로 나누었을 때의 나머지를 다시 10으로 나누었을 때의 나머지를 구합니다.
    total += num1;
```

```
        System.out.println("자릿수의 합은 " + total +"입니다.");
    }
}
```

[실행결과]

세 자리의 정수를 입력하세요.
123
자릿수의 합은 6입니다.

잠깐 복습 🔍 ···

네 자릿수의 정수를 입력받아서 각 자릿수의 합을 출력해 보세요.

입력 정수   출력값

----------   -------------------

2222   자릿수의 합: 8
1234   자릿수의 합: 10

···

➤ 요점 정리 ◄

- 프로그래밍의 최종 목표는 정확한 결과 출력입니다.
- 문제를 잘 풀기 위해서는 먼저 문제를 분석해서 이해해야 합니다.
- 문제를 구현하기 위해서는 문제를 분석한 후 문제를 어떻게 풀지 방법을 정해야 합니다.

연습 문제

1 _ 다음 설명이 옳으면 O, 틀리면 X를 해주세요.

- 이항 연산자의 피연산자는 두 개입니다. ( )

- 대입 연산자는 우선 순위가 가장 높습니다. ( )

- 비교 연산자의 결과값은 1이거나 0입니다. ( )

- '==' 연산자를 사용해서 두 개의 문자열이 같은지 판별합니다. ( )

- 증감 연산자가 변수에 쓰이면 가장 먼저 변수값을 1 증감시킵니다. ( )

2 _ 다음 코드에서 y에 저장되는 값을 고르세요.

```
int a = 10, b = 9, c = 8, d = 7, e = 6, f = 5;
int y;
y = a % b / c + d * (e - f);
```

① 0   ② 1   ③ 10

④ 7   ⑤ -4

3 _ 다음 코드에서 c에 저장되는 값을 고르세요.

```
int a = 5, b = 20, c = 10;
c = ((a++) + b) % c;
```

① 1   ② 2   ③ 3

④ 4   ⑤ 5

4 _ 다음 코드 실행 시 bool의 출력값은?

```
public class Ex1 {
    public static void main(String[ ] args) {
            int num = 100;
            char ch = 'a';
            boolean bool = false;

            bool=(num > ch) || ((char)(num - ch) > 0);
            System.out.println(bool);

            bool=(num > ch) && (((char)num - ch) > 0);
            System.out.println(bool);

            bool=(num > ch) ^ (((char)num - ch) > 0);
            System.out.println(bool);
    }
}
```

5 _ 167,730원을 현재 통용되는 지폐(5만원권, 1만원권, 5천원권, 1천원권)과 동전(500원, 100원, 10원)으로 세어 그 수를 출력하는 프로그램을 구현해 주세요.

6 _ 철수는 매일 러닝 머신 위에서 운동을 합니다. 아래는 철수가 일주일 동안 운동한 거리입니다. 일주일동안 운동한 거리를 콘솔로 입력받아서 평균 운동 거리를 feet로 환산해서 출력해 주세요 (소수점 이하 두 번째 자리까지 표시).

(1feet = 0.3048m)

요일	월	화	수	목	금	토	일
달린 거리(km)	10	7	8	6	9	10	9

7 _ 임의의 세 자릿수 정수를 입력받아서, 각 자리의 수들이 서로 일치하는지 판별하는 코드를 작성해 보세요.

```
입력 정수              출력 구문
----------     -------------------------------------
   222         "모든 자리의 수가 일치합니다."
   223         "모든 자리의 수가 일치하지 않습니다."
```

05장

조건문과 반복문

> 시작 전 가볍게 읽기 <

지금까지 프로그램 실행 시 모든 실행문들이 선택이나 반복 등의 동작 없이 실행됐습니다.
하지만 일상생활에서는 오늘 비가 오는지 아닌지 확인한 후 산책을 가거나
게임을 하는 등의 행동을 선택할 수 있습니다. 또 어떤 일은 반복하여 수행하기도 합니다.
자바에서도 조건에 따라 원하는 실행문을 선택해서 실행하거나 반복하여
실행할 수 있습니다. 이처럼 조건에 따라 실행 흐름을 원하는 방향으로 바꾸거나
반복할 수 있는 기능을 **제어문**이라고 합니다.

1 조건문

먼저 자바의 제어문 중에 조건문을 알아보겠습니다. 조건문은 조건식의 결과에 따라서 실행문을 선택하여 실행하는 기능을 제공합니다.

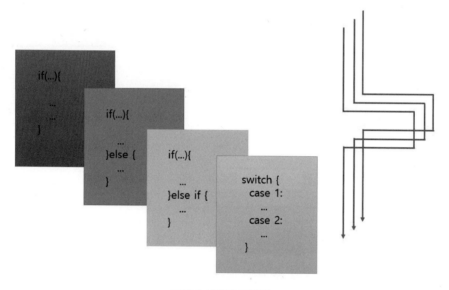

그림5-1 자바의 조건문들

다음은 조건문의 종류입니다. 조건문의 종류는 크게 if문과 switch문으로 나눌 수 있습니다.

- if문
- if-else문
- if-else if-else문
- switch문
- 중첩 조건문

1.1 if문

if문은 조건식의 결과가 true이면 중괄호 블록({}) 내의 코드를 실행하고, false이면 실행하지 않습니다.

[실행 흐름도]

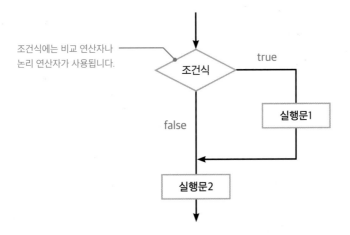

조건식에는 비교 연산자나
논리 연산자가 사용됩니다.

[형식]

```
if(조건식1) {
    실행문1;
    ...
}
    실행문2
```

[설명]

- 조건식이 true이면 실행문1 실행 후, 실행문2를 실행합니다.
- 조건식이 false이면 실행문2만 실행합니다.

조건식이 true일 때, 실행문이 한 개이면 중괄호 블록을 생략할 수 있습니다. 그러나 코드의 가독
성을 위해서 실행문의 개수에 상관없이 중괄호를 사용하기를 추천합니다.

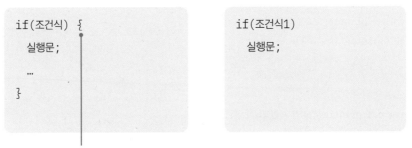

if문 블록({}) 안에서 실행문을 작성하는 것이 좋습니다.

※ 주의

if문의 조건식에서는 등가 비교 연산자 '==' 대신 '='을 쓰는 실수가 자주 나옵니다. 다음과 같이 변수 num이 60과 같은지 묻는 경우 '='을 쓰면 num에 60을 대입하라는 의미가 되어서 에러가 발생합니다.

num이 60과 같은가?

```
if(num == 60) {
  ...

}
```

num에 60을 대입하라.

```
if(num = 60) {
  ...

}
```

그림5-2 조건문의 조건식에 '=='과 '=' 사용 시 차이점

다음은 if문을 사용한 예제입니다.

if문 사용 시 주의해야 할 점은 비록 들여쓰기가 되어 있는 코드라도 무조건 실행되지 않는다는 점입니다. 따라서 if문 작성 시 조건식이 true일 때 {}(블록)을 사용해서 실행할 문장을 작성해야 합니다.

[직접 코딩해 보기] if문 사용하기

ch05/sec01/ex01/IfTest.java

```
package sec01.ex01;

public class IfTest {
  public static void main(String[] args) {
    int score = 65;

//  if(score = 65) {                        조건식에선 '='을 사용하면 에러가 발생합니다.
    if(score == 65) {
      System.out.println("65점입니다.");
    }

    if(score >= 60) {
      System.out.println("60점 이상입니다.");
      System.out.println("합격입니다.");         조건식이 true이므로, 블록 안의 문장을 실행합니다.
    }

    if(score < 60)
      System.out.println("60점 미만입니다.");
      System.out.println("불합격입니다.");        조건식이 false이므로 if문에 딸린 한 개의
                                                문장만 건너뜁니다.
  }
```

```
  }
```

[실행결과]

65점입니다.

60점 이상입니다.

합격입니다.

불합격입니다.

잠깐 복습 🔍

if문에서 여러 개의 실행문을 실행하려면 (　　)을 사용합니다.

1.2 if-else문

조건식이 false일 때도 따로 실행문을 실행하고 싶을 때는 if-else문을 사용합니다.

[실행 흐름도]

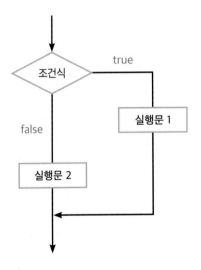

[형식]

```
if(조건식1) {
    실행문1;
    ...

} else {
    실행문2;
    ...

}
```

[설명]

● 조건식이 true이면 실행문1이 포함된 블록을 실행하고, false이면 실행문2가 포함된 블록을 실행합니다.

시험 점수에 따른 합격, 불합격 출력 예제입니다. 앞의 예제에선 if문을 두 번 이용했는데, if-else 문을 사용하면 코드가 간결해집니다. if-else문에서 조건식이 false일 때 else 구문에서 여러 개의 실행문을 실행 시 블록으로 묶어서 처리해 줍니다.

[직접 코딩해 보기] if-else문 사용하기

ch05/sec01/ex02/IfElseTest.java

```java
package sec01.ex02;

public class IfElseTest {
  public static void main(String[] args) {
    int score = 55;

    if (score >= 60) {
      System.out.println("60점 이상입니다.");
      System.out.println("합격입니다.");
    } else {
      System.out.println("60점 미만입니다.");        ┈┈┈ 조건식이 false이므로 실행합니다.
      System.out.println("불합격입니다.");
    }
  }
}
```

[실행결과]

60점 미만입니다.
불합격입니다.

잠깐 복습 🔍

조건문에서 조건식이 false일 때도 따로 실행하려면 (　　-　　)문을 사용합니다.

1.3 if-else if문

여러 개의 조건 중에 하나를 선택해서 실행하는 경우는 if-else if문을 사용하면 됩니다.

[실행 흐름도]

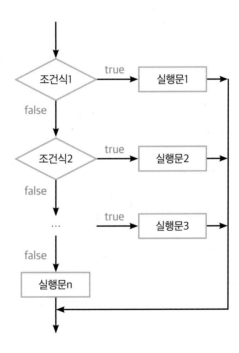

[형식]

```
if(조건식1) {
    실행문1;

    ...
} else if(조건식2) {
    실행문2;

    ...
} else if(조건식3) {
    실행문3;

    ...
} else {  ●───────────── else 구문은 생략이 가능합니다.
    실행문n

    ...
}
```

[설명]

- 조건식1이 true이면, 실행문1의 블록을 실행하고 종료합니다.
- false이면 두 번째 else if문의 조건식2로 이동합니다.
- 조건식2가 true이면 실행문2의 블록을 실행하고 종료합니다.
- false이면 다음의 else if문의 조건식으로 이동합니다.
- 모든 조건식이 false이면 else 구문의 실행문 n의 블록을 실행합니다.
- else 구문은 생략이 가능합니다.

다음은 시험 점수를 입력받아서 해당되는 학점을 출력해 주는 예제입니다. 입력받은 점수로 첫 번째 if문의 조건식부터 차례대로 true 여부를 판별합니다. 조건식이 true이면 해당 블록의 실행문을 실행 후, 조건문을 종료합니다.

[직접 코딩해 보기] if-else if문을 사용해서 학점 변환하기

ch05/sec01/ex03/IfElseIfTest.java

```java
package sec01.ex03;

import java.util.Scanner;

public class IfElseIfTest {
    public static void main(String[] args) {
```

```
Scanner sc = new Scanner(System.in);
System.out.println("시험 점수를 입력해 주세요.");
String temp = sc.nextLine();
int score = Integer.parseInt(temp);

if (score >= 90) {
    System.out.println("90~100점입니다.");
    System.out.println("A학점입니다.");
} else if (score >= 80) {
    System.out.println("80~90점입니다.");
    System.out.println("B학점입니다.");
} else if (score >= 70) {
    System.out.println("70~80점입니다.");
    System.out.println("C학점입니다.");
} else if(score >= 60){
    System.out.println("60~70점입니다.");
    System.out.println("D학점입니다.");
} else {
    System.out.println("60점 미만입니다.");
    System.out.println("F학점입니다.");
}

sc.close();
    }
}
```

[실행결과]

```
시험 점수를 입력해 주세요.
88
80~90점입니다.
B학점입니다.
```

잠깐 복습 🔍

다음 코드를 실행했을 때 출력되는 내용을 적어보세요.

```
int score = 79;

if (60 =< score && score < 70) {
    System.out.println("D학점입니다.");
} else if (70 =< score && score < 80) {
    System.out.println("C학점입니다.");
} else if (score >= 80 && score < 90) {
```

```
    System.out.println("B학점입니다.");
} else if (score >= 90 && score <= 100) {
    System.out.println("A학점입니다.");
}
```

1.4 switch문

if문은 조건이 많아지면 else if문으로 반복하여 분기를 해야 하므로 코드가 복잡해집니다. switch 문을 사용하면 if문보다 가독성이 좋게 코드를 작성할 수 있습니다.

[실행 흐름도]

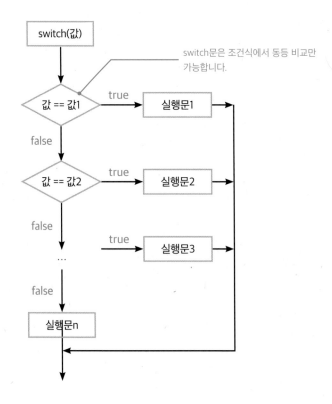

switch문은 조건식에서 동등 비교만 가능합니다.

[형식]

```
switch(값) {
   case 값1:
     실행문1;

     …

     break;
   case 값2:
     실행문2;

     …

     break;


   case 값3:
     실행문3;

     …

     break;
   defalut:
     실행문n;
}
```

switch문의 입력값은
byte, short, int, long 타입
정수와 문자열만 가능합니다.

default는 생략이 가능합니다.

[설명]

- switch문으로 값을 입력한 후, 첫 번째 case문의 값1과 비교합니다.

- 값이 동일하면 실행문1을 수행한 후, break문을 만나면 switch문을 종료합니다.

- 첫 번째 case문의 값과 다르면 다음의 case문의 값과 비교해서 값이 동일하면 실행문2를 수행합니다.

- 모든 case문의 값과 같지 않으면 defalut의 실행문n을 실행합니다.

- default문은 생략이 가능합니다.

※ 주의

switch문에서 break문은 각각의 case문을 구분하는 역할을 합니다. 따라서 break문을 써 주지 않으면 다음 줄의 case문의 실행문도 실행하게 됩니다. 따라서 break문을 빠뜨리지 않도록 주의해야 합니다.

다음은 switch문을 이용해서 입력한 숫자에 맞는 요일을 출력하는 예제입니다.

[직접 코딩해 보기] switch문을 이용해서 요일 출력하기

ch05/sec01/ex04/SwitchDayTest.java

```
package sec01.ex04;

import java.util.Scanner;

public class SwitchDayTest {
  public static void main(String[] args) {
    Scanner sc = new Scanner(System.in);
    System.out.println("요일을 입력해주세요.");
    String temp = sc.nextLine();
    int day = Integer.parseInt(temp);

//     switch(3.0) { ----------------------------- 실수 입력 시 에러가 발생합니다.
    switch (day) { ----------------------------- 정수를 입력합니다.
    case 1:
      System.out.println("월요일입니다.");
      break; ------------------------------------ break문을 생략하면 다음 break문을 만날 때까지
    case 2:                                        실행합니다.
      System.out.println("화요일입니다.");
      break;
    case 3:
      System.out.println("수요일입니다.");
      break;
    case 4:
      System.out.println("목요일입니다.");
      break;
    case 5:
      System.out.println("금요일입니다.");
      break;
    case 6:
      System.out.println("토요일입니다.");
      break;
    default:
      System.out.println("일요일입니다.");
      break;
    }
    sc.close();
  }
}
```

[실행결과]

요일을 입력해주세요.
2
화요일입니다.

다음 예제에서는 문자열로 요일을 입력받아서 switch문으로 비교해서 출력값을 출력합니다.

[직접 코딩해 보기] 요일 입력받아서 출력하기

ch05/sec01/ex04/SwitchDayTest2.java

```java
package sec01.ex04;

import java.util.Scanner;

public class SwitchDayTest2 {
  public static void main(String[] args) {
    Scanner sc = new Scanner(System.in);
    System.out.println("요일을 입력해주세요.");
    String day = sc.nextLine();

    switch (day) {                               문자열을 입력받습니다.
      case "월요일":
          System.out.println("월요일입니다.");
          break;
      case "화요일":
          System.out.println("화요일입니다.");
          break;
      case "수요일":
          System.out.println("수요일입니다.");
          break;
      case "목요일":
          System.out.println("목요일입니다.");
          break;
      case "금요일":
          System.out.println("금요일입니다.");
          break;
      case "토요일":
          System.out.println("토요일입니다.");
          break;
      default:
          System.out.println("일요일입니다.");
          break;
```

```
        }
        sc.close();
    }
}
```

[실행결과]

요일을 입력해주세요.
금요일
금요일입니다.

다음은 시험 점수에 따른 결과를 출력하는 예제입니다. case문에는 콤마(,)로 구분해서 여러 개 값들을 사용할 수 있습니다.

[직접 코딩해 보기] 시험 점수 입력받아서 결과 출력하기

ch05/sec01/ex04/SwitchScoreTest.java

```
package sec01.ex04;

import java.util.Scanner;

public class SwitchScoreTest {
  public static void main(String[] args) {
    Scanner sc = new Scanner(System.in);
    System.out.println("시험 점수를 입력해주세요.");
    String temp = sc.nextLine();
    int score = Integer.parseInt(temp);

    int mok = score / 10; ------------------------------------ 시험 점수를 10으로 나눈 몫을 구합니다.
    switch(mok) {
      case 9, 10: -------------------------------------------- 몫이 9이거나 10이면 해당 case문을 실행합니다.
        System.out.println("매우 우수합니다.");
        break;
      case 7, 8: --------------------------------------------- 7이거나 8이면 해당 case문을 실행합니다.
        System.out.println("우수합니다.");
        break;
      case 5, 6: --------------------------------------------- 5이거나 6이면 해당 case문을 실행합니다.
        System.out.println("양호합니다.");
        break;
      default:
        System.out.println("더 노력해야합니다.");
    }
```

```
        sc.close();
    }
}
```

[실행결과]

시험 점수를 입력해주세요.
77
우수합니다.

잠깐 복습 🔍

switch문의 값으로 입력 가능한 타입은 (   ), (   ), (   ), (   ), 타입 정수와 문자열입니다.

1.5 중첩 조건문

조건문 블록({}) 안에 다른 조건문을 사용하는 것이 가능합니다. 조건문 안에 다른 조건문이 있는 구조를 **중첩 조건문**이라고 합니다.

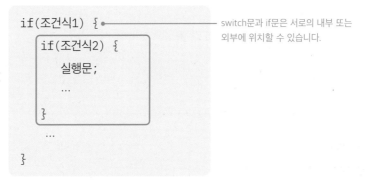

그림5-3 중첩 조건문의 구조

다음은 중첩 조건문을 이용해서 0에서 100점 사이의 시험점수를 학점으로 변환하는 예제입니다. score의 값이 -125일 경우는 에러 메시지를 출력합니다.

[직접 코딩해 보기] 시험 점수 입력받아서 학점으로 변환하기

ch05/sec01/ex05/NestedIfTest.java

```
package sec02.ex01;

import java.util.Scanner;
```

```java
public class NestedIfTest {
  public static void main(String[] args) {
    Scanner sc = new Scanner(System.in);
    System.out.println("시험 점수를 입력해주세요.");
    String temp = sc.nextLine();
    int score = Integer.parseInt(temp);

    if (0 <= score && score <= 100) { _____ score의 범위를 먼저 판별합니다.
      if (score >= 90) {
        System.out.println("90~100점입니다.");
        System.out.println("A학점입니다.");
      } else if (score >= 80) {
        System.out.println("80~90점입니다.");
        System.out.println("B학점입니다.");
      } else if (score >= 70) {                              중첩 조건문은 반드시 들여쓰기를 합니다.
        System.out.println("70~80점입니다.");
        System.out.println("C학점입니다.");
      } else {
        System.out.println("70점 미만입니다.");
        System.out.println("D학점입니다.");
      }
    } else {
      System.out.println("시험 점수를 잘못 입력했습니다.");
    }
  }
}
```

[실행결과]

(a) 76점을 입력한 경우

```
시험 점수를 입력하세요.
76
70~80점입니다.
C학점입니다.
```

(b) 125점을 입력한 경우

```
시험 점수를 입력하세요.
125
시험 점수를 잘못 입력했습니다.
```

중첩 조건문 작성법

TIP

중첩 조건문은 실제 코딩 시 많이 사용되므로 항상 같은 레벨의 조건문의 블록끼리 일치되도록 들여쓰기를 해 주세요.

→ 요점 정리 ←

if문

- if(조건식) { Ⓐ }의 문장을 말합니다.
- 조건식이 true이면 블록 내부의 Ⓐ를 실행합니다.

if-else문

- if(조건식) { Ⓐ } else { Ⓑ }의 문장을 말합니다.
- 조건식이 true이면 if문의 블록 내부의 Ⓐ를 실행하고, false이면 else 중괄호 내부의 Ⓑ를 실행합니다.

if-else if문

- if(조건식1) { Ⓐ } else if(조건식2) { Ⓑ }... else{ Ⓝ }의 문장을 말합니다.
- 조건식1이 true가 되면 Ⓐ를 실행하고, 조건식2가 true이면 Ⓑ를 실행합니다. 모든 조건식이 false이면 Ⓝ을 실행합니다.

switch문

- switch(값) {case 값1: Ⓐ case 값2: Ⓑ ... default: Ⓝ}의 문장을 말합니다.
- 값이 값1과 같으면 Ⓐ를 실행하고, 값2와 같으면 Ⓑ를 실행합니다. 모든 값과 같지 않으면 defalut의 Ⓝ을 실행합니다.

중첩 조건문

- 조건문 안에 조건문이 있는 문장을 말합니다.

2 반복문

지금까지 프로그램 실행 시 작성한 코드는 한 번만 실행되었습니다. 반복문은 코드를 반복하여 실행되도록 하는데 사용되며, 반복문의 종류는 for문, while문, do-while문이 있습니다. 그리고 이 세 개의 반복문은 서로 변환됩니다.

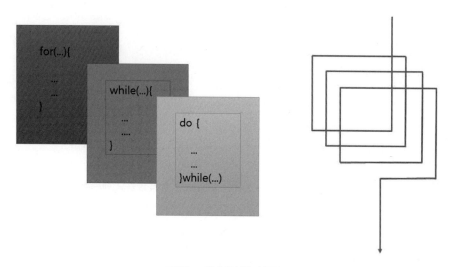

그림5-4 자바 반복문의 종류

2.1 for문

앞에서 배운 실행문을 이용해서 "Hello, World!" 문자열을 다섯 번 출력해 보겠습니다.

```
System.out.println("Hello, World!");
System.out.println("Hello, World!");
System.out.println("Hello, World!");
System.out.println("Hello, World!");
System.out.println("Hello, World!");
```

그런데 이 문자열을 100번 출력하려면 같은 실행문을 100번 사용해야 하므로 비효율적입니다. 그러나 다음과 같이 for문을 사용하면 실행문 한 줄만 사용해서 100번 문자열을 출력할 수 있습니다.

```
for (int i = 0; i < 100; i++) {  ●————— 100번 반복합니다.
  System.out.println("Hello, World!");
}
```

다음은 for문의 실행 흐름도입니다. for문은 초기화식, 조건식, 증감식의 세 개의 식과 실행 블록으로 이루어져 있습니다.

식	설명
초기화식	가장 먼저 실행되는 식이며, for문 내에서 쓰이는 반복 변수를 초기화합니다.
조건식	초기화식 다음에 실행되는 식으로, 블록 실행 여부를 판별합니다.
증감식	for문을 수행한 후 실행되는 식으로 조건식을 체크하기 전에 조건식에서 쓰이는 반복 변수를 증가 또는 감소시키면서 조건을 변경합니다.

표5-1 for문의 세 개의 식

[실행 흐름도]

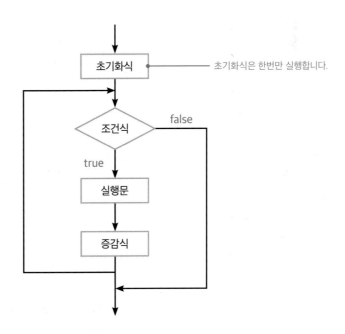

[형식]

```
for( (①초기화식 ; ②조건식 ; ④증감식) {
      ③실행문 ;
      …
}
```

[설명]

- for문 실행 시 초기화식(①)이 제일 먼저 실행됩니다.
- 조건식(②)을 판별해서 true이면 for문 블록 내부의 실행문들(③)을 실행하고, false이면 종료합니다.
- 블록 내부의 실행문들(③)이 모두 실행되면 증감식(④)을 실행한 후, 다시 조건식(②)을 판별합니다.
- 조건식(②)이 true이면 다시 실행문들(③) → 증감식(④) → 조건식(②)을 반복하고, false이면 for문을 종료합니다.

다음은 for문을 이용해서 "Hello, World!" 문자열과 1에서 10까지의 수를 출력하는 예제입니다. for문의 초기화식에서 사용된 반복 변수 i는 for문 블록 내에서만 사용 가능합니다. for문 블록 밖에서 사용하면 에러가 발생합니다.

[직접 코딩해 보기] for문을 이용해서 1에서 10까지 출력하기

ch05/sec02/ex01/ ForPrint1To10Test.java

```
public class ForPrint1To10Test {
  public static void main(String[] args) {
    for (int i = 0; i < 10; i++) {       ------- 반복 변수 i를 선언 후 0으로 초기화합니다.
      System.out.println("Hello, World!");
    }

    for (int i = 0; i <= 10; i++) {
      System.out.println("i = " + i);
    }

//      System.out.println("i = " + i);
                                          ------- 반복 변수는 for문 안에서만 사용가능합니다.
  }
}
```

[실행결과]

```
Hello, World!
Hello, World!
Hello, World!
Hello, World!
Hello, World!
Hello, World!
Hello, World!
Hello, World!
Hello, World!
```

```
Hello, World!
i = 1
i = 2
i = 3
i = 4
i = 5
i = 6
i = 7
i = 8
i = 9
i = 10
```

다음은 for문을 이용해서 1에서 5까지의 합을 구하는 예제입니다. for문 실행 시 반복 변수 i가 1씩 증가함에 따라서 sum에 누적되는 값을 보여주는 테이블입니다. 이처럼 반복문을 처음 다룰 땐 반복문에 관련된 변수나 수식을 테이블에 나열한 후, 한 줄씩 실행하면서 그 각 변수들의 값을 기록해 보면서 따라가면 쉽게 이해할 수 있습니다.

i	i<=5	sum +=i	i++
1	true	sum=0+1	2
2	true	sum=0+1+2	3
3	true	sum=0+1+2+3	4
4	true	sum=0+1+2+3+4	5
5	true	sum=0+1+2+3+4+5	6
6	false		

[직접 코딩해 보기] for문을 이용해서 1에서 5까지의 합 구하기

ch05/sec02/ex01/ForSum1To5Test.java

```
package sec02.ex01;

public class ForSum1To5Test {
  public static void main(String[] args) {
    int sum = 0;

    for (int i = 1; i <= 5; i++) {
      sum += i;                                             반복 변수 i의 값을 sum에 누적시킵니다.
      System.out.println("i = " + i + ", sum = " + sum);
    }
    System.out.println("1에서 5까지의 합 : " + sum);
```

```
    }
  }
```

[실행결과]

```
i = 1, sum = 1
i = 2, sum = 3
i = 3, sum = 6
i = 4, sum = 10
i = 5, sum = 15
1에서 5까지의 합 : 15
```

다음은 for문을 이용해서 화씨 온도를 10도씩 증가시키면서 섭씨 온도를 구하는 예제입니다.

fahrenheit	fahrenheit <=100	celsius	fahrenheit +=10
0	true	-17.778	10
10	true	-12.222	20
20	true	-6.667	30
...	true	...	...
90	true	32.222	100
100	true	37.778	110
110	false		

[직접 코딩해 보기] for문을 이용해서 화씨 온도를 섭씨 온도로 변환하기

ch05/sec02/ex01/ForCelFahConversionTest.java

```java
package sec02.ex01;

public class ForCelFahConversionTest {
  public static void main(String[] args) {
    final int BASE = 32;
    float celsius = 0.0F;
                                        ┌--------- 반복 변수 fahrenheit를 10씩 증가시킵니다.
    for(int fahrenheit = 0; fahrenheit <= 100; fahrenheit += 10) {
      celsius = (fahrenheit - BASE) * (5.0F / 9.0F);
      System.out.printf("화씨 : %d \t 섭씨 : %.3f\n", fahrenheit, celsius);
    }
  }
}
```

[실행결과]

화씨 : 0	섭씨 : -17.778
화씨 : 10	섭씨 : -12.222
화씨 : 20	섭씨 : -6.667
화씨 : 30	섭씨 : -1.111
화씨 : 40	섭씨 : 4.444
화씨 : 50	섭씨 : 10.000
화씨 : 60	섭씨 : 15.556
화씨 : 70	섭씨 : 21.111
화씨 : 80	섭씨 : 26.667
화씨 : 90	섭씨 : 32.222
화씨 : 100	섭씨 : 37.778

다음은 for문 내 세 개의 식이 있고, 여러 개의 변수를 사용하는 경우입니다. 대부분의 for문의 세 개의 식에는 한 개의 변수만 사용되지만 콤마(,)를 이용해서 여러 개의 변수를 사용할 수도 있습니다.

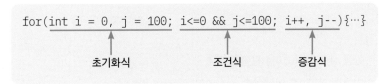

그림5-5 for문 내 여러 변수 사용 방법

?? 퀴즈

for문을 이용해서 1에서 10 사이의 짝수들의 합을 구해보세요.

2.2 while문

while문은 for문과는 달리 실행 블록({})에서 초기화식이나 조건식, 증감식을 따로 사용하지 않습니다. 따라서 while문은 조건식이 true이면 계속 반복해야 되는 경우에 사용하면 좋습니다.

> **참고**
>
> for문과 while문은 서로 변환이 가능합니다. 일반적으로 for문은 주로 반복 횟수가 정해진 경우 사용하면 편리합니다. 반면에 while문은 반복 횟수보다는 조건식이 true이면 반복하는 경우에 사용합니다.

[실행 흐름도]

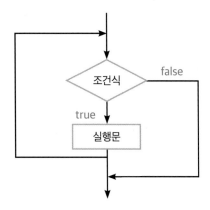

[형식]

```
while(①조건식){
    ②실행문;
}
```

[설명]

- while문이 최초 실행 시 조건식(①)을 판별합니다.
- 조건식이 true이면 실행문(②)을 실행하고, false이면 종료합니다.
- 실행문(②)이 모두 실행되면 조건식으로 되돌아가서 다시 조건식(①)을 판별합니다.
- 조건식이 true이면 실행문(②) → 조건식(①)으로 다시 진행하고, false이면 while문을 종료합니다.

조건식이 true일 때 반복 실행할 경우에는 (   )문을 사용합니다.

다음은 while문을 이용해서 반복 변수 i의 값을 1에서 5까지 출력하는 예제입니다. for문과는 달리 while문에서는 while문 내에서 반복 변수를 선언하지 않습니다. 따라서 반복 변수로 쓰이는 i는 while문 밖에서 선언되었으므로 while문 밖에서도 사용 가능합니다.

[직접 코딩해 보기] while문으로 반복 변수 값 출력하기

ch05/sec02/ex02/WhilePrintFrom1To5Test.java

```java
package sec02.ex02;

public class WhilePrintFrom1To5Test {
  public static void main(String[] args) {
```

```
    int i = 1;

    while (i <= 5) {
      System.out.println("i = " + i);
      i++;·············································반복 변수 i를 1 증가시킨 후 조건식으로 이동합니다.
    }

    System.out.println("while문 밖에서 i의 값 : " + i);
                                        ·····반복 변수 i를 while문 밖에서도 사용 가능합니다.
  }
}
```

[실행결과]

```
i = 1
i = 2
i = 3
i = 4
i = 5
while문 밖에서 i의 값 : 6
```

다음은 while문을 이용해서 1에서 5까지의 합을 구하는 예제입니다. for문과 while문은 서로 변환이 가능합니다.

i	i<=5	sum +=i	i++
1	true	sum=0+1	2
2	true	sum=0+1+2	3
3	true	sum=0+1+2+3	4
4	true	sum=0+1+2+3+4	5
5	true	sum=0+1+2+3+4+5	6
6	false		

while문도 for문처럼 테이블에 변수값을
적어가면서 따라가다 보면 쉽게 이해할 수 있습니다.

[직접 코딩해 보기] while문을 이용해서 1에서 5까지의 합 구하기

ch05/sec02/ex01/WhileFromSum1To5Test.java

```
package sec02.ex02;

public class WhileSumFrom1To5Test {
  public static void main(String[] args) {
    int sum = 0;
```

```
    int i = 1;

    while (i <= 5) {
      sum += i;
      System.out.println("i = " + i + ", sum = " + sum);
      i++;
    }

    System.out.println("1에서 5까지의 합 : " + sum);
  }
}
```

[실행결과]

```
i = 1, sum = 1
i = 2, sum = 3
i = 3, sum = 6
i = 4, sum = 10
i = 5, sum = 15
1에서 5까지의 합 : 15
```

다음은 while문을 이용해서 화씨 온도를 섭씨 온도로 변환하는 예제입니다. for문과 while문은 서로 변환이 가능합니다.

fahrenheit	fahrenheit <=100	celsius	fahrenheit +=10
0	true	-17.778	10
10	true	-12.222	20
20	true	-6.667	30
…	true	…	…
90	true	32.222	100
100	true	37.778	110
110	false		

[직접 코딩해 보기] while문을 이용해서 화씨 온도를 섭씨 온도로 변환하기

ch05/sec02/ex02/WhileCelFahConversionTest.java

```
package sec02.ex02;

public class WhileCelFahConversionTest {
```

```
public static void main(String[] args) {
    final int BASE = 32;
    float celsius = 0.0F;
    int fahrenheit = 0;

    while (fahrenheit <= 100) {
        celsius = (fahrenheit - BASE) * (5.0F / 9.0F);
        System.out.printf("화씨 : %d\t 섭씨 : %.3f\n", fahrenheit, celsius);
        fahrenheit += 10;_____화씨 온도를 10 증가시킨 후 while문의 조건식으로 이동합니다.
    }
}
}
```

[실행결과]

화씨 : 0	섭씨 : -17.778
화씨 : 10	섭씨 : -12.222
화씨 : 20	섭씨 : -6.667
화씨 : 30	섭씨 : -1.111
화씨 : 40	섭씨 : 4.444
화씨 : 50	섭씨 : 10.000
화씨 : 60	섭씨 : 15.556
화씨 : 70	섭씨 : 21.111
화씨 : 80	섭씨 : 26.667
화씨 : 90	섭씨 : 32.222
화씨 : 100	섭씨 : 37.778

?? 퀴즈

while문을 이용해서 1과 키보드로 입력받은 자연수 사이의 짝수들의 합을 구해보세요.

참고

while(true) {

...

}

와 같이 while문의 조건식이 항상 true이면 어떻게 될까요? 그럼 while문은 무한 반복하게 됩니다. 이런 경우는 일반적으로 바람직하지 않지만 서버 프로그램같은 경우는 의도적으로 조건식을 true로 만들어서 무한히 실행하면서 클라이언트의 요청을 처리합니다.

2.3 do-while문

do-while문은 조건식에 의해 반복적으로 실행된다는 점에서는 while문과 동일합니다. 그러나 while문은 조건식을 먼저 판별한 후, 블록 내부의 실행문들을 실행하고 do-while문은 무조건 한 번은 실행 블록 내부의 실행문들을 실행한 후 마지막에 조건식을 판별합니다.

[실행 흐름도]

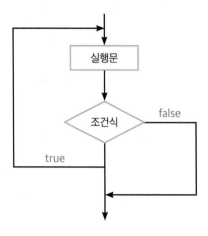

[형식]

```
do {
  ①실행문;
} while(②조건식)
```

[설명]

- 최초 실행 시 실행문(①)이 우선 실행됩니다.
- 실행문(①)이 모두 실행되면 조건식(②)을 판별합니다.
- 조건식의 결과가 true이면 실행문(①) → 조건식(②)을 반복 실행합니다.
- 조건식의 결과가 false이면 do-while문을 종료합니다.

다음은 do-while문을 이용해서 1에서 5까지 출력하는 예제입니다. do-while문은 while문과 달리 실행문을 먼저 실행 후, 조건식을 판별합니다.

[직접 코딩해 보기] do-while문을 이용해서 1에서 5까지 출력하기

ch05/sec02/ex03/DoWhilePrintFrom1To5Test.java

```java
package sec02.ex03;
```

```
public class DoWhilePrintFrom1Tio5Test {
  public static void main(String[] args) {
    int i = 1;

    do{
      System.out.println("i = " + i);
      i++;
    } while(i <= 5); _____ 먼저 실행 블록의 실행문을 실행 후 조건식을 판별합니다.

    System.out.println("do-while문 밖에서의 i값: " + i);
  }
}
```

[실행결과]

```
i = 1
i = 2
i = 3
i = 4
i = 5
do-while문 밖에서의 i값 : 6
```

다음은 do-while문을 이용해서 1에서 5까지의 합을 구하는 예제입니다. do-while문과 while문은
변환이 가능합니다.

i	sum +=i	i++	i<=5
1	sum=0+1	2	true
2	sum=0+1+2	3	true
3	sum=0+1+2+3	4	true
4	sum=0+1+2+3+4	5	true
5	sum=0+1+2+3+4+5	6	false

[직접 코딩해 보기] do-while문을 이용해서 1에서 5까지의 합 구하기

ch05/sec02/ex03/DoWhileSumFrom1To5Test.java

```
package sec02.ex03;

public class DoWhileSumFrom1To5Test {
  public static void main(String[] args) {
```

```java
    int sum = 0;
    int i = 1;

    do {
        sum += i;
        System.out.println("i = " + i + ", sum = " + sum);
        i++;
    } while(i <= 5);----------------------------- 블록의 실행문을 실행 후 조건식을 판별합니다.

    System.out.println("1에서 5까지의 합: " + sum);
  }
}
```

[실행결과]

```
i = 1, sum = 1
i = 2, sum = 3
i = 3, sum = 6
i = 4, sum = 10
i = 5, sum = 15
1에서 5까지의 합: 15
```

? 퀴즈

do-while문을 사용해서 화씨 온도를 0°F부터 100°F까지 10°F씩 증가시키면서 각각의 화씨 온도에 해당되는 섭씨 온도를 출력해 보세요.

→ 요점 정리 ←

- for문은 일반적으로 반복 횟수가 정해져 있을 때 사용합니다.
- while문은 반복 횟수에 상관없이 조건식이 true를 만족할 경우 계속해서 반복 수행해야할 때 사용합니다.
- while문은 조건식이 false이면 한 번도 실행하지 않을 수 있습니다.
- do-while문은 적어도 한 번은 실행합니다.

3 중첩 반복문

시계를 생각해보면 초침이 한 바퀴 돌면, 분침이 1분 움직이고, 분침이 한 바퀴 돌면 시침이 1시간 움직입니다. 자바에서도 중첩 반복문을 이용하면 반복문을 다시 반복해서 실행할 수 있습니다.

그림5-6 시계의 시침과 분침

세 가지 반복문은 다시 세 가지 반복문을 중첩해서 사용할 수 있습니다.

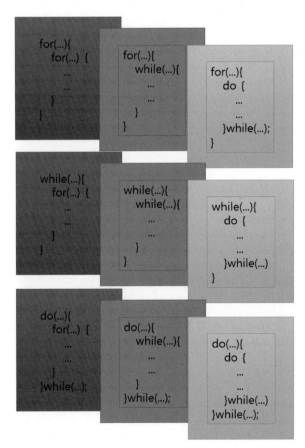

그림5-7 여러 가지 중첩 반복문 구조

3.1 중첩 for문

중첩 반복문 중에서 가장 많이 쓰이는 중첩 for문에 관해서 알아보겠습니다. for문은 또 다른 for 문을 포함할 수 있는데, 이것을 중첩 for문이라고 합니다. 이 경우 시계처럼 외부 for문이 한 번 돌 면 중첩된 for문은 지정된 횟수만큼 돕니다.

```
for(…){
    for(…){
        …

        …
    }
}
```

그림5-8 중첩 for문 구조

중첩 for문을 이용해서 반복 변수의 값을 출력해 보겠습니다. 결과를 보면 외부 for문의 반복 변 수 i의 값이 1 증가할 때마다 j는 1에서 5까지 증가합니다.

i	j
	1
	2
1	3
	4
	5
	1
	2
2	3
	4
	5
…	…

[직접 코딩해 보기] 중첩 for문으로 반복 변수값 출력하기

ch05/sec03/ex01/NestedForTest.java

```java
package sec03.ex01;

public class NestedForTest {
    public static void main(String[] args) {
```

```java
for (int i = 1; i <= 5; i++) {
    for (int j = 1; j <= 5; j++) {
        System.out.println("i = " + i + ", j = " + j );
    }
    System.out.println();----------------------------------------내부 for문 종료 후 줄바꿈합니다.
}
}
}
```

[실행결과]

```
i = 1, j = 1
i = 1, j = 2
i = 1, j = 3
i = 1, j = 4
i = 1, j = 5

i = 2, j = 1
i = 2, j = 2
i = 2, j = 3
i = 2, j = 4
i = 2, j = 5

i = 3, j = 1
i = 3, j = 2
i = 3, j = 3
i = 3, j = 4
i = 3, j = 5

i = 4, j = 1
i = 4, j = 2
i = 4, j = 3
i = 4, j = 4
i = 4, j = 5

i = 5, j = 1
i = 5, j = 2
i = 5, j = 3
i = 5, j = 4
i = 5, j = 5
```

다음 예제에서는 중첩 for문을 이용해서 시계의 시와 분을 10분 단위로 출력하고 있습니다. 외부 for문은 시침에 해당되고, 내부 for문은 10분씩 증가하는 분침에 해당됩니다.

[직접 코딩해 보기] 중첩 for문을 이용해서 시계의 시와 분 출력하기

ch05/sec03/ex01/ClockTest.java

```java
package sec03.ex01;

public class ClockTest {
  public static void main(String[] args) {
    for (int hour = 1; hour <= 12; hour++) {
      for (int min = 0; min < 60; min += 10) {
        System.out.println(hour + "시 " + min + " 분");
      }
      System.out.println();
    }
  }
}
```

내부 for문은 6번 반복합니다.

외부 for문은 12번 반복합니다.

[실행결과]

1시 0분
1시 10분
1시 20분
1시 30분
1시 40분
1시 50분

2시 0분
2시 10분
2시 20분
2시 30분
2시 40분
2시 50분

3시 0분
3시 10분
3시 20분
3시 30분
3시 40분
3시 50분

......

퀴즈

중첩 while문을 이용해서 시계 예제를 구현해 보세요.

> 요점 정리 <

- 자바의 세 가지 반복문은 다시 세 가지 반복문을 중첩해서 사용할 수 있습니다.
- 중첩 for문은 for문 안에 다시 for문을 사용합니다.

4. break문과 continue문

반복문 실행 중 실행을 중단하거나 실행을 생략하는 방법에 관해서 알아보겠습니다.

4.1 break문

반복문을 사용하다가 강제로 종료해야 할 경우가 있습니다. 이때는 switch문에서 사용한 적 있는
break 문을 사용해서 강제 종료시킵니다.

[실행 흐름도]

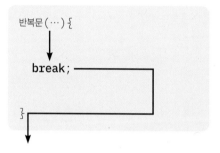

[설명]

- 반복문이 실행하다가 break문을 만나면 반복문을 강제로 종료합니다.

다음은 for문을 이용해서 1에서 10까지의 합을 구하는 프로그램입니다. 그런데 반복 변수 i가 5가
되면 break문을 만나므로 for문을 강제로 종료합니다.

[직접 코딩해 보기] for문에서 break문 사용하기

ch05/sec04/ex01/BreakTest.java

```
package sec04.ex01;

public class BreakTest {
  public static void main(String[] args) {
    for (int i = 1; i <= 10; i++) {
```

```
    if(i == 5)
      break;
      System.out.println(i);                      5가 되면 for문을 강제 종료합니다.
    }


    System.out.println("프로그램 종료");
  }
}
```

[실행결과]

```
1
2
3
4
프로그램 종료
```

break문은 **while(true){...}** 구문과 자주 사용됩니다. 다음은 while(true){...} 반복문을 이용해서 무한루프를 돌면서 키보드로 번호를 입력받아서 해당 메뉴 이름을 출력합니다. 4를 입력하면 break문을 이용해서 while문을 종료합니다.

[직접 코딩해 보기] break문과 while문 이용해서 메뉴 이름 출력하기

ch05/sec04/ex01/WhileBreakTest.java

```java
package sec04.ex01;

import java.util.Scanner;

public class WhileBreakTest {
  public static void main(String[] args) {
    int num = 0;
    Scanner sc = new Scanner(System.in);

    while(true) {
    //for(;;) { --------------------- for문으로 무한 반복문을 수행합니다.
      System.out.println("-------------------------------------------");
      System.out.println("1:회원, 2:렌터카, 3:예약, 4:종료 ");
      System.out.println("-------------------------------------------");
      System.out.print("메뉴 번호 선택:");
      String temp = sc.nextLine();
      num = Integer.parseInt(temp);
```

```
            if(num == 1) {
                    System.out.println("1.회원 메뉴를 선택하셨습니다.");
            } else if(num == 2) {
                    System.out.println("2.렌터카 메뉴를 선택하셨습니다.");
            } else if(num == 3) {
                System.out.println("3.예약 메뉴을 선택하셨습니다.");
            } else {
                System.out.println("종료합니다.");
                break;
            } //while문의 끝
        }

        sc.close();
    }
}
```

while문 블록을 무한 반복합니다.

키보드로 4 입력 시 while문을 종료합니다.

[실행결과]

1:회원, 2:렌터카, 3:예약, 4:종료
- -
메뉴 번호 선택:2
2.렌터카 메뉴를 선택하셨습니다.
- -
1:회원, 2:렌터카, 3:예약, 4:종료
- -
메뉴 번호 선택:3
3.예약 메뉴을 선택하셨습니다.
- -
1:회원, 2:렌터카, 3:예약, 4:종료
- -
메뉴 번호 선택:4
종료합니다.

잠깐 복습 🔍

반복문을 강제 종료시킬 때는 (   )문를 사용합니다.

💡 **알아두면 좋아요**

의도적으로 무한 반복문을 사용할 때 가독성이 좋기 때문에 while(**true**){...} 구문을 많이 사용합니다. 그리고 for(;;) {...}
을 사용해도 무한 반복문을 만들 수 있습니다.

그럼 중첩 반복문에서 break문이 사용되면 어떻게 될까요? break문은 자신이 포함된 가장 가까운 반복문을 종료시킵니다. 다음은 중첩 for문에서 break문을 사용하는 예제입니다. 실행해 보면 내부 for문의 반복 변수 j가 3이 되면 break문에 의해서 내부 for문만 종료됩니다.

[직접 코딩해 보기] 중첩 for문에서 break문 사용하기

ch05/sec04/ex01/NestedForBreakTest.java

```java
package sec04.ex01;

public class NestedForBreakTest {
  public static void main(String[] args) {
    for (int i = 1; i <= 5; i++) {
      for (int j = 1; j <= 5; j++) {
        if (j == 3)
          break;

        System.out.println("i= " + i + ", j= " + j);
      } // 내부 for 문의 끝

      System.out.println();
    } // 외부 for 문의 끝

    System.out.println("프로그램 종료");
  }
}
```

break문을 포함하는 내부 for문을 종료합니다.

[실행결과]

```
i = 1, j = 1
i = 1, j = 2

i = 2, j = 1
i = 2, j = 2

i = 3, j = 1
i = 3, j = 2

i = 4, j = 1
i = 4, j = 2

i = 5, j = 1
i = 5, j = 2
```

그럼 한 번에 외부 for문까지 종료하고 싶을 땐 어떻게 할까요? 그때는 break 다음에 종료하기 원하는 반복문의 이름(라벨, Label)을 지정해 주면 됩니다. 다음은 break문으로 외부 for문을 종료하는 예제입니다.

[직접 코딩해 보기] break와 label로 외부 for문 종료하기

ch05/sec04/ex01/NestedForBreakTest.java

```
package sec04.ex01;

public class BreakLabelTest {
  public static void main(String[] args) {

Outter: --------------------------------------------------- 외부 for문의 라벨을 지정합니다.
    for (int i = 1; i <= 5; i++) {
      for (int j = 1; j <= 5; j++) {
        if (j == 3)
          break Outter;

        System.out.println("i= " + i + ", j= " + j);
      }  // 내부 for문의 끝

      System.out.println();                                    ── Outter로 지정된 외부 for문을 종료합니다.
    } // 외부 for문의 끝

    System.out.println("프로그램 종료");
  }
}
```

[실행결과]

```
i = 1, j = 1
i = 1, j = 2
프로그램 종료
```

잠깐 복습 🔍

다음 중 틀린 구문을 바르게 고치세요.
- 반복문에서 break문을 만나면 반복문의 조건식으로 이동합니다.
- 중첩 반복문에서 break문을 만나면 모든 반복문을 종료합니다.

4.2 continue문

continue문은 반복문 내에서 실행문들을 건너뛸 때 사용합니다.

[실행 흐름도]

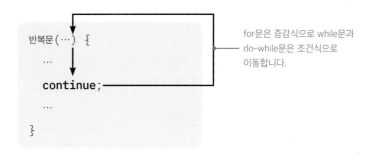

[설명]

- 반복문 내에서 실행 시 continue를 만나면 나머지 실행문은 실행을 생략한 후, 반복문의 조건식(for문은 증 감식)으로 이동합니다.

다음은 for문에서 contiune문을 사용하는 예제입니다. for문에서 continue문을 만나면 for문의 증감식으로 이동합니다.

[직접 코딩해 보기] for문에서 continue문 사용하기

ch05/sec04/ex01/ContinueTest.java

```
package sec04.ex02;

public class ContinueTest {
  public static void main(String[] args) {
    for (int i = 1; i <= 10; i++) {
      if (i % 5 == 0)
        continue;          ----- i를 5로 나누어서 나머지가 0이면 continue문을 만나 증감식으로 이동합니다.

      System.out.println(i);
    }

    System.out.println("프로그램 종료");
  }
}
```

[실행결과]

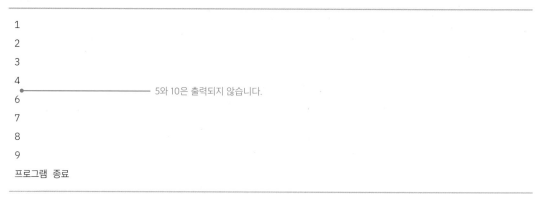

```
1
2
3
4
                    ─── 5와 10은 출력되지 않습니다.
6
7
8
9
프로그램 종료
```

break문처럼 continue문을 중첩 반복문에 사용하면 어떻게 될까요? 그럼 가장 가까운 반복문의 조건식이나 증감식으로 이동합니다. 그리고 지정한 반복문으로 이동하려면 continue 다음에 이름(Label)을 지정해 주면 됩니다.

 잠깐 복습

반복문에서 continue문을 만나면 for문은 (   )으로, while문이나 do-while문은 (   )식으로 이동합니다.

→ 요점 정리 ←

- break문은 자신을 포함하는 가장 가까운 반복문을 강제로 종료시킵니다.
- 중첩 반복문에서 원하는 반복문을 한 번에 종료시키려면 break 다음에 해당 반복문의 이름(label)을 써 주면 됩니다.
- continue문은 자신을 포함하는 가장 가까운 반복문의 조건식(for문은 증감식)으로 이동시킵니다.

5 반복문 실습

일반적으로 반복문까지 배우면 자바로 원하는 결과를 출력하는 프로그램을 구현할 수 있습니다. 중요한 점은 앞에서 배운 것을 응용해서 우리가 원하는 결과가 나오도록 코딩해야 한다는 점입니다. 이번에는 배운 기능들을 이용해서 어떻게 원하는 기능을 구현하는지 알아보겠습니다.

5.1 콘솔에 별 모양 출력하기

[문제] 콘솔에 다음과 같이 별 모양을 표시해 주세요.

```
*****
*****
*****
*****
*****
```

입문자가 문제를 해결하기 위해서는 우선 문제를 잘 분석한 후, 이해를 해야 합니다. 그 후 코드량이 많아지고 시간이 많이 걸리더라도 분석 내용을 바탕으로 자신이 직접 구현해 보는 겁니다. 그림을 보면 지금 한 줄에 별 다섯 개를 옆으로 표시합니다. 한 개의 별을 표시하기 위해서는 System.out.print("*")을 사용하면 됩니다. 그리고 * 다섯 개를 동시에 표시해야 하니 System.out.print("*")을 다섯 번 사용하면 됩니다.

```
System.out.print("*");
System.out.print("*");
System.out.print("*");
System.out.print("*");
System.out.print("*");
```

그런데 이 코드를 잘 분석해 보면 똑같은 실행문이 다섯 번 반복됩니다. 그럼 앞에서 배운 반복문을 이용해서 코드를 줄일 수 있습니다.

```
for(int i = 0; i < 5; i++){
    Systme.out.print("*");
}
```

한 줄에 다섯 개의 별을 표시하는 문제는 해결했습니다. 그럼 다섯 줄에 표시하는 방법을 찾아야 합니다. 자세히 보면 다른 줄은 첫 번째 줄을 반복합니다. 그럼 첫 번째 줄에 별을 찍는 실행문을 다섯 번 반복하면 됩니다.

[직접 코딩해 보기] 다섯 줄에 다섯 개의 별 찍기

ch05/sec05/ex01/PrintStarTest1.java

```
package sec05.ex01;

public class PrintStarTest1 {
  public static void main(String[] args) {

    for (int i = 0; i < 5; i++) {
      for (int j = 0; j < 5; j++) {
            System.out.print("*");
      }
      System.out.println(); _____ 다섯 개의 별을 찍은 후 줄을 바꿉니다.
    }
  }
}
```

[실행결과]

```
*****
*****
*****
*****
*****
```

다음은 앞의 별 찍기 예제를 통해 본 자바로 문제를 구현하는 과정입니다.

프로그램 구현 과정

```
┌─────────────────────────┐
│      문제 분석 및 이해       │
└─────────────────────────┘
            ⬇
┌─────────────────────────┐
│       구현 방법 정의        │
└─────────────────────────┘
            ⬇
┌─────────────────────────┐
│        코드로 구현         │
└─────────────────────────┘
```

그림5-9 프로그램 구현 과정

[문제] 콘솔에 다음과 같이 별 모양을 표시해 주세요.

```
*****
****
***
**
*
```

[분석]

일단 문제를 분석하면서 중점을 두어야 할 부분은 문제에 존재하는 일정한 규칙성이나 패턴을 찾는 것입니다. 별 찍기를 보면 얻을 수 있는 규칙성은 다음과 같습니다.

● 줄 번호가 1씩 증가할 때마다 그 줄의 별 수는 1씩 감소한다.

이 규칙성을 도표로 나타내면 다음과 같습니다.

줄 번호(x)	0	1	2	3	4
별 개수(y)	5	4	3	2	1

이런 규칙성을 다시 수식화하면 프로그램으로 구현하기가 쉽습니다. 줄 번호(x)와 별의 수(y)를 수식화하면 다음과 같은 일차 방정식이 됩니다.

$$y = 5 - x$$

다음은 한 줄에 다섯 개의 별을 찍는 코드입니다. 이 코드로 한 줄에 고정적으로 다섯 개의 별을 찍는 이유를 분석해보면, 우선 한 줄에 몇 개의 별을 찍는가를 결정하는 요소는 내부 for문의 조건식인 'j < 5'입니다. 더 정확히 5가 한 줄에 찍는 별의 개수입니다.

```java
for (int i = 0; i < 5; i++) {
  for (int j = 0; j < 5; j++) {         ── 한 줄에 다섯 개의 별을 찍게 합니다.
    System.out.print("*");
  }
  System.out.println();                 ── 다섯 개의 별을 찍은 후 줄을 바꿉니다.
}
```

그럼 외부 for문에 의해서 줄이 변경되면,

$$y = 5 - x$$

수식에 맞추어 별의 수도 감소되도록 만들어야 합니다. x가 줄 번호이고 y가 별의 수이므로 이것을 중첩 for문에 적용해 보면, x가 i에 해당되고 y가 j에 해당되어 다음과 같이 됩니다.

```java
for (int i = 0; i < 5; i++) {
  for (int j = 0; j < 5 - i; j++) {
    System.out.print("*");                    ────── i가 1씩 증가할 때마다 내부 for문에 의해서
  }                                                   찍히는 별의 수는 1씩 감소합니다.
  System.out.println();  ●──────────────────── 다섯 개의 별을 찍은 후 줄을 바꿉니다.
}
```

[구현 방법]

① 한 줄에 5개의 별을 다섯 줄에 찍습니다.

② 줄 번호(x)와 별의 개수(y)의 관계인 y = 5 - x를 이용해서 줄 번호가 1씩 증가하면 역으로 별의 개수는 1씩 감소하도록 내부 for문의 조건식을 설정해 줍니다.

<구현>

줄 번호가 1씩 증가하면 역으로 별의 수가 1씩 감소하는 기능을 내부 for문의 조건식에 적용하면 j < starNum-i이 됩니다.

[직접 코딩해 보기] 별 찍기 두 번째 예제

ch05/sec05/ex01/PrintStarTest2.java

```java
package sec05.ex01;

public class PrintStarTest2 {
  public static void main(String[] args) {
    int rowNum = 5;  //줄 번호
    int starNum = 5;  //별 수

    for (int i = 0; i < rowNum; i++) {
      for (int j = 0; j < starNum - i; j++) {  ──────── 외부 반복 변수 i가 1 증가할 때마다 내부
        System.out.print("*");                          반복 변수 j는 반복 횟수가 1 감소합니다.
      }
      System.out.println();
```

```
      }
    }
  }
```

[실행결과]

```
*****
****
***
**
*
```

프로그래밍은 원하는 결과가 나올 때까지 **문제 분석→구현 방법 정의→구현 및 결과 분석→코드 수정 및 결과 분석→...**을 반복하는 과정입니다.

잠깐 복습 🔍

프로그래밍 시 문제를 분석하는 과정에서 찾은 규칙성을 가능하면 (   )하면 좋습니다.

5.2 1000 이상이 되게 하는 자연수 합 구하기

[문제] 1부터 차례로 자연수를 더할 때 그 합이 1000 이상이 되게 하는 최초의 자연수와 그 합을 출력해 보세요.

[분석]

1부터 자연수를 차례대로 더한 합은 점점 커집니다. 따라서 언젠가는 그 합은 1000을 넘게 됩니다. 그런데 1에서 어떤 수까지 더해야 1000이 넘는지는 알 수 없습니다. 따라서 일단 변수에 1부터 차례대로 더한 값을 저장한 후, 더한 값이 1000 이상이 되는지 확인합니다. 이 과정을 반복해서 수행하다가 최초로 1000 이상이 되면 더하는 과정을 중단합니다. 이 과정을 순서도로 대략적으로 그려보면 다음과 같습니다.

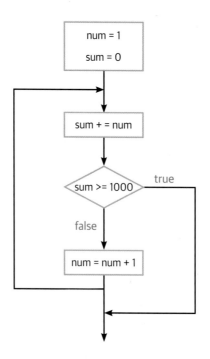

 알아두면 좋아요

draw.io 사이트를 방문하면 웹 상에서 순서도를 쉽게 그릴 수 있습니다.

[구현 방법]

① 1부터 1씩 증가하면서 그 합을 구합니다.

② 그 합이 1000 이상인지 판별한 후, 1000 이상이면 더하는 과정을 종료하고, 1000 이상이 되지 않으면 과정 ①을 반복합니다.

<구현>

다음은 구현한 예제입니다. 반복 횟수를 알 수 없을 땐 while(true){...}과 break문을 사용하면 편리합니다.

[직접 코딩해 보기] 1에서 더한 값이 최초로 1000 이상이 되게 하는 자연수 구하기

ch05/sec05/ex02/SumMore1000Test.java

```
package sec05.ex02;

public class SumMore1000Test {
  public static void main(String[] args) {
```

```
    int num = 1;
    int sum = 0;

    while (true) {
      sum += num;
      if (sum >= 1000)
        break;                       ───── sum이 1000보다 적어질 때까지 반복합니다.

      num++;
    }

    System.out.println("최초로 1000 이상이 되게 하는 자연수는 " + num);
    System.out.println("1에서 " + num +"까지의 합은 " + sum);
  }
}
```

[실행결과]

```
최초로 1000 이상이 되게 하는 자연수는 45
1에서 45까지의 합은 1035
```

 퀴즈

1+3+5+7+...와 같이 홀수들의 합이 1000 이상이 되게 하는 최초의 홀수를 구해 보세요.

5.3 양의 정수의 자릿수 합 구하기

[문제] 양의 정수를 입력받아서 각 자리의 합을 출력해 보세요.

[분석]

먼저 양의 정수의 일의 자리는 10으로 나눈 나머지를 구하면 됩니다. 입력받은 양의 정수를 10으로 나누면 일의 자리를 제외한 수를 구할 수 있습니다. 이 수를 다시 10으로 나누어서 나머지를 구하면 십의 자릿수를 구할 수 있습니다. 이 수를 다시 10으로 나누면 십의 자리를 제외한 수를 구할 수 있습니다. 10으로 나누어서 나머지를 구하는 과정과 10으로 나누어서 몫을 구하는 과정을 몫이 0이 될 때까지 반복합니다.

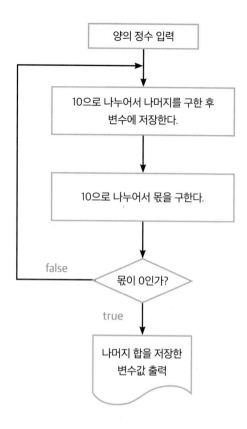

[구현 방법]

① 양의 정수를 10으로 나누어서 나머지를 구한 후, 변수(remainder)에 저장합니다.

② 양의 정수를10으로 나누어서 몫을 변수(mok)에 저장합니다.

③ 과정 ②에서 얻은 몫(mok)이 0이 아니면 과정 ①과 과정 ②를 반복 수행합니다.

④ 몫(mok)이 0이면 종료합니다.

<구현>

[직접 코딩해 보기] 양의 정수의 각 자릿수 합 구하기

ch05/sec05/ex03/DigitSumOfNumberTest.java

```
package sec05.ex03;

import java.util.Scanner;

public class DigitSumOfNumberTest {
    public static void main(String[] args) {
        int num = 0, remainder = 0, mok = 0;
        Scanner sc = new Scanner(System.in);
        System.out.println("자연수를 입력하세요.");
```

```
    System.out.print("num = ");
    String temp = sc.nextLine();
    num = Integer.parseInt(temp);
    mok = num; _____ 입력받은 정수를 mok에 저장합니다.

    do {
      remainder += mok % 10;              ┐
      mok /= 10;                          ├── mok이 0이 아니면 10으로 나눈 나머지와 몫을 구합니다.
    } while (mok != 0);                   ┘

    System.out.println(num + "의 자릿수의 합은 " + remainder);
  }
}
```

[실행결과]

```
자연수를 입력하세요.
num = 12345
12345의 자릿수의 합은 15
```

퀴즈

양의 정수를 입력받아서 각 자리의 수가 일치하는지 판별해 보세요.

예 2222 --> "자리의 수가 일치합니다."
   2223 --> "자리의 수가 일치하지 않습니다."

5.4 두 양의 정수의 최대 공약수 구하기

[문제] 두 양의 정수를 입력받아서 두 수의 최대 공약수를 구해보세요.

[분석]

문제를 해결하기 위해서 먼저 공약수의 개념을 알아야 합니다. 공약수란, 두 수를 공통으로 나누는 자연수를 말합니다. 최대 공약수는 공약수 중에 가장 큰 수를 의미합니다. 예를 들어 두 자연수 4와 6을 동시에 나누는 자연수는 일단 1부터 자연수를 증가시키면서 두 수를 나누었을 때 동시에 나누어지면 그 수는 공약수가 됩니다. 계산해 보면 4와 6의 공약수는 1과 2이고 최대 공약수는 2가 됩니다. 그런데 분석 중에 찾은 하나의 규칙이 있습니다. 두 자연수 중 작은 수보다 큰 수들은 절대로 공약수가 될 수 없다는 규칙입니다.

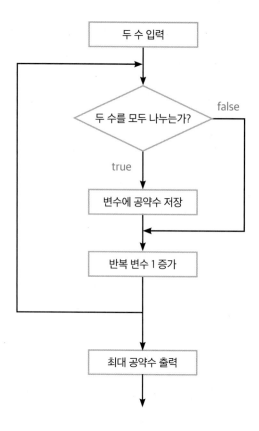

두 수 입력

두 수를 모두 나누는가?

false

true

변수에 공약수 저장

반복 변수 1 증가

최대 공약수 출력

[구현 방법]

① 1에서 두 자연수 중 작은 자연수 사이의 자연수들로 차례대로 두 자연수를 나눕니다.

② 두 자연수를 동시에 나누면 그 수는 공약수입니다.

③ 공약수를 모두 구한 후 그 중 제일 큰 공약수를 구합니다.

<구현>

[직접 코딩해 보기] 두 자연수의 최대 공약수 구하기

ch05/sec05/ex05/GCDTest.java

```java
package sec05.ex03;

import java.util.Scanner;

public class GCDTest {
    public static void main(String[] args) {
        Scanner sc = new Scanner(System.in);
        int num1 = 0;
        int num2 = 0;
```

```java
    int gcd = 1; ------------------------------------ 최대 공약수(greate common divisor)

    System.out.println("두 자연수를 입력해 주세요.");
    System.out.print("num1=");
    String temp1 = sc.nextLine();
    num1 = Integer.parseInt(temp1);

    System.out.print("num2 = ");
    String temp2 = sc.nextLine();
    num2 = Integer.parseInt(temp2);

    if(num1 > num2) {
      int temp = num1;
      num1 = num2;                  ●─── 두 수 중 작은 수를 num1에 저장합니다.
      num2 = temp;
    }

    for (int i = 1; i <= num1; i++) {
      if ((num1 % i == 0) && (num2 % i == 0)) {
        System.out.println("공약수 : " +i);

        if (gcd < i) {          ┌──┐
          gcd = i;              ├──┤ 구한 공약수가 이전의 공약수보다    ●─── 최대 공약수를 구합니다.
        }                       └──┘ 크면 값을 다시 gcd에 저장합니다.
      }
    }

    System.out.println(num1 + "과 " + num2 + "의 최대 공약수 = " + gcd);
    sc.close();
  }
}
```

[실행결과]

```
두 자연수를 입력하세요.
num1 = 30
num2 = 45
공약수 : 1
공약수 : 3
공약수 : 5
공약수 : 15
30과 45의 최대 공약수 = 15
```

5.5 양의 정수의 소수 판별하기

[문제] 양의 정수를 입력받아서 그 수가 소수인지 판별해 보세요.

[분석]

소수(prime number)는 1과 자기 자신만을 약수로 가지는 수입니다. 예를 들어 자연수 2나 3은 1과 자기 자신만 약수로 가지므로 소수입니다. 따라서 그 수가 소수인지 판별하는 방법은 그 수의 약수를 구해보면 됩니다. 어떤 수가 가지는 약수는 1과 그 수 사이의 정수로 나누었을 때 떨어지면 그 수는 약수가 됩니다. 따라서 어떤 수의 약수들의 개수를 구했을 때 그 수가 2개이면 그 수는 소수가 됩니다.

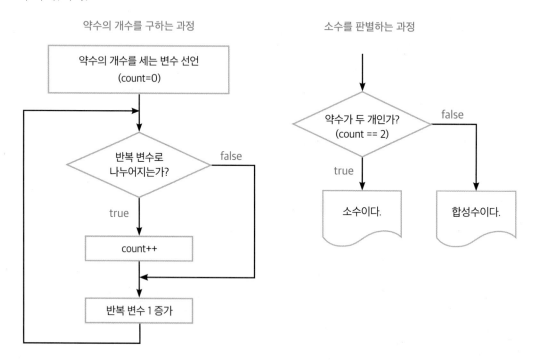

[구현 방법]

① 양의 정수를 1부터 양의 정수 사이의 정수로 차례대로 나눕니다.

② 나누어질 때 약수의 개수를 세는 변수(count)의 값을 1 증가시킵니다.

③ 변수의 값이 2이면 소수이고 아니면 합성수입니다.

<구현>

[직접 코딩해 보기] 소수 판별하기

ch05/sec05/ex05/PrimeNumberTest.java

```java
package sec05.ex05;

import java.util.Scanner;

public class PrimeNumberTest {
    public static void main(String[] args) {
        int num = 0, count = 0;------------------------------ 약수의 개수를 저장합니다.
        Scanner sc = new Scanner(System.in);
        System.out.println("양의 정수를 입력하세요.");
        System.out.print("num = ");
        String temp = sc.nextLine();
        num = Integer.parseInt(temp);

        for (int i = 1; i <= num; i++) {
            if (num % i== 0) {                    약수의 개수를 구합니다.
                count++;
            }
        }

        if (count== 2) {
            System.out.println(num +"는 소수입니다.");    소수 여부를 판별합니다.
        } else {
            System.out.println(num+"은 합성수입니다.");
        }
    }
}
```

[실행결과]

소수인 경우

양의 정수를 입력하세요.
num = 5
5는 소수입니다.

합성수인 경우

양의 정수를 입력하세요.
num = 6
6은 합성수입니다.

? 퀴즈

자연수의 소수는 무한히 많습니다. 자연수에서 100번째 소수를 출력해 보세요.

→ 요점 정리 ←

- 문제 해결을 위해서는 아는 지식이나 경험의 활용, 인터넷 검색 등 모든 방법을 이용해야 합니다.

- 분석 중에 발견한 규칙성이나 공통점이 코드로 변환하는데 유리합니다.

- 규칙성이나 공통점을 가능하면 수식이나 숫자로 표현하면 코드로 더 쉽게 변환할 수 있습니다.

- 구현하려는 문제가 복잡하면 문제를 다시 세부적으로 나누어서 각각 정복해 가면 됩니다.

- 프로그래밍 역량은 알고리즘이나 자료 구조를 공부해서 생기는 것이 아니라 자신이 직접 문제를 마주하며 해결하는 경험이 쌓이면서 생기게 됩니다.

6 이클립스 디버깅 기능 사용하기

구현해야 할 기능이 많아지면 당연히 소스 코드의 양이 많아질 수밖에 없습니다. 따라서 일반적인 자바 문법 에러보다 실행 중 에러나 결괏값이 다르게 출력되는 논리 에러가 더 많이 발생합니다. 이런 에러를 코드를 보면서 직접 해결하려면 매우 불편하고 시간도 많이 걸립니다. 이 때 이클립스의 디버깅 기능을 사용하면 빠르게 에러를 해결할 수 있습니다. 그럼 이클립스의 디버깅 기능을 사용해 보겠습니다.

1 _ sec02.ex02 패키지에 위치한 WhileSumFrom1To5Test 클래스의 9번째 줄 번호 옆에 마우스로 더블클릭해서 중단점(breakpoint)를 만듭니다.

WhileSumFrom1To5Test.java

```
1  package sec02.ex02;
2
3  public class WhileSumFrom1To5Test {
4
5      public static void main(String[] args) {
6          int sum = 0;
7          int i = 1;
8
9          while (i <= 5) {
10             sum += i;
11             System.out.println("i = " + i + ", sum = " + sum);
12             i++;
13         }
14
15         System.out.println("1에서 5까지의 합 = " + sum);
16     }
17
18 }
```

그림5-10 중단점 생성

2 _ 이클립스 상단 아이콘의 디버그 실행 아이콘을 클릭해서 실행합니다.

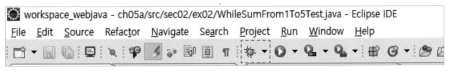

그림5-11 디버그 실행

3 _ Remember my decision을 체크한 후 Switch를 클릭합니다.

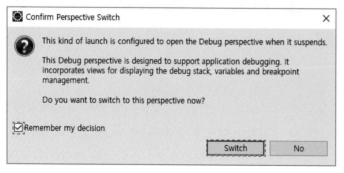

그림5-12 디버그 모드로 전환

4 _ 이클립스가 디버그 모드로 전환되고 실행은 중단점에서 정지합니다.

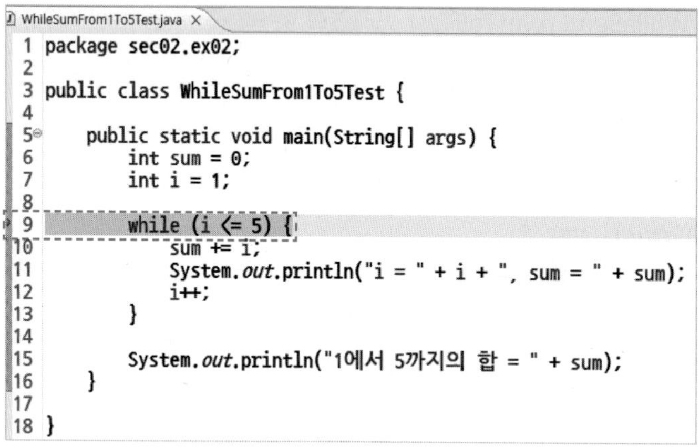

```java
 1  package sec02.ex02;
 2
 3  public class WhileSumFrom1To5Test {
 4
 5      public static void main(String[] args) {
 6          int sum = 0;
 7          int i = 1;
 8
 9          while (i <= 5) {
10              sum += i;
11              System.out.println("i = " + i + ", sum = " + sum);
12              i++;
13          }
14
15          System.out.println("1에서 5까지의 합 = " + sum);
16      }
17
18  }
```

그림5-13 실행이 정지된 프로그램

5 _ 이클립스 상단의 여러 가지 버튼을 이용해 디버깅을 수행합니다.

그림-14 이클립스 상단 버튼 목록

① Resume : 다음 중단점을 만날 때까지 진행합니다.(F8)

② Suspend : 현재 동작하고 있는 스레드를 멈춥니다.

③ Terminate : 프로그램을 종료합니다.([Ctrl]+F2)

④ Step Into : 메서드가 존재할 경우 그 메서드로 이동합니다.(F5)

⑤ Step Over : 한 라인씩 실행합니다.(F6)

⑥ Step Return : 'Step Into'로 이동한 메서드에서 원래 위치로 복귀합니다.(F7)

6 _ 가장 많이 사용하는 Step Over(⟳) 아이콘을 클릭해 중단점에서 다음 라인으로 이동합니다.

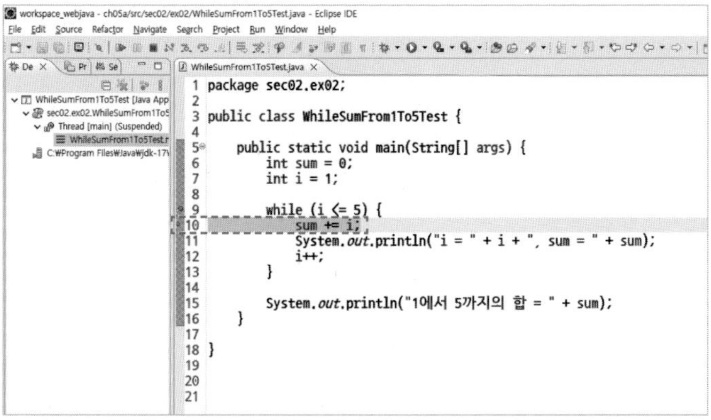

그림5-15 Step Over로 라인 이동

7 _ 반복 변수 i 위에 마우스 포인터를 놓으면 i의 값이 팝업 창에 표시됩니다.

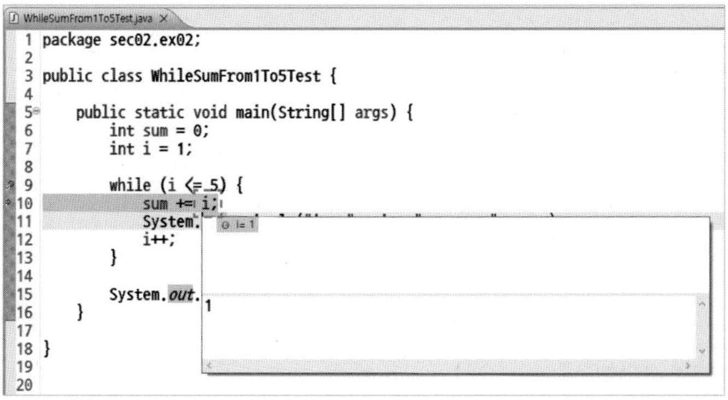

그림5-16 값 확안

8 _ Step Over 아이콘을 계속 클릭하면 while문을 돌면서 i의 값을 증가시킵니다.

그림5-17 값 증가 확인

9 _ 디버깅이 끝났으면 Resume()를 클릭해서 다음 중단점으로 이동시킵니다(중단점은 여러 개를 지정할 수 있습니다). 중단점이 더 없으면 종료합니다.

```
bjava - ch05a/src/sec02/ex02/WhileSumFrom1To5Test.java - Eclipse IDE
ce  Refactor  Navigate  Search  Project  Run  Window  Help

Pr  Se              WhileSumFrom1To5Test.java ×
                    1 package sec02.ex02;
From1To5Test [Java App    2
x02.WhileSumFrom1To5    3 public class WhileSumFrom1To5Test {
ad [main] (Suspended (t    4
WhileSumFrom1To5Test.r    5    public static void main(String[] args) {
gram Files₩Java₩jdk-17₩    6        int sum = 0;
                    7        int i = 1;
                    8
                    9        while (i <= 5) {
                    10           sum += i;
                    11           System.out.println("i = " + i + ", sum = "
                    12           i++;
                    13       }
                    14
                    15       System.out.println("1에서 5까지의 합 = " + sum)
                    16   }
                    17
                    18 }
```

그림5-18 resume으로 다음 중단점으로 이동

10 _ 이클립스를 다시 편집 모드로 되돌리기 위해 오른쪽 상단의 Java( )를 클릭합니다.

그림5-19 편집 모드로 전환

11 _ 이클립스를 다시 편집 모드로 전환합니다.

```
 WhileSumFrom1To5Test.java ×
1 package sec02.ex02;
2
3 public class WhileSumFrom1To5Test {
4
5    public static void main(String[] args) {
6        int sum = 0;
7        int i = 1;
8
9        while (i <= 5) {
10           sum += i;
11           System.out.println("i = " + i + ", sum = " + sum);
12           i++;
13       }
14
15       System.out.println("1에서 5까지의 합 = " + sum);
16   }
17
18 }
19
```

그림5-20 편집 모드로 전환 완료

연습 문제

1 _ 다음의 별 찍기 코드를 작성해 보세요.

```
*
**
***
****
***
**
*
```

2 _ 1부터 입력한 양의 정수 사이의 5의 배수를 구하는 코드를 작성해 보세요.

3 _ 중첩 for문을 이용해서 부등식 3x+4y < 20의 모든 해를 구해서 (x, y) 형태로 출력해 보세요. 단, x와 y는 20 이하의 자연수입니다.

4 _ 1 + (-2) + 3 + (-4) + ... 과 같은 식으로 계속 더해 나갔을 때, 몇까지 더해야 총 합이 1000 이상
이 되는지 코드로 구현해 보세요.

5 _ 키보드로 다음의 표에서 제공하는 메뉴 번호를 입력받아서 회원, 렌터카 예약, 렌터카 조회, 종
료 기능을 제공하는 프로그램을 작성해 보세요. 프로그램을 실행하면 다음과 같은 실행 결과가
나와야 합니다.

상위 메뉴	하위 메뉴
1.회원	1.회원 등록 2.회원 조회 3.회원 수정 4.종료
2.렌터카	1.렌터카 등록 2.렌터카 조회 3.렌터카 수정 4.종료
3. 예약	1.예약 등록 2.예약 조회 3.예약 수정 4.종료
4. 종료	

[실행결과]

회원(1) ->회원 조회(2)를 선택한 경우

1:회원, 2:렌터카, 3:예약, 4:종료

메뉴 번호 선택:1

1:회원 등록, 2:회원 조회, 3:회원 수정, 4:종료

하위 메뉴 번호 선택:2
회원 조회입니다.

1:회원, 2:렌터카, 3:예약, 4:종료

메뉴 번호 선택:

렌터카(2) -> 렌터카 조회(2)를 선택한 경우

1:회원, 2:렌터카, 3:예약, 4:종료

메뉴 번호 선택:2

1:렌터카 등록, 2:렌터카 조회, 3:렌터카 수정, 4:종료

하위 메뉴 번호 선택:2
렌터카 조회입니다.

1:회원, 2:렌터카, 3:예약, 4:종료

메뉴 번호 선택:

종료(4)를 선택한 경우

1:회원, 2:렌터카, 3:예약, 4:종료

메뉴 번호 선택:4
종료합니다

06장

배열

> 시작 전 가볍게 읽기 <

같은 타입의 데이터를 저장하기 위해서
일일이 변수를 선언해서 사용하는데,
데이터가 많아지면 이 방법도 불편합니다.
따라서 같은 타입의 데이터를 한꺼번에 다룰 수 있는 방법을
배열로 제공합니다.

1 배열의 등장 배경

한 학급의 학생 5명의 국어 점수를 입력받아 국어 점수의 총점과 평균을 구하는 예제를 가정해 보겠습니다. 5명의 점수를 입력받아서 변수에 저장해야 하므로 아래처럼 5개의 변수를 선언해서 입력받은 점수를 저장해야 합니다.

```
int score1, score2, score3, score4, score5;
```

학생 60명의 국어 점수의 총점과 평균을 구하려고 하는 경우, 변수를 60개 선언해야 하므로 코드를 비효율적으로 작성해야 합니다. 다행히 자바에서는 배열을 이용해서 같은 타입의 데이터들을 한꺼번에 편리하게 다룰 수 있습니다.

```
int[] score = new int[60];
```

다음은 자바의 배열의 종류입니다. 자바의 배열은 크게 1차원 배열과 다차원 배열로 나눌 수 있습니다. 그리고 배열에 저장되는 데이터의 종류에 따라서 기본 타입 배열과 참조 타입 배열로 나눌 수 있습니다.

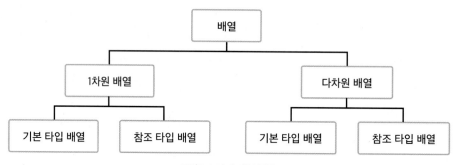

그림6-1 자바 배열 종류

잠깐 복습 🔍

(   )은 같은 타입의 데이터들을 묶어서 사용할 수 있게 해 줍니다.

2 **1차원 배열**

1차원 배열은 그림처럼 배열의 요소들이 메모리에 연속적으로 생성됩니다.

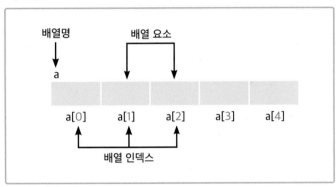

그림6-2 1차원 배열의 메모리 구조

2.1 1차원 배열 선언

배열을 사용하기 위해서는 먼저 배열명으로 배열을 선언해야 합니다. 다음은 배열 선언 형식입니다. 대괄호([])는 타입 뒤에서 올 수도 있고, 배열명 뒤에 올 수도 있습니다. 자바 프로그래밍 시에는 보통 데이터 타입 앞에 대괄호를 씁니다.

데이터타입[ ] 배열명;	데이터타입 배열명[ ];

다음은 int 타입을 이용해서 배열을 선언한 경우입니다.

int[ ] score;	int score[ ];

그리고 문자열 배열도 선언할 수 있습니다.

String[ ] name;	String name[ ];

2.2 1차원 배열 생성

배열을 선언한다고 해서 실제 메모리에 배열 요소가 연속하여 생성되지는 않습니다. 실제 배열을
생성하려면 new 연산자를 이용해야 합니다. 다음과 같이 int 타입과 문자열 타입 배열을 메모리
에 생성합니다.

```
int[ ] score;
score = new int[5] ;
```

```
String[ ] name;
name = new String[3] ;
```

● new 연산자를 이용해서 int 타입 요소 5개와 String 타입 배열 요소 3개를 메모리에 연속하여 생성합니다.

다음 그림은 score 배열과 name 배열이 메모리에 생성된 상태를 나타냅니다. 각각의 배열은 생
성 시 지정한 개수만큼 배열 요소를 연속하여 생성합니다.

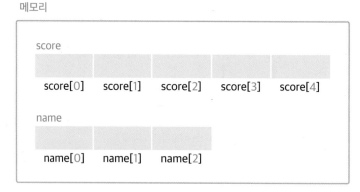

그림6-3 new 연산자로 배열 요소들을 메모리에 생성한 상태

다음과 같이 배열 선언과 동시에 new 연산자를 이용해서 바로 배열을 생성할 수도 있습니다.

```
int[] score = new int[5];
String[] name = new String[3];
```

2.3 1차원 배열 초기화

변수를 선언 후 초기화하듯이 배열도 생성 후 초기화할 수 있습니다. 다음은 배열을 초기화하는
형식입니다.

```
배열명[인덱스] = 값;
```

- 배열명에 해당되는 배열에 접근한 후, 인덱스 번호에 해당되는 요소에 우측의 값을 저장합니다.
- 배열의 첫 번째 요소의 인덱스는 1이 아니라 0입니다.

다음은 score 배열 요소에 값을 초기화한 후의 메모리 상태입니다.

```
score[0] = 50;

score[1] = 60;

score[2] = 70;

score[3] = 80

score[4] = 90;
```

메모리

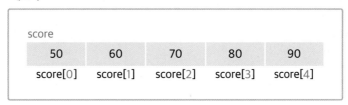

그림6-4 배열 초기화 후 배열 상태

다음은 문자열 배열 name을 초기화한 후의 메모리 상태입니다.

```
name[0] = "홍길동";

name[1] = "이순신";

name[2] = "임꺽정";
```

메모리

그림6-5 문자열 배열 초기화 후 배열 상태

배열은 new 연산자 없이 선언과 동시에 값을 이용해서 초기화하여 바로 메모리에 생성할 수도 있습니다.

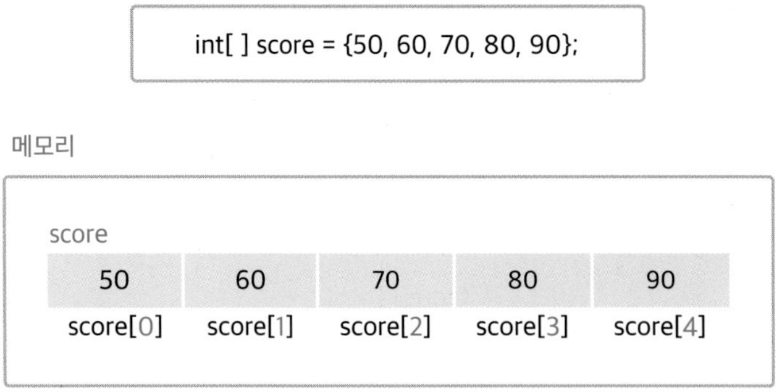

```
int[ ] score = {50, 60, 70, 80, 90};
```

메모리

score				
50	60	70	80	90
score[0]	score[1]	score[2]	score[3]	score[4]

그림6-6 값을 이용해서 배열 초기화하기

값을 이용해서 배열을 생성할 때 주의해야 할 점은 반드시 배열 선언과 초기화를 같은 행에서 해야 한다는 점입니다. 다음처럼 배열 선언과 초기화를 따로 하면 에러가 발생합니다.

```
int[] score;
score = {50, 60, 70, 80, 90}; ●─────── 선언과 동시에 초기화해야 합니다.
```

💡 **알아두면 좋아요**

변수는 선언 후 초기화하지 않으면 에러가 발생했습니다. 그럼 배열 선언 후 new 연산자를 이용해서 배열 생성 시 초기화하지 않으면 어떻게 될까요? 배열은 초기화하지 않으면 배열의 선언 시 사용된 데이터 타입에 따라 자동으로 초기화됩니다. 다음은 기본 타입 배열과 참조 타입 배열 생성 시 최초의 초기값들입니다.

데이터 타입	초기값
byte, short, int, long, char	0(0L)
float, double	0.0(0.0F)
boolean	false
참조타입	null

2.4 1차원 배열 접근

배열에 저장된 값에는 배열명과 인덱스를 이용하여 접근합니다.

```
실행문(배열명[인덱스]);
```

다음은 score 배열의 첫 번째 요소에 77을 저장한 후 다시 출력하는 실행문입니다. 배열의 요소에는 배열명과 인덱스를 이용해서 접근합니다.

```
score[0] = 77;
System.out.println(score[0]);
```

다음은 배열에 접근 시 주의해야 할 점입니다.

- 배열 요소에는 배열 선언 시 선언한 데이터 타입과 동일한 데이터만 저장할 수 있습니다.
- 배열 요소에는 생성된 요소의 크기의 범위 내에서만 접근할 수 있습니다.

다음과 같이 score 배열에 실수를 저장하면 에러가 발생합니다

```
score[0] = 77.8;  ●────── score 배열에는 int 타입만 저장할 수 있습니다.
```

score배열의 6번째 요소의 값에 접근하면 에러가 발생합니다.

```
int[] score = {50, 60, 70, 80, 90};
System.out.println(score[5]);  ●────── 6번째 요소는 존재하지 않으므로 실행 시
                                       에러가 발생합니다.
```

다음은 배열 사용 예제입니다. new 연산자로 배열 생성 시 생성 후 값들이 지정해서 동시에 초기화할 수도 있습니다. 만약 배열의 인덱스를 초과해서 배열에 접근하면 ArrayIndexOutOfBoundsException 예외가 발생합니다.

[직접 코딩해 보기] 배열 사용하기

ch06/sec01/ex01/ArrayUseTest.java

```java
package sec01.ex01;

public class ArrayUseTest {
  public static void main(String[] args) {
    int[] score = new int[5];
    score[0] = 50;
//  score[0] = 50.5;  ────────────────── 배열 선언 시 사용한 타입 외에 다른 데이터를 저장할 수 없습니다.
    score[1] = 60;
    score[2] = 70;
    score[3] = 80;
    score[4] = 90;                        6번째 요소는 존재하지 않으므로 값 저장 시
//  score[5] = 100;  ────────────────── ArrayIndexOutOfBoundsException 예외가 발생합니다.
//  int[] score2 = new int[]{50, 60, 70, 80, 90};
//  int[] score3 = {50, 60, 70, 80, 90};      └── 배열 선언과 동시에 값들로 초기화합니다.

    System.out.println("score[0] = " + score[0]);
    System.out.println("score[1] = " + score[1]);
    System.out.println("score[2] = " + score[2]);
    System.out.println("score[3] = " + score[3]);
```

```
        System.out.println("score[4] = " + score[4]);        6번째 배열 요소는 존재하지 않으므로
//      System.out.println("score[5] = " + score[5]); ---------- 접근 시 ArrayIndexOutOfBoundsException
                                                                예외가 발생합니다.

        int total = score[0] + score[1] + score[2] + score[3] + score[4];
        double average = total / 5.0;
        System.out.println("총점 : " + total);
        System.out.println("평균 : " + average);
    }
}
```

[실행결과]

```
score[0] = 50
score[1] = 60
score[2] = 70
score[3] = 80
score[4] = 90
총점 : 350
평균 : 70.0
```

2.5 1차원 배열의 길이(length)

배열의 길이(length)란 배열이 가지고 있는 요소의 개수를 의미합니다. 다음은 생성된 배열의 길이를 얻는 방법입니다.

```
배열명.length;
```

● 선언한 **배열명의 length** 속성으로 배열의 길이를 얻을 수 있습니다.

다음은 score 배열의 길이를 출력하는 코드입니다. 5개의 요소를 가지고 있으므로 5가 출력됩니다.

```
int[] score = {50, 60, 70, 80, 90};
System.out.println(score.length);
```

다음은 생성한 배열의 길이를 출력하는 예제입니다. 배열의 길이는 수정할 수 없습니다.

[직접 코딩해 보기] 학생 키 입력받아서 배열에 저장하기

ch06/sec01/ex02/ArrayLengthTest.java

```
package sec01.ex01;
```

```
public class ArrayLengthTest {
  public static void main(String[] args) {
    int[] score = {50, 60, 70, 80, 90};
    String[] name = {"이순신", "홍길동", "임꺽정" };

//  score.length = 10; ─────────────────────── 배열의 길이는 상수이므로 변경 시 에러가 발생합니다.
    System.out.println("score 배열 길이 : " +score.length);
    System.out.println("name 배열 길이 : " +name.length);
  }
}
```

[실행결과]

```
score 배열 길이 : 5
name 배열 길이 : 3
```

다음은 학생 5명의 키 정보를 키보드로 입력받아서 배열에 저장한 후, 학생들의 평균 키 값을 구하는 예제입니다. 자바의 int 타입 변수를 배열의 인덱스로 사용해서 각각의 배열 요소에 접근합니다.

[직접 코딩해 보기] 학생 키 입력받아서 배열에 저장하기

ch06/sec01/ex02/HeightArrayTest.java

```
package sec01.ex01;

import java.util.Scanner;

public class HeightArrayTest {
  public static void main(String[] args) {
    Scanner sc = new Scanner(System.in);
    System.out.println("키 정보를 입력해 주세요.");

    double[] height = new double[5];
    int studNum = 0; ─────────────────────── 배열의 인덱스로 사용됩니다.
    String temp = null;

    while (studNum < height.length) {
      temp = sc.nextLine();                            studNum을 1씩 증가시키면서
      height[studNum] = Double.parseDouble(temp);      키 정보를 배열에 저장합니다.
      studNum++;
    }

    double total = height[0] + height[1] + height[2] + height[3] + height[4];
```

```
        double average = total / (double)height.length;
        System.out.println("평균 키 : " + average);
        sc.close();
    }
}
```

[실행결과]

```
키 정보를 입력해 주세요.
145.6
177.8
166.9
188.5
167.8
평균 키 : 169.32
```

다음은 배열 요소에 접근해서 총합을 구하는 코드입니다. 배열의 길이가 5인 경우는 일일이 배열
명과 인덱스를 이용해서 접근할 수 있습니다. 그러나 배열의 길이가 길어지면 이렇게 배열에 접근
하는 것은 비효율적입니다.

```
total = height[0] + height[1] + height[2] + height[3] + height[4];
```

일반적으로 1차원 배열은 for문을 사용해서 다룹니다. 다음은 for문의 반복 변수 i를 배열의 인덱
스로 사용해서 배열 요소들의 합을 구합니다.

```
for (int i = 0; i< height.length; i++) {
    total += height[i];
}
```

다음은 for문의 반복 변수를 이용해서 배열을 초기화한 후, 다시 배열에 접근해서 for문의 반복 변
수를 이용해서 값을 출력하는 예제입니다.

[직접 코딩해 보기] for문으로 배열 다루기

ch06/sec01/ex03/ArrayForTest.java

```
package sec01.ex03;

public class ArrayForTest {
    public static void main(String[] args) {
```

```
int[] score = new int[10];
for (int i = 0; i < score.length; i++) {
    score[i] = i;                              ─── for문을 이용해서 초기화합니다.
}


for (int i = 0; i < score.length; i++) {
    System.out.println("score[" + i + "] = " + score[i]);      for문을 이용해서 배열 요소에
}                                                                접근합니다.


System.out.println();


String[] name = {"이순신", "홍길동", "임꺽정"};
for(int i = 0; i < name.length; i++) {
    System.out.println("name[" + i + "] = " + name[i]);      for문을 이용해서 배열 요소에
}                                                              접근합니다.
    }
}
```

[실행결과]

```
score[0] = 0
score[1] = 1
score[2] = 2
score[3] = 3
score[4] = 4
score[5] = 5
score[6] = 6
score[7] = 7
score[8] = 8
score[9] = 9

name[0] = 이순신
name[1] = 홍길동
name[2] = 임꺽정
```

퀴즈

다음 배열을 초기화한 후 아래처럼 결과를 출력해 보세요(for문을 이용하세요).

```
int[ ] score = new int[10];
...
```

출력 결과

```
------------------------------------------------
   score[0] = 0
   score[1] = 11
   score[2] = 22
   score[3] = 33
   score[4] = 44
   score[5] = 55
   score[6] = 66
   score[7] = 77
   score[8] = 88
   score[9] = 99
```

다음은 배열에 for문을 이용해서 배열 요소들의 합을 구하는 예제입니다.

[직접 코딩해 보기] for문으로 배열 요소의 합 구하기

ch06/sec01/ex03/ArraySumTest.java

```java
package sec01.ex03;

public class ArraySumTest {
  public static void main(String[] args) {
    int[] score = new int[10];
    int sum = 0;

    for (int i = 0; i < score.length; i++) {
      score[i] = i * 10 + 10;
    }

    for (int i = 0; i < score.length; i++) {            for문을 이용해서 배열 요소의 값들을
      sum += score[i];                                  sum에 누적합니다.
    }

    System.out.println("배열 요소들의 합: " + sum);
  }
}
```

[실행결과]

```
배열 요소들의 합: 550
```

퀴즈

다음 배열을 초기화한 후 짝수 번째 배열 요소들의 합을 구해 보세요.

```
int[] score = new int[10];
int sum = 0;

for (int i = 0; i < score.length; i++) {
  score[i] = i * 10 + 10;
}
//짝수 번째 배열 요소들의 합을 구하는 코드
...
```

→ 요점 정리 ←

- 배열은 같은 타입의 데이터를 편리하게 다루는 방법입니다.
- 배열은 new 연산자를 이용하거나 값 목록으로 초기화해서 생성합니다.
- 배열은 인덱스를 이용해서 각 요소에 접근합니다.
- 배열의 첫 번째 인덱스는 0부터 시작합니다.
- 배열명.length 속성으로 배열 길이를 얻을 수 있습니다.
- 배열 접근 시 배열의 length 속성 범위 밖의 요소에 접근하면 ArrayIndexOutOfBoundsException 에러
  가 발생합니다.

③ 1차원 배열 활용하기

이번에는 앞에서 배운 배열의 기능을 이용해서 여러 가지 기능을 구현해 보겠습니다.

3.1 1차원 배열 요소 교환하기

[문제] 다음 그림처럼 길이가 10인 배열 요소들의 값을 교환 후, 출력해 보세요.

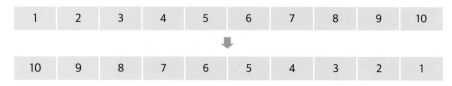

그림6-7 배열 요소 역순으로 교환하기

[분석]

먼저 길이가 10인 temp 배열을 만든 후, 그림처럼 배열의 마지막 요소부터 차례대로 temp 배열의 첫 번째 요소로 저장하면 됩니다.

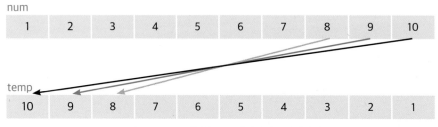

그림6-8 temp 배열에 요소 값 역순으로 저장하기

이 과정을 표로 나타내보면 다음과 같습니다.

temp[x]	temp[0]	temp[1]	temp[2]	temp[3]	temp[4]	temp[5]	temp[6]	temp[7]	temp[8]	temp[9]
num[y]	num[9]	num[8]	num[7]	num[6]	num[5]	num[4]	num[3]	num[2]	num[1]	num[0]

배열 요소의 교환 과정에서 규칙성을 찾아보면 두 배열의 인덱스 사이에선 다음과 같은 관계가 성립합니다.

```
x + y = 9
```

식을 고쳐 num 배열의 인덱스 y를 좌변으로, x를 우변으로 이동하면 다음과 같이 됩니다.

```
y = 9 - x
```

따라서 반복문을 이용해서 temp 배열 요소가 x이면, num 배열의 요소는 9 - x가 되므로 역순으로 인덱스를 지정합니다.

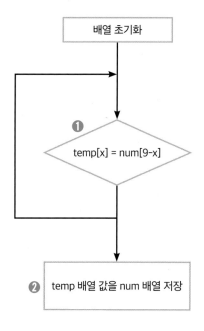

[구현 방법]

① for문을 돌면서 temp 배열의 인덱스인 x가 0부터 9까지 증가할 때, num 배열의 인덱스는 9 - x이므로 9부터 0까지 감소되므로, 각각의 x에 대한 num 배열 요소 값을 대응되는 temp 배열 요소에 저장합니다.

② temp 배열에 저장된 값을 다시 for문을 이용해서 num 배열에 차례대로 다시 저장합니다.

<구현>

[직접 코딩해 보기] 배열값 역순으로 출력하기

ch06/sec02/ex01/ArrayValueChangeTest.java

```java
package sec02.ex01;

public class ArrayValueChangeTest {
  public static void main(String[] args) {
```

```java
int[] num = { 1, 2, 3, 4, 5, 6, 7, 8, 9, 10 };
int len = num.length;
int[] temp = new int[len];

System.out.println("교환 전 배열 요소 값");
for (int i = 0; i < len; i++) {
  System.out.print(num[i] + "\t");
}

for (int i = 0; i < len; i++) {
  temp[i] = num[len - 1 - i];      ●── 배열 요소값을 temp에 역순으로 저장합니다.
}

for (int i = 0; i < len; i++) {
  num[i] = temp[i];                ●── 배열 요소값을 num에 복사합니다.
}

System.out.println("\n\n교환 후 배열 요소 값");
for (int i = 0; i < len; i++) {
  System.out.print(num[i] + "\t");
}
  }
}
```

[실행결과]

교환 전 배열 요소 값

1	2	3	4	5	6	7	8	9	10

교환 후 배열 요소 값

10	9	8	7	6	5	4	3	2	1

프로그래밍 시 구현 방법은 여러 가지가 있을 수 있습니다. 이번에는 다른 방법으로 구현해 보겠습니다. 첫 번째 방법은 다른 배열을 이용해서 교환했는데 두 번째 방법은 직관적으로 배열의 값을 서로 교환합니다.

그림은 첫 번째 요소와 열 번째 요소의 값을 중간에 값을 저장하는 변수를 두어서 교환하는 과정입니다.

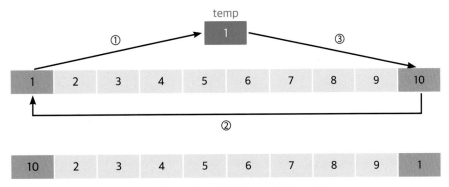

그림6-9 첫 번째와 마지막 배열 요소 동시에 교환하기

다음 그림은 두 번째 요소와 아홉 번째 요소와의 교환 과정입니다.

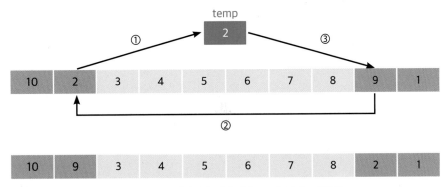

그림6-10 두 번째와 아홉 번째 배열 요소 동시에 교환하기

교환 과정을 배열을 이용해서 대략적인 코드로 작성하면 다음과 같습니다.

```
temp = num[0];
num[0] = num[9];
num[9] = temp;

temp = num[1];
num[1] = num[8];
num[8] = temp;

temp = num[2];
num[2] = num[7];
num[7] = temp;
...
```

이 코드에서는 교환 시 사용되는 요소들의 인덱스의 합이 항상 9라는 규칙을 찾을 수 있습니다.

```
x + y = 9
```

따라서 교환되는 두 요소의 인덱스를 다음 수식으로 표현할 수 있습니다.

```
num[x] = num[9 - x];
```

다음은 요소값 교환 과정을 일반화해서 작성한 코드입니다.

```
for(int i = 0; i < 10; i++) {
  temp = num[i];
  num[i] = num[9-i];
  num[9-i] = temp;
}
```

다음은 구현한 예제입니다. for문 내에서 한 번 반복 시 두 개의 요소값이 교환되므로 다섯 번만 반복합니다.

[직접 코딩해 보기] 배열 값 역순으로 출력하기 2

sec02/ex01/ArrayValueChangeTest2.java

```
package sec02.ex01;

public class ArrayValueChangeTest2 {
  public static void main(String[] args) {
    int[] num = { 1, 2, 3, 4, 5, 6, 7, 8, 9, 10 };
    int len = num.length;
    int temp = 0;

    System.out.println("교환 전 배열 요소값");
    for (int i = 0; i < len; i++) {
      System.out.print(num[i] + " ");
    }

    for (int i = 0; i < len / 2; i++) { ............. 한 번 반복 시 2개의 요소가 교환되므로 다섯 번만 순환합니다.
      temp = num[i];
      num[i] = num[len - 1 - i];
      num[len - 1 - i] = temp;
    }

    System.out.println("\n\n교환 후 배열 요소값");
    for(int i = 0; i <len; i++) {
      System.out.print(num[i] + " ");
```

```
        }
      }
    }
```

[실행결과]

교환 전 배열 요소값

| 1 | 2 | 3 | 4 | 5 | 6 | 7 | 8 | 9 | 10 |

교환 후 배열 요소값

| 10 | 9 | 8 | 7 | 6 | 5 | 4 | 3 | 2 | 1 |

3.2 1차원 배열 정렬하기

[문제] 다음 배열 요소의 값들을 오름차순으로 정렬한 후 출력해 주세요.

> int[ ] num = {5, 4, 3, 2, 1};

⬇

> num = {1, 2, 3, 4, 5};

[분석]

가장 직관적인 방법은 첫 번째 요소값을 다른 값들과 일일이 비교해서, 두 값 중 작은 값을 첫 번째 요소에 바꿔서 저장하는 방법입니다. 이런 식으로 마지막 요소까지 비교하면 첫 번째 요소에는 요소들 중 가장 작은 값이 위치합니다. 다음 그림은 첫 번째 요소와 다른 요소와의 값을 비교하는 과정을 나타냅니다.

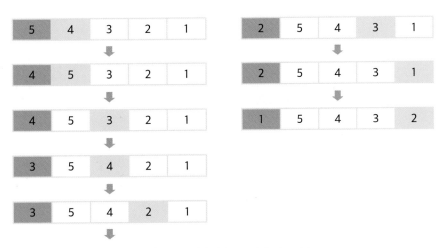

그림6-11 첫 번째 배열 요소의 값 비교 과정

다음은 첫 번째 요소와 두 번째 요소를 비교해서 값을 교환하는 코드입니다.

```
if (num[0] > num[1]) {
  temp = num[0];
  num[0] = num[1];
  num[1] = temp;
}
```

for문을 이용해서 첫 번째 요소와 다른 요소들을 연속으로 비교하는 코드입니다.

```
for (int i = 0 ; i < num.length; i++) {
  if (num[0] > num[i]) {
    temp = num[0];
    num[0] = num[i];
    num[i] = temp;
  }
}
```

다시 두 번째 요소값을 첫 번째 요소를 제외한 다른 요소들과 비교해서 작은 값으로 교환하면 배열 요소들 중 두 번째 작은 값이 위치합니다. 나머지 요소들도 이런 식으로 비교해서 작은 값으로 교환하면 배열 요소들은 오름차순으로 정렬될 것입니다.

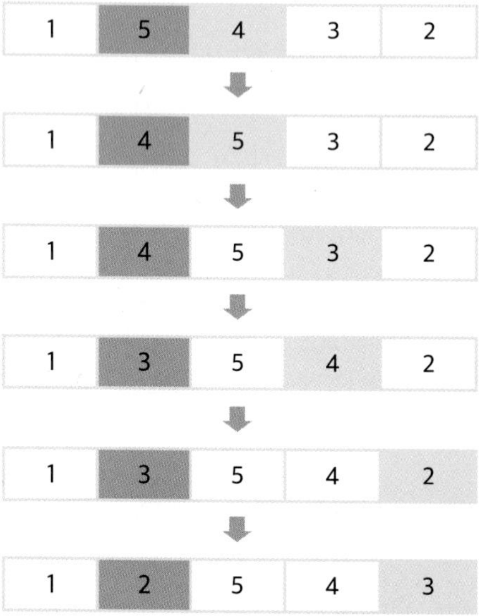

그림6-12 배열 두 번째 요소와 마지막 요소들과 크기 비교 과정

다음은 중첩 for문을 이용해서 모든 요소들의 값을 비교하는 코드입니다. 외부 for문의 반복 변수는 비교되는 요소의 인덱스이고, 내부 for문의 반복 변수는 나머지 배열 요소들의 인덱스이므로 초기값이 항상 i보다 1이 큽니다.

```java
for (int i=0; i<num.length;i++) {
  for (int j=i+1;j<num.length;j++) {        ─── 비교되는 배열 요소는 항상 비교 배열
    if (num[i] > num[j]) {                        요소 인덱스보다 1이 큽니다.
      temp = num[i];
      num[i] = num[j];
      num[j] = temp;
    }
  }
}
```

[구현 방법]

① 첫 번째 요소값과 다른 요소값들을 비교해서 값이 더 크면 다른 요소값과 교환합니다

② 두 번째 요소값과 인덱스가 더 큰 요소값들과 비교해서 값이 더 크면 다른 요소값과 교환합니다.

③ 모든 요소값을 ①, ②와 같이 인덱스가 더 큰 요소값들과 비교해서 값이 더 크면 값을 교환합니다.

<구현>

[직접 코딩해 보기] 배열값 오름차순으로 정렬하기

ch06/sec02/ex02/ArrayAscSortngTest.java

```java
package sec02.ex02;

public class ArrayAscSortingTest {
  public static void main(String[] args) {
    int[] num = { 5, 4, 3, 2, 1 };
    int temp = 0;

    System.out.println("정렬 전 배열값");
    for (int i = 0; i < num.length; i++) {
      System.out.print(num[i] + " ");
    }

    for (int i = 0; i < num.length; i++) {
      for (int j = i+1; j < num.length; j++) {
        if (num[i] > num[j]) {  ──┐
          temp = num[i];          ├── 두 값을 비교해서 값이 더 작으면 값을 교환합니다.
          num[i] = num[j];      ──┘
```

```
            num[j] = temp;
         }
      }
   }

   System.out.println("\n\n정렬 후 배열값");
   for (int i = 0; i < num.length; i++) {
   System.out.print(num[i] + " ");
   }
 }
}
```

[실행결과]

정렬 전 배열값

5	4	3	2	1

교환 후 배열 요소값

1	2	3	4	5

3.3 양의 정수 오름차순으로 정렬하기

[문제] 1에서 100 사이에 있는 10개의 양의 정수를 생성한 후, 오름차순으로 출력해 보세요.

[분석]

먼저 1에서 100 사이 10개의 양의 정수를 얻어야 합니다. 정수는 자바에서 제공하는 Math 클래스의 random() 메서드를 이용해서 얻을 수 있습니다. 그런데 random() 메서드는 정수를 리턴하는 것이 아니라 0에서 1 사이의 double 타입 실수를 리턴합니다.

```
0.0 <= Math.random() < 1.0
```

따라서 1에서 100 사이의 정수를 얻으려면 일단 Math.random()으로 얻은 실수에 100을 곱하면 됩니다.

```
0.0 * 100 <= Math.random() * 100 < 1.0 * 100
```

다시 소수점 이하를 제거하기 위해서 int 타입으로 타입 변환을 해주면 0에서 99사이의 정수를 얻게 됩니다.

```
(int)0.0 <= (int)(Math.random() * 100) < (int)(1.0 * 100)
```

1을 더해주면 최종적으로 1에서 100 사이의 값을 얻습니다.

```
0 + 1 <= (int)(Math.random() * 100) + 1 < 100 + 1
```

다음은 1에서 100 사이의 정수를 구하는 예제입니다.

[직접 코딩해 보기] 1에서 100 사이의 정수 구하기

ch06/sec02/ex03/RandomMethodTest.java

```
package sec02.ex03;

public class RandomMethodTest {
  public static void main(String[] args) {
//  System.out.println(Math.random()); _____ 0에서 1 사이의 실수를 리턴합니다.

    int randInt = (int)(Math.random() * 100) + 1; _____ 1에서 100 사이의 정수를 리턴합니다.
    System.out.println("양의 정수 : " + randInt);
  }
}
```

[실행결과]

```
양의 정수 : 45
```

 알아두면 좋아요

'1부터 양의 정수 사이' 같은 조건으로 난수를 구하는 것이 아닌 '20과 200'과 같이 임의의 두 수 사이의 난수를 구하는 경우는 다음의 수식을 이용해서 구할 수 있습니다. 다음은 start에서 end 사이에 있는 정수를 얻는 수식입니다.

```
int randInt = (int)(Math.random() * (end - begin + 1)) + begin
```

- begin: 시작 정수
- end: 마지막 정수

다음은 20에서 200 사이의 임의의 정수를 얻는 수식입니다.

```
int randInt = (int)(Math.random() * (200 - 20 + 1)) + 20
```

[구현 방법]

① Math.random() 메서드를 이용해서 1에서 100 사이의 정수를 10개 생성한 후 배열에 저장합니다.

② 배열 요소의 값들을 비교해서 오름차순으로 저장합니다.

③ 배열 요소값들을 출력합니다.

<구현>

[직접 코딩해 보기] 배열 요소 오름차순으로 정렬하기

ch06/sec02/ex03/ArrayAscSortingTest2.java

```java
package sec02.ex03;

public class ArrayAscSortingTest2 {
  public static void main(String[] args) {
    int[] num = new int[10];
    int temp = 0, rand = 0;

    for (int i=0; i < num.length; i++) {
      rand = (int) (Math.random() * 100) + 1;      ┐
      num[i] = rand;                                │── 10개의 정수를 생성 후 배열에 저장합니다.
    }                                               ┘

    System.out.println("정렬 전 배열값");
    for (int i = 0; i < num.length; i++) {
      System.out.print(num[i] + " ");
    }

    for (int i = 0; i < num.length; i++) {
      for (int j = i+1 ; j < num.length; j++) {
        if (num[i] > num[j]) {
          temp = num[i];
          num[i] = num[j];
          num[j] = temp;
        }
      }
    }

    System.out.println("\n\n정렬 후 배열값");
    for (int i = 0; i < num.length; i++) {
      System.out.print(num[i] + " ");
    }
  }
}
```

[실행결과]

정렬 전 배열값

2	56	88	41	50	70	21	60	51	4

정렬 후 배열값

2	4	21	41	50	51	56	60	70	88

 퀴즈

1에서 100 사이의 정수 10개를 구한 후, 최댓값과 최솟값을 출력해 보세요.

→ 요점 정리 ←

- 배열 요소에 접근하려면 인덱스들 간의 규칙성을 파악하는 것이 좋습니다.
- 배열 요소값 교환 시 교환하려는 값을 변수 temp에 저장한 후, 교환합니다.
- 배열 요소들을 오름차순으로 정렬하는 방법으로 버블 정렬이 많이 쓰입니다.

4 다차원 배열

다차원 배열 중 2차원 배열이 가장 많이 사용되므로 2차원 배열에 대해서 알아보겠습니다. 2차원 배열은 기본적으로 1차원 배열 사용 방법과 동일합니다. 따라서 int 타입 2차원 배열을 중심으로 설명하겠습니다.

4.1 2차원 배열 선언

int 타입 2차원 배열은 다음과 같이 선언합니다. 2차원 배열이므로 1차원 배열 기호([ ]) 다음에 다시 2차원 배열 기호([ ])가 하나 더 사용됩니다.

int[][] score;	int score[][];

4.2 2차원 배열 생성

다음은 2차원 배열 score를 메모리에 생성시키는 코드입니다. 1차원 배열과 동일하게 new 연산자를 사용해서 다음에 지정한 배열 요소만큼 메모리에 생성합니다.

```
score = new int[3][3]
```

- 첫 번째 [3]은 1차원 배열 요소 크기를 나타냅니다.
- 두 번째 [3]은 2차원 배열 요소 크기를 나타냅니다.

다음은 2차원 배열이 메모리에 생성된 물리적 구조입니다. 배열은 차원에 관계없이 메모리에 연속하여 생성됩니다.

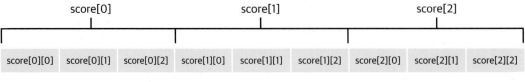

그림6-13 메모리에 생성된 2차원 배열 구조

2차원 배열을 1차원 배열처럼 다루면 불편합니다. 일반적으로 2차원 배열은 1차원 배열 요소만큼 행을 가지고 2차원 배열 요소만큼 열을 가지는 행렬 구조로 이해하면 편리합니다. 2차원 배열 score는 다음처럼 3행과 3열을 가지는 행렬로 나타낼 수 있습니다.

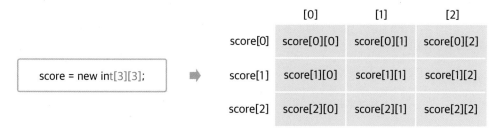

그림6-14 행과 열로 구성된 2차원 배열 구조

일반적으로 행과 열의 수가 같은 2차원 배열이 많이 쓰입니다. 그러나 2차원 배열은 반드시 행과 열의 수가 같을 필요는 없습니다. 다음은 행과 열의 수가 다른 2차원 배열입니다.

```
score = new int[2][3]
```

다음은 2차원 배열 score의 논리적 구조를 나타냅니다.

	[0]	[1]	[2]
score[0]	score[0][0]	score[0][1]	score[0][2]
score[1]	score[1][0]	score[1][1]	score[1][2]

그림6-15 행과 열이 다른 2차원 배열

4.3 2차원 배열 초기화

int 타입 2차원 배열은 nerw 연산자를 이용해서 배열 생성 시 요소값들이 0으로 초기화됩니다. 다음은 값 목록을 이용해서 2차원 배열 score를 초기화하는 방법입니다. 값 목록의 구조가 중괄호 {} 안에 다시 3개의 중괄호 {}가 있습니다. 이 3개의 중괄호는 1차원 배열을 나타내는데, 행렬에서 각각의 행을 나타냅니다. 그리고 각각의 행에서는 다시 3개의 값이 존재하므로 2차원 배열 요소의 개수는 3이 됩니다.

```
int[][] score = {{10, 20, 30}, {40, 50, 60}, {70, 80, 90}};
```

● 값 목록으로 초기화 시 반드시 배열 선언과 초기화를 동시에 해야 합니다.

💡 **알아두면 좋아요**

2차원 배열을 값 목록으로 다음과 같이 초기화할 수도 있으나, 코드 작성이 복잡하므로 많이 사용되지는 않습니다.

```
int[][] score = new int[][]{{10, 20, 30}, {40, 50, 60,}, {70, 80, 90}}
```

다음은 초기화 후 배열에 값들이 저장된 상태입니다. 3개의 1차원 배열 안에 다시 3개의 2차원 배열 요소가 생성되어 초기화된 값이 저장됩니다.

	[0]	[1]	[2]
score[0]	10	20	30
score[1]	40	50	60
score[2]	70	80	90

그림6-16 값을 이용해서 2차원 배열을 초기화한 상태

※주의

다음과 같이 배열 선언과 값 목록으로 초기화를 따로 하면 에러가 발생합니다.

```
int[][] score;
score = {{10, 20, 30}, {40, 50, 60}, {70, 80, 90}};
```

4.4 2차원 배열 접근

2차원 배열 요소도 1차원 배열에서의 방법과 동일하게 인덱스를 이용해서 접근합니다.

```
실행문(배열명[인덱스][인덱스]);
```

다음은 행렬의 세 번째 행의 세 번째 요소의 값에 접근해서 값을 출력하는 그림입니다.

	[0]	[1]	[2]
score[0]	10	20	30
score[1]	40	50	60
score[2]	70	80	90

`System.out.println(score[2][2]);`

그림6-17 배열명과 인덱스로 2차원 배열 접근하기

다음은 2차원 배열에 접근해서 배열을 초기화 후, 값을 출력하는 예제입니다. 배열 요소 범위를 벗어나서 접근 시 ArrayIndexOutOfBoundsException 에러가 발생합니다.

[직접 코딩해 보기] 2차원 배열 사용하기

ch06/sec03/ex01/TwoDimArrayTest.java

```java
package sec03.ex01;

public class TwoDimArrayTest {
  public static void main(String[] args) {
    int[][] score1 = new int[3][3];
    int[][] score2 = {{10, 20, 30},         ┊┄┄┄┄ 선언과 동시에 값으로 초기화합니다.
                      {40, 50, 60},          ┊
                      {70, 80, 90}};         ┄┄┘


//  int[][] score3;                                              ┐ 배열 선언과 초기화를 따로 하면
//  score3 = {{10, 20, 30}, {40, 50, 60}, {70, 80, 90}};        ┘ 에러가 발생합니다.

    System.out.println("score1 배열값 출력");
    System.out.print(score1[0][0] + " ");
    System.out.print(score1[0][1] + " ");
    System.out.print(score1[0][2]);
    System.out.println();

    System.out.print(score1[1][0] + " ");
    System.out.print(score1[1][1] + " ");
    System.out.print(score1[1][2]);
    System.out.println();

    System.out.print(score1[2][0] + " ");
    System.out.print(score1[2][1] + " ");
    System.out.print(score1[2][2] );

    System.out.println("\n\nscore2 배열값 출력");
    System.out.print(score2[0][0] + " ");
    System.out.print(score2[0][1] + " ");
    System.out.print(score2[0][2]);
    System.out.println();

    System.out.print(score2[1][0] + " ");
    System.out.print(score2[1][1] + " ");
    System.out.print(score2[1][2]);
    System.out.println();
```

```
        System.out.print(score2[2][0] + " ");
        System.out.print(score2[2][1] + " ");
        System.out.print(score2[2][2] );

//      System.out.print(score2[3][2] );  ----------------- 배열 요소의 인덱스 범위를 넘어서 접근하므로
    }                                                        에러(ArrayIndexOutOfBoundsException)가 발생합니다.
}
```

[실행결과]

```
score1 배열 값 출력
0 0 0
0 0 0
0 0 0

score2 배열 값 출력
10 20 30
40 50 60
70 80 90
```

4.5 2차원 배열의 길이(length)

2차원 배열은 1차원 요소의 길이와 2차원 요소의 길이가 있습니다. 1차원 요소의 길이는 2차원 배열을 행렬로 표현 시 행의 수를 나타내고, 2차원 요소의 길이는 각각의 행의 열의 수를 나타냅니다. 다음은 배열 score1의 1차원 요소의 길이와 2차원 요소의 길이를 나타냅니다. score1는 1차원과 2차원 요소의 길이는 모두 3입니다.

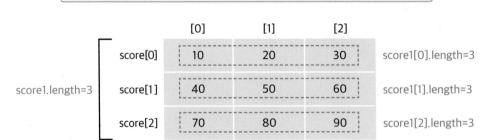

그림6-18 1차원 요소 길이와 2차원 요소 길이가 같은 2차원 배열

- 1차원 요소의 길이는 **score1.length** 속성으로 얻습니다.
- 2차원 요소의 길이는 **score1[인덱스].length** 속성을 이용해서 얻습니다.

다음의 배열 score2는 1차원 요소의 길이와 2차원 요소의 길이가 다릅니다.

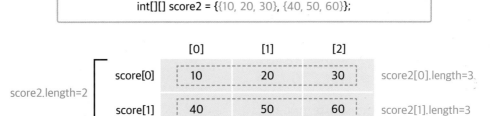

그림6-19 1차원 요소 길이와 2차원 요소 길이가 다른 2차원 배열

다음은 2차원 배열 요소의 길이를 출력하는 예제입니다.

[직접 코딩해 보기] 2차원 배열 길이 알아보기

ch06/sec03/ex02/TwoDimArrayLengthTest.java

```java
package sec03.ex02;

public class TwoDimArrayLengthTest {
  public static void main(String[] args) {
    int[][] score1 = {{10, 20, 30},
                      {40, 50, 60},
                      {70, 80, 90}};

    System.out.println("score1 1차원 요소 길이: " + score1.length);
    System.out.println("score1 2차원 요소 길이: " + score1[0].length);
    System.out.println("score1 2차원 요소 길이: " + score1[1].length);
    System.out.println("score1 2차원 요소 길이: " + score1[2].length);

    int[][] score2 = {{10, 20, 30},
                      {40, 50, 60}};
    System.out.println("score2 1차원 요소 길이: " + score2.length);
    System.out.println("score2 2차원 요소 길이: " + score2[0].length);
    System.out.println("score2 2차원 요소 길이: " + score2[1].length);
  }
}
```

[실행결과]

```
score1 1차원 요소 길이: 3
score1 2차원 요소 길이: 3
```

```
score1 2차원 요소 길이: 3
score1 2차원 요소 길이: 3

score2 1차원 요소 길이: 2
score2 2차원 요소 길이: 3
score2 2차원 요소 길이: 3
```

?? 퀴즈

다음 코드 실행 시 출력되는 값을 구해보세요.

```
int[][] score = {{10, 20, 30},
                 {40, 50}, {60},
                 {70, 80, 90}};
System.out.println(score.length);
System.out.println(score[0].length);
System.out.println(score[1].length);
System.out.println(score[2].length);
```

1차원 배열은 length 속성과 단일 for문을 이용하면 배열의 요소에 쉽게 접근할 수 있습니다. 2차원 배열은 중첩 for문을 이용해서 쉽게 접근할 수 있습니다. 다음은 중첩 for문을 이용해서 2차원 배열의 요소에 접근해서 요소들을 초기화 후 값을 출력하는 예제입니다. 외부 for문의 반복 변수 i는 2차원 배열의 1차원 요소의 인덱스로 사용되고, 내부 for문의 반복 변수 j는 2차원 요소의 인덱스로 사용됩니다.

[직접 코딩해 보기] 2차원 배열에 중첩 for문 사용하기

ch06/sec03/ex02/TwoDimArrayForTest.java

```
package sec03.ex02;

public class TwoDimArrayForTest {
    public static void main(String[] args) {
        int[][] arr = new int[3][3];

    for (int i = 0; i < arr.length; i++) {
      for (int j = 0; j < arr[i].length; j++) {
        arr[i][j] = 3 * i + j + 1;
      }
    }

    int total = 0;
```

외부 for문은 1차원 요소 길이만큼 반복하고,
내부 for문은 2차원 요소 길이만큼 반복합니다.

```
        for (int i = 0; i < arr.length; i++) {
                for (int j = 0; j < arr[i].length; j++) {
                    total += arr[i][j];_____배열 요소 값들을 누적시킵니다.
                }
        }

        System.out.println("arr 배열 요소 총합: " + total + "\n\n");

        for (int i = 0; i < arr.length; i++) {
          for (int j = 0; j < arr[i].length; j++) {
            System.out.println("arr[" + i + "][" + j + "]=" + arr[i][j]);
          }
        }
    }
}
```

[실행결과]

```
arr 배열 요소 총합: 45

arr[0][0] = 1
arr[0][1] = 2
arr[0][2] = 3
arr[1][0] = 4
arr[1][1] = 5
arr[1][2] = 6
arr[2][0] = 7
arr[2][1] = 8
arr[2][2] = 9
```

퀴즈

다음과 같이 2차원 배열의 값을 초기화한 후 값들을 출력해 보세요.

arr

10	11	12
20	21	22
30	31	32

→ 요점 정리 ←

- 2차원 배열은 1차원 요소의 길이의 행과 2차원 요소의 길이의 열로 이루어진 행렬로 표현할 수 있습니다.
- 2차원 배열에서 배열명.length 속성은 1차원 요소들의 길이이고, 배열명[인덱스].length 속성은 해당 인덱스의 1차원 요소의 2차원 요소들의 길이를 나타냅니다.
- 2차원 배열은 중첩 for문을 이용해서 편리하게 접근할 수 있습니다.

5 2차원 배열 활용하기

　　2차원 배열은 모바일 퍼즐 게임 개발 시 많이 사용됩니다. 그럼 이번에는 2차원 배열을 활용해서 예제를 풀어 보겠습니다.

5.1 두 행렬의 합 구하기

다음과 같이 두 개의 행렬 A, B의 합, A+B를 구해 보세요.

$$A = \begin{bmatrix} 2 & 3 & 5 \\ 6 & 7 & 8 \\ 9 & 10 & 11 \end{bmatrix} \quad B = \begin{bmatrix} 1 & 4 & 7 \\ 13 & 3 & 2 \\ 3 & 9 & 20 \end{bmatrix}$$

[분석]

먼저 행렬의 덧셈에 관해서 알아보아야 합니다. 두 행렬의 덧셈은 같은 위치의 값을 더한 결과를 새로운 행렬의 같은 위치에 두면 됩니다. 다음 그림은 두 행렬 A와 B의 1행 1열의 값 2와 1을 더한 후, 다시 새로운 행렬 C의 1행 1열에 결과값 3을 위치시킨 상태입니다.

$$\begin{bmatrix} 2 & 3 & 5 \\ 6 & 7 & 8 \\ 9 & 10 & 11 \end{bmatrix} + \begin{bmatrix} 1 & 4 & 7 \\ 13 & 3 & 2 \\ 3 & 9 & 20 \end{bmatrix} = \begin{bmatrix} 3 & 7 & 12 \\ 19 & 10 & 10 \\ 12 & 19 & 31 \end{bmatrix}$$

그림6-20 두 행렬의 덧셈 과정

다음은 두 행렬의 1행의 요소값들을 더하는 코드입니다.

```
matC[0][0] = matA[0][0] + matB[0][0];
matC[0][1] = matA[0][1] + matB[0][1];
matC[0][2] = matA[0][2] + matB[0][2];
```

다른 요소들도 동일한 과정을 반복하면 됩니다. 다음은 중첩 for문을 이용해서 두 행렬의 덧셈을 구현한 코드입니다.

```
for (int i = 0; i < 3; i++) {
  for (int j = 0; j < 3; j++) {
    matC[i][j] = matA[i][j] + matB[i][j];
  }
}
```

[구현 방법]

① 두 행렬 A, B와 더한 결과를 저장할 행렬 C의 2차원 배열들을 생성합니다.

② 중첩 for문을 이용해서 두 2차원 배열의 같은 위치의 요소들의 값을 더한 후, 2차원 배열 C의 같은 요소에 저장합니다.

<구현>

[직접 코딩해 보기] 두 행렬의 합 구하기

ch06/sec04/ex01/MatrixAddTest.java

```
package sec04.ex01;

public class MatrixAddTest {
  public static void main(String[] args) {
    int[][] matA = {{2,  3,  5},
                    {6,  7,  8},
                    {9, 10, 11}};

    int[][] matB = {{ 1,  4,  7},
                    {13,  3,  2},
                    { 3,  9, 20}};

    int[][] matC = new int[matA.length][matA[0].length];

    for (int i=0; i < matA.length;i++) {
      for (int j = 0 ; j<matA[i].length;j++) {       ┐
        matC[i][j] = matA[i][j] + matB[i][j];        ├── 두 행렬의 합을 구합니다.
      }                                              │
    }                                                ┘

    System.out.println("두 행렬의 합");
    System.out.println("------------------");
```

```java
    for (int i = 0; i < matC.length;i++) {
      for (int j = 0 ; j<matC[i].length;j++) {
        System.out.print( matC[i][j]+"\t");
      }
      System.out.println();
    }
  }
}
```
─● 두 행렬의 합을 출력합니다.

[실행결과]

```
두 행렬의 합
-----------------------------
3              7              12
19             10             10
12             19             31
```

5.2 2차원 배열 초기화하기

[문제] 2차원 배열 arr의 각 요소들의 값을 다음과 같이 세팅 후 출력해 보세요.

arr

2	2	2	2
2	2	2	1
2	2	1	1
2	1	1	1

[분석]

먼저 2차원 배열의 요소들이 가지는 규칙성을 찾아보겠습니다. 2차원 배열에서 첫 번째 행에선 모든 요소들이 2를 가집니다. 그리고 2 번째 행에선 3개만 가집니다. 이런 식으로 행이 1씩 증가하면 그 행에서 2를 가지는 요소들은 1씩 감소합니다. 이것을 수식으로 표현하면 다음과 같습니다.

```
2의 개수 = 4 - i(행의 수)
```

각각의 열에서 2로 값을 변경하는 부분은 내부 for문으로 수행하므로 반복 변수 j의 조건식을 'j < arr[i].length'가 아니라 'j < arr[i].length - i'로 변경하면 될 것입니다.

그리고 다음과 같이 중첩 for문을 이용해서 배열 arr에 접근하면서 2로 요소들의 값을 변경하면 됩니다.

```java
for (int i = 0; i < arr.length; i++) {
  for (int j = 0; j < arr[i].length - i; j++) {
    arr[i][j] = 2;
  }
}
```

[구현 방법]

① 2차원 배열 생성 시 모든 요소들의 값을 1로 초기화합니다.

② 중첩 for문을 이용해서 행을 나타내는 반복 변수 i를 1씩 증가시키면 열을 나타내는 반복 변수 j를 arr[i].
length - i만큼 반복하면서 각 행의 요소들의 값을 2로 변경합니다.

<구현>

[직접 코딩해 보기] 2차원 배열 요소값 세팅하기 1

ch06/sec04/ex02/ TwoDimArrayValueSettingTest1.java

```java
package sec04.ex02;

public class TwoDimArrayValueSettingTest {
  public static void main(String[] args) {
    int[][] arr = new int[4][4];

    for (int i = 0; i < arr.length; i++) {
      for (int j = 0; j < arr[i].length; j++) {
        arr[i][j] = 1;                              // 배열 요소들의 값들을 1로 초기화합니다.
      }
    }

    for (int i = 0; i < arr.length; i++) {
      for (int j = 0; j < arr[i].length - i; j++) {
        arr[i][j] = 2;                              // 행이 1씩 증가하면 내부 for문의
      }                                             // 반복 횟수는 1씩 감소합니다.
    }

    System.out.println("2차원 배열값");
    System.out.println("------------------------");
    for (int i = 0; i < arr.length; i++) {
      for (int j = 0; j < arr[i].length; j++) {
        System.out.print(arr[i][j] + "\t");
```

```
            }
        System.out.println();
        }
    }
}
```

[실행결과]

```
2차원 배열값
-----------------------------
2           2           2           2
2           2           2           1
2           2           1           1
2           1           1           1
```

문제를 해결하는 방법은 여러 가지가 있을 수 있습니다. 이번에는 두 번째 방법으로 문제를 해결해 보겠습니다. 다음은 2를 가지는 요소들 중 임의의 배열 요소 3개를 나열한 것입니다.

arr

2	2	2	2
2	2	2	1
2	2	1	1
2	1	1	1

```
arr[0][1]
arr[1][0]
arr[2][1]
```

다음은 그림에서 1을 가지는 배열 요소들을 나열한 것입니다.

arr

2	2	2	2
2	2	2	1
2	2	1	1
2	1	1	1

```
arr[2][2]
arr[3][1]
arr[3][3]
```

1을 가지는 요소와 2를 가지는 요소들의 인덱스의 차이점이 뭘까요? 잘 살펴보면 그림처럼 2를 가지는 요소들의 두 인덱스의 합은 4를 넘지 않습니다. 반면에 1을 가지는 요소들의 인덱스의 합은 모두 5 이상입니다.

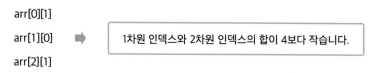

arr[0][1]
arr[1][0] ➡ 1차원 인덱스와 2차원 인덱스의 합이 4보다 작습니다.
arr[2][1]

그림6-21 값 2를 가지는 2차원 배열 요소들의 인덱스의 특징

그럼 중첩 for문을 돌면서 두 인덱스의 합이 4보다 작으면 2를 세팅해 주고, 아니면 1을 세팅해 주면 될 것입니다. 다음은 두 번째 방법을 구현한 예제입니다. 두 번째 방법으로 구현하면 첫 번째 방법보다 훨씬 코드량이 줄어드는 것을 알 수 있습니다.

[직접 코딩해 보기] 2차원 배열 요소값 세팅하기 2

ch06/sec04/ex02/TwoDimArrayValueSettingTest2.java

```java
package sec04.ex02;

public class TwoDimArrayValueSettingTest2 {
  public static void main(String[] args) {
    int[][] arr = new int[4][4];

    for (int i = 0; i < arr.length; i++) {
      for (int j = 0; j < arr[i].length; j++) {
        if(i + j < arr.length) {
          arr[i][j] = 2;                    두 인덱스의 합이 4(arr.length)보다 작으면 2를 세팅합니다.
        } else {
```

```
        arr[i][j] = 1;
      }
    }
  }

  System.out.println("2차원 배열값");
  System.out.println("-------------------------");
  for (int i = 0; i < arr.length; i++) {
    for (int j = 0; j < arr[i].length; j++) {
      System.out.print(arr[i][j] + "\t");
    }
    System.out.println();
    }
  }
}
```

[실행결과]

```
2차원 배열값
------------------------------------------------
2         2         2         2
2         2         2         1
2         2         1         1
2         1         1         1
```

?? 퀴즈

2차원 배열 arr의 각 요소들의 값을 다음과 같이 세팅 후 출력해 보세요.

arr

2	2	2	2
1	2	2	2
1	1	2	2
1	1	1	2

5.3 2차원 배열 대각선 합 구하기

[문제] 다음 2차원 배열 arr의 두 대각선에 위치한 요소들의 합을 출력해 보세요.

arr

2	8	9	13	13
1	7	6	12	2
1	11	9	2	20
14	3	1	22	3
14	16	5	3	33

[분석]

두 대각선에 위치한 요소들의 합을 구하는 코드를 다음과 같이 작성해서 인덱스들 사이의 규칙성을 찾아봅니다. 우하향 대각선의 요소들의 합입니다.

```
crossTotal1 = arr[0][0] + arr[1][1] + arr[2][2] + arr[3][3] + arr[4][4] ;
```

규칙을 찾아보면 명확합니다. 두 인덱스가 서로 일치합니다. 그럼 우상향 대각선의 요소들의 합을 구해봅니다.

```
crossTotal2 = arr[0][4] + arr[1][3] + arr[2][2] + arr[3][1] + arr[4][0];
```

두 번째 대각선 요소들의 규칙은 두 인덱스들의 합이 4라는 점입니다. 이 두 가지 규칙성을 이용해서 다음과 같이 중첩 for문을 반복시켜 두 인덱스들이 서로 같거나, 두 인덱스의 합이 4이면 crossTotal에 누적시키면 될 것입니다.

```
for (int i = 0; i < arr.length; i++) {
  for (int j = 0; j < arr[i].length; j++) {
    if (i == j || i + j == arr.length - 1) {
        crossTotal += arr[i][j];
    }
  }
}
```

[구현 방법]

① 중첩 for문을 돌면서 반복 변수 i와 j가 같은 지 비교해서 같으면 우하향 대각선 요소값들을 crossTotal에 누적시킵니다.

② 중첩 for문을 돌면서 반복 변수 i와 j의 합이 4와 같으면 우상향 대각선 요소값들을 crossTotal에 누적시킵니다.

<구현>

[직접 코딩해 보기] 2차원 배열의 대각선 요소들의 총합 구하기

ch06/sec04/ex03/ArrayCrossValueTotalTest.java

```java
package sec04.ex03;

public class ArrayCrossValueTotalTest {
  public static void main(String[] args) {
    int[][] arr = {{2,  8, 9, 13, 13},
                   {1,  7, 6, 12,  2},
                   {1, 11, 9,  2, 20},
                   {14, 3, 1, 22,  3},
                   {14,16, 5,  3, 33}};

    int crossTotal = 0;

    for (int i = 0; i < arr.length; i++) {
      for (int j = 0; j < arr[i].length; j++) {
        if (i == j || i + j == 4 ) {
            crossTotal += arr[i][j];      ● 두 인덱스가 같거나 합이 4이면 값들을 누적시킵니다.
        }
      }
    }

    System.out.println("두 대각선 요소들의 합: " + crossTotal);
  }
}
```

[실행결과]

두 대각선 요소들의 합: 115

→ 요점 정리 ←

- 2차원 배열은 일반적으로 테트리스같은 퍼즐 게임에서 많이 사용됩니다.
- 2차원 배열에 관련된 문제는 먼저 두 인덱스의 관계로부터 규칙성을 찾아보아야 합니다.
- 2차원 배열의 두 대각선의 요소들의 합은 두 인덱스가 같거나 '두 인덱스의 합이 배열의 길이 -1'과 같은 요소들을 더해서 구할 수 있습니다.

6 System.arraycopy() 메서드로 배열 복사하기

배열은 프로그래밍에서 많이 사용되므로 자바에선 배열에 관련된 기능을 미리 만들어서 제공합니다. 이번에는 자바의 System 클래스에서 제공하는 1차원 배열 복사 시 편리하게 사용할 수 있는 System.arraycopy() 메서드를 알아보겠습니다. System.arraycopy() 메서드 사용법은 다음과 같습니다.

```
System.arraycopy(타입[] src, int srcPos, 타입[] dest, int destPos, int length);
```

- src : 원본 배열
- srcPos : 원본 배열에서 복사를 시작할 인덱스
- dest : 타겟 배열
- destPos : 타겟 배열에서 저장을 시작할 인덱스
- length : 복사할 요소 개수

다음은 System.arraycopy() 메서드를 이용해서 int 타입 배열 src를 dest에 복사하는 코드입니다.

```
int[] src = {10, 20, 30, 40, 50};
int[] dest = new int[10];
System.arraycopy(src, 0, dest, 0, 5);
```

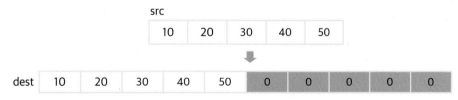

그림6-22 System.arraycopy() 메서드로 배열 복사하기

다음은 System.arraycopy() 메서드를 이용해서 int 타입 배열을 복사하는 예제입니다. System.arraycopy() 메서드를 사용하면 복사할 원본 배열의 요소 개수를 지정할 수 있습니다.

[직접 코딩해 보기] System.arraycopy() 메서드로 배열 복사하기

ch06/sec05/ex01/ ArrayCopyTest.java

```java
package sec05.ex01;
package sec05.ex01;

public class ArrayCopyTest {
  public static void main(String[] args) {
    int[] src = { 10, 20, 30, 40, 50 };
    int[] dest1 = new int[5];

    for(int i = 0; i < src.length; i++) {
      dest1[i] = src[i];
    }

    for(int i = 0; i < dest1.length; i++) {
      System.out.print(dest1[i] + " ");
    }


    int[] dest2 = new int[10];
//  System.arraycopy(src, 0, dest2, 0, 5);
    System.arraycopy(src, 0, dest2, 0, src.length);
    for(int i = 0; i < dest2.length; i++) {
      System.out.print(dest2[i] + " ");
    }


    int[] dest3 = new int[10];
    System.arraycopy(src, 0, dest3, 0, 3);
    for (int i = 0; i < dest3.length; i++) {
      System.out.print(dest3[i] + " ");
    }
  }
}
```

for문으로 직접 복사합니다.

배열 전체 복사 시 구체적인 값보다는 length 속성을 입력해 주는 것이 좋습니다.

타겟 배열의 요소 중 복사되지 않은 요소는 초기값을 그대로 유지합니다.

원본 배열 요소 중 3개만 복사합니다.

[실행결과]

```
10 20 30 40 50
10 20 30 40 50 0 0 0 0 0
10 20 30 0 0 0 0 0 0 0
```

다음은 System.arraycopy() 메서드를 사용해서 문자열 배열을 복사하는 예제입니다. strDest1으로 복사 시 strDest1의 복사되지 않은 요소들은 초기값이 null로 유지됩니다.

[직접 코딩해 보기] System.arraycopy() 메서드로 문자열 배열 복사하기

ch06/sec05/ex01/ StringArrayCopyTest.java

```java
package sec05.ex01;

public class StringArrayCopyTest {
  public static void main(String[] args) {
    String[] strArr = { "apple", "banana", "orange", "mango", "lemon" };
    String[] strDest = new String[10];

    System.arraycopy(strArr, 0, strDest, 0, strArr.length);
    for(int i = 0; i < strDest.length; i++) {
      System.out.print(strDest[i] + " ");
    }
  }
}
```

[실행결과]

```
apple banana orange mango lemon null null null null null
```

System.arraycopy() 메서드를 사용하면 타겟 배열에서 복사 시작 위치를 지정할 수 있습니다. 다음은 두 개의 원본 배열을 타겟 배열에 나란히 복사하는 코드입니다.

```java
int[] src1 = { 10, 20, 30, 40, 50 };
int[] src2 = { 60, 70, 80, 90, 100 };
int[] dest = new int[10]
System.arraycopy(src1, 0, dest, 0, 5); ●── src1을 dest의 1번째 요소부터 5개 복사합니다.
System.arraycopy(src2, 0, dest, 5, 5); ●── src2를 dest의 6번째 요소부터 5개 복사합니다.
```

그림6-23 두 개의 배열을 타겟 배열에 차례대로 복사하기

다음은 System.arraycopy() 메서드로 두 개의 배열을 한 개의 배열에 차례대로 복사하는 예제입니다. System.arraycopy() 메서드를 사용하면 for문을 이용해서 복사하는 것보다 훨씬 코드량이 줄어듭니다.

[직접 코딩해 보기] System.arraycopy() 메서드로 배열 복사하기

ch06/sec05/ex01/ TwoArrayCopyTest.java

```java
package sec05.ex01;

import java.util.Arrays;

public class TwoArrayCopyTest {
  public static void main(String[] args) {
    int[] src1 = { 10, 20, 30, 40, 50 };
    int[] src2 = { 60, 70, 80, 90, 100 };
    int[] dest1 = new int[10];

    for (int i = 0; i < dest1.length; i++) {
      if (i < src1.length) {
        dest1[i] = src1[i];
      } else {
        dest1[i] = src2[i - src1.length];          // for문을 이용해서 배열들을 복사합니다.
      }
    }

    for (int i = 0; i < dest1.length; i++) {
      System.out.print(dest1[i] + " ");
    }
    System.out.println()

    int[] dest2 = new int[src1.length + src2.length];
    System.arraycopy(src1, 0, dest2, 0, src1.length);              // 가능하면 구체적인 값보다는
    System.arraycopy(src2, 0, dest2, src1.length, src2.length);    // 일반화된 코드로 작성하는
                                                                   // 것이 좋습니다.
    for (int i = 0; i < dest2.length; i++) {
      System.out.print(dest2[i] + " ");
    }
  }
}
```

[실행결과]

```
10 20 30 40 50 60 70 80 90 100
10 20 30 40 50 60 70 80 90 100
```

7 자바 명령 라인 입력

　　다음은 이제까지 사용한 main() 메서드의 형식입니다. 자세히 보면 main() 메서드의 매개변수가 문자열 배열입니다. 현재 자바는 이클립스와 같은 통합 개발 환경에서 개발되고 실행되지만 처음 자바가 나왔을 땐 2장에서 실습한 명령 프롬프트에서 실행되었습니다. 이 때 자바에서 처리할 데이터를 자바 프로그램으로 전달하고자 할 때 main() 메서드의 매개변수를 이용했습니다. 그 형식이 지금까지 남아 있는 겁니다.

```
public static void main(String[] args) {
    ...
}
```

다음은 명령 프롬프트에서 HelloWorld 클래스 실행 시 자바 프로그램으로 두 개의 문자열 "Hello"와 "World!"를 전달하는 형식입니다. 공백으로 두 문자열을 구분합니다. 만약에 공백이 있는 문자열을 전달하려면 "Hello World!"처럼 큰 따옴표로 묶으면 됩니다.

```
java HelloWorld Hello World!
```

다음은 이클립스에서 실행 시 main() 메서드로 문자열을 전달해서 출력하는 예제입니다.

[직접 코딩해 보기] main() 메서드로 매개값 전달하기

ch06/sec05/ex02/HelloWorld.java

```
package sec05.ex02;

public class HelloWorld {
  public static void main(String[] args) {
    if (args.length != 0) {
      for (int i = 0; i < args.length; i++) {
        System.out.print(args[i] + " ");
      }
    }
    System.out.println("프로그램 종료");
  }
}
```

다음은 이클립스에서 매개값을 전달해서 HelloWorld.java를 실행하는 과정입니다.

1 _ 이클립스 상단 메뉴 **Run > Run Configuration**을 선택합니다.

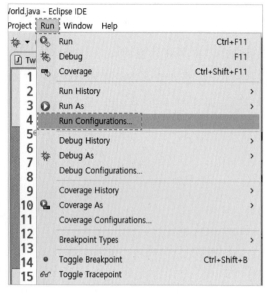

그림6-24 Run Configurations 선택

2 _ 아래와 같은 화면에서 좌측 화면에서 실행할 HelloWorld 클래스를 선택한 후, 우측의 **Arguments 탭**을 클릭해서 메시지를 입력한 후, **Run**을 클릭합니다.

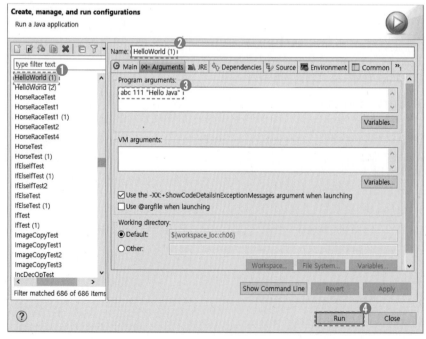

그림6-25 매개값 입력 후 프로그램 실행

[실행 결과]

홍길동
23
Hello Java!

프로그램 종료

⟶ 요점 정리 ⟵

- System.arraycopy() 메서드를 사용하면 1차원 배열을 쉽게 복사할 수 있습니다.
- System.arraycopy() 메서드로 배열 복사 시, 복사에 사용되지 않은 타겟 배열의 요소들은 원래의 초기값을 유지합니다.
- main() 메서드의 문자열 배열 매개변수를 이용하면 자바 실행 시 여러 개의 문자열 데이터를 전달할 수 있습니다.

8 java.util.Arrays 클래스 사용하기

프로그래밍 시 배열은 자주 사용되므로 자바에선 미리 배열을 쉽게 다룰 수 있도록 java.util 패키지에 Arrays 클래스를 만들어서 제공합니다. 다음은 Arrays 클래스에서 제공하는 주요 메서드입니다.

메서드	설명
equals()	두 개의 1차원 배열 요소들의 값이 같은지 비교해서 같으면 true를 리턴합니다.
deepEquals()	두 2차원 이상 배열 요소들의 값이 같은지 비교해서 같으면 true를 리턴합니다.
toString()	1차원 배열 요소들의 값들을 모두 출력합니다.
deepToString()	2차원 이상 배열 요소들의 값들을 모두 출력합니다.
copyOf()	배열 요소들의 값들을 복사합니다.
copyOfRange()	지정한 범위의 배열 요소들의 값들을 복사합니다.
sort()	배열 요소들의 값들을 오름차순으로 정렬합니다.

표6-1 Arrays 클래스의 여러가지 메서드들

8.1 equals() 메서드

equals() 메서드를 이용하면 두 개의 1차원 배열의 요소들의 값이 같은지 바로 확인할 수 있습니다.

```
int[] arr1 = {10, 20, 30, 40, 50};
int[] arr2 = {10, 20, 30, 40, 50};
int[] num1 = {10, 20, 30, 40, 55};
System.out.println(Arrays.equals(arr1, arr2));  //true
System.out.println(Arrays.equals(arr1, num1));  //false
```

다음은 equals() 메서드로 두 배열을 비교하는 예제입니다. equals() 메서드를 이용하면 직접 구현했을 때보다 코드량이 훨씬 줄어듭니다.

[직접 코딩해 보기] equals() 메서드로 1차원 배열 동등 여부 확인하기

ch06/sec06/ex01/ArraysEqualsTest.java

```
package sec06.ex01;

import java.util.Arrays;  ⸺⸺⸺⸺⸺⸺  Arrays 클래스의 메서드를 사용하기 위해서는
                                      반드시 import해야 합니다.
```

```java
public class ArraysEqualsTest {
  public static void main(String[] args) {
    int[] arr1 = {10, 20, 30, 40, 50};
    int[] arr2 = {10, 20, 30, 40, 50};
    int[] num1 = {10, 20, 30, 40, 55};
    boolean same = true;

    for (int i=0; i<arr1.length;i++) {          ────┐
      if (arr1[i] != arr2[i]) {                      │
        same = false;                                │ ──── for문을 이용해서 직접 비교합니다.
        break;                                       │
      }                                              │
    }                                           ────┘

    if (same == true) {
      System.out.println("두 배열은 같습니다.");
    } else {
      System.out.println("두 배열은 다릅니다.");
    }

    same = Arrays.equals(arr1, arr2); _____ Arrays.equals() 메서드로 두 배열을 비교합니다.
    if (same == true) {
      System.out.println("두 배열은 같습니다.");
    } else {
      System.out.println("두 배열은 다릅니다.");
    }

    if (Arrays.equals(arr1, num1) == true) {_____ Arrays.equals() 메서드로 두 배열을 비교합니다.
      System.out.println("두 배열은 같습니다.");
    } else {
      System.out.println("두 배열은 다릅니다.");
    }
  }
}
```

[실행결과]

두 배열은 같습니다.
두 배열은 같습니다.
두 배열은 다릅니다.

8.2 toString() 메서드

배열 요소들의 값을 한꺼번에 출력할 때 toString() 메서드를 사용하면 편리합니다.

```
int[] arr1 = {10, 20, 30, 40, 50};
System.out.println(Arrays.toString(arr1));  //[10, 20, 30, 40, 50]
```

다음은 toString() 메서드를 이용해서 배열 전체값을 출력하는 예제입니다.

[직접 코딩해 보기] 전체 배열 값 출력하기

ch06/sec06/ex01/ ArraysToStringTest.java

```java
package sec05.ex01;

import java.util.Arrays;

public class ArraystToStringTest {
  public static void main(String[] args) {
    int[] arr1 = { 10, 20, 30, 40, 50 };

    for (int i = 0; i < arr1.length; i++) {
      System.out.print(arr1[i] + " ");
    }

    System.out.println();
    System.out.println(Arrays.toString(arr1));_____ 전체 배열값들을 한번에 출력합니다.
  }
}
```

[실행결과]

```
10 20 30 40 50
[10, 20, 30, 40, 50]
```

8.3 copyOf(), copyOfRange() 메서드

copyOf() 메서드나 copyOfRange() 메서드를 사용하면 배열 전체나 부분을 편리하게 복사할 수 있습니다. 다음은 copyOf() 메서드를 이용해서 arr1을 arr2에 복사합니다.

```
int[] arr1 = {10, 20, 30, 40, 50};
int[] arr2 = Arrays.copyOf(arr1, arr1.length);      // arr2 = [10, 20, 30, 40,50]
int[] arr3 = Arrays.copyOf(arr1, arr1.length - 1);  // arr2 = [10, 20, 30, 40]
```

copyOfRange() 메서드는 시작 인덱스를 지정해 줄 수 있습니다. 첫 번째 인자는 복사할 배열을 지정하고, 두 번째 인자는 시작 인덱스, 세 번째 인자는 마지막 인덱스를 지정합니다. 주의해야 할 점은 copyOfRange() 메서드의 복사 범위는 '**시작 인덱스**'에서 '**마지막 인덱스 -1**'까지 입니다.

```
int[] arr1 = {10, 20, 30, 40, 50};
int[] arr3 = Arrays.copyOfRange(arr1, 0, 3);           //arr3 = [10, 20, 30]
int[] arr4 = Arrays.copyOfRange(arr1, 3, arr1.length); //arr4 = [40, 50]
int[] arr5 = Arrays.copyOfRange(arr1, 2, 4);           //arr5 = [30, 40]
```
50은 포함되지 않습니다.

다음은 copyOf() 메서드와 copyOfRange() 메서드로 배열을 복사하는 예제입니다.

[직접 코딩해 보기] copyOf() 메서드와 copyOfRange() 메서드로 배열 복사하기

ch06/sec06/ex02/ ArraysCopyOfTest.java

```
package sec06.ex02;

import java.util.Arrays;

public class ArraysCopyOfTest {
  public static void main(String[] args) {
    int[] arr1 = { 10, 20, 30, 40, 50 };

    int[] num1 = new int[5];
    for (int i = 0; i < arr1.length; i++) {      ── for문을 이용해서 직접 복사합니다.
      num1[i] = arr1[i];
    }
    System.out.println(Arrays.toString(num1));

    int[] arr2 = Arrays.copyOf(arr1, arr1.length);
    System.out.println(Arrays.toString(arr2));

    int[] arr3 = Arrays.copyOf(arr1, arr1.length-1);
    System.out.println(Arrays.toString(arr3));

    int[] arr4 = Arrays.copyOfRange(arr1, 1, 3); ─────── 인덱스 3은 포함되지 않습니다.
    System.out.println(Arrays.toString(arr4));
```

```java
        int[] arr5 = Arrays.copyOfRange(arr1, 3, arr1.length);_____ 인덱스 5는 포함되지 않습니다.
        System.out.println(Arrays.toString(arr5));


    }
}
```

[실행결과]

```
[10, 20, 30, 40, 50]
[10, 20, 30. 40, 50]
[10, 20, 30, 40]
[20, 30]
[40, 50]
```

연습 문제

1 _ 다음은 배열에 관한 설명입니다. 틀린 것을 고르세요.

① 배열의 요소들은 메모리에 연속해서 생성됩니다.

② 배열의 길이는 실행 중에 변경할 수 있습니다.

③ 정수 타입 배열 요소들의 초기값은 0입니다.

④ 문자열 배열 생성 시 최초의 초기값은 null입니다.

2 _ 다음 중 배열 중 에러를 발생시키는 코드는?

① int[ ] arr1 = {10, 20, 30};

② int[ ] arr1 = new int[ ]{10, 20, 30};

③ int[ ] arr1; arr1 = new int[3];

④ int[ ] arr1; arr1 = {10, 20, 30};

3 _ 다음과 같은 배열이 있을 때 arr.length와 arr[3].length는?

```
int[] arr = {
        {10, 20, 30},
        {40, 50},
        {60, 70, 80, 90},
        {11, 22, 33, 44}
        };
```

4 _ 1에서 100 사이의 중복되지 않는 정수 10개를 구한 후, 오름차순으로 출력해보세요.

5 _ 다음 두 배열의 값들을 비교한 뒤 오름차순으로 출력해 보세요.

```
int[] num1 = {34, 56, 78, 7, 23, 46, 43, 55};
int[] num2 = {12, 34, 2, 99, 18};
```

6 _ 다음은 학생들의 시험 점수입니다. 각각의 학생들의 총점과 평균을 아래와 같이 출력해 보세요(필요시 새 변수를 선언해서 사용하세요).

이름	국어	수학	영어
홍길동	89	77	90
이순신	67	87	66
임꺽정	66	77	88

소스 파일 : exec06.java

```java
package sec07.ex01;
...
public class Exec06{
    public static void main(String[] args){
        String[] name = {"홍길동", "이순신", "임꺽정"};
        int[][] score = {
            {89, 77, 90},
            {67, 87, 66},
            {66, 77, 88}
        };

/*

    ...

    //이곳에 작성해 주세요.

    ...
*/

    }
}
```

실행결과

```
------------------------------------------
이름            총점            평균
------------------------------------------
홍길동          256            85.3
이순신          220            73.3
임꺽정          231            77.0
```

07장

메서드

> 시작 전 가볍게 읽기 <

실생활에서 반복 작업은 기계를 이용해서 자동화합니다.
동일하게 프로그래밍 시 같은 기능을 여러 번 작성해야 하는 경우가 많습니다.
이런 경우를 위해 기능을 한 번만 만들어 놓고 필요시에
사용하는 방법이 도입되었습니다.

1 메서드란?

우리는 실생활에서 커피를 마실 경우 일일이 직접 만들어서 마시는 경우도 있지만, 커피 메이커에 재료만 넣어 놓으면 언제든지 필요시 자동으로 커피를 마실 수 있습니다. 이처럼 자바에서도 자주 사용되는 기능은 미리 만들어 놓고 필요시 처리할 데이터만 전달해 주면 쉽게 원하는 결과를 얻게 해 주는 기능을 제공합니다. 이런 기능을 **메서드(Method)**라고 합니다.

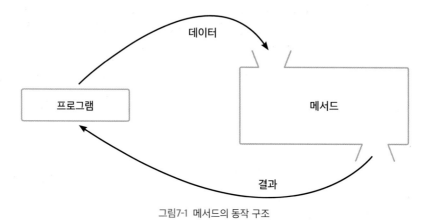

그림7-1 메서드의 동작 구조

그런데 우리는 메서드를 이미 사용해 봤습니다. 0에서 1 사이의 난수를 얻을 때 Math 클래스에서 제공하는 random() 메서드를 이용해서 얻었습니다. 그리고 println()의 세부 기능을 모르지만 데이터를 println() 메서드로 전달해서 콘솔로 출력했습니다.

```
double num = Math.random();
System.out.println(num);
```

2 메서드 형식

메서드는 크게 선언부(header)와 구현부(body)로 나눌 수 있습니다.

```
리턴타입 메서드이름([매개변수1, 매개변수2,...])      ── 메서드 선언부
{
    지역변수

    구현코드                                          ── 메서드 구현부

    리턴문
}
```

그림7-2 메서드의 선언부와 구현부

메서드 선언부 요소

- **메서드 이름**: 메서드 호출 시 사용되므로, 반드시 지정되어야 합니다.
- **매개변수**: 메서드 호출 시 전달된 값들을 받는 변수들입니다. 생략 가능합니다.
- **리턴 타입**: 메서드 실행 후 호출한 곳으로 리턴되는 데이터의 타입을 지정합니다. 생략 가능합니다.

메서드 구현부 요소

- 지역변수: 구현 블록({}) 내에서 사용할 변수입니다.
- 구현 코드: 메서드의 기능을 구현합니다.
- 리턴문: 메서드의 실행을 종료하거나 결과값을 호출한 곳으로 리턴합니다. 생략이 가능합니다.

메서드 명명 규칙

다음은 메서드 이름을 명명하는 규칙입니다. 일반적으로 변수 이름을 짓는 규칙과 같습니다.

- 메서드 이름의 첫 글자는 알파벳과 특수문자 '$', '_'만 가능합니다.
  --> _calculate() (O) , 1calculate() (X)
- 대문자와 소문자를 구분합니다.
- 메서드 이름이 두 개의 단어로 이루어진 경우, 뒷 단어의 첫 글자는 대문자로 표기(카멜 표기법)합니다.

--> calcScore()

- 가능하면 메서드의 기능을 잘 나타내는 동사형으로 이름을 짓습니다.

    --> calcScore()

다음은 실제 자바 메서드의 예입니다. 메서드 이름인 increase에서 알 수 있듯이 이 메서드는 메서드로 전달받은 값을 1 증가시키는 기능을 합니다.

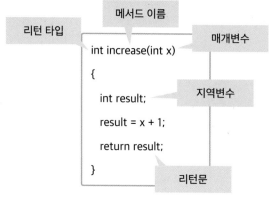

그림7-3 increase() 메서드의 구조

3 메서드 호출과 복귀

이번에는 구현한 메서드를 어떻게 사용하는지 알아보겠습니다.

3.1 메서드 호출 과정

우리가 만든 메서드를 사용하기 위해서는 메서드 이름으로 호출해야 합니다. 다음 그림은 메서드에서 다른 메서드를 호출하는 과정입니다. 호출된 메서드에서 다시 다른 메서드를 호출하는 것도 가능합니다. 그리고 호출된 메서드의 기능을 수행한 후 메서드의 구현 블록 끝(})에 도달하거나 return문을 만나면 메서드 수행을 종료한 후 호출한 곳으로 복귀합니다.

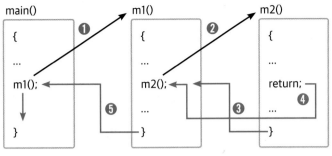

그림7-4 메서드 호출과 복귀 과정

①: 메서드 m1() 호출

②: 메서드 m2() 호출

③: m2() 메서드 끝에 도달하면 호출한 m1() 메서드로 복귀

④: return문을 만나면 호출한 m1() 메서드로 복귀

⑤: m1() 메서드 끝에 도달하면 호출한 main() 메서드로 복귀

3.2 return문과 리턴 타입

return문은 호출된 메서드를 강제로 종료하고 호출한 곳으로 복귀할 경우 사용합니다. return 키워드 다음에 값을 지정하면 복귀한 곳으로 지정한 값을 리턴합니다. 다음은 return문 형식입니다.

```
return [값];
```

- 메서드 수행을 강제로 종료한 후, 호출한 곳으로 복귀합니다.
- return 다음에 값을 지정하면 호출한 곳으로 값을 리턴합니다.
- 리턴값은 메서드 선언부의 리턴 타입과 반드시 일치해야 합니다.

다음 코드는 return문을 이용해서 메서드를 강제로 종료시킵니다. 무한 반복문을 수행하다가 변수 a의 값이 101이 되면 return문을 만나서 1에서 100까지의 합을 출력 후 메서드를 강제 종료합니다.

```
void sum() {
  int a = 0, sum = 0;
  while(true) {
    sum += a;
    if(a > 100) {
      System.out.println("1에서 100까지 합 : " + sum);
      return;  ●━━━━━━━ return문을 만나면 무조건 종료합니다.
    } else {
```

```
      a++;
    }
  }
}
```

다음 메서드는 메서드 종료 후, return문을 이용해서 호출한 곳으로 값을 리턴합니다. return문 다음의 변수 sum의 타입은 메서드 이름 앞의 리턴 타입 int와 반드시 같아야 합니다. return문은 메서드를 종료한다는 의미이므로 return문 다음에는 코드를 작성하면 안됩니다.

```
int add(int a, int b){
int sum = 0;
sum = a + b;
return sum;  ————————— 변수 sum의 타입은 메서드의 리턴 타입 int와 동일해야 합니다.
//return 3.6;  ●————— 3.6은 int 타입이 아니므로 에러가 발생합니다.
}
```

💡 **알아두면 좋아요**

return문 다음에 코드를 작성하면 어떻게 될까요? return문은 메서드를 강제로 종료하라는 실행문이므로 return문 다음의 코드는 절대로 실행되지 않습니다. 다음처럼 return문 다음에 코드를 작성하면 컴파일러는 "Unreachable code" 에러를 발생시킵니다.

```
int add(int a, int b){
   int sum = 0;
   sum = a + b;
   return sum;
   System.out.println("두 수의 합 : " + sum);  ●——— 실행되지 않으므로 Unreachable code
}                                                        에러를 발생시킵니다.
```

→요점 정리←

- 메서드는 미리 기능을 만들어 놓고 필요시 호출해서 사용하는 방법입니다.
- 메서드는 크게 선언부와 구현부로 나눌 수 있습니다.
- 메서드는 메서드 이름으로 호출해서 사용합니다.
- 메서드는 메서드의 마지막 구현 블록 기호(})에 다다르거나, return문을 만나면 종료합니다.

4 여러 가지 메서드 사용하기

이번에는 구체적인 메서드들을 이용해서 메서드 동작 과정을 알아보겠습니다.

4.1 매개변수와 리턴 타입이 없는 메서드

다음은 매개변수와 리턴 타입이 없는 메서드 형식입니다. public은 모든 위치에서 호출이 가능하다라는 의미입니다(자세한 것은 9장의 접근 제한자 부분에서 학습하므로 지금은 메서드 형식으로 알고 사용하면 됩니다).

```
public void print() {
  System.out.println("메서드를 호출합니다.");
}
```

①: void: 메서드 종료 시 어떤 값도 반환하지 않습니다.

②: print(): 매개변수가 없으므로 호출 시 어떤 값도 메서드로 전달하지 않습니다.

다음은 print() 메서드를 호출하는 예제입니다. 자바에선 메서드를 호출하기 위해서 메서드를 먼저 메모리에 생성을 해야 합니다. 메서드를 메모리에 생성하려면 new 연산자와 메서드가 구현된 '클래스명()' 형식의 코드를 이용해서 메모리에 생성합니다(자세한 내용은 8장 클래스 부분에서 설명합니다. 지금은 메서드 사용법으로 알고 사용하면 됩니다).

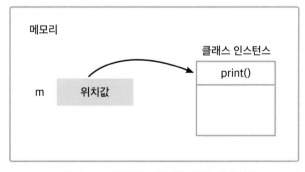

그림7-5 new 연산자로 메모리에 메서드 생성 상태

ch07/sec01/ex01/ MethodEx1.java

```
package sec01.ex01;

public class MethodEx1 {
  public static void main(String[] args) {
    MethodEx1 m = new MethodEx1();  ------------------- 메서드를 메모리에 생성한 후, 참조 변수 m에 할당합니다.
    m.print();  ----┐
    m.print();      ├---- 메서드는 필요시 언제든지 호출해서 사용하면 됩니다.
    m.print();  ----┘

    System.out.println("종료");
  }

  public void print() {
    System.out.println("메서드를 호출합니다.");
  }
}
```

[실행결과]

메서드를 호출합니다.
메서드를 호출합니다.
메서드를 호출합니다.
종료

지역변수

메서드 구현 블록({}) 내에서 선언한 변수를 **지역변수**라고 합니다. 지역변수의 사용 범위는 선언한 메서드의 구현 블록 내에서만 가능합니다. 다음은 메서드 내에서 선언한 지역변수 sum에 1에서 100까지의 합을 저장 후 출력하는 메서드입니다.

```
public void printSumFrom1To100() {
  int sum = 0;

  for (int i=1; i <= 100; i++) {
    sum+= i;
  }
```

```
    System.out.println("1에서 100까지의 합 : " + sum);
  }
```

- 변수 sum은 메서드 내에서 선언된 지역변수입니다.
- 지역변수는 선언 후 반드시 초기화를 해야 합니다.
- 지역변수 sum은 선언된 메서드 블록 내에서만 접근 가능합니다.
- 지역변수 sum은 메서드 호출 시 메모리에 생성되고, 메서드 종료 후에는 메모리에서 소멸됩니다.

다음은 1에서 100까지의 자연수 합을 구해서 출력하는 메서드 예제입니다. 그림처럼 지역변수는
메서드 호출 시 메모리에 생성되어서 사용된 후, 메서드가 종료하면 메모리에서 소멸됩니다. 따라
서 main() 메서드에서 다른 메서드의 지역변수에 접근 시 에러가 발생합니다.

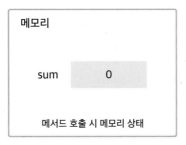 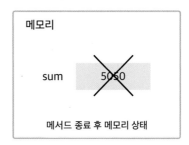

그림7-6 메서드 호출 시 메모리에 지역변수 생성과 메서드 종료 시 지역변수 소멸 상태

[직접 코딩해 보기] main() 메서드로 매개값 전달하기

ch07/sec05/ex01/LocalVarTest.java

```
package sec01.ex01;

public class LocalVarTest {
  public static void main(String[] args) {
    LocalVarTest m = new LocalVarTest();                     클래스 인스턴스 생성 후 참조 변수에 대입합니다.
    m.printSumFrom1To100();                                  메서드 호출 시 지역변수가 메모리에 생성됩니다.

//  System.out.println("1에서 100까지의 합: " + sum);        다른 메서드에 선언된 지역변수에 접근 시
    System.out.println("종료");                              에러가 발생합니다.
  }

  public void printSumFrom1To100() {
    int sum = 0;                                             메서드 상단에 메서드 내에서 사용할 지역변수를 선언 후 초기화합니다.
    for (int i = 1; i <= 100; i++) {
      sum += i;
```

```
      }
      System.out.println("1에서 100까지의 합: " + sum);
   }
}
```

[실행결과]

```
1에서 100까지의 합: 5050
종료
```

return문으로 메서드 종료하기

메서드는 구현 블록의 마지막에 오면 종료 후 호출한 곳으로 복귀합니다. 그런데 메서드를 강제로
종료해야 할 경우가 있습니다. return문을 사용하면 메서드를 강제로 종료시킬 수 있습니다. 다음
은 1부터 홀수를 더한 합이 최초로 1000 이상이 될 때 return문을 이용해서 메서드를 종료하는 예
제입니다.

[직접 코딩해 보기] return문을 이용해서 메서드 종료하기

ch07/sec01/ex01/ReturnUseTest.java

```
package sec01.ex01;

public class ReturnUseTest {
  public static void main(String[] args) {
    ReturnUseTest m = new ReturnUseTest();
    m.printSumTo1000();

    System.out.println("종료");
  }

  public void printSumTo1000() {
    int sum = 0, i = 1;
    while (true){
      sum += i;
      if (sum >= 1000) {
        System.out.println("i = " + i + ", sum = " + sum);
        return;                                               ......  메서드를 강제로 종료합니다.
//      System.out.println("i = " + i + ", sum = " + sum);    ......  return문 다음의 구문은 실행하지 않으므로
                                                                      에러를 발생시킵니다.
      }else{
        i += 2;
      }
```

```
        }
      }
    }
```

```
i = 63, sum = 1024
종료
```

4.2 매개변수가 있는 메서드

메서드 호출과 동시에 메서드로 처리할 데이터를 전달할 경우가 있습니다. 이때 메서드의 매개변수를 이용해서 메서드로 데이터를 전달합니다. 다음은 메서드로 정수를 전달해서 출력하는 메서드입니다. 메서드로 한 개의 정수 전달 시 매개변수가 메모리에 생성되어서 전달된 값을 저장합니다.

```
public void print(int x){
        System.out.println("전달된 값: " + x);
}
```

- int x: 메서드 호출 시 전달된 값을 받는 매개변수입니다.
- 메서드 호출 시 전달되는 값은 매개변수 x와 같은 타입이어야 합니다.
- 매개변수 x는 메서드 호출 시 메모리에 생성되고, 메서드가 종료하면 메모리에서 소멸됩니다(지역변수와 동일하게 사용됩니다).

다음은 print(5);로 메서드 호출 시 메모리의 상태입니다. 매개변수도 지역변수이므로 메서드가 호출되면 메모리에 생성되고, 메서드가 종료하면 메모리에서 소멸됩니다.

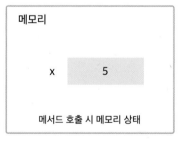
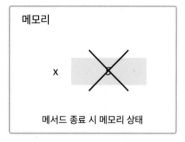

그림7-7 메서드 호출과 종료 시 메모리의 매개변수 상태

다음은 메서드 호출 시 한 개의 값을 메서드로 전달하는 예제입니다. 메서드 호출 시 전달되는 값들을 **인수(argument)**라고 합니다. 그리고 이 인수들을 받는 변수가 매개변수입니다. 매개변수는 지역변수로 동작합니다.

ch07/sec01/ex02/MethodParameterTest1.java

```
package sec01.ex02;

public class MethodParameterTest1{
  public static void main(String[] args) {
    int a = 10;
    String str = "안녕하세요";
    MethodParameterTest1 m = new MethodParameterTest1();

    m.print(5);
    m.print(a);                       메서드 호출 시 정수를 전달하면 매개변수가
    m.print(a + 15);                  메모리에 생성되면서 전달된 값을 저장합니다.

//  m.print(3.15);                    메서드로 전달되는 값은 매개변수 타입과 일치해야 합니다.

    m.printResult("Hello!");          메서드 호출 시 문자열을 전달하면 매개변수가
    m.printResult(str);               메모리에 생성되면서 전달된 값을 저장합니다.

    System.out.println("종료");

  }

  public void print(int x) {
    System.out.println("전달된 값: " + x);
  }

  public void printResult(String result) {
    System.out.println(result);
  }
}
```

[실행결과]

```
전달된 값: 5
전달된 값: 10
전달된 값: 25
Hello
안녕하세요

종료
```

메서드는 여러 개의 매개변수를 가질 수 있습니다. 다음은 매개변수가 두 개인 add() 메서드를 호출하는 방법입니다. 각각의 매개변수에 맞는 long 타입 인수를 전달해서 메서드를 호출합니다.

```
public static void main(String[ ] args){

  ...

  add(10L, 20L);

  ...

}
```

```
public void add(long x, long y){
  long result = x + y;
  System.out.println("두 수의 합: " + result);
}
```

💡 **알아두면 좋아요**

add(10, 20)과 같이 add 메서드의 매개변수로 int 타입 정수처럼 작은 타입을 전달하면 long 타입 정수 10L과 20L로 자동 타입 변환됩니다.

다음은 두 수를 메서드로 전달해서 합을 출력하는 예제입니다. 메서드 호출 시 매개변수로 전달되는 값은 매개변수와 같은 타입이어야 합니다. 그러나 다른 작은 기본 타입을 전달할 경우 더 큰 매개변수의 타입으로 자동 변환됩니다.

[직접 코딩해 보기] 매개변수가 두 개인 메서드 사용하기

ch07/sec01/ex02/MethodParameterTest2.java

```
package sec01.ex02;

public class MethodParameterTest2 {
  public static void main(String[] args) {
    int a1 = 10;
    int a2 = 20;
    double d1 = 1.5;
    double d2 = 3.6;

    MethodParameterTest2 m = new MethodParameterTest2();
    m.addInt(11, 22);
    m.addInt(a1, 22);
    m.addInt(a1, a2);
```

```java
//    m.addInt(11, 1.5); _ _ _ _ _ _ _ _ _ _ _ _ _ _ _ _ _ _ _ 매개변수보다 큰 double 타입을 전달하면
                                                              에러가 발생합니다.

    System.out.println();
    m.addDouble(1.5, 3.6);
    m.addDouble(d1, 3.6);
    m.addDouble(d1, d2);
    m.addDouble(10, 20); _ _ _ _ _ _ _ _ _ _ _ _ _ _ _ _ _ _ _ 매개변수보다 작은 int 타입을 전달하면
                                                              double 타입으로 자동 변환됩니다.

    System.out.println("종료");

  }


  public void addInt(int x, int y) {
    int result = x + y;
    System.out.println("두 정수의 합: " +  result);
  }


  public void addDouble(double x, double y) {
    double result = x + y;
    System.out.println("두 실수의 합: " +  result);
  }


}
```

[실행결과]

```
두 정수의 합: 33
두 정수의 합: 32
두 정수의 합: 30

두 실수의 합: 5.1
두 실수의 합: 5.1
두 실수의 합: 5.1
두 실수의 합: 30.0
종료
```

다음 예제는 매개변수로 배열을 사용하는 예제입니다. 배열을 사용하면 같은 타입의 데이터들을
한꺼번에 메서드로 전달할 수 있습니다.

[직접 코딩해 보기] 매개변수가 배열인 메서드 사용하기

ch07/sec01/ex02/ArrayParameterTest.java

```java
package sec01.ex02;

public class ArrayParameterTest {
  public static void main(String[] args) {
    int[] num = {10, 20, 30, 40, 50};
    String[] name = {"이순신", "홍길동", "임꺽정"};

    ArrayParameterTest m = new ArrayParameterTest();
    m.printArray(num);                              int 타입 배열을 인자로 전달합니다.
    System.out.println();
    m.printString(name);                            문자열 배열을 인자로 전달합니다.

    System.out.println("\n종료");
  }

  public void printArray(int[] arr) {             int 타입 배열을 매개변수로 선언합니다.
    System.out.println("printArray() 메서드 호출");
      for(int i = 0; i < arr.length; i++) {
        System.out.print(arr[i] + " ");
      }
  }

public void printString(String[] arr) {          문자열 타입 매개변수로 선언합니다.
  System.out.println("printString() 메서드 호출");
    for(int i = 0; i < arr.length; i++) {
      System.out.print(arr[i] + " ");
    }
  }
}
```

[실행결과]

```
printArray() 메서드 호출
10 20 30 40 50
printString() 메서드 호출
이순신 홍길동 임꺽정
종료
```

?? 퀴즈

다음과 같이 메서드 호출 시 배열 요소들의 총합과 평균이 출력되도록 코딩해 보세요.

```
public class ArrayParameterTest2 {
  public static void main(String[] args) {
    int[] score= {66, 78, 90, 89, 91, 57};
    ArrayParameterTest m = new ArrayParameterTest();
    m.printArray(score);
  }

  public void printArray(int[] arr){
    // 이곳에 작성해 주세요.
  }
}
```

출력 결과

총점: 471
평균: 78.5

4.3 리턴 타입이 있는 메서드

프로그래밍 시 메서드의 결과값을 이용해서 추가적인 작업을 수행하고 싶을 때 리턴 타입이 있는 메서드를 사용합니다. 호출한 곳으로 값을 리턴하려면 return 다음에 리턴할 값을 명시해 줍니다. 이 값은 반드시 메서드의 리턴 타입과 동일해야 합니다.

```
int addInt(int x, int y){
   int result = x + y;
   return result;
//return 3.56;                    ─── 반환값이 타입과 일치하지 않거나 값을 명시하지 않으면 에러가 발생합니다.
}
```
─── 타입이 일치해야 합니다.

다음은 리턴 타입이 있는 메서드 사용 예제입니다. 리턴 타입이 있는 메서드는 반드시 return문 다음에 리턴 타입과 일치하는 값을 명시적으로 리턴해야 합니다.

[직접 코딩해 보기] 리턴 타입이 있는 메서드 사용하기

ch07/sec01/ex03/ReturnTypeTest.java
_____

```
package sec01.ex03;
```

```java
public class ReturnTypeTest {
  public static void main(String[] args) {
    int a1 = 10;
    int a2 = 20;
    double d1 = 1.5;
    double d2 = 3.6;

    ReturnTypeTest m = new ReturnTypeTest();
    int result1 = m.addInt(10, 20);_____ 메서드가 리턴한 값을 변수 result1이 받습니다.
    System.out.println("result1: " + result1);

    result1 = m.addInt(a1, a2);
    System.out.println("result1: " + result1);

    System.out.println(m.addInt(a1, 30));_____ 메서드가 리턴한 값을 바로 출력합니다.
    System.out.println();

    double result2 = m.multiply(1.5, 3.5);
    System.out.println("result2: " + result2);

    result2 = m.multiply(d1, 3.6);
    System.out.println("result2: " + result2);

    result2 = m.multiply(d1, d2);
    System.out.println("result2: " + result2);

    System.out.println("종료");

  }

  public int addInt(int x, int y) {
    int result = x + y;
    return result;_____ 리턴 타입과 일치합니다.
//    return;_____ 리턴 타입이 있으면 반드시 return문 다음에 리턴값을 명시해 주어야 합니다.
//    return 3.56;_____ 반드시 리턴 타입과 일치하는 값을 리턴해야 합니다.
  }

  public double multiply(double x, double y) {
    double result = x * y;
    return result;_____ 리턴 타입과 일치합니다.
//    return 56;_____ double 타입으로 자동 변환되어서 리턴됩니다.
  }

}
```

```
result1: 30
result1: 30
40

result2: 5.25
result2: 5.4
result2: 5.4
종료
```

메서드에서 다른 메서드 호출하기

메서드에서 다른 메서드를 호출할 수도 있습니다. main() 메서드를 제외한 메서드에서 다른 메서드를 호출할 땐 메서드 이름으로 호출합니다. 다음은 main() 메서드에서 호출한 메서드에서 다시 다른 메서드를 호출하는 그림입니다. **같은 클래스의 다른 메서드를 호출 시 참조 변수 없이 바로 메서드 이름으로 호출합니다.**

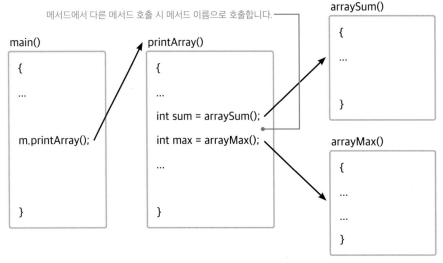

그림7-8 메서드에서 다른 메서드 호출하기

다음은 메서드에서 다른 메서드를 호출해서 배열의 합과 최대값을 각각 구하는 예제입니다. 각각의 기능을 메서드로 만들어 놓으면 원할 때 각각의 기능을 호출해서 사용할 수 있습니다.

[직접 코딩해 보기] 메서드에서 다른 메서드 호출하기

ch07/sec01/ex03/MethodCallTest.java

```
package sec01.ex03;
```

```java
public class MethodCallTest {
  public static void main(String[] args) {
    int[] score1 = {30, 40, 50, 60, 60};
    int[] score2 = {33, 44, 55, 66, 77};
    int sum = 0,  max = 0;
    MethodCallTest m = new MethodCallTest();
    sum = m.arraySum(score1); ┄┄┄┄┐
                              ├┄┄┄┄┄ 각각의 메서드를 호출해서 배열의 합과 최대값을 구합니다.
    max = m.arrayMax(score1); ┄┄┄┄┘

    System.out.println("배열 총합: " + sum +" , 배열 최대값: " + max);
    System.out.println("--------------------------------");
    m.printArray(score2); ┄┄┄┄┄┄┄┄┄┄┄┄┄┄ 호출한 메서드에서 다시 메서드를 호출합니다.

    System.out.println("종료");
  }

  public void printArray(int[] arr) {
    int sum = arraySum(arr); ┄┄┄┄┐
                             ├┄┄┄┄┄ 메서드에서 메서드 이름으로 다른 메서드를 호출합니다.
    int max = arrayMax(arr); ┄┄┄┄┘
    System.out.println("배열 총합: " + sum +" , 배열 최대값: " + max);
  }

  public int arraySum(int[] arr) {
    int sum = 0;
    for(int i=0; i< arr.length;i++) {
          sum += arr[i];
    }

    return sum;
  }

  public int arrayMax(int[] arr) {
    int max = 0;
    for(int i=0; i< arr.length; i++) {
      if(max < arr[i]) {
        max = arr[i];
      }
    }

    return max;
  }
}
```

```
배열 총합: 250, 배열 최대값: 70
------------------------------
배열 총합: 275, 배열 최대값: 77
종료
```

 알아두면 좋아요

일반적으로 자바 프로그래밍 시 한 개의 메서드로 한 개의 기능을 구현합니다. 이렇게 구현한 메서드를 부품처럼 조합해서 원하는 전체 기능(클래스)을 구현합니다. 예를 들어 자바에서는 Arrays 클래스(6장에서 학습)에 배열에 관련된 여러 가지 메서드를 추가해서 배열의 기능을 제공하고 있습니다. 이렇게 함으로써 가독성과 유지보수성을 높일 수 있습니다.

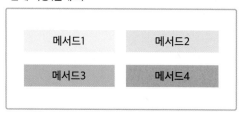

그림7-9 자바 클래스의 기능을 제공하는 메서드들

→ 요점 정리 ←

- 메서드 내에서 선언한 지역변수는 메서드 구현 블록 내에서만 사용 가능합니다.
- 메서드의 매개변수는 메서드 호출 시에 메모리에 생성되고, 메서드가 종료하면 메모리에서 소멸됩니다.
- 리턴 타입이 있는 메서드는 return문 다음에 반드시 리턴 타입과 일치하는 값을 명시해 주어야 합니다.

5 메서드 실습

이번에는 앞 절에서 배운 메서드 사용법으로 각각의 예제에 필요한 메서드를 직접 구현해 보겠습니다.

5.1 메서드 구현 형식

다음은 일반적인 메서드의 구현 형식입니다. 메서드 구현부는 크게 지역변수 선언부, 기능 구현부, 결과값 출력(또는 리턴)부로 나눌 수 있습니다. 이 중에서 가장 중요한 부분은 메서드의 실제 기능을 수행하는 기능 구현부입니다.

```
public class MethodEx1{
  public static void main(String[] args) {
    int[] score1 = {30, 40, 50, 60, 60};
    int max = 0;
    MethodEx1 m = new MethodEx1();
    max = m.arrayMax(score1);
    System.out.println("배열 최대값 : " + max);
  }


  public int arrayMax(int[] arr) {
     //1. 지역변수 선언 ●──────────────── 메서드 구현 시 필요한 지역변수들을 선언합니다.

     int max = 0;


     //2. 기능 구현 ●──────────────── 메서드의 기능을 코드로 구현합니다.
     for(int i=0; i< arr.length;i++) {
       if(max < arr[i]) {
         max = arr[i];
       }
     }


     //3. 결과값 출력 또는 리턴 ●──────────── 결과값을 출력하거나 호출한 곳으로 리턴합니다.

     return max;
   }
}
```

5.2 직육면체 부피 구하기

[문제] 다음과 같이 여러 직육면체의 가로, 세로, 높이를 입력받아 부피를 리턴하는 메서드를 구현해 보세요.

직육면체	가로	세로	높이
직육면체1	10	15	30
직육면체2	12	5	51
직육면체3	45	10	5

[분석]

먼저 직육면체의 부피를 계산하는 메서드이므로 메서드의 이름은 'calcVolume'이라고 지으면 될 것입니다. 직육면체 부피를 구하기 위해서는 메서드로 직육면체의 가로, 세로, 높이를 전달해야 하므로, 메서드는 int 타입 매개변수 3개가 필요합니다. 그리고 문제에서 부피를 리턴해야 하므로 리턴 타입을 가지고 있습니다. 다음은 직육면체 부피를 구하는 메서드의 형식입니다.

```
public int calcVolume(int width, int length, int height);
```

<구현>

[직접 코딩해 보기] 직육면체 부피 구하는 메서드 구현하기

ch07/sec02/ex01/MethodTest1.java

```
package sec02.ex01;

public class MethodTest1 {
  public static void main(String[] args) {
    int width1 = 10, length1 = 15, height1 = 30;
    int volume = 0;
    MethodTest1 m = new MethodTest1();
    volume = m.calcVolume(width1, length1, height1);
    System.out.println("첫 번째 직육면체 부피: " + volume);

    width1 = 12;
    length1 = 5;
    height1 = 51;
    volume = m.calcVolume(width1, length1, height1);
    System.out.println("두 번째 직육면체 부피: " + volume);
    System.out.println("세 번째 직육면체 부피: " + m.calcVolume(45, 10, 5));
  }
```

```java
    public int calcVolume(int width, int length, int height) {
        //지역변수 선언
        int vol = 0;

        //기능 구현
        vol = width * length * height;

        //결과값 출력 또는 리턴
        return vol;
    }
}
```

가로, 세로, 높이를 전달받아서 직육면체의 부피를 리턴합니다.

[실행결과]

```
첫 번째 직육면체 부피: 4500
두 번째 직육면체 부피: 3060
첫 번째 직육면체 부피: 2250
```

5.3 두 정수 사이의 정수들의 합 구하기

[문제] 두 개의 정수를 입력받은 후, 두 정수 사이의 정수들의 합을 출력하는 메서드를 구현해 보세요.

[분석]

두 정수 사이의 정수들의 합을 구하는 기능이므로 메서드 이름은 'sum'이라고 하겠습니다. 두 개의 정수를 전달받아야 하므로, 2개의 int 타입 매개변수가 필요합니다. 다음은 메서드의 형식입니다.

```java
public void sum(int start, int end);
```

<구현>

[직접 코딩해 보기] 두 수 사이의 정수들의 합 구하기

ch07/sec02/ex01/MethodTest2.java

```java
package sec02.ex01;

import java.util.Scanner;

public class MethodTest2 {
    public static void main(String[] args) {
        Scanner sc = new Scanner(System.in);
        System.out.println("두 정수를 입력하세요.");
```

```java
        System.out.print("시작 정수: ");
        String temp = sc.nextLine();
        int start = Integer.parseInt(temp);

        System.out.print("마지막 정수: ");
        temp = sc.nextLine();
        int end = Integer.parseInt(temp);

        MethodTest2 m = new MethodTest2();
        m.sum(start, end);

        System.out.println("종료");

    }

    public void sum(int start, int end) {
        //지역변수 선언
        int total = 0;

        //기능 구현
        for(int i = start; i <= end; i++) {
        total += i;
    }

        //결과 출력 또는 리턴
        System.out.println("--------------결과 출력----------------");
        System.out.println(start+" 와 " + end +" 사이의 정수들의 합: " + total);
    }
}
```

[실행결과]

```
두 정수를 입력하세요.
시작 정수: 1
마지막 정수: 100
--------------결과 출력----------------
1과 100 사이의 정수들의 합: 5050
```

? 퀴즈

아래 그림과 같이 시작 정수와 마지막 정수의 입력 순서에 관계없이 두 정수 사이의 정수들의 합을 출력해 보세요.

```
두 정수를 입력하세요.
시작 정수: 100
마지막 정수: 1
--------------결과 출력----------------
1과 100 사이의 정수들의 합: 5050
종료
```

5.4 정수의 각 자릿수 합 구하기

[문제] 임의의 정수를 키보드로 입력받아서 각 자리의 합을 리턴하는 메서드를 구현해 주세요.

[분석]

정수의 자리 합을 구하는 메서드이므로 이름을 'digitSum'이라고 하겠습니다. 입력한 정수를 메서드로 전달해야 하므로 int 타입 매개변수가 한 개 필요합니다. 자리의 합은 정수이므로 리턴 타입은 int 타입이어야 합니다. 다음은 메서드의 형식입니다.

```
public int digitSum(int val);
```

<구현>

[직접 코딩해 보기] 임의의 정수의 자릿수의 합 구하는 메서드
ch07/sec02/ex01/MethodTest3.java

```java
package sec02.ex01

import java.util.Scanner;

public class MethodTest3 {
  public static void main(String[] args) {
    Scanner sc = new Scanner(System.in);
    System.out.print("양의 정수를 입력해 주세요: ");
    String temp = sc.nextLine();
    int num = Integer.parseInt(temp);

    MethodTest3 m = new MethodTest3();
    int result = m.digitSum(num);
    System.out.println(num + "의 자릿수의 합: " + result);

    sc.close();
    System.out.println("종료");
  }
```

```java
public int digitSum(int val) {
  //지역변수 선언
  int total = 0;

  //기능 구현
  while (true) {
    total += val % 10;
    val /= 10;
    if (val == 0)
      break;
  }

  //결과값 출력 또는 리턴
  return total;
  }
}
```

[실행결과]

```
양의 정수를 입력해 주세요: 12345
12345의 자릿수의 합: 15
종료
```

5.5 양의 정수 소수 판별하기

[문제] 임의의 양의 정수를 입력받아서 소수 여부를 판별하는 메서드를 구현해 보세요.

[분석]

소수인지 판별하는 메서드이므로 메서드 이름은 'findPrime'이라고 정하면 될 것 같습니다. 입력받은 소수를 메서드로 전달해야 하므로 한 개의 int 타입 매개변수가 필요합니다. 메서드에서 바로 소수인지 판별하므로 리턴 타입은 필요하지 않습니다. 다음은 메서드 형식입니다.

```java
public void findPrime(int val)
```

<구현>

[직접 코딩해 보기] 양의 정수의 소수 판별하기

ch07/sec02/ex01/MethodTest4.java

```java
package sec02.ex01;
```

```java
import java.util.Scanner;

public class MethodTest4 {
  public static void main(String[] args) {
    Scanner sc = new Scanner(System.in);
    System.out.print("양의 정수를 입력해 주세요: ");
    String temp = sc.nextLine();
    int num = Integer.parseInt(temp);

    MethodTest4 m = new MethodTest4();
    m.findPrime(num);

    sc.close();
    System.out.println("종료");
  }

  public void findPrime(int val) {
    //지역변수 선언
    int count = 0; ----------------------------- 약수의 개수를 저장하는 변수를 선언합니다.

    //기능 구현
    for(int i = 1; i <= val; i++) {
      if(val % i == 0) {
        count++;
      }
    }

    //결과값 출력 또는 리턴
    if(count == 2) {
      System.out.println(val + "은 소수입니다.");
    } else {
      System.out.println(val + "은 합성수입니다.");
    }
  }
}
```

[실행결과]

```
양의 정수를 입력해 주세요: 3
3은 소수입니다.
종료
```

→ 요점 정리 ←

- 메서드의 구현부는 크게 지역변수 선언부, 기능 구현부, 결과 출력(리턴)부로 구성됩니다.
- 메서드에서 가장 중요한 부분은 기능 구현부입니다.
- 메서드에서 처리할 데이터는 호출 시 매개변수를 통해서 전달되고, 메서드의 결과값은 return문을 통해서 호출한 곳으로 반환합니다.

연습 문제

1 _ 다음 중 메서드의 설명으로 맞는 것은 O표, 틀린 것은 X를 하세요.

① 메서드는 기능을 미리 만들어 놓고 메서드 이름으로 호출해서 사용합니다. (   )

② 메서드를 사용하면 기능을 재사용할 수 있습니다. (   )

③ 메서드의 이름은 생략할 수 있습니다. (   )

④ 호출된 메서드는 다른 메서드를 호출할 수 없습니다. (   )

2 _ 다음 메서드에서 잘못된 부분을 고르세요.

```
          ①
public void calcSum(int val) {
  int total = 0;②
  for (int i = 0; i <= val; i++) {
    total += i;③
  }

  return total;④
}
```

연습 문제

3 _ 다음 중 에러가 발생하는 부분을 찾아보세요.

```java
public class LocalVarTest {
  public static void main(String[] args) {
    LocalVarTest m2 = new LocalVarTest();
    m2.printSumFrom1To100();


    System.out.println("sum : " + sum);
  }


  public void printSumFrom1To100() {
    int sum = 0;


    for(int i=1; i<= 100;i++) {
      sum+= i;
    }


    System.out.println("1에서 100까지의 합: " + sum);


  }
}
```

4 _ 다음과 같이 시험 점수 배열을 전달받아서 평균을 구하는 메서드를 완성해 보세요.

```
score1 = {45, 67, 78, 89, 91}
score1 = {62, 65, 76, 77, 88};

public double average(int[] arr){
  double average = 0d;
  //이곳에 작성해 주세요.


  return average;
}
```

5 _ 다음의 임의의 양의 정수를 입력받아서 1과 입력한 양의 정수 사이에 자릿수가 같은 정수들을 출력하는 메서드를 완성해 보세요.

```
public void printSameDigit(int num) {
  //이곳에 작성해 주세요.
}
```

6 _ 두 개의 양의 정수를 입력받아서 두 정수의 최대 공약수를 출력하는 메서드를 구현해 보세요.

7 _ 소수의 개수는 무한히 많습니다. 키보드로 입력한 순서의 소수를 출력하는 메서드를 구현해 보세요
(키보드로 50을 입력하면 50번째 소수를 출력해야 합니다).

08장

클래스

> 시작 전 가볍게 읽기 <

자바는 객체 지향 언어입니다. 컴퓨터가 처음 나왔을 때에는
컴퓨터의 처리방식을 모방해서 프로그래밍하는 방식이 주를 이루었습니다.
그러나 프로그램의 규모가 커지면서 이런 방식으로 프로그래밍 시 여러 가지 단점들이
발생했습니다. 따라서 지금의 모든 프로그래밍 언어는 객체 지향 개념을 도입해서
효율적으로 프로그래밍합니다. 이번에는 객체 지향 개념에 관해서 알아보겠습니다.

1 절차 지향 프로그래밍과 객체 지향 프로그래밍

먼저 절차 지향 프로그래밍에 관해서 알아보겠습니다.

1.1 절차 지향 프로그래밍이란?

우리는 7장에서 메서드를 사용해 봤습니다. 메서드의 실행 과정은 크게 세 부분으로 나눌 수 있습니다. 첫 번째로 메서드로 처리할 데이터를 전달합니다. 두 번째는 전달받은 데이터를 처리하는 과정입니다. 세 번째는 처리한 결과를 출력합니다. 이런 방식은 컴퓨터가 데이터를 처리하는 방식입니다. **절차 지향 프로그래밍**이란 컴퓨터가 데이터를 처리하는 방식으로 프로그래밍하는 방식을 말합니다.

데이터 입력   데이터 처리   결과 출력

그림8-1 절차 지향 프로그래밍 과정

다음은 절차 지향 프로그래밍의 특징을 나타내고 있습니다.

- 일을 처리하는 순서와 과정이 중요합니다.
- 순서, 과정이 달라지면 새로운 작업 모델이 필요합니다.
- 컴퓨터의 작업 방식을 프로그래밍에 적용한 것입니다.
- 기존 코드의 재사용성이 매우 낮습니다.

절차 지향 프로그래밍에 해당하는 실생활의 예로 조각가가 조각상을 만드는 과정이 있습니다. 조각상을 만드는 과정을 보면, 조각가가 주문자로부터 조각상을 만들어 달라는 의뢰를 받으면 조각가는 조각을 할 원석을 구합니다. 그리고 머리부터 차례로 다듬어서 완성해 나갑니다. 이러한 방식으로 작업을 하여 90% 정도 완성했을 때, 갑자기 주문자로부터 조각상을 배치할 공간에 문제가 생겨서 조각상의 창을 든 손을 왼손에서 오른손으로 옮겨달라고 한다면 당연히 조각가는 안 된다고 할 것입니다. 그러나 주문자가 계속 고집을 피우면 결국 조각가는 다시 원석을 구해 처음부터 다시 작업해야 합니다. 즉, 조각상은 작업 도중 어느 한 부분에 수정이나 문제가 생기면 다른 정상적인 부분도 처음부터 다시 만들어야 합니다.

그림8-2 절차 지향 프로그래밍 과정과 동일하게 만들어지는 조각상

절차 지향 프로그래밍 방식도 이와 비슷합니다. 어떤 기능을 잘 사용하고 있는데, 수정 사항이나 새로운 기능을 추가할 일이 발생하면 관계없는 다른 정상적인 부분도 수정해야 하거나 다시 개발해야 합니다. 따라서 절차 지향 프로그래밍의 단점은 **재사용성**이 매우 낮다는 것입니다. 여기서 입문자들은 **"프로그래밍을 하다가 필요하면 기존의 기능을 재사용하지 않고 일일이 개발하면 되지 않을까?"**라는 의문이 생깁니다. 이전의 프로그램들은 규모가 그다지 크지 않으므로 그때 그때 새로 개발해서 사용하면 되었습니다. 그러나 현재 개발되는 대부분의 프로그램은 기능이 매우 커서 변경이 있을 때마다 일일이 새로 개발하기에는 **비용, 개발 기간, 안정성** 등에 한계가 있습니다. 따라서 지금의 프로그래밍 언어는 기존 코드의 재사용성을 매우 중요하게 생각하게 되었습니다.

1.2 객체 지향 프로그래밍이란?

이번에는 객체 지향 프로그래밍에 관해서 알아보겠습니다. 객체 지향 프로그래밍 기법을 사용하면 절차 중심으로 프로그래밍을 하지 않고 객체 중심으로 프로그래밍을 합니다. 여기서 **객체(Object)**란 우리 주위를 둘러싼 모든 대상, 사물을 의미합니다. 학생, 자동차, 버스, 학교... 모든 것이 객체가 될 수 있습니다. 우리는 우리를 둘러싼 객체들과 항상 상호작용하면서 살아가고 있습니다. 이런 객체들 간의 상호작용을 이용해서 프로그래밍하는 것이 **객체 지향 프로그래밍**입니다.

다음은 객체 지향 프로그래밍의 특징입니다.

- 사람이 생각하고 행동하는 방식으로 프로그래밍을 합니다.
- 순서, 과정이 중요하지 않습니다.
- 이해하기 쉽고, 모듈화(조립화)가 쉽습니다.
- 기존 코드의 재사용성이 높고, 유지보수가 용이합니다.
- 설계 중심 언어입니다.

객체 지향 프로그래밍 과정과 비슷한 실생활의 예로 자동차 공장에서 자동차를 만드는 과정이 있습니다.

그림8-3 객체 지향 프로그래밍 과정과 동일하게 만들어지는 자동차

새로운 자동차 모델을 개발하기 위해서는 먼저 제품을 분석한 후 각 부품에 대한 설계도를 작성합니다. 다음 단계로 설계도대로 부품을 자신이 직접 만들거나 다른 협력 업체에 부품 제작을 의뢰합니다. 부품이 완성되어 납품되면 컨베이어 벨트가 있는 조립 공장에서 자동차 본체에 각 부품을 규격대로 조립하여 완성차를 만들어 냅니다.

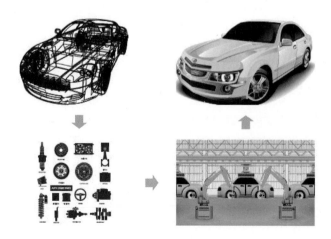

그림8-4 완성차 생산 과정

현실에서는 자동차뿐만 아니라 모든 제품들은 각 부품을 조립하여 만드는 방법으로 제품을 생산합니다. 왜냐하면 이러한 방식이 사람 입장에서 가장 이해하기 쉬우면서, 제품을 쉽게 최대한 많이 생산할 수 있고, 또 생산된 제품을 가장 효율적으로 관리할 수 있는 방법이기 때문입니다.

객체 지향 프로그래밍도 이와 비슷한 방법으로 구현합니다. 객체 지향 프로그래밍에서 자동차의 각각의 기능을 수행하는 부품에 해당하는 것이 바로 '**클래스**'입니다. 즉, 각 기능을 클래스로 나누어 개발(모듈화)한 후에 자동차 조립 공장의 컨베이어 벨트에서 조립하듯이 각각의 클래스들을 조립하여 원하는 최종 기능을 개발하는 것이 객체 지향 프로그래밍입니다.

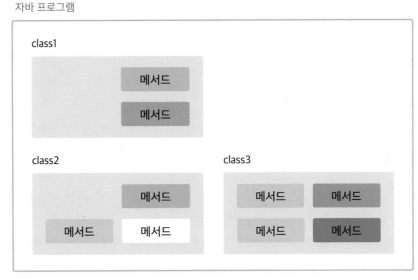

그림8-5 클래스들의 조립으로 만들어진 자바 프로그램 구조

이렇게 각각의 기능을 부품으로 나누어서 조립해서 완성하는 방식의 좋은 점이 무엇일까요? 예를 들어, 자동차를 조립 공장에서 만들어 미국에 수출하는데, 미국 바이어가 "미국에서는 ○○○ 차종이 잘 팔리니, 똑같은 차종으로 1,000대를 만들어달라"고 주문을 받았습니다. 그런데 생산하고 있는 도중에 "미국에서는 루프톱이 있는 자동차를 선호하므로 자동차에 루프톱을 설치해 달라"는 요구를 했다고 가정해보겠습니다. 이런 식으로 중간에 변경 사항이 발생하면 차체도 부품의 일종이기 때문에 차체 납품 업체에 연락하여 루프톱을 장착한 차체를 납품해달라고 요청합니다. 그런 다음, 기존의 부품과 이 루프톱 차체를 조립하여 완성차를 만들어냅니다. 즉, 자동차는 앞의 조각상과 달리 수정되는 부분만 다시 작업을 하고 다른 부분은 재사용하면 됩니다.

객체 지향 프로그래밍에서도 어떤 프로그램을 개발하여 사용하다가 갑자기 특정 부분의 기능을 수정하거나 변경해달라고 하면, 이전에 각 기능이 클래스로 분리(모듈화)되어 조립되었기 때문에 변경하려고 하는 부분의 클래스만 수정하거나 개발하면 됩니다. 즉, 절차 지향 프로그래밍보다 재사용성이 훨씬 높아집니다. **재사용성**은 현재 프로그래밍의 주요 이슈입니다. 새로운 프로그램을 개발할 때 기존에 사용하던 기능이 같다면 이를 그대로 사용하는 것이 효율적입니다. 뿐만 아니라 새로 개발하면 안정성도 테스트해야 하는데, 기존에 사용된 프로그램은 안정성이 검증되었기 때문에 테스트하는 시간도 훨씬 절약됩니다. 따라서 새로운 기능만 개발한 후에 조립하여 사용하면 짧은 시간 내 새 프로그램을 완성할 수 있습니다.

2 객체 지향 프로그래밍 과정

그럼 전체적으로 객체 지향 프로그래밍이 어떤 과정으로 이루어지는지 알아보겠습니다.

2.1 주체와 객체

객체(Object)는 우리들(주체, Subject) 주위에 있는 사물, 사람 등 모든 대상을 의미합니다. 객체 지향 프로그래밍이란 이런 모든 객체들의 일상적인 상호작용을 그대로 프로그래밍으로 옮겨 놓은 것입니다.

객체 지향 프로그래밍
- 현실 세계에서 사람(주체)이 대상과 상호작용하는 과정을 프로그래밍한 것

주체와 객체
- 주체(Subject): 일반 사용자, 사람
- 객체(Object): 주체가 바라본 대상(사람, 사물, 개념 등)

2.2 객체 찾기

그럼 차를 빌려주는 렌터카 회사에서 사용할 렌터카 조회/예약 관리 프로그램(이하 렌터카 프로그램)을 개발하는 과정을 통해서 전체적인 객체 지향 프로그래밍 과정을 알아보겠습니다. 다음은 렌터카 회사에서 일어나는 여러가지 행위(업무)입니다.

렌터카 회사는 렌터카를 회사 주차장에 주차해 놓고 그 차들을 직원이 관리합니다. 그리고 렌터카를 사용하려는 고객이 회사를 방문하여 원하는 차를 직원에게 요구하면 직원은 그 렌터카로 고객을 안내하여 함께 살펴본 후, 고객이 마음에 들면 예약을 하고 예약한 날에 렌터카 이용료를 받고서 해당 렌터카를 대여해 줍니다. 그러면 고객은 그 렌터카를 예약 기간 동안 사용한 후, 반납 예정일에 렌터카 회사에 반납합니다.

먼저 객체 지향 프로그래밍으로 개발하기 전에 자신 또는 사용자(주체)의 입장에서 렌터카 회사의 여러 가지 업무 과정을 분석합니다. 다음은 주체가 렌터카 회사를 분석한 후 추출한 객체를 나타낸 그림입니다.

그림8-6 주체가 분석 후 추출한 객체들

일반인(주체)의 입장에서는 이 과정을 통해 렌터카 회사에 관련된 사물, 사람, 작업, 즉 객체를 파악할 수 있습니다. 일반인이 파악할 수 있는 대표적인 객체들은 **직원, 고객, 렌터카**입니다. 실제로는 더 많은 것을 파악할 수 있습니다.

2.2 객체를 클래스로 변환하기

다음 단계에서는 추출한 객체들을 개발자 관점에서 클래스로 변환합니다. 다음은 개발자가 추출한 객체들을 클래스로 변환한 그림입니다.

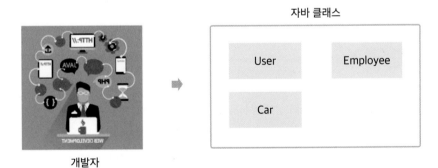

그림8-7 추출한 객체를 클래스로 변환

렌터카를 이용해서 일반적인 객체 지향 프로그래밍 과정에 관해서 알아보았습니다. 객체 지향 프로그래밍은 렌터카 프로그램처럼 개발자도 처음에는 일반인, 즉 주체의 입장에서 렌터카 회사를 분석합니다. 따라서 개발자도 일반인(주체) 입장에서 관련된 객체들을 쉽게 파악할 수 있습니다. 그 다음, 개발자가 각 객체를 클래스로 변환하면 원하는 기능을 쉽게 구현할 수 있습니다. 객체 지향 프로그래밍을 통해 개발자도 일반인(주체)처럼 직관적으로 쉽게 프로그래밍할 수 있게 됩니다. **결론적으로 객체 지향 프로그래밍은 현실의 객체를 코드화(클래스화)시켜서 컴퓨터 시스템에서 실행되는 가상현실을 만드는 과정입니다.** 여러 가지 객체 지향 개념들이 나오지만 조금만 익숙해지면 더욱 쉽게 프로그래밍을 할 수 있습니다.

그림8-8 객체 지향 프로그래밍으로 구현된 가상현실

→ 요점 정리 ←

- 절차 지향 프로그래밍은 컴퓨터의 실행 방식을 모방해서 프로그래밍합니다.
- 객체 지향 프로그래밍은 인간의 사고와 행동 방식대로 프로그래밍합니다.
- 객체 지향 프로그래밍은 기존 코드의 재사용성과 유지보수성을 좋게 합니다.
- 객체 지향 프로그래밍은 현실의 객체들을 클래스로 변환 후, 컴퓨터 메모리에 구현해서 이용합니다.

3 객체 지향 프로그래밍으로 렌터카 프로그램 만들기

이번에는 렌터카 프로그램을 만드는 과정을 통해서 객체 지향 프로그래밍의 세부 과정을 알아보겠습니다.

3.1 자바 객체 지향 프로그래밍 단계

다음 그림은 객체 지향 프로그래밍 과정을 나타내고 있습니다. 일반적으로 아이디어 도입은 자신이 직접 프로그램으로 구현할 대상을 정하거나 다른 사람으로부터 의뢰를 받습니다. 구현할 대상이 정해지면 주체의 관점에서 구현할 대상을 분석합니다. 렌터카 프로그램은 이미 이 두 단계를 앞 절에서 진행했습니다.

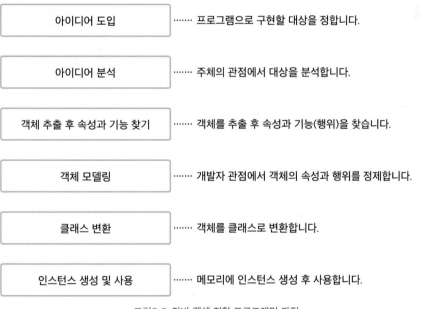

아이디어 도입	······ 프로그램으로 구현할 대상을 정합니다.
아이디어 분석	······ 주체의 관점에서 대상을 분석합니다.
객체 추출 후 속성과 기능 찾기	······ 객체를 추출 후 속성과 기능(행위)을 찾습니다.
객체 모델링	······ 개발자 관점에서 객체의 속성과 행위를 정제합니다.
클래스 변환	······ 객체를 클래스로 변환합니다.
인스턴스 생성 및 사용	······ 메모리에 인스턴스 생성 후 사용합니다.

그림8-9 자바 객체 지향 프로그래밍 과정

3.2 객체 추출 후 속성과 기능 찾기

객체 지향 프로그래밍의 첫 번째 단계는 객체의 추출입니다. 객체는 주체의 입장에서 파악되는 모든 것을 의미합니다. 이런 객체들은 각각 속성과 기능을 가집니다.

> **객체의 속성과 기능(행위)**
> - 속성
>   - 객체가 가지고 있는 특징이나 상태
> - 기능(행위)
>   - 객체가 수행하는 동작, 행위, 업무

다음은 앞에서 분석한 렌터카 회사에 관련된 객체들의 속성과 기능을 나타냅니다. 이 객체들의 속성과 기능은 일반인, 즉 주체 입장에서의 각 객체들의 속성과 기능입니다.

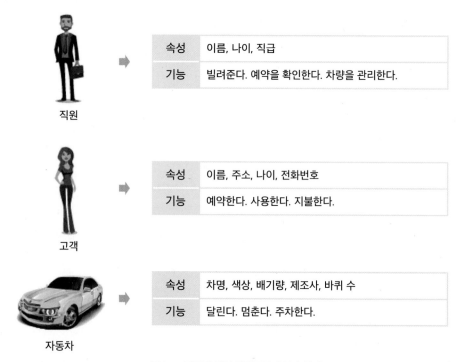

그림8-10 렌터카 회사 객체들의 속성과 동작

3.3 객체 모델링

첫 번째 단계에선 주체의 관점에서 객체의 속성과 기능을 찾았습니다. 그러나 주체 관점에서 추출한 객체의 속성과 기능이 모두 실제 프로그래밍에서 사용되는 것이 아니므로 객체 모델링 단계에선 실제 프로그래밍에 필요한 속성과 기능만을 추려냅니다. 즉, 프로그래밍에 필요하지 않는 속성이나 기능은 배제하고 실제 객체 추출에서는 파악되지 않았지만 프로그래밍 시에는 필요한 속성과 기능은 추가해 줍니다. 다음은 객체 모델링의 정의를 나타낸 것입니다.

객체 모델링 정의
- 프로그래밍 시 실제로 필요한 속성과 기능을 정제하는 과정

다음 그림은 추출한 객체들의 속성과 기능을 정제하는 과정입니다. 직원과 고객 객체의 '나이' 속성은 프로그래밍 시 필요가 없으므로 제외합니다. 자동차의 '바퀴 수' 속성도 제외합니다. 그리고 고객은 프로그램 사용 시 아이디와 비밀번호로 접속을 해야 하므로 고객 객체의 속성에 '아이디'와 '비밀번호'를 속성에 추가해 줍니다.

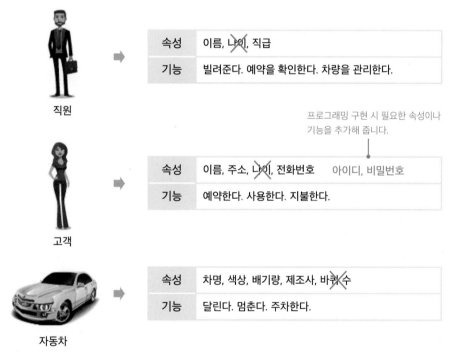

그림8-11 각 객체에 대한 객체 모델링 과정

3.4 클래스 변환

객체 모델링을 한 후, 각각의 객체들을 자바 클래스로 변환합니다.

클래스 정의
- 객체 모델링을 통해 추출된 객체의 속성과 기능을 필드와 메서드로 변환한 것

객체를 클래스로 변환하기 전에, 자바에서의 클래스 표기법을 알아보겠습니다. 다음 그림에서는 자바에서 UML의 클래스를 표기법을 사용해서 클래스를 표기합니다.

[접근 제한자] 클래스명
[접근 제한자] 필드
[접근 제한자] 메서드

그림8-12 UML의 클래스 표기법

- 클래스명, 필드, 메서드 앞에 접근 제한자를 붙여줍니다(생략도 가능합니다).
- 접근 제한자의 종류와 표기법

  +: public

  #: protected

  -: private

[참고]

자바와 같은 객체 지향 언어는 먼저 분석, 설계 후 개발을 진행합니다. 이 때 분석, 설계한 결과들을 문서화할 때 UML (Unified Modeling language)을 이용해서 클래스로 표기합니다. UML에 관련된 자세한 기능은 관련 서적이나 검색을 참고하세요.

다음은 객체의 속성과 기능이 클래스의 각각의 구성 요소들로 변환되는 과정입니다. 객체명은 클래스명으로 변환되고, 속성은 필드(멤버 변수), 기능은 메서드로 변환됩니다.

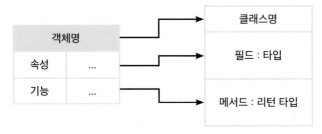

그림8-13 객체를 클래스로 변환하기

일반적으로 클래스명은 그 클래스의 의미를 가장 잘 나타낼 수 있는 단어로 명명합니다. 클래스명 작성 규칙은 다음과 같습니다.

- 클래스명의 첫 글자는 반드시 대문자이어야 합니다(Student, Car).
- 하나 이상의 단어로 이루어져야 합니다(Student, UniStudent).
- 첫 글자는 숫자가 사용될 수 없습니다(Student(O), 7Student(X)).

- '$', '_'외의 특수 문자는 클래스명으로 사용할 수 없습니다(_Student(O), @Student(X)).
- 자바 키워드나 자바에서 제공하는 클래스명은 사용할 수 없습니다(MyString(O), String(X)).

다음은 학생 객체를 Student 클래스로 변환한 그림입니다. 학생의 이름은 문자열이므로 String 타입입니다.

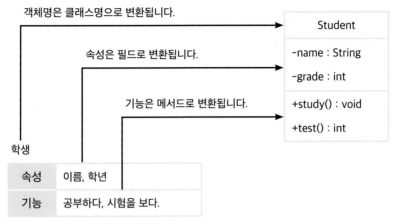

그림8-14 학생 객체를 클래스로 변환하기

다음은 렌터카 회사 분석 시 추출한 고객 객체를 클래스로 변환한 그림입니다. 기능을 메서드로 변환 시 매개변수가 있으면 매개변수를 표기합니다.

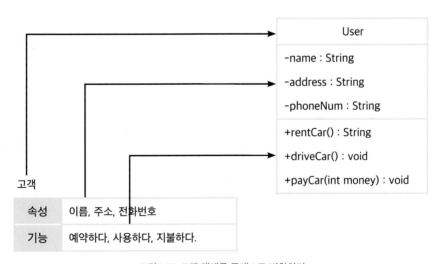

그림8-15 고객 객체를 클래스로 변환하기

？ 퀴즈

객체 모델링에서 추출한 자동차(Car)와 직원(Employee) 객체를 클래스로 변환해 보세요.

3.5 클래스 구현

객체를 클래스로 변환 후, 자바 코드로 클래스를 구현하는 과정입니다. 다음은 자바 클래스 형식입니다.

- 자바 클래스 형식

```
public class 클래스명 {
    필드(멤버변수)
    메서드(멤버메서드)
    생성자
}
```

① 자바 코드로 클래스 구현 시 public class 다음에 클래스명을 써줍니다.
② 필드, 메서드, 생성자를 클래스 블록({})에 구현합니다.

- 필드(멤버 변수)

객체의 속성이 변환되어서 필드가 됩니다. 필드는 클래스 내에서 선언된 변수입니다. 선언 방법은 변수와 동일합니다.

① 객체 모델링에서 추출한 속성들을 필드로 선언합니다.
② 멤버 변수, 속성(attribute)라고도 부릅니다.
③ 형식

```
[접근제한자] [일반지정자] 데이터타입 필드명(변수명);
```

다음은 학생 객체의 속성들을 클래스의 필드로 구현한 코드입니다. 객체 이름이 클래스명으로 쓰입니다. 필드는 변수 선언과 동일하며, 맨 앞에 접근 제한자가 위치합니다.

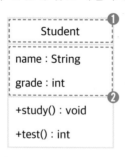

```
package sec01.ex01;
                    ❶●────────── public class 다음에 클래스명이 위치합니다.
public class Student {
┌──────────────────┐
│  String name;     │
│  int grade;       │
└──────────────────┘ ❷●────────── 속성이 변환되어 필드가 됩니다.

}
```

- 메서드(멤버 메서드)

클래스의 두 번째 구성 요소는 메서드입니다. 메서드는 객체의 기능이 변환되어 구현됩니다.

① 객체의 기능이 클래스의 메서드로 구현됩니다.

② 형식

```
[접근제한자] [일반지정자] [리턴타입]  메서드명([매개변수1, 매개변수2, ...]) {
    // 메서드 구현부
}
```

다음은 학생 클래스의 메서드를 구현한 코드입니다.

Student
name : String
grade : int
+study() : void
+test() : int

```
package sec01.ex01;

public class Student {
  String name;
  int grade;

  public void study() {
    System.out.println("공부를 합니다.");
  }

  public int test() {
    System.out.println("국어 시험을 칩니다.");
    return 85;
  }
}
```

}

다음은 렌터카 분석 시 얻은 고객 객체를 클래스로 구현한 코드입니다. 클래스를 코드로 구현 시 객체명은 클래스명으로, 속성은 필드로, 기능은 메서드로 변환되어 구현됩니다.

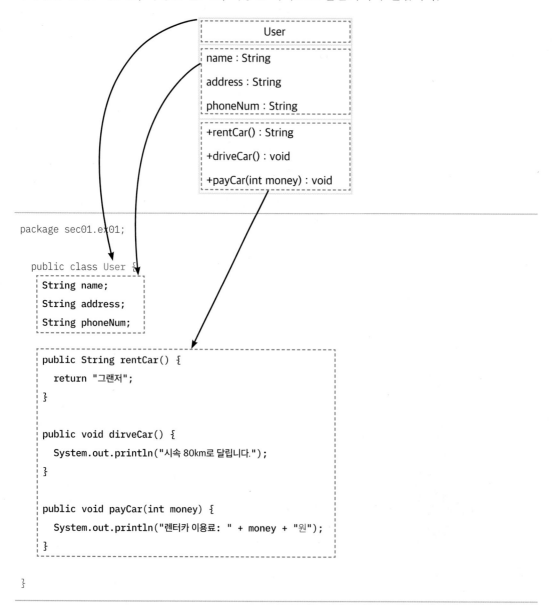

```
package sec01.ex01;

public class User {
    String name;
    String address;
    String phoneNum;

    public String rentCar() {
        return "그랜저";
    }

    public void dirveCar() {
        System.out.println("시속 80km로 달립니다.");
    }

    public void payCar(int money) {
        System.out.println("렌터카 이용료: " + money + "원");
    }

}
```

?❓ 퀴즈

클래스로 변환된 자동차(Car)와 직원(Employee) 객체를 클래스로 구현해 보세요.

3.6 인스턴스 생성 및 사용

자바로 구현한 클래스는 일종의 설계도 내지 명세서와 같은 의미입니다. 클래스는 "**메모리에 인스턴스를 생성할 때 이러이러한 형식을 가지는 필드와 이러이러한 기능을 가지는 메서드를 만들라**"는 설계도와 같습니다. 우리는 클래스를 직접 사용하는 것이 아닙니다. 건물과 건물 설계도의 관계로 이해하면 됩니다. 건물 설계도는 건물을 어떻게 지으라는 방법만 나타나 있을 뿐입니다. 즉, 우리가 클래스를 실제로 사용하기 위해서는 클래스 내에 있는 필드와 메서드를 실제로 메모리에 생성해야 합니다. 실제 클래스의 구성대로 필드와 메서드가 메모리에 생성된 상태를 '**클래스 인스턴스(class instance)**' 또는 '**클래스 객체**'라고 합니다. 다음은 인스턴스의 정의입니다.

> **인스턴스의 정의**
> - 미리 정의한 클래스를 이용하여 컴퓨터 메모리에 필드와 메서드를 가지는 객체
> - '클래스 객체'라고도 합니다.

클래스와 인스턴스의 관계는 그림의 붕어빵틀과 붕어빵와 같습니다. 붕어빵틀은 붕어빵을 만드는 틀입니다. 이 틀에 원할 때 재료만 부으면 언제든지 붕어빵을 만들 수 있습니다. 즉, 클래스는 붕어빵틀 역할을 하므로 한 개만 있으면 됩니다. 인스턴스는 우리가 원할 때 언제든지 만들어서 사용할 수 있는 붕어빵입니다.

클래스

인스턴스

그림8-16 클래스(붕어빵틀)과 인스턴스(붕어빵)의 관계

다음 그림은 한 개의 Student 클래스로 여러 개의 Student 인스턴스를 메모리에 생성한 상태를 나타냈습니다.

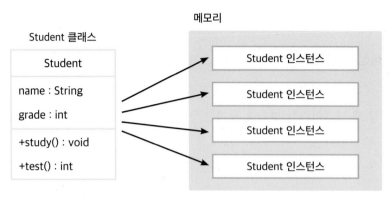

그림8-17 한 개의 Student 클래스로 여러 개의 Student 인스턴스를 생성한 상태

그럼 인스턴스를 생성하는 방법을 알아보겠습니다. 클래스의 인스턴스를 생성하기 위해서는 new 연산자와 클래스명을 이용합니다.

인스턴스 생성 방법
- new 연산자를 이용해서 클래스의 인스턴스를 메모리에 생성합니다.
- 형식
  new 클래스명();

클래스 인스턴스를 메모리에 생성했으면 이제 인스턴스에 접근해서 인스턴스의 필드와 메서드를 사용해야 합니다. 인스턴스에 접근하기 위해선 같은 클래스 타입 변수를 선언해서 접근합니다. 다음은 인스턴스에 접근해서 구성 요소들을 사용하는 방법입니다.

인스턴스 접근 방법
- 인스턴스와 같은 클래스 타입 변수 선언
  클래스명 변수;

- 생성된 인스턴스를 변수에 대입
  변수 = new 클래스명();

- 변수 선언과 동시에 대입도 가능
  클래스명 변수 = new 클래스명();

다음은 클래스 타입 변수를 사용하는 방법입니다. 기본 타입 변수는 선언된 데이터 타입만 변수에 대입할 수 있습니다. 동일하게 클래스 타입 변수에도 선언한 클래스의 인스턴스만 대입할 수 있습니다.

```
int num;
num = 5;                                    변수 선언 시 사용된 같은 타입의 값을 저장합니다.
num = 5.6;                                  다른 타입의 데이터를 저장하면 에러가 발생합니다.

Student s;
s = new Student();                          클래스 타입 변수에 같은 클래스 인스턴스를 대입합니다.
s = new College();                          다른 클래스 인스턴스를 대입하면 에러가 발생합니다.

College c = new College();
```

다음 그림은 인스턴스를 클래스 타입 변수에 대입했을 때 메모리 상태를 나타냅니다. 클래스 타입 변수는 대입 시 인스턴스가 생성된 메모리의 위치값을 가집니다(구체적인 위치값을 알 필요는 없습니다). 따라서 프로그래밍 시 이 위치값을 가지는 변수를 이용해서 인스턴스에 접근합니다. 이런 함수를 참조 변수라고 합니다.

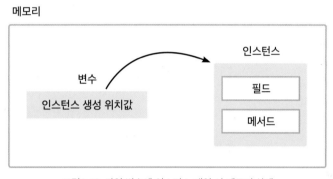

그림8-18 타입 변수에 인스턴스 대입 시 메모리 상태

잠깐 복습 🔍

클래스를 사용하기 위해서는 (   )를 생성해야 합니다.

실행 클래스

객체 지향 프로그래밍은 자동차 조립 공장에서 각 기능을 담당하는 부품들을 조립 공장의 컨베이어 벨트에서 조립하여 하나의 완성차를 만드는 과정과 같다고 했습니다. 객체 지향 프로그래밍에서 분석, 설계 과정을 거쳐 클래스를 구현했으면 이제 최종적으로 각 클래스들의 기능을 조립하여 하나의 완성된 기능을 하는 프로그램을 만들어야 합니다. 컨베이어 벨트처럼 만든 클래스들을 조립하는 기능을 하는 클래스를 **실행 클래스**라고 합니다. 실행 클래스는 main() 메서드를 포함하고 있으므로 프로그램 실행 시 가장 먼저 실행됩니다.

실행 클래스
● 각각의 클래스들의 인스턴스를 생성한 후, 최종적인 기능을 구현하는 클래스입니다.
● 반드시 main() 메서드를 포함하고 있어야 합니다.

다음은 실행 클래스 수행 과정입니다. 구현된 각각의 클래스들의 인스턴스를 생성한 후, 필드를 초기화하고, 인스턴스들의 기능을 이용해서 최종 기능을 구현합니다.

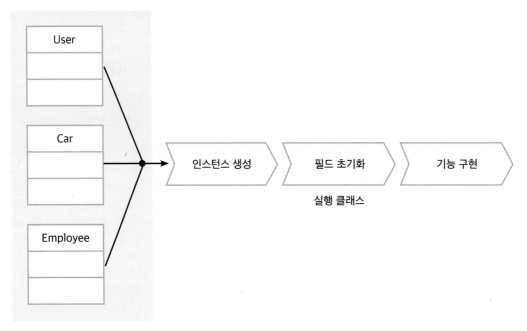

그림8-19 실행 클래스 수행 과정

💡 **알아두면 좋아요**

실행 클래스명은 다른 클래스와 동일하게 클래스 명명 규칙에 의해서 지으면 됩니다. 그러나 이 책에선 가독성을 위해서 클래스명 마지막에 Test를 붙여서 실행 클래스명을 짓겠습니다.

인스턴스 필드(변수) 사용하기

클래스 인스턴스 생성 후 메모리에 실제 생성된 필드를 인스턴스 필드(변수)라고 말합니다. 각각의 인스턴스 필드에 접근하는 방법은 도트(.) 연산자를 이용해서 접근합니다. 인스턴스 생성 후, 필드는 기본값들로 초기화됩니다.

```
Student s = new Student();
String name = s.name; ┄┄┄┐
                         ┆┄┄┄┄ 도트(.) 연산자로 인스턴스 필드 값들을 가지고 옵니다.
int grade = s.grade; ┄┄┄┘


s.name = "홍길동"; ┄┄┄┄┄┄┐
                      ┆┄┄┄┄ 도트(.) 연산자로 인스턴스 필드들의 값을 변경합니다.
s.grade = 3; ┄┄┄┄┄┄┄┄┘
```

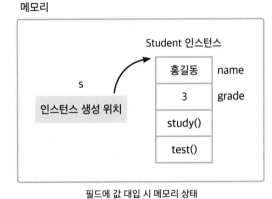

그림8-20 인스턴스 생성 후 메모리 상태

다음은 필드의 타입에 따른 기본 초기값입니다.

필드 종류		필드 타입	초기값
기본 타입	정수 타입	byte	0
		short	0
		int	0
		long	0L
	문자 타입	char	\u0000(빈 공백)
	실수 타입	float	0.0F
		double	0.0
	논리 타입	boolean	false
참조 타입		String, 배열, 사용자 클래스,...	null

표8-1 필드의 기본 초기값

실행 클래스에서 Student 클래스 인스턴스를 생성해서 인스턴스 필드를 사용하는 예제입니다. 필드는 선언과 동시에 원하는 값으로 초기화할 수 있습니다. 초기화하지 않으면 필드들은 인스턴스 생성 후 필드의 타입에 대응하는 기본 초기값들로 초기화됩니다.

[직접 코딩해 보기] Student 클래스

ch08/sec01/ex02/Student.java

```java
package sec01.ex02;

public class Student {
  String name;
  int grade;

  //String name = "홍길동";      ----
                                     ---- 필드는 선언과 동시에 초기화할 수 있습니다.
  //int grade = 2;            ----

  public void study()
    System.out.println("공부를 합니다.");
  }

  public int test() {
   System.out.println("국어 시험을 칩니다.");
   return 85;
  }
}
```

[직접 코딩해 보기] Student 클래스 인스턴스 생성 후 인스턴스 필드 사용하기

ch08/sec01/ex02/StudentTest.java

```java
package sec01.ex02;

public class StudentTest {
  public static void main(String[] args) {
    Student s = new Student();_____Student 인스턴스 생성 후 참조 변수에 대입합니다.
    String name = s.name;----
                                ------------------- 도트(.) 연산자를 이용해서 메모리에 생성된 Student
    int grade = s.grade; ----                        인스턴스 필드에 접근해서 변수값을 가지고 옵니다.

    System.out.println("이름: "  + name); ----
                                             ---- null과 0이 출력됩니다.
    System.out.println("학년: " + grade); ----

    s.name = "홍길동"; ----
                          ---- 인스턴스 필드의 값을 변경합니다.
    s.grade = 3;     ----

    name = s.name;
    grade = s.grade;

    System.out.println("이름: "  + name);
```

```
      System.out.println("학년: " + grade);
  }
}
```

[실행결과]

```
이름: null
학년: 0

이름: 홍길동
학년: 3
```

필드와 지역(로컬)변수의 차이점

필드는 메서드나 생성자 내에서 사용되는 지역변수와 선언 방법과 사용 방법이 동일합니다. 그러나 필드는 클래스에서 선언되므로 클래스 내부와 클래스 외부에서 접근 가능합니다.

구분	지역변수	필드
선언 위치	메서드나 생성자 블록	클래스 블록
메모리 생성 시점	메서드나 생성자 호출 시 생성	인스턴스 생성 시 생성
메모리 소멸 시점	메서드나 생성자 종료 시 소멸	인스턴스가 메모리에서 삭제 시 소멸
접근 범위	메서드나 생성자 내부에서만 접근 가능	클래스 내부와 클래스 외부에서 접근 가능

표8-2 필드와 지역변수의 차이점

인스턴스 메서드 사용하기

클래스의 메서드는 실제 클래스의 기능을 제공합니다. 클래스 인스턴스의 메서드를 사용하기 위해서 참조 변수와 도트(.) 연산자를 이용해서 접근합니다. 다음은 Student 클래스의 메서드 사용 예제입니다. 메서드는 같은 클래스의 필드에 자유롭게 접근할 수 있습니다.

[직접 코딩해 보기] Student 클래스인 메서드 구현하기

ch08/sec01/ex03/Student.java

```
package sec01.ex03;

public class Student {
  String name;
  String subject; _____ 과목 필드
  int grade;
```

```
    int score;_____ 시험 점수 필드

  public void study() {
    System.out.println("오늘 공부 과목: " + subject);_____ 메서드에서 같은 클래스의 필드에 접근할 수 있습니다.
  }

  public int test() {
    System.out.println(subject + " 시험을 칩니다.");
    return score;_____ 메서드에서 같은 클래스의 필드에 접근할 수 있습니다.
  }


  //학생 신상 정보 출력 메서드
  public void getStudInfo() {
    System.out.println("이름: " + name +" , 학년: " +   grade);
  }
}
```

다음은 외부 클래스에서 참조 변수를 이용해서 인스턴스 필드와 메서드에 접근하는 예제입니다.

[직접 코딩해 보기] Student 클래스 인스턴스 생성 후 메서드 사용하기

ch08/sec01/ex03/StudentTest.java

```
package sec01.ex03;

public class StudentTest {
  public static void main(String[] args) {
    Student s = new Student();
    s.name = "이순신";
    s.subject = "국어";
    s.grade = 2;                    참조 변수를 이용해서 인스턴스 필드에 값을 세팅합니다.
    s.score = 90;

    s.study();
    int score = s.test();           참조 변수를 이용해서 인스턴스 메서드를 호출합니다.
    System.out.println("시험 점수: " + score);

    s.getStudInfo();
  }
}
```

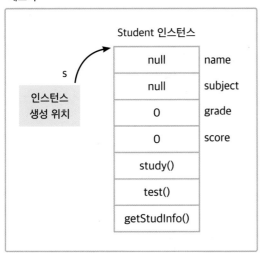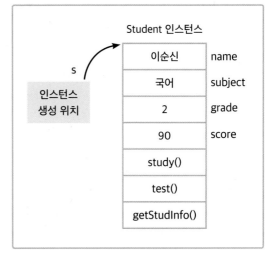

인스턴스 생성 시 메모리 상태	필드 세팅 후 메모리 상태

그림8-21 Student 클래스 인스턴스 생성 후 인스턴스 필드에 값 세팅 후 상태

[실행결과]

오늘 공부 과목: 국어
국어 시험을 칩니다.
시험 점수: 90
이름: 이순신, 학년: 2

3.7 클래스 실습하기

이번에는 각각의 기능을 하는 클래스들을 만들어서 자동차 조립 공장에서 부품을 조립하듯이 클래스들의 인스턴스를 만들어서 최종 기능을 구현하는 과정을 실습 예제를 통해서 알아보겠습니다.

[실습1]

아래의 시험 점수들을 오름차순으로 출력한 후, 시험 점수들의 총점과 평균을 출력해 보세요(단 평균은 소수점 첫 번째 자리에서 반올림해 주세요).

학생 이름	국어	영어	수학	물리	역사
홍길동	77	87	90	88	72
이순신	81	67	91	77	83

[출력 결과]

```
홍길동의 시험 점수: 72 77 87 88 90
총점: 414.0
평균: 83
-----------------------------------
이순신의 시험 점수: 67 77 81 83 91
총점: 399.0
평균: 80
```

[분석 및 설계]

시험 점수들이 모두 같은 정수 타입이므로 배열 관련 기능을 하는 클래스(MyArray)를 구현해서 배열 데이터를 처리하면 됩니다. 그리고 평균을 구하는 기능과 소수점 아래 반올림하는 기능을 하는 클래스(MyMath)를 만들어서 평균을 출력하면 됩니다. 즉, MyArray 클래스와 MyMath 클래스를 구현하고 실행 클래스(MyScoreTest)에서 인스턴스 생성 후, 기능을 구현합니다. 다음은 실행 클래스에서 각각의 클래스들을 구현한 결과입니다. 최종 프로그램은 각각의 클래스들을 조립해서 만들어집니다.

클래스	요소	설명
MyArrays	필드	
	메서드	• public void arraySortAsc(int[] arr) : 배열 요소들을 오름차순으로 정렬하는 메서드 • public double arrayTotal(int[] arr) : 배열 요소들의 총합을 구하는 메서드
MyMath	필드	• avg : 평균
	메서드	• public double average(double total, int length) : 평균을 구하는 메서드 • public int round(double avg) : 소수점 아래에서 반올림하는 메서드

표8-3 클래스들의 필드와 메서드

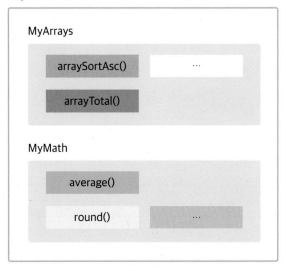

MyScoreTest

MyArrays

arraySortAsc()　　…

arrayTotal()

MyMath

average()

round()　　…

그림8-22 두 개의 클래스를 조립해서 최종 기능을 구현한 실행 클래스

<구현>

배열 기능 클래스와 수학 기능 클래스를 정의한 후 설계한 메서드들을 각각 자바로 구현합니다.

[직접 코딩해 보기] 배열 기능 클래스

ch08/sec01/ex04/MyArrays.java

```java
package sec01.ex04;

public class MyArrays {

  //배열 요소들을 오름차순으로 정렬하는 메서드
  public void arraySortAsc(int[] arr) {
    int temp = 0;
    for (int i = 0; i < arr.length; i++) {
      for (int j = i + 1; j < arr.length; j++) {
        if (arr[i] > arr[j]) {
          temp = arr[i];
          arr[i] = arr[j];
          arr[j] = temp;
        }
      }
    }

    for (int i = 0; i < arr.length; i++) {
      System.out.print(arr[i] + " ");
```

```
      }
    }

    //배열 요소들의 총합을 구하는 메서드
    public double arrayTotal(int[] arr) {
      int total = 0;
      for (int i = 0; i < arr.length; i++) {
        total += arr[i];
      }
      return total;
    }
}
```

[직접 코딩해 보기] 수학 기능 클래스

ch08/sec01/ex04/MyMath.java

```
package sec01.ex04;

public class MyMath {
  double avg;   //평균

  //평균을 구하는 메서드
  public double average(double total, int length) {
    avg = total / length;
    return avg;
  }

  //소수점을 반올림하는 메서드
  public int round(double _avg) {
    int result = (int)Math.round(_avg); _____ 자바에서 제공하는 Math 클래스의 round()
    return result;                                            메서드로 반올림합니다.
  }
}
```

이제 구현한 두 개의 클래스를 실행 클래스에서 인스턴스 생성 후에 사용합니다.

[직접 코딩해 보기] 클래스 사용하기

ch08/sec01/ex04/MyScoreTest.java

```
package sec01.ex04;

public class MyScoreTest {
```

```java
    public static void main(String[] args) {
        String[] name = {"홍길동", "이순신"};
        int[] score1 = {77, 87, 90, 88, 72};
        int[] score2 = {81, 67, 91, 77, 83};

        //클래스 인스턴스 생성
        MyArrays myArray = new MyArrays();
        MyMath myMath = new MyMath();

        //홍길동 시험 점수의 총점, 평균 구한 후 출력하기
        double total = myArray.arrayTotal(score1);
        double _avg = myMath.average(total, score1.length);
        int avg = myMath.round(_avg);

        System.out.print(name[0]+"의 시험 점수 : " );
        myArray.arraySortAsc(score1);
        System.out.println("\n총점: " + total);
        System.out.println("평균: " + avg);
        System.out.println("---------------------------------------");

        //이순신 시험 점수의 총점, 평균 구한 후 출력하기
        total = myArray.arrayTotal(score2);
        _avg = myMath.average(total, score2.length);
        avg = myMath.round(_avg);

        System.out.print(name[1]+"의 시험 점수: " );
        myArray.arraySortAsc(score2);
        System.out.println("\n총점: " + total);
        System.out.println("평균: " + avg);
    }
}
```

[실행결과]

```
홍길동의 시험 점수: 72 77 87 88 90
총점: 414.0
평균: 83
-------------------------------
이순신의 시험 점수: 67 77 81 83 91
총점: 399.0
평균: 80
```

→ 요점 정리 ←

- 객체는 속성과 기능으로 이루어져 있으며 속성은 객체가 가지고 있는 특징이나 상태이고, 기능은 객체가 수행하는 동작, 행위, 기능입니다.
- 객체 모델링은 프로그래머 입장에서 객체의 속성과 기능을 정제하는 과정입니다.
- 클래스는 객체 모델링을 통해 추출된 객체의 속성과 기능을 필드와 메서드로 변환해서 만듭니다.
- 클래스는 필드(멤버 변수), 메서드(멤버 메서드), 생성자로 구성됩니다.
- 인스턴스란 클래스가 메모리에 생성된 상태를 말하며 new 클래스명();으로 메모리에 생성됩니다.
- 클래스 타입 참조 변수를 이용해서 인스턴스에 접근합니다.

4 생성자

클래스의 생성자에 관해서 알아보겠습니다.

4.1 생성자란?

클래스의 세 번째 구성 요소는 생성자입니다. 생성자는 클래스의 인스턴스 생성 시 최초로 사용됩니다. 다음은 생성자의 정의와 특징입니다. 우리는 이미 생성자를 사용해 봤습니다. 인스턴스 생성 시 new 다음에 '**클래스명()**'이라고 써주었는데, 이것이 생성자(기본 생성자)입니다. 즉, 클래스 인스턴스를 메모리에 생성하려면 생성자를 호출해야 합니다.

```
Student s = new Student();
                      └── 생성자 호출
```

클래스 생성자는 반드시 클래스명과 일치해야 합니다. 생성자의 구현부에선 주로 인스턴스 변수들의 초기화를 수행합니다.

> **생성자 정의**
> - 최초로 호출되면서 클래스 인스턴스를 생성합니다.
> - 반드시 클래스명과 동일해야 합니다.

> **생성자 특징**
> - 메서드와 비슷한 기능을 가집니다.
> - 리턴 타입이 없습니다.
> - 생성자를 구현해 주지 않으면 컴파일러가 컴파일 시 자동으로 기본 생성자를 추가합니다.

4.2 생성자 형식

다음은 생성자 형식입니다. 생성자는 메서드와 형식이 비슷합니다. 그러나 메서드와는 달리 리턴 타입이 없습니다.

```
[접근제한자] 클래스명([매개변수]){
    //필드 초기화
    ...
}
```

4.3 기본 생성자

다음은 기본 생성자 형식입니다. 기본 생성자는 매개변수가 없는 생성자입니다.

기본 생성자 형식

```
public 클래스명(){}
```

Student 클래스의 기본 생성자로 인스턴스를 생성하는 예제입니다. 클래스에서 기본 생성자를 생략하면 컴파일러가 컴파일 시 자동으로 클래스에 추가해 줍니다. 기본 생성자 호출 시 어떤 초기화도 하지 않으므로 생성된 인스턴스 필드들은 기본 초기값들로 초기화됩니다.

[직접 코딩해 보기] Student 클래스

ch08/sec02/ex01/Student.java

```
package sec02.ex01;

public class Student {
  String name;
  int grade;

  //기본 생성자
  public Student() {}  ---------------------------- 생략하면 컴파일 시 컴파일러가 자동으로 추가해 줍니다.

  //학생 신상 정보 출력 메서드
  public void getStudInfo() {
    System.out.println("이름: " + name +" , 학년: " +   grade);
  }
}
```

[직접 코딩해 보기] 생성자 호출해서 인스턴스 생성

ch08/sec02/ex01/StudentTest.java

```
package sec02.ex01;

public class StudentTest {
  public static void main(String[] args) {
    Student s = new Student();  ---------------------- 기본 생성자를 호출해서 인스턴스를 생성합니다.
    //s.name = "이순신";  ------
    //s.grade = 2;        ------- 인스턴스 변수에 접근해서 초기화 작업을 합니다.
    s.getStudInfo();
  }
}
```

이름: null, 학년: 0

4.4 매개변수가 있는 생성자

클래스 인스턴스 생성 시 필드의 수가 많을 경우 일일이 접근해서 초기화하면 불편합니다. 일반
적으로 클래스 인스턴스의 필드들은 생성자를 이용해서 초기화합니다. 다음은 매개변수가 다른
Student 클래스의 생성자들입니다. 매개변수는 생략도 가능하고 여러 개를 선언해도 좋습니다.
그러나 생성자들의 이름은 반드시 클래스명과 일치해야 합니다.

```
public Student{
  String name;
  int grade;

  public Student(){}

  public Student(String _name) {
    name = _name;
  }

  public Student(int _grade) {
    grade = _grade;
  }

  public Student(String _name, int _grade) {
    name = _name;
    grade = _grade;
  }
}
```

매개변수가 한 개인 생성자들

매개변수가 두 개인 생성자

다음은 매개변수가 있는 생성자를 호출하는 예제입니다. 생성자 호출 시 매개변수의 개수와 타입
과 일치하는 생성자를 호출합니다. 만약에 호출하는 생성자가 존재하지 않으면 에러를 발생시킵
니다.

[직접 코딩해 보기] Student 클래스

ch08/sec02/ex02/Student.java

```java
package sec02.ex02;

public class Student {
  String name;
  int grade;

  public Student() {}

  public Student(String _name) {
    name = _name;
  }

  public Student(String _name, int _grade) {
    name = _name;
    grade = _grade;
  }

  //학생 신상 정보 출력 메서드
  public void getStudInfo() {
    System.out.println("이름: " + name +", 학년: " +   grade);
  }
}
```

[직접 코딩해 보기] 매개변수가 있는 생성자를 호출해서 인스턴스 생성하기

ch08/sec02/ex02/StudentTest.java

```java
package sec02.ex02;

public class StudentTest {
  public static void main(String[] args) {
    Student s1 = new Student();
//      s.name = "이순신";
//      s.grade = 2;
    s1.getStudInfo();

    Student s2 = new Student("이순신"); ---------------------- 매개변수가 한 개이고, 타입이 String인 생성자를
    s2.getStudInfo();                                          호출합니다.

//  Student s3 = new Student(2);----------------------------- 일치하는 생성자가 없으므로 에러를 발생시킵니다.
//      s3.getStudInfo();
```

346 초보 개발자를 위한 자바

```
        Student s4 = new Student("홍길동", 3);--------------------
        s4.getStudInfo();
    }
}
```

매개변수가 두 개이고, 타입이 각각의 타입이 String , int인 생성자를 호출합니다.

[실행결과]

```
이름: null, 학년: 0
이름: 이순신, 학년: 0
이름: 홍길동, 학년: 3
```

필드 선언과 동시에 초기화하기

클래스에서 필드 선언과 동시에 바로 필드를 초기화할 수 있습니다. 이 경우 기본 생성자로 인스턴스 생성 시 항상 고정된 값으로만 필드가 초기화됩니다. 따라서 각각의 학생의 신상정보를 따로 초기화하려면 매개변수가 있는 생성자를 호출해서 인스턴스를 생성 시 초기화해야 합니다.

```java
public class Student {
    String name = "홍길동";
    int grade = 3;              ● ── 필드 선언과 동시에 초기화합니다.

    public Student() {}
        ...
}
public class StudentTest {
 public static void main(String[] args) {
    Student s1 = new Student();
    s1.getStudInfo();

    Student s2= new Student();
    s2.getStudInfo();

 }
}
```

[실행결과]

```
이름: 홍길동, 학년: 3
이름: 홍길동, 학년: 3
```

생성자는 인스턴스 생성 시 필드의 초기화 용도로 많이 사용됩니다. 그러나 인스턴스 생성 시 메서드처럼 특정 작업이 필요할 때, 생성자 구현부에서 메서드처럼 기능을 구현해서 사용할 수 있습니다.

[직접 코딩해 보기] 매개변수가 있는 생성자 호출해서 인스턴스 생성하기

ch08/sec02/ex04/StudentTest.java

```java
package sec02.ex04;

public class Student {
  String name;
  int grade;

  public Student() {
    System.out.println("기본 생성자 호출");      ┈┈┈┐
    int num = 10;                                          ├┈┈┈ 인스턴스 생성 시 필요한 작업을 구현해 줍니다.
    System.out.println("num = " + num);   ┈┈┈┘
  }

  public Student(String _name) {
    System.out.println("매개변수가 한 개인 생성자 호출");
    name = _name;
  }

  public Student(String _name, int _grade) {
    System.out.println("매개변수가 두 개인 생성자 호출");
    name = _name;
    grade = _grade;
  }

  //학생 신상 정보 출력 메서드
  public void getStudInfo() {
    System.out.println("이름: " + name +", 학년: " +  grade);
  }
}
```

[실행결과]

```
기본 생성자 호출
num = 10
이름: null, 학년: 0
매개변수가 한 개인 생성자 호출
이름: 이순신, 학년: 0
```

생성자 사용 시 주의해야 할 점

사용자가 직접 생성자를 구현해준 경우 컴파일러는 더 이상 기본 생성자를 자동으로 추가해 주지 않습니다. 따라서 생성자를 직접 구현할 경우 기본 생성자를 함께 만들어주는 것을 습관화하는 것이 좋습니다.

```java
public class Student {
  String name;
  int grade;

//public Student() {}          ●─────────────── 다른 생성자를 구현하면 기본 생성자는
                                               더 이상 자동으로 추가되지 않습니다.

 public Student(String _name) {
   name = _name;
 }                                             다른 생성자가 구현되었으므로
                                               기본 생성자는 자동으로
 public Student(String _name, int _grade) {    추가되지 않습니다.
   name = _name;
   grade = _grade;
 }
 ...
}
```

```java
public class StudentTest {
  public static void main(String[] args) {
    Student s1 = new Student();    ●────── 생성자를 명시적으로 구현해 주면 기본 생성자는 자동으로
    s1.getStudInfo();                      추가되지 않으므로 에러를 발생시킵니다.
    ...
  }
}
```

→ 요점 정리 ←

- 클래스 인스턴스는 생성자를 호출해서 메모리에 생성합니다.

- 생성자를 구현해 주지 않으면 컴파일러가 컴파일 시 자동으로 기본 생성자를 추가해 줍니다.

- 생성자는 클래스명과 동일하며 주로 인스턴스 생성 시 필드의 초기화 용도로 사용됩니다.

- 클래스에 생성자를 구현해 주면 더 이상 컴파일러는 자동으로 기본 생성자를 추가하지 않습니다.

- 생성자는 필드 초기화 용도 외에, 인스턴스 생성 시 메서드처럼 기능을 구현해서 사용할 수 있습니다.

5 오버로딩

객체 지향 개념은 일반적으로 재사용성을 높이기 위해서 도입된 기능들이 많습니다. 오버로딩(overloading)은 생성자나 메서드의 이름을 재사용하기 위해서 도입된 기능입니다.

5.1 생성자에 오버로딩 적용하기

클래스 이름을 재사용해서 여러 개의 생성자가 존재하도록 만드는 것을 **생성자 오버로딩(Overloading)**이라고 합니다. 생성자 오버로딩 시 반드시 매개 변수의 **타입**, **개수**, **순서**가 달라야 합니다.

생성자 오버로딩의 정의와 규칙
- 클래스 이름을 재사용해서 여러 개의 생성자를 만들어서 사용하는 기능입니다.
- 반드시 매개변수의 타입, 순서, 개수가 달라야 합니다.

다음은 Student 클래스에서 오버로딩을 적용해서 생성자를 사용하고 있습니다. 생성자들은 반드시 매개변수의 타입, 순서, 개수가 달라야 합니다. 매개변수의 이름이 다르더라도 타입이 같으면 같은 생성자로 인식합니다.

```
...
public class Student {
  String name;
  int grade;

  public Student() {}

  public Student(String _name) {
    name = _name;
  }

  /*
  public Student(String _n) {
    name = _n;                    ●─── 매개변수의 타입이 같으므로 사용할 수 없습니다.
  }
  */
```

```
public Student(int _grade) {
  grade = _grade;
}


/*
public Student(int _g) {
  grade = _g;                    ●────── 매개변수의 타입이 같으므로 사용할 수 없습니다.
}
*/



public Student(String _name, int _grade) {
  name = _name;
  grade = _grade;
}


/*
public Student(int _grade, String _name) {
  name = _name;                         매개변수의 순서가 다르므로 생성자로
                                     ●── 사용할 수 있습니다.
  grade = _grade;
}
*/

  ...
}
```

5.2 메서드에 오버로딩 적용하기

생성자처럼 클래스 내의 메서드도 이름을 재사용할 수 있습니다. 같은 이름의 메서드를 여러 개
사용하는 것을 **메서드 오버로딩(Method Overloading)**이라고 합니다. 메서드 오버로딩의 조건은
매개변수의 **타입, 개수, 순서**가 달라야 합니다. 두 메서드가 이름은 같고, 리턴 타입이 다르면 같
은 메서드로 인식하므로 사용할 수 없습니다.

메서드 오버로딩의 정의와 규칙

● 메서드 이름을 재사용하여 여러 개의 메서드를 만들어 사용하는 것을 의미합니다.
● 반드시 매개변수의 타입, 순서, 개수가 달라야 합니다.
● 리턴 타입만 다르면 같은 메서드로 인식합니다.

5.3 메서드 오버로딩 실습하기

첫 번째 AddUtil 클래스의 메서드들은 메서드 오버로딩이 적용되지 않았습니다. AddUtil 클래스의 메서드들의 기능은 매개변수로 전달된 값들을 더하는 기능을 합니다. 일반적으로 메서드 이름은 메서드의 의미를 가장 잘 나타내는 단어로 짓습니다. 그러나 이 경우 메서드는 매개변수의 개수와 타입이 다르므로, 각각 다른 이름으로 메서드 이름을 사용하고 있습니다. 따라서 이 경우 메서드의 기능이 많아지면 메서드 이름은 이 메서드가 어떤 기능을 하는지 잘 알 수 없게 됩니다.

[직접 코딩해 보기] 오버로딩을 적용하지 않고 각각의 메서드 구현하기

ch08/sec03/ex02/AddUtil.java

```java
package sec03.ex02;

public class AddUtil {

  public int add2(int x, int y) {
    return x + y;
  }

  public int add3(int x, int y, int z) {        매개변수의 개수를 메서드 이름을 사용하고 있습니다.
    return x + y + z;
  }

  public float addFloat2(float x, float y) {
    return x + y;
  }
                                                  매개변수의 타입을 메서드 이름으로
                                                  사용하고 있습니다.
  public float addFloat3(float x, float y, float z) {
    return x + y + z;
  }
}
```

다음은 오버로딩을 적용한 메서드입니다. 동일한 메서드 이름을 사용하므로 메서드의 기능을 명확하게 파악할 수 있습니다. 예제처럼 리턴 타입이 다르면 메서드 오버로딩 규칙이 적용되지 않으므로 같은 메서드로 인식하여 에러가 발생합니다.

[직접 코딩해 보기] 오버로딩을 적용해서 각각의 메서드 구현하기

ch08/sec03/ex03/AddUtil.java

```java
package sec03.ex03;
```

```
public class AddUtil {
  public int add(int x, int y) {
    return x + y;
  }

  public int add(int x, int y, int z) {
    return x + y + z;
  }

  public float add(float x, float y) {
    return x + y;
  }

  public float add(float x, float y, float z) {
    return x + y + z;
  }

  /*
  public int add(float x, float y, float z) {
    return (int)(x + y + z);
  }
  */

}
```

리턴 타입은 달라도 다른 메서드로 구분할 수 없으므로 오버로딩이 적용되지 않아 에러가 발생합니다.

다음은 실행 클래스에서 AddUtil 클래스의 각각의 add() 메서드를 호출합니다. 메서드 호출 시 JVM은 매개변수의 개수, 타입, 순서에 맞는 메서드를 찾아서 호출합니다.

[직접 코딩해 보기] 오버로딩 메서드 사용하기

ch08/sec03/ex03/AddTest.java

```
package sec03.ex03;

public class AddTest {
  public static void main(String[] args) {
    AddUtil addUtil = new AddUtil();
    int result1 = addUtil.add(10, 20);                      매개변수가 2개이고 int 타입인 메서드를
    System.out.println("result1 : " + result1);             호출합니다.

    float result2 = addUtil.add(1.5F, 4.5F);                매개변수가 2개이고 float 타입인 메서드를
    System.out.println("result2 : " + result2);             호출합니다.
```

```
    int result3 = addUtil.add(5, 10, 15); ------------------ 매개변수가 3개이고 int 타입인 메서드를
    System.out.println("result3 : " + result3);              호출합니다.


    float result4 = addUtil.add(0.5F, 10.2F, 15.5F); -------- 매개변수가 3개이고 float 타입인 메서드를
    System.out.println("result4 : " + result4);              호출합니다.
  }
}
```

[실행결과]

```
result1 : 30
result2 : 6.0
result3 : 30
result4 : 26.2
```

 알아두면 좋아요

이제까지 System.out.println() 메서드로 콘솔로 메시지를 출력했습니다. println() 메서드는 아래 API 문서의 설명처럼 매개변수의 타입을 다르게 해서 미리 오버로딩이 적용되어서 제공되고 있습니다.

void	`println()`	Terminates the current line by writing the line separator string.
void	`println(boolean x)`	Prints a boolean and then terminate the line.
void	`println(char x)`	Prints a character and then terminate the line.
void	`println(char[] x)`	Prints an array of characters and then terminate the line.
void	`println(double x)`	Prints a double and then terminate the line.
void	`println(float x)`	Prints a float and then terminate the line. ——— 메서드의 매개변수의 타입이 다릅니다.
void	`println(int x)`	Prints an integer and then terminate the line.
void	`println(long x)`	Prints a long and then terminate the line.
void	`println(Object x)`	Prints an Object and then terminate the line.
void	`println(String x)`	Prints a String and then terminate the line.
protected void	`setError()`	Sets the error state of the stream to true.
void	`write(byte[] buf)`	Writes all bytes from the specified byte array to this stream.

그림8-23 PrintStream 클래스에서 제공하는 여러가지 println() 메서드들

요점 정리

- 오버로딩 생성자는 같은 클래스명으로 만든 여러 개의 생성자입니다.
- 생성자 오버로딩 시 반드시 매개변수의 타입, 순서, 개수가 달라야 합니다.
- 오버로딩 메서드는 같은 메서드 이름으로 만든 여러 개의 메서드입니다.
- 메서드 오버로딩 시 반드시 매개변수의 타입, 순서, 개수가 달라야 합니다.

6 패키지와 import문

일반적으로 자바 프로그램은 여러 개의 클래스로 구성됩니다. 따라서 자바에서는 편리하게 클래스를 분류하고 관리하는 기능을 제공합니다.

6.1 패키지란?

이제까지 하나의 클래스로 실습을 했지만, 실제로 객체 지향 프로그래밍을 해 보면 여러 개의 클래스들로 구성되어 있습니다. 이런 클래스들을 기능별로 묶어서 관리하면 편리한데, 이러한 역할을 하는 것이 패키지입니다. 다음은 일반적인 자바 프로그램의 패키지 구조입니다. 각각의 클래스는 기능별로 패키지로 묶어서 개발 및 관리합니다.

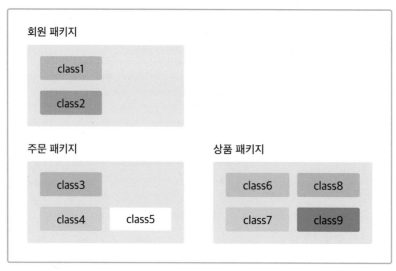

그림8-24 패키지별로 기능을 구현한 자바 쇼핑몰 프로그램 구조

일상 생활에서 휴대전화로 찍은 사진을 보관할 때 각각의 목적에 맞게 폴더를 생성한 후, 나누어서 보관하듯 자바 프로그래밍 시 생성되는 클래스들을 기능별로 패키지를 만들어서 분류해 관리하면 편리하게 개발할 수 있습니다. 패키지의 물리적인 형태는 파일 시스템의 폴더로 나타냅니다.

> **패키지의 정의**
> - 같은 기능을 하는 클래스들끼리 묶어 놓은 그룹
>
> **패키지의 특징**
> - 같은 기능을 하는 클래스들을 편리하게 관리할 수 있습니다.
> - 윈도우의 폴더와 비슷한 개념입니다.
> - JDK에서 제공되는 API는 모두 패키지로 제공됩니다.

6.2 패키지 선언하기

다음은 프로그래밍 시 클래스가 포함되는 패키지를 선언하는 방법입니다. 윈도우에서 폴더 밑에
하위 폴더가 있을 수 있듯이, 패키지도 하위 패키지가 있을 수 있습니다.

패키지 선언 형식

```
package 상위패키지명.하위패키지명;
```

- 반드시 클래스가 정의된 파일의 최상단에 한 번만 선언해야 합니다.
- 패키지명은 숫자로 시작해서는 안되고, '_'와 '$' 이외의 특수문자를 사용해서는 안됩니다.
- 패키지명은 소문자로 작성하는 것이 관례입니다.

다음은 실제 프로그램의 패키지 이름 짓는 방법입니다. 일반적으로 상위 패키지명은 다른 패키
지명과 중복되지 않기 위해서 회사의 도메인명을 역순으로 배열해서 만듭니다. 예를 들어 www.
oracle.com이라는 도메인명을 사용하는 회사에서 개발하는 프로그램에 대해서 패키지명을 만들때
는 도메인명을 역순으로 배열해서 'com.oracle.프로젝트명.기능명.클래스명'순으로 나열합니다.

> **역도메인 명명법**
> - 도메인명을 역순으로 배열합니다.
>   - 예 oracle.com --> com.oracle
> - 쇼핑몰 프로그램(bookshop)의 회원 클래스(MemberController)에 패키지 명명하기
>   - 예 com.oracle.bookshop.member.MemberController

6.3 이클립스에서 패키지 만드는 방법

다음은 이클립스에서 쉽게 패키지를 만드는 방법입니다.

1 _ 자바 프로젝트의 src 위에 마우스 위치 후, **우클릭 > New > Package**를 선택합니다.

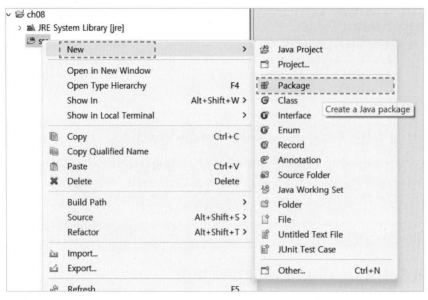

그림8-25 new > package 선택

2 _ [Name] 항목에 "com.oracle.bookshop"을 입력한 후, [Finish]를 클릭합니다.

그림8-26 패키지 이름 설정

3 _ 프로젝트에 "com.oracle.bookshop" 패키지가 생성된 것을 확인할 수 있습니다.

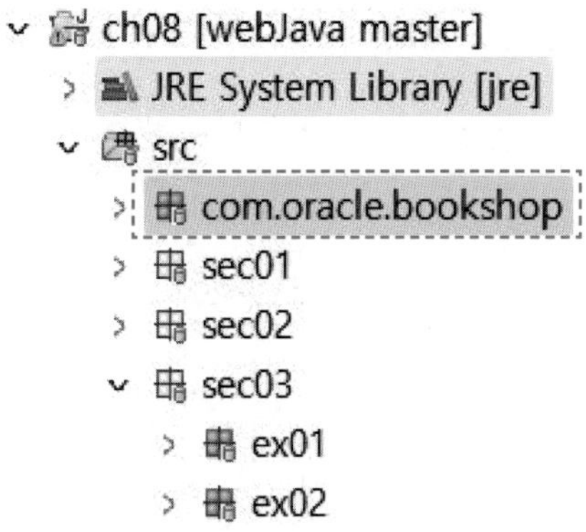

```
∨ 🗂 ch08 [webJava master]
    > 📚 JRE System Library [jre]
    ∨ 🗁 src
        > 🎴 com.oracle.bookshop
        > 🎴 sec01
        > 🎴 sec02
        ∨ 🎴 sec03
            > 🎴 ex01
            > 🎴 ex02
```

그림8-27 패키지 생성 확인

패키지에 클래스 만들기

1 _ 패키지명 위에 마우스 위치 후, **우클릭 > New > Class**를 선택합니다.

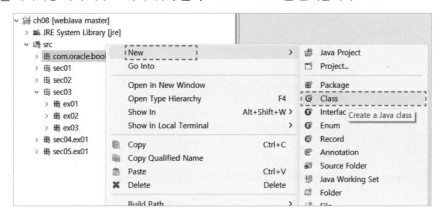

그림8-28 우클릭 > Class 선택

2 _ [Name] 항목에 "Student"를 입력한 후, [Finish]를 클릭합니다.

그림8-29 클래스 이름 설정

3 _ 패키지 아래에 Student 클래스가 생성되고, **Student.java**의 최상단에 자동으로 패키지명이 추가되었습니다.

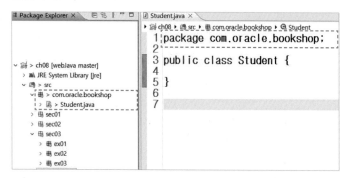

그림8-30 자동으로 추가된 패키지명 확인

4 _ 윈도우 탐색기로 이클립스의 workspace로 이동해서 프로젝트 폴더를 보면 "**com.oracle.bookshop**" 패키지 구조를 가지는 하위 폴더에 Student 클래스가 생성되어 있습니다.

그림8-31 생성된 Student 클래스 파일

JDK에서 제공되는 API들은 이미 각각의 패키지별로 분류되어서 제공되고 있습니다.

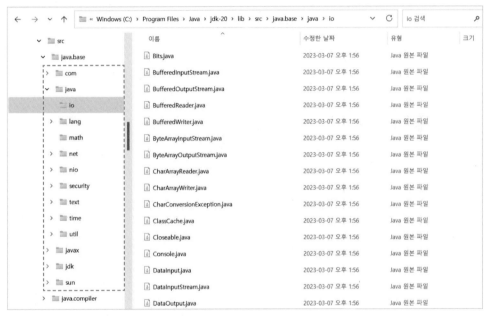

그림8-32 JDK API들의 패키지 구조

6.4 import문이란?

다른 패키지에 있는 클래스를 사용하려면 import문을 이용해서 미리 선언해야 합니다.

6.5 import문 형식

다음은 import문 사용 형식입니다. import 다음에 도트(.)로 구분해서 패키지명과 사용하려고 하는 클래스명을 나열해 줍니다. 클래스명 대신 '*'를 표시하면 해당 패키지의 모든 클래스들을 컴파일 시 import합니다. 실제 프로그래밍 시 '*'를 쓰는 것 보다는 가독성을 위해서 import문으로 모든 클래스들을 지정해 주는 것이 좋습니다. 그리고 JDK에서 제공하는 API 클래스 사용 시

import를 해 주어야 합니다. 단, System이나 String 클래스처럼 **java.lang** 패키지의 API 클래스들은 컴파일 시 자동으로 import됩니다.

```
import 상위패키지.하위패키지.클래스명;     ●──── 해당 패키지의 지정한 클래스만 import합니다.
import 상위패키지.하위패키지.*;          ●──── 해당 패키지의 모든 클래스들을 import합니다.
```

- 반드시 클래스보다 먼저 선언되어야 합니다. (package문 다음에 위치)
- 모든 자바 API를 사용할 때는 반드시 import를 해야 합니다.
- java.lang 패키지의 클래스들은 자동으로 import됩니다.
- import문은 여러 번 선언할 수 있습니다.

다음은 그림처럼 다른 패키지에 위치하는 Student 클래스를 실행 클래스 StudentTest에서 import해서 사용하는 예제입니다. Student 클래스는 "com.oracle.bookshop" 패키지에 구현되어 있습니다.

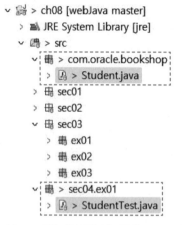

그림8-33 다른 패키지에 있는 클래스 import하기

[직접 코딩해 보기] 다른 패키지에 Student 클래스 구현하기

ch08/com/oracle/bookshop/Student.java

```java
package com.oracle.bookshop;

public class Student {
  String name;
  int grade;

  public Student() {}
```

```
    public Student(String _name) {
      name = _name;
    }

    public Student(int _grade) {
      grade = _grade;
    }

    public Student(String _name, int _grade) {
      name = _name;
      grade = _grade;
    }

    public void getStudInfo() {
      System.out.println("이름: " + name +", 학년: " + grade);
    }
}
```

다른 패키지에 위치한 Student 클래스를 사용하기 위해서 import문을 선언합니다. import문을 사용하지 않고 클래스를 사용하려면 패키지명까지 명시해야 합니다.

[직접 코딩해 보기] 다른 패키지의 Student 클래스 사용하기

ch08/sec04/ex01/StudentTest.java

```
package sec04.ex01;_____ 실행 클래스는 다른 패키지에 위치합니다.


import com.oracle.bookshop.Student;_____ 다른 패키지에 있는 클래스를 사용하기 전에 import합니다.


public class StudentTest {
  public static void main(String[] args) {
  Student s1 = new Student();
//com.oracle.bookshop.Student s1 = new com.oracle.bookshop.Student();
  s1.getStudInfo();              _____ import문을 사용하지 않으면 일일이 클래스의 패키지명을 지정해야 합니다.

  Student s2= new Student("이순신");
  s2.getStudInfo();

  Student s3 = new Student(2);
  s3.getStudInfo();

  Student s4 = new Student("홍길동", 3);
  s4.getStudInfo();
```

```
    }
}
```

[실행결과]

```
이름: null, 학년: 0
이름: 이순신, 학년: 0
이름: null, 학년: 2
이름: 홍길동, 학년: 3
```

※주의

해당 패키지를 import하면 하위 패키지의 클래스들은 자동으로 import되지 않습니다. 그림처럼 bookshop 패키지 아래 다시 member 패키지가 있을 때,

```
import com.oracle.bookshop.*;
```

로 선언 시 bookshop 패키지에 있는 클래스 Student 클래스만 사용할 수 있습니다. College 클래스를 사용하고 싶으면 따로 하위 패키지명까지 지정해서 import를 해 줘야 합니다.

```
import com.oracle.bookshop.member.College;
```

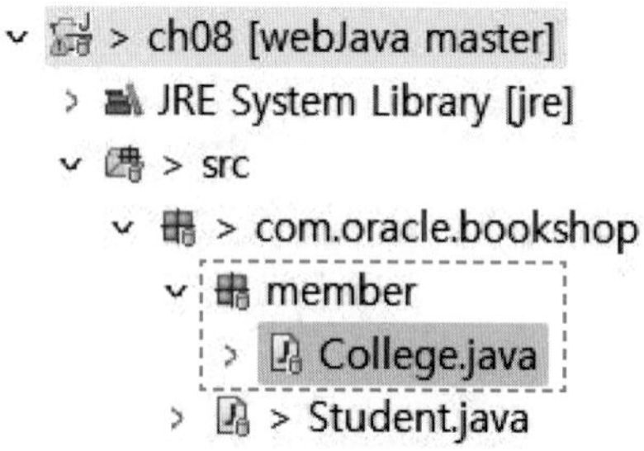

그림8-34 하위 패키지의 클래스 import하기

> 요점 정리 <

- 패키지는 같은 종류의 클래스들을 묶음으로 편리하게 관리하는 기능입니다.
- 다른 패키지의 클래스를 사용하려면 import문으로 먼저 선언해 주어야 합니다.
- JDK에서 제공하는 API를 사용하려면 먼저 import해야 합니다.
- String 클래스처럼 java.lang 패키지의 API 클래스들은 자동으로 import됩니다.

7 기본 타입 변수와 참조 타입 변수

자바의 데이터 타입은 크게 기본 타입과 참조 타입으로 분류됩니다(기본 타입 데이터와 참조 타입 데이터 종류는 3.5절을 참고해 주세요).

7.1 기본 타입 변수와 참조 타입 변수의 특징

변수도 기본 타입 데이터를 가지는 변수와 참조 타입 데이터를 가지는 변수로 구분할 수 있습니다.

> **기본 타입 변수**
> - 변수에 실제 값을 저장합니다.
>
> **참조 타입 변수**
> - 변수에 인스턴스의 위치값을 저장합니다.

기본타입 변수와 참조 타입 변수 선언 후, 변수를 초기화한 다음 메모리의 상태를 나타냅니다. 기본 타입 변수는 실제 대입한 값을 저장합니다. 그러나 참조 타입 변수인 문자열 변수 name에는 String 클래스 인스턴스가 생성된 위치값을 저장합니다.

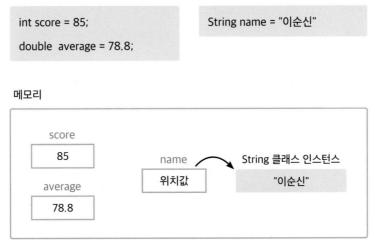

그림8-35 기본 타입 변수와 참조 타입 변수 메모리 상태

다음 그림은 우리가 직접 만든 Student 클래스의 인스턴스를 생성 후, 참조 타입 변수에 대입 시 메모리 상태를 나타냅니다. 참조 타입 변수 s는 Student 클래스 인스턴스가 생성된 메모리의 위치를 가지므로, 인스턴스에 접근하려면 참조 타입 변수 s를 이용해서 접근합니다(자바 메모리 세부 구조는 부록을 참고해 주세요).

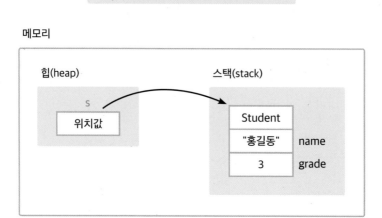

그림8-36 Student 인스턴스를 가리키는 참조 변수

NullPointerException 에러

참조 타입 변수는 반드시 대입 연산자(=)로 인스턴스의 위치를 저장한 후 사용해야 합니다. 참조 타입 변수를 null로 초기화하면 어떤 인스턴스도 위치값도 지정되지 않았으므로, 인스턴스의 필드나 메서드에 접근하면 NullPointerException 예외를 발생시킵니다(null의 실제 값은 0x00000000입니다).

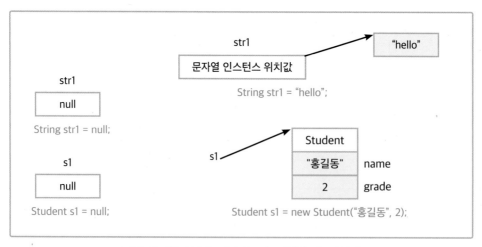

그림8-37 참조 변수에 null과 인스턴스 대입 후 메모리 상태

문자열 변수는 ""로 초기화시킬 수 있습니다. ""의 의미는 문자열 인스턴스를 생성 후, 문자열의 길이가 0이라는 의미입니다. 따라서 참조 변수 str2는 length() 메서드를 호출해도 예외가 발생하지 않습니다.

[직접 코딩해 보기] 참조 타입 변수 사용하기

ch08/sec05/ex01/NullPointerTest.java

```
package sec05.ex01;

public class NullPointerTest {
  public static void main(String[] args) {
    String str1 = null; -------------------------- 참조 변수에 어떤 인스턴스도 지정되지 않았습니다.
//  System.out.println(str1.length()); -------------- null을 지정하고 있는 참조 변수로 문자열 길이 메서드를
                                                       호출하면 예외가 발생합니다.

    str1 = "hello";                     ┄┄┄┐ 참조 변수에 문자열의 위치 값을 지정한 후,
    System.out.println(str1.length());┄┄┄┘ 문자열의 길이를 출력합니다.


    String str2 = ""; -------------------------- str2에 빈 문자열을 지정합니다.
    System.out.println(str2.length()); --------- 빈 문자열이므로 길이 0을 출력합니다.


//  Student s1 = null;          ┄┄┄┐
//  String name = s1.name;      ┠┄┄┄┄ 참조 변수에 null을 대입 후, 멤버에 접근 시 예외가 발생합니다.
//  int grade = s1.grade;       ┄┄┄┘


    Student s1 = new Student("홍길동", 2); ┄┄┄┐
    String name = s1.name;                  ┠┄┄┄ 참조 변수에 인스턴스의 위치값을 지정한 후,
    int grade = s1.grade;                 ┄┄┄┘ 멤버에 접근합니다.


    System.out.println("이름: " + name +", 학년: " + grade);

  }
}



//같은 파일에 다른 클래스 작성 시 public으로 선언하지 않고 작성해야 합니다.
class Student {
  String name;
  int grade;

  public Student(String _name, int _grade) {
    name = _name;
    grade = _grade;
```

```
      }
  }
```

[실행결과]

● **[System.out.println(str1.length()); 실행 시 발생하는 NullPointerException 예외]**

```
Exception in thread "main" java.lang.NullPointerException: Cannot invoke "String.
length()" because "str1" is null at sec05.ex01.NullPointerTest.main(NullPointerTest.
java:7)
```

● **[String name = s1.name; 실행 시 발생하는 NullPointerException 예외]**

```
Exception in thread "main" java.lang.NullPointerException: Cannot read field "name"
because "s1" is null at sec05.ex01.NullPointerTest.main(NullPointerTest.java:13)
```

 알아두면 좋아요

일반적으로 한 개의 파일에는 한 개의 클래스만 작성하는 것이 일반적입니다. 그러나 간단한 클래스인 경우 하나의 파일
에 같이 작성할 수도 있습니다. 이때는 반드시 두 클래스 중 파일 이름과 같은 클래스는 반드시 public으로 선언되어야
하고, 다른 클래스는 public으로 선언되면 안됩니다(자세한 사용법은 부록을 참고하세요).

7.2 기본 타입 매개변수와 참조 타입 매개변수

이번에는 메서드의 매개변수가 기본 타입일 때와 참조 타입일 때 어떻게 동작하는지 알아보겠습
니다. 다음은 메서드의 매개변수 타입이 기본 타입인 메서드를 호출해서 사용하는 과정입니다.
메서드 호출 시, 매개변수가 기본 타입인 경우는 변수의 값이 메서드 호출 시 생성된 매개변수에
복사되어 전달됩니다. 따라서 호출 후 복귀해서 변수의 값을 출력하면 원래의 값이 출력됩니다.

[직접 코딩해 보기] 기본 타입 매개변수를 가지는 메서드 호출하기

ch08/sec05/ex02/CallByValue.java

```
package sec05.ex02;

public class CallByValue {
  public static void main(String[] args) {
    int var1 = 100;
    CallByValue a = new CallByValue();
    int result = a.increase(var1);                    메서드 호출 시 변수의 값이 복사되어
                                                      매개변수 val에 전달됩니다.
    System.out.println("var1: " + var1 + ", result: " + result);
  }
```

```
public int increase(int val) {  ............. 매개변수가 기본 타입이므로 메서드 호출 시 값이
    val++;                                      복사되어 전달됩니다.
    return val;
  }
}
```

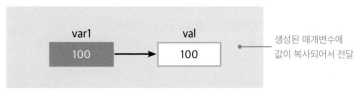

메서드 호출 시

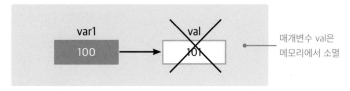

메서드 호출 후

그림8-38 기본 타입 매개변수를 가지는 메서드 호출 전, 후 매개변수 상태

[실행결과]

```
var1: 100, result: 101
```

다음은 메서드의 매개변수가 참조 타입인 배열입니다. 메서드 호출 시 매개변수로 배열을 전달하면 실제 배열이 전달되는 것이 아니라, 배열의 위치값이 전달됩니다. 따라서 그림처럼 메서드 호출 시 매개변수도 같은 배열을 가리키게 됩니다. increase() 메서드 호출 후, 배열 요소의 값을 출력해보면 1씩 증가해 있습니다.

[직접 코딩해 보기] 참조 타입 매개변수를 가지는 메서드 호출하기

ch08/sec05/ex02/CallByRef.java

```
package sec05.ex02;

public class CallByRef {
  public static void main(String[] args) {
    int[] arr = { 100, 200, 300 };
    CallByRef ref = new CallByRef();

    System.out.println("메서드 호출 전");
    for (int i = 0; i < arr.length; i++) {
```

```
            System.out.println("arr[" + i + "]: " + arr[i]);
    }

    ref.increase(arr);      --------------------------- 메서드 호출 시 배열의 위치값이 매개변수로 전달됩니다.
    System.out.println();
    System.out.println("메서드 호출 후");
    for (int i = 0; i < arr.length; i++) {
        System.out.println("arr[" + i + "]: " + arr[i]);     메서드에서 배열에 접근해서 1씩 증가시킨
    }                                                        결과가 출력됩니다.
}

public void increase(int[] val) {
    for (int i = 0; i < val.length; i++) {
        val[i]++;                                    매개변수로 전달된 배열 요소들의 값을 1씩 증가시킵니다.
    }
}
}
```

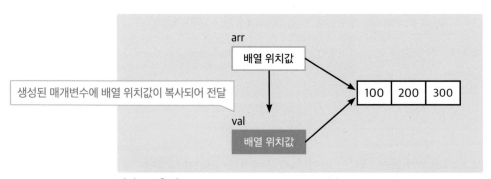

메서드 호출 시

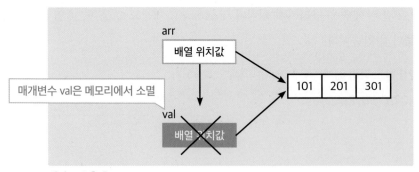

메서드 호출 후

그림8-39 참조 타입 매개변수를 가지는 메서드 호출 전, 후 매개변수 상태

[실행결과]

```
메서드 호출 전
arr[0]: 100
arr[1]: 200
arr[2]: 300

메서드 호출 후
arr[0]: 101
arr[1]: 201
arr[2]: 301
```

이번에는 메서드의 매개변수 타입이 Student 클래스입니다. 메서드 실행 전에는 참조 변수 s1이 Student 인스턴스를 가리킵니다. 메서드 호출 후, 참조 타입 매개변수 s가 생성되어 전달된 s1과 같은 위치를 가리킵니다. 따라서 메서드에선 Student 인스턴스의 필드값을 변경합니다. 메서드 복귀 후 s1이 가리키는 Student 인스턴스의 필드값을 출력해 보면 값이 변경되어 있습니다.

[직접 코딩해 보기] 참조 타입 매개변수를 가지는 메서드 호출하기

ch08/sec05/ex02/CallByRef2.java

```java
package sec05.ex02;

public class CallByRef2 {
  public static void main(String[] args) {
    CallByRef2 st = new CallByRef2();
    Student s1 = new Student("이순신", 3);

    System.out.println("메서드 호출 전");
    System.out.println("이름: " + s1.name);
    System.out.println("학년: " + s1.grade);
                                                    Student s = new Student("이순신", 3);
    System.out.println("\n메서드 호출 후");
    St.setStudInfo(s1);                             메서드 호출 시 s1의 위치값이 Student 타입 매개변수
    System.out.println("이름: " + s1.name);          s로 전달됩니다.
    System.out.println("학년: " + s1.grade);
  }

  public void setStudInfo(Student s) {
    s.name = "홍길동";                               매개변수 s로 전달된 위치에 있는 인스턴스의 필드값을
    s.grade = 2;                                   변경합니다.
  }
}
```

```
class Student{
  String name;
  int grade;

  public Student(String _name, int _grade) {
    name = _name;
    grade = _grade;
  }
}
```

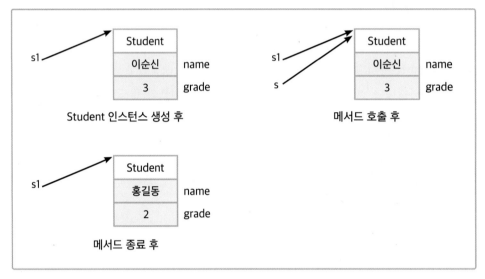

그림8-40 메서드 실행 전, 후 메모리 상태

[실행결과]

메서드 호출 전
이름: 이순신
학년: 3

메서드 호출 후
이름: 홍길동
학년: 2

7.3 문자열 매개변수

마지막으로 메서드의 매개변수 타입이 문자열(String)인 경우에는 어떻게 될까요? 자바에서는 매개변수 타입이 문자열인 경우는 예외적으로 기본 타입 매개변수처럼 동작합니다. **자바 프로그래밍에서 가장 많이 사용되는 데이터는 문자열이므로 쉽게 사용할 수 있도록 기본 타입 매개변수의 동작을 따르게 만들었기 때문입니다.**

다음은 메서드 호출 시 매개변수로 문자열을 전달하는 예제입니다. 문자열은 참조 타입이지만, 메서드 호출 시 문자열을 전달하면 문자열 매개변수가 그림처럼 따로 만들어진 후, 문자열을 복사해서 저장합니다. 따라서 메서드 호출 후 문자열 변수 address의 값을 출력하면 원래 값이 출력됩니다.

[직접 코딩해 보기] 문자열 매개변수를 가지는 메서드 호출하기

ch08/sec05/ex02/CallByString.java

```java
package sec05.ex02;

public class CallByString {
  public static void main(String[] args) {
    String address = "서울시 강남구";
    CallByString str = new CallByString();

    System.out.println("메서드 호출 전");
    System.out.println("address = " + address);

    str.setAddress(address);
    System.out.println();
    System.out.println("메서드 호출 후");
    System.out.println("address = " + address);
  }

  public void setAddress(String addr) {
    addr = "수원시 장안구";
  }
}
```

메서드 호출 시 문자열 매개변수가 따로 생성되어서 문자열이 복사되어 전달됩니다.

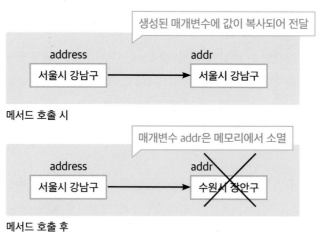

생성된 매개변수에 값이 복사되어 전달

address
서울시 강남구 → addr
서울시 강남구

메서드 호출 시

매개변수 addr은 메모리에서 소멸

address
서울시 강남구 → addr
수원시 장안구

메서드 호출 후

그림8-41 문자열 매개변수를 가지는 메서드 호출 전, 후 매개변수 상태

[실행결과]

```
메서드 호출 전
address = 서울시 강남구

메서드 호출 후
address = 서울시 강남구
```

→ 요점 정리 ←

- 기본 타입 변수는 실제 값을 저장하고, 참조 타입 변수는 인스턴스(객체)의 위치값을 저장합니다.
- 기본 타입 매개변수의 메서드는 메서드 호출 시 매개변수로 실제 값이 복사되어 전달됩니다.
- 참조 타입 매개변수의 메서드는 메서드 호출 시 매개변수로 참조 변수의 위치값이 전달됩니다.
- 문자열 매개변수의 메서드는 메서드 호출 시 매개변수로 문자열이 복사되어서 전달됩니다.

8 클래스 실습

객체 지향 프로그래밍을 잘하는 방법은 주변의 객체를 클래스로 많이 변환해 보는 것입니다. 이번에는 객체 지향 프로그래밍 과정으로 자동차 객체를 클래스로 변환해 보겠습니다.

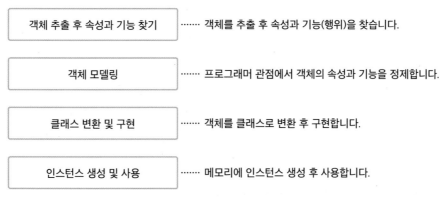

객체 추출 후 속성과 기능 찾기	⋯⋯ 객체를 추출 후 속성과 기능(행위)을 찾습니다.
객체 모델링	⋯⋯ 프로그래머 관점에서 객체의 속성과 기능을 정제합니다.
클래스 변환 및 구현	⋯⋯ 객체를 클래스로 변환 후 구현합니다.
인스턴스 생성 및 사용	⋯⋯ 메모리에 인스턴스 생성 후 사용합니다.

그림8-42 객체 지향 프로그래밍 과정

8.1 객체의 속성과 기능 추출 및 객체 모델링

객체 지향 프로그래밍이 익숙해지면 객체의 속성과 기능을 추출하는 과정과 객체 모델링을 동시에 진행하는 것이 일반적입니다. 다음 표는 자동차 객체의 속성과 기능을 추출한 후, 모델링한 결과입니다.

속성	차 번호, 차 이름, 색상, 배기량, 현재 속도
기능	주행하다, 멈추다, 가속하다, 감속하다, 주차하다, 차량 정보를 출력하다

표8-4 자동차 객체의 속성과 기능

8.2 클래스 변환 및 구현

자동차 객체를 모델링한 후, 객체의 속성과 기능을 클래스의 필드와 메서드로 변환합니다.

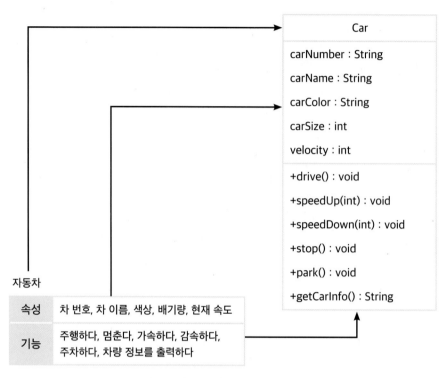

그림8-43 자동차 객체를 클래스로 변환하기

다음은 변환된 자동차 클래스를 자바로 구현한 코드입니다.

[직접 코딩해 보기] Car 클래스 구현하기

ch08/sec06/ex01/Car.java

```java
package sec06.ex01;

public class Car {
    //필드
    String carNumber;
    String carName;
    String carColor;
    int carSize;
    int velocity;

    //생성자
    public Car() {
        System.out.println("기본 Car 클래스 생성자 호출");
```

```java
  }

  public Car(String _carNumber, String _carName, String _carColor,int _carSize, int _velocity) {
    System.out.println("매개변수가 있는 Car 클래스 생성자 호출");
    carNumber = _carNumber;
    carName = _carName;
    carColor = _carColor;
    carSize = _carSize;
    velocity = _velocity;
  }

  public void drive() {
    System.out.println("차를 주행합니다.");
  }

  public void speedUp() {
    velocity = velocity + 1;
  }

  public void speedDown() {
    velocity = velocity - 1;
    if(velocity < 0) {
      velocity = 0;
    }
  }

  public void stop() {
    System.out.println("브레이크를 밟아서 정지합니다.");
    velocity = 0;
  }

  public void park() {
    System.out.println("주차합니다.");
    velocity = 0;
  }

  //필드 정보를 출력하는 메서드
  public void getCarInfo() {
    System.out.println("차 번호: " + carNumber +
                       "\n차 이름: " + carName +
                       "\n차 색상: " +carColor +
                       "\n배기량: " + carSize+ "cc" +
                       "\n현재 속도: " + velocity + "km/h");
  }
```

```
}
```

8.3 인스턴스 생성 및 사용

실행 클래스에서 Car 클래스 인스턴스를 생성 후 사용합니다.

[직접 코딩해 보기] Car 클래스 인스턴스 사용하기

ch08/sec06/ex01/CarTest.java

```java
package sec06.ex01;

public class CarTest {
    public static void main(String[] args) {
        Car myCar = new Car("11가 1111", "소나타", "흰색", 2000, 60);  ┄┄┄┄┄ 생성자를 이용해서 메모리에
                                                                              내 차의 인스턴스를 생성합니다.
        myCar.getCarInfo();
        System.out.println();

        myCar.speedUp();
        myCar.speedUp();
        System.out.println("현재 속도: " + myCar.velocity + "km/h");

        myCar.speedDown();
        System.out.println("현재 속도: " + myCar.velocity + "km/h");

        myCar.stop();
        System.out.println("현재 속도: " + myCar.velocity + "km/h");

        myCar.park();
    }
}
```

[실행결과]

```
매개변수가 있는 Car 클래스 생성자 호출
차 번호: 11가 1111
차 이름: 소나타
차 색상: 흰색
배기량: 2000cc
현재 속도: 60km/h

현재 속도: 62km/h
현재 속도: 61km/h
```

브레이크를 밟아서 정지합니다.

현재 속도 0km/h

주차합니다.

[실습 예제]

다음의 객체들을 클래스로 구현해 보세요(속성과 기능의 개수는 5개 이상입니다).

1. 비행기

2. 스마트폰

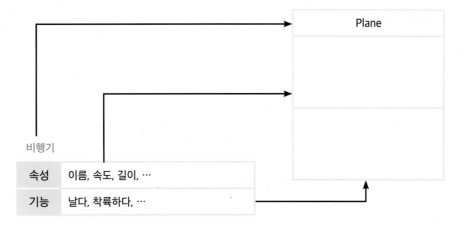

그림8-44 비행기 객체를 클래스로 변환하기

9 렌터카 프로그램 구현하기

이번에는 3절에서 예로 든 렌터카 프로그램에 지금까지 배운 내용을 적용하여 렌터카 프로그램을 직접 구현해 보겠습니다. 우선 렌터카 회사에 관련된 객체를 찾아보면 고객, 차(렌터카), 예약 객체를 발견할 수 있습니다. 아래 그림은 각각의 객체들을 클래스로 변환한 후, 실행 클래스에서 클래스의 인스턴스 생성 후 사용하는 과정입니다.

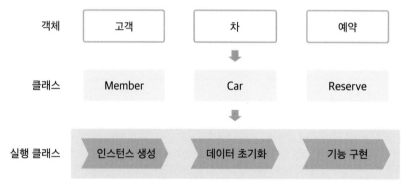

그림8-45 렌터카 조회/예약 프로그램 구현 과정

9.1 객체를 클래스로 변환하기

고객, 차, 예약 객체들의 속성과 기능을 모델링한 후 클래스로 변환합니다.

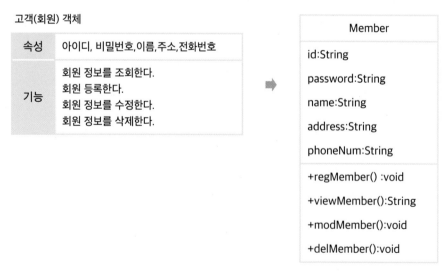

그림8-46 고객 객체를 클래스로 변환하기

차(렌터카) 객체

속성	차 번호,차 이름,색상, 배기량, 제조사
기능	차 정보를 조회한다. 차 정보를 등록한다. 차 정보를 수정한다. 차 정보를 삭제한다.

➡

Car

carNumber: String

carName: String

carColor:String

carSize:int

carMaker: String

+checkCarInfo(): String

+regCarInfo(): void

+modCarInfo(): void

+delCarInfo(): void

그림8-47 렌터가 객체를 클래스로 변환하기

예약 객체

속성	예약 번호 예약 차 번호 예약 일자 차 이용 시작 일자 차 반납 예정 일자
기능	예약 정보를 조회한다. 차를 예약한다. 예약 정보를 수정한다. 예약을 취소한다.

➡

Reserve

resNumber: String

resCarNumber: String

resDate: String

useBeginDate: String

useEndDate: String

+checkResInfo(): String

+resCar(): void

+modResInfo(): void

+cancelResInfo(): void

그림8-48 예약 객체를 클래스로 변환하기

각 객체들의 가장 기본적인 속성과 기능을 클래스의 필드와 메서드로 변환해 봤습니다. 뒷장에서 추가로 객체 지향 개념을 배운 후, 렌터카 프로그램에 반영해서 완성해 나가도록 하겠습니다.

9.2 클래스로 구현하기

다음은 각각의 객체를 클래스로 변환 후, 기능별로 패키지를 만들어서 구현한 프로젝트입니다.

그림8-49 렌터카 프로젝트 패키지 구조

패키지명	설명
member	회원 관련 클래스들을 묶어서 관리합니다.
car	렌터카 관련 클래스들을 묶어서 관리합니다.
res	예약 관련 클래스들을 묶어서 관리합니다.
main	실행 클래스가 위치합니다.

표8-5 렌터카 프로그램 패키지의 구성

다음은 각각의 패키지에 구현한 클래스들입니다. 실행 클래스에서 최종적으로 인스턴스 생성 후, 회원, 차, 예약 정보를 등록, 조회, 수정, 삭제하고 있습니다.

[직접 코딩해 보기] 회원 클래스 구현하기

RentCarApp/com/oracle/rent/ch08/member/Member.java

```java
package com.oracle.rent.ch08.member;

public class Member {
  String id;
  String password;
  String name;
  String address;
  String phoneNum;

  //생성자
  public Member() {

  }
```

```java
public Member(String _id, String _password, String _name, String _address, String _phoneNum) {
    id = _id;
    password = _password;
    name = _name;
    address = _address;
    phoneNum = _phoneNum;
}

//회원 정보 조회
public String viewMember() {
    System.out.println("\n회원 정보를 조회합니다.");
    System.out.println("------------------------");
    String memberInfo = "아이디: " + id
                        +"\n비밀번호: " + password
                        +"\n이름: " + name
                        +"\n주소: " + address
                        +"\n전화번호: " +phoneNum;
    return memberInfo;
}
```

> 회원 클래스의 모든 필드 정보를 출력합니다.

```java
//회원 정보 등록
public void regMember(String _id, String _password, String _name, String _address, String
                                                                                  _phoneNum) {
    System.out.println("회원 가입합니다.");
    id = _id;
    password = _password;
    name = _name;
    address = _address;
    phoneNum = _phoneNum;
}

//회원 정보 수정
public void modMember() {
    System.out.println("\n회원 정보를 수정합니다.");
}

//회원 정보 삭제
public void delMember() {
    System.out.println("\\n회원 정보를 삭제합니다.");
}
}
```

RentCarApp/com/oracle/rent/ch08/Car/Car.java

```java
package com.oracle.rent.ch08.car;

public class Car {
    String carNumber;
    String carName;
    String carColor;
    int carSize;
    String carMaker;

    //생성자
    public Car() {

    }

    public Car(String _carNumber, String _carName, String _carColor, int _carSize,
                                                            String _carMaker) {
        carNumber = _carNumber;
        carName = _carName;
        carColor = _carColor;
        carSize = _carSize;
        carMaker = _carMaker;
    }

    //차 정보 조회
    public String checkCarInfo() {
        System.out.println("\n렌터카 정보를 조회합니다.");
        System.out.println("-------------------------");
        String carInfo = "차 번호: " + carNumber
                        +"\n차 이름: " + carName
                        +"\n차 색상: " + carColor
                        +"\n차 크기: " + carSize +"cc"
                        +"\n차 제조사: " + carMaker;
        return carInfo;
    }

    //차 정보 등록
    public void regCarInfo(String _carNumber, String _carName, String _carColor,
                                    int _carSize,   String _carMaker) {
        System.out.println("차 정보를 등록합니다.");
        carNumber = _carNumber;
        carName = _carName;
```

차 클래스의 모든 필드 정보를 출력합니다.

```java
      carColor = _carColor;
      carSize = _carSize;
      carMaker = _carMaker;
   }

   //차 정보 수정
   public void modCarInfo() {
      System.out.println("\n렌터카 정보를 수정합니다.");
   }

   //차 정보 삭제
   public void delCarInfo() {
      System.out.println("\n렌터카 정보를 삭제합니다.");
   }
}
```

[직접 코딩해 보기] 예약 클래스 구현하기

RentCatApp/com/oracle/rent/ch08/res/Reserve.java

```java
package com.oracle.rent.ch08.res;

   public class Reserve {
      String resNumber;
      String resCarNumber;
      String resDate;
      String useBeginDate;
      String useEndDate;

      //생성자
      public Reserve() {

      }

      public Reserve(String _resNumber, String _resCarNumber, String _resDate,
                                     String _useBeginDate, String _useEndDate) {
         resCarNumber = _resCarNumber;
         resDate = _resDate;
         useBeginDate = _useBeginDate;
         useEndDate = _useEndDate;
      }

      //차 예약 정보 조회 기능
      public String  checkResInfo() {
```

```java
        System.out.println("\n차 예약 정보를 조회합니다.");
        System.out.println("------------------------");
        String resInfo = 예약 번호: " + resNumber
                    + "\n예약 차 번호: " + resCarNumber
                    + "\n예약일자: " + resDate
                    + "\n차 사용 시작 일자: " + useBeginDate
                    + "\n차 반납 예정 일자: " + useEndDate;
        return resInfo;
    }


    //차 예약 기능
    public void resCar(String _resCarNumber, String _resDate,
                                    String _useBeginDate, String _useEndDate) {
        System.out.println("차 예약 정보를 등록합니다.");
        resCarNumber = _resCarNumber;
        resDate = _resDate;
        useBeginDate = _useBeginDate;
        useEndDate = _useEndDate;
    }


    //차 예약 정보 수정 기능
    public void modResInfo() {
        System.out.println("\n차 예약 정보를 수정합니다..");
    }


    //차 예약 정보 취소 기능
    public void cancelResInfo() {
        System.out.println("\n차 예약을 취소합니다.");
    }
}
```

> 예약 클래스의 모든 필드 정보를
> 출력합니다.

[직접 코딩해 보기] 실행 클래스 구현하기

RentCatApp/com/oracle/rent/ch08/main/RentCarApp.java

```java
package com.oracle.rent.ch08.main;

import com.oracle.rent.ch08.car.Car;
import com.oracle.rent.ch08.member.Member;
import com.oracle.rent.ch08.res.Reserve;

public class rentCarApp {
    public static void main(String[] args) {
        //회원, 차, 예약 인스턴스 생성
```

> ─ 다른 패키지의 클래스를 사용하기 위해서 import합니다.

```
        /*
        Member member = new Member("lee", "1234", "이순신", "서울시 도봉구","010-1111-2222");
        Car car = new Car("11가1111", "소나타", "검정", 2000, "현대");
        Reserve reserve = new Reserve("11가1111", "2022-04-30", "2022-05-01", "2022-0508");
        */

        Member member = new Member();
        Car car = new Car();
        Reserve reserve = new Reserve();

        //회원, 차, 예약 정보 등록
        member.regMember("lee", "1234", "이순신", "서울시 도봉구", "010-1111-2222");
        car.regCarInfo("11가 1111", "소나타", "검정", 2000, "현대");
        reserve.resCar("20220708-0001", "11가 1111", "2022-04-30", "2022-05-01", "2022-05-08");

        //회원 정보 조회
        String memberInfo = member.viewMemeber();
        System.out.println(memberInfo);

        //렌터카 정보 조회
        String carInfo = car.checkCarInfo();
        System.out.println(carInfo);

        //예약 정보 조회
        String resInfo = reserve.checkResInfo();
        System.out.println(resInfo);


        //회원, 차, 예약 정보 수정
        ...
        //회원, 차, 예약 정보 삭제
        ...
    }
}
```

[실행결과]

```
회원 가입합니다.
차 정보를 등록합니다.
렌터카를 예약합니다.

회원 정보를 조회합니다.
------------------------
아이디: lee
```

비밀번호: 1234
이름: 이순신
주소: 서울시 도봉구
전화번호: 010-1111-2222

렌터카 정보를 조회합니다.

차 번호: 11가 1111
차 이름: 소나타
차 색상: 검정
차 크기: 2000cc
차 제조사: 현대

차 예약 정보를 조회합니다.

예약 번호: 20220707=0001
예약 차 번호: 11가 1111
예약일자: 2022-04-30
차 사용 시작 일자: 2022-05-01
차 반납 예정 일자: 2022-05-08

연습 문제

1_ 다음 중 객체 지향 프로그래밍의 설명으로 맞는 것은 O, 틀린 것은 X표 하세요.

① 사람이 생각하고 행동하는 방식으로 프로그래밍합니다. (   )

② 일을 처리하는 순서와 과정을 중요하게 여깁니다. (   )

③ 이해하기 쉽고, 모듈화가 쉽습니다. (   )

④ 재사용성이 매우 높습니다. (   )

2_ 다음은 자바 객체 지향 프로그래밍 과정입니다. 밑 칸을 채워주세요.

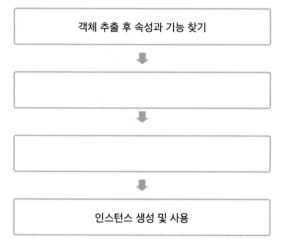

3_ 다음 용어를 간단하게 설명해 주세요.

- 객체
- 객체의 속성
- 객체의 기능
- 객체 모델링
- 클래스
- 인스턴스

4 _ 다음은 클래스의 구성 멤버인 필드, 생성자, 메서드에 관한 설명입니다. 맞는 것은 O표, 틀린 것은 X표 해주세요.

- 필드는 객체의 속성이 변환된 것입니다. (   )
- 생성자는 필드의 초기화를 담당합니다. (   )
- 메서드는 객체의 기능이 변환된 것입니다. (   )
- 클래스의 생성자는 한 개만 존재합니다. (   )

5 _ 인스턴스의 설명으로 틀린 것을 고르세요.

① 클래스는 설계도이고, 인스턴스는 실제 구현된 상태입니다.

② new 연산자를 이용해서 생성합니다.

③ 인스턴스는 한 개만 생성할 수 있습니다.

④ 참조 변수를 통해서 접근합니다.

6 _ 생성자에 대한 설명으로 틀린 것을 고르세요.

① 생성자가 선언되지 않으면 컴파일러가 기본 생성자를 추가합니다.

② 생성자는 필드의 초기화만 가능합니다.

③ 생성자의 리턴 타입은 void로 선언해야 합니다.

④ 생성자를 직접 선언하면, 컴파일러는 더 이상 기본 생성자를 자동으로 추가하지 않습니다.

7 _ 다음 클래스의 필드를 초기화하는 생성자를 구현해 보세요.

```
Student{
  String name;
  String addr;
  int grade;
  int score;

  //이 곳에 생성자를 구현해 주세요.
}
```

8 _ 다음 설명으로 맞는 것은 O표, 틀린 것은 X를 해주세요.

● 클래스에서 생성자는 한 개만 선언할 수 있습니다. ( )

● 메서드는 매개변수의 타입, 순서, 개수를 다르게 해서 여러 개 선언할 수 있습니다. ( )

● 메서드는 리턴 타입을 다르게 해서 여러 개 선언할 수 있습니다. ( )

● 오버로딩은 생성자와 메서드의 재사용성을 높입니다. ( )

9 _ 다음 중 패키지와 import문에 관해서 틀린 것은?

① 패키지는 같은 종류의 클래스들을 묶음으로 관리하는 기능입니다.

② 다른 패키지의 클래스를 사용하려면 import문으로 먼저 해당 패키지의 클래스를 선언해 주어야 합니다.

③ JDK에서 제공하는 API를 사용하려면 먼저 import를 해야 합니다.

④ java.util 패키지의 API들은 자동으로 import됩니다.

10 _ 사람(Person)을 객체 모델링 후, 클래스로 구현해 보세요.

사람

속성	이름, 성별, 나이, 직업, 주소, 직장명, …
기능	먹는다, 일한다, 운전한다, 게임을 한다, …

```java
public class Person {
    String name;
    String gender;
    ...


    //생성자
    //메서드
}
```

```java
public Class PersonTest {
    public static void main(String[] args) {
    //Person 인스턴스 생성


    //신상 정보 출력
    }
}
```

11_ 자연수 1에서 입력받은 임의의 자연수 사이에 존재하는 소수의 합과 두 자연수 사이에 존재하
는 소수의 합을 구하는 메서드를 오버로딩을 이용해서 구현해 보세요.

기능 클래스	클래스명	PrimeUtil
	메서드	public int calcPrime(int num);
		public int calcPrime(int num1, int num2);
실행 클래스	클래스명	PrimeTest

```java
public class PrimeUtil {
  public int calcPrime(int num) {
    //기능 구현

  }


  public int calcPrime(int num1, int num2) {
    //기능 구현

  }
}
```

```java
public class PrimeTest{
  public static void main(String[] args) {
    Scanner sc = new Scanner(System.in);
    System.out.println("정수를 입력하세요");
    String temp = sc.nextLine();
    int num = Integer.parseInt(temp);
    PrimeUtil p = new PrimeUtil();
    int total = p.calcPrime(num);
    ...
    ...
  }
}
```

12 _ 다음은 도서 쇼핑몰을 만들기 위해서 오프라인 서점을 분석한 후 추출한 객체들입니다. 각각의 객체들을 클래스로 변환해서 구현해 보세요.

객체			
고객	상품(도서)		주문

클래스		
Member	Goods	Order

객체	속성	기능	클래스	실행 클래스
고객	아이디 비밀번호 이름 주소 전화번호	회원 정보 등록 회원 정보 조회 회원 정보 수정 회원 정보 삭제	Member	BookShopApp
상품(도서)	도서 번호 도서명 저자 도서 가격 출판일자 출판사	도서 정보 등록 도서 정보 조회 도서 정보 수정 도서 정보 삭제	Goods	
주문	주문 번호 주문 도서 번호 주문자 아이디 주문 수량 주문 날짜	주문 정보 등록 주문 정보 조회 주문 정보 수정 주문 정보 삭제	Order	

```
v 🐾 BookShopApp
  > 🗾 JRE System Library [jre]
  v 🐾 src
    v ⊞ com.oracle.book
      v ⊞ ch08
        v ⊞ goods
          > 🗾 Goods.java
        v ⊞ main
          > 🗾 BookShopApp.java
        v ⊞ member
          > 🗾 Member.java
        v ⊞ order
          > 🗾 Order.java
```

BookShopApp 패키지 구조

09장

클래스 상속

1 클래스 사이의 관계

그림처럼 렌터카 프로그램 실습에서도 보았듯이 실제 프로그램을 개발하면 여러 개의 클래스가 만들어집니다. 그런데 이런 클래스들 사이에는 일정한 관계를 형성하는 경우가 있습니다. 이번에는 클래스들 사이에서 발생하는 관계를 알아보겠습니다.

그림9-1 실제 개발 시 생성되는 여러 가지 클래스들

1.1 is-a 관계

is-a 관계는 한 클래스가 다른 클래스를 구체적으로 설명합니다. 예를 들어, 대학생이나 중학생은 모두 학생의 구체적인 한 갈래입니다. 이런 관계를 is-a 관계라고 합니다. is-a 관계를 가지는 두 객체는 클래스로 변환 시 상속 관계가 됩니다.

- 대학생은 학생입니다. (College is a student)
- 버스는 자동차입니다. (Bus is a car)
- 바나나는 과일입니다. (banana is a fruit)

1.2 use-a 관계

use-a 관계는 클래스가 다른 클래스를 사용하는 관계입니다.

- 학생이 계산기를 사용합니다. (A student uses a calculator)
- 운전사가 자동차를 운전합니다. (A driver uses a Car)
- 자동차가 엔진을 사용합니다. (A car uses an engine)

클래스들 간의 use-a 관계는 이미 많이 사용했습니다. 클래스의 메서드에서 다른 클래스의 인스턴스를 생성한 후, 기능을 사용하는 것이 use-a 관계입니다.

```java
public class CarTest {
  public static void main(String[] args) {
    Car myCar = new Car("11가1111", "소나타", "흰색", 2000, 60);
    myCar.getCarInfo();

    myCar.speedUp();
    myCar.speedUp();
    System.out.println("현재 속도 : " + myCar.velocity + "km/h");
    ...
  }
}
```

클래스의 메서드에서 다른 클래스의 인스턴스 생성 후 사용합니다.

1.3 has-a 관계

has-a 관계는 한 클래스가 다른 클래스를 소유(포함)하는 관계입니다. 이 관계는 소유하는 클래스가 다른 클래스를 필드로 가지는 경우입니다.

- 자동차는 타이어를 가집니다(포함합니다). (A car has a tire)
- 컴퓨터는 모니터를 가집니다. (A computer has a monitor)
- 비행기는 날개를 가집니다. (A plane has a wing)

```java
...
public class Car {
  String carNumber;
  String carName;
  Tire tire;                    Tire 클래스를 필드로 사용합니다.
  ...
}
```

이 세 가지 관계들 외에 자바와 같은 객체 지향 언어는 클래스들 사이에서 더 많은 관계들이 존재합니다. 더 자세한 내용들은 관련 서적을 참고하고, 다음 절에선 가장 많이 사용되는 is-a 관계가 변환된 상속 관계를 알아보겠습니다.

2 상속이란?

is-a 관계를 클래스로 변환한 상속에 관해서 알아보겠습니다.

2.1 상속의 정의와 용도

두 도시 사이에 철도를 건설하는 경우를 생각해 보겠습니다. 그림처럼 C와 D 도시 사이에 산이 있으면 철도를 건설하는 비용이 많이 듭니다.

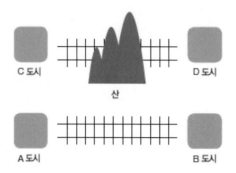

그림9-2 산을 뚫고서 새 철도를 건설하는 경우

그러나 기존의 A와 B 도시에 있는 철도를 이용해서 A와 B 도시를 잇는 철도만 만들어서 사용하면 C와 D 도시에서도 쉽게 철도를 이용해서 왕래할 수 있습니다.

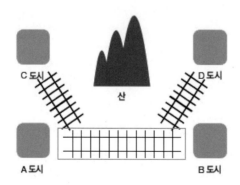

그림9-3 기존의 철도를 재사용해서 철도를 이용하는 경우

클래스와 클래스들 사이에서도 똑같은 개념을 적용할 수 있습니다. 예를 들어 어떤 기능을 하는 A 클래스가 쓰이고 있을 때, 개발 요청이 들어와서 새로운 기능을 하는 B 클래스를 개발한다고 해 봅시다. B 클래스의 기능 중 일부분이 기존 A 클래스에서도 이미 쓰이고 있는 기능이라면, B 클래스에 이미 쓰이고 있는 동일한 기능을 부모에게 상속받듯이 A 클래스의 것을 사용하고, 새로운 기능만 B 클래스에 구현하여 사용하면 훨씬 효율적으로 프로그래밍을 할 수 있습니다.

다음은 자바의 상속의 정의와 용도입니다. 클래스들 사이에 상속을 적용함으로써 중복 코드를 제거해서 가독성이 높아지고, 재사용성이 높아집니다.

정의
- is-a 관계가 성립되는 클래스 관계가 변환된 것입니다.
- 특정 클래스가 가지는 속성과 기능을 다른 클래스가 사용할 수 있게 합니다.

용도
- 클래스의 속성이나 기능을 다른 클래스에서 재사용할 수 있습니다.
- 중복 코드를 제거해서 가독성과 유지보수성이 높아지고, 개발 기간을 단축할 수 있습니다.

그럼 입문자 입장에선 '**복잡하게 생각할 것 없이 각 클래스에서 일일이 구현하여 사용하면 되지 않을까?**'라는 의문을 가질 수 있습니다. 그러나 실제로 개발을 해보면 하나의 기능을 구현하기 위한 소스 코드의 양은 어마어마합니다. 따라서 이러한 기능을 일일이 구현하여 쓴다는 것은 현실적이지 않습니다. 현재의 프로그래밍 추세는 기존의 코드를 재사용하는 방향으로 가고 있습니다. 그리고 대부분의 객체 지향 개념들은 이런 추세에 맞춰서 코드의 재사용성을 높이기 위해 도입된 개념들입니다. 당연히 상속도 코드의 재사용성을 높이기 위한 방법입니다.

2.2 상속 관계로 만드는 방법

이번에는 is-a 관계를 가지는 클래스들 간에 상속을 만드는 방법입니다. 클래스들 간에 상속을 만드는 방법은 크게, '**일반화**'와 '**전문화**'가 있습니다. 일반화는 각각의 클래스들에게서 공통점을 찾아서 부모 클래스를 만드는 방법이고, 전문화는 반대로 한 개의 부모 클래스에서 구체적인 클래스로 분화하는 방법입니다.

일반화
- 각각의 클래스들에서 공통점을 발견합니다.
- 공통점을 모아 놓은 클래스가 부모 클래스가 됩니다.

- 각각의 클래스들은 부모 클래스를 상속받습니다.
- 예) 대학생, 중학생 --> 학생

전문화

- 특정 클래스에서 각각의 하위 클래스로 분화합니다.
- 예) 자동차 --> 승용차, 버스, 트럭

2.3 자바 상속 형식

자바에선 두 클래스 사이의 상속 관계를 'extends' 키워드를 이용해서 나타냅니다.

자바 클래스 상속 형식

```
public class 자식(하위)클래스 extends 부모(상위)클래스{
    //필드
    //생성자
    //메서드
}
```

다음은 두 클래스를 UML의 상속 표기법으로 나타낸 것입니다. 상속 관계는 자식 클래스에서 부모 클래스로 향하는 화살표로 표시합니다.

그림9-4 UML 표기법으로 부모 클래스와 자식 클래스의 상속 관계를 표시

2.4 자바 상속의 특징

다음은 자바 클래스들 사이에서의 상속의 특징입니다. 자바가 다른 언어와 상속에서 다른 점은 **자바는 단일 상속만 지원하고, 다중 상속은 지원하지 않습니다.**

자바 상속의 특징

● 자바는 단일 상속만 지원합니다(**다중 상속 불가**).
● 부모 클래스의 속성과 기능을 자식 클래스에서 자유롭게 사용할 수 있습니다.
● 생성자는 상속되지 않습니다.

다음은 자바에서 단일 상속을 나타낸 그림입니다. 자바는 한 개의 클래스는 반드시 한 개의 클래스에서만 상속을 받아야 합니다.

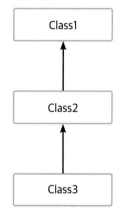

그림9-5 자바의 단일 상속 구조

자바에선 그림처럼 자식 클래스가 동시에 두 개의 클래스로부터 상속을 받을 수 없습니다.

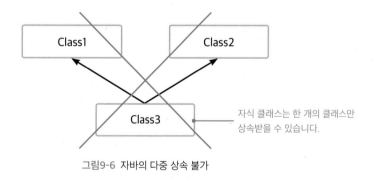

자식 클래스는 한 개의 클래스만 상속받을 수 있습니다.

그림9-6 자바의 다중 상속 불가

이상으로 자바의 상속에 관해서 알아봤습니다. 다음 절에서 학생 클래스를 이용해서 직접 상속의 장점을 알아보겠습니다.

③ 학생 클래스들을 이용한 상속

이번에는 여러 가지 학생 클래스를 이용해서 자바로 상속을 구현해 보겠습니다.

3.1 상속을 이용하지 않고 학생 클래스 구현하기

다음 그림은 중학생과 대학생에서 학생들의 공통 속성과 기능을 추출해서 만든 학생 클래스로 구성된 세 개의 클래스를 나타내고 있습니다. 먼저 상속을 이용하지 않고 각 클래스들을 구현합니다. 따라서 각 클래스에 학생 클래스의 속성과 기능을 중복하여 구현하고 있습니다. 지금은 클래스가 두 개 밖에 되지 않아서 불편함을 느끼지 못하지만, 실제 개발 과정에서는 클래스의 개수가 여러 개이고, 각각의 복잡한 기능을 수행하는 메서드를 일일이 클래스에 구현하면 시간도 많이 걸릴 뿐만 아니라 유지보수 측면에서도 문제가 발생할 수 있습니다.

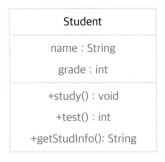

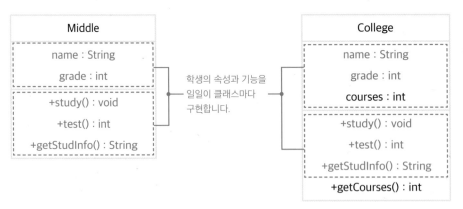

그림9-7 중복되는 속성과 기능을 각 클래스마다 구현

3.2 상속을 이용해서 학생 클래스 구현하기

다음 그림에서는 상속을 이용해서 여러 학생 클래스들의 속성과 기능을 구현하고 있습니다. 먼저 중학생과 대학생이 가지는 공통 속성이나 기능은 학생 클래스로 구현합니다. 그리고 각각의 클래스는 학생 클래스를 상속받아서 사용하면, 일일이 클래스마다 같은 속성과 기능을 구현해 줄 필요 없이, 자신에게 필요한 속성과 기능만 구현하면 됩니다.

그러다 갑자기 '**고등학생**' 클래스를 추가해 달라는 요청이 오면 공통 속성이나 기능은 학생 클래스에서 상속받고, 자신의 고유한 속성과 기능만 추가해서 구현하면 훨씬 가독성과 유지보수성을 높일 수 있습니다.

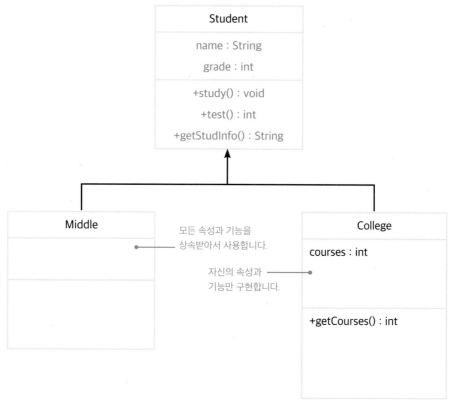

그림9-8 상속을 이용해서 학생 클래스 구현

다음은 자바로 학생 클래스들을 구현한 예제입니다. Middle 클래스는 자신만의 속성과 기능이 필요 없으므로, Student 클래스의 것들을 그대로 상속해서 사용합니다. 반면에 College 클래스는 자신의 학점 필드와 학점을 구하는 메서드를 직접 구현해서 사용합니다.

ch09/sec02/ex01/Student.java

```java
package sec02.ex01;

public class Student {
  protected String name;    ┄┄┐
  protected int grade;      ┄┄┘    ┄┄┄ 일반적으로 부모 클래스 필드는 protected 접근 제한자를 사용합니다.

  public Student() {
    System.out.println("Student 기본 생성자 호출");
  }

  public Student(String _name, int _grade) {
    System.out.println("매개변수가 있는 Student 생성자 호출");
    name = _name;
    grade = _grade;
  }

  public void study() {
    System.out.println("시험 공부를 합니다.");
  }

  public int test() {
    System.out.println("시험 점수입니다.");
    return 0;
  }

  //학생 신상 정보 출력 메서드
  public String getStudInfo() {
    return "이름: " + name + ", 학년: " + grade;
  }
}
```

Middle 클래스와 College 클래스는 '**extends**' 키워드를 이용해서 Student 클래스를 상속받고 있습니다. 따라서 각각의 클래스에선 Student 클래스의 필드 name과 grade에 접근할 수 있습니다.

[직접 코딩해 보기] 중학생 클래스

ch09/sec02/ex01/Middle.java

```
ch09/sec02/ex01/Middle.java
package sec02.ex01;

public class Middle extends Student { _____ extends를 이용해서 Student 클래스를 상속받고 있습니다.
    public Middle(String _name, int _grade) {
        System.out.println("Middle 클래스 생성자 호출");
        name = _name;
        grade = _grade;      생성자 호출 시 상속받는 Student 부모 클래스의 필드에 접근합니다.
    }
}
```

[직접 코딩해 보기] 대학생 클래스

ch09/sec02/ex01/College.java

```
package sec02.ex01;

public class College extends Student { _____ extends를 이용해서 Student 클래스를 상속받고 있습니다.
    private int courses; //학점 _____ 일반적으로 자식 클래스의 필드는 private로 지정합니다.

    public College(String _name, int _grade, int _courses) {
        System.out.println("College 생성자 호출");
        name = _name;
        grade = _grade;      생성자 호출 시 상속받는 Student 클래스의 필드에 접근합니다.
        courses = _courses;
    }

    public int getCourses() {
        return courses;
    }
}
```

실행 클래스에서 자식 클래스의 인스턴스 생성 시 자식 클래스는 자동으로 부모의 기본 생성자를 호출해서 먼저 부모 클래스인 Student 클래스의 인스턴스를 메모리에 생성한 후, 자신의 인스턴스를 생성합니다. 인스턴스 생성 후 참조 변수를 이용해서 메모리에 생성된 부모 인스턴스의 필드와 메서드에 접근할 수 있습니다.

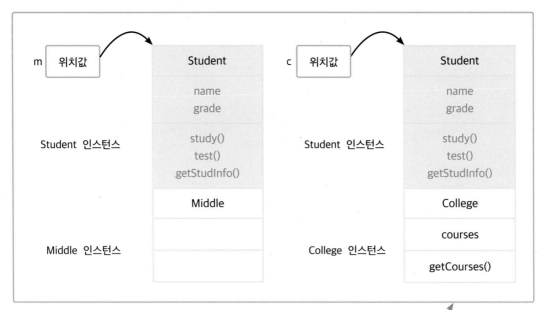

그림9-9 자식 클래스 인스턴스 생성 후 메모리 상태

[직접 코딩해 보기] 자식 클래스 인스턴스를 사용하는 실행 클래스

ch09/sec02/ex01/College.java

```java
package sec02.ex01;

public class StudentTest {
    public static void main(String[] args) {
        String sinsang = null;
        Middle m = new Middle("이순신", 2);
        College c = new College("홍길동", 3, 20);

        sinsang = m.getStudInfo();                   부모 인스턴스의 메서드에 접근해서 신상 정보를 얻습니다.
        System.out.println("학생 정보");
        System.out.println("-------------------------------------------");
        System.out.println(sinsang);

        sinsang = c.getStudInfo();                   부모 인스턴의 메서드에 접근해서 신상 정보를 얻습니다.
        System.out.println("학생 정보");
        System.out.println("-------------------------------------------");
        System.out.println(sinsang + ", 수강 학점: " + c.getCourses() + "점");
    }
}
```

[실행결과]

Student 기본 생성자 호출
Middle 클래스 생성자 호출   ────── 자식 클래스 생성자 호출 시 부모 클래스인
Student 기본 생성자 호출   Student 생성자가 먼저 호출됩니다.
매개변수가 3개인 College 생성자 호출

Student 클래스의 getStudInfo() 메서드입니다.
이름: 이순신, 학년: 2

Student 클래스의 getStudInfo() 메서드입니다.
이름: 홍길동, 학년: 3, 수강 학점: 20점

실행 결과를 보면 Middle 클래스나 College 클래스 인스턴스를 생성하면 먼저 부모 클래스인 Student 생성자가 먼저 호출됩니다. 현실에서도 부모가 먼저 존재해야 자식이 있듯이 자바에서도 자식 클래스 인스턴스를 생성하면 자동으로 부모 클래스의 생성자를 먼저 호출해서 부모 클래스의 인스턴스를 생성한 후, 자식 클래스의 인스턴스를 생성합니다(실제로는 super()를 호출해서 부모 생성자를 호출합니다. 자세한 내용은 다음 절에서 다룹니다).

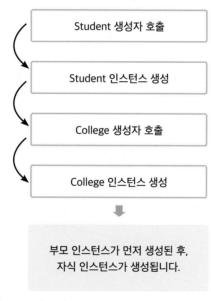

그림9-10 자식 클래스 인스턴스 생성 과정

다음은 각각의 하위 클래스 생성자를 호출할 때 메모리의 상태입니다. UML 클래스 계층도와는 달리 실제 메모리에서는 하위 클래스 생성자를 호출하면 부모 클래스 인스턴스가 각각 하위 클래스 인스턴스에 따로 만들어집니다.

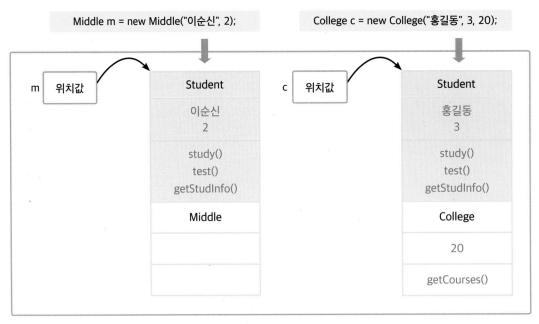

그림9-11 자식 클래스 생성자 호출 시 실제 메모리 상태

UML 클래스 계층 구조는 사용자 입장에서 쉽게 이해하기 위한 표현일 뿐 실제 메모리에선 각각의 하위 클래스에 대해서 부모 클래스 인스턴스가 생성됩니다.

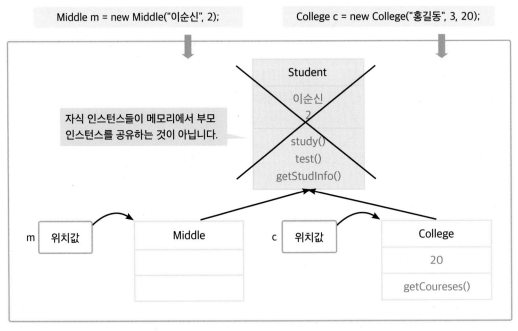

그림9-12 잘못 알고 있는 자식 인스턴스 호출 시 메모리 상태

3.3 여러 계층 상속 클래스

이번에는 여러 계층 구조로 이루어진 클래스들의 상속을 알아보겠습니다. 다음 그림에서는 Middle 클래스가 Student 클래스를 상속받고, Student 클래스는 다시 Person 클래스를 상속받는 구조를 나타냈습니다. 자식 클래스는 바로 위의 부모 클래스는 물론, 모든 상위 클래스의 속성과 기능을 상속받아서 사용할 수 있습니다. 따라서 Middle 클래스는 Person 클래스의 성별(gender)과 나이(gender) 필드를 자유롭게 사용할 수 있습니다.

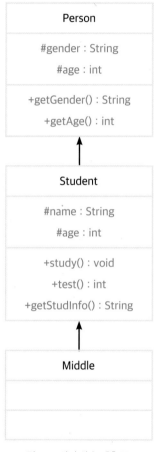

그림9-13 여러 상속 계층 구조

다음은 여러 계층 상속 구조를 이루는 클래스들을 구현한 예제입니다. 하위 클래스 Middle 클래스 생성자를 호출하면 상속받는 클래스 중 최상위(조상) 클래스인 Person 클래스의 생성자부터 차례대로 호출해서 클래스 인스턴스를 메모리에 생성합니다.

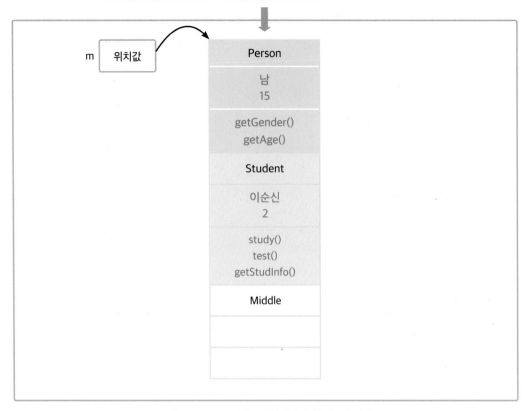

Middle m = new Middle("이순신", 2, "남", 15);

Person
남
15
getGender()
getAge()
Student
이순신
2
study()
test()
getStudInfo()
Middle

m 위치값

그림9-14 Middle 클래스 생성자 호출 후 메모리 상태

[직접 코딩해 보기] Person 클래스

ch09/sec02/ex02/Person.java

```java
package sec02.ex02;

public class Person {
  protected String gender;
  protected int age;
```

┄┄┄┄ 조상 클래스의 필드의 접근 제한자는 protected로 지정합니다.

```java
  public Person() {
    System.out.println("Person 기본 생성자 호출");
  }

  public Person(String _gender, int _age) {
    System.out.println("Person 기본 생성자 호출");
    gender = _gender;
    age = _age;
  }
```

```java
  public String getGender() {
    return gender;
  }

  public int getAge() {
    return age;
  }
}
```

[직접 코딩해 보기] Student 클래스

ch09/sec02/ex02/Student.java

```java
package sec02.ex02;

public class Student  extends Person {
  protected String name;
  protected int grade;

  public Student() {
    System.out.println("Student 기본 생성자 호출");
  }

  public Student(String _name, int _grade) {
    System.out.println("매개변수가 있는 Student 생성자 호출");
    name = _name;
    grade = _grade;
  }

  public void study() {
    System.out.println("시험 공부를 합니다.");
  }

  public int test() {
    System.out.println("시험 점수입니다.");
    return 0;
  }

  // 학생 신상 정보 출력 메서드
  public String getStudInfo() {
    System.out.println("Student 클래스의 getStudInfo() 메서드입니다.");
    return "이름: " + name + ", 학년: " + grade;
  }
}
```

[직접 코딩해 보기] Middle 클래스

ch09/sec02/ex02/Middle.java

```
package sec02.ex02;

public class Middle extends Student { ,
  public Middle(String _name, int _grade) {
    System.out.println("매개변수가 2개인 Middle 클래스 생성자 호출");
    name = _name;
    grade = _grade;
  }

  public Middle(String _name, int _grade, String _gender, int _age) {
    System.out.println("매개변수가 4개인 Middle 클래스 생성자 호출");
    name = _name;      ┄┄┄┐
    grade = _grade;        ┆
                           ├┄┄┄ 상위 클래스의 필드에 접근해서 초기화합니다.
    gender = _gender;      ┆
    age = _age;        ┄┄┄┘
  }
}
```

[직접 코딩해 보기] 실행 클래스

ch09/sec02/ex02/StudentTest.java

```
package sec02.ex02;

public class StudentTest {
  public static void main(String[] args) {
    String sinsang = null;
    String gender = null;
    int age = 0;
    Middle m = new Middle("이순신", 2, "남", 15);┄┄┄┄┄┄┄┄┄ 자식 클래스 인스턴스를 생성합니다.
    sinsang = m.getStudInfo(); ┄┄┄┐
    gender = m.getGender();        ├┄┄┄ 상위 클래스의 메서드에 자유롭게 접근합니다.
    age = m.getAge();          ┄┄┄┘

    System.out.println("\n학생 정보");
    System.out.println("------------------------------------------------");
    System.out.println(sinsang + " 성별: " + gender + ", 나이: " + age);
  }
}
```

[실행결과]

```
Person 기본 생성자 호출
Student 기본 생성자 호출
매개변수가 4개인 Middle 클래스 생성자 호출
Student 클래스의 getStudInfo() 메서드입니다.

학생 정보
-----------------------------------------
이름: 이순신, 학년: 2 성별: 남, 나이: 15
```

Middle 클래스 생성자 호출 시 자동으로
최상위 클래스 생성자부터 호출해서
조상 클래스 인스턴스를 생성합니다.

▶ 요점 정리 ◀

- 클래스들의 관계 중 is-a 관계가 상속으로 변환됩니다.
- 상속을 이용하면 코드의 재사용성을 높일 수 있고, 중복 코드를 제거해서 가독성과 유지보수성을 좋게 할 수 있습니다.
- 클래스가 상속 관계이면 자식 클래스는 부모 클래스의 필드와 메서드를 자유롭게 사용할 수 있습니다.
- 클래스가 여러 계층 구조를 이룰 시, 하위 클래스는 모든 상위 클래스의 필드와 메서드를 자유롭게 사용할 수 있습니다.

4. super와 this

super와 this 키워드를 이용하면 코드 작성 시 가독성을 높일 수 있습니다.

4.1 super의 기능

super는 자식 클래스에서 부모 클래스 인스턴스를 가리킬 때 사용하는 키워드입니다. super를 사용하면 부모 클래스의 필드나 메서드임을 확실하게 나타낼 수 있습니다.

---

super의 정의와 용도

- 정의
  - 자식 클래스에서 부모 클래스 인스턴스를 가리키는 키워드

- 용도
  ① 부모 생성자를 호출
  - 자식 생성자의 첫 줄에서 부모 생성자 호출
  - 명시적으로 호출하지 않으면 컴파일 시 컴파일러가 super()를 자동으로 추가합니다.
  ② 부모 클래스의 필드 호출
  - 자식 클래스에서 부모 클래스의 필드명에 붙여서 사용합니다.
  - super를 사용해서 가독성을 높일 수 있습니다.
  - super.age, super.getAge();

다음은 자식 클래스에서 super를 이용해서 부모 클래스의 생성자를 호출하는 예제입니다. 하위 클래스에서 부모 클래스의 필드에 접근할 경우 super를 사용해서 가독성을 좋게 할 수 있습니다.

[직접 코딩해 보기] Student 클래스

ch09/sec02/ex03/Student.java

```java
package sec02.ex03;

public class Student {
  protected String name;
  protected int grade;

  public Student() {
```

```java
        System.out.println("Student 기본 생성자 호출");
    }

    public Student(String _name, int _grade) {
        System.out.println("매개변수가 있는 Student 생성자 호출");
        name = _name;
        grade = _grade;
    }

    public void study() {
        System.out.println("시험 공부를 합니다.");
    }

    public int test() {
        System.out.println("시험 점수입니다.");
        return 0;
    }

    // 학생 신상 정보 출력 메서드
    public String getStudInfo() {
        System.out.println("Student 클래스의 getStudInfo() 메서드입니다.");
        return "이름: " + name + ", 학년: " + grade;
    }
}
```

자식 클래스 생성자에서 super()를 이용해서 부모의 기본 생성자를 호출합니다. super()는 반드시 생성자의 첫 줄에 작성해야 합니다. 매개변수가 있는 부모 생성자도 super를 이용해서 호출할수 있습니다. 그리고 자식 클래스에서 부모 클래스의 필드에 접근 시 super를 사용해서 가독성을 높일 수 있습니다.

[직접 코딩해 보기] College 클래스

ch09/sec02/ex03/College.java

```java
package sec02.ex03;

public class College extends Student {
    private int courses;
                                                              super로 부모 클래스 필드로 구분되므로
                                                              매개변수도 필드명과 동일하게 사용할 수
    public College(String name, int grade, int _courses) {    있습니다.
        super();                      명시적으로 부모 클래스의 기본 생성자를 호출합니다.
//      super(name, grade);           명시적으로 부모 클래스의 매개변수가 2개인 생성자를 호출합니다.
        System.out.println("College 생성자 호출");
```

```
//    super();------------------------------ super()를 첫 줄이 아닌 다른 줄에 작성하면 에러가 발생합니다.

      super.name = name;  ┄┄┐
      super.grade = grade; ┠┄┄ super를 이용해서 부모 클래스의 필드임을 명시적으로 표시합니다.
      courses = _courses; ┄┄┘
  }


  public int getCourses() {
    return courses;
  }
}
```

[직접 코딩해 보기] Middle 클래스

ch09/sec02/ex03/Middle.java

```
package sec02.ex03;

public class Middle extends Student {
  public Middle(String name, int grade) {          super로 부모 클래스 필드로 구분되므로 매개변수도
    super();                                        필드명과 동일하게 사용할 수 있습니다.
    System.out.println("Middle 클래스 생성자 호출");
    super.name = name;   ┐
    super.grade = grade; ┠─ super를 이용해서 부모 클래스의 필드임을 명시적으로 표시합니다.
  }
}
```

4.2 this의 기능

this는 인스턴스 자신이 자기를 가리킬 때 사용하는 변수입니다. 즉, super()처럼 자신의 다른 생성자를 호출하거나, 자신의 필드를 명시적으로 지정해서 가독성을 높일 수 있습니다.

> **this의 정의와 용도**
> - 정의
>   - 자기 자신의 인스턴스를 가리킬 때 사용합니다.
> - 용도
>   ① 자신의 다른 생성자를 호출합니다
>   - 생성자의 첫 줄에서 다른 생성자 호출
>   - this(), this(매개변수1, …)
>   ② 자신의 필드 호출 시 사용합니다.

- 지역변수(생성자 매개변수)와 필드명이 동일한 경우에 필드명 앞에 붙여서 사용합니다.
- this.필드명;

this를 이용하면 자신의 필드임을 명시적으로 나타낼 수 있으므로, 메서드나 생성자의 매개변수 이름도 필드와 동일하게 할 수 있습니다.

[직접 코딩해 보기] this를 이용해서 생성자 매개변수 이름을 필드명과 같게 하기

ch09/sec02/ex04/Student.java

```
package sec02.ex04;

public class Student {
  protected String name;
  protected int grade;

  public Student() {
    System.out.println("Student 기본 생성자 호출");
  }

  public Student(String name, int grade) {
    System.out.println("매개변수가 있는 Student 생성자 호출");
    this.name = name;       ┄┄┄┐
    this.grade = grade;┄┄┄┄┘┄┄┄ this를 이용해서 필드와 매개변수를 같은 이름으로 사용할 수 있습니다.
  }

  …

}
```

이제까지 기본 생성자를 호출해서 인스턴스를 생성하면 필드를 초기화할 수 없었습니다. 그러나 this(매개변수1,…)를 이용하면 기본 생성자 호출 시 다시 다른 생성자를 호출할 수 있으므로 인스턴스 필드를 초기화할 수 있습니다. this(매개변수1,…)는 반드시 생성자 첫 줄에 작성해야 합니다.

[직접 코딩해 보기] this()를 이용해서 자신의 다른 생성자 호출하기

ch09/sec02/ex04/College.java

```
package sec02.ex04;

public class College extends Student {
  private int courses;
```

```
  public College() {
    this("이순신", 2, 20);
    System.out.println("College 클래스의 기본 생성자 호출");
    //this("이순신", 2, 20);  ────────────────────── 첫 줄에서 호출하지 않으면 에러가 발생합니다.
  }
                                    this를 이용해서 매개변수가 3개인 자신의 다른 생성자를 호출합니다.

  public College(String name, int grade, int courses) {
    super();                                    this를 이용해서 매개변수 이름을
    System.out.println("매개변수가 3개인 College 생성자 호출");   필드와 같게 할 수 있습니다.

    super.name = name;
    super.grade = grade;
    this.courses = courses;
  }


  public int getCourses() {
    return courses;
  }
}
```

기본 생성자를 호출해서 College 클래스의 인스턴스를 생성 후, 학생 정보를 출력하면 '이순신' 학생의 정보가 출력됩니다.

[직접 코딩해 보기] 실행 클래스

ch09/sec02/ex04/StudentTest.java

```
package sec02.ex04;

public class StudentTest {
  public static void main(String[] args) {
    String sinsang = null;
    College c1 = new College("홍길동", 3, 22);
    College c2 = new College();  ──────────────── 기본 생성자를 호출하면 다시 매개변수가
                                                3개인 생성자를 재호출합니다.

    System.out.println();
    sinsang = c1.getStudInfo();
    System.out.println("학생 정보");
    System.out.println("-------------------------------------------");
    System.out.println(sinsang + ", 수강 학점: " + c1.getCourses() + "점");

    System.out.println();
```

```
        sinsang = c2.getStudInfo();
        System.out.println("학생 정보");
        System.out.println("-------------------------------------------");
        System.out.println(sinsang + ", 수강 학점: " + c2.getCourses() + "점");
    }
}
```

[실행결과]

Student 기본 생성자 호출
매개변수가 3개인 College 생성자 호출
Student 기본 생성자 호출
매개변수가 3개인 College 생성자 호출
College 클래스의 기본 생성자 호출

Student 클래스의 getStudInfo() 메서드입니다.

학생 정보

이름: 홍길동, 학년: 3, 수강 학점: 22점
Student 클래스의 getStudInfo() 메서드입니다.

학생 정보
--- ●────── 기본 생성자를 호출해서 생성된
이름: 이순신, 학년: 2, 수강 학점: 20점   인스턴스의 필드값을 출력합니다.

▶ 요점 정리 ◀

- super와 this를 사용하면 가독성을 높일 수 있습니다.
- super는 부모 클래스의 생성자 호출하거나, 부모 클래스 필드를 명시적으로 표시할 때 사용합니다.
- this는 자기 자신의 다른 생성자를 호출하거나, 자신의 필드를 명시적으로 표시할 때 사용합니다.

5 오버라이딩 메서드

상속 구조에서 메서드를 재사용하는 방법을 알아보겠습니다.

5.1 오버라이딩이란?

자식 클래스는 부모 클래스의 메서드를 상속받아서 사용할 수 있습니다. 그러나 어떤 경우에는 부모 클래스에서 제공하는 메서드를 그대로 쓰기에는 불편한 경우가 있습니다. 그런데 큰 의미에선 상위 메서드의 기능과 별 차이가 없으므로 가독성을 위해서 메서드의 이름만 빌려온 후, 메서드의 구현은 자식 클래스에서 재정의해서 사용하는 것을 **오버라이딩(Overriding) 메서드**라고 합니다.

> **메서드 오버라이딩 규칙**
> - 메서드의 이름, 리턴 타입, 매개변수(**순서, 개수, 타입**)이 동일해야 합니다.
> - static, final, private가 지정된 메서드는 오버라이딩할 수 없습니다.

이번에는 앞에서 실습한 학생 클래스들을 이용해서 메서드 오버라이딩 전과 후를 비교해 보겠습니다.

5.2 오버라이딩을 사용하지 않고 학생 클래스 구현하기

다음은 오버라이딩 메서드를 사용하지 않고 학생의 신상 정보를 출력하는 예제입니다. getStudInfo() 메서드는 자식 클래스에게 자신의 신상 정보를 출력하는 기능을 제공합니다.

[직접 코딩해 보기] Student 클래스

ch09/sec03/ex01/Student.java

```
package sec03.ex01;

public class Student {
  protected String name;
  protected int grade;

  public Student() {
    System.out.println("Student 기본 생성자 호출");
```

```
    }

    public Student(String name, int grade) {
      System.out.println("매개변수가 있는 Student 생성자 호출");
      this.name = name;
      this.grade = grade;
    }

    public void study() {
      System.out.println("시험 공부를 합니다.");
    }

    public int test() {
      System.out.println("시험 점수입니다.");
      return 0;
    }
    //학생 신상 정보 출력 메서드
    public String getStudInfo() {
      System.out.println("Student 클래스의 getStudInfo() 메서드입니다.");        하위 학생 클래스들의
      return "이름: " + name + ", 학년: " + grade;                            필드 정보를 출력합니다.
    }
}
```

Middle 클래스는 학생 정보를 출력하기 위해서 부모 클래스인 Student 클래스에서 제공하는 getStudInfo() 메서드를 호출해서 만족스럽게 학생 정보를 출력합니다. 그러나 College 클래스의 경우에는 getStudInfo() 메서드를 호출 후, 다시 자신의 학점 정보를 구하기 위해서 다시 getCourses() 메서드를 호출해서 신상 정보를 출력합니다. 이 경우 College 클래스 경우에는 부모 클래스에서 제공하는 메서드의 기능을 믿고서 사용했는데 100% 자신이 원하는 결과를 얻지 못했습니다. 이런 식으로 짜깁기하듯이 프로그래밍하는 것은 좋지 않습니다. 만일 실제 개발 시 하위 클래스의 필드가 10개이면 그만큼 일일이 작성해 주어야 합니다. 결국 유지보수나 가독성에 문제가 생기게 됩니다.

[직접 코딩해 보기] 학생들의 신상 정보를 출력하는 실행 클래스

ch09/sec03/ex01/StudentTest.java

```
package sec03.ex01;

public class StudentTest {
  public static void main(String[] args) {
    String sinsang = null;
    Middle m = new Middle("이순신", 2);
```

```
        College c = new College("홍길동", 3, 20);


        sinsang = m.getStudInfo();
        System.out.println("학생 정보");
        System.out.println("------------------------------------------");
        System.out.println(sinsang);


        System.out.println();
        sinsang = c.getStudInfo();
        System.out.println("학생 정보");
        System.out.println("------------------------------------------");
        System.out.println(sinsang + ", 수강 학점: " + c.getCourses() + "점");
    }
}
```

중학생의 학생 정보는
getStudInfo() 메서드를
이용해서 모두 출력합니다.

대학생의 학생 정보는
getStudInfo() 메서드를
호출 후 다시 학점 정보를
따로 구해서 출력합니다.

5.2 오버라이딩을 사용해서 학생 클래스 구현하기

이번에는 College 클래스의 학생 정보를 한꺼번에 얻을 수 있도록 getStudInfo() 메서드를 오버라이딩해 보겠습니다. College 클래스에서 Student 클래스의 getStudInfo() 메서드를 @Override 애너테이션을 이용해서 오버라이딩하고 있습니다. @Override 어노테이션(annotation)은 생략해도 되나, 이것을 붙여주면 컴파일러에게 메서드가 재정의되었다는 것을 알려주고, 개발자에게 가독성을 높여주므로 붙여주는 것이 좋습니다(어노테이션은 29장에서 자세히 배웁니다).

[직접 코딩해 보기] 메서드를 오버라이딩한 College 클래스

ch09/sec03/ex02/College.java

```java
package sec03.ex02;

public class College extends Student {
  private int courses;

  public College() {
    this("이순신", 2, 20);
    System.out.println("College 클래스의 기본 생성자 호출");
  }

  public College(String name, int grade, int courses) {
    super();
    System.out.println("매개변수가 3개인 College 생성자 호출");

    super.name = name;
    super.grade = grade;
```

```
      this.courses = courses;
    }

    public int getCourses() {
        return courses;
    }

    @Override........................ 가독성을 위해서 표시해 주는 것이 좋습니다.
    public String getStudInfo() {
        System.out.println("College 클래스의 getStudInfo() 메서드입니다.");
        return "이름>> "+ name + ", 학년>> " +grade + ", 신청 학점>> " + courses;
    }
}
```
        getStudInfo()
        메서드를
        오버라이딩합니다.

실행 클래스에서 College 클래스 인스턴스를 가리키는 참조 변수로 getStudInfo() 메서드를 호출하면 이번에는 College에 오버라이딩한 getStudInfo() 메서드가 호출됩니다. 이번에는 실행 클래스에서 따로 필드를 불러와서 다른 작업 없이 100% 원하는 결과를 출력하고 있습니다.

[직접 코딩해 보기] 오버라이딩한 메서드를 호출하는 실행 클래스

ch09/sec03/ex02/StudentTest.java

```
package sec03.ex02;

public class StudentTest {
    public static void main(String[] args) {
        String sinsang = null;
        Middle m = new Middle("이순신", 2);
        College c = new College("홍길동", 3, 20);

        sinsang = m.getStudInfo();
        System.out.println("\n학생 정보");
        System.out.println("-------------------------------------------");
        System.out.println(sinsang);

        System.out.println();
        sinsang = c.getStudInfo();................ 메서드 호출 시 오버라이딩한 getStudInfo() 메서드가 호출됩니다.
        System.out.println("학생 정보");
        System.out.println("-------------------------------------------");
        System.out.println(sinsang);
//      System.out.println(sinsang + ", 수강 학점: " + c.getCourses() + "점");
    }
}
```

```
Student 기본 생성자 호출
Middle 클래스 생성자 호출
Student 기본 생성자 호출
매개변수가 3개인 College 생성자 호출
Student 클래스의 getStudInfo() 메서드입니다.


학생 정보
-------------------------------------------
이름: 이순신, 학년 2
```

```
College 클래스의 getStudInfo() 메서드입니다.

학생 정보
-------------------------------------------
이름 >> 홍길동, 학년 >> 3, 학점 >> 20
```
→ 오버라이딩한 getStudInfo()를 호출해서 모든 필드값을 한 번에 출력합니다.

오버로딩과 오버라이딩의 차이점

구분		오버로딩	오버라이딩
공통점		메서드 이름을 재사용합니다.	
차이점	매개변수	개수, 타입, 순서가 달라야 합니다.	개수, 타입, 순서가 같아야 합니다.
	상속 관계	상속과 관련 없습니다.	반드시 상속이 전제되어야 합니다.

표9-1 오버로딩과 오버라이딩의 차이점

5.4 도형을 이용해서 메서드 오버라이딩하기

다음은 가로, 세로 길이를 이용해서 사각형과 삼각형의 넓이를 구하는 기능을 메서드를 오버라이딩해서 구현해 보겠습니다. 다음은 도형 클래스들의 계층 구조입니다. 각각의 도형 클래스들은 넓이를 구하는 기능을 부모 클래스인 Shape 클래스에서 상속을 받아서 사용합니다.

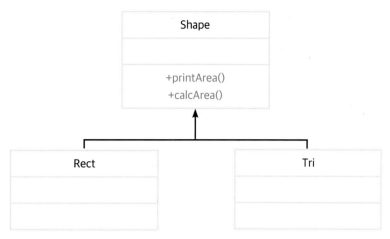

그림9-15 도형 클래스의 계층 구조

Shape 클래스는 사각형의 넓이를 구하는 경우가 많으므로 사각형의 넓이를 구하는 메서드와 넓이를 출력하는 메서드를 구현합니다.

[직접 코딩해 보기] Shape 부모 클래스

ch09/sec03/ex03/Shape.java

```java
package sec03.ex03;

public class Shape {
  public void printArea(float area) {
    System.out.println("도형 넓이: " + area);
  }

  public float calcArea(float width, float height) {
    float area = width * height;
    return area;
  }
}
```

--- 사각형의 넓이를 계산하는 메서드를 미리 구현합니다.

사각형 클래스와 삼각형 클래스는 Shape 클래스의 메서드를 그대로 상속받아서 넓이를 구한 후, 결과를 출력합니다.

[직접 코딩해 보기] 사각형 클래스

ch09/sec03/ex03/Rect.java

```java
package sec03.ex03;
```

```
public class Rect extends Shape {
  public Rect() {
    System.out.println("Rect 클래스 기본 생성자 호출");
  }
}
```

[직접 코딩해 보기] 삼각형 클래스

ch09/sec03/ex03/Tri.java

```
package sec03.ex03;

public class Tri extends Shape {
  public Tri() {
    System.out.println("Tri 클래스 기본 생성자 호출");
  }
}
```

실행 클래스에서 가로, 세로 길이로 삼각형과 사각형의 넓이를 구한 후 출력합니다. 그런데 사각형의 경우는 부모 클래스의 메서드를 호출해서 사용하면 충분합니다. 그러나 삼각형의 넓이는 부모 메서드를 호출 후 다시 "1.0F / 2.0F"으로 나누어야 하므로 사용하기 불편합니다.

[직접 코딩해 보기] 실행 클래스

ch09/sec03/ex03/ShapeTest.java

```
package sec03.ex03;

public class ShapeTest {
  public static void main(String[] args) {
    int width = 10;
    int height = 20;
    Rect rec = new Rect();
    float area  = rec.calcArea(width, height);  ............... 사각형의 넓이를 구하는 경우 부모 클래스의
    rec.printArea(area);                                        메서드를 그대로 사용해서 구합니다.

    System.out.println();
    Tri tri = new Tri();
    area = 1.0F/2.0F * tri.calcArea(width, height);  ......... 삼각형의 넓이를 구하는 경우 부모 클래스의 메
    tri.printArea(area);                                       서드를 그대로 사용할 수 없습니다.
  }
}
```

[실행결과]

```
Rect 클래스 기본 생성자 호출
도형 넓이: 200.0

Tri 클래스 기본 생성자 호출
도형 넓이: 100.0
```

이번에는 삼각형 클래스에 부모 클래스의 calcArea() 메서드를 재정의합니다.

[직접 코딩해 보기] 부모 클래스의 메서드를 오버라이딩한 삼각형 클래스

ch09/sec03/ex04/Tri.java

```java
package sec03.ex04;

public class Tri extends Shape {
  public Tri() {
    System.out.println("Tri 클래스 기본 생성자 호출");
  }

  @Override
  public float calcArea(float width, float height) {         부모 클래스의 메서드를 오버라이딩해서
    float area = 1.0F/2.0F * width * height;                  삼각형의 넓이를 구합니다.
    return area;
  }
}
```

그리고 실행 클래스에서 calcArea()를 호출 시, 이번에는 Tri 클래스에 오버라이딩한 calcArea() 메서드가 호출되어 삼각형의 넓이를 구할 수 있으므로 코드가 더 간결해집니다.

[직접 코딩해 보기] 오버라이딩한 메서드를 호출하는 실행 클래스

ch09/sec03/ex04/ShapeTest.java

```java
package sec03.ex04;

public class ShapeTest {
  public static void main(String[] args) {
  int width = 10;
    int height = 20;
    Rect rec = new Rect();
    float area  = rec.calcArea(width, height);
    rec.printArea(area);
```

```
        System.out.println();
        Tri tri = new Tri();
//      area = 1.0f/2.0f * tri.calcArea(width, height);
        area = tri.calcArea(width, height); ------------------ 오버라이딩한 메서드를 호출합니다.
        tri.printArea(area);
    }
}
```

[실행결과]

```
Rect 클래스 기본 생성자 호출
도형 넓이: 200.0

Tri 클래스 기본 생성자 호출
도형 넓이: 100.0
```

 알아두면 좋아요

부모의 메서드를 자식 클래스에서 오버라이딩 시 일반적으로 부모 메서드의 접근 제한자를 그대로 사용합니다. 그러나 자식 클래스에서 오버라이딩 메서드의 접근 제한자를 변경하는 경우는 부모 메서드의 접근 제한자보다 더 넓은 접근을 허용하는 제한자만 가능합니다(부모 메서드의 접근 제한자가 public이면 오버라이딩 메서드의 접근 제한자는 public만 가능합니다).

5.5 오버라이딩 메서드에서 부모 메서드 호출하기

실제 개발 시 자식 클래스에 메서드를 오버라이딩할 경우 처음부터 오버라이딩하기보다는 일단 부모 클래스의 메서드에서 제공하는 기능을 사용해서 결과값을 가지고 온 후, 결과값에 작업을 하는 방법으로 오버라이딩하는 것이 일반적입니다.

다음 그림은 회사의 직원들의 클래스의 상속 구조입니다. 이 회사의 직원 구성은 정규직과 임시직으로 나눌 수 있습니다. 그런데 각 직원의 총 급여를 계산할 때 정규직은 직원 클래스의 calcTotalPay() 메서드를 사용하여 계산합니다. 그런데 임시직은 정규직보다 월 급여가 적은 대신 일한 시간만큼 따로 계산하여 총 급여를 지급받기 때문에 직원 클래스의 calcTotalPay() 메서드를 오버라이딩하여 임시직의 총 급여를 계산합니다.

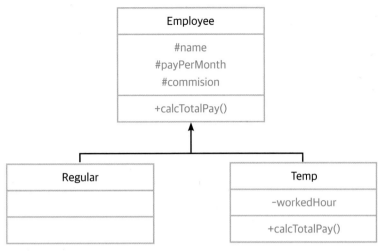

그림9-16 직원 클래스의 계층 구조

직원(Employee) 클래스에는 정규직 직원들의 급여를 구하는 메서드가 구현되어 있습니다.

[직접 코딩해 보기] 직원 클래스

ch09/sec03/ex05/Employee.java

```java
package sec03.ex05;

public class Employee {
  protected String name;   //직원 이름
  protected int payPerMonth;   //월 급여
  protected int commision;      //성과급

  public Employee(String name, int payPerMonth, int commision) {
    this.name = name;
    this.payPerMonth = payPerMonth;
    this.commision = commision;
  }



  int calcTotalPay() {
    int totalPay = 12 * payPerMonth + commision;      ┈┈┈ 정규직 직원의 총 급여를 구합니다.
    return totalPay;
  }
}
```

정규직 클래스는 부모 클래스인 직원 클래스의 기능을 그대로 상속받아서 사용합니다.

[직접 코딩해 보기] 정규직 클래스

ch09/sec03/ex05/Regular.java

```
package sec03.ex05;

public class Regular extends Employee {
  public Regular(String name, int payPerMonth, int commision) {
    super(name, payPerMonth, commision);
  }
}
```

임시직의 총 급여는 정규직의 급여와 일한 시간에 시간당 급여를 곱한 후, 다시 더해야 합니다. 따라서 오버라이딩 메서드에선 우선 정규직 급여는 super를 이용해서 부모 클래스의 메서드를 호출해서 계산합니다. 그리고 다시 결과값에서 시간당 급여를 계산 후 총 급여를 리턴합니다. 임시직 급여 계산 과정은 부모의 메서드 호출 없이 자식 클래스의 오버라이딩한 메서드에서 한꺼번에 할 수 있습니다. 그러나 실제 개발 시 오버라이딩해서 사용하는 메서드들은 이 예제처럼 부모의 메서드를 호출해서 결과값을 얻어온 후, 자식 클래스의 오버라이딩한 메서드에서 가공해서 사용하는 것이 일반적입니다. **이런 경우는 주로 안드로이드 앱 개발 시 제공하는 API들의 메서드를 사용할 때 많이 나타납니다.**

[직접 코딩해 보기] 임시직 클래스

ch09/sec03/ex05/Temp.java

```
package sec03.ex05;

public class Temp extends Employee {
  private int workedHour;

  public Temp(String name, int payPerMonth, int commision, int workedHour) {
    super(name, payPerMonth, commision);
    this.workedHour = workedHour;
  }



  @Override
  int calcTotalPay() {
    // int totalPay = 12 * payPerMonth + commision + workedHour * 2000;
    int temp = super.calcTotalPay();          super를 이용해서 부모 클래스의 메서드를
                                              호출해서 결과값을 얻습니다.
```

```
    int tempTotalPay = temp + workedHour * 2000; _____ 임시직은 일한 시간에 2,000원을 곱한 뒤
    return tempTotalPay;                                      결과값에 더해 총 급여를 구합니다.
  }
}
```

임시직인 '홍길동' 사원의 총 급여는 Temp 클래스의 재정의된 메서드를 호출해서 구합니다.

[직접 코딩해 보기] 실행 클래스

ch09/sec03/ex05/EmpTest.java

```
package sec03.ex05;

public class EmpTest {
  public static void main(String[] args) {
    String name;
    int totalPay;
    Employee Hong, Lee;
    Lee = new Regular("이순신", 2000000, 5000000);
    Hong = new Temp("홍길동", 1500000, 0, 500);

    System.out.println("사원 정보 출력");
    System.out.println("-----------------------------------------------");
    name = Lee.name;
    totalPay = Lee.calcTotalPay(); _____ 부모 클래스의 메서드를 호출합니다.
    System.out.println("사원 이름: " + name + ", 총 급여: " + totalPay + "원");

    name = Hong.name;
    totalPay = Hong.calcTotalPay(); _____ 자식 클래스의 오버라이딩 메서드를 호출합니다.
    System.out.println("사원 이름: " + name + ", 총 급여: " + totalPay + "원");
  }
}
```

[실행결과]

```
사원 정보 출력
-----------------------------------------------
사원 이름: 이순신, 총 급여: 29000000원
사원 이름: 홍길동, 총 급여: 19000000원
```

→ 요점 정리 ←

- 메서드 오버라이딩은 부모 메서드를 자식 클래스에서 다시 재정의해서 사용합니다.
- 메서드 오버라이딩 시 메서드의 이름, 리턴 타입, 매개변수(순서, 개수, 타입)는 반드시 동일해야 합니다.
- 메서드 오버라이딩은 반드시 상속이 전제되어야 합니다.
- 안드로이드와 같이 실제 개발 중에는 super를 이용해서 부모 메서드를 호출한 후, 그 결과값을 이용해서 오버라이딩 메서드를 구현합니다.

6 접근 제한자

이번에는 접근 제한자를 자세히 알아보겠습니다.

6.1 접근 제한자의 정의와 종류

접근 제한자는 이미 클래스, 필드, 메서드, 생성자 앞에 붙어서 많이 사용했습니다. 접근 제한자 (Access Modifier)는 말 그대로 클래스의 멤버에 접근을 제한하는 용도로 사용됩니다. 클래스나 멤버 앞에 아무 것도 지정 안 해 주면 default 제한자로 지정됩니다.

접근 제한자
- 정의
  - 클래스와 클래스의 멤버(필드, 메서드, 생성자)에 접근하는 범위를 제한하는 용도로 사용하는 지정자
- 종류

public: 모든 외부 클래스에서 접근 가능

protected: 같은 패키지에 있는 클래스와
          상속 관계의 클래스들만 접근 가능

default: 같은 패키지에 있는 클래스만 접근 가능

private: 같은 클래스 내에서만 접근 가능

접근 제한이
강화됩니다.

다음은 클래스의 멤버에 접근 제한자를 사용하는 경우를 다루는 예제입니다. 접근 제한자는 클래스 자신과 클래스의 멤버인 필드, 메서드, 생성자에 붙여서 사용됩니다.

```java
public class Student {
  public String name;
  protected int grade;
  private String address;
  int age; _____ 지정하지 않으면 default입니다.

  public Student() {
    System.out.println("Student 기본 생성자 호출");
  }


  void study() { _____ 지정하지 않으면 default입니다.
    System.out.println("시험 공부를 합니다.");
  }

  private int test() {
    System.out.println("시험 점수입니다.");
    return 0;
  }


}
```

다음은 패키지를 기준으로 각 접근 제한자들의 접근 범위를 나타내고 있습니다. protected 접근 제한자는 주로 상속 관계에 있는 부모 클래스의 멤버에서 주로 사용합니다. default 제한자는 같은 패키지에서만 접근이 가능합니다.

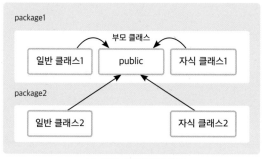

public 접근 제한자 접근 범위

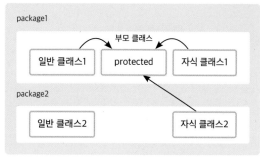

protected 접근 제한자 접근 범위

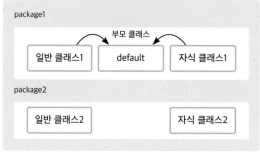

default 접근 제한자 접근 범위

private 접근 제한자 접근 범위

그림9-17 패키지 기준으로 각 접근 제한자의 접근 범위

다음은 필드에 여러 가지 접근 제한자로 지정한 뒤 다른 클래스에서 접근하는 예제입니다. grade 필드가 private로 지정되어 있으므로 직접 접근이 불가능합니다. 따라서 외부에서 grade 필드에 접근하려면 public으로 지정한 getGrade() 메서드를 통해서 간접 접근해야합니다.

[직접 코딩해 보기] Student 클래스

ch09/sec04/ex02/Student.java

```
package sec04.ex02;

public class Student {
  String name;
  private int grade;------------------------------- private로 지정되었으므로 다른 클래스에서는 접근이 불가능합니다.

  public Student() {
    System.out.println("Student 기본 생성자 호출");
  }

  public Student(String name, int grade) {
    System.out.println("매개변수가 있는 Student 생성자 호출");
    this.name = name;
    this.grade = grade;
  }
```

```
public int getGrade() {
    return grade;
}

...

}
```

public으로 지정되어 있으므로 외부에서 접근할 수 있습니다.
그리고 같은 클래스에 있으므로 grade에 접근할 수 있습니다.

실행 클래스에서 Student 클래스 인스턴스의 멤버에 접근합니다. name은 default이므로 도트(.)
연산자로 직접 접근이 가능합니다. 그러나 grade는 private이므로 직접 접근이 불가능합니다. 일
반적으로 필드가 private로 지정되어 있으면 public으로 지정된 메서드를 통해서 간접 접근합니다.

[직접 코딩해 보기] 실행 클래스

ch09/sec04/ex02/StudentTest.java

```
package sec04.ex02;

public class StudentTest {
    public static void main(String[] args) {
        Student s1 = new Student("홍길동", 3);
        System.out.println("학생의 이름 :" + s1.name);
                                            외부 클래스에서 직접 접근합니다.

//      System.out.println("학생의 학년 :"+ s1.grade);
        System.out.println("학생의 학년 :" + s1.getGrade());   외부 클래스에서 직접 접근 시 에러가 발생합니다.
    }                                                       메서드를 통해서 grade 필드에 간접 접근합니다.
}
```

[실행결과]

```
매개변수가 2개인 Student 생성자 호출
학생의 이름: 홍길동
학생의 학년: 3
```

6.2 캡슐화(은닉화)란?

접근 제한자는 객체 지향 개념 중 캡슐화와 관계가 깊습니다. 일상에서 우리는 자동차 운전을 하
면, 일단 시동을 걸고 기어를 주행에 놓고 가속기를 밟아서 자동차를 운전합니다. 즉, 자동차의 복
잡한 기능을 몰라도 정해진 규칙이나 순서만 따르면 자동차를 운전할 수 있습니다. 자바 프로그램
에서도 접근 제한자를 이용해서 클래스의 멤버에 접근하는 방법을 일정하게 만들면 이런 효과를

얻을 수 있습니다. 즉, 사용자가 임의로 조작하는 것을 배제함으로써 코드가 복잡해지는 것을 막고, 기능의 사용 방법도 일정하게 유지해서 통일성을 유지할 수 있습니다.

> **캡슐화**
> ● 정의
> - 접근 지정자를 사용하여 클래스의 필드나 메서드에 접근하는 방법을 일정하게 함으로써 프로그램이 일관성 있게 동작 및 관리되도록 합니다.

캡슐화 예제

이번에는 Data 클래스의 x, y, value 필드가 있는 경우, value에 x와 y의 합을 저장하는 예제를 통해 캡슐화에 관해 알아보겠습니다.

먼저 캡슐화를 이용하지 않고 value에 x, y의 합을 저장하는 예제입니다. 모든 필드가 public으로 지정되었으므로 외부 클래스에서 직접 접근 가능합니다.

[직접 코딩해 보기] Data 클래스

ch09/sec04/ex02/Data.java

```
package sec04.ex03;

public class Data {
  public int x, y;          ┈┈┈┈┈ 외부 클래스에서 필드에 직접 접근할 수 있습니다.
  public int value;         ┈┈┈┈┘

  public Data(int x, int y) {
    this.x = x;
    this.y = y;
  }
}
```

실행 클래스에서 x, y에 직접 접근해서 합을 value에 저장하고 있습니다. 그러나 이런 방식으로 각각의 필드에 직접 접근하여 값을 저장하면 value에 x와 y의 합이 100% 저장된다고 보장할 수 없습니다. 예를 들어, 담당 프로그래머가 퇴사하여 새로 입사한 프로그래머는 value에 x, y의 합을 저장하라고 했을 때 실제 개발할 때의 소스의 양이 엄청 많으므로 고의는 아니더라도 실수로 '+' 대신 '＊'를 사용할 수도 있습니다.

그리고 이렇게 직접 접근하면 유지 관리 관점에서도 좋지 않습니다. 예를 들어, value에 x와 y의 곱을 저장하라고 했을 때, 일일이 'd.x + d.y' 부분을 찾아서 코드를 수정해야 합니다. 당연히 코드의 양이 많으면 수정 못하는 부분도 생기게 됩니다.

[직접 코딩해 보기] 실행 클래스

ch09/sec04/ex02/DataTest.java

```
package sec04.ex03;

public class DataTest {
  public static void main(String[] args) {
    Data d = new Data(5, 5);
    d.value = d.x + d.y;--------------------- 직접 접근해서 value에 합을 저장합니다.
//  d.value = d.x * d.y;--------------------- 실수로 value에 x와 y의 곱을 저장합니다.
  }
}
```

다음은 필드에 private 접근 제한자를 적용해서 필드에 메서드를 통해서 간접 접근하게 했습니다. value에 x, y의 합을 저장하기 위해서는 직접 접근이 아니라, setValue() 메서드를 통해서 값을 저장해야 합니다. 그리고 value의 값을 가지고 오는 경우는 getValue() 메서드로 접근합니다.

[직접 코딩해 보기] Data 클래스

ch09/sec04/ex04/Data.java

```
package sec04.ex04;

public class Data {
  private int x, y; ┄┄┄
                        ┝┄┄┄ 필드 직접 접근을 금지합니다.
  private int value; ┄┄┘

  public Data(int x, int y) {
    this.x = x;
    this.y = y;
  }

  public void setValue() { ┄┄┄
    value = x + y;             ┝┄┄┄ 메서드로 value에 x, y의 합을 저장합니다.
  }                        ┄┄┘

  public int getValue() { ┄┄┄
    return value;             ┝┄┄┄ value에 접근해서 값을 얻습니다.
  }                        ┄┄┘
```

```
  }
```

이번에는 필드에 직접 접근하여 에러가 발생합니다. 따라서 value에 값을 저장할 땐 setValue() 메서드로 간접 접근해야 합니다. 그리고 값을 가져올 때는 getValue() 메서드를 이용해서 가져옵니다. 이런 식으로 접근 제한자로 일정하게 접근 방법을 지정하면 어떤 경우에도 value에는 x와 y의 합을 저장됨을 보장합니다.

[직접 코딩해 보기] 실행 클래스

ch09/sec04/ex04/DataTest.java

```java
package sec04.ex04;

public class DataTest {
  public static void main(String[] args) {
    Data d = new Data(5, 5);
//  d.value = d.x + d.y; _____ 직접 접근 시 에러가 발생합니다.
    d.setValue(); _____ 메서드를 통해서 value에 값을 저장합니다.
    int value = d.getValue(); _____ 메서드를 통해서 값을 가지고 옵니다.
    System.out.println("value : " + value);}
}
```

[실행결과]

```
value : 11
```

접근 제한자를 사용하면 외부에서 변수에 접근하는 것을 제한함으로써 소스 코드가 좀 더 일관성을 유지할 수 있습니다. 자바에서 제공하는 API 클래스들의 기능은 캡슐화를 통해 사용자에게 여러 가지 기능을 제공합니다. 즉, 사용자는 내부의 세부적인 사항은 모르더라도 정해진 규칙대로만 실행문을 작성하면 원하는 기능을 얻을 수 있게 만들어 놓았습니다. 그 대표적인 예로 자바에서 데이터베이스를 연결할 때 사용되는 기능인 JDBC를 들 수 있습니다. JDBC 기능은 23장에서 자세히 알아보겠습니다.

6.3 getter/setter를 통해서 필드에 접근하기

앞에서 클래스의 멤버 변수에 접근할 때 메서드를 이용하여 간접 접근하는 모습을 살펴보았는데, 우리가 추출한 객체를 클래스로 변환한 후 그 클래스의 필드에 접근할 땐 메서드를 사용하여 간접 접근하는 것이 일반적입니다. 이때 사용되는 메서드를 **getter/setter 메서드**라고 합니다.

이번에는 getter/setter 메서드로 필드에 접근하는 예제입니다. 회원 클래스 필드에는 회원의 개인정보가 저장됩니다. 개인 정보는 민감한 정보이므로 직접 접근해서 사용하면 문제가 생길 수 있습니다. 그러므로 필드에 접근 시 getter/setter 메서드를 이용해서 여러 가지 작업을 해 줄 수 있습니다.

예를 들어, jumin 필드에 주민 번호 저장 시, setJumin() 메서드에서 암호화 작업을 해 줄 수 있습니다. 그리고 getJumin() 메서드에서 주민번호를 가지고 오기 전에 뒷자리 별표(*) 처리와 같은 작업을 해 줄 수 있습니다. 예외적으로 boolean 타입 필드의 getter 메서드는 "is" + 필드명()으로 메서드 이름을 만듭니다.

[직접 코딩해 보기] 회원 클래스

ch09/sec04/ex05/Member.java

```
package sec04.ex05;

public class Member {
  private String jumin;
  private String name;
  private boolean adult; //성인 여부

  public String getJumin() {
      //보안 등의 이유로 리턴하기 전 주민번호 뒷자리를 "*" 처리해 줄 수 있습니다.
      int idx = jumin.indexOf("-");
      String front = jumin.substring(0, idx);

      String temp = (jumin.substring(idx + 1, jumin.length()));
      String end = "";

      for(int i = 0 ; i < temp.length(); i++) {
        if(i == 0) {
          end += temp.charAt(i);
        }else {
          end += "*";
        }
      }

    return front + "-" + end;
  }

  public void setJumin(String jumin) {
  // 저장 시에 암호화 할 수 있습니다.
    this.jumin = jumin;
```

```
  }

  public String getName() {
    return name;
  }

  public void setName(String name) {
    this.name = name;
  }

  public boolean isAdult() {          ┄┄┐
    return adult;                        ┆┄┄┄┄ boolean 타입은 "is" + 필드명()으로 메서드 이름을 만듭니다.
  }                                    ┄┄┘

  public void setAdult(boolean adult) {
    this.adult = adult;
  }

}
```

[직접 코딩해 보기] 실행 클래스

ch09/sec04/ex05/MemberTest.java

```java
package sec04.ex05;

public class MemberTest {
  public static void main(String[] args) {
    Member member = new Member();       ┄┄┄┐
    member.setName("홍길동");               ┆
    member.setJumin("111111-2222222");     ┆
    member.setAdult(true);                 ┆
                                           ┆┄┄┄┄ 필드에 getter/setter로 접근합니다.
    String name = member.getName();        ┆
    String jumin = member.getJumin();      ┆
    boolean adult = member.isAdult();   ┄┄┄┘

    System.out.println("이름: " + name);
    System.out.println("주민번호: " + jumin);
    System.out.println("성인 여부: " + adult);
  }
}
```

[실행결과]

이름: 홍길동
주민번호: 111111-1******
성인 여부: true

 알아두면 좋아요

클래스의 필드 개수가 많아지면 일일이 getter/setter를 만들면 불편합니다. 따라서 이클립스에선 자동으로 getter/setter 만드는 기능을 제공합니다. 클래스에서 필드 선언 후, **마우스 우클릭 > [Source] > [Generate Getters and Setters]** 메뉴를 선택하면 선언한 필드의 getter/setter 설정 창이 뜹니다.

→ 요점 정리 ←

- 접근 제한자를 이용해서 클래스와 클래스 멤버에 접근을 제한할 수 있습니다.
- 접근 제한자는 public, protected, default, private 네 가지가 있습니다.
- 일반적으로 상속 관계에서 부모 클래스의 필드는 protected로 지정합니다.
- 일반적으로 클래스의 필드 접근 시 getters/setters 메서드를 사용합니다.

7 자동차를 이용한 상속 실습

객체 지향 프로그래밍을 잘하기 위해선 실생활의 객체를 클래스로 많이 변환해 봐야 합니다. 그 다음으로 여러 객체들을 상속 관계로 많이 변환해 보면 객체 지향 프로그래밍에 더욱 익숙해질 수 있습니다.

이번에는 주위의 객체들 중 is-a 관계를 가지는 객체들을 상속 관계로 만든 후, 클래스로 구현해 보겠습니다. 우리 주위에는 여러 가지 차들이 존재합니다. 승용차, 버스, 트럭은 모두 자동차의 종류입니다. 따라서 자동차의 공통적인 속성과 기능을 가지고 있으면서 동시에, 각각의 차들은 자신만의 고유한 속성과 기능도 가지고 있습니다.

- 승용차는 자동차이다(Sedan is a car).
- 버스는 자동차이다(Bus is a Car).
- 트럭은 자동차이다(Truck is a Car).

is-a 관계를 상속 관계로 변환하면 Car 클래스를 하위의 자동차 클래스가 상속받는 구조가 됩니다.

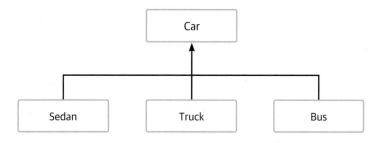

그림9-18 is-a 관계를 가지는 객체를 클래스의 상속 관계로 변환하기

다음 단계는 각각의 클래스에 대한 속성과 기능을 찾아서 필드와 메서드로 변환해 주면 됩니다. 승용차(Sedan) 클래스는 모든 필드와 메서드를 부모 클래스에서 상속받아 사용합니다. 트럭 클래스은 자신이 운반하는 화물량(load) 필드와 화물 운반하는 메서드를 추가합니다. 버스 클래스는 타운 승객 수 필드와 버스비를 저장하는 필드와 승객을 태우는 메서드를 추가합니다(필드와 메서드는 자유롭게 추가할 수 있습니다).

클래스	필드		메서드
Sedan	상속 받음		
Truck	load: int	화물량	carryLoad(int) : void -->화물을 운반하다
Bus	passenger: int fee: int	승객 수	ridePassenger(int) : void -->승객을 태우다

표9-2 클래스에 추가된 필드와 메서드들

최종적으로 자동차 클래스들의 상속 구조도를 나타냅니다. 상속 관계 클래스 구현 시 먼저 전체 클래스들의 계층 구조를 정의한 후, 코드로 구현하면 가독성과 유지보수 면에서 유리합니다.

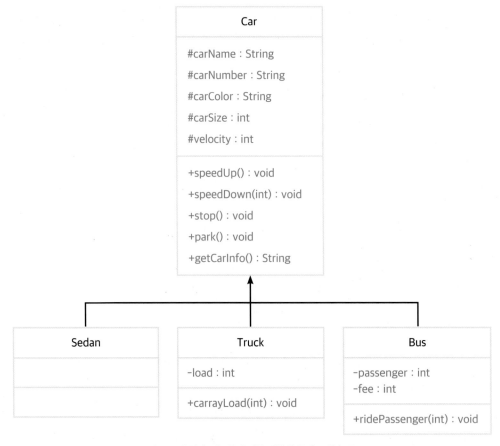

그림9-19 속성과 기능을 추가한 자동차 클래스 상속 구조

우선 자동차 클래스부터 구현합니다. Car 클래스는 일반적인 자동차의 특징을 나타내는 클래스입니다.

[직접 코딩해 보기] Car 클래스

ch09/sec05/ex01/Car.java

```java
package sec05.ex01;

public class Car {
    protected String carName;
    protected String carNumber;
    protected String carColor;
    protected int velocity;
    protected int carSize;

    public Car() {
        System.out.println("Car 클래스 생성자 호출");
    }

    public void speedUp(int speed) {
        velocity = velocity + speed;
    }

    public void speedDown(int speed) {
        velocity = velocity - speed;
    }

    public void stop() {
        velocity = 0;
    }

    //차 정보를 출력하는 메서드
    public String getCarInfo() {
        return "차 이름: " + carName +
            ", 차 번호: " + carNumber +
            ", 차 색상: " + carColor +
            ", 속도: " + velocity + "km/h" +
            ", 차 크기: " + carSize +"cc";
    }
}
```

Sedan 클래스는 일반적인 자동차 필드와 메서드를 그대로 상속받아서 사용합니다.

[직접 코딩해 보기] Sedan 클래스

ch09/sec05/ex01/Sedan.java

```java
package sec05.ex01;

public class Sedan extends Car {
    public Sedan(String carName, String carNumber, String carColor, int velocity, int carSize) {
        System.out.println("Sedan 클래스 생성자 호출");
        super.carName = carName;
        super.carNumber = carNumber;
        super.carColor = carColor;
        super.velocity = velocity;
        super.carSize = carSize;
    }
}
```

트럭은 일반적인 자동차 특성 외에 화물을 실어 나를 수 있는 특성이 있으므로, 화물 적재량을 나타내는 필드인 load와 화물을 운반하는 기능을 하는 carryLoad() 메서드가 추가되었습니다.

[직접 코딩해 보기] Truck 클래스

ch09/sec05/ex01/Truck.java

```java
package sec05.ex01;

public class Truck extends Car {
    private int load; //적재화물량

    public Truck(String carName, String carNumber, String carColor, int carSize,
                                              int velocity, int load) {
        System.out.println("Truck 클래스 생성자 호출");
        super.carName = carName;
        super.carNumber = carNumber;
        super.carColor = carColor;
        super.velocity = velocity;
        super.carSize = carSize;
        this.load = load;
    }

    public int getLoad() {
        return load;
```

```
    }

    public void setLoad(int load) {
      this.load = load;
    }

    //화물을 운반하는 메서드
    public void carryLoad() {
      if (load > 0) {
        load++;
      } else {
        load = 0;
      }
    }
  }
}
```

버스 클래스는 승차한 승객 수와 요금 합계를 저장하는 필드가 필요합니다. 그리고 승객을 승차시키면 passenger 필드가 1 증가하게 만들었고, fee 필드도 1,000원씩 증가하게 만들었습니다.

[직접 코딩해 보기] Bus 클래스

ch09/sec05/ex01/Bus.java

```
package sec05.ex01;

public class Bus extends Car {
  private int passenger; //버스 승객 수
  private int fee;

  public Bus(String carName, String carNumber, String carColor, int carSize,
                                    int velocity, int passenger, int fee) {
    System.out.println("Bus 클래스 생성자 호출");
    super.carName = carName;
    super.carNumber = carNumber;
    super.velocity = velocity;
    super.carSize = carSize;
    this.passenger = passenger;
    this.fee = passenger * fee; ----------------- 승객 수에 탑승 요금을 곱한 값으로 초기화합니다.
  }

  public int getPassenger() {
    return passenger;
  }
```

```java
    public void setPassenger(int passenger) {
        this.passenger = passenger;
    }

    public int getFee() {
        return fee;
    }

    public void setFee(int fee) {
        this.fee = fee;
    }

    //승객을 태우는 메서드
    public void ridePassenger() {
        if (passenger > 0) {
            passenger++;                     // 승객 1명당 1000원을 곱하고 승차료 합계를 필드 fee에 누적시킵니다.
            fee += 1000;
        }
    }
}
```

하위 클래스의 인스턴스를 생성 후, 각각의 참조 변수를 이용해서 각각의 차들의 기능을 작동시켜 차를 사용합니다.

[직접 코딩해 보기] 실행 클래스

ch09/sec05/ex01/CarTest.java

```java
package sec05.ex01;

public class CarTest {
    public static void main(String[] args) {

        //1.변수 선언
        Sedan myCar = null;
        Truck truck = null;
        Bus bus = null;

        //2.인스턴스 생성
        myCar = new Sedan("아반떼","111가 1111", "은색", 60, 2000);
        truck = new Truck("1톤 포터","222나 2222", "청색", 3000, 60, 1);
        bus = new Bus("1001번 버스", "333다 3333", "노란색", 4000, 60, 20, 1000);
```

```
//3. 메서드 호출
System.out.println(myCar.getCarInfo());
System.out.println(truck.getCarInfo() + ", 적재량: " + truck.getLoad() + "톤");
System.out.println();

truck.speedUp(10); ----------------------- 트럭의 속도를 10 증가시킵니다.
truck.carryLoad(); ----------------------- 트럭이 화물을 운반합니다.

//트럭과 버스 정보를 출력합니다.
System.out.println(truck.getCarInfo() + ", 적재량: " + truck.getLoad() + "톤");
System.out.println(bus.getCarInfo() + ", 승객 수: " + bus.getPassenger() + "명, 승차 요금: "
                                                        + bus.getFee() + "원");
bus.ridePassenger();
System.out.println(bus.getCarInfo() + ", 승객 수: " + bus.getPassenger() + "명, 승차 요금: "
                                                        + bus.getFee() + "원");
    }
}
```

[실행결과]

```
Car 클래스 생성자 호출
Car 클래스 생성자 호출
Truck 클래스 생성자 호출
Car 클래스 생성자 호출
Bus 클래스 생성자 호출
차 이름: 아반떼, 차 번호: 111가 1111, 차 색상: 은색, 속도: 60km/h. 차 크기: 2000cc
차 이름: 1톤 포터, 차 번호: 222나 2222, 차 색상 : 청색, 속도: 60km/h, 차 크기: 3000cc, 적재량: 1톤

차 이름: 1톤 포터, 차 번호: 222나 2222, 차 색상 : 청색, 속도: 70km/h, 차 크기: 3000cc, 적재량: 2톤
차 이름: 1001번 버스, 차 번호: 333다 3333, 차 색상 : null, 속도: 60km/h, 차 크기: 4000cc, 승객 수: 20명,
승차 요금: 20000원
차 이름: 1001번 버스, 차 번호: 333다 3333, 차 색상 : null, 속도: 60km/h, 차 크기: 4000cc, 승객 수:
21명, 승차 요금: 21000원
```

?? 퀴즈

1. Bus 클래스의 ridepassenger() 메서드는 한 명씩 탑승하게 되어 있는데, 오버로딩을 적용해서 여러 명이 탑승하는 기능을 구현해 보세요.

2. Car 클래스의 getCarInfo() 메서드는 하위 클래스에서 그대로 쓰기에는 불편합니다. 각각의 하위 클래스에서 재정의해서 구현해 보세요.

8 렌터카 프로그램에 상속 적용하기

다음은 렌터카 프로그램에 적용할 기능입니다.

> **렌터카 프로그램의 새로운 요구 사항**
> - 조회한 회원 정보, 차량 정보, 예약 정보를 출력하는 메서드 추가
> - 메서드 호출 시 메서드 호출 시각을 표시

프로그래밍 시 각각의 클래스에 상속을 적용하면, 개발 시 모든 클래스에 공통 기능을 구현할 일이 생겨도 부모 클래스에만 구현해 주면 하위 클래스에서 쉽게 사용할 수 있습니다. 다음 그림은 새로운 요구 사항을 구현할 부모 클래스가 추가된 클래스 구조입니다.

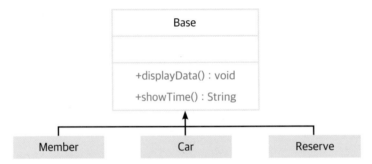

그림9-20 렌터카 프로그램 클래스 상속 구조도

다음은 구현한 렌터카 프로그램의 패키지 구조입니다. 부모 클래스나 공통 기능을 구현할 클래스가 저장될 common 패키지를 새로 만들었습니다.

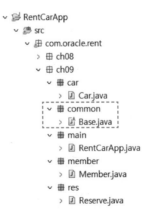

그림9-21 common 패키지가 추가된 렌터카 앱

다음은 자바로 구현한 클래스입니다. 먼저 Base 클래스입니다. 자식 클래스에서 사용될 두 개의 메서드를 구현합니다. 현재 날짜와 시간을 사용하기 위해서 자바에서 제공하는 Calendar 클래스를 이용하기 위해서 java.util 패키지에서 import합니다. Car 클래스와 Reserve 클래스 구조가 동일하므로 제공하는 소스를 참고하세요.

[직접 코딩해 보기] Base 클래스

RentCarApp/com/oracle/rent/ch09/common/Base.java

```java
package com.oracle.rent.ch09.common;

import java.util.Calendar;    //Calendar 클래스를 import합니다.

public class Base {
    //하위 클래스의 결과값을 출력하는 메서드
    public void displayData(String data) {
        System.out.println("조회한 데이터는 " + data + " 입니다.");
    }

    //조회한 데이터의 시간 정보를 제공하는 메서드
    public String showTime() {
        String date = null;
        String time = null;

        Calendar cal = Calendar.getInstance(); _____ Calendar 인스턴스를 얻습니다.
        int hour = cal.get(Calendar.HOUR);
        int min = cal.get(Calendar.MINUTE);
        int sec = cal.get(Calendar.SECOND);

        int year = cal.get(Calendar.YEAR);
        int month = cal.get(Calendar.MONTH) + 1;
        int day = cal.get(Calendar.DATE);

        date = year + "-" + month + "-" + day;
        time = hour + ":" + min + ":" + sec;
            return date + " " + time;
    }
}
```

회원 클래스는 Base 클래스를 상속받습니다.

[직접 코딩해 보기] Member 클래스

RentCarApp/com/oracle/rent/ch09/member/Member.java

```java
package com.oracle.rent.ch09.member;

import com.oracle.rent.ch09.common.Base;

public class Member extends Base {
  String id;
  String password;
  String name;
  String address;
  String phoneNum;

  public Member() { }

  public Member(String id, String password, String name, String address, String phoneNum) {
    this.id = id;
    this.password = password;
    this.name = name;
    this.address = address;
    this.phoneNum = phoneNum;
  }

  //회원 정보 조회
  public String viewMemeber() {
    System.out.println("\n회원 정보를 조회합니다.");
    System.out.println("회원 조회 시간: " + showTime());          ---------------- 부모 클래스의 메서드를 사용합니다.
    System.out.println("------------------------");
    String memberInfo = "아이디: " + id +
                        "\n비밀번호: " + password +
                        "\n이름: " + name +
                        "\n주소: " + address +
                        "\n전화번호: " + phoneNum;
    return memberInfo;
  }

  //회원 등록
  public void regMember(String id, String password, String name, String address, String
  phoneNum) {
    System.out.println("\n회원 가입합니다.");
    System.out.println("회원 가입 시간: " + showTime());
    this.id = id;
    this.password = password;
```

```java
        this.name = name;
        this.address = address;
        this.phoneNum = phoneNum;
    }

    //회원 정보 수정
    public void modMember() {
        System.out.println("\n회원 정보를 수정합니다.");
        System.out.println("회원 수정 시간: " + showTime());
    }

    //회원 정보 삭제
    public void delMember() {
        System.out.println("\n회원 정보를 삭제합니다.");
        System.out.println("회원 삭제 시간: "+ showTime());
    }
}
```

[직접 코딩해 보기] 실행 클래스

RentCarApp/com/oracle/rent/ch09/main/RentCarApp.java

```java
package com.oracle.rent.ch09.main;

import com.oracle.rent.ch09.car.Car;
import com.oracle.rent.ch09.member.Member;
import com.oracle.rent.ch09.res.Reserve;

public class RentCarApp {
    public static void main(String[] args) {

        //회원, 차, 예약 인스턴스 생성
        Member member = new Member();
        Car car = new Car();
        Reserve reserve = new Reserve();

        //회원, 차, 예약 정보 등록
        member.regMember("lee", "1234", "이순신", "서울시 도봉구", "010-1111-2222");;
        car.regCarInfo("11가 1111", "소나타", "검정", 2000, "현대");
        reserve.resCar("11가 1111", "2022-04-30", "2022-05-01", "2022-05-08");

        //회원 정보 조회
        String memberInfo = member.viewMemeber();
        car.displayData(memberInfo); _____ 부모 클래스의 메서드를 사용해서 회원 정보를 출력합니다.
```

```
//렌터카 정보 조회
String carInfo = car.checkCarInfo();
car.displayData(carInfo);
```
------------------ 부모 클래스의 메서드를 사용해서 차 정보를 출력합니다.

```
// 예약 정보 조회
String resInfo = reserve.checkResInfo();
car.displayData(resInfo);
```
------------------ 부모 클래스의 메서드를 사용해서 예약 정보를 출력합니다.

```
//회원, 차, 예약 정보 수정
...

//회원, 차, 예약 정보 삭제
...
    }
}
```

[실행결과]

회원 가입합니다.
회원 가입합니다.
회원 가입 시간: 2022-5-24 4:22:50

차 정보를 등록합니다.
렌터카 등록 시간: 2022-5-24 4:22:50

렌터카를 예약합니다.
렌터카 예약 시간: 2022-5-24 4:22:50

회원 정보를 조회합니다.
회원 조회 시간 2022-5-24 4:22:50

...

객체 지향 프로그래밍 기법을 사용할 때는 먼저 클래스 구조를 설계한 다음 구현하는 것이 일반적입니다. 개발 도중에 공통 기능이 필요한 경우, 부모 클래스에 추가하면 모든 클래스에 쉽게 적용할 수 있습니다.

연습 문제

1 _ 자바의 상속에 대한 설명으로 틀린 것을 고르세요.

　① 자식 클래스는 부모 클래스의 메서드를 자유롭게 사용할 수 있습니다.

　② 상속하는 부모 클래스는 다른 클래스로부터 더 이상 상속 받을 수 없습니다.

　③ 생성자는 상속할 수 없습니다.

　④ 부모 클래스의 필드는 protected로 선언하는 것이 일반적입니다.

2 _ this와 super에 대한 설명입니다. 맞는 것에 O표, 틀린 것에 X표를 하세요.

　① 자기 자신의 인스턴스를 가리킬 때 this를 사용합니다. (　)

　② super()는 반드시 자식 클래스 생성자의 첫 줄에 작성해야 합니다. (　)

　③ 부모 클래스의 인자가 있는 생성자는 super로 호출할 수 없습니다. (　)

　④ 자신의 생성자에서 다른 생성자 호출 시 this() 또는 this(매개변수1, …)를 사용합니다. (　)

3 _ 메서드 오버라이딩에 대한 설명입니다. 맞는 것에 O표, 틀린 것에 X표 하세요.

　① 하위 클래스에서 부모 클래스의 메서드의 이름을 그대로 사용합니다. (　)

　② 오버라이딩 메서드의 리턴 타입은 달라도 됩니다. (　)

　③ @Override 애너테이션을 반드시 표시해야 합니다. (　)

　④ 오버라이딩한 하위 메서드에서 부모 메서드를 호출할 경우, super를 사용합니다. (　)

4 _ 자바의 접근 제한자에 대한 설명입니다. 틀린 것을 고르세요.

　① 클래스와 클래스 멤버에 접근 제한자를 사용할 수 있습니다.

　② private로 지정하면 클래스 내부에서만 접근 가능합니다.

　③ 제한자를 지정하지 않으면 default로 지정됩니다.

　④ 메서드의 지역변수는 private로만 지정할 수 있습니다.

　⑤ 생성자는 접근 제한자를 지정할 수 없습니다.

5 _ Student를 상속하는 College 클래스의 생성자에서 부모 클래스 생성자를 호출해서 부모
클래스 필드를 초기화하는 코드를 작성해 보세요.

소스 코드: Student.java

```
package sec06.ex01;

public class Student {
  public String name;
  private int grade;

  public Student() {
    System.out.println("Student 기본 생성자 호출");
  }

  public Student(String name, int grade) {
    System.out.println("매개변수가 2개인 Student 생성자 호출");
    this.name = name;
    this.grade = grade;
  }
}
```

소스 코드: College.java

```
package sec06.ex01;

public class College extends Student {
  private int courses;

  public College(String name, int grade, int courses) {
    //이 부분에 작성해 주세요.
    this.courses = courses;
  }
}
```

6 _ 다음은 사람(Person)과 is-a 관계를 형성하는 객체들입니다. 상속 관계로 변환 후 클래스를 구현해 보세요.

- 의사는 사람입니다. (doctor is a person)
- 군인은 사람입니다. (soldier is a person)
- 선생님은 사람입니다. (teacher is a person)

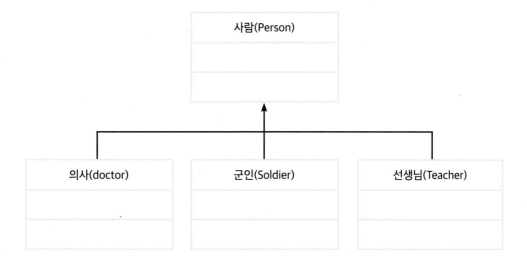

7 _ 다음은 여러 가지 배(Ship)의 종류를 나타냅니다. 상속 관계 클래스로 구현해 보세요.

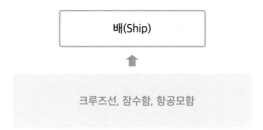

8 _ 8장 연습 문제의 쇼핑몰 예제를 참고해서 common 패키지에 부모 클래스(Base)를 생성한 후,
클래스 구조도처럼 상속받아서 데이터와 메서드 호출 시간을 출력해 보세요.

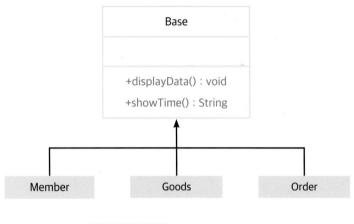

BookShopApp 패키지 구조

10장

다형성

> 시작 전 가볍게 읽기 <

기본 타입 변수에서 큰 타입 변수에 작은 타입값을 저장하면 자동으로
큰 타입으로 변환되어서 저장됩니다. 비슷하게 상속 관계의 클래스들 사이에서도
동일한 변환이 일어납니다. 자바에선 클래스들 간의 타입 변환을 적절히 이용해서
효율적으로 프로그래밍할 수 있습니다. 처음 접하는 사람에게는 어려울 수 있지만
자바 프로그래밍에서 많이 사용되니 확실히 익혀둘 필요가 있습니다.

1 다형성이란?

2 업캐스팅

3 다운캐스팅

4 다형성을 이용한 학생 시험 점수 구하기

5 여러 단계의 상속 구조를 이루는 클래스 사이의 다형성 알아보기

1 다형성이란?

클래스의 상속 관계를 이용하는 다형성에 관해서 알아보겠습니다.

1.1 다형성의 정의와 특징

다음은 기본 타입 변수에 데이터를 저장하는 코드입니다. 변수 num은 float 타입으로 선언되었으므로 float 타입만 저장할 수 있습니다. 그러나 int 타입 5를 저장하면 더 큰 타입인 5.0F로 자동 변환되어서 저장됩니다.

```
float num;
num = 5.6F;
num = 5; ●──────────── 정수 5가 5.0F로 자동 변환되어 저장됩니다.
```

다형성도 비슷한 원리로 동작합니다. 다음은 다형성의 정의와 특징입니다. 다형성은 상속 관계를 가지는 클래스들 사이에서 부모 클래스 타입 참조 변수가 자식 클래스 인스턴스를 가리킬 수 있는 기능입니다.

정의
- 클래스의 상속 구조에서 부모 클래스 타입 참조 변수가 자식 클래스의 인스턴스를 가리킬 수 있는 기능

특징
- 클래스들 사이에는 반드시 상속 관계가 전제되어야 합니다.
- 재사용성이 높아집니다.
- instanceof 연산자가 함께 사용됩니다.

다음 그림은 다형성이 성립하기 위한 전제 조건인 클래스 상속 구조를 나타냅니다. **즉, 클래스 상속 구조에서 부모 클래스 타입으로 선언된 변수가 큰(大) 타입이고, 자식 클래스 타입으로 선언된 변수나 인스턴스가 작은(小) 타입입니다.**

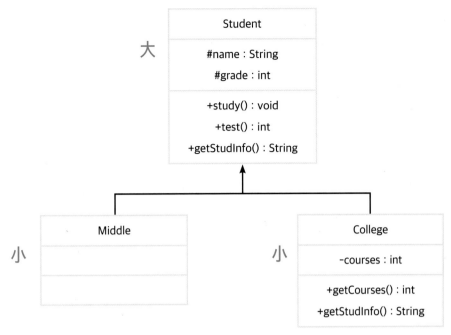

그림10-1 다형성의 전제 조건

2 업캐스팅

다형성에는 업캐스팅과 다운캐스팅 두 종류가 있습니다. 먼저 업캐스팅을 알아보겠습니다.

2.1 업캐스팅 형식

업캐스팅(upcasting)이란, 클래스 상속 구조에서 부모 타입 참조 변수가 자식 클래스 타입 변수 또는 자식 클래스 인스턴스를 가리킬 수 있는 능력을 의미합니다.

```
부모 클래스 타입 변수 = 자식 클래스 타입 변수(or 자식 클래스 인스턴스)
```

다음은 부모 클래스 타입 변수 s에 자식 클래스 인스턴스를 업캐스팅하는 코드입니다.

```
College c  = new College("홍길동", 2, 22);
Student s = new College("홍길동", 2, 22);
```
부모 클래스 타입 변수 s가 자식 클래스
인스턴스를 받을 수 있습니다.

2.2 학생 클래스를 이용해서 업캐스팅 사용하기

지금까지 클래스 인스턴스를 생성한 후, 같은 클래스 타입 참조 변수가 받았습니다. 그러나 예제
에선 다른 타입 참조 변수인 s1과 s2가 Middle 클래스 인스턴스와 College 클래스 인스턴스를 받
고 있습니다. 이유는 Student 클래스 타입 s1과 s2는 상속 관계에서 부모 클래스이므로 큰 타입
참조 변수가 되므로, 자식 클래스 인스턴스를 받을 수 있습니다. **이것이 업캐스팅입니다. 즉, 하
위 클래스 타입이 상위(up) 클래스 타입으로 변환된다는 의미입니다.** 다음은 업캐스팅 후, 메모
리의 상태를 나타내는 그림입니다.

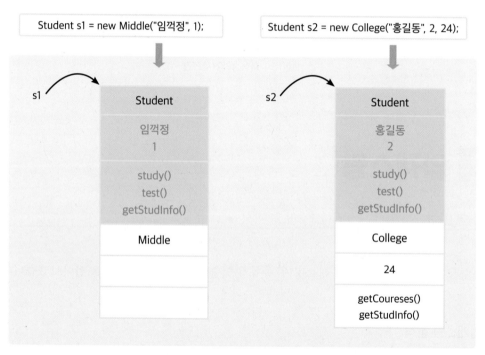

그림10-2 업캐스팅 후 변수와 메모리 상태

[참고] 업캐스팅 시 주의할 점

클래스 상속 구조에서 큰 타입과 작은 타입의 관계는 각각 Student와 College, 그리고 Student와 Middle의 관계일 뿐,
Middle 클래스와 College 클래스는 아무런 관계가 아닙니다.

[직접 코딩해 보기] 업캐스팅 사용하기

ch10/sec01/ex01/StudentTest.java

```java
package sec01.ex01;

public class StudentTest {
  public static void main(String[] args) {
    College c = new College("홍길동", 2, 24); _____ 인스턴스와 같은 타입의 참조 변수에 대입합니다.
    Student s1 = new Middle("임꺽정", 1);
    Student s2 = new College("이순신", 3, 20);
//  Middle m = new College("홍길동", 2, 24); _____ 자식 클래스끼리는 아무 관계가 없으므로 에러가 발생합니다.

    String sinsang = s1.getStudInfo(); _____ Middle 클래스는 부모 클래스의 getStudInfo() 메서드를 호출합니다.
    System.out.println(sinsang);

    sinsang = s2.getStudInfo(); _____ College 클래스의 오버라이딩된 getStudInfo() 메서드를 호출합니다.
    System.out.println(sinsang);}
  }
}
```

[실행결과]

```
Middle 클래스 생성자 호출
Student 기본 생성자 호출
매개변수가 3개인 College 생성자 호출
```

```
Student 클래스의 getStudInfo() 메서드입니다.   ◆——— 부모 클래스의 getStudInfo() 메서드를 호출합니다.
이름: 임꺽정, 학년: 1
```

```
College 클래스의 getStudInfo() 메서드입니다.   ◆——— 업캐스팅 후 메서드 호출 시 College 클래스의
이름 >> 이순신, 학년 >> 3, 학점 >> 20              오버라이딩된 메서드를 호출합니다.
```

앞의 **[실행결과]**를 자세히 보면, College와 Middle 클래스 인스턴스를 업캐스팅한 후, getStud-Info() 메서드를 호출하면 Middle 클래스의 경우에는 부모 클래스의 getStudInfo() 메서드를 호출하는 반면에, College 클래스의 경우에는 College 클래스에 오버라이딩된 getStudInfo() 메서드가 호출됩니다. 다음은 업캐스팅 상태에서 메서드 호출 과정입니다. **업캐스팅된 상태에서 메서드 호출 시 JVM은 항상 하위 클래스의 오버라이딩된 메서드를 먼저 호출합니다.**

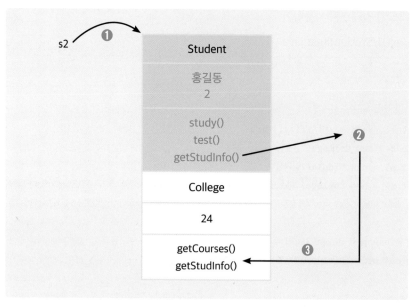

그림10-3 업캐스팅 후 메서드 호출 과정

① 참조 변수 s1를 이용해서 Student 인스턴스의 getStudInfo() 메서드를 호출합니다.

② JVM은 다시 자식 클래스에 오버라이딩된 getStudInfo() 메서드가 있는지 확인합니다.

③ 자식 클래스에 오버라이딩된 메서드가 존재하면 자식 클래스의 getStudInfo() 메서드를 호출합니다.

다형성을 처음 접하는 사람은 s가 부모 타입이므로 메서드를 호출하면 부모 클래스의 메서드가 우선 호출될 것이라고 생각하기 쉽습니다. 상식과 다르니 위의 그림을 보면서 정확히 이해해야 합니다.

③ 다운캐스팅

이번에는 다운캐스팅을 알아보겠습니다.

3.1 다운캐스팅 형식

업캐스팅 상태에서 다시 자식 클래스에 있는 필드나 메서드에 접근할 경우가 있습니다. 이 때 바로 접근하면 에러가 발생합니다. 업캐스팅 상태에서 자식 클래스의 필드나 메서드에 접근하기 위해선 다시 자식 클래스 타입으로 변환해 주어야 합니다. 이것을 다운캐스팅(downcasting)이라고 합니다.

```
자식클래스타입 변수 = (자식클래스)부모클래스타입 인스턴스
```

다음은 업캐스팅된 상태에서 다시 자식 클래스를 이용해 강제로 다운캐스팅하는 코드입니다.

```
Student s = new College("홍길동", 2, 22);
College c = (College)s;  ●──────────── 자식 클래스로 다운캐스팅을 합니다.
```

3.2 학생 클래스를 이용해서 다운캐스팅 사용하기

다음은 업캐스팅 상태에서 자식 클래스의 메서드에 접근하는 예제입니다. 업캐스팅 후 부모 클래스 타입 참조 변수로 바로 getCourses() 메서드에 접근하면 에러가 발생합니다. 자식 클래스의 멤버에 접근하기 위해선 먼저 자식 클래스 타입으로 다운캐스팅 후, 참조 변수를 이용해서 접근해야 합니다. 다음은 업캐스팅 상태에서 자식 클래스의 메서드 호출 시 에러가 발생하는 과정입니다. 자식 클래스의 메서드를 호출하려면 먼저 부모 클래스에 동일한 메서드가 반드시 존재해야 합니다. getCourse() 메서드는 자식 클래스에만 존재하므로 에러가 발생합니다.

① s.getCourses() 메서드를 호출합니다.

② 호출한 메서드가 부모 클래스에 존재하지 않으면 에러를 발생시킵니다.

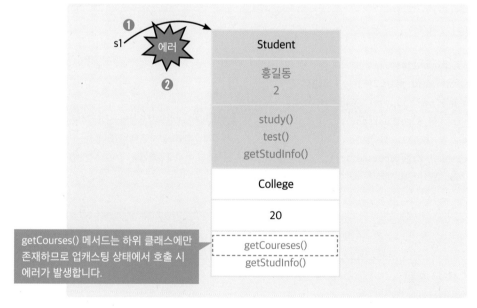

그림10-4 업캐스팅 상태에서 자식 클래스의 getCourses() 메서드 호출 시 에러 발생 과정

다음은 다운캐스팅 후, 메모리의 상태입니다. Collge 클래스로 다운캐스팅하므로 부모 클래스 부분은 제거됩니다(실제로는 메모리에 여전히 존재하지만 논리적으로 제거된다고 이해하면 쉽습니다).

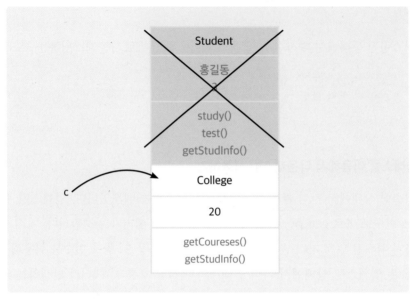

그림10-5 다운캐스팅 후 메모리 상태

[직접 코딩해 보기] 다운캐스팅 사용하기

ch10/sec01/ex02/StudentTest.java

```
package sec01.ex02;

public class StudentTest {
  public static void main(String[] args) {
    Student s = new College("홍길동",3,20);
//  int courses = s.getCourses(); ──────────────── 업캐스팅 참조 변수로 자식 클래스 접근 시 에러가 발생합니다.
    College c = (College)s; ──────────────── 자식 클래스 타입으로 다운캐스팅합니다.
    int courses = c.getCourses(); ──────────────── 다운캐스팅 후 자식 클래스의 메서드에 접근합니다.
    System.out.println("학점은 >> "+ courses+"점");}
  }
}
```

[실행결과]

```
Student 기본 생성자 호출
매개변수가 3개인 College 생성자 호출
학점은 >> 20점
```

지금까지 다운캐스팅에 관해 알아보았습니다. 다운캐스팅도 헷갈리기 쉽습니다. s가 부모 타입이므로 자식 타입에 마음대로 접근하여 사용할 수 있을 것 같은데, 업캐스팅된 상태에서 메서드 호출 과정은 상식과 다르니 잘 알아두어야 합니다.

→ 요점 정리 ←

- 다형성은 클래스 상속 구조에서 부모 클래스 타입 참조 변수가 자식 클래스의 인스턴스를 가리킬 수 있는 능력입니다.
- 클래스 상속 관계에서 부모 클래스 타입이 큰(大) 타입이 되고, 자식 클래스 타입이 작은(小) 타입이 됩니다.
- 업캐스팅 상태에서 메서드 호출 시, 자식 클래스에 오버라이딩된 메서드가 먼저 호출됩니다.
- 업캐스팅된 상태에서 자식 클래스의 멤버에 접근하려면 다운캐스팅을 해야 합니다.

4 다형성을 이용한 학생 시험 점수 구하기

다형성을 메서드의 매개변수에 적용해 보겠습니다.

4.1 메서드 매개변수에 다형성 사용하기

다형성은 메서드의 매개변수로 많이 사용됩니다. 다음은 시험 성적을 구하는 메서드 호출 시 각각의 자식 클래스 인스턴스를 매개변수에 전달해서 시험 점수를 출력하는 예제입니다.

시험 점수를 출력하는 메서드의 매개변수는 부모 클래스 타입인 Student입니다. 따라서 메서드 호출 시 업캐스팅에 의해서 자식 클래스 인스턴스는 자유롭게 전달할 수 있습니다. 만약 업캐스팅을 사용하지 않는다면 자식 클래스 타입마다 매개변수를 지정해서 메서드를 일일이 만들어 주어야 합니다. 따라서 자식 클래스의 수가 많으면 업캐스팅을 사용해서 메서드를 구현하는 것이 훨씬 코드량을 줄일 수 있으므로 메서드의 재사용성을 증가시킵니다.

[직접 코딩해 보기] Student 클래스

ch10/sec02/ex01/Student.java

```java
package

public class Student {
  protected String name;
  protected int grade;

  public Student() {
    System.out.println("Student 기본 생성자 호출");
  }

  public Student(String name, int grade) {
    System.out.println("매개변수가 있는 Student 생성자 호출");
    this.name = name;
    this.grade = grade;
  }

  public void study() {
    System.out.println("시험 공부를 합니다.");
  }
```

```
    public void calcScore(Student s) {  ----------  부모 클래스 타입 매개변수를 지정해서 모든 자식 클래스
        System.out.println("학생 시험 점수 구하기");        인스턴스를 받을 수 있습니다.
    }


    /*
    public void calcScore(College c) {  -----
        System.out.println("시험 점수 구하기");
    }

                                                     다형성을 사용하지 않으면 전달되는 자식 클래스 타입마다
    public void calcScore(Middle m) {               매개변수를 따로 지정해서 메서드를 구현합니다.
        System.out.println("시험 점수 구하기");
    }
    */
}
```

calcScore() 메서드를 호출하면서 Middle 인스턴스와 College 인스턴스를 모든 전달할 수 있습니다. 이유는 calcSocre() 메서드의 매개변수가 두 클래스의 부모 클래스이기 때문에 업캐스팅이 되어서 자동으로 받을 수 있습니다.

[직접 코딩해 보기] 실행 클래스

ch10/sec02/ex01/StudentTest.java

```
package
public class StudentTest {
    public static void main(String[] args) {
        Middle m = new Middle("이순신", 3);
        College c  = new College("홍길동", 2, 24);

        c.calcScore(c); ← Student s = new College("홍길동", 2, 24); -----   메서드 호출 시 자식 클래스
        m.calcScore(m); ← Student s = new Middle("이순신", 3);      -----   인스턴스가 업캐스팅되어
    }                                                                       전달됩니다.
}
```

[실행결과]

```
Student 기본 생성자 호출
Middle 클래스 생성자 호출
Student 기본 생성자 호출
매개변수가 3개인 College 생성자 호출

학생 시험 점수 구하기
학생 시험 점수 구하기      ----- 다른 자식 클래스 인스턴스를 호출해도 같은 결과를 출력합니다.
```

4.2 instanceof 연산자로 클래스 인스턴스 구분하기

앞의 [실행결과]를 보면 모든 자식 클래스 인스턴스에 대해서 같은 결과를 출력합니다. 그런데 실제 현실에서 대학생의 시험 점수와 중학생의 시험 점수 체계는 다릅니다. 대학생은 학점으로 평가받고, 중학생은 점수로 평가받습니다. 그러나 지금은 calcScore() 메서드로 전달되는 인스턴스에 상관없이 똑같은 결과만 출력하고 있습니다. 그런데 instanceof 연산자를 사용하면 전달되는 하위 인스턴스를 구분하여 각각의 작업을 따로 해 줄 수 있습니다.

```
boolean result = 업캐스팅변수(객체) instanceof 클래스타입;
```

다음은 학생 시험 점수와 학점 필드를 추가한 클래스 구조입니다. 중학생 시험 점수는 Student 클래스의 score 필드에 저장됩니다. 그리고 대학생 학점은 College 클래스의 credit 필드에 저장됩니다.

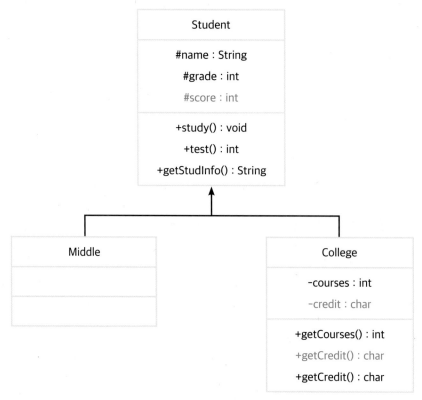

그림10-6 학생들의 시험점수와 학점 필드를 추가한 클래스 구조도

calcScore() 메서드 호출 시 매개변수 s로 전달된 자식 인스턴스를 instanceof 연산자로 구분한 후, 각각의 자식 클래스로 다운캐스팅하여 학점과 시험 점수를 각각 출력하고 있습니다.

[직접 코딩해 보기] Student 클래스

ch10/sec02/ex02/Student.java

```
package sec02.ex02;

public class Student {
  protected String name;
  protected int grade;
  protected int score; ............... 학생의 시험 점수를 저장하는 score 필드를 추가합니다.


  ...
  /*
  public void calcScore(Student s) {
    System.out.println("학생 시험 점수 구하기");
  }
  */



  public void calcScore(Student s) {
    if (s instanceof College) {
      College c = (College)s; ......... 자식 클래스로 다운캐스팅 후, credit 필드에 접근합니다.
      char credit = c.getCredit();
      System.out.println("대학생 학점: " + credit);
    } else if(s instanceof Middle) {
      Middle m = (Middle)s; .......... 자식 클래스로 다운캐스팅 후, credit 필드에 접근합니다.
      int score = m.score;
      System.out.println("중학생 시험 점수: " + score);
    }
  }
                          instanceof 연산자를 이용해서 하위 인스턴스를 구분해서 결과를 출력합니다.
    ...
}
```

추가된 시험 점수와 학점 필드를 초기화한 후, calcScore() 메서드 호출 시 각각의 클래스의 시험 점수 정보를 출력합니다.

[직접 코딩해 보기] 실행 클래스

ch10/sec02/ex02/StudentTest.java

```
package sec02.ex02;

public class StudentTest {
  public static void main(String[] args) {
```

```
    Middle m = new Middle("이순신", 3, 80);
    College c  = new College("홍길동", 2, 24, 'B');

    c.calcScore(c);
    m.calcScore(m);
  }
}
```

[실행결과]

```
Student 기본 생성자 호출
Middle 클래스 생성자 호출
Student 기본 생성자 호출
매개변수가 4개인 College 생성자 호출
```

```
대학생 학점: B
중학생 시험 점수: 80
```
┈┈┈ 각각의 하위 인스턴스를 구분해서 결과를 출력합니다.

 알아두면 좋아요

JDK12부터 instanceof 연산자 실행 시 클래스 타입과 같은 경우 바로 변수에 대입해서 사용할 수 있는 기능이 추가되었습니다.

```
if(s instanceof College c) {
  char credit = c.getCredit();
  System.out.println("대학생 학점: " + credit);
} else if(s instanceof Middle m) {
  int score = m.score;
  System.out.println("중학생 시험: " + score);
}
```

```
if(s instanceof College) {
  College c = (College)s;
}
구문을 한번에 실행합니다.
```

5 여러 단계의 상속 구조를 이루는 클래스 사이의 다형성 알아보기

이번에는 여러 단계의 상속 구조를 이루는 클래스들 사이에서 다형성을 사용해 보겠습니다. 다음은 부모 클래스 Student 클래스가 또 다른 상위 클래스인 Person 클래스를 상속받는 구조입니다.

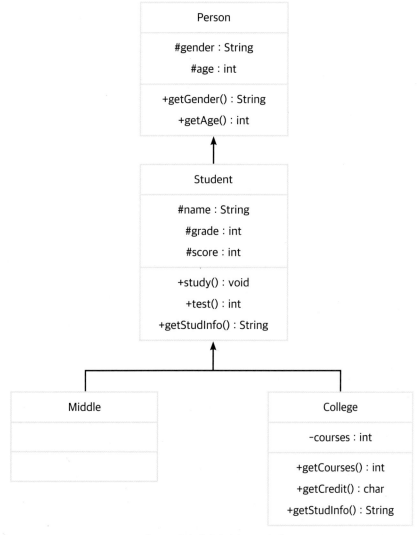

그림10-7 여러 단계의 상속 구조 클래스

다음은 각각의 클래스를 구현한 파일들입니다.

[직접 코딩해 보기] Person 클래스

ch10/sec03/ex01/Person.java

```java
package sec03.ex01;

public class Person {
  protected String gender;
  protected int age;

  public Person() {
    System.out.println("Person 클래스 기본 생성자 호출");
  }

  public String getGender() {
    return gender;
  }

  public int getAge() {
    return age;
  }
}
```

[직접 코딩해 보기] Student 클래스

ch10/sec03/ex01/Student.java

```java
package sec03.ex01;

public class Student extends Person {
  protected String name;
  protected int grade;
  ...

  // 학생 신상 정보 출력 메서드
  public String getStudInfo() {
    System.out.println("Student 클래스의 getStudInfo( ) 호출");
    return "이름: " + name + ", 학년: " + grade + ", 성별: " + gender + ", 나이: " + age;
  }
}
```

[직접 코딩해 보기] Middle 클래스

ch10/sec03/ex01/Middle.java

```java
package sec03.ex01;

public class Middle extends Student {
  ...
  public Middle(String name, int grade, String gender, int age) {
    super();
    System.out.println("매개변수가 4개인 Middle 클래스 생성자 호출");
    super.gender = gender;
    super.age = age;
    super.name = name;
    super.grade = grade;
  }
}
```

[직접 코딩해 보기] College 클래스

ch10/sec03/ex01/College.java

```java
package sec03.ex01;

public class College extends Student {
  private int courses;
  ...

  public int getCourses() {
    return courses;
  }

  @Override
  public String getStudInfo() {
    System.out.println("College 클래스의 getStudInfo() 메서드입니다.");
    return "이름 >> " + name + ", 학년 >> " + grade + ", 학점 >> " + courses;
  }
}
```

클래스 계층 구조에 의해서 조상 클래스 타입 참조 변수는 하위의 자식 클래스 인스턴스를 받을 수 있습니다. 다운캐스팅 후 메서드 호출 시, 먼저 자식 클래스에 해당 메서드가 오버라이딩된 것을 확인 후, 오버라이딩된 메서드를 우선 호출합니다.

[직접 코딩해 보기] 실행 클래스

ch10/sec03/ex01/StudentTest.java

```java
package sec03.ex01;

public class StudentTest {
  public static void main(String[] args) {
    String sinsang = null;
    Person p1 = new Middle("이순신", 2, "남", 15);       조상 클래스 타입 참조 변수를 이용해서
    Person p2 = new College("홍길동", 3, 22, "남", 22);   자식 클래스 인스턴스를 받습니다.


    sinsang = ((Student) p1).getStudInfo();       다운캐스팅 후, Student 클래스의 getStudInfo()
    System.out.println("학생 정보: " + sinsang);    메서드를 호출합니다.


    sinsang = ((Student) p2).getStudInfo();       다운캐스팅 후, College 클래스에 오버라이딩한
    System.out.println("학생 정보: " + sinsang);    getStudInfo() 메서드를 호출합니다.


    sinsang = ((College) p2).getStudInfo();       다운캐스팅 후, College 클래스에 오버라이딩한
    System.out.println("학생 정보: " + sinsang);    getStudInfo() 메서드를 호출합니다.
  }
}
```

[실행결과]

```
Person 클래스 기본 생성자 호출
Student 기본 생성자 호출
매개변수가 4개인 Middle 클래스 생성자 호출
Person 클래스 기본 생성자 호출
Student 기본 생성자 호출
매개변수가 5개인 College 생성자 호출

Student 클래스의 getStudInfo() 호출                    Student 클래스로 다운캐스팅 후, Student 클래스의
학생 정보: 이름: 이순신, 학년: 2, 성별: 남, 나이 15      메서드를 호출합니다.
College 클래스의 getStudInfo() 메서드입니다.            Student 클래스로 다운캐스팅 후, College 클래스에
학생 정보: 이름 >> 홍길동, 학년 >> 2, 학점 >> 22       오버라이딩한 메서드를 호출합니다.
College 클래스의 getStudInfo() 메서드입니다.            College 클래스로 다운캐스팅 후, College 클래스의
학생 정보: 이름 >> 홍길동, 학년 >> 2, 학점 >> 22       메서드를 호출합니다.
```

이상으로 다형성에 관해서 알아봤습니다. 다형성은 자바 프로그래밍에서 많이 사용됩니다. 특히 여러 단계의 상속 구조를 이루는 경우 조상 타입 참조 변수로 업캐스팅 후, 다시 다운캐스팅해서 사용하는 방법을 잘 익혀두세요.

→ 요점 정리 ←

- 메서드 호출 시 다형성을 이용해서 모든 자식 클래스 인스턴스를 매개변수로 전달할 수 있습니다.
- instanceof 연산자를 이용하면 인스턴스의 클래스 타입을 알 수 있습니다.
- 부모 클래스뿐만 아니라, 상속 계층 구조에서 모든 조상 타입 참조 변수는 업캐스팅으로 사용할 수 있습니다.
- 업캐스팅한 상태에서 다운캐스팅 후, 메서드 호출 시 오버라이딩한 메서드가 먼저 호출됩니다.

연습 문제

1 _ 다형성에 대한 설명입니다. 맞는 것에 O표, 틀린 것에 X표 하세요.

① 상속을 이루는 클래스들 사이에서 사용할 수 있습니다. ( )

② 업캐스팅은 자식 인스턴스를 부모 클래스 타입 참조 변수가 가리키는 것을 말합니다. ( )

③ 업캐스팅 상태에서 메서드를 호출하면 항상 부모 클래스의 메서드가 먼저 호출됩니다. ( )

④ 업캐스팅 상태에서 자식 클래스의 필드나 메서드에 접근하려면 다운캐스팅을 해야 합니다. ( )

2 _ CarTest 클래스에서 실행 시, 실행 결과는 무엇일까요?

소스 코드: Car.java

```
1  package sec04.ex01;
2
3  public class Car {
4    int speed;
5    public void speedUp() {
6      speed++;
7    }
8  }
```

소스 코드: SportsCar.java

```java
1  package sec04.ex01;
2
3  public class SportsCar extends Car {
4    public SportsCar(int speed) {
5      super.speed = speed;
6    }
7    @Override
8    public void speedUp() {
9      speed+=10;
10   }
11 }
```

소스 코드: CarTest.java

```java
1  package sec04.ex01;
2
3  public class CarTest {
4    public static void main(String[] args) {
5      Car car = new SportsCar(100);
6
7      car.speedUp();
8      System.out.println("차의 속도: " + car.speed);
9    }
10 }
```

[실행결과]

차의 속도: ?

3 _ 다음과 같이 클래스들이 상속 구조를 이룰 때, 성립할 수 없는 코드는?

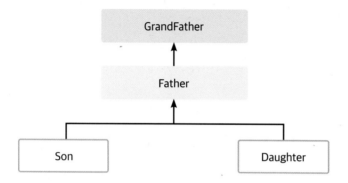

① GrandFather grandFather = new Father();

② Father father = new Son();

③ Son son = new Son();

④ Daugher daugher = new Son();

4 _ 클래스들이 **3**의 상속 구조를 이룰 때, Family 클래스의 introduce() 메서드 호출 시 매개변수로
전달될 수 없는 인스턴스는?

```
public class Family {
  public void introduce(Father father) {
    father.printName();
  }
}

…

Family family = new Family();
family.introduce(?);
…
```

① new GrandFather();   ② new Father();

③ new Son();   ④ new Daughter();

5 _ 클래스들이 **3**의 상속 구조를 이룰 때, 다음의 출력 결과를 나오도록 코드를 작성해 보세요.

소스 코드: Family.java

```
1  package sec04.ex05;
2
3  public class Family {
4    public static void main(String[] args) {
5      GrandFather grandFather = new Son("이순신", "컴퓨터 공학과");
6
7      //이 곳에 작성하세요.
8    }
9
10 }
```

소스 코드: GrandFather.java

```
1  package sec04.ex05;
2
3  public class GrandFather {}
```

소스 코드: Father.java

```
1  package sec04.ex05;
2
3  public class Father  extends GrandFather {
4    String name;
5    public void printName() {
6      System.out.println("가족 이름: " + name);
7    }
8  }
```

소스 코드: Son.java

```
1   package sec04.ex05;
2
3   public class Son extends Father{
4     private String dept;   //전공 학과명
5
6     public Son(String name, String dept) {
7       super.name = name;
8       this.dept = dept;
9     }
10
11    public String getDept() {
12      return dept;
13    }
14  }
```

출력결과

가족 이름: 이순신

전공 학과명: 컴퓨터 공학과

11장

추상 클래스

> 시작 전 가볍게 읽기 <

자바는 설계 중심 언어입니다. 현재 프로그래밍은 공동 작업이 많아지면서,
프로그램의 전체 구조를 일관성 있게 유지하는 것이 개발과 관리 면에서
중요해졌습니다. 이 장에선 소스 코드 구조를 일관성 있게 유지하는
여러 가지 추상 클래스에 관해서 알아보겠습니다.

1 abstract 지정자

추상 클래스에 대해서 알아보기 전에 먼저 abstract 지정자에 관해서 알아보겠습니다.

1.1 abstract란?

"abstract" 단어의 사전적 의미는 "추상적인", "일반적인"입니다. 자바에서 abstract 지정자의 의미는 "구현되지 않은", "내용은 없고 형식만 있는"의 의미입니다.

> **abstract의 정의와 용도**
> - 정의
>   - '기능은 없고, 선언만 되어 있다"라는 의미입니다.
> - 용도
>   - 클래스: 추상 클래스로 사용됩니다.
>   - 메서드: 추상 메서드로 사용됩니다.

2 구현 메서드와 추상 메서드

메서드에 abstract를 지정해서 추상 메서드로 지정할 수 있습니다. 추상 메서드는 구현되지 않은 메서드, 즉 기능이 없는 메서드입니다.

> **구현 메서드와 추상 메서드**
> - 구현 메서드(concrete method)
>   - 구현된 메서드, 즉 구현부 블록({})이 있는 메서드입니다.
>   🔵 public void run() {...}
> - 추상 메서드
>   - 구현되지 않은 메서드, 즉 구현부 블록({})이 없는 메서드입니다.
>   - abstract 지정자로 지정됩니다.
>   🔵 public abstract void run();

다음 코드는 클래스에서 선언된 구현 메서드와 추상 메서드를 나타내고 있습니다. 메서드에 구현부 블록(())만 있어도 구현 메서드입니다. 추상 메서드는 abstract로 먼저 지정한 후, 구현부 블록이 없는 메서드입니다.

```java
public abstract class Student {
  protected String name;
  protected int grade;

  ...
  public void study() {
    System.out.println("시험 공부를 합니다.");
  }

  public int test() {
    System.out.println("시험 점수입니다.");
    return 0;
  }

  public void breath() {} ------------- 블록만 있어도 구현 메서드입니다.

  public abstract void run(); ---------- 추상 메서드는 abstract로 지정되고 구현부 블록이 없습니다.
}
```

구현부 블록이 있는 메서드를 구현 메서드라고 합니다.

추상 메서드는 단독으로 사용되는 일은 없고, 추상 클래스 내에서 사용됩니다. 그럼 추상 클래스에 관해서 알아보겠습니다.

③ 추상 클래스

3.1 추상 클래스의 정의와 특징

추상 클래스란 abstract 지정자로 지정된 클래스를 의미합니다. 추상 클래스로 지정되면 더 이상 new 연산자를 이용해서 인스턴스 생성이 불가능합니다. 클래스에 추상 메서드가 있으면, 그 클래스는 반드시 추상 클래스로 선언해야 합니다.

> **추상 클래스 정의와 특징**
>
> - 정의
>   - 클래스 선언 시 abstract로 지정된 클래스입니다.
>
> - 특징
>   - 추상 클래스는 더 이상 인스턴스 생성이 불가능합니다.
>   - 추상 클래스의 멤버는 필드, 생성자, 구현 메서드, 추상 메서드가 될 수 있습니다.
>   - 추상 메서드가 없어도 추상 클래스로 선언될 수 있습니다.
>   - 클래스에 추상 메서드가 있으면 그 클래스는 반드시 추상 클래스로 선언해야 합니다.
>   - 일반적으로 부모 클래스가 추상 클래스로 선언되므로, 추상 클래스 타입은 업캐스팅으로 자주 사용됩니다.

3.2 추상 클래스 선언하기

다음은 Student 클래스를 추상 클래스로 선언한 코드입니다. 일반 클래스는 언제든지 abstract 지정자를 이용해서 추상 클래스로 만들 수 있습니다. 그러나 추상 클래스로 선언되면 더 이상 인스턴스를 생성할 수 없습니다. **일반 클래스가 추상 메서드를 가지고 있으면, 반드시 그 클래스를 abstract를 이용해서 추상 클래스로 선언해야 합니다. 추상 클래스로 선언하지 않으면 에러가 발생합니다.**

[직접 코딩해 보기] 추상 클래스 선언하기

ch11/sec01/ex02/Student.java

```java
package sec01.ex02;

public abstract class Student {  ............ 일반 클래스를 추상 클래스로 선언합니다.
  protected String name;
  protected int grade;

  public Student() {
    System.out.println("Student 기본 생성자 호출");
  }

  public Student(String name, int grade) {
    System.out.println("매개변수가 있는 Student 생성자 호출");
    this.name = name;
    this.grade = grade;
  }

  public void study() {
    System.out.println("시험 공부를 합니다.");
  }
```

```
  public int test() {
    System.out.println("시험 점수입니다.");
    return 0;
  }

  public void breath() {}

  public abstract void run(); _____ 추상 메서드가 있으면 그 클래스는 반드시 추상 클래스로 선언해야 합니다.
}
```

다음 코드에서는 실행 클래스에서 추상 클래스의 인스턴스를 생성하려고 합니다. 그러나 추상 클래스는 인스턴스를 생성할 수 없습니다.

[직접 코딩해 보기] 추상 클래스 사용하기

ch11/sec01/ex02/StudentTest.java

```
public class StudentTest {
  public static void main(String[] args) {
    Student s = new Student("이순신", 2); _____ 추상 클래스는 인스턴스 생성을 할 수 없습니다.
  }
}
```

3.3 추상 클래스의 용도

다음은 추상 클래스의 용도입니다. **추상 클래스는 주로 부모 클래스나 조상 클래스에 많이 사용됩니다.** 따라서 추상 클래스를 상속하는 자식 클래스들은 추상 클래스에 선언된 추상 메서드를 반드시 구현해 주어야 합니다. 추상 클래스를 사용하면 전체 프로그램 구조가 일정하게 유지되는 효과를 얻을 수 있습니다.

> 추상 클래스의 용도
> - 자식 클래스에서 구현해야 할 기능을 부모 클래스의 추상 메서드의 형식을 빌려와서 일관성 있게 구현할 수 있습니다.
> - 프로그램 소스 코드 구조를 일정하게 유지할 수 있으므로 표준화가 가능합니다.

추상 메서드와 추상 클래스의 정의와 용도를 알아봤습니다. 다음 절에서 추상 메서드와 추상 클래스가 어떻게 사용되는지 구체적인 예제를 통해서 알아보겠습니다.

→ 요점 정리 ←

- abstract 지정자로 추상 메서드와 추상 클래스를 만들 수 있습니다.
- 추상 메서드는 구현부 블록({})이 없는 메서드입니다.
- abstract 지정자로 일반 클래스를 추상 클래스로 만들 수 있습니다.
- 추상 메서드가 선언된 클래스는 반드시 추상 클래스로 선언해야 합니다.
- 추상 클래스는 new 연산자로 인스턴스를 생성할 수 없습니다.
- 추상 클래스는 프로그램 소스 코드 구조를 일정하게 유지하는 역할을 합니다.

4 학생 클래스로 추상 클래스 실습하기

모든 학생들은 자신의 담당 선생님이 있습니다. 중학생은 담임 선생님이고, 대학생의 경우는 지도 교수님입니다. 각각의 학생들의 담당 선생님을 구하는 과정으로 추상 메서드와 추상 클래스의 사용 목적을 알아보겠습니다.

4.1 추상 클래스를 사용하지 않고 구현하기

다음은 학생 클래스에 학생들의 담당 선생님 이름을 구하는 메서드를 구현한 Student 클래스입니다. 담당 선생님 이름을 저장하는 필드와 담당 선생님 이름을 구하는 메서드가 추가되었습니다.

[직접 코딩해 보기] 학생의 담당 선생님 이름을 구하는 메서드 추가하기

ch11/sec02/ex03/Student.java

```java
package sec01.ex03;

public class Student {
  protected String name;
  protected int grade;
  protected String teacher;    //학생의 담당 선생님

  public Student() {
    System.out.println("Student 기본 생성자 호출");
  }

  public Student(String name, int grade) {
    System.out.println("매개변수가 있는 Student 생성자 호출");
    this.name = name;
    this.grade = grade;
  }

  public String getStudInfo() {
    System.out.println("Student 클래스의 getStudInfo() 메서드 호출");
    return "이름 : " + name + " ,학년 : " + grade;
  }

  public String getTeacher() {
    return "김길동 선생님";              ----- 학생의 담임 선생님 이름을 구하는 메서드
  }
```

```
  }
```

중학생 클래스는 getClassTeacher() 메서드를 구현해서 담임 선생님 이름을 얻습니다.

[직접 코딩해 보기] 담임 선생님 이름을 구하는 메서드 구현하기

ch11/sec02/ex03/Middle.java

```
package sec01.ex03;

public class Middle extends Student {

  public Middle(String name, int grade, String teacher) {
    System.out.println("Middle 클래스 생성자 호출");
    super.name = name;
    super.grade = grade;
    super.teacher = teacher;
  }

  public String getClassTeacher() {  ┄┄┐
    return "박길순 선생님";              ┊┄┄┄ 담임 선생님 이름을 출력하는 메서드
  }                             ┄┄┄┘


  /*
  @Override
  public String getTeacher() {
    return "담임 선생님: " + teacher;
  }
  */
}
```

대학생 클래스에서는 getProfessor() 메서드로 지도 교수님의 이름을 얻습니다.

[직접 코딩해 보기] 대학생 지도 교수님 이름을 구하는 메서드 구현하기

ch11/sec02/ex03/College.java

```
package sec01.ex03;

public class College extends Student {
  private int courses;
```

```
  public College() {
    this("이순신", 2, 20, "홍길동");
    System.out.println("College 클래스의 기본 생성자 호출");
  }

  public College(String name, int grade, int courses, String teacher) {
    System.out.println("College 생성자 호출");
    super.name = name;
    super.grade = grade;
    super.teacher = teacher;
    this.courses = courses;
  }

  public int getCourses() {
    return courses;
  }

  public String getStudInfo() {
    System.out.println("College 클래스의 getStudInfo() 메서드 호출");
    return "이름은 >> " + name + ", 학년은 >> " + grade + ", 신청 학점은 >> " + courses;
  }

  public String getProfessor() {
    return "담당 교수님: " + teacher;          ┆---- 지도 교수님 이름을 출력하는 메서드
  }


/*
  @Override
  public String getTeacher() {
    return "담당 교수님: " + teacher;
  }
*/


}
```

지금은 담당 선생님의 이름을 구하는 기능을 부모 클래스인 Student 클래스에 선생님 이름을 구하는 기능을 하는 메서드인 getTeacher()가 있음에도, 각각의 학생 클래스에서 따로 구현하고 있습니다. 그런데 중학생이나 대학생의 각각의 메서드는 이름만 다를 뿐, 담당 선생님 이름을 구하는 기능은 동일합니다.

이런 식으로 중복해서 구현하면 코드가 복잡해집니다. 이럴 때 사용하기 좋은 중복되는 기능을 따로 구현하지 않고 일관성 있게 구현하는 객체 지향 개념이 이미 학습한 '오버라이딩 메서드'입니다. 즉, 하위 클래스의 각각의 메서드의 기능은 자신들의 담당 선생님 이름을 구하는 기능인 상위 클래스의 getTeacher( ) 메서드의 기능과 같으므로, 하위에서는 getTeacher( ) 메서드 형식만 빌려와서 각 하위 클래스의 기능에 맞게 오버라이딩해서 구현하면 됩니다. 이렇게 하면 소스의 구조도 일정해지고, 가독성도 좋아지므로 굳이 추상 클래스와 추상 메서드를 사용할 필요를 느끼지 못합니다.

그런데 오버라이딩은 자식 클래스에서 구현해도 되고, 구현 안 해도 된다는 문제점이 있습니다. 예를 들어, 어떤 프로젝트에서 한 관리자 아래에 각 기능을 담당하는 개발자 A, B, C가 있다고 가정해 보겠습니다. 개발자 A와 B는 이 프로젝트를 관리자와 오랫동안 수행해 왔기 때문에 소스 구조나 기능을 잘 알고 있는 상태입니다.

그런데 관리자가 개발자들에게 자신이 부모 클래스에 getTeacher()라는 이름으로 메서드를 만들어 놓았으니 각 개발자들은 그 이름을 오버라이딩하여 구현하라고 지시했는데, A와 B는 이 프로젝트를 오랫동안 수행했기 때문에 관리자의 지시대로 동일하게 구현한 반면, 개발자 C는 기존에 있던 개발자와 교체되어 이 프로젝트에 투입된 지 얼마되지 않아 기존의 기능이나 업무에 대해 서툴기 때문에 관리자의 지시를 잘못 이해하여 앞의 College 클래스처럼 그냥 다른 이름으로 메서드를 구현했습니다. 개발자 C처럼 다른 이름으로 메서드를 구현하여 사용해도 당장은 메서드의 결과값이 다르게 나오거나 에러가 발생하는 것이 아니기 때문에 다른 사람들은 정상적으로 실행되는 줄 압니다.

그러나 그 후에도 계속 소스가 고쳐지거나 수정되면 개발자 C의 소스는 다른 개발자의 소스들과 점점 일관성을 잃어갑니다. 그리고 나서 다시 개발자 C 대신 다른 개발자 D가 개발자 C의 업무를 맡았을 때는 기존의 소스와 너무 달라져서 유지보수에 어려움이 발생하게 됩니다.

최근의 프로그램은 개발자가 각 기능을 알아서 구현하기보다는 프로젝트의 규모가 점점 커질 것을 고려하여 향후 유지보수나 확장성을 위해 누구나 쉽고 빠르게 소스 내용을 이해하고 관리할 수 있도록 소스의 구조를 일정하게 유지해야 합니다.

그런데 이런 방식으로 오버라이딩을 하여 구현해도 개발자가 임의로 기능을 구현할 수 있기 때문에 통일성을 잃어버릴 수 있습니다.

4.2 추상 클래스를 사용해서 구현하기

이번에는 Student 클래스를 추상 클래스로 선언 후, 추상 메서드 getTeacher() 메서드를 선언합니다. 추상 메서드가 선언된 클래스는 반드시 추상 클래스로 지정해 주어야 합니다.

[직접 코딩해 보기] 담당 선생님 이름을 구하는 추상 메서드 추가하기

ch11/sec02/ex04/Student.java

```java
package sec01.ex04;

public abstract class Student {                          추상 메서드를 포함하면 반드시 추상 클래스로 선언합니다.
  protected String name;
  protected int grade;
  protected String teacher;

  public Student() {
    System.out.println("Student 기본 생성자 호출");
  }

  public Student(String name, int grade) {
    System.out.println("매개변수가 있는 Student 생성자 호출");
    this.name = name;
    this.grade = grade;
  }

  public String getStudInfo() {
    System.out.println("Student 클래스의 getStudInfo() 메서드 호출");
    return "이름 : " + name + " ,학년 : " + grade;
  }

  public abstract String getTeacher();                  학생의 담임 선생님 이름을 구하는 추상 메서드
}
```

중학생 클래스는 Student 클래스를 상속받고 있으므로, 반드시 부모 클래스의 추상 메서드 getTeacher() 메서드를 오버라이딩해 주어야 합니다. 만약에 오버라이딩해 주지 않으면 에러가 발생합니다.

[직접 코딩해 보기] 추상 클래스를 재정의한 중학생 클래스

ch11/sec02/ex04/Middle.java

```java
package sec01.ex04;
```

```java
public class Middle extends Student {
  public Middle(String name, int grade, String teacher) {
    System.out.println("Middle 클래스 생성자 호출");
    super.name = name;
    super.grade = grade;
    super.teacher = teacher;
  }


  @Override
  public String getTeacher() {                      ┈┈ 반드시 상속받는 추상 클래스의 추상 메서드를 구현해야 합니다.
    return "담임 선생님: " + teacher;
  }

}
```

대학생 클래스도 상속받는 Student 클래스의 getTeacher() 추상 메서드를 오버라이딩하고 있습니다.

[직접 코딩해 보기] 추상 메서드를 오버라이딩한 대학생 클래스

ch11/sec02/ex04/College.java

```java
package sec01.ex04;

public class College extends Student {
  private int courses;
  ...


  @Override
  public String getTeacher() {                      ┈┈ 반드시 상속받는 추상 클래스의 추상 메서드를 구현해야 합니다.
    return "지도 교수님: " + teacher;
  }
}
```

실행 클래스를 보면 자식 클래스들의 인스턴스를 생성하고 있습니다. 자식 클래스 인스턴스를 생성하면 추상 클래스의 인스턴스도 메모리에 생성됩니다. **다시 한 번 강조하지만 추상 클래스는 직접 인스턴스 생성은 불가능하지만, 상속받는 자식 클래스의 인스턴스를 생성하면 정상적으로 추상 클래스의 인스턴스가 메모리에 생성됩니다.** 따라서 추상 클래스의 getStudInfo() 메서드를 호출해서 학생 정보를 출력할 수 있습니다.

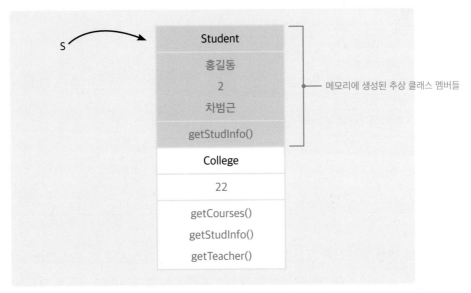

그림11-1 College 클래스 인스턴스 생성 시 메모리 상태

각각의 학생들의 담당 선생님 이름을 얻는 경우, 동일하게 getTeacher() 메서드를 호출해서 구할
수 있습니다.

[직접 코딩해 보기] 실행 클래스

ch11/sec02/ex04/StudentTest.java

```
package sec01.ex04;

public class StudentTest {
  public static void main(String[] args) {
    //Student s= new Student();  ------------------- 추상 클래스는 직접 인스턴스 생성이 불가능합니다.
    Student s= new College ("홍길동",3,22,"차범근");
    Middle m = new Middle("이순신",2,"손흥민");
    String sinsang = s.getStudInfo();
    System.out.println("학생 정보 :"+sinsang);

    String teacher = s.getTeacher();  -------------- 추상 메서드를 오버라이딩한 메서드를 호출해서
    System.out.println(teacher);                      지도 교수님 이름을 구합니다.

    teacher = m.getTeacher();  --------------------- 추상 메서드를 오버라이딩한 메서드를 호출해서
    System.out.println(teacher);                      담당 선생님 이름을 구합니다.
  }
}
```

[실행결과]

```
Student 기본 생성자 호출
College 생성자 호출
Student 기본 생성자 호출
Middle 클래스 생성자 호출
College 클래스의 getStudInfo() 메서드 호출
학생 정보 :이름은>> 홍길동,  학년은>>  3,  신청 학점은>>  22


지도 교수님 :  차범근
담임 선생님 :  손흥민
```

자식 클래스 인스턴스 생성 시 추상 클래스 생성자도 호출되어 추상 클래스 인스턴스도 생성됩니다.

이상으로 추상 클래스의 기능을 알아봤습니다. 추상 클래스는 주로 부모 클래스나 조상 클래스로 사용되면서, 하위 클래스에서 구현할 기능을 통일성 있게 관리하는 용도로 사용하면 편리합니다.

→ 요점 정리 ←

- 추상 메서드가 선언된 추상 클래스를 구현하는 자식 클래스들은 반드시 추상 메서드를 재정의해야 합니다.
- 추상 클래스를 사용하면 자식 클래스의 메서드의 형식을 일관성 있게 관리할 수 있습니다.
- 추상 클래스를 부모로 갖는 자식 클래스 인스턴스 생성 시, 추상 클래스의 인스턴스도 생성됩니다.

5 렌터카 프로그램에 추상 클래스 적용하기

렌터카 프로그램에서 각각의 기능을 담당하는 Car, Member, Reserve 클래스의 부모 클래스인 Base 클래스는 따로 객체를 생성할 필요가 없으므로 추상 클래스로 지정해 보겠습니다.

그림11-2 렌터카 프로그램 패키지 구조

AbstractBase 클래스명으로 abstract를 이용해서 추상 클래스로 선언합니다.

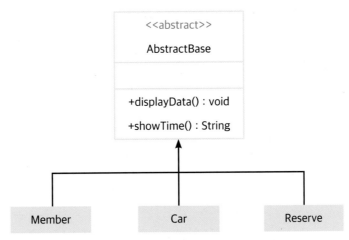

그림11-3 추상 클래스로 지정한 AbsrtactBase 클래스

다음은 부모 클래스인 AbstractBase 클래스를 absract 지정자를 이용해서 추상 클래스로 선언한 코드입니다.

[직접 코딩해 보기] AbstractBase 클래스

RentCarApp/com/oracle/rent/ch11/common/AbstractBase.java

```java
package com.oracle.rent.ch11.common;

import java.util.Calendar;

public abstract class AbstractBase {
  public void displayData(String data) {
    System.out.println("\n조회한 데이터\n" + data + " 입니다.");
  }

  // 조회한 데이터의 시간 정보를 제공하는 메서드
  public String showTime() {
    ...
  }
}
```

연습 문제

1 _ 추상 클래스에 관한 설명입니다. 맞는 것에 O표, 틀린 것에 X표를 하세요.

　① 추상 클래스는 new 연산자로 인스턴스를 생성할 수 없습니다. (　)

　② 일반 클래스는 추상 클래스로 사용할 수 없습니다. (　)

　③ 추상 클래스는 부모 클래스나 조상 클래스로만 사용됩니다. (　)

　④ 추상 클래스 타입 참조 변수는 주로 업캐스팅으로 사용됩니다. (　)

2 _ 추상 메서드에 관한 설명입니다. 틀린 것을 고르세요.

　① 추상 메서드는 메서드의 선언부만 있고, 구현부(ǁ)를 가지지 않습니다.

　② 추상 메서드는 반드시 abstract로 지정하지 않아도 됩니다.

　③ 추상 메서드는 반드시 상속받는 자식 클래스에서 오버라이딩해야 합니다.

　④ 추상 메서드가 선언된 클래스는 반드시 추상 클래스로 선언해야 합니다.

3 _ Person이라는 추상 클래스가 다음과 같이 선언되어 있습니다.

소스 코드: Person.java

```
1   package sec02.ex03;
2
3   public abstract class Person {
4     public abstract void work();
5   }
```

다음 실행 클래스를 실행하면 "소방수는 불을 끕니다.", "의사는 진료를 합니다"가 차례대로
출력되도록 Fireman 클래스와 Doctor 클래스를 구현해 보세요.

소스 코드: PersonTest.java

```
1  package sec02.ex03;
2
3  public class PersonTest {
4    public static void main(String[] args) {
5      Person p1 = new Fireman();
6      p1.work();
7
8      Person p2 = new Doctor();
9      p2.work();
10   }
11 }
```

4 _ 다음은 쇼핑몰 프로그램입니다. 각각의 기능의 부모 클래스를 추상 클래스로 선언해 보세요.

```
∨ 🗁 BookShopApp
  > ➡️ JRE System Library [jre]
  ∨ 🗁 src
    ∨ ⊞ com.oracle.book
      > ⊞ ch08
      > ⊞ ch09
      ∨ ⊞ ch11
        ∨ ⊞ common
          > 🗋 AbstractBase.java
        ∨ ⊞ goods
          > 🗋 Goods.java
        ∨ ⊞ main
          > 🗋 BookShopApp.java
        ∨ ⊞ member
          > 🗋 Member.java
        ∨ ⊞ order
          > 🗋 Order.java
```

BookShopApp 패키지 구조

12장

정적 및 final 지정자

> 시작 전 가볍게 읽기 <

자바는 아무리 프로그램의 크기가 커더라도 실행이 가능합니다.
그 이유를 알아보고, 동적 로딩 시 단점을 해결하는 방법을 알아보겠습니다.

1 동적 로딩

동적 로딩에 관해서 알아보겠습니다.

1.1 동적 로딩이란?

지금까지 클래스의 기능을 사용하기 위해서는 new 연산자를 이용해서 클래스의 인스턴스를 메모리에 생성 후, 참조 변수로 접근해서 필드와 메서드를 사용했습니다. 그러나 실제 클래스의 인스턴스는 프로그램 실행 시에 자동으로 메모리에 생성되는 것이 아니라, JVM이 필요하면 동적으로 메모리에 인스턴스를 생성시킵니다. 이것을 **동적 로딩**이라고 합니다.

동적 로딩(Dynamic Loading)의 정의

- 정의
  - 특정 객체(인스턴스)가 컴파일 시에 실행 파일에 포함되지 않고, 프로그램 실행 중 JVM에 의해서 동적으로 메모리에 적재되는 방법입니다.

- 용도
  - 작은 메모리 용량으로도 큰 프로그램을 실행시킬 수 있습니다.

다음은 동적 로딩으로 클래스 인스턴스를 메모리에 생성하는 예제입니다. 코드 작성 후, 실행 시 JVM은 시작과 동시에 모든 클래스 인스턴스를 메모리에 생성하는 것이 아니라 해당 인스턴스를 생성하는 코드에서 동적으로 메모리에 생성합니다. 그리고 생성된 인스턴스가 더 이상 사용되지 않으면 JVM에서 자동으로 인스턴스를 메모리에서 삭제합니다. 인스턴스 자동 삭제 기능을 **가비지 컬렉터**(Garbage Collector)라고 합니다.

[직접 코딩해 보기] 동적 로딩 실행 클래스

ch12/sec01/ex01/MessageTest.java

```
package sec01.ex01;

public class MessageTest {
  public static void main(String[] args) {
    System.out.println("프로그램 시작");          Hello 클래스 인스턴스가 메모리에 생성되지 않습니다.
    Hello h = new Hello();                       new 연산자를 이용해서 실행 중 인스턴스를 메모리에 생성합니다.
    h.getHello();
```

```
    }
}

class Hello{
  public void getHello() {
    System.out.println("Hello World!!");
  }
}
```

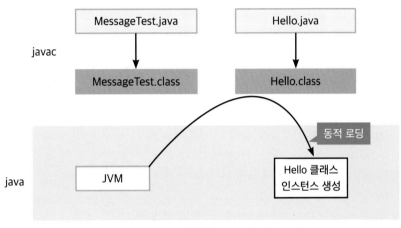

그림12-1 MessageTest 실행 시 Hello 클래스 동적 로딩 과정

동적 로딩의 좋은 점은 메모리의 용량이 적더라도, 필요한 기능을 그때 그때 동적으로 생성해서 사용하면 되므로 아무리 큰 프로그램도 실행할 수 있습니다. 그러나 동적 로딩이 무조건 좋은 것만은 아닙니다. 동적 로딩의 반대 개념은 '**정적 로딩**'입니다. 정적 로딩을 하는 대표적인 언어는 'C 언어'가 있습니다. C언어로 만든 프로그램을 실행하면 모든 실행 파일의 기능이 메모리에 로드되어 프로그램 실행 중에 메모리에 항상 존재합니다. 이런 정적 로딩을 하면 실행 시에 모든 기능이 메모리에 존재하므로, CPU는 자신이 필요로 하는 기능을 메모리에서 빠르게 가지고 와서 사용할 수 있습니다.

반면, 동적 로딩은 메모리에 그 기능이 없으면 CPU가 다시 메모리에 로드해야 합니다. 그런데 프로그램 실행 중에 가장 시간이 많이 걸리는 부분은 외부 장치에서 메모리로 데이터나 명령어를 로드하는 과정입니다. 즉, 동적 로딩을 자주 하면 프로그램의 실행이 느려질 수 있습니다. 이것이 동적 로딩의 가장 큰 단점입니다. 다음 절에서는 이런 동적 로딩의 문제점을 개선한 static 기능을 알아보겠습니다.

2 정적 지정자

이번에는 정적(static) 지정자에 관해서 알아보겠습니다.

2.1 정적 지정자란?

자바가 동적 로딩을 하면 프로그램 실행이 느려질 수 있다는 단점이 있습니다. 그런데 프로그램 실행 시 자주 사용되는 필드나 메서드는 인스턴스 생성과 관계없이 메모리에 상주하면서 필요할 때 사용하면 훨씬 빠르게 실행할 수 있습니다.

정적(static) 지정자의 정의와 특징

- 정의
  - 인스턴스 생성과 상관없이 프로그램 실행 시 메모리에 필드나 메서드를 생성하는 방법

- 특징
  - static으로 지정된 멤버들은 프로그램 실행 시 자동으로 메모리에 생성됩니다.
  - 프로그램 종료 시 메모리에서 소멸됩니다.
  - 인스턴스 생성과 무관합니다.

---

static을 지정해서 사용하는 대표적인 경우가 우리가 지금까지 사용해온 main() 메서드입니다. 실행 클래스의 main 메서드는 static으로 지정되었으므로, JVM은 자동으로 main() 메서드를 메모리에 로드해서 전체 프로그램을 실행합니다.

```
package sec01.ex01;

public class MessageTest {
  public static void main(String[] args) {  ------------ static으로 지정되었으므로 프로그램 실행 시
    ...                                                   JVM이 자동으로 메모리에 로드합니다.
  }
}
```

다음은 정적 지정자가 적용되는 대상과 지정 방법입니다.

---

static으로 지정될 수 있는 대상과 지정 방법

- 지정 대상

- 필드: 인스턴스 간의 데이터 공유 시 사용합니다(상수).
- 메서드: 인스턴스 생성 없이 메서드를 사용할 때 사용됩니다.
- 클래스: 내부 클래스로 사용 시 사용됩니다.

- 지정 방법
  - 필드:
    static 타입 필드;
  - 메서드:
    static 리턴 타입 메서드(매개변수,...) { ... }
  - 클래스:
    static class{... }

다른 클래스에서 static으로 지정된 멤버에 접근하려면, 멤버가 선언된 클래스명과 도트(.) 연산자로 접근합니다.

```
클래스명 . 필드 ;
클래스명 . 메서드 ;
```

2.2 정적 멤버 사용하기

프로그래밍 시 여러 클래스 인스턴스에서 공통으로 사용하는 데이터가 있는 경우, 미리 static 지정자로 필드를 선언 후, 접근해서 사용하면 편리합니다. 자바에서도 일반적으로 많이 사용하는 상수는 정적 필드로 제공합니다. 다음은 원주율에 해당되는 값을 저장한 필드와 메서드들을 static으로 선언한 클래스입니다.

[직접 코딩해 보기] 정적 멤버 선언하기

ch12/sec02/ex01/MyMath.java

```java
package sec02.ex01;

public class MyMath {
  static double pi = 3.14159;

  public static int add(int x, int y) {
    return x + y;
  }

  public static int substract(int x, int y) {
    return x - y;
  }
}
```

실행 클래스에서 인스턴스 생성 없이 MyMath 클래스명을 이용해서, 정적 필드와 정적 메서드에 접근해서 사용할 수 있습니다. 프로그래밍 시 수학 관련 상수나 기능은 많이 사용되기에 JDK에서 미리 Math 클래스의 필드와 메서드를 static으로 지정해서 제공하므로, 인스턴스 생성 없이 Math 클래스의 필드나 메서드를 사용할 수 있습니다.

[직접 코딩해 보기] 정적 멤버 사용하기

ch12/sec02/ex01/MyMathTest.java

```java
package sec02.ex01;

public class MyMathTest {
  public static void main(String[] args) {
    int result1 = MyMath.add(10, 20);
    System.out.println("두 수의 합: " + result1);
    System.out.println();

    result1 = MyMath.substract(10, 20);
    System.out.println("두 수의 차: " + result1);
    System.out.println();

    int radius = 10;
    double result2 = MyMath.pi * radius * radius; _____ static으로 선언한 필드를 사용합니다.
    System.out.println("원의 넓이: " + result1);

    result2 = Math.PI * radius * radius; _____ 자바의 Math 클래스에서 제공하는 원주율을 사용합니다.
    System.out.printf("원의 넓이: %.3f\n",  result2);

    double random = Math.random(); _____ Math 클래스에서 제공하는 난수를 구하는 메서드를 사용합니다.
    System.out.println("난수: " + random);

    int result3 = (int) Math.sqrt(4); _____ Math 클래스에서 제공하는 제곱근을 구하는 메서드를 사용합니다.
    System.out.println("4의 제곱근: " + result3);}
}
```

[실행결과]

```
두 수의 합: 30
두 수의 차: -10
원의 넓이: -10
원의 넓이: 314.159
난수: 0.4926442801142915
4의 제곱근: 2
```

自주 사용되는 메서드들은 정적 메서드로 표시됩니다.

Method Summary

| All Methods | Static Methods | Concrete Methods |

Modifier and Type	Method	Description
static double	**abs**(double a)	Returns the absolute value of a double value.
static float	**abs**(float a)	Returns the absolute value of a float value.
static int	**abs**(int a)	Returns the absolute value of an int value.
static long	**abs**(long a)	Returns the absolute value of a long value.
static int	**absExact**(int a)	Returns the mathematical absolute value of an int value if it is exactly representable as an int, throwing ArithmeticException if the result overflows the positive int range.
static long	**absExact**(long a)	Returns the mathematical absolute value of an long value if it is exactly representable as an long, throwing ArithmeticException if the result overflows the positive long range.
static double	**acos**(double a)	Returns the arc cosine of a value; the returned angle is in the range 0.0 through *pi*.
static int	**addExact**(int x, int y)	Returns the sum of its arguments, throwing an exception if the result overflows an int.
static long	**addExact**(long x, long y)	Returns the sum of its arguments, throwing an exception if the result overflows a long.

그림12-2 Math 클래스에서 제공하는 여러 가지 정적 메서드들

[참고] 정적 메서드 사용 시 주의할 점

정적 메서드는 프로그램 실행 시 메모리에 생성됩니다. 따라서 인스턴스 메서드에선 정적 필드에 자유롭게 접근할 수 있습니다. 그러나 **정적 메서드에선 같은 정적 필드에는 접근할 수 있으나, 아직 메모리에 생성되지 않은 인스턴스 필드를 사용하면 에러가 발생합니다.**

[직접 코딩해 보기] 클래스에 정적 멤버 선언하기

ch12/sec02/ex02/Number.java

```java
package sec02.ex02;

public class Number {
  private int num;
  static int numCounter = 10;  _____ static으로 선언했으므로 프로그램 실행 시 메모리에 바로 생성됩니다.


  public static int getNumCounter() {  ┌----┐
    return numCounter;               ├---- 정적 메서드에선 정적 필드에 접근할 수 있습니다.
  }                                  └----┘


  public static int getNumber() {
    int temp = 10 + numCounter;  _____ 정적 메서드 내에서는 지역변수를 사용할 수 있습니다.
    return temp;
  }



/*
  public static int getNum() {
    int result = num + 10;  _____ 정적 메서드에서는 인스턴스 필드 num에 접근할 수 없습니다.
    return result;
  }
*/
```

```
  public Number() {
    num = numCounter;
  }
                                        ----- 생성자와 멤버 메서드에선 정적 필드에 접근할 수 있습니다.
  public void increaseNum() {
    numCounter++;
  }
}
```

다음 그림에서는 main() 메서드 실행 시 실행 클래스에서 정적 멤버가 포함된 클래스의 인스턴스를 생성합니다. 정적 멤버들은 프로그램 실행 시 인스턴스 생성과는 관계없이 메모리에 미리 생성됩니다. numCounter 필드는 10으로 초기화됩니다.

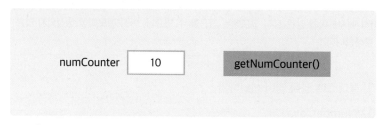

그림12-3 프로그램 실행 시 메모리에 생성된 정적 멤버들

Number 클래스 인스턴스를 생성하면 Number 클래스의 필드와 메서드가 메모리에 생성됩니다. 인스턴스 메서드인 incNum()에선 자유롭게 정적 필드에 접근할 수 있습니다.

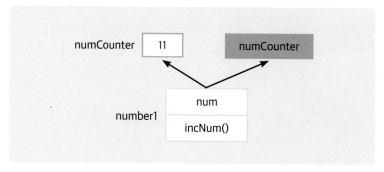

그림12-4 Number 클래스 인스턴스 생성 후 정적 멤버에 접근하기

두 번째 Number 클래스 인스턴스를 생성 후, 인스턴스 메서드로 정적 필드에 접근합니다. static 으로 선언된 멤버들은 인스턴스 개수와 상관없이 한 번만 생성되어서 메모리에 존재합니다. 정적 멤버들은 여러 인스턴스들이 필드나 메서드를 공유하면서 사용할 때 주로 사용됩니다(정적 멤버 는 JVM에 의해서 메모리의 메서드 영역에 생성됩니다. 자세한 내용은 부록의 JVM의 메모리 구

조를 참고하세요).

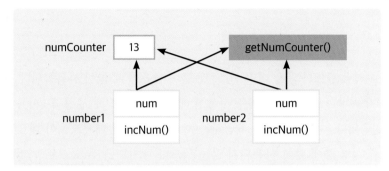

그림12-5 두 번째 Number 클래스 인스턴스 생성 후 정적 멤버에 접근하기

정적 멤버에 접근 시 참조 변수로 접근할 수도 있으나, 가능하면 정적 멤버가 선언된 클래스명으로 접근하는 것이 바람직합니다.

[직접 코딩해 보기] 실행 클래스에서 정적 멤버 접근하기

ch12/sec02/ex02/NumberTest.java

```java
package sec02.ex02;

public class NumberTest {
  public static void main(String[] args) {
    System.out.println("numCount의 값: " + Number.numCounter);____클래스명으로 바로 정적 필드에 접근합니다.

    Number number1 = new Number();
    number1.increaseNum();_____ 인스턴스 메서드에서 정적 필드에 접근해서 값을 1 증가시킵니다.
    System.out.println("numCount의 값: " + Number.getNumCounter());

    Number number2 = new Number();
    number2.increaseNum();
    number2.increaseNum();

    System.out.println("numCount의 값: " + Number.getNumCounter());     정적 멤버에 접근 시 참조 변수를
    System.out.println("numCount의 값: " + number1.getNumCounter());    사용해서 접근할 수 있으나, 가능하면
    System.out.println("numCount의 값: " + number2.getNumCounter());    클래스명으로 접근하는 것이 좋습니다.
  }
}
```

[실행결과]

```
numCount의 값: 10
numCount의 값: 11
```

```
numCount의 값: 13
numCount의 값: 13
numCount의 값: 13
```

정적 필드는 상수처럼 필드의 값을 여러 인스턴스들이 공유할 때 많이 사용합니다. 정적 메서드는 특정 메서드의 기능이 프로그램에서 자주 사용될 때, 미리 메모리에 생성 후, 사용하므로 실행 속도를 높일 수 있습니다. 자바 API에서 제공하는 Math 클래스의 메서드들이 대표적입니다. 이와 반대로 프로그램 실행 중에 많이 사용되지 않는 필드나 메서드를 static으로 지정하면, 메모리만 차지하므로 비효율적입니다. 따라서 기능을 잘 분석하여 적절하게 사용하는 것이 중요합니다. 정적 클래스는 14장의 내부 클래스에서 자세히 알아보겠습니다.

2.3 싱글톤(Singleton)

현실에서도 태양이나 지구는 한 개밖에 존재하지 않습니다. 프로그램에서 한 개의 클래스 객체(인스턴스)만 존재해야 할 경우 싱글톤 패턴(Singleton Pattern)을 이용해서 프로그램 실행 시 미리 한 개의 객체만 메모리에 생성하게 합니다. 다음은 싱글톤 패턴 클래스 작성 규칙입니다.

> **싱글톤 클래스 만드는 방법**
> - 인스턴스를 생성할 클래스의 생성자와 필드는 private로 선언합니다.
> - 인스턴스에 접근할 메서드는 public으로 선언합니다.
> - 외부 클래스에서는 new를 통한 인스턴스 생성은 불가능합니다.
> - 생성된 인스턴스는 getInstance() 메서드를 통해 접근합니다.

2.4 싱글톤으로 Earth 클래스 만들기

다음은 Earth 객체를 싱글톤 패턴으로 생성해서 사용하는 예제입니다. 싱글톤으로 사용될 클래스의 생성자는 private로 선언되어 외부에서 객체를 생성할 수 없게 합니다. 따라서 객체 생성은 getInstance() 메서드 호출로만 가능합니다.

[직접 코딩해 보기] 싱글톤으로 사용할 지구 클래스

ch12/sec02/ex03/Earth.java

```
package sec02.ex03;

public class Earth {
    private static Earth ourEarth = null; ........ 싱글톤으로 사용될 객체의 필드는 private로 선언합니다.
    public  static int EARTH_RADIUS = 6371;
```

```java
    private Earth() {
        System.out.println("지구 객체 생성"); ----
    }                                                ┊----- 생성자의 접근 제어자는 private로 선언합니다.

    public static Earth getInstance() {
        if(ourEarth == null){                    ----
            ourEarth = new Earth();                 ┊
        }                                           ┊
                                                    ┊----- getInstance() 메서드를 호출 시 Earth 객체가 없으면
        return ourEarth;                            ┊      새로 생성하고, 이미 존재하면 객체 위치를 리턴합니다.
    }                                               ┊
}                                               ----
```

Earth 클래스 외부에서 Earth 객체를 얻으려면 반드시 getInstance() 메서드를 호출해야 합니다.
최초로 getInstance() 메서드를 호출하면 Earth 객체 생성 위치를 ourEarth 필드가 가리키고 있
습니다.

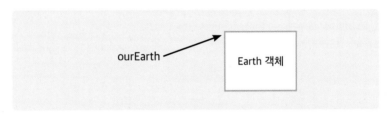

그림12-6 최초로 getInstance() 메서드 호출 시 Earth 객체 생성 상태

getInstance() 메서드 호출 시 리턴되는 위치값을 myEarth 변수에 대입해서 myEarth 변수도 역
시 ourEarth 필드와 동일한 Earth 객체를 가리킵니다.

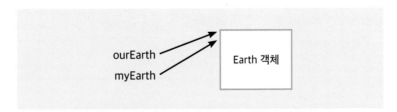

그림12-7 최초로 getInstance() 메서드 호출 후 myEarth 변수 상태

두 번째 getInstance() 메서드를 호출하면 기존에 Earth 객체가 존재하므로 ourEarth 위치를 리
턴합니다.

그림12-8 두 번째 getInstance() 메서드 호출 후 상태

따라서 myEarth와 yourEarth 변수는 동일한 Earth 객체를 가리킵니다.

[직접 코딩해 보기] 싱글톤으로 사용할 지구 클래스

ch12/sec02/ex03/Earth.java

```
package sec02.ex03;

public class SingletonTest {
  public static void main(String[] args) {
//  Earth myEarth = new Earth();_____ 싱글톤 객체는 외부에서 생성할 수 없습니다.
    System.out.println("첫 번째 getInstance() 호출");
    Earth myEarth = Earth.getInstance(); _____ 정적 필드 ourEarth의 위치값이 대입됩니다.


    System.out.println("두 번째 getInstance() 호출");
    Earth yourEarth = Earth.getInstance(); _____ 정적 필드 ourEarth의 위치값이 대입됩니다.

    if (myEarth == yourEarth) {_____ 두 변수의 위치값을 비교합니다.
      System.out.println("두 지구 객체는 같은 객체입니다.");
    } else {
      System.out.println("두 지구 객체는 다른 객체입니다.");
    }

    System.out.println("지구 반지름: " + Earth.EARTH_RADIUS + "km");
  }
}
```

[실행결과]

첫 번째 getInstance() 호출

지구 객체 생성

두 번째 getInstance() 호출

두 지구 객체는 같은 객체입니다.

지구 반지름: 6371km

→ 요점 정리 ←

- 자바 프로그램은 동적 로딩으로 실행됩니다.
- static으로 지정한 멤버들은 프로그램 실행 시 즉시 메모리에 생성됩니다.
- 인스턴스 메서드에선 정적 필드에 접근이 가능하지만, 정적 메서드에선 인스턴스 필드에 접근할 수 없습니다.
- 클래스명으로 정적 멤버에 접근하는 것이 일반적입니다.
- 프로그램에서 한 개의 클래스 객체만 필요한 경우 싱글톤 패턴을 이용해서 구현합니다.

∃ final 지정자

final 지정자에 관해서 알아보겠습니다.

3.1 final이란?

final 지정자는 '**금지**'의 의미를 나타냅니다. 클래스 앞에 final로 지정하면 이 클래스는 상속을 금지한다는 의미입니다. 메서드에 지정되면 오버라이딩을 금지합니다. 그리고 필드 앞에 final이 지정되면 필드값의 변경을 금지합니다. 즉, 상수(Constant)로 사용하겠다는 의미입니다.

> **final 정의와 용도**
> - 정의
>   - '금지'의 의미를 가지는 지정자입니다.
> - 용도
>   - 클래스: 상속을 금지합니다.
>   - 메서드: 오버라이딩을 금지합니다.
>   - 필드: 값 변경을 금지합니다(상수로 지정).

3.2 클래스에 final 지정하기

클래스명에 final을 지정하면 그 클래스의 멤버는 더 이상 자식 클래스에서 접근할 수 없습니다. Car 클래스는 final로 지정되었으므로, Truck 클래스에서 상속 시 에러를 발생시킵니다.

[직접 코딩해 보기] final로 지정한 Car 클래스

ch12/sec03/ex01/Car.java

```
package sec03.ex01;

public final class Car {
  protected int carNum;
  protected String carName;
  protected int velocity;

  public Car() {
    System.out.println("Car 생성자 호출");
  }
```

```
  }
```

[직접 코딩해 보기] Truck 클래스

ch12/sec03/ex01/Truck.java

```
package sec03.ex01;

public class Truck extends Car { _____ Car 클래스 상속 시 에러가 발생합니다.
  private int load;
  public Truck() {
    System.out.println("Truck 생성자 호출");
  }
}
```

💡 **알아두면 좋아요**

문자열 기능을 제공하는 String 클래스는 final로 지정되어 있으므로 다른 클래스들의 부모 클래스로 사용될 수 없습니다.

```
Module java.base
Package java.lang

Class String

java.lang.Object
    java.lang.String

All Implemented Interfaces:
Serializable, CharSequence, Comparable<String>, Constable, ConstantDesc
------------------------------------------------------------------------
public final class String
extends Object
implements Serializable, Comparable<String>, CharSequence, Constable, ConstantDesc
```

그림12-9 final로 지정된 String 클래스

다음은 String 클래스를 extends로 부모 클래스로 지정 시, 에러를 표시하는 코드입니다.

```
1 package sec03.ex01;
2
3 public class MyString extends String {
4                              The type MyString cannot subclass the final class String
5 }                                                              Press 'F2' for focus
```

그림12-10 final로 지정된 String 클래스

3.3 메서드에 final 지정하기

Car 클래스의 speedUp() 메서드가 final로 지정되었습니다.

[직접 코딩해 보기] final로 지정한 메서드를 가지는 Car 클래스

ch12/sec03/ex02/Car.java

```java
package sec03.ex02;

public class Car {
  protected int velocity;

  public Car() {
    System.out.println("Car 생성자 호출");
  }

  public final void speedUp() {
    velocity++;
  }
}
```

final로 지정한 메서드를 자식 클래스에서 오버라이딩 시 에러가 발생합니다.

[직접 코딩해 보기] Truck 클래스

ch12/sec03/ex02/Truck.java

```java
package sec03.ex02;

public class Truck extends Car {
  @Override
  public void speedUp() {              ┊----- final로 지정한 메서드는 오버라이딩이 불가능합니다.
    velocity += 30;
  }
}
```

3.4 변수에 final 지정하기

변수에 final을 지정하면 변수의 값 변경을 금지한다는 의미입니다. 즉 상수로 사용하겠다는 의미
입니다. 다음은 자바에서 사용하는 상수의 정의입니다.

> **자바 상수의 정의**
> ● 정의
>   - 프로그램 실행 후 종료할 때까지 일정한 값을 유지합니다.
>   - 모든 인스턴스에서 동일한 값을 공유합니다.

다음은 자바에서 사용되는 상수의 형식입니다. 상수는 모든 클래스 인스턴스에서 접근해야 하므로 public으로 지정합니다. 그리고 프로그램 실행 시 메모리에 존재해야 하므로 static으로 지정합니다. 상수는 값을 변경할 수 없으므로 final로 지정합니다.

```
public static final 타입 상수명 = 값;
```

다음은 구체적인 자바 상수 선언 방법입니다. 도로 주행 규정 속도나 서버 주소는 프로그램 실행 시 즉시 메모리에 생성되어야 하고, 변경이 불가능하며, 누구나 접근 가능해야 하므로 public과 static, final로 지정하고 있습니다. 그리고 상수명은 대문자와 "_"를 이어서 만드는 것이 관례입니다.

```
public static final int SAFE_SPEED = 60;
public static final String SERVER_IP_ADDR = "192.0.0.1";
```

다음은 클래스 내에 도로 주행 규정 속도를 의미하는 상수를 선언하는 예제입니다. 상수는 final로 지정되었으므로, 프로그램 실행 중에 값을 변경할 수 없습니다. 참고로 자바에서 60, 3.14, "Hello"와 같이 구체적인 값은 '리터럴(literal)'이라고 부릅니다.

[직접 코딩해 보기] Car 클래스

ch12/sec03/ex03/Car.java

```java
package sec03.ex03;

public class Car {
  public static final int SAFE_SPEED = 60;_____ 안전 운행 속도를 상수로 선언합니다.

  private int velocity;
  private String carName;

  public Car(int velocity, String carName) {
    this.velocity = velocity;
    this.carName = carName;
  }

  public static void main(String args[]) {
    System.out.println("안전 속도: " + Car.SAFE_SPEED);_____상수는 선언된 클래스명으로 접근합니다.

//  Car.SAFE_SPEED = 80;_____ 상수는 값을 변경할 수 없습니다.
    Car myCar = new Car(Car.SAFE_SPEED, "아반떼");
    Car yourCar = new Car(Car.SAFE_SPEED, "소나타");
```

```
    }
  }
```

[실행결과]

안전 속도: 60

 알아두면 좋아요

정적 필드는 선언과 동시에 초기화하는 것이 일반적입니다.

```
static int numCounter = 10;
```

그러나 정적 필드가 다른 정적 필드값들로 초기화되는 경우 정적 블록을 사용하면 편리합니다. 정적 블록에선 정적 멤버
들만 사용가능하며, 필요시 여러 개의 정적 블록을 사용할 수 있습니다. 자세한 설명은 책 제공 소스나 동영상을 참고해
주세요.

[직접 코딩해 보기] 정적 블록 사용하기

/ch12/sec03/ex04/Phone.java

```
package sec03.ex04;

public class Phone {
  static String maker = "삼성";
  static String model = "갤럭시22";
  static int price = 1200000;
  static String phoneInfo;

  static {
    System.out.println("첫 번째 정적 블록입니다.");
    phoneInfo = "제조사: " + maker
              +", 모델명: " + model        ------ 정적 블록에선 정적 멤버만 사용 가능합니다.
              +", 가격: " + price +"원";
  }

  static {
    System.out.println("두 번째 정적 블록입니다.");
  }
}
```

[실행결과]

첫 번째 정적 블록입니다.

두 번째 정적 블록입니다.

제조사: 삼성, 모델명: 갤럭시22, 가격: 1200000원

→ 요점 정리 ←

- 자바의 final 지정자는 '금지'를 의미합니다.
- 클래스명에 final이 지정되면 해당 클래스는 자식 클래스에 상속이 금지됩니다.
- 메서드에 final이 지정되면 자식 클래스에선 해당 메서드를 오버라이딩을 할 수 없습니다.
- 필드에 final이 지정되면 필드값을 변경할 수 없습니다.
- 자바의 상수는 public, static, final 지정자로 만들 수 있습니다.

4 렌터카 프로그램에 static 기능 적용하기

실제 프로그램에서 사용되는 데이터들은 저장 시 보안을 위해서 암호화되어서 저장되고, 조회 시 다시 복호화해서 보여줍니다. 이번에는 암호화와 복호화하는 정적 메서드를 미리 만들어서 렌터카 프로그램에서 사용되는 데이터를 빠르게 암호화하고 복호화하는 기능을 적용해 보겠습니다.

그림12-11 암호화와 복호화 정적 메서드를 구현한 DataUtil 클래스 위치

DataUtil 클래스는 단독으로 암호화와 복호화 메서드를 구현해서 제공합니다.

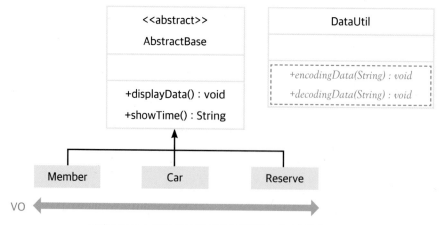

그림12-12 DataUtil 클래스를 추가한 렌터카 프로그램 클래스 구조

DataUtil 클래스에 데이터를 암호화/복호화하는 정적 메서드를 선언합니다.

[직접 코딩해 보기] DataUtil 클래스

RentCarApp/com/oracle/rent/ch12/common/DataUtil.java

```
package com.oracle.rent.ch12.common;

public class DataUtil {
  public static void encodeData(String data) {
    System.out.println("\n" +data + "를 암호화합니다.");          ┈┈┈ 데이터를 암호화합니다.
  }

  public static void decodeData(String data) {
    System.out.println("\n" + data + "를 복호화합니다.");          ┈┈┈ 데이터를 복호화합니다.
  }
}
```

클래스들 간에 데이터를 전달하는 클래스

다른 클래스의 메서드 호출 시, 전달할 데이터가 많을 경우 그만큼 매개변수의 수도 많아지게 됩니다. 따라서 다른 클래스의 메서드 호출 시 데이터를 전달할 경우, 데이터 전달 전용 클래스의 필드에 데이터를 세팅한 후 전달합니다. 이렇게 데이터 전달 용도로 사용되는 클래스를 **VO(Value Object)** 클래스라고 합니다.

VO(Value Object) 클래스의 정의와 형식

- 정의
  - 여러 다른 타입의 데이터를 다른 클래스로 전달 시 사용됩니다.
  - TO(Transfer Object) 또는 DTO(Data Transfer Object)라고도 합니다.

- 형식
  - 필드를 private로 선언합니다.
  - 생성자를 구현합니다.
  - 각 필드에 대한 getter/setter를 구현합니다.

다음은 회원 정보를 필드에 세팅해서 메서드 호출 시 매개변수로 전달하는 MemebrVO 클래스입니다. 회원 데이터를 저장할 필드를 선언합니다. 그리고 필드의 수만큼 매개변수를 가지는 생성자를 선언합니다. getter/setter는 직접 접근을 위해서 생략합니다(VO 클래스의 자세한 사용법은 23장 데이터베이스 부분에서 학습합니다).

[직접 코딩해 보기] MemberVO 클래스

RentCarApp/com/oracle/rent/ch12/member/MemberVO.java

```
package com.oracle.rent.ch12.member;

public class MemberVO {
  String id;
  String password;
  String name;            ----- 회원 정보를 저장할 필드를 선언합니다.
  String address;
  String phoneNum;

  public MemberVO(String id, String password, String name, String address, String phoneNum) {
    this.id = id;
    this.password = password;
    this.name = name;
    this.address = address;
    this.phoneNum = phoneNum;
  }

  //getter와 setter는 생략
}
```

회원 클래스의 각각의 메서드에서 각각의 암호화, 복호화 메서드를 적용하고 있습니다. 메서드 호출 시 회원 정보를 MemberVO 클래스 인스턴스의 필드에 세팅 후, 메서드로 전달합니다.

[직접 코딩해 보기] Member 클래스

RentCarApp/com/oracle/rent/ch12/member/Member.java

```
package com.oracle.rent.ch12.member;

import com.oracle.rent.ch09.common.Base;
import com.oracle.rent.ch12.common.DataUtil;

public class Member extends Base {
  String memberData;

//회원 정보 조회
  public String viewMember(MemberVO vo) {
    DataUtil.decodeData(memberData); _____ 회원 데이터 조회 전 데이터를 복호화합니다.
    memberData="회원 아이디: "+ vo.id+","+
          "\n회원 비밀번호: " + vo.password+","+
```

```
                "\n회원 이름: " + vo.name+","+
                "\n회원 전화번호: "+ vo.phoneNum;

    System.out.println("회원 정보를 조회합니다.");
    System.out.println("회원 조회 시간: " + showTime());
      return memberData; _____ 복호화한 회원 정보를 리턴합니다.
  }


//새로운 회원 등록
public void regMember(MemberVO vo) {
   memberData = vo.id+","+
                 vo.name+","+
                 vo.password+","+
                 vo.phoneNum;

   DataUtil.encodeData(memberData); _____ 회원 정보를 등록하기 전 암호화합니다.

   System.out.println("\n회원 가입합니다.");
   System.out.println("회원 가입 시간: " + showTime());
  }


// 기존 회원 정보 수정
public void modMember(MemberVO vo) {
   memberData= vo.id+","+
                 vo.name+","+
                 vo.password+","+
                 vo.phoneNum;
   DataUtil.encodeData(memberData); _____ 수정한 회원 정보를 암호화합니다.

   System.out.println("\n회원 정보를 수정합니다.");
   System.out.println("회원 수정 시간: " + showTime());
  }


// 기존 회원 정보 삭제
public void delMember(MemberVO vo) {
   memberData= vo.id+","+
                 vo.name+","+
                 vo.password+","+
                 vo.phoneNum;
   DataUtil.decodeData(memberData); _____ 삭제하기 전 회원 정보를 복호화합니다.

   System.out.println("\n회원 정보를 삭제합니다.");
   System.out.println("회원 삭제 시간: "+showTime());
  }
```

```
        }
```

렌터카 클래스와 예약 클래스 기능은 구조와 기능이 동일하므로 책 제공 소스나 동영상을 참고해주세요. 다음은 실행 클래스입니다. 회원 정보를 MemberVO 인스턴스 생성 후, 필드에 세팅해서 메서드로 전달하고 있습니다.

[직접 코딩해 보기] 실행 클래스

RentCarApp/com/oracle/rent/ch12/main/RentCarApp.java

```java
package com.oracle.rent.ch12.main;

import com.oracle.rent.ch12.car.Car;
import com.oracle.rent.ch12.car.CarVO;
import com.oracle.rent.ch12.member.Member;
import com.oracle.rent.ch12.member.MemberVO;
import com.oracle.rent.ch12.res.ResVO;
import com.oracle.rent.ch12.res.Reserve;

public class RentCarApp {
  public static void main(String[] args) {
    String memData;
    String carData;
    String resData;
                                                        회원 정보를 MemberVO 인스턴스 필드에 세팅합니다.
    System.out.println("--------------------------------------------------------------");
    MemberVO memberVO = new MemberVO("lee", "1234", "이순신", "서울시 도봉구", "010-1111-2222");
    Member member = new Member();
    member.regMember(memberVO); // 회원 가입하기 _____ 회원 정보를 메서드로 전달합니다.
    memData = member.viewMember(memberVO); // 회원 정보 조회하기
    member.displayData(memData);
    System.out.println("--------------------------------------------------------------");
                                                        새 차 정보를 CarVO
    CarVO carVO = new CarVO("11가 1111", "소나타", "검정", 2000, "현대"); ____ 인스턴스 필드에 세팅합니다.
    Car car = new Car();
    car.regCarInfo(carVO); // 새 차 정보 등록 _____ 새 차 정보를 메서드로 전달합니다.
    carData = car.checkCarInfo(carVO); // 차 정보 조회
    car.displayData(carData);
    System.out.println("--------------------------------------------------------------");
                                                        예약 정보를 ResVO 인스턴스 필드에 세팅합니다.
    ResVO resVO = new ResVO("20220708-0001", "11가 1111", "2022-04-30",
                            "2022-05-01", "2022-05-08"); ----
    Reserve reserve = new Reserve();
```

```
reserve.resCar(resVO);  //렌터카 예약하기 _____ 예약 정보를 메서드로 전달합니다.
resData = reserve.checkResInfo(resVO);
reserve.displayData(resData);

    // 회원, 차, 예약 정보 수정


    // 회원, 차, 예약 정보 삭제
  }
}
```

[실행결과]

lee, 이순신, 1234, 010-1111-2222를 암호화합니다.

회원 가입합니다.
회원 가입 시간: 2022-7-19 5:47:51

lee, 이순신, 1234, 010-1111-2222를 복호화합니다.
회원 정보를 조회합니다.
회원 조회 시간: 2022-7-19 5:47:51

조회한 데이터
회원 아이디: lee,
회원 비밀번호: 1234,
회원 이름: 이순신.
회원 전화번호: 010-1111-2222입니다.

연습 문제

1 _ 다음은 static에 관한 설명입니다. 맞는 것에 O표, 틀린 것에 X표 하세요.

① 정적 멤버는 프로그램 시작 시 메모리에 생성됩니다. (   )

② 정적 메서드에선 인스턴스 필드에 접근할 수 있지만, 인스턴스 메서드에선 정적 필드에 접근할 수 없습니다. (   )

③ 정적 멤버에 접근 시 클래스명으로 접근하는 것이 일반적입니다. (   )

④ 프로그래밍 시 자주 사용되는 필드나 기능은 static으로 지정해서 사용하면 편리합니다. (   )

2 _ 다음은 final에 관한 설명입니다. 맞는 것에 O표, 틀린 것에 X표 하세요.

① 클래스에 final이 지정되면 상속을 금지합니다. (   )

② 메서드에 final이 지정되면 오버로딩을 금지합니다. (   )

③ 필드에 final을 지정하면 필드의 값을 한 번만 바꿀 수 있습니다. (   )

3 _ 다음의 값들을 자바의 상수 형식으로 만들어 보세요.

의미	값
원-달러 환율	1200
홈페이지 주소	"www.oracle.com"

4 _ 다음은 태양계의 행성들의 반지름을 입력받아서, 행성의 부피를 출력하는 코드입니다. **실행결과**를 보고 각각의 메서드를 완성해 보세요.

```java
public  class PlanetTest {
  //행성 면적 구하는 메서드,
  public static void planetArea(float radius) {
    // 여기에 작성하세요.
  }


  //행성 부피를 구하는 메서드
  public static void planetVolume(float radius) {

    // 여기에 작성하세요.
  }

  public static void main(String[] args) {
    Scanner sc = new Scanner(System.in);
    System.out.print("행성 이름을 입력: ");
    String planet = sc.nextLine();

    System.out.print("행성의 반지름을 입력: ");
    float radius = sc.nextFloat();

    // 여기에 작성하세요.
    System.out.println("----------------------------");
    System.out.println("행성 이름: " + planet);
    System.out.println("행성 반지름: " +  radius +"km");
    sc.close();
  }
}
```

연습 문제 exercise

실행결과

```
1   행성 이름을 입력: 지구
2   행성의 반지름을 입력: 6371
3   ---------------------------
4   행성 이름: 지구
5   행성 반지름: 6371.0km
6   행성 면적: 148900000km^2
7   행성 표면적: 510100000km^2
```

5 _ 12.4절 렌터카 실습을 참고해서 다음과 같이 쇼핑몰 프로그램에 암호화/복호화 기능과 VO 클래스를 추가해 보세요.

BookShopApp 패키지 구조

13장

....

인터페이스

> 시작 전 가볍게 읽기 <

프로그래밍의 목적은 결과 출력이라고 했습니다. 그러나 프로그램의 규모가 커지고
복잡해지면서 각각의 기능을 나누어서 각 개발자가 자신만의 방법으로 개발하게 되니
개발 후 유지보수에 문제점이 발생했습니다. 따라서 지금은 프로그램 개발 시
일정한 기준이나 규칙에 의해서 개발해야 한다는 요구가 나타나게 되었습니다.
따라서 설계 중심 언어인 자바와 같은 언어가 각광을 받게 되었고, 이어서 나온 개념이
'프레임워크(framework)입니다. 인터페이스는 프로그램 설계 시
프로그램 전체 구조의 일관성과 통일성을 부여하는데 주로 사용됩니다.

1 인터페이스란?

2 인터페이스 사용하기

3 Car 인터페이스 구현하기

4 인터페이스를 이용하여 회원 관리 기능 구현하기

5 다중 인터페이스 사용하기

6 렌터카 프로그램에 인터페이스 적용하기

1 인터페이스란?

인터페이스에 관해서 알아보겠습니다.

1.1 인터페이스 정의

인터페이스는 추상 클래스가 발전된 개념입니다. 추상 클래스는 일반 클래스의 멤버와 추상 메서드를 멤버로 가질 수 있었습니다. 그러나 인터페이스는 상수와 추상 메서드만 멤버로 가질 수 있습니다. 인터페이스는 현재 추상 클래스와 비슷한 용도로 사용되지만, 원래의 목적은 자바에서 단일 상속의 단점을 보완하여 다중 상속과 유사하게 사용하기 위해 처음으로 도입되었습니다.

인터페이스 정의

- 정의
  - interface 키워드로 선언된 추상 클래스

- 특징
  - 추상 클래스가 발전된 개념이므로, 인스턴스 생성이 불가능합니다.
  - 멤버로는 상수와 추상 메서드만 허용합니다.
  - 업캐스팅 참조 변수로 사용할 수 있습니다.
  - 하위 클래스에선 implements(구현) 관계입니다.
  - 하위 클래스에선 여러 개의 인터페이스를 구현할 수 있습니다.
  - 자바의 단일 상속 기능을 보완할 수 있습니다.

1.2 인터페이스 용도

인터페이스의 용도는 추상 클래스의 기능을 발전시켜서 인터페이스를 구현하는 하위 클래스는 반드시 인터페이스에 선언된 추상 메서드들을 강제로 구현하게 해서 소스 코드 구조를 일정하게 유지하는 역할을 합니다.

인터페이스의 용도

- 기능만을 하위 클래스에 강제하기 위해서 사용됩니다.

인터페이스는 일상 생활의 법률에 비유할 수 있습니다. 법률은 모든 사람들이 의무적으로 지켜야 합니다. 건축법을 예로 들어 보겠습니다. 우리는 아파트나 빌라를 사서 이사를 하기 전에 리모델

링을 하는 경우가 있습니다. 그런데 자신의 집이라도 무조건 자기가 원하는 대로 리모델링을 할 수 없습니다. 리모델링을 하더라도 리모델링에 관련된 법규를 준수해야 합니다. 만약 법을 어기고 리모델링을 하면 시정 명령이나 벌금이 부과됩니다. 인터페이스도 법규와 유사하게 인터페이스에 있는 추상 메서드를 하위 클래스에선 반드시 정해진 형식으로 구현하라는 의미입니다. 당연히 똑같은 형식으로 구현하지 않으면 컴파일 에러가 발생합니다.

즉, 기능만을 하위 클래스에 강제하기 위해 사용합니다. 그러므로 소스 코드의 구조가 통일성을 가지게 됩니다. 따라서 프로그램을 개발할 때와 유지보수 시 훨씬 가독성 좋게 작업할 수 있습니다. 인터페이스는 프로그램 설계 시 프로그램 구조를 표준화할 때 많이 사용합니다.

> 리모델링 법규집
> 1조 1항: 모든 건물에는 비상구가 있어야 합니다.
> 1조 2항: 기본 방의 개수는 변경할 수 없습니다.
> 1조 3항: 모든 건물에는 하나 이상의 화장실이 설치되어 있어야 합니다.

> 리모델링 법규는 건축물의 종류와 상관없이 강제적으로 적용됩니다.

그림13-1 모든 건축물에 강제로 적용되는 리모델링 법규

2 인터페이스 사용하기

실제로 인터페이스를 사용하는 방법을 알아보겠습니다.

2.1 인터페이스 형식

인터페이스는 추상 클래스의 일종이므로 동일하게 확장자가 java인 파일에 작성합니다. 그리고 컴파일되면 .class 파일로 변환됩니다. 다음은 인터페이스 선언 방법입니다. 인터페이스 이름은 일반적인 클래스 명명법과 동일합니다. 그리고 인터페이스의 멤버는 상수와 추상 메서드만 가능합니다.

```
public interface 인터페이스이름 {
    상수;
    추상메서드;
}
```

2.2 이클립스에서 인터페이스 만들기

다음은 이클립스에서 인터페이스를 생성하는 방법입니다.

1 _ 프로젝트에서 패키지를 생성(sec01.ex01) 후 **마우스 우클릭 > new > interface**를 선택합니다.

New	>		Java Project
Open in New Window			Project...
Open Type Hierarchy	F4		Package
Show In	Alt+Shift+W >		Class
Copy	Ctrl+C		Interface
Copy Qualified Name			Enum
Paste	Ctrl+V		Record
Delete	Delete		Annotation

그림13-2 인터페이스 메뉴 선택

2 _ [New Java Interface] 대화 상자가 나타나면, [Name] 입력란에 'Car'를 입력한 후 [Finish]를 클릭합니다.

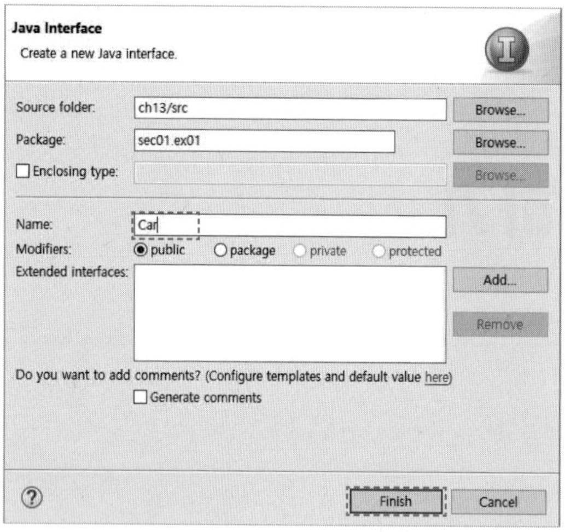

그림13-3 인터페이스명 설정

3 _ 다음과 같이 자동으로 Car를 이름으로 가지는 interface가 생성됩니다.

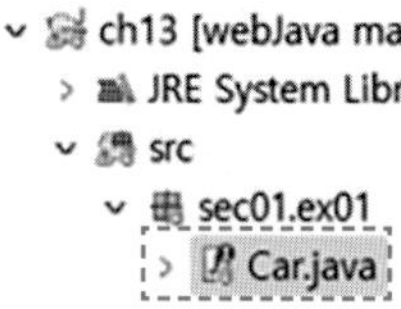

그림13-4 생성된 인터페이스

```
package sec01.ex01;


public interface Car {  }
```

4 _ 인터페이스도 추상 클래스의 일종이므로, 컴파일 후 class 파일로 변환됩니다.

> C drive (C:) › java › workspace_webjava › ch13 › bin › sec01 › ex01

Car.class

그림13-5 인터페이스 class 파일

[참고]

먼저 Car 클래스를 생성한 후, class 키워드를 interface로 변경해도 interface가 만들어집니다.

2.3 Car 인터페이스에 상수와 추상 메서드 선언하기

인터페이스에는 상수와 추상 메서드만 멤버가 될 수 있습니다. 인터페이스 내에서 final 지정자를 사용하지 않고 변수 선언과 동시에 초기화하면 상수로 인식합니다. 추상 메서드는 abstact 지정자를 생략해도 됩니다.

[직접 코딩해 보기] Car 인터페이스

ch13/sec01/ex01/Car.java

```
package sec01.ex01;

public interface Car {
    public static final int SAFE_SPEED = 60; _____ 상수를 선언합니다.
```

```
//  public int SAFE_SPEED = 60; ................  변수로 선언하면 상수로 인식
    public abstract void speedUp();  -----
    public abstract void speedDown();   |---- 차의 기본 기능을 담당하는 기능을 추상 메서드로 선언합니다.
    public abstract void stop();   -----'

//      public void speedUp( ); -----,
//      public void speedDown( );   |---- 인터페이스 내에서 추상 메서드 선언 시 abstract를 생략할 수 있습니다.
//      public void stop( );   -----'
}
```

3 Car 인터페이스 구현하기

인터페이스에 선언된 추상 메서드들을 실제로 구현해 보겠습니다.

3.1 인터페이스에 선언된 추상 메서드 구현하기

인터페이스는 자식 클래스에서 반드시 구현해야 할 추상 메서드가 선언되어 있습니다. 인터페이스를 구현하는 자식 클래스는 반드시 선언한 추상 메서드를 동일한 형식으로 구현해야 합니다. 동일하게 구현하지 않으면 에러가 발생됩니다.

다음은 Car 인터페이스와 자식 클래스인 Truck과 SportsCar 클래스의 관계를 나타내는 계층도입니다. 인터페이스는 자식 클래스와의 관계를 점선으로 표시합니다. 인터페이스와 자식 클래스의 관계는 상속이 아니라 **구현(implements)**한다고 합니다. 그리고 자식 클래스를 **구현 클래스**라고 부릅니다.

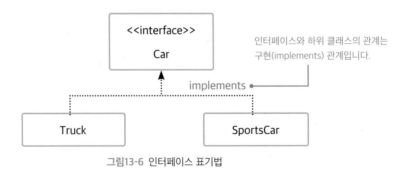

그림13-6 인터페이스 표기법

Car 인터페이스에 안전 속도를 저장하는 상수와 모든 차의 기본 기능을 하는 메서드를 선언합니다.

[직접 코딩해 보기] Car 인터페이스

ch13/sec02/ex01/Car.java

```java
package sec02.ex01;

public interface Car {
  public static final int SAFE_SPEED = 60;

  public abstract void speedUp();
  public abstract void speedDown();
  public abstract void stop();
}
```

Truck 클래스는 자동차이므로 Car 인터페이스의 모든 기능을 반드시 구현해야 합니다.

[직접 코딩해 보기] Truck 클래스

ch13/sec02/ex01/Truck.java

```java
package sec02.ex01;

public class Truck implements Car {

  @Override ------------------------구현 클래스에서 추상 메서드 구현 시, 가독성을 위해서 @Override 애너테이션을 표시합니다.
  public void speedUp() {
  System.out.println("트럭이 속도를 높입니다.");
  }

  @Override
  public void speedDown() {
    System.out.println("트럭이 속도를 낮춥니다.");
  }

  @Override
  public void stop() {
    System.out.println("트럭이 정지합니다.");
  }

}
```

스포츠카도 역시 자동차이므로 Car 인터페이스의 모든 기능을 반드시 구현해야 합니다. 추가로 자신만의 고속 질주 기능을 turbo() 메서드로 구현하고 있습니다.

[직접 코딩해 보기] SportsCar 클래스

ch13/sec02/ex01/SportsCar.java

```java
package sec02.ex01;

public class SportsCar implements Car {

    @Override
    public void speedUp() {
        System.out.println("스포츠카가 속도를 높입니다.");
    }

    @Override
    public void speedDown() {
        System.out.println("스포츠카가 속도를 낮춥니다.");
    }

    @Override
    public void stop() {
        System.out.println("스포츠카가 정지합니다.");
    }

    public void turbo() {
        System.out.println("스포츠카 고속 질주 기능입니다.");      // ---- 자신만의 기능인 고속 질주 기능을 추가합니다.
    }
}
```

인터페이스는 구현 클래스의 인스턴스를 받는 업캐스팅 참조 변수로 많이 사용됩니다. 업캐스팅 시 참조 변수는 인터페이스 부분을 가리키고 있습니다. 인터페이스 타입으로 업캐스팅 상태에서 메서드 호출 과정은 10.2절의 과정을 따릅니다. 따라서 하위의 구현 클래스에 있는 turbo() 메서드에 바로 접근하면 에러가 발생합니다.

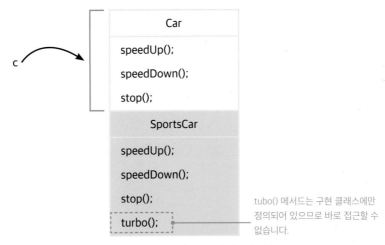

tubo() 메서드는 구현 클래스에만 정의되어 있으므로 바로 접근할 수 없습니다.

그림13-7 인터페이스 타입으로 업캐스팅 시 메모리 상태

상수는 인터페이스 이름으로 접근할 수 있습니다. 구현 클래스에만 정의된 메서드에는 다운캐스팅을 이용해서 접근할 수 있습니다.

[직접 코딩해 보기] 실행 클래스

ch13/sec02/ex01/CarTest.java

```
package sec02.ex01;

public class CarTest {
  public static void main(String[] args) {
  // Car c1 = new Car( );                     인터페이스는 객체 생성이 불가능합니다.

    Truck t = new Truck();
    Car c = new SportsCar();                  인터페이스 타입은 업캐스팅으로 사용 가능합니다.

// Car.SAFE_SPEED = 80;                        상수는 값을 변경할 수 없습니다.
    System.out.println("모든 차의 안전 속도: " + Car.SAFE_SPEED);
                                              상수는 인터페이스 이름과 도트(.)를 이용해서 접근합니다.

    t.speedUp();
    t.speedDown();
    t.stop();

    c.speedUp();
    c.speedDown();
    c.stop();

// c.turbo();                                 업캐스팅 상태에선 구현 클래스에만 정의된 메서드에 접근할 수 없습니다.
    SportsCar s =(SportsCar)c;                다운캐스팅 후 구현 클래스의 메서드에 접근할 수 있습니다.
    s.turbo();
```

```
    }
  }
```

[실행결과]

```
모든 차의 안전 속도: 60

트럭이 속도를 높입니다.
트럭이 속도를 낮춥니다.
트럭이 정지합니다.

스포츠카가 속도를 높입니다.
스포츠카가 속도를 낮춥니다.
스포츠카가 정지합니다.

스포츠카 고속 질주 기능입니다.
```

자바에선 업캐스팅 시 일반적으로 인터페이스 타입 참조 변수를 많이 사용합니다. 다음은 인터페이스가 여러 가지 업캐스팅 참조 변수로 사용되는 예제입니다. 인터페이스 타입 참조 변수는 클래스의 필드로 선언되어서 자식 클래스 인스턴스로 바로 초기화할 수 있습니다. 그리고 생성자의 매개변수, 메서드의 지역 변수로 사용되어서 업캐스팅 참조 변수로 사용됩니다.

[직접 코딩해 보기] Driver 클래스

ch13/sec02/ex02/Driver.java

```
package sec02.ex02;

public class Driver {
//private Car car = new Truck();_____ 필드로 선언 후, 바로 인스턴스로 업캐스팅할 수 있습니다.
  private Car car; _____ 인터페이스 타입 참조 변수가 필드로 사용됩니다.

  public Driver(Car car){
    this.car = car; --------------------------- 생성자의 매개변수로 인터페이스 타입 참조 변수로 업캐스팅됩니다.
  }

  public void drive() {
    car.speedUp();
    car.speedDown();
    car.stop();
  }

  public void truckDrive() {
```

```
        Car car = new Truck();  ------------- 메서드의 지역변수에서 업캐스팅으로 사용됩니다.
        car.speedUp();
        car.speedDown();
        car.stop();
    }
                                    ┌------------- 메서드의 매개변수에서 업캐스팅으로 사용됩니다.
    public void speedUp(Car car) {
        if(car instanceof Truck) {  _____ instanceof 연산자로 업캐스팅된 객체 타입을 판별합니다.
            Truck truck = (Truck)car;
            truck.speedUp();
        }else if (car instanceof SportsCar) {
            SportsCar sportsCar = (SportsCar)car;
            sportsCar.speedUp();
        }
    }
}
```

Driver 클래스 생성자 호출 시, Truck 클래스와 SportsCar 클래스 인스턴스를 매개변수로 전달하면 Car 인터페이스 타입 참조 변수에 업캐스팅됩니다. speedUp() 메서드의 매개변수도 Car 인터페이스 타입을 사용해서 자식 클래스 인스턴스를 전달받습니다.

[직접 코딩해 보기] 실행 클래스

ch13/sec02/ex02/DriverTest.java

```
package sec02.ex02;

public class DriverTest {
    public static void main(String[] args) {
        Driver driver1 = new Driver(new Truck()); -----┐
        driver1.drive();                               ┊
                                                       ┊------ 생성자 호출 시 Car car = new Truck();로
                                                       ┊       업캐스팅됩니다.
        driver1.speedUp(new Truck());            -----┘

        Driver driver2 = new Driver(new SportsCar()); __ 생성자 호출 시 Car car = new SportsCar();로 업캐스팅됩니다.
        driver2.drive();

        SportsCar sportsCar = new SportsCar();
        driver2.speedUp(sportsCar); _____ 메서드 호출 시 Car car = new SportsCar();로 업캐스팅됩니다.
    }
}
```

[실행결과]

```
트럭이 속도를 높입니다.
트럭이 속도를 낮춥니다.
트럭이 정지합니다.

트럭이 속도를 높입니다.

스포츠카가 속도를 높입니다.
스포츠카가 속도를 낮춥니다.
스포츠카가 정지합니다.

스포츠카가 속도를 높입니다.
```

3.2 메서드의 리턴 타입으로 인터페이스 타입 사용하기

다음은 인터페이스를 메서드 리턴 타입으로 사용하는 예제입니다. getSportsCar() 메서드는
SportsCar 인스턴스를 생성 후, 다시 Car 인터페이스 타입으로 업캐스팅 후 리턴합니다.

[직접 코딩해 보기] Vehicle 클래스

ch13/sec02/ex03/Vehicle.java

```java
package sec02.ex03;

public class Vehicle {
  public Truck getTruck() {
    Truck truck = new Truck();
    return truck;
  }

  public Car getSportsCar() {
    SportsCar sportsCar = new SportsCar();        ┈┈┐
    return sportsCar;                              ┆┈┈ SportsCar 인스턴스를 업캐스팅 후 리턴합니다.
  }                                                ┈┈┘
}
```

업캐스팅 상태에서 자식 클래스의 메서드에 접근하려면, 먼저 자식 클래스 타입으로 다운캐스팅해
야 합니다. 인터페이스는 메서드의 리턴 타입으로 많이 사용되므로 사용법을 확실히 익혀 두세요.

540   초보 개발자를 위한 자바

[직접 코딩해 보기] 실행 클래스

ch13/sec02/ex03/VehicleTest.java

```
package sec02.ex03;

public class VehicleTest {
  public static void main(String[] args) {
    Vehicle vehicle = new Vehicle();

    Truck truck = vehicle.getTruck();
    truck.speedUp();
    truck.speedDown();
    truck.stop();

    Car car1 = vehicle.getTruck();                      인터페이스 타입으로 받습니다.
    car1.speedUp();
    car1.speedDown();
    car1.stop();

    Car car2 = vehicle.getSportsCar();                  업캐스팅한 인터페이스 타입으로 받습니다.
//  SportsCar sportsCar = vehicle.getSportsCar();       자식 클래스 타입으로 받으면 에러가 발생합니다.
    car2.speedUp();
    car2.speedDown();
//  car2.turbo();                                       자식 클래스에만 선언된 메서드는 접근 불가능합니다.
    car2.stop();

    SportsCar sportsCar = (SportsCar)vehicle.getSportsCar();
                                                        리턴값을 다운캐스팅 후 자식 클래스의
    sportsCar.turbo();                                  메서드에 접근합니다.
  }
}
```

[실행결과]

트럭이 속도를 높입니다.
트럭이 속도를 낮춥니다.
트럭이 정지합니다.

트럭이 속도를 높입니다.
트럭이 속도를 낮춥니다.
트럭이 정지합니다.

스포츠카가 속도를 높입니다.
스포츠카가 정지합니다.

인터페이스를 이용해서 구현 클래스들의 기본 기능을 일관성 있게 유지하는 방법을 알아보았습니다.

→ 요점 정리 ←

- 인터페이스는 추상 클래스가 발전된 기능입니다.
- 인터페이스의 멤버는 상수와 추상 메서드만 가능합니다.
- 인터페이스를 구현하는 클래스는 반드시 추상 클래스를 구현해야 합니다.
- 인터페이스 타입 참조 변수를 이용해서 업캐스팅으로 많이 사용합니다.
- 인터페이스는 하위 클래스들의 기능을 표준화할 수 있습니다.

4 인터페이스를 이용하여 회원 관리 기능 구현하기

이번에는 실제 개발 시 인터페이스를 어떻게 사용하는지 회원 클래스에 적용해 보겠습니다. 다음은 어떤 일반적인 프로그램에서 지원하는 회원 관련 필수 기능을 나열한 것입니다.

회원 관련 필수 기능
- 회원 정보 등록 기능
- 회원 정보 조회 기능
- 회원 정보 수정 기능
- 회원 정보 삭제(탈퇴) 기능

회원 필수 기능은 반드시 구현해야 할 기능이므로 Member 인터페이스에 각각의 기능에 대한 추상 메서드로 선언합니다. 그리고 Member 인터페이스를 구현하는 구현 클래스인 MemberImpl 클래스에선 Member 인터페이스의 추상 클래스를 구현합니다.

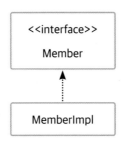

그림13-8 회원 기능 인터페이스 계층 구조

다음은 회원 인터페이스 계층 구조를 구현한 코드입니다. Member 인터페이스에는 각각의 필수 기능을 수행하는 추상 메서드를 선언합니다.

[직접 코딩해 보기] 실행 클래스

ch13/sec03/ex01/Member.java

```
package sec03.ex01;

public interface Member {
  public void joinMember();

  public void searchMember();
```

```
   public void modMember();

   public void delMember();



}
```

MemberImpl 구현 클래스는 Member 인터페이스를 구현(Implements)하므로 인터페이스의 모든 추상 메서드, 즉 회원 관리 필수 기능을 구현해야 합니다. 그리고 회원 정보를 암호화와 복호화하는 메서드가 추가되어서 클래스를 구현하고 있습니다. 인터페이스를 도입하여 이 클래스에서 어떤 기능이 회원 핵심 기능이고 어떤 기능이 부가 기능인지 인터페이스만 보면 알 수 있습니다. 따라서 가독성이 훨씬 높아집니다. 그리고 개발 후 '**회원 등급을 관리하는 메서드**'를 추가한다면, updateMemberGrade() 메서드명으로 Member 인터페이스에 추상 메서드로 선언하고 MemberImpl 클래스에 추상 메서드를 구현하면 됩니다.

[직접 코딩해 보기] 실행 클래스

ch13/sec03/ex01/MemberImpl.java

```
package sec03.ex01;

public class MemberImpl implements Member {

   @Override
   public void joinMember() {
      //회원 등록 기능
   }



   @Override
   public void searchMember() {
      //회원 조회 기능

   }

   @Override
   public void modMember() {
      //회원 수정 기능
   }

   @Override
   public void delMember() {
```

```
        //회원 탈퇴 기능
    }

    private void encodeMemberInfo() {
        //회원 정보 암호화 기능
    }
                                            ---- 회원 정보 암호화와 복호화 부가 기능 메서드를 추가합니다.
    private String decodeMemberInfo() {
        //회원 정보 복호화 기능
        return "복호화된 회원 정보";
    }

}
```

실제 개발 시 인터페이스가 어떻게 클래스에 적용되는지 알아봤습니다. 인터페이스는 프로그램 설계 시 하위 클래스의 기능을 표준화함으로써 프로그램 구조를 일정하게 유지하는 뼈대 역할을 합니다.

5 다중 인터페이스 사용하기

자식 클래스는 한 번에 여러 개의 인터페이스를 구현할 수 있습니다.

5.1 여러 개의 인터페이스 구현하기

일반적으로 인터페이스는 프로그램 설계 시 프로그램 소스 코드 구조를 정하는 용도로 사용됩니다. 따라서 JDK에서 제공하는 API나 직접 만든 사용자 프로그램도 여러 단계의 클래스와 인터페이스들의 계층 구조로 이루어져 있습니다.

다음은 한 개의 구현 클래스에서 두 개의 인터페이스를 구현하는 예제입니다. 인터페이스는 클래스와 달리 자식 클래스에서 여러 개의 인터페이스를 구현할 수 있습니다.

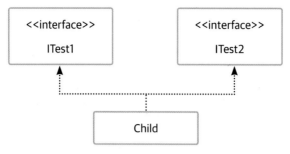

그림13-9 두 개의 인터페이스를 동시에 구현하는 구현 클래스

다음은 두 개의 인터페이스를 구현하는 구현 클래스 형식입니다. 구현 클래스에선 두 개의 인터페이스의 모든 추상 메서드들을 구현해야 합니다.

```
public class 구현클래스이름 implements ITest1, ITest2 {
    // ITest1과 ITest2의 모든 추상 메서드 구현 ┐
}                                              └─── 구현하려는 인터페이스를 콤마(,)로
                                                   나열해 줍니다.
```

JDK의 API를 비롯해서 자바 프로그램은 먼저 인터페이스나 클래스들을 이용해서 전체 구조를 설계한 후, 구현하는 과정으로 이루어집니다. 따라서 먼저 계층 구조를 먼저 설계하거나 파악한 후 구현하는 순서대로 접근하면 프로그래밍을 쉽게 할 수 있습니다.

다음은 인터페이스 계층도를 구현한 예제입니다. 두 인터페이스 ITest1과 ITest2에 추상 메서드를 각각 선언합니다.

[직접 코딩해 보기] ITest1 인터페이스

ch13/sec04/ex01/ITest1.java

```
package sec04.ex01;

public interface ITest1 {
    public abstract void method1();
}
```

[직접 코딩해 보기] ITest2 인터페이스

ch13/sec04/ex01/ITest2.java

```
package sec04.ex01;

public interface ITest2 {
```

```
    public abstract void method2();
}
```

구현 클래스에서 ITest1과 ITest2에 선언된 추상 메서드를 구현합니다.

[직접 코딩해 보기] Child 클래스

ch13/sec04/ex01/Child.java

```java
package sec04.ex01;

public class Child implements ITest1, ITest2 {

  @Override
  public void method1() {
    System.out.println("method1() 호출");
  }

  @Override
  public void method2() {
    System.out.println("method2() 호출");
  }
}
```

구현 클래스가 구현하는 인터페이스는 모두 업캐스팅 참조 변수로 사용할 수 있습니다. 그러나 업캐스팅 상태에선 인터페이스에 선언된 추상 메서드만 호출 가능합니다.

[직접 코딩해 보기] 실행 클래스

ch13/sec04/ex01/ChildTest.java

```java
package sec04.ex01;

public class ChildTest {
  public static void main(String[] args) {
    Child c = new Child();
    c.method1();
    c.method2();           ┈┈┈ 구현 클래스 타입 변수는 두 개의 메서드를 정상적으로 호출할 수 있습니다.

    ITest1 i1 = new Child();    ┈┈┈ 상위 인터페이스를 업캐스팅 변수로 사용할 수 있습니다.
    i1.method1();               ┈┈┈ 인터페이스에 선언된 추상 메서드만 호출할 수 있습니다.
    //i2.method2();             ┈┈┈ 업캐스팅 상태에서 다른 인터페이스의 메서드는 호출할 수 없습니다.
```

```
    ITest2 i2 = new Child();
  //i2.method1();  ------------------------- 업캐스팅 상태에서 다른 인터페이스의 메서드는 호출할 수 없습니다.
    i2.method2();
  }
}
```

[실행결과]

```
method1() 호출
method2() 호출

method1() 호출

method2() 호출
```

다음은 인터페이스의 다중 구현 기능을 이용해서 회원 기능을 구현한 예제입니다. 기존에는 PC에서만 회원 기능을 사용했는데, 모바일 환경에서도 회원 기능을 사용할 수 있도록 개선하려고 합니다. 그런데 모바일 환경에선 기존 PC의 회원 기능을 사용하면 세부적으로 다른 부분이 있으므로 그림처럼 따로 모바일 회원 기능을 인터페이스에 선언해서 구현하고 있습니다. 이렇게 다중 인터페이스를 이용하면 어떤 기기에서 사용하는 기능인지 쉽게 알 수 있어 가독성과 유지보수성을 높일 수 있습니다.

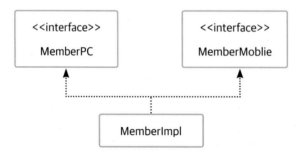

그림13-10 다중 인터페이스를 이용해서 PC와 모바일에서 회원 기능 구현 구조

PC에서 사용되는 회원 기능 메서드를 선언합니다.

[직접 코딩해 보기] PC 회원 기능 메서드를 선언한 인터페이스

ch13/sec04/ex02/MemberPC.java

```
package sec04.ex02;

public interface MemberPC {
```

```
    public void joinMember();
    public void searchMember();
    public void modMember();
    public void delMember();
}
```

모바일에서 사용되는 회원 기능 메서드를 선언합니다.

[직접 코딩해 보기] 모바일 회원 기능 메서드를 선언한 인터페이스

ch13/sec04/ex02/MemberMobile.java

```
package sec04.ex02;

public interface MemberMobile {
    public void joinMemberMobile();
    public void searchMemberMobile();
    public void modMemberMobile();
    public void delMemberMobile();
}
```

두 개의 인터페이스를 동시에 구현합니다.

[직접 코딩해 보기] PC와 모바일 회원 기능을 모두 구현한 구현 클래스

ch13/sec04/ex02/MemberImpl.java

```
package sec04.ex02;

public class MemberImpl implements MemberPC, MemberMobile { ---------- PC와 모바일의 회원 기능을
    @Override                                                          모두 구현합니다.
    public void joinMember() {
        // 회원 가입 기능
        System.out.println("PC에서 회원 가입합니다.");
    }

    @Override
    public void searchMember() {
        // 회원 조회 기능
        System.out.println("PC에서 회원 조회합니다.");
    }

    @Override
    public void modMember() {
```

```java
    // 회원 수정 기능
    System.out.println("PC에서 회원 수정합니다.");
  }


  @Override
  public void delMember() {
    // 회원 탈퇴 기능
    System.out.println("PC에서 회원 탈퇴합니다.");
  }


  @Override
  public void joinMemberMobile() {
    // 모바일 회원 가입 기능
    System.out.println("모바일에서 회원 가입합니다.");
  }


  @Override
  public void searchMemberMobile() {
    // 모바일 회원 조회 기능
    System.out.println("모바일에서 회원 조회합니다.");
  }


  @Override
  public void modMemberMobile() {
    // 모바일 회원 수정 기능
    System.out.println("모바일에서 회원 수정합니다.");
  }


  @Override
  public void delMemberMobile() {
    // 모바일 회원 삭제 기능
    System.out.println("모바일에서 회원 탈퇴합니다.");
  }
}
```

회원 가입을 PC와 모바일에서 모두 할 수 있습니다.

[직접 코딩해 보기] 실행 클래스

ch13/sec04/ex02/MemberTest.java

```java
package sec04.ex02;


public class MemberTest {
```

```
  public static void main(String[] args) {
    MemberPC memberpc = new MemberImpl();
    memberpc.joinMember(); _____ PC에서 회원 가입합니다.

    MemberMobile memberMobile = new MemberImpl();
    memberMobile.joinMemberMobile(); _____ 모바일에서 회원 가입합니다.
  }
}
```

[실행결과]

PC에서 회원 가입합니다.
모바일에서 회원 가입합니다.

5.2 인터페이스 간의 상속

다음은 인터페이스끼리 계층을 이루는 구조입니다. **인터페이스와 인터페이스의 계층 구조는 상속 구조입니다.**

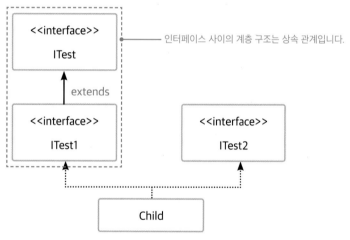

그림13-11 상속 관계를 이루는 인터페이스의 계층 구조

다음은 상속 관계를 이루는 인터페이스를 구현한 예제입니다. ITest 인터페이스에 추상 메서드를 선언합니다.

[직접 코딩해 보기] ITest 인터페이스

ch13/sec04/ex02/ITest.java

```
package sec04.ex02;
```

```java
public interface ITest {
  public abstract void test();
}
```

ITest1 인터페이스는 상위 인터페이스 ITest와 상속 관계입니다.

[직접 코딩해 보기] ITest1 인터페이스

ch13/sec04/ex02/ITest1.java

```java
package sec04.ex02;

public interface ITest1 extends ITest { _____ 인터페이스는 인터페이스를 상속합니다.
  public abstract void method1();
}
```

인터페이스를 구현하는 구현 클래스에선 인터페이스와 상속 관계인 부모 인터페이스의 추상 메서드도 반드시 구현해야 합니다.

[직접 코딩해 보기] 구현 클래스

ch13/sec04/ex02/Child.java

```java
package sec04.ex02;

public class Child implements ITest1, ITest2 {
                                       └----- 상속받는 부모 인터페이스의 추상 메서드도 반드시 구현해야 합니다.
  @Override
  public void method1() {
    System.out.println("method1() 호출");
  }

  @Override
  public void method2() {
    System.out.println("method2() 호출");
  }

  @Override
  public void test() {              ┌----- 최상위 인터페이스의 추상 메서드를 구현합니다.
    System.out.println("test() 호출");
  }
}
```

최상위 인터페이스 타입으로 업캐스팅한 상태에서 메서드 호출 시, 인터페이스에 선언된 메서드만 호출 가능합니다. 하위 인터페이스의 메서드를 호출하려면 하위 인터페이스 타입으로 다운 캐스팅 후, 호출해야 합니다. 그리고 업캐스팅 시 자신의 상위 인터페이스에 선언된 메서드에는 접근할 수 없습니다.

[직접 코딩해 보기] 실행 클래스

ch13/sec04/ex02/ChildTest.java

```
package sec04.ex02;

public class ChildTest {
  public static void main(String[] args) {
    Child c = new Child();
    c.test();        ----
    c.method1();         ----- 구현 클래스 타입 변수는 모든 메서드를 호출할 수 있습니다.
    c.method2();     ----

    ITest i = new Child();_____ 최상위 타입은 업캐스팅 변수로 사용 가능합니다.
    i.test();_____ 최상위 인터페이스에 선언된 메서드만 호출 가능합니다.
//  i.method1();  ----
//  i.method2();  ----  ----- 하위 인터페이스 메서드는 접근할 수 없습니다.

    ITest1 i1 = (ITest1)i; ----
    i1.method1();       ----  ----- 하위 인터페이스로 다운캐스팅 후 접근할 수 있습니다.
  }
}
```

[실행결과]

```
test() 호출
method1() 호출
method2() 호출

test() 호출

method1() 호출
```

5.3 인터페이스의 다중 상속

인터페이스는 클래스와 달리 다중 상속을 허용합니다. ITest3은 동시에 두 개의 인터페이스를 상속받고 있습니다.

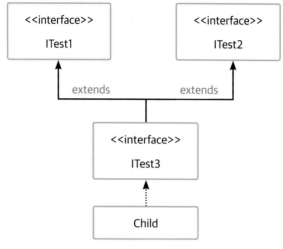

그림13-12 인터페이스의 다중 상속

ITest3은 동시에 두 개의 인터페이스를 상속받고 있습니다. 일단 인터페이스는 다중 상속이 가능함을 인지한 후, 세부적인 부분은 동영상을 참고해서 학습해 주세요.

[직접 코딩해 보기] 다중 상속하는 인터페이스

ch13/sec04/ex03/ITest3.java

```
package sec04.ex03;

public interface ITest3  extends ITest1, ITest2 {_____ 두 개의 인터페이스를 동시에 상속받습니다.
  public abstract void method3();
}
```

마지막으로 인터페이스는 다른 팀이나 외부 회사와 공동 개발 시 편리하게 사용됩니다. 예를 들어 자바 프로그램에서 데이터베이스 연동하는 기능을 클래스로 구현한다고 가정하겠습니다. 실제 데이터베이스 종류는 여러 가지가 있습니다. 인터페이스로 먼저 모든 데이터베이스 연동 방법을 동일하게 인터페이스에 추상 메서드로 선언한 후, 각각의 데이터베이스 회사에 주면 데이터베이스 회사들은 인터페이스의 규격에 맞춰서 클래스를 구현할 것입니다. 그럼 자바 프로그램은 모든 데이터베이스와 동일하게 연동할 수 있습니다. 자세한 내용은 23장의 데이터베이스에서 알아보겠습니다.

알아두면 좋아요

default 메서드와 static 메서드

인터페이스에는 원래 추상 메서드만 선언할 수 있습니다. 그러나 프로그램 완성 후 운영하다가 다른 추상 메서드를 추가하는 경우가 있을 수 있습니다. 이때 인터페이스에 추상 메서드를 추가하면 인터페이스를 구현하는 모든 구현 클래스에서 추상 메서드를 구현해 주어야 합니다. 불편하게도 추상 메서드를 필요로 하지 않는 구현 클래스에서도 구현해 주어야 합니다. 이런 단점을 해결하기 위해서 JDK8부터 디폴트 메서드와 static 메서드를 도입했습니다. 그리고 인터페이스에서는 default 메서드와 static 메서드 선언 시 구현부{...}를 가집니다. 자세한 내용은 책 소스나 동영상을 참고해 주세요.

[직접 코딩해 보기] default 메서드와 static 메서드가 선언된 인터페이스

/ch13/sec04/ex04/Inteface A.java

```java
package sec04.ex04;

public interface InterfaceA {
  public void method1();

  public default void defaultMethd() {          ┄┄┄
    System.out.println("디폴트 메서드입니다.");   ┆┄┄┄ default 메서드는 구현부({})를 가집니다.
  }                                              ┄┄┄

  public static void staticMethod() {            ┄┄
    System.out.println("static 메서드입니다.");   ┆┄┄┄ static 메서드는 구현부({})를 가집니다.
  }                                              ┄┄
}
```

⟩ 요점 정리 ⟨

- 일반적으로 인터페이스에는 클래스의 핵심 기능을 하는 추상 메서드가 선언합니다.
- 인터페이스는 하위 클래스의 기능을 표준화함으로써 프로그램 구조를 일정하게 유지하는 역할을 합니다.
- 클래스는 여러 개의 인터페이스를 구현할 수 있습니다.
- 인터페이스와 인터페이스 사이의 계층 구조는 상속 관계이고, 다중 상속을 허용합니다.

6 렌터카 프로그램에 인터페이스 적용하기

렌터카 프로그램에 회원 기능을 하는 클래스에 기본 메서드를 인터페이스로 분리해서 적용해 보겠습니다. 다음은 Member 인터페이스를 구현하면서 추상 클래스를 동시에 상속받는 MemberImpl 클래스의 구조와 패키지의 구조입니다.

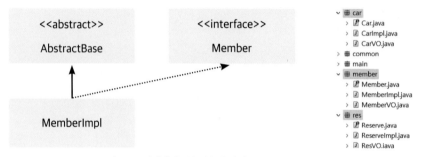

그림13-13 인터페이스를 적용한 회원 클래스 구조도와 패키지 구조

Member 인터페이스에 회원 기능을 하는 추상 메서드를 선언 후, MemberImpl 클래스에 구현합니다.

[직접 코딩해 보기] Member 인터페이스

RentCarApp/com/oracle/rent/ch13/member/Member.java

```java
package com.oracle.rent.ch13.member;

public interface Member {
  public String viewMember(MemberVO vo);   //회원 등록 메서드

  public void regMember(MemberVO vo);      //회원 정보 조회 메서드

  public void modMember(MemberVO vo);      //회원 정보 수정 메서드

  public void delMember(MemberVO vo);      //회원 정보 삭제 메서드

}
```

구현 클래스에서 Member 인터페이스를 구현합니다.

[직접 코딩해 보기] MemberImpl 구현 클래스

RentCarApp /com/oracle/rent/ch13/member/MemberImpl.java

```java
package com.oracle.rent.ch13.member;

import com.oracle.rent.ch12.common.DataUtil;
import com.oracle.rent.ch13.common.Base;

public class MemberImpl extends AbstractBase implements Member {
  String memberData;

  //기존 회원 정보 조회
  @Override
  public String viewMember(MemberVO vo) {
    DataUtil.decodeData(memberData);
    memberData="회원 아이디: " + vo.id+","+
                "\n회원 비밀번호: " + vo.password+","+
                "\n회원 이름: " + vo.name+","+
                "\n회원 전화번호: " + vo.phoneNum;

    System.out.println("회원 정보를 조회합니다.");
    System.out.println("회원 조회 시간: " + showTime());

    return memberData;
  }

  //새로운 회원 등록
  @Override
  public void regMember(MemberVO vo) {
    memberData= vo.id+","+
                vo.name+","+
                vo.password+","+
                vo.phoneNum;
    DataUtil.encodeData(memberData);

    System.out.println("\n회원 가입합니다.");
    System.out.println("회원 가입 시간: " + showTime());
  }

  ...
}
```

Car 클래스와 Reserve 클래스도 동일한 구조를 가지므로 책 제공 소스와 동영상을 참고해 주세요.

실행 클래스에선 Member 인터페이스 타입이 업캐스팅으로 사용됩니다.

[직접 코딩해 보기] 실행 클래스

RentCarApp /com/oracle/rent/ch13/main/RentAppTest.java

```java
package com.oracle.rent.ch13.main;
...


public class RentCarApp {
  public static void main(String[] args) {
    String memData;
    String carData;
    String resData;


    System.out.println("------------------------------------------------------------");
    MemberVO memberVO = new MemberVO("lee", "1234", "이순신", "서울시 도봉구", "010-1111-2222");
    Member member = new MemberImpl();_____ 인터페이스 타입 참조 변수를 이용해서 업캐스팅합니다.
    member.regMember(memberVO); // 회원 가입하기
    memData = member.viewMember(memberVO); // 회원 정보 조회하기
    ((AbstractBase)member).displayData(memData);_____ AbstractBase 클래스로 다운캐스팅 후 displayData()
    System.out.println("---------------------------------------------------"); 메서드를 호출합니다.
    ...

  }
}
```

[실행결과]

```
------------------------------------------------------------
lee, 이순신, 1234, 010-1111-2222를 암호화합니다.

회원 가입합니다.
회원 가입 시간: 2022-6-21 11:15:35

lee, 이순신, 1234, 010-1111-2222를 복호화합니다.
회원 정보를 조회합니다.
회원 조회 시간: 2022-6-21 11:15:35

조회한 데이터:
회원 아이디: lee,
회원 비밀번호: 1234,
회원 이름: 이순신,
회원 전화번호: 010-1111-2222입니다.
------------------------------------------------------------
```

연습 문제

1 _ 인터페이스에 관한 설명입니다. 맞는 것에 O표, 틀린 것에 X표를 하세요.

① 인터페이스의 멤버는 상수와 추상 메서드만 가질 수 있습니다. (   )

② 인터페이스는 new 연산자로 인스턴스를 생성할 수 있습니다. (   )

③ 인터페이스와 구현 클래스 관계는 extends입니다. (   )

④ 구현 클래스는 인터페이스의 모든 추상 메서드를 구현해야 합니다. (   )

2 _ 인터페이스 사용에 관한 설명입니다. 틀린 것을 고르세요.

① 인터페이스 타입은 클래스의 필드로 사용될 수 있습니다.

② 메서드로 구현 클래스 인스턴스 전달 시 메서드의 매개변수로 인터페이스 타입을 사용할 수 있습니다.

③ 인터페이스 타입은 지역 변수로 사용할 수 없습니다.

④ 클래스 생성자의 매개변수로 인터페이스 타입을 사용할 수 있습니다.

3 _ 다음은 RemoteControl 인터페이스입니다. 각각의 하위 클래스에 인터페이스의 추상 메서드를 구현해 보세요.

```java
1  public interface RemoteControl {
2    public void  turnOn();      //기기를 켭니다.
3    public void turnOff();      //기기를 끕니다.
4    public void volumeUp();     //볼륨을 높입니다.
5    public void volumeDown();   //볼륨을 낮춥니다.
6  }
```

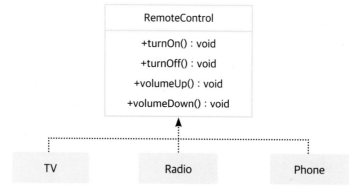

4 _ 다음은 다른 데이터베이스와 연동하는 기능이 선언된 DBDriver 인터페이스를 구현한 클래스입니다. 실행 클래스(DBTest) 실행 시 다음과 같이 출력되도록 각각의 클래스들을 구현해 보세요.

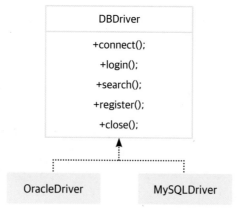

```
1   public class DBTest {
2     public static void DAO(DBDriver driver) {
3       ...
4     }
5
6     public static void main(String[] args) {
7       DAO(new OracleDriver());
8       DAO(new MySQLDriver());
9     }
10  }
```

```
1   Oracle 데이터베이스에 접속합니다.
2   Oracle 데이터베이스에 로그인합니다.
3   Oracle 데이터베이스에 데이터를 저장합니다.
4   Oracle 데이터베이스에서 데이터를 조회합니다.
5   Oracle 데이터베이스 접속을 종료합니다.
6
7   MySQL 데이터베이스에 접속합니다.
8   MySQL 데이터베이스에 로그인합니다.
9   MySQL 데이터베이스에 데이터를 저장합니다.
10  MySQL 데이터베이스에서 데이터를 조회합니다.
11  MySQL 데이터베이스 접속을 종료합니다.
```

5 _ 06절 렌터카 실습을 참고해서 다음과 같이 쇼핑몰 프로그램에 인터페이스 기능을 추가해 보세요.

```
∨ 📇 BookShopApp
  > ➡️ JRE System Library [jre]
  ∨ 🗂 src
    ∨ ⊞ com.oracle.book
      > ⊞ ch08
      > ⊞ ch09
      > ⊞ ch11
      > ⊞ ch12
      ∨ ⊞ ch13
        ⊞ common
          > 🗋 AbstractBase.java
          > 🗋 DataUtil.java
        ⊞ goods
          > 🗋 Goods.java
          > 🗋 GoodsImpl.java
          > 🗋 GoodsVO.java
        ⊞ main
          > 🗋 BookShopApp.java
        ⊞ member
          > 🗋 Member.java
          > 🗋 MemberImpl.java
          > 🗋 MemberVO.java
        ⊞ order
          > 🗋 Order.java
          > 🗋 OrderImpl.java
          > 🗋 OrderVO.java
```

BookShopApp 패키지 구조

14장

내부 클래스와
내부 인터페이스

〉 시작 전 가볍게 읽기 〈

자바는 클래스 내부에 또 다른 클래스가 위치하여 여러 가지 처리를 해 줄 수 있습니다.
이번에는 클래스를 멤버로 가지는 내부 클래스에 관해서 알아보겠습니다.

1 내부 클래스

내부 클래스란 클래스의 멤버로 또 다른 클래스가 사용되는 경우를 말합니다.

1.1 내부 클래스란?

자바 언어가 주로 쓰이는 분야로는 JSP와 같은 웹 애플리케이션이나 안드로이드 애플리케이션과 같은 모바일 프로그램을 들 수 있습니다. 내부 클래스는 웹 프로그래밍에서는 거의 사용하지 않습니다. 하지만 안드로이드 애플리케이션이나 PC용 자바 프로그램에선 주로 화면에서 사용자가 발생시킨 이벤트를 처리하는 용도로 사용됩니다. 지금은 대부분의 웹 애플리케이션은 모바일 앱과 연동하므로 알아두면 여러모로 도움이 됩니다.

내부 클래스의 정의와 형식

● 정의
  - 다른 클래스의 내부에 존재하는 클래스를 의미합니다.

● 형식

```
class 외부클래스명 {
...
    class 내부클래스명 {
        ...
    }
...
}
```

1.2 내부 클래스의 종류

내부 클래스는 외부 클래스의 멤버로 존재하므로, 외부 클래스의 멤버에 자유롭게 접근할 수 있습니다. 다른 클래스에서 내부 클래스에 접근할 때에는 외부 클래스의 인스턴스를 통해 접근합니다. 내부 클래스는 주로 자바 프로그램의 화면에서 사용자가 발생시킨 이벤트를 처리하는 이벤트 핸들러로 사용됩니다.

> **내부 클래스의 특징과 용도**
> - 특징
>   - 내부 클래스는 외부 클래스의 멤버에 자유롭게 접근할 수 있습니다.
>
> - 용도
>   - 자바나 안드로이드에서 화면의 이벤트를 처리하는 이벤트 핸들러로 사용됩니다.

다음은 자바에서 사용되는 내부 클래스의 종류입니다.

종류	특징
멤버 내부 클래스	외부 클래스의 멤버로 사용됩니다.
로컬 내부 클래스	외부 클래스의 메서드 내에서 정의됩니다.
정적 내부 클래스	static으로 지정된 내부 클래스입니다.
익명 내부 클래스	내부 클래스가 이름 없이 사용됩니다.

표14-1 내부 클래스 종류

2 멤버 내부 클래스

멤버 내부 클래스는 이름에서 알 수 있듯이 내부 클래스를 멤버처럼 사용합니다.

2.1 멤버 내부 클래스 정의

멤버 내부 클래스도 외부 클래스의 멤버이므로 같은 클래스에 있는 다른 멤버들에 자유롭게 접근할 수 있습니다.

> **멤버 내부 클래스의 정의와 형식**
> - 정의
>   - 외부 클래스의 멤버처럼 정의된 클래스입니다.
>
> - 형식
>
> 멤버 내부 클래스 정의와 형식
> ...

```
class 외부클래스명 {
  ...
  class 내부클래스명 {
    ...
  }
  ...
}
```

2.2 멤버 내부 클래스 사용하기

다음은 멤버 내부 클래스 사용 예제입니다. 외부 클래스의 멤버로 내부 클래스가 선언되어 있습니다. 멤버 내부 클래스에선 외부 클래스의 멤버에 자유롭게 접근할 수 있습니다. 반면에 외부 클래스에선 내부 클래스의 멤버에 접근할 수 없습니다.

[직접 코딩해 보기] 멤버 내부 클래스

ch14/sec01/ex01/Outter.java

```java
package sec01.ex01;

public class Outter {
  private String name;
  private int age;

  public Outter(String name, int age) {
    this.name = name;
    this.age = age;
  }

  public String getName() {
    return name;
  }

  public int getAge() {
    return age;
  }
/*
  public String getAddress() {
    return address;              ----- 외부 클래스에선 내부 클래스의 멤버에 접근할 수 없습니다.
  }
*/
```

```
//내부 클래스
public class Inner {
  private String address; _____ 내부 클래스의 필드를 선언합니다.


  public Inner(String address) {
    this.address = address;
  }


  public String getUserInfo() {
    return "이름: " + name + ", 나이: " + age + ", 주소: " + address;     내부 클래스의 메서드에서
  }              └·내부 클래스의 메서드에서 외부 클래스                     외부 클래스 멤버에 자유롭게
}                   멤버에 자유롭게 접근할 수 있습니다.                    접근할 수 있습니다.
}
```

다음은 내부 클래스의 인스턴스 생성 방법입니다. 먼저 외부 클래스 인스턴스를 생성 후, 내부 클래스 인스턴스를 생성합니다.

❶ 외부클래스타입 참조변수1 = new 외부클래스 생성자( );
❷ 외부클래스명.내부클래스명 참조변수2 = 참조변수1.new 내부클래스 생성자( );

① 외부 클래스 인스턴스를 생성 후 같은 타입 참조변수1에 대입합니다.
② 참조변수1.new를 이용해서 내부 클래스 인스턴스를 생성 후, 내부 클래스 타입 참조 변수에 대입합니다.

외부 클래스의 인스턴스는 외부 클래스 생성자를 이용해서 생성합니다. 외부 클래스 인스턴스를 가리키는 참조 변수를 이용해서 내부 클래스 인스턴스를 생성합니다.

[직접 코딩해 보기] 실행 클래스

ch14/sec01/ex01/InnerTest.java

```
package sec01.ex01;

public class InnerTest {
  public static void main(String[] args) {
    Outter outter = new Outter("홍길동" , 20 );_____ 외부 클래스 인스턴스를 생성합니다.
    Outter.Inner inner = outter.new Inner( "서울시 종로구" );_____ 내부 클래스 인스턴스를 생성합니다.
    System.out.println( "고객 정보 >> " + inner.getUserInfo( ) );
  }
}
```

고객 정보 >> 이름: 홍길동, 나이: 20, 주소: 서울시 종로구

 알아두면 좋아요

내부 클래스도 하나의 클래스이므로 컴파일 후 별도의 클래스파일(.class)이 생성됩니다. 다른 클래스와 다른 점은 내부 클래스 이름 앞에 '$'로 구분해서 자신이 속한 외부 클래스가 표시됩니다.

그림14-1 '$'로 구분하여 내부 클래스 파일(.class) 생성

3 로컬 내부 클래스

로컬(Local) 내부 클래스는 외부 클래스의 메서드 구현 블록에서 정의된 클래스입니다.

3.1 로컬 내부 클래스 정의

로컬 내부 클래스 정의와 형식

- 정의
  - 외부 클래스의 메서드 구현 블록에서 정의된 클래스입니다.
  - 메서드 호출 시 생성되고, 복귀하면 소멸됩니다.

- 형식

```
class 외부클래스명 {
    ...
public void method1() {
    class 내부클래스명 {
        ...
    }
}
```

```
    ...
    }
  }
}
```

3.2 로컬 내부 클래스 사용하기

로컬 내부 클래스는 주로 화면부에서 스레드 작업이 필요할 때 사용됩니다. 스레드가 사용되는 경우는 18장에서 알아보겠습니다. 다음은 외부 클래스의 메서드인 startChat() 메서드 내에서 선언된 로컬 내부 클래스입니다. 로컬 내부 클래스는 메서드가 호출되면 생성되어 작업 수행 후, 메서드가 종료되면 메모리에서 삭제됩니다.

[직접 코딩해 보기] 실행 클래스

ch14/sec02/ex01/Outter.java

```java
package sec02.ex01;


public class Outter {
  public void startChat() {
    class ChattingThread  {
      public void SendData() {
        System.out.println("메시지를 송신합니다.");
      }


      public void receiveData() {
        System.out.println("메시지를 수신합니다.");
      }


    }

    ChattingThread chat = new ChattingThread();
    chat.SendData();
    chat.receiveData();
  }

  public static void main(String[] args) {
    Outter outter = new Outter();
    outter.startChat();
  }
}
```

로컬 내부 클래스는 메서드 구현 블록에서 선언됩니다.

메서드 호출 시 로컬 내부 클래스 인스턴스 생성 후, 데이터를 송수신합니다.

메서드 호출 시 로컬 내부 클래스 인스턴스가 생성됩니다.

메시지를 송신합니다.
메시지를 수신합니다.

4 정적 내부 클래스

정적 내부 클래스는 내부 클래스가 static으로 지정된 클래스입니다. static으로 지정되었으므로 main() 메서드가 실행되면 즉시 클래스가 메모리에 생성됩니다.

4.1 정적 내부 클래스 정의

정적 내부 클래스 정의와 형식

● 정의
- 내부 클래스가 static으로 지정된 클래스입니다.
- 정적 내부 클래스는 정적 멤버와 인스턴스 멤버를 선언할 수 있습니다.

● 형식

```
class 외부클래스명 {
    ...
    static 내부클래스명 {
        ...
    }
    ...
}
```

4.2 정적 내부 클래스 사용하기

다음은 정적 내부 클래스 사용 예제입니다. 정적 내부 클래스에는 인스턴스 멤버와 정적 멤버를 모두 선언할 수 있습니다.

[직접 코딩해 보기] 정적 내부 클래스

ch14/sec03/ex01/Outter.java

```java
package sec03.ex01;

public class Outter {
  private String name;
  private int age;

  public Outter(String name, int age) {
    this.name = name;
    this.age = age;
  }

  public String getName() {
    return name;
  }

  public int getAge() {
    return age;
  }



  static class Inner {
    private String address;                   인스턴스 필드
    static String tel;                        정적 필드

    public Inner(String address) {
      this.address = address;
    }

    public static String getTel() {          정적 메서드
      return tel;
    }

    public String getUserInfo() {            인스턴스 메서드
      return  "주소: " + address + "\n"
            + "전화번호: " + tel;
    }
  }

}
```

정적 내부 클래스는 프로그램 실행 시 바로 메모리에 생성되므로, **외부클래스명.내부클래스명.멤버명**으로 바로 접근할 수 있습니다. 또한 정적 내부 클래스는 new 연산자를 이용해서 인스턴스 생성도 가능합니다.

[직접 코딩해 보기] 실행 클래스

ch14/sec03/ex01/InnerTest.java

```
package sec03.ex01;

public class IntterTest {\
    public static void main(String[] args) {
        Outter.Inner.tel = "010-1111-2222";       ┄┄┐
        String tel = Outter.Inner.getTel();       ┄┄┘ ┄┄ static으로 선언된 멤버는 바로 접근 가능합니다.
//      Outter.Inner.address= "010-1111-2222";  ┄┄┄┄┄ 인스턴스 멤버 필드는 바로 접근할 수 없습니다.
        System.out.println("전화번호: " + tel);

        Outter outter = new Outter("이순신", 17);
        Outter.Inner inner = new Outter.Inner("세종시 세종구");  ┄┄┄ 정적 내부 클래스의 인스턴스를 생성합니다.

        String name = outter.getName();
        int age = outter.getAge();

        System.out.println("고객 정보");
        System.out.println("---------------------");
        System.out.println("이름: " + name);
        System.out.println("나이: " + age);
        System.out.println(inner.getUserInfo());
    }
}
```

[실행결과]

```
전화번호: 010-1111-2222

고객 정보
---------------------
주소: 세종시 세종구
전화번호: 010-1111-2222
```

5 내부 인터페이스

클래스의 멤버로 인터페이스를 선언할 수 있습니다. 이것을 **내부 인터페이스**라고 합니다.

5.1 내부 인터페이스란?

내부 인터페이스의 정의와 형식
- 정의
  - 클래스의 멤버로 선언된 인터페이스를 의미합니다.
  - static으로 지정할 수 있습니다.
  - 주로 화면에서 이벤트를 처리하는 용도로 사용됩니다.

- 형식

```
class 외부클래스명{
    ...
    static interface 인터페이스명 {
        상수;
        추상메서드();
        ...
    }
}
```

5.2 내부 인터페이스 사용하기

내부 클래스와 같이 내부 인터페이스는 주로 자바나 안드로이드 프로그램에서 화면에서 발생하는 이벤트를 처리하는 용도로 많이 사용됩니다. 다음은 화면에서 버튼 클릭 이벤트를 처리하는 내부 인터페이스를 구현한 예제입니다. 버튼 클릭 시 호출되는 추상 메서드를 가지는 내부 인터페이스를 선언하고 있습니다.

[직접 코딩해 보기] 내부 인터페이스

ch14/sec04/ex01/Button.java

```
package sec04.ex01;
```

```java
public class Button {
  ButtonEventListener listener;

  public void addButtonEventListener(ButtonEventListener listener) {
    this.listener = listener;
  }



  public void btnClicked(String btnName) {
    listener.btnClicked(btnName);
  }

  static interface ButtonEventListener {
    public void btnClicked(String btnName);
  }
}
```

버튼 클릭 시 인터페이스를 구현한 핸들러의 메서드를 호출합니다.

버튼 클릭 시 수행할 추상 메서드를 가지는 내부 인터페이스를 선언합니다.

내부 인터페이스를 구현한 핸들러 클래스입니다. 버튼 클릭 시 실제 처리를 하는 메서드를 구현하고 있습니다.

[직접 코딩해 보기] 내부 인터페이스를 구현한 핸들러 클래스

ch14/sec04/ex01/ButtonEventHandler.java

```java
package sec04.ex01;

public class ButtonEventHandler implements Button.ButtonEventListener {
  @Override
  public void btnClicked(String btnName) {
    System.out.println(btnName + " 버튼을 클릭합니다.");
  }
}
```

내부 인터페이스에 선언된 추상 메서드를 구현합니다.

실행 클래스에서 버튼 인스턴스를 생성 후, 버튼 핸들러 클래스 인스턴스를 메서드로 전달합니다. 버튼을 클릭하면 구현한 메서드가 호출됩니다. 실제 화면에서 발생하는 이벤트 처리 과정은 22장 자바 스윙에서 자세히 알아보겠습니다.

ch14/sec04/ex01/ButtonTest.java

```
package sec04.ex01;

public class ButtonTest {
  public static void main(String[] args) {
    Button button  = new Button();
    button.addButtonEventListener(new ButtonEventHandler());

    button.btnClicked("등록하기");
    button.btnClicked("수정하기");
  }
}
```

[실행결과]

등록하기 버튼을 클릭합니다.
수정하기 버튼을 클릭합니다.

6 익명 객체

자바 화면에서 발생하는 이벤트 처리 시 많이 사용되는 익명 객체에 관해서 알아보겠습니다.

6.1 익명 객체란?

화면에서 버튼 클릭 시 이벤트 처리 클래스 인스턴스가 생성되어서 처리합니다. 그러나 이벤트 처리 클래스 인스턴스는 처리가 끝난 후에는 메모리만 차지합니다. 따라서 버튼 클릭과 같이 한 번 사용 후 재사용할 필요가 없는 경우, 익명(anonymous) 객체를 사용하면 편리합니다.

다음은 익명 객체 사용방법입니다. 익명 객체는 이름에서 알 수 있듯이, 클래스 이름이 없습니다.

```
인터페이스타입 참조변수 = new 인터페이스() { ... }
```

6.2 익명 객체 사용하기

다음은 익명 객체를 버튼 클릭 시 이벤트를 처리하는 과정을 구현한 예제입니다. 인터페이스에 버튼 클릭 시 수행할 추상 메서드를 선언합니다.

[직접 코딩해 보기] 인터페이스에 추상 메서드 선언하기

ch14/sec05/ex01/ ButtonEventListener.java

```java
package sec05.ex01;

public interface ButtonEventListener {
  public void btnClicked(String btnName);
}
```

버튼 핸들러 클래스에서 인터페이스를 익명 객체로 생성 후, 추상 메서드를 구현합니다.

[직접 코딩해 보기] 인터페이스를 익명 객체로 구현하기

ch14/sec05/ex01/ButtonEventHandler.java

```java
package sec05.ex01;

public class ButtonEventHandler {
  Button button = new Button();
  ButtonEventListener listener = new ButtonEventListener() {
    @Override
    public void btnClicked(String btnName) {
      System.out.println(btnName + " 버튼을 클릭합니다.");
    }
  };

  ButtonEventHandler(){
    button.addButtonEventListener(listener);
  }
}
```

> 인터페이스를 익명 객체로 구현합니다.

[직접 코딩해 보기] 버튼 클래스

ch14/sec05/ex01/Button.java

```java
package sec05.ex01;

public class Button {
  ButtonEventListener listener;
```

```
    public void addButtonEventListener(ButtonEventListener listener) {
      this.listener = listener;
    }

    public void btnClicked(String btnName) {
      listener.btnClicked(btnName);
    }
  }
```

이번에는 익명 객체로 버튼 클릭 시 메시지를 출력하고 있습니다.

[직접 코딩해 보기] 실행 클래스

ch14/sec05/ex01/ButtonTest.java

```
package sec05.ex01;

public class ButtonTest {
  public static void main(String[] args) {
    ButtonEventHandler handler = new ButtonEventHandler();

    handler.button.btnClicked("등록하기");
    handler.button.btnClicked("수정하기");
  }
}
```

[실행결과]

등록하기 버튼을 클릭합니다.
수정하기 버튼을 클릭합니다.

내부 클래스와 내부 인터페이스는 주로 자바나 안드로이드의 화면에서 많이 쓰인다는 것을 알아 두세요.

 알아두면 좋아요

일반적으로 안드로이드 프로그래밍 시 메서드 내에서 익명 객체를 사용해야 할 경우가 있습니다. 이 때 익명 객체가 사용되는 메서드의 매개변수와 지역변수는 반드시 final로 지정해야 합니다. final로 지정하지 않으면 컴파일 시 자동으로 지정됩니다. 따라서 익명 객체에서 이들 변수에 접근해서 값을 변경하면 에러가 발생합니다. 자세한 내용은 책 제공 소스나 동영상을 참고해 주세요.

[직접 코딩해 보기] 익명 객체에서 지역 변수 사용 시 에러 발생

ch14/sec05/ex02/ ButtonEventHandler.java

```java
package sec05.ex02;

public class ButtonEventHandler {
    public void calculate(final int a, final int b) {
        final int sum = 0;                              메서드 내 익명 객체 사용 시 final로 지정합니다.

        ButtonEventListener listener = new ButtonEventListener() {
            @Override
            public void btnClicked(String btnName) {
                a = 100;
                b = 100;          지역 익명 객체에서 메서드의 지역변수에 접근하여 값 변경 시 에러가 발생합니다.
                sum = a + b;
                System.out.println(btnName + " 버튼을 클릭합니다.");
                System.out.println("합: " + sum);
            }
        };
    }
}
```

→ 요점 정리 ←

● 내부 클래스는 외부 클래스 안에 선언되어 주로 화면에서 발생하는 이벤트나 비동기 스레드 작업 시 많이 사용됩니다.

● 내부 클래스에선 외부 클래스의 멤버에 자유롭게 접근할 수 있습니다.

● 내부 인터페이스는 주로 화면에서 이벤트 처리 시 많이 사용됩니다.

● 익명 객체는 화면의 이벤트 핸들러와 같이 단발성 기능에 많이 사용됩니다.

연습 문제

1 _ 내부 클래스에 관한 설명입니다. 맞는 것에 O표, 틀린 것에 X표 하세요.

① 내부 멤버 클래스는 외부 클래스의 인스턴스 없이 인스턴스 생성 후 사용할 수 있습니다. ( )

② 내부 멤버 클래스는 외부 클래스의 멤버를 마음대로 사용할 수 있습니다. ( )

③ 정적 내부 클래스는 외부 클래스 인스턴스 없이 멤버에 바로 접근할 수 있습니다. ( )

④ 로컬 내부 클래스는 메서드 내에서 선언되어서 사용됩니다. ( )

2 _ 익명 객체에 관한 설명입니다. 틀린 것은?

① 익명 객체는 인터페이스의 추상 메서드를 바로 구현해서 사용합니다.

② 익명 객체는 한 번 사용된 후, 바로 메모리에서 소멸됩니다.

③ 익명 객체는 주로 화면에서 발생하는 이벤트를 처리하는 데 사용됩니다.

④ 익명 객체 생성 시, 구현하는 메서드의 지역 변수는 반드시 final로 선언되어야 합니다.

연습 문제

3 _ 다음은 마우스 클릭 시 클릭한 위치를 출력하는 실행 클래스입니다. 익명 객체를 사용해서 다른 클래스의 기능을 완성해 보세요.

소스 코드: MouseTest.java

```java
package exec.ex03;

public class MouseTest {
  public static void main(String[] args) {
    MouseEventHandler handler = new MouseEventHandler();

    handler.mouse.mouseClicked(10, 20);
    handler.mouse.mouseClicked(50, 60);
  }
}
```

소스 코드: Mouse.java

```java
package exec.ex03;

public class Mouse {
  MouseEventListener listener;

  public void addMouseEventListener(MouseEventListener listener) {
    this.listener = listener;
  }

  public void mouseClicked(int x, int y) {
    listener.mouseClicked(x, y);
  }
}
```

소스 코드: MouseEventListener.java

```
1  package exec.ex03;
2
3  public interface MouseEventListener {
4    public void mouseClicked(int x, int y);
5  }
```

소스 코드: Mouse.java

```
1   package exec.ex03;
2
3   public class MouseEventHandler {
4     Mouse mouse = new Mouse();
5
6     /* 여기에 작성해 주세요. */
7
8     MouseEventHandler() {
9       mouse.addMouseEventListener(listener);
10    }
11  }
```

[실행결과]

```
마우스 클릭 위치 x = 10, y = 20
마우스 클릭 위치 x = 50, y = 60
```

상상력은 지식보다 더 중요하다. 지식은 한계가 있지만
상상력은 세상의 모든 것을 끌어안을 수 있다.
나는 그 상상력을 자유롭게 이용한 예술가이다.

|

알버트 아인슈타인

15장

필수 사용 클래스

〉 시작 전 가볍게 읽기 〈

자바에선 프로그래밍 시 자주 사용되는 기능을 API 클래스로 만들어서 제공합니다.
이번 장에선 자바에서 제공하는 여러 가지 클래스의 기능을 알아보겠습니다.

1 Object 클래스

Object 클래스에 관해서 알아보겠습니다.

1.1 Object 클래스란?

모든 자바 클래스들의 최상위 클래스(root class)에는 Object 클래스가 위치합니다. 따라서 Object 클래스의 멤버는 모든 클래스에서 사용할 수 있습니다.

Object 클래스 정의와 특징
- 정의
  - 모든 클래스의 최상위 클래스(root class)입니다.

- 특징
  - java.lang 패키지에 위치합니다.
  - 명시적으로 구현하지 않으면 컴파일 시 클래스가 자동으로 상속받습니다.
  - Object 클래스의 멤버는 모든 클래스에서 사용 가능합니다.

다음은 자바에서 사용되는 모든 클래스의 계층 구조입니다. JDK에서 제공하는 클래스든, 개발자가 직접 만든 클래스든 모든 클래스의 최상위 클래스는 Object 클래스입니다.

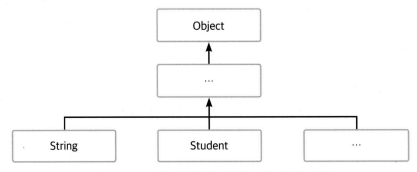

그림15-1 Object 클래스를 최상위 구조를 가지는 클래스 계층도

Student 클래스 작성 시 명시적으로 Object 클래스를 상속받고 있습니다. 생략하면 컴파일 시 자동으로 추가됩니다.

[직접 코딩해 보기] Object 클래스를 상속받는 Student 클래스

ch15/sec01/ex01/Student.java

```
package sec01.ex01;

public class Student extends Object { _____ 명시적으로 상속하지 않으면 컴파일 시 자동으로 추가됩니다.
  private String name;
  private int grade;

  public Student() {
    System.out.println("Student 기본 생성자 호출");
  }

  public Student(String name, int grade) {
    System.out.println("매개변수가 있는 Student 생성자 호출");
    this.name = name;
    this.grade = grade;
  }

  // 학생 신상 정보 출력 메서드
  public String getStudInfo() {
    System.out.println("Student 클래스의 getStudInfo() 메서드입니다.");
    return "이름: " + name + ", 학년: " + grade;
  }
}
```

Object 클래스는 모든 클래스의 최상위 클래스이므로 Object 타입 참조 변수는 모든 클래스의 객체를 업캐스팅으로 받을 수 있습니다.

[직접 코딩해 보기] 실행 클래스

ch15/sec01/ex01/StudentTest.java

```
package sec01.ex01;

public class StudentTest {
  public static void main(String[] args) {
    Student s1 = new Student("손흥민", 3);
    System.out.println(s1.getStudInfo());
                                               Object 클래스는 모든 클래스의 최상위 클래스이므로
    Object obj1 = new Student("홍길동", 2); _____ 업캐스팅으로 사용할 수 있습니다.
    Student s2 = (Student)obj1; _____ 자식 클래스의 메서드를 호출하기 위해서 다운캐스팅을 합니다.
    System.out.println(s2.getStudInfo());
  }
}
```

[실행결과]

매개변수가 있는 Student 생성자 호출
Student 클래스의 getStudInfo() 메서드입니다.
이름: 손흥민, 학년: 3

매개변수가 있는 Student 생성자 호출
Student 클래스의 getStudInfo() 메서드입니다.
이름: 홍길동, 학년: 2

자바의 API 문서 보기

Object 클래스를 포함해서 자바에서 제공하는 클래스들의 기능 설명을 문서로 제공하고 있습니다. 프로그래밍 시 문서를 참고할 일이 많으므로, Object 클래스를 이용하여 문서를 보는 방법을 알아보겠습니다.

1_ 웹 브라우저에 추가한 API 문서를 클릭한 후, 검색 창에 Object를 입력한 후 Enter 키를 누릅니다(자동 완성으로 생성된 java.lang.Object를 마우스로 클릭해도 됩니다).

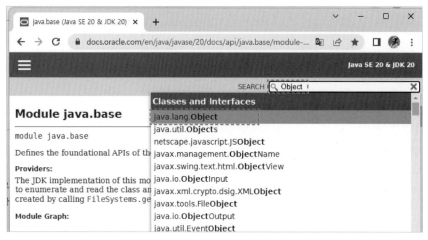

그림15-2 API 문서 확인

2 _ 최상단에 Object 클래스의 설명이 보입니다.

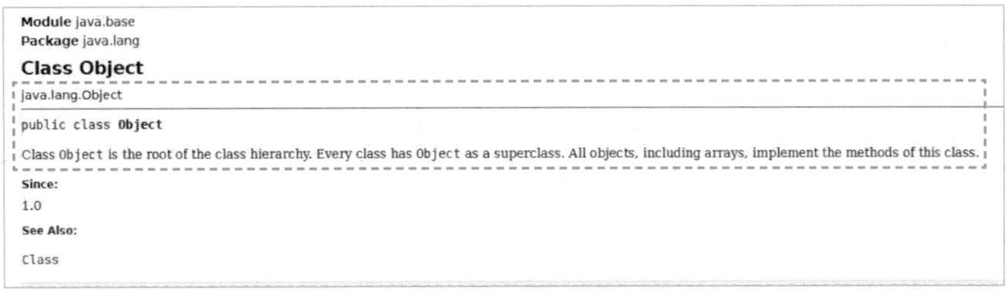

```
Module java.base
Package java.lang
Class Object
java.lang.Object
public class Object
Class Object is the root of the class hierarchy. Every class has Object as a superclass. All objects, including arrays, implement the methods of this class.
Since:
1.0
See Also:
Class
```

그림15-3 Object 클래스 설명

3 _ 해당 페이지를 하단에 Object 클래스에서 지원하는 여러 가지 메서드의 설명이 나옵니다.

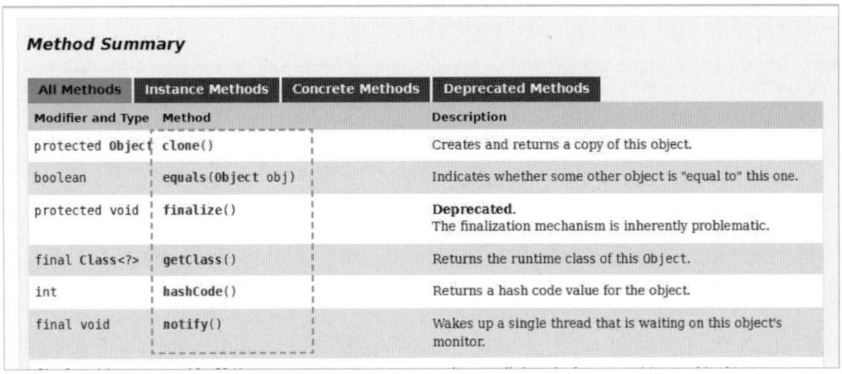

Method Summary

Modifier and Type	Method	Description
protected Object	clone()	Creates and returns a copy of this object.
boolean	equals(Object obj)	Indicates whether some other object is "equal to" this one.
protected void	finalize()	**Deprecated.** The finalization mechanism is inherently problematic.
final Class<?>	getClass()	Returns the runtime class of this Object.
int	hashCode()	Returns a hash code value for the object.
final void	notify()	Wakes up a single thread that is waiting on this object's monitor.

All Methods　Instance Methods　Concrete Methods　Deprecated Methods

그림15-4 Object 클래스에서 지원하는 메서드 목록

표15-1은 Object 클래스에서 제공하는 메서드들입니다.

메서드	설명
protected Object clone( )	객체 자신을 복사한 후에 리턴합니다.
boolean equals(Object obj)	객체들의 실제 값을 비교합니다.
protected void finalize( )	객체 자신에 대해 더 이상 참조할 경우가 없을 때 garbage collector에 의해 호출됩니다.
Class<?> getClass( )	객체 자신의 클래스명을 얻습니다.
int hashCode( )	객체 자신의 해시 코드를 얻습니다.
void notify( )	대기 상태의 스레드에게 실행 준비를 알립니다.
void wait( )	다른 스레드가 notify( )나 notifyAll( )를 호출할 때까지 현재 실행하는 스레드를 대기 상태에 머물게 합니다.

표15-1 Object 클래스에서 제공하는 메서드들

1.2 equals() 메서드

equals() 메서드는 객체(인스턴스)가 같은지 알아보는데 사용되는 메서드입니다.

---

equals

```
public boolean equals(Object obj)
```

Indicates whether some other object is "equal to" this one.

The equals method implements an equivalence relation on non-null object references:

- It is *reflexive*: for any non-null reference value x, x.equals(x) should return true.
- It is *symmetric*: for any non-null reference values x and y, x.equals(y) should return true if and only if y.equals(x) returns true.
- It is *transitive*: for any non-null reference values x, y, and z, if x.equals(y) returns true and y.equals(z) returns true, then x.equals(z) should return true.
- It is *consistent*: for any non-null reference values x and y, multiple invocations of x.equals(y) consistently return true or consistently return false, provided no information used in equals comparisons on the objects is modified.
- For any non-null reference value x, x.equals(null) should return false.

An equivalence relation partitions the elements it operates on into *equivalence classes*; all the members of an equivalence class are equal to each other. Members of an equivalence class are substitutable for each other, at least for some purposes.

그림15-5 equals() 메서드 설명

자바에서 기본 타입 데이터는 '==' 연산자로 같은 값인지 확인합니다. 반면에 참조 타입 데이터를 '=='으로 비교하면 메모리의 위치값이 같은지 확인합니다. 즉, 동일 객체 여부를 판별합니다. 따라서 클래스 객체와 같은 참조 데이터의 실제 필드의 값을 비교할 땐 equals() 메서드를 사용해서 확인합니다.

데이터 종류별 동등 여부 확인 방법

- 기본 타입 데이터
  - '==' 연산자를 이용하여 실제 값을 비교합니다.
    - **예** int num1 = 3, num2 = 4;
      if(num1 == num2){ … }
- 참조 타입 데이터
  - equals() 메서드를 이용해서 실제 값을 비교합니다.
  - 기본 타입 데이터는 사용할 수 없습니다.
    - **예** String name1 = "이순신", String name2 = "이순신";
      if(name1.equals(name2)){ … }

다음은 문자열을 equals() 메서드를 이용하여 같은 문자열인지 확인하는 예제입니다. 같은 이름인 경우 true를, 다른 이름인 경우 false를 출력합니다.

[직접 코딩해 보기] equals() 메서드로 문자열 비교하기

ch15/sec01/ex02/StringEqualsTest.java

```
package sec01.ex02;

public class StringEqualsTest {
  public static void main(String[] args) {
    String name1 = "이순신";
    String name2 = "이순신";
    String name3 = "홍길동";

    System.out.println(name1.equals(name2));      ┄┄┐
    System.out.println(name1.equals("이순신"));     ├┄┄ 참조 변수가 가리키는 실제 값을 비교합니다.
    System.out.println(name1.equals(name3));      ┄┄┘
  }

}
```

[실행결과]

```
true
true
false
```

이번에는 equals() 메서드를 이용해서 Student 클래스의 객체가 가지는 필드값이 같은지를 비교하는 예제입니다.

[직접 코딩해 보기] Student 클래스

ch15/sec01/ex03/Student.java

```
package sec01.ex03;

public class Student {
  String name;
  int grade;

  public Student() {}

  public Student(String name, int grade) {
    this.name = name;
    this.grade = grade;
```

```
    }

    //학생의 신상정보를 출력하는 메서드
    public String getStudInfo() {
      System.out.println("Student 클래스의 getStudInfo() 메서드입니다.");
      return "이름: " + name + ", 학년: " + grade;
    }
  }
```

실행 클래스에서 3개의 Student 객체를 생성 후, equals() 메서드로 각각의 객체의 값을 비교합니다. s1과 s2가 가리키는 객체의 필드값들이 같으므로 true를 출력해야 합니다. 그러나 결과는 false가 출력됩니다.

[직접 코딩해 보기] equals() 메서드로 객체의 필드값 비교하기

ch15/sec01/ex03/EqualsTest.java

```
package sec01.ex03;

public class EqualsTest {
  public static void main(String[] args) {
    Student s1 = new Student("이순신", 2);
    Student s2 = new Student("이순신",2);
    Student s3 = new Student("홍길동",3);

    System.out.println(s1.equals(s2));
    System.out.println(s1.equals(s3));
  }
}
```

[실행결과]

```
false
false
```

Object의 equals() 메서드로 참조 타입 데이터 비교 시, 참조 타입 데이터는 '==' 연산자를 이용해서 비교합니다. 즉, 객체의 위치값을 비교하게 됩니다. 따라서 참조 타입 데이터의 실제 필드값을 비교하려면 각각의 기능에 맞게 오버라이딩해서 사용해야 합니다.

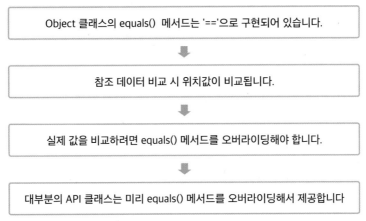

그림15-6 하위 클래스의 equals() 메서드 오버라이딩

API 문서에 설명되어 있듯이 String 클래스는 미리 equals() 메서드를 오버라이딩해서 제공합니다. 따라서 문자열을 equals() 메서드로 비교하면 원하는 결과가 출력됩니다.

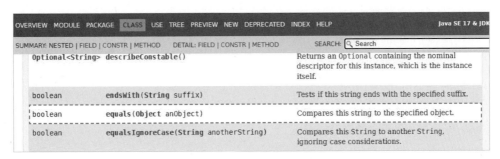

그림15-7 equals() 메서드를 오버라이딩한 String 클래스

다음은 Student 클래스에 equals() 메서드를 오버라이딩해서 Student 객체의 필드의 실제 값을 비교하는 예제입니다. Student 클래스에 Object 클래스의 equals() 메서드를 오버라이딩해서 각각의 필드의 값을 비교한 후, 동시에 같으면 true를 리턴합니다.

[직접 코딩해 보기] equals() 메서드를 오버라이딩한 Student 클래스

ch15/sec01/ex04/Student.java

```
package sec01.ex04;

public class Student {
  String name;
  int grade;

  ...
```

```
    @Override
    public boolean equals(Object obj) {              Object 타입 매개변수는 모든 클래스 객체를 받을 수 있습니다.
      boolean result = false;
      if (obj instanceof Student) {
        Student s = (Student)obj;
        if (name.equals(s.name) && (grade == s.grade)) {
          result = true;                                        두 객체의 필드값을 동시에 비교합니다.
        }
      }
      return result;
    }
}
```

equals() 메서드를 호출하면, Student 클래스의 equals() 메서드가 호출되어 필드값들이 같은 지
비교해서 정상적으로 결과를 출력합니다.

[직접 코딩해 보기] 실행 클래스

ch14/sec01/ex04/EqualsTest.java

```
package sec01.ex04;

public class EqualsTest {
  public static void main(String[] args) {
    Student s1 = new Student("이순신", 2);
    Student s2 = new Student("이순신", 2);
    Student s3 = new Student("홍길동", 3);

    System.out.println(s1.equals(s2));              정상적으로 true를 출력합니다.
    System.out.println(s1.equals(s3));
  }
}
```

[실행결과]

```
true
false
```

1.3 toString() 메서드

Student 클래스에서 학생의 신상 정보를 출력할 때 getStudInfo( ) 메서드를 사용했습니다. 즉, 이 메서드의 용도는 Student 클래스 객체의 전체 필드값을 출력하는 것입니다. 그런데 자바 프로그래밍에서 getStudInfo( ) 메서드처럼 각 클래스 객체의 필드값들을 한꺼번에 출력해야 할 경우가 자주 있으므로 Student 클래스처럼 일일이 사용자가 만들 필요 없이 미리 Object 클래스에서 toString( ) 메서드로 제공합니다.

> **toString() 메서드의 특징**
> - Object 클래스에서 제공하는 메서드입니다.
> - 인스턴스의 필드 정보를 문자열로 출력합니다.
> - 참조 타입 변수를 println() 메서드에 전달하면 자동으로 toString() 메서드가 호출됩니다.

그런데 Object 클래스의 toString( ) 메서드의 실제 기능은 클래스 객체의 클래스명과 객체의 해시코드(hashcode)를 출력하는 기능입니다. 즉, 메서드 형식만 선언되어 있을 뿐 실제 객체의 필드값들을 출력하지 않습니다. 따라서 equals() 메서드처럼 대부분의 자바 API 클래스나 사용자 정의 클래스에서는 상황에 맞게 오버라이딩하여 사용합니다.

> **[참고]**
> 해시코드(hashCode)는 클래스 객체 생성 시, JVM이 클래스 객체에 부여하는 고유 번호입니다. 자세한 내용은 17장에서 알아보겠습니다.

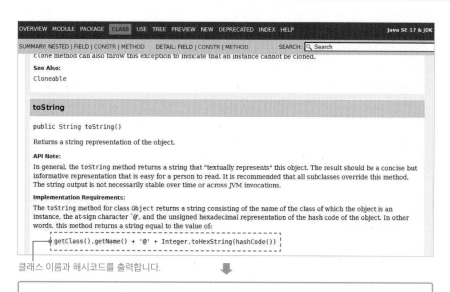

그림15-8 toString() 메서드 오버라이딩 과정

다음은 toString() 메서드를 오버라이딩하기 전 예제입니다.

[직접 코딩해 보기] 오버라이딩 전 Student 클래스

ch15/sec01/ex05/Student.java

```
package sec01.ex05;

public class Student {
  String name;
  int grade;

  public Student() {}

  public Student(String name, int grade) {
    this.name = name;
    this.grade = grade;
  }
}
```

toString() 메서드 호출 시 Object 클래스의 toString() 메서드가 호출됩니다.

[직접 코딩해 보기] 실행 클래스

ch15/sec01/ex05/ToStringTest.java

```
package sec01.ex05;

public class ToStringTest {
  public static void main(String[] args) {
    Student s = new Student("이순신", 24);

    System.out.println(s.toString());
    System.out.println(s); _____ 자동으로 toString() 메서드가 호출됩니다.
  }
}
```

[실행결과]

```
sec01.ex05.Student@372f7a8d
sec01.ex05.Student@372f7a8d
```
인스턴스의 클래스명과 해시코드를 출력합니다.

이번에는 Student 클래스에 toString() 메서드를 오버라이딩한 후, 메서드를 호출합니다.

[직접 코딩해 보기] 오버라이딩 후 Student 클래스

ch15/sec01/ex05/Student.java

```
ch15/sec01/ex05/Student.java

public class Student {
  String name;
  int grade;

  public Student() {}

  public Student(String name, int grade) {
    this.name = name;
    this.grade = grade;
  }

  @Override
  public String toString() {
    String info = "이름: " + name + ", 학년: " + grade;    ----- 메서드를 오버라이딩 후, 필드값을 출력합니다.
    return info;
  }
}
```

이번에는 toString() 메서드를 호출하면 학생 정보가 정상적으로 출력됩니다.

[직접 코딩해 보기] 실행 클래스

ch15/sec01/ex06/ToStringTest.java

```
package sec01.ex05;

public class ToStringTest {
  public static void main(String[] args) {
    Student s = new Student("이순신", 24);

    System.out.println(s.toString());
    System.out.println(s);----------------------------- 자동으로 toString() 메서드가 호출됩니다.
  }
}
```

이름: 이순신, 학년: 24

이름: 이순신, 학년: 24

1.4 clone() 메서드

Object 클래스의 clone() 메서드는 실행 중 생성된 클래스 객체를 따로 복사(깊은 복사)하는 기능을 제공합니다. 다음은 Student 클래스에 clone() 메서드를 오버라이딩해서 Student 클래스 객체를 생성 후, 리턴합니다.

[직접 코딩해 보기] clone() 메서드 오버라이딩하기

ch15/sec01/ex07/Student.java

```java
package sec01.ex07;

public class Student {
  String name;
  int grade;

  public Student() {
    this("이순신", 3);
  }

  public Student(String name, int grade) {
    this.name = name;
    this.grade = grade;
  }

  @Override
  public String toString() {
    String info = "이름: " + name + ", 학년: " + grade;
    return info;
  }

  @Override
  protected Object clone() throws CloneNotSupportedException {      오버라이딩한 후, Student 객체를
    return new Student();                                          생성하여 리턴합니다.
  }
}
```

clone() 메서드를 호출하면, Student 클래스에 오버라이딩한 clone() 메서드가 호출되어서 Student 객체를 리턴받습니다. clone() 메서드는 사용 전 반드시 예외 처리를 해 주어야 합니다.

[직접 코딩해 보기] clone() 메서드 사용하기

ch15/sec01/ex07/CloneTest.java

```
package sec01.ex07;

public class CloneTest {
  public static void main(String[] args) throws CloneNotSupportedException {
    Student s1 = new Student();
    Student s2 = (Student)s1.clone();  _____ s1이 가리키는 Student 객체 전체를 복사합니다.

    System.out.println(s1.toString());
    System.out.println(s2.toString());

    s1.grade = 2;
    System.out.println(s1.toString());      s1이 가리키는 Student 객체의 grade를 변경해도,
    System.out.println(s2.toString());      s2의 Student 객체의 grade 값은 그대로 입니다.
  }
}
```

[실행결과]

이름: 이순신, 학년: 3
이름: 이순신, 학년: 3

이름: 이순신, 학년: 2
이름: 이순신, 학년: 3

그 외 메서드

자바 실행 시 클래스의 객체를 생성하면 JVM은 자동으로 객체의 고유 값인 해시코드를 부여합니다. 그런데 hashCode() 메서드를 사용하면 이 해시코드를 사용자가 직접 생성할 수 있습니다. 자세한 내용은 17장 컬렉션 프레임워크에서 알아보겠습니다. notify()나 notifyAll() 메서드는 18장 스레드에서 알아보겠습니다.

→ 요점 정리 ←

- Object 클래스는 모든 클래스의 최상위 클래스입니다.

- Object 타입 참조 변수는 모든 클래스 객체를 받을 수 있습니다.

- 모든 클래스들은 Object의 equals() 메서드를 오버라이딩해서 객체의 필드값이 같은지 비교합니다.

- 모든 클래스들은 toString() 메서드를 오버라이딩해서 객체의 필드값을 원하는 형식으로 출력합니다.

2 Wrapper 클래스

Wrapper 클래스에 관해서 알아보겠습니다.

2.1 Wrapper 클래스 정의와 종류

자바는 8개의 기본 타입 데이터를 사용하고 있습니다. 그런데 프로그래밍 시 기본 타입 데이터에 여러 가지 복잡한 작업을 해야 하는 경우가 많습니다. 예를 들어 "123"이라는 문자열을 실제 123이라는 숫자로 변경하거나 2진수로 변환하는 경우가 있습니다. 이러한 기능을 일일이 프로그래머가 만들어 사용할 수도 있지만, 자바에서는 기본 타입 데이터를 처리하는 여러 가지 기능을 Wrapper(포장) 클래스로 제공하고 있습니다. Wrapper 클래스에서 제공하는 기능의 사용 방법만 알고 바로 적용하면 됩니다.

> 래퍼(Wrapper) 클래스의 정의
> - 정의
>   - 기본 타입 데이터 별로 편리한 기능을 제공하는 클래스

다음은 기본 타입 데이터에 대한 래퍼 클래스들을 나열하고 있습니다.

기본 타입 데이터	래퍼 클래스
boolean	Boolean
byte	Byte
char	Character
short	Short
int	Integer
long	Long
float	Float
double	Double

표15-2 여러 가지 Wrapper 클래스들

2.2 Integer 클래스 사용하기

다음은 Integer 래퍼 클래스의 사용 예제입니다.

Integer 클래스의 parseInt() 메서드는 정수형 문자열을 정수로 변환합니다. 그러나 인자로 "hello" 와 같은 문자열을 입력하면 NumberFormatException이라는 예외(15장에서 자세히 설명합니다) 가 발생합니다. parseInt() 메서드는 많이 사용되므로 사용법을 잘 알아두세요. Integer 클래스의 toString() 메서드는 정수를 문자열로 변환하는 기능으로 오버라이딩되어서 제공됩니다.

[직접 코딩해 보기] Integer 래퍼 클래스

ch15/sec02/ex01/IntegerTest.java

```java
package sec02.ex01;

public class IntegerTest {
  public static void main(String[] args) {

    System.out.println("int의 최댓값: " + Integer.MAX_VALUE);          자바 int 타입의 최댓값과 최솟값을
    System.out.println("int의 최솟값: " + Integer.MIN_VALUE);          출력합니다.

    String num1 = "98";
    String num2 = num1 + 2;                              자바에서 문자열 + 숫자는 숫자를 문자열로 변환해서
    System.out.println("num2 = " + num2);                문자열로 결합합니다.
    int num3 = Integer.parseInt(num1) + 2;               정수형 문자열을 정수로 변환합니다.
//  num3 = Integer.parseInt ("hello") + 2;               parseInt() 메서드의 인자는 정수형 문자열만 가능합니다.
    System.out.println("num3 = " + num3);

    System.out.println("2진수로 변환하기");
    System.out.println(num3 + " --> " + Integer.toBinaryString(num3));          10진수를 2진수로
                                                                                변환합니다.
    int num4 = 123;
    String num5 = Integer.toString(num4) + "hello";      toString() 메서드를 호출해서 인자를 문자열로 변환 후,
    System.out.println("num5 = " + num5);                "hello"와 문자열 결합합니다.
  }
}
```

[실행결과]

```
int의 최댓값: 2147483647
int의 최솟값: -2147483648
num2 = 982
num3 = 100
2진수로 변환하기
100 --> 1100100
num5 = 123hello
```

- Integer.parseInt("hello")를 실행했을 경우

```
□ Console ×                                    ■ ✕ ※ | ⬅ ▣ ⬚ ⬚ ⬚ ⬚ | ⬚ ⬚ ▾ ⬚ ▾ ⬚ ▾ ⬚
num2 = 982
Exception in thread "main" java.lang.NumberFormatException: For input string:
        at java.base/java.lang.NumberFormatException.forInputString(NumberFor
        at java.base/java.lang.Integer.parseInt(Integer.java:668)
        at java.base/java.lang.Integer.parseInt(Integer.java:786)
        at sec02.ex01.IntegerTest.main(IntegerTest.java:12)
```

다음은 Integer 클래스가 제공하는 여러 가지 메서드들입니다. API 문서를 보면 더 많은 기능을 알 수 있습니다.

메서드	기능
int intValue( )	Integer 객체의 값을 정수값으로 리턴합니다.
long longValue( )	Integrer 객체의 값을 long 데이터로 변환하여 리턴합니다.
static int max(int a,int b)	두 정수 중 큰 값을 리턴합니다.
static int min(int a,int b)	두 정수 중 작은 값을 리턴합니다.
static int parseInt(String s)	문자열을 정수로 변환한 후 리턴합니다.
static String toBinaryString(int a)	정수를 2진수로 변환한 후 문자열로 리턴합니다.
static String toHexString(int a)	정수를 16진수로 변환한 후 문자열로 리턴합니다.
static String toOctalString(int a)	정수를 8진수로 변환한 후 문자열로 리턴합니다.

표15-3 Integer 클래스의 여러 가지 메서드들

2.3 Float 클래스 사용하기

다음은 Float 클래스를 사용하는 예제입니다. 실수형 문자열을 실수로 변경 시 parseFloat() 메서드를 사용하면 편리합니다.

[직접 코딩해 보기] Float 래퍼 클래스

ch15/sec02/ex01/FloatTest.java

```java
package sec02.ex01;

public class FloatTest {
  public static void main(String[] args) {
    System.out.println("Float의 최댓값: " + Float.MAX_VALUE);     자바 float 타입의 최댓값과 최솟값을
    System.out.println("Float의 최솟값: " + Float.MIN_VALUE);     출력합니다.

    String num1 = "3.15F";
    String num2 = num1 + 2.0F;     실수가 문자열로 변환되어서 문자열로 결합합니다.
    System.out.println("num2 = " + num2);
```

15장 필수 사용 클래스   601

```
    float num3 = Float.parseFloat(num1) + 2.0F; --------------- 실수형 문자열을 실수로 변환합니다.
    System.out.println("num3 = " + num3);

    float num4 = 123.345F;
    String num5 = Float.toString(num4) + "hello"; -------------- 실수를 실수형 문자열로 변환합니다.
    System.out.println("num5 = " + num5);
  }
}
```

[실행결과]

```
Float의 최댓값: 3.4028235E38
Float의 최솟값: 1.4E-45

num2 = 3.15F2.0
num3 = 5.15
num5 = 123.345hello
```

3 Math 클래스

java.lang.Math 클래스는 수학과 관련된 여러 가지 기능을 제공합니다. 다음은 Math 클래스에 정의된 상수와 메서드들입니다. Math 클래스에서 제공하는 메서드는 정적 메서드입니다. 따라서 객체 생성 없이 바로 사용할 수 있습니다.

상수	설명
static final double E	자연 지수 e의 값
static final double PI	원주율 파이값

표15-4 Math 클래스의 여러 가지 상수들

메서드	설명
static double abs(double a)	a의 double 타입 절대값을 리턴합니다.
static int abs(int a)	a의 int 타입 절대값을 리턴합니다.
static double ceil(double a)	a보다 큰 정수 중 가장 작은 정수를 double 타입 실수로 리턴합니다.

static double floor(double a)	a보다 작은 정수 중 가장 큰 정수를 double 타입 실수로 리턴합니다.
static double max(double a,double b)	두 수 중 큰 값을 리턴합니다.
static double min(double a,double b)	두 수 중 작은 값을 리턴합니다.
static double pow(double a,double b)	a의 b 제곱(power)의 값을 리턴합니다.
static double random( )	0.0에서 1.0 사이의 난수를 리턴합니다.
static long round(double a)	a의 소수점 아래의 수를 반올림한 후 long 타입 정수로 리턴합니다.
static double sqrt(double a)	a의 제곱근을 리턴합니다.

표15-5 Math 클래스의 여러 가지 메서드들

Math 클래스의 여러 가지 메서드를 사용하는 예제입니다. random() 정적 메서드를 이용해서 0.0에서 1.0 사이의 난수를 얻을 수 있습니다.

[직접 코딩해 보기] Math 클래스의 메서드 사용하기

ch15/sec02/ex02/MathTest.java

```java
package sec02.ex02;

public class MathTest {
  public static void main(String[] args) {
    System.out.println("Math.abs(-4.5) =  " + Math.abs(-4.5));
    System.out.println("Math.ceil(4.5) = " + Math.ceil(4.5));
    System.out.println("Math.floor(4.5) =  " + Math.floor(4.5));

    System.out.println("Math.round(4.6) = " + Math.round(4.6));
    System.out.println("Math.log10(100) = " + Math.log10(100));
    System.out.println("Math.log(100) = " + Math.log(100));

    System.out.println("Math.max(100, 200) = " + Math.max(100, 200));
    System.out.println("Math.min(100,200) = " + Math.min(100, 200));
    System.out.println("Math.pow(2,10) = " + Math.pow(2, 10));

    System.out.println("Math.round(3.77) = " + Math.round(3.77));
    System.out.println("Math.random() = " + Math.random()); ·········· 0.0에서 1.0 사이의 난수를 얻습니다.
    System.out.println("Math.sqrt(100) = " + Math.sqrt(100));
  }
}
```

[실행결과]

```
Math.abs(-4.5) = 4.5
Math.ceil(4.5) = 5.0
```

```
Math.floor(4.5) = 4.0

Math.round(4.6) = 5
Math.log10(100) = 2.0
Math.log(100) = 4.605170185988092

Math.max(100, 200) = 200
Math.min(100, 200) = 100
Math.pow(2, 10) = 1024.0

Math.round(3.77) = 4
Math.random() = 0.6707209694830383
}
```

Random 클래스

이제까지 난수를 얻기 위해서 Math 클래스의 random() 메서드를 사용했습니다. 자바는 따로 java. util 패키지에 있는 Random 클래스로 더 많은 난수 기능을 제공합니다. Random 클래스를 사용하면 정수 외에 다른 타입의 난수를 얻을 수 있고, 매번 실행 시 같은 난수를 얻는 기능도 제공합니다. Random 클래스 객체 생성 시 생성자에 seed 값을 지정하면 항상 같은 난수를 리턴합니다.

생성자	설명
Random()	디폴트 생성자. 현재 시간을 초깃값으로 하는 난수 발생기 객체를 생성합니다.
Random(long seed)	long 타입의 seed값을 매개변수로 받아 객체를 생성합니다.

표15-6 Random 클래스의 생성자들

Random 클래스의 메서드를 이용하면 정수 외에 다른 타입의 난수도 얻을 수 있습니다.

메서드	설명
boolean nextBoolean()	boolean 타입의 난수를 리턴합니다.
double nextDouble()	double 타입의 난수를 리턴합니다.
float nextFloat()	float 타입의 난수를 리턴합니다.
int nextInt()	int 타입의 난수를 리턴합니다.
long nextLong()	long 타입의 난수를 리턴합니다.
int nextInt(int bound)	0과 한계값(bound) 사이(한계값은 미포함)의 난수를 리턴합니다.

표15-7 Random 클래스의 여러 가지 메서드들

다음은 Random 클래스를 이용해서 난수를 구하는 예제입니다. Random 클래스에서 제공하는 메서드로 여러 가지 타입의 난수를 구할 수 있습니다.

[직접 코딩해 보기] Random 클래스의 메서드로 여러 가지 타입의 난수 구하기

ch15/sec02/ex02/RandomTest.java

```java
package sec02.ex02;

import java.util.Random; ........................... 사용 전에 import해야 합니다.

public class RandomTest {
  public static void main(String[] args) {
    Random random1 = new Random();

    System.out.println(random1.nextInt()); // -2,147,483,648 ~ 2,147,483,647 사이의 값
    System.out.println(random1.nextInt(5));  // 0 ~ 5 사이의 값
    System.out.println(random1.nextInt(5) + 1);  // 1 ~ 6 사이의 값
    System.out.println(random1.nextDouble());  // 0.0 ~ 1.0사이의 실수
    System.out.println(random1.nextBoolean());  // true or false

    Random random2 = new Random(10);  //시드값 지정
    System.out.println(random2.nextInt(10));  // 항상 난수 3을 출력
  }
}
```

[실행결과]

```
-905877913
0
1
0.15196628681827518
false

3
```

→ 요점 정리 ←

- 자바는 기본 타입 데이터들을 편리하게 다룰 수 있도록 Wrapper 클래스들을 제공합니다.
- 정수형 문자열을 정수로 변환할 때, Integer 클래스의 parseInt() 메서드를 사용합니다.
- Math 클래스는 정적 메서드로 수학 관련 기능을 제공합니다.
- 자바에선 Math클래스의 random() 메서드를 이용해서 난수를 생성합니다.

4 String 클래스

자바에서 가장 많이 사용되는 데이터는 문자열입니다.

4.1 String 클래스를 이용한 문자열

자바의 문자열은 String 클래스 객체로 변환되어서 처리됩니다. 문자열은 대개 String 클래스 타입 참조 변수를 이용하여 처리합니다.

String 타입 참조 변수에 문자열 상수를 초기화해서 문자열을 사용하는 방법을 알아보겠습니다. "서울시" 문자열로 String 타입 참조 변수를 "=" 연산자로 초기화하면 두 개의 참조 변수가 동시에 "서울시" 문자열을 가지는 String 클래스 객체의 위치를 가리킵니다. 자바에선 여러 개의 String 타입 참조 변수들을 "=" 연산자를 이용하여 동일한 문자열로 초기화하면 참조 변수들은 해당 문자열을 가리키게 됩니다.

```
String city1 = "서울시";
String city2 = "서울시";
```

그림15-9 같은 문자열로 참조 변수 초기화 시 메모리 상태

다음은 참조 변수의 값을 "서울시"에서 "세종시"로 변경했을 때의 메모리 상태입니다. city2 참조 변수는 새로 생성된 문자열 "세종시"를 가리킵니다.

```
String city1 = "서울시";
String city2 = "세종시";
```

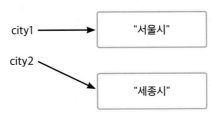

그림15-10 각각의 문자열을 가리키는 참조 변수들

다음은 new 연산자로 String 클래스 객체를 생성해서 문자열 참조 변수를 초기화해서 사용하는 방법입니다. new 연산자로 String 클래스 생성자에 "서울시"를 초깃값으로 전달해서 String 클래스 객체를 생성하면 같은 문자열이더라도 메모리에는 각각의 String 클래스 객체가 생성되어서 변수를 가리킵니다. 그런데 이 방법은 첫 번째 방법보다 사용하기가 불편합니다. 따라서 첫 번째 방법이 일반적으로 많이 사용됩니다.

```
String city1 = new String("서울시");
String city2 = new String("서울시");
```

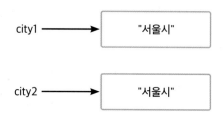

그림15-11 new 연산자로 String 객체 생성 시 메모리 상태

4.2 문자열 비교하기

프로그래밍에서 가장 많이 사용되는 문자열은 참조 타입 데이터이므로 서로 같은지 비교할 땐 equals() 메서드를 사용합니다.

```
String name1 = "홍길동";
String name2 = "이순신";
if(name1.equals(name2)) { ●──────────── 문자열의 동등 비교는 equals() 메서드를 사용합니다.
  System.out.println("같은 이름입니다.");
} else {
  System.out.println("다른 이름입니다.");
}
```

4.2.1 변경 불가성(immutable)

자바의 문자열은 객체로 생성되면 문자열의 값을 변경할 수 없습니다. 이런 특성을 **변경 불가성** (immutable)이라고 합니다. 원래의 문자열을 변경하면 변경된 새로운 문자열이 메모리에 새로 만들어집니다.

다음은 문자열의 변경 불가성을 설명하기 위한 예제입니다. int 타입 변수는 원할 때 다른 값을 대입하면 변경됩니다. 그러나 문자열인 경우는 원래의 문자열을 변경하면 원래의 문자열은 메모리에 그대로 유지되고, 변경된 문자열이 메모리에 따로 만들어집니다.

[직접 코딩해 보기] 문자열의 변경 불가성

ch15/sec03/ex01/StringImmutableTest.java

```
package sec03.ex01;

public class StringImmutableTest {
  public static void main(String[] args) {
    int a = 3;
    int b = 5;
    String name = "홍";                           "홍" 문자열이 생성된 후, name이 가리킵니다.

    System.out.println("a= " + a);
    System.out.println("b= " + b);

    a = b;                                        원래 변수 a의 값은 b의 값으로 변경됩니다.
    System.out.println("a= " + a);
    System.out.println("b= " + b);

    name = "홍"+"길동";                           "홍길동" 문자열이 새로 만들어진 후, name이 가리킵니다.
    System.out.println("name = " + name);

    String result = name.concat(" 안녕");         name이 가리키는 문자열에 "안녕"이 결합된 문자열을
    System.out.println("name = " + name);         새로 만든 후, result가 가리킵니다.
    System.out.println("result = " + result);
  }
}
```

[실행결과]

```
b = 5

a = 5
b = 5

name = 홍
name = 홍길동
result = 홍길동 안녕
```

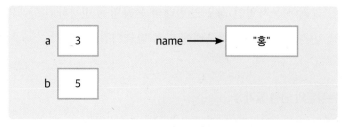

그림15-12 변수 초기화 시 메모리 상태

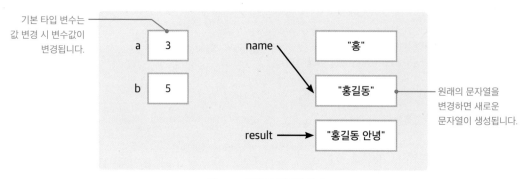

기본 타입 변수는 값 변경 시 변수값이 변경됩니다.

원래의 문자열을 변경하면 새로운 문자열이 생성됩니다.

그림15-13 실행 시 메모리 상태

4.3 String 클래스의 유용한 메서드들

자바에서 가장 많이 사용되는 데이터는 문자열입니다. 따라서 자바에서는 문자열을 쉽고 편리하게 조작할 수 있는 여러 가지 메서드들을 미리 만들어 제공하고 있습니다. 문자열 관련 메서드는 자주 사용되므로 사용법을 잘 알아두어야 합니다.

다음은 자바에서 자주 사용되는 메서드들입니다. String 클래스의 API 문서에서 더 많은 메서드들을 알 수 있습니다.

메서드	설명
char charAt(int index)	index에 해당되는 문자를 리턴합니다.
int length( )	문자열의 길이를 리턴합니다.
int compareTo(String str)	두 문자열의 철자를 비교합니다.
String concat(String str)	두 문자열을 결합합니다.
boolean equals(Object obj)	같은 문자열인지 판별합니다.
int indexOf(int ch)	문자열에서 문자열의 위치(index)를 리턴합니다.
int lastIndexOf(int ch)	문자열을 우측에서 검색 시 인자로 전달된 문자열의 위치를 리턴합니다.
String replace(char oldChar, char newChar)	문자열에서 특정 문자(oldChar)를 다른 문자(newChar)로 대체합니다.

String replace(CharSequence target, CharSequence replacement)	문자열에서 특정 문자열(target)을 다른 문자(replacement)로 대체합니다.
String substring(int beginIdx, int endIdx)	beginIdx에서 endIdx 사이에 위치한 문자열을 잘라서 리턴합니다.
String toLowerCase()	문자열을 소문자로 변환 후 리턴합니다.
String UpperCase()	문자열을 대문자로 변환 후 리턴합니다.
String trim()	문자열의 앞뒤 공백을 제거한 후 리턴합니다.

표15-8 여러 가지 String 클래스의 메서드들

4.3.1 equals() 메서드

다음은 String 클래스에서 제공하는 equals() 메서드를 이용해서 문자열이 같은지 비교하는 예제입니다. 문자열은 참조 데이터이므로 equals() 메서드로 서로 같은지 비교합니다.

[직접 코딩해 보기] equals() 메서드로 문자열 비교하기

ch15/sec03/ex02/ StringEqualsTest.java

```java
package sec03.ex02;

public class StringEqualsTest {
  public static void main(String[] args) {
    String name1 = "이순신";
    String name2 = "이순신";
    String name3 = "홍길동";

    System.out.println(name1.equals(name2));
    System.out.println(name1.equals(name3));

    System.out.println(name1.equals("이순신"));
    System.out.println("홍길동".equals(name3));
  }
}
```

[실행결과]

```
true
false
true
true
```

4.3.2 length() 메서드

length() 메서드는 문자열의 길이(문자들의 총 개수)를 리턴합니다. 문자열에 직접 length() 메서드를 호출해서 문자열의 길이를 구할 수 있습니다.

```
String str = "Hello World";
System.out.println(str.length());  //11
System.out.println("hello world".length());  //11
```

4.3.3 charAt() 메서드

charAt() 메서드는 문자열에서 지정한 인덱스의 문자를 리턴합니다. 문자열의 첫 번째 문자의 인덱스는 0부터 시작합니다. 따라서 문자열 길이에 해당하는 인덱스를 전달하면 StringIndexOutOfBoundsException 예외가 발생합니다.

```
String str = "Hello World";
System.out.println(str.charAt(4));  //'o'
System.out.println(str.charAt(11));  // StringIndexOutOfBoundsException이 발생
```

"Hello World"는 다음과 같이 첫 번째 'H'를 0으로 인덱스로 해서 구성됩니다. 따라서 charAt(4)를 호출하면 다섯 번째 문자 'o'를 리턴합니다.

H	e	l	l	o		W	o	r	l	d
0	1	2	3	4	5	6	7	8	9	10

그림15-14 0부터 시작하는 문자열 인덱스

4.3.4 indexOf() 메서드

indexOf() 메서드는 인자에 해당되는 문자열의 인덱스를 리턴합니다. 그런데 인자에 해당하는 문자열이 없는 경우는 -1을 리턴합니다.

```
String str = "Hello World";
System.out.println(str.indexOf("o"));  // 4
System.out.println(str.indexOf("World"));  // 6
System.out.println(str.indexOf("a"));  // -1
```

4.3.5 replace() 메서드

매개값의 첫 번째 문자열을 인자의 두 번째 문자열로 대체합니다.

```
String str = "Hello World";
System.out.println(str.replace("World", "Java"));  // "Hello Java"
```

4.3.6 substring() 메서드

substring() 메서드는 주어진 문자열에서 첫 번째 인덱스부터 두 번째 인덱스 -1까지의 문자열을 추출합니다.

```
String str = "Hello World";
System.out.println(str.substring(2, 7));  // llo W
```

"Hello World" 문자열은 인덱스가 2인 'l'부터 인덱스가 7-1=6인 'W' 사이의 문자열을 리턴합니다. 마지막 인덱스는 1을 빼 주어야 한다는 점을 잊지 마세요.

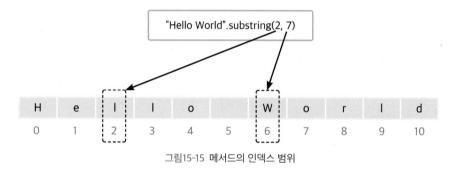

그림15-15 메서드의 인덱스 범위

다음은 String 클래스에서 제공하는 여러 가지 메서드를 사용하는 예제입니다. 여러 가지 메서드로 "Hello World" 문자열을 변경시켜도 원래의 문자열은 변하지 않고, 새로운 문자열이 따로 생성됩니다.

[직접 코딩해 보기] String 클래스의 여러 가지 메서드들

ch15/sec03/ex02/StringMethodTest.java

```
package sec03.ex02;

public class StringMethodTest {
  public static void main(String[] args) {
    String str = "Hello World";

    //문자열의 길이를 리턴합니다.
    System.out.println(str.length());
```

```java
        System.out.println("hello world".length());

        //문자열에서 5번째 위치의 문자를 리턴합니다.
        System.out.println(str.charAt(4));
//      System.out.println(str.charAt(11)); //예외를 발생시킵니다.

        //문자열에서 문자 'o'의 위치를 리턴합니다.
        System.out.println(str.indexOf("o"));
        System.out.println(str.indexOf("World"));

        //문자열에서 찾는 문자가 없으면 -1을 리턴합니다.
        System.out.println(str.indexOf("a"));

        //문자열과 문자열을 결합합니다.
        System.out.println(str.concat(" and Java!!"));
        System.out.println(str + "  and Java!");

        //문자열을 대문자로 변환합니다.
        System.out.println(str.toLowerCase());
        System.out.println("Hello World".toUpperCase());

        //문자열을 소문자로 변환합니다.
        System.out.println(str.toUpperCase());

        //문자열에서 문자 "World"를 "Java"로 대체합니다.
        System.out.println(str.replace("World", "Java"));

        //문자열에서 3번째 문자부터 7번째 문자까지의 문자열을 출력합니다.
        System.out.println(str.substring(2, 7));

        //문자열이 "World"로 끝나는지 판별합니다.
        System.out.println(str.endsWith("World"));

        //문자열 양단의 공백을 제거합니다.
        System.out.println("  Hello World ".trim());

        //문자열의 변경 불가성으로 인해 str이 가리키는 문자열은 변하지 않습니다.
        System.out.println(str);
    }
}
```

```
11
11
o
4
6
-1

Hello World and Java!!
Hello World  and Java!
hello world
HELLO WORLD

HELLO WORLD
Hello Java
llo W
true
Hello World
Hello World
```

이번에는 String 클래스의 메서드를 이용해서 사용자의 주민번호 뒷자리를 "*"표 처리하는 예제입니다. indexOf() 메서드로 주민번호의 "-" 부분의 인덱스를 얻은 후, 이 인덱스와 substring() 메서드로 뒷자리 번호를 얻습니다.

[직접 코딩해 보기] 여러 가지 메서드로 주민번호 뒷자리 번호 '*' 표시하기

ch15/sec03/ex02/JuminTest.java

```java
package sec03.ex02;

public class JuminTest {
  public static void main(String[] args) {
    String jumin = "111111-1222222";
    int idx = jumin.indexOf("-");                         "-"의 인덱스를 얻습니다.
    String front = jumin.substring(0, idx);

    String temp = (jumin.substring(idx + 1, jumin.length()));          뒷자리 번호를 얻습니다.
    String end = "";

    for(int i = 0; i < temp.length(); i++) {
      if(i == 0) {                                  성별자리를 제외한 뒷자리 번호를 '*'처리합니다.
        end += temp.charAt(i);
```

```
    }else {
        end += "*";
      }
    }
  }

  System.out.println("주민번호: " + front + "-" + end);
 }
}
```

[실행결과]

```
주민번호: 111111-1******
```

4.3.7 split() 메서드

프로그래밍 시 문자열을 특정한 구분자를 기준으로 분리해야 하는 경우가 많습니다. split() 메서드는 구분자를 이용해서 문자열을 쉽게 분리할 수 있습니다. split() 메서드로 문자열을 분리하면, 각각의 분리된 문자열(토큰)은 배열로 저장됩니다.

[직접 코딩해 보기] 구분자를 이용해서 문자열 분리하기

ch15/sec03/ex02/SplitTest.java

```
package sec03.ex02;

public class SplitTest {
  public static void main(String[] args) {
    String fruitData = "사과 바나나 귤 수박";
    String deptData = "인사부,회계부,개발부,관리부";
    String prodData = "스마트TV-스마트폰-노트북-태블릿";
    String[] data = null;

    data = fruitData.split(" ");  _____ 공백으로 분리합니다.
    for (int i = 0; i < data.length; i++) {
      System.out.println(data[i]);
    }

    data = deptData.split(",");  _____ ','로 분리합니다.
    for (int i = 0; i < data.length; i++) {
      System.out.println(data[i]);
    }
```

```
      data = prodData.split("-");------------------------------ '-'로 분리합니다.
      for (int i = 0; i < data.length; i++) {
        System.out.println(data[i]);
      }
    }
  }
}
```

[실행결과]

사과
바나나
귤
수박

인사부
회계부
개발부
관리부

스마트TV
스마트폰
노트북
태블릿

4.3.8 getBytes() 메서드

문자열은 각각의 문자(char)로 이루어져 있습니다. 그런데 프로그래밍 시 이 문자열의 각각의 문자를 사용할 경우가 있습니다. 예를 들어, 한글 문자열을 인코딩이 다른 네트워크로 전송하거나 인코딩이 다른 데이터베이스에 저장할 때 사용합니다. 이 때 getBytes() 메서드를 이용해서 문자들을 byte 타입 배열로 얻을 수 있습니다. getBytes() 메서드에 인코딩을 지정하지 않으면 사용하는 운영체제의 인코딩이 기본으로 적용됩니다. 자세한 내용은 책 제공 소스나 동영상을 이용해서 학습해 주세요.

```
byte[ ] encodeBytes = "자바 프로그래밍".getBytes();
byte[ ] encodeBytes = "자바 프로그래밍".get("UTF-8");
String decodeName = new String(encodeBytes, "UTF-8"); ●── byte 데이터를 String 객체의 매개값으로
                                                           입력해서 원래 문자열로 복원합니다.

byte[] b ="hello".getBytes();
System.out.println(b.length);  // 5
String decodeName2 = new String(b, 2, 3,"UTF-8");   // llo
```

다음은 JDK8부터 새로 도입된 문자열을 한꺼번에 여러 줄에 출력하는 기능입니다. """ 연산자를 이용하면 여러 줄에 원하는 형식으로 쉽게 출력할 수 있습니다.

[직접 코딩해 보기] """ 연산자로 문자열 출력하기

ch15/sec03/ex04/StringMultiLineTest.java

```java
package sec03.ex04;

public class StringMultiLineTest {
  public static void main(String[] args) {
    String str1 = "안녕하세요";
    String str2 = "\"자바\" 프로그래밍입니다.";

    String str3 = str1 +"\n"+"\t" +str2;       ············  원하는 형식으로 출력하기 위해서 개행문자와
    System.out.println(str3);                                탭문자를 추가해 주어야 합니다.

    String str4 = """
            안녕하세요.
                "자바"           ┆---- 코드에서 작성한 문자열 형식 그대로 출력합니다.
            프로그래밍입니다.
            """;
    System.out.println(str4);
  }
}
```

[실행결과]

안녕하세요
    "자바" 프로그래밍입니다.

안녕하세요.
    "자바"
프로그래밍입니다.

 알아두면 좋아요

String 타입 변수 str을 초기화 시 null과 ""를 이용해서 초기화할 수 있습니다. 차이점은 null로 초기화하면 메모리에 String 객체가 생성되지 않은 상태이고, ""로 초기화하면 String 객체를 생성 후 길이가 0인 문자열을 가지는 객체로 초기화한다는 의미입니다. 따라서 null로 초기화된 상태에서 String 클래스의 메서드를 호출하면 NullPointerException 예외를 발생시킵니다.

```
String str1 = null;
String str2 ="";

int length1 = str1.length();    //NullPointerException
int length2 = str2.length();    //0

System.out.println(str1+"Hello");  //nullHello
System.out.println(str2+"Hello");  //Hello
```

→ 요점 정리 ←

- 문자열 상수를 이용해서 문자열을 쉽게 사용할 수 있습니다.
- 한 번 생성된 문자열은 변경이 불가능합니다.
- 문자열의 인덱스는 0부터 시작합니다.
- spilt() 메서드는 구분자를 이용해서 쉽게 문자열을 분리할 수 있습니다.

5 StringBuffer 클래스와 StringBuilder 클래스

자바는 String 클래스 외에 StringBuffer클래스와 StringBuilder 클래스를 이용해서 문자열을 다룰 수 있습니다. 각각의 차이점을 알아보겠습니다.

5.1 StringBuffer 클래스

자바에서 StringBuffer 클래스를 이용해서 문자열을 사용할 수 있습니다. StringBuffer 문자열은 new 연산자를 이용하여 메모리에 객체를 생성한 후 사용합니다. StringBuffer 클래스 문자열은 String 클래스 문자열과는 달리 문자열을 수정할 수 있습니다.

StringBuffer 클래스의 특징과 사용법

● 특징
  - 기존 문자열을 수정하면 문자열이 수정(mutable)됩니다.

● 사용법

```
StringBuffer city1 = new StringBuffer("서울시");
```

다음은 StringBuffer 클래스로 문자열을 다루는 예제입니다.

그림15-16 StringBuffer 타입 참조 변수에 초기 문자열 대입 시 메모리 상태

StringBuffer 클래스의 문자열은 String 클래스의 문자열과는 달리 기존의 문자열을 바꾸면 새로운 문자열이 생성되지 않고, 기존의 문자열만 변경됩니다. **따라서 StringBuffer 클래스는 String 클래스와는 달리 append() 메서드를 이용해서 기존 문자열을 수정할 수 있습니다.**

그림15-17 append() 메서드 호출 후 메모리 상태

StringBuffer 클래스 문자열을 사용하면 문자열 변경이 바로 가능하므로 그만큼 빠르게 문자열을 다룰 수 있습니다. 따라서 StringBuffer 클래스 문자열은 안드로이드와 같은 메모리 자원이 부족한 모바일 환경에서 문자열을 자주 변경할 경우 많이 사용됩니다. API 문서를 보면 StringBuffer 클래스에서 제공하는 더 많은 메서드들을 볼 수 있습니다.

[직접 코딩해 보기] StringBuffer 문자열 사용하기

ch15/sec04/ex01/StringBufferTest.java

```java
package sec04.ex01;

public class StringBufferTest {
  public static void main(String[] args) {
    StringBuffer city1 = new StringBuffer("서울시");
    System.out.println("city1: " + city1);

    city1.append(" 강남구");                    append() 메서드로 기존 문자열을 수정합니다.
    System.out.println("city1: " + city1);

    city1.append(" 역삼동");                    append() 메서드로 기존 문자열을 수정합니다.
    System.out.println("city1: " + city1);
  }
}
```

[실행결과]

```
city1: 서울시
city1: 서울시 강남구
city1: 서울시 강남구 역삼동
```

5.2 StringBuilder 클래스

StringBuilder 클래스의 기능은 기본적으로 StringBuffer 클래스와 같습니다. 다른 점은 StringBuffer는 멀티 스레드에 동기화 기능이 제공되는데 반해서, StringBuilder 클래스 동기화

기능이 제공되지 않습니다. 멀티 스레드 동기화 기능을 제공하면 그만큼 성능이 떨어지게 됩니다. 따라서 멀티 스레드 환경이 아니면 StringBuilder 클래스 타입 문자열을 사용하면 좋습니다. 자세한 사항은 18장 스레드에서 알아보겠습니다.

StringBuilder 클래스로 문자열을 생성한 후, StringBuffer 클래스와 동일하게 append() 메서드로 문자열을 결합하면 기존의 문자열이 변경됩니다.

[직접 코딩해 보기] StringBuilder 문자열 사용하기

ch15/sec04/ex01/StringBuilderTest.java

```java
package sec04.ex01;

public class StringBuilderTest {
  public static void main(String[] args) {
    StringBuilder city1 = new StringBuilder("대구시");
    System.out.println("city1:" + city1);

    city1.append(" 달서구");                              기존의 문자열을 변경합니다.
    System.out.println("city1: " + city1);

    city1.append(" 송현동");                              기존의 문자열을 변경합니다.
    System.out.println("city1: " + city1);
  }
}
```

[실행결과]

```
city1: 대구시
city1: 대구시 달서구
city1: 대구시 달서구 송현동
```

→ 요점 정리 ←

- StringBuffer와 StringBuilder 클래스로 만들어진 문자열은 기존의 문자열을 수정할 수 있습니다.
- StringBuffer와 StringBuilder 클래스로 만들어진 문자열은 주로 안드로이드와 같은 메모리 자원이 충분하지 않은 환경에서 많이 사용합니다.
- StringBuffer 클래스는 스레드 동기화를 제공하고, StringBuilder 클래스는 스레드 동기화 기능을 제공하지 않습니다.

6 System 클래스

자바는 JVM이 프로그램을 실행합니다. 그런데 실행 시 운영체제에서 제공하는 기능을 사용할 경우가 있습니다. System 클래스는 운영체제에서 제공하는 기능을 편리하게 사용할 수 있게 해줍니다.

제공하는 기능	필드와 메서드	설명
표준 입출력	System.in System.out	키보드로 입력하고 콘솔(모니터)로 출력하는 기능
	System.err	콘솔(모니터)로 에러를 출력하는 기능
환경 변수 읽기	getenv()	운영체제의 설정된 환경 변수를 읽어오는 기능
시스템 프로퍼티 읽기	getPropertiess()	프로그램의 환경 모드를 프로퍼티 형태로 읽어오는 기능
현재 시각 측정	currentTimeMillis()	운영체제에서 현재 시각을 읽어오는 기능
프로그램 실행 기능	exit()	프로그램 끝내는 기능과 가비지 컬렉터 관련 기능
보안 설정 기능	getSecurityManager()	자바 프로그램의 보안 관리자 설정 기능
기타	arraycopy()	배열을 효율적으로 복사하는 기능

표15-9 System 클래스에서 제공하는 기능

6.1 프로그램 종료(exit())

자바 프로그램 실행 중에 프로그램을 강제적으로 종료하는 경우가 있습니다. 이 때 System 클래스의 exit() 메서드로 강제 종료시킬 수 있습니다. 다음은 exit() 메서드 호출 형식입니다. 매개변수값은 종료 상태값을 나타냅니다. 0이면 정상 종료, 0이 아니면 비정상 종료를 의미합니다.

```
System.exit(0);
```

다음 코드는 시험 점수를 입력받아서 바르게 입력한 경우, exit() 메서드로 정상 종료하고 범위 밖의 점수를 입력하면 비정상 종료하는 코드입니다. System.err.println() 메서드는 System.out.println()처럼 메시지를 콘솔로 출력하는 기능을 하지만 주로 출력 메시지가 에러를 의미할 때 주로 사용됩니다.

[직접 코딩해 보기] exit() 메서드로 강제 종료하기

ch15/sec05/ex01/ExitTest.java

```java
package sec05.ex01;

import java.util.Scanner;

public class ExitTest {
  public static void main(String[] args) {
    Scanner sc = new Scanner(System.in);
    System.out.println("점수를 입력해 주세요");
    String temp = sc.nextLine();
    int score = Integer.parseInt(temp);

    if(0 <= score && score <= 100) {
      System.out.println("점수: " + score + "점");
      System.exit(0);                              범위 내의 점수를 입력하면 정상 종료시킵니다.
    } else {
      System.err.println("점수를 잘못 입력했습니다.");      에러 형식으로 콘솔에 출력합니다.
      System.exit(-1);                             점수를 잘못 입력하면 비정상 종료시킵니다.
    }
    sc.close();
    System.out.println("프로그램 종료");              exit()로 강제 종료되므로 실행되지 않습니다.
  }
}
```

[실행결과]

(a) 정상적인 점수 입력 시

점수를 입력해 주세요
77
점수: 77점

(b) 비정상적인 점수 입력 시

점수를 입력해 주세요
111
점수를 잘못 입력했습니다. ●————— System.err.pritnln()으로 출력 시 빨간색으로 표시됩니다.

6.2 현재 시각 출력하기(currentTimeMillis())

프로그래밍 시 System 클래스의 currentTimeMillis() 메서드를 사용해서 현재 시각을 얻을 수 있습니다.

```
long time = System.currentTimeMillis();
```

다음은 for문을 이용해서 1에서 메서드로 전달된 숫자까지의 합을 구할 때 걸리는 시간을 구현한 예제입니다. 메서드 호출 시 시각을 구한 후(beginTime), 다시 합을 구한 후의 시각(endTime)을 구해서 그 차이(endTime - beginTime)를 계산하면 합을 구할 때 걸린 시간을 얻을 수 있습니다.

[직접 코딩해 보기] currentTimeMillis() 메서드로 작업 시간 구하기

ch15/sec05/ex01/SystemTimeTest.java

```java
package sec05.ex01;

public class SystemTimeTest {
  public static void sum(long num) {
    long beginTime = System.currentTimeMillis();              main() 메서드 시작 시각을 얻습니다.
    long sum = 0;

    for (int i = 0; i <= num; i++) {
      sum += i;
    }

    long endTime = System.currentTimeMillis();               합을 구한 직후의 시각을 얻습니다.

    System.out.println("1에서 " + num + "까지의 합: " + sum);
    System.out.println("계산 소요 시간: " + (endTime - beginTime) + "ms");
  }                                                          합을 구하는데 걸리는 시간을 출력합니다.

  public static void main(String[] args) {
    sum(1000000);
    sum(10000000);
  }
}
```

[실행결과]

```
1에서 1000000까지의 합: 500000500000
계산 소요 시간: 6ms
```

1에서 10000000까지의 합: 50000005000000

계산 소요 시간: 33ms

System 클래스는 nanoTime() 메서드를 사용해서 10^{-9}초 단위로 시간을 측정할 수 있습니다. 또 arraycopy() 메서드는 배열을 쉽게 복사하는 기능을 제공합니다. 자세한 기능은 6.6절을 참고하세요. gc() 메서드는 가비지 컬렉트 기능을 수행합니다. 그 외 System 클래스의 API 문서를 보면 더 많은 메서드들의 기능을 알 수 있습니다.

7 Class 클래스

자바는 클래스를 먼저 정의한 후 new 연산자를 이용해서 클래스 객체(인스턴스)를 이용했습니다. 그러나 실행 중 메모리의 클래스 객체로부터 원래 클래스에 관한 정보를 얻어야 하는 경우가 있습니다. Class 클래스를 이용하면 이런 클래스 정보를 쉽게 얻을 수 있습니다.

먼저 Student 클래스로부터 얻는 방법입니다. forName() 메서드로 클래스 정보를 얻을 때는 매개값으로 패키지명과 클래스명을 모두 입력해야 합니다.

```
Class class1 = Student.class
Class class2 = Class.forName("sec01.ex01.Student");
```

다음은 실행 중에 생성된 Student 클래스 객체로부터 얻는 방법입니다. Student 클래스 객체를 가리키는 참조 변수가 있으면, 이 참조 변수의 getClass() 메서드를 호출하면 Class 객체를 얻을 수 있습니다.

```
Student s1 = new Student("이순신", 3);
Class class3 = s1.getClass();
```

Class 클래스에 제공하는 메서드입니다. 그 외 Class 클래스의 API 문서를 보면 더 많은 메서드들의 기능을 알 수 있습니다.

메서드	설명
getName()	패키지명까지 포함한 클래스명을 얻습니다.
getMethods()	클래스에 선언된 메서드명을 배열로 얻습니다.
getSimpleName()	클래스명을 얻습니다.
getPackageName()	패키지명을 얻습니다.
getResources()	매개값에 지정된 리소스의 경로를 얻습니다.

표15-10 Class 클래스의 여러 가지 메서드들

다음은 세 가지 Class 클래스 객체를 얻는 방법으로 Student 클래스의 전체 이름과 간단한 이름 그리고 패키지 이름을 출력하는 예제입니다. forName() 메서드 사용 시 반드시 main() 메서드에 예외 처리를 해 주어야 합니다.

[직접 코딩해 보기] Class 클래스로 클래스 정보 얻기

ch15/sec06/ex01/ClassTest1.java

```java
package sec06.ex01;

public class ClassTest1 {
  public static void main(String[] args) throws Exception {

    //첫 번째 방법
    Class class1 = Student.class;
    System.out.println(class1.getName());
    System.out.println(class1.getSimpleName());
    System.out.println(class1.getPackage().getName());

    //두 번째 방법
    Class class2 = Class.forName("sec06.ex01.Student");            forName() 메서드 사용 시 예외 처리를
    System.out.println(class2.getName());                          해 줘야 합니다.
    System.out.println(class2.getSimpleName());
    System.out.println(class2.getPackage().getName());

    //세 번째 방법
    Student s1 = new Student("이순신", 3);
    Class class3 = s1.getClass();
    System.out.println(class3.getName());
    System.out.println(class3.getSimpleName());
    System.out.println(class3.getPackage().getName());
  }
}
```

[실행결과]

```
sec06.ex01.Student
Student
sec06.ex01

sec06.ex01.Student
Student
sec06.ex01

sec06.ex01.Student
Student
sec06.ex01
```

Class 클래스는 자바 리플렉션에서 많이 사용됩니다. 자세한 내용은 29.4절 리플렉션에서 알아보겠습니다.

 알아두면 좋아요

Class 객체는 해당 클래스의 경로 정보를 가지고 있기 때문에 이 경로를 이용하면 그림처럼 같은 경로에 있는 다른 리소스 파일(xml, 이미지, 설정 파일 등)의 경로를 쉽게 얻을 수 있습니다. 이런 기능은 웹 애플리케이션에서 데이터베이스 연동 시 설정 파일에서 연결 정보를 읽어오거나 안드로이드의 화면에서 이미지 파일에 접근하는 경우 많이 사용됩니다. 자세한 기능은 책 소스나 동영상을 참고해 주세요.

```
∨ 📂 ch15
    > 🗁 JRE System Library [jre]
    ∨ 🗁 src
        > ⊞ sec01
        > ⊞ sec02
        > ⊞ sec03
        > ⊞ sec04.ex01
        > ⊞ sec05.ex01
        ∨ ⊞ sec06.ex01
            > 🗋 ClassTest1.java
            > 🗋 ClassTest2.java
            > 🗋 Student.java
              ⦿ image1.jpg
```

그림15-18 클래스 파일과 같은 경로에 위치하는 이미지 파일

```
...
Class class1 = Student.class;
String imagePath = class1.getResource("image1.jpg").getPath();
System.out.println(imagePath);          ── 같은 경로에 있는 이미지 파일의 경로를 getPath()
...                                          메서드로 얻습니다.
```

- System 클래스를 이용해서 운영체제와 관련된 기능을 쉽게 이용할 수 있습니다.
- Class 클래스는 실행 중 이미 만들어진 클래스 객체를 이용해서 클래스 정보를 얻을 수 있습니다.

8 java.util 패키지의 클래스들

java.util 패키지에서 제공하는 클래스들의 기능을 알아보겠습니다. 다음은 java.util 패키지에서 제공되는 클래스들의 기능입니다.

클래스	설명
StringTokenizer	문자열을 구분자로 분리하는데 사용되는 클래스
Calendar	운영체제의 날짜와 시간 관련된 기능을 제공하는 클래스
Date	날짜와 시간 관련된 기능을 제공하는 클래스

표15-11 java.util 패키지의 클래스들

8.1 StringTokenizer 클래스

StringTokenizer 클래스는 String 클래스에서 사용한 split() 메서드와 동일한 기능을 수행합니다. 즉 클래스에서 제공하는 메서드를 이용해서 문자열을 구분자로 쉽게 분리할 수 있습니다.

메서드	설명
int countTokens()	nextToken() 메서드가 호출될 수 있는 횟수를 계산합니다.
boolean hasMoreTokens()	StringTokenizer 객체에서 token이 있는지 확인합니다.
Object nextToken()	StringTokenizer 객체에서 token을 얻습니다.

표15-12 StringTokenizer 클래스의 여러 가지 메서드들

다음은 StringTokenizer 클래스를 이용해서 문자열을 분리하는 예제입니다. StringTokenizer 객체 생성 시 내부적으로 포인터가 생성되어서 첫 번째 토큰 앞에 위치합니다. 그리고 hasMoreTokens() 메서드를 호출해서 포인터 다음에 토큰이 남아 있는지 확인합니다. 토큰이 있으면 true를 리턴합니다. nextTokens() 메서드를 호출하면 포인터 다음의 토큰을 리턴한 후, 포인터를 이동시킵니다.

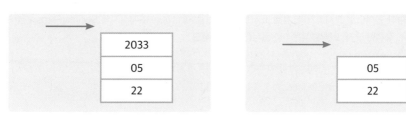

(a) StringTokenizer 객체 생성 시   (b) nextTokens() 메서드 호출 시 상태

그림15-19 StringTokenizer 객체의 메모리 상태

[직접 코딩해 보기] StringTokenizer 클래스로 문자열 분리하기

ch15/sec07/ex01/StringTokenizerTest.java

```java
package sec07.ex01;

import java.util.StringTokenizer;

public class StrintTokenizerTest {
  public static void main(String[] args) {
    String data1 = "사과 바나나 수박 참외";
    StringTokenizer st1 = new StringTokenizer(data1);          구분자가 없으면 공백을 기준으로 분리합니다.
    while (st1.hasMoreTokens()) {                              포인터 다음에 토큰이 있는지 확인합니다.
      System.out.println(st1.nextToken());                    포인터 다음의 토큰을 리턴합니다.
    }

    String data2 = "2033/05/02";
    StringTokenizer st2 = new StringTokenizer(data2, "/");     "/"를 기준으로 문자열을 분리합니다.
    while (st2.hasMoreTokens()) {
      System.out.println(st2.nextToken());
    }
  }
}
```

[실행결과]

```
사과
바나나
수박
참외

2033
05
22
```

 알아두면 좋아요

DecimalFormat 클래스

숫자를 세 자리마다 콤마(,)로 표시하거나, 통화 표시를 하고 싶을 때 java.text 패키지의 DecimalFormat 클래스를 사용하면 편리합니다. 자세한 숫자 포맷 형식은 API 문서를 참고하세요.

```java
DecimalFormat df = new DecimalFormat("$#,###.#");
String strNum = df.format(1222333.44);   //$1,222,333.4
```

8.2 Date 클래스

Date 클래스는 Calendar 클래스가 나오기 전, 시간과 날짜 정보를 얻을 때 사용했던 클래스입니다. 지금은 운영체제에서 제공하는 현재 시간 정보를 얻는 목적으로 주로 사용됩니다. Date 클래스는 날짜 데이터를 출력 시, SimpleDateFormat 클래스를 사용하면 원하는 날짜 형식으로 출력할 수 있습니다.

```
SimpleDateFormat dateForm = new SimpleDateFormat(pattern);
dataForm.format(new Date());
```

메서드	설명
long getTime()	Date 객체의 시간을 리턴합니다.
void setTime()	Date 객체의 시간을 매개값으로 받은 시간으로 변경합니다.

표15-13 Date 클래스의 여러 가지 메서드들

다음은 SimpleDateFormat 클래스에서 사용하는 여러 가지 날짜 형식(pattern)들입니다. java. text.SimpleDateFormat 클래스 API 문서를 보면 더 많은 형식을 알 수 있습니다.

날짜와 시간 패턴	형식
"yyyy.MM.dd G 'at' HH:mm:ss z"	2001.07.04 AD at 12:08:56 PDT
"EEE, MMM d, ''yy"	Wed, Jul 4, '01
"h:mm a"	12:08 PM
"yyyyy.MMMMM.dd GGG hh:mm aaa"	02001.July.04 AD 12:08 PM

표15-14 자바에서 제공하는 여러 가지 날짜 형식

Date 클래스와 SimpleDateFormat 클래스로 현재 시간과 날짜 정보를 여러 가지 형식으로 출력하는 예제입니다.

[직접 코딩해 보기] Date 클래스로 날짜와 시간 정보 출력하기

ch15/sec07/ex02/DateTest.java

```
package sec07.ex02;

import java.text.SimpleDateFormat;
import java.util.Date;

public class DateTest {
```

```java
public static void main(String[] args) {
    SimpleDateFormat sdf1 = new SimpleDateFormat();
    SimpleDateFormat sdf2 = new SimpleDateFormat("yyyy.MM.dd");
    SimpleDateFormat sdf3 = new SimpleDateFormat("yyyy");
    SimpleDateFormat sdf4 = new SimpleDateFormat("MM");
    SimpleDateFormat sdf5 = new SimpleDateFormat("dd");
    SimpleDateFormat sdf6 = new SimpleDateFormat("yyyy년 MM월 dd일");
    SimpleDateFormat sdf7 = new SimpleDateFormat("hh시 mm분 ss초");

    System.out.println(sdf1.format(new Date()));
    System.out.println(sdf2.format(new Date()));
    System.out.println(sdf3.format(new Date()));
    System.out.println(sdf4.format(new Date()));
    System.out.println(sdf5.format(new Date()));
    System.out.println(sdf6.format(new Date()));
    System.out.println(sdf7.format(new Date()));
  }
}
```

날짜 형식을 매개 값으로 전달해서 SimpleDateFormat 객체를 생성합니다.

현재 시간과 날짜 정보를 지정한 형식으로 출력합니다.

[실행결과]

```
22. 7. 1. 오전 11:54
2022.07.01
2022
07
01
2022년 07월 01일
11시 54분 00초
```

8.3 Calendar 클래스

Calendar 클래스는 Date 클래스의 단점을 보완해서 나온 클래스입니다. 프로그래밍 시 시간과 날짜 정보를 얻거나, 특정 나라의 특정 지역별(TimeZone) 시간 정보를 얻을 때 Calendar 클래스를 많이 사용합니다. Calendar 클래스는 추상 클래스로 정의되어 있으므로 객체를 얻을 때는 getInstance() 정적 메서드를 호출해서 얻습니다.

```java
Calendar cal = Calendar.getInstace();
```

다음은 Calendar 클래스에서 제공하는 날짜와 시간 관련 상수들입니다.

상수	설명
AM	AM(오전) 표시 여부 설정
AM_PM	AM(오전), PM(오후) 표시 여부 설정
DATE	달(Month)에서의 날짜(day)
HOUR_OF_DAY	하루(Day) 기준의 시간
DAY_OF_WEEK	주(Week)에서의 요일
DAY_OF_YEAR	연(Year)을 기준으로 지난 일수
HOUR	오전 또는 오후 기준에서 지난 시간

표15-15 Calendar 클래스에서 제공하는 날짜와 시간 관련 상수들

Calendar 클래스의 상수들을 이용해서 현재 날짜와 시간 정보를 얻는 예제입니다. get() 메서드 호출 시 각각의 상수를 매개값으로 전달해서 날짜와 시간 정보를 얻습니다. Calendar 클래스에서 1월(month)은 0부터 시작하므로 1을 더해서 출력해야 합니다.

[직접 코딩해 보기] Calendar 클래스로 날짜와 시간 정보 출력하기

ch15/sec07/ex03/CalendarTest.java

```java
package sec07.ex03;

import java.util.Calendar;

public class CalendarTest {
  public static void main(String[] args) {
    Calendar cal = Calendar.getInstance();

    int year = cal.get(Calendar.YEAR);
    int month = cal.get(Calendar.MONTH) + 1;        // 현재의 시각을 구합니다.
    int day = cal.get(Calendar.DATE);
    // 1월은 0부터 시작하므로 1을 더합니다.
    int hour = cal.get(Calendar.HOUR);
    int min = cal.get(Calendar.MINUTE);             // 현재의 날짜를 구합니다.
    int sec = cal.get(Calendar.SECOND);

    System.out.println("현재 날짜: " + year + "년 " + month + "월 " + day + "일");
    System.out.println("현재 시간: " + hour + "시 " + min + "분 " + sec + "초");

    int week = cal.get(Calendar.DAY_OF_WEEK);       // 현재의 요일을 구합니다.
    String today = null;
    switch(week) {
      case Calendar.SUNDAY:
```

```
            today ="일요일";
            break;
        case Calendar.MONDAY:
            today ="월요일";
            break;
        case Calendar.TUESDAY:
            today ="화요일";
            break;
        case Calendar.WEDNESDAY:
            today ="수요일";
            break;
        case Calendar.THURSDAY:
            today = "목요일";
            break;
        case Calendar.FRIDAY:
            today = "금요일";
            break;
        case Calendar.SATURDAY:
            today = "토요일";
            break;
        }

        System.out.println("오늘의 요일: " + today);
    }
}
```

[실행결과]

현재 날짜: 2022년 7월 1일
현재 시간: 1시 3분 32초

오늘의 요일: 금요일

 알아두면 좋아요

자바에선 기존의 Date 클래스와 Calendar 클래스의 단점을 보완하기 위해서 java.time 패키지의 LocalDate,
LocalTime, LocalDateTime 클래스를 제공합니다. 자세한 내용은 30장에서 알아보겠습니다.

→ 요점 정리 ←

- StringTokenizer 클래스를 사용하면 문자열을 구분자로 쉽게 분리할 수 있습니다.

- Date 클래스는 JDK1.1부터 날짜와 시간 정보를 제공하는 클래스입니다.

- Calendar 클래스는 달력 기능을 클래스로 구현해서 제공합니다.

9 참조 타입 배열과 객체를 리턴하는 메서드

참조 타입 배열에 관해서 알아보겠습니다.

9.1 참조 타입 배열

기본 타입 배열에는 기본 타입 데이터가 저장되었습니다. 참조 타입 배열에는 클래스의 객체가 저장됩니다. 다음은 사용자가 작성한 Product 클래스 객체를 생성한 후 Product 타입 배열에 저장하는 예제입니다.

[직접 코딩해 보기] Product 클래스

ch15/sec08/ex01/Product.java

```java
package sec08.ex01;

public class Product {
  private String code;    //제품 번호
  private String name;    //제품 이름
  private String color;   //제품 색상
  private int qty;        //제품 수량

  public Product() {
    this("0001", "스마트폰", "블랙", 100);
  }

  public Product(String code, String name, String color, int qty) {
    this.code = code;
    this.name = name;
    this.color = color;
    this.qty = qty;
  }

  //getters와 setters
  ...

}
```

Product 클래스 타입으로 배열을 선언하면, Product 타입 배열에는 Product 클래스 객체만 저장할 수 있습니다. 문자열같은 다른 타입을 저장하면 에러가 발생합니다.

그림15-20 Product 타입 배열에 저장된 Product 객체들

[직접 코딩해 보기] 실행 클래스

ch15/sec08/ex01/ProductArrayTest.java

```
package sec08.ex01;

public class ProductArrayTest {
  public static void main(String[] args) {
    String code = null;
    String name = null;
    String color = null;
    int qty = 0;

    String[] str = new String[3];
    str[0] = "홍길동";
    str[1] = "이순신";
    str[2] = "임꺽정";

    Product[] product = new Product[3];
    Product prod0 = new Product();
    Product prod1 = new Product("0002", "스마트 TV", "흰색", 200);
    //product[0]= "홍길동";

    product[0] = prod0;
    product[1] = prod1;
    product[2] = new Product("0003", "노트북", "은색", 100);

    System.out.println("배열에 저장한 제품 정보 출력");
    System.out.println("--------------------------");
    for(int i = 0; i < product.length; i++) {
      Product prod = product[i];
      code = prod.getCode();
      name = prod.getName();
      color = prod.getColor();
      qty = prod.getQty();
```

문자열 배열 선언 후 배열에 문자열을 저장합니다.

배열 요소가 3개인 Prodcut 클래스 타입 배열을 선언합니다.

Product 타입 배열에는 Product 클래스 객체만 저장할 수 있습니다.

Product 타입 배열에 Prodcut 클래스 객체들을 차례로 저장합니다.

getter() 메서드를 이용해서 필드값을 가지고 옵니다.

```
      System.out.println("제품 번호 = " + code);
      System.out.println("제품 이름 = " + name);
      System.out.println("제품 색상 = " + color);
      System.out.println("제품 수량 = " + qty);
      System.out.println();
    }
  }
}
```

[실행결과]

```
배열에 저장한 제품 정보 출력
-----------------------------
제품 번호 = 0001
제품 이름 = 스마트폰
제품 색상 = 블랙
제품 수량 = 100

제품 번호 = 0002
제품 이름 = 스마트 TV
제품 색상 = 흰색
제품 수량 = 200

제품 번호 = 0003
제품 이름 = 노트북
제품 색상 = 은색
제품 수량 = 100
```

9.2 메서드 매개변수로 참조 타입 배열 사용하기

다음은 Product 클래스 타입 배열이 메서드의 매개변수로 사용되는 예제입니다. 메서드 호출 시
메서드의 매개변수와 같은 Product 타입 배열을 전달합니다.

[직접 코딩해 보기] Product 타입 배열을 메서드 매개변수로 사용하기

ch15/sec08/ex01/ProductMethodTest.java

```
package sec08.ex01;

public class ProductMethodTest {

  public static int calcProdQty(Product[] prod) {        사용자가 만든 Product 클래스 타입 배열이
    int total = 0; // 총 제품 수량                        매개변수로 사용됩니다.
```

```
    for(int i = 0; i < prod.length; i++) {
      total += prod[i].getQty();
    }
    return total;
  }

  public static void main(String[] args) {
    int totProd = 0;
    Product[] product = new Product[3];
    product[0] = new Product();
    product[1] = new Product("0002", "스마트 TV", "흰색", 200);
    product[2] = new Product("0003", "노트북", "은색", 100);
    totProd = calcProdQty(product); ------------------- 메서드 호출 시 같은 타입의 배열을 매개변수로 전달합니다.
    System.out.println("총 제품 수량은 " + totProd);
  }
}
```

메서드 호출 시 같은 타입의 배열을 매개변수로 전달합니다.

[실행결과]

```
총 제품 수량은 400
```

9.3 Object 클래스 타입 배열

이번에는 모든 클래스들의 최상위 클래스인 Object 클래스 타입 배열입니다. Object 클래스는 모든 클래스 객체를 업캐스팅으로 받을 수 있습니다. 따라서 Object 배열에도 모든 클래스 객체를 저장할 수 있습니다.

다음은 Objerct 클래스 타입 배열을 이용해서 여러 가지 클래스 객체를 저장하는 예제입니다. Object 배열에 저장 시, 각각의 하위 클래스 객체는 업캐스팅이 됩니다. 따라서 다시 Object 타입 배열에 접근해서 클래스 객체를 얻으려면 각각의 하위 클래스 타입으로 다운캐스팅해야 합니다. 타입이 다른 클래스로 다운캐스팅을 하면 ClassCastException 예외가 발생합니다.

그림15-21 Object 클래스 타입 배열에 저장된 여러 가지 객체들

ch15/sec08/ex01/ProductMethodTest.java

```java
package sec08.ex01;

public class ObjectArrayTest {
  public static void main(String[] args) {
    String code = null;
    String name = null;
    String color = null;
    int qty = 0;

    Object obj[] = new Object[5];                    배열 길이가 5인 Object 타입 배열을 생성합니다.
    obj[0] = "홍길동";
    obj[1] = new Product();
    obj[2] = new Product("0002", "스마트 TV", "흰색", 200);   Object 타입 배열에서는 모든 클래스 타입
    obj[3] = new Product("0003", "노트북", "은색", 100);      객체가 저장됩니다.
    obj[4] = new Integer(123);

    System.out.println("Object 배열에 저장한 정보 출력");
    System.out.println("--------------------------------");
    for(int i = 0; i < obj.length; i++) {
      if(obj[i] instanceof Product) {
        Product prod = (Product)obj[i];         업캐스팅 상태에서 Product 클래스 타입으로 다운캐스팅합니다.
//      Student std = (Student)obj[i];          저장된 것과 다른 클래스 타입으로 다운캐스팅 시 예외가 발생합니다.
        code = prod.getCode();
        name = prod.getName();
        color = prod.getColor();
        qty = prod.getQty();

        System.out.println("제품 번호 = " + code);
        System.out.println("제품 이름 = " + name);
        System.out.println("제품 색상 = " + color);
        System.out.println("제품 수량 = " + qty);
      }else if(obj[i] instanceof String) {
        String str = (String)obj[i];
        System.out.println(str);

      }else if(obj[i] instanceof Integer) {
        Integer num = (Integer)obj[i];
        System.out.println(num.intValue());
      }

      System.out.println();
```

```
      }//end for

   }
}
```

[실행결과]

```
Object 배열에 저장한 제품 정보 출력
----------------------------
제품 번호 = 0001
제품 이름 = 스마트폰
제품 색상 = 블랙
제품 수량 = 100

제품 번호 = 0002
제품 이름 = 스마트 TV
제품 색상 = 흰색
제품 수량 = 200

제품 번호 = 0003
제품 이름 = 노트북
제품 색상 = 은색
제품 수량 = 100

123
```

[Student 클래스 타입으로 다운캐스팅 시]

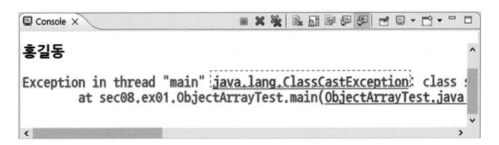

9.4 객체를 리턴하는 메서드

메서드는 호출한 곳으로 한개의 값만 리턴합니다. 여러 개의 값을 리턴하고 싶다면 클래스 객체의 각각의 필드에 값을 세팅해서 리턴하면 됩니다.

다음은 메서드 호출 시 전달된 값을 클래스 객체의 필드에 세팅 후, 클래스 객체를 리턴하는 메서드 예제입니다. Student 클래스는 학생의 이름과 과목 시험 점수를 저장하는 기능을 합니다.

[직접 코딩해 보기] 학생 이름과 과목 시험 점수를 저장하는 Student 클래스

ch15/sec08/ex02/Student.java

```java
package sec08.ex02;

public class Student {
  String name;
  int kor;
  int eng;
  int total;

  public Student() {}

  @Override
  public String toString() {
    String info = name + "의 시험 점수" +"\n"
                    + " 국어: " + kor
                    + ", 영어: " + eng
                    + ", 총점: " + total;
    return info;
  }
}
```

실행 클래스에서 메서드를 호출하면 메서드에서 Student 클래스 객체를 생성 후, 필드에 값을 세팅합니다. 그리고 Student 클래스 객체를 리턴하면 호출한 곳에서는 같은 타입의 참조 변수가 받아서 필드값을 출력합니다.

[직접 코딩해 보기] 실행 클래스

ch15/sec08/ex02/ClassReturnTest.java

```java
package sec08.ex02;

public class ClassReturnTest {

  public static Student calcScore(String name, int kor, int eng) {
    Student student = new Student();
    student.name = name;
    student.kor = kor;
```

Student 클래스의 필드에 값들을 세팅한 후, Student 클래스 객체를 호출한 곳으로 리턴합니다.

```
    student.eng = eng;
    student.total = kor + eng;
    return student;
  }

  public static void main(String[] args) {
    Student lee, hong;

    lee = calcScore("이순신", 80, 90);  _____ Student 클래스 타입 참조 변수로 리턴값을 받습니다.
    System.out.println(lee.toString());

    hong = calcScore("홍길동", 70, 83);  _____ Student 클래스 타입 참조 변수로 리턴값을 받습니다.
    System.out.println(hong.toString());
  }
}
```

[실행결과]

```
이순신의 시험 점수
국어: 80, 영어: 90. 총점: 170

홍길동의 시험 점수
국어: 70, 영어: 83, 총점: 153
```

10 열거 타입

열거 타입에 관해서 알아보겠습니다.

10.1 열거 타입의 정의

자바 프로그래밍 중에 여러 개의 상수가 필요할 때 일일이 선언하여 사용하면 불편합니다. 자바는 JDK1.5부터 열거 타입을 도입해서 상수를 쉽게 관리할 수 있게 했습니다.

> **열거 타입 정의**
>
> ● 정의
>   - 여러 개의 상수들을 모아서 만든 객체입니다.
>
> ● 용도
>   - 여러 상수를 편리하게 관리할 수 있습니다.
>   - ordinal() 메서드를 이용해서 상수 순서(index)를 얻을 수 있습니다.
>   - 상수 인덱스는 0부터 시작합니다.

다음은 열거 타입을 선언하는 방법입니다. 열거형은 구현 블록 안에 상수명을 콤마(,)로 구분해서 나열해 주면 됩니다.

```
접근제한자 enum 열거타입명 {
    상수명1, 상수명2, 상수명2, ….
}
```

다음은 생성한 열거 타입을 사용하는 방법입니다. 먼저 열거 타입 변수를 선언, 열거 타입에 선언된 상수를 열거 타입명으로 접근해서 대입하면 됩니다.

```
열거타입명 변수 = 열거타입명.상수명
```

10.2 이클립스에서 열거형 만들기

다음은 이클립스에서 열거 타입을 만드는 방법입니다.

1 _ 이클립스에서 생성하고자 하는 패키지 위에 마우스 위치 후, **우클릭 -> New -> Enum**을 선택합니다.

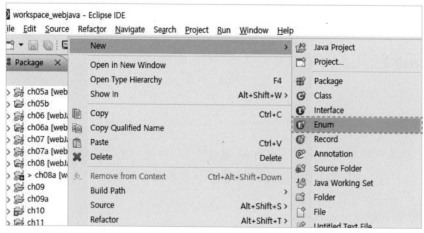

그림15-22 우클릭 -> New -> Enum 선택

2 _ Name에 열거 타입명 'Day'를 입력 후 finish를 클릭합니다.

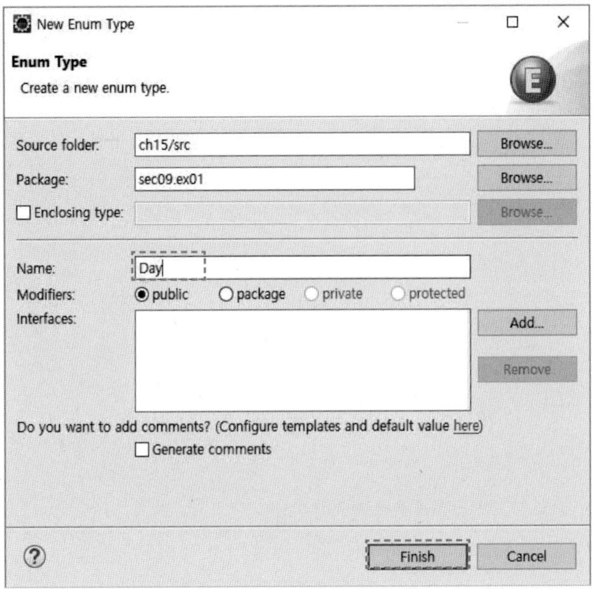

그림15-23 열거 타입명 입력 후 Finish 선택

3 _ 열거 타입 Day가 자동으로 생성되었습니다.

그림15-24 생성된 열거 타입 Day

10.3 열거 타입 사용하기

이클립스로 생성한 Day 열거 타입에 각각의 요일을 나타내는 상수들을 콤마(,)로 구분해서 선언합니다. 상수 선언 시 내부적으로 첫 번째 상수에 인덱스가 0부터 차례대로 부여됩니다.

[직접 코딩해 보기] 열거 타입 사용하기

ch15/sec09/ex01/Day.java

```
package sec09.ex01;

public enum Day {
    SUN, MON, TUE, WED, THU, FRI, SAT ---------------- 나열한 순서대로 인덱스가 지정됩니다.
                                                       첫 번째 인덱스는 0입니다.
}
```

실행 클래스에서 Day 열거 타입 변수를 선언 후 Day와 콤마(.)를 이용해서 각각의 상수에 접근합니다. ordinal() 메서드를 이용하면 상수들의 인덱스를 얻을 수 있습니다.

[직접 코딩해 보기] 실행 클래스

ch15/sec09/ex01/DayTest.java

```java
package sec09.ex01;


public class DayEnumTest {
  /*
  public static final String SUN="sun";
  public static final String MON="mon";
  public static final String TUE="tue";
  public static final String WED="wed";         ----- 상수가 많을 경우 불편합니다.
  public static final String THU="thu";
  public static final String FRI="fri";
  public static final String SAT="sat";
  */

  public static void main(String[] args) {
    System.out.println(Day.SUN);
    System.out.println(Day.SUN.ordinal());  _____ ordinal() 메서드로 상수들의 index를 알 수 있습니다.
    System.out.println(Day.MON.ordinal());

    Day day = Day.WED;  _____ Day 열거 타입 변수를 선언 후 값을 대입합니다.
    System.out.println(day.name());  _____ name() 메서드로 상수명을 얻습니다.

    switch (day) {  _____ 열거 타입은 switch문에서 사용할 수 있습니다.
      case SUN:
        System.out.println("일요일");
        break;

      case MON:
        System.out.println("월요일");
        break;

      case TUE:
        System.out.println("화요일");
        break;

      case WED:
        System.out.println("수요일");
```

```
              break;

        case THU:
          System.out.println("목요일");
          break;

        case FRI:
          System.out.println("금요일");
          break;

        case SAT:
          System.out.println("토요일");
          break;
      }
    }
}
```

[실행결과]

```
SUN
0
1
WED
수요일
```

다음 코드에서는 스레드의 상태를 열거 타입에 선언한 후, 스레드의 상태를 출력합니다. 자바에서
는 스레드의 상태도 열거 타입으로 제공됩니다.

[직접 코딩해 보기] 스레드 상태 선언을 열거 타입으로 사용하기

ch15/sec09/ex01/ThreadStateTest.java

```
package sec09.ex01;

enum ThreadState {NEW, RUNNABLE, WAITING, TIMED_WAITING, BLOCKED, TERMINATED}
                                                스레드의 상태들을 열거형에 선언합니다.
public class ThreadStateTest {
  public static void main(String[] args) {

    ThreadState state1 = ThreadState.WAITING;          스레드의 상태를 변수에 대입합니다.
    System.out.println(state1.name());
    System.out.println("인덱스: " + state1.ordinal());
```

```java
    ThreadState state2 = ThreadState.BLOCKED;
    switch(state2) {
      case NEW:
        System.out.println("스레드 생성 상태");
        break;
      case RUNNABLE:
        System.out.println("스레드 실행 상태");
        break;
      case WAITING:
        System.out.println("스레드 정지 상태");
        break;
      case TIMED_WAITING:
        System.out.println("스레드 일시 정지 상태");
        break;
      case BLOCKED:
        System.out.println("스레드 정지 상태");
        break;
      case TERMINATED:
        System.out.println("스레드 종료 상태");
        break;
    }
  }
}
```

········· switch문에 스레드의 상태를 입력받아서 출력합니다.

[실행결과]

```
WAITING
인덱스: 2
스레드 정지 상태
```

그 외 열거 타입은 더 많은 기능을 제공하고 있습니다. 자세한 기능은 API 문서를 참고해 주세요.

11 has-a 관계 클래스

클래스의 멤버 필드로 다른 클래스가 쓰이는 것을 has-a 관계라고 합니다. 다음은 Student 클래스가 주소 정보를 저장하는 Address 클래스를 필드로 가지고 있는 예제입니다.

[직접 코딩해 보기] 주소를 저장하는 클래스

ch15/sec10/ex01/Address.java

```
package sec10.ex01;

public class Address {
  String city;
  String gu;
  String dong;

  public Address(String city, String gu, String dong) {
    this.city = city;
    this.gu = gu;
    this.dong = dong;
  }
}
```

학생 정보를 저장하는 Student 클래스입니다. 학생의 주소 정보를 Address 클래스 타입 필드 address의 getter와 setter를 이용해서 저장하고 가져 옵니다.

[직접 코딩해 보기] 학생 클래스

ch15/sec10/ex01/Student.java

```
package sec10.ex01;

public class Student {
  String name;
  int grade;
  Address address; _____ Address 클래스 타입 필드를 선언합니다.

  public Student(String name, int grade, Address address) { _____ 생성자의 매개값으로
    this.name = name;                                                    Address 객체가 전달됩니다.
```

```
      this.grade = grade;
      this.address = address;
   }

   ...

   public Address getAddress() {
      return address;
   }

   public void setAddress(Address address) {
      this.address = address;
   }
}
```

실행 클래스에서 Student 객체 생성 시 학생의 주소 정보를 필드에 저장한 Address 클래스 객체를 Student 생성자의 인자로 전달합니다. 다시 getAddress() 메서드로 Student 객체의 address 필드값을 가지고 와서 학생 주소를 출력합니다.

[직접 코딩해 보기] 학생 클래스

ch15/sec10/ex01/StudentTest.java

```
package sec10.ex01;

public class StudentTest {
   public static void main(String[] args) {
      Student s = new Student("홍길동", 3, new Address("서울시", "강남구", "압구정동"));
      String name = s.getName();                         생성자로 Address 객체를 전달합니다.
      int grade = s.getGrade();

      Address addr = s.getAddress();                     Address 클래스 객체를 얻습니다.
      String city = addr.city;
      String gu = addr.gu;
      String dong = addr.dong;

      System.out.println("학생 정보");
      System.out.println("---------------------------------------------");
      System.out.println("이름: " + name + ", 학년: " + grade);
      System.out.println("주소: " + city + " " + gu + " " + dong);
   }
}
```

[실행결과]

학생 정보

이름: 홍길동, 학년: 3
주소: 서울시 강남구 압구정동

➤ 요점 정리 ◀

- Object 배열에는 모든 클래스 객체가 업캐스팅되어서 저장됩니다.
- Object 배열에 저장된 객체는 동일한 같은 클래스 타입으로 다운캐스팅한 클래스 객체에 접근할 수 있습니다(다른 타입으로 다운캐스팅하면 ClassCastException 예외가 발생합니다).
- 클래스 객체를 사용하면 메서드에서 여러 개의 값을 리턴할 수 있습니다.
- 여러 개의 상수를 사용할 때 열거 타입을 쓰면 편리합니다.
- 클래스의 필드로 다른 클래스를 사용할 수 있습니다.

연습 문제

1 _ 다음 중 Object 클래스에 관한 설명입니다. 맞는 것에 O표, 틀린 것에 X표를 하세요.

① Object 클래스는 모든 클래스의 최상위 클래스입니다. (   )

② Object 클래스의 모든 메서드들은 모든 클래스에서 사용할 수 있습니다. (   )

③ Object 클래스의 equals() 메서드는 "=="와 동일하게 주소값을 비교합니다. (   )

④ Object 클래스 타입 참조 변수는 모든 클래스 객체를 받을 수 있습니다. (   )

2 _ class 클래스에 관한 설명 중 틀린 것을 고르세요.

① 클래스명.class 파일에서 객체를 얻을 수 있습니다.

② 클래스의 생성자, 필드, 메서드에 대한 정보를 얻을 수 있습니다.

③ 클래스의 패키지 정보는 얻을 수 없습니다.

④ 실행 중 생성된 클래스 객체로부터 클래스 정보를 얻을 수 있습니다.

3 _ 다음과 같이 출력 결과가 나오도록 Employee 클래스에 toString() 메서드를 오버라이딩해 보세요.

소스 코드: Car.java

```
1   package exec.ex03;
2
3   public class Employee {
4     private String name;
5     private String dept;
6     private String job;
7     private int salary;
8
```

```
 9    public Employee(String name, String dept, String job, int salary) {
10      this.name = name;
11      this.dept = dept;
12      this.job = job;
13      this.salary = salary;
14    }
15
16    //이곳에 작성해 주세요.
17  }
```

소스 코드: EmployeeTest.java

```
1  package exec.ex03;
2
3  public class EmployeeTest {
4    public static void main(String[] args) {
5      Employee emp1 = new Employee("차범근", "회계부", "과장",
6  3000000);
7      System.out.println(emp1);
8    }
9
    }
```

실행결과

```
1  사원의 이름: 차범근
2  사원의 부서: 회계부
3  사원의 직급: 과장
4  급여: 3000000원
```

4 _ 다음의 문자열이 아래와 같이 출력되도록 코드를 작성해 보세요.

```
String str = "사과, 바나나 - 귤, 스마트폰, TV, 노트북";
```

출력 결과

과일: 사과/귤/바나나

제품: 노트북*TV*스마트폰

5 _ 회문(Palindrom)은 앞에서 읽거나 뒤에서 읽거나 똑같은 의미를 나타내는 단어를 의미합니다. 다음 단어를 키보드로 입력받아서 회문인지 판별해 보세요.

```
"level"
"hello"
```

16장

예외

> 시작 전 가볍게 읽기 <

프로그래밍 시 문법에 맞지 않게 코드를 작성하면 컴파일 에러가 발생합니다.
그러나 이런 에러는 어느 정도 익숙해지면 쉽게 해결할 수 있습니다.
그러나 코드량이 많아지면서 실행 중에 예상과는 다르게 동작하거나
문제가 발생하는 경우가 더 많습니다. 이런 실행 중 문제들은 프로그램
안정성과 신뢰성에 나쁜 영향을 미칩니다. 이번 장에선 이런 실행 중 발생하는
문제들은 어떤 것들이 있고, 어떻게 처리할 수 있는지 알아보겠습니다.

1 자바 에러의 정의와 종류
2 자바 예외의 특징
3 자바 예외의 종류
4 자바 예외 처리 방법
5 다중 catch문과 finally문
6 throws를 이용한 예외 처리 방법
7 명시적 예외 처리 방법
8 사용자 정의 예외 사용 방법
9 렌터카 프로그램에 예외 적용하기

1 자바 에러의 정의와 종류

자바에서 **에러(Error)**란, '**자바 프로그램 실행 시에 의도하지 않게 발생하는 문제점**'을 의미합니다.

1.1 자바 에러 종류

자바 에러는 크게 두 가지로 나눌 수 있습니다.

첫 번째 종류는 **에러(Error)**라고 불립니다. 이 에러는 프로그램 실행 시 프로그램의 중요 기능 수행을 불가능하게 할 수 있는 문제를 의미합니다. 예를 들어 하드웨어나 운영체제의 치명적인 에러나 디도스(DDos) 공격 같은 상황을 의미합니다. 이런 에러는 프로그래머가 대처할 수 있는 성질의 것이 아니므로, 에러 발생 즉시 시스템을 종료한 후 에러를 해결 후 프로그램을 재실행하는 방법밖에 없습니다.

두 번째 에러는 실행 중에 발생하는 문제인 **예외(Exception)**입니다. 이 에러는 프로그래머가 예외 처리를 하면 해결이 가능합니다.

> **자바 에러 종류**
> - 에러(Error)
>   - 프로그램 중요 기능 수행을 불가능하게 하는 에러입니다.
>   - 에러를 해결한 후, 프로그램을 재실행해야 합니다.
> - 예외(Exception)
>   - 에러보다 가벼운 문제입니다.
>   - 프로그램 자체적으로 문제 해결이 가능합니다.

이런 예외를 실생활에서도 찾을 수 있습니다. 예를 들어 자동차로 고속도로를 주행하다 보면 가끔 갓길에 정차되어 있는 차를 볼 수 있습니다. 차량이 갓길에 정차하고 있는 이유는 십중팔구 차량의 주행 관련 중요 기능이 고장 났기 때문입니다.

자바의 Error도 이와 비슷한 경우입니다. 자바 프로그램을 개발하고 테스트까지 해서 실제 론칭을 한 후 서비스를 하고 있는데, 디도스 공격을 받아 시스템이 오동작을 하는 경우에는 프로그램의 기본 기능 자체를 수행할 수 없게 됩니다. 이때는 시스템을 종료한 후, 디도스 공격의 원인을 해결하고 시스템을 재시작해야 합니다. 즉, 프로그래머가 해결할 수 없는 문제입니다.

예외는 Error보다 상대적으로 작은 문제에 속합니다. 이는 프로그래머가 어느 정도 대처할 수 있는 문제입니다. 예를 들어, 자동차를 타고 고속도로를 주행하고 있을 때 카 오디오가 고장 났다면 이 때문에 갓길에 정차하지는 않습니다. 카 오디오가 자동차의 기본 기능인 주행에 영향을 주는 건 아니기 때문입니다. 물론 카 오디오가 고장이 나면 운전하는 내내 지루하겠지만 그렇다고 해서 주행을 못하는 건 아닙니다.

예외도 이와 마찬가지입니다. 프로그래머가 프로그램을 개발하고 충분히 테스트를 한 후, 론칭하더라도 예상치 못한 **버그(bug)**는 항상 있기 마련입니다. 이 버그를 '**예외**'라고 보면 됩니다. 프로그램 이용 시에 이런 버그가 발생하면 매우 불편합니다. 예를 들어, 온라인 실시간 게임을 개발하여 운영하고 있는데, 회원 가입 기능에서 버그가 발생했다고 하면, 이 버그로 인해 게임 전체가 종료되어 버리면 버그와는 상관없는 다른 기능을 사용하는 다른 사용자도 피해를 보게 됩니다. 그런데 프로그래머가 이러한 예외들에 대해서 적절히 대처할 수 있게 된다면 적어도 프로그램 전체가 종료되는 최악의 경우는 막을 수 있습니다.

이와 비슷한 예는 실생활에서도 찾을 수 있습니다. 건물이나 지하철역에는 방화벽이 설치되어 있습니다. 이유는 한 곳에서 화재가 발생했을 때 방화벽을 내리면 다른 구역에는 화재의 영향이 미치는 것을 방지하기 위해서입니다. 예외 처리를 하는 이유도 이와 동일합니다. 자바 프로그램 실행 시 JVM에서 어느 정도 예외에 대처를 하기는 하지만, 예외 처리를 정확히 하지 않으면 이 예외의 영향을 받아 프로그램이 비정상 종료될 수도 있습니다. 따라서 예외 처리를 정확히 해 줌으로써 프로그램이 원활히 실행되게 할 수 있습니다.

2 자바 예외의 특징

이번에는 자바 예외 처리의 목적을 알아보겠습니다.

2.1 자바 예외 처리의 목적

자바의 예외 처리 목적은 프로그램 실행 시 예외가 발생하면 예외가 발생한 부분 외 다른 기능은 정상적으로 동작하도록 하기 위함입니다. 물론 예외 처리를 함으로써 예외 발생 시 빠르게 디버깅을 할 수도 있습니다. 하지만 디버깅 자체가 예외 처리를 하는 근본 목적은 아닙니다.

> **예외 처리의 목적**
> - 예외 발생 시 프로그램이 비정상 종료되는 것을 막고 예외와 관련 없는 기능은 정상 동작하도록 처리하는 작업을 의미합니다.

자바가 나온 지 20년 정도 되었으므로 프로그램 실행 시에 발생하는 예외는 대부분 파악하고 있습니다. 따라서 자바 프로그램 실행 시에 예외가 발생하면 JVM이 자체적으로 해당 예외에 대한 객체(인스턴스)를 생성한 후, 프로그램에 전달해서 처리합니다.

2.2 자바 예외 처리 방법

> **자바 예외 처리 방법**
> - 프로그램 실행 시 발생하는 예외들을 각각의 Exception 클래스로 제공합니다.
> - 해당 예외가 발생하면 JVM이 해당 예외에 대한 클래스 객체를 만들어서 프로그램으로 전달합니다.
> - 프로그래머는 해당 예외 객체를 받아서 예외 처리를 합니다.

다음은 자바의 예외 클래스들의 계층 구조를 나타내고 있습니다. Error 클래스 하위의 에러들은 프로그래머가 처리할 수 없는 에러를 나타냅니다. 따라서 자바에서 제공하는 예외 클래스는 Exception 클래스를 최상위 클래스로 두고 있습니다.

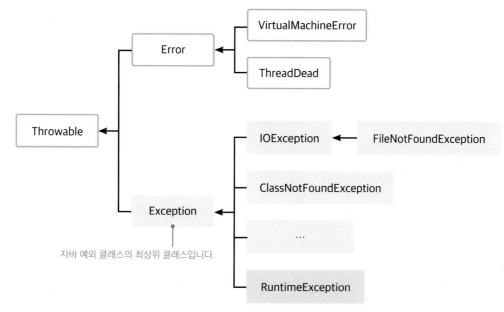

그림16-1 자바 제공 예외 클래스들의 계층 구조

다음은 API 문서에서 확인할 수 있는 Exception 클래스를 상속받는 예외 클래스들입니다.

Module java.base
Package java.lang

Class Exception

java.lang.Object
    java.lang.Throwable
        java.lang.Exception

All Implemented Interfaces:
Serializable

Direct Known Subclasses:

```
AbsentInformationException, AgentInitializationException, AgentLoadException, AlreadyBoundException,
AttachNotSupportedException, AWTException, BackingStoreException, BadAttributeValueExpException,
BadBinaryOpValueExpException, BadLocationException, BadStringOperationException, BrokenBarrierException,
CardException, CertificateException, ClassNotLoadedException, CloneNotSupportedException, DataFormatException,
DatatypeConfigurationException, DestroyFailedException, ExecutionControl.ExecutionControlException,
ExecutionException, ExpandVetoException, FontFormatException, GeneralSecurityException, GSSException,
IllegalClassFormatException, IllegalConnectorArgumentsException, IncompatibleThreadStateException,
InterruptedException, IntrospectionException, InvalidApplicationException, InvalidMidiDataException,
InvalidPreferencesFormatException, InvalidTargetObjectTypeException, InvalidTypeException, InvocationException,
IOException, JMException, JShellException, KeySelectorException, LambdaConversionException,
LineUnavailableException, MarshalException, MidiUnavailableException, MimeTypeParseException, NamingException,
NoninvertibleTransformException, NotBoundException, ParseException, ParserConfigurationException,
PrinterException, PrintException, PrivilegedActionException, PropertyVetoException, ReflectiveOperationException,
RefreshFailedException, RuntimeException, SAXException, ScriptException, ServerNotActiveException, SQLException,
StringConcatException, TimeoutException, TooManyListenersException, TransformerException, TransformException,
UnmodifiableClassException, UnsupportedAudioFileException, UnsupportedCallbackException,
UnsupportedFlavorException, UnsupportedLookAndFeelException, URIReferenceException, URISyntaxException,
VMStartException, XAException, XMLParseException, XMLSignatureException, XMLStreamException, XPathException
```

그림16-2 Exception 클래스를 상속받는 하위 예외 클래스들

다음은 Exception 클래스 객체를 생성 시 사용되는 생성자들입니다. Exception 클래스 객체 생성 시 매개값으로 예외와 관련된 메시지를 전달할 수 있습니다.

생성자	설명
Exception()	예외 메시지 없이 객체를 생성합니다.
Exception(String message)	예외 생성시 예외 메시지를 예외 객체에 전달합니다.
Exception(String message, Throwaebl cause)	예외 생성시 메시지와 원인을 예외 객체에 전달합니다.

표16-1 Exception 클래스 생성자들

Exception 클래스에서 제공하는 메서드를 사용하면, 예외 발생 시 예외 원인과 발생 위치를 쉽게 찾을 수 있으므로, 디버깅 시 많이 사용됩니다.

메서드	설명
public String getMessage( )	예외 발생 시 전달된 메시지를 리턴합니다.
public Throwable getCause( )	예외 발생 시 전달된 예외 원인을 리턴합니다.
public void printStackTrace( )	예외 발생 시 예외 발생 이력(backgrace)을 출력합니다. 주로 개발 시 디버깅용으로 많이 사용합니다.

표16-2 Exception 클래스에서 제공하는 메서드들

３ 자바 예외의 종류

자바의 예외는 예외 구현 시 컴파일러가 예외 구현 여부를 미리 체크하느냐, 체크하지 않느냐로 분류할 수 있습니다. 프로그래밍 시 돌발적인 예외는 주로 자바 프로그램과 파일, 데이터베이스, 네트워크와 같은 입출력 장치나 운영체제와 같은 외부 장치와 연동할 때 가장 많이 발생합니다. 따라서 자바에서는 이러한 외부 장치와 연동 시 강제적으로 예외 처리를 해야 합니다.

> **컴파일러 검사 유무에 따른 예외 종류**
> ● 일반 예외(Checked Exception)
> - 자바 코드 작성 시 반드시 예외 처리를 해 주어야 합니다.
> - 예외 처리를 해 주지 않으면 컴파일 에러가 발생합니다.
>   예 IOException, SQLException, FileNotFoundException, ...

- 실행 예외(RuntimeException)
  - java.lang.RuntimeException 클래스를 상속 받는 예외 클래스입니다.
  - 자바 코드에서 예외 처리를 해주지 않아도, JVM이 자동을 처리해줍니다.
  - 주로 디버깅 용도로 사용합니다.
    예 ArithmeticException,. ArrayIndexOutOfBoundsException, ...

다음은 여러 가지 일반 예외를 나타냅니다. 일반 예외는 반드시 예외 처리를 해 주어야 합니다.

예외 클래스	설명
ClassNotFoundException	객체 생성 시 해당 클래스가 존재하지 않으면 발생하는 예외
InterruptedException	스레드 실행 중 발생하는 예외
IOException	자바 입출력 작업 도중 발생하는 예외
FileNotFoundException	입출력 작업 시 해당 파일이 존재하지 않을 때 발생하는 예외
SQLException	데이터베이스 연동 작업 시 발생하는 예외

표16-3 여러 가지 일반 예외

다음은 여러 가지 실행 예외를 나타냅니다.

예외 클래스	설명
ArrayIndexOutOfBoundsException	배열 선언 시 생성된 요소보다 큰 요소에 접근 시 발생하는 예외
ArithmeticException	수치 타입 데이터를 0으로 나눌 때 발생하는 예외
NullPointerException	생성되지 않은 인스턴스를 참조할 때 발생하는 예외
NumberFormatException	변경하려는 문자열이 수치형 데이터 형태가 아닐 때 발생하는 예외
ClassCastException	인스턴스와 다른 종류의 클래스로 캐스팅 시 발생하는 예외

표16-4 여러 가지 실행 예외

💡 알아두면 좋아요

어떤 예외 클래스를 예외 처리해야 하는지 쉽게 아는 방법이 있습니다. 해당 예외 클래스를 API 문서에서 찾아서 **RuntimeException** 클래스를 상속받지 않으면 예외 처리를 해 주어야 한다고 이해하면 됩니다.

그림16-3 RuntimeException 클래스를 상속받지 않는 ClassNotFoundException 클래스

그림16-4 RuntimeException 클래스를 상속받는 ClassCastException 클래스

3.1 일반 예외

다음은 여러가지 일반 예외를 발생시키는 코드들입니다. 일반 예외는 반드시 예외 처리를 해 주어야 합니다. 예외 처리 방법은 다음 절에서 알아보겠습니다.

[직접 코딩해 보기] 여러 가지 일반 예외 발생시키기

ch16/sec01/ex01/CheckedExceptionTest.java

```java
package sec01.ex01;

import java.io.FileInputStream;

public class CheckedExceptioTest {
  public static void main(String[] args) {
    Class class1 = Class.forName("java.lang.String");  //ClassNotFoundException 발생

    FileInputStream fis = new FileInputStream("input.txt");  //FileNotFoundException 발생

    Thread.sleep(1000);  //InterruptedException 발생
  }
}
```

3.2 실행 예외

프로그래밍 중에 자주 만나는 실행 예외를 하나씩 알아보겠습니다.

3.2.1 ArrayIndexOutOfBoundsException

ArrayIndexOutOfBoundsException 예외는 배열을 다루는 중에 많이 발생합니다. 지정한 배열 요소보다 큰 요소에 접근 시 발생합니다.

[직접 코딩해 보기] ArrayIndexOutOfBoundsException 예외 발생

ch16/sec01/ex02/ArrayIndexOutOfBoundsExceptionTest.java

```java
package sec01.ex02;

public class ArrayIndexOutOfBoundsExceptionTest {
  public static void main(String[] args) {
    int[] num = new int[3];
    num[0] = 1;
    num[1] = 2;
    num[2] = 3;
    num[3] = 4;   //ArrayIndexOutOfBoundsException 발생

    System.out.println(num[0]);
    System.out.println(num[1]);
    System.out.println(num[2]);
    System.out.println(num[3]);   //ArrayIndexOutOfBoundsException 발생
  }
}
```

[실행결과]

```
Console ×
Exception in thread "main" java.lang.ArrayIndexOutOfBoundsException: Index 3 out of bounds for length 3
        at sec01.ex02.ArrayIndexOutOfBoundsExceptionTest.main(ArrayIndexOutOfBoundsExceptionTest.java:9)
```

3.2.2 NullPointerException

NullPointerException 예외는 참조 변수가 클래스 객체를 가리키지 않는 상태에서 클래스 객체의 멤버에 접근할 때 발생합니다

[직접 코딩해 보기] NullPointerException 예외 발생

ch16/sec01/ex02/NullPointerExceptionTest.java

```java
package sec01.ex02;

public class NullPointerExceptionTest {
  public static void main(String[] args) {
    String str1 = "hello World!";      ┌---- 참조 변수가 클래스 객체를 참조 한 후, 메서드를 호출하므로 정상 실행됩니다.
    str1.length();
```

```
        String str2 = null; ----
        str2.length();      ----   ---- 참조 변수가 아무것도 가리키지 않는 상태에서 메서드를 호출하면 예외가 발생합니다.
    }
}
```

[실행결과]

```
Console ×                                        ■ ✕ ※ | ▣ ▣ ▦ ▣ ▣ | ▣ ▣ ▾ ▭ ▾ ▭ ▭
Exception in thread "main" java.lang.NullPointerException: Cannot invoke "String.length()" because "str2" is
        at sec01.ex02.NullPointerExceptionTest.main(NullPointerExceptionTest.java:10)
```

3.2.3 NumberFormatException

프로그래밍 시 정수형 문자열을 실제 숫자로 변경해서 사용하는 경우가 많으므로 자바는 각각의
Wrapper 클래스에 숫자 변환 메서드를 제공해서 편리하게 변환할 수 있습니다. 그러나 메서드에
숫자가 아닌 일반적인 문자열을 전달해서 사용하면 NumberFormatException 예외가 발생합니다.

다음은 키보드로 숫자를 문자열로 입력받은 문자열을 parseInt() 메서드로 전달해서 정수로 변환
하는 예제입니다. 정수형 문자열이 아닌, 일반적인 문자열 입력 시 NumberFormatException이
발생합니다.

[직접 코딩해 보기] NumberFormatException 예외 발생

ch16/sec01/ex02/NumberFormatExceptionTest.java

```java
package sec01.ex02;

import java.util.Scanner;

public class NumberFormatExceptionTest {
  public static void main(String[] args) {
    Scanner sc = new Scanner(System.in);

    System.out.println("정수를 입력하세요.");
    String str = sc.nextLine();

    int num = Integer.parseInt(str);  //정수형 문자열이 아니면 NumberFormatException 발생
    System.out.println("입력한 정수 : " + num);
    sc.close();
  }
}
```

[실행결과]

정상적인 숫자형 문자열 입력 시

```
Console ×
정수를 입력하세요.
120
입력한 정수 : 120
```

일반적인 문자열 입력 시

```
Console ×
정수를 입력하세요.
hello
Exception in thread "main" java.lang.NumberFormatException: For input string: "hello"
        at java.base/java.lang.NumberFormatException.forInputString(NumberFormatException.java:67)
        at java.base/java.lang.Integer.parseInt(Integer.java:668)
        at java.base/java.lang.Integer.parseInt(Integer.java:786)
```

3.2.4 ClassCastException

ClassCastException 예외는 업캐스팅된 상태에서 원래의 클래스 타입이 아닌 다른 클래스 타입으로 다운캐스팅 시 발생합니다.

다음은 Object 클래스 타입 배열에 각각의 클래스 객체를 저장합니다. 다시 원래의 클래스 객체를 가지고 오려면 해당 클래스 타입으로 다운캐스팅해야 합니다, 그러나 원래의 클래스 타입과 다른 클래스로 다운캐스팅 시 ClassCastException이 발생합니다.

[직접 코딩해 보기] ClassCastException 예외 발생

ch16/sec01/ex02/ ClassCastExceptionTest.java

```java
package sec01.ex02;

class Apple {}
class Orange {}
class banana {}

public class ClassCastExceptionTest {
  public static void main(String[] args) {
    Object[] obj = new Object[3];

    obj[0] = new Apple();
    obj[1] = new Orange();
    obj[2] = new banana();
```

```
        Apple apple1 = (Apple)obj[0];
        Apple apple2 = (Apple)obj[1];_____ 다른 클래스 타입으로 다운캐스팅 시 예외가 발생합니다.
    }
}
```

[실행결과]

```
📺 Console ×                                              ■ ✖ 🛠 | 🔝 🛍 🕮 🐘 📜 | 🗭 🗒 ▾ 🗂 ▾ ◨ ▾
Exception in thread "main" java.lang.ClassCastException: class sec01.ex02.Orange cannot be cast to class sec
        at sec01.ex02.ClassCastExceptionTest.main(ClassCastExceptionTest.java:16)
◂                                                                                          ▸
```

→ 요점 정리 ←

- 프로그래머의 잘못된 코딩이나 부주의한 실수로 실행 중 발생하는 에러를 예외라고 합니다.
- 예외 처리의 목적은 프로그램이 비정상 종료하지 않고 정상적으로 동작하도록 하는데 있습니다.
- 자바의 예외는 일반 예외와 실행 예외로 나눌 수 있습니다.
- 일반 예외는 주로 입출력 작업이나 운영체제 연동과 같은 외부 장치 연동 시 발생하는 예외이므로 반드시 예외 처리를 해주어야 합니다.
- 실행 예외는 RuntimeException 클래스를 상속받고, JVM이 예외 처리를 자동으로 해 줍니다.

4 자바 예외 처리 방법

예외 처리를 함으로써 자바는 실행 중에 예외가 발생하더라도 비정상 종료되는 것을 방지할 수 있습니다.

4.1 예외 처리하지 않고 실행하기

다음은 예외 처리를 하지 않은 상태에서 실행 시 예외가 발생한 경우입니다. 배열의 범위를 벗어난 인덱스에 값을 대입해서 ArrayIndexOutOfBoundsException 예외가 발생합니다. 그런데 그 다음의 println() 메서드는 발생한 예외와 상관없는 구문입니다. 그러나 **[실행결과]**를 보면 System.out.println("프로그램 종료"); 구문을 실행하지 않고 비정상 종료됩니다. 즉, 실행 중 예외 발생 시 예외와 상관없는 부분도 영향을 받아서 프로그램이 비정상 종료되고 있습니다.

[직접 코딩해 보기] 예외 처리없이 실행 중 예외 발생

ch16/sec02/ex01/NoExceptionTest.java

```
package sec02.ex01;

public class NoExceptionTest {
  public static void main(String[] args) {
    int[] num = new int[2];
    num[0] = 1;
    num[1] = 2;
    num[2] = 3; //ArrayIndexOutOfBoundsException 예외 발생

    System.out.println("프로그램 종료"); ----------------- 예외 처리를 해 주지 않으므로 비정상 종료됩니다.
  }
}
```

[실행결과]

예외 처리를 하지 않으므로 예외 발생 시 "프로그램 종료" 메시지를 출력하지 않고 비정상 종료됩니다.

```
Console ×
Exception in thread "main" java.lang.ArrayIndexOutOfBoundsException:
        at sec02.ex01.NoExceptionTest.main(NoExceptionTest.java:9)
```

4.2 try/catch문으로 예외 처리하기

다음은 try/catch문으로 예외 발생 시 예외를 처리하는 과정입니다. try 블록({})에는 예외가 발생할 수 있는 코드를 작성합니다. 실행 시 try 블록 코드에서 예외가 발생하면 JVM이 예외를 분석 후, catch()문으로 예외를 전달해서 발생한 예외를 처리합니다. 다음은 예외 처리 세부 과정입니다.

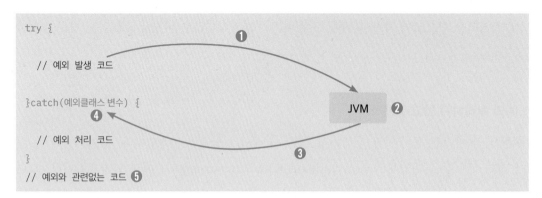

예외 처리 과정

① 예외가 발생하면 JVM에게 예외를 던집니다.

② JVM은 발생한 예외를 분석한 후, 해당하는 예외 객체(인스턴스)를 생성합니다.

③ JVM은 생성한 예외 객체를 예외가 발생한 곳으로 돌려줍니다.

④ JVM이 던진 예외를 catch문에서 받아서 예외를 처리합니다.

⑤ 예외를 처리한 후, 다른 코드는 정상 실행됩니다.

다음은 try/catch문으로 예외 처리를 한 후, 실행 중 예외가 발생하는 코드입니다. try 구문에서 예외가 발생하면 이번에는 JVM이 받아서 ArrayIndexOutOfBoundsException 객체를 생성 후, 다시 catch문으로 다시 던집니다. 그럼 catch문의 매개변수 e가 받아서 catch 구문에서 예외를 처리합니다. 예외 처리 후, 다시 다음의 메시지 출력 구문을 정상적으로 실행 후 종료합니다. 즉, **try/catch문으로 예외 처리 예외 처리를 하면, 예외가 발생하더라도 예외와 관련없는 부분은 예외의 영향에서 벗어나 정상 동작합니다.**

[직접 코딩해 보기] 예외 처리 후 실행 중 예외 발생

ch16/sec02/ex01/ExceptionTest.java

```java
package sec02.ex01;

public class ExceptionTest {
  public static void main(String[] args) {
    try {
```

```
      int[] num = new int[2];
      num[0] = 1;
      num[1] = 2;
      num[2] = 3;    //ArrayIndexOutOfBoundsException 예외 발생
    } catch (ArrayIndexOutOfBoundsException e) {
      System.out.println("배열의 범위를 벗어났습니다.");
    }

    System.out.println("프로그램 종료");_____ 예외가 발생하더라도 정상 동작합니다.
  }
}
```

[실행결과]

```
배열의 범위를 벗어났습니다.
┌─────────────────┐
│프로그램 종료       ├──●─────── 예외 발생과 관계없이 메시지를 정상 출력합니다.
└─────────────────┘
```

다음은 다른 어떤 수를 0으로 나누었을 때 발생하는 예외를 처리하는 예제입니다. 어떤 수를 0
으로 나누면 ArithmeticException이 발생합니다. catch문의 매개변수 타입이 Arithmetic
Exception이므로 JVM에서 던지는 ArithmeticException 객체를 받아서 처리할 수 있습니다.

[직접 코딩해 보기] ArithmeticException 예외 처리

ch16/sec02/ex01/ArithmeticExceptionTest.java

```
package sec02.ex01;

public class ArithmeticExceptionTest {
  public static void main(String[] args) {
    try {
      int num = 3;
      int result = num / 0;    //ArithmeticException 예외 발생

    } catch (ArithmeticException e) {
      System.out.println("0으로 나눌 수 없습니다.");
    }

    System.out.println("프로그램 종료");
  }
}
```

0으로 나눌 수 없습니다.
프로그램 종료

→ 요점 정리 ←

- 예외 처리를 해 주지 않으면 예외 발생 시 예외와 관련없는 기능도 비정상 종료될 수 있습니다.

- try/catch문으로 예외 처리하면 실행 중 예외가 발생해도 프로그램은 정상 종료될 수 있습니다.

5 다중 catch문과 finally문

이번에는 여러 개의 예외를 동시에 처리하는 다중 catch문과 finally문을 알아보겠습니다.

5.1 다중 catch문

작성하는 코드가 많아지면 발생할 수 있는 예외도 많아집니다. 따라서 한 번에 여러 예외를 처리할 수 있는 다중 catch문이 나오게 되었습니다.

다음은 자바의 다중 catch문 구조입니다. 세 번째 실행문에서 IOException이 발생하면 먼저 첫 번째 catch문이 받아서 매개변수 타입을 비교합니다. 타입이 다르므로 순서대로 다음 catch문으로 넘깁니다. 같은 매개변수 타입인 두 번째 catch문이 받아서 예외를 처리합니다. 예외 처리 후 해당 다중 catch문을 빠져나옵니다.

```
try {
    ...
    // 실행문1
    // 실행문2
    // 실행문3 ─────────────────────────┐
    ...                                │
} catch(FileNotFoundException e) {     ├── IOException 발생
    //예외 처리1                         │
} catch (IOException e) {  ◀───────────┘
    //예외 처리2 ─────────────────────┐
} catch (Exception e) {              │
    //예외 처리3                       │
}                                    │
                                     ├── 예외 처리 후 catch문을 종료합니다.
◀────────────────────────────────────┘
```

실행 중 예외가 발생하면 다중 catch문은 순서대로 예외를 검사하므로 상위 예외 클래스 매개변수 타입에 업캐스팅이 적용될 수 있습니다.

[참고] 다중 catch문 사용 시 주의할 점

다중 catch문 구현 시 Exception 클래스 계층 구조에서 상위 클래스 타입 매개변수를 가지는 catch문을 뒤에 위치시켜야 합니다.

다음은 다중 catch문에 사용된 Exception 클래스들의 순서입니다. 첫 번째 catch문의 매개변수 타입은 3개의 Exception 클래스들 중에서 가장 하위 클래스 타입이어야 합니다. 그리고 모든 다중 catch문의 마지막 catch문의 타입은 Exception 클래스 타입이어야 합니다.

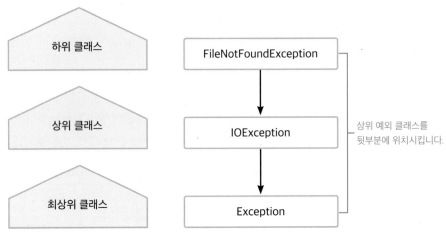

그림16-5 다중 catch문의 매개변수 타입 적용 순서

다음은 다중 catch문을 이용해서 여러 가지 예외를 처리하는 예제입니다. 다중 catch문 구현 시 상위 예외 클래스일수록 뒷부분에 위치해야 합니다. 만약 Exception 클래스 타입 catch문을 가장 먼저 사용하면 업캐스팅으로 인해서 모든 예외를 받을 수 있으므로 다른 catch문은 사용할 수 없습니다.

[직접 코딩해 보기] 다중 catch문 사용하기

ch16/sec03/ex01/MultiTryCatchTest.java

```
package sec03.ex01;

public class MultiTryCatchTest {
  public static void main(String[] args) {
    try {
      int[] num = new int[2];
      num[0] = 1;
      num[1] = 2;
      num[2] = 3;
```

```
//        num[1] = 3/0;

} catch (ArrayIndexOutOfBoundsException e) {
    System.out.println("배열의 범위를 벗어났습니다.");
} catch(ArithmeticException e) {
    System.out.println("0으로 나눌 수 없습니다.");
} catch (Exception e) {
    e.printStackTrace(); -------------------------- 디버깅용으로 많이 사용합니다.
}

    System.out.println("프로그램 종료");
  }
}
```

[실행결과]

num[2] = 3; 실행 시

배열의 범위를 벗어났습니다.
프로그램 종료

num[1] = 3/0; 실행 시

0으로 나눌 수 없습니다.
프로그램 종료

5.1.1 멀티 catch 기능

JDK7부터 하나의 catch 블록에서 여러 개의 예외를 동시에 처리할 수 있는 멀티(multi) catch기능이 추가되었습니다.

다음은 다중 catch문을 멀티 catch 기능으로 구현한 예제입니다. 이번에는 ArrayIndexOfBoundsException나 ArithmeticException 예외가 발생하면 같은 동일한 catch문에서 예외 처리를 합니다. 멀티 catch기능은 여러 예외가 동일한 예외 처리를 할 때 사용하면 편리합니다.

[직접 코딩해 보기] 멀티 catch 사용하기

ch16/sec03/ex01/MultiCatchTest.java

```
package sec03.ex01;
```

```java
public class MultiCatchTest {
  public static void main(String[] args) {
    try {
      int[] num = new int[2];
      num[0] = 1;
      num[1] = 2;
// num[2] = 3;
      num[1] = 3 / 0;
                                          ┌-------- "|" 연산자로 여러 개의 예외 클래스를 나열해서 처리합니다.
    } catch (ArrayIndexOutOfBoundsException | ArithmeticException e) {
      System.out.println("실행 예외가 발생했습니다.");
    } catch (Exception e) {
      e.printStackTrace();
    }

      System.out.println("프로그램 종료");
  }
}
```

[실행결과]

```
실행 예외가 발생했습니다.
프로그램 종료
```

5.2 finally문

finally문은 예외가 발생하든, 하지 않든 반드시 실행해야 하는 기능에 사용됩니다. 주로 입출력 장치 등 외부 장치 연동 시 사전, 사후 작업을 하는 데 사용됩니다.

> **finally문 정의와 용도**
> - 정의
>   - 예외 발생 유무와 상관없이 실행해야 하는 기능을 담당합니다.
> - 용도
>   - 외부 장치 연동 후 마무리 작업 시 주로 사용됩니다.

다음은 finally문의 형식입니다. catch문 다음에 위치해서 예외 발생 유무에 상관없이 실행됩니다.

```
try {
...
// 실행문1 ────────── IOException 발생 시 예외 처리 후 finally 블록 구문을 실행합니다.
// 실행문2
// 실행문3
... ────────────────── 정상 실행 후 finally
                      블록 구문을 실행합니다.
} catch(FileNotFoundException e) {
  //예외 처리1
} catch (IOException e) { ◄──
  //예외 처리2
} catch (Exception e) {
  //예외 처리3
} finally {
  //실행 코드 ◄──
}
```

다음은 다중 catch문에 finally문을 적용한 예제입니다. finally문은 예외 발생 유무와 관계없이 항상 실행됩니다.

[직접 코딩해 보기] finally 구문 실행하기

ch16/sec03/ex02/FinallyTest.java

```
package sec03.ex02;

public class FinallyTest {
  public static void main(String[] args) {
    try {
      int[] num = new int[2];
      num[0] = 1;
      num[1] = 2;
//    num[2] = 3;        //ArrayIndexOutOfBoundsException
      num[1] = 3 / 0;    //ArithmeticException

    } catch (ArrayIndexOutOfBoundsException e) {
      System.out.println("배열의 범위를 벗어났습니다.");
    } catch (ArithmeticException e) {
      System.out.println("0으로 나눌 수 없습니다.");
    } catch (Exception e) {
      e.printStackTrace(); ----------------------- 예외 발생 이력을 개발자가 쉽게 파악할 수 있게 출력해 줍니다.
    } finally {
      System.out.printl n("finally 블록은 항상 실행됩니다"); ----- 예외 발생 유무와 관계없이 항상 실행됩니다.
    }
```

```
        System.out.println("프로그램 종료");
    }
}
```

[실행결과]

정상 실행 시

```
finally 블록은 항상 실행됩니다.
프로그램 종료
```

예외 발생 시

```
0으로 나눌 수 없습니다.
finally 블록은 항상 실행됩니다.
프로그램 종료
```

5.2.1 자동 리소스 닫기

자바에서 외부 장치 연동 시 반드시 예외 처리를 해 주어야 합니다. 그리고 외부 장치 연동이 끝나면 관련된 자원을 해제해야 합니다. 자동 리소스 닫기 기능(try-with-resources)을 사용하면 이런 작업을 try/catch문이 알아서 해 줍니다.

다음은 try-with-resources 구문으로 예외 처리를 하는 예제입니다. try/catch문으로 예외 처리 시 자원 해제를 위해서 finally문에서 close() 메서드 호출 시 다시 예외 처리를 해야 하므로 코드가 복잡해집니다. 그러나 try-with-resources 구문으로 예외 처리 시 이런 작업을 자동으로 수행해 줍니다.

[직접 코딩해 보기] try-with-resources 사용하기

ch16/sec03/ex03/TryWithResourcesTest.java

```
package sec03.ex03;

import java.io.FileInputStream;
import java.io.IOException;

public class TryWithResourcesTest {
  public static void main(String[] args) {

    //try-catch문으로 예외 처리
```

```
      FileInputStream fis1 = null;
      try {
        fis1 = new FileInputStream("test.txt");----------------- 파일의 내용을 읽기 위해서 파일을 엽니다.
        int ch = fis1.read();
      } catch(IOException e) {
        e.printStackTrace();
      } finally {
        try {
          fis1.close();                            ----- 파일을 닫기 위해서 close() 메서드 호출 시 다시 예외 처리 작업을
        } catch (IOException e) {                         해 주어야 합니다.
          e.printStackTrace();
        }
      }


      //try-with-resources 사용
      try(FileInputStream fis2 = new FileInputStream("test.txt")){
        int ch = fis2.read();         ------- 작업이 끝나면 자동으로 close() 메서드를 호출해서 자원을 해제합니다.
    }catch(IOException e) {
      System.out.println("IOException이 발생했습니다.");
    }
  }

}
```

자동 리소스 닫기 기능을 사용하려면 클래스는 FileInputStream 클래스처럼 반드시
AutoCloseable 인터페이스의 close() 추상 메서드를 구현해야 합니다.

그림16-6 AutoCloseable 인터페이스를 구현하고 있는 FileInputStream 클래스

→ 요점 정리 ←

- 다중 try/catch문을 사용하면 여러 예외를 동시에 처리할 수 있습니다.
- 다중 try/catch문 사용 시 가장 상위 예외 클래스 타입 매개변수를 가지는 catch문이 마지막에 위치해야 합니다.
- finally문은 예외 발생 유무와 관계없이 실행할 경우 사용합니다.

6 throws를 이용한 예외 처리 방법

이번에는 throws를 이용한 예외 처리 방법에 관해서 알아보겠습니다.

6.1 자바 메서드 호출 과정

throws 예외 처리에 대해 알려면 먼저 자바 프로그램 실행 시에 메서드를 호출하여 실행하는 과정을 이해할 필요가 있습니다. 다음은 자바 실행 시 main() 메서드 호출을 시작으로 메서드가 호출되고, 종료하는 과정입니다.

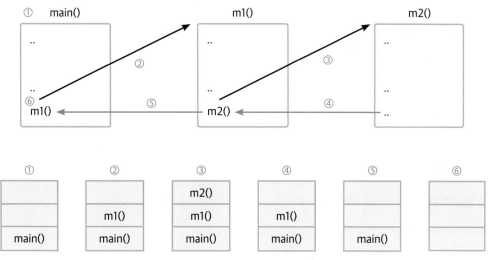

그림16-7 자바 메서드 호출 과정

① 자바 프로그램을 실행하면 main() 메서드가 처음 실행됩니다. 그럼 JVM은 현재 실행 중인 메서드명을 메모리의 스택(stack) 영역에 저장해 둡니다.

② main() 메서드에서 m1() 메서드를 호출해서 m1() 메서드를 실행하면 m1 메서드명을 스택에 저장합니다.

③ m1()에서 다시 m2() 메서드를 호출하면 m2() 메서드명을 stack에 쌓듯이 저장합니다.

④ m2() 메서드 실행을 완료한 후, m1() 메서드로 복귀하면 m2 메서드명을 스택에서 삭제합니다.

⑤ m1() 메서드 실행을 완료한 후 복귀하면 m1 메서드명을 스택에서 삭제합니다.

⑥ 최종적으로 main() 메서드 실행을 종료하면 모든 메서드명을 스택에서 삭제합니다.

6.2 throws로 예외 처리하는 방법

throws로 예외 처리하는 방법은 이런 메서드의 호출 과정에서 예외가 발생하면 예외를 메서드를

호출한 곳으로 떠넘기는 방법입니다. **try/catch문으로 예외 처리 시 메서드의 기능이 많아지면
코드가 복잡해질 수 있습니다. 이때 throws로 예외 처리를 따로 해 줄 수 있으므로 코드의 가독
성을 높일 수 있습니다.**

> **throws를 이용한 예외 처리 방법**
> - 예외 발생 시 발생한 예외를 메서드를 호출한 곳으로 떠넘겨서 예외를 처리합니다.
> - 최초로 메서드를 호출한 main() 메서드에서는 try/catch문으로 예외 처리를 해야 합니다.
> - RutimeException 계열은 throws를 생략해도 됩니다.
> - 메서드의 코드가 복잡할 경우 예외를 호출한 곳으로 떠넘김으로써 가독성을 높을 수 있습니다.

다음은 메서드에 throws를 이용해서 예외를 처리하는 형식입니다. throws 키워드 다음에 떠넘
길 예외 클래스를 콤마(,)로 구분해서 나열해 주면 됩니다. 모든 예외를 한꺼번에 떠넘기고 싶으
면 throws 다음에 최상위 예외 클래스인 Exception을 써 주면 됩니다.

```
public 리턴타입 메서드명(...) throws 예외클래스1, 예외클래스2, ... {
}
```

다음은 키보드로 숫자가 아닌 문자열 입력 시 NumberFormatException이 발생하면, 메서드에서
throws를 이용해서 메서드를 호출한 곳으로 예외를 떠넘기는 예제입니다. 메서드의 코드량이 증
가하면 메서드 내에서 try/catch문으로 예외를 처리하는 것보다는 예외를 호출한 메서드로 떠넘
김으로써 일관성 있게 처리하는 것이 가독성과 유지 관리성을 높일 수 있습니다.

[직접 코딩해 보기] throws로 예외 떠넘기기

ch16/sec04/ex01/ ThrowsTest.java

```
package sec04.ex01;

import java.util.Scanner;

public class ThrowsTest {
  public static int inputScore() throws NumberFormatException {
    int score = 0;                                          메서드에서 예외 발생 시 호출한 곳으로 예외를 떠넘깁니다.
    Scanner sc = new Scanner(System.in);
    System.out.println("점수를 입력하세요");
    String str = sc.nextLine();
    score = Integer.parseInt(str);                          숫자 외 문자 입력 시 NumberFormatException
    return score;                                           예외를 발생시킵니다.
  }
```

```
public static void main(String[] args) {
    try {
        int score = inputScore();
        System.out.println("입력 점수 : " + score+"점");
    } catch(NumberFormatException e) {
        System.out.println("숫자만 입력 가능합니다.");
    }

    System.out.println("프로그램 종료");
    }
}
```

try/catch문으로 throws로 넘어온
예외를 처리합니다.

[실행결과]

점수를 입력하세요
안녕
숫자만 입력 가능합니다.
프로그램 종료

→ 요점 정리 ←

- throws를 이용하면 메서드에서 발생한 예외를 호출한 곳으로 떠넘길 수 있습니다.
- throws를 예외를 떠넘길 때 최종적으로 main() 메서드에선 try/catch문으로 예외 처리를 해 주어야 합니다.
- throws로 예외를 처리하면 메서드의 가독성과 유지 관리성을 높일 수 있습니다.

7 명시적 예외 처리 방법

지금까지 사용한 예외는 모두 자바 실행 시 자바 자체의 문제에 의해 발생했습니다. 그런데 프로그램이 정상적으로 실행되고 있는 상태임에도 사용자가 임의로 예외를 발생시켜야 하는 경우가 있습니다. 이처럼 사용자가 명시적으로 예외를 발생시킬 때에는 'throw' 키워드를 사용합니다.

명시적 예외 처리의 정의와 용도

● 정의
 - 예외 발생 상황이 아니더라도 필요에 의해 강제로 예외를 발생시키는 기능입니다.

● 용도
 - 사용자 정의 예외 클래스로 예외 처리 시 사용됩니다.
 - 그 외 예외를 강제로 발생시켜야 할 경우에 사용할 수 있습니다.

7.1 throw 사용하기

다음은 명시적 예외 처리 시 throw 키워드를 이용해서 예외를 발생시키는 방법입니다. throw 다음에 new 연산자와 생성하고자 하는 예외 클래스 생성자를 위치시키면 해당 예외 클래스 객체가 생성되어 강제로 예외를 발생시킵니다.

```
throw new 예외클래스생성자([매개변수, ...]);
```

다음 코드에서는 throw 키워드로 IOException 예외를 강제로 발생시킵니다. 강제로 예외 발생 시 예외 클래스의 생성자에 예외 원인에 해당되는 메시지를 전달할 수 있습니다. 이 메시지는 try-catch문으로 전달 시 getMessage() 메서드를 이용해서 얻을 수 있습니다. **이 기능을 이용해서 특정 예외 발생 시 빠른 디버깅을 위해서 예외 메시지를 미리 세팅해서 사용할 수 있습니다.**

try-catch문의 두 번째 catch문에선 printStackTrace() 메서드를 호출하고 있습니다. **[실행결과]** 를 보면 ArrayIndexOutOfBoundsException가 발생하면 두 번째 catch문의 printStackTrace() 메서드가 호출되어서 메서드가 어떤 과정으로 호출되면서 예외가 발생했는지를 차례대로 보여줍니다. 따라서 **printStackTrace()메서드는 개발 시 디버깅용으로 사용하면 편리합니다.**

[직접 코딩해 보기] throw로 강제로 예외 발생시키기

ch16/sec05/ex01/ ThrowTest.java

```java
package sec05.ex01;

import java.io.IOException;

public class ThrowTest {
  public static void call() throws IOException {
    System.out.println("call() 메서드 시작");

    int[] num = new int[2];
    num[0] = 1;
    num[1] = 2;
//  num[2] = 3; //ArrayIndexOutOfBoundsException 발생

    if (num.length == 2) {
        throw new IOException("배열크기가 2");  ---------- 강제적으로 예외 발생 시 예외 원인을 메시지 필드에
    }                                                     초기화합니다.
    System.out.println("call() 메서드 종료");
  }


  public static void main(String[] args) {
    try {
    call();

    } catch (IOException e) {
      String message = e.getMessage();  ---------- getMessage()메서드를 이용해서 예외 발생 시 생성된
      System.out.println(message);                  메시지를 얻습니다.

    } catch(Exception e) {
      e.printStackTrace();  ---------------------- 예외 발생 위치를 메서드 호출 과정으로 출력해 줍니다.
    }

    System.out.println("프로그램 종료");
  }
}
```

[실행결과]

강제로 IOException 예외를 발생시킨 경우

```
call() 메서드 시작
배열크기가 2 ●──────────── 예외 발생 시 지정한 메시지를 출력합니다.
프로그램 종료
```

ArrayIndexOutOfBoundsException 예외가 발생한 경우

```
call() 메서드 시작
java.lang.ArrayIndexOutOfBoundsException: Index 2 out of bounds for length 2
        at sec05.ex01.ThrowTest.call(ThrowTest.java:12)      ┌ 어떤 메서드를 호출하다가 예외가 발생했는지
        at sec05.ex01.ThrowTest.main(ThrowTest.java:23)      └ 알려주는 메서드 호출 이력을 출력합니다.
프로그램 종료
```

→ 요점 정리 ←

- throw 키워드를 이용해서 강제적으로 예외를 발생시킬 수 있습니다.
- 명시적 예외 발생 시 예외의 원인을 예외 클래스 생성자 매개변수로 전달해서 사용할 수 있습니다.
- printStackTrace() 메서드는 메서드 호출 과정에서 어떤 메서드에서 예외가 일어나는지 이력을 알려 주 므로 개발 시 디버깅용으로 많이 사용합니다.

8 사용자 정의 예외 사용 방법

이제까지 사용한 예외들은 JDK에서 미리 만들어서 제공하는 예외들입니다. 이번에는 사용자가 직접 예외를 만들어 사용하는 방법에 관해서 알아보겠습니다.

8.1 사용자 정의 예외 클래스란?

프로그램 개발 시 각각의 조건이나 환경에 자바에서 제공하지 않는 예외를 발생시켜야 하는 경우가 일반적입니다. 예를 들어, 체크 카드로 결제 시 체크 카드의 잔고가 남아 있지 않은 경우 예외를 발생시킬 필요가 있습니다. 그러나 이런 예외는 자바에서 제공하지 않습니다. 이런 경우에는 프로그래머가 직접 자신이 원하는 예외를 만들어서 사용할 수 있습니다. 다음은 사용자가 직접 만들어서 사용하는 사용자 정의 예외 클래스입니다.

> **사용자 정의 예외 클래스**
> ● 정의
>   - 프로그래머가 프로그램에서 특정한 상황 발생 시 예외로 인식하기 위해 만든 클래스입니다.
>   - 일반 예외인 경우는 Exception 클래스를 상속받고, 실행 예외인 경우는 RuntimeException 클래스를 상속받아서 만듭니다.

다음은 사용자 정의 예외 클래스를 만드는 방법입니다. 사용자 정의 예외 클래스 이름은 의미를 잘 나타낼 수 있도록 **XXXException**이라고 짓는 것이 일반적입니다. 그리고 사용자 정의 예외는 특정한 예외를 처리하는 용도이므로 예외 발생 시 생성자로 예외에 대한 메시지를 전달한 후, try/catch문에서 처리하는 것이 일반적입니다.

```
public class 예외클래스명 extends [Exception | RuntimeException] {
  public 예외클래스명 () { }

  public 예외클래스명(String message) {
    super(message)
  };
}
```

8.2 사용자 정의 예외 사용하기

사용자 정의 예외를 직접 만들어서 실습해 보겠습니다.

다음은 예외 발생 시 예외 발생한 시각과 예외 메시지를 출력해 주는 사용자 정의 예외 클래스입니다.

[직접 코딩해 보기] 예외 발생 시각을 알려주는 사용자 정의 예외 클래스

ch16/sec06/ex01/UserDefinedException.java

```java
package sec06.ex01;

import java.util.Calendar;

public class UserDefinedException extends Exception {       사용자 정의 예외 클래스는 반드시 Exception
    public UserDefinedException() {}                        클래스를 상속받아야 합니다.


    public UserDefinedException(String message) {
        super(message);                                     예외 발생 시 생성자로 예외 메시지를 전달합니다.
    }

    //예외 발생 시각과 예외 메시지를 출력하는 메서드
    public String getUserExceptionInfo() {
        String errMsg = "예외 발생 시간: " + showTime() + " 예외 내용:" + super.getMessage();
        return errMsg;
    }

    //예외 발생 시각을 출력하는 메서드
    public static String showTime() {
        String date = null;
        String time = null;
        Calendar cal = Calendar.getInstance();
        int hour = cal.get(Calendar.HOUR);
        int min = cal.get(Calendar.MINUTE);
        int sec = cal.get(Calendar.SECOND);
        int year = cal.get(Calendar.YEAR);
        int month = cal.get(Calendar.MONTH) + 1;
        int day = cal.get(Calendar.DATE);
        date = year + "-" + month + "-" + day;
        time = hour + ":" + min + ":" + sec;
        return date + " " + time;
    }
}
```

실행 클래스에서 키보드로 시험 점수를 입력받아서 0에서 100점 사이이면 정상적으로 출력하고, 이 범위 외의 점수를 입력받으면 사용자 정의 예외를 발생시켜서 예외 발생 시각과 예외 메시지를 출력합니다.

[직접 코딩해 보기] 실행 클래스

ch16/sec06/ex01/ScoreTest.java

```java
package sec06.ex01;

import java.util.Scanner;

public class ScoreTest {                                        // 예외 발생 시 예외를 호출한 곳으로 떠넘깁니다.
  public static int calcScore(int score) throws UserDefinedException {

    if (score <= 0 || 100 <= score) {                           // 범위를 벗어난 점수를 입력하면
      throw new UserDefinedException("정확한 점수를 입력하세요.");   // 강제로 사용자 정의 예외를
    }                                                           // 발생시킵니다.

    return score;
}

public static void main(String[] args) {
  Scanner sc = new Scanner(System.in);
  System.out.println("시험 점수를 입력하세요");

  int score = sc.nextInt();

  try {
    score = calcScore(score);
    System.out.println("입력한 시험 점수는 " + score + "입니다.");

  } catch (UserDefinedException e) {
    System.out.println(e.getUserExceptionInfo());               // 사용자 정의 예외 객체의 메서드를 호출해서
    } catch (Exception e) {                                     // 예외 발생 시각과 예외 메시지를 출력합니다.
      e.printStackTrace();
    }
  System.out.println("프로그램 종료");
  }
}
```

[실행결과]

정상적인 시험 점수 입력 시

시험 점수를 입력하세요
88
입력한 시험 점수는 88입니다.
프로그램 종료

범위를 벗어난 점수를 입력한 경우

시험 점수를 입력하세요
199
예외 발생 시간: 2022-7-5 7:51:25 예외 내용: 정확한 점수를 입력하세요. ── 예외 발생 시각과 예외 메시지를 출력합니다.
프로그램 종료

이상으로 자바의 예외 처리에 관해서 알아봤습니다. 그런데 자바에서 제공하는 예외 클래스의 수는 그림 16-2처럼 굉장히 많습니다. 실제 프로그래밍 시 다중 catch문으로 예외를 처리하면 첫 번째 catch문에는 사용자 정의 예외 클래스 타입이 주로 위치합니다. 그 다음 catch문에는 프로그래머가 꼭 확인해야 할 예외 클래스 타입이 위치합니다. 마지막 catch문에서 그 외 모든 예외를 잡을 수 있는 Exception 클래스 타입 catch문이 위치합니다.

```
try{
    ...
} catch(사용자정의예외 클래스 e) {
    ...
} catch(주의할예외클래스 e) {
    ...
} catch(Exception e){
    ...
}
```

→ 요점 정리 ←

- 자바에서 제공하는 않는 예외는 사용자가 직접 예외를 만들어서 사용해야 합니다.
- 사용자 정의 예외 클래스는 Exception이나 RuntimeException 클래스를 상속받아서 작성합니다.
- 일반적인 다중 try/catch문은 사용자 예외 클래스 타입을 갖는 catch문을 가장 먼저 사용합니다.

9 렌터카 프로그램에 예외 적용하기

렌터카 프로그램에 예외 기능을 적용해 보겠습니다.

그림16-8 예외를 적용한 렌터카 프로그램

다음은 전체 예외 클래스의 계층 구조입니다. RentException은 프로그램 전체에 공통적인 예외 기능을 수행합니다. 그리고 각각의 하위 예외 클래스들은 각 기능에서 발생하는 예외 기능을 구현합니다.

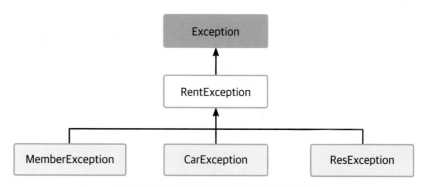

그림16-9 렌터카 프로그램 예외 클래스 계층 구조

다음은 렌터카 최상위 예외 클래스입니다. 최상위 예외 클래스는 모든 예외 클래스가 공통으로 사용하므로 common.execption 패키지에 존재합니다. 모든 하위 예외 클래스에서 공통으로 사용하는 기능인 예외 발생 시각과 예외 메시지를 출력하는 메서드를 정의하고 있습니다.

[직접 코딩해 보기] 최상위 예외 클래스

RentCarApp/com/oracle/rent/ch16/common/exception/RentException.java

```java
package com.oracle.rent.ch16.common.exeception;

import java.util.Calendar;

public class RentException extends Exception {
  public RentException() { }

  public RentException(String message) {
    super(message);
  }

  public String getRentExceptionInfo() {
    String errMsg = "예외 발생 시간: " + showTime() + " 예외 내용:" + super.getMessage();
    return errMsg;
  }


  //예외 발생 시각 정보를 제공하는 메서드
  public static String showTime() {
    String date = null;
    String time = null;
    Calendar cal = Calendar.getInstance();
    int hour = cal.get(Calendar.HOUR);
    int min = cal.get(Calendar.MINUTE);
    int sec = cal.get(Calendar.SECOND);
    int year = cal.get(Calendar.YEAR);
    int month = cal.get(Calendar.MONTH) + 1;
    int day = cal.get(Calendar.DATE);
    date = year + "-" + month + "-" + day;
    time = hour + ":" + min + ":" + sec;
    return date + " " + time;
  }
}
```

다음은 각 하위 예외 클래스들입니다. 지금의 하위 예외 클래스들은 특별한 기능은 없이 상위

RentException 클래스의 기능을 상속받아서 사용합니다. 프로젝트가 진행됨으로써 각각의 기능에 해당되는 예외 기능 필요시 구현해서 사용합니다.

[직접 코딩해 보기] 회원 예외 클래스

RentCarApp/com/oracle/rent/ch16/member/MemberException.java

```
package com.oracle.rent.ch16.member;

import com.oracle.rent.ch16.common.exeception.RentException;

public class MemberException extends RentException { _____ RentException을 상속받습니다.
  public MemberException(String message) {
    super(message);
  }
}
```

[직접 코딩해 보기] 렌터카 예외 클래스

RentCarApp/com/oracle/rent/ch16/car/CarException.java

```
package com.oracle.rent.ch16.car;

import com.oracle.rent.ch16.common.exeception.RentException;

public class CarException extends RentException { _____ RentException을 상속받습니다.
  public CarException(String message) {
    super(message);
  }
}
```

[직접 코딩해 보기] 예약 예외 클래스

RentCarApp/com/oracle/rent/ch16/res/ResException.java

```
package com.oracle.rent.ch16.res;

import com.oracle.rent.ch16.common.exeception.RentException;

public class ResException extends RentException { _____ RentException을 상속받습니다.

  public ResException(String message) {
    super(message);
  }
}
```

다음은 예외 클래스들을 각각의 메서드에 적용한 코드입니다. 전체 구조는 같으므로 여기서는 회원 관련 클래스에 적용된 것만 알아보겠습니다. 다른 기능의 적용 과정은 책 제공 소스나 동영상을 참고해 주세요.

[직접 코딩해 보기] 회원 인터페이스

RentCarApp/com/oracle/rent/ch16/member/Member.java

```java
package com.oracle.rent.ch16.member;

public interface Member {
  public String viewMember(MemberVO vo) throws MemberException;    //회원 등록 메서드

  public void regMember(MemberVO vo) throws MemberException;       //회원 정보 조회 메서드

  public void modMember(MemberVO vo) throws MemberException;       //회원 정보 수정 메서드

  public void delMember(MemberVO vo) throws MemberException;       //회원 정보 삭제 메서드
}
```

회원 구현 클래스에선 회원 가입 시 아이디를 입력하지 않으면 강제로 예외를 발생시킵니다.

[직접 코딩해 보기] 회원 구현 클래스

RentCarApp/com/oracle/rent/ch16/member/MemberImpl.java

```java
package com.oracle.rent.ch16.member;

import com.oracle.rent.ch12.common.DataUtil;
import com.oracle.rent.ch13.common.Base;

public class MemberImpl extends Base implements Member {
  String memberData;

  //회원 정보 조회
  @Override
  public String viewMember(MemberVO vo) throws MemberException {
    DataUtil.decodeData(memberData);
    memberData="회원 아이디:" + vo.id+","+
            "\n회원 비밀번호:" + vo.password+","+
            "\n회원 이름:" + vo.name+","+
            "\n회원 전화번호:" + vo.phoneNum;
```

```java
        System.out.println("회원 정보를 조회합니다.");
        System.out.println("회원 조회 시간: " + showTime());

        return memberData;
    }



    //새로운 회원 등록
    @Override
    public void regMember(MemberVO vo) throws MemberException {
        String id = vo.id;
        if (id == null || id.equals("")) {
            throw new MemberException("아이디는 필수 입력 정보입니다.");
        } else {
            memberData= vo.id+","+
                        vo.name+","+
                        vo.password+","+
                        vo.phoneNum;
            DataUtil.encodeData(memberData);

            System.out.println("\n회원 가입합니다.");
            System.out.println("회원 가입 시간: " + showTime());
        }
    }

    ...

}
```

회원 가입 시 아이디를 입력하지
않으면 예외를 발생시킵니다.

실행 클래스에서는 다른 클래스의 메서드에서 떠넘긴 예외를 try/catch문으로 처리를 해 줍니다.
회원 가입 시 아이디를 입력하지 않았으므로 regMember() 메서드 호출 시 예외가 발생하면 try/
catch문으로 처리하고 있습니다.

RentCarApp/com/oracle/rent/ch16/member/RentCarApp.java

```java
package com.oracle.rent.ch16.main;

...

public class RentCarApp {
    public static void main(String[] args) {
        String memData;
        String carData;
        String resData;

        try {
            System.out.println("------------------------------------------------");
//          MemberVO memberVO = new MemberVO("lee", "1234", "이순신", "서울시 도봉구", "010-1111-2222");
            MemberVO memberVO = new MemberVO("", "1234", "이순신", "서울시 도봉구", "010-1111-2222");
            Member member = new MemberImpl();
            member.regMember(memberVO);
            memData = member.viewMember(memberVO);
            ((AbstractBase)member).displayData(memData);
            ...
            // 회원, 차, 예약 정보 수정

            // 회원, 차, 예약 정보 삭제
            ...
        } catch(RentException e) {
            System.out.println(e.getRentExceptionInfo());
        } catch(Exception e) {
            e.printStackTrace();
        }
    }
}
```

회원 가입 시 회원 아이디를 입력하지 않았습니다.

회원 가입 메서드 호출 시 아이디가 없으므로 예외를 발생시킵니다.

예외 발생 시 사용자 예외 클래스 타입 catch문으로 처리합니다.

[실행결과]

```
------------------------------------------------------
발생 시간: 2022-7-6 11:44:37 예외 내용:아이디는 필수 입력 정보입니다.
```

연습 문제

1 _ try/catch/final문 설명입니다. 맞는 것에는 O표, 틀린 것에는 X표를 하세요.

① try문에는 예외가 발생하면 바로 처리할 수 있습니다. (   )

② catch문은 JVM이 던진 예외를 처리합니다. (   )

③ 예외가 발생하지 않으면 finally문은 실행되지 않습니다. (   )

④ catch문은 예외 처리 후 결과를 예외가 발생한 곳으로 리턴합니다. (   )

2 _ 다음 코드를 실행 시 발생하는 발생하는 예외는 무엇인가요?

```
String str = null;
str.length();

Object[] obj = new Object[3];
obj[0] = new Integer(3);
obj[1] = "안녕하세요";
obj[2] = "Hello World!";
String str = (Integer)obj[2];
```


3 _ throws에 관한 설명입니다. 틀린 것을 고르세요.

① 예외를 바로 처리하지 않고 메서드를 호출한 곳으로 떠넘깁니다.

② 예외가 발생한 메서드를 호출한 메서드도 떠넘겨진 예외를 다시 떠넘길 수 있습니다.

③ throws는 한 개의 예외만 떠넘길 수 있습니다.

④ Exception 클래스로 모든 예외를 떠넘길 수 있습니다.

연습 문제

4 _ 다음은 체크 카드 사용 시 잔고보다 적은 금액을 결제하면, 정상적으로 출력하고 잔고보다 많은 금액을 결제하면 예외를 발생시키는 기능입니다. [실행결과]처럼 출력되도록 코드를 완성해 보세요.

소스 코드: CheckCardException.java

```
1  public class CheckCardException extends Exception {
2    public CheckCardException() { }
3
4    public CheckCardException(String message) {
5      super(message);
6    }
7  }
```

소스 코드: CheckCard.java

```
1  public class CheckCard {
2    private int balance;  //잔고
3
4    public CheckCard(int balance) {
5      this.balance = balance;
6    }
7
8    public int getBalance() {
9      return balance;
10   }
11
12   //결제 기능
13   public void payMoney(int money) throws CheckCardException{
14     //이곳에 작성해 주세요.
15   }
16 }
```

소스 코드: CheckCardTest.java

```java
1   import java.util.Scanner;
2
3   public class CheckCardTest {
4     public static void main(String[] args) {
5       CheckCard card = new CheckCard(100000);
6       Scanner sc = new Scanner(System.in);
7       System.out.println("결제 금액을 입력해 주세요.");
8       int money = sc.nextInt();
9
10      try {
11        card.payMoney(money);
12      } catch (CheckCardException e) {
13        String message = e.getMessage();
14        System.out.println(message);
15      } catch(Exception e) {
16        e.printStackTrace();
17      }
18    }
19  }
```

[실행결과]

잔고보다 적은 금액 결제 금액 입력 시

```
1   결제 금액을 입력해 주세요.
2   40000
3   정상적으로 결제되었습니다.
4   잔고: 60000원
```

잔고보다 많은 결제 금액 입력 시

```
1   결제 금액을 입력해 주세요.
2   120000
3   잔고가 부족합니다.
```

5 _ 다음은 쇼핑몰 프로그램입니다. 9절을 참고해서 예외 기능을 적용해 보세요.

```
∨ 📓 BookShopApp
  > 📚 JRE System Library [jre]
  ∨ 📁 src
    ∨ ⊞ com.oracle.book
      > ⊞ ch08
      > ⊞ ch09
      > ⊞ ch11
      > ⊞ ch12
      > ⊞ ch13
      ∨ ⊞ ch16
        ∨ ⊞ common
          ∨ ⊞ execption
            > 🗋 ShoppingException.java
          > 🗋 AbstractBase.java
          > 🗋 DataUtil.java
        ∨ ⊞ goods
          > 🗋 Goods.java
          > 🗋 GoodsExecption.java
          > 🗋 GoodsImpl.java
          > 🗋 GoodsVO.java
        ∨ ⊞ main
          > 🗋 BookShopApp.java
        ∨ ⊞ member
          > 🗋 Member.java
          > 🗋 MemberException.java
          > 🗋 MemberImpl.java
          > 🗋 MemberVO.java
        ∨ ⊞ order
          > 🗋 Order.java
          > 🗋 OrderException.java
          > 🗋 OrderImpl.java
          > 🗋 OrderVO.java
```

BookShopApp 패키지 구조

17장

컬렉션 프레임워크

프로그래밍은 데이터를 처리하는 과정입니다.
따라서 처리할 데이터를 어떻게 메모리에 저장하고, 어떻게 가지고 오느냐에 따라서
프로그램의 성능에 영향을 미칩니다. 이번에는 자바 프로그래밍 시 데이터를
효과적으로 다룰 수 있게 해 주는 여러 가지 클래스들을 알아보겠습니다.

1 컬렉션 프레임워크 정의

먼저 컬렉션 프레임워크를 알아보겠습니다.

1.1 컬렉션 프레임워크란?

컬렉션 프레임워크는 여러 가지 자료 구조 개념을 자바 프로그래밍에서 쉽게 사용할 수 있도록 미리 클래스로 만들어 제공하는 기능입니다. 초보자 관점에서 프레임워크는 많이 사용하는 기능을 미리 만들어서 제공하는 라이브러리 또는 API로 생각하면 됩니다.

컬렉션 프레임워크의 정의와 특징
- 정의
  - 여러 가지 자료 구조(Data Structure)를 자바에서 미리 구현하여 제공하는 클래스

- 특징
  - 모든 클래스 타입 객체(인스턴스) 저장 가능

1.2 컬렉션 프레임워크 계층 구조

다음은 자바에서 제공하는 컬렉션 프레임워크의 기능을 제공하는 클래스들의 계층 구조입니다. 컬렉션 프레임워크는 크게 Collection 계열과 Map 계열로 나눌 수 있습니다. 자바 프로그래밍을 잘하려면 자바 API의 계층 구조를 잘 파악하는 것이 중요합니다.

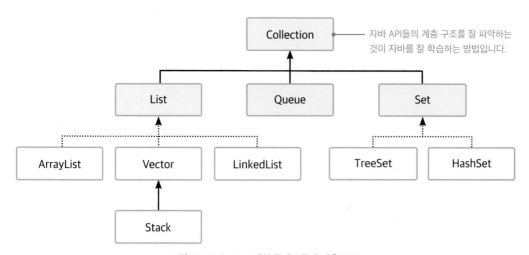

그림17-1 Collection 계열 클래스들의 계층 구조

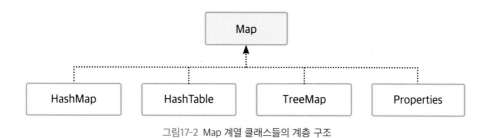

그림17-2 Map 계열 클래스들의 계층 구조

2 Collection 계열

최상위 Collection 인터페이스에는 List, Queue, Set 인터페이스의 하위 클래스들에서 공통으로 사용되는 추상 메서드들이 선언되어 있습니다.

추상 메서드	설명
boolean add(E e)	객체(데이터)를 collection에 추가합니다.
void clear()	현재 collection에 있는 모든 객체(데이터)를 제거합니다.
boolean contains(Object o)	현재 collection에 매개값으로 전달된 객체(데이터)가 있는지 판별합니다.
boolean isEmpty()	현재 collection에 객체(데이터)가 없는지 판별합니다.
Iterator<E> iterator()	현재 collection의 객체(데이터)를 iterator로 리턴합니다.
boolean remove(Object o)	현재 collection에서 인자로 전달된 객체(데이터)를 제거합니다.
int size()	현재 collection이 가지고 있는 객체(데이터) 개수를 리턴합니다.
Object[ ] toArray()	현재 collection이 가지고 있는 객체(데이터)를 배열로 만들어 리턴합니다.

표17-1 Collection 인터페이스에 선언된 추상 메서드들

2.1 List 계열

가장 많이 사용되는 List 계열부터 알아보겠습니다. List 계열 컬렉션들은 배열과 비슷하게 동작합니다. 즉 배열처럼 데이터 저장 시 순서(index)가 부여됩니다. 그러나 배열과는 다르게 데이터 추가 시 자동으로 저장 공간이 늘어납니다.

List 계열 특징
● 저장 시 데이터의 순서(index)가 지정됩니다.
● 데이터의 중복을 허용합니다.
● 하위의 ArrayList, Vector, LinkedList 클래스로 구현해서 사용합니다.

다음은 List 인터페이스에 선언된 추상 메서드들입니다. 하위의 구현 클래스에서 구현해서 사용합니다.

추상 메서드	설명
E get(int index)	매개변수로 전달된 index의 객체를 리턴합니다.
int indedOf(Object o)	매개변수로 전달된 객체가 Collection에 존재하면 가장 빠른 index를 리턴합니다(존재하지 않으면 -1을 리턴합니다).
int lastIndexOf(Object o)	매개변수로 전달된 객체가 Collection에 존재하면 가장 마지막 index를 리턴합니다(존재하지 않으면 -1을 리턴합니다).
E set(int index, Eelement)	첫 번째 매개변수로 전달된 index의 객체를 두 번째 매개변수로 전달된 객체로 대체합니다.

표17-2 List 인터페이스에 선언된 추상 메서드들

2.1.1 ArrayList

ArrayList는 List 계열 중에 가장 많이 쓰이는 클래스입니다. 다음은 ArrayList의 특징입니다.

ArrayList의 특징
● 객체 저장 시 index가 순서대로 지정됩니다. ●————— ArrayList는 웹 개발 시 가장 많이 사용되므로 사용법을 잘 알아두세요.
● 저장하는 객체의 개수에 제한이 없습니다.

ArrayList는 내부적으로 배열로 이루어져 있습니다. 배열의 단점은 생성 시 저장할 수 있는 데이터 수가 배열의 length까지만 저장할 수 있습니다. 반면에 ArrayList는 데이터 저장 시 자동으로 저장 용량을 늘려줍니다.

다음은 ArrayList 객체 생성 방법입니다.

```
List aList = new ArrayList()
```

ArrayList가 메모리에 생성되면, 배열처럼 인덱스가 0부터 시작해서 9까지 10개의 요소가 연속하여 생성됩니다.

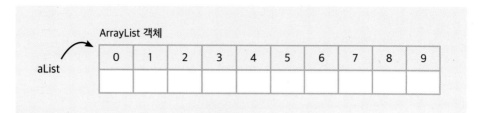

그림17-3 메모리에 생성된 ArrayList 객체

다음은 ArrayList에 객체들을 저장하는 방법입니다. ArrayList에 객체 저장 시 add() 메서드로 저장할 수 있습니다. ArrayList에는 모든 타입의 객체가 저장 가능합니다. 다른 타입 객체를 저장할 수 이유는 내부적으로 Object 타입으로 업캐스팅되기 때문입니다.

```
aList.add("홍길동");
aList.add(new Integer(178)); ●────── 기본형 데이터는 해당 래퍼 클래스 객체로 저장합니다.
aList.add(new Student());
```

그림17-4 add() 메서드로 객체를 저장한 후 ArrayList 상태

ArrayList에 저장한 객체를 가지고 오는 방법입니다. get() 메서드와 저장 시 지정된 인덱스를 이용해서 객체를 가지고 옵니다. ArrayList에 저장된 객체는 업캐스팅된 상태이므로, 접근 시 원래의 클래스 타입으로 다운캐스팅해 주어야 합니다.

```
// String name = aList.get(0); ●────── 에러가 발생합니다.
String name = (String)aList.get(0); ┐
Integer num = (Integer)aList.get(1); │●────── 접근 시 클래스 타입으로 다운캐스팅합니다.
Student s = (Student)aList.get(2); ┘
```

다음은 ArrayList에 저장된 객체를 변경하는 방법입니다. set() 메서드와 수정하려는 객체의 인덱스를 이용해서 수정합니다.

```
aList.set(0, "hello");
aList.set(1, new Float(3.14F));
aList.set(2, new College());
```

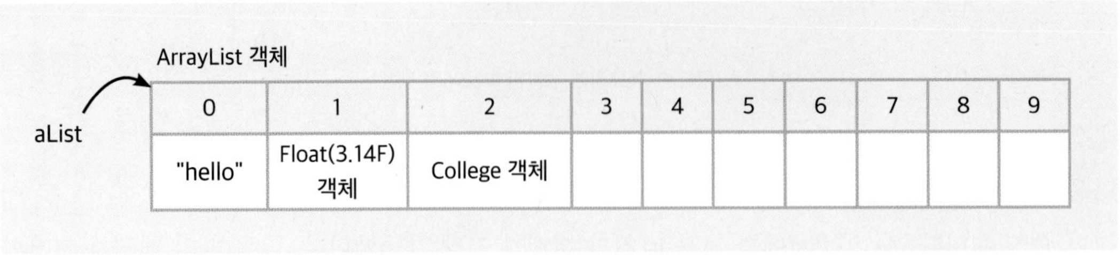

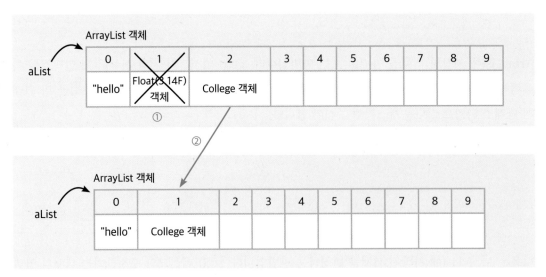

그림17-5 set() 메서드로 각 객체를 수정한 후 ArrayList 상태

다음은 ArrayList에 저장된 객체를 삭제하는 방법입니다. remove() 메서드와 인덱스를 이용해서 해당 객체를 삭제합니다. ArrayList의 인덱스는 연속적으로 유지됩니다. 따라서 객체가 삭제되면 삭제한 객체의 인덱스 위치에 다음의 객체의 인덱스가 자동으로 당겨져서 위치합니다.

```
aList.remove(1);
```

remove(1) 메서드 호출 시 인덱스 재정렬 과정

① 두 번째 인덱스의 객체를 삭제합니다.

② 세 번째 객체부터 다시 삭제된 인덱스로 지정해서 연속적으로 인덱스값을 가지도록 수정합니다.

그림17-6 remove() 메서드로 객체 삭제 후 ArrayList 상태

다음은 ArrayList에 메서드를 이용해서 객체를 저장한 후, 다시 얻는 예제입니다. ArrayList에 저

장 시 모든 객체는 Object 타입으로 업캐스팅되어서 저장됩니다. 따라서 get() 메서드로 접근한 후, 원래 클래스 타입으로 다운캐스팅을 해야 합니다.

[직접 코딩해 보기] ArrayList 사용하기

ch17/sec01/ex01/ArrayListTest.java

```java
package sec01.ex01;

import java.util.ArrayList;
import java.util.List;

public class ArrayListTest {
  public static void main(String[] args) {
    List aList = new ArrayList();

    //객체 저장하기
    aList.add("홍길동");
    aList.add(new Integer(178));
    aList.add(new Student());
    System.out.println(aList.toString()); ----------- toString() 메서드 호출 시 ArrayList에 저장된 모든 객체를
                                                      순서대로 출력해 줍니다.

    //객체 얻기
//  String name = aList.get(0); ----------------- 업캐스팅 상태에서 참조 변수에 대입 시 에러가 발생합니다.
    String name = (String)aList.get(0);      ----¬
    Integer num1 = (Integer)aList.get(1);        |---- 원래의 클래스 타입으로 다운캐스팅합니다.
    Student student = (Student)aList.get(2); ----┘

    System.out.println("name = " + name);
    System.out.println(num1.intValue());
    System.out.println(student);

    //객체 수정하기
    aList.set(0, "hello");
    aList.set(1, new Float(3.14));
    aList.set(2, new College());
    System.out.println(aList.toString());

    //객체 삭제하기
    aList.remove(1);
    System.out.println(aList.toString());
  }
}
```

[실행결과]

```
[홍길동, 178, 이름: 이순신 학년: 3]

name = 홍길동
178
이름: 이순신 학년: 3

[hello, 3.14, 이름: 홍길동 학년: 2 학점: 23]
[hello, 이름: 홍길동 학년: 2 학점: 23]
```

다음은 ArrayList에서 지원하는 다른 메서드들의 사용 예제입니다. size() 메서드로 ArrayList에 저장된 객체의 수를 알 수 있습니다. for문과 size() 메서드를 이용해서 모든 요소에 차례대로 접근할 수 있습니다. Arrays 클래스의 asList() 메서드를 이용하면 배열을 쉽게 List로 변환할 수 있습니다.

[직접 코딩해 보기] ArrayList의 메서드 사용하기

ch17/sec01/ex01/ArrayListMethodTest.java

```java
package sec01.ex01;

import java.util.ArrayList;
import java.util.Arrays;
import java.util.List;

public class ArrayListMethodTest {
  public static void main(String[] args) {
    List aList1 = new ArrayList();
    aList1.add("홍길동");
    aList1.add("이순신");
    aList1.add("임꺽정");
    aList1.add("홍길동");
    System.out.println("ArrayList에 저장된 객체 수: " + aList1.size()); //4
    System.out.println(aList1.toString());   //[홍길동, 이순신, 임꺽정, 홍길동]

    aList1.add(2, "손흥민"); ----------------------------- 3번째 위치에 추가합니다.
    System.out.println("ArrayList에 저장된 객체 수: " + aList1.size()); //5
    System.out.println(aList1.toString()); //[홍길동, 이순신, 손흥민, 임꺽정, 홍길동]
    System.out.println();

    Object[] obj = aList1.toArray(); ------------------ List를 배열로 변환합니다.
    System.out.println(Arrays.toString(obj)); //[홍길동, 이순신, 손흥민, 임꺽정, 홍길동]
```

```
    List aList2 = Arrays.asList(obj);                   배열을 List로 변환합니다.


    List aList3 = new ArrayList();
    aList3.add(new Integer(1));
    aList3.add(new Integer(2));
    aList3.add(new Integer(3));
    aList3.add(new Integer(4));


    aList1.addAll(aList3);                              다른 ArrayList의 객체를 마지막에 차례로 추가합니다.
    System.out.println("ArrayList에 저장된 객체 수: " + aList1.size());  //9
    System.out.println(aList1.toString());   //[홍길동, 이순신, 손흥민, 임꺽정, 홍길동, 1, 2, 3, 4]


    aList1.addAll(2, aList3);                           다른 ArrayList를 3번째 위치부터 차례로 추가합니다.
    System.out.println();
    System.out.println("ArrayList에 저장된 객체 수: " + aList1.size());  //13
    //[홍길동, 이순신, 1, 2, 3, 4, 손흥민, 임꺽정, 홍길동, 1, 2, 3, 4]
    System.out.println(aList1.toString());


    aList1.remove(1);                                   2번째 객체를 삭제합니다.
    System.out.println("ArrayList에 저장된 객체 수: " + aList1.size());  //12
    System.out.println(aList1.toString());//[홍길동, 1, 2, 3, 4, 손흥민, 임꺽정, 홍길동, 1, 2, 3,
    4]
    aList1.remove("홍길동");                             첫 번째 "홍길동" 문자열을 삭제합니다.
    System.out.println("ArrayList에 저장된 객체 수: " + aList1.size());  //11
    System.out.println(aList1.toString()); //[1, 2, 3, 4, 손흥민, 임꺽정, 홍길동, 1, 2, 3, 4]


    for(int i = 0; i < aList1.size(); i++) {
      System.out.println(aList1.get(i));               for문으로 전체 요소에 차례로 접근합니다.
    }


    aList1.clear();                                    모든 객체를 삭제합니다.
    System.out.println("ArrayList에 저장된 객체 수: " + aList1.size());  //0
    System.out.println(aList1.toString());  //[ ]
  }
}
```

[실행결과]

```
ArrayList에 저장된 객체 수: 4
[홍길동, 이순신, 임꺽정, 홍길동]

ArrayList에 저장된 객체 수: 5
[홍길동, 이순신, 손흥민, 임꺽정, 홍길동]
[홍길동, 이순신, 손흥민, 임꺽정, 홍길동]
```

```
ArrayList에 저장된 객체 수: 9
[홍길동, 이순신, 손흥민, 임꺽정, 홍길동, 1, 2, 3, 4]


ArrayList에 저장된 객체 수: 13
[홍길동, 이순신, 1, 2, 3, 4, 손흥민, 임꺽정, 홍길동, 1, 2, 3, 4]


ArrayList에 저장된 객체 수: 12
[홍길동, 1, 2, 3, 4, 손흥민, 임꺽정, 홍길동, 1, 2, 3, 4]


ArrayList에 저장된 객체 수: 11
[1, 2, 3, 4, 손흥민, 임꺽정, 홍길동, 1, 2, 3, 4]
```

다음은 배열과 ArrayList를 비교한 것입니다. 배열과 ArrayList는 내부적으로 인덱스를 통해서 접근합니다.

구분	배열	ArrayList
저장 데이터 종류	배열 선언 시 지정한 타입의 데이터만 저장 가능(Object 타입은 예외)	모든 객체 저장 가능
저장 데이터 개수	선언 시 생성한 길이만큼 저장 가능	저장 개수 제한 없음
데이터 접근 방법	인덱스로 접근	인덱스로 접근

표17-3 배열과 ArrayList의 비교

다음은 제품 정보를 Product 객체에 저장한 후, 다시 여러 개의 Product 객체를 ArrayList에 저장 후 출력하는 예제입니다.

[직접 코딩해 보기] 제품 정보를 저장하는 Product 클래스

ch17/sec01/ex02/Product.java

```java
package sec01.ex02;

public class Product {
    private String code;   //제품 번호
    private String name;   //제품 이름
    private String color;  //제품 색상
    private int qty;       //제품 수량

    public Product() {
        this("0001", "스마트폰", "블랙", 100);
    }
```

```
public Product(String code, String name, String color, int qty) {
    this.code = code;
    this.name = name;
    this.color = color;
    this.qty = qty;
}


//getters 와 setters
...
}
```

실행 클래스에서 Product 객체를 저장할 ArrayList를 생성 후, Product 객체를 차례대로 저장합니다. 메서드로 전달해서 다시 for문을 이용해서 ArrayList에 접근해서 차례대로 Product 객체에 접근해서 제품 정보를 출력합니다.

[직접 코딩해 보기] 실행 클래스

ch17/sec01/ex02/ProductTest.java

```
package sec01.ex02;

import java.util.ArrayList;
import java.util.List;

public class ProductTest {
    public static void getProdInfo(List list) {
        Product prod = null;
        String code = null;
        String name = null;
        String color = null;
        int qty = 0;

        for (int i = 0; i < list.size(); i++) {
            prod = (Product)list.get(i);
            code = prod.getCode();
            name = prod.getName();
            color = prod.getColor();
            qty = prod.getQty();

            System.out.println("제품 번호 = " + code);
            System.out.println("제품 이름 = " + name);
            System.out.println("제품 색상 = " + color);
            System.out.println("제품 수량 = " + qty);
```

for문을 이용해서 Product 객체를 차례대로 가지고 온 후,
getter()를 이용해서 필드값을 얻습니다.

```
        System.out.println();
      }
    }

    public static void main(String[] args) {
      List pList = new ArrayList();
      Product p1 = new Product();
      Product p2 = new Product("0002", "스마트 TV", "흰색", 200);
      Product p3 = new Product("0003", "노트북", "은색", 100);

      pList.add(p1);
      pList.add(p2);       ┊----- Product 객체를 ArrayList에 저장합니다.
      pList.add(p3);

      getProdInfo(pList); _____ ArrayList를 메서드로 전달합니다.
    }

}
```

[실행결과]

```
제품 번호 = 0001
제품 이름 = 스마트폰
제품 색상 = 블랙
제품 수량 = 100


제품 번호 = 0002
제품 이름 = 스마트 TV
제품 색상 = 흰색
제품 수량 = 200


제품 번호 = 0003
제품 이름 = 노트북
제품 색상 = 은색
제품 수량 = 100
```

2.1.2 Vector

Vector는 ArrayList보다 먼저 사용되었던 컬렉션 클래스입니다. Vector는 사용방법이 ArrayList
와 동일합니다. ArrayList와 다른 점은 Vector는 멀티 스레드 환경에서 동기화를 지원한다는 점입
니다. Vector를 이용한 동기화는 18장 스레드에서 자세히 알아보겠습니다.

다음은 Vector 객체를 생성 후, 객체들을 저장하는 예제입니다. ArrayList와 사용 방법이 일치합니다.

[직접 코딩해 보기] Vector 사용하기

ch17/sec01/ex03/VectorTest.java

```java
package sec01.ex03;

import java.util.List;
import java.util.Vector;

public class VectorTest {
  public static void main(String[] args) {
    List vList = new Vector();

    //객체 저장하기
    vList.add("홍길동");
    vList.add(new Integer(178));
    vList.add(new Student());
    System.out.println(vList.toString());

    //객체 얻기
    String name = (String) vList.get(0);
    Integer num1 = (Integer) vList.get(1);
    Student student = (Student) vList.get(2);

    System.out.println("name = " + name);
    System.out.println(num1.intValue());
    System.out.println(student);

    //객체 수정하기
    vList.set(0, "hello");
    vList.set(1, new Float(3.14));
    vList.set(2, new College());
    System.out.println(vList.toString());

    //객체 삭제하기
    vList.remove(1);
    System.out.println(vList.toString());
  }
}
```

```
[홍길동, 178, 이름: 이순신 학년: 3]

name = 홍길동
178
이름: 이순신 학년: 3

[hello, 3.14, 이름: 홍길동 학년: 2 학점: 23]
```

2.1.3 LinkedList

LinkedList는 ArrayList와 사용법이 동일합니다.

> **LinkedList의 특징**
> - ArrayList와 사용법이 같습니다.
> - 객체의 추가, 삭제가 빈번한 경우 사용하면 편리합니다.

다음은 LinkedList 사용법입니다. LinkedList 객체 생성 후, add() 메서드를 이용해서 객체를 추가합니다.

```
LinkedList lList1 = new LinkedList();

lList1.add("홍길동");
lList1.add(new Integer(178));
lList1.add(new Student());
lList1.add("사과");
```

LinkedList에 객체를 저장하면 각 객체는 이전과 이후에 저장한 객체의 위치를 가리키고 있습니다.

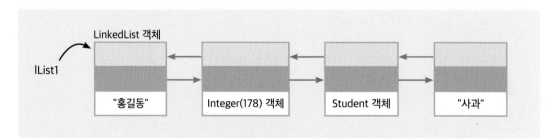

그림17-7 add() 메서드로 객체 저장 시 LinkedList 상태

다음은 LinkedList에 객체를 삭제하는 방법입니다. remove() 메서드와 삭제하고자 하는 객체의 인덱스를 이용해서 삭제합니다.

```
lList1.remove(1);
```

다음은 두 번째 객체를 삭제 후, LinkedList의 상태입니다. 두 번째 객체 앞, 뒤의 객체는 두 번째 객체의 위치값을 삭제 후, 다시 서로의 위치값으로 연결합니다. LinkedList는 객체 삭제 시 이전과 이후의 객체의 위치값만 변경하면 되므로 ArrayList보다 훨씬 빠르게 추가나 삭제 작업을 할 수 있습니다.

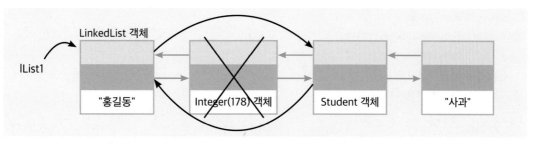

그림17-8 remove() 메서드 호출 후 LinkedList 상태

[참고] ArrayList와 LinkedList의 차이점

다음은 LinkedList에 저장된 객체 중간에 새로운 객체를 삽입하는 메서드입니다. 이렇게 중간에 객체를 삽입하는 경우, ArrayList같은 경우는 다시 중간 객체를 위한 공간을 마련하기 위해서 다른 객체들이 인덱스를 변경시키는 작업이 따로 필요합니다. 그러나 LinkedList 같은 경우 앞, 뒤로 연결된 위치값만 변경해 주면 되므로 훨씬 작업 속도가 빠릅니다. 따라서 객체의 저장과 삭제 작업이 빈번한 경우는 LinkedList를 사용하는 것이 훨씬 효율적입니다. 반면에 검색 작업이 빈번한 경우는 ArrayList를 사용하는 것이 효율적입니다.

```
lList1.add(2, new Float(3.14F));
```

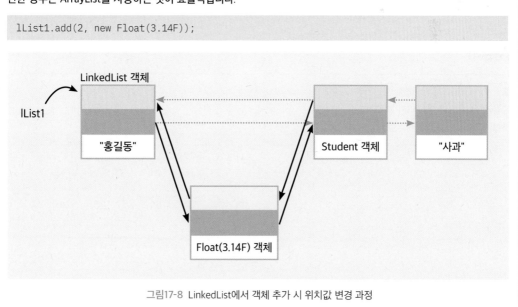

그림17-8 LinkedList에서 객체 추가 시 위치값 변경 과정

ch17/sec01/ex03/LinkedListTest.java

```java
package sec01.ex03;

import java.util.LinkedList;

public class LinkedListTest {
  public static void main(String[] args) {
    LinkedList lList1 = new LinkedList();

    //추가하기
    lList1.add("홍길동");
    lList1.add(new Integer(178));
    lList1.add(new Student());
    lList1.add("사과");
    System.out.println(lList1.toString());   //[홍길동, 178, 이름: 이순신 학년: 3, 사과]

    //삭제하기
    lList1.remove(1);
    System.out.println(lList1.toString());     //[홍길동, 이름: 이순신 학년: 3, 사과]

    //중간에 추가하기
    lList1.add(1, new Float(3.14F)); _____ 두 번째 위치에 객체를 추가합니다.
    System.out.println(lList1.toString());     //[홍길동, 3.14, 이름: 이순신 학년: 3, 사과]
  }
}
```

[실행결과]

```
[홍길동, 178, 이름: 이순신 학년: 3, 사과]
[홍길동, 이름: 이순신 학년: 3, 사과]
[홍길동, 3.14, 이름: 이순신 학년: 3, 사과]
```

→ 요점 정리 ←

- ArrayList는 가장 많이 사용되는 컬렉션 클래스입니다.

- ArrayList에는 제한 없이 모든 객체 타입을 저장할 수 있습니다.

- Vector는 ArrayList와 사용 방법이 같습니다.

- 데이터의 추가, 삭제가 빈번한 경우 LinkedList를 사용하면 좋습니다. 반면에 검색 작업이 빈번한 경우는 ArrayList를 사용하면 좋습니다.

⒊ Stack과 Queue

Stack과 Queue에 관해서 알아보겠습니다.

3.1 Stack 클래스

Stack 클래스는 객체의 입력과 출력을 한쪽에서만 수행하는 구조입니다.

> **Stack의 특징**
> - java.util.Vector 클래스를 상속받습니다.
> - 가장 마지막에 저장한 객체를 가장 먼저 출력(후입선출)할 수 있습니다(LIFO,Last In First Out).

Stack에 저장된 객체는 마지막에 저장된 객체가 가장 먼저 인출됩니다. Stack은 메서드 호출 후 복귀 과정에서 이미 사용해 봤습니다. 다른 메서드 호출 시 원래의 메서드명을 Stack에 차례대로 저장합니다. 호출된 메서드의 수행을 마친 후 Stack에서 메서드명을 가지고 와서 원래 호출한 메서드로 되돌아 갑니다(16.6절 참고).

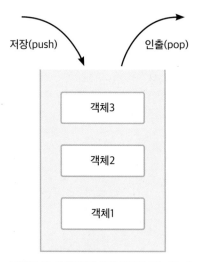

그림17-10 후입선출(LIFO) 구조를 갖는 Stack

다음은 Stack 클래스에서 제공하는 메서드들입니다.

메서드	설명
boolean empty()	Stack이 비었는지 판별합니다.
E peek()	Stack의 최상위에 저장된 객체를 확인합니다.
E pop()	Stack의 최상위에 저장된 객체를 인출합니다.
E push(E item)	객체를 Stack의 최상위에 저장합니다.
int search(Object o)	매개값으로 전달하는 객체의 스택의 위치(position)을 리턴합니다.

표17-4 Stack 클래스의 여러 가지 메서드들

다음은 Stack에 객체를 저장 후, 인출하는 예제입니다. peek() 메서드는 최상위 객체를 확인하는 용도로 사용됩니다. push() 메서드로 객체를 Stack에 저장 후, pop() 메서드로 Stack에 저장된 객체를 하나씩 인출합니다.

[직접 코딩해 보기] Stack 사용하기

ch17/sec01/ex04/StackTest.java

```java
package sec01.ex04;

import java.util.Stack;

public class StackTest {
  public static void main(String[] args) {
    Stack stack = new Stack();
    stack.push("홍길동");
    stack.push("이순신");
    stack.push(new Integer(111));
    stack.push(new Student());

    Student s1 = (Student)stack.peek(); _____ 마지막에 저장된 객체를 리턴합니다.
    System.out.println(s1);

    System.out.println(stack.toString());

    while (!stack.isEmpty()) {
      System.out.println(stack.pop());      ----- 마지막에 저장된 객체부터 차례대로 인출합니다.
    }

    System.out.println(stack.toString()); _____ 모든 객체를 인출했으므로 Stack은 비어 있습니다.
  }
}
```

이름: 이순신 학년: 3

[홍길동, 이순신, 111, 이름: 이순신 학년: 3]

이름 이순신 학년 : 3
111
이순신
홍길동

[]

3.2 Queue

큐(queue)는 먼저 저장된 객체가 먼저 인출되는 구조를 갖는 컬렉션입니다.

> **큐의 특징**
> ● 선입 선출(FIFO, First In First Out) 구조를 갖습니다.
> ● 실제 큐의 기능은 java.util.Queue 인터페이스를 구현한 LinkedList 클래스를 이용합니다.

그림처럼 큐는 입력과 출력을 다른 위치에서 수행하므로 가장 먼저 입력한 객체가 가장 먼저 출력합니다.

큐의 사용 예를 들겠습니다. 브라우저에서 사용자의 요청이 갑자기 몰리면 서버에서는 일단 큐를 만들어서 사용자의 요청을 저장해 놓은 후, 빠른 요청부터 하나씩 인출해서 처리하는데 사용됩니다.

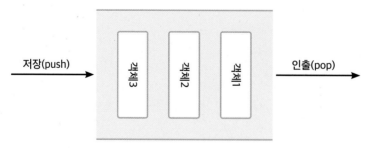

그림17-11 선입선출(FIFO) 구조를 갖는 Queue

다음은 렌터카 프로그램에 대한 요청을 큐를 이용해서 저장한 후, 인출하는 예제입니다. 큐는 먼저 요청한 요청이 먼저 저장되고, 먼저 인출되는 구조입니다.

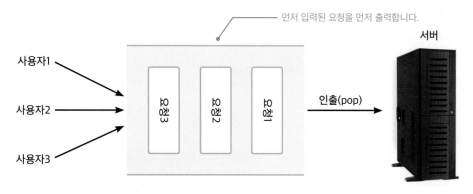

먼저 입력된 요청을 먼저 출력합니다.

그림17-12 여러 사용자가 동시에 요청 시 요청을 저장하는 큐

[직접 코딩해 보기] Queue 사용하기

ch17/sec01/ex05/QueueTest.java

```java
package sec01.ex04;

import java.util.LinkedList;
import java.util.Queue;

public class QueueTest {
  public static void main(String[] args) {
    Queue requestQueue = new LinkedList();

    //요청 추가
    requestQueue.add("로그인");
    requestQueue.add("렌터카 예약");          ┄┄┄ 큐에 요청명을 차례대로 저장합니다.
    requestQueue.add("렌터카 등록");
    System.out.println(requestQueue.size());  ┄┄┄ 큐에 저장된 객체 수를 리턴합니다.

    //요청 접근 및 반환
    String request = (String)requestQueue.poll();   ┄┄┄ 큐에 저장된 객체를 리턴합니다.
    System.out.println(request);
    System.out.println(requestQueue.poll());         ┄┄┄ 큐에서 요청명을 차례대로 인출합니다.
    System.out.println(requestQueue.poll());

    System.out.println(requestQueue.size());

    //다시 요청 추가
    requestQueue.add("로그인");
    requestQueue.add("로그인");
    requestQueue.add("예약 조회");
    requestQueue.add("렌터카 예약");
    requestQueue.add("회원 가입");
```

```
        System.out.println(requestQueue.size());
        System.out.println(requestQueue.toString());
    }
}
```

[실행결과]

```
3
```

로그인 ┐
렌터카 예약 ┤──── 먼저 요청한 요청명을 먼저 출력합니다.
렌터카 등록 ┘

```
0
```

```
5
```

[로그인, 로그인, 예약 조회, 렌터카 예약, 회원 가입]

3.3 Set 계열

이번에는 Collection 계열 중 Set 계열에 관해서 알아보겠습니다. 다음은 Set 컬렉션의 특징입니다.

> **Set 계열의 특징**
> ● 저장된 객체의 중복을 허용하지 않습니다.
> ● 순서(인덱스)가 지정되지 않습니다.
> ● 하위의 HashSet와 TressSet을 이용해서 구현합니다.

Set 계열은 List 인터페이스를 상속하므로 표17-1의 추상 메서드를 그대로 하위 HashSet 과 TreeSet에 구현해서 사용합니다.

3.3.1 HashSet

다음은 HashSet 사용 예제입니다. HashSet에 문자열과 기본 타입 래퍼 클래스 객체 저장 시 중복을 허용하지 않습니다. 그리고 저장 시 별도의 인덱스가 지정되지 않습니다. 따라서 출력 시 저장된 순서로 출력되지 않습니다.

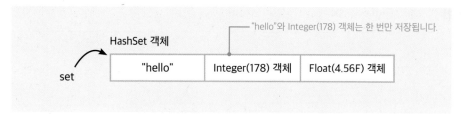

그림17-13 중복을 허용하지 않는 HashSet에 저장된 객체 상태

[직접 코딩해 보기] HashSet의 메서드 사용하기

ch17/sec01/ex05/HashSetTest1.java

```java
package sec01.ex05;

import java.util.HashSet;
import java.util.Set;

public class HashSetTest1 {
  public static void main(String[] args) {
    Set set = new HashSet();                          HashSet 객체를 생성합니다.

    set.add("hello");
    set.add(new Integer(178));
    set.add(new Float(4.56F));              문자열 "hello"와 Integer(178) 객체는 한 번만 저장됩니다.
    set.add("hello");
    set.add(new Integer(178));

    Object[] obj = set.toArray();                     HashSet을 Object 배열로 변환합니다.
    for (int i = 0; i < obj.length; i++) {
      System.out.println(obj[i]);                     출력 시 저장된 순서로 출력되지 않습니다.
    }

    set.remove(new Integer(178));                     매개값으로 전달된 객체를 삭제합니다.
    System.out.println(set);

    set.clear();                                      저장된 모든 객체를 삭제합니다.
    System.out.println(set);
    System.out.println();

    if(set.isEmpty()) {                               저장된 객체가 없으면 true를 리턴합니다.
      System.out.println("저장된 객체가 없습니다.");
    }
  }
}
```

[실행결과]

```
178
4.56
hello

[4.56, hello]

[]

저장된 객체가 없습니다.
```

다음은 사용자가 만든 Student 클래스 객체를 HashSet에 저장하는 예제입니다. 동일한 학번을 갖는 "홍길동" 학생 정보를 저장한 Student 객체를 HashSet에 저장 후 출력 시 문자열이나 래퍼 클래스 객체는 중복 없이 한 번만 출력되지만, "홍길동" 학생 정보는 두 번 출력됩니다. 즉, 앞의 설명과는 달리 Student 객체의 중복을 허용하고 있습니다.

[직접 코딩해 보기] 같은 객체를 저장하는 HashSet

ch17/sec01/ex05/HashSetTest2.java

```java
package sec01.ex05;

import java.util.HashSet;
import java.util.Set;

public class HashSetTest2 {
  public static void main(String[] args) {
    Set set = new HashSet();

    Student s1 = new Student("20220002", "홍길동", 2);
//  System.out.println(s1.hashCode());  // 925858445
    set.add(s1);
    set.add("hello");
    set.add(new Integer(178));
    set.add(new Float(4.56F));
    set.add("hello");
    set.add(new Integer(178));

    Student s2 = new Student("20220002", "홍길동", 2);
//  System.out.println(s1.hashCode());  // 798154996
    set.add(new Student(s2));
```

같은 학번을 갖는 학생 객체를 중복해서 저장합니다.

```
        Object[] obj = set.toArray();
        for (int i = 0; i < obj.length; i++) { -----
            System.out.println(obj[i]);              ┆----- 출력 시 "홍길동" 학생 객체가 두 번 출력됩니다.
        }
        System.out.println(set);
    }


}
```

[실행결과]

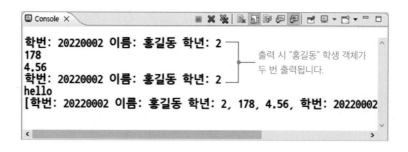

3.3.2 동등 객체 판별하기

문자열이나 레퍼 클래스 객체는 동일한 객체 저장 시 중복 없이 한 번만 저장되는데 Student 클래스와 같이 사용자가 직접 만든 객체가 중복해서 저장되는 이유가 있습니다. 객체 생성시 할당되는 해시코드를 이용해서 hashCode()와 equals() 메서드로 동일 객체인지 판별하기 때문입니다.

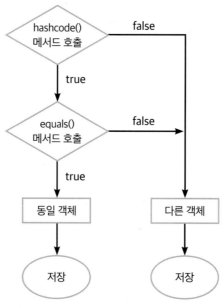

그림17-14 HashSet이 동일한 객체인지 판별하는 과정

① 프로그램 실행 시 new 연산자로 객체를 생성하면 각 객체에는 생성된 메모리 위치를 기반으로 한 고유 번호, 즉 해시코드(HashCode)가 할당됩니다.

② JVM은 먼저 두 객체의 hashcode() 메서드를 호출해서 해시코드가 같은 지 비교 후, true이면 equals() 메서드를 호출하고, false이면 다른 객체로 판별합니다.

③ equals() 메서드를 이용해서 각각의 객체의 필드값이 같은지 비교해서 true이면 두 객체가 같다고 판별해서 저장하지 않고, 다르면 다른 객체로 판별해서 HashSet에 저장합니다.

그런데 String 클래스나 래퍼 클래스는 hashcode()나 equals() 메서드를 미리 오버라이딩해서 제공합니다. 따라서 같은 문자열을 저장하면 한 번만 저장됩니다. 반면에 사용자가 만든 Student 클래스는 오버라이딩을 해 주지 않았으므로 두 개의 Student 객체는 다른 해시코드를 가지게 되고, 다른 객체로 판별되어 두 번 저장됩니다.

boolean	endsWith(String suffix)	Tests if this string ends with the specified suffix.
boolean	equals(Object anObject)	Compares this string to the specified object.
boolean	equalsIgnoreCase(String anotherString)	Compares this String to another String, ignoring
static String	format(String format, Object... args)	Returns a formatted string using the specified for
static String	format(Locale l, String format, Object... args)	Returns a formatted string using the specified loc
String	formatted(Object... args)	Formats using this string as the format string, and
byte[]	getBytes()	Encodes this String into a sequence of bytes usin result into a new byte array.
void	getBytes(int srcBegin, int srcEnd, byte[] dst, int dstBegin)	**Deprecated.** This method does not properly convert characters
byte[]	getBytes(String charsetName)	Encodes this String into a sequence of bytes usin new byte array.
byte[]	getBytes(Charset charset)	Encodes this String into a sequence of bytes usin byte array.
void	getChars(int srcBegin, int srcEnd, char[] dst, int dstBegin)	Copies characters from this string into the destina
int	hashCode()	Returns a hash code for this string.

그림17-15 String 클래스에 오버라이딩된 equals()와 hashcode() 메서드

그럼 이번에는 Student 클래스에 equals() 메서드와 hashcode() 메서드를 오버라이딩해서 저장해 보겠습니다. 다음의 Student 클래스는 Object 클래스의 hashCode() 메서드를 오버라이딩해서 객체 생성 시 고유의 해시코드를 얻습니다(java.util.Objects 클래스의 hashCode() 메서드를 사용하면 학생의 학번을 매개값을 전달해서 쉽게 해시코드를 생성할 수 있습니다. Objects 클래스의 기능은 부록을 참고하세요).

[직접 코딩해 보기] hashCode()와 equals() 메서드를 오버라이딩한 Student 클래스

ch17/sec01/ex06/Student.java

```
package sec01.ex06;

import java.util.Objects;
```

```java
public class Student {
    String hakbun;   //학번
    String name;
    int grade;

    Student() {
        this("20220001", "이순신", 3);
    }

    Student(String hakbun, String name, int grade) {
    this.hakbun = hakbun;
    this.name = name;
    this.grade = grade;
    }

    @Override
    public String toString() {
        return "학번: " + hakbun + " 이름: " + name +" 학년: " +grade;
    }

    @Override
    public int hashCode() {                    ┈┈┈┈ Objects 클래스의 hashCode() 메서드를 오버라이딩합니다.
        return Objects.hashCode(hakbun);
    }

    @Override
    public boolean equals(Object obj) {
        String _hakbun = ((Student)obj).hakbun;
        int _grade =  ((Student)obj).grade;

        if(hakbun.equals(_hakbun) && (grade == _grade)) {   ┈┈┈┈ Object 클래스의 equals() 메서드를 오버라이
            return true;                                          딩한 후, 객체의 필드값이 같은 지 비교합니다.
        } else {
            return false;
        }
    }
}
```

학번과 학년 정보를 이용해서 해시코드를 생성한 Student 객체는 학번과 학년이 같으면 같은 해
시코드를 가지므로, HashSet에 저장 시 같은 객체로 인식되어 한 개의 객체만 저장됩니다.

ch17/sec01/ex06/HashSetTest3.java

```java
package sec01.ex06;

import java.util.HashSet;
import java.util.Set;

public class HashSetTest3 {
  public static void main(String[] args) {
    Set set = new HashSet();

    Student s1 = new Student("20220002", "홍길동", 2);
//  System.out.println(s1.hashCode());  // -1924181504
    set.add(new Student(s1);

    set.add("hello");
    set.add(new Integer(178));
    set.add(new Float(4.56F));
    set.add("hello");
    set.add(new Integer(178));
    Student s2 = new Student("20220002", "홍길동", 2);
//  System.out.println(s2.hashCode());  // -1924181504
    set.add(s2);

    Object[] obj = set.toArray();
      for (int i = 0; i < set.size(); i++) {
      System.out.println(obj[i]);
    }
    System.out.println(set);
  }
}
```

[실행결과]

```
178
4.56
hello
학번: 20220002 이름: 홍길동 학년: 2
[178, 4.56, hello, 학번: 20220002 이름: 홍길동 학년: 2]
```

학번과 학년이 같은 Student 객체는 한 개만 저장됩니다.

→ 요점 정리 ←

- Set 계열은 객체 저장 시 순서(인덱스)를 지정하지 않고, 중복을 허용하지 않습니다.
- 실제 사용자가 작성한 클래스는 Object 클래스의 hashCode()와 equals() 메서드를 오버라이딩해서 중복 여부를 판별합니다.

4 Map 계열

Map 계열은 Collection 계열과는 달리 객체 저장 시 인덱스가 자동으로 지정되지 않습니다. 인덱스에 해당되는 키(key)를 이용해서 값(value)을 저장합니다.

> **Map 계열의 특징**
> - (key, value)로 이루어진 엔트리(entry) 객체를 저장합니다.
> - key는 중복을 허용하지 않습니다.
> - key를 이용해서 저장한 값(value)를 얻습니다.
> - 하위의 HashMap, HashTable 클래스를 구현해서 사용합니다.

다음은 java.util.Map 인터페이스에 선언된 주요 추상 메서드들입니다.

메서드	설명
V put(Key key, V value)	첫 번째 매개값를 key로 하여 두 번째 매개값을 value로 map에 저장합니다.
void putAll(Map<? extends K , ? extends V> m)	다른 map의 모든 데이터를 map에 복사합니다.
V get(Object key)	매개값으로 전달된 key에 대한 value를 리턴합니다(key가 존재하지 않으면 null을 리턴합니다).
int size()	map에 존재하는 value의 개수를 리턴합니다.
Collection<V> values()	map에 존재하는 value를 Collection 타입으로 리턴합니다.
Set<K> keySet()	map에 존재하는 key를 set 타입으로 리턴합니다.
boolean isEmpty()	map에 객체가 존재하지 않는지 판별합니다.
defalt V replace(K key, V value)	첫 번째 매개값의 key에 해당하는 value를 두 번째 매개값의 새로운 value로 대체합니다.
V remove(Object key)	key에 해당하는 value를 map에서 제거합니다.
void clear()	map에 저장된 모든 객체를 제거합니다.

표17-5 java.util.Map 인터페이스의 여러 가지 메서드들

4.1 HashMap ● —— HashMap은 웹 개발 시 많이 사용되므로 사용법을 잘 알아두세요.

HashMap은 Map 계열에서 가장 많이 사용되는 컬렉션입니다. HashMap은 객체를 (key, value) 쌍으로 저장합니다. 반대로 key를 이용해서 value에 접근합니다.

다음은 HashMap에서 제공하는 메서드를 사용해서 객체를 저장 후, 출력하는 예제입니다. HashMap에 저장된 객체 중 'key = value'형태의 데이터를 **엔트리(entry)**라고 합니다. entryKey() 메서드는 HashSet에 저장된 객체들을 엔트리로 변환 후, HashSet으로 리턴하는 메서드입니다.

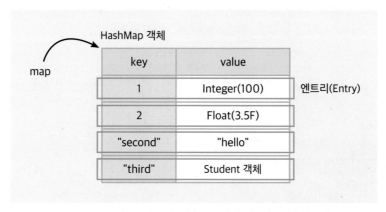

그림17-16 HashMap에 put() 메서드로 4개의 엔트리가 저장된 상태

[직접 코딩해 보기] HashMap의 메서드 사용하기

ch17/sec02/ex01/HashMapMethodTest.java

```java
package sec02.ex01;

import java.util.HashMap;
import java.util.Map;
import java.util.Set;

public class HashMapMethodTest {
  public static void main(String[] args) {
    Map map = new HashMap();

    //객체 저장하기
    map.put(1, new Integer(100));          객체 저장 시 Object 타입으로 업캐스팅되어서 저장됩니다.
    map.put(2,new Float(3.5F));
    map.put("second", "hello");            put() 메서드로 key와 value로 저장합니다.
    map.put("third", new Student());

    //객체 갯수 얻기
    System.out.println(map.size());  //4        저정된 객체의 개수를 얻습니다.

    // 객체 출력하기
//  Integer i =map.get(1);                 다운캐스팅을 하지 않으면 에러가 발생합니다.
```

```java
        Integer num = (Integer) map.get(1);//100        _____ get() 메서드에 key를 전달해서 value를 얻습니다.


//      String str=map.get("second");        _____ 다운캐스팅을 하지 않으면 에러가 발생합니다.
        String str = (String) map.get("second");
        System.out.println(num);   //100
        System.out.println(str);    //hello


        Student st = (Student) map.get("third");
        System.out.println(st);     //학번: 20220001 이름: 이순신 학년: 3


        System.out.println(map.get("third"));   //학번: 20220001 이름: 이순신 학년: 3
        System.out.println(map.get("fourth"));        _____ key가 존재하지 않으면 null을 리턴합니다.


        // 객체 수정하기
        // {1=100, 2=3.5, third=학번: 20220001 이름: 이순신 학년: 3, second=hello!}
        System.out.println(map.toString());

                                                          key가 1에 해당되는 value를 new Integer(500)으로
        map.replace(1, new Integer(500));        _____ 수정합니다.
        map.replace("second","자바 프로그래밍");
                                                             key와 value가 일치하는 경우 세 번째
        map.replace(2, new  Float(3.5F), new Double(5.5));        _____ 매개값으로 value를 수정합니다.
        // {1=500, 2=5.5, third=학번: 20220001 이름: 이순신 학년: 3, second=자바 프로그래밍}
        System.out.println(map.toString());


        // keySet 얻기
        Set keySet = map.keySet();        _____ HashMap에 저장된 객체들의 key를 HashSet 객체로 리턴합니다.
        System.out.println(keySet);  // [1, 2, third, second]


        // 엔트리 얻기
        Set entrySet = map.entrySet();        _____ HashMap에 저장된 객체들을 key=value 형태로 리턴합니다.
        //[1=500, 2=5.5, third=학번: 20220001 이름: 이순신 학년: 3, second=자바 프로그래밍]
        System.out.println(entrySet);


        // 객체 제거하기
        map.remove(1);        _____ key에 해당되는 객체를 삭제합니다.
        map.remove("second");
        System.out.println(map.toString());   // {2=5.5, third=학번: 20220001 이름: 이순신 학년: 3}


        // 모든 객체 제거하기
        map.clear();        _____ 모든 객체를 삭제합니다.
        System.out.println(map.toString());   // {}
    }
}
```

[실행결과]

```
4

100
hello

학번: 20220001 이름: 이순신 학년: 3

학번: 20220001 이름: 이순신 학년: 3
null

{1=100, 2=3.5, third=학번: 20220001 이름: 이순신 학년: 3, second=hello}

{1=100, 2=3.5, third=학번: 20220001 이름: 이순신 학년: 3, second=자바 프로그래밍}

[1, 2, third, second]

{1=500, 2=5.5, third=학번: 20220001 이름: 이순신 학년: 3, second=자바 프로그래밍}

{ 2=5.5, third=학번: 20220001 이름: 이순신 학년: 3}

{}
```

4.2 HashMap의 hashCode() 메서드 사용하기

HashMap의 키는 주로 기본 타입 데이터나 문자열을 사용합니다. 그러나 가끔씩 사용자가 직접 만든 클래스 객체를 키로 사용하는 경우도 있습니다. 그런 경우에는 사용자가 직접 같은 객체의 중복을 허용하지 않는 작업을 해 주어야 합니다.

다음은 Student 객체를 HashMap의 키로 사용하는 예제입니다. HashMap의 키는 중복을 허용하지 않습니다. 만약 같은 key로 value를 저장하면 가장 마지막에 저장된 value만 저장됩니다. 따라서 첫 번째 scoreMap의 경우 이순신의 시험점수는 77점이 출력됩니다. 그런데 Student 객체를 key로 해서 점수를 저장한 후, 출력해 보면 같은 Student 객체지만 각각의 시험 점수를 출력하고 있습니다. 즉, Student 객체를 key로 사용한 경우에는 중복을 허용해서 저장하고 있습니다.

[직접 코딩해 보기] 사용자 객체를 HashMap의 키로 사용하기

ch17/sec02/ex02/HashMapKeyTest.java

```
package sec02.ex02;
```

```
import java.util.HashMap;
import java.util.Map;
import java.util.Set;

public class HashCodeTest {
  public static void main(String[] args) {
    Map scoreMap = new HashMap();
    scoreMap.put("이순신", 90);
    scoreMap.put("홍길동", 80);
    scoreMap.put("임꺽정", 88);
    scoreMap.put("이순신", 77);

    Set scoreSet = scoreMap.keySet();
    Object[] obj = scoreSet.toArray();

    for(int i = 0; i< obj.length; i++) {
      String key = (String)obj[i];
      System.out.println(key +" = " + scoreMap.get(key));
    }

    Map studentMap = new HashMap();
    studentMap.put(new Student("20220001","이순신", 3), 80);
    studentMap.put(new Student("20220001","이순신", 3), 90);
    studentMap.put(new Student("20220002","홍길동", 3), 77);
    studentMap.put(new Student("20220002","홍길동", 3), 88);
    Set studentSet = studentMap.keySet();
    obj = studentSet.toArray();
    for(int i = 0; i< obj.length; i++) {
      Student key = (Student)obj[i];
      System.out.println(key.hakbun +" = " + studentMap.get(key));
    }
  }
}
```

key가 중복되는 경우, 가장 마지막의 value가 저장됩니다.

[실행결과]

```
홍길동 = 80
이순신 = 77 ●──────────── 같은 key로 저장한 경우 가장 마지막에 저장한 점수를 출력합니다.
임꺽정 = 88

20220001 = 80
20220001 = 90
20220002 = 77 ●──────────── 같은 학번으로 저장된 각각의 점수를 출력합니다.
20220002 = 88
```

HashMap에 문자열이나 래퍼 클래스 객체를 key로 저장하는 경우는 중복을 허용하지 않습니다. 이유는 HashSet의 경우처럼 각각의 클래스에 hashCode()와 equals() 메서드를 미리 오버라이딩 해서 사용하므로 중복 시 저장하지 않습니다. 따라서 같은 Student 객체에 대해서 중복을 허용하지 않으려면 따로 hashCode()와 equals() 메서드를 오버라이딩해야 합니다. 다음은 Student 클래스입니다. hashCode()와 equals() 메서드를 오버라이딩하고 있습니다.

[직접 코딩해 보기] 사용자 객체에 hashCode() 오버라이딩하기

ch17/sec02/ex03/Student.java

```java
package sec02.ex03;

import java.util.Objects;

public class Student {
  String hakbun;
  String name;
  int grade;

  Student() {
    this("20220001", "이순신", 3);
  }

  Student(String hakbun, String name, int grade) {
    this.hakbun = hakbun;
    this.name = name;
    this.grade = grade;
  }

  @Override
  public String toString() {
    return "학번: " + hakbun + " 이름: " + name +" 학년: " +grade;
  }

  @Override
  public int hashCode() {                                       ┄┄┄ hashCode() 메서드를 오버라이딩합니다.
    int hashCode = Objects.hashCode(hakbun);
    return hashCode;
  }

  @Override
  public boolean equals(Object obj) {
    String _hakbun = ((Student)obj).hakbun;
```

```
      int _grade =  ((Student)obj).grade;

      if(hakbun.equals(_hakbun) && (grade == _grade)) {
        return true;
      }
      else {
        return false;
      }


   }
}
```

이번에는 같은 Student 객체의 중복을 허용하지 않으므로 가장 마지막에 저장된 점수를 학생(학번)별로 출력합니다.

[직접 코딩해 보기] 실행 클래스

ch17/sec02/ex03/HashCodeTest.java

```
package sec02.ex03;

import java.util.HashMap;
import java.util.Map;
import java.util.Set;

public class HashCodeTest {
  public static void main(String[] args) {
    Map scoreMap = new HashMap();
    scoreMap.put("이순신", 90);
    scoreMap.put("홍길동", 80);
    scoreMap.put("임꺽정", 88);
    scoreMap.put("이순신", 77);

    Set scoreSet = scoreMap.keySet();
    Object[] obj = scoreSet.toArray();

    for (int i = 0; i < obj.length; i++) {
      String key = (String) obj[i];
      System.out.println(key + " = " + scoreMap.get(key));
    }

    Map studentMap = new HashMap();
    studentMap.put(new Student("20220001", "이순신", 3), 80);
```

```
        studentMap.put(new Student("20220001", "이순신", 3), 90);
        studentMap.put(new Student("20220002", "홍길동", 3), 77);
        studentMap.put(new Student("20220002", "홍길동", 3), 88);

        Set studentSet = studentMap.keySet();
        obj = studentSet.toArray();

        for (int i = 0; i < obj.length; i++) {
          Student key = (Student) obj[i];
          System.out.println(key.hakbun + " = " + studentMap.get(key));
        }
    }
}
```

[실행결과]

```
홍길동 = 80
이순신 = 77
임꺽정 = 88

20220001 = 90 ●──────── 같은 학번은 마지막 점수만 저장합니다.
20220002 = 88
```

[참고] HashTable과 HashMap의 차이점

HashTable은 자바에 컬렉션 프레임워크가 도입되기 전부터 사용되던 기능입니다. 따라서 HashTable은 HashMap과 사용 방법이 동일합니다. HashMap과 같은 컬렉션 프레임워크가 도입된 후에도 호환성을 위해 남겨 두었지만 가능하면 HashMap을 사용하는 것을 권장합니다. 멀티 스레드 환경에서 HashTable을 사용하는 법은 18장 스레드에서 알아보겠습니다. Enumeration은 다음 절에서 알아보겠습니다.

구분	설명
Thread-safe 여부	HashTable은 동기화를 지원하고, HashMap은 지원하지 않습니다. 따라서 멀티스레드 환경이 아니라면 HashTable은 HashMap보다 성능이 떨어진다는 단점을 가지고 있습니다.
Null 값 허용 여부	HashTable은 key에 null을 허용하지 않지만, HashMap은 key에 null을 허용합니다.
Enumeration 여부	HashTable은 Enumeration을 제공하지만, HashMap은 Enumeration을 제공하지 않습니다.

표17-6 HashMap과 HashTable의 차이점

→ 요점 정리 ←

- HashMap은 엔트리(key, value)로 저장됩니다.

- HashMap에 저장되는 value는 Object 타입으로 업캐스팅됩니다.

- key를 이용해서 HashMap의 value를 얻습니다.

- HashTable은 스레드 동기화를 지원하고, HashMap은 지원하지 않습니다.

5 Iterator와 Enumeration

여러 가지 컬렉션 클래스에 객체(데이터)를 저장할 때에는 클래스 종류에 상관없이 add() 메서드로 저장합니다. 반면에 각각의 컬렉션 클래스에서 객체를 가지고 오는 방법은 클래스마다 달랐습니다. Iterator와 Enumeration은 모든 컬렉션 클래스에 일정하게 접근하는 방법을 제공합니다.

여러 가지 컬렉션 클래스

HashSet ArrayList

Vector ...

객체들을 Iterator,
Enumerator로 전달

자바 프로그램

Iterator,
Enumeration으로
출력

그림17-17 Iterator와 Enumeration의 기능

5.1 Iterator

Collection 계열 클래스에 저장된 객체에 일정하게 접근할 경우 Iterator 기능을 사용하면 편리합니다. 다음은 Iterator에서 제공하는 주요 메서드들입니다.

메서드	설명
default void 　　forEachRemaining(Consumer<? super E> action)	모든 객체가 처리되기 전까지 매개값으로 전달된 action을 실행합니다.
boolean hasNext()	iteration이 element를 가지고 있는지 판별합니다.
E next( )	iteration의 다음 객체를 리턴합니다.
default void remove()	iteration가 마지막으로 리턴한 요소 다음에 위치한 요소를 제거합니다.

표17-7 java.util.Iterator 인터페이스의 여러 가지 메서드들

다음은 Iterator를 이용해서 ArrayList에 저장된 객체를 출력하는 예제입니다. Iterator를 이용하면 ArrayList에 접근 시 for문을 이용하지 않아도 됩니다.

[직접 코딩해 보기] ArrayList에서 Iterator 사용하기

ch17/sec03/ex01/ArrayListTest.java

```java
package sec03.ex01;

import java.util.ArrayList;
import java.util.Iterator;
import java.util.List;

public class ArrayListTest {
  public static void main(String[] args) {
    List aList = new ArrayList();
    aList.add("Hello");
    aList.add(new Integer(178));
    aList.add(new Float(4.56F));
    aList.add(new Student());

/*
    for (int i = 0; i < aList.size(); i++) {
      System.out.println(aList.get(i));
    }
*/

    Iterator iterator = aList.iterator();           Iterator를 얻습니다.
      while (iterator.hasNext()) {
        System.out.println(iterator.next());        ArrayList의 객체들을 iterator의 메서드로
      }                                             차례대로 출력합니다.
  }
}
```

[실행결과]

```
Hello
178
4.56
학번: 20220001 이름: 이순신 학년: 3
```

이번에는 HashSet에 저장된 객체들을 Iterator를 이용해서 차례대로 출력하는 예제입니다.
Iterator를 이용하면 더 이상 HashSet 객체들을 배열로 변환하는 작업을 하지 않아도 됩니다.

ch17/sec03/ex01/HashSetTest.java

```java
package sec03.ex01;

import java.util.HashSet;
import java.util.Iterator;
import java.util.Set;

public class HashSetTest {
  public static void main(String[] args) {
    Set set = new HashSet();
    set.add("Hello");
    set.add(new Integer(178));
    set.add(new Float(4.56F));
    set.add(new Student());

/*
    Object[] obj = set.toArray();
    for (int i = 0; i < set.size(); i++) {
      System.out.println(obj[i]);
    }
*/

    Iterator elements = set.iterator();
    while (elements.hasNext()) {
      System.out.println(elements.next());        ----- Hashset의 객체들을 iterator의 메서드로 차례대로 출력합니다.
    }

  }
}
```

[실행결과]

```
학번: 20220001 이름: 이순신 학년: 2
178
Hello
4.56
```

다음은 HashMap의 key를 얻어와서 Iterator를 이용해서 key에 대응하는 객체들을 출력하는 예제입니다. Iterator를 이용해서 key를 얻어온 후, 다시 HashMap의 get() 메서드의 매개값으로 전달해서 value를 얻습니다.

[직접 코딩해 보기] HashMap에서 Iterator 사용하기

ch17/sec03/ex01/HashCodeTest.java

```java
package sec03.ex01;

import java.util.HashMap;
import java.util.Iterator;
import java.util.Map;
import java.util.Set;

public class HashCodeTest {
  public static void main(String[] args) {
    Map scoreMap = new HashMap();
    scoreMap.put("이순신", 90);
    scoreMap.put("홍길동", 80);
    scoreMap.put("임꺽정", 88);
    scoreMap.put("이순신", 77);

    Set scoreSet = scoreMap.keySet();

    /*
    Object[] obj = scoreSet.toArray();
    for (int i = 0; i < obj.length; i++) {
      String key = (String) obj[i];
      System.out.println(key + " = " + scoreMap.get(key));
    }
    */

    Iterator iterator1 = scoreSet.iterator();
    while (iterator1.hasNext()) {
      String key = (String)iterator1.next();
      System.out.println(key + " = "  + scoreMap.get(key));
    }

    Map studentMap = new HashMap();
    studentMap.put(new Student("20220001", "이순신", 3), 80);
    studentMap.put(new Student("20220001", "이순신", 3), 90);
    studentMap.put(new Student("20220002", "홍길동", 3), 77);
    studentMap.put(new Student("20220002", "홍길동", 3), 88);
```

Iterator로 key를 얻어온 후, 객체들을 출력합니다.

```
      Set studentSet = studentMap.keySet();

      /*
      obj = studentSet.toArray();
      for (int i = 0; i < obj.length; i++) {
        Student key = (Student) obj[i];
        System.out.println(key.hakbun + " = " + studentMap.get(key));
      }
      */

      Iterator iterator2 = studentSet.iterator();
      while (iterator2.hasNext()) {
        Student key = (Student)iterator2.next();
        System.out.println(key.hakbun + " = "  + studentMap.get(key));
      }

    }
}
```

Iterator로 key를 얻어온 후, 객체들을 출력합니다.

[실행결과]

```
홍길동 = 80
이순신 = 77
임꺽정 = 88

20220001 = 90
20220002 = 88
```

5.2 Enumeration

java.util.Enumeration은 Iterator가 나오기 전에 주로 Vector와 HashTable에서 사용된 기능입니다. Iterator와 다른 점은 Enumeration은 스레드 동기화를 지원하며, Iterator는 지원하지 않습니다. 따라서 지금은 컬렉션 클래스에 접근 시 Iterator를 사용하면 됩니다. 다음은 Vector에 저장된 객체들을 Enumeration을 이용해서 출력하는 예제입니다. Enumeration의 메서드를 이용해서 출력하고 있습니다.

[직접 코딩해 보기] Vector에서 Enumeration 사용하기

ch17/sec03/ex01/VectorTest.java

```
package sec03.ex01;
```

```java
import java.util.Enumeration;
import java.util.List;
import java.util.Vector;

public class VectorTest {
  public static void main(String[] args) {
    Vector vector = new Vector();
    vector.add("Hello");
    vector.add(new Integer(178));
    vector.add(new Float(4.56F));
    vector.add(new Student());

    /*
    for (int i = 0; i < vector.size(); i++) {
      System.out.println(vector.get(i));
    }
    */

    Enumeration enu = vector.elements();
    while (enu.hasMoreElements()) {
      System.out.println(enu.nextElement());
    }

  }
}
```

Enumeration을 이용해서 Vector의 객체들을 출력합니다.

> 요점 정리 <

- Iterator는 List나 Set 계열의 컬렉션의 객체에 일관성 있게 접근하는 기능을 제공합니다.
- Enumeration은 스레드 동기화를 지원하나, Iterator는 지원하지 않습니다.

6 제네릭

배열에는 선언 시 지정한 타입의 데이터만 저장 가능합니다. 컬렉션에도 이와 동일한 기능이 도입되었습니다.

6.1 제네릭이란?

다음은 제네릭의 정의입니다.

> **제네릭(Generics)의 정의**
> - 컬렉션 프레임워크 사용 시 발생되는 구조적 문제를 보완하기 위해서 추가된 기능입니다.
> - 컬렉션 클래스에 저장되는 객체의 타입을 제한하는 기능입니다.

다음은 제네릭이 등장한 배경을 보여주고 있습니다. 컬렉션 클래스에 저장되는 객체를 다시 가지고 올 때는 원래의 클래스 타입으로 다운캐스팅해 주어야 합니다. 그러나 다루어야 할 객체의 많아지면서 다른 클래스 타입으로 다운캐스팅 시 ClassCastingException 예외를 자주 발생시킵니다. 따라서 프로그램의 가독성과 신뢰성을 떨어뜨립니다.

> - 기존의 컬렉션 클래스에는 모든 타입의 객체를 저장할 수 있습니다.
> - 이것은 다른 타입의 객체도 저장할 수 있다'는 의미입니다.
> - 반대로 컬렉션에 저장된 객체를 가지고 올 때는 원래의 클래스 타입으로 다운캐스팅해 주어야 합니다.
> - 다운캐스팅이 잘못되어도 실행된 뒤에야 비로소 알 수 있습니다.

> **프로그램의 가독성과 신뢰성을 떨어뜨립니다.**

그림17-18 기존 컬렉션 클래스들의 문제점

다음은 ArrayList에 저장된 객체를 get() 메서드로 가지고 올 때, ClassCastingException 예외가 발생하는 경우입니다. ArrayList에 세 번째로 저장된 객체는 Student 객체입니다. 그런데 get() 메서드로 다시 가지고 와서 Integer 클래스로 다운캐스팅하면 실행 시 예외가 발생합니다. ArrayList에 저장된 객체가 많을 경우 다시 가지고 올 때, 일일이 다운캐스팅을 해 주어야 하므로 유지보수면에서도 불편합니다.

[직접 코딩해 보기] ArrayList에서 객체 가지고 오기

ch17/sec04/ex01/ArrayListTest.java

```java
package sec04.ex01;

import java.util.ArrayList;
import java.util.List;

public class ArrayListTest {

  public static void main(String[] args) {
    List aList = new ArrayList( );
    aList.add("홍길동");
    aList.add(new Integer(178));
    aList.add(new Student());

    String name = (String)aList.get(0);
    Integer integer = (Integer)aList.get(1);
    int num = integer.intValue();
    System.out.println(name);
    System.out.println(num);

    String s = (String)aList.get(2);
  }
}
```

              ┄┄┄ 객체와 동일한 클래스 타입으로 다운캐스팅합니다.

String s = (String)aList.get(2); ┄┄┄┄┄┄┄ 객체와 다른 클래스로 다운캐스팅 시 실행 중
                                          ClassCastingException이 발생합니다.

[실행결과]

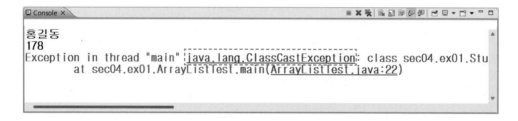

```
홍길동
178
Exception in thread "main" java.lang.ClassCastException: class sec04.ex01.Stu
        at sec04.ex01.ArrayListTest.main(ArrayListTest.java:22)
```

6.2 제네릭 사용 형식

제네릭은 JDK5부터 도입된 기능입니다. 즉, 컬렉션에 저장되는 객체의 타입을 미리 정해서 사용
하자는 의미입니다.

다음은 컬렉션에 관례적으로 사용되는 제네릭 기호들입니다. 이 기호들을 사용해서 컬렉션에 저장되는 객체들의 종류를 지정합니다(T, E, K, V외에 다른 영문자나 문자열도 가능합니다).

> **여러 가지 제네릭 사용 기호들**
>
> ● 사용법
>   - <>로 기호를 사용합니다.
>   - <T>, <E>, <K>, <V>로 표현합니다.
>
> ● <T>
>   - 전달되는 객체가 클래스의 자료형(Type)으로 사용된다는 의미입니다.
>
> ● <E>
>   - 전달되는 객체가 클래스의 요소(Element)로 사용된다는 의미입니다.
>
> ● <K>
>   - 전달되는 객체가 클래스의 키(Key)로 사용된다는 의미입니다.
>
> ● <V>
>   - 전달되는 객체가 클래스의 값(Value)으로 사용된다는 의미입니다.

T, E, K, V 외에 원하는 영문자나 문자열도 사용 가능하지만, 가독성을 위해서 관례를 따르는 것이 좋습니다.

다음은 java.util.ArrayList에 대한 API 문서입니다. ArrayList에서 제공하는 메서드들은 이미 제네릭이 적용되어 있습니다. **즉, 현재의 자바는 제네릭을 적용해서 컬렉션을 사용하는 것이 표준입니다.**

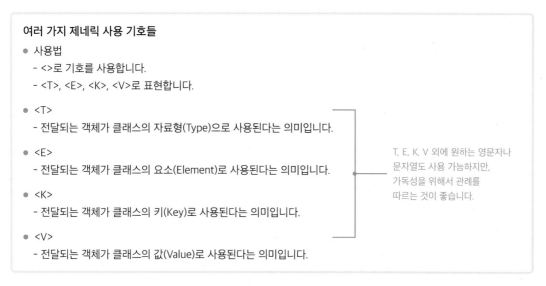

그림17-19 제네릭이 적용된 ArrayList 메서드의 API 문서 설명

다음은 제네릭을 적용하지 않고 이클립스에서 실습한 코드입니다. 이클립스는 컬렉션에 제네릭을 적용하지 않으면 경고를 발생시킵니다.

```
3⊕ import java.util.ArrayList;
5
6 public class ArrayListTest {
7
8⊕     public static void main(String[] args) {
9           List aList = new ArrayList();
10
11          // #1. 객체 저장하기
12          aList.add("홍길동");
13          aList.add(new Integer(178));
14          aList.add(new Student());
15          System.out.println(aList.toString());
16          System.out.println();
```

그림17-20 이클립스에서 제네릭 미적용 시 경고 표시

6.3 제네릭 <T> 사용하기

<T> 제네릭을 클래스와 인터페이스에 적용해 보겠습니다. 다음은 클래스와 인터페이스에 제네릭 <T>를 적용하는 형식입니다. <T>로 지정된 타입은 클래스와 인터페이스 내에서 자유롭게 사용할 수 있습니다.

```
public class 클래스명 <T> {
    ...
}
```

```
public interface 클래스명 <T> {
    ...
}
```

다음은 <T> 제네릭이 적용된 클래스의 객체 생성 방법입니다. **<타입>**의 의미는 클래스 객체 생성 시 T 대신에 구체적인 타입을 지정한다는 의미입니다. 생성자 다음의 타입은 생략 가능합니다.

```
클래스명<타입> 참조변수명 = new 클래스명<타입>();
or
클래스명<타입> 참조변수명 = new 클래스명<>();
```

다음은 <T>를 적용한 GOrigin 클래스입니다. 클래스에 적용된 <T>는 클래스 내부의 모든 필드와 메서드의 타입으로 사용할 수 있습니다.

[직접 코딩해 보기] <T> 제네릭을 적용한 GOrigin 클래스

ch17/sec04/ex02/GOrigin.java9999

```java
package sec04.ex02;

public class GOrigin <T> {
  T data;

  public T getData() {
    return data;
  }

  public void setData(T data) {
    this.data = data;
  }
}
```

다음은 제네릭이 적용된 GOrigin 클래스의 객체를 만드는 방법입니다. GOrigin 객체 생성 시 <T>에 String 타입으로 지정하면, GOrigin 객체 생성 시 T로 지정된 부분이 모두 String으로 대체됩니다. 따라서 GOrigin 객체에는 String 타입 객체(문자열)만 전달할 수 있습니다. 다른 타입의 객체를 전달하면 에러를 발생시킵니다. 따라서 필드의 값을 가지고 올 때도, 일일이 String으로 다운캐스팅할 필요가 없습니다.

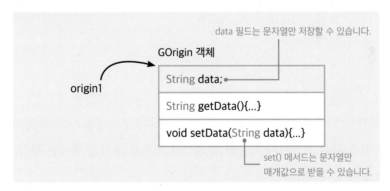

그림17-21 String 타입으로 GOrigin 객체 생성 시 메모리 상태

```java
GOrigin<String> origin1 = new GOrigin<String>();
String str = "안녕하세요";
origin1.setData(str); _____ 문자열만 매개값으로 전달할 수 있습니다.
//origin1.setData(new Integer(300)); _____ 다른 객체를 메서드로 전달 시 에러를 발생시킵니다.

String result1 = origin1.getData(); _____ (String)으로 다운캐스팅을 할 필요가 없습니다.
```

```
//String result1 = (String)origin1.getData();
System.out.println(result1);
```

또 다른 GOrigin 객체를 이번에는 Integer로 지정해서 생성합니다. 필드 data와 메서드는 Integer 객체만 저장하거나 전달받을 수 있습니다. 이처럼 제네릭 기능을 사용하면 클래스 객체 생성 시 동적으로 필드나 메서드의 타입을 지정해서 원하는 타입만 처리하도록 할 수 있습니다.

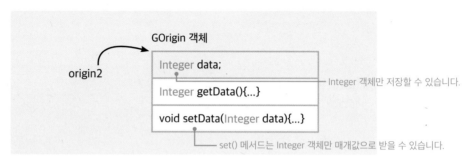

그림17-22 Integer 타입으로 GOrigin 객체 생성 시 메모리 상태

```
GOrigin<Integer> origin2 = new GOrigin<Integer>();
int num = 100;
origin2.setData(new Integer(num));
//origin1.set(str); ------------------------ 문자열을 전달할 경우 에러를 발생시킵니다.

Integer result2 = origin2.getData(); --------- Integer 타입으로 다운캐스팅할 필요가 없습니다.
//Integer result2 = (Integer)origin2.getData();
System.out.println(result2);
```

다음은 제네릭으로 지정한 클래스의 객체 생성 시 타입을 지정하지 않은 경우입니다. 타입을 지정하지 않으면 자동으로 Object 타입으로 지정됩니다. 따라서 모든 종류의 객체를 저장하거나 메서드로 전달할 수 있습니다. **제네릭이 지정된 클래스의 객체를 생성할 때에는 항상 구체적인 타입을 지정해 주는 것이 좋습니다.**

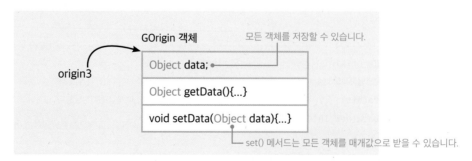

그림17-23 타입을 지정하지 않고 GOrigin 객체 생성 시 메모리 상태

```
GOrigin origin3 = new GOrigin( );                         제네릭 타입을 지정하지 않으면 자동으로
//GOrigin<Object> origin3 = new GOrigin<Object>();        Object 타입으로 지정됩니다.
origin3.setData("hello!");                                매개값으로 문자열을 전달할 수 있습니다.
String result3 = (String)origin3.getData();
System.out.println(result3);


origin3.setData(new Integer(300));                        매개값으로 Integer 객체를 전달합니다.
Integer result4 = (Integer)origin3.getData();
System.out.println(result4.intValue());
```

다음은 GOrigin 클래스 객체 생성 시 여러 가지 타입으로 제네릭을 지정하는 예제입니다. 제네릭을 사용하면 클래스 객체 생성 시 원하는 타입으로 각각의 필드와 메서드의 타입을 지정해 줄수 있으므로, 해당 객체에선 지정한 타입 외의 객체는 사용을 할 수 없어 실행 중 ClassCasting Exception 예외가 발생할 수 없게 합니다.

[직접 코딩해 보기] <T> 제네릭을 적용한 GOrigin 클래스의 객체 생성하기

ch17/sec04/ex02/TypeGenericTest.java

```
package sec04.ex02;

public class TypeGenericTest {
  public static void main(String[] args) {
    GOrigin<String> origin1 = new GOrigin<String>();
    String str = "안녕하세요";
    origin1.setData(str);
//  origin1.setData(new Integer(300));                Integer 객체를 메서드로 전달 시 에러가 발생합니다.
    String result1 = origin1.getData();               객체를 가지고 올 때 다운캐스팅을 하지 않아도 됩니다.
//  String result1 = (String)origin1.getData();
    System.out.println(result1);

    GOrigin<Integer> origin2 = new GOrigin<Integer>();
    int num = 100;
    origin2.setData(new Integer(num));
//  origin1.set(str);
    Integer result2 = origin2.getData();
//  Integer result2 = (Integer)origin2.getData();
    System.out.println(result2.intValue());

    GOrigin origin3 = new GOrigin();                  제네릭을 지정하지 않으면 Object로 지정됩니다.
//  GOrigin<Object> origin3 = new GOrigin<Object>();
    origin3.setData("hello!");
    String result3 = (String)origin3.getData();
```

```
        System.out.println(result3);

        origin3.setData(new Integer(300));
        Integer result4 = (Integer)origin3.getData();
        System.out.println(result4.intValue());
    }
}
```

[실행결과]

```
안녕하세요
100
hello!
300
```

다음은 제네릭을 이용해서 ArrayList에 객체를 저장하는 예제입니다. 제네릭으로 지정한 Array
List에 다른 타입의 객체를 저장하면 컴파일 단계에서 에러가 발생합니다. 따라서 실행 중 예외가
발생하는 경우를 제거합니다.

[직접 코딩해 보기] ArrayList에 제네릭 적용하기

ch17/sec04/ex03/ArrayListGenericTest.java

```java
package sec04.ex03;

import java.util.ArrayList;
import java.util.List;

public class ArrayListGenericTest {
    public static void main(String[] args) {                        String 타입으로 제네릭을 지정했으므로
        List<String> aList1 = new ArrayList<String>(); _____ ArrayList에는 문자열만 저장할 수 있습니다.
//      aList1.add(new Integer(100)); _____ 문자열외 다른 타입 객체는 저장할 수 없습니다.
        aList1.add("이순신"); ----┐
        aList1.add("홍길동");      │
        aList1.add("손흥민");      ├---- 문자열만 저장할 수 있습니다.
        aList1.add("차범근"); ----┘

        String name1= aList1.get(0); _____ 다운캐스팅 없이 문자열을 얻습니다.
//      String name1= (String)aList1.get(0);
//      String name1= (Integer)aList1.get(0); _____ 다른 타입으로 다운캐스팅 시 컴파일 단계에서 에러를
        for(int i = 0; i< aList1.size(); i++) {            발생시킵니다.
            String name2 = aList1.get(i);
```

```
        System.out.println(name2);
    }


    List<Student> aList2 = new ArrayList<Student>();
    aList2.add(new Student("이순신", 3)); ─────┐
    aList2.add(new Student("홍길동", 2));      ├──── Student 객체만 저장할 수 있습니다.
    aList2.add(new Student("손흥민", 1)); ─────┘

//  list.add(new Integer(123)); ───────────────────── 다른 타입 저장 시 컴파일 단계에서 에러를 발생시킵니다.
    Student s1 = aList2.get(0); ────────────────────── String 타입으로 다운캐스팅할 필요가 없습니다.
    System.out.println(s1);
//  Student s = (Student)list.get(0);
//  Student s = (Integer)list.get(0); ─────────────── 다른 타입으로 다운캐스팅 시 컴파일 단계에서 에러가
                                                       발생합니다.

    for(int i= 0; i< aList2.size(); i++) {
      Student s2 = aList2.get(i);
      System.out.println(s2.toString());
    }
  }
}
```

[실행결과]

```
이순신
홍길동
손흥민
차범근


이름: 이순신 학년: 3


이름: 이순신 학년: 3
이름: 홍길동 학년: 2
이름: 손흥민 학년: 1
```

다음은 Product 클래스로 ArrayList의 제네릭 타입으로 지정한 후, Product 객체만 저장해서 메서드로 전달해서 출력하는 예제입니다. 메서드의 매개변수에 Product 타입으로 제네릭이 적용되었으므로, 메서드가 매개변수로 전달되는 값은 반드시 Product 객체만 저장하고 있는 ArrayList만 가능합니다. 다른 타입을 저장한 ArrayList를 전달하면 컴파일 단계에서 에러를 발생시킵니다.

[직접 코딩해 보기] Prodcut 클래스로 ArrayList에 제네릭 타입 적용하기

ch17/sec04/ex04/ProductGenericTest.java

```java
package sec04.ex04;

import java.util.ArrayList;
import java.util.List;

public class ProductGenericTest {

  public static void getProdInfo(List<Product> pList) {      //·········· Product 객체만 저장된 ArrayList만 매개값으로 받을 수 있습니다.
    Product prod = null;
    String code = null;
    String name = null;
    String color = null;
    int qty = 0;

    System.out.println("제품 정보 출력");
    System.out.println("------------------------------");
    for (int i = 0; i < pList.size(); i++) {
      prod = pList.get(i);
      code = prod.getCode();
      name = prod.getName();
      color = prod.getColor();
      qty = prod.getQty();

      System.out.println("제품 번호 = " + code);
      System.out.println("제품 이름 = " + name);
      System.out.println("제품 색상 = " + color);
      System.out.println("제품 수량 = " + qty);
      System.out.println();
    }
  }

  public static void main(String[] args) {
    List<Product> pList = new ArrayList<Product>();       //·········· Product로 제네틱 타입을 선업합니다.
    Product p1 = new Product();
    Product p2 = new Product("0002", "스마트 TV", "흰색", 200);
    Product p3 = new Product("0003", "노트북", "은색", 100);

    //Product 객체만 저장할 수 있습니다.
    pList.add(p1);
    pList.add(p2);
    pList.add(p3);
```

```
//   pList.add("홍길동");
//   pList.add(new Integer(123));  ----- Product 객체만 저장할 수 있습니다.
     getProdInfo(pList);

     List<String> sList = new ArrayList<String>();
     sList.add("홍길동");
     sList.add("차범근");
     sList.add("박지성");
//   getProdInfo(sList);  ------------------ 컴파일 에러가 발생합니다.
   }
}
```

[실행결과]

```
제품 정보 출력
--------------------------------
제품 번호 = 0001
제품 이름 = 스마트폰
제품 색상 = 블랙
제품 수량 = 100

제품 번호 = 0002
제품 이름 = 스마트 TV
제품 색상 = 흰색
제품 수량 = 200
```

6.4 제네릭 <K, V> 사용하기

이번에는 두 개의 제네릭 타입 〈K〉와 〈V〉를 동시에 클래스와 인터페이스에 적용해 보겠습니다. 다음은 클래스와 인터페이스에 제네릭〈K〉와 〈V〉를 적용하는 형식입니다. 지정된 타입은 클래스와 인터페이스 내에서 자유롭게 사용할 수 있습니다.

```
public 클래스명 <K, V> {
    …
}
public 인터페이스명 <K, V> {
    …
}
```

다음은 제네릭이 적용된 클래스의 객체 생성 방법입니다. 생성자 다음의 타입은 생략 가능합니다.

```
클래스명<타입1, 타입2> 참조변수명 = new 클래스명<타입1, 타입2>();
or
클래스명<타입1, 타입2> 참조변수명 = new 클래스명<>();
```

다음은 <K, V>를 적용한 MyMap 클래스입니다. 클래스에 적용된 <K, V>는 클래스 내부의 모든 필드와 메서드의 타입으로 사용할 수 있습니다.

[직접 코딩해 보기] <K, V> 제네릭을 적용한 MyMap 클래스

ch17/sec04/ex05/MyMap.java

```java
package sec04.ex05;

public class MyMap <K, V> {
  private K key;
  private V value;

  public void  put(K key, V value){
    this.key = key ;
    this.value = value;
  }

  public V get(K key){
    return value;
  }
}
```

다음은 제네릭이 적용된 MyMap 클래스의 객체를 만드는 방법입니다. MyMap 객체 생성 시 <K, V>를 <String, String>으로 타입을 지정하면, MyMap 객체 생성 시 K와 V로 지정된 부분이 모두 String으로 대체됩니다. 따라서 MyMap 객체에는 key와 value가 모두 String 타입인 경우에만 저장할 수 있습니다. 다른 타입의 객체를 저장하면 컴파일 에러를 발생시킵니다. 그리고 value를 가지고 올 때도, 일일이 String으로 다운캐스팅할 필요가 없습니다.

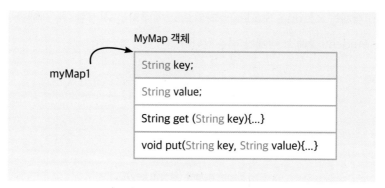

그림17-24 <String, String> 타입으로 제네릭 지정 시 MyMap 객체의 상태

```
MyMap<String, String> myMap1 = new MyMap<String, String>();
myMap1.put("홍길동", "서울시"); _____ 제네릭 타입이 일치하므로 저장할 수 있습니다.
//myMap1.put("홍길동", new Integer(200)); _____ 다른 타입의 value 저장 시 컴파일 에러가 발생합니다.
//String addr = (Integer)myMap1.get("홍길동"); _____ 다른 타입으로 다운캐스팅하면 컴파일 에러가 발생합니다.
String addr = myMap1.get("홍길동"); _____ String 타입으로 다운캐스팅할 필요가 없습니다.
```

두 번째 MyMap 객체는 〈Integer, String〉 타입으로 제네릭을 지정한 후, 생성합니다. 따라서 key에는 Integer타입, value에는 String 타입 객체만 두 번째 myMap에 저장될 수 있습니다.

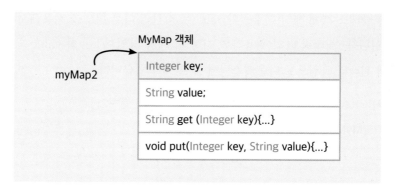

그림17-25 <Integer, String> 타입으로 제네릭 지정 시 MyMap 객체의 상태

```
MyMap<Integer, String> myMap2 = new MyMap<Integer, String>();
myMap2.put(100, "사과"); _____ 제네릭 타입이 일치하므로 저장할 수 있습니다.
//myMap2.put("바나나", 200 ); _____ key의 타입이 다르므로 컴파일 에러가 발생합니다.
//String fruit = (Integer)myMap2.get(100); _____ 다른 타입으로 다운캐스팅하면 컴파일 에러가 발생합니다.
String fruit = myMap2.get(100); _____ 객체를 가지고 올 때, 다운캐스팅을 할 필요가 없습니다.
```

세 번째 MyMap 객체는 〈String, Student〉타입으로 제네릭을 지정한 후, 객체를 생성합니다. 따라서 value에는 Student 클래스 객체만 허용됩니다.

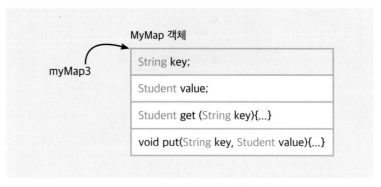

그림17-26 〈Integer, String〉 타입으로 제네릭 지정 시 MyMap 객체의 상태

```
MyMap<String, Student> myMap3 = new MyMap<String, Student>();
myMap3.put("서울시", new Student("이순신", 3)); _____ 제네릭 타입과 일치하므로 저장할 수 있습니다.
//myMap3.put("부산시",new College()); _____ value의 타입이 다르므로 컴파일 에러가 발생합니다.
//Student s = (String)myMap3.get("서울시"); _____ 다른 타입으로 다운캐스팅하면 컴파일 에러가 발생합니다.
Student s = myMap3.get("서울시"); _____ 객체를 가지고 올 때, 다운캐스팅을 할 필요가 없습니다.
```

다음은 MyMap 클래스 객체 생성 시 key와 value에 각각의 다른 타입을 적용해서 다른 객체들을 저장하는 예제입니다. 제네릭 타입 적용하면 저장 시 해당 타입의 key와 value만 저장되므로 다시 가지고 올 때 원래의 타입으로 다운캐스팅해 줄 필요가 없습니다.

[직접 코딩해 보기] <K, V> 제네릭을 적용한 MyMap 클래스 객체 사용하기

ch17/sec04/ex05/MyMap.java

```
package sec04.ex05;

public class MyMapGenericTest {
  public static void main(String[] args) {                            key와 value를 String 타입으로
    MyMap<String, String> myMap1 = new MyMap<String, String>(); _____ 지정합니다.
    myMap1.put("홍길동", "서울시");
//  myMap1.put("홍길동", new Integer(200)); _____ 다른 타입을 value로 사용하면 컴파일 에러가 발생합니다.
    String addr = myMap1.get("홍길동");
//  String addr = (Integer)myMap1.get("홍길동"); ____ 다른 타입을 key와 value로 사용하면 컴파일 에러가 발생합니다.
    System.out.println(addr);

    MyMap<Integer, String> myMap2 = new MyMap<Integer, String>(); _____ key와 value를 Integer와
    myMap2.put(100, "사과");                                                String 타입으로 지정합니다.
```

```
//   myMap2.put("바나나", 200 );  _____ 다른 타입을 key와 value로 사용하면 컴파일 에러가 발생합니다.
     String fruit = myMap2.get(100);
//   String fruit = (Integer)myMap2.get(100);  _____ 다른 타입으로 다운캐스팅하면 컴파일 에러가 발생합니다.
     System.out.println(fruit);

                                                                          key와 value 타입을 String과
     MyMap<String, Student> myMap3 = new MyMap<String, Student>();  _____ Student 타입으로 지정합니다.
     myMap3.put("서울시", new Student("이순신", 3));
//   myMap3.put("부산시",new College());  _____ 다른 타입을 value로 사용하면 컴파일 에러가 발생합니다.
     Student s = myMap3.get("서울시");
//   Student s = (String)myMap3.get("서울시");  _____ 다른 타입으로 다운캐스팅하면 컴파일 에러가 발생합니다.
     System.out.println(s.toString());
  }
}
```

[실행결과]

```
서울시
사과
이름: 이순신 학년: 3
```

6.5 HashMap에 제네릭 사용하기

다음은 제네릭을 이용해서 HashMap에 객체를 저장하는 예제입니다. 각각의 제네릭 타입으로 지정한 HashMap에 다른 타입의 객체를 저장하면 컴파일 단계에서 에러가 발생합니다. 따라서 실행 중 예외가 발생할 경우를 제거합니다. 그리고 다른 타입으로 다운캐스팅 시 컴파일 에러를 발생시킵니다.

[직접 코딩해 보기] HashMap에 제네릭 적용하기

ch17/sec04/ex06/HashMapGenericTest.java

```
package sec04.ex06;

import java.util.HashMap;
import java.util.Map;


public class HashMapGenericTest {
  public static void main(String[] args) {                        key와 value가 모두 String 타입이어야
                                                                  저장할 수 있습니다.
    Map<String, String> hMap1 = new HashMap<String, String>();  .........
    hMap1.put("홍길동", "서울시");  ----
    hMap1.put("이순신", "부산시");  :---- key와 value가 문자열이므로 저장할 수 있습니다.
```

```
        hMap1.put("차범근", "부산시");
        hMap1.put("유현진", "서울시");
//      hMap1.put("박지성",100); _____ value의 타입이 다르므로 컴파일 에러가 발생합니다.

        String addr = hMap1.get("홍길동"); _____ 다운캐스팅을 할 필요가 없습니다.
//      String addr = (String)hMap1.get("홍길동");
//      String addr = (Integer)hMap1.get("홍길동"); _____ 다른타입으로 다운캐스팅 시 컴파일 에러가 발생합니다.
        System.out.println(addr);


        Map<String, Student> hMap2 = new HashMap<String, Student >(); _____ key와 value가 String,
        hMap2.put("서울시", new Student("이순신", 3));                            Student 타입만 저장할 수
        hMap2.put("부산시", new Student("홍길동", 2));                            있습니다.
        hMap2.put("대구시", new Student("유현진", 1));


        Student s = hMap2.get("서울시"); _____ 다운캐스팅할 필요가 없습니다.
//      Student s = (Student)hMap2.get("서울시");
//      Student s = (College)hMap2.get("서울시"); _____ 다른 타입으로 다운캐스팅 시 컴파일 에러가 발생합니다.
        System.out.println(s.toString());
    }
}
```

[실행결과]

```
서울시
이름: 이순신 학년: 3
```

다음은 제품 담당자를 Map의 key로 사용하고 컬렉션인 ArrayList를 value로 사용하는 예제입니다. HashMap의 key와 value로 담당자와 제품 정보를 저장 후, 메서드로 전달해서 담당자별로 제품 정보를 출력하는 예제입니다. 예제처럼 HashMap의 value로 컬렉션이 쓰이는 경우가 많습니다. 그리고 key 순으로 정렬해서 사용할 경우 TreeMap을 사용하면 됩니다.

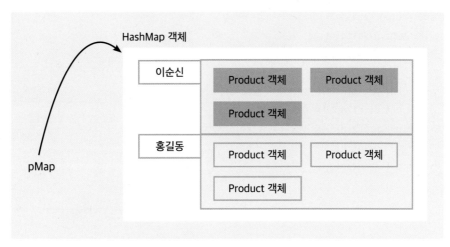

그림17-27 문자열을 key, ArrayList를 value로 저장하고 있는 HashMap 구조

[직접 코딩해 보기] 메서드의 Map에 제네릭 적용하기

ch17/sec04/ex06/HashMapGenericTest.java

```java
package sec04.ex07;

...

public class ProductGenericTest {

  public static void getProdInfo(Map<String, List<Product>> pMap) {
    Product prod = null;
    String code = null;
    String name = null;
    String color = null;
    int qty = 0;

    Set<String> employee = pMap.keySet();
    Iterator<String> ite1 = employee.iterator();

    System.out.println("제품 정보 출력\n");
    while(ite1.hasNext()) {
      String employeeName = ite1.next();
      System.out.println("담당자: " + employeeName);
      System.out.println("-------------------------------");
      List<Product> pList = pMap.get(employeeName);
      for (int i = 0; i < pList.size(); i++) {
        prod = pList.get(i);
        code = prod.getCode();
```

key는 담당자 이름, value는 제품 정보가 저장된 ArrayList를 타입으로 하는 매개변수입니다.

전달된 Map에서 담당자 이름을 Set으로 얻습니다.

담당자 이름을 Iterator로 얻습니다.

Iterator에서 담당자 이름을 얻습니다.

담당자 이름을 key로 ArrayList에 저장된 제품 정보를 얻습니다.

```java
            name = prod.getName();
            color = prod.getColor();
            qty = prod.getQty();

            System.out.println("제품 번호 = " + code);
            System.out.println("제품 이름 = " + name);
            System.out.println("제품 색상 = " + color);
            System.out.println("제품 수량 = " + qty);
            System.out.println();
        }
    }
}

    public static void main(String[] args) {                    TreeMap을 사용하면 key순으로 정렬되어서 출력합니다.
        Map<String, List<Product>> pMap = new HashMap<String, List<Product>>();
//      Map<String ,List<Product>> pMap = new TreeMap<String, List<Product>>();
        List<Product> pList1 = new ArrayList<Product>();
        Product p1 = new Product();
        Product p2 = new Product("0002", "스마트 TV", "흰색", 200);    Product 객체를 ArrayList에
        Product p3 = new Product("0003", "노트북", "은색", 100);      저장 후, 다시 HashMap에
        pList1.add(p1);                                          담당자 이름을 key로 ArrayList
        pList1.add(p2);                                          객체를 value로 저장합니다.
        pList1.add(p3);
        pMap.put("이순신", pList1);

        List<Product> pList2 = new ArrayList<Product>();
        pList2.add(new Product());                               Product 객체를 ArrayList에
        pList2.add(new Product("0004", "스마트폰", "블랙", 500));     저장 후, 다시 HashMap에
        pList2.add(new Product("0005", "OLED TV", "블루", 200));   담당자 이름을 key로 ArrayList
        pMap.put("홍길동", pList2);                                 객체를 value로 저장합니다.

        getProdInfo(pMap);                              담당자 이름을 key, 제품 정보가 저장된 ArrayList를 value로 저장한
    }                                                    HashMap을 매개값으로 전달합니다.
}
```

[실행결과]

제품 정보 출력

담당자: 홍길동

제품 번호 = 0001

제품 이름 = 스마트폰

제품 색상 = 블랙

```
제품 수량 = 100


제품 번호 = 0004
제품 이름 = 스마트폰
제품 색상 = 블랙
제품 수량 = 500


제품 번호 = 0005
제품 이름 = OLED TV
제품 색상 = 블루
제품 수량 = 200


......
```

7 Properties와 TreeSet, TreeMap

Properties와 TreeSet과 TreeMap에 관해서 알아보겠습니다.

7.1 Properties

HashMap의 key와 value에는 모든 객체 타입을 사용할 수 있습니다. 그러나 Properties는 key와 value에 문자열만 사용할 수 있습니다. 따라서 데이터베이스 연동 시 사용되는 여러 가지 연결 정보와 같이 문자열로 이루어진 정보를 저장하는데 많이 사용됩니다.

다음은 Properties를 이용한 예제입니다. setProperty()와 getProperty() 메서드로 문자열로된 key와 value를 저장 후 출력합니다.

[직접 코딩해 보기] Properties 사용하기

ch17/sec05/ex01/PropertiesTest.java

```
package sec05.ex01;

import java.util.Enumeration;
import java.util.Properties;
```

```
public class PropertiesTest {
public static void main(String[] args) {
  Properties p = new Properties();
// p.setProperty(1, "홍길동"); _____ key에 다른 타입 지정 시 에러가 발생합니다.
// p.setProperty("score",new Integer(100)); _____ value에 다른 타입 지정 시 에러가 발생합니다.
    p.setProperty("name", "홍길동"); ···┐
    p.setProperty("age", "18");      ├──── 문자열만 key와 value로 사용할 수 있습니다.
    p.setProperty("job", "프로그래머");···┘

    String name = p.getProperty("name");
    System.out.println("name: " + name);

    Enumeration e = p.propertyNames(); _____ key를 얻습니다.
    while (e.hasMoreElements()) {
      String key = (String) e.nextElement();
      System.out.println(key + " = " + p.getProperty(key));
    }
  }
}
```

[실행결과]

```
name: 홍길동


age = 18
name = 홍길동
job = 프로그래머
```

다음은 MySql 데이터베이스 연동 정보를 Properties에 저장 후, 출력하는 예제입니다.
Properties는 데이터베이스 연동 시 연결 설정 정보를 저장하는 용도로 많이 사용됩니다.

[직접 코딩해 보기] MySql 드라이버 정보를 Properties에 저장하기

ch17/sec05/ex01/MysqlDriverTest.java

```
package sec05.ex01;

import java.util.Enumeration;
import java.util.Properties;

public class MysqlDriverTest {
  public static void main(String[] args) {
    Properties prop = new Properties();
```

```
    prop.setProperty("driver", "com.mysql.jdbc.Driver");
    prop.setProperty("url", "jdbc:mysql://localhost/user_db?&useSSL=false");
    prop.setProperty("username", "user01");
    prop.setProperty("password", "p@ssw0rd");

    String driver = prop.getProperty("driver");
    String url = prop.getProperty("url");
    String username = prop.getProperty("username");
    String password = prop.getProperty("password");

    System.out.println("MySql 연결 정보");
    System.out.println("--------------------------------");
    System.out.println("driver = " + driver);
    System.out.println("url = " + url);
    System.out.println("username = " + username);
    System.out.println("password = " + password);
  }
}
```

MySql 드라이버 정보를 Properties에 저장합니다.

MySql 드라이버 정보를 Properties에서 얻습니다.

[실행결과]

```
MySql 연결 정보
--------------------------------
driver = com.mysql.jdbc.Driver
url = jdbc:mysql://localhost/user_db?useSSL=false
username = user01
password = p@ssw0rd
```

7.2 TreeSet

TreeSet은 이름에서 알 수 있듯이 HashSet처럼 Set 계열 컬렉션입니다. TreeSet은 HashSet에는 없는 객체 정렬 기능을 제공하고 있습니다.

> **TreeSet의 특징**
> - Set 계열 컬렉션의 특징을 가집니다(중복 불가, 순서 없음).
> - 저장된 객체들의 정렬 기능을 제공합니다.

다음은 TreeSet에서 제공하는 정렬 관련 메서드들입니다. descendingIterator() 메서드는 Tree Set에 저장된 객체들을 내림차순으로 정렬해서 HashSet으로 리턴합니다.

java.util.TreeSet API 문서를 보면 더 많은 메서드들이 있으니 참고하세요.

메서드	설명
E first()	가장 첫 번째 element를 리턴합니다.
E last()	가장 마지막 element를 리턴합니다.
E ceiling(E e)	매개값으로 전달된 element보다 적은 element를 리턴합니다(만약 element가 없으면 null을 리턴합니다).
E floor(E e)	매개값으로 전달된 element보다 큰 element 중 가장 큰 element를 리턴합니다.
E higher(E e)	매개값으로 전달된 element보다 큰 element 중 가장 적은 element를 리턴합니다.
SortedSet<E> headSet(E toElement)	매개값으로 전달된 toElement보다 적은 element들을 정렬한 후, set으로 리턴합니다.
SortedSet<E> subSet(E fElement, E tElement)	매개값으로 전달된 fElement와 tElement 사이의 element를 정렬한 후, set 타입으로 리턴합니다.
SortedSet<E> tailSet(E fElement)	매개값으로 전달된 fElement보다 크거나 같은 element들을 정렬한 후 set 타입으로 리턴합니다.
NevigatorSet<E> decendingSet()	내림차순으로 정렬된 NevigatorSet을 리턴합니다.
Iterator<E> descendingIterator()	element들을 내림차순 형태로 정렬한 후 Iterator로 리턴합니다.
Comparator<? super E> comparator()	element들을 set 타입으로 정렬하는 데 사용되는 Comparator 객체를 리턴합니다.

표17-7 TreeSet의 여러 가지 메서드들

다음은 TreeSet을 사용해서 문자열을 저장하는 예제입니다. TreeSet에 문자열과 기본 타입 데이터를 저장하면 자동으로 오름차순으로 저장됩니다. 다음은 각각의 메서드를 호출 시 출력되는 문자열입니다. subSet() 메서드는 두 개의 매개값 사이의 값들을 Set 타입으로 리턴합니다. 그런데 두 번째 매개값은 포함되지 않습니다.

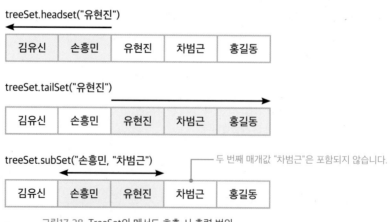

그림17-28 TreeSet의 메서드 호출 시 출력 범위

[직접 코딩해 보기] TreeSet에 저장된 문자열 정렬 후 출력하기

ch17/sec05/ex02/TreeSetMethodTest.java

```java
package sec05.ex02;

import java.util.Iterator;
import java.util.SortedSet;
import java.util.TreeSet;

public class TreeSetMethodTest {
  public static void main(String[] args) {
    TreeSet<String> treeSet = new TreeSet<String>();
    treeSet.add("홍길동");
    treeSet.add("차범근");
    treeSet.add("손흥민");
    treeSet.add("유현진");  ----- 오름차순으로 정렬되어서 저장됩니다.
    treeSet.add("손흥민");
    treeSet.add("김유신");
    treeSet.add("홍길동");
    System.out.println(treeSet.toString());   //[김유신, 손흥민, 유현진, 차범근, 홍길동]
                          --------------- 오름차순으로 정렬해서 출력합니다.

    Iterator ite1 = treeSet.iterator();
    System.out.println("\n오름차순으로 출력하기");
    System.out.println("----------------------------");
    while (ite1.hasNext()) {
      System.out.println(ite1.next());
    }

    System.out.println("\n내림차순으로 출력하기");
    System.out.println("----------------------------");
    Iterator ite2 = treeSet.descendingIterator(); ----------- 내림차순으로 Iterator를 얻습니다.
    while (ite2.hasNext()) {
      System.out.println(ite2.next());
    }

    //첫 번째 요소 얻기
    String name1 = (String)treeSet.first();   //김유신
    System.out.println(name1);

    //마지막 요소 얻기
    String name2 = (String)treeSet.last();   //홍길동
    System.out.println(name2);

    //유현진보다 작은 요소들 얻기(유현진 포함되지 않음)
```

```
        SortedSet set1 = (SortedSet)treeSet.headSet("유현진");   //[김유신, 손흥민]
        System.out.println(set1);

        //유현진보다 큰 요소들 얻기(유현진 포함)
        SortedSet set2 = (SortedSet)treeSet.tailSet("유현진");   //[유현진, 차범근, 홍길동]
        System.out.println(set2);

        //손흥민과 유현진 사이의 요소얻기(손흥민은 포함되나, 유현진은 포함되지 않음)
        SortedSet set3 = (SortedSet)treeSet.subSet("손흥민", "차범근");   //[손흥민, 유현진]
        System.out.println(set3);
    }
}
```

[실행결과]

[김유신, 손흥민, 유현진, 차범근, 홍길동]

오름차순으로 출력하기

김유신
손흥민
유현진
차범근
홍길동

내림차순으로 출력하기

홍길동
차범근
유현진
손흥민
김유신

김유신
홍길동
[김유신, 손흥민]
[유현진, 차범근, 홍길동]
[손흥민, 유현진]

7.3 TreeSet에 저장된 Student 클래스 객체 정렬하기

1. Comparable 인터페이스 이용하기

TreeSet은 문자열(String)이나 기본 타입 데이터들은 자동으로 정렬해 줍니다. 그러나 다음과 같이 사용자가 만든 Student 객체를 저장하면 예외(ClassCastException)가 발생합니다.

```
TreeSet<Student> treeSet = new TreeSet<Student>();
treeSet.add(new Student("홍길동", 3, 90));
treeSet.add(new Student("차범근", 2, 70));          ─── 사용자 정의 클래스 객체 저장 시 예외가 발생합니다.
treeSet.add(new Student("손흥민", 2, 80));
treeSet.add(new Student("유현진", 3, 94));
```

따라서 사용자 정의 클래스를 TreeSet에 저장하려면 다음처럼 Comparable 인터페이스의 추상 메서드인 comparTo() 메서드를 반드시 구현해 주어야 합니다.

```
Class Student implements Comparable {

    @Override
    public int compareTo(Object o) {          매개변수보다 작은 경우: -1
        ...                                   매개변수보다 큰 경우: 1
        return 0 or 1 or -1; ●─────────────── 매개변수와 같은 경우: 0
    }
}
```

다음 예제에서는 Student 클래스에 각각의 Student 객체끼리 score 필드값을 비교하는 compareTo() 메서드를 구현합니다. Comparable 인터페이스는 자신과 다른 개체를 비교할 때 많이 사용됩니다. Student 클래스에는 시험 점수를 저장하는 score 필드가 추가되었습니다.

[직접 코딩해 보기] Student 클래스에 compareTo() 메서드 구현하기

ch17/sec05/ex02/Student.java

```
package sec05.ex02;


public class Student implements Comparable {
    String name;
    int grade;
    int score;   //시험 점수
```

```java
  public Student(){ }
  public (String name, int grade, int score) {
    this.name = name;
    this.grade = grade;
    this.score = score;
  }


  @Override
  public int compareTo(Object o) {
    if(score > ((Student)o).score) {
      return 1;
    }else if(score == ((Student)o).score){
      return 0;
    }else {
      return -1;
    }
  }
}
```

매개변수의 score값과 비교해서 크면 1,
작으면 -1, 같으면 0을 리턴합니다.

다음은 TreeSet에 Student 객체를 저장 후, Iterator를 이용해서 시험 점수 순으로 학생 이름을 출력하는 예제입니다. 사용자 정의 클래스를 TreeSet에 저장해서 사용할 경우 반드시 Comparable 인터페이스를 구현해 주어야 합니다.

[직접 코딩해 보기] TreeSet에 Student 객체 저장 후 시험 점수순으로 출력하기

ch17/sec05/ex02/TreeSetSortTest.java

```java
package sec05.ex02;

import java.util.Iterator;
import java.util.TreeSet;

public class TreeSetSortTest {
  public static void main(String[] args) {
    TreeSet<Student> treeSet = new TreeSet<Student>();
    treeSet.add(new Student("홍길동", 3, 90));
    treeSet.add(new Student("차범근", 2, 70));
    treeSet.add(new Student("손흥민", 2, 80));
    treeSet.add(new Student("유현진", 3, 94));

    Iterator<Student> ite1 = treeSet.descendingIterator();
    System.out.println("시험 점수순으로 이름 출력하기");
    System.out.println("----------------------------");
```

```
      while (ite1.hasNext()) {
        Student s = (Student) (ite1.next());
        System.out.println(s.score + ", " + s.name);
      }
    }
}
```

[실행결과]

```
시험 점수순으로 이름 출력하기
-----------------------
94, 유현진
90, 홍길동
80, 손흥민
70, 차범근
```

2. Comparator 인터페이스 이용하기

TreeSet에 사용자 정의 클래스를 정렬해서 저장하는 다른 방법은 Comparator 인터페이스의
compare() 메서드를 구현하는 방법입니다. Comparator 인터페이스는 두 개의 다른 객체를 비교
하는데 주로 사용됩니다.

다음 예제에서는 Comparator 인터페이스를 익명 객체로 구현해서 Student 객체를 시험 점수 순
으로 정렬해서 저장합니다.

[직접 코딩해 보기] Student 클래스

ch17/sec05/ex03/Student.java

```java
package sec05.ex03;


public class Student {
  String name;
  int grade;
  int score;   //시험점수

  public Student(){}
  public Student(String name, int grade, int score) {
    this.name = name;
    this.grade = grade;
    this.score = score;
```

```
    }
  }
```

Comparator 인터페이스를 구현해서 compare() 메서드로 2개의 Student 객체를 전달해 score 필드값을 비교합니다.

[직접 코딩해 보기] Comparator 인터페이스를 구현한 클래스

ch17/sec05/ex03/ScoreComparator.java

```java
package sec05.ex03;

import java.util.Comparator;

public class ScoreComparator implements Comparator<Student> {
  @Override
  public int compare(Student s1, Student s2) {
    if (s1.score > s2.score) {
      return 1;
    } else if (s1.score == s2.score) {          외부에서 두 개의 Student 객체를 전달받아서
      return 0;                                   score를 비교합니다.
    } else {
      return -1;
    }
  }
}
```

이번에는 실행 클래스에서 TreeSet 객체 생성 시 ScoreComparator 객체를 생성자로 전달합니다. 이 ScoreComparator는 TreeSet에 Student 객체가 저장될 시 score 필드값을 비교한 후 정렬해서 저장합니다. Comparator 인터페이스는 객체 외부에서 두 개의 객체를 비교할 때 많이 사용합니다.

[직접 코딩해 보기] 실행 클래스

ch17/sec05/ex03/TreeSetSortTest.java

```java
package sec05.ex03;

import java.util.Iterator;
import java.util.TreeSet;
                                                     TreeSet 객체 생성 시 정렬 기능을 하는
public class TreeSetSortTest {                        ScoreComparator 객체를 생성자로 전달합니다.
  public static void main(String[] args) {
    TreeSet<Student> treeSet = new TreeSet<>(new ScoreComparator());
```

```
    treeSet.add(new Student("홍길동", 3, 90));
    treeSet.add(new Student("차범근", 2, 70));
    treeSet.add(new Student("손흥민", 2, 80));
    treeSet.add(new Student("유현진", 3, 94));

    Iterator<Student> ite1 = treeSet.descendingIterator();
    System.out.println("\n시험 점수순으로 이름 출력하기");
    System.out.println("---------------------------");
    while (ite1.hasNext()) {
    Student s = (Student) (ite1.next());
    System.out.println(s.score + ", " + s.name);
    }
  }
}
```

[실행결과]

```
시험 점수순으로 이름 출력하기
------------------------
94, 유현진
90, 홍길동
80, 손흥민
70, 차범근
```

7.4 TreeMap

TreeMap은 Map 인터페이스를 구현한 클래스이므로 엔트리(key, value)로 객체를 저장합니다. HashMap과 다른 점은 엔트리 저장 시 key는 입력 순서에 관계없이 크기순으로 정렬되어 저장되는 점입니다.

> **TreeMap의 특징**
> ● Map 인터페이스를 구현한 클래스입니다.
> ● 엔트리 저장 시 key 순으로 정렬해서 저장합니다.

다음은 TreeMap에서 정렬 관련 기능을 제공하는 메서드입니다. java.util.TreeMap의 API 문서를 보면 더 많은 메서드들의 기능을 알 수 있습니다.

메서드	설명
K firstKey()	첫 번째(가장 작은) key를 리턴합니다.
K lastKey()	마지막(가장 높은) key를 리턴합니다.

K ceilingKey(K key)	매개값으로 전달된 key보다 크거나 같은 key들 중에 가장 작은 key를 리턴합니다(존재하지 않으면 null을 리턴합니다).
K lowerKey(K key)	매개값으로 인자로 전달된 key보다 작은 key들 중에 가장 큰 key를 리턴합니다.
SortedMap<K, V> headMap(K toKey)	toKey보다 작은 key를 가지는 key들을 정렬한 후에 리턴합니다.
SortedMao<K, V> tailMap(K fKey)	fKey보다 크거나 같은 key들을 리턴합니다.
SortedMap<K, V> subMap(K fKey,K tKey)	fKey와 tKey 사이의 key 값을 가지는 key들을 리턴합니다.
Map.Entry<K, V> firstEntry()	가장 작은 key값을 가지는 엔트리를 리턴합니다.
Map.Entry<K, V> lastEntry()	가장 높은 key값을 가지는 엔트리를 리턴합니다.
Set<K> KeySet()	key들을 정렬된 Set으로 리턴합니다.
NavigableSet<K> descendingKeySet()	key들을 역순으로 된 NavigableSet으로 리턴합니다.
NavigableMap<K> descendingMap()	map의 객체를 역순으로 된 NavigableMap으로 리턴합니다.

표17-8 TreeMap의 여러 가지 메서드들

다음은 TreeMap을 사용해서 엔트리의 key와 value에 문자열을 저장하는 예제입니다. TreeMap의 key는 문자열(String)과 기본 타입 데이터를 저장하면 자동으로 오름차순으로 저장됩니다. 아래는 TreeMap에 저장된 객체에 접근하기 위해서 메서드 호출 시 리턴되는 문자열의 범위를 나타낸 그림입니다. subMap() 메서드는 두 개의 매개값 사이의 값들을 Map 타입으로 리턴합니다. 두 번째 매개값은 포함되지 않습니다.

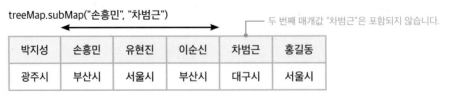

그림17-29 TreeMap의 메서드 호출 시 출력 범위

[직접 코딩해 보기] TreeMap의 메서드를 사용해서 문자열 저장 후 출력하기

ch17/sec05/ex04/TreeMethodTest.java

```java
package sec05.ex04;

import java.util.Iterator;
import java.util.Map;
import java.util.Set;
import java.util.SortedMap;
import java.util.TreeMap;

public class TreeMapMethodTest {
  public static void main(String[] args) {
    TreeMap<String, String> treeMap = new TreeMap<String, String>(); ┄┄┐
    treeMap.put("홍길동", "서울시");                                      │
    treeMap.put("차범근", "대구시");                                      │
    treeMap.put("손흥민", "부산시");                                      ├┄ key를 오름차순으로
    treeMap.put("유현진", "서울시");                                      │   정렬하여 저장합니다.
    treeMap.put("박지성", "광주시");                                      │
    treeMap.put("이순신", "부산시");                                   ┄┄┘

    //{박지성=광주시, 손흥민=부산시, 유현진=서울시, 이순신=부산시, 차범근=대구시, 홍길동=서울시}
    System.out.println(treeMap);

    Map<String, String> map= treeMap.descendingMap(); //value 값을 역순으로 정렬
    //{홍길동=서울시, 차범근=대구시, 이순신=부산시, 유현진=서울시, 손흥민=부산시, 박지성=광주시}
    System.out.println(map);

    Set<String> set1 = treeMap.keySet(); ┄┄┄┄┄ TreeMap의 key만 얻습니다.
    Iterato<String> ite1 = set1.iterator();
    System.out.println("오름차순 key로 출력하기");
    System.out.println("----------------------------");
    while (ite1.hasNext()) {
      String key = (String) ite1.next();
      String value = (String) treeMap.get(key);
      System.out.println(key + "=" + value);
    }

    System.out.println("내림차순 key로 출력하기");
    System.out.println("----------------------------");
    Set set2= treeMap.descendingKeySet(); ┄┄┄┄┄ TreeMap의 key를 역순으로 얻습니다.
    Iterator<String> ite2 = set2.iterator();
    while (ite2.hasNext()) {
      String key = (String) ite2.next();
```

```java
            String value = (String) treeMap.get(key);
            System.out.println(key + "=" + value);
        }

        //첫번째 키 얻기
        String name1 = (String)treeMap.firstKey();   //박지성
        System.out.println(name1);

        //마지막 키 얻기
        String name2 = (String)treeMap.lastKey();   //홍길동
        System.out.println(name2);

        //유현진보다 작은 키 얻기
        SortedMap<String, String> map1 = (SortedMap)treeMap.headMap("유현진");
                                            //{박지성=광주시, 손흥민=부산시}

        System.out.println(map1);

        //유현진보다 큰 키 얻기(유현진 포함)
        SortedMap<String, String> map2 = (SortedMap)treeMap.tailMap("유현진");
                                //{유현진=서울시, 이순신=부산시, 차범근=대구시, 홍길동=서울시}

        System.out.println(map2);

        //손흥민과 차범근 사이의 키 얻기(손흥민은 포함되나, 차범근은 포함 안됨
        SortedMap<String, String> map3 = (SortedMap)treeMap.subMap("손흥민", "차범근");
                                        //{손흥민=부산시, 유현진=서울시, 이순신=부산시}
        System.out.println(map3);
    }
}
```

[실행결과]

{박지성=광주시, 손흥민=부산시, 유현진=서울시, 이순신=부산시, 차범근=대구시, 홍길동=서울시}

{홍길동=서울시, 차범근=대구시, 이순신=부산시, 유현진=서울시, 손흥민=부산시, 박지성=광주시}

오름차순 key로 출력하기

박지성=광주시
손흥민=부산시
유현진=서울시
이순신=부산시
차범근=대구시
홍길동=서울시

내림차순 key로 출력하기

홍길동=서울시
차범근=대구시
이순신=부산시
유현진=서울시
손흥민=부산시
박지성=광주시

7.5 TreeMap에 저장된 Student 클래스 객체 정렬하기

TreeMap에 객체 저장 시, key가 문자열(String)이거나 기본 타입 데이터면 TreeMap에서 자동으로 정렬해서 저장합니다. 그러나 사용자가 만든 Student 클래스 객체가 key로 쓰이는 경우, 사용자가 직접 정렬 기능을 구현해 주어야 합니다.

1. Comparable 인터페이스 이용하기

사용자 정의 클래스를 TreeMap의 key로 사용하려면 Comparable 인터페이스의 추상 메서드인 comparTo() 메서드를 반드시 구현해 주어야 합니다.

```
Class Student implements Comparable {

    @Override
    public int compareTo(Object o) {
        ...
        return 0 or 1 or -1; ●━━━━━━━  매개변수보다 작은 경우: -1
    }                                    매개변수보다 큰 경우: 1
}                                        매개변수와 같은 경우: 0
```

다음 예제에서는 Student 클래스에 각각의 Student 객체끼리 score 필드값을 비교하는 compareTo() 메서드를 구현하고 있습니다.

[직접 코딩해 보기] Student 클래스에 compareTo() 메서드 구현하기

ch17/sec05/ex04/Student.java

```
package sec05.ex04;

public class Student implements Comparable {
    String name;
    int grade;
```

```
    int score;    //시험 점수


    public Student(){ }
    public Student(String name, int grade, int score) {
        this.name = name;
        this.grade = grade;
        this.score = score;
    }

    @Override
    public int compareTo(Object o) {
        if(score > ((Student)o).score) {
            return 1;
        } else if(score == ((Student)o).score){
            return 0;
        } else {
            return -1;
        }
    }
}
```

> 매개변수의 score값과 비교해서 크면 1, 작으면 -1,
> 같으면 0을 리턴합니다.

다음은 TreeMap에 Student 객체를 key로 사용해서 주소를 저장 후, Iterator를 이용해서 시험 점수 순으로 주소를 출력하는 예제입니다. 사용자 정의 클래스를 TreeMap의 key로 사용할 경우 반드시 Comparable 인터페이스를 구현해 주어야 합니다.

[직접 코딩해 보기] TreeMap에 Student 객체를 key로 사용해서 시험 점수순으로 주소 출력하기

ch17/sec05/ex04/TreeMapSortTest.java

```
package sec05.ex04;

import java.util.Iterator;
import java.util.Set;
import java.util.TreeMap;

public class TreeMapSortTest {
    public static void main(String[] args) {
        TreeMap<Student, String> treeMap = new TreeMap<Student, String> ();
        treeMap.put(new Student("홍길동", 3, 90), "서울시");
        treeMap.put(new Student("차범근", 2, 70), "대구시");
        treeMap.put(new Student("손흥민", 2, 80), "부산시");
        treeMap.put(new Student("유현진", 3, 94), "서울시");
```

> 저장 시 시험 점수순으로 저장됩니다.

```
      Set<Student> set1 = treeMap.keySet();
      Iterator<Student> ite1 = set1.iterator();
      System.out.println("\n시험 점수순으로 출력하기");
      System.out.println("----------------------------");
      while (ite1.hasNext()) {
        Student key = ite1.next();
        String value = treeMap.get(key);
        System.out.println(key.score + " = " + value);
      }
    }
  }
}
```

[실행결과]

```
시험 점수순으로 주소 출력하기
----------------------------
70 = 대구시
80 = 부산시
90 = 서울시
94 = 서울시
```

⁇ 퀴즈

학생의 이름 순으로 주소를 출력해 보세요.

2. Comparator 인터페이스 이용하기

TreeMap에 사용자 정의 클래스를 key로 사용 시 정렬해서 저장하는 다른 방법은 Comparator 인터페이스의 compare() 메서드를 구현하는 방법입니다. TreeSet과 마찬가지로 Comparator는 외부에서 두 객체를 비교할 때 많이 사용됩니다. 따라서 Comparator 인터페이스는 여러 개의 사용자 정의 Comparator를 구현해서 사용할 수 있습니다.

다음은 Comparator 인터페이스를 익명 객체로 구현해서 Student 객체를 key로 사용하는 예제입니다.

[직접 코딩해 보기] Student 클래스

ch17/sec05/ex05/Student.java

```
package sec05.ex05;
```

```java
public class Student {
  String name;
  int grade;
  int score;   //시험 점수

  public Student() { }
  public Student(String name, int grade, int score) {
    this.name = name;
    this.grade = grade;
    this.score = score;
  }
}
```

TreeSet에서 사용한 ScoreComparator를 그대로 사용합니다.

[직접 코딩해 보기] Comparator 인터페이스를 구현한 클래스

ch17/sec05/ex05/ScoreComparator.java

```java
package sec05.ex05;

import java.util.Comparator;

public class ScoreComparator implements Comparator<Student> {
  @Override
  public int compare(Student s1, Student s2) {
    if (s1.score > s2.score) {
      return 1;
    } else if (s1.score == s2.score) {
      return 0;
    } else {
      return -1;
    }
  }
}
```

이번에는 실행 클래스에서 TreeMap 객체 생성 시 Com TreeMap의 key로 사용되는 Student 객체의 score 필드값을 비교한 후 정렬해서 저장합니다.

[직접 코딩해 보기] 실행 클래스

ch17/sec05/ex05/TreeMapSortTest.java

```java
package sec05.ex05;

import java.util.Comparator;
import java.util.Iterator;
import java.util.Set;
import java.util.TreeMap;

public class TreeMapSortTest {
  public static void main(String[] args) {
    TreeMap<Student,String> treeMap = new TreeMap<>(new ScoreComparator());
    treeMap.put(new Student("홍길동", 3, 90), "서울시");
    treeMap.put(new Student("차범근", 2, 70), "대구시");
    treeMap.put(new Student("손흥민", 2, 80), "부산시");
    treeMap.put(new Student("유현진", 3, 94), "서울시");

    Set<Student> set1 = treeMap.keySet();
    Iterator<Student> ite1 = set1.iterator();
    System.out.println("\n시험 점수순으로 출력하기");
    System.out.println("----------------------------");
    while (ite1.hasNext()) {
      Student key = ite1.next();
      String value = treeMap.get(key);
      System.out.println(key.score + " = " + value);
    }
  }
}
```

ScoreComparator 객체를 생성자로 전달해서 Student 객체의 score 필드를 비교합니다.

TreeMap에 저장 시, key의 Student 객체의 score 필드값을 비교해서 정렬합니다.

[실행결과]

```
시험 점수순으로 주소 출력하기
----------------------------
70 = 대구시
80 = 부산시
90 = 서울시
94 = 서울시
```

Comparator 인터페이스를 이용하여 학생의 이름 순으로 주소를 출력해 보세요.

→ 요점 정리 ←

- Properties는 엔트리(key, value)에 문자열만 사용할 수 있습니다.
- TreeSet은 Set 인터페이스를 구현한 클래스이고, 객체 저장 시 정렬 기능을 제공합니다.
- TreeMap은 Map 인터페이스를 구현한 클래스이고, 엔트리 저장 시 key의 정렬 기능을 제공합니다.
- TreeSet과 TreeMap에서 문자열과 기본 타입 사용 시 자동으로 정렬합니다.
- TreeSet과 TreeMap에 객체 저장 시 반드시 Comparable이나 Comparator 인터페이스를 구현해 주어야 합니다.

8 오토박싱과 언오토박싱

컬렉션에 기본 타입 데이터를 저장하려면 대응하는 래퍼 클래스 객체를 이용해서 저장했습니다. JDK5부터 오토방식과 언오토박싱 기능이 도입되어 기본 타입 데이터 저장 시 래퍼 객체로 자동으로 변환해서 컬렉션에 저장하고, 반대로 기본 타입 데이터를 얻을 때는 다시 래퍼 클래스 객체에서 기본 타입 데이터로 자동 변환해 줍니다.

오토박싱과 언오토박싱의 정의
- 기본 타입 데이터와 래퍼 클래스 객체간의 변환이 자동으로 이루어지는 기능

다음은 ArrayList와 HashMap에 기본 타입 데이터를 저장한 후 출력하는 예제입니다. 기본타입 데이터를 컬렉션에 저장 시 대응하는 래퍼 클래스 객체로 자동으로 변환해서 저장 후, 출력 시 원래의 기본 타입 데이터로 변환해서 출력해 줍니다.

[직접 코딩해 보기] 메서드의 Map에 제네릭 적용하기

ch17/sec06/ex01/BoxingUnBoxingTest.java

```java
package sec06.ex01;

...

public class BoxingUnBoxingTest {
  public static void main(String[] args) {
    List<Integer> aList1 = new ArrayList<Integer>();
    aList1.add(100);
    aList1.add(200);
    aList1.add(300);        Integer 객체로 자동 변환되어서 저장됩니다.
    aList1.add(400);
    aList1.add(500);
    System.out.println(aList1);

    Integer num1 = aList1.get(0);
//  System.out.println(num1.intValue());
    System.out.println(num1);               Integer(100) 객체가 자동으로 정수 100으로
                                            변환되어서 출력됩니다.

    int num2 = aList1.get(0);               Integer(100) 객체가 정수 100으로 변환되어
    System.out.println(num2);               변수에 저장됩니다.
```

```java
    for(int i = 0; i < aList1.size(); i++) {
      int num3 = aList1.get(i);
      System.out.println(num3);
    }
```

┌------------------------------ map1.put("홍길동", new Double(178.9))로 자동 변환되어서 저장됩니다.
```java
    Map<String, Double> map1 = new HashMap<String, Double>();
    map1.put("홍길동", 178.9); ----┐
    map1.put("이순신", 179.5);     │
    map1.put("유현진", 188.8);     ├---- Double 객체로 자동 변환되어 저장됩니다.
    map1.put("차범근", 178.7); ----┘
    System.out.println(map1);

    Double height1 = map1.get("홍길동");
    System.out.println(height1); _____ 자동으로 double 타입 실수로 변환되어서 출력됩니다.

    double height2 = map1.get("차범근"); _____ 자동으로 double 타입 실수로 변환되어서 변수에 저장됩니다.
    System.out.println(height2);
  }
}
```

[실행결과]

```
[100, 200, 300, 400, 500]
100
100

100
200
300
400
500
{홍길동=178.9, 차범근=178.7, 유현진=188.8, 이순신=179.5}
178.9
178.7
```

9 향상된 for문

for문은 자바에서 반복문으로 가장 많이 사용됩니다. 그런데 배열이나 ArrayList에 저장된 객체를 for문에서 출력할 때는 여러 과정을 거쳐서 출력했습니다. 다행히 JDK5부터 배열이나 컬렉션에 저장된 데이터를 향상된 for문을 이용해서 편리하게 가져올 수 있는 기능을 제공합니다. 다음은 향상된 for문 사용 방법입니다.

```
for(클래스타입 변수명 : 객체이름) {
    ...
}
```

다음은 배열에 저장된 문자열을 향상된 for문을 이용해서 출력하는 예제입니다. 일반 for문과 달리 반복 변수를 사용할 필요 없이 배열의 문자열을 자동으로 temp 변수에 차례로 대입한 후 출력합니다.

[직접 코딩해 보기] 향상된 for문으로 배열의 문자열 출력하기

ch17/sec06/ex02/EnhancedForTest1.java

```java
package sec06.ex02;

public class EnhancedForTest1 {
  public static void main(String[] args) {
    String[] str = { "world", "hello", "love", "victory", "truth" };
    System.out.println("for문으로 출력하기");
    System.out.println("---------------------------------");
    for (int i = 0; i < str.length; i++) {
      System.out.println(str[i]);
    }

    System.out.println("향상된 for문으로 출력하기");
    System.out.println("---------------------------------");
    for (String temp : str) {            ┌----┐
      System.out.println(temp);          ├---- 향상된 for문을 이용해서 문자열을 출력합니다.
    }                                    └----┘
  }
}
```

[실행결과]

for문으로 출력하기

```
world
hello
love
victory
truth
```

향상된 for문으로 출력하기

```
world
hello
love
victory
truth
```

다음은 ArrayList에 저장된 Student 객체를 향상된 for문을 이용해서 출력하는 예제입니다. 향상된 for문 수행 시 자동으로 ArrayList에 저장된 Student 객체가 차례대로 변수에 할당되어서 출력됩니다.

[직접 코딩해 보기] 향상된 for문으로 ArrayList의 Student 객체 출력하기

ch17/sec06/ex02/EnhancedForTest2.java

```java
package sec06.ex02;

import java.util.ArrayList;
import java.util.List;

public class EnhancedForTest2 {
  public static void main(String[] args) {
    List<Student> list = new ArrayList<Student>();
    list.add(new Student());
    list.add(new Student("홍길동", 2));
    list.add(new Student("임꺽정", 2));
    list.add(new Student("차범근", 3));
    list.add(new Student("유현진", 3));

    System.out.println("\n향상된 for문으로 출력하기");
    System.out.println("--------------------------------");
```

```
    for (Student st : list) {
        System.out.println(st);        향상된 for문을 이용해서 ArrayList의 객체에 접근합니다.
    }
  }
}
```

[실행결과]

```
향상된 for문으로 출력하기
----------------------------------
이름: 이순신 학년: 3
이름: 홍길동 학년: 2
이름: 임꺽정 학년: 2
이름: 차범근 학년: 3
이름: 유현진 학년: 3
```

→ 요점 정리 ←

- 제네릭은 JDK5부터 컬렉션의 구조적인 문제를 해결하기 위해서 도입되었습니다.
- 컬렉션에 제네릭을 적용해서 사용하는 것이 표준입니다.
- 제네릭을 적용한 컬렉션에는 제네릭 타입의 객체만 저장할 수 있습니다.
- 제네릭을 적용한 컬렉션에서 객체를 얻을 때 다운캐스팅을 할 필요가 없습니다.
- 컬렉션에 기본 타입 데이터 저장 시 자동으로 래퍼 클래스 객체로 변환해서 저장합니다.
- 향상된 for문을 이용하면 컬렉션에 저장된 객체를 편리하게 가져올 수 있습니다.

10 렌터카 프로그램에 컬렉션 적용하기

렌터카 프로그램에서 사용하는 회원 정보, 렌터카 정보, 예약 정보를 키보드로 입력받아서 ArrayList에 저장 후, 조회 시 다시 각각의 정보를 콘솔로 출력하는 기능을 구현해 보겠습니다.

```
✓ 🏢 ch17
  ✓ 🏢 car
    > 📄 Car.java
    > 📄 CarException.java
    > 📄 CarImpl.java
    > 📄 CarMenu.java
    > 📄 CarVO.java
  ✓ 🏢 common
    > 🏢 exception
    > 📄 AbstractBase.java
    > 📄 DataUtil.java
  ✓ 🏢 main
    > 📄 RentCarApp.java
  ✓ 🏢 member
    > 📄 Member.java
    > 📄 MemberException.java
    > 📄 MemberImpl.java
    > 📄 MemberMenu.java
    > 📄 MemberVO.java
  ✓ 🏢 res
    > 📄 Reserve.java
    > 📄 ReserveImpl.java
    > 📄 ResException.java
    > 📄 ResMenu.java
    > 📄 ResVO.java
```

그림17-30 컬렉션 기능을 추가한 렌터카 프로그램 패키지 구조

10.1 메뉴 기능 구현하기

다음은 렌터카 프로그램에 추가된 메뉴 구조입니다.

상위 메뉴	하위 메뉴
0.종료	
1.회원 기능	1.회원 리스트 조회 2.회원 정보 조회 3.회원 정보 등록 4.회원 정보 수정 5.회원 정보 삭제
2. 렌터카 기능	1.렌터카 리스트 조회 2.렌터카 정보 조회 3.렌터카 정보 등록 4.렌터카 정보 수정 5.렌터카 정보 삭제
3.예약 기능	1.예약 리스트 조회 2.예약 정보 조회 3.예약 정보 등록 4.예약 정보 수정 5.예약 정보 삭제

표17-9 렌터카 프로그램 메뉴 구조

먼저 실행 클래스에서 Scanner 클래스를 이용해서 상위 메뉴 번호를 입력받은 후, 다시 하위 메뉴 번호를 입력받아서 해당 기능을 수행합니다.

다음은 AbstractBase 클래스에 선언한 메뉴 상수들입니다.

[직접 코딩해 보기] 메뉴 상수를 추가한 AbstractBase 클래스

RentCarApp/com/oracle/rent/ch17/common/AbstractBase.java

```
package com.oracle.rent.ch17.common;
...


public abstract class AbstractBase {
  //렌터카 프로그램 상위 메뉴 목록
  public static final int MENU_END = 0;                    //종료
  public static final int MENU_MEMBER = 1;                 //회원 기능
  public static final int MENU_CAR = 2;                    //렌터카 기능
  public static final int MENU_RES = 3;                    //예약 기능


  //렌터카 프로그램 하위 메뉴 목록
  public static final int MENU_MEMBER_LIST = 1;  //회원 리스트 조회 기능
  public static final int MENU_MEMBER_VIEW = 2;    //회원 정보 조회 기능
  public static final int MENU_MEMBER_REG = 3;     //회원 등록 기능
```

```java
    public static final int MENU_MEMBER_MOD = 4;      //회원 정보 수정 기능
    public static final int MENU_MEMBER_DEL = 5;      //회원 정보 삭제 기능


    public static final int MENU_CAR_LIST = 1;              //렌터카 리스트 조회
    public static final int MENU_CAR_VIEW = 2;              //렌터카 정보 조회 기능
    public static final int MENU_CAR_REG = 3;              //렌터카 정보 등록 기능
    public static final int MENU_CAR_MOD = 4;              //렌터카 정보 수정 기능
    public static final int MENU_CAR_DEL = 5;              //렌터카 정보 삭제 기능


    public static final int MENU_RES_LIST = 1;              //예약 리스트 조회 기능
    public static final int MENU_RES_VIEW = 2;              //예약 정보 조회 기능
    public static final int MENU_RES_REG = 3;              //예약 정보 등록 기능
    public static final int MENU_RES_MOD = 4;              //예약 정보 수정 기능
    public static final int MENU_RES_DEL = 5;              //예약 정보 삭제 기능
    …


}
```

RentCarApp 클래스에서 Scanner 클래스를 이용해서 상위 메뉴 번호를 입력받아 switch문으로 분기한 후 Menu 클래스의 객체의 doXXXMenu() 메서드를 호출하여 하위 메뉴 번호를 키보드로 입력받는 과정을 거쳐 각각의 기능에 해당되는 메서드를 호출합니다.

[직접 코딩해 보기] 키보드로 상위 메뉴 번호 입력받기

RentCarApp/com/oracle/rent/ch17/main/RentCarApp.java

```java
package com.oracle.rent.ch17.main;

…


public class RentCarApp {
  public static void main(String[] args) {
    MemberMenu memberMenu = new MemberMenu();              //회원 메뉴 기능
    CarMenu    carMenu = new CarMenu();                    //렌터카 메뉴 기능
    ResMenu    resMenu = new ResMenu();                    //예약 메뉴 기능

    Scanner sc = new Scanner(System.in);
    while(true) {
      try {
        System.out.println("\n메뉴를 선택하세요.");
        System.out.println("-----------------------------------------------");
        System.out.println("1. 회원 기능, 2. 렌터카 기능, 3. 예약 기능, 0. 프로그램 종료");
        String temp = sc.nextLine();
```

```java
        int menu1= Integer.parseInt(temp);
        switch(menu1) {
          case Base.MENU_MEMBER:
            memberMenu.doMemberMenu();
            break;
          case Base.MENU_CAR:
            carMenu.doCarMenu();
            break;
          case Base.MENU_RES:
            resMenu.doResMenu();
            break;
          case Base.MENU_END:
            System.out.println("프로그램을 종료합니다.");
            System.exit(0);
        }
      } catch(RentException e) {
        System.out.println(e.getRentExceptionInfo());
      } catch(Exception e) {
        e.printStackTrace();
      } finally {
      }
    }// end while
  }
}
```

상위 메뉴 번호를
switch문으로 분기합니다.

다음은 회원 관련 메뉴를 처리하는 MemberMenu 클래스입니다. 다시 키보드로 회원 메뉴 번호를 입력받아서 같은 클래스의 메서드를 호출해서 회원 기능을 수행합니다.

[직접 코딩해 보기] MemberMenu 하위 메뉴 번호 입력받기

RentCarApp/com/oracle/rent/ch17/member/MemberMenu.java

```java
package com.oracle.rent.ch17.member;

...

public class MemberMenu {
  private List<MemberVO> memberList;
  Member member;

  public MemberMenu() {
    member = new MemberImpl();
  }
```

```java
public void doMemberMenu() throws MemberException {
    Scanner sc = new Scanner(System.in);
    boolean isWorking = true;

    while(isWorking) {
        System.out.println("\n회원 기능을 선택해 주세요.");
        System.out.println("------------------------------------------------");
        System.out.println("1. 회원 목록 조회, 2. 회원 정보 조회, 3. 회원 정보 등록,
                            4. 회원 정보 수정, 5. 회원 정보 삭제, 0. 상위 메뉴로 이동");
        String temp = sc.nextLine();
        int menu2= Integer.parseInt(temp);

        switch(menu2) {
            case Base.MENU_END:
                isWorking = false;
                break;
            case Base.MENU_MEMBER_LIST:
                menuMemberList();
                break;
            case Base.MENU_MEMBER_VIEW:
                menuMemberView();
                break;
            case Base.MENU_MEMBER_REG:
                menuMemberReg();
                break;
            case Base.MENU_MEMBER_MOD:
                menuMemberMod();
                break;
            case Base.MENU_MEMBER_DEL:
                menuMemberDel();
                break;
            default:
                isWorking = false;
        }
    }
} //end while문
...
```

키보드로 하위 메뉴 번호를 입력받아서 switch문으로 분기 후 기능을 수행합니다.

[실행결과]

메뉴를 선택하세요.
----
1. 회원 기능, 2. 렌터카 기능, 3. 예약 기능, 0. 프로그램 종료
1

```
회원 기능을 선택해 주세요.
-----------------------------------------------------------
1. 회원 목록 조회, 2. 회원 정보 조회, 3. 회원 정보 등록, 4. 회원 정보 수정, 5. 회원 정보 삭제, 0. 상위 메뉴로 이
동
1
조회한 데이터가 없습니다.
```

10.2 각각의 컬렉션 정보 출력하기

이번에는 컬렉션에 저장된 정보를 출력하기 위해서 AbstractBase 클래스의 displayData() 메서
드를 오버로딩했습니다. 기존의 displayData() 메서드는 문자열만 출력했는데, 지금은 매개값으
로 List와 VO 객체가 전달될 때 각각 따로 출력하고 있습니다. 제네릭에 상속이 적용되는 경우는
24장을 참고하세요.

[직접 코딩해 보기] displayData() 메서드를 오버로딩한 AbstractBase 클래스

RentCarApp/com/oracle/rent/ch17/common/AbstractBase.java

```java
public abstract class AbsrtactBase {
  …
  // 하위 클래스의 결과값을 출력하는 메서드
  public void displayData(List<? extends Object> listData) { ········· 매개변수로 Object의 하위 클래스
                                                                       타입은 모두 전달할 수 있게 합니다.
    if (listData == null  || listData.size() == 0) {
      System.out.println("조회한 데이터가 없습니다.");
    } else {
      Object obj = listData.get(0);
      if (obj instanceof MemberVO) {
        System.out.println("\n회원 리스트");
        System.out.println("------------------------------------------------");
        for (int i = 0; i < listData.size(); i++) {
          obj = listData.get(i);
          MemberVO memberVO = (MemberVO) obj;
          String id = memberVO.getId();
          String password = memberVO.getPassword();
          String name = memberVO.getName();
          String address = memberVO.getAddress();
          String phoneNum = memberVO.getPhoneNum();
          System.out.println("아이디: " + id +
                          ", 비밀번호: " + password+
                          ", 이름: " + name +
                          ", 주소: " + address +
```

```
                                  ", 전화번호: " + phoneNum);
            }
    } else if(obj instanceof CarVO) {
        …

}


public void displayData(Object  obj) {
    System.out.println("\n조회 결과");
    System.out.printlnln("----------------------------------------------");
    if (obj instanceof MemberVO) {
        MemberVO memberVO = (MemberVO)obj;
        String id = memberVO.getId();
        String password = memberVO.getPassword();
        String name =memberVO.getName();
        String address = memberVO.getAddress();
        String phoneNum = memberVO.getPhoneNum();
        System.out.println("아이디: " + id +
                        ", 비밀번호: " + password+
                    ", 이름: " + name +
                    ", 주소: " + address +
                    ",  전화번호: " + phoneNum);
    } else if(obj instanceof CarVO) {
        …


    } else {
        System.out.println("요청한 정보가 존재하지 않습니다.");
    }
}
…
```

10.3 회원 기능

회원 기능을 구현하기 위해서 MemberVO의 필드에 직접 접근을 막기 위해서 필드를 private로
지정한 후, getter/setter를 추가해 주었습니다.

[직접 코딩해 보기] getter/setter를 추가한 MemberVO 클래스

RentCarApp/com/oracle/rent/ch17/member/MemberVO.java

```
package com.oracle.rent.ch17.member;

public class MemberVO {
    private String id;
```

```
    private String password;
    private String name;
    private String address;
    private String phoneNum;

    // 생성자 선언
    public MemberVO() {}

    public MemberVO(String id, String password, String name, String address, String phoneNum) {
      this.id = id;
      this.password = password;
      this.name = name;
      this.address = address;
      this.phoneNum = phoneNum;
    }

    public String getId() {
      return id;
    }

    public void setId(String id) {
      this.id = id;
    }
    ...
}
```

MemberImpl 클래스에는 각각의 메서드가 수행 후, 회원 정보를 저장하고 얻을 수 있는 List가 필드로 추가되었습니다.

[직접 코딩해 보기] 회원 정보를 저장하는 ArrayList 필드를 추가한 MemberImpl 클래스

RentCarApp/com/oracle/rent/ch17/member/MemberImpl.java

```
package com.oracle.rent.ch17.member;

...

public class MemberImpl extends AbstractBase implements Member {
  List<MemberVO> memberList;   //리스트로 회원 정보 저장

  public MemberImpl() {
    memberList = new ArrayList<MemberVO>();
  }
```

```java
//기존 회원 리스트 조회
@Override
public List<MemberVO> listMember() throws MemberException {
  return memberList;
}


// 기존 회원 정보 조회
@Override
public MemberVO viewMember(MemberVO memberVO) throws MemberException{
  String id = memberVO.getId();   //입력한 회원 아이디
  MemberVO memVO = null;

  for (int i = 0; i< memberList.size(); i++) {
    memVO = memberList.get(i);
    if (id.equals(memVO.getId())) {
      break;
    }
    memVO = null;
  }
  return memVO;
}


//새로운 회원 등록
@Override
public void regMember(MemberVO memberVO) throws MemberException{
  String id = memberVO.getId();
  if (id == null || id.equals("")) {
    throw new MemberException("아이디는 필수 입력 정보입니다.");
  } else {
    memberList.add(memberVO);
  }
}
//기존 회원 정보 수정
@Override
public void modMember(MemberVO memberVO) throws MemberException{
  String id = memberVO.getId();
  String password = memberVO.getPassword();
  String name = memberVO.getName();
  String address = memberVO.getAddress();
  String phoneNum = memberVO.getPhoneNum();
```

회원 리스트 조회 시 memberList를 리턴합니다.

아이디를 전달받아서 memberList에 해당 아이디의 회원 정보를 리턴합니다.

회원 등록 시 매개값으로 전달된 회원 정보를 memberList에 저장합니다.

```java
        MemberVO memVO = null;
        for (int i=0; i< memberList.size(); i++){
            memVO = memberList.get(i);
            if (id.equals(memVO.getId())) {
                memVO.setPassword(password);
                memVO.setName(name);                      전달된 회원 정보와 같은 아이디를 가지는
                memVO.setAddress(address);                memberList의 회원 정보를 수정합니다.
                memVO.setPhoneNum(phoneNum);
                break;
            }
        }
    }


    //기존 회원 정보 삭제
    @Override
    public void delMember(MemberVO memberVO) throws MemberException{
        MemberVO memVO = null;
        String id = memberVO.getId();
        for (int i = 0; i< memberList.size(); i++) {      remove() 메서드로 해당 아이디의
            memVO = memberList.get(i);                    회원 정보를 삭제합니다.
            if (id.equals(memVO.getId())) {
                memberList.remove(i);
            }
        }
    }

}
```

다음은 회원 기능 상위 메뉴 선택 후, 다시 하위 회원 기능 메뉴 선택 시 각각의 기능을 처리하는
MemberMenu 클래스 예제입니다. 각각의 기능 선택 시, 메서드를 호출해서 회원 정보 등록, 회
원 정보 조회, 수정, 삭제 기능을 수행합니다.

[직접 코딩해 보기] 회원 기능 하위 메뉴 선택 시 각각의 기능을 수행하는 클래스

RentCarApp/com/oracle/rent/ch17/member/MemberMenu.java

```java
package com.oracle.rent.ch17.member;
...

public class MemberMenu {
...

    private void menuMemberList() throws MemberException{
```

```java
        memberList = member.listMember();                            //회원 리스트 출력하기
        ((Base)member).displayData(memberList);
    }


    private void menuMemberView() throws MemberException {
        Scanner sc = new Scanner(System.in);
        System.out.print("조회할 회원 아이디:");
        String id = sc.nextLine();
        MemberVO memberVO = new MemberVO();
        memberVO.setId(id);

        //조회한 회원 정보만 보여줍니다.
        memberVO = member.viewMember(memberVO);
        ((Base)member).displayData(memberVO);
    }


    private void menuMemberReg() throws MemberException {
        Scanner sc = new Scanner(System.in);
        System.out.print("아이디:");
        String id = sc.nextLine();

        System.out.print("비밀번호:");
        String password = sc.nextLine();

        System.out.print("이름:");
        String name = sc.nextLine();

        System.out.print("주소:");
        String address = sc.nextLine();

        System.out.print("전화번호:");
        String phoneNum = sc.nextLine();

        MemberVO memberVO = new MemberVO(id, password, name, address, phoneNum);
        member.regMember(memberVO);                                  //회원 가입하기
        //회원 정보 추가 후 리스트로 보여 줍니다.
        menuMemberList();
    }
    …  //생략한 부분은 책 제공 소스 참고
}
```

다음은 회원 등록 기능과 회원 리스트 조회 기능 선택 시 클래스들 간의 메서드 호출 과정입니다. 다른 기능도 동일한 구조로 동작합니다.

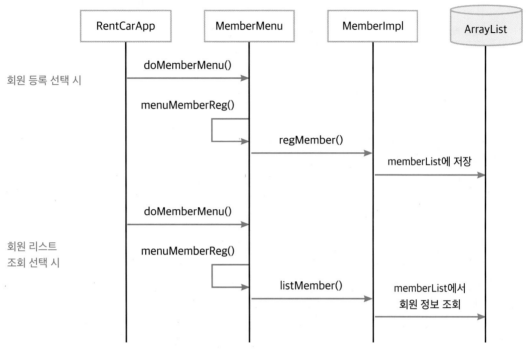

그림17-31 회원 기능 수행 시 메서드 호출 순서

다음은 실행 결과입니다. 다른 회원 기능도 실행해 보세요.

[실행결과]

회원 기능 -> 회원 등록 선택 시

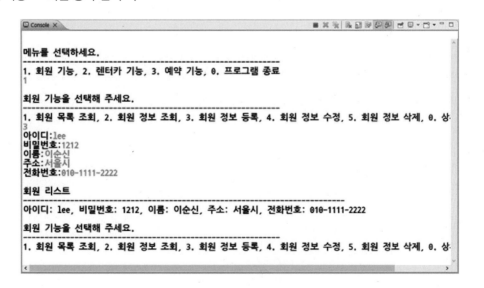

회원 기능 -> 회원 목록 조회 선택 시

10.4 렌터카 기능

회원 기능에선 회원 정보를 MemberImpl 클래스의 필드로 선언했습니다. 그러나 렌터카 정보는
예약 기능에서도 사용되므로 예외적으로 AbstractBase 클래스에 정적 필드로 선언했습니다. 그
리고 렌터카 정보를 리스트로 보여주는 listCarData() 메서드도 static으로 선언해서 예약 등록 시
호출해서 사용합니다.

[직접 코딩해 보기] Base 클래스에 렌터카 정보를 저장하는 carList 필드 선언하기

RentCarApp/com/oracle/rent/ch17/common/AbstractBase.java

```java
package com.oracle.rent.ch17.common;

...

public abstract class AbstractBase {
  ...
  public static List<CarVO> carList; •——————— public과 static 필드로 선언했으므로 다른 클래스에서도
  ...                                            접근할 수 있습니다.
  ...
  public static void listCarData() { •——————— 예약하기 전 예약할 렌터카를 조회하는 기능입니다.
    System.out.println("\n렌터카 리스트");
    System.out.println("-----------------------------------------");
    for (int i = 0; i < carList.size(); i++) {
      CarVO carVO = carList.get(i);
      String carNumber = carVO.getCarNumber();
      String carName = carVO.getCarName();
      String carColor = carVO.getCarColor();
      int carSize = carVO.getCarSize();
      String carMaker = carVO.getCarMaker();

      System.out.println("차번호: " + carNumber +
                  ", 차이름: " + carName +
                  ", 차색상: " + carColor +
```

```
                    ", 배기량: " + carSize + "cc" +
                    ", 제조사: " + carMaker);
      }
    }
  }
```

다음은 렌터카 기능을 수행하는 CarImpl 클래스입니다. 클래스의 구조는 다른 기능을 수행하는 구현 클래스와 같습니다.

[직접 코딩해 보기] 렌터카 기능 클래스

RentCarApp/com/oracle/rent/ch17/car/CarImpl.java

```java
import java.util.List;

...

public class CarImpl extends AbstractBase implements Car{

  public CarImpl() {
    carList = new ArrayList<CarVO>();
  }


  //렌터카 리스트 조회
  @Override
  public List<CarVO> listCarInfo() throws CarException {
    return carList;
  }

  //차 정보 조회
  @Override
  public CarVO checkCarInfo(CarVO carVO) throws CarException {
    String carNumber = carVO.getCarNumber();
    CarVO requestedVO = null;

    for (int i = 0; i< carList.size(); i++) {
      requestedVO = carList.get(i);
      if (carNumber.equals(requestedVO.getCarNumber())) {
        break;
      }
      requestedVO = null;
    }
```

```
        return requestedVO;
    }
    …   //생략한 부분은 책 제공 소스 참고
}
```

[실행결과]

렌터카 기능 -> 정보 등록하기

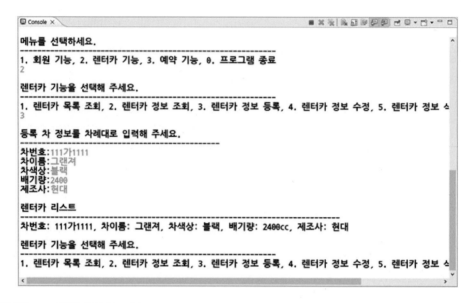

렌터카 기능 -> 렌터카 목록 조회

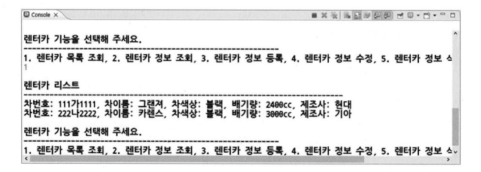

10.5 예약 기능

예약 기능에 관련된 클래스들도 기본 구조는 다른 클래스들과 같습니다. 예약 등록 메뉴 선택 시, menuResReg() 메서드가 호출되면 예약 전 AbstractBase 클래스의 listCarData() 메서드를 호출해서 렌터카 정보를 리스트로 보여줍니다. 사용자는 렌터카 리스트를 보면서 원하는 차를 예약합니다.

RentCarApp/com/oracle/rent/ch17/car/ResMenu.java

```java
package com.oracle.rent.ch17.res;

...

  public class ResMenu {
    private List<ResVO> resList;
    Reserve res;

    public ResMenu() {
      res = new ReserveImpl();
    }

...
  private void menuResReg() throws ResException, CarException{
    AbstractBase.listCarData();  ●━━━━━━━ 예약 전 렌터카 정보를 리스트로 보여줍니다.

    Scanner sc = new Scanner(System.in);
    System.out.println("\n예약 정보를 입력해 주세요.");
    System.out.println("-----------------------------------------------");
    System.out.print("예약번호:");
    String resNumber = sc.nextLine();
    ...
  }

  //예약하기 전 예약할 렌터카를 조회하는 기능입니다.
  private void listCarList(List<CarVO> carList) {
    System.out.println("\n렌터카 리스트");
    System.out.println("------------------------------------------");
    for (int i = 0; i < carList.size(); i++) {
      CarVO carVO = carList.get(i);
      String carNumber = carVO.getCarNumber();
      String carName = carVO.getCarName();
      String carColor = carVO.getCarColor();
      int carSize = carVO.getCarSize();
      String carMaker = carVO.getCarMaker();

      System.out.println("차번호: " + carNumber +
                  ", 차이름: " + carName +
                  ", 차색상: " + carColor +
                  ", 배기량: " + carSize + "cc" +
                  ", 제조사: " + carMaker);
```

```
          }
      }
  }
```

[실행결과]

예약 기능 -> 예약 정보 등록 선택시

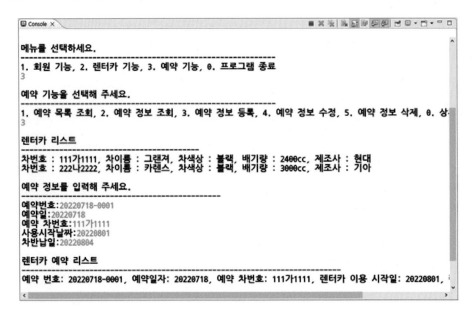

예약 기능 -> 예약 목록 조회 선택 시

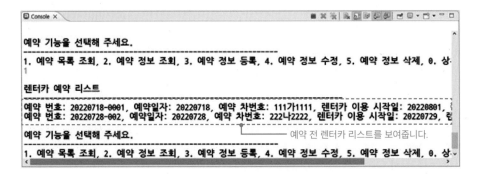

자세한 설명은 책 제공 소스나 동영상을 참고해 주세요.

연습 문제

1 _ 자바 컬렉션 프레임워크에 관한 설명입니다. 맞는 것에 O표, 틀린 것에 X표 하세요.

　① List 컬렉션은 객체 저장 시 인덱스가 자동으로 생성됩니다. ( )

　② Set 컬렉션은 객체 저장 시 인덱스가 자동으로 생성되지 않습니다. ( )

　③ Map 컬렉션은 key와 value로 쌍으로 객체를 저장합니다. ( )

　④ Stack은 가장 먼저 저장한 객체가 가장 먼저 인출되는 컬렉션입니다. ( )

2 _ List 컬렉션에 관한 설명입니다. 틀린 것을 고르세요.

　① 대표적인 구현 클래스로 ArrayList, Vector, LinkedList가 있습니다.

　② ArrayList는 객체를 순서대로 저장 시 유리합니다.

　③ Vector는 멀티 스레드 환경에서 동기화 기능을 제공합니다.

　④ 객체의 저장과 삭제가 빈번한 경우 ArrayList를 사용하는 것이 유리합니다.

3 _ Set 컬렉션에 관한 설명입니다. 틀린 것을 고르세요.

　① 대표적인 구현 클래스로는 HashSet, TreeSet이 있습니다.

　② HashSet에는 객체 저장 시 중복을 허용하지 않습니다.

　③ HashSet에서 객체를 출력할 때, 저장한 순서대로 출력합니다.

　④ TreeSet에 문자열이나 기본 타입 데이터를 저장하면 자동으로 정렬해서 저장합니다.

4 _ Map 컬렉션에 관한 설명입니다. 맞는 것에 O표, 틀린 것에 X표를 하세요.

　① 대표적인 구현 클래스로 HashMap, TreeMap이 있습니다. ( )

　② HashMap에 객체 저장 시 key는 중복될 수 없습니다. ( )

　③ HashMap에서는 hashCode()만 오버라이딩하면 중복 키를 판별할 수 있습니다. ( )

　④ TreeMap은 key에 대한 정렬 기능을 제공합니다. ( )

연습 문제

5 _ 다음은 사원 정보를 저장하는 Employee 클래스입니다. 실행 클래스에서 getEmpInfo() 메서드 호출 시 아래와 같이 사원 정보가 출력되도록 작성해 보세요.

소스 코드: Employee.java

```
1   package sec07.ex05;
2
3   public class Employee {
4     private int sabun;          //사번
5     private String name;        //사원명
6     private String dept;        //근무부서명
7     private int salary;         //급여액
8
9     public Employee() {}
10
11    public Employee(int sabun, String name, String dept, int salary) {
12      this.sabun = sabun;
13      this.name = name;
14      this.dept = dept;
15      this.salary = salary;
16    }
17
18    public int getSabun() {
19      return sabun;
20    }
21
22    public void setSabun(int sabun) {
23      this.sabun = sabun;
24    }
25    …
26  }
```

소스 코드: EmployeeTest.java

```
1    package sec07.ex05;
2
3    import java.util.ArrayList;
4    import java.util.List;
5
6    public class EmployeeTest {
7      public static void getEmpInfo(List<Employee> eList) {
8        int sabun = null;
9        String name = null;
10       String dept = null;
11       int salary = 0;
12
13       System.out.println("사원 정보");
14       System.out.println("-------------------------------------");
15
16       //이곳에 작성해 주세요.
17     }
18
19     public static void main(String[] args) {
20       List<Employee> eList = new ArrayList<Employee>();
21     public static void main(String[] args) {
22       List<Employee> eList = new ArrayList<Employee>();
23
24       eList.add(new Employee(20220001, "이순신", "총무부", 2000000));
25       eList.add(new Employee(20220002, "홍길동", "회계부", 3000000));
26       eList.add(new Employee(20220003, "차범근", "개발부", 2500000));
27       eList.add(new Employee(20220004, "유현진", "기획부", 2700000));
28       eList.add(new Employee(20220005, "박지성", "회계부", 3200000));
29       getEmpInfo(eList);
30
31     }
32 }
```

실행결과

```
1    사원 정보
2    ----------------------------------------------------
3    사번: 20220001, 사원명: 이순신, 근무부서: 총무부, 급여액: 2000000원
4    사번: 20220002, 사원명: 홍길동, 근무부서: 회계부, 급여액: 3000000원
5    사번: 20220003, 사원명: 차범근, 근무부서: 개발부, 급여액: 2500000원
6    사번: 20220004, 사원명: 유현진, 근무부서: 기획부, 급여액: 2700000원
7    사번: 20220005, 사원명: 박지성, 근무부서: 회계부, 급여액: 3200000원
8
```

6 _ 실행 클래스에서 사원 정보를 TreeSet에 저장한 후, getEmpInfo() 메서드로 전달하여 사번 순으로 사원 정보가 출력되도록 Employee 클래스에 구현해 보세요.

소스 코드: Employee.java

```
1    package sec07.ex06;
2
3    public class Employee implements Comparable<Employee>{
4      private int sabun;   //사번
5      private String name;
6      private String dept;
7      private int salary;
8      ...
9
10     @Override
11     public int compareTo(Employee emeployee) {
12       //이곳에 작성해 주세요.
13     }
14
15   }
```

소스 코드: EmployeeTest.java

```java
package sec07.ex06;

import java.util.Iterator;
import java.util.Set;
import java.util.TreeSet;


public class EmployeeTest {
  public static void getEmpInfo(Set<Employee> eSet) {
    int sabun = 0;
    String name = null;
    String dept = null;
    int salary = 0;

    System.out.println("사원 정보");
      System.out.println("--------------------------------------");
    //이곳에 작성해 주세요.
  }

  public static void main(String[] args) {
    TreeSet<Employee> eSet = new TreeSet<Employee>();

    eSet.add(new Employee(20220003, "차범근", "개발부", 2500000));
    eSet.add(new Employee(20220005, "박지성", "회계부", 3200000));
    eSet.add(new Employee(20220002, "홍길동", "회계부", 3000000));
    eSet.add(new Employee(20220004, "유현진", "기획부", 2700000));
    eSet.add(new Employee(20220001, "이순신", "총무부", 2000000));

    getEmpInfo(eSet);
  }
}
```

실행결과

```
1    사원 정보
2    ----------------------------------------------------
3    사번: 20220001, 사원명: 이순신, 근무부서: 총무부, 급여액: 2000000원
4    사번: 20220002, 사원명: 홍길동, 근무부서: 회계부, 급여액: 3000000원
5    사번: 20220003, 사원명: 차범근, 근무부서: 개발부, 급여액: 2500000원
6    사번: 20220004, 사원명: 유현진, 근무부서: 기획부, 급여액: 2700000원
7    사번: 20220005, 사원명: 박지성, 근무부서: 회계부, 급여액: 3200000원
```

7 _ HashMap에 Employee 객체를 key로 직원의 근무지를 저장하려고 합니다. 직원의 사번과 근무부서가 같으면 중복 저장되지 않도록 하고 싶습니다. Employee 클래스에 hashCode()와 equals() 메서드를 오버라이딩해서 다음과 같이 출력 결과가 나오도록 구현해 보세요.

소스 코드: Employee.java

```java
1    package sec07.ex07;
2
3    public class Employee implements Comparable<Employee>{
4        private int sabun;
5        private String name;
6        private String dept;
7        private int salary;
8        ...
9
10       //이곳에 작성해 주세요.
11
12   }
```

소스 코드: EmployeeTest.java

```
1   package sec07.ex07;
2
3   import java.util.HashMap;
4   import java.util.Map;
5   import java.util.Set;
6
7   public class EmployeeTest {
8     public static void getEmpInfo(Map<Employee, String> eMap) {
9
10
11      System.out.println("  사번    이름   근무지");
12      System.out.println("---------------------------");    ...
13      //이곳에 작성해 주세요.
14
15    }
16
17    public static void main(String[] args) {
18      Map<Employee, String> eMap = new HashMap<Employee, String>();
19
20      eMap.put(new Employee(20220003, "차범근", "개발부", 2500000), "서울시");
21      eMap.put(new Employee(20220005, "박지성", "회계부", 3200000), "인천시");
22      eMap.put(new Employee(20220002, "홍길동", "회계부", 3000000), "용인시");
23      eMap.put(new Employee(20220004, "유현진", "기획부", 2700000), "서울시");
24      eMap.put(new Employee(20220002, "홍길동", "회계부", 3000000), "부산시");
25      eMap.put(new Employee(20220003, "차범근", "개발부", 2500000), "대구시");
26
27      getEmpInfo(eMap);
28    }
29  }
```

실행결과

```
1    사번   이름 근무지
2    -------------------------
3    20220004, 유현진, 서울시
4    20220005, 박지성, 인천시
5    20220002, 홍길동, 부산시
6    20220003, 차범근, 대구시
```

8 _ 실행 클래스에서 Map에 사원 정보가 저장된 ArrayList 객체를 저장 후, 메서드로 전달했을 때 다음과 같이 출력되도록 구현해 보세요.

소스 코드: EmployeeTest.java

```
1    package sec07.ex08;
2
3    import java.util.ArrayList;
4    import java.util.HashMap;
5    import java.util.Iterator;
6    import java.util.List;
7    import java.util.Map;
8    import java.util.Set;
9
10   public class EmployeeTest {
11
12     public static void getEmpInfo(Map<String, List<Employee>> eMap) {
13       System.out.println("  사번     이름    급여액");
14       System.out.println("--------------------------");
15
16        //이곳에 작성해 주세요.
17     }
18
```

```
18    public static void main(String[] args) {
19      Map<String, List<Employee>> eMap = new HashMap<String,
20      List<Employee>>();
21      List<Employee> eList1 = new ArrayList<Employee>();
22      eList1.add(new Employee(20220003, "이순신", "개발부", 3500000));
23      eList1.add(new Employee(20220004, "차범근", "개발부", 2500000));
24      eList1.add(new Employee(20220005, "박지성", "개발부", 3000000));
25      eMap.put("서울시", eList1);
26
27      List<Employee> eList2 = new ArrayList<Employee>();
28      eList2.add(new Employee(20220003, "홍길동", "인사부", 2500000));
29      eList2.add(new Employee(20220003, "유현진", "인사부", 2400000));
30      eList2.add(new Employee(20220003, "임꺽정", "인사부", 3700000));
31      eMap.put("인천시", eList2);
32
33      getEmpInfo(eMap);
34    }
35  }
36
37
```

실행결과

```
1   사번   이름  급여액
2   ---------------------------
3   서울시, 이순신, 3500000원
4   서울시, 차범근, 2500000원
5   서울시, 박지성, 3000000원
6   인천시, 홍길동, 2500000원
7   인천시, 유현진, 2400000원
8   인천시, 임꺽정, 3700000원
9
```

9 _ 7절의 쇼핑몰 실습 예제에 추가로 키보드로 각각의 데이터를 입력받아서 ArrayList에 저장하는 기능을 7절 렌터카 실습 예제를 참고해서 구현해 보세요.

```
∨ ⊞ ch17
  ∨ ⊞ common
    > ⊞ exception
    > ⒥ AbstractBase.java
    > ⒥ DataUtil.java
  ∨ ⊞ goods
    > ⒫ Goods.java
    > ⒥ GoodsExecption.java
    > ⒥ GoodsImpl.java
    > ⒥ GoodsMenu.java
    > ⒥ GoodsVO.java
  ∨ ⊞ main
    > ⒥ BookShopApp.java
  ∨ ⊞ member
    > ⒫ Member.java
    > ⒥ MemberException.java
    > ⒥ MemberImpl.java
    > ⒥ MemberMenu.java
    > ⒥ MemberVO.java
  ∨ ⊞ order
    > ⒫ Order.java
    > ⒥ OrderException.java
    > ⒥ OrderImpl.java
    > ⒥ OrderMenu.java
    > ⒥ OrderVO.java
```

BookShopApp 패키지 구조

18장

....

스레드

> **시작 전 가볍게 읽기** <

지금까지는 프로그램 실행 후, CPU는 작성한 코드를 순서대로 읽어서 실행했습니다.
그러나 실제 프로그램은 각각의 기능이 동시에 실행되어야 하는 경우가 많습니다.
예를 들어, 채팅 앱을 사용할 때 메시지 송신과 동시에
상대방의 수신 메시지를 계속 받아야 합니다.
이번에는 CPU가 동시에 여러 작업을 하는 방법을 알아보겠습니다.

1 프로세스

프로세스는 스레드가 나오기 전에 CPU가 프로그램을 실행하던 방식입니다.

1.1 프로세스란?

프로그램은 CPU가 실행하는 이진 명령어의 묶음입니다. 개발자가 프로그래밍하여 컴파일하면 실행 코드로 변환되는데, 이 변환된 실행 파일이 프로그램입니다. 사용자가 이 실행 파일을 실행시키면 CPU는 실행 파일의 명령어를 메모리에 로드해서 실행합니다. 프로그램이 CPU에 의해 실행된 상태를 **프로세스(Process)**라고 합니다.

프로세스 정의와 구성 요소

- 정의
  - CPU가 실행 중인 프로그램

- 구성 요소
  - 2진 명령어와 CPU가 실행 중 생성한 데이터

다음은 이클립스를 실행시킨 상태입니다. 윈도우의 작업 관리자를 보면 실행 중인 이클립스 프로세스가 표시됩니다.

이름	상태	29% CPU	67% 메모리	0% 디스크	0% 네트워크
> Google Chrome(8)		0.7%	170.6MB	0.1MB/s	0Mbps
> eclipse.exe		0%	138.9MB	0MB/s	0Mbps
> Adobe Acrobat DC(2)		0%	88.3MB	0MB/s	0Mbps
백그라운드 프로세스 (127)					
> 휴대폰과 연결(2)		0%	0.4MB	0MB/s	0Mbps
클립소프트 렉스퍼트 3.0 EXE ...		0.2%	0.8MB	0MB/s	0Mbps
> 시작		0%	10.1MB	0MB/s	0Mbps
> 사진		0%	0MB	0MB/s	0Mbps
> 검색		0%	0MB	0MB/s	0Mbps
Wondershare Studio(32비트)		0%	0.5MB	0MB/s	0Mbps
WMI Provider Host		0.5%	6.4MB	0MB/s	0Mbps
> Wizvera process manager servi...		0.9%	2.0MB	0MB/s	0Mbps
WIZVERA Delfino Handler 3.6...		0%	1.8MB	0MB/s	0Mbps
Windows 호스트 프로세스(Run...		0%	0.1MB	0MB/s	0Mbps

그림18-1 실행중인 프로세스를 나타내는 윈도우 작업 관리자

1.2 멀티 프로세스(Multi Process)

그런데 CPU는 여러 개의 Process를 메모리에 생성할 수 있습니다. 다음은 CPU가 인터넷 브라우저와 이클립스를 동시에 실행한 모습입니다.

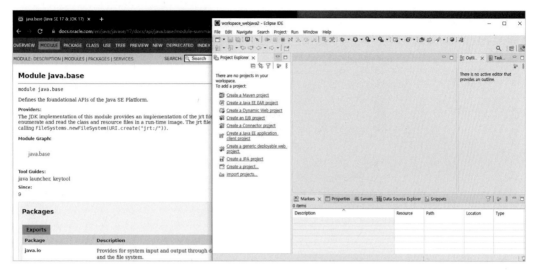

그림18-2 동시에 여러 프로세스를 실행 중인 CPU

윈도우의 작업 관리자를 보면 현재 CPU가 실행 중인 여러 프로세스들을 볼 수 있습니다.

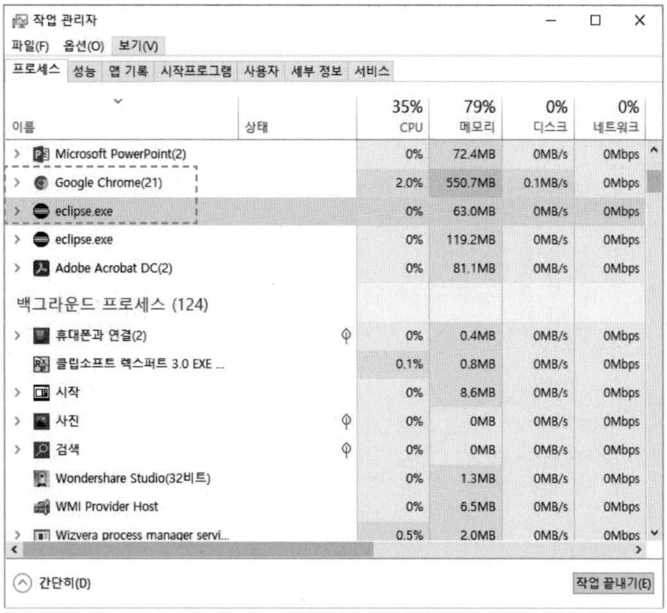

그림18-3 동시에 실행중인 프로세스를 나타내는 윈도우 작업 관리자

이렇게 여러 개의 프로그램이 동시에 실행된 상태를 **멀티 프로세스(Multi Process)**라고 부릅니다.

1.3 멀티 프로그래밍(Multi Programming)과 멀티 태스킹(Multl Tasking)

우리는 컴퓨터를 사용하면서 브라우저를 보면서 음악 플레이어로 음악을 듣고, 동시에 문서 편집 작업을 합니다. 즉, CPU는 동시에 여러 프로그램을 실행시킵니다. 이렇게 한 개의 CPU가 두 가지 이상의 작업을 동시에 처리는 것을 **멀티 프로그래밍(Multi Programming)**이라고 합니다. 따라서 멀티 프로그래밍 환경에선 CPU가 실행하는 최소 실행 단위는 각각의 프로세스가 됩니다.

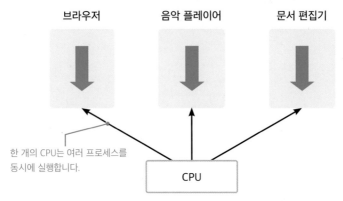

그림18-4 한 개의 CPU가 동시에 여러 프로그램을 실행하는 멀티 프로그래밍

그런데 각각의 실행 중인 프로그램(프로세스)은 프로세스 내에서 또 다시 세부 실행 단위로 나누어서 실행되는 것이 일반적입니다. 이 세부 실행 단위를 **스레드(Thread)**라고 합니다. 한 개의 CPU가 여러 개의 스레드를 동시에 실행하는 것을 **멀티 태스킹(Multi tasking)**이라고 합니다. 반면에 여러 개의 CPU(멀티 코어, multi core)가 여러 개의 스레드를 동시에 실행하는 것을 **멀티 프로세싱(Multi Processing)**이라고 합니다. 멀티 프로세싱은 27장에서 자세히 알아보겠습니다.

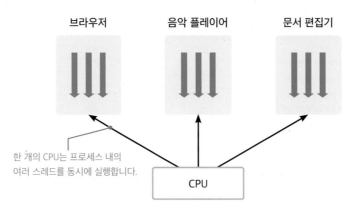

그림18-5 CPU가 각각의 프로세스 내의 실행 단위(스레드)를 동시에 실행하는 멀티 태스킹

그럼 멀티 프로그래밍과 멀티 태스킹의 다른 점이 뭘까요? 예를 들어 이클립스와 브라우저를 실행시켜서 멀티 프로그래밍으로 동작하게 합니다. 그런데 현재 작업 중인 이클립스에 오류가 생겨

서 강제 종료가 되면 멀티 프로그래밍 환경에서는 각각의 프로세스가 메모리나 모든 자원을 따로 사용하므로 다른 프로그램들은 정상적으로 실행이 됩니다.

그러나 멀티 태스킹의 경우, 멀티 태스킹으로 실행되는 게임을 하다가 오디오 기능에 에러가 발생했을 때 같은 게임 내의 다른 기능에도 영향을 주어서 게임 전체가 종료될 수 있습니다.

2 스레드

스레드는 프로세스 방식으로 실행 시 문제점을 보완하기 위해서 나온 방법입니다.

2.1 스레드란?

스레드는 프로세스 내에서 실행되는 더 작은 실행 단위입니다.

> **스레드의 정의**
> ● 정의
>   - 프로세스 내에서 실행되는 세부 실행 단위

2.2 싱글 스레드(Single Thread)와 멀티 스레드(Multi Thread)

CPU가 프로세스를 실행할 때, 프로세스는 다시 여러 개의 세부 실행 단위인 스레드로 나뉘어서 각각의 기능을 실행하는 것이 일반적입니다. 이 프로세스가 한 개의 스레드로 이루어진 경우를 **싱글 스레드(Sinlge Thread)**로 동작한다고 합니다. 다음은 싱글 스레드로 동작하는 자바 프로그램입니다. 자바 프로그램을 실행시키면 한 개의 **메인 스레드**가 생성되어서 CPU가 순차적으로 메인 스레드를 실행합니다. 그리고 메인 스레드가 종료하면 프로그램은 종료합니다.

메인 스레드(Main Thread)

최초 자바 프로그램 실행 시, main() 메서드를 실행하면 최초로 메인 스레드(Main Thread)가 생성됩니다. 메인 스레드는 단독으로 실행한 후, 종료할 수도 있고, 다른 스레드를 생성할 수도 있습니다.

```
public class JavaApp {
public static void main(String[]args){
   ...
   ...
  }
}
```

메인 스레드

CPU는 한 개의 스레드를
순차적으로 실행합니다.

반면에 한 개의 프로세스가 여러 개의 스레드로 실행되는 경우를 **멀티 스레드(Multi Thread)**로
동작한다고 합니다. 다음은 채팅 프로그램 실행 시 메인 스레드가 다시 메시지의 송신과 수신을
담당하는 스레드를 생성 후, 실행되는 구조를 나타냅니다. 멀티 스레드 프로그램은 메인 스레드가
실행 중일 때 다른 스레드를 생성 후 실행합니다. 싱글 스레드와는 달리 멀티 스레드 프로그램은
메인 스레드가 먼저 종료하더라도 다른 스레드가 실행된다면 프로그램이 종료되지 않습니다. 멀
티 스레드 프로그램은 모든 스레드가 종료되어야 프로그램이 종료됩니다. 멀티 스레드는 여러 스
레드가 동시에 실행되므로 한 개의 스레드에 에러가 발생되면 다른 스레드에게 영향을 줄 수 있으
므로 에러 발생 시 다른 스레드에 영향을 주지 않도록 주의해서 실행해야 합니다.

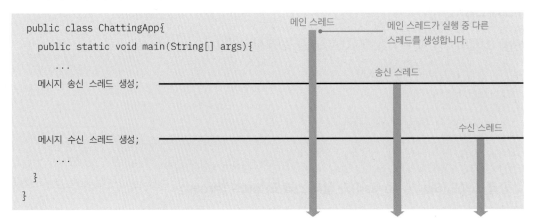

```
public class ChattingApp{
   public static void main(String[] args){
      ...
      메시지 송신 스레드 생성;


      메시지 수신 스레드 생성;
      ...
   }
}
```

메인 스레드

메인 스레드가 실행 중 다른
스레드를 생성합니다.

송신 스레드

수신 스레드

→ 요점 정리 ←

- CPU가 프로그램을 실행 중인 상태를 프로세스라고 합니다.
- CPU가 여러 개의 프로그램이 동시에 실행하는 것을 멀티 프로그래밍이라고 합니다.
- 멀티 태스킹은 CPU가 동시에 여러 스레드를 실행하는 것을 의미합니다.
- 싱글 스레드는 한 개의 프로세스가 한 개의 스레드로 실행되는 것을 의미합니다.
- 멀티 스레드는 한 개의 프로세스가 여러 스레드로 실행되는 것을 의미합니다.

3 자바에서 스레드 사용하기

실제 자바에서 스레드를 사용하는 방법에 관해서 알아보겠습니다.

3.1 자바 스레드 사용 방법

자바는 Thread 클래스를 이용하는 방법과 Runable 인터페이스를 이용하는 방법으로 스레드를 만들어 사용합니다.

> **자바 스레드 사용 방법**
> - java.lang.Thread 클래스를 이용하는 방법
> - java.lang.Runnable 인터페이스를 이용하는 방법

3.2 Thread 클래스를 이용해서 스레드 사용하기

사용자가 스레드 클래스를 만들어서 사용하기 위해서는 반드시 자바의 Thread 클래스를 상속받아야 합니다. 그리고 java.lang.Thread 클래스의 run() 메서드를 오버라이딩해서 스레드의 실행코드를 작성해 줍니다.

3.2.1 Thread 클래스로 사용자 정의 스레드 클래스 만드는 방법

```
                         ❶
public class 클래스명 extends Thread {
❷ @Override
  pulic void run() {
    //스레드 작업 내용
  }
}
```

① : java.lang.Thread 클래스를 상속받습니다.
② : run() 메서드를 오버라이딩 후, 스레드의 기능을 구현합니다.

3.3 Thread 클래스를 이용해서 청기 백기 게임 구현하기

자바 스레드를 이용해서 청기 백기 게임을 구현해 보겠습니다.

3.3.1 스레드를 사용하지 않고 청기 백기 게임 구현하기

다음은 청기 백기 게임을 구현한 예제입니다. while(true){...} 문으로 각각의 메시지를 무한 출력하는 기능을 각각의 클래스에 구현합니다.

[직접 코딩해 보기] 청기 올리기 기능을 구현한 클래스

ch18/sec01/ex01/Blue.java

```java
package sec01.ex01;

public class Blue {
  public void blueFlag() {
    while (true) {
      System.out.println("청기 올려!!");
    }
  }
}
```

[직접 코딩해 보기] 백기 올리기 기능을 구현한 클래스

ch18/sec01/ex01/White.java

```java
package sec01.ex01;

public class White {
  public void whiteFlag() {
    while (true) {
      System.out.println("백기 올려!!");
    }
  }
}
```

실행 클래스에서 각각의 깃발을 드는 클래스의 객체를 생성 후, 메서드를 호출하면 예상과는 달리 **"백기 올려!!"** 메시지만 출력됩니다. 즉, CPU는 순차적으로 코드를 실행하므로 첫 번째 호출한 whiteFlat() 메서드의 while(true){..} 구문만 무한 반복하고 있습니다.

[직접 코딩해 보기] 실행 클래스

ch18/sec01/ex01/FlagTest.java

```java
package sec01.ex01;

public class FlagTest {
```

```
public static void main(String[] args) {
    White white = new White();
    Blue blue = new Blue();
    white.whiteFlag();
    blue.blueFlag();
}

}
```

[실행결과]

```
백기 올려!!
백기 올려!!
백기 올려!!
백기 올려!!
백기 올려!!
백기 올려!!
백기 올려!!
백기 올려!!          ●──────── "백기 올려!!" 메시지만 출력합니다.
백기 올려!!
백기 올려!!
백기 올려!!
백기 올려!!
백기 올려!!
백기 올려!!
백기 올려!!
…
```

3.3.2 Thread 클래스를 이용해서 청기 백기 클래스 구현하기

다음 코드에서는 스레드를 이용해서 청기와 백기 클래스의 기능을 구현했습니다. 각각의 클래스
는 Thread 클래스를 상속받은 후, run() 메서드 안에 메시지 출력 기능을 구현하고 있습니다.

[직접 코딩해 보기] Thread 클래스를 이용해서 청기 올리기 기능을 구현한 스레드 클래스

ch18/sec01/ex02/Blue.java

```
package sec01.ex02;

public class Blue extends Thread { ──────────── Thread 클래스를 상속받습니다.
```

```java
  @Override
  public void run() {
    while (true) {
      System.out.println("청기 올려!!");
    }
  }
}
```

----- run() 메서드를 오버라이딩해서 메시지를 무한 출력합니다.

[직접 코딩해 보기] Thread 클래스를 이용해서 백기 올리기 기능을 구현한 클래스

ch18/sec01/ex02/White.java

```java
package sec01.ex02;

public class White extends Thread {
  @Override
  public void run() {
    while (true) {
      System.out.println("백기 올려!!");
    }
  }
}
```

----- run() 메서드를 오버라이딩해서 메시지를 무한 출력합니다.

실행 클래스에서 각각의 스레드 객체를 생성한 후, 스레드를 실행합니다. 그런데 스레드를 실행하기 위해선 run() 메서드가 아닌 Thread 클래스의 start() 메서드를 호출해서 실행합니다. run() 메서드는 실행 시 CPU에서 실행하는 메서드입니다. 이런 메서드를 콜백(CallBack) 메서드라고 합니다.

[직접 코딩해 보기] 실행 클래스

ch18/sec01/ex02/FlagTest.java

```java
package sec01.ex02;

public class FlagTest {
  public static void main(String[] args) {
    White white = new White();
    Blue blue = new Blue();
    white.start();
    blue.start();
  }
}
```

----- start() 메서드를 호출해서 스레드를 실행합니다.

청기 올려!!

청기 올려!!

청기 올려!!

청기 올려!!

청기 올려!!

청기 올려!!

청기 올려!!

청기 올려!!

청기 올려!!

청기 올려!!

백기 올려!!

백기 올려!! ————— 메시지가 번갈아 가면서 출력됩니다.

백기 올려!!

백기 올려!!

백기 올려!!

백기 올려!!

백기 올려!!

백기 올려!!

백기 올려!!

백기 올려!!

청기 올려!!

...

다음은 청기 백기 게임에서 만든 스레드를 CPU가 실행하는 과정입니다. 스레드(Thread)란 **'가느다란 긴 실'**이라는 의미입니다. 즉, 각각의 스레드의 실행 코드가 긴 실처럼 CPU에 의해서 수행된다는 의미입니다.

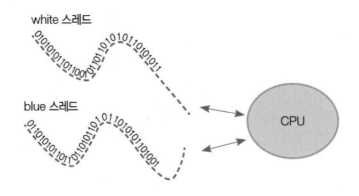

그림18-6 CPU의 청기와 백기 스레드 실행 상태

3.4 Runnable 인터페이스를 이용해서 스레드 사용하기

다음은 Runnable 인터페이스로 스레드를 만드는 방법입니다. Runnable 인터페이스를 구현한 클래스는 추상메서드 run() 메서드로 스레드 실행 시 수행할 작업을 구현합니다.

3.4.1 Runnable 인터페이스로 사용자 정의 스레드 클래스 만드는 방법

```
                              ❶
public class 클래스명 implements Runnable {
  @Override
  public void run() {
  ❷ //스레드 작업 내용
  }
}
```

① : java.lang.Runnable 인터페이스를 구현합니다.
② : run() 메서드에 스레드의 기능을 구현합니다.

다음은 Runnable 인터페이스를 구현해서 청기 백기 게임을 구현하는 예제입니다. Runnable 인터페이스의 Run() 메서드를 이용해서 스레드의 기능을 구현합니다.

[직접 코딩해 보기] Runnable 인터페이스를 이용해서 청기 올리기 기능을 구현한 스레드 클래스

ch18/sec01/ex03/Blue.java

```java
package sec01.ex03;

public class Blue implements Runnable {
  @Override
  public void run() {
    while (true) {
      System.out.println("청기 올려!!");      ----- run() 메서드에 스레드 기능을 구현합니다.
    }
  }
}
```

[직접 코딩해 보기] Runnable 인터페이스를 이용해서 백기 올리기 기능을 구현한 스레드 클래스

ch18/sec01/ex03/White.java

```java
package sec01.ex03;

public class White implements Runnable {
```

```java
  @Override
  public void run() {
    while (true) {
      System.out.println("백기 올려!!");    ┈┄ run() 메서드에 스레드 기능을 구현합니다.
    }
  }
}
```

그런데 Runnable 인터페이스로 구현한 클래스는 완전한 스레드 클래스가 아닙니다. 단지 run()
메서드만 구현한 상태입니다. 스레드 기능을 사용하기 위해서는 반드시 Thread 클래스의 객체를
이용해서 스레드의 기능을 수행합니다. 따라서 Runnable을 구현한 클래스를 스레드로 사용하기
위해서는 Thread 객체 생성 시 반드시 생성자의 인자로 구현 클래스 객체를 전달한 후, 참조 변수
를 통해서 스레드의 기능을 수행합니다.

[직접 코딩해 보기] 실행 클래스

ch18/sec01/ex03/FlagTest.java

```java
package sec01.ex03;

public class FlagTest {=
  public static void main(String[] args) {
    White white = new White();    ┄┄┐
                                       ┊┄┄ 인터페이스를 구현한 클래스 객체를 생성합니다.
    Blue blue = new Blue();        ┄┄┘

    Thread t = new Thread(white);  ┄┄┐
                                       ┊  Runnable 인터페이스를 구현한 클래스를 생성자 인자로
    Thread t2 = new Thread(blue);  ┄┄┘  전달합니다.

    t.start();    ┄┄┐
                      ┊┄┄ 참조 변수로 start() 메서드를 호출해서 스레드를 실행합니다.
    t2.start();   ┄┄┘
  }
}
```

[실행결과]

청기 올려!!
청기 올려!!
백기 올려!!
백기 올려!!
백기 올려!!
백기 올려!!
백기 올려!!

백기 올려!!
백기 올려!!
백기 올려!!
백기 올려!!
백기 올려!!
백기 올려!!
청기 올려!!
청기 올려!!
…

3.5 익명 스레드 객체와 익명 스레드 자식 객체로 스레드 사용하기

채팅 앱에서 송신이나 수신 기능을 담당하는 스레드는 프로그램 시작 순간부터 계속 동작해야 합니다. 그러나 채팅 중에 사용되는 파일 전송 같은 기능은 어쩌다가 한 번씩 사용되는 기능입니다. 익명 스레드 객체와 익명 스레드 자식 객체를 이용하면 재사용되지 않는 스레드 작업 수행 시 사용하면 편리합니다.

다음은 청기 백기 게임 중 Runnable을 구현한 익명 스레드 객체를 이용해서 '파일 업로드' 기능을 구현하는 예제입니다. 익명 스레드 객체는 안드로이드 화면 기능에서 많이 사용됩니다.

[직접 코딩해 보기] 익명 스레드 객체로 파일 업로드 구현하기

ch18/sec01/ex03/FlagTest1.java

```java
package sec01.ex03;

public class FlagTest1 {
  public static void main(String[] args) {
    White white = new White();
    Blue blue = new Blue();

    Thread t = new Thread(white);
    Thread t2 = new Thread(blue);
    t.start();
    t2.start();

    new Thread(new Runnable() {
      @Override
      public void run() {
        for(int i=0; i< 10000000;i++) {
          System.out.println("파일 업로드 중입니다.");
        }
      }
```

Runnable 인터페이스를 익명 스레드 객체로
구현해서 스레드로 사용합니다.

```
        }).start();
    }
}
```

[실행결과]

......

파일 업로드 중입니다.

파일 업로드 중입니다. ●————————— 청기 백기 게임 중에 파일 업로드 기능을 수행합니다.

파일 업로드 중입니다.

백기 올려!!

백기 올려!!

백기 올려!!

백기 올려!!

백기 올려!!

백기 올려!!

백기 올려!!

백기 올려!!

백기 올려!!

백기 올려!!

백기 올려!!

파일 업로드 중입니다.

파일 업로드 중입니다.

파일 업로드 중입니다.

파일 업로드 중입니다.

......

다음은 Thread 클래스를 상속받는 익명 클래스로 파일 업로드 기능을 구현하는 예제입니다.

[직접 코딩해 보기] 익명 스레드 자식 객체로 파일 업로드 구현하기

ch18/sec01/ex03/FlagTest2.java

```java
package sec01.ex03;

public class FlagTest2 {
    public static void main(String[] args) {
        White white = new White();
        Blue blue = new Blue();

        Thread t = new Thread(white);
        Thread t2 = new Thread(blue);
        t.start();
```

```
    t2.start();

    Thread thread = new Thread() {                          ┌-----
      @Override                                             ¦
      public void run() {                                   ¦
        for(int i=0; i< 10000000;i++) {                     ¦      Thread 클래스를 상속받는 익명 클래스를
          System.out.println("파일 업로드 중입니다.");        ¦-----  이용해서 run() 메서드를 오버라이딩하여
        }                                                   ¦      스레드를 구현합니다.
      }                                                     ¦
    };                                                      ¦
    thread.start();                                         └-----
  }
}
```

[실행결과]

```
......
파일 업로드 중입니다.
파일 업로드 중입니다.
파일 업로드 중입니다.
파일 업로드 중입니다.
파일 업로드 중입니다.
청기 올려!!
청기 올려!!
파일 업로드 중입니다.
파일 업로드 중입니다.
......
```

→ 요점 정리 ←

- 사용자 정의 스레드 클래스를 사용할 경우 Thread 클래스를 상속받거나 Runnable 인터페이스를 구현 해야 합니다.
- 스레드는 start() 메서드를 호출해야 실행됩니다.
- 화면에서 단발성으로 스레드 사용시 익명 스레드 객체를 이용하면 편리합니다.

4 Thread 클래스의 여러 가지 메서드 사용하기

자바의 Thread 클래스에서 제공하는 메서드를 이용해서 실행 중 스레드에 관한 정보를 얻는 경우가 많습니다.

다음은 Thread 클래스에서 제공하는 여러 가지 메서드의 기능입니다.

메서드	설명
static int activeCount()	현재 스레드 그룹에서 실행 중인 스레드의 수를 리턴합니다.
static Thread currentThread()	현재 실행 중인 스레드 객체를 리턴합니다.
long getId()	현재 실행 중인 스레드의 식별자(identifier)를 리턴합니다.
String getName()	스레드 이름을 리턴합니다.
void setName(String name)	스레드 이름을 변경합니다.
int getPriority()	스레드의 우선 순위(priority)를 리턴합니다.
void setPriority(int new Priority)	스레드의 우선 순위를 변경합니다.
Thread.State getState()	스레드의 상태(state)를 리턴합니다.
static void sleep(long millis)	매개값만큼 스레드의 실행을 대기 상태로 보냅니다.
static void yield()	실행 중인 스레드가 스케줄러에게 대기 상태로 간다는 것을 알립니다.
void join()	실행 중인 다른 스레드를 중지시킨 후 실행한다.

표18-1 java.lang.Thread 클래스의 여러가지 메서드들

4.1 실행 중인 스레드 수와 스레드 이름 설정하고 얻기

Thread 클래스에서 제공하는 activeCount() 메서드를 이용하여 현재 실행 중인 스레드의 개수를 알 수 있습니다. 다음은 메인 스레드에 대한 정보를 출력하는 예제입니다. 최초 실행 시 main() 메서드가 가장 먼저 실행되므로 최초 실행 중인 스레드 이름은 main입니다.

[직접 코딩해 보기] 메인 스레드 정보

ch18/sec01/ex04/MainMethodTest.java

```
package sec01.ex04;

public class MainThreadTest1 {
  public static void main(String[] args) {
```

```
    Thread curThread = Thread.currentThread();  ........... 현재 실행 중인 스레드 객체를 얻습니다.
    System.out.println("현재 실행 중인 스레드 객체 이름: " + curThread.getName());  ...... 현재 실행 중인
    System.out.println("실행 중인 스레드 수: " + Thread.activeCount());                    스레드 객체
  }                                                                                         이름을 얻습니다.
}                           스레드풀에서 실행 중인 스레드 수를 얻습니다. ----
```

[실행결과]

```
현재 실행 중인 스레드 객체 이름: main
실행 중인 스레드 수: 1
```

다음은 멀티 스레드로 동작 시 각각의 스레드에 setName() 메서드로 스레드 이름을 설정하는 예 제입니다. 설정하지 않으면 JVM에서 자동으로 스레드의 이름을 부여합니다.

[직접 코딩해 보기] Thread 클래스의 메서드로 스레드 정보 얻기

ch18/sec01/ex04/ThreadMethodTest.java

```java
package sec01.ex04;

public class ThreadMethodTest {
  public static void main(String[] args) {
    Thread curThread = Thread.currentThread();
    System.out.println("현재 실행 중인 스레드 객체 이름: " + curThread.getName());
    System.out.println("실행 중인 스레드 수:" + Thread.activeCount());

    for (int i = 0; i < 10; i++) {
      Thread thread = new Thread(new Runnable() {
        @Override
        public void run() {
          int i = 0;
          while (true) {
            if (i == 1) {
              break;
            }
            i++;
            System.out.println("현재 실행 중인 스레드 객체 이름: " + Thread.currentThread().
                                                                    getName());
            System.out.println("실행 중인 스레드 수: " + Thread.activeCount());
          }                                                          ---- 스레드풀에서 실행 중인 스레드 수를
        }                                                                출력합니다.
      });
      thread.setName("스레드-" + i);  ............... 각각의 스레드에 이름을 설정합니다.
```

```
            thread.start();
        }
    }
}
```

[실행결과]

```
현재 실행 중인 스레드 객체 이름: main
실행 중인 스레드 수: 1
현재 실행 중인 스레드 객체 이름: 스레드-0
실행 중인 스레드 수: 6
현재 실행 중인 스레드 객체 이름: 스레드-1
실행 중인 스레드 수: 9
현재 실행 중인 스레드 객체 이름: 스레드-3
현재 실행 중인 스레드 객체 이름: 스레드-2
실행 중인 스레드 수: 9
실행 중인 스레드 수: 9
현재 실행 중인 스레드 객체 이름: 스레드-4
실행 중인 스레드 수: 7
현재 실행 중인 스레드 객체 이름: 스레드-5
실행 중인 스레드 수: 6
현재 실행 중인 스레드 객체 이름: 스레드-6
실행 중인 스레드 수: 5
현재 실행 중인 스레드 객체 이름: 스레드-7
현재 실행 중인 스레드 객체 이름: 스레드-8
실행 중인 스레드 수: 4
실행 중인 스레드 수: 3
......
```

4.2 스레드의 우선 순위 설정하기

Thread 클래스의 getPriority()와 setPriority()와 메서드를 이용해서 스레드의 우선 순위를 설정하거나 얻을 수 있습니다. 스레드가 수행하는 작업의 중요도에 따라 스레드의 우선 순위를 다르게 설정함으로써 특정 스레드가 더 많은 작업 시간을 가지도록 할 수 있습니다. 예를 들어, 채팅 앱을 사용하는 중에 가끔 사용되는 파일 전송을 처리하는 스레드보다 채팅 내용을 송수신하는 스레드의 우선 순위가 높아야 사용자가 채팅하는 데 불편함이 없을 것입니다.

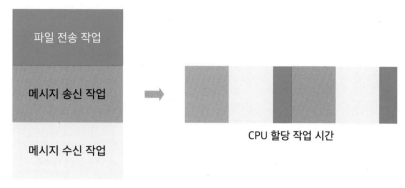

그림18-7 채팅 앱에서 사용되는 스레드의 우선 순위에 따른 CPU 할당 작업 시간

자바의 우선 순위는 1에서 10까지입니다. 숫자가 클수록 우선 순위가 높습니다.

우선순위	상수	설명
1	Thread.MINPRIORITY	가장 낮음
5	Thread.NORM_PRIORITY	기본값
10	Thread.MAX_PRIORITY	가장 높음

표18-2 Thread 클래스의 우선 순위

다음은 getPriority() 메서드로 메인 스레드의 우선 순위를 출력합니다. 메인 스레드의 우선 순위는 기본값에 해당되는 5입니다.

[직접 코딩해 보기] 메인 스레드의 우선 순위

ch18/sec01/ex05/MainThreadTest.java

```
package sec01.ex05;

public class MainThreadTest2 {
  public static void main(String[] args) {
    Thread curThread = Thread.currentThread();
    System.out.println("현재 실행 중인 스레드 객체 이름: " + curThread.getName());
    System.out.println("실행 중인 스레드 수: " + Thread.activeCount());
    System.out.println("메인 스레드 이름: " + curThread.getName());

    int priority = curThread.getPriority();  ──────────── 메인 스레드의 우선 순위를 얻습니다.
    System.out.println("메인 스레드 우선 순위: " + priority);
  }
}
```

[실행결과]

현재 실행 중인 스레드 객체 이름: main
실행 중인 스레드 수: 1
메인 스레드 이름: main
메인 스레드 우선 순위: 5

다음은 경마를 나타내는 Horse 스레드입니다. 스레드 실행 시 getPriority() 메서드로 자신의 우선 순위를 출력합니다.

[직접 코딩해 보기] 경마 스레드

ch18/sec01/ex04/Horse.java

```java
package sec01.ex04;

public class Horse extends Thread {
  private int horseNum;

  public Horse(int horseNum) {
    this.horseNum = horseNum;
  }

  public void run() {
    for (int i = 1; i <= 10; i++) {                              // 경마 스레드의 우선 순위를 얻습니다.
      System.out.println(horseNum + "번 경마  우선 순위: " + getPriority());
    }
    System.out.println(horseNum + "번 경마 " + "결승선 도착");
  }
}
```

실행 클래스에서 10개의 Horse 스레드 클래스를 생성 후 실행시키면 자동으로 우선 순위가 기본값 5로 지정됩니다. 출력 결과를 보면 대체적으로 먼저 start() 메서드를 호출해서 실행한 스레드가 먼저 종료됩니다.

[직접 코딩해 보기] 우선 순위를 지정하지 않고 스레드 생성 후 실행

ch18/sec01/ex05/HorseRaceTest1.java

```java
package sec01.ex05;

public class HorseRaceTest1 {
  public static void main(String[] args) {
```

```
    for (int i = 0; i < 10; i++) {
      Thread horse = new Horse(i);
    }
    horse.start();
  }
  System.out.println("메인 스레드 종료");
}
```

[실행결과]

```
0번 경마 우선순위: 5
0번 경마 우선순위: 5
0번 경마 우선순위: 5
0번 경마 우선순위: 5                    ─────── 0번과 1번 경마부터 실행됩니다.
0번 경마 우선순위: 5
0번 경마 우선순위: 5
0번 경마 우선순위: 5
메인 스레드 종료
0번 경마 우선순위: 5
0번 경마 우선순위: 5
0번 경마 우선순위: 5
0번 경마 우선순위: 5
0번 경마 우선순위: 5
......
```

다음은 실행 클래스에서 Horse 스레드 생성 시, 9번 경마의 우선 순위를 10으로 설정 후 실행하는 예제입니다. 이번에는 출력 결과를 보면 앞부분에 9번 경마 스레드의 메시지가 먼저 출력됩니다.

[직접 코딩해 보기] 우선 순위를 지정하지 않고 스레드 생성 후 실행

ch18/sec01/ex05/HorseRaceTest2.java

```
package sec01.ex05;

public class HorseRaceTest2 {
  public static void main(String[] args) {
    for (int i = 0; i < 10; i++) {
      Thread horse = new Horse(i);
      horse.start();

      if(i == 9) {
        horse.setPriority(Thread.MAX_PRIORITY);      ┆──── 9번 경마의 우선 순위를 가장 높게 설정합니다.
      }
```

```
    }
    System.out.println("메인 스레드 종료");
  }
}
```

[실행결과]

```
0번 경마 우선순위: 5
0번 경마 우선순위: 5
0번 경마 우선순위: 5
0번 경마 우선순위: 5
0번 경마 우선순위: 5
1번 경마 우선순위: 5
9번 경마 우선순위: 10
9번 경마 우선순위: 10
9번 경마 우선순위: 10
9번 경마 우선순위: 10 ●─────────── 9번 경마가 먼저 실행됩니다.
9번 경마 우선순위: 10
9번 경마 우선순위: 10
9번 경마 우선순위: 10
  ......
```

4.3 데몬(Daemon) 스레드

자바는 일반적으로 여러 개의 스레드가 동시에 실행되면서 기능을 수행하는 멀티 스레드로 동작합니다. 그런데 이러한 스레드들 중에 메인 스레드가 종료하면 동시에 종료되는 스레드가 있습니다. 이런 스레드를 **데몬(Daemon) 스레드**라고 합니다. 예를 들어, 동영상을 보는 미디어 플레이어를 실행 시 동영상 실행 스레드와 자막 스레드가 같이 실행됩니다. 만일 사용자가 미디어 플레이어를 종료하면 동영상 실행 실행 스레드와 자막 스레드도 같이 종료됩니다.

다음은 데몬 스레드 설정 방법입니다. 일반 스레드 생성 후 Thread 클래스의 setDaemon() 메서드를 true로 설정하면 모든 스레드는 데몬 스레드가 됩니다. 만약 설정하지 않으면 false로 설정되어서 일반 스레드로 동작합니다.

```
Thread thread = new UserThread();
thread.setDaemon(true);
```

4.3.1 Daemon 스레드 설정 전

Thread 클래스를 상속받아서 run() 메서드에서 달린 거리를 출력하는 Horse 클래스입니다. CPU 실행 속도가 너무 빠르므로 Thread.sleep(200)을 이용해서 0.2초 딜레이를 줍니다.

[직접 코딩해 보기] 경마 스레드 클래스

ch18/sec01/ex06/Horse.java

```
package sec01.ex06;

public class Horse extends Thread{
  private int horseNum;

  public Horse(int horseNum) {
    this.horseNum = horseNum;
  }

  public void run() {
    for (int i = 1; i < 10; i++) {
      try { Thread.sleep(200);} catch (InterruptedException e) {}_____ 0.2초 딜레이를 줍니다.
      System.out.println(horseNum + "번 말  " + 100* i +"미터 통과");
    }
    System.out.println(horseNum + "번 말이 " + "결승선 도착");
  }
}
```

Horse 스레드를 SetDaemon() 메서드로 false로 설정하면 실행 시 메인 스레드가 종료되더라도 Horse 스레드는 계속 동작합니다. SetDaemon()로 설정하지 않으면 자동으로 false로 설정됩니다.

[직접 코딩해 보기] 실행 클래스

ch18/sec01/ex06/DaemonThreadTest1.java

```
package sec01.ex06;

public class DaemonThreadTest1 {
  public static void main(String[] args) {
    Thread horse1 = new Horse(1);
    horse1.setDaemon(false);_____ 일반 스레드로 설정합니다.
    horse1.start();

    try {Thread.sleep(1000);} catch (InterruptedException e) {}_____ 1초 동안 딜레이를 줍니다.
```

```
        System.out.println("메인 스레드 종료");
    }
}
```

[실행결과]

```
1번 경마 100미터 통과
1번 경마 200미터 통과
1번 경마 300미터 통과
1번 경마 400미터 통과
메인 스레드 종료
1번 경마 500미터 통과 ●───────── 메인 스레드가 종료되어도 Horse 스레드는 계속 실행합니다.
1번 경마 600미터 통과
1번 경마 700미터 통과
1번 경마 800미터 통과
1번 경마 900미터 통과
1번 경마 결승선 도착
```

4.3.2 Daemon 스레드 설정 후

다음은 horse 스레드를 setDaemon() 메서드로 true로 설정 후 실행한 예제입니다. 메인 스레드
가 종료하면 horse 스레드로 실행을 중지하고 종료됩니다.

[직접 코딩해 보기] 실행 클래스

ch18/sec01/ex06/DaemonThreadTest2.java

```
package sec01.ex06;

public class DaemonThreadTest1 {
  public static void main(String[] args) {
    Thread horse1 = new Horse(1);
    horse1.setDaemon(true); ────────── 데몬 스레드로 설정합니다.
    horse1.start()

    try {Thread.sleep(1000);} catch (InterruptedException e) {} ────────── 1초 동안 딜레이를 줍니다.
    System.out.println("메인 스레드 종료");
  }
}
```

[실행결과]

```
1번 경마 100미터 통과
1번 경마 100미터 통과
1번 경마 100미터 통과 ●──────── 메인 스레드가 종료하면 horse 스레드도 종료합니다.
1번 경마 100미터 통과
메인 스레드 종료
```

다음은 1번 경마는 데몬 스레드로 설정하고, 2번 경마는 데몬 스레드로 설정하지 않고 실행한 예제입니다. 데몬 스레드는 메인 스레드를 포함해서 모든 스레드가 종료한 후 종료합니다.

[직접 코딩해 보기] 실행 클래스

ch18/sec01/ex06/DaemonThreadTest3.java

```java
package sec01.ex06;

public class DaemonThreadTest3 {
  public static void main(String[] args) {
    Thread horse1 = new Horse(1);
    horse1.setDaemon(true);
    horse1.start();

    Thread horse2 = new Horse(2);
    horse2.setDaemon(false); _____ 2번 경마는 일반 스레드로 동작합니다.

    try {Thread.sleep(1000);} catch (InterruptedException e) {} _____ 1초 동안 딜레이를 줍니다.
    horse2.start();
    System.out.println("메인 스레드 종료");
  }
}
```

[실행결과]

```
......
2번 경마 400미터 통과
1번 경마 400미터 통과
메인 스레드 종료
1번 경마 500미터 통과
2번 경마 500미터 통과
2번 경마 600미터 통과 ●──────── 메인 스레드와 다른 일반 스레드가 종료할 때까지 실행합니다.
1번 경마 600미터 통과
2번 경마 700미터 통과
1번 경마 700미터 통과
```

```
1번 경마 800미터 통과
2번 경마 800미터 통과
1번 경마 900미터 통과
1번 경마 결승선 도착
2번 경마 900미터 통과
2번 경마 결승선 도착
```

➤ 요점 정리 ◄

- 자바는 멀티 스레드로 동작하고, Thread 클래스의 activeCount()로 현재 실행되고 있는 스레드 개수를 알 수 있습니다.
- Thread 클래스의 setPriority() 메서드로 스레드의 우선 순위를 높게 설정할 수 있습니다.
- 메인 작업 외 보조 작업이 필요할 때 데몬 스레드를 사용하면 편리합니다.

5 스레드의 상태

자바의 스레드는 start() 메서드 호출 시 바로 CPU가 실행하는 것이 아니라 내부적으로 여러 가지 상태를 거칩니다. 다음은 열거 타입 Thread.State에 정의된 여러 가지 스레드의 상태를 나타 냅니다.

Enum Constant Summary

Enum Constants

Enum Constant	Description
BLOCKED	Thread state for a thread blocked waiting for a monitor lock.
NEW	Thread state for a thread which has not yet started.
RUNNABLE	Thread state for a runnable thread.
TERMINATED	Thread state for a terminated thread.
TIMED_WAITING	Thread state for a waiting thread with a specified waiting time.
WAITING	Thread state for a waiting thread.

그림18-8 열거 타입 Thread.State에 정의된 스레드의 상태(State)들

5.1 RUNNABLE과 RUNNING 상태

스레드의 상태 중 Runnable 상태는 스레드 실행 전의 준비 상태이고, Running 상태는 실제 실행 중인 상태입니다.

> **스레드의 실행 상태(State)**
> ● RUNNABLE 상태 : 스레드를 실행하기 위한 준비 상태
> ● RUNNING 상태 : 스레드 스케줄러가 선택한 스레드를 실행하는 상태

"청기 백기 게임" 예제에서 스레드를 실행하기 위해서 start() 메서드를 호출했습니다. 그러나 스레드는 즉시 실행(RUNNING)) 상태가 되는 것이 아니라, 일단 실행 준비(RUNNABLE) 상태가 됩니다.

다음은 스레드가 start() 메서드를 호출한 후 스레드를 실행하는 과정입니다. Thread 클래스의 run() 메서드는 start() 메서드 호출 후, JVM이 호출해서 실행되는 메서드입니다.

① 스레드 생성 시 NEW 상태가 됩니다.

② start() 메서드를 호출하면 스레드는 RUNNBLE(실행 준비) 상태가 됩니다.

③ JVM의 스레드 스케줄러에 의해서 스레드의 run() 메서드가 호출되면 스레드는 실행(RUNNING) 상태가 됩니다.

④ run() 메서드를 완료하면 종료(TERMINATED) 상태가 됩니다.

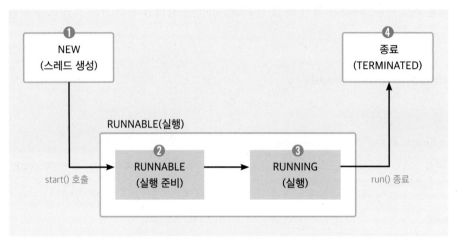

그림18-9 start() 메서드 호출 후 스레드 실행 과정

다음은 변수를 1에서 100000까지 증가시키는 스레드 실행 후, 스레드의 상태를 출력하는 예제입니다. Thread 클래스의 getState() 메서드로 스레드의 상태를 알 수 있습니다. Thread 클래스의 interrupt() 메서드는 스레드를 강제로 종료시킵니다.

[직접 코딩해 보기] 스레드 상태 출력하기

ch18/sec02/ex01/DaemonThreadTest3.java

```java
package sec02.ex01;

public class ThreadStateTest {
  public static void main(String[] args) {
    Thread.State state;

    Thread thread = new Thread() {
      @Override
      public void run() {
        int i = 0;
        while(true) {
          if(i > 100000) {
            break;
```

```
            }
            i++;
        }
    }
};

    state = thread.getState();    //NEW ············· 스레드의 상태를 얻습니다.
    System.out.println("스레드 상태: " + state);

    thread.start();
    state = thread.getState();    //RUNNABLE ········· 스레드의 상태를 얻습니다.
    System.out.println("스레드 상태: " + state);

    thread.interrupt();···························· 스레드를 강제 종료시킵니다.
    try {Thread.sleep(1000);} catch (InterruptedException e) {} ····· 1초 동안 스레드를 대기 상태로
                                                              만듭니다.

    state = thread.getState();    //TERMINATED
    System.out.println("스레드 상태: " + state);

    System.out.println("메인 스레드 종료");
    }
}
```

[실행결과]

```
스레드 상태: NEW
스레드 상태: RUNNABLE
스레드 상태: TERMINATED
메인 스레드 종료
```

5.2 일시 정지(TIMED_WAITING) 상태

자바는 멀티 스레드로 동작합니다. 따라서 실행을 미처 종료하지 못하고 다른 스레드가 실행할 수 있도록 일시적으로 실행을 정지하는 경우가 발생합니다. 이런 스레드 상태를 **일시 정지(TIMED_ WAITING) 상태**라고 합니다. 일시 정지 상태인 스레드는 시간이 경과하면 다시 실행 상태로 전환됩니다.

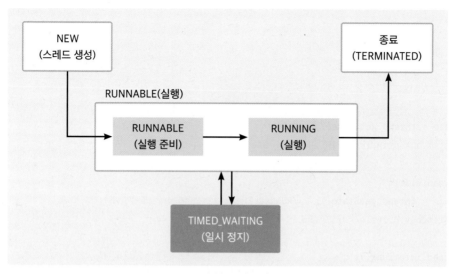

그림18-10 실행 중 일시적으로 실행을 중지하는 TIMED_WAITNG 상태

자바는 멀티 스레드로 동작하므로, 실행 중 프로그래머가 특정 스레드의 실행을 일시 중지시키는 경우가 발생합니다. 이것을 **스레드 상태 제어**라고 합니다. Thread 클래스에서는 여러 가지 스레드 상태 제어 메서드를 제공합니다.

예를 들어, 자바 슈팅 게임에서 배경을 움직이는 스레드와 비행기를 움직이는 스레드를 CPU가 동시에 실행시킬 때 배경 화면 스레드가 우선 순위가 높아 CPU를 너무 많이 차지하게 되면 키보드로 비행기 방향 조정 시 비행기가 실시간으로 동작하지 않아서 게임이 자연스럽지 않게 됩니다. 이럴 때는 강제로 배경 화면 스레드를 일시 정지 상태로 보내고 비행기 동작 스레드에게 CPU를 할당함으로써 전체 프로그램이 원활히 동작하게 해야 합니다. 이때 Thread 클래스에서 제공하는 여러 가지 메서드로 스레드 상태를 제어할 수 있습니다.

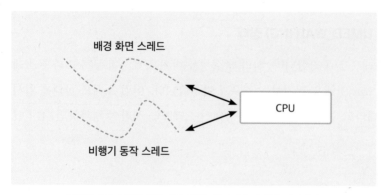

그림18-11] 스레드 상태 제어 메서드로 스레드의 상태 제어하기

5.3 5.3 sleep(), yield(), join() 메서드로 상태 제어하기

Thread 클래스에서 제공하는 메서드로 스레드의 상태를 제어하는 방법을 알아보겠습니다.

5.3.1 sleep() 메서드

sleep() 메서드는 스레드를 지정한 시간만큼 일시 정지 상태로 만듭니다.

> **sleep() 메서드의 특징**
> - 현재 실행 중인 스레드를 주어진 시간동안 일시 정지시킵니다.

다음은 sleep() 메서드 사용 방법입니다. sleep() 메서드 호출 시 지연 시간을 ms(1/1000초) 단위로 입력해서 호출합니다. 그리고 sleep() 메서드는 반드시 예외 처리를 해 주어야 합니다.

```
try {Thread.sleep(지연시간);} catch(InterrruptedException e) {}
```

다음 코드에서는 10개의 경마 스레드를 생성한 후, run() 메서드에서 Math.random() 메서드로 생성된 난수만큼 sleepTime을 만든 후 sleep() 메서드 호출 시 전달해서 일시 정지 상태를 만듭니다. 실행 결과를 보면 작은 sleepTime을 갖는 경마 스레드부터 먼저 깨어나서 실행을 합니다.

[직접 코딩해 보기] 경마 스레드

ch18/sec02/ex02/Horse.java

```java
package sec02.ex02;

public class Horse extends Thread {
  private int horseNum;

  public Horse(int horseNum) {
    this.horseNum = horseNum;
  }

  public void run() {
    long sleepTime =(long)(Math.random() * 500);          // Math.random()을 이용해서 각 경마 스레드의
    System.out.println(horseNum + "경마 " + sleepTime +"만큼 sleep…");   // sleepTime을 생성합니다.

    try{ Thread.sleep(sleepTime); }catch(Exception e){}   // sleep() 메서드를 호출해서 sleeTime
                                                          // 만큼 일시 정지 상태를 만듭니다.
    for (int i = 1; i <= 10; i++) {
      System.out.println(horseNum + "번 경마   " + 100* i +"미터 통과");
    }
```

```
        System.out.println(horseNum + "번 경마 " + " 결승선 도착");
    }
}
```

[직접 코딩해 보기] 실행 클래스

ch18/sec02/ex02/HorseRaceTest.java

```
package sec02.ex02;

public class HorseRaceTest3 {
  public static void main(String[] args) {
    for (int i = 0; i < 10; i++) {
      Thread horse = new Horse(i+1);
      horse.start();
    }
    System.out.println("메인 스레드 종료");
  }
}
```

[실행결과]

```
메인 스레드 종료
1경마 30만큼 sleep…
2경마 413만큼 sleep…
3경마 426만큼 sleep…
4경마 102만큼 sleep…
5경마 374만큼 sleep…
6경마 134만큼 sleep…
7경마 117만큼 sleep…
8경마 92만큼 sleep…
10경마 291만큼 sleep…
9경마 243만큼 sleep…
```

```
1번 경마 100미터 통과
1번 경마 200미터 통과
1번 경마 300미터 통과
1번 경마 400미터 통과
1번 경마 500미터 통과
1번 경마 600미터 통과  ●━━━━━ sleepTime이 가장 작은 1번 경마부터 실행됩니다.
1번 경마 700미터 통과
1번 경마 800미터 통과
1번 경마 900미터 통과
1번 경마 1000미터 통과
1번 경마 결승선 도착
```

8번 경마 100미터 통과

8번 경마 200미터 통과

8번 경마 300미터 통과

……

5.3.2 yield() 메서드

yield() 메서드는 현재 실행 중인 스레드가 자신의 실행을 다른 스레드에게 양보한 후, 자신은 실행 대기 상태로 이동합니다.

> **yield() 메서드의 특징**
> ● 현재 실행하는 스레드가 다른 스레드에게 실행을 양보한 후, 자신은 실행 대기 상태로 이동합니다.

다음은 yield() 메서드 사용 방법입니다. yield() 메서드는 호출 시 예외 처리를 하지 않습니다.

```
Thread.yield();
```

다음 그림은 실행 중인 스레드가 yield() 메서드 호출한 후 실행 준비(RUNNABLE) 상태로 이동하는 것을 나타냅니다. 다만 yield() 메서드를 호출했다고 스레드가 즉시 실행 준비 상태로 이동함을 보장하지는 않습니다. yield() 메서드는 JVM의 스레드 스케줄러에게 hint만 전달합니다. 실제 언제 이동할 지는 스레드 스케줄러가 판단해서 정합니다. 따라서 예외 처리를 할 필요가 없습니다.

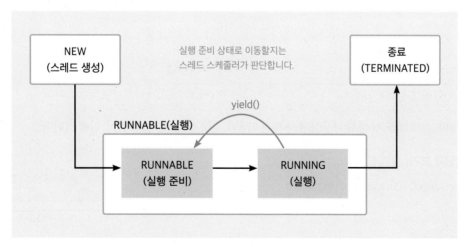

그림18-12 스레드를 실행 준비 (RUNNABLE) 상태로 전환시키는 yield() 메서드

다음은 2개의 경마 스레드를 생성한 후, 서로 양보하면서 실행하는 예제입니다. yield() 메서드는 호출 시 바로 실행 준비 상태로 이동하는 것이 아니라 JVM의 스레드 스케줄러가 판단해서 실행 준비 상태로 이동시키므로 sleep() 메서드를 이용해서 일시 정지 상태를 만들어서 구현합니다.

[직접 코딩해 보기] 경매 클래스

ch18/sec02/ex03/Horse.java

```java
package sec02.ex03;

public class Horse extends Thread {
  private int horseNum;
  boolean yieldFlag;

  public Horse(int horseNum) {
    this.horseNum = horseNum;
  }

  public void run() {
    while (true) {
      if (yieldFlag) {
        Thread.yield();                          실행 중인 스레드는 실행 대기로 전환됩니다
        yieldFlag =false;
      } else {
        yieldFlag =true;
        System.out.println(horseNum +"번 경마가 지나갑니다.");
        try { Thread.sleep(1000); } catch (InterruptedException e) {}
        for (int i = 0; i < 1000000000; i++) {}          yield() 메서드를 호출한다고 바로 실행 대기 상태로
                                                          가는 것이 아니므로 CPU에게 다른 작업을 하게 합니다.
      }
    }
  }
}
```

2개의 경마 스레드를 생성한 후, 실행시키면 2개의 경마가 번갈아 가면서 실행됩니다.

[직접 코딩해 보기] 실행 클래스

ch18/sec02/ex03/HorseRaceTest4.java

```java
package sec02.ex03;

public class HorseRaceTest4 {
  public static void main(String[] args) {
    Horse horse1 = new Horse(1);
```

```
    horse1.start();

    Horse horse2 = new Horse(2);
    horse2.start();
  }
}
```

[실행결과]

2번 경마가 지나갑니다.
1번 경마가 지나갑니다.
2번 경마가 지나갑니다.
1번 경마가 지나갑니다.
2번 경마가 지나갑니다.

5.3.3 join() 메서드

yield() 메서드는 실행 중인 스레드가 호출하는 것에 비해서 join() 메서드는 일시 정지 상태에 있는 스레드가 호출하여 실행 중인 스레드를 일시 정지 상태로 보낸 후에 join() 메서드를 호출한 스레드가 실행됩니다.

> **join() 메서드의 특징**
> - 일시 정지 중인 스레드가 join() 메서드를 호출합니다.
> - 호출 시 실행 중인 스레드는 지정한 시간 동안 일시 정지 상태로 가고, 호출한 스레드가 실행됩니다.
> - 호출한 스레드가 종료되면 일시 정지 상태의 스레드가 다시 실행됩니다.

다음은 join() 메서드의 사용법입니다. 매개값은 join() 메서드 호출 시 실행 중인 스레드가 일시 대기 상태에 있는 시간을 의미합니다. 일시 정지 시간을 지정하지 않으면 실행 중인 스레드는 정지 상태(WAITING) 상태로 이동합니다.

```
try{ Thread.join(일시정지시간); } catch(InterruptedException e){ }
```
└── 일시 정지 시간은 ms 단위로 지정합니다.

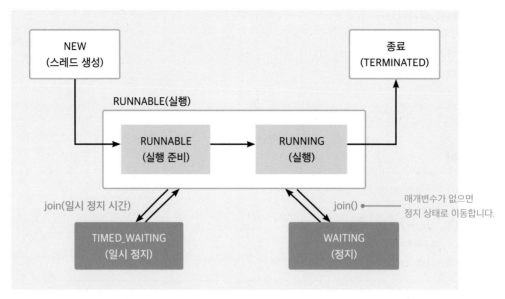

그림18-13 join() 메서드 호출 시 실행 스레드 일시 정지(정지) 상태

다음은 join() 메서드로 메시지를 출력하는 예제입니다. 실행 클래스 실행 후, 먼저 메인 스레드의 **"메인 스레드 시작"** 메시지를 출력 후, MyThread의 각각의 메서드 호출 시 메시지를 출력합니다. 그리고 다시 메인 스레드의 **"메인 스레드 종료"** 메시지를 출력하는 예제입니다.

먼저 join() 메서드를 사용하지 않고 메시지를 출력하는 예제입니다. MyThread 스레드 실행 시 run() 메서드에서 차례대로 다른 메서드를 호출합니다.

[직접 코딩해 보기] MyThread 클래스

ch18/sec02/ex04/MyThread.java

```java
package sec02.ex04;

public class MyThread implements Runnable {
  @Override
  public void run() {
    System.out.println("run 메서드 시작");
    first();
  }

  private void first() {
    System.out.println("first() 메서드 호출");
    second();
  }
```

```
    private void second() {
        System.out.println("second() 메서드 호출");
    }
}
```

실행 클래스 실행 시 예상과 달리 메인 스레드의 메시지를 먼저 출력한 후, MyThread의 메시지를 출력합니다.

[직접 코딩해 보기] 실행 클래스

ch18/sec02/ex04/JoinTest1.java

```
package sec02.ex04;

public class joinTest1 {
    public static void main(String[] args) {
        System.out.println("메인 메서드 시작");

        Runnable r = new MyThread();
        Thread myThread = new Thread(r);
        myThread.start();
        System.out.println("메인 메서드 종료");
    }
}
```

[실행결과]

```
메인 스레드 시작
메인 스레드 종료  •━━━━━ 메인 스레드가 먼저 종료됩니다.
run 메서드 시작
first() 메서드 호출
second() 메서드 호출
```

다음은 실행 클래스에 join() 메서드를 호출한 후의 결과입니다. 일시 정지 중인 MyThread 스레드에서 join(1000)을 호출하면 메인 스레드가 1초 동안 일시 정지 상태가 되면서 MyThread 스레드가 실행됩니다. MyThread 스레드가 종료되면 다시 메인 스레드가 실행 상태가 됩니다. join() 메서드에 지정 시간을 전달하지 않으면 join() 메서드를 호출한 스레드가 완전히 종료된 후 다시 실행됩니다.

[직접 코딩해 보기] join() 메서드를 사용하는 실행 클래스

ch18/sec02/ex04/JoinTest2.java

```java
package sec02.ex04;

public class JoinTest2 {
  public static void main(String[] args) {
    System.out.println("메인 메서드 시작");

    Runnable r = new MyThread();
    Thread myThread = new Thread(r);
    myThread.start();

    try {myThread.join(1000);} catch (InterruptedException e) {}
    //try {myThread.join();} catch (InterruptedException e) {}

    System.out.println("메인 메서드 종료");
  }
}
```

대기 중인 스레드에서 join(1000) 메서드를 호출합니다.

매개값을 지정하지 않고 join() 메서드를 호출하면 대기 스레드가 실행을 완전히 종료 후, 다시 실행합니다.

[실행결과]

```
메인 메서드 시작
run 메서드 시작
first() 메서드 호출
second() 메서드 호출
메인 메서드 종료
```

가장 마지막에 출력합니다.

자바 Thread 클래스에서 제공하는 세 가지 메서드를 이용하여 스레드의 상태를 제어하는 방법을 알아봤습니다. 스레드를 더 설명하기 위해 슈팅 게임을 예로 들어보겠습니다. 슈팅 게임을 하면 아군 비행기가 미사일도 쏘고, 동시에 적군 비행기도 움직이며, 배경 화면도 움직이고, 배경 음악도 흘러나옵니다. 각 기능에 해당되는 스레드가 실행하는 것입니다.

그런데 단순히 스레드를 만들어 각 기능을 담당하는 스레드를 실행시키면 알아서 자연스럽게 모든 기능이 실행되는 것은 아닙니다. 실제로 개발 단계에서는 배경이나 비행기 움직임이 자연스럽지 않은 경우가 일반적이기에 프로그래머가 여러 가지 스레드 상태 제어 메서드를 이용하여 스레드의 상태를 제어하면서 테스트 과정을 거치면서 게임이 자연스럽게 동작하도록 최적화시킵니다. 그리고 실제 각각의 운영체제에도 스레드 실행에 관여하기 때문에 실제로는 더 복잡한 방법으로 스레드가 실행됩니다. 따라서 실제 스레드를 사용하는 프로그램은 프로그래머들이 직접 실행을 시킨 후에 최적화 과정을 반드시 거칩니다.

5.4 interrupt() 메서드

스레드는 run() 메서드를 모두 실행되면 자동으로 종료합니다. 그러나 스레드 실행 중에 반드시 종료해야 할 경우가 발생합니다. 예를 들어, 채팅하며 파일을 다운로드받는 중에 갑자기 채팅 앱을 종료하는 경우 파일 다운로드 중지 명령을 발생시켜야 합니다. 이 때 interrupt() 메서드를 사용해서 실행 중인 스레드를 안전하게 종료할 수 있습니다.

> **interrupt() 메서드의 특징**
> - 일지 정지 중인 스레드를 실행 상태로 만든 후, 안전하게 종료시킵니다.
> - sleep() 메서드를 호출해서 일시 정지 상태에서 호출되어야 InterruptedException을 발생시킵니다.

💡 알아두면 좋아요

스레드의 안전 종료

Thread 클래스에서 stop() 메서드를 이용하면 스레드를 강제 종료할 수 있습니다. 그러나 stop() 메서드로 종료 시 스레드가 사용하던 자원(파일, 네트워크, 데이터베이스 등)도 그대로 남겨지므로 문제를 일으킬 수 있습니다. 따라서 interrupt() 메서드로 InterruptedException을 발생시켜서 예외를 처리하면 스레드를 안전하게 종료할 수 있습니다. 그리고 stop() 메서드는 Deprecated(기능 지원 종료 예정)되었으므로 사용하지 않는 것이 좋습니다.

다음은 Video 스레드가 동영상 재생 중 interrupt() 메서드를 호출해서 강제로 스레드를 종료하는 예제입니다. Video 스레드는 실행 중에 sleep(1)을 호출해서 일시 정지 상태((TIMED_WAITING)를 만듦으로써 항상 interrupt() 호출 시 InterruptedException을 받을 준비를 합니다.

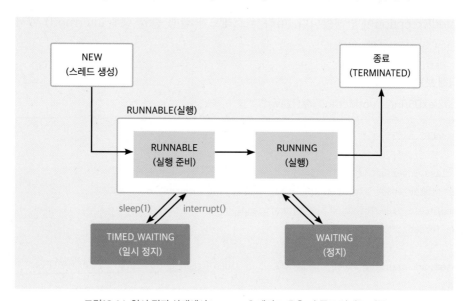

그림18-14 일시 정지 상태에서 interrupt() 메서드 호출 시 종료 상태로 이동

[직접 코딩해 보기] 동영상 재생 클래스

ch18/sec02/ex05/VideoThread.java

```java
package sec02.ex05;

public class VideoThread extends Thread {
  public VideoThread() {}

  public void run() {
    try {
      while(true) {
        System.out.println("동영상을 재생합니다.");
        Thread.sleep(1); _____ 1/1000초 동안 스레드를 일시 정지 상태로 만듭니다.
      }
    } catch (InterruptedException e) {
      System.out.println("interrupt() 호출에 의한 동영상 종료 ");       intrrupt() 메서드 호출 시 발생하는
    }                                                                   예외를 처리합니다.
  }
}
```

실행 클래스에서 Video 스레드를 실행 후, interrupt() 메서드를 호출하면 즉시 Interrupted Exception이 발생하지 않고, Video 스레드가 일시 정지 상태(TIMED_WAITING)에 있을 때 InterruptedException이 발생합니다. 따라서 스레드가 실행 중일 경우 interrupt() 메서드를 호출해도 아무 의미가 없습니다.

[직접 코딩해 보기] 실행 클래스

ch18/sec02/ex05/InterruptMethodTest1.java

```java
package sec02.ex05;

public class InterruptMethodTest1  {
  public static void main(String[] args) throws InterruptedException {
    VideoThread videoThread = new VideoThread();
    videoThread.start();

    System.out.println("videoThread 상태: " + videoThread.getState()); //RUNNABLE

    videoThread.interrupt(); _____ 메서드 호출 후 실제 예외 발생까지 시간이 걸립니다.
    System.out.println("videoThread 상태: " + videoThread.getState());  //TIMED_WAITING

      Thread.sleep(100);
```

```
        System.out.println("videoThread 상태: " + videoThread.getState());  //TERMINATED

        System.out.println("메인 스레드 종료");
    }
}
```

[실행결과]

동영상을 재생합니다.
videoThread 상태: RUNNABLE
videdThread 상태: TIMED_WAITING
interrupt() 호출에 의한 동영상 종료
videoThread 상태: TERMMINATED
메인 스레드 종료

5.4.1 Thread 클래스의 interrupted()와 isInterrupted() 메서드로 종료

interrupt() 메서드를 사용하면 단점이 실행 중 스레드는 항상 sleep() 메서드를 주기적으로 호출해야 합니다. 이 작업은 시스템에 상당한 부하를 줍니다. 이런 상황에 Thread 클래스의 interrupted() 정적 메서드를 이용하면 실행 중에 interruptedException이 발생했는지 확인할 수 있습니다.

isInterrupted() 메서드는 같은 기능을 제공합니다. 다른 점은 isInterrupted() 메서드는 스레드 객체를 생성한 후 사용할 수 있는 인스턴스 메서드입니다.

```
boolean stopped = Thread.interrupted();          //정적 메서드
boolean stopped = userThread.isInterrupted();    //인스턴스 메서드
```

다음은 interrupted() 메서드로 Video 스레드를 강제 종료시키는 예제입니다. Video 스레드에서 이번에는 예외 처리를 해 줄 필요 없이 Thread 클래스의 interrupted() 정적 메서드를 이용해서 interrupt() 메서드 호출 여부를 확인합니다.

[직접 코딩해 보기] 동영상 재생 클래스

ch18/sec02/ex06/VideoThread.java

```
package sec02.ex06;

public class VideoThread extends Thread {
    public VideoThread() {}
```

```
  public void run() {
    System.out.println("동영상을 재생합니다.");
    while (true) {
      if (Thread.interrupted()) {_____ interrupt() 메서드 호출 여부를 확인합니다.
        System.out.println("동영상 재생 강제 종료");
        break;
      }
    }
  }
}
```

동일한 실행 클래스를 실행하면 interrupt() 메서드 호출 시 Video 스레드도 강제 종료됩니다.

[직접 코딩해 보기] 실행 클래스

ch18/sec02/ex06/InterruptMethodTest2.java

```
package sec02.ex06;

public class InterruptMethodTest2  {
  public static void main(String[] args) {
    VideoThread videoThread = new VideoThread();
    videoThread.start();
    ...

    System.out.println("메인 스레드 종료");
  }
}
```

[실행결과]

```
동영상을 재생합니다.
videoThread 상태: RUNNABLE
동영상 재생 강제 종료
videdThread 상태: RUNNABLE
videoThread 상태: TERMMINATED
메인 스레드 종료
```

5.4.2 조건을 이용해서 종료

interrupt() 메서드를 이용하지 않고 boolean 타입 필드를 이용해서 while(true) {..} 무한 반복문을 실행하는 스레드를 종료할 수 있습니다.

```
public boolean stoped = false ;
while (!stoped) {  ●─────────── 다른 스레드에서 stoped를 true로 설정해서 스레드를 종료합니다.
    //스레드 수행 작업
}
```

다음 코드는 Video 스레드의 run() 메서드에서 동영상을 재생중일 때, 다른 스레드에서 set Stopped() 메서드를 이용해서 isStopped를 true로 설정하면 스레드가 종료되게 구현되었습니다.

[직접 코딩해 보기] 동영상 재생 클래스

ch18/sec02/ex07/VideoThread.java

```java
package sec02.ex07;

public class VideoThread extends Thread {
  public boolean stopped = false;

  public void run() {
    while (!stopped) {
      System.out.println("동영상을 재생합니다.");    ┆---- stopped가 false이면 동영상을 무한 재생합니다.
    }
    System.out.println("동영상 재생 강제 종료");
  }

  public void setStopped(boolean stopped) {
    this.stopped = stopped;
  }
}
```

실행 클래스에서 setStopped() 메서드를 이용해서 Video 스레드의 실행을 종료합니다.

[직접 코딩해 보기] 실행 클래스

ch18/sec02/ex07/VideoTest.java

```java
package sec02.ex07;

public class VideoTest  {
  public static void main(String[] args)  {
```

```
        VideoThread videoThread = new VideoThread();
        videoThread.start();

        System.out.println("videoThread 상태: " + videoThread.getState());

        for(int i = 0; i < 10000;i++) {} ............... for문을 이용해서 시간 지연을 줍니다.
        videoThread.setStopped(true); ............... Video 스레드를 종료합니다.

        System.out.println("메인 스레드 종료");
    }
}
```

[실행결과]

```
videoThread 상태: RUNNABLE
동영상을 재생합니다.
동영상을 재생합니다.
동영상을 재생합니다.
동영상을 재생합니다.
동영상을 재생합니다.
동영상을 재생합니다.
동영상을 재생합니다.
메인 스레드 종료
동영상 재생 강제 종료
```

➤ 요점 정리 ◄

- 자바의 스레드는 NEW, RUNNABLE, BLOCKED, TIMED_WAITING, WAITING, TERMINATED 상태가 있습니다.
- 자바 스레드는 JVM의 스레드 스케줄러가 run() 메서드를 호출하면 비로소 실행됩니다.
- 스레드 상태 제어 메서드를 호출해서 스레드를 일시 정지 상태(TIMED_WAITING)로 만들 수 있습니다.
- sleep() 메서드와 yield() 메서드는 실행 중인 스레드가 호출해서 일시 정지 상태로 이동합니다.
- join() 메서드는 일시 정지 상태인 스레드가 호출해서 실행 중인 스레드를 일시 대기 상태나 대기 상태로 만듭니다.
- interrupt() 메서드는 일시 대기 상태에서 스레드를 실행 상태로 이동 후 종료하게 만듭니다.

6 스레드 동기화

  자바는 일반적으로 여러 개의 스레드가 동시에 실행해서 기능을 수행하는 멀티 스레드로 동작합니다. 이번에는 멀티 스레드 환경에서 공동 자원에 접근하는 방법을 알아보겠습니다.

6.1 임계영역과 스레드 동기화

각각의 스레드들은 기본적으로 다른 스레드의 작업과 관련되지 않게 작업을 수행합니다. 그러나 스레드가 공동으로 이용하는 영역이나 자원이 생기는 경우가 일반적입니다. 이 때 스레드들이 동시에 접근할 수 없는 영역이나 자원을 **임계영역(Critical Section)**이라고 부릅니다.

> **임계영역의 정의**
> - 멀티 스레드 환경에서 둘 이상의 스레드가 동시에 접근해서는 안되는 공유 자원

임계영역에 각각의 스레드가 순서대로 접근하는 과정을 **스레드 동기화(Synchronization)**라고 합니다.

> **스레드 동기화의 정의**
> - 공통 자원에 대해서 스레드 사이의 접근 순서를 정하는 과정

6.2 자바 스레드 동기화 방법

다음은 자바의 스레드들이 동기화하는 방법입니다. 자바의 스레드는 자체적으로 객체에 부여되는 락을 획득해서 객체에 접근합니다.

> **자바 스레드의 동기화 방법**
> - 모든 객체 생성 시 같이 생성되는 락(lock)을 이용합니다.
> - 공유 자원(객체)에는 락을 얻은 스레드만 접근할 수 있습니다.

다음은 여러 개의 스레드가 객체의 락을 얻어서 접근하는 과정입니다. 락을 소유한 스레드 1만 임계영역에 있는 객체에 접근해서 작업을 수행할 수 있으며, 스레드 1은 작업이 끝나면 다시 락을 반납하게 되고, 다시 스레드들끼리 경쟁해서 락을 얻은 스레드가 객체에 접근해서 작업을 합니다.

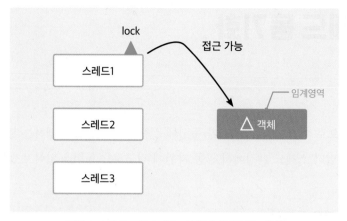

그림18-15 락을 얻은 스레드 1이 객체에 접근하는 상태

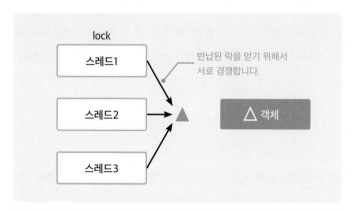

그림18-16 스레드 1이 락을 반납한 후 다시 락을 얻기 위해서 서로 경쟁하는 스레드

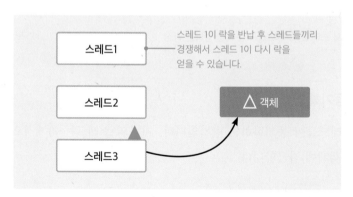

그림18-17 스레드 3이 락을 얻은 후 객체에 접근하는 상태

6.3 레스토랑에서 음식 주문 과정 동기화하기

음식점에서 손님이 음식을 주문하는 과정을 이용해서 스레드 동기화를 알아보겠습니다. 다음은
일반적인 음식점에서 손님이 원하는 음식을 주문하는 과정입니다.

1. 손님이 웨이터에게 식사할 음식을 주문합니다.

2. 웨이터는 손님이 주문한 음식 이름을 주방장에게 전달합니다.

3. 주방장은 웨이터에게 전달받은 음식을 요리합니다.

4. 웨이터는 주방장이 요리한 음식을 손님에게 전달합니다.

음식점에서 음식은 반드시 웨이터가 손님에게 먼저 주문을 받은 후, 주방장이 해당 음식을 요리해야 합니다. **따라서 음식은 웨이터와 주방장의 임계영역이 됩니다.**

다음은 음식점에서 웨이터와 주방장이 음식에 작업을 하는 과정을 구현한 예제입니다. Food 클래스는 웨이터와 주방장이 공동으로 사용하는 클래스입니다. 따라서 웨이터와 주방장은 Food 클래스의 receiveOrder() 메서드와 makeFood()를 호출해서 음식 클래스에 자신들의 작업을 수행합니다.

[직접 코딩해 보기] 음식 클래스

ch18/sec03/ex01/Food.java

```
package sec03.ex01;

public class Food {
    private static String[] menu = {"돈까스", "오므라이스", "된장찌개", "육개장"};   ········ 음식 메뉴를 배열로
                                                                                         선언합니다.
    String foodName;

    public Food() {}

    //주문을 받는 메서드
    public void receiveOrder() {
        for (int i = 0; i < 5; i++) {
            System.out.println("웨이터가 손님에게 주문을 받습니다.");
        }

        int menuNum = (int)(Math.random() * 3);      ┐
        foodName = menu[menuNum];                    ┘ ─── Math.random() 메서드로 메뉴에서 주문한 음식 이름을 얻습니다.

        System.out.println("웨이터가 " + foodName+" 주문을 주방에 전달합니다.");
        System.out.println();
    }

    //음식을 만드는 메서드
    public void makeFood() {
        for (int i = 0; i < 5; i++) {
            System.out.println("주방장이 " + foodName + "를 만듭니다.");
```

```
      }
      System.out.println("주방장이 " + foodName + "를 다 만들었습니다.");
      System.out.println();
  }
}
```

Waiter 스레드와 Chef 스레드입니다. 각각의 스레드는 실행 시 Food 클래스의 메서드를 호출합니다.

[직접 코딩해 보기] Waiter 클래스

ch18/sec03/ex01/Waiter.java

```
package sec03.ex01;

public class Waiter extends Thread {
  Food food;

  public Waiter(Food food) {
    this.food=food;
  }

  @Override
  public void run() {
    while (true) {
      food.receiveOrder(); _____ 주문받는 메서드를 호출합니다.
    }
  }
}
```

[직접 코딩해 보기] Chef 클래스

ch18/sec03/ex01/Chef.java

```
package sec03.ex01;

public class Chef extends Thread {
  Food food;

  public Chef(Food food) {
    this.food = food;
  }

  @Override
```

```
  public void run() {
    while (true) {
      food.makeFood();              음식을 요리하는 메서드입니다.
    }
  }
}
```

실행 클래스에서 웨이터 스레드와 주방장 스레드를 실행시킵니다. 실행 결과를 보면 음식을 주문
받은 다음 음식을 요리하는 과정으로 진행되는 것이 아니라 순서에 관계없이 두 스레드가 동시에
메서드를 호출하면서 실행되고 있습니다.

[직접 코딩해 보기] 실행 클래스

ch18/sec03/ex01/Restaurant.java

```
package sec03.ex01;

public class Restaurant {
  public static void main(String[] args) {
    Food food = new Food();
    Waiter waiter = new Waiter(food);
    waiter.setName("웨이터 스레드");

    Chef chef = new Chef(food);
    chef.setName("주방장 스레드");
    waiter.start();
    chef.start();
  }
}
```

[실행결과]

웨이터가 손님에게 주문을 받습니다.
웨이터가 손님에게 주문을 받습니다.
웨이터가 손님에게 주문을 받습니다.
웨이터가 손님에게 주문을 받습니다.
웨이터가 손님에게 주문을 받습니다.   웨이터가 주문을 받는 도중
주방장이 된장찌개를 만듭니다.   주방장이 음식을 만들고 있습니다.
주방장이 된장찌개를 만듭니다.
주방장이 된장찌개를 만듭니다.
주방장이 된장찌개를 만듭니다.
주방장이 된장찌개를 다 만들었습니다.

주방장이 된장찌개를 만듭니다.

웨이터가 된장찌개 주문을 주방에 전달합니다.

웨이터가 손님에게 주문을 받습니다.
......

따라서 웨이터와 주방장 스레드에게 임계영역인 음식에 접근 순서를 정해 주어야 합니다. 그럼 스
레드를 동기화하는 방법을 알아보겠습니다.

6.4 synchronized 키워드를 이용한 메서드 동기화

자바의 첫 번째 동기화 방법은 **synchronized** 키워드를 이용해서 메서드 전체를 동기화하는 방법
입니다. synchronized로 지정된 메서드는 스레드가 접근 시 락을 소유한 스레드만 접근해서 작업
을 할 수 있습니다.

```
public synchronized 리턴타입[void] 메서드명(매개변수, …) {
    //수행할 작업
}
```

다음은 3개의 스레드를 생성 후, run() 메서드에서 각각의 synchronized 키워드로 동기화된 메
서드를 호출합니다. 각각의 스레드가 동기화된 메서드를 호출하면 다른 스레드는 대기 상태
(BLOCKED)가 되어서 아무 실행을 하지 않습니다.

[직접 코딩해 보기] 실행 클래스

ch18/sec03/ex02/SyncTest1.java

```
package sec03.ex02;

public class SyncTest1 {
    Thread t1 = new Thread("thread1") {
        public void run() {
            method1();
        }
    };

    Thread t2 = new Thread("thread2") {          스레드에서 각각의 동기화 메서드를 호출합니다.
        public void run() {
            method2();
        }
    };
```

```java
Thread t3 = new Thread("thread3") {
  public void run() {
    method3();
  }
};

public synchronized void method1() {
  System.out.println("method1() 메서드");
  try {
    Thread.sleep(100);
  } catch (InterruptedException e) { }

  System.out.println("실행 스레드: " + Thread.currentThread().getName());
  System.out.println("thread1: " + t1.getState());
  System.out.println("thread2: " + t2.getState());
  System.out.println("thread3: " + t3.getState());
  for (long j = 0; j < 100000000000L; j++) {}  //시간 지연
}

public synchronized void method2() {
  System.out.println("method2() 메서드");
  try {
    Thread.sleep(100);
  } catch (InterruptedException e) {}
  System.out.println("실행 스레드: " + Thread.currentThread().getName());
  System.out.println("thread1: " + t1.getState());
  System.out.println("thread2: " + t2.getState());
  System.out.println("thread3: " + t3.getState());

  for (long i = 0; i < 100000000000L; i++) {}  //시간 지연
}

public synchronized void method3() {
  System.out.println("method3() 메서드");
  try {
    Thread.sleep(100);
  } catch (InterruptedException e) {}
  System.out.println("실행 스레드: " + Thread.currentThread().getName());
  System.out.println("thread1: " + t1.getState());
  System.out.println("thread2: " + t2.getState());
  System.out.println("thread3: " + t3.getState());

  for (long i = 0; i < 100000000000L; i++) {}  //시간 지연
}
```

```java
  void startAll() {
    t1.start();
    t2.start();
    t3.start();
  }

  public static void main(String[] args) {
    SyncTest1 st = new SyncTest1();
    st.startAll();
  }
}
```

[실행결과]

```
 method1() 메서드
실행 스레드: thread1
thread1: RUNNABLE
thread2: BLOCKED
thread3: BLOCKED
```
———————— 각각의 메서드 실행 시 다른 스레드는 대기 상태가 됩니다.

```
 method3() 메서드
실행 스레드: thread3
thread1: TERMINATED
thread2: BLOCKED
thread3: RUNNABLE
```

```
 method2() 메서드
실행 스레드: thread2
thread1: TERMINATED
thread2: RUNNABLE
thread3: TERMINATED
```

6.5 synchronized를 이용해서 음식 주문 동기화하기

이번에는 Food 클래스의 receiveOrder() 메서드와 makeFood() 메서드에 synchronized 키워드를 적용해서 메서드를 동기화시킨 후 실행해 보겠습니다.

[직접 코딩해 보기] 음식 클래스

ch18/sec03/ex02Food.java

```java
package sec03.ex02;
```

```java
public class Food {
  private static String[] menu = {"돈까스", "오므라이스", "된장찌개", "육개장"};
  String foodName;

  public Food() {}

  //주문을 받는 메서드
  public synchronized void receiveOrder() {
    for (int i = 0; i < 5; i++) {
      System.out.println("웨이터가 손님에게 주문을 받습니다.");
    }
    int menuNum = (int)(Math.random() * 3) + 0;
    foodName = menu[menuNum]; //메뉴에서 주문한 음식 이름을 저장합니다.

    System.out.println("웨이터가 " + foodName+" 주문을 주방에 전달합니다.");
    System.out.println();
  }

  //음식을 만드는 메서드
  public synchronized void makeFood() {
  for (int i = 0; i < 5; i++) {
    System.out.println("주방장이 " + foodName + "를 만듭니다.");
  }
  System.out.println("주방장이 " + foodName + "를 다 만들었습니다.");
    System.out.println();
  }
}
```

다음은 실행 클래스를 실행한 결과입니다. 메서드를 synchronized 키워드로 동기화 후 실행하면 웨이터 스레드가 Food 클래스에 대한 락을 가지고 receiveOrder() 메서드를 호출해서 실행하면, 주방장 스레드는 다른 메서드를 호출하지 않고 대기합니다. 웨이터 스레드가 receiveOrder() 메서드 실행을 종료하면 다시 주방장 스레드가 락을 가지고 makeOrder() 메서드를 호출해서 실행합니다. synchronized 키워드로 메서드를 동기화하면 각 스레드가 메서드 실행 시에는 적어도 다른 스레드가 실행되지 않습니다.

그러나 이 경우 웨이터 스레드가 실행 후 락을 반납했을 때 다시 두 스레드가 경쟁 상태가 되어서 웨이터 스레드가 다시 락을 획득해서 반복적으로 실행할 수 있는 문제가 있습니다.

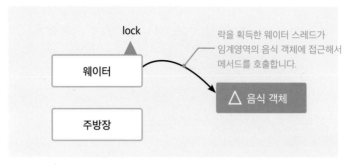

그림18-18 락을 획득한 웨이터 스레드가 음식 객체에 접근해서 작업하는 상태

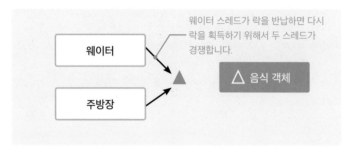

그림18-19 웨이터 스레드가 작업 완료 후 락을 반납한 후 다시 락을 획득하기 위한 경쟁 상태

다음 코드에서는 웨이터 스레드만 반복적으로 주문을 받고 있습니다.

[직접 코딩해 보기] 실행 클래스

ch18/sec03/ex02/Restaurant.java

```java
package sec03.ex01;

public class Restaurant {
  public static void main(String[] args) {
    Food food = new Food();
    Waiter waiter = new Waiter(food);
    waiter.setName("웨이터 스레드");

    Chef chef = new Chef(food);
    chef.setName("주방장 스레드");
    waiter.start();
    chef.start();
  }
}
```

[실행결과]

웨이터가 손님에게 주문을 받습니다.

웨이터가 손님에게 주문을 받습니다.

웨이터가 손님에게 주문을 받습니다.

웨이터가 손님에게 주문을 받습니다.

웨이터가 손님에게 주문을 받습니다.

웨이터가 돈까스 주문을 주방에 전달합니다.

웨이터가 손님에게 주문을 받습니다.   ———— 같은 스레드가 반복해서 실행됩니다.

웨이터가 손님에게 주문을 받습니다.

웨이터가 손님에게 주문을 받습니다.

웨이터가 손님에게 주문을 받습니다.

웨이터가 손님에게 주문을 받습니다.

웨이터가 오므라이스 주문을 주방에 전달합니다.

......

다음은 앞의 synchronized 키워드로 메서드를 동기화한 후 웨이터와 주방장 스레드가 스레드의 상태를 이동하는 과정입니다. 동기화된 스레드가 실행 시 다른 스레드는 대기(BLOCKED) 상태에서 대기합니다. 즉, 웨이터 스레드가 실행 중일 때 주방장 스레드는 대기 상태에 있습니다.

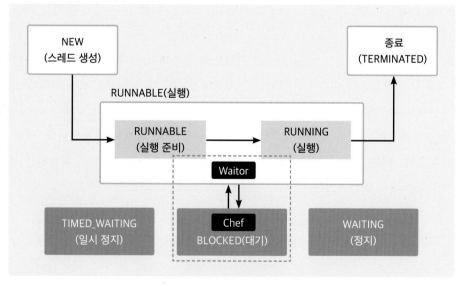

그림18-20 웨이터 스레드 실행 시 주방장 스레드 상태

다음은 반대로 주방장 스레드 실행 시 웨이터 스레드의 상태를 나타냅니다. 동기화된 상태에서 다른 스레드는 대기 상태로 이동합니다.

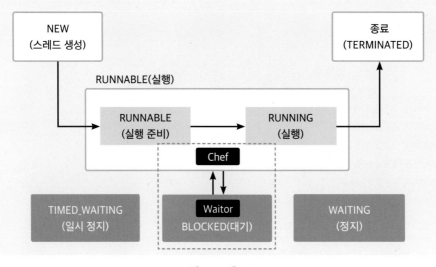

그림18-21 텍스트

6.6 synchronized 블록으로 동기화하기

sychronized 키워드로 메서드 전체를 동기화하면 스레드가 메서드를 사용하면 다른 스레드는 아무런 작업도 못하게 됩니다. 그런데 synchronized 키워드를 이용해서 메서드 내의 특정 작업만 동기화하는 기능이 있습니다. synchronized 키워드를 이용해서 동기화 블록을 사용하는 방법입니다. 동기화 블록을 사용하면 지정한 작업만 동기화해서 사용할 수 있으므로 동기화가 필요 없는 작업은 훨씬 빠르게 작업을 수행할 수 있습니다.

동기화 블록에 지정하는 공유 객체는 스레드가 블록에 접근 시 락으로 사용됩니다. 공유 객체는 어떠한 클래스의 객체도 가능합니다. 그러나 동기화 블록이 설정된 메서드가 위치하는 클래스의 객체를 지정하는 것이 일반적입니다.

```
[접근지정자] 리턴타입 메서드명 (…) {
    …
    synchronized (공유객체) {
        //동기화가 필요한 작업
    }
}
```
──── 메서드의 특정 부분만 동기화 작업을 지정할 수 있습니다.

다음은 동기화된 메서드와 일반 메서드를 스레드가 호출하는 예제입니다. 3개의 스레드가 메서드를 호출하는데 t3 스레드는 동기화되지 않은 메서드를 호출합니다. t1과 t2는 동기화가 적용되므로 동시에 실행할 수 없지만, t3는 동기화되지 않은 메서드를 호출하므로 다른 스레드가 실행되더라도 실행 중 상태가 됩니다.

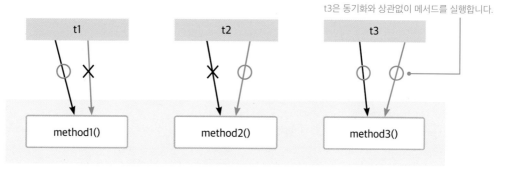

그림18-22 동기화되지 않은 스레드 실행 상태

[직접 코딩해 보기] 동기화되지 않은 메서드 실행하기

ch18/sec03/ex03/SyncTest2.java

```
package sec03.ex03;

public class SyncTest2 {
  Thread t1 = new Thread("thread1") {
    public void run() {
      method1();
    }
  };

  Thread t2 = new Thread("thread2") {
    public void run() {
      method2();
    }
  };

  Thread t3 = new Thread("thread3") {
    public void run() {
      method3();                        동기화되지 않은 메서드를 호출합니다.
    }
  };

  public synchronized void method1() {
    System.out.println("method1() 메서드");
```

```java
    try {
      Thread.sleep(100);
    } catch (InterruptedException e) {}

    System.out.println("실행 스레드: " + Thread.currentThread().getName());
    System.out.println("thread1: " + t1.getState());
    System.out.println("thread2: " + t2.getState());
    System.out.println("thread3: " + t3.getState());
    for (long j = 0; j < 100000000000L; j++) {}
  }


  public synchronized void method2() {
    System.out.println("method2() 메서드");
    try {
      Thread.sleep(100);
    } catch (InterruptedException e) {}

    System.out.println("실행 스레드: " + Thread.currentThread().getName());
    System.out.println("thread1: " + t1.getState());
    System.out.println("thread2: " + t2.getState());
    System.out.println("thread3: " + t3.getState());

    for (long j = 0; j < 100000000000L; j++) {}
  }

  public void method3() {                     동기화되지 않았습니다.
    System.out.println("method3() 메서드");
    try {
      Thread.sleep(100);
    } catch (InterruptedException e) {}

    System.out.println("실행 스레드: " + Thread.currentThread().getName());
    System.out.println("thread1: " + t1.getState());
    System.out.println("thread2: " + t2.getState());
    System.out.println("thread3: " + t3.getState());

    for (long j = 0; j < 100000000000L; j++) {}
  }

  void startAll() {
    t1.start();
    t2.start();
    t3.start();
  }
```

```java
    public static void main(String[] args) {
        SyncTest2 st = new SyncTest2();
        st.startAll();
    }
}
```

[실행결과]

```
method2() 메서드

method3() 메서드
실행 스레드: thread3
실행 스레드: thread2
thread1: BLOCKED
thread1: BLOCKED
thread2: RUNNABLE
thread2: RUNNABLE
thread3: RUNNABLE
thread3: RUNNABLE

method1() 메서드
실행 스레드: thread1
thread1: RUNNABLE
thread2: TERMINATED
thread3: RUNNABLE
```

동기화된 method2()가 실행되어도 t3 스레드는 동시에 실행합니다.

이번에는 method3()에 동기화 블록을 지정했습니다. 다른 스레드가 동기화 메서드를 호출하더라도 method3() 메서드의 동기화 블록 밖에 위치하는 코드들은 다른 스레드의 실행과 상관없이 동시에 실행됩니다.

[직접 코딩해 보기] 동기화 블록 지정해서 스레드 실행하기

ch18/sec03/ex03/SycnTest3.java

```java
package sec03.ex03;

public class SyncTest3 {
    Thread t1 = new Thread("thread1") {
        public void run() {
            method1();
        }
    };
```

```
Thread t2 = new Thread("thread2") {
  public void run() {
    method2();
  }
};


Thread t3 = new Thread("thread3") {
  public void run() {
    method3();
  }
};


public synchronized void method1() {
  System.out.println("\n method1() 메서드");

  try {
    Thread.sleep(100);
  } catch (InterruptedException e) {}

  System.out.println("실행 스레드: " + Thread.currentThread().getName());
  System.out.println("thread1: " + t1.getState());
  System.out.println("thread2: " + t2.getState());
  System.out.println("thread3: " + t3.getState());
  for (long j = 0; j < 100000000000L; j++) {}
}


public synchronized void method2() {
  System.out.println("\n method2() 메서드");
  try {
    Thread.sleep(100);
  } catch (InterruptedException e) {}
  System.out.println("[" + Thread.currentThread().getName() + "]");
  System.out.println("thread1: " + t1.getState());
  System.out.println("thread2: " + t2.getState());
  System.out.println("thread3: " + t3.getState());

  for (long j = 0; j < 100000000000L; j++) {}
}

public void method3() {
  System.out.println("\n method3() 메서드의 동기화 블록 외부");  ──────  동기화 블록 밖이므로 다른 메서드
                                                                        실행 시 동시에 실행합니다.
  System.out.println(Thread.currentThread().getName() + ": " + t3.getState());
```

```
synchronized(this) {
    try {
      Thread.sleep(100);
    } catch (InterruptedException e) {}
    System.out.println("\n method3() 메서드의 동기화 블록 내부");

    System.out.println("실행 스레드: " + Thread.currentThread().getName());
    System.out.println("thread1: " + t1.getState());
    System.out.println("thread2: " + t2.getState());
    System.out.println("thread3: " + t3.getState());

    for (long j = 0; j < 100000000000L; j++) {}
  }
}

void startAll() {
  t1.start();
  t2.start();
  t3.start();
}

public static void main(String[] args) {
  SyncTest3 st = new SyncTest3();
  st.startAll();
}
}
```

동기화 블록을 지정해서 사용합니다.

[실행결과]

```
method1() 메서드

method3() 메서드의 동기화 블록 외부
thread3: RUNNABLE
실행 스레드: thread1
thread1: RUNNABLE
thread2: BLOCKED
thread3: BLOCKED
```

t1이 동기화 메서드 method1()을 실행하더라도 t3는 method3()의 동기화 블록 외부의 코드를 동시에 실행합니다.

```
method3() 메서드의 동기화 블록 내부
실행 스레드: thread3
thread1: TERMINATED
thread2: BLOCKED
thread3: RUNNABLE
```

```
   method2() 메서드
실행 스레드: thread2
thread1: TERMINATED
thread2: RUNNABLE
thread3: TERMINATED
```

 알아두면 좋아요

synchronized 키워드로 메서드의 락과 synchronized 블록에 사용된 락이 다르면 어떻게 될까요? 각각의 메서드에 동기화 락이 다르면 각각의 스레드에 대해서 동기화가 적용되지 않고, 동시에 실행됩니다.

다음은 동기화 메서드와 동기화 블록의 락이 다른 경우입니다. 실행 시 두 메서드는 동기화되지 않고 동시에 실행됩니다. 즉, 같은 동기화 락을 가진 경우만 동기화됩니다.

[직접 코딩해 보기] 다른 락을 사용하는 동기화 메서드들

ch18/sec03/ex03/SycnTest4.java

```
package sec03.ex03;

public class SyncTest4 {
  Object  objKey = new Object(); _____ 동기화 블록의 락으로 사용됩니다.

  Thread t1 = new Thread("thread1") {
    public void run() {
      method1();
    }
  };

  Thread t2 = new Thread("thread2") {
    public void run() {
      method2();
    }
  };

  public synchronized void method1() {
    System.out.println("\n method1() 메서드");
    System.out.println("실행 스레드: " + Thread.currentThread().getName());
    System.out.println("thread1: " + t1.getState());
    System.out.println("thread2: " + t2.getState());
    for (long j = 0; j < 100000000000L; j++) {}
  }

  public void method2() {
```

```
      synchronized(objKey) {
        System.out.println("\n method2() 메서드");
        System.out.println("실행 스레드: " + Thread.currentThread().getName());
        System.out.println("thread1: " + t1.getState());
        System.out.println("thread2: " + t2.getState());
        for (long j = 0; j < 100000000000L; j++) {}
      }
    }

    void startAll() {
      t1.start();
      t2.start();
    }

    public static void main(String[] args) {
      SyncTest4 st = new SyncTest4();
      st.startAll();
    }
  }
```

다른 객체로 동기화 블록의 락을 지정합니다.

[실행결과]

```
  method2() 메서드

  method1() 메서드
 실행 스레드: thread1
 실행 스레드: thread2
 thread1: RUNNABLE
 thread1: RUNNABLE
 thread2: RUNNABLE
 thread2: BLOCKED
```

6.6.1 멀티 스레드 환경에서 Vector 클래스 사용하기

멀티 스레드 환경에서 공유 객체로서 컬렉션 클래스를 사용할 경우, 동기화를 지원하는 Vector를 사용해야 합니다. 다음은 Vector와 ArrayList에 2개의 스레드를 이용해서 각각 100명씩 전체 200명의 이름을 저장하는 예제입니다. 2개의 스레드가 동기화를 지원하는 Vector에 학생 이름을 저장하면 200개가 저장됩니다. 반면에 동기화를 지원하지 않는 ArrayList에 저장하면 반드시 200개가 저장되지 않습니다.

[직접 코딩해 보기] Vector와 ArrayList에 학생 이름 저장하기

ch18/sec03/ex03/VectorTest.java

```java
package sec03.ex03;

import java.util.List;
import java.util.Vector;
import java.util.ArrayList;


public class VectorTest {
  public static void main(String[] args) {
    //Vector 객체 생성
    List<String> vList = new Vector<>();
//  List<String> vList = new ArrayList<>();

    Thread threadA = new Thread() {
      @Override
      public void run() {
        for (int i=1 ; i<=100; i++) {          ┌────┐
          vList.add("홍길동"+i);                ├──── 1번째부터 100번째까지 저장합니다.
        }                                       └────┘
      }
    };

    Thread threadB = new Thread() {
      @Override
      public void run() {
        for (int i=101 ; i<=200; i++) {        ┌──┐
          vList.add("이순신"+i);               ├──── 101번째부터 200번째까지 저장합니다.
        }                                       └──┘
      }
    };

    //작업 스레드 실행
    threadA.start();
    threadB.start();

    try {
      threadA.join();
      threadB.join();
    } catch(Exception e) {}
```

```
    //저장된 총 이름 수 얻기
    int size = vList.size();
    System.out.println("총 학생 수: " + size);
  }
}
```

[실행결과]

Vector에 저장 시

```
총 학생 수: 200
```

ArrayList에 저장 시

```
총 학생 수: 136  •──────── 동기화를 지원하지 않으므로 threadA의 작업이 완료되기 전에 threadB가 실행됩니다.
```

6.6.2 멀티 스레드 환경에서 HashTable 클래스 사용하기

한 개의 스레드만 사용할 경우는 HashMap을 사용하면 됩니다. 그러나 멀티 스레드 환경에서 스레드들이 공유해서 사용할 경우 동기화를 지원하는 HashTable을 사용해야 합니다. 다음은 Vector와 ArrayList 클래스와 같이 2개의 스레드를 이용해서 HashTable과 HashMap에 학생이름을 저장하는 예제입니다. HashTable은 동기화를 지원하므로 총 엔트리 개수는 항상 200개가 됩니다.

[직접 코딩해 보기] HashMap과 HashTable에 학생 이름 저장하기

ch18/sec03/ex03/HashTableTest.java

```
package sec03.ex03;

import java.util.Hashtable;
import java.util.HashMap;
import java.util.Map;

public class HashTableTest {
  public static void main(String[] args) {
    //HashTable 객체 생성
    Map<Integer, String> map = new Hashtable<Integer, String>();
//  Map<Integer, String> map = new HashMap<Integer, String>();

    Thread threadA = new Thread() {
      @Override
      public void run() {
```

```
      for (int i=1 ; i<=100; i++) {
        map.put(i, "홍길동"+i);                    ┈┈ 100개의 엔트리를 저장합니다.
      }
    }
  };

  Thread threadB = new Thread() {
    @Override
    public void run() {
      for (int i=101 ; i<=200; i++) {
        map.put(i, "이순신"+i);                    ┈┈ 100개의 엔트리를 저장합니다.
      }
    }
  };

  //작업 스레드 실행
  threadA.start();
  threadB.start();

  try {
    threadA.join();
    threadB.join();
  } catch(Exception e) {}

  //저장된 총 엔트리 개수 얻기
  int size = map.size();
  System.out.println("총 엔트리 개수: " + size);
  }
}
```

[실행결과]

HashTable 사용 시

총 엔트리 개수: 200

HashMap 사용 시

총 엔트리 개수: 199

마지막으로 Vector나 HashTable은 동기화 기능을 제공하는데, 다른 컬렉션들에 동기화를 적용해서 사용하고 싶은 경우는 어떻게 할까요? 컬렉션 프레임워크에선 Collections 클래스의

synchronizedXXX() 정적 메서드들을 제공해서 각각의 컬렉션 계열에 동기화를 적용할 수 있습니다.

메서드	설명
static <T> List<T> synchronizedList(List<T> list)	List를 동기화된 List로 리턴합니다.
static <K,V> Map<K,V> synchronizedMap(Map<K,V> m)	Map을 동기화된 Map으로 리턴합니다.
static <T> Set<T> synchronizedSet(Set<T> s)	Set을 동기화된 Set으로 리턴합니다.

표18-3 Collections 클래스에서 제공하는 동기화 메서드들

```
List<T> list = Collections.synchronizedList(new ArrayList<T>());    //동기화 ArrayList 생성
Set<T> set = Collections.synchronizedSet(new HashSet<T>());         //동기화 HashSet 생성
Map<K, V> map = Collections.synchronizedMap(new HashMap<K, V>());   //동기화 HashMap 생성
```

6.7 wait(), notify(), notifyAll() 메서드

멀티 스레드 실행 시 스레드를 동기화해서 사용하면 스레드가 실행 중일 때 다른 스레드는 아무 작업도 하지 않고, 대기 상태에 있으면서 실행 중인 스레드가 락을 반납하는지 주기적으로 체크합니다. 이런 방법은 CPU가 스레드의 락 반납 여부 확인 작업도 해야 하므로 성능을 떨어뜨리는 원인이 됩니다. 이런 방법 대신 Object 클래스에 선언된 wait()와 notify() 메서드를 이용해서 스레드가 실행을 종료한 후 락을 반납하면 대기 중인 스레드에게 종료를 알려줄 수 있고 성능 저하도 방지할 수 있습니다.

---

wait(), notify(), notifyAll() 메서드의 특징
- Object 클래스에 선언되어 있습니다.
- Synchronized 메서드나 동기화 블록 내부에서만 사용 가능합니다.
- wait() 메서드
  - 실행 중인 스레드가 호출해서 스스로 정지(WAITING) 상태로 이동합니다.
  - 반드시 예외 처리를 해주어야 합니다.
- notify() 메서드
  - 정지 상태에 있는 스레드들 중 임의의 한 개의 스레드를 실행 대기(RUNNABLE) 상태로 이동시킵니다.
- notifyAll()
  - 정지 상태에 있는 모든 스레드들을 실행 대기 상태로 이동시킵니다.

6.8 wait()와 notify() 메서드로 음식 주문 동기화하기

다음은 음식점에서 웨이터 스레드와 주방장 스레드가 wait()와 notify() 메서드를 이용해서 음식에 대해서 교대로 작업을 하는 예제입니다.

[직접 코딩해 보기] Food 클래스

ch18/sec03/ex04/Food.java

```
package sec03.ex04;

public class Food {
  private static String[] menu = {"돈까스", "오므라이스", "된장찌개", "육개장"};
  String foodName;

  public void receiveOrder() {
    synchronized(this) {
      for (int i = 0; i < 5; i++) {
        System.out.println("웨이터가 손님에게 주문을 받습니다.");
      }
      int menuNum = (int)(Math.random() * 3) + 0;
      foodName = menu[menuNum]; //메뉴에서 주문한 음식 이름을 저장합니다.

      System.out.println("웨이터가 " + foodName +" 주문을 주방에 전달합니다.\n");

      this.notify();  ------------------ 정지 상태인 스레드를 실행 상태로 이동하게 합니다.
      try{ wait(); }catch(InterruptedException e){}  ------------- 실행 중인 자신은 정지 상태로 이동합니다.
    }
  }

  public void makeFood() {
    synchronized(this) {
      for (int i = 0; i < 5; i++) {
        System.out.println("주방장이 " + foodName + "를 만듭니다.");
      }
      System.out.println("주방장이 " + foodName+ "를 다 만들었습니다.\n");

      this.notify();  ------------------ 정지 상태인 스레드를 실행 상태로 이동하게 합니다.
      try{this.wait();}catch(InterruptedException e){}  ---------- 실행 중인 자신은 정지 상태로 이동합니다.
    }
  }
}
```

웨이터 스레드와 주방장 스레드를 생성 후 실행하면 이번에는 교대로 음식에 작업을 수행합니다. 즉, 실행 중 스레드가 락을 반납하면 반드시 다른 스레드가 락을 가지고 작업합니다.

ch18/sec03/ex04/Restaurant.java

```java
package sec03.ex04;

public class Restaurant {
  public static void main(String[] args) {
    Food food = new Food();
    Waiter waiter = new Waiter(food);
    waiter.setName("웨이터 스레드");

    Chef chef = new Chef(food);
    chef.setName("주방장 스레드");
    waiter.start();
    chef.start();
  }
}
```

[실행결과]

웨이터가 손님에게 주문을 받습니다.
웨이터가 손님에게 주문을 받습니다.
웨이터가 손님에게 주문을 받습니다.
웨이터가 손님에게 주문을 받습니다.
웨이터가 손님에게 주문을 받습니다.
웨이터가 돈까스 주문을 주방에 전달합니다.

주방장이 돈까스를 만듭니다.
주방장이 돈까스를 만듭니다.   ————— 두 스레드가 교대로 실행합니다.
주방장이 돈까스를 만듭니다.
주방장이 돈까스를 만듭니다.
주방장이 돈까스를 만듭니다.
주방장이 돈까스를 다 만들었습니다.

웨이터가 손님에게 주문을 받습니다.
......

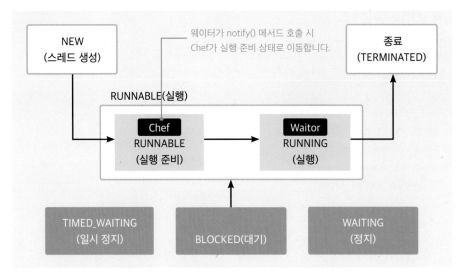

그림18-23 웨이터가 notify() 메서드 호출 시 스레드들의 상태

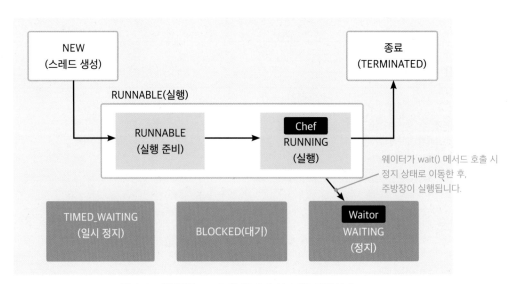

그림18-24 웨이터가 wait() 메서드 호출 시 스레드들의 상태

💡 **알아두면 좋아요**

notifyAll() 메서드로 모든 스레드 실행 상태로 만들기

음식 주문하기 예제에서는 작업하는 스레드는 웨이터 스레드와 주방장 스레드, 2개의 스레드만 작업합니다. 따라서 notify() 메서드를 사용해도 문제없이 실행됩니다. 그러나 멀티 스레드 환경에서 스레드가 3개 이상인 경우 특정 스레드를 실행해서 작업을 시켜야할 경우는 notifyAll() 메서드를 사용해야 합니다.

다음은 큰 음식점에서 웨이터가 손님에게 한식과 중식 중 하나를 주문 받으면 한식은 **"한식 주방장"** 스레드가 만들고 중식은 **"중식 주방장"** 스레드가 만드는 예제입니다. 자세한 내용은 책 소스나 동영상을 참고하세요.

[직접 코딩해 보기] Food 클래스

ch18/sec03/ex05/Food.java

```java
package sec03.ex05;

public class Food {
    private static String[] menuKorean = {"돈까스", "오므라이스", "된장찌게", "육개장"};
    private static String[] menuChina = {"짜장면", "짬뽕", "볶음밥", "탕수육"};
    String foodName;
    boolean isOrderReceived = false;  // notifyAll()로 깨어났을 때 다시 waiter 스레드가
                                      // 음식 주문을 못하게 합니다.
    static int choice = 0; //한식 중식 선택

    public  void  receiveOrder(Thread th) {
      synchronized(this) {
        String threadName = th.getName();
        if (isOrderReceived == false) {
          for (int i = 0; i < 5; i++) {
            System.out.println(threadName + "가 " + "손님에게 주문을 받습니다.");
          }

          choice = (int)(Math.random() * 2) ;   //0: 한식, 1: 중식
          if (choice == 0) {
            int menuNum = (int)(Math.random() * 3) ;
            foodName = menuKorean[menuNum]; //메뉴에서 주문한 음식 이름을 저장합니다.

          } else {
            int menuNum = (int)(Math.random() * 3) ;
            foodName = menuChina[menuNum]; //메뉴에서 주문한 음식 이름을 저장합니다.
          }
          System.out.println(threadName + "가 " + foodName +" 주문을 주방에 전달합니다.\n");
          isOrderReceived = true;
        }

        notifyAll();  // 모든 스레드를 실행 상태로 만듭니다.
        try {
          wait();
        } catch(InterruptedException e){}
      }
    }

    public  void makeFood(Thread th) {
      synchronized(this) {
        String threadName = th.getName();
        if(choice == 0) {   //한식
```

```
    if(threadName.equals("한식 주방장")) {
      for (int i = 0; i < 5; i++) {
        System.out.println(threadName + "이 " + foodName + "를 만듭니다.");
      }
      System.out.println(threadName + "이 " + foodName+ "를 다 만들었습니다.\n");
      isOrderReceived = false;
    }
  } else if(choice == 1) {   //중식
    if (threadName.equals("중식 주방장")) {
      for (int i = 0; i < 5; i++) {
        System.out.println(threadName+"이 " + foodName + "를 만듭니다.");
      }
      System.out.println(threadName+"이 " + foodName+ "를 다 만들었습니다.\n");
      isOrderReceived = false;
    }
  }

  notifyAll();------------------------ 모든 스레드를 실행 상태로 만듭니다.
  try {
    wait();
   }catch(InterruptedException e){}
  }
 }
}
```

[실행결과]

웨이터가 손님에게 주문을 받습니다.
웨이터가 손님에게 주문을 받습니다.
웨이터가 손님에게 주문을 받습니다.
웨이터가 돈까스 주문을 주방에 전달합니다.

한식 주방장이 돈까스를 만듭니다.
한식 주방장이 돈까스를 만듭니다.
한식 주방장이 돈까스를 만듭니다.
한식 주방장이 돈까스를 만듭니다.
한식 주방장이 돈까스를 만듭니다.
한식 주방장이 돈까스를 다 만들었습니다.

웨이터가 손님에게 주문을 받습니다.
웨이터가 손님에게 주문을 받습니다.
웨이터가 손님에게 주문을 받습니다.
웨이터가 손님에게 주문을 받습니다.
웨이터가 손님에게 주문을 받습니다.

웨이터가 짬뽕 주문을 주방에 전달합니다

```
중식 주방장이 짬뽕를 만듭니다.
중식 주방장이 짬뽕를 만듭니다.
중식 주방장이 짬뽕를 만듭니다.
중식 주방장이 짬뽕를 만듭니다.
중식 주방장이 짬뽕를 만듭니다.
중식 주방장이 짬뽕를 다 만들었습니다.


}
```

자바의 스레드는 자바가 실행되는 운영체제와도 관련이 있어서 운영체제에 종속적인 경우가 대부분입니다. 따라서 스레드를 이용해서 프로그래밍 시 프로그래머는 반드시 해당 스레드가 제대로 동작하는지 최적화하는 과정을 반드시 거치게 됩니다.

이상으로 한 개의 CPU가 스레드를 이용해서 동시에 작업을 수행하는 방법에 대해서 알아봤습니다. 그러나 지금은 컴퓨터에 한 개의 CPU만 있는 경우는 거의 없습니다. 여러 개의 CPU(멀티코어, Multi Core)가 동시에 작업하는 방법은 27장에서 자세히 알아보겠습니다.

→ 요점 정리 ←

- 멀티 스레드 환경에서 스레드들이 동시에 접근해서는 안되는 영역 또는 자원을 임계영역이라고합니다.
- 스레드 동기화를 이용해서 임계영역에 순서대로 접근합니다.
- 스레드가 동기화된 영역에 대해서 작업하면 다른 스레드는 대기 상태에서 아무런 작업을 하지 않습니다.
- wait(), notify, notifyAll() 메서드를 사용하면 동기화 영역에서 빠르게 작업할 수 있습니다.

1 _ 다음은 스레드와 프로세스에 관련된 설명입니다. 틀린 것에 X표, 맞는 것에 O표를 하세요.

① 프로세스는 CPU가 프로그램을 실행하는 상태를 말합니다. (　)

② CPU는 같은 프로세스를 반복적으로 생성할 수 없습니다. (　)

③ 한 개의 CPU가 여러 개의 프로세스를 동시에 실행하는 것을 멀티 프로그래밍이라고 합니다. (　)

④ 한 개의 CPU가 여러 개의 스레드를 동시에 실행하는 것을 멀티 프로세싱이라고 합니다. (　)

2 _ 다음 중 스레드의 설명으로 틀린 것은?

① 일반적으로 한 개의 프로세스는 여러 개의 스레드로 구성되어 있습니다.

② 메인 스레드는 최초로 프로그램 실행 시 가장 먼저 실행되는 스레드입니다.

③ 여러 스레드들이 순차적으로 실행되는 것을 싱글 스레드라고 합니다.

④ 멀티 스레드로 동작 시 메인 스레드가 종료되어도 다른 스레드들은 종료되지 않습니다.

3 _ 다음은 스레드 상태 제어 메서드에 대한 설명으로 틀린 것은?

① sleep() 메서드는 실행 중인 스레드를 일시 정지 상태로 만듭니다.

② yield() 메서드는 실행 중인 스레드를 정지 상태로 만듭니다.

③ 일시 정지 상태의 스레드는 interrrupt() 메서드로 실행 상태로 만들 수 있습니다.

④ join() 메서드는 호출한 스레드가 대기 상태로 이동합니다.

4 _ 다음은 스레드의 상태에 관한 설명입니다. 맞는 것에 O표, 틀린 것에 X표를 하세요.

① 최초 스레드 생성 시 NEW 상태가 됩니다. (　)

② sleep() 메서드는 예외 처리를 해 주지 않아도 됩니다. (　)

③ 동기화 메서드에 스레드가 실행 시 다른 스레드는 WAITING 상태가 됩니다. (　)

④ join(1000);으로 호출 시 스레드는 1초 후 자동으로 실행 상태가 됩니다. (　)

5 _ 다음은 스레드 동기화에 관한 설명입니다. 틀린 것은?

① 멀티 스레드 환경에서 둘 이상의 스레드가 동시에 접근해서는 안되는 영역을 임계영역이라고 합니다.

② 멀티 스레드 환경에서 임계영역에서 이미 작업한 스레드는 다시 락을 가질 수 없습니다.

③ 멀티 스레드 환경에서 임계영역에서 스레드가 작업 시 다른 스레드는 대기 상태에 있습니다.

④ 동기화 메서드 실행 시 다른 스레드는 인스턴스 메서드도 실행할 수 없습니다.

6 _ 다음은 파일 다운로드를 받는 스레드입니다. [실행결과]와 같이 출력되도록 run() 메서드
를 구현해 주세요.

소스 코드: FileDownloadTest.java

```
1   package sec04.ex05;
2
3   class  FileDownload implements Runnable{
4     @Override
5     public void run() {
6       //이곳에 구현해 주세요.
7     }
8   }
9
10  public class FileDownloadTest {
11    public static void main(String[] args) {
12      Thread thread = new Thread(new FileDownload());
13      thread.start();
14    }
15  }
```

실행결과

```
1   파일을 다운로드합니다.
2   파일을 다운로드합니다.
3   파일을 다운로드합니다.
4   파일을 다운로드합니다.
5   파일을 다운로드합니다.
6   파일을 다운로드 받았습니다.
```

7 _ 다음은 동영상 재생 스레드를 이용해서 동영상을 재생합니다. [실행결과]처럼 출력되도록 스레드를 구현해 보세요.

소스 코드: VideoPlayTest.java

```
1   package sec04.ex06;
2
3   public class VideoPlayTest {
4     public static void main(String[] args) {
5       Thread videoThread = new Thread(new Runnable() {
6         @Override
7         public void run() {
8           //이곳에 구현해 주세요.
9         }
10      });
11
12      videoThread.start();
13    }
14  }
15
16  }
```

실행결과

```
1   동영상을 재생합니다.
2   동영상을 재생합니다.
3   동영상을 재생합니다.
4   동영상을 재생합니다.
5   동영상을 재생합니다.
6   동영상 재생 종료
```

8 _ 다음과 같이 intrrupt() 메서드를 호출 시 경마가 멈추도록 스레드를 구현해 보세요.

소스 코드: Horse.java

```
1   package sec04.ex07;
2
3   public class Horse extends Thread {
4     @Override
5     public void run() {
6       String horseName = getName();
7       while (true) {
8         System.out.println(horseName + " 달립니다.");
9       }
10
11
12    }
13  }
```

이 부분에 구현해 주세요.

소스 코드: HorseTest.java

```
1   package sec04.ex07;
2
3   public class HorseTest {
4     public static void main(String[] args) {
5       Horse horse1 = new Horse();
6       horse1.setName("경마1");
7       horse1.start();
8
9       try {Thread.sleep(1000);} catch (InterruptedException e) {}
10      horse1.interrupt();
11    }
12  }
```

실행결과

```
1   ......
2   경마1 달립니다.
3   경마1 달립니다.
4   경마1 달립니다.
5   경마1 달립니다.
6   경마1 달립니다.
7   경마1 달립니다.
8   인터럽트로 경마를 멈춥니다.
```

9 _ 다음과 같이 경마가 순서대로 달리도록 스레드를 구현해 보세요.

소스 코드: Horse.java

```java
1    package ch11.ex4;
2
3    public class Horse extends Thread {
4      private String tName;
5      long sleepTime=0;
6
7      public void run() {
8        //이곳에 구현해 주세요.
9      }
10   }
```

소스 코드: HorseTest.java

```
1   package sec04.ex09;
2
3   public class HorseTest {
4     public static void main(String[] args) throws InterruptedException {
5       Horse horse1 = new Horse();
6       horse1.setName("경마1");
7       Horse horse2 = new Horse();
8       horse2.setName("경마2");
9       Horse horse3 = new Horse();
10      horse3.setName("경마3");
11
12      horse1.start();
13      Thread.sleep(1000);
15      horse2.start();
16      Thread.sleep(1000);
17      horse3.start();
18      Thread.sleep(1000);
19    }
20  }
```

실행결과

1	경마1 달립니다.
2	경마1 달립니다.
3	경마1 달립니다.
4	경마1 달립니다.
5	경마1 달립니다.
6	경마2 달립니다.
7	경마2 달립니다.
8	경마2 달립니다.
9	경마2 달립니다.
10	경마2 달립니다.
11	경마3 달립니다.
12	경마3 달립니다.
13	경마3 달립니다.
14	경마3 달립니다.
15	경마3 달립니다.

10 _ 다음과 같이 생산자가 1에서 10까지 생산하면 소비자는 다시 10에서 0이 될 때까지 소비하는 스레드를 wait()와 notify() 메서드를 이용해서 구현해 보세요.

```
 1   소비량 = 0
 2
 3   생산량 = 1
 4   생산량 = 2
 5   생산량 = 3
 6   생산량 = 4
 7   생산량 = 5
 8   생산량 = 6
 9   생산량 = 7
10   생산량 = 8
11   생산량 = 9
12   생산량 = 10
13
14   소비량 = 9
15   소비량 = 8
16   소비량 = 7
17   소비량 = 6
18   소비량 = 5
19   소비량 = 4
20   소비량 = 3
21   소비량 = 2
22   소비량 = 1
23   소비량 = 0
24   ……
25
```

19장

자바 I/O

> 시작 전 가볍게 읽기 <

프로그래밍은 입력받은 데이터를 처리한 후, 처리한 결과를 출력하는 작업입니다.
지금까지는 키보드로 데이터를 입력받은 후, 처리한 결과를 콘솔로 출력했습니다.
키보드와 콘솔 외에 자바에서 데이터를 입력받고 출력하는 대상이 파일, 네트워크,
데이터베이스가 될 수 있습니다. 19장에서는 자바가 어떤 원리로
외부 장치와 입출력 작업을 하는지 알아보겠습니다.

1 스트림의 정의와 스트림의 종류

자바는 스트림(Stream)을 이용해서 외부 장치에서 데이터를 입출력 작업을 수행합니다.

1.1 스트림이란?

스트림의 사전적 의미는 '개천, 개울, 물이나 액체의 흐름' 정도로 해석할 수 있습니다. 자바 입장에서 볼 때 외부 장치에서 데이터가 입력되거나 출력되는 것이 흡사 '물의 흐름'과 같다고 하여 '스트림'이고 부르게 되었습니다.

그림19-1 자바 프로그램에서 입출력 장치로의 데이터 흐름

자바 스트림은 자바 프로그램의 입장에서 데이터가 입력 또는 출력해주는 매개체와 같은 역할을 합니다. 각각의 입출력 장치에 맞는 스트림은 클래스로 만들어서 제공하므로 프로그래머는 입출력 장치에 맞게 스트림을 선택해서 데이터를 입출력하면 됩니다.

> **자바 스트림의 정의**
> - 자바에서 장치로 데이터를 입출력할 수 있게 해주는 기능
> - 자바의 입출력을 도와주는 클래스

다음 그림은은 자바에서 일반적으로 많이 사용되는 입출력 장치를 나타내고 있습니다. 자바는 이런 입출력 장치에 각각의 스트림 클래스를 이용해서 입출력 작업을 편리하게 수행합니다.

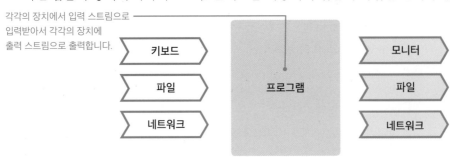

그림19-2 자바의 입출력 장치 종류

스트림 클래스는 물의 흐름처럼 단방향(FIFO, First In First Out)으로만 데이터가 흘러갑니다. 예를 들어 클래스명에 InputStream이 포함되어 있으면 데이터가 외부 장치에서 프로그램으로 입력됩니다. 그리고 클래스명에 OutputStream이 포함되어 있으면 데이터가 프로그램에서 장치로 출력합니다. 같은 종류의 스트림끼리는 서로 연결이 가능합니다.

스트림 클래스의 특징
- 단방향(FIFO)입니다.
- 같은 용도의 스트림 클래스끼리 연결이 가능합니다.

1.2 자바 스트림 클래스의 종류

자바의 스트림 클래스는 크게 문자 데이터와 바이트 데이터를 처리합니다. 다음은 스트림 클래스가 처리하는 데이터의 종류입니다.

자바 스트림이 처리하는 데이터 종류
- 바이트(byte) 데이터
  - 동영상, 이미지, 사운드와 같은 멀티미디어 데이터를 의미
  - 1byte 단위로 입출력이 이루어짐
- 문자(char) 데이터
  - 일반적인 문자 데이터
  - 2byte 단위로 입출력이 이루어짐

다음은 처리하는 데이터에 따른 스트림 클래스의 분류입니다.

처리하는 데이터에 따른 스트림 클래스
- 바이트 스트림 클래스
  - 입출력 시 바이트 데이터를 이용해서 입출력 작업을 하는 클래스
- 문자 스트림 클래스
  - 입출력 시 문자 데이터를 이용해서 입출력 작업을 하는 클래스

---

2 바이트 스트림과 문자 스트림

먼저 입출력 시 처리하는 데이터에 따른 스트림 클래스들의 기능을 알아보겠습니다.

2.1 바이트 스트림의 특징

다음은 바이트 데이터를 입출력하는 바이트 스트림 클래스의 분류를 나타냅니다. 바이트 데이터를 입력받는 클래스의 최상위 클래스명은 InputStream이고, 하위 클래스명은 FileInputStream처럼 반드시 InputStream이 접미사로 붙습니다.

바이트 데이터를 출력하는 최상위 스트림 클래스명은 OutputStream이고, 하위 클래스명은 FileOutputStream처럼 반드시 OutputStream이 접미사로 붙습니다. 문자 입출력 스트림인 Reader와 Writer도 동일하게 적용됩니다.

데이터	입력 담당 최상위 클래스	출력 담당 최상위 클래스
바이트	InputStream	OutputStream
문자	Reader	Writer

표19-1 데이터 종류에 따른 스트림 클래스의 종류

다음 그림은 파일에서 바이트 데이터를 입출력할 때 사용되는 FileInputStream과 FileOutputStream을 나타내고 있습니다.

그림19-3 파일에서 바이트 데이터 입출력 시 사용되는 파일 스트림 클래스들

2.1.1 바이트 출력 스트림(OutputStream)

OutputStream은 바이트 데이터 출력 시 사용하는 최상위 추상 클래스입니다. 다른 하위 클래스들은 OutputStream 클래스를 상속받아서 바이트 데이터를 각각의 장치에 출력합니다.

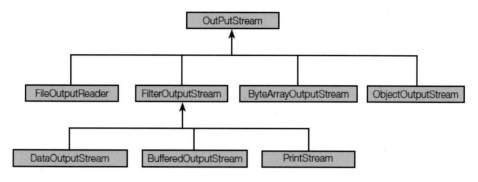

그림19-4 OutputStream 클래스의 계층 구조

메서드	설명
abstract void write(int b)	매개값으로 전달된 바이트 데이터를 출력 스트림으로 출력합니다.
void write(byte[] b)	매개값으로 전달된 배열을 출력 스트림으로 출력합니다.
void write(byte[] b, int off, int len)	매개값으로 전달된 배열 b에서 off의 위치부터 len 크기의 바이트 데이터를 출력 스트림으로 출력합니다.
void flush()	출력 버퍼의 모든 데이터를 비웁니다.
void close()	출력 스트림을 닫습니다.

표19-4 OutputStream 클래스의 여러 가지 메서드

write(int b) 메서드

write(int b) 메서드는 1byte의 데이터를 int 타입으로 출력합니다. 다음은 키보드로 문자열을 입력받아서 FileOutputStream의 생성자 매개변수가 가리키는 위치의 파일에 write() 메서드를 이용해서 각각의 문자를 바이트 데이터로 저장하는 예제입니다. 영어와 달리 한글을 write() 메서드로 파일에 저장하면 1byte씩 저장되므로 파일을 열어보면 한글이 표시되지 않습니다. 영어는 바이트 데이터로도 처리할 수 있고 문자 데이터로도 처리할 수 있지만, 한글은 문자 데이터이므로 write() 메서드를 사용해서 저장할 수 없습니다. 또한 write() 메서드로 바이트 데이터 출력 시, 메모리의 버퍼에 출력됩니다. 실제 외부 장치로 출력하기 위해선 flush() 메서드를 호출해야 합니다.

[직접 코딩해 보기] write() 메서드로 파일에 바이트 데이터 출력하기

ch19/sec01/ex01/ByteDataWriteTest.java

```
package sec01.ex01;

import java.io.FileOutputStream;
import java.io.OutputStream;
import java.util.Scanner;

public class ByteDataWriteTest {
  public static void main(String[] args) {
    try {_____ IO 작업 시 반드시 예외 처리를 해 주어야 합니다.
      FileOutputStream fos = new FileOutputStream("C:\\test\\test1.txt");
      Scanner sc = new Scanner(System.in);
      System.out.println("단어를 입력해 주세요.");
      String str = sc.nextLine();


      for(int i=0;i<str.length();i++) {
      char ch = str.charAt(i);
        fos.write(ch);              ┊──── 문자열의 각각의 문자들을 바이트 데이터로 저장합니다.
      }


      System.out.println("파일에 출력했습니다.");
      fos.flush();  _____ 출력 버퍼를 비움으로써 파일에 출력합니다.
      fos.close();  _____ 출력 스트림을 닫습니다.
    } catch (IOException e) {
      e.printStackTrace();
    }
  }
}
```

[실행결과]

콘솔에서 "hello world" 입력 시

```
단어를 입력해 주세요.
hello world!
파일에 출력했습니다.
```

그림19-5 파일 출력 확인 1

콘솔에서 "안녕하세요" 입력 시

단어를 입력해 주세요.

안녕하세요

파일에 출력했습니다.

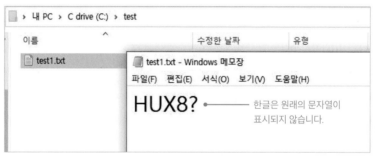

그림19-6 파일 출력 확인 2

 알아두면 좋아요

FileOutputStream은 출력 파일에 기존 파일의 내용을 유지하면서 내용을 추가하는 기능을 제공합니다. 다음과 같이 FileOutputStream 클래스 생성자 호출 시 두 번째 인자를 true로 설정하면 파일 출력 시 기존 내용에 추가되어서 출력 됩니다.

```java
FileOutputStream fos = new FileOutputStream("C:\\test\\test1.txt", true);
```

write(byte[] b) 메서드

데이터 출력 시 바이트 데이터를 한 개씩 출력하면 출력 시간이 오래 걸립니다. 따라서 write(byte[ ] b) 메서드를 이용해서 배열에 바이트 데이터를 담아서 한꺼번에 출력하면 훨씬 빠르게 출력할 수 있습니다.

다음은 byte 타입 배열에 저장된 문자들을 한꺼번에 출력하는 예제입니다. 출력할 데이터가 많을 경우 사용하면 편리합니다.

[직접 코딩해 보기] write(byte[ ] b) 메서드로 파일에 byte 데이터 출력하기

ch19/sec01/ex01/ByteArrayDataWriteTest1.java

```java
package sec01.ex01;

import java.io.FileOutputStream;
import java.io.OutputStream;

public class ByteArrayDataWriteTest1 {
  public static void main(String[] args) {
    try {
      FileOutputStream fos = new FileOutputStream("C:\\test\\test2.txt");
      byte[] bArray = {'h' , 'e' , 'l', 'l', 'o'};
      fos.write(bArray); _____ byte 타입 배열을 출력합니다.

      fos.flush();
      fos.close();
      System.out.println("파일에 출력했습니다.");
    } catch (IOException e) {
      e.printStackTrace();
    }
  }
}
```

[실행결과]

그림19-7 파일 출력 확인 3

write(byte[] b, int off, int len) 메서드

write(byte[ ] b, int off, int len) 메서드를 사용해서 바이트 데이터를 배열로 출력 시 출력 범위를 지정해 줄 수 있습니다. 다음은 write() 메서드로 배열에서 출력할 요소들의 범위를 지정해서 출력하는 예제입니다.

[직접 코딩해 보기] write(byte[] b) 메서드로 파일에 바이트 데이터 출력하기

ch19/sec01/ex01/ByteArrayDataWriteTest1.java

```java
package sec01.ex01;

import java.io.FileOutputStream;
import java.io.OutputStream;
import java.util.Scanner;

public class ByteArrayDataWriteTest2 {
  public static void main(String[] args) {
    try {
      FileOutputStream fos = new FileOutputStream("C:\\test\\test2.txt");
      byte[] bArray = {'h' , 'e' , 'l', 'l', 'o'};

      fos.write(bArray, 1, 3);_____ 배열의 2번째에서 4번째 요소까지만 출력합니다.
      fos.flush();
      fos.close();
      System.out.println("파일에 출력했습니다.");
    } catch (IOException e) {
      e.printStackTrace();
    }
  }
}
```

[실행결과]

그림19-8 파일 출력 확인 4

2.1.2 바이트 입력 스트림(InputStream)

InputStream은 바이트 데이터 입력 시 사용하는 스트림 클래스의 최상위 추상 클래스입니다. 다른 하위 클래스들은 InputStream 클래스를 상속받아서 각각의 장치에 대해서 바이트 데이터를 입력받습니다.

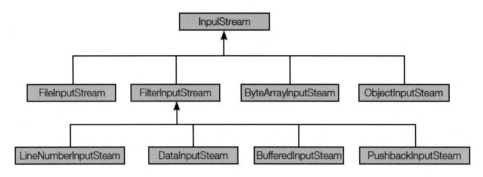

그림19-9 InputStream 클래스 구조

다음은 IntpuStream의 주요 메서드입니다.

메서드	설명
abstract int read()	입력 스트림에서 바이트 데이터를 읽어온 후 리턴합니다.
int read(byte[] b)	입력 스트림에서 바이트 데이터를 배열 b로 읽어온 후 저장하고, 읽은 바이트 수를 리턴합니다.
int read(byte[] b,int off, int len)	입력 스트림에서 바이트 데이터를 읽어온 후 배열 b의 off 위치부터 len까지의 위치에 데이터를 저장하고, 읽은 바이트 수를 리턴합니다.
void close()	입력 스트림을 닫습니다.
int available()	입력 스트림에서 blocking 없이 읽어 들일 수 있는 바이트 수를 리턴합니다.

표19-2 InputStream 클래스의 여러 가지 메서드

read() 메서드

read() 메서드는 입력 장치에서 1byte씩 데이터를 읽어서 int 타입(4byte)으로 데이터를 리턴합니다. 다음은 파일에 있는 바이트 데이터를 FileInputStream의 read() 메서드를 이용해서 읽어 들이는 예제입니다. available() 메서드는 아직 읽어 들일 수 있는 바이트 데이터의 수를 리턴합니다.

[직접 코딩해 보기] read() 메서드로 파일에서 바이트 데이터 읽기

ch19/sec01/ex02/ByteDataReadTest1.java

```
package sec01.ex02;
```

```java
import java.io.FileInputStream;

public class ByteDataReadTest1 {
    public static void main(String[] args) {
        try {
            FileInputStream fis = new FileInputStream("C:\\test\\test1.txt");
            while(true) {
                int data = fis.read();
                if(data == -1) break;
                System.out.println(((char)data) + " \t남은 바이트 수: " + fis.available());

                fis.close();
            } catch (IOException e) {
                e.printStackTrace();
            }
        }
    }
}
```

생성자에 지정한 파일에서 바이트 데이터를 읽기 위해서 객체를 생성합니다.

바이트 데이터를 읽어 들입니다.

파일의 끝에 이르면 -1을 리턴합니다.

읽을 수 있는 바이트 데이터의 개수를 리턴합니다.

입력 스트림을 닫습니다.

[실행결과]

```
h        남은 바이트 수: 11                    ──── 'h'를 읽어 들인 후 아직 11바이트를 더 읽을 수 있습니다.
e        남은 바이트 수: 10
l        남은 바이트 수: 9
l        남은 바이트 수: 8
o        남은 바이트 수: 7
         남은 바이트 수: 6
w        남은 바이트 수: 5
o        남은 바이트 수: 4
r        남은 바이트 수: 3
l        남은 바이트 수: 2
d        남은 바이트 수: 1
!        남은 바이트 수: 0
```

read(byte[] b) 메서드

read() 메서드는 한 번에 1byte를 읽어 들입니다. 그러나 데이터가 많아질 때는 파일의 데이터를 전부 읽는데 시간이 많이 걸립니다. read(byte[] b) 메서드를 사용하면 한 번에 지정한 배열 크기만큼 바이트 데이터를 읽어 들이므로 훨씬 빠르게 읽어들일 수 있습니다. 다음은 배열을 버퍼로 사용해서 한번에 5개의 바이트 데이터를 읽어 들이는 예제입니다.

read(buffer) 호출 시 파일에서 한 번에 5개의 바이트 데이터를 buffer 배열로 읽어 들입니다. 실제로 읽은 바이트 데이터가 버퍼 크기보다 적을 경우, 읽은 개수만큼만 리턴합니다.

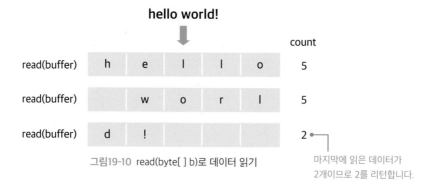

그림19-10 read(byte[ ] b)로 데이터 읽기

마지막에 읽은 데이터가
2개이므로 2를 리턴합니다.

[직접 코딩해 보기] read(byte[ ] b) 메서드로 파일에서 바이트 데이터 읽기

ch19/sec01/ex02/ByteDataReadTest2.java

```java
package sec01.ex02;

import java.io.FileInputStream;

public class ByteDataReadTest2 {
  public static void main(String[] args) {
    try {
      FileInputStream fis = new FileInputStream("C:\\test\\test1.txt");
      byte[] buffer = new byte[5];                          데이터를 읽어 들인 버퍼를 배열로 선언합니다.

      while (true) {
        int count = fis.read(buffer);                       한번에 5개의 바이트 데이터를 버퍼로 읽어 들입니다.

        if(count == -1) break;
        for(int i=0 ; i < count; i++) {
          System.out.print((char)buffer[i]);                버퍼의 값을 출력합니다.
        }
        System.out.print("\t count: " + count);
        System.out.println();
      }

      fis.close();
    } catch (IOException e) {
      e.printStackTrace();
    }
  }
}
```

[실행결과]

```
hello    count: 5
  worl   count: 5
d!       count: 2
```

read(byte[] b, int off, int len) 메서드

read(byte[ ] b, int off, int len)는 len만큼 바이트 데이터를 읽은 후, 배열 b의 off 위치부터 읽어
들인 데이터를 저장합니다.

다음은 파일에서 데이터를 읽어올 데이터의 수와 저장 위치를 지정해서 read() 메서드로 파일의
바이트 데이터를 읽어 들이는 예제입니다. read(buffer, 0, 5)는 read(buffer)와 동일하게 동작합
니다.

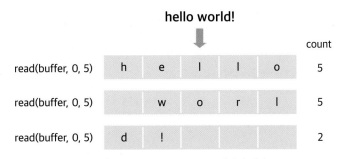

그림19-11 read(buffer, 0, 5)로 데이터 읽기

read(buffer, 2, 3)은 바이트 데이터를 3개씩 읽어온 후, 배열의 세 번째부터 저장합니다.

hello world!

read(buffer, 2, 3)			h	e	l		count 3
read(buffer, 2, 3)			l	o			3
read(buffer, 2, 3)			w	o	r		3
read(buffer, 2, 3)			l	d	!		3

그림19-12 read(buffer, 2, 3)로 데이터 읽기

read(buffer, 0, 5)와 read(buffer, 2, 3)를 호출해서 배열에 저장한 후, 읽어온 개수만큼 for문으로 배열의 값을 출력합니다.

[직접 코딩해 보기] read(byte[] b, int off, int len)로 파일에서 바이트 데이터 읽기

ch19/sec01/ex02/ByteDataReadTest3.

```java
package sec01.ex02;

import java.io.FileInputStream;

public class ByteDataReadTest3 {
  public static void main(String[] args) {
    try {
      FileInputStream fis = new FileInputStream("C:\\test\\test1.txt");
      byte[] buffer = new byte[5];
      while (true) {
      //int count = fis.read(buffer, 0, 5);           5개씩 읽어 들인 후 배열 1번째 요소부터 저장합니다.
        int count = fis.read(buffer, 2, 3);           3개씩 읽어 들인 후 배열 3번째 요소부터 저장합니다.
        if (count == -1)  break;

        for (int i = 0; i < count; i++) {
          System.out.print((char) buffer[i]);
        }
        System.out.print("\t count: " + count);
        System.out.println();
      }

      fis.close();
    } catch (IOException e) {
      e.printStackTrace();
    }
  }
}
```

[실행결과]

read(buffer, 0, 5) 호출 시

```
hello     count: 5
 worl     count: 5
d!        count: 2
```

read(buffer, 2, 3) 호출 시

```
h        count: 3
l        count: 3
w        count: 3
l        count: 3
```

read()와 write() 메서드로 파일 복사하기

이번에는 앞에서 배운 read()와 write() 메서드로 파일의 내용을 다른 파일로 복사하는 과정을 알아보겠습니다.

다음은 read(buffer)와 write(buffer) 메서드로 파일을 복사하는 예제입니다. read() 메서드로 버퍼 역할을 하는 길이 5인 배열 buffer를 이용해서 파일의 값들을 읽어 들입니다. 그리고 write(buffer) 로 다른 파일에 출력하면 마지막의 2개만 읽어 들인 버퍼의 경우는 앞의 2개의 요소에만 읽어 들인 값으로 채워지고 다른 남는 부분은 앞의 값들로 유지되어서 출력됩니다. 따라서 출력 결과를 보면 "orl"도 같이 출력되고 있습니다.

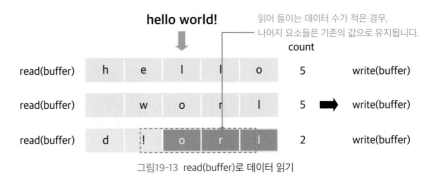

그림19-13 read(buffer)로 데이터 읽기

[직접 코딩해 보기] read(byte[] b)와 write(byte[] b)으로 파일 복사하기

ch19/sec01/ex03/FileCopyTest1.java

```java
package sec01.ex03;

import java.io.FileInputStream;
import java.io.FileOutputStream;
import java.io.InputStream;
import java.io.OutputStream;

public class FileCopyTest1 {
```

```java
public static void main(String[] args) {
    try {
        InputStream fis = new FileInputStream("C:\\test\\test1.txt");
        OutputStream out=new FileOutputStream("C:\\test\\test1_copy.txt");
        byte[] buffer=new byte[5];
        while(true){
            int count=fis.read(buffer); _____ 파일에서 버퍼로 데이터를 읽어 들입니다.

            if(count==-1) break;
            out.write(buffer); _____ 배열값들을 파일로 출력합니다.
        }
        System.out.println("파일을 복사했습니다.");
    } catch (IOException  e) {
        e.printStackTrace();
    }
}
}
```

[실행결과]

그림19-14 파일 출력 확인 5

이번에는 read(buffer)와 write(byte[] b, int off, int len) 메서드로 파일을 복사하는 예제입니다.
지금은 count를 이용해서 write() 메서드에서 파일로 출력 시 읽어온 만큼의 배열 요소의 값이 출
력되므로 동일하게 파일의 값들을 다른 파일에 복사할 수 있습니다.

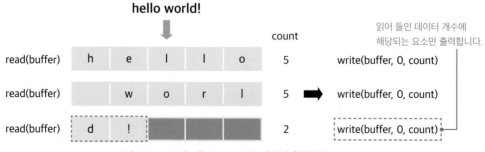

그림19-15 write(buffer0, count)로 데이터 출력하기

[직접 코딩해 보기] read(byte[] b)와 write(byte[] b, int off, int len)으로 파일 복사하기

ch19/sec01/ex03/FileCopyTest2.java

```
package sec01.ex03;

import java.io.FileInputStream;
import java.io.FileOutputStream;
import java.io.InputStream;
import java.io.OutputStream;

public class FileCopyTest1 {
  public static void main(String[] args) {
    try {
      InputStream fis = new FileInputStream("C:\\test\\test1.txt");
      OutputStream out=new FileOutputStream("C:\\test\\test1_copy.txt");
      byte[] buffer=new byte[5];
      while(true){
        int count=fis.read(buffer);

        if(count==-1) break;
        //out.write(buffer);
        out.write(buffer,0,count); _____ 읽어온 데이터 개수만큼만 출력합니다.
      }
      System.out.println("파일을 복사했습니다.");
    } catch (IOException  e) {
      e.printStackTrace();
    }
  }
}
```

[실행결과]

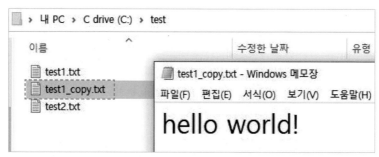

그림19-16 파일 출력 확인 6

2.2 문자(char) 입출력 스트림

자바는 문자를 포함해서 모든 데이터를 바이트 데이터로 변환해서 처리할 수 있습니다. 예를 들어 자바 프로그램에서 다른 운영체제의 프로그램으로 문자 전송 시 각각의 시스템의 문자 인코딩이 다를 수 있으므로 문자를 바이트 데이터로 변환해서 전송 후 다시 원하는 문자로 인코딩합니다. 그러나 자바 프로그램에서 문자의 사용이 많으므로 별도로 문자 데이터를 입출력 스트림 클래스들을 만들어서 제공하고 있습니다.

2.2.1 문자 출력 스트림: Writer

Writer는 문자 데이터 출력 시 사용하는 스트림 클래스의 최상위 추상 클래스입니다. 다른 하위 클래스들은 Writer 클래스를 상속받아서 각각의 장치에 문자 데이터를 출력하는데 사용됩니다.

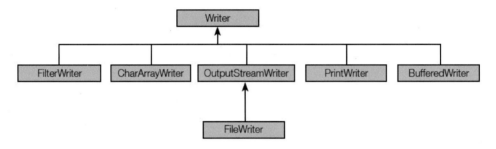

그림19-17 Writer 클래스의 계층 구조

다음은 Writer 클래스의 주요 메서드들입니다. write() 메서드의 사용법은 출력 시 2바이트의 문자 데이터를 출력한다는 것만 다르고 OutputStream의 write() 메서드와 사용법이 같습니다.

메서드	설명
abstract void write(int c)	매개값으로 전달된 문자 데이터를 출력 스트림으로 출력합니다.
void write(char[] cbuf)	매개값으로 문자 타입 배열을 출력 스트림으로 출력합니다.
void write(char[] cbuf, int off ,int len)	매개값으로 전달된 문자 타입 배열 b에서 off의 위치부터 len 크기의 문자 데이터를 출력 스트림으로 출력합니다.
void write(String str, int off, int len)	문자열에서 off의 위치부터 len 크기의 문자를 출력 스트림으로 출력합니다.
void flush()	출력 버퍼의 모든 데이터를 비웁니다.
void close()	출력 스트림을 닫습니다.

표19-3 Writer 클래스의 여러 가지 메서드

write(int c) 메서드

write(int c) 메서드는 2바이트의 문자를 int 타입으로 출력합니다.

다음은 Writer 클래스의 하위 클래스인 FileWriter를 이용해서 키보드로 입력받은 문자들을 다시 파일로 출력하는 예제입니다. 한글을 키보드로 입력해서 FileWriter 메서드로 파일에 출력 시 입력한 한글이 그대로 저장됩니다. 즉, FileWriter는 입력한 한글을 2바이트의 문자로 처리하므로 한글로 저장됩니다.

[직접 코딩해 보기] write() 로 파일에 문자 데이터 출력하기

ch19/sec01/ex04/CharDataWriteTest1.java

```
package sec01.ex04;

import java.io.FileWriter;
import java.io.IOException;
import java.util.Scanner;

public class CharDataWriteTest1 {
  public static void main(String[] args) {
    try {
      FileWriter writer = new FileWriter("C:\\test\\test3.txt"); ......... FileWriter 객체를 생성합니다.

      Scanner sc = new Scanner(System.in);
      System.out.println("단어를 입력해 주세요.");
      String str = sc.nextLine();

      for (int i = 0; i < str.length(); i++) {
        char ch = str.charAt(i);
        writer.write(ch);                        ---- 문자를 파일로 출력합니다.
      }

      writer.flush();
      writer.close();

      System.out.println("파일에 출력했습니다.");
    } catch (IOException e) {
      e.printStackTrace();
    }
  }
}
```

[실행결과]

"hello world!" 입력 시

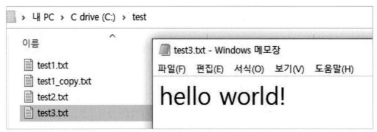

그림19-18 파일 출력 확인 7

"안녕하세요" 입력 시

그림19-19 파일 출력 확인 8

 알아두면 좋아요

FileWriter는 출력 파일에 기존 파일의 내용을 유지하면서 내용을 추가하는 기능을 제공합니다. 다음과 같이 FileWriter 클래스 생성자 호출 시 두 번째 인자를 true로 설정하면 파일 출력 시 기존 내용에 추가되어서 출력됩니다.

```java
FileWriter writer = new FileWriter("C:\\test\\test3.txt", true);
```

write(char[] c) 메서드

write(char[] c) 메서드는 한꺼번에 배열로 출력합니다. 다음은 배열을 이용해서 문자 데이터를 한꺼번에 출력하는 예제입니다. 실제 파일을 열어 보면 한글이 저장되어 있습니다.

[직접 코딩해 보기] write(char[] c)로 파일에 문자 데이터 출력하기

ch19/sec01/ex04/CharArrayDataWriteTest1.java

```java
package sec01.ex04;

import java.io.FileWriter;
import java.io.IOException;
```

```
public class CharArrayDataWriteTest1 {
  public static void main(String[] args) {
    try {
      FileWriter writer = new FileWriter("C:\\test\\test4.txt");
      char[] cArray = {'자' , '바' , ' ', '프', '로', '그', '래', '밍', '입', '니', '다', '.'};

      writer.write(cArray); ---------------------- 문자 타입 배열을 한꺼번에 출력합니다.
      writer.flush();
      writer.close();

      System.out.println("파일에 출력했습니다.");
    } catch (IOException e) {
      e.printStackTrace();
    }
  }
}
```

[실행결과]

그림19-20 파일 출력 확인 9

write(char[] cbuf, int off, int len) 메서드

write(char[] cbuf, int off, int len) 메서드는 cbuf 배열의 문자열 중 off 번째 위치부터 len 위치
까지의 문자를 출력합니다. 다음은 write() 메서드로 배열의 2번째와 7번째 요소 사이의 문자를
출력하는 예제입니다.

[직접 코딩해 보기] write(char[] cbuf, int off, int len)로 파일에 문자 데이터 출력하기
ch19/sec01/ex04/CharArrayDataWriteTest2.java

```
package sec01.ex04;

import java.io.FileWriter;
import java.io.IOException;
```

```
public class CharArrayDataWriteTest2 {
  public static void main(String[] args) {
    try {
      FileWriter writer = new FileWriter("C:\\test\\test5.txt");
      char[] cArray = {'자' , '바' , ' ', '프', '로', '그', '래', '밍', '입', '니', '다', '.'};

      writer.write(cArray, 1, 7); --------------------- 배열의 2번째부터 7번째 요소 사이의 문자들을
      writer.flush();                                    출력합니다.
      writer.close();

      System.out.println("파일에 출력했습니다.");
    } catch (IOException e) {
      e.printStackTrace();
    }
  }
}
```

[실행결과]

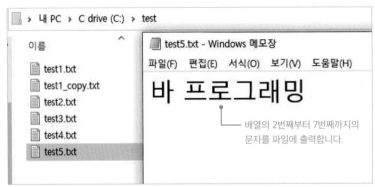

그림19-21 파일 출력 확인 10

write(String str)과 write(String str, int off, int len) 메서드

문자열은 가장 많이 사용되는 데이터입니다. 따라서 Writer도 문자열을 쉽게 출력할 수 있는 write() 메서드를 따로 제공합니다. 다음은 문자열을 write() 메서드로 파일로 출력하는 예제입니다.

[직접 코딩해 보기] write(String str)로 문자열 출력하기

ch19/sec01/ex04/StringWriteTest.java

```java
package sec01.ex4;

import java.io.FileWriter;
import java.io.IOException;
import java.io.Writer;

public class StringWriteTest {
  public static void main(String[] args) {
    try {
      Writer writer = new FileWriter("C:\\test\\test6.txt");
      String str = "안녕하세요!";

      writer.write(str); _____ 문자열을 파일에 출력합니다.
//    writer.write(str, 1, str.length()-1); // "녕하세요" _____ 문자열의 2번째 문자부터 출력합니다.
      writer.flush();
      writer.close();
      System.out.println("문자열을 파일로 출력했습니다.");
    } catch (IOException e) {
      e.printStackTrace();
    }
  }

}
```

[실행결과]

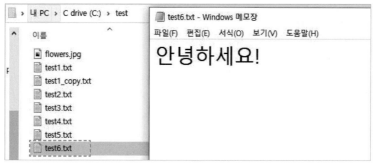

그림19-22 파일 출력 확인 11

2.2.2 문자 입력 스트림: Reader

Reader는 외부 장치로부터 문자 데이터를 입력받는데 사용되는 최상위 추상 클래스입니다.

메서드	설명
abstract int read()	입력 스트림에서 문자 데이터를 읽어온 후 리턴합니다.
int read(char[] cbuf)	입력 스트림에서 문자 데이터를 배열 cbuf로 읽어온 후 저장하고, 읽은 바이트 수를 리턴합니다.
int read(char [] cbuf, int off, int len)	입력 스트림에서 문자 데이터를 읽어온 후 배열 cbuf의 off 위치부터 len까지의 위치에 데이터를 저장하고, 읽은 바이트 수를 리턴합니다.
void close()	입력 스트림을 닫습니다.
int available()	입력 스트림에서 blocking 없이 읽어 들일 수 있는 바이트 수를 리턴합니다.

표19-4 Reader 클래스의 여러 가지 메서드

read() 메서드

read() 메서드는 입력 장치에서 2byte의 문자 데이터를 읽어서 int 타입(4byte)로 읽은 문자 데이터를 리턴합니다.

다음은 파일에 있는 문자 데이터를 read() 메서드를 이용해서 읽어 들이는 예제입니다. read() 메서드는 마지막 문자까지 읽어 들인 후 더 이상 읽어 들일 문자가 없으면 -1을 리턴합니다.

[직접 코딩해 보기] read()로 파일에서 바이트 데이터 읽기

ch19/sec01/ex02/CharDataReadTest1.java

```java
package sec01.ex05;

import java.io.FileReader;
import java.io.IOException;

public class CharDataReadTest1 {
  public static void main(String[] args) {
    try {
      FileReader reader = new FileReader("C:\\test\\test3.txt"); _____ FileReader 객체를 생성합니다.
      while (true) {
        int data = reader.read(); _____ 지정한 파일에서 문자 데이터를 읽어 들입니다.
        if (data == -1) break; _____ 더 이상 읽어 들일 문자가 없는 경우 -1을 리턴합니다.
        System.out.print((char)data); _____ int 타입을 문자로 변환합니다.
      }

      reader.close();
    } catch (IOException e) {
```

```
        e.printStackTrace();
    }
  }
}
```

[실행결과]

안녕하세요

read(char[] cbuf) 메서드

read(char[] cbuf) 메서드는 한번에 지정한 문자 배열의 크기만큼 읽을 수 있으므로 빠르게 문자 데이터를 읽을 수 있습니다.

다음은 배열을 버퍼로 사용해서 한번에 5개의 문자 데이터를 읽어 들이는 예제입니다. read(buffer) 호출 시 파일에서 한 번에 5개의 문자 데이터를 buffer 배열로 읽어 들입니다. 실제로 읽은 문자 데이터가 버퍼 크기보다 적을 경우, 읽은 문자 수만큼만 리턴합니다.

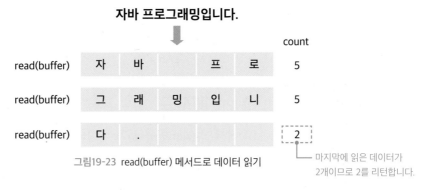

그림19-23 read(buffer) 메서드로 데이터 읽기

[직접 코딩해 보기] read(char[] c)로 파일에서 문자 데이터 입력받기

ch19/sec01/ex05/CharDataReadTest2.java

```java
package sec01.ex05;

import java.io.FileReader;
import java.io.IOException;

public class CharDataReadTest2 {
  public static void main(String[] args) {
    try {
      FileReader reader = new FileReader("C:\\test\\test4.txt");
      char[] buffer = new char[5];
```

```
        while (true) {
            int count = reader.read(buffer);  -------------- 한번에 배열의 크기만큼 문자를 읽어 들입니다.
            if(count == -1) break;

            for (int i=0 ; i < count; i++) {
                System.out.print((char)buffer[i]);
            }
            System.out.print("\t count: " + count);
            System.out.println();
        }

        reader.close();
    } catch (IOException e) {
        e.printStackTrace();
    }
  }
}
```

[실행결과]

```
자바 프로      count: 5
그래밍입니     count: 5
다.        count: 2
```

read(char[] cbuf, int off, int len) 메서드

read(char[] cbuf, int off, int len) 메서드는 len만큼 문자 데이터를 읽은 후, 배열 cbuf의 off 위치부터 읽어 들인 문자 데이터를 저장합니다.

다음은 파일에서 데이터를 읽어올 문자 데이터의 개수와 저장 위치를 지정해서 read()로 파일의 문자 데이터를 읽어 들이는 예제입니다. read(buffer, 0, 5)는 read(buffer)와 동일하게 동작합니다.

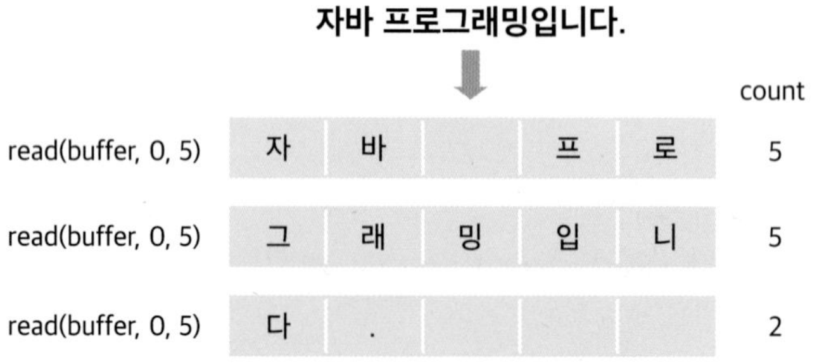

자바 프로그래밍입니다.

					count
read(buffer, 0, 5)	자	바		프	로	5
read(buffer, 0, 5)	그	래	밍	입	니	5
read(buffer, 0, 5)	다	.				2

그림19-24 read(buffer, 0, 5)로 데이터 읽기

read(buffer, 2, 3)은 문자 데이터를 3개씩 읽어온 후, 배열의 3번째 요소부터 저장합니다.

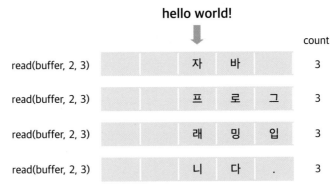

그림19-25 read(buffer ,2, 3)로 데이터 읽기

read(buffer, 0, 5)와 read(buffer, 2, 3)를 호출해서 배열에 저장한 후, 읽어온 개수만큼 for문으로 배열의 값을 출력합니다.

[직접 코딩해 보기] read(byte[ ] b, int off, int len)로 파일에서 바이트 데이터 읽기

ch19/sec01/ex05/CharDataReadTest3.java

```java
package sec01.ex05;

import java.io.FileReader;
import java.io.IOException;

public class CharDataReadTest3 {
  public static void main(String[] args) {
    try {
      FileReader reader = new FileReader("C:\\test\\test4.txt");
      char[] buffer = new char[5];
      while(true) {
   // int count = reader.read(buffer, 0, 5);
        int count = reader.read(buffer, 2, 3);          문자를 3개씩 읽어온 후, 3번째 요소부터 저장합니다.
        if(count == -1) break;
        for(int i=0 ; i < count; i++) {
          System.out.print((char)buffer[i]);
        }
        System.out.print("\t count: " + count);
        System.out.println();
      }

      reader.close();
    } catch (IOException e) {
```

```
            e.printStackTrace();
        }
    }
}
```

[실행결과]

read(buffer, 0, 5) 호출 시

자바 프로	count: 5
그래밍입니	count: 5
다.	count: 2

read(buffer, 2, 3) 호출 시

자	count: 3
프	count: 3
래	count: 3
니	count: 3

⟶ 요점 정리 ⟵

- 자바는 각각의 입출력 장치에 대한 스트림 클래스로 입출력 작업을 수행합니다.
- InputStream은 바이트 기반 입력 스트림 클래스의 최상위 추상 클래스입니다.
- OutputStream은 바이트 기반 출력 스트림 클래스의 최상위 추상 클래스입니다.
- Reader는 문자 기반 입력 스트림 클래스의 최상위 추상 클래스입니다.
- Writer는 문자 기반 출력 스트림 클래스의 최상위 추상 클래스입니다.

3 노드스트림과 필터스트림

스트림은 수행하는 역할에 따라서 노드스트림과 필터스트림으로 나눌 수 있습니다. 노드스트림은 입출력 장치와 바로 맞물려서 물리적인 입출력 작업을 주로 담당합니다.

FileInputStream(FileReader)이나 FileOutputStream(FileWriter)이 대표적인 노드스트림 클래스입니다. 그런데 장치로 데이터를 입출력 중에 데이터에 필요한 작업을 해 주면 프로그램에서 좀 더 빠르게 데이터를 처리할 수 있습니다. 이렇게 입출력 데이터에 어떤 작업을 해 줄 수 있는 스트림이 필터(Filter)스트림입니다.

다음은 데이터 처리 순서에 따른 스트림 클래스의 분류입니다.

> **데이터 처리 순서에 따른 스트림 클래스**
> - 노드(Node)스트림
>   - 장치에 직접적으로 연결되어서 단순한 입출력 작업만 담당
>   - InputStream, OutputStream, FileInputStream, FileOutputStream, FileReader, FileWriter,...
> - 필터(Filter)스트림
>   - 입출력 데이터를 가공하는 용도로 사용되는 스트림
>   - BufferedInputStream, BufferedOutputStream, BufferedFileIReader, BufferedFileWriter,...

실제 자바의 입출력 과정은 그림처럼 노드스트림에서 데이터 입출력 시, 그것을 다음의 필터스트림에 차례로 전달해서 데이터를 처리한 후 프로그램에 전달되는 과정으로 이루어집니다.

그림19-26 노드와 필터스트림을 이용해서 입출력이 이루어지는 과정

다음은 입출력 노드스트림에 필터스트림을 연결하는 방법입니다.

```
입력필터스트림 변수 = new 입력필터스트림(입력노드스트림);
```

다음은 파일에서 데이터 입력 시 사용되는 노드스트림인 FileInputStream 클래스의 객체를 필터 스트림 BufferedInputStream의 생성자 매개값으로 입력해서 스트림을 연결합니다.

```
BufferedInputStream bis = new BufferedInputStream (new FileInputStream("test.txt"));
```

다음은 출력 필터스트림에 출력 노드스트림을 연결하는 방법입니다. 출력 노드스트림은 출력 필터스트림의 인자로 사용됩니다.

```
출력필터스트림 변수 = new 출력필터스트림(출력노드스트림);
```

다음은 파일에 데이터 출력 시 사용되는 노드스트림인 FileOutputStream 클래스의 객체를 필터 스트림 BufferedOutputStream의 생성자 매개값으로 입력해서 스트림을 연결합니다.

```
BufferedOutputStream bis = new BufferedOutputStream (new FileOutputStream("test.txt"));
```

3.1 File 클래스 사용하기

파일 입출력 작업 시 File 클래스를 사용하면 운영 체제에 관계없이 일관성 있게 파일과 디렉터리에 쉽게 접근할 수 있습니다. 다음은 File 클래스의 생성자를 나타냅니다.

File 클래스의 생성자	설명
File(File parent, String child)	parent 객체 폴더의 child 파일에 대한 File 객체를 생성합니다.
File(String parent, String child)	parent 폴더 경로의 child 파일에 대한 File 객체를 생성합니다.
File(String pathname)	pathname에 해당되는 파일의 File 객체를 생성합니다.
File(URI uri)	URI 경로에 File 객체를 생성합니다.

표19-5 여러 가지 File 생성자들

다음은 File 클래스로 test.txt 파일 객체를 생성하는 방법입니다. File 클래스 생성자의 매개값으로 경로가 지정된 파일명이나 디렉터리명을 지정해 주면 됩니다. 경로 지정 시 윈도우의 경우 "\" 나 '\"을 사용하고, 유닉스나 리눅스는 "/"를 사용합니다.

```
File file1 = new File("C:\\test\\test.txt");
File file2 = new File("C://test//test.txt");
```

File 클래스에서는 파일 관련 다양한 메서드를 제공합니다. 다음은 파일 생성에 관련된 메서드입니다.

메서드	설명
boolean createNewFile()	새로운 파일을 생성합니다.
boolean mkdir()	새로운 디렉터리를 생성합니다.
boolean mkdirs()	지정한 경로의 모든 디렉터리를 생성합니다.
boolean delete()	파일 또는 디렉터리를 삭제합니다.
boolean exists()	파일이나 디렉터리 존재 여부를 판별합니다.

표19-6 여러 가지 파일 생성 관련 메서드들

mkdir()과 mkdirs() 메서드는 File 객체 생성 시 지정한 디렉터리를 생성합니다. 차이점은 mkdir() 메서드는 생성하려는 디렉터리의 상위 디렉터리가 존재하지 않는 경우 생성이 안됩니다. 반면에 mkdirs() 메서드는 디렉터리가 존재하지 않으면 모든 상위 디렉터리를 자동을 생성합니다. 두 메서드는 지정한 경로의 디렉터리만 생성할 수 있습니다.

[직접 코딩해 보기] mkdir()과 mkdirs()로 디렉터리 생성하기

ch19/sec02/ex01/FileMethodTest1.java

```java
package sec02.ex01;

import java.io.File;

public class FileMethodTest1 {
  public static void main(String[] args) {
    File javaDir1 = new File("C:\\webJava1"); ··········· 디렉터리 경로에 File 객체를 생성합니다.
    System.out.println((javaDir1.exists())); ··········· 디렉터리가 존재하는지 판별합니다.
    javaDir1.mkdir(); ··········· 경로에 해당되는 디렉터리를 생성합니다.
    System.out.println((javaDir1.exists()));

    File javaDir2 =new File("C:\\webJava2\\dir");
    System.out.println((javaDir2.exists()));           webJava2 상위 디렉터리가 존재하지 않으므로
    javaDir2.mkdir();                                   mkdir()로 dir 디렉터리를 생성할 수 없습니다.
    System.out.println((javaDir2.exists()));

    File javaDir3 = new File("C:\\webJava2\\dir");
    System.out.println((javaDir3.exists()));           상위 디렉터리 webJava2가 존재하지 않으면
    javaDir3.mkdirs();                                 상위 디렉터리부터 생성합니다.
    System.out.println((javaDir3.exists()));

    /*
    File javaDir4 = new File("C:\\webJava3\\dir\\test1.txt");
    System.out.println((javaDir4.exists()));           mkdir()과 mkdirs() 메서드는 파일을
    javaDir4.mkdir();                                  생성할 수 없습니다.
```

```java
      javaDir4.mkdirs();
      System.out.println((javaDir4.exists()));
      */

      try {
        File file1 = new File("C:\\webJava1\\test1.txt");
        System.out.println((file1.exists()));   //false
        file1.createNewFile();_____ 지정한 디렉터리에 파일을 생성합니다.
        System.out.println((file1.exists()));   //true
      } catch (IOException e) {
        e.printStackTrace();
      }
    }
  }
}
```

[실행결과]

```
false
true

false
false

false
true

false
true
```

그림19-27 mkdir 사용 결과

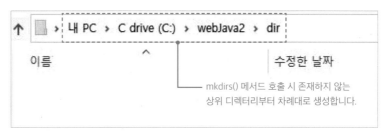

그림19-28 mkdirs 사용 결과

다음 존재하는 파일이나 디렉터리의 정보를 얻는데 사용되는 메서드입니다.

메서드	설명
boolean isFile()	파일인지 판별합니다.
boolean isDirectory()	디렉터리인지 판별합니다.
boolean isHidden()	숨김 파일인지 판별합니다.
long length()	파일의 크기를 리턴합니다.
long lastModified()	마지막 수정 날짜와 시간을 리턴합니다.
boolean canExecute()	실행 파일인지 판별합니다.
boolean canRead()	읽을 수 있는 파일인지 판별합니다.
boolean canWrite()	쓸 수 있는 파일인지 판별합니다.
String getName()	파일 이름을 리턴합니다.
String getParent()	부모 디렉터리를 리턴합니다.
File getParentFile()	부모 디렉터리의 File 객체 생성 후 리턴합니다.
String getPath()	파일의 전체 경로를 리턴합니다.
String[] list()	디렉터리 내의 파일과 서브 디렉터리 목록을 문자열 배열로 리턴합니다.

표19-7 여러 가지 파일 정보 관련 메서드들

File 객체 생성 시 지정한 경로의 파일 정보를 메서드를 통해서 얻고 있습니다.

[직접 코딩해 보기] File 클래스의 여러가지 메서드 사용하기

ch19/sec02/ex01/FileMethodTest2.java

```
package sec02.ex01;

import java.io.File;

public class FileMethodTest2 {
  public static void main(String[] args) {
    File file1 = new File("C:\\webJava1\\flowers.jpg");
    System.out.println(file1.exists());        //true
```

```java
        System.out.println(file1.isFile());        //true
        System.out.println(file1.isDirectory());   //false

        System.out.println(file1.canExecute());
        System.out.println(file1.canRead());
        System.out.println(file1.canWrite());

        System.out.println(file1.getName());
        System.out.println(file1.length());
        System.out.println(file1.getPath());
        System.out.println(file1.getParent());

        String[] list = new File("C:\\webJava1\\").list();
        for(String file: list) {
            System.out.println(file);
        }
    }
}
```

C:\\webJava1 디렉터리의 파일과
디렉터리 정보를 출력합니다.

[실행결과]

```
true
true
false

true
true
true

flowers.jpg
80974
C:\webJava1\flowers.jpg
C:\webJava1

flowers.jpg
test1.txt
```

3.2 BufferedInputStream과 BufferedOutputStream 이용해서 파일 복사하기

이번에는 이미지 파일을 복사하는 예제를 통해서 필터스트림이 어떻게 사용되는지 알아보겠습니다.

다음은 FileInputStream과 FileOutputStream을 이용해서 이미지 파일을 복사하는 예제입니다. 먼저 필터스트림을 사용하지 않고 FileInputStream과 FileOutputStream만 사용해서 복사하는 예제입니다. 원본 이미지 파일의 바이트 데이터를 한번에 1byte 읽어온 후, 다시 1byte로 타겟 파일에 출력합니다. 복사 수행 시간을 측정해서 비교해 보겠습니다. 실행 결과 파일 복사 시간은 3.38초 정도 걸립니다.

[직접 코딩해 보기] 필터스트림을 사용하지 않고 이미지 파일 복사하기

ch19/sec02/ex02/ImageCopyTest1.java

```java
package sec02.ex02;

import java.io.File;
import java.io.FileInputStream;
import java.io.FileOutputStream;
import java.io.IOException;

public class ImageCopyTest1 {
  public static void main(String[] args) {
    long start, end, time;
    start = System.currentTimeMillis();           복사하기 전 시각을 측정합니다.
    try {                                          원본 이미지 파일에 대한 스트림 파일 객체를 생성합니다.
      FileInputStream fis = new FileInputStream("src\\sec02\\ex02\\flowers.jpg");
      FileOutputStream fos = new FileOutputStream("src\\sec02\\ex02\\flowers_copy1.jpg");
                                                   타겟 파일에 대한 스트림 파일 객체를 생성합니다.
      while (true) {
        int count = fis.read();
        if (count == -1) break;           원본 파일에서 1byte씩 읽어와서 다시 타겟 파일에 출력합니다.
        fos.write(count);
      }
      fis.close();
      fos.close();
    } catch (IOException e) {
      e.printStackTrace();
    }

    end = System.currentTimeMillis();          복사한 후의 시각을 측정합니다.
    time = end - start;                        복사 시간을 구합니다.
    System.out.println("복사 시간: " + time + "ms");
  }
}
```

복사 시간: 3383ms

그림19-29 복사된 이미지 파일

이번에는 배열을 버퍼로 이용해서 이미지 파일을 복사하는 예제입니다. 1kbyte(1024byte)의 배열을 버퍼로 사용해서 이미지를 복사하면 작업 시간이 9ms가 걸립니다. 따라서 1byte씩 읽어 들여서 복사하는 것보다 훨씬 빠른 속도로 작업을 할 수 있으므로, 실제 용량이 큰 파일을 복사할 경우 배열을 버퍼로 해서 복사합니다.

[직접 코딩해 보기] 배열을 버퍼로 이미지 파일 복사하기

ch19/sec02/ex02/ImageCopyTest2.java

```java
package sec02.ex02;

import java.io.FileInputStream;
import java.io.FileOutputStream;
import java.io.IOException;

public class ImageCopyTest2 {
  public static void main(String[] args) {
    long start, end, time;
    start = System.currentTimeMillis();
    try {
      FileInputStream fis = new FileInputStream("src\\sec02\\ex02\\flowers.jpg");
      FileOutputStream fos = new FileOutputStream("src\\sec02\\ex02\\flowers_copy2.jpg");
      byte[] buffer = new byte[1024]; _____ 버퍼로 사용할 1024byte의 배열을 선언합니다.

      while (true) {
        int count = fis.read(buffer);
        if (count == -1) break;              한 번에 1024byte의 데이터를 읽어 들인 후,
        fos.write(buffer, 0, count);         다시 한꺼번에 출력합니다.
      }
```

```
            fis.close();
            fos.close();
        } catch (IOException e) {
            e.printStackTrace();
        }

        end = System.currentTimeMillis();
        time = end-start;
        System.out.println("복사 시간: " + time +"ms");
    }
}
```

[실행결과]

복사 시간: 9ms

그림19-30 배열을 버퍼로 하여 복사한 이미지

배열을 버퍼로 해서 복사하는 경우 컴퓨터의 메모리 용량이 적거나 많을 경우 배열의 길이를 고정
적으로 사용해야 하므로 비효율적입니다.

이번에는 필터스트림인 BufferedInputStream과 BufferedOutputStream으로 이미지 파일을 복
사해 보겠습니다. 다음은 BufferdInputStream과 BuffredOutputStream의 사용법입니다. 각각
의 스트림 객체의 생성자 매개값으로 바이트 스트림과 문자 스트림을 전달하면서 버퍼의 크기를
지정할 수 있습니다.

```
BufferedInputStream bis = new BufferedInputStream(바이트입력스트림);
BufferedInputStream bis = new BufferedInputStream(바이트입력스트림, int size);
```

```
BufferedOutputStream bos = new BufferedOutputStream(바이트출력스트림);
BufferedOutputStream bos = new BufferedOutputStream(바이트출력스트림, int size);
```

BufferedInputStream과 BufferedOutputStream를 이용해서 이미지 파일을 복사하는 예제입니다. BufferedInputStream과 BufferedOutputStream으로 파일을 복사하면 시스템이 동적으로 버퍼 용량을 조절해서 사용해서 각각의 노드스트림의 데이터를 입력 또는 출력하므로 효율적으로 입출력 작업을 할 수 있습니다.

그림19-31 노드스트림과 필터스트림을 연결해서 데이터를 파일로 입출력하는 과정

[직접 코딩해 보기] BufferedInputStream과 BufferedOutputStream로 이미지 파일 복사하기

ch19/sec02/ex02/ImageCopyTest3.java

```
package sec02.ex02;

import java.io.BufferedInputStream;
import java.io.BufferedOutputStream;
import java.io.FileInputStream;
import java.io.FileOutputStream;
import java.io.IOException;

public class ImageCopyTest3 {
  public static void main(String[] args) {
    long start, end, time;
    start = System.currentTimeMillis();
    try {
      FileInputStream fis = new FileInputStream("src\\sec02\\ex02\\flowers.jpg");
      BufferedInputStream bis  = new BufferedInputStream(fis);
//    BufferedInputStream bis  = new BufferedInputStream(fis, 1024);

      FileOutputStream fos = new FileOutputStream("src\\sec02\\ex02\\flowers_copy3.jpg");
      BufferedOutputStream bos= new  BufferedOutputStream(fos);
//    BufferedOutputStream bos= new  BufferedOutputStream(fos, 1024);
      );
```

노트 스트림인 FileInputStream이 읽어 들인 데이터를 다시 BufferedInputStream이 읽어 들입니다.

버퍼의 사이즈를 지정할 수 있습니다.

노트 스트림인 FileOutputStream으로 출력 전에 먼저 BufferedOutputStream으로 데이터를 전달합니다.

```
    while (true) {
      int count = bis.read();
      if (count == -1) break;    ┈┈┈ 버퍼를 이용해서 읽어 들인 후, 다시 버퍼를 이용해서 출력합니다.
      bos.write(count);
    }

    bis.close();
    bos.close();
    fis.close();
    fos.close();
  } catch (IOException e) {
    e.printStackTrace();
  }

  end = System.currentTimeMillis();
  time = end - start;
  System.out.println("복사 시간:" + time + "ms");
  }
}
```

[실행결과]

복사 시간: 27ms

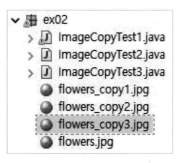

그림19-32 노드스트림과 필터스트림을 연결하여 복사한 이미지

이상으로 이미지 파일 복사 과정을 이용해서 어떻게 노드스트림과 필터스트림을 연결해서 효율적으로 작업하는지 알아봤습니다. 버퍼를 이용해서 데이터를 입출력하는 기능은 파일뿐만 아니라 네트워크 등 다른 입출력 장치에도 동일하게 적용되므로 반드시 알아두세요.

3.3 자바 표준 입출력 스트림 사용하기

다음은 자바의 표준 입출력 스트림을 나타냅니다. 자바의 표준 입력 장치는 키보드입니다. 키보드 입력애 대응하는 스트림은 System.in입니다. 문서를 보면 System.in 필드의 타입은 Input-Stream입니다. 즉, InputStream이 키보드에 대응하는 스트림입니다.

자바에서 표준 출력 장치는 콘솔입니다. 콘솔에 대응하는 스트림은 System.out입니다. System.out의 필드의 타입은 PrintStream 클래스입니다.

자바 표준 입출력 스트림
- 자바 표준 입력 장치는 키보드이고, 대응하는 스트림은 System.in입니다.
- 자바의 표준 출력은 콘솔(모니터)이고, 대응하는 스트림은 System.out입니다.

System.out.println() 메서드나 System.out.print() 메서드로 콘솔 출력 시 사용했던 println() 이나 print() 메서드는 실제 PrintStream 클래스에서 제공하는 메서드들입니다. 자세한 사항은 PrintStream 클래스에서 알아보겠습니다.

Field Summary

Fields

Modifier and Type	Field	Description
static final PrintStream	err	The "standard" error output stream.
static final InputStream	in	The "standard" input stream.
static final PrintStream	out	The "standard" output stream.

그림19-33 System 클래스의 System.in과 System.out의 타입

다음은 System.in으로 콘솔로 문자를 입력받아서 콘솔로 출력하는 예제입니다. 키보드 입력 장치에 대응하는 System.in 스트림의 read() 메서드로 키보드로 입력한 문자를 읽어 들인 후, 콘솔 장치에 대응하는 출력 스트림 System.out의 print() 메서드로 콘솔로 출력합니다. 그런데 System.in의 read() 메서드는 1byte씩 키보드로 데이터를 읽어 들입니다. 따라서 2byte로 된 한글은 입력 시 제대로 입력되지 않습니다.

[직접 코딩해 보기] System.in으로 콘솔로 문자 입력 후 콘솔로 출력하기

ch19/sec02/ex03/ConsoleInputTest1.java

```java
package sec02.ex03;

import java.io.IOException;
```

```
public class ConsoleInputTest1 {
  public static void main(String[] args) {
    int data
    try {
      while (true) {
        data = System.in.read(); _____ read() 메서드로 키보드로 문자를 읽어 들입니다.
  //    System.out.print("keyCode: " + data);
        System.out.print((char)data); _____ 문자를 콘솔로 출력합니다.
      }
    } catch (IOException e) {
      e.printStackTrace();
    }
  }
}
```

[실행결과]

ab
ab
abc
abc
한글
iê

3.4 InputStreamReader와 OutputStreamWriter로 바이트를 문자로 변환하기

InputStreamReader와 OutputStreamWriter는 입출력 시 바이트 데이터를 다시 문자 데이터로 변환 시 사용되는 필터스트림입니다.

다음은 InputStreamReader의 생성자들입니다. InputStreamReader는 바이트 데이터를 읽어 들일 때 문자 세트(CharSet)을 지정해서 바이트 데이터를 해당 문자 세트의 문자로 변환합니다(문자 세트에 대한 내용은 30.4절을 참고하세요).

```
InputStreamReader(InputStream in);
InputStreamReader(InputStream in, CharSet cs);
InputStreamReader(InputStream in, String charsetName);
```

다음은 실제 InputStreamReader의 사용법입니다. InputStreamReader 객체 생성 시 바이트 데이터를 입력받는 노드스트림 객체를 생성자의 매개값으로 전달합니다. 다음은 키보드로 입력받은 바이트 데이터를 지정한 문자 세트의 문자로 변환합니다.

```
InputStreamReader isr = new InputStreamReader(System.in, "UTF-8");
```

다음은 InputStreamReader 필터스트림으로 키보드로 입력된 바이트 데이터를 지정한 문자 세트의 문자로 변환해 주는 예제입니다. 키보드에 해당되는 System.in 노드스트림을 다시 Input StreamReader 생성자 매개값으로 전달해서 바이트 데이터를 지정한 문자 세트의 문자로 변환합니다.

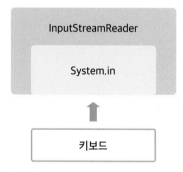

그림19-34 키보드로 입력한 데이터를 노드스트림과 필터스트림으로 연결해서 문자로 변환하기

[직접 코딩해 보기] 콘솔로 입력받은 바이트 데이터를 한글로 변환하기

ch19/sec02/ex03/InputStreamReaderTest.java

```java
package sec02.ex03;

import java.io.IOException;
import java.io.InputStreamReader;

public class InputStreamReaderTest {
  public static void main(String[] args) {
    int data;
    try {
      InputStreamReader isr = new InputStreamReader(System.in, "UTF-8"); ········  키보드 스크림을 다시 생성자 매개값으로 전달합니다.
      while(true) {
        data = isr.read(); ················  키보드 입력을 다시 입력받아서 문자로 변환합니다.
        System.out.print((char)data);
      }
    } catch (IOException e) {
```

```
            e.printStackTrace();
        }
    }
}
```

[실행결과]

```
한글
한글
안녕하세요
안녕하세요
hello
hello
```

다음은 바이트 데이터를 출력 시 지정한 문자 세트의 문자로 변환해서 출력해 주는 OutputStream Writer의 생성자들입니다.

```
OutputStreamWriter(OutputStream out);
OutputStreamWriter(OutputStream out, Charset cs);
OutputStreamWriter(OutputStream out, String charsetName);
```

OutputStreamWriter 객체 생성 시 바이트 데이터 출력 노드스트림 객체를 생성자에 입력해 줍니다.

```
FileOutputStream fos = new FileOutputStream("src\\sec02\\ex03\\output.txt");
OutputStreamWriter osw = new OutputStreamWriter(fos, "UTF-8");
```

다음은 키보드로 입력받은 한글을 파일로 저장할 때 OutputStreamWriter를 이용해서 다른 문자 세트 형식으로 저장하는 예제입니다. 파일에 저장되는 한글을 원하는 문자 세트 형식으로 저장할 수 있습니다.

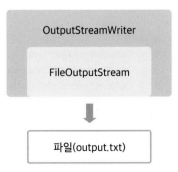

그림19-35 한글을 노드스트림과 필터스트림으로 연결해서 다른 문자 세트로 파일로 출력하기

[직접 코딩해 보기] 콘솔로 입력받은 한글을 다른 문자 세트로 파일에 출력하기

ch19/sec02/ex03/OutputStreamWriterTest.java

```java
package sec02.ex03;

import java.io.FileOutputStream;
import java.io.IOException;
import java.io.InputStreamReader;
import java.io.OutputStreamWriter;

public class OutputStreamWriterTest {
  public static void main(String[] args) {
    int data;
    try {
      InputStreamReader isr = new InputStreamReader(System.in, "UTF-8");  ········    키보드로 한글을 UTF-8로 입력받습니다.
      FileOutputStream fos = new FileOutputStream("src\\sec02\\ex03\\output.txt");
      OutputStreamWriter osw = new OutputStreamWriter(fos, "MS949");  ········
                                                                          입력받은 한글을 다시 MS949 형식으로 파일에 출력합니다.
      System.out.println("종료 하려면 q를 입력하세요");
      while(true) {
        data = isr.read();
        if(data== 'q') break;
        osw.write(data);
      }

      osw.close();
      isr.close();
      fos.close();
    } catch (IOException e) {
      e.printStackTrace();
    }
  }
}
```

[실행결과]

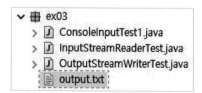

942   초보 개발자를 위한 자바

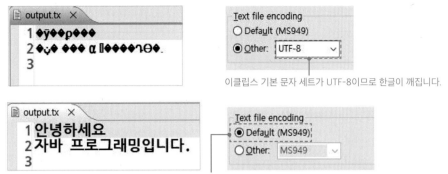

이클립스 기본 문자 세트가 UTF-8이므로 한글이 깨집니다.

이클립스에서 문자 세트 설정을 MS949로 변경하면 한글이 표시됩니다.

3.5 BufferedReader와 BufferedWriter 필터스트림을 이용해서 파일로 출력하기

문자 데이터를 입출력받아서 처리할 때 BufferedReader와 BufferedWriter를 이용하면 더 빠르게 문자 데이터를 처리할 수 있습니다. 다음은 BufferedReader의 사용법입니다.

BufferedReader와 BufferedWriter는 객체 생성 시 버퍼의 크기를 설정할 수 있습니다.

```
BufferedReader reader = new BufferedReader(문자입력스트림);
BufferedReader reader = new BufferedReader(문자입력스트림, int size);
```

```
BufferedWriter writer = new BufferedWriter(문자출력스트림);
BufferedWriter writer = new BufferedWriter(문자출력스트림, int size);
```

다음은 BufferedReader로 키보드로 문자열을 입력받아서 콘솔로 출력하는 예제입니다. BufferedReader에서 제공하는 readLine() 메서드는 개행문자(\n\r)를 인식하는 기능을 제공하므로 이 메서드를 이용해서 키보드로 문자열을 행 단위로 입력받을 수 있습니다. 자바는 입출력 시 아래 그림처럼 필터스트림을 여러 개 연결해서 데이터 관련 작업을 해 줄 수 있습니다.

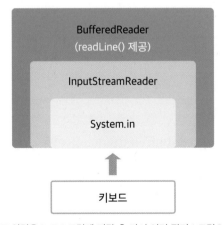

그림19-36 키보드 입력을 노드스트림에 전달 후 다시 여러 필터스트림으로 전달하는 과정

ch19/sec02/ex04/BufferedReaderTest.java

```java
package sec02.ex04;

import java.io.BufferedReader;
import java.io.IOException;
import java.io.InputStreamReader;

public class BufferedReaderTest {
  public static void main(String[] args) {
    String msg;
    InputStreamReader isr = new InputStreamReader(System.in);
    BufferedReader br = new BufferedReader(isr);
    System.out.println("종료: ctrl + z");
    try {
      while (true) {
        msg = br.readLine();
        if(msg == null) break;
        System.out.println("출력:" + msg);
      }
      isr.close();
      br.close();
    } catch (IOException e) {
      e.printStackTrace();
    }
  }
}
```

키보드로 입력한 문자를 InputStreamReader로 전달한 후 다시 InputStreamReader를 BufferedReader로 전달합니다.

개행 문자(\n\r) 단위로 문자열을 입력받습니다.

[실행결과]

```
종료: ctrl + z
안녕하세요. ●──────── 키보드의 Enter 키를 치면 입력한 문자열을 한번에 출력합니다.
출력: 안녕하세요.
자바 프로그래밍입니다.
출력: 자바 프로그래밍입니다.
```

다음은 키보드로 입력받은 문자열을 BufferedWriter를 이용해서 파일에 저장하는 예제입니다. BufferedWriter를 이용해서 출력 시 개행 문자는 출력하지 않으므로 newLine() 메서드를 이용해서 개행 문자를 문자열 다음에 추가해서 출력합니다.

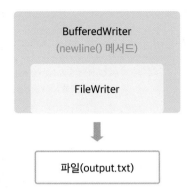

그림19-37 BufferedWriter의 newLine()을 이용해서 파일로 문자열 출력하기

[직접 코딩해 보기] BufferedWriter로 문자열 파일로 출력하기

ch19/sec02/ex04/BufferedWriterTest.java

```java
package sec02.ex04;

import java.io.BufferedWriter;
import java.io.FileWriter;
import java.io.IOException;
import java.util.Scanner;

public class BufferedWriterTest {
  public static void main(String[] args) {
    String msg;
    Scanner sc= new Scanner(System.in);
    System.out.println("종료하려면 q를 입력하세요.");
    try {
      FileWriter fw = new FileWriter("src\\sec02\\ex04\\output.txt");
      BufferedWriter bw = new BufferedWriter(fw);
      while (true) {
        msg = sc.nextLine();
        if(msg.equals("q")) break;
        bw.write(msg);
        bw.newLine();
        bw.flush();
      }
      fw.close();
      bw.close();
    } catch (IOException e) {
      e.printStackTrace();
    }
  }
}
```

노드스트림 FileWriter를 다시 필터스트림 BufferedWriter로 전달합니다.

문자열을 파일로 출력합니다.

출력 문자열 마지막에 개행문자(\n\r)을 추가해 줍니다.

```
      }
```

[실행결과]

종료하려면 q를 입력하세요.

안녕하세요.

자바 프로그래밍

q

newLine()로 문자열을 행 단위로 표시합니다.

```
∨ 🗄 ex04
   > 🗾 BufferedReaderTest.java
   > 🗾 BufferedWriterTest.java
     📄 output.txt
```

```
📄 output.tx  ✕
1 안녕하세요.•
2 자바 프로그래밍
3
```

3.6 DataInputStream과 DataOutputStream 필터스트림 사용하기

InputStream과 OutputStream은 바이트 데이터를 읽고 씁니다. 그러나 DataInputStream과 DataOutputStream은 바이트 데이터가 아닌 8가지의 기본 타입 데이터를 읽고 쓰는 기능을 제공합니다. 다음은 DataInputStream과 DataOutputStream의 사용법입니다.

```
DataInputStream dis = new DataInputStream(바이트입력스트림);
DataOutputStream dos = new DataOutputStream(바이트출력스트림);
```

다음은 DataOutputStream을 이용해서 파일에 기본 타입 데이터를 저장한 후, 다시 DataInput-Stream으로 기본 타입 데이터를 읽어오는 예제입니다. DataOutputStream의 writeXXX() 메서드를 이용해서 8가지 기본 타입 데이터를 출력합니다. 그리고 DataInputStream의 readXXX() 메서드를 이용해서 각각의 기본 타입 데이터를 읽어 들입니다. 기본 타입 데이터를 읽어 들일 때, 저장한 순서대로 타입을 읽어 들여야 합니다.

[직접 코딩해 보기] DataInputStream과 DataOutputStream으로 기본 타입 데이터 입출력하기
ch19/sec02/ex04/DataInOutStreamTest.java

```java
package sec02.ex05;

import java.io.DataInputStream;
import java.io.DataOutputStream;
import java.io.FileInputStream;
import java.io.FileOutputStream;
import java.io.IOException;
```

```java
public class DataInOutStreamTest {
    public static void main(String[] args) {
        try{
            //파일에 바이트 데이터로 저장합니다.
            FileInputStream fis = new FileInputStream("src\\sec02\\ex05\\data.txt");
            FileOutputStream fos = new FileOutputStream("src\\sec02\\ex05\\data.txt");

            DataInputStream dis = new DataInputStream(fis);
            DataOutputStream dos = new DataOutputStream(fos);

            dos.writeInt(100);
            dos.writeFloat(20.5f);
            dos.writeBoolean(false);
            dos.flush();
            dos.close();
            fos.close();

            System.out.println(dis.readInt());          ----
            System.out.println(dis.readFloat());             ----- 저장 순서대로 int, float, boolean 순으로
            System.out.println(dis.readBoolean()); ----      데이터를 읽어와야 합니다.

            dis.close();
            fis.close();
        }catch(IOException e){
            e.printStackTrace();
        }
    }
}
```

[실행결과]

```
100
20.5
false
```

→ 요점 정리 ←

- 자바의 표준 입력 스트림은 System.in이고 표준 출력 스트림은 system.out입니다.

- 노드스트림은 주로 장치에 대해서 직접 입출력 작업을 하는 스트림입니다.

- 필터스트림은 노드스트림이 전달하는 데이터를 가공하는 역할을 합니다.

- BufferedInputStream과 BufferedOutputStream를 사용하면 바이트 데이터를 훨씬 빠르게 입출력할 수 있습니다.

- InputStreamReader와 OutputStreamWriter는 바이트 데이터를 문자 데이터로 변환 시 사용됩니다.

- BufferedReader와 BufferedWriter은 문자 데이터를 빠르게 입출력할 때 사용됩니다.

- DataInputStream과 DataOutputStream은 기본 타입 데이터를 입출력할 때 사용하면 편리합니다.

4 PrintStream과 PrinterWriter 사용하기

자바는 각각의 출력 장치에 해당하는 출력 스트림으로 출력 장치에 데이터를 출력합니다. 그러나 PrintStream과 PrintWriter를 사용하면 모든 출력 장치에 편리하게 출력 작업을 할 수 있습니다.

PrintStream과 PrinterWriter의 특징
- 출력에 특화된 기능을 제공하는 필터스트림입니다.
- 출력 스트림만 존재하고 대응하는 입력 스트림은 존재하지 않습니다.
- 출력 관련 여러가지 메서드들을 제공합니다.

4.1 PrintStream 사용하기

다음은 PrintStream의 특징입니다. PrintStream은 PrintWriter보다 먼저 나온 출력 특화 스트림입니다. 이제까지 콘솔로 출력한 System.out.println() 메서드의 타입이 바로 PrintStream이며, println() 메서드는 PrintStream에서 제공하는 메서드입니다.

PrintStream의 특징
- 모든 타입의 데이터를 출력할 수 있습니다.
- print(), println() 메서드가 오버로딩되어 있습니다.
- printf(String format, Object ...args) 메서드를 이용해서 정형화된 출력이 가능합니다.

다음은 PrintStream의 생성자들입니다. 생성자에서 자동 flush 기능을 지정할 수 있습니다.

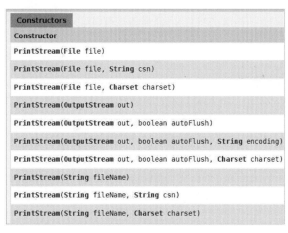

Constructors
Constructor
PrintStream(File file)
PrintStream(File file, String csn)
PrintStream(File file, Charset charset)
PrintStream(OutputStream out)
PrintStream(OutputStream out, boolean autoFlush)
PrintStream(OutputStream out, boolean autoFlush, String encoding)
PrintStream(OutputStream out, boolean autoFlush, Charset charset)
PrintStream(String fileName)
PrintStream(String fileName, String csn)
PrintStream(String fileName, Charset charset)

그림19-38 PrintStream 클래스의 생성자들

다음은 PrintStream에서 오버로딩해서 제공하는 print()와 println() 메서드들입니다. 여러 타입의 데이터를 편리하게 출력할 수 있습니다.

void	print(boolean b)
void	print(char c)
void	print(char[] s)
void	print(double d)
void	print(float f)
void	print(int i)
void	print(long l)
void	print(Object obj)
void	print(String s)
PrintStream	printf(String format, Object... args)
PrintStream	printf(Locale l, String format, Object... args)
void	println()
void	println(boolean x)
void	println(char x)
void	println(char[] x)
void	println(double x)
void	println(float x)
void	println(int x)
void	println(long x)
void	println(Object x)
void	println(String x)

그림19-39 PrintStream 클래스의 print()와 pritnln() 메서드들

PrintStream을 이용해서 여러 가지 데이터 타입을 파일에 출력하는 예제입니다. 파일로 실수 타입 데이터를 출력할 경우 OutputStreamWriter의 write() 메서드는 출력할 수 없으나, PrintStream은 print()나 println() 메서드로 쉽게 출력합니다.

[직접 코딩해 보기] PrintStream으로 여러 가지 타입의 데이터 출력하기

ch19/sec03/ex01/PrintStreamTest.java

```
package sec03.ex01;

import java.io.File;
import java.io.FileOutputStream;
import java.io.OutputStreamWriter;
import java.io.PrintStream;
```

```java
public class PrintStreamTest {
  public static void main(String[] args)  throws Exception {
    File file1 = new File("src\\sec03\\ex01\\fileOutputStream.txt");
    File file2 = new File("src\\sec03\\ex01\\printStream.txt");

    PrintStream ps1 = new PrintStream(System.out);          PrintStream으로 콘솔에 출력합니다.
//  PrintStream ps1 = new PrintStream(System.out, true, "UTF-8");   파일 출력 시 문자 세트를
                                                                    지정할 수 있습니다.

    FileOutputStream fos = new FileOutputStream(file1);
    OutputStreamWriter writer = new OutputStreamWriter(fos);

    PrintStream ps2 = new PrintStream(file2);               PrintStream으로 파일에 출력합니다.
//  PrintStream ps2 = new PrintStream(file1, true, "UTF-8");     파일 출력 시 문자 세트를
                                                                지정할 수 있습니다.

    ps1.println("안녕하세요");
    ps1.println(100);
    ps1.println(3.15F);                       println() 메서드로 여러 가지 데이터 타입을
    ps1.println(3.14);                        콘솔로 출력합니다.
    ps1.println("자바 프로그래밍입니다.");
    ps1.flush();

    writer.write("안녕하세요");
    writer.write("\n");
    writer.write(100);                        OutputStreamWriter의 write() 메서드는 문자열과
//  writer.write(3.15F);                      정수만 출력할 수 있습니다.
//  writer.write(3.14);
    writer.write("자바 프로그래밍입니다.");
    writer.flush();

    ps2.println("안녕하세요");
    ps2.println(100);
    ps2.println(3.15F);                       여러 가지 데이터 타입을 printin() 메서드로 파일에
    ps2.println(3.14);                        출력합니다.
    ps2.println("자바 프로그래밍입니다.");
    ps2.flush();

    writer.close();
    ps1.close();
    ps2.close();
  }
}
```

[실행결과]

println() 메서드로 출력한 경우

write() 메서드로 출력한 경우

println() 메서드로 파일에 출력한 경우

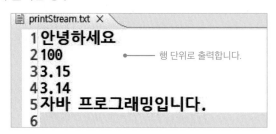

4.2 PrintWriter 사용하기

PrintWriter는 PrintStream의 기능에 문자 스트림 출력 기능을 추가했습니다. 지금은 데이터 출력 시 PrintWriter를 주로 사용합니다.

PrinterWriter의 특징

- PrintStream과 사용법이 같습니다.
- PrintStream에 문자 출력 기능이 추가되었습니다.
- 자동 flush 기능을 제공합니다(생성자에서 설정하지 않으면 true입니다).

다음은 PrintWriter의 생성자들입니다. 다른 생성자는 PrintStream과 같고, 문자 스트림을 매개 값으로 갖는 생성자만 추가되었습니다.

그림19-40 PrintWriter의 여러 가지 생성자들

PrintWriter로 여러 가지 타입의 데이터를 콘솔과 파일로 출력하는 예제입니다. PrintWriter의 print()나 println() 메서드로 다른 타입의 데이터를 원하는 형식으로 콘솔이나 파일로 출력할 수 있습니다.

[직접 코딩해 보기] PrintWriter으로 여러 가지 타입의 데이터 출력하기

ch19/sec03/ex02/PrintWriterTest.java

```
package sec03.ex02;

import java.io.File;
import java.io.FileWriter;
import java.io.PrintWriter;

public class PrintWriterTest {
  public static void main(String[] args)  throws Exception {
    File file1 = new File("src\\sec03\\ex02\\fileWriter.txt");
    File file2 = new File("src\\sec03\\ex02\\printWriter.txt");

    PrintWriter pw1 = new PrintWriter(System.out);         PrintWriter를 이용해서 콘솔로 데이터를 출력합니다.
//  PrintStream out1 = new PrintWriter(System.out, true, "UTF-8");

    FileWriter fw = new FileWriter(file1);
    PrintWriter pw2 = new PrintWriter(file2);              PrintWriter를 이용해서 파일로 데이터를 출력합니다.
//  PrintWriter pw2 = new PrintWriter(file2, true, "UTF-8");
```

```java
        pw1.println("안녕하세요");
        pw1.println(100);                       ┌─── println() 메서드로 여러 가지 데이터 타입을 콘솔로 출력합니다.
        pw1.println(3.15F);
        pw1.println(3.14);
        pw1.println("자바 프로그래밍입니다.");
        pw1.flush();

        fw.write("안녕하세요");
        fw.write(100);
//      fw.write(3.15F);                        ┌─── FileWriter의 writer() 메서드로 출력 시 실수 타입은
//      fw.write(3.14);                              출력할 수 없습니다.
        fw.write("자바 프로그래밍입니다.");
        fw.flush();

        pw2.println("안녕하세요");
        pw2.println(100);
        pw2.println(3.15F);
        pw2.println(3.14);                      ┌─── println() 메서드로 여러 가지 데이터 타입을 파일로 출력합니다.
        pw2.println("자바 프로그래밍입니다.");
        pw2.flush();

        fw.close();
        pw1.close();
        pw2.close();
    }
}
```

[실행결과]

println()으로 콘솔에 출력한 경우

안녕하세요
100
3.15
3.14
자바 프로그래밍입니다. ●──── 행 단위로 출력합니다.

write() 메서드로 파일에 출력한 경우

println() 메서드로 파일에 출력한 경우

PrintWriter를 사용하면 편리하게 데이터를 출력할 수 있으므로 네트워크로 데이터를 출력할 때도 PrintWriter를 주로 사용합니다. 자세한 사항은 20장에서 알아보겠습니다.

➔ 요점 정리 ⟨

- PrintStream과 PrintWriter를 사용하면 여러 타입의 데이터를 쉽게 출력할 수 있습니다.
- System.out.println()은 PrintStream의 println() 메서드를 이용해서 출력합니다.
- PrintWriter는 PrintStream에 문자 데이터 스트림 출력 기능이 추가되었습니다.
- PrintStream은 System.out으로 PrintStream을 사용했기 때문에 호환성을 위해서 존재합니다.

5 객체 직렬화

이제까지 자바의 객체(인스턴스)를 생성하여 사용한 후 프로그램이 종료되면 객체는 자동으로 소멸되어 객체의 상태를 보존할 수 없었습니다. 이번에는 메모리에 생성된 객체 상태를 보존할 수 있는 기능을 알아보겠습니다.

5.1 객체 직렬화란?

지금은 네트워크를 이용해서 다른 프로그램으로 사용하는 객체의 상태를 전송하거나 파일로 저장하는 경우가 발생합니다. 객체 직렬화 기능을 사용하면 프로그램에서 사용한 객체의 상태를 파일로 저장하거나 네트워크를 통해 다른 프로그램으로 전달할 수 있습니다. 즉, 프로그램에서 사용한 객체 정보를 다른 프로그램과 공유할 수 있게 합니다. 자바는 객체를 바이트 데이터로 변환해서 직렬화합니다.

객체 직렬화
- 프로그램 실행 시 생성되는 객체의 상태를 파일로 저장하거나 네트워크로 전송하는 기능
- 객체 직렬화 시 객체는 바이트 데이터로 전송되거나 저장

예를 들어 네트워크 오목 게임을 한다고 가정했을 때 A 사용자가 말판에 둔 돌의 좌표 데이터를 일일이 문자열로 전송하면 불편합니다. 이 경우에는 말판에 둔 돌의 위치를 저장하는 클래스 객체를 생성하여 필드에 정보를 저장 후, 다른 클라이언트로 전송하여 실시간으로 돌의 위치를 반영하는 방법을 사용하는 것이 편리합니다. 객체 직렬화는 자바나 안드로이드 네트워크 게임 등에 많이 사용됩니다.

5.2 자바 객체 직렬화 방법

다음은 자바에서 객체를 직렬화하는 방법입니다.

자바 객체 직렬화 과정
- 직렬화 대상 클래스는 반드시 java.io.Serializable 인터페이스를 구현해야 합니다.
- 직렬화 대상에서 제외시키고 싶으면 필드에 transient를 지정해 줍니다.

```
public class 클래스명 implements Serializable {
  field1;
  …
  transient field4;    ●────── 직렬화 대상에서 제외됩니다.
}
```

💡 **알아두면 좋아요**

java.io.Serializable 인터페이스의 문서를 보면 인터페이스에 선언된 추상 메서드가 없습니다. 추상 메서드가 없이 단지 인터페이스 표시 용도로 사용되는 인터페이스를 **마커 인터페이스(Marker Interface)**라고 부릅니다.

```
Module java.base
Package java.io

Interface Serializable

All Known Subinterfaces:
Attribute, Attribute, Attributes, CertPathValidatorException.Reason, Connector.Argument, Co
Control, Descriptor, DHPrivateKey, DHPublicKey, DocAttribute, DSAPrivateKey, DSAPublicKey, E(
Name, NotificationFilter, PBEKey, PrintJobAttribute, PrintRequestAttribute, PrintServiceAtt
RSAPrivateKey, RSAPublicKey, SecretKey, ServerRef, SupportedValuesAttribute, UnsolicitedNo1

public interface Serializable

Serializability of a class is enabled by the class implementing the java.io.Serializable interface.

Warning: Deserialization of untrusted data is inherently dangerous and should be avoided. U
Secure Coding Guidelines for Java SE⌐. Serialization Filtering⌐ describes best practices for

Classes that do not implement this interface will not have any of their state serialized or deserialized.
serves only to identify the semantics of being serializable.

It is possible for subtypes of non-serializable classes to be serialized and deserialized. During serializa
serializable superclasses will be initialized using the no-arg constructor of the first (bottommost) non-
declare a class Serializable if this is not the case; the error will be detected at runtime. A serializable
(if accessible) package-access fields. See the *Java Object Serialization Specification*, section 3.1, for a
```

그림19-41 마커 인터페이스로 사용되는 java.io.Serializable 인터페이스

5.3 ObjectOutputStream과 ObjectInputStream 사용하기

실제 객체 상태를 직렬화할 때는 ObjectOutputStream의 writeObject() 메서드를 사용해서 직렬화합니다.

```
ObjectOutputStream oos = new ObjectOutputStream(바이트출력스트림);
oos.writeObject(객체);
```

직렬화된 객체를 다시 원래의 객체로 역변환하는 과정을 **역직렬화(deserialization)**라고 합니다. 역직렬화 시 사용되는 필터스트림은 ObjectInputStream인데, readObject() 메서드로 직렬화 객체를 원래 객체로 역변환합니다.

```
ObjectInputStream ois = new ObjectInputStream(바이트입력스트림);
객체타입 변수 = (객체타입)ois.readObject();
```

직원 정보를 저장하는 Employee 클래스는 각각의 필드를 직렬화하므로 Serializable 인터페이스를 구현합니다.

[직접 코딩해 보기] 직렬화 객체 대상 클래스

ch19/sec04/ex01/Employee.java

```
package sec04.ex01;

import java.io.Serializable;

public class Employee implements Serializable { _____ 직렬화 대상 객체의 클래스는 반드시 구현해야 합니다.
  private String name;
  private String addr;
  private String jumin;
  private String phone;

  public Employee() {}

  public Employee(String name, String addr, String jumin, String phone) {
    this.name = name;
    this.addr = addr;
    this.jumin = jumin;
    this.phone = phone;
  }

  //getter와 setter
    ...
}
```

Employee 클래스 객체를 저장한 ArrayList를 ObjectOutputStream의 writeObject() 메서드를 이용해서 직렬화한 후 파일에 저장합니다. 파일을 열어보면 바이트 데이터로 저장됨을 알 수 있습니다.

[직접 코딩해 보기] ObjectOutputStream으로 객체 직렬화하기

ch19/sec04/ex01/SerializationTest.java

```
package sec04.ex01;
```

```java
import java.io.File;
import java.io.FileOutputStream;
import java.io.IOException;
import java.io.ObjectOutputStream;
import java.util.ArrayList;

public class SerializationTest {
    public static void main(String[] args) {
        Employee e1 = new Employee("류현진", "대전", "770811-222222", "010-123-1234");
        Employee e2 = new Employee("차범근", "서울", "830912-4444444", "010-987-6543");
        ArrayList<Employee> eList = new ArrayList<Employee>();
        eList.add(e1);
        eList.add(e2);

        try {
            FileOutputStream fos = new FileOutputStream(new File("src\\sec04\\ex01\\serial.ser"));
            ObjectOutputStream oos = new ObjectOutputStream(fos);     직렬화 객체를 파일로 저장하기
            oos.writeObject(eList);                                   위해서 Object OutputStream의
                                                                      생성자 매개값으로 전달합니다.
                  writeObject() 메서드로 ArrayList 객체를 직렬화합니다.
            fos.close();
            oos.close();
            System.out.println("직렬화 객체를 파일로 저장했습니다.");
        } catch (IOException e) {
            e.printStackTrace();
        }
    }
}
```

[실행결과]

직렬화한 객체는 바이트 데이터로 저장됩니다.

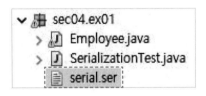

다음은 다른 프로그램에서 파일에서 직렬화 객체를 읽어와서 콘솔로 출력하는 예제입니다.
ObjectInputStream의 readObject() 메서드로 지정한 파일의 직렬화 객체를 읽어와서 역직렬화
하고 있습니다.

[직접 코딩해 보기] 직렬화 객체 역직렬화하기

ch19/sec04/ex01/UnSerializationTest.java

```java
package sec04.ex01;

import java.io.File;
import java.io.FileInputStream;
import java.io.IOException;
import java.io.ObjectInputStream;
import java.util.ArrayList;
import java.util.Iterator;

public class UnserializationTest {
  public static void main(String[] args) {
    try {
      FileInputStream fis = new FileInputStream(new File("src\\sec04\\ex01\\serial.ser"));
      ObjectInputStream ois = new ObjectInputStream(fis);
      ArrayList<Employee> eList = (ArrayList<Employee>)ois.readObject();
```
ObjectInputStream의 readObject() 메서드로 역직렬화 합니다.
```java
      Iterator<Employee> ite = eList.iterator();
      System.out.println("사원 정보 출력");
      System.out.println("------------------------------");
      while (ite.hasNext()) {
        Employee e = (Employee) ite.next();
        System.out.println("이름: " + e.getName());
        System.out.println("주민번호: " + e.getJumin());
        System.out.println("주소: " + e.getAddr());
        System.out.println("전화번호: " + e.getPhone());
        System.out.println();
      }
    } catch (Exception e) {
      e.printStackTrace();
    }
  }
}
```

[실행결과]

```
사원 정보 출력
------------------------------
이름: 류현진
주민번호: 770811-222222
주소: 대전
전화번호: 010-123-1234
```

이름: 차범근

주민번호: 830912-4444444

주소: 서울

전화번호: 010-987-6543

5.4 transient 키워드를 사용해서 직렬화 제외하기

직렬화를 하면 다른 프로그램이나 다른 시스템에서 직접 객체의 필드값에 접근할 수 있습니다. 그런데 어떤 필드값을 직렬화에서 제외할 경우가 있습니다. trasient 키워드를 사용하면 특정 필드는 직렬화에서 제외할 수 있습니다(정적 필드는 자동으로 직렬화에서 제외됩니다).

다음은 주민번호 정보를 저장하는 필드 jumin은 직렬화에서 제외하기 위해서 transient로 지정했습니다.

[직접 코딩해 보기] transient를 이용해서 직렬화 제외하기

ch19/sec04/ex01/Employee.java

```
package sec04.ex01;

import java.io.Serializable;

public class Employee implements Serializable {
private String name;
private String addr;
transient private String jumin;
//static private String nationality = "대한민국";              정적 필드는 직렬화에서 제외됩니다.
private String phone;
...
}
```

다시 직렬화 객체로 저장한 후, 역직렬화를 수행하면 jumin 필드의 값은 null이 출력됩니다.

사원 정보 출력

이름: 류현진

주민번호: null   ●———— 직렬화 대상에서 제외되므로 null을 출력합니다.

주소: 대전

전화번호: 010-123-1234

이름: 차범근
주민번호: null
주소: 서울
전화번호: 010-987-6543

serialVersionUID 필드

객체를 직렬화하면 직렬화 객체에 serialVersionUID이라는 고유값이 부여됩니다. 프로그래머가
명시적으로 지정하지 않으면 컴파일 시 컴파일러가 자동으로 부여합니다. 그리고 역직렬화 시 컴
파일러는 이 serialVersionUID가 동일한지 판별한 후, 동일하면 역직렬화를 수행합니다. 따라서 동일
한 serialVersionUID가 아닌 클래스로 역직렬화하면 InvalidClassException 예외가 발생합니다.

다음은 프로그래머가 직접 serialVersionUID를 추가한 Employee 클래스입니다.

```java
public class Employee implements Serializable {
    static final long serialVersionUID = 100L;
    ...
}
```

다음은 앞의 실습 예제에서 사용한 역직렬화 코드입니다. 이때 역직렬화에 사용된 Employee
클래스는 직렬화에 사용된 Employee 클래스와 serialVersionUID가 동일해야 합니다.
serialVersionUID를 추가한 후 역직렬화하면 InvalidClassExcetion 예외를 발생시킵니다.

```java
ArrayList<Employee> eList = (ArrayList<Employee>) ois.readObject();
```

[실행결과]

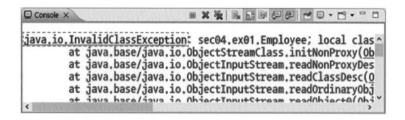

serialVersionUID의 값을 프로그래머가 임의로 지정할 수 있습니다. 그러나 가능하면 다른 클래
스와 구별되는 값으로 정해주면 좋습니다.

다음은 이클립스에서 자동으로 serialVersionUID를 생성하는 방법입니다. 클래스에 serializable 인터페이스를 선언하고 클래스명 위에 마우스를 올리면 팝업창이 뜹니다. "**Add generated serial version ID**"를 클릭하면 자동으로 serialVersionUID 필드가 추가됩니다.

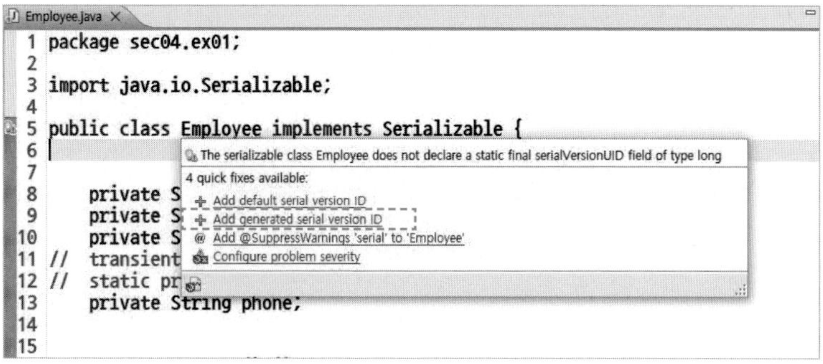

그림19-42 "add generated serial version ID" 클릭

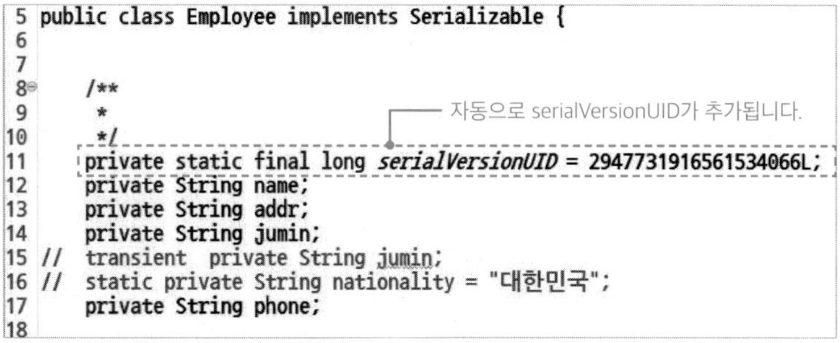

그림19-43 자동으로 serialVersionUID가 추가된 상태

네트워크 객체 직렬화 기능은 20장 네트워크 부분에서 자세히 알아보겠습니다.

> → **요점 정리** ←

- 직렬화를 이용하면 프로그램 실행 시 메모리에 생성된 객체의 상태를 파일로 저장하거나 네트워크로 전송할 수 있습니다.
- 역직렬화 시 반드시 직렬화 클래스와 동일한 serialVersionUID를 사용해야 합니다.

6 XML 사용하기

프로그램에서 프로그램에서 사용하는 설정 정보나 데이터를 다른 프로그램으로 전송할 경우가 있습니다.

6.1 XML이란?

다음은 XML의 정의입니다.

> **XML의 정의**
> - eXtensible Markup Language의 약자로 확장성 있는 마크업 언어를 의미합니다.
> - 사람과 프로그램 혹은 프로그램 간에 정보를 쉽게 교환하기 위해 만든 데이터 형식입니다.

XML을 이용하면 다른 프로그램이나 이종 시스템 사이에도 데이터를 교환할 수 있습니다. 그리고 문서가 정보와 구조를 포함하고 있기 때문에 사람이 읽어도 쉽게 의미를 파악할 수 있습니다. 그리고 데이터를 정의하는 태그를 프로그래머가 마음대로 정의할 수 있습니다.

6.2 XML의 구성 요소

XML은 크게 태그(tag)와 속성(attribute)로 구성됩니다.

> **XML의 구성 요소들**
> - 태그(tag)
>   - 데이터의 구성 요소를 나타냅니다.
> - 속성(attribute)
>   - 데이터를 상세하게 설명하는 용도로 사용됩니다.

1. 태그(tag)

태그는 크게 시작 태그, 값, 종료 태그로 구분됩니다.

> **태그 만드는 규칙**
> - 모든 태그는 시작 태그와 종료 태그를 가져야 합니다.
> - 태그는 또 다른 하위 태그를 가질 수 있습니다(계층 구조).

다음은 태그가 값을 가지고 있는 경우의 태그입니다. 태그가 값을 가지고 있는 경우는 시작 태그에 해당되는 〈name〉과 종료 태그에 해당되는 〈/name〉에 사이에 값이 존재합니다.

시작 태그   값   종료 태그

그림19-44 값이 존재하는 태그

2. 속성

XML의 속성은 각각의 태그를 구체적으로 설명하는 용도로 사용됩니다. 태그 내에서 (name, value) 쌍으로 작성할 수 있습니다. 그리고 개수에는 제한이 없습니다.

다음은 name 속성에 "홍길동"을 설정한 emp 태그입니다. 태그에 값을 설정하지 않으면 종료 태그를 사용하지 않고 "/"로 종료합니다.

\<emp name="홍길동" /\> ◀── 태그에 값이 존재하지 않으면 종료 태그 대신"〈/〉"로 종료합니다.

그림19-45 emp 태그에 name 속성 설정하기

XML의 태그는 다른 태그를 하위 태그로 포함할 수 있습니다. 다음은 company 루트 태그 아래 다시 〈emp〉 하위 태그가 있고, 그 아래 여러 가지 사원 관련 태그가 계층 구조로 존재합니다.

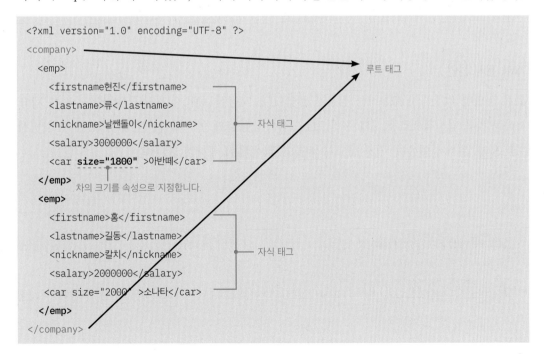

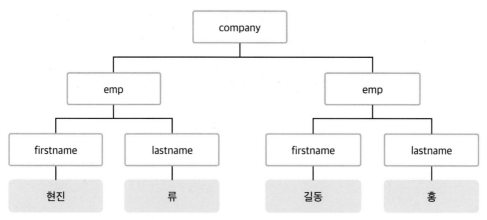

그림19-46 XML 계층 구조로 표현된 사원 정보

💡 알아두면 좋아요

XML의 값이나 속성의 값에 이스케이프 제어 문자(3.5절 참고)를 값으로 사용할 경우가 생길 수 있습니다. 예를 들어, XML 태그 자체를 값으로 설정할 경우 다른 XML과 구분하기 위해서 CDATA 섹션을 사용해서 표시해 주면 됩니다. 다음은 XML 에서 부등호 (<, >)가 사용되는 경우에 CDATA 섹션으로 표현하고 있습니다.

```
<select>
<![CDATA[
    SELECT *
    FROM DUAL
    WHERE a < b
    AND b > c
    ]]>
</select>
```

3. XML 문서 선언

XML은 파일에 저장해서 사용하는 경우가 많습니다. 따라서 XML 정보를 포함하는 파일은 XML 문서라는 것을 명시적으로 표시해 주면 프로그램에서 빠르게 인식해서 사용할 수 있습니다. 명시적으로 XML 문서 선언을 할 경우 반드시 파일의 첫 행에 해 주어야 합니다.

```
<?xml version="1.0" encoding="UTF-8" ?> ●——— 파일의 첫 행에 XML 파일임을 명시적으로 선언합니다.
<company>
  <emp>
   <firstname>현진</firstname>
    <lastname>류</lastname>
    <nickname>날쌘돌이</nickname>
    <salary>1000000</salary>
    <car size="1800">아반떼</car>
```

```
  </emp>
  <emp>
    <firstname>홍</firstname>
    <lastname>길동</lastname>
    <nickname>칼치</nickname>
    <salary>2000000</salary>
    <car size="2000">소나타</car>
  </emp>
</company>
```

- version : 현재 XML 파일 지정 버전을 나타냅니다.
- encoding : XML 문서의 인코딩 방식을 지정합니다. 지정하지 않으면 UTF-8로 지정됩니다.

6.3 XML을 이용해서 사원 정보 출력하기

다음은 자바에서 XML 파일의 정보를 읽어와서 사원 정보를 출력하는 예제입니다. 각각의 사원 정보를 XML의 태그로 저장하고 있습니다.

[직접 코딩해 보기] 사원 정보를 저장하는 XML 파일

ch19/sec05/ex01/company.xml

```
<?xml version="1.0" encoding="UTF-8" ?>
<company>
    <emp>
      <firstname>현진</firstname>
      <lastname>류</lastname>
      <nickname>날쌘돌이</nickname>
      <salary>1000000</salary>
      <car size="1800">아반떼</car>
    </emp>
    <emp>
      <firstname>길동</firstname>
      <lastname>홍</lastname>
      <nickname>칼치</nickname>
      <salary>2000000</salary>
      <car size="2000">소나타</car>
    </emp>
</company>
```

다음은 자바에서 제공하는 XML 관련 API를 이용해서 company.xml에서 XML을 읽어온 후, 각각의 태그의 값에 접근해서 사원 정보를 차례로 출력하는 코드입니다.

[직접 코딩해 보기] XML 파일에서 사원 정보 읽어오기

ch19/sec05/ex01/ReadXMLTest.java

```java
package sec05.ex01;

import java.io.File;

import javax.xml.parsers.DocumentBuilder;
import javax.xml.parsers.DocumentBuilderFactory;

import org.w3c.dom.Document;
import org.w3c.dom.Element;
import org.w3c.dom.Node;
import org.w3c.dom.NodeList;

public class ReadXmlTest {
  public static void main(String[] args)  throws Exception {
    File fXmlFile = new File("src\\sec05\\ex01\\company.xml");
    DocumentBuilderFactory dbFactory = DocumentBuilderFactory.newInstance();
    DocumentBuilder dBuilder = dbFactory.newDocumentBuilder();
    Document doc = dBuilder.parse(fXmlFile);           document 객체를 생성하면서          루트 태그를
    doc.getDocumentElement().normalize();              xml 파일을 매개값으로 전달합니다.      얻습니다.
    System.out.println("Root element: " + doc.getDocumentElement().getNodeName());
    NodeList nList = doc.getElementsByTagName("emp");                          emp 태그를 얻습니다.

    System.out.println("-----------------------");
    for (int temp = 0; temp < nList.getLength(); temp++) {
      Node nNode = nList.item(temp);
      if (nNode.getNodeType() == Node.ELEMENT_NODE) {
        Element eElement = (Element) nNode;
        System.out.println("firstName: " + getTagValue("firstname", eElement));
        System.out.println("lastName: " + getTagValue("lastname", eElement));
        System.out.println("nickName: " + getTagValue("nickname", eElement));
        System.out.println("salary: " + getTagValue("salary", eElement));
        System.out.println();
      }
    }
  }
                                                    <emp> 태그 아래의 태그명을 이용해서
                                                    각각의 사원 정보를 얻습니다.
  private static String getTagValue(String sTag, Element eElement) {
```

968 초보 개발자를 위한 자바

```
        NodeList nlList = eElement.getElementsByTagName(sTag).item(0).getChildNodes();
        Node nValue = (Node) nlList.item(0);
        return nValue.getNodeValue();
    }
}
```

태그의 값을 구한 후 값을 리턴합니다.

[실행결과]

```
Root element: company
----------------------
firstName: 현진
lastName: 류
nickName: 날쌘돌이
salary: 1000000

firstName: 길동
lastName: 홍
nickName: 갈치
salary: 2000000
```

> **요점 정리** <

- XML을 이용하면 사람이나 프로그램 간에 쉽고 빠르게 원하는 형식으로 데이터를 전달할 수 있습니다.
- XML은 태그와 속성으로 구성되어 있으며 각각의 값을 설정할 수 있습니다.
- XML에서 표현되는 데이터에 이스케이프 문자가 포함되어 있으면 CDATA 섹션으로 처리할 수 있습니다.

7 렌터카 프로그램에 자바 I/O 적용하기

이번에는 렌터카 프로그램에서 저장하는 회원 정보, 렌터카 정보, 예약 정보를 각각의 파일에 저장해서 기능을 구현해 보겠습니다. 19장의 기능은 각 기능의 데이터를 파일에 저장한다는 것만 다를 뿐, 다른 기능은 17장의 것과 동일합니다. 그리고 각 기능의 소스 구조는 동일하므로 19장에선 회원 기능만 살펴보겠습니다.

그림19-47 파일에 기능별 데이터를 저장하는 프로젝트 구조

회원 등록 시 콘솔로 입력받은 회원 정보를 콤마(,)로 구분해서 문자열로 만든 후, 파일 (memberData.txt)에 저장합니다. 반대로 파일에서 회원 정보를 가지고 올 때는, 한 행씩 읽어와서 콤마(,)로 분리해서 ArrayList에 저장 후 회원 정보를 출력합니다.

회원 수정, 삭제 작업은 파일에서 회원 정보를 ArrayList에 새로 저장한 후, ArrayList의 회원 정보 수정, 삭제 작업 후 다시 파일에 새로 저장합니다.

[직접 코딩해 보기] 회원 정보를 파일에 저장하는 MemberImpl 클래스

RentCarApp/com/oracle/rent/ch19/member/MemberImpl.java

```java
package com.oracle.rent.ch19.member;
...
public class MemberImpl extends AbstractBase implements Member {
  File memberFile;
  PrintWriter printer;
  List<MemberVO> memberList;

  public MemberImpl() throws IOException {
    memberFile = new File("src\\com\\oracle\\rent\\ch19\\member\\memberData.txt"); ┄┄┄┄┄ 회원 정보를 저장할 파일 클래스 객체를 생성합니다.
    memberList = new ArrayList<MemberVO>();
}

  //회원 리스트 조회
  @Override
  public List<MemberVO> listMember() throws MemberException, IOException {
    memberList.removeAll(memberList); ┄┄┄┄┄┄┄┄┄┄┄┄ ArrayList의 회원 정보를 모두 삭제합니다.
    BufferedReader br=new BufferedReader(new FileReader(memberFile));
    String memData= null;
    while (true) {
      memData=br.readLine();
      if (memData != null) {
        String[] token = memData.split(",");
        MemberVO memVO = new MemberVO(token[0],token[1], token[2], token[3], token[4]);
        memberList.add(memVO);
      } else {
        break;
      }
    }
    return memberList;
  }
```

파일에서 행 단위로 회원 정보를 읽어온 후,
콤마(,)로 분리해서 ArrayList에 저장합니다.

```java
  //회원 정보 조회
  @Override
    public MemberVO viewMember(MemberVO memberVO) throws MemberException, IOException {
    String id = memberVO.getId();
    MemberVO memVO = null;
```

```
   for (int i = 0; i< memberList.size(); i++) {
     memVO = memberList.get(i);
     if (id.equals(memVO.getId())) {
       break;
     }
     memVO = null;
   }
   return memVO;
 }


 //회원 등록
 @Override
 public void regMember(MemberVO memberVO) throws MemberException, IOException{
   String memData = null;
   printer = new PrintWriter(new FileWriter(memberFile, true)); _____ 기존 파일 내용에 추가합니다.
   String id = memberVO.getId();
   if (id == null || id.equals("")) {
     printer.close();
     throw new MemberException("아이디는 필수 입력 정보입니다.");
    } else {
      memData= memberVO.getId() + "," + ······┐
     memberVO.getPassword() + "," +           ┊
     memberVO.getName()+"," +                  ┊
     memberVO.getAddress() + ","  +      ┊---- 콘솔로 입력받은 회원 정보를 콤마(,)로
     memberVO.getPhoneNum();                   ┊      구분해서 파일에 저장합니다.
     printer.println(memData);                 ┊
     System.out.println("회원 등록했습니다.");   ┊
     printer.close();                   ----┘
   }
 }


 //회원 정보 수정
 @Override
 public void modMember(MemberVO memberVO) throws MemberException, IOException{
   String memData = null;
   printer = new PrintWriter(new FileWriter(memberFile, false)); _____ 기존의 파일의 내용을
                                                                                삭제 후, ArrayList의
                                                                                회원 정보로 새로
   String id = memberVO.getId();                                                저장합니다.
   String password = memberVO.getPassword();
   String name = memberVO.getName();
   String address = memberVO.getAddress();
   String phoneNum = memberVO.getPhoneNum();
```

```
        MemberVO memVO = null;
      for (int i=0; i< memberList.size(); i++){
        memVO = memberList.get(i);
        if (id.equals(memVO.getId())) {
          memVO.setPassword(password);
          memVO.setName(name);
          memVO.setAddress(address);
          memVO.setPhoneNum(phoneNum);
          break;
        }
      }


      for (int i=0; i< memberList.size(); i++) {
        memVO = memberList.get(i);
        memData = memVO.getId() + "," +
        memVO.getPassword() + "," +
        memVO.getName()+"," +
        memVO.getAddress() + ","  +
        memVO.getPhoneNum();
        printer.println(memData);
      }
      printer.close();
  }
```

수정한 ArrayList의 회원 정보를
다시 파일에 저장합니다.

```
//회원 정보 삭제
@Override
public void delMember(MemberVO memberVO) throws MemberException, IOException {
    String memData = null;
    printer = new PrintWriter(new FileWriter(memberFile, false));
```

기존의 파일의 내용을
삭제 후, ArrayList의
회원 정보로 새로
저장합니다.

```
    MemberVO memVO = null;
    String id = memberVO.getId();
    for (int i = 0; i< memberList.size(); i++) {
      memVO = memberList.get(i);
      if (id.equals(memVO.getId())) {
        memberList.remove(i);
      }
    }

    for (int i=0; i< memberList.size(); i++) {
      memVO = memberList.get(i);
      memData= memVO.getId() + "," +
      memVO.getPassword() + "," +
      memVO.getName()+"," +
```

ArrayList애서 회원 정보를 삭제 후, 다시 파일에 저장합니다.

```java
                memVO.getAddress() + "," +
                memVO.getPhoneNum();
                printer.println(memData);
            }
            printer.close();
        }
}
```

[실행결과]

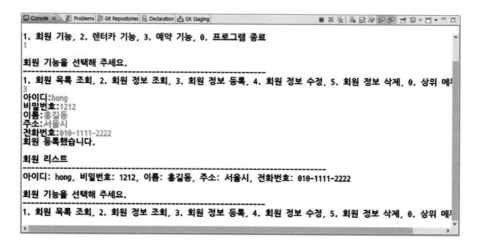

회원 정보를 저장한 파일

각각의 회원 정보를 콤마(,)로 구분해서 파일에 한 행씩 저장합니다.

다른 기능은 책 제공 소스나 동영상을 참고해서 실습해 보세요.

연습 문제

1 _ 입출력 스트림에 관한 설명입니다. 맞는 것에 O표, 틀린 것에 X표를 하세요.

① 자바는 스트림을 이용해서 입출력 작업을 수행합니다. (   )

② 키보드와 콘솔은 스트림을 사용하지 않고 입출력 작업을 할 수 있습니다. (   )

③ 입력 스트림은 프로그램으로 데이터를 입력받는 때에 사용합니다. (   )

④ 스트림은 입력과 출력 작업을 동시에 할 수 있습니다. (   )

2 _ 바이트 스트림(ByteStream)에 관한 설명입니다. 틀린 것은?

① InputStream은 바이트 데이터를 입력받을 때 사용하는 최상위 추상 클래스입니다.

② InputStream의 read() 메서드는 바이트 데이터를 1byte씩 읽어 들입니다.

③ Ouputstream은 바이트 출력할 때 사용하는 최상위 추상 클래스입니다.

④ Ouputstream의 write(byte[] b)는 바이트 데이터 출력 시 2byte씩 출력합니다.

3 _ 필터스트림에 관한 설명입니다. 맞는 것에 O표, 틀린 것에 X표를 하세요.

① 노드스트림에서 데이터를 전달받아서 데이터를 가공하는 역할을 합니다. (   )

② BufferedInputStream은 데이터 입력 속도를 빠르게 할 수 있습니다. (   )

③ OutputStreamReader를 이용하면 콘솔로 행 단위로 출력할 수있습니다. (   )

④ PrintWriter는 문자 데이터만 출력할 수 있습니다. (   )

4 _ 다음과 같이 파일에 제품 정보를 출력하도록 프로그램을 작성해 보세요.

소스 코드: ProductTest.java

```
1  package sec06.ex04;
2
3  import java.io.File;
4  import java.io.FileOutputStream;
5  import java.io.IOException;
6  import java.io.PrintWriter;
7  import java.util.Scanner;
8
9  public class ProductTest {
10   public static void main(String[] args) throws IOException {
11     File file1 = new File("src\\sec06\\exec04\\product.txt");
12     FileOutputStream fos = new FileOutputStream(file1);
13     PrintWriter writer = new PrintWriter(fos, true);
14     Scanner sc = new Scanner(System.in);
15
16     //이곳에 작성해 주세요.
17   }
18 }
```

실행결과

```
1  제품 정보를 입력하세요. 종료: quit
2  제품 번호: 20220001
3  제품 이름: 스마트폰
4  제품 색상: 화이트
5  제품 단가: 1000000
6  제품 정보를 입력하세요. 종료: quit
7  제품 번호: 20220002
8  제품 이름: 노트북
```

9	제품 색상: 그레이
10	제품 단가: 1000000
11	제품 정보를 입력하세요. 종료: quit
12	제품 번호: 20220003
13	제품 이름: 스마트TV
14	제품 색상: 화이트
15	제품 단가: 3000000
16	제품 정보를 입력하세요. 종료: quit
17	제품 번호: quit

제품 정보가 저장된 파일

```
📄 product.tx  ×
1 20220001, 스마트폰, 화이트, 1000000
2 20220002, 노트북, 그레이, 2000000
3 20220003, 스마트TV, 화이트, 3000000
4
```

5 _ 다음은 야구 게임의 규칙입니다. 규칙을 적용해서 프로그램을 작성해 보세요.

> **야구 게임 규칙**
> ● 게임 시작 시 프로그램은 1에서 9사이의 세 개의 수를 임의로 정합니다.
> ● 사용자는 키보드로 컴퓨터가 정한 세개의 수를 예측해서 세 개의 수를 입력합니다.
> ● 프로그램은 사용자가 입력한 세개의 수와 자신이 정한 세 개의 수를 비교한 후 볼 카운트를 화면으로 출력합니다.

<숫자 비교 방법>

1. 프로그램: 257, 사용자 입력 수: 289

--> 2는 자릿수가 일치하기 때문에 0 ball 1 strike

2. 프로그램: 257, 사용자 입력 수: 573

--> 5와 7은 컴퓨터가 정한 수에 해당하지만 자릿수가 틀리므로 2 ball 0 strike

3. 프로그램: 257, 사용자 입력 수: 257

--> 컴퓨터 수와 사용자 입력 수가 일치하므로 3 strike

6 _ 렌터카 실습 예제를 참고해서 도서 쇼핑몰 정보를 파일에 저장하는 기능을 구현해 보세요.

BookShopApp 패키지 구조

20장

자바 네트워크

> 시작 전 가볍게 읽기 <

자바가 나온 시기에 맞춰서 인터넷이 등장했습니다.
자바의 네트워크 기능은 인터넷의 등장과 잘 맞아떨어져서 자바가 널리
사용되는 계기가 되었습니다. 자바 네트워크의 기본 기능에 관해서 알아보겠습니다.

1 네트워크 통신의 정의

일반적인 네트워크 통신이란, 인터넷처럼 서버나 웹 브라우저와 같은 서로 다른 두 지점 간의 통신을 의미합니다. 그런데 자바의 네트워크 통신은 JVM와 JVM 사이의 통신을 의미합니다. 프로그램을 실행하는 JVM이 다른 원격지에 위치하면 일반적인 네트워크 통신과 같지만, 하나의 PC에서 2개의 JVM이 통신할 수도 있습니다.

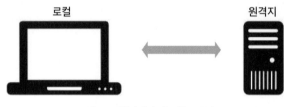

로컬　　　　　　　　　　　　원격지

그림20-1 일반적인 네트워크 통신

네트워크 통신을 하기 위해서는 다음과 같은 요소가 필요합니다.

> **네트워크 통신의 구성 요소**
> - IP 주소
> - 포트 번호
> - 프로토콜

1.1 IP 주소

각각의 네트워크 통신을 할 컴퓨터는 자신의 고유 번호에 해당되는 IP 주소를 가지고 있어야 합니다. 웹 브라우저로 다른 웹사이트에 접속하려면 자신의 IP 주소와 함께 다른 웹사이트가 위치한 IP 주소를 알고 있어야 합니다. 최근에는 32비트 IP 주소가 거의 고갈되어 128비트 주소 체계도 등장했습니다.

> **IP 주소의 특징**
> - 32비트 주소 체계를 이용하여 각 컴퓨터를 구분
> - 8비트씩 네 부분으로 표시하고, 0~255까지 표현 가능
> - 32비트 주소 체계를 'IPv4'라고 함
> - 최근에 128비트 주소 체계인 'IPv6'가 등장함

다음은 자신의 컴퓨터의 IP 주소를 확인하는 방법입니다. 먼저 [명령 프롬프트]를 연 후, '**ipconfig**' 입력을 하고 Enter 키를 치면, 자신의 컴퓨터의 IP 주소를 확인할 수 있습니다.

그림20-2 컴퓨터의 IP 주소 확인하기

1.2 도메인 네임(Domain Name)

브라우저에서 웹사이트에 접속 시 실제 IP 주소를 입력해서 접속하는 경우보다는 웹사이트의 이름을 입력해서 접속합니다. 웹사이트에 대한 IP주소에 매핑이 되는 이름을 **도메인 네임** 또는 **호스트명**이라고 합니다.

해당 웹사이트의 도메인 네임을 입력한 후, 접속을 하면 브라우저는 먼저 해당 도메인 네임에 대응하는 IP 주소를 얻기 위해서 도메인 네임 서비스 서버(DNS Server)에 접속해서 해당 웹사이트의 IP 주소를 얻어와서 웹사이트에 접속합니다. 다음은 www.naver.com으로 접속하는 과정입니다.

① 브라우저에서 DNS 서버에서 접속해서 www.naver.com에 대한 IP 주소를 요청합니다.

② DNS 서버는 브라우저에게 IP 주소를 리턴합니다.

③ 브라우저는 해당 IP 주소의 사이트에 접속합니다.

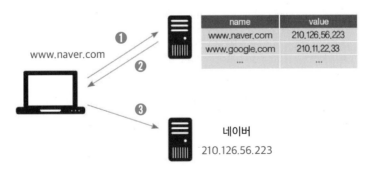
그림20-3 DNS 서버 동작 방식

1.3 포트 번호(Port Number)

일반적으로 서버는 웹사이트, 채팅 서비스 등 여러 가지 네트워크 프로그램들을 동시에 실행시킵니다. 따라서 외부에서 접근 시 서버에서 실행되는 프로그램을 구분해 주어야 할 필요가 있습니다. 이처럼 외부에서 어떤 프로그램에 접속할 것인지 구분해 주는 방법이 **"포트 번호"**입니다. 브라우저에서 요청하는 웹 서비스(HTTP)의 포트 번호는 80번입니다.

포트 번호의 특징

- 컴퓨터(서버)에서 여러 프로세스를 구분하는 번호
- 포트 번호는 0~65535까지 할당할 수 있으며, 0~1023까지는 시스템에서 사용하므로 사용할 수 없음.
- 미리 할당된 포트 번호들
  - HTTP(80)
  - HTTPS(443)
  - FTP(21)
  - TELNET(23)

1.4 프로토콜(Protocol)

프로토콜(Protocol)이란, 여러 컴퓨터 간에 정보 전달 시 정보를 전달하는 규칙을 말합니다. 외국인과 소통을 할 때에는 외국인이 한국어를 하든지, 한국인이 외국어를 하여 서로의 언어를 일치시켜야 합니다. 컴퓨터 사이에서도 통신을 하기 위해서는 서로 이해할 수 있는 약속된 규칙으로 서로의 데이터를 전달해야 합니다. 인터넷 브라우저는 HTTP(Hyper Text Transfer Protocol)나 HTTPS(Hypertext Transfer Protocol over Secure Socket Layer) 프로토콜을 이용해서 데이터를 서로 주고받습니다.

└── HTTPS 프로토콜은 HTTP 프로토콜로 전달되는 데이터를 암호화해서 전달합니다.

프로토콜의 정의

- 네트워크를 통해서 정보를 전달하는 규약
- 상호 간의 접속방식, 데이터 형식, 오류 검출 방식 등을 규정
- HTTP, HTTPS, FTP, TCP/IP, UDP, …

---

2 자바 소켓 통신

자바에서는 소켓들 간의 통신을 이용해서 네트워크 기능을 구현합니다. Java EE에선 Servlet 이나 JSP로 웹 서비스를 구현합니다.

2.1 자바 소켓 통신

실제 네트워크 통신 기능은 복잡한 여러 개의 계층으로 이루어진 프로토콜의 기능을 일일이 구현 해야 합니다. 그러나 자바에서 제공하는 소켓(Socket) 기능을 이용하면 프로그래머는 네트워크 관련 지식을 모르더라도 쉽게 네트워크와 연동해서 데이터를 송수신할 수 있습니다. 소켓이라고 부르는 이유는 그림처럼 프로그램의 말단에서 네트워크와의 연결 단자 역할을 하기 때문입니다.

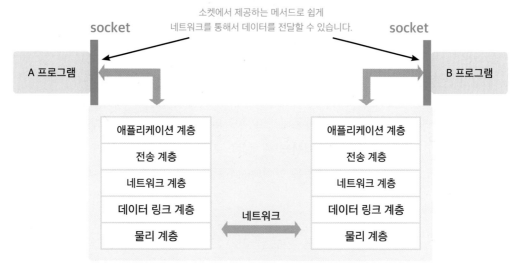

그림20-4 자바 소켓 통신 원리

소켓 통신에 필요한 여러 가지 클래스들에 관해서 알아보겠습니다.

2.1.1 InetAddress 클래스

소켓 통신으로 네트워크 기능을 구현하면 로컬과 원격지의 IP 주소와 포트 번호를 관리할 필요가 있습니다. InetAddress 클래스는 IP 주소(호스트명)와 관련된 기능을 제공합니다. InetAddress는 new 연산자로 객체를 생성하는 것이 아니라 미리 제공되는 여러 가지 정적 메서 드를 이용해서 객체를 생성합니다. 다음은 InetAddress 객체를 리턴하는 정적 메서드들입니다.

메서드	설명
InetAddress getByName(String host)	호스트명과 해당 IP 주소 저장 후 리턴합니다.
InetAddress getByAddress(byte[] addr)	입력 IP 주소 저장 후 객체를 리턴합니다.
InetAddress getByAddress(String host, byte[] addr)	호스트명과 입력한 IP 주소를 저장 후 리턴합니다.
InetAddress getLocalHost()	로컬 호스트 IP 주소를 저장 후 리턴합니다.
InetAddress getLoopbackAddress()	루프백(loopback) IP 주소(127.0.0.1)를 저장 후 리턴합니다.
InetAddress[] getAllByName(String host)	호스트명에 대한 모든 IP 주소를 배열로 저장 후 리턴합니다.

표20-1 InetAddress의 정적 메서드들

InetAddress 클래스는 자신이 저장한 IP 주소와 호스트명에 관한 정보를 다른 메서드를 이용해서 접근할 수 있습니다. 다음은 InetAddress 클래스에서 제공하는 IP 주소 관련 메서드들입니다.

메서드	설명
byte[] getAddress()	InetAddress 객체가 저장하고 있는 IP 주소를 byte[]로 리턴합니다.
String getHostAddress()	InetAddress 객체가 저장하고 있는 IP 주소를 문자열로 리턴합니다.
String getHostName()	InetAddress 객체가 저장하고 있는 호스트명을 문자열로 리턴합니다.
boolean isReachable(int timeout)	Ping 명령과 같이 지정한 IP 주소(호스트명)에 대한 응답을 확인할 수 있습니다.

표20-2 InetAddress의 IP 주소 관련 메서드들

다음은 InetAddress의 정적 메서드를 이용해서 IP 주소와 호스트 정보가 저장된 InetAddress 객체를 얻는 예제입니다. getByName() 메서드 매개값으로 호스트명을 지정하면 실행 시 DNS 서버에 접속한 후, 호스트명에 대한 IP 주소를 얻어와서 InetAddress 객체에 저장 후 리턴합니다.

[직접 코딩해 보기] InetAddress 객체 얻기

ch20/sec01/ex01/InetAddressTest.java

```
package sec01.ex01;

import java.net.InetAddress;
import java.net.UnknownHostException;
import java.util.Arrays;

public class InetAddressTest {                               네트워크 연동 시 반드시 예외 처리를 해야합니다.
  public static void main(String[] args) throws UnknownHostException {

    //InetAddress 객체 생성
    InetAddress addr1 = InetAddress.getByName("www.oracle.com");      DNS 서버에서 IP 주소를 얻습니다.
    InetAddress addr2 = InetAddress.getByAddress(new byte[]
```

```
                직접 IP 주소를 세팅합니다. _____ {(byte)104,(byte)74,(byte)162,(byte)89});
    InetAddress addr3= InetAddress.getByAddress("www.jweb.com",
                                new byte[] {(byte)104,(byte)74,(byte)162,(byte)89});
    System.out.println(addr1);                 '------ 호스트명과 IP 주소를 동시에 세팅합니다.
    System.out.println(addr2);
    System.out.println(addr3);

    //로컬IP와 루프백 IP 얻기
    InetAddress addr4 = InetAddress.getLocalHost();  _____ 로컬 컴퓨터의 IP 주소를 저장 후 리턴합니다.
    InetAddress addr5 = InetAddress.getLoopbackAddress(); //localhost/127.0.0.1
    System.out.println(addr4);
    System.out.println(addr5);

    //하나의 호스트가 여러개의 IP를 가지고 있는 경우
    InetAddress[] addr6 = InetAddress.getAllByName("www.naver.com"); _____ 여러 개의 IP를 사용하는 경우
    System.out.println(Arrays.toString(addr6));                             배열로 리턴합니다.
  }
}
```

[실행결과]

```
www.oracle.com/104.74.162.89
/104.74.162.89
www.jweb.com/104.74.162.89

DESKTOP-7RFE112/121.168.202.151
localhost/127.0.0.1

[www.naver.com/223.130.195.95, www.naver.com/223.130.195.200]
```

다음은 InetAddress 객체에 저장된 네트워크 정보를 메서드로 얻는 예제입니다. getAddress() 메서드로 IP 주소를 얻을 때, 255보다 크면 음수를 리턴합니다. 따라서 getHostAddress() 메서드로 IP 주소를 구하면 일반적인 IP 주소를 문자열로 얻을 수 있습니다.

[직접 코딩해 보기] InetAddress 메서드 사용하기

ch20/sec01/ex01/InetAddressMethodTest.java

```
package sec01.ex01;

import java.io.IOException;
import java.net.InetAddress;
import java.net.UnknownHostException;
```

```
import java.util.Arrays;

public class InetAddressMethodTest {
  public static void main(String[] args) throws UnknownHostException, IOException {

      //호스트명과 IP 주소 얻기
      InetAddress addr1 = InetAddress.getByName("www.oracle.com");
      byte[] address1 = addr1.getAddress();_____ IP 주소가 255보다 크면 음수로 리턴합니다.
      System.out.println(Arrays.toString(address1));

      String address2 = addr1.getHostAddress();_____ IP 주소를 문자열로 리턴합니다.
      System.out.println(address2);

      String hostName = addr1.getHostName();_____ 호스트명을 리턴합니다.
      System.out.println(hostName);

      System.out.println(addr1.isReachable(2000));_____ 응답 가능 여부를 리턴합니다.
  }
}
```

[실행결과]

```
[104, 74, -94, 89]
104.74.162.89
www.oracle.com
true
```

2.1.2 SocketAddress 클래스

InetAddress 클래스는 IP 주소만 관리할 수 있습니다. 반면에 SocketAddress 클래스는 InetAddress 클래스의 기능을 그대로 제공하면서 포트 번호 관리 기능도 함께 제공합니다.

SocketAddress는 추상 클래스이므로 실제 구현은 하위 클래스인 InetSocketAddress 클래스를 사용합니다.

생성자	설명
InetSocketAddress(int port)	IP 주소 없이 내부의 포트 정보만 지정합니다.
InetSocketAddress(String hostname, intport)	매개값의 호스트명에 해당하는 IP 주소와 포트 번호를 지정합니다.
InetSocketAddress(InetAddressaddr, intport)	매개변수의 InetAddress(IP 정보)와 포트 번호를 지정합니다.

표20-3 InetSocketAddress의 생성자들

InetSocketAddress에서 제공하는 IP 주소와 포트 번호 관련 메서드들입니다.

메서드	설명
InetAddress getAddress()	저장된 IP 주소를 InetAddress타입으로 리턴합니다.
int getPort()	포트 번호를 정수 타입으로 리턴합니다.
String getHostName()	호스트명을 문자열로 리턴합니다.

표20-4 InetSocketAddress의 주요 메서드

InetSocketAddress 클래스를 이용해서 IP 주소와 포트 번호를 얻는 예제입니다.

[직접 코딩해 보기] InetSocketAddress 메서드 사용하기

ch20/sec01/ex02/InetSocketAddress.java

```java
package sec01.ex02;

import java.net.InetAddress;
import java.net.InetSocketAddress;
import java.net.UnknownHostException;

public class InetSocketAddressTest {
  public static void main(String[] args) throws UnknownHostException {

    //InetAddress 객체 생성
    InetAddress addr1 = InetAddress.getByName("www.oracle.com");
    int port = 9999;

    InetSocketAddress isa1 = new InetSocketAddress(port);
    InetSocketAddress isa2 = new InetSocketAddress("www.oracle.com", port);
    InetSocketAddress isa3 = new InetSocketAddress(addr1, port);
    System.out.println(isa1);
    System.out.println(isa2);
    System.out.println(isa3);

    //InetSocketAddress 메서드
    InetAddress ina = isa2.getAddress();
    System.out.println(ina);
    System.out.println(ina.getHostName());
    System.out.println(isa2.getHostName());
    System.out.println(isa2.getPort());
  }
}
```

- - - - - - - - - 생성자 호출 시 포트 번호만 전달합니다.

- - - - - - InetAddress 객체를 리턴합니다 생성자 호출 시 호스트명과 포트 번호를 전달합니다.

- - - - 생성자 호출 시 InetAddress 객체와 포트 번호를 전달합니다.

- - - - - - - - - 호스트명을 리턴합니다.

- - - - - - - - - - 포트 번호를 리턴합니다.

[실행결과]

```
0.0.0.0/0.0.0.0:9999
www.oracle.com/104.74.207.23:9999
www.oracle.com/104.74.207.23:9999

www.oracle.com/104.74.207.23
www.oracle.com
www.oracle.com
9999
```

2.1.3 Socket 클래스

Socket 클래스는 원격지에 접속 요청 후, 원격지와 데이터 통신 기능을 제공하는 클래스입니다. 다음은 Socket 클래스의 여러 가지 생성자들입니다. 생성자 호출 시 접속하려는 원격지의 IP 주소와 포트 번호를 지정하면 Socket 객체 생성 시 전달된 IP 주소의 포트 번호로 연결합니다.

생성자 호출 시 로컬의 호스트의 IP 주소와 포트 번호를 지정하지 않으면 JVM이 자동으로 IP 주소와 사용하지 않는 포트 번호를 지정해 줍니다.

생성자	사용 분야
Socket()	서버와 연결되지 않은 소켓 객체를 생성합니다.
Socket(InetAddress address, int port)	소켓 객체 생성 시 첫 번째 매개값으로 전달된 IP 주소의 두 번째 매개값의 포트 번호를 가지는 서버 프로그램과 연결합니다.
Socket(String host, int port)	소켓 객체 생성 시 첫 번째 매개값로 전달된 host에 두 번째 매개값의 포트 번호를 가지는 서버 프로그램과 연결합니다.
Socket(String host, int port, InetAddress localAddr, int localPort)	소켓 객체 생성시 원격지의 호스트명과 포트 번호로 연결하고, 자신의 로컬 IP 주소와 포트 번호를 전달합니다.

표20-5 Socket 클래스의 생성자들

다음은 Socket 클래스에서 네트워크로 서버나 원격지에 연결 시 사용되는 여러 가지 메서드들입니다.

메서드	설명
void bind(SocketAddress bindpoint)	매개값으로 전달된 IP 주소를 소켓을 할당합니다.
void connect(SocketAddress endpoint)	매개값로 전달된 주소의 서버에 소켓을 연결합니다.
void connect(SocketAddress endpoint, int timeout)	매개값으로 전달된 주소에 정해진 시간 동안 소켓을 연결합니다.

InputStream getInputStream()	소켓이 사용할 InputStream 객체를 생성한 후 리턴합니다.
OutputStream getOutputStream()	소켓이 사용할 OutputStream 객체를 생성한 후 리턴합니다.
InetAddress getInetAddress()	연결된 서버의 IP 주소를 리턴합니다.
InetAddress getLocalAddress()	소켓이 사용하는 로컬 주소를 리턴합니다.
int getLocalPort()	소켓이 사용하는 로컬 포트 번호를 리턴합니다.
void close()	소켓 객체를 소멸시킵니다.

표20-6 Socket 클래스의 주요 메서드들

Socket 클래스를 이용해서 Socket 객체 생성 시 매개값으로 원격지의 IP 주소와 포트 번호를 지정해서 연결합니다. 이 때 로컬 IP 주소와 포트 번호도 원격지에 전송할 수 있습니다. 만약 생성자에서 로컬 정보를 지정하지 않으면 Socket 객체 생성 시 JVM이 사용하지 않는 포트 번호를 자동으로 할당해서 원격지로 전달합니다.

[직접 코딩해 보기] Socket 사용하기

ch20/sec01/ex03/SocketTest.java

```java
package sec01.ex03;

import java.io.IOException;
import java.net.InetAddress;
import java.net.InetSocketAddress;
import java.net.Socket;

public class SocketTest {
  public static void main(String[] args) throws IOException {
    //Socket 객체 생성
    Socket socket1 = new Socket();

    //원격지 주소 정보 얻기
    System.out.println(socket1.getInetAddress() + ":" + socket1.getPort());

    socket1.connect(new InetSocketAddress("www.oracle.com", 80));
    System.out.println(socket1.getInetAddress() + ":" + socket1.getPort());

    Socket socket2 = new Socket("www.oracle.com", 80);
//  Socket socket2 = new Socket("104.74.207.23", 80); //IP 주소를 입력해서 연결합니다.
    System.out.println(socket2.getInetAddress() + ":" + socket2.getPort());
    System.out.println(socket2.getLocalAddress()+":"+socket2.getLocalPort());

    Socket socket3 = new Socket("www.oracle.com", 80, InetAddress.getLocalHost(), 9999);
    System.out.println(socket3.getInetAddress() + ":" + socket3.getPort());
```

Socket 객체 생성 시 IP 주소와 포트 번호를 지정하지 않았으므로 null과 0을 출력합니다.

connect() 메서드로 지정한 IP 주소와 포트 번호로 연결합니다.

로컬 포트 번호를 80으로 할당합니다.

원격지 연결 시 로컬 IP 주소와 포트 번호를 원격지에 전달합니다.

```
        System.out.println(socket3.getLocalAddress()+":"+socket3.getLocalPort());

        socket1.close();
        socket2.close();
        socket3.close();
                                       ┌------ 호스트명에 대응하는 원격지 IP 주소를 DNS에서 얻은 후, 연결합니다.
//  Socket socket4 = new Socket(InetAddress.getByName("www.oracle.com"), 80);
//  Socket socket5 = new Socket(InetAddress.getByName("www.oracle.com"), 80,
                                                      InetAddress.getLocalHost(),
8888);
//  socket4.close();
//  socket5.close();
    }
}
```

[실행결과]

```
null:0
www.oracle.com/104.74.207.23:80

/104.74.207.23:80
/121.168.202.151:58758

www.oracle.com/104.74.207.23:80
121.168.202.151:9999
```

2.1.4 ServerSocket 클래스

다음은 클라이언트의 연결 요청을 처리하는 서버 역할을 하는 ServerSocket 클래스의 생성자와
메서드입니다.

생성자	설명
ServerSocket()	서버와 연결되지 않은 서버 소켓 객체를 생성합니다.
ServerSocket(int port)	매개값으로 전달된 포트 번호를 가지는 서버 소켓 객체를 생성합니다.
ServerSocket(int port,int backlog)	매개값으로 전달된 port 번호와 backlog를 가지는 서버 소켓 객체를 생성합니다.
ServerSocket(int port,int backlog, InetAddress bindAddr)	매개값으로 전달된 port 번호와 backlog와 IP 주소를 가지는 서버 소켓 객체를 생성합니다.

표20-7 ServerSocket 클래스의 생성자들

메서드	설명
Socket accept()	주기적으로 외부에서 ServerSocket() 연결 요청을 감시하고 연결 요청 시 연결한 후, 소켓 객체를 리턴합니다.
void bind(SocketAddress endpoint)	매개값으로 전달된 endpoint(IP 주소, 포트 번호)를 서버 소켓에 할당합니다.
boolean isBound()	서버 소켓의 바인딩 상태를 리턴합니다.
InputStream getInputStream()	서버 소켓이 사용하는 InputStream 객체를 생성한 후 리턴합니다.
OutputStream getOutputStream()	서버 소켓이 사용할 OutputStream 객체를 생성한 후 리턴합니다.
InetAddress getInetAddress()	서버 소켓이 사용하는 IP 주소를 리턴합니다.
SocketAddress getLocaSocketAddress()	서버 소켓이 사용하는 로컬 주소를 리턴합니다.
int getLocalPort()	서버 소켓이 사용하는 로컬 포트 번호를 리턴합니다.
void close()	서버 소켓 객체를 소멸시킵니다.

표20-8 ServerSocket 클래스의 주요 메서드들

ServerSocket 객체를 생성한 후 바인딩하는 예제입니다. ServerSocket 객체 생성 후 포트 번호를 지정하지 않으면 바인딩이 되지 않습니다. 즉, 포트 번호가 지정되지 않아서 다른 클라이언트 Socket의 연결 요청을 받을 수 없습니다. 따라서 bind() 메서드로 바인딩 처리를 해 주어야 합니다.

[직접 코딩해 보기] ServerSocket 사용하기

ch20/sec01/ex03/ServerSocketTest.java

```java
package sec01.ex04;

import java.io.IOException;
import java.net.InetSocketAddress;
import java.net.ServerSocket;

public class ServerSocketTest {
  public static void main(String[] args) throws IOException {
    //ServerSocket 객체 생성
    ServerSocket serverSocket1 = new ServerSocket();
    System.out.println(serverSocket1.isBound());  //false

    serverSocket1.bind(new InetSocketAddress("127.0.0.1",8888));
    System.out.println(serverSocket1.isBound());  //true

    ServerSocket serverSocket2 = new ServerSocket(9999);
    System.out.println(serverSocket2.isBound());  //true
```

```
        serverSocket1.close();
        serverSocket2.close();
    }
}
```

[실행결과]

```
false
true
true
```

2.2 Socket과 ServerSocket 통신 과정

그럼 클라이언트 Socket과 ServerSocket 간에 어떻게 통신이 이루어지는지 알아보겠습니다. 다음은 여러 개의 클라이언트와 이 클라이언트의 요청을 처리하는 서버를 나타내고 있습니다.

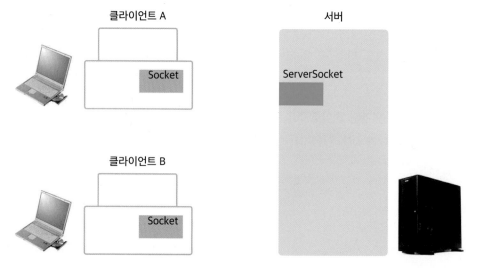

그림20-5 서버에 접속을 기다리는 클라이언트 프로그램

① 클라이언트 A가 소켓 객체를 생성하면서 매개값으로 전달된 IP 주소와 포트 번호로 서버에 연결을 요청합니다.

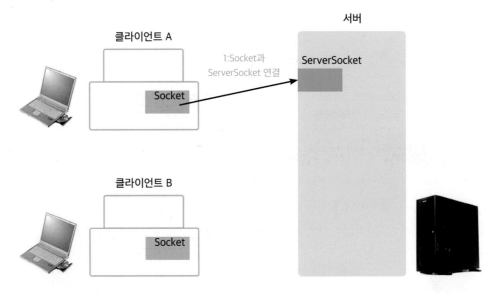

그림20-6 클라이언트 A가 ServerSocket에 연결을 요청

② 서버의 ServerSocket은 클라이언트의 요청을 받아들인 후, 클라이언트 A와 통신할 새로운 Socket 객체를 생성하면서 우회시킵니다.

③ 클라이언트 A Socket과 새로 생성된 Socket은 서로 통신합니다.

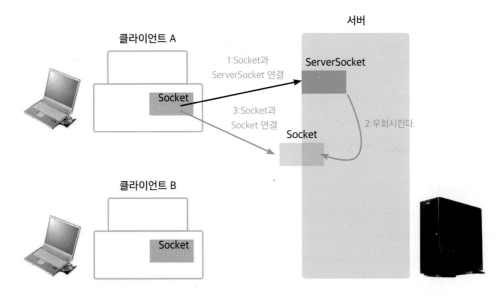

그림20-7 클라이언트 A의 요청을 수락한 후 ServerSocket이 Socket 객체를 생성한 상태

④, ⑤ 클라이언트 B가 연결 요청 시 ServerSocket은 다시 연결을 수락하면서 Socket 객체를 생성 후 우회시킵니다.
⑥ : 클라이언트 B Socket과 새로 생성된 Socket이 서로 통신합니다.

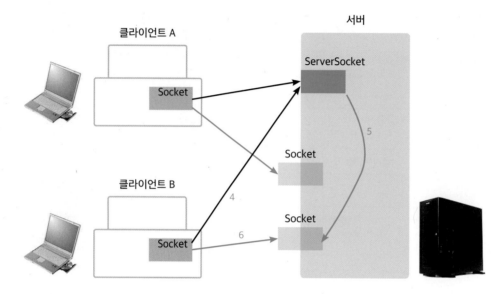

그림20-8 클라이언트 B의 요청을 수락한 후 ServerSocket이 Socket 객체를 생성한 상태

SeverSocket은 클라이언트의 Socket 객체가 요청 시 요청을 수락한 후, 각각의 클라이언트와 통신할 Socket 객체를 생성시키는 역할을 합니다. 따라서 실제 통신은 클라이언트와 서버의 Socket 객체들끼리 이루어집니다.

다음은 ServerSocket을 이용해서 간단한 서버 프로그램을 실행시킨 후, 클라이언트 프로그램이 Socket 객체를 이용해서 ServerSocket에 접속을 요청 한 뒤 서로 메시지를 주고받는 과정입니다.
① 서버 프로그램을 실행하면 ServerSocket은 클라이언트의 요청을 기다립니다.
② 클라이언트 프로그램 실행 시 Socket 객체를 생성하면서 IP 주소와 포트 번호로 서버 프로그램의 ServerSocket에 연결을 요청합니다.
③ 서버 프로그램의 ServerSocket은 accept() 메서드를 호출해서 요청을 수락합니다.
④ 서버 프로그램이 PrintWriter의 println() 메서드로 메시지를 클라이언트로 출력하면, 클라이언트는 전송된 메시지를 BufferedReader의 readLine() 메서드로 입력받습니다.
⑤ 동일하게 클라이언트 프로그램이 PrintWriter의 println() 메서드를 메시지를 클라이언트로 출력하면 서버 프로그램은 BufferedReader의 readLine() 메서드로 입력받습니다.

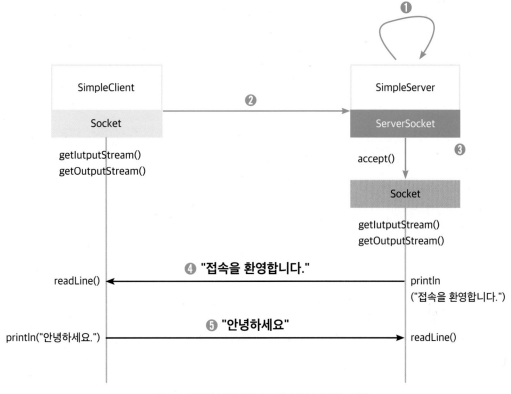

그림20-9 서버와 클라이언트가 메시지를 주고받는 과정

네트워크로 데이터를 입출력(송수신)할 때는 자바 프로그램에서 다른 입출력 장치에 입출력하는 것처럼 입출력 IO 스트림 클래스를 이용합니다. Socket 클래스의 getInputStream()과 getOutputStream() 메서드를 호출하여 네트워크로 입출력하는 InputStream과 OutputStream을 얻을 수 있습니다.

[직접 코딩해 보기] ServerSocket을 이용한 간단한 서버 프로그램

ch20/sec01/ex05/SimpleServerTest.java

```java
package sec01.ex05;

import java.io.BufferedReader;
...

public class SimpleServerTest {
  public static void main(String[] args) {
    ServerSocket serverSocket = null;
    Socket socket = null;
    InputStream is = null;
    OutputStream os = null;
    BufferedReader br = null;
```

```java
        BufferedWriter bw;
        PrintWriter writer = null;
        InetAddress clientIP = null;
        String message = null;

        try {
            serverSocket = new ServerSocket(8888); ........... 포트번호 8888로 ServerSocket 객체를 바인딩합니다.
            System.out.println("서버 실행 중... ");

            while (true) {                                    클라이언트에서 요청 시 accept() 메서드가 호출되어
                socket = serverSocket.accept(); ............... 연결 후 Socket 객체를 생성하고 클라이언트와 통신합니다.
                clientIP = socket.getInetAddress(); ........... 접속한 클라이언트의 IP 주소 정보를 얻습니다.
                System.out.println("접속 IP: " + clientIP);

                is = socket.getInputStream(); ----.
                os = socket.getOutputStream();....'---- 생성한 Socket 객체에서 입출력 스트림을 얻습니다.

                bw = new BufferedWriter(new OutputStreamWriter(os)); ----.
                writer = new PrintWriter(bw, true);                      |---- BufferedWriter와 PrintWriter를
                writer.println("서버: 접속을 환영합니다.");              ----'   이용해서 메시지를 네트워크로
                                                                                출력합니다.

                br = new BufferedReader(new InputStreamReader(is)); ----.
                message = br.readLine();                                 |---- BufferedReader의 readLine()
                System.out.println(message);                           ----'   메서드로 전송된 메시지를
                                                                                입력받습니다.

                writer.close();
                socket.close();
            }
        } catch (IOException e) {
            e.printStackTrace();
        }
    }
}
```

서버의 출력은 클라이언트에서는 입력에 해당됩니다. 반대로 클라이언트의 출력은 서버에선 입력이 됩니다. 따라서 한쪽에서 OutputStream으로 출력하면 다른 쪽은 InputStream으로 입력받습니다.

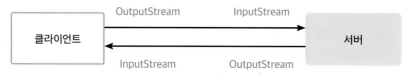

그림20-10 클라이언트와 서버의 스트림을 이용한 입출력 과정

이번에는 두 개의 프로그램을 동시에 실행시켜 콘솔로 메시지를 출력하게 만들기 위해 이클립스에서 두 개의 콘솔을 여는 방법을 소개하겠습니다.

① 이클립스 콘솔의 새 콘솔 아이콘을 클릭해서, [New Console View]를 선택합니다.

그림20-11

② 첫 번째 콘솔에서 "Pin Console" 아이콘을 고정시키면 서버 프로그램의 실행 결과는 첫 번째 콘솔에 표시됩니다. 그리고 두 번째 프로그램을 실행시키면 두 번째 콘솔에 결과가 출력됩니다.

그림20-12

[직접 코딩해 보기] Socket으로 접속하는 클라이언트 프로그램

ch20/sec01/ex05/SimpleClientTest.java

```
package sec01.ex05;

import java.io.BufferedReader;
…

public class SimpleClientTest {
  public static void main(String[] args) {
    Socket socket = null;
    InputStream is = null;
    OutputStream os = null;
    BufferedReader br = null;
    BufferedWriter bw = null;
    PrintWriter writer = null;
    String message = null;

    try {
      socket = new Socket("121.168.202.151", 8888);  ---------- Socket 객체를 생성하면서 IP 주소와 포트 번호로 서버와 연결합니다.
//    socket = new Socket("127.0.0.1", 8888);  ------------- 로컬 서버에 접속합니다.
//    socket = new Socket("121.168.202.151", 8888, InetAddress.getLocalHost(), 9999);
```
　　　　　　　　　　　　　　　　　　　　　　　└----- Socket 객체 생성 시 로컬 IP와 포트 번호를 지정할 수 있습니다.

```
        is = socket.getInputStream();      ┄┄┄┐
        os = socket.getOutputStream();  ┄┄┄┘       ┄┄┄┄ 생성한 Socket 객체에서 입출력 스트림을 얻습니다.

        br = new BufferedReader(new InputStreamReader(is));  ┄┄┄┐
        message = br.readLine();                                            ┆┄┄┄ BufferedReader의 readLine() 메서드로
        System.out.println(message);                                              전송된 메시지를 입력받습니다.

        bw = new BufferedWriter(new OutputStreamWriter(os));  ┄┄┄┐
        writer = new PrintWriter(bw, true);                                 ┆┄┄┄ BufferedWriter와 PrintWriter를
        writer.println("클라이언트: 안녕하세요");                  ┄┄┄┘       이용해서 메시지를 네트워크로
    } catch (Exception e) {                                                           출력합니다.
        e.printStackTrace();
    }
  }
}
```

[실행결과]

왼쪽 콘솔을 클릭 후 서버 프로그램을 실행합니다.

오른쪽 콘솔을 클릭 후 클라이언트 프로그램을 실행합니다.

→ 요점 정리 ←

- Socket 클래스를 이용해서 지정한 IP 주소와 포트 번호로 원격지에 접속합니다.
- ServerSocket은 다른 클라이언트 Socket들의 접속 요청을 처리합니다.
- 자바는 Socket을 이용해서 네트워크 통신을 구현합니다.

③ 자바 채팅 프로그램

채팅 프로그램은 메시지를 송신 과정과 수신 과정으로 나눌 수 있습니다. 메시지 송신은 사용자가 키보드로 입력한 메시지를 네트워크로 출력하는 과정입니다.

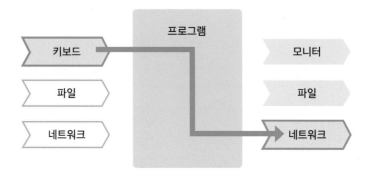

그림20-13 채팅 프로그램의 메시지 송신 과정

메시지 수신은 네트워크로 전송된 메시지를 입력받은 후, 콘솔로 출력하는 과정입니다.

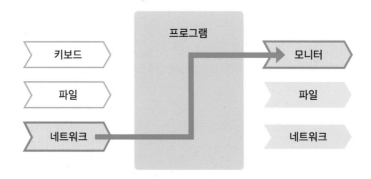

그림20-14 채팅 프로그램의 메시지 수신 과정

3.1 교대로 메시지 송수신하기

ServerSocket을 이용해서 채팅 서버를 구현하고 있습니다. 클라이언트에서 연결 요청 시 accept() 메서드로 Socket 객체를 생성 후 무한 반복문을 이용해서 클라이언트와 메시지를 교대로 송수신합니다.

[직접 코딩해 보기] 채팅 서버 프로그램

ch20/sec02/ex01/ChatServerTest.java

```java
package sec02.ex01;

import java.io.BufferedReader;
...

public class ChatServerTest {
  public static void main(String[] args) {
    ServerSocket serverSocket = null;
    Socket socket = null;
    InputStream is = null;
    BufferedReader br = null;
    BufferedWriter bw = null;
    PrintWriter writer = null;
    OutputStream os = null;
    String inMessage = null;
    String outMessage = null;

    try {
      serverSocket = new ServerSocket(8888);           ........... ServerSocket 객체를 바인딩합니다.
      System.out.println("서버 실행 중...");
      socket = serverSocket.accept();

      is = socket.getInputStream();       ----;
      os = socket.getOutputStream();      ----  ----- Socket 객체에서 입력과 출력 스트림을 얻습니다.

      Scanner sc = new Scanner(System.in);

      br = new BufferedReader(new InputStreamReader(is));    ----;
                                                                     ----- 송수신에 사용할 입출력 버퍼를
      bw = new BufferedWriter(new OutputStreamWriter(os));   ----    생성합니다.

      writer = new PrintWriter(bw, true);                           ----;
                                                                            ----- PrintWriter의 println() 메서드로
      writer.println("서버: 접속을 환영합니다. 메시지를 먼저 보내세요.");   ----    메시지를 송신합니다.

      while (true) {
        inMessage = br.readLine();         ----;
                                                  ----- 수신한 메시지를 콘솔로 출력합니다.
        System.out.println(inMessage);     ----

        outMessage = sc.nextLine();             ----;
        if (outMessage.equals("exit"))               |
          break;                                      ----- 키보드로 입력한 메시지를 송신합니다.
        writer.println("서버: " + outMessage);   ----
```

```
            }

            sc.close();
            writer.close();
            socket.close();
        } catch (IOException e) {
            e.printStackTrace();
        }
    }
}
```

클라이언트 프로그램도 Socket으로 연결 후, 무한 반복문을 이용해서 키보드로 입력한 메시지를
교대로 송수신하고 있습니다.

[직접 코딩해 보기] 채팅 클라이언트 프로그램

ch20/sec02/ex01/ChatServerTest.java

```
package sec02.ex01;

import java.io.BufferedReader;
...

public class ChatClientTest {
    public static void main(String[] args) {
        Socket socket = null;
        InputStream is = null;
        OutputStream os = null;
        BufferedReader br = null;
        BufferedWriter bw = null;
        PrintWriter writer = null;
        String inMessage = null;
        String outMessage = null;

        try {
            socket = new Socket("121.168.202.151", 8888);
            is = socket.getInputStream();          ┈┈┐
                                                      ├┈┈┈ Socket 객체에서 입력과 출력 스트림을 얻습니다.
            os = socket.getOutputStream();         ┈┈┘

            Scanner sc = new Scanner(System.in);

            br = new BufferedReader(new InputStreamReader(is));    ┈┈┐   송수신 입출력 버퍼와 메시지를 출력할
            bw = new BufferedWriter(new OutputStreamWriter(os));  ┈┈┘   PrintWriter 객체를 생성합니다.
```

```
        writer = new PrintWriter(bw, true);

      while (true) {
        inMessage = br.readLine();
        System.out.println(inMessage); ----     ----- 수신한 메시지를 출력합니다.

        outMessage = sc.nextLine();
        if (outMessage.equals("exit"))
          break;                              ----- 키보드로 입력한 메시지를 송신합니다.
        writer.println("클라이언트: " + outMessage); ----
      }

      sc.close();
      writer.close();
      socket.close();
    } catch (Exception e) {
      e.printStackTrace();
    }
  }
}
```

[실행결과]

| 서버 | 클라이언트 |

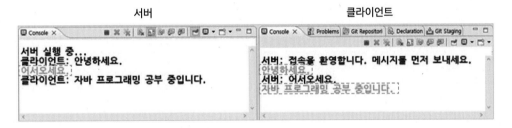

3.2 스레드를 이용해서 메시지를 동시에 송수신하기

3.1의 예제는 서버와 클라이언트가 메시지를 교대로 주고받았습니다. 그러나 실제 채팅 프로그램은 메시지를 동시에 송수신하면서 채팅을 합니다.

다음은 실습 예제의 클라이언트와 서버 프로그램의 구조입니다. 이번에는 송수신을 담당하는 스레드를 이용해서 동시에 메시지를 송수신할 수 있습니다.

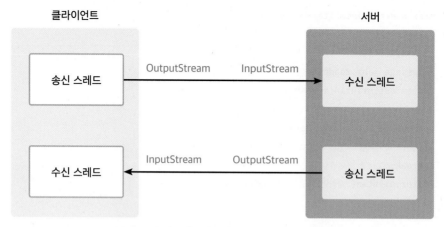

클라이언트   서버

그림20-15 송신 스레드와 수신 스레드로 메시지 전송하기

메시지 수신 스레드입니다. 스레드 객체 생성 시 생성자로 연결된 Socket 객체를 전달받아서 무
한 반복문을 돌면서 수신되는 메시지를 즉시 출력합니다.

[직접 코딩해 보기] 메시지 수신 스레드

ch20/sec02/ex02/RecvThread.java

```java
package sec02.ex02;

import java.io.BufferedReader;
…

public class RecvThread extends Thread {
  Socket socket = null;
  InputStream is = null;
  BufferedReader br = null;
  String inMessage = null;

  public RecvThread(Socket socket) {
    this.socket = socket;
  }

  @Override
  public void run() {
    try {
      is = socket.getInputStream();
      br = new BufferedReader(new InputStreamReader(is));

      while (true) {
        inMessage = br.readLine();
```

스레드 객체 생성 시 전달된 Socket 객체를 이용해서 메시지를 수신합니다.

무한 반복문을 돌면서 수신되는 메시지를 출력합니다.

```
      System.out.println(inMessage);
    }
  } catch (Exception e) {
    e.printStackTrace();
  }
}
}
```

서버 프로그램에서는 수신 기능은 수신 스레드를 이용해서 메시지를 수신하고, 메시지 송신 기능만 구현합니다.

[직접 코딩해 보기] 채팅 서버 프로그램

ch20/sec02/ex02/ChatServerTest.java

```java
package sec02.ex02;

import java.io.BufferedWriter;
...


public class ChatServerTest {
  public static void main(String[] args) {
    ServerSocket serverSocket = null;
    Socket socket = null;
    OutputStream os = null;
    BufferedWriter bw = null;
    PrintWriter writer = null;
    String outMessage = null;

    try {
      serverSocket = new ServerSocket(8888);
      System.out.println("서버 실행 중...");
      socket = serverSocket.accept();

      os = socket.getOutputStream();

      RecvThread rThread=new RecvThread(socket);
      rThread.start( );

      Scanner sc = new Scanner(System.in);

      bw = new BufferedWriter(new OutputStreamWriter(os));
      writer = new PrintWriter(bw, true);
      writer.println("서버: 접속을 환영합니다.");
```

연결 요청 시 생성된 Socket 객체를
수신 스레드로 전달합니다.

```java
        while (true) {
          outMessage = sc.nextLine();
          if (outMessage.equals("exit"))
            break;

          System.out.println("서버: " + outMessage);
          writer.println("서버: " + outMessage);
        }

        sc.close();
        writer.close();
        socket.close();
      } catch (IOException e) {
        e.printStackTrace();
      }
    }
  }
}
```

───── 키보드로 입력한 메시지를 송신합니다.

클라이언트도 수신 스레드를 이용해서 메시지를 수신합니다.

[직접 코딩해 보기] 채팅 클라이언트 프로그램

ch20/sec02/ex02/ChatClientTest.java

```java
package sec02.ex02;

import java.io.BufferedWriter;
...

public class ChatClientTest {
  public static void main(String[] args) {
    Socket socket = null;
    OutputStream os = null;
    BufferedWriter bw = null;
    PrintWriter writer = null;
    String outMessage = null;

    try {
      socket = new Socket("121.168.202.151", 8888);
      os = socket.getOutputStream();


      RecvThread rThread=new RecvThread(socket);
      rThread.start( );
```

───── 연결 요청 시 생성된 Socket 객체를
      수신 스레드로 전달합니다.

```java
    Scanner sc = new Scanner(System.in);

    bw = new BufferedWriter(new OutputStreamWriter(os));
    writer = new PrintWriter(bw, true);

    while (true) {
      outMessage = sc.nextLine();
      if (outMessage.equals("exit"))
        break;                                          ┄┄┄┄ 키보드로 입력한 메시지를 송신합니다.
      System.out.println("클라이언트: " + outMessage);
      writer.println("클라이언트: " + outMessage);
    }

    sc.close();
    writer.close();
    socket.close();
  } catch (Exception e) {
    e.printStackTrace();
    }
  }
}
```

[실행결과]

서버   클라이언트

3.3 다중 채팅 프로그램 구현하기

자바의 다중 채팅 기능은 클라이언트가 메시지를 서버로 보내면 서버는 메시지를 다시 접속 중인
모든 클라이언트에게 보내는 구조로 기능을 구현합니다.

1 _ Client1이 접속을 요구하면 서버는 생성된 소켓 객체와 송신 스레드 객체를 ArrayList에 저장합니다.

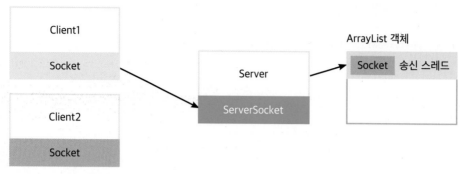

그림20-16 Client1 접속 요청 시 송신 스레드를 ArrayList에 저장한 상태

2 _ Client2가 접속을 요청하면 서버는 두 번째로 생성된 소켓 객체와 송신 스레드 객체를 ArrayList에 저장합니다.

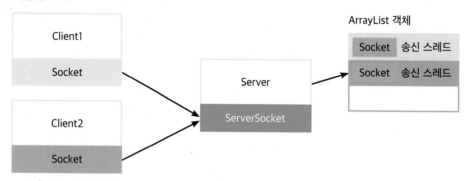

그림20-17 Client2 접속 요청 시 송신 스레드를 ArrayList에 저장한 상태

3 _ Client1이 "안녕하세요" 메시지를 서버로 송신하면 서버는 스레드가 저장된 ArrayList에서 차례대로 송신 스레드를 가지고 와서 "안녕하세요." 메시지를 모든 클라이언트에 송신합니다.

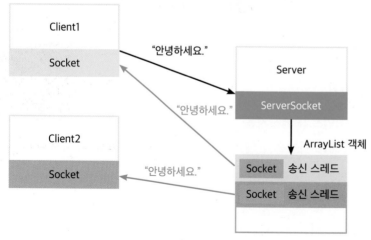

그림20-18 첫 번째 클라이언트 메시지를 다른 클라이언트에게 보내는 과정

다음은 다중 채팅 프로그램을 구현한 파일들이 위치한 패키지입니다. 서버 프로그램에는 메시지 송수신을 처리하는 ChatServerThread가 추가되었습니다.

그림20-19 **다중 채팅 프로그램 파일들**

서버 스레드는 클라이언트가 보낸 메시지를 수신한 후, 다시 미리 ArrayList에 저장된 각각의 클라이언트에 대한 송신 스레드를 이용해서 모든 클라이언트에게 메시지를 전송합니다.

[직접 코딩해 보기] 서버 송신 스레드 클래스

ch20/sec02/ex03/CharServerThread.java

```java
package sec02.ex03;

import java.io.BufferedReader;
…

public class ChatServerThread extends Thread {
    private Socket socket;
    private static List<ChatServerThread> threads = new ArrayList<ChatServerThread>();
    InputStream is;
    OutputStream os;
    BufferedWriter bw;
    BufferedReader br;
    PrintWriter writer;
    String message;
    String nickName;

    public ChatServerThread(Socket socket, String nickName) {
      this.nickName = nickName;
      this.socket = socket;
      threads.add(this);
    }

    public void run() {
      try {
        is = socket.getInputStream();
        os = socket.getOutputStream();
```

각각의 클라이언트에 메시지를 전달하는 스레드가 저장되는 ArrayList를 선언합니다.

각각의 클라이언트의 송신 스레드를 ArrayList에 저장합니다.

접속한 클라이언트의 InputStream과 OutputStream 객체를 얻습니다.

```
      bw = new BufferedWriter(new OutputStreamWriter(os));
      writer = new PrintWriter(bw, true);
      writer.println("서버에 접속되었습니다.");

      while (true) {
        try {
        br = new BufferedReader(new InputStreamReader(is));
        message = br.readLine();
        if (message == null)
          throw new IOException();
        sendMessageAll(message); _____ 모든 클라이언트에게 수신된 메시지를 송신합니다.

        } catch (IOException e) {
          System.out.println(nickName + "이 접속을 해제했습니다.");
          threads.remove(this); _____ 클라이언트가 접속을 끊으면 ArrayList에서 해당 스레드를
          return;                              제거합니다.
        }
      }
    } catch (IOException e) {
      e.printStackTrace();
    }
  }
}


public void sendMessageAll(String message) throws IOException {
  ChatServerThread thread = null;
  for (int i = 0; i < threads.size(); i++) {
    thread = threads.get(i);
    if (thread.isAlive())
      thread.sendMessage(message);      ArrayList에서 차례대로 송신 스레드를 가지고 와서
  }                                     메시지를 각각의 클라이언트에 전송합니다.

  //서버 콘솔로 출력
  System.out.println(message);
  }

  public void sendMessage(String message) throws IOException {
    writer = new PrintWriter(new BufferedWriter(new OutputStreamWriter(socket.
                                     getOutputStream())), true);
    writer.println(message);
  }
}
```

ServerSocket으로 클라이언트의 접속 요청 시 해당 클라이언트를 담당한 송수신 스레드를 생성합니다.

[직접 코딩해 보기] 서버 프로그램

ch20/sec02/ex03/ChatServerTest.java

```java
package sec02.ex03;

import java.io.BufferedReader;
...

public class ChatServerTest {
  public static void main(String[] args) {
    ServerSocket serverSocket = null;
    Socket socket = null;
    ChatServerThread thread;

    try {
      serverSocket = new ServerSocket(8888);
      System.out.println("서버 실행 중...");

      while (true) {
        socket = serverSocket.accept();

        InputStream is = socket.getInputStream();
        BufferedReader br = new BufferedReader(new InputStreamReader(is));
        String nickName = br.readLine();

        //연결 확인용
        System.out.println("접속 IP: " + socket.getInetAddress());
        System.out.println("접속자:" + nickName);

        thread = new ChatServerThread(socket, nickName);
        thread.start();
      }

    } catch (IOException e) {
      e.printStackTrace();
    }
  }
}
```

접속 요청 시 요청한 클라이언트에 대한 송신 스레드 객체를 생성합니다.

클라이언트는 서버와 접속전에 채팅에서 사용할 대화명을 입력받습니다.

[직접 코딩해 보기] 클라이언트 프로그램

ch20/sec02/ex03/ChatClientTest.java

```
package sec02.ex03;

import java.io.BufferedWriter;
...


  public class ChatClientTest {
    public static void main(String[] args) {
      Socket socket = null;
      OutputStream os = null;
      BufferedWriter bw = null;
      PrintWriter writer = null;
      String outMessage = null;

      Scanner sc = new Scanner(System.in);
      System.out.println("대화명을 입력하세요.");
      String nickName = sc.nextLine();

      try {
        socket = new Socket("121.168.202.151", 8888);
        os = socket.getOutputStream();

        RecvThread rThread=new RecvThread(socket);
        rThread.start( );

        bw = new BufferedWriter(new OutputStreamWriter(os));
        writer = new PrintWriter(bw, true);

        writer.println(nickName); _____ 접속 시 대화명을 전송합니다.

        while (true) {
          outMessage = sc.nextLine();
          if (outMessage.equals("exit"))
            break;
          writer.println(nickName + ": " + outMessage);
        }

        sc.close();
        writer.close();
        socket.close();
```

```
        } catch (Exception e) {
            e.printStackTrace();
        }
    }
}
```

[실행결과]

(a) 먼저 서버를 실행시킵니다.

(b) 새 콘솔 창을 열어 첫 번째 클라이언트 프로그램을 실행한 후 대화명을 입력하면 서버에 접속합니다.

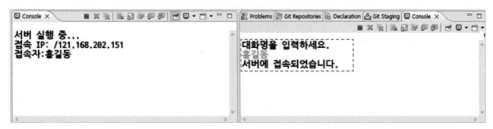

(c) 다시 새 콘솔 창을 열어 클라이언트 프로그램을 실행해서 다른 이름으로 접속합니다.

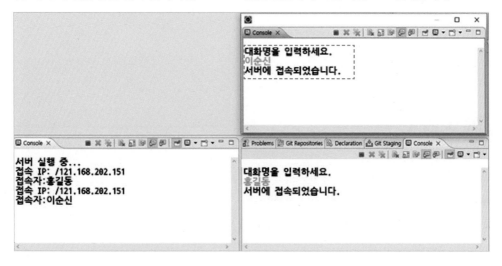

(d) 각각의 클라이언트 콘솔 창에서 메시지를 입력 후 Enter 키를 입력하면, 서버가 받아서 다시 모든 클라이언트에게 재전송합니다.

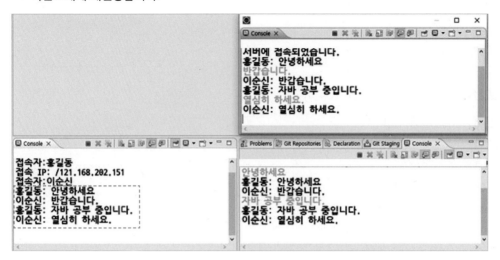

여러 사람들이 모여서 채팅하기 위해 사용하는 단톡방도 각 사용자의 메시지를 서버가 받아서 모든 사용자에게 전송하는 방법으로 구현됩니다.

> 요점 정리 <

- 네트워크 입출력은 자바 스트림을 이용합니다.
- 채팅의 메시지 송수신은 스레드를 이용해서 구현합니다.
- 다중 채팅 기능은 클라이언트의 메시지를 서버가 받아서 재전송하는 방법으로 구현합니다.

4 네트워크 파일 전송과 네트워크 직렬화

네트워크로 파일 전송과 클래스 객체의 상태를 전송하는 직렬화에 관해서 알아보겠습니다.

4.1 네트워크로 파일 전송하기

다음은 자바에서 제공하는 여러 가지 입출력 스트림들을 이용해서 클라이언트에서 파일 데이터를 바이트 데이터로 읽어 들여서 네트워크를 통해서 서버로 전송한 후, 다시 서버에서 지정한 위치에 파일을 저장하는 과정입니다.

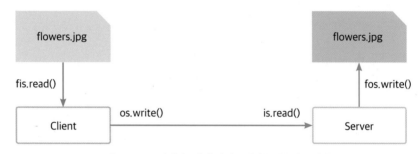

그림20-20 클라이언트에서 서버로 파일을 전송하는 과정

4.1.1 read() 메서드로 전송하기

OutpuStream의 read() 메서드를 이용해서 파일에서 1byte씩 바이트 데이터를 읽어와서 네트워크로 전송합니다. Class 클래스의 getResource() 메서드로 같은 폴더의 이미지 파일의 경로를 얻습니다.

[직접 코딩해 보기] 파일 전송 클라이언트 프로그램

ch20/sec03/ex01/FileClientTest1.java

```
package sec03.ex01;

import java.io.File;
import java.io.FileInputStream;
import java.io.OutputStream;
import java.io.PrintWriter;
import java.net.Socket;
```

```
public class FileClientTest1 {
  public static void main(String[] args) {
    OutputStream os = null;
    PrintWriter writer = null;

    try {
      //File file = new File("src\\sec03\\ex01\\flowers.jpg");

      Class<FileClientTest1> clazz= FileClientTest1.class;          ┌---- Class 클래스의 getResource()
      String path = clazz.getResource("flowers.jpg").getPath(); ·---┘     메서드로 같은 폴더의 이미지
                                                                          파일의 경로를 얻습니다.
      File file = new File(path);
      System.out.println("파일 크기는:" + file.length());
      String fileName = file.getName(); _____ 파일명을 얻습니다.
      FileInputStream fis = new FileInputStream(file); _____ FileInputStream 객체를 생성합니다.
      Socket socket = new Socket("121.168.202.151", 9999);
      os = socket.getOutputStream();

      writer = new PrintWriter(os, true); ·----┐
      writer.println(fileName);                └---- 파일명을 먼저 전송합니다.

      while (true) {            ┌----┐
        int data = fis.read();       │
        if (data == -1)              │
          break;                     ├---- 바이트 데이터를 1byte씩 읽어와서
                                     │     네트워크로 출력합니다.
        os.write(data);              │
        os.flush();                  │
      }                        └----┘

      System.out.println("파일을 전송했습니다.");
      fis.close();
      writer.close();
      os.close();
      socket.close();
    } catch (Exception e) {
      e.printStackTrace();
    }
  }
}
```

InputStream의 read() 메서드로 네트워크로 전송된 바이트 데이터를 1byte씩 읽어와서 파일로 출력합니다.

[직접 코딩해 보기] 파일 전송 클라이언트 프로그램

ch20/sec03/ex01/FileServerTest1.java

```java
package sec03.ex01;

import java.io.BufferedReader;
...

public class FileServerTest {
  public static void main(String[] args) {
    ServerSocket serverSocket = null;
    Socket socket = null;
    InputStream is = null;
    FileOutputStream fos = null;
    try {
      serverSocket = new ServerSocket(9999);
      System.out.println("서버 실행 중...");

      while (true) {
        socket = serverSocket.accept();
        is = socket.getInputStream(); _____ InputStream을 얻습니다.

        BufferedReader br = new BufferedReader(new InputStreamReader(is)); ----,
        String fileName = br.readLine();                                      |---- 먼저 전송된
        System.out.println(fileName);                                         |      파일명을
                                                                              ----   얻습니다.

        fos = new FileOutputStream("c:\\test\\" + fileName); _____ 저장될 파일을 지정합니다.

        long begin = System.currentTimeMillis();

        while (true) {                ----,
          int data = is.read();            |
          if (data == -1)                  |
            break;                         |---- 1byte씩 바이트 데이터를 읽어와서 파일로 출력합니다.
          fos.write(data);                 |
          fos.flush();                     |
        }                             ----

        long end = System.currentTimeMillis();
        System.out.println("업로드 시간 :" + (end - begin) + "ms입니다.");

        br.close();
        fos.close();
        socket.close();
      }
```

```
        } catch (IOException e) {
            e.printStackTrace();
        }
    }
}
```

[실행결과] ─── 1byte 단위로 전송하므로 전송 시간이 오래 걸립니다.

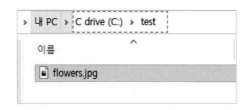

전송된 파일 위치

4.1.2 read(byte[ ] b, int off, int len) 메서드로 파일 전송하기

read() 메서드를 사용하면 파일 용량이 큰 경우 전송 시간이 오래 걸립니다. 이번에는 전송 데이터를 버퍼에 담아서 read() 메서드로 한꺼번에 전송하는 예제입니다. 파일 전송 시 버퍼 역할을하는 byte 타입 배열을 이용해서 전송 시 배열 크기 한꺼번에 읽어 들여 전송하면 빠르게 전송할수 있습니다.

[직접 코딩해 보기] 파일 전송 클라이언트 프로그램

ch20/sec03/ex01/FileClientTest2.java

```
package sec03.ex01;

import java.io.FileInputStream;
...

public class FileClientTest2 {
    public static void main(String[] args) {
        OutputStream os = null;
        PrintWriter writer = null;

        try {
```

```
        Class<FileClientTest2> clazz = FileClientTest2.class;
        String path = clazz.getResource("flowers.jpg").getPath();

        File file = new File(path);
        System.out.println("파일 크기는:" + file.length());
        String fileName = file.getName();
        FileInputStream fis = new FileInputStream(file);

        Socket socket = new Socket("121.168.202.151", 9999);
        os = socket.getOutputStream();

        writer = new PrintWriter(os, true);
        writer.println(fileName);

        byte[] buffer = new byte[1024 * 8];          전송할 버퍼를 선언합니다.
        while (true) {
          int count = fis.read(buffer);
          if (count == -1) break;                    파일로부터 버퍼 크기만큼 데이터를 읽어 들인 후,
          os.write(buffer, 0, count);                서버로 전송합니다.
          os.flush();
        }
        System.out.println("파일을 전송했습니다.");

        fis.close();
        writer.close();
        os.close();
        socket.close();
      } catch (Exception e) {
        e.printStackTrace();
      }
    }
  }
}
```

파일 서버에서도 네트워크로 전송된 파일을 byte 타입 배열을 이용해서 한꺼번에 파일로 출력합니다.

[직접 코딩해 보기] 파일 전송 서버 프로그램

ch20/sec03/ex01/FileServerTest2.java

```
package sec03.ex01;

import java.io.BufferedReader;
...
```

```java
public class FileServerTest {
  public static void main(String[] args) {
    ServerSocket serverSocket = null;
    Socket socket = null;
    InputStream is = null;
    FileOutputStream fos = null;
    try {
      serverSocket = new ServerSocket(9999);
      System.out.println("서버 실행 중...");

      while (true) {
        socket = serverSocket.accept();
        is = socket.getInputStream();                          InputStream을 얻습니다.

        BufferedReader br = new BufferedReader(new InputStreamReader(is));    먼저 전송된
        String fileName = br.readLine();                                     파일명을
        System.out.println(fileName);                                       얻습니다.

        fos = new FileOutputStream("c:\\test\\" + fileName);            저장될 파일을 지정합니다.

        byte[] buffer = new byte[1024 * 8];
        long begin = System.currentTimeMillis();

        while (true) {
          int count = is.read(buffer);
          if (count == -1)
            break;                                  버퍼를 이용해서 전송된 파일 데이터를 읽어 들인 후,
          fos.write(buffer, 0, count);              파일로 출력합니다.
          fos.flush();
        }

        long end = System.currentTimeMillis();
        System.out.println("업로드 시간 :" + (end - begin) + "ms입니다.");

        br.close();
        fos.close();
        socket.close();
      }
    } catch (IOException e) {
      e.printStackTrace();
    }
  }
}
```

[실행결과]

4.2 네트워크 직렬화

채팅 프로그램은 단지 문자열만 전송할 수 있습니다. 그런데 네트워크 오목 게임이 문자열 외에 각 사용자의 클릭한 위치를 한꺼번에 전송해야 하는 경우가 있습니다. 이럴 때 자바의 네트워크 직렬화 기능을 이용하면 클릭한 위치 정보를 저장한 객체를 네트워크로 직렬화하는 기능을 구현할 수 있습니다.

다음은 네트워크로 직렬화하는 방법입니다. ObjectOutputStream의 writeObject() 메서드를 이용해서 네트워크로 직렬화합니다.

```
ObjectOutputStream oos = new ObjectOutputStream(바이트출력스트림);
oos.writeObject(객체);
```

네트워크로 전송된 직렬화 객체를 역직렬화하는 방법입니다. ObjectInputStream의 readObject() 메서드를 이용해서 역직렬화를 수행합니다. 역직렬화 시 반드시 원래의 객체 타입으로 타입 변환을 해야 합니다.

```
ObjectInputStream ois = new ObjectInputStream(바이트입력스트림);
객체타입 참조변수 = (객체타입)ois.readObject();
```

서버에서 사원 정보를 직렬화한 후, 클라이언트에서 다시 역직렬화하는 예제입니다. 먼저 서버에서 사원 정보를 ArrayList에 저장한 후, ObjectOutputStream의 writeObject() 메서드로 직렬화 객체를 클라이언트로 전송합니다.

[직접 코딩해 보기] 사원 정보를 네트워크로 직렬화하기

ch20/sec03/ex01/SerializationServerTest.java

```
package sec03.ex02;
import java.io.IOException;
import java.io.ObjectOutputStream;
import java.io.OutputStream;
```

```java
import java.net.ServerSocket;
import java.net.Socket;
import java.util.ArrayList;

public class SerializationServerTest {
  public static void main(String[] args) throws IOException {
    ServerSocket serverSocket = null;
    ArrayList<Employee> eList = new ArrayList<Employee>();

    serverSocket = new ServerSocket(9999);
    while (true) {
      System.out.println("서버 실행 중!!!!");
      Socket socket= serverSocket.accept();

      OutputStream os = socket.getOutputStream();
      ObjectOutputStream oos = new ObjectOutputStream(os);    // 네트워크로 직렬화하기 위해서 OutputStream을 매개값으로 전달합니다.

      Employee employee1 = new Employee("홍길동", "서울시 강남구", "111111-2222222",
                                                              "010-123-1111");
      eList.add(employee1);

      Employee employee2 = new Employee("이순신", "수원시 팔달구", "333333-1212121",
                                                              "010-123-2222");
      eList.add(employee2);
      oos.writeObject(eList);    // 사원 정보가 저장된 ArrayList를 네트워크로 직렬화합니다.

      oos.close();
      socket.close();
    }
  }
}
```

클라이언트는 서버에 접속하면 서버에서 전송된 직렬화 객체를 ObjectInputStream의 readObject() 메서드로 역직렬화한 후, 사원 정보를 출력합니다.

[직접 코딩해 보기] 사원 정보 네트워크로 역직렬화하기

ch20/sec03/ex01/DeSerializationTest.java

```java
package sec03.ex02;

import java.io.IOException;
...
```

```java
public class DeSerializationTest {
  public static void main(String[] args) throws IOException, ClassNotFoundException {
    Socket socket = new Socket("121.168.202.151", 9999);
    InputStream is = socket.getInputStream();

    ObjectInputStream dis = new ObjectInputStream(is);
    ArrayList<Employee> eList = (ArrayList<Employee>)dis.readObject();

    for(int i = 0; i< eList.size(); i++) {
      Employee employee = eList.get(i);
      System.out.println("이름: " + employee.getName());
      System.out.println("주소: " + employee.getAddr());
      System.out.println("주민번호: " + employee.getJumin());
      System.out.println("전화번호: " + employee.getPhone());
      System.out.println();
    }

    dis.close();
     socket.close();
  }
}
```

역직렬화하기 위해서 ObjectInputStream 객체를 생성합니다.

readObject() 메서드로 전송된 직렬화 객체를 역직렬화합니다.

[실행결과]

```
Console ×
SerializationServerTest [Java Application] C:\Program Files\Java\jdk-17\bin\javaw.exe (20...
서버 실행 중!!!!
```

```
Console ×    Problems  Git Repositories  Declaration  Git Staging
<terminated> DeSerializationTest [Java Application] C:\Program Files\Java\jdk-17\bin\javaw.exe
이름: 홍길동
주소: 서울시 강남구
주민번호: null
전화번호: 010-123-1111

이름: 이순신
주소: 수원시 팔달구
주민번호: null
전화번호: 010-123-2222
```

서버에서 전송된 사원 정보를 역직렬화 후 출력합니다.

→ 요점 정리 ←

- 파일 전송 시 버퍼를 이용해서 전송하면 빠르게 전송할 수 있습니다.
- 네트워크 직렬화 기능을 이용하면 객체의 상태를 다른 원격지로 전송할 수 있습니다.

5 공공 데이터 연동하기

자바에서 제공하는 네트워크 기능을 이용하면 다른 서버에서 제공하는 정보에 쉽게 접근할 수 있습니다.

5.1 URL 클래스 사용하기

다음은 다른 서버나 원격지에 접근하는 기능을 제공하는 URL 클래스의 생성자와 주요 메서드입니다. URL(Uniform Resource Locator)은 **인터넷에서 웹 페이지, 이미지, 비디오 등 리소스의 위치를 가리키는 문자열**입니다. HTTP 관점에서는 URL은 "**웹 주소**" 또는 "**링크**"라고 할 수 있습니다.

생성자	설명
URL(String spec)	매개값으로 전달된 spec으로 URL 객체를 생성합니다.
URL(String protocol, String host, int port ,String file)	매개값으로 전달된 protocol, host, port 위치의 file 자원에 접근할 수 있는 URL 객체를 생성합니다.
URL(String protocol, String host, int port, String file, URLStreamHandler handler)	매개값으로 전달된 protocol, host, port, handler 위치의 file 자원에 접근할 수 있는 URL 객체를 생성합니다.

표20-9 URL 클래스의 생성자들

메서드	설명
String getAuthority()	URL의 권한을 리턴합니다.
Object getContent()	URL의 콘텐츠를 리턴합니다.
String getFile()	URL의 파일명을 리턴합니다.
String getPath()	URL의 path를 리턴합니다.
InputStream openStream()	URL 연결에 대한 InputStream 객체를 리턴합니다.
URLConnection openConnection()	원격의 자원과 연결 시 URL이 참조하는 URLConnection 객체를 리턴합니다.

표20-10 클래스의 메서드들

5.2 공공 데이터 사이트 가입하기

서울시에서 제공하는 공공 데이터를 사용하려면 data.seoul.go.kr에 접속한 후 회원 등록을 하고 로그인을 해야 합니다.

① 브라우저에서 data.seoul.go.kr로 접속한 후, 우측 상단의 "로그인"을 클릭합니다.

그림20-21 로그인 클릭

② 아이디와 비밀번호를 입력 후 로그인을 합니다.

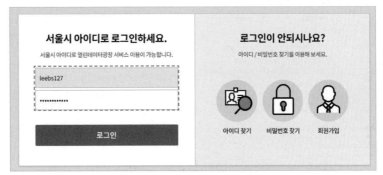

그림20-22 아이디와 비밀번호 입력

③ 상단 메뉴의 "인증키 신청"을 클릭합니다.

그림20-23 인증키 신청 클릭

④ "일반 인증키 신청"을 클릭합니다.

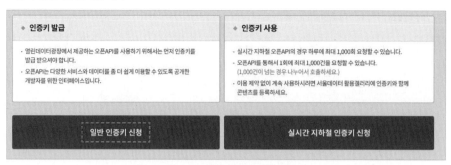

그림20-24 일반 인증키 신청 클릭

⑤ 약관 동의 후 필수 입력 사항을 입력한 후 "인증키 신청"을 클릭합니다.

그림20-25 문항 작성 후 인증키 신청 클릭

⑥ 인증키 발급을 확인 후, 인증키 이용 시 "인증키 복사"를 클릭해서 인증키를 복사해서 사용합니다.

그림20-26 인증키 복사 클릭

브라우저에서 인증키를 이용해서 서울시 문화재 정보를 브라우저로 출력해 보겠습니다.

① 홈페이지로 이동해서 검색 창에 "문화재" 입력 후, 검색 버튼을 클릭합니다.

그림20-27 '문화재' 검색

② 검색 결과에서 "서울 문화재 정보(영어)"에서 "OpenAPI"를 클릭합니다.

그림20-28 OpenAPI 클릭

③ 샘플 URL을 복사해서 "인증키" 부분을 본인의 인증키로 대체해서 브라우저에서 요청합니다.

그림20-29 인증키 대체 후 실행

④ 인증키를 이용해서 브라우저에서 요청 시 XML 형식으로 문화재 정보가 출력됩니다.

그림20-30 인증키 브라우저 입력 시 출력되는 정보

5.3 URL 클래스를 이용해서 서울 문화재 정보 조회하기

URL 클래스를 이용해서 서울 문화재 정보를 조회하는 예제입니다. URL 객체 생성 시 자신의 인증키를 이용해서 문화재 정보를 5개씩 XML 데이터로 읽어와서 자바의 XML 기능을 이용해서 각 문화재의 세부 정보를 콘솔로 출력합니다.

[직접 코딩해 보기] 서울시 문화재 정보 출력하기

ch20/sec04/ex01/PublicDataTest.java

```java
package sec04.ex01;

import java.io.IOException;
import java.io.InputStream;
import java.net.URL;
import javax.xml.parsers.DocumentBuilder;
import javax.xml.parsers.DocumentBuilderFactory;
import javax.xml.parsers.ParserConfigurationException;
import org.w3c.dom.Document;
import org.w3c.dom.Element;
import org.w3c.dom.Node;
import org.w3c.dom.NodeList;
import org.xml.sax.SAXException;


public class PublicDataTest {
```

XML 관련 클래스를 사용하기 위해서 추가합니다.

```
        public static void main(String[] args) throws IOException, ParserConfigurationException,
                                                                    SAXException {
 ┌──── 자신의 인증키를 이용해서 URL 객체를 생성합니다.
 ┊ ┌─    URL url = new
 ┊ ┊ ┊               URL("http://openapi.seoul.go.kr:8088/(자신의 인증키)/xml/Sebc HeritageInfoEng/1/5/");
 └─┘
        InputStream stream = url.openStream();----------- InputStream 객체를 얻어온 후, 문화재 정보를
                                                          전송받습니다.

        char ch = 0;
        DocumentBuilderFactory dbFactory = DocumentBuilderFactory.newInstance();
        DocumentBuilder dBuilder = dbFactory.newDocumentBuilder();
        Document doc = dBuilder.parse(stream);
        doc.getDocumentElement().normalize();

        NodeList nList = doc.getElementsByTagName("row");--------- XML의 최상위 태그 이름 "row"를 전달합니다.
        System.out.println("-------------------------------------------------");
        for (int temp = 0; temp < nList.getLength(); temp++) {
          Node nNode = nList.item(temp);
          if (nNode.getNodeType() == Node.ELEMENT_NODE) {
            Element eElement = (Element) nNode;
            System.out.println("문화재 키값: " + getTagValue("MAIN_KEY", eElement));
            System.out.println("문화재 일련 번호: " + getTagValue("MNG_NO", eElement));
            System.out.println("문화재 명칭: " + getTagValue("NAME_ENG", eElement));
            System.out.println("문화재 수량·규모: " + getTagValue("QUANTITY_SCALE", eElement));
            System.out.println();                            XML의 태그를 이용해서 각각의 문화재
          }                                                  상세 정보를 얻어온 후, 콘솔로 출력합니다.
        }
      }

      private static String getTagValue(String sTag, Element eElement) {
        NodeList nlList = eElement.getElementsByTagName(sTag).item(0).getChildNodes();
        Node nValue = (Node) nlList.item(0);
        if (nValue== null) return "1";------------------ 문화재 수량이 없는 경우 "1"을 리턴합니다.
        return nValue.getNodeValue();
      }
    }
```

[실행결과]

```
-------------------------------------------------------------------
문화재 키값: BE_LiST24-1038
문화재 일련 번호: 30270
문화재 명칭: Baekundong Valley of Inwangsan Mountain
문화재 수량·규모: 1


문화재 키값: BE_LiST24-0256
```

문화재 일련 번호: 30269
문화재 명칭: Underground Waterway of Namdaemun-ro
문화재 수량·규모: 1

문화재 키값: BE_LiST24-0764
문화재 일련 번호: 30268
문화재 명칭: Underground Waterway of Seoulgwangjang Square
문화재 수량·규모: 1

문화재 키값: BE_LiST24-0444
문화재 일련 번호: 30278
문화재 명칭: Panting of Nectar Ritual of Mitasa Temple
문화재 수량·규모: 1

...

다른 유용한 공공 데이터도 제공하므로 직접 찾아서 실습해 보세요.

연습 문제

1 _ 다음 용어를 설명해 보세요.

- IP 주소
- 포트 번호
- 프로토콜

2 _ 다음은 클라이언트에서 학생의 이름과 각 과목의 시험 점수를 입력해서 서버로 전송하면, 서버에선 시험 점수의 총점과 평균을 구한 후, 다시 클라이언트로 출력하는 예제입니다. 각각의 클래스의 기능을 구현해 보세요.

소스 코드: Student.java

```java
1    package sec05.ex02;
2
3    import java.io.Serializable;
4
5    public class Student implements Serializable {
6      private static final long serialVersionUID = -67356418170262272971L;
7      String name;
8      int kor;
9      int eng;
10     int math;
11     double total;
12     double average;
13     public Student(String name, int kor, int eng, int math) {
14       this.name = name;
15       this.kor = kor;
16       this.eng = eng;
17       this.math = math;
18     }
```

연습 문제

```
19
20    public Student(String name, double total, double average) {
21      this.name = name;
22      this.total = total;
23      this.average = average;
24    }
25  }
```

소스 코드: ScoreServerTest.java

```
1   package sec05.ex02;
2
3   ...
4
5   public class ScoreServerTest {
6     public static void main(String[] args) {
7       ServerSocket serverSocket = null;
8       Socket socket = null;
9       InputStream is = null;
10      BufferedWriter bw = null;
11      PrintWriter writer = null;
12      OutputStream os = null;
13      try {
14        serverSocket = new ServerSocket(8888);
15        System.out.println("서버 실행 중...");
16        socket = serverSocket.accept();
17
```

```
18        is = socket.getInputStream();
19        os = socket.getOutputStream();
20
21
22        bw = new BufferedWriter(new OutputStreamWriter(os));
23        writer = new PrintWriter(bw, true);
24        writer.println("서버: 접속을 환영합니다. 학생 점수를 보내세요.");
25
26        while (true) {
27          ObjectInputStream ois = new ObjectInputStream(is);
28          ObjectOutputStream oos = new ObjectOutputStream(os);
29
30          //여기에 구현해 주세요.
31        }
32      } catch(SocketException e) {
33        System.out.println("연결이 해제됐습니다.");
34      } catch (IOException | ClassNotFoundException e) {
35        e.printStackTrace();
36      }
37    }
38
39  private static Student calcScore(Student student) {
40      //여기에 구현해 주세요.
41
42    }
  }
```

소스 코드: ScoreTest.java

```
1   package sec05.ex02;
2   ...
3   public class ScoreTest {
4     public static void main(String[] args) {
5       Socket socket = null;
6       InputStream is = null;
7       OutputStream os = null;
8       BufferedReader br = null;
9       String inMessage = null;
10      try {
11        socket = new Socket("121.168.202.151", 8888);
12        is = socket.getInputStream();
13        os = socket.getOutputStream();
14        br = new BufferedReader(new InputStreamReader(is));
15        inMessage = br.readLine();
16        System.out.println(inMessage);
17        Scanner sc = new Scanner(System.in);
18        while(true) {
19          System.out.println("종료: exit");
20          System.out.print("학생이름:");
21          String name = sc.nextLine();
22
23          if (name.equals("exit"))
24            break;
```

```
25
26          //이곳에 작성해 주세요.
27
28          System.out.println("이름: " + name1 + ", 총점: " + total + ", 평균:"
29          + average);
30          System.out.println();
31       }
32      sc.close();
33      socket.close();
34    } catch (Exception e) {
35      e.printStackTrace();
36    }
37   }
38 }
```

실행결과

3 _ 다음은 각 학생들의 중간고사의 과목과 시험 점수가 저장된 파일(score.txt)입니다. 클라이언트
에서 파일의 내용을 읽어 들여서 서버로 전송한 후 서버에서 각 학생별로 총점과 평균을 계산하
고 그 결과를 다시 클라이언트로 전송하여 클라이언트에서 받아서 출력해 보세요.

실행결과

이름	과목	점수
홍길동	국어	80
이순신	국어	90
임꺽정	국어	78
홍길동	영어	76
이순신	영어	88
임꺽정	영어	56
홍길동	수학	70
이순신	수학	67
임꺽정	수학	77

실행결과

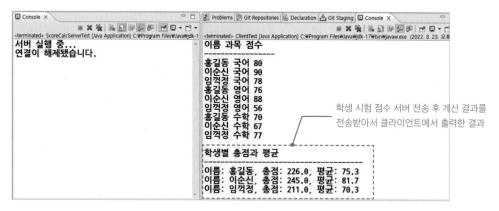

학생 시험 점수 서버 전송 후 계산 결과를
전송받아서 클라이언트에서 출력한 결과

21장

자바 AWT

> 시작 전 가볍게 읽기 <

이제까지 콘솔로 데이터를 입력하거나 출력했습니다.
이번에는 자바에서 사용자와 프로그램 간에
상호작용을 쉽게 해주는 화면 기능을 알아보겠습니다.

1 AWT란?

AWT(Abstract Window Toolkit)란, 자바가 처음 나왔을 때 자바의 화면을 구현하는 기능을 제공하는 클래스들의 집합을 의미합니다.

AWT로 구현된 자바 프로그램을 다른 운영체제에서 실행시키면 화면의 모양이 달라집니다. 이런 단점을 해결해서 나온 기능이 스윙(Swing)입니다. 현재는 AWT는 거의 사용이 되지 않지만 자바 화면 구성 요소, 이벤트, 이벤트 핸들러 개념은 동일하므로 먼저 AWT를 이용해서 자바 화면의 기능과 실행 원리를 알아보겠습니다.

1.1 AWT의 계층 구조

AWT는 크게 Component와 MenuComponent로 나눌 수 있습니다. 다시 Component는 Container와 다른 요소들로 나눌 수 있습니다.

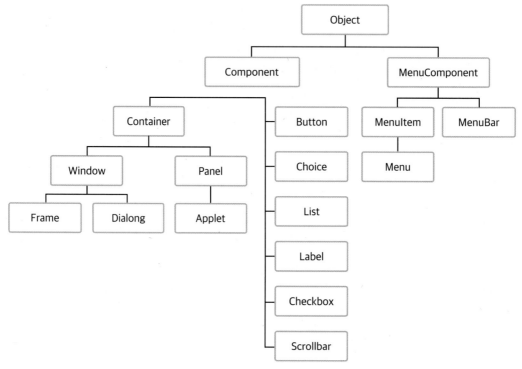

그림21-1 AWT의 계층구조

1.2 AWT의 구성 요소

AWT는 크게 컴포넌트, 컨테이너, 배치관리자로 나뉘어집니다. 버튼이나 텍스트필드같은 컴포넌트들은 독립적으로 표시되지 않고, 반드시 컨테이너와 배치관리자에 의해서 크기와 위치가 정해집니다.

> **AWT의 구성요소**
> - 컴포넌트(Component)
>   - Button, Checkbox, RdioButton등 화면에서 사용자에게 기능을 제공합니다.
>   - 반드시 컨테이너를 통해서 표시됩니다.
> - 컨테이너(Container)
>   - 화면 전체의 틀을 제공하고, 컴포넌트를 표시합니다.
>   - Window와 Panel 계열로 나눌 수 있습니다.
> - 배치관리자(LayoutManager)
>   - 컨테이너에서 컴포넌트의 크기와 위치를 지정합니다.
>   - 각 컨테이너는 기본 배치관리자를 가집니다.

다음은 AWT를 이용해서 구현한 자바 계산기 화면입니다. 화면의 틀은 컨테이너 계열인 Frame을 사용하고 있습니다.

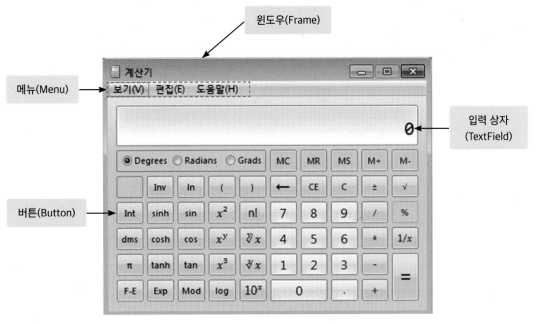

그림21-2 AWT로 구현한 계산기 화면

2 컨테이너

컨테이너(Container)는 버튼이나 텍스트필드처럼 컴포넌트들을 묶어서 관리하기 위한 기능입니다.

> **컨테이너 종류**
> - 윈도우(Window) 계열: 여러 컴포넌트와 패널(Panel)을 포함하여 표시
>   - Frame, Dlialog, …
> - 패널(Panel) 계열: 윈도우처럼 독립적으로 표시하지는 못하며 다른 컴포넌트들을 그룹으로 묶어서 관리하기 위한 기능
>   - Applet, …

2.1 Frame과 Panel

다음은 윈도우 계열의 대표적인 컨테이너인 Frame의 특징입니다. Frame은 프로그램에서 윈도우 화면을 생성하기 위해서 가장 많이 사용됩니다. Frame 컨테이너는 기본적으로 안 보이도록 설정되어 있으므로 프로그램 실행 시 setVisible(true)로 표시되게 합니다.

> **Frame의 특징**
> - 프로그램에서 윈도우를 생성하기 위해서 사용함
> - 타이틀과 최소, 최대 버튼을 기본으로 제공
> - 기본은 안 보이게 설정했기 때문에 setVisible(true)로 설정해야 함
> - BorderLayout을 기본 배치관리자로 제공

다음은 패널 계열의 Panel 컨테이너의 특징입니다. Panel은 Frame처럼 독자적으로 표시되지 않습니다. 주로 컴포넌트들을 그룹으로 관리하기 위해서 사용됩니다.

> **Panel의 특징**
> - 컴포넌트들을 그룹으로 관리하기 위해서 사용됨
> - 독립적으로 사용되지 못하고 Frame을 통해서 표시
> - 기본 배치관리자는 FlowLayout

3 컴포넌트

컴포넌트(Component)는 버튼을 누르거나, 텍스트를 입력하는 등의 사용자와 소통하는 기능을 제공합니다.

다음은 AWT의 주요 컴포넌트입니다. 컴포넌트들은 사용자에게 정보를 입력받거나 정보를 표시해 주는 기능을 수행합니다.

종류	설명
Button	버튼
Checkbox	체크 박스나 라디오 박스
Choice	선택 박스
Label	고정 문자열 표시
List	목록 보기
Scrollbar	스크롤바
TextField	문자열 입력

표21-1 AWT의 주요 컴포넌트들

4 배치관리자

버튼이나 텍스트필드는 컨테이너에 포함되어서 표시됩니다. 그런데 이런 컴포넌트가 원하는 위치에 배치할 수 있게 하는 기능은 각각의 컨테이너가 가지고 있는 배치관리자(Layout Manager)가 담당합니다. 각 배치관리자는 필요에 의해서 setLayout() 메서드로 자신의 배치관리자를 변경할 수 있습니다.

> **배치관리자의 특징**
> - 컨테이너 내에서 컴포넌트들의 배치를 담당
> - 컨테이너는 기본 배치관리자를 가짐
> - 컨테이너는 배치관리자를 변경할 수 있음

다음은 자바에서 제공하는 여러 가지 배치관리자입니다. 이 중에서 가장 많이 쓰이는 Border-Layout, FlowLayout, GridLayout을 알아보겠습니다.

```
Module java.desktop
Package java.awt

Interface LayoutManager

All Known Subinterfaces:
LayoutManager2

All Known Implementing Classes:
BasicComboBoxUI.ComboBoxLayoutManager, BasicInternalFrameTitlePane.TitlePaneLayout,
BasicInternalFrameUI.InternalFrameLayout, BasicOptionPaneUI.ButtonAreaLayout,
BasicScrollBarUI, BasicSplitPaneDivider.DividerLayout,
BasicSplitPaneUI.BasicHorizontalLayoutManager, BasicSplitPaneUI.BasicVerticalLayoutManager,
BasicTabbedPaneUI.TabbedPaneLayout, BorderLayout, BoxLayout, CardLayout, DefaultMenuLayout,
FlowLayout, GridBagLayout, GridLayout, GroupLayout, JRootPane.RootLayout, JSpinner.DateEditor,
JSpinner.DefaultEditor, JSpinner.ListEditor, JSpinner.NumberEditor,
MetalComboBoxUI.MetalComboBoxLayoutManager, MetalScrollBarUI,
MetalTabbedPaneUI.TabbedPaneLayout, OverlayLayout, ScrollPaneLayout,
ScrollPaneLayout.UIResource, SpringLayout, SynthScrollBarUI, ViewportLayout
```

그림21-3 자바에서 제공하는 여러 가지 배치관리자들

4.1 BorderLayout

가장 많이 쓰이는 BorderLayout은 Frame의 기본 배치관리자입니다. BorderLayout은 윈도우 화면을 5개의 영역으로 구분합니다.

BorderLayout의 특징
- Frame의 기본 배치관리자
- 화면을 5개의 영역으로 구분하여 컴포넌트를 표시
- 기본은 Center
- 다른 영역에 아무것도 배치하지 않으면 Center가 포함

다음은 화면을 5개의 영역을 표시한 BorderLayout입니다. 다른 영역에 컴포넌트를 배치하지 않으면 Center 영역이 덮어버립니다.

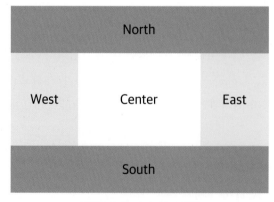

그림21-4 BorderLayout 영역

다음은 가장 많이 사용되는 Frame 컨테이너를 이용해서 BorderLayout에 버튼과 텍스트필드를 각각의 영역에 표시하는 예제입니다.

[직접 코딩해 보기] Frame의 BorderLayout 사용하기

ch21/sec01/ex01/BorderLayoutTest.java

```java
package sec01.ex01;

import java.awt.Frame;
import java.awt.Button;
import java.awt.TextField;
import java.awt.BorderLayout;

public class BorderLayoutTest {
    public static void main(String[] args) {
        Frame frame;
        Button center, west, east, north, south;
        TextField tf1;

        frame = new Frame("BorderLayout 예제");
        south = new Button("button1");
        west = new Button("button2");            각각의 컴포넌트 객체들을 생성합니다.
        east = new Button("button3");
        center = new Button("button4");
        tf1 = new TextField("입력창입니다.");

        frame.add(tf1, BorderLayout.NORTH);
        frame.add(south, BorderLayout.SOUTH);
        frame.add(west, BorderLayout.WEST);      컴포넌트들을 프레임의 영역에 배치합니다.
        frame.add(east, BorderLayout.EAST);
        frame.add(center, BorderLayout.CENTER);

        frame.setSize(400, 400);                 윈도우 화면을 가로, 세로의 길이를 400으로 설정합니다.
        frame.setVisible(true);                  윈도우를 보이게 설정합니다.
    }
}
```

[실행결과]

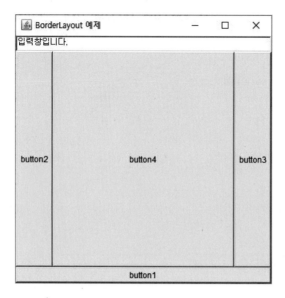

다음은 button1과 button3을 주석 처리한 후, 실행한 결과입니다. 영역에 컴포넌트를 지정하지 않으면 Center 영역이 모두 포함합니다.

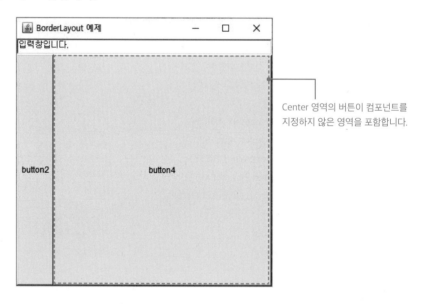

Center 영역의 버튼이 컴포넌트를 지정하지 않은 영역을 포함합니다.

4.2 FlowLayout

FlowLayout은 컴포넌트들을 수평으로 나열시킬 때 사용됩니다.

> **FlowLayout의 특징**
> - Panel의 기본 배치관리자
> - 수평으로 컴포넌트를 나열

다음은 Frame의 배치관리자를 FlowLayout으로 지정한 다음, 버튼을 추가하는 예제입니다. 추가된 버튼은 이제 수평으로 나열되어 표시됩니다.

[직접 코딩해 보기] Frame에서 FlowLayout 사용하기

ch21/sec01/ex01/FlowLayoutTest.java

```java
package sec01.ex01;

import java.awt.Button;
import java.awt.Frame;
import java.awt.FlowLayout;

public class FlowLayoutTest {
  public static void main(String[] args) {
    Frame frame;
    Button button1, button2, button3;

    frame = new Frame("FlowLayout 예제");
    button1 = new Button("OK");
    button2 = new Button("Open");
    button3 = new Button("Close");



    frame.setLayout(new FlowLayout());  ----------- Frame의 배치관리자를 FlowLayout으로 설정합니다.
    frame.add(button1);  -----
    frame.add(button2);       ----- Frame에 수평으로 버튼을 추가합니다.
    frame.add(button3);  -----

    frame.setSize(300, 300);
    frame.setVisible(true);
  }
}
```

[실행결과]

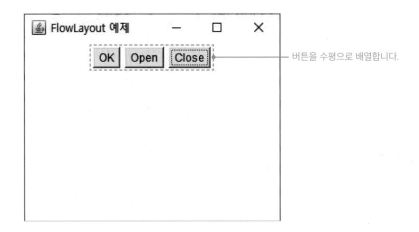

버튼을 수평으로 배열합니다.

4.3 GridLayout

GridLayout은 컴포넌트들을 행과 열로 나누어서 배치하는 기능을 제공합니다.

> **GridLayout의 특징**
> - 테이블 형태의 배치관리자
> - 생성 시 행과 열을 지정할 수 있음
> - 컴포넌트 추가 시 왼쪽에서 오른쪽, 위에서 아래로 추가

Frame의 배치관리자를 GridLayout으로 설정한 후, 6개의 컴포넌트를 포함해서 실행하면 2행으로 배치됩니다.

[직접 코딩해 보기] Frame에서 GridLayout 사용하기

ch21/sec01/ex01/GridLayoutTest.java

```java
package sec01.ex01;

import java.awt.Button;
import java.awt.Frame;
import java.awt.TextField;
import java.awt.GridLayout;

public class GridLayoutTest {
  public static void main(String[] args) {
    Frame frame;
    Button button1, button2, button3;
    TextField tf1,tf2,tf3;
```

```
    frame = new Frame("GridLayout 예제");
    button1 = new Button("button1");
    button2 = new Button("button2");
    button3 = new Button("button3");

    tf1 = new TextField("입력창1입니다.");
    tf2 = new TextField("입력창2입니다.");
    tf3 = new TextField("입력창3입니다.");

    frame.setLayout (new GridLayout(2,0));            GridLayout 배치관리자 설정 시 컴포넌트를
                                                      2행으로 배치합니다.
    //frame.setLayout (new GridLayout(3,0));          GridLayout 배치관리자 설정 시 컴포넌트들을
                                                      3행으로 배치합니다.

    frame.add(button1);
    frame.add(tf1);
    frame.add(button2);
    frame.add(tf2);                 포함하는 6개의 컴포넌트를 2행으로 배치합니다.
    frame.add(button3);
    frame.add(tf3);

    frame.pack( );                  Frame의 가로와 세로를 포함하는 컴포넌트들의 크기와 일치하도록 설정합니다.
    frame.setVisible(true);
  }
}
```

[실행결과]

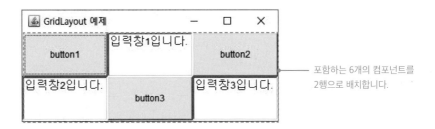

포함하는 6개의 컴포넌트를
2행으로 배치합니다.

frame.setLayout (new GridLayout(3,0));으로 지정 시

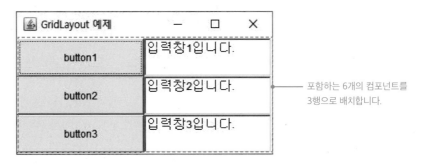

포함하는 6개의 컴포넌트를
3행으로 배치합니다.

4.4 Panel을 이용해서 컴포넌트 묶어서 배치하기

Panel은 컨테이너이지만 Frame처럼 독립적으로 화면을 표시하지 못합니다. Panel은 주로 컴포 넌트들을 특정 위치에 그룹으로 배치시킬 때 많이 사용됩니다.

다음은 Panel에 먼저 컴포넌트를 포함시킨 후, 다시 Panel을 Frame의 특정 영역에 배치하는 예제 입니다. Frame의 중앙은 Panel을 이용해서 여러 개의 컴포넌트를 한꺼번에 배치할 수 있습니다.

[직접 코딩해 보기] Panel을 이용해서 컴포넌트를 그룹으로 배치하기

ch21/sec01/ex01/PanelTest.java

```java
package sec01.ex01;

import java.awt.Button;
import java.awt.Frame;
import java.awt.Panel;
import java.awt.TextField;
import java.awt.BorderLayout;
import java.awt.Color;

public class PanelTest {
  public static void main(String[] args) {
    Frame frame;
    Panel panel;
    Button btnOK, btnCancel;
    TextField tf1;

    frame = new Frame("Panel 예제");
    btnOK = new Button("OK");
    btnCancel = new Button("Cancel");
    tf1 = new TextField("입력창입니다.");
    panel = new Panel();

    frame.add(tf1, BorderLayout.NORTH);  ---------------- TextField를 Frame의 North에 배치합니다.

    panel.setBackground(Color.green);           ------
    panel.add(btnOK);                                |------ Panel에 컴포넌트를 배치한 후,
    panel.add(btnCancel);                            |       다시 Panel을 Frame에 배치합니다.
    frame.add(panel, BorderLayout.CENTER); ------

    frame.setSize(400, 400);
    frame.setVisible(true);
  }
```

[실행결과]

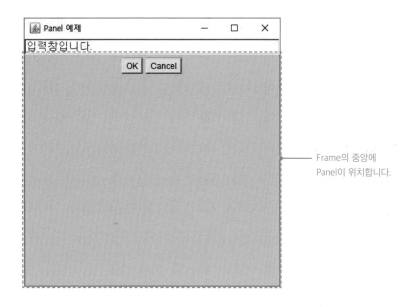

Frame의 중앙에
Panel이 위치합니다.

→ 요점 정리 ←

- AWT(Abstract Window Toolkit)는 초기의 자바 화면 기능을 제공합니다.
- 자바의 화면은 컨테이너, 배치관리자, 컴포넌트로 구성됩니다.
- 컨테이너는 기본 배치관리자를 가집니다.
- Panel 컨테이너는 컴포넌트들을 그룹으로 표시할 때 사용됩니다.

5 이벤트의 정의와 사용법

사용자가 화면에서 마우스를 움직이거나, 버튼을 클릭하는 등의 특정한 행위를 이벤트(Event)라고 합니다. 이번에는 화면에서 발생하는 이벤트를 처리하는 방법을 알아보겠습니다.

5.1 이벤트의 구성 요소

다음은 이벤트에 관련된 여러 가지 구성 요소들입니다. 이벤트 소스는 이벤트를 발생시키는 요소를 말합니다. 이벤트 소스에서 이벤트를 발생시키면 이벤트 핸들러가 이벤트를 처리합니다.

이벤트의 구성요소들

- 이벤트 소스(Event Source)
  - 이벤트를 발생시키는 버튼, 체크박스, 텍스트필드 등의 컴포넌트를 의미합니다.

- 이벤트 리스너(Event Listener)
  - 이벤트 소스가 발생시키는 이벤트를 처리할 수 있는 구현 클래스가 구현할 인터페이스를 의미합니다.

- 이벤트 핸들러(Event Handler)
  - 이벤트 리스너를 구현한 이벤트를 처리하는 클래스를 의미합니다.

다음은 이벤트 소스에 이벤트 발생 시 이벤트를 처리하는 과정입니다.

자바 이벤트 처리 과정

① 이벤트가 발생하면 운영체제는 JVM에게 이벤트 발생을 알립니다.
② JVM은 이벤트 발생을 분석한 후, 적절한 이벤트 객체를 생성합니다.
③ JVM은 이벤트 객체를 이벤트 리스너를 구현한 이벤트 핸들러에게 전달합니다.
④ 이벤트 핸들러는 이벤트 객체를 받아 적절히 처리합니다.

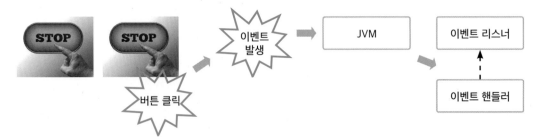

그림21-5 이벤트 발생 시 이벤트 처리 과정

5.2 이벤트 클래스의 구조

다음은 각 이벤트 소스에서 발생하는 이벤트 클래스들의 구조입니다.

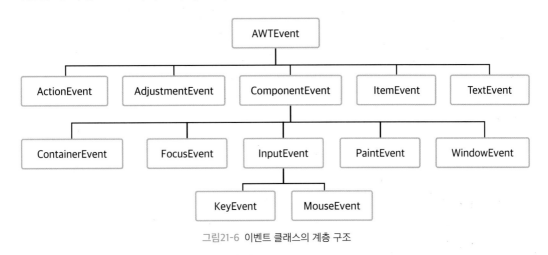

그림21-6 이벤트 클래스의 계층 구조

다음은 주요 이벤트 클래스의 대한 설명입니다.

이벤트	설명
ActionEvent	버튼, 리스트, 메뉴 등의 컴포넌트가 눌리거나 선택되었을 때 발생하는 이벤트
AdjustmentEvent	스크롤바와 같은 조정 가능한 컴포넌트에서 조정이 일어나면 발생하는 이벤트
ComponentEvent	컴포넌트의 모습, 이동, 크기가 변화될 때 발생하는 이벤트
ItemEvent	리스트와 같은 선택 항목이 있는 컴포넌트에서 선택 항목이 선택되었을 때 발생하는 이벤트
TextEvent	텍스트 컴포넌트에서 값이 입력될 때 발생하는 이벤트
ContainerEvent	컨테이너에 컴포넌트가 추가되거나 제거될 때 발생하는 이벤트
FocusEvent	컴포넌트에 초점(focus)이 들어올 때 발생하는 이벤트
PaintEvent	컴포넌트가 그려져야 할 때 발생하는 이벤트
WindowEvent	윈도우가 활성화되거나 비활성화될 때, 최소화, 최대화, 종료될 때 발생하는 이벤트
KeyEvent	키보드로부터 입력될 때 발생하는 이벤트
MouseEvent	마우스가 눌려지거나 움직일 때, 마우스 커서가 컴포넌트 영역에 들어가거나 벗어날 때 발생하는 이벤트

표21-2 이벤트 클래스의 특징

다음은 각 컴포넌트들이 발생시킬 수 있는 이벤트의 종류입니다. 한 개의 컴포넌트는 여러 가지 이벤트를 발생시킬 수 있습니다.

컴포넌트	발생시킬 수 있는 이벤트
Button	ActionEvent, FocusEvent, KeyEvent, MouseEvent, ComponentEvent
Checkbox	ItemEvent, FocusEvent, KeyEvent, MouseEvent, ComponentEvent
Frame	WindowEvent, FoucsEvent, KeyEvent, MouseEvent, ComponentEvent
List	ActionEvent, FocusEvent, KeyEvent, MouseEvent, ItemEvent, ComponentEvent
Label	FocusEvent, KeyEvent, MouseEvent, ComponentEvent
Choice	ItemEvent, FocusEvent, KeyEvent, MouseEvent, ComponentEvent
Adjustable	AdjustmentEvent

표21-3 각 컴포넌트가 발생시키는 이벤트들

5.3 이벤트 클래스의 기능

5.3.1 ActionEvent

ActionEvent는 가장 많이 사용하는 이벤트로 버튼 클릭 시 발생합니다. 또한 텍스트필드에서 Enter를 입력할 때도 발생합니다. 다음은 ActionEvent 클래스의 주요 속성들입니다.

속성	설명
static int ACTION_FIRST	액션 이벤트 발생시키는 객체의 식별자 중 첫 번째 번호
static int ACTION_LAST	액션 이벤트를 발생시키는 개체의 식별자 중 마지막 번호
static int ACTION_PERFORMED	발생한 이벤트의 식별자
static int ALT_MASK	액션 이벤트 발생 시 Alt키 눌림 상태
static int SHIFT_MAKS	액션 이벤트 발생 시 Shift키 눌림 상태

표21-4 ActionEvent 클래스의 주요 속성

다음은 ActionEvent 클래스에서 제공하는 주요 메서드들입니다.

메서드	설명
String getActionCommand()	액션 이벤트를 발생시킨 객체의 '이름'을 리턴합니다.
int getModifiers()	액션 이벤트 발생 시 눌려진 지정자 키(Shift, Alt)를 리턴합니다.
long getWhen()	액션 이벤트 발생 시각을 리턴합니다.
String paramString()	액션 이벤트 발생 시 관련된 정보를 리턴합니다.

표21-5 ActionEvent 클래스의 주요 메서드

5.3.2 ItemEvent

ItemEvent는 체크박스나 리스트의 항목을 선택하거나 해제 시 발생하는 이벤트입니다. 다음은 ItemEvent 클래스의 주요 속성입니다.

속성	설명
static int DESELECTED	아이템 이벤트 발생 시 선택 해제된 아이템의 위치
static int ITEM_FIRST	아이템 이벤트 발생 시 첫 번째 아이템의 위치
static int ITEM_LAST	아이템 이벤트 발생 시 마지막 아이템의 위치
static int ITEM_STATE_CHANGED	아이템 이벤트 발생 시 아이템의 상태 변화
static int SELECTED	아이템 이벤트 발생 시 선택한 아이템의 위치

표21-6 ItemEvent 클래스의 주요 속성

다음은 ItemEvent 클래스의 주요 메서드입니다.

메서드	설명
Object getItem()	아이템 이벤트가 발생한 아이템을 리턴합니다.
ItemSelectable getItemSelectable()	아이템 이벤트를 발생시킨 아이템을 리턴합니다.
int getStateChange()	아이템 이벤트 발생 시 아이템이 선택(selected), 해제(deselected) 여부를 리턴합니다.
String paramString()	발생한 아이템 이벤트에 관련된 정보를 리턴합니다.

표21-7 ItemEvent 클래스의 주요 메서드

5.3.3 KeyEvent

KeyEvent는 키보드로 입력하면 발생하는 이벤트를 의미합니다. KeyEvent 클래스의 주요 속성입니다.

속성	설명
static char CHAR_UNDEFINED	기존 키값으로 지정되지 않은 키값
static int KEY_FIRST	키 이벤트 발생시키는 키 중 첫 번째 객체의 값
static int KEY_LAST	키 이벤트 발생시키는 키 중 마지막 객체의 값
static int KEY_PRESSED	키 누름 이벤트 발생 유무

표21-8 KeyEvent 클래스의 주요 속성

다음은 KeyEvent의 주요 메서드입니다.

메서드	설명
int getExtendedKeyCode()	키 이벤트 발생 시 확장 키를 리턴합니다.
char getKeyChar()	키 이벤트 발생 시 문자를 리턴합니다.
int getKeyCode()	키 이벤트 발생 시 키 코드를 리턴합니다.
int getKeyLocation()	키 이벤트를 발생시킨 키의 위치를 리턴합니다.

표21-9 KeyEvent 클래스의 주요 메서드

5.3.4 MouseEvent

마우스를 움직이거나 클릭 시 발생하는 이벤트입니다. 다음은 MouseEvent의 주요 속성입니다.

속성	설명
static BUTTON1	마우스 왼쪽 버튼
static BUTTON2	마우스 오른쪽 버튼
static BUTTON3	마우스 휠
static int MOUSE_CLICKED	마우스 버튼 클릭 이벤트 발생 여부
static int MOUSE_DRAGGED	마우스 드래그 이벤트 발생 여부
static int MOUSE_ENTERED	마우스 커서 화면 내 진입 이벤트 발생 여부
static int MOUSE_EXITED	마우스 커서 화면에서 탈출 이벤트 발생 여부
static int MOUSE_FIRST	마우스 이벤트를 발생시키는 객체들 중 첫 번째 객체 번호
static int MOUSE_MOVED	마우스 이동 이벤트 발생 유무
static int MOUSE_RELEASED	마우스 버튼 클릭 후 해제 이벤트 발생 유무

표21-10 MouseEvent 클래스의 주요 속성

다음은 MouseEvent의 주요 메서드입니다.

메서드	설명
int getButton()	마우스 이벤트 발생 시 상태가 변경된 마우스 번호를 리턴합니다.
int getClickCount()	마우스 이벤트 발생 시 마우스 클릭 횟수를 리턴합니다.
Point getPoint()	마우스 이벤트 발생 시 발생한 위치의 좌표를 리턴합니다.
int getX()	마우스 이벤트 발생한 위치의 x 좌표를 리턴합니다.
int getY()	마우스 이벤트 발생한 위치의 y 좌표를 리턴합니다.
int getButton()	마우스 이벤트 발생 시 상태가 변경된 마우스 번호를 리턴합니다.

표21-11 MouseEvent 클래스의 주요 메서드

5.3.5 WindowEvent

WindowEvent는 화면에 관련된 이벤트입니다. 다음은 WindowEvent 클래스의 주요 속성입니다.

속성	설명
static int WINDOW_ACTIVATED	윈도우 이벤트를 발생시킨 이벤트 종류
static int WINDOW_CLOSED	윈도우 종료 이벤트 발생 유무
static int WINDOW_CLOSING	윈도우 [종료] 버튼 클릭 이벤트 발생 유무
static int WINDOW_DEACTIVATED	윈도우 최소화 이벤트 발생 유무
static int WINDOW_OPENED	윈도우 최소화한 후 윈도우 화면 발생 이벤트 유무

표21-12 WindowEvent 클래스의 주요 속성

다음은 WindowEvent의 주요 메서드입니다.

메서드	설명
int getNewState()	윈도우 이벤트 발생 시 변경된 윈도우 상태를 리턴합니다.
int getOldState()	윈도우 이벤트 발생 시 이전의 윈도우 상태를 리턴합니다.
Window getWindow()	윈도우 이벤트를 발생시킨 윈도우 객체를 리턴합니다.

표21-13 WindowEvent 클래스의 주요 메서드

5.3.4 이벤트 리스너 종류

이벤트 리스너의 이름은 발생하는 이벤트의 이름을 통해 알 수 있습니다. 표21-13을 보면 ActionEvent를 처리하는 이벤트 리스너는 ActionEvent에서 Event를 뺀 Action과 Listenter를 결합한 **ActionListener**가 처리합니다. ItemEvent를 처리하는 리스너는 **ItemListener**가 처리합니다.

각각의 이벤트 소스에 대한 이벤트 리스너에는 발생하는 이벤트를 처리하는 추상 메서드들이 선언되어 있습니다.

이벤트 리스너	추상 메서드
ActionListener	actionPerformed(ActionEvent)
AdjustmentListener	adjustmentValueChanged(AdjustmentEvent)
ItemListener	itemStateChanged(ItemEvent)
TextListener	textValueChanged(TextEvent)
FocusListener	focusGained(FocusEvent) focusLost(FocusEvent)

KeyListener	keyPressed(KeyEvent)
	keyReleased(KeyEvent)
	keyTyped(KeyEvent)
MouseMotionListener	mouseDragged(MouseEvent)
	mouseMoved(MouseEvent)
WindowListener	windowOpened(WindowEvent)
	windowClosing(WindowEvent)
	windowClosed(WindowEvent)
	windowActivated(WindowEvent)
	windowDeactivated(WindowEvent)
	windowIconified(WindowEvent)
	windowDeiconfied(WindowEvent)
MouseListener	mouseClicked(MouseEvent)
	mouseEntered(MouseEvent)
	mouseExited(MouseEvent)
	mousePressed(MouseEvent)
	mouseReleased(MouseEvent)

표21-14 이벤트 리스너의 종류

6 자바 이벤트 처리 과정

이번에는 이벤트 요소들을 이용해서 이벤트를 어떻게 처리하는지 알아보겠습니다. 다음은 이벤트 3단계로 이벤트를 처리하는 과정입니다.

- 1단계: 이벤트를 발생시킬 이벤트 소스를 결정합니다.
- 2단계: 이벤트 소스에 대한 이벤트 리스너를 결정한 후, 리스너의 추상 메서드를 이벤트 핸들러에 구현합니다.
- 3단계: 이벤트 소스와 이벤트 핸들러를 연결합니다.

6.1 이벤트 핸들러 구현하기

다음은 이벤트 핸들러를 구현하는 방법입니다. 자바 이벤트 핸들러는 3가지 방법으로 구현할 수 있습니다.

이벤트 핸들러 구현 방법

① 화면 클래스가 이벤트 핸들러 역할을 하는 방법

② 내부 클래스로 이벤트 핸들러를 구현하는 방법

③ 익명 클래스로 이벤트 핸들러를 구현하는 방법

1. 화면 클래스가 이벤트 핸들러 역할을 하는 방법

첫 번째 방법은 화면 클래스가 이벤트 발생 시 이벤트를 처리하는 이벤트 핸들러 역할을 동시에 하는 방법입니다. 다음은 화면 클래스가 ActionListener를 직접 구현해서 이벤트 핸들러로 사용하는 예제입니다. 화면 기능을 하는 클래스가 ActionListener의 추상 메서드 actionPerformed() 메서드를 구현한 후, 버튼 클릭 이벤트 발생 시 JVM이 생성한 ActionEvent 객체를 매개값으로 받아서 클릭한 버튼 객체에 접근해서 메시지를 출력합니다.

[직접 코딩해 보기] 화면 클래스를 이벤트 핸들러로 구현하기

ch21/sec02/ex01/EventTest.java

```java
package sec02.ex01;

import java.awt.*;
import java.awt.event.ActionEvent;
import java.awt.event.ActionListener;

public class EventTest implements ActionListener { ········· 화면 클래스가 직접 ActionListener를 구현합니다.
  private Frame frame;
  private Button btn1, btn2, btn3, btn4, btn5;

  public EventTest() {
    frame = new Frame("이벤트 핸들러 예제");
    btn1 = new Button("btn1"); ·····
    btn2 = new Button("btn2");
    btn3 = new Button("btn3");      ···· 1. 이벤트를 발생시킬 이벤트 소스를 지정합니다.
    btn4 = new Button("btn4");
    btn5 = new Button("btn5"); ·····
  }

  public static void main(String[] args) {
    EventTest test = new EventTest();
    test.startFrame();
  }

  public void startFrame() {
```

```
btn1.addActionListener(this); ┄┄┐
btn2.addActionListener(this);  ┊
btn3.addActionListener(this);  ┊┄┄┄ 3. 이벤트 소스와 이벤트 핸들러를 연결합니다.
btn4.addActionListener(this);  ┊
btn5.addActionListener(this); ┄┄┘

frame.add(btn1, BorderLayout.NORTH);
frame.add(btn2, BorderLayout.SOUTH);
frame.add(btn3, BorderLayout.WEST);
frame.add(btn4, BorderLayout.EAST);
frame.add(btn5, BorderLayout.CENTER);
}

@Override  ┄┄┄┄┄┄┄┄ 이벤트를 발생시킨 이벤트 소스의 위치값을 얻습니다.
public void actionPerformed(ActionEvent e) { ┄┄┐
  if (e.getSource() == btn1) {
    System.out.println("버튼1 클릭");
    System.out.println(e.getActionCommand());
  } else if (e.getSource() == btn2) {
    System.out.println("버튼2 클릭");
  } else if (e.getSource() == btn3) {
    System.out.println("버튼3 클릭");            ┄┄┄ 2. ActionListener의 추상 메서드를 구현하여 이벤트
  } else if (e.getSource() == btn4) {               발생 시 이벤트를 처리합니다.
    System.out.println("버튼4 클릭");
  } else if (e.getSource() == btn5) {
    System.out.println("버튼5 클릭");
  }
 }
}                                            ┄┄┄┄┄ 버튼 이름을 얻습니다.
```

[실행결과]

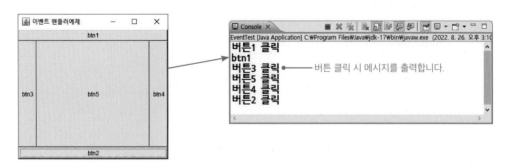

버튼 클릭 시 메시지를 출력합니다.

2. 내부 클래스로 이벤트 핸들러를 구현하는 방법

다음은 내부 클래스로 이벤트 핸들러를 구현해서 버튼 클릭 이벤트를 처리하는 예제입니다. 내부 클래스는 이벤트 소스에서 이벤트 발생 시 이벤트를 처리합니다.

[직접 코딩해 보기] 내부 클래스를 이용한 이벤트 핸들러

ch21/sec02/ex02/EventTest.java

```java
package sec02.ex02;

import java.awt.*;
import java.awt.event.ActionEvent;
import java.awt.event.ActionListener;

public class EventTest {
  private Frame frame;
  private Button btn1, btn2, btn3, btn4, btn5;

  public EventTest() {
    frame = new Frame("이벤트 핸들러예제");
    btn1 = new Button("btn1");          ┈┈┐
    btn2 = new Button("btn2");             ┊
    btn3 = new Button("btn3");             ┊┈┈┈ 1. 이벤트를 발생시킬 이벤트 소스를 지정합니다.
    btn4 = new Button("btn4");             ┊
    btn5 = new Button("btn5");          ┈┈┘
  }

  public static void main(String[] args) {
    EventTest test = new EventTest();
    test.startFrame();
  }

  public void startFrame() {
    btn1.addActionListener(new InnerHandler());  ┈┈┐
    btn2.addActionListener(new InnerHandler());     ┊
    btn3.addActionListener(new InnerHandler());     ┊┈┈┈ 3. 이벤트 소스와 이벤트 핸들러를 연결합니다.
    btn4.addActionListener(new InnerHandler());     ┊
    btn5.addActionListener(new InnerHandler());  ┈┈┘

    frame.add(btn1, BorderLayout.NORTH);
    frame.add(btn2, BorderLayout.SOUTH);
    frame.add(btn3, BorderLayout.WEST);
    frame.add(btn4, BorderLayout.EAST);
    frame.add(btn5, BorderLayout.CENTER);
```

```java
      frame.setSize(200, 200);
      frame.setVisible(true);
   }

   public class InnerHandler implements ActionListener {
      @Override
      public void actionPerformed(ActionEvent e) {
         if (e.getSource() == btn1) {
            System.out.println("버튼1 클릭");
            System.out.println(e.getActionCommand());
         } else if (e.getSource() == btn2) {
            System.out.println("버튼2 클릭");
         } else if (e.getSource() == btn3) {
            System.out.println("버튼3 클릭");
         } else if (e.getSource() == btn4) {
            System.out.println("버튼4 클릭");
         } else if (e.getSource() == btn5) {
            System.out.println("버튼5 클릭");
         }
      }
   }
}
```

2. 내부 클래스를 이용해서 이벤트 핸들러를 구현합니다.

[실행결과]

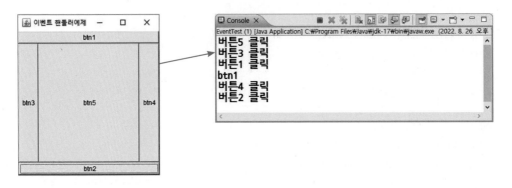

3. 익명 클래스로 이벤트 핸들러 구현하기

이번에는 가장 많이 사용되는 익명 클래스로 이벤트 핸들러를 구현하는 예제입니다. Action Listener를 익명 객체로 구현 후, 바로 이벤트 소스와 연결합니다. 실제 자바나 안드로이드에선 이 방법이 가장 많이 사용됩니다.

ch21/sec02/ex03/EventTest.java

```java
import java.awt.*;
import java.awt.event.ActionEvent;
import java.awt.event.ActionListener;

public class EventTest {
  private Frame frame;
  private Button btn1, btn2, btn3, btn4, btn5;

  public EventTest() {
    frame = new Frame("이벤트 핸들러예제");
    btn1 = new Button("btn1");
    btn2 = new Button("btn2");
    btn3 = new Button("btn3");
    btn4 = new Button("btn4");
    btn5 = new Button("btn5");
  }

  public static void main(String[] args) {
    EventTest test = new EventTest();
    test.startFrame();
  }

  public void startFrame() {
    btn1.addActionListener(new ActionListener() {
      @Override
      public void actionPerformed(ActionEvent e) {
        System.out.println("버튼1 클릭");
      }
    });

    btn2.addActionListener(new ActionListener() {
      @Override
      public void actionPerformed(ActionEvent e) {
        System.out.println("버튼2 클릭");
      }
    });

    btn3.addActionListener(new ActionListener() {
      @Override
      public void actionPerformed(ActionEvent e) {
        System.out.println("버튼3 클릭");
```

익명 객체를 이용해서 각각의 ActionListener 구현과 동시에 이벤트 소스와 연결합니다.

```
      }
    });

    btn4.addActionListener(new ActionListener() {
      @Override
      public void actionPerformed(ActionEvent e) {
        System.out.println("버튼4 클릭");
      }
    });

    btn5.addActionListener(new ActionListener() {
      @Override
      public void actionPerformed(ActionEvent e) {
        System.out.println("버튼5 클릭");
      }
    });

    frame.add(btn1, BorderLayout.NORTH);
    frame.add(btn2, BorderLayout.SOUTH);
    frame.add(btn3, BorderLayout.WEST);
    frame.add(btn4, BorderLayout.EAST);
    frame.add(btn5, BorderLayout.CENTER);

    frame.setSize(200, 200);
    frame.setVisible(true);
  }
}
```

[실행결과]

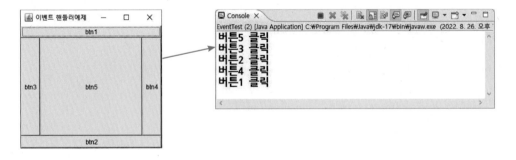

7 Adapter 클래스

이벤트를 처리하는 이벤트 핸들러는 이벤트 리스너를 구현해서 이벤트를 처리합니다. ActionListener는 이벤트 핸들러에서 구현 시 한 개의 추상 메서드만 구현하면 됩니다. 그러나 표 21-15처럼 MouseListener나 WindowListener 같은 경우 이벤트 핸들러를 구현하려면 사용하지 않는 추상 메서드도 구현해 주어야 합니다.

이벤트 리스너	추상 메서드
WindowListener	windowOpened(WindowEvent) windowClosing(WindowEvent) windowClosed(WindowEvent) windowActivated(WindowEvent) windowDeactivated(WindowEvent) windowIconified(WindowEvent) windowDeiconfied(WindowEvent)
MouseListener	mouseClicked(MouseEvent) mouseEntered(MouseEvent) mouseExited(MouseEvent) mousePressed(MouseEvent) mouseReleased(MouseEvent)

표21-15 여러 개의 추상 메서드가 선언된 이벤트 리스너

7.1 Adapter 클래스로 이벤트 처리하기

WindowAdapter 클래스를 이용해서 화면 이벤트를 처리해 보겠습니다.

1. Adapter 클래스를 사용하기 전

윈도우의 [종료] 버튼 클릭 시, 프로그램을 종료시키기 위해서 WindowListener의 window Closing() 추상 메서드를 구현해야 합니다. 그러나 사용하지 않는 다른 추상 메서드들도 같이 구현해 주어야 합니다.

[직접 코딩해 보기] WindowListener로 이벤트 핸들러 구현하기

ch21/sec03/ex01/EventTest.java

```
package sec02.ex03;
```

```java
import java.awt.*;
import java.awt.event.WindowEvent;
import java.awt.event.WindowListener;

public class WindowHandlerTest {
    private Frame frame;
    private Button button1;
    private Button button2;
    private Button button3;

    public WindowHandlerTest() {
        button1 = new Button("Ok");
        button2 = new Button("Open");
        button3 = new Button("Close");

        frame = new Frame("Adaper 클래스 사용 전 예제");
        frame.addWindowListener(new WindowHandler());
        frame.setLayout(new FlowLayout());
        frame.add(button1);
        frame.add(button2);
        frame.add(button3);
        frame.setSize(300,100);
        frame.setVisible(true);
    }

    public static void main(String[] args) {
        WindowHandlerTest test = new WindowHandlerTest();
    }

    public class WindowHandler implements WindowListener {
        @Override
        public void windowClosing(WindowEvent e) {          // ──── 종료 버튼 클릭 시 프로그램을 종료합니다.
            System.out.println("프로그램 종료");
            System.exit(0);
        }

        @Override
        public void windowOpened(WindowEvent e) {}

        @Override
        public void windowClosed(WindowEvent e) {}          // ──── 사용하지 않는 추상 메서드들도 구현해야 합니다.

        @Override
        public void windowIconified(WindowEvent e) {}
```

```
        @Override
        public void windowDeiconified(WindowEvent e) {}

        @Override
        public void windowActivated(WindowEvent e) {}

        @Override
        public void windowDeactivated(WindowEvent e) {}
    }

}
```

[실행결과]

2. Adpater 클래스 사용 후

WindowListener처럼 여러 개의 추상 메서드를 가지는 이벤트 리스너들은 미리 이벤트 리스너를 구현한 클래스들을 제공합니다. 이런 클래스들은 **Adapter 클래스**라고 합니다.

다음은 WindowAdapter로 이벤트 핸들러를 구현하고 있습니다. 이벤트 핸들러 구현 시 WindowAdapter 를 상속받아서 원하는 이벤트에 해당되는 메서드만 오버라이딩해서 구현합니다.

[직접 코딩해 보기] WindowAdapter로 이벤트 핸들러 구현하기

ch21/sec03/ex01/EventTest.java

```
package sec03.ex01;

import java.awt.*;
import java.awt.event.*;

public class WindowAdapterTest {
    private Frame frame;
    private Button button1;
    private Button button2;
    private Button button3;
```

```java
public WindowAdapterTest() {
    button1 = new Button("Ok");
    button2 = new Button("Open");
    button3 = new Button("Close");

    frame = new Frame("Adaper 클래스 사용 전 예제");
    frame.addWindowListener(new WindowHandler());
    frame.setLayout(new FlowLayout());
    frame.add(button1);
    frame.add(button2);
    frame.add(button3);ㅈ
    frame.setSize(300, 100);
    frame.setVisible(true);
}

public static void main(String[] args) {
    WindowAdapterTest test = new WindowAdapterTest();
}

public class WindowHandler extends WindowAdapter {
    @Override
    public void windowClosing(WindowEvent e) {
        System.out.println("프로그램 종료");
        System.exit(0);
    }
}
}
```

WindowAdapter 클래스를 상속받아서 [종료] 버튼 클릭 시 호출되는 windowClose() 메서드만 오버라이딩합니다.

[실행결과]

→ 요점 정리 ←

- 이벤트는 프로그램 실행 중에 사용자나 시스템이 발생시키는 행위를 말합니다.

- 이벤트 소스는 이벤트를 발생시키는 컴포넌트를 의미합니다.

- 이벤트 리스너는 이벤트 발생 시 처리하는 추상 메서드를 선언한 인터페이스입니다.

- 이벤트 핸들러는 이벤트 리스너를 구현한 클래스로 이벤트를 처리하는 클래스입니다.

- Adapter 클래스는 추상 메서드가 두 개 이상인 이벤트 리스너를 미리 구현해서 제공하는 클래스입니다.

연습 문제

1 _ 다음과 같은 회원 등록 창을 만들어 보세요.

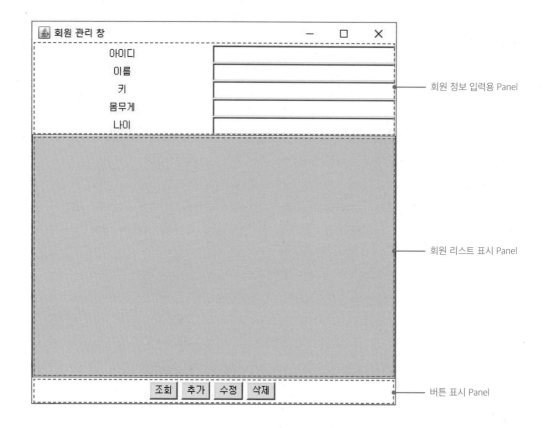

회원 정보 입력용 Panel

회원 리스트 표시 Panel

버튼 표시 Panel

22장

자바 스윙

> 시작 전 가볍게 읽기 <

21장에서 AWT를 이용해서 자바 화면 기본 기능을 알아봤습니다.

현재 자바 화면은 AWT의 단점을 보완해서 나온

Swing을 이용해서 구현합니다.

1 스윙의 정의와 특징

2 스윙 컨테이너 기능

3 MVC 디자인 패턴 사용하기

4 스윙으로 렌터카 프로그램 화면 구현하기

1 스윙의 정의와 특징

AWT의 단점은 화면이 운영체제에 따라 다르게 보인다는 점입니다. 이런 단점을 보완해서 자바는 JFC(Java Foundation Class)라는 라이브러리를 제공하여 어떤 운영체제에서 실행되어도 화면이 일정하게 보이도록 한 화면 기능을 만들었고 이 화면 기능이 **스윙(Swing)**입니다. 그 외 AWT보다 더 많은 컴포넌트와 기능을 제공하고 있습니다. 스윙은 자바가 처음부터 지원하는 기능이 아니었기 때문에 패키지의 이름이 javax로 시작합니다. x는 extension의 약자입니다. 즉, 자바 확장 기능이라는 의미입니다.

1.1 스윙의 구조

다음은 스윙의 컨테이너와 스윙 컴포넌트의 구조입니다. Swing 클래스의 이름은 'J'로 시작합니다.

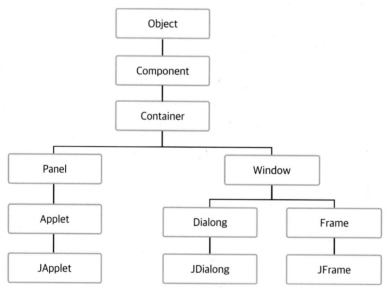

그림22-1 Swing 컨테이너의 구조

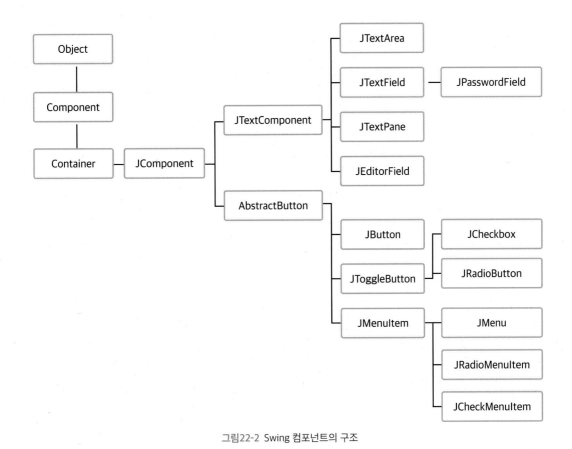

그림22-2 Swing 컴포넌트의 구조

2 스윙 컨테이너 기능

기존 AWT에 비해서 스윙에 새롭게 추가된 컨테이너와 컴포넌트들을 알아보겠습니다.

2.1 JFrame

JFrame은 AWT의 Frame과 달리 화면에 메뉴 바를 구현할 수 있는 등 많은 기능을 제공합니다. 실제 컴포넌트를 위치시키는 곳은 ContentPane입니다. 그리고 JFrame에 서는 **표16-1**처럼 [종료] 버튼 클릭 시 설정만으로 윈도우를 종료시키는 기능을 제공합니다.

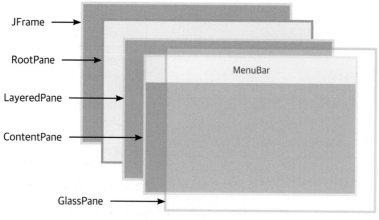

그림22-3 JFrame의 구조

상수	설명
DISPOSE_ON_CLOSE	윈도우를 종료할 때 모든 자원을 리턴합니다.
DO_NOTHING_ON_CLOSE	윈도우를 종료할 때 아무 일도 하지 않습니다.
EXIT_ON_CLOSE	윈도우를 종료할 때 강제로 종료합니다.
HIDE_ON_CLOSE	윈도우를 종료할 때 윈도우를 숨깁니다.

표22-1 JFrame [종료] 버튼 설정 관련 상수

다음은 JFrame 사용 예제입니다. JFrame은 기본적으로 Frame과 사용법이 동일합니다. JFrame
의 배치관리자는 Frame과 같은 BorderLayout입니다.

[직접 코딩해 보기] JFrame 사용하기

ch22/sec01/ex01/JFrameTest.java

```java
package sec01.ex01;

import java.awt.*;
import javax.swing.JButton;
import javax.swing.JFrame;
import javax.swing.JTextField;

public class JFrameTest {
  JFrame jFrame = new JFrame("JFrame 테스트");
  JButton btn1, btn2, btn3, btn4;

  public void createFrame() {
    JButton btn1 = new JButton("button1");
    JButton btn2 = new JButton("button2");
    JButton btn3 = new JButton("button3");
```

```java
      JButton btn4 = new JButton("button4");
      JTextField tf1 = new JTextField("내용을 입력하세요.");

      //프레임에 컴포넌트 추가
      jFrame.add(tf1, BorderLayout.NORTH);
      jFrame.add(btn1, BorderLayout.SOUTH);
      jFrame.add(btn2, BorderLayout.WEST);
      jFrame.add(btn3, BorderLayout.EAST);
      jFrame.add(btn4, BorderLayout.CENTER);

      jFrame.setPreferredSize(new Dimension(500,500)); ──────────── 프레임의 너비와 높이를 지정합니다.
      jFrame.pack();
      jFrame.setDefaultCloseOperation(JFrame.EXIT_ON_CLOSE); ────────── [종료] 버튼 클릭 시 프로그램을
      jFrame.setVisible(true);                                         종료시킵니다.
   }

   public static void main(String[] args) {
      JFrameTest test = new JFrameTest();
      test.createFrame();
   }
}
```

[실행결과]

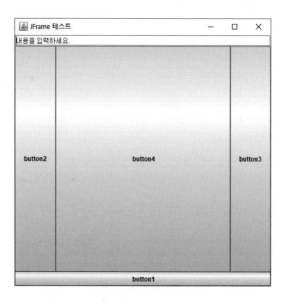

2.2 JTabbedPane

JTabbedPane은 탭 기능을 수행합니다. 다음은 JTabbedPane을 이용해서 3개의 탭을 생성 후, 각각의 탭에 컴포넌트를 추가하는 예제입니다.

[직접 코딩해 보기] JTabbedPane 사용하기

ch22/sec01/ex02/JtabTest.java

```
package sec01.ex02;

import java.awt.Dimension;
import javax.swing.ImageIcon;
import javax.swing.JButton;
import javax.swing.JFrame;
import javax.swing.JLabel;
import javax.swing.JPanel;
import javax.swing.JTabbedPane;
import javax.swing.JTextArea;
import javax.swing.JTextField;

public class JTabTest {
  JFrame jFrame;
  JTabbedPane jtab;
  ImageIcon icon1, tabicon; _____ 아이콘 이미지를 표시합니다.
  JButton btn1, btn2;
  JLabel jlab;
  JPanel jpan;
  JTextField tf1;
  JTextArea tArea;
  public void createFrame() {
    jFrame = new JFrame("JTab 테스트");
    icon1 = new ImageIcon("src\\sec01\\ex02\\flowers.jpg"); _____ 첫 번째 탭 이미지
    jlab = new JLabel(icon1);

    tabicon = new ImageIcon("src\\sec01\\ex02\\rabbit.png"); _____ 탭 아이콘 이미지
    jpan = new JPanel();
    tf1 = new JTextField("테스트입니다.");
    btn1 = new JButton("전송");
    jpan.add(tf1);
    jpan.add(btn1);
    tArea=new JTextArea(7,20);
    tArea.setText("내용을 입력하세요.");
```

```
        jtab = new JTabbedPane();
        jtab.addTab("탭1", jlab);
        jtab.addTab("탭2", new JPanel().add(tArea));
        jtab.addTab("탭3", tabicon, jpan, "세 번째 탭입니다.");
        jFrame.add(jtab);

        jFrame.setPreferredSize(new Dimension(500,500)); // 프레임의 너비와 높이 지정
        jFrame.pack();
        jFrame.setDefaultCloseOperation(JFrame.EXIT_ON_CLOSE);
        jFrame.setVisible(true);
    }

    public static void main(String[] args) {
        JTabTest test = new JTabTest();
        test.createFrame();
    }
}
```

JTabbedPane 객체 생성 후, addTab() 메서드로 탭을 만든 뒤 다시 JFrame에 추가합니다.

[실행결과]

3개의 탭이 생성됩니다.

2.3 JOptionPane

JOptionPane은 간단한 메시지를 입력받거나 간단한 메시지나 경고를 출력하는 용도로 사용됩니다.

종류	설명	호출 메서드
MessageDialog	사용자에게 메시지를 보여주는 메시지 박스	showMessageDialog()
ConfirmDialog	YES, NO, CANCEL과 같은 버튼으로 확인하는 메시지 박스	showConfirmDialog()

InputDialog	사용자로부터 자료를 입력받기 위한 메시지 박스	showInputDialog()
OptionDialog	위 세 가지를 포함하여 맞춘 메시지 박스	showOptionDialog()

표22-2 JOptionPane의 여러 가지 다이얼로그 박스

다음은 JOptionPane을 이용해서 여러 가지 메시지 박스를 표시하는 예제입니다.

[직접 코딩해 보기] JOptionPane 사용하기

ch22/sec01/ex03/JOptionTest.java

```java
package sec01.ex03;

import java.awt.FlowLayout;
import java.awt.event.ActionEvent;
import java.awt.event.ActionListener;
import javax.swing.JButton;
import javax.swing.JFrame;
import javax.swing.JOptionPane;

public class JOptionTest extends JFrame implements ActionListener {
  JButton btn1, btn2, btn3, btn4;
  String[] str = { "카드결제", "계좌이체" };

  public JOptionTest() {
    super("여러가지 메시지 박스 테스트");
    setLayout(new FlowLayout());

    btn1 = new JButton("출력 메시지 박스");
    btn2 = new JButton("확인 메시지 박스");
    btn3 = new JButton("입력 메시지 박스");
    btn4 = new JButton("선택 메시지 박스");

    add(btn1);
    add(btn2);
    add(btn3);
    add(btn4);
    pack();

    setLocation(300,300);
    setVisible(true);
    btn1.addActionListener(this);
    btn2.addActionListener(this);
    btn3.addActionListener(this);
```

```
        btn4.addActionListener(this);
    }

    @Override
    public void actionPerformed(ActionEvent e) {
        if(e.getSource( )==btn1) {
            JOptionPane.showMessageDialog(this,
                                    "출력 메시지 박스",
                                    "메시지",
                                    JOptionPane.INFORMATION_MESSAGE);
        }else if(e.getSource( )==btn2) {
            JOptionPane.showMessageDialog(this,
                                    "확인 메시지 박스",
                                    "확인",
                                    JOptionPane.YES_NO_CANCEL_OPTION);
        }else if(e.getSource( )==btn3) {
            String answer=JOptionPane.showInputDialog(this,
                                        "입력 메시지 박스",
                                        "입력",
                                        JOptionPane.YES_NO_OPTION);
            System.out.println("입력한 값은: " +answer);
        }else if(e.getSource( )==btn4) {
            JOptionPane.showOptionDialog(this,
                                    "선택 메시지 박스",
                                    "옵션",
                                    JOptionPane.YES_NO_CANCEL_OPTION,
                                    JOptionPane.INFORMATION_MESSAGE,
                                    null,
                                    str,
                                    str[0]);
        }
    }

    public static void main(String[] args) {
        new JOptionTest();
    }
}
```

[실행결과]

● 각각의 버튼 클릭 시 표시되는 메시지 박스

2.4 JMenu

JMenu는 메뉴 기능을 제공합니다. 프로그램에서 메뉴를 만드는 방법은 JMenuBar를 JFrame에 부착한 후, 하위 메인 메뉴를 생성해서 다시 각 메인 메뉴의 서브 메뉴를 부착하면 됩니다.

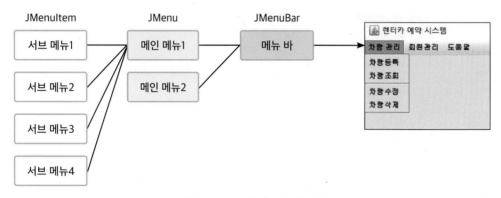

그림22-4 JMenu로 메뉴 만드는 과정

다음은 JMenu를 이용해서 렌터카 프로그램의 메뉴를 생성하는 예제입니다. 서브 메뉴를 JMenuItem을 이용해서 JMenu에 부착한 후, 다시 JMenu를 이용해서 메인 메뉴들을 메뉴 바인 JMenuBar에 부착합니다.

[직접 코딩해 보기] JMenu 사용하기

ch22/sec01/ex04/JMenuTest.java

```java
package sec01.ex04;

import javax.swing.*;
import java.awt.*;

public class JMenuTest extends JFrame {
    JFrame frame;
    JMenuBar menuBar;
    JMenu carMenu, memberMenu, rentMenu, helpMenu;
    JMenuItem carMenu11, carMenu12, carMenu13, carMenu14;
    JMenuItem memMenu21, memMenu22, memMenu23, memMenu24;
    JMenuItem helpMenu41;
    JPanel jPanel;
    JLabel lCarName;
```

```java
    JTextField tf;
    JButton searchBtn;

    public JMenuTest() {
        frame = new JFrame("렌터카 예약 시스템");
        menuBar = new JMenuBar();
        carMenu = new JMenu("차량 관리");
        memberMenu = new JMenu("회원관리");
        rentMenu = new JMenu("예약관리");
        helpMenu = new JMenu("도움말");
    }
    public void createFrame() {
        frame.setJMenuBar(menuBar);

        menuBar.add(carMenu);
```

----- MenuBar와 Menu를 생성합니다.

frame.setJMenuBar(menuBar); --------------- Frame에 JMenuBar를 부착합니다.

menuBar.add(carMenu); --------------------- JMenuBar에 메인 Menu를 부착합니다.

MenuItem에 분리선을 설정합니다.

```java
        carMenu.add(carMenu11 = new JMenuItem("차량등록"));
        carMenu.add(carMenu12 = new JMenuItem("차량조회"));
        carMenu.addSeparator();
        carMenu.add(carMenu13 = new JMenuItem("차량수정"));
        carMenu.add(carMenu14 = new JMenuItem("차량삭제"));
```

----- 메인 Menu에 다시 MenuItem을 부착합니다.

```java
        menuBar.add(memberMenu);
        memberMenu.add(memMenu21 = new JMenuItem("회원등록"));
        memberMenu.add(memMenu22 = new JMenuItem("회원조회"));
        memberMenu.addSeparator();
        memberMenu.add(memMenu23 = new JMenuItem("회원수정"));
        memberMenu.add(memMenu24 = new JMenuItem("회원삭제"));
        menuBar.add(helpMenu);
        helpMenu.add(helpMenu41 = new JMenuItem("버전"));

        jPanel = new JPanel();
        lCarName = new JLabel("차량명");
        tf = new JTextField(10);
        searchBtn = new JButton("차량 조회하기");
        jPanel.add(lCarName);

        jPanel.add(tf);
        jPanel.add(searchBtn);
        Container con = frame.getContentPane();
        con.add(jPanel, BorderLayout.NORTH);
```

```java
        frame.setLocation(200, 100);
        frame.setSize(800, 600);
        frame.setVisible(true);
        frame.setDefaultCloseOperation(EXIT_ON_CLOSE);
    }

    public static void main(String[] args) {
        JMenuTest test = new JMenuTest();
        test.createFrame();
    }
}
```

[실행결과]

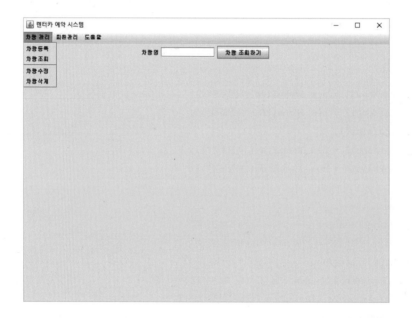

2.5 JDialog

JDialog는 팝업 창 기능을 수행합니다. 다음은 메인 화면에서 버튼 클릭 시 각각의 다이얼로그를 띄운 후 기능을 수행하는 예제입니다. setModal(true)로 설정하면 다이얼로그를 종료하지 않고서는 메인 창으로 이동을 할 수 없습니다.

[직접 코딩해 보기] JDialog 사용하기

ch22/sec01/ex05/JDialogTest.java

```java
package sec01.ex05;
...
public class JDialogTest extends JFrame  {
  JLabel label = new JLabel("다이얼로그 테스트");
  JButton btn1 = new JButton("첫번째 다이얼로그 띄우기");
  JButton btn2 = new JButton("두번째 다이얼로그 띄우기");

  public JDialogTest() {
    setTitle("다이얼로그 테스트!");
    setDefaultCloseOperation(JFrame.EXIT_ON_CLOSE);
    setLayout(new GridLayout(3, 0));

    getContentPane().add(label);
    getContentPane().add(btn1);
    getContentPane().add(btn2);

    setLocation(200, 200);
    setSize(500, 300);
    setVisible(true);




    btn1.addActionListener(new ActionListener() {
      @Override
      public void actionPerformed(ActionEvent e) {
        new Dialog1(e.getActionCommand() + " 버튼을 누르셨군요!");
      }
    });

    btn2.addActionListener(new ActionListener() {
      @Override
      public void actionPerformed(ActionEvent e) {
        new Dialog2(label, "두번째 다이얼로그창입니다.");
      }
    });
  }

  public static void main(String[] args) {
    new JDialogTest();
  }
}
```

⌐---- 버튼 클릭 시 다이얼로그를
     표시합니다.

```java
}

class Dialog1 extends JDialog {
  ImageIcon icon1;
  JLabel dlb = new JLabel("");

  public Dialog1(String str) {
    getContentPane().add(dlb);
    icon1 = new ImageIcon("src\\sec01\\ex05\\flowers.jpg"); ┈┈┐
    dlb.setIcon(icon1);                                     ┆┈┈ 다이얼로그에 이미지를 표시합니다.
    setTitle(str);
    setLocation(200, 200);
    setSize(400, 400);
    setModal(true); _____ 모달 창으로 설정합니다.
    setVisible(true);
  }
}

class Dialog2 extends JDialog {
  JTextField tf = new JTextField(10);
  JButton okButton = new JButton("OK");

  public Dialog2(JLabel label, String title) {
    setLayout(new FlowLayout()); _____ 다이얼로그의 배치관리자를 변경합니다.
    add(tf);
    add(okButton);
    setTitle("입력 다이얼로그창입니다.");
    setLocation(200, 200);
    setSize(400, 100);
    setVisible(true);
    setModal(true);
    okButton.addActionListener(new ActionListener() { ┈┈┐
      public void actionPerformed(ActionEvent e) {      ┆
        String text = tf.getText();                     ┆
        label.setText(text);                            ┆┈┈ 다이얼로그의 버튼 클릭 이벤트를 처리합니다.
        dispose();                                      ┆
      }      ┆                                           ┆
    });      ┆ 다이얼로그를 종료합니다.                  ┆
  }        ┈┘                                         ┈┘
}
```

[실행결과]

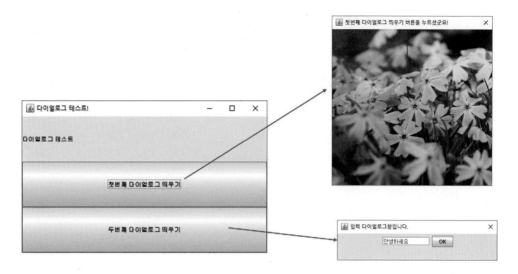

2.6 JTable

JTable은 데이터를 목록으로 표시할때 사용됩니다. 다음은 JTable의 여러 가지 속성과 생성자들입니다.

속성	설명
static in AUTO_RESIZE_ALL_COLUMNS	열의 사이즈 조절 시 모든 열의 크기를 동일하게 변경합니다.
static int AUTO_RESIZE_LAST_COLUMN	열의 사이즈 조절 시 마지막 열의 크기만을 변경합니다.
static int AUTO_RESIZE_NEXT_COLUMN	열의 사이즈 조절 시 다음 열의 크기만 변경합니다.
static int AUTO_RESIZE_OFF	열의 사이즈를 자동으로 조절하지 않고, 스크롤바를 이용합니다.
static int AUTO_RESIZE_SUBSEQUENT_COLUMNS	테이블을 포함하는 화면 크기 조절 시 모든 테이블의 열의 크기를 균등하게 유지하게 합니다(기본 속성입니다).

표22-3 JTable의 여러 가지 속성

생성자	설명
JTable()	기본 데이터 모델, 기본 컬럼 모델, 기본 셀렉션 모델로 생성합니다.
JTable(int numRows, int numColumns)	DefalutTableModel을 이용하여 빈 셀을 numRows의 행과 numColumns의 수만큼 열을 생성한 후 테이블 객체를 생성합니다.
JTable(Object[][] rowData, Object[] columnNames)	일차원 배열 columnNames로 컬럼 이름을 만들고 이차원 배열 rowData로 테이블의 데이터를 생성합니다.
JTable(TableModel dm)	dm을 데이터 모델로 테이블을 생성합니다.
JTable(Vector rowData, Vector columnNames)	Vector를 이용하여 컬럼 이름과 데이터를 표시한 후 테이블을 생성합니다.

표22-4 JTable의 여러 가지 생성자들

다음은 JTable을 이용해서 테이블을 생성하는 과정입니다.

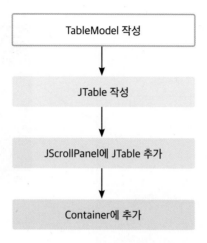

그림22-5 JTable 생성 과정

다음은 2차원 배열을 TableModel로 사용해서 JTable에 입력해서 데이터를 테이블로 표시하는 예제입니다.

[직접 코딩해 보기] JTable 사용하기

ch22/sec01/ex06/JTableTest.java

```
package sec01.ex06;

...

public class JTableTest extends JFrame{
  JTable table;
  Object [] columnNames={"사번","이름","근무부서" };
  String[][] data={{"220000","박길동","총무부"},
                   {"220001","홍길동","관리부"},
                   {"220002","이순신","회계부"},
                   {"220003","임꺽정","개발부"},
                   {"220004","박지성","관리부"},
                   {"220005","제임스","총무부"},
                   {"220006","이길동","총무부"},
                   {"220007","차범근","개발부"},
                   {"220008","박세리","회계부"},
                   {"220009","차두리","영업부"},
                   {"220010","홍명보","영업부"},
                   {"220011","존슨","개발부"},
                   {"220012","김유신","영업부"},
                   {"220013","홍길순","회계부"}
```

```
        };

    public JTableTest() {
        table=new JTable(data,columnNames);
        setTitle("사원 정보 테이블");
        add(new JScrollPane(table));

        setDefaultCloseOperation(JFrame.EXIT_ON_CLOSE);
        table.setAutoResizeMode(table.AUTO_RESIZE_ALL_COLUMNS);

        pack();
        setVisible(true);
    }

    public static void main(String[] args) {
        JTableTest test =new JTableTest();
    }
}
```

배열을 TableModel로 이용해서 JTable객체 생성한 후, 다시 JScrollPane에 입력합니다.

컬럼 사이즈 조절 시 양쪽 컬럼의 사이즈도 변경됩니다.

[실행결과]

사번	이름	근무부서
150000	박길동	총무부
150001	홍길동	관리부
150002	이순신	회계부
150003	임꺽정	개발부
150004	박지성	관리부
150005	제임스	총무부
150006	이길동	총무부
150007	차범근	개발부
150008	박세리	회계부
150009	차두리	영업부
150010	홍명보	영업부
150011	존슨	개발부
150012	김유신	영업부
150013	홍길순	회계부

사원 정보 테이블

사용자 정의 TableModel

TableModel을 이용해서 직접 테이블모델을 정의하면 사용자가 테이블의 값들을 수정할 수 있습니다. 다음은 TableModel에서 제공하는 주요 메서드입니다.

메서드	설명
int gegColumnCount()	열의 수를 리턴합니다.
int getRowCount()	행의 수를 리턴합니다.
Object getValueAt(int row, int column)	주어진 행렬 위치에 저장된 데이터를 리턴합니다.

표22-5 TableModel의 주요 메서드

사용자 정의 TableModel은 AbstractTableModel을 상속받아서 메서드를 오버라이딩해서 구현합니다.

[직접 코딩해 보기] 사용자 정의 TableModel

ch22/sec01/ex06/UserTableModel.java

```java
package sec01.ex06;

...

public class UserTableModel extends AbstractTableModel { _____ AbstractTableModel을 상속받습니다.
  String[] columnNames = { "사번", "이름", "근무부서" };
  Object[][] data = { { " ", " ", " ", " " } };

  //테이블의 첫 번째 열의 값들은 수정할 수 없습니다.
  boolean[] columnEditables = new boolean[] { false, true, true };

  public UserTableModel(Object[][] data) {
    this.data = data;
  }

  //테이블의 행의 수를 지정합니다.
  @Override
  public int getRowCount() {
    return data.length;
  }

  //테이블의 열의 수를 지정합니다.
  @Override
  public int getColumnCount() {
    return columnNames.length;
```

```
  }

  //각 셀의 값을 지정합니다.
  @Override
  public Object getValueAt(int rowIndex, int columnIndex) {
    return data[rowIndex][columnIndex];
  }

  //컬럼명을 얻습니다.
  public String getColumnName(int rowIndex) {
    return columnNames[rowIndex];
  }

  //각 셀의 편집 가능 여부를 지정합니다.
  public boolean isCellEditable(int rowIndex, int columnIndex) {
    return columnEditables[columnIndex];
  }

  //셀의 데이터 수정 시 수정된 데이터를 반영합니다.
  public void setValueAt(Object value, int rowIndex, int columnIndex) {
    data[rowIndex][columnIndex] = value;
    fireTableCellUpdated(rowIndex, columnIndex);
  }
}
```

사용자 정의 TableModel을 이용해서 테이블을 생성합니다.

[직접 코딩해 보기] 사용자 정의 TableModel 사용하기

ch22/sec01/ex06/UserTableModelTest.java

```
package sec01.ex06;

...

public class UserTableModelTest extends JFrame {
  JPanel searchPanel;
  JPanel bPanel;        //버튼 Panel
  JList memberJList;
  JLabel lCondition;
  JTextField tCondition;
  JButton searchBtn;
  JComboBox combo;
  JTable memTable;
```

```java
JButton updateBtn, deleteBtn;
Object[][] emp = new Object[0][4];

public UserTableModelTest() {
  initTableModel();
  setTitle("테이블 실습");
  setLayout(new BorderLayout());
  Container con = getContentPane();
  con.add(searchPanel, "North");
  con.add(new JScrollPane(memTable), "Center");
  con.add(bPanel, BorderLayout.SOUTH);
  setDefaultCloseOperation(JFrame.EXIT_ON_CLOSE);
  setLocation(200, 200);
  pack();
  setVisible(true);
}

private void initTableModel() {
  searchPanel=new JPanel( );
  tCondition=new JTextField(10);
  lCondition=new JLabel("입력창");
  memberJList=new JList( );
  memberJList.setBackground(Color.GREEN);
  memTable=new JTable();
  memTable.setModel(new UserTableModel(emp)); _____ 사용자 정의 TableModel을 설정합니다.

  searchBtn=new JButton("조회하기");
  searchBtn.addActionListener(new ActionListener( ) {
    public void actionPerformed(ActionEvent e) {
      Object[][] data={{"220000","박길동","총무부"},
                       {"220001","홍길동","관리부"},
                       {"220002","이순신","회계부"},
                       {"220003","임꺽정","개발부"},
                       {"220004","박지성","관리부"},
                };

      memTable.setModel(new UserTableModel(data));
    }
  });
  searchPanel.add(lCondition);
  searchPanel.add(tCondition);
  searchPanel.add(searchBtn);
  bPanel = new JPanel();
```

```
        updateBtn = new JButton("수정하기");
        deleteBtn = new JButton("삭제하기");
        bPanel.add(updateBtn);
        bPanel.add(deleteBtn);
    }

    public static void main(String[] args) {
        new UserTableModelTest();
    }
}
```

[실행결과]

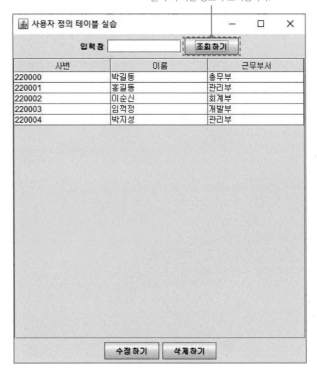

3 MVC 디자인 패턴 사용하기

프로그램의 기능이 복잡해지면 클래스의 코드량이 많아지면서 유지 관리면에서 여러 가지 문제가 생길 수 있습니다. 따라서 코드의 가독성과 유지관리를 위해서 전체적인 프로그램 구조를 만든 후, 기능을 구현하면 가독성과 유지보수성을 높일 수 있습니다.

3.1 MVC 디자인 패턴이란?

자바 프로그래밍 시 일반적으로 사용되는 MVC 디자인 패턴은 프로그램의 화면과 기능(로직) 부분을 분리해서 구현함으로써 가독성과 유지보수성을 높이는 방법입니다.

MVC 구성 요소
- 뷰(View): 사용자의 요청의 요청을 받아들이는 화면으로 요청을 컨트롤러로 전달
- 컨트롤러(Controller): View에서 전달된 요청에 맞는 모델을 선택
- 모델(Model): 데이터베이스 연동이나 파일 저장같은 실제 기능(로직)을 수행

다음은 MVC 패턴의 구성 요소들이 동작하는 과정입니다.

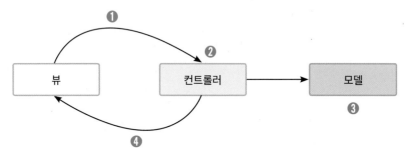

그림22-6 MVC 동작 과정

① 화면에서 발생한 이벤트와 입력 데이터를 컨트롤러로 전달합니다.
② 이벤트를 처리할 모델을 선택합니다.
③ 실제 기능을 수행한 후 결과를 컨트롤러로 리턴합니다.
④ 처리한 결과를 뷰로 전달합니다.

3.2 MVC 디자인 패턴으로 영화 정보 관리 기능 구현하기

영화 정보 관리 기능을 MVC 패턴으로 구현해 보겠습니다. 다음은 MVC 패턴으로 구현할 영화 정보 관리 기능 중 영화 제목을 파일로 저장하는 과정입니다. 뷰에서는 영화 제목을 입력을 받은 후

리스트에 표시해줍니다. **[저장]** 버튼 클릭 시 컨트롤러와 모델을 거쳐서 영화 목록을 파일에 저장합니다.

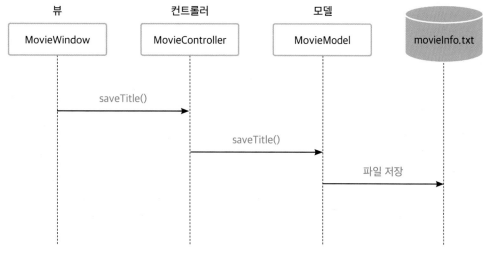

그림22-7 영화 정보 파일 저장 기능 수행 과정

MovieWindow는 뷰 기능을 수행합니다. 사용자로부터 데이터를 입력받거나 처리 결과를 보여줍니다. 그리고 버튼 클릭 시 컨트롤러의 해당 메서드를 호출합니다.

[직접 코딩해 보기] 영화 정보 관리 기능의 뷰

ch22/sec02/ex01/MovieWindow.java

```java
package sec02.ex01;
...
public class MovieWindow extends JFrame implements ActionListener {
    String resultMsg = null;
    JTextField tMovieTitle;
    JButton btnTitleInsert;
    JButton btnSave;
    List movieList;
    JButton btnExit;
    MovieController controller;

    public MovieWindow() {
        //컴포넌트 생성과 Listener 연결 설정
    }

    public void createMovieController() {
        controller = new MovieController(); _____ 컨트롤러 객체를 생성합니다.
    }
```

```java
  public static void main(String[] args) {
    MovieWindow movie = new MovieWindow();
    movie.createMovieController();
  }


  @Override
  public void actionPerformed(ActionEvent e) {
    try {
      String mTitle = e.getActionCommand();
      //영화 정보 추가
      if (e.getSource() == btnTitleInsert) {
        System.out.println("영화 제목 추가하기");
        // 텍스트필드에 입력한 영화 제목을 가지고 온다.
        mTitle = tMovieTitle.getText().trim();
        controller.addTitle(mTitle, movieList);
        tMovieTitle.setText("");
        resultMsg = "영화 제목을 추가했습니다.";

        //영화 제목 파일에 저장
      } else if (e.getSource() == btnSave) {
        System.out.println("파일 저장");
        controller.saveTitles(movieList);
        resultMsg = "영화 제목을 파일에 저장했습니다.";
      } else {
        controller.delTitle(mTitle, movieList);
        resultMsg = "영화 제목을 삭제했습니다.";
      }

      //다이얼로그로 처리 결과를 출력
      JOptionPane.showMessageDialog(this, resultMsg, "메시지 박스",
                                    JOptionPane.INFORMATION_MESSAGE);
      if (e.getSource() == btnExit)
        System.exit(1);
    } catch (Exception ex) {
      ex.printStackTrace();
    }
  }
}
```

버튼 클릭 시 컨트롤러의 메서드를 호출합니다.

컨트롤러에서 Model 객체를 생성 후, 각각의 메서드에서 Model의 메서드를 호출합니다.

[직접 코딩해 보기] 영화 정보 관리 기능의 컨트롤러

ch22/sec02/ex01/MovieController.java

```java
package sec02.ex01;

...

public class MovieController {
  MovieModel movieModel;

  public MovieController() {
    movieModel = new MovieModel(); _____ Model 객체를 생성합니다.
  }




  public void addTitle(String title, List movieList) throws IOException {
    movieModel.addTitle(title, movieList);
  }

  public void saveTitles(List movieList) throws IOException {
    movieModel.saveTitles(movieList);
  }

  public void delTitle(String title,List movieList) throws IOException {
    movieModel.addTitle(title,movieList);
  }
}
```

컨트롤러에서 다시 Model의 각각의 메서드를 호출합니다.

모델은 실제 사용자가 요청한 작업(로직)을 수행한 후, 결과를 컨트롤러로 리턴합니다.

[직접 코딩해 보기] 영화 정보 관리 기능의 모델

ch22/sec02/ex01/MovieModel.java

```java
package sec02.ex01;

...

public class MovieModel {
  public void addTitle(String title, List movieList) throws IOException{
    movieList.add(title);
```

```
    }

  public void delTitle(String title, List movieList) throws IOException{
    movieList.remove(title);
  }

  public void saveTitles(List movieList) throws IOException {
    File file = new File("src\\sec02\\ex01\\movieInfo.txt");
    BufferedWriter bw = new BufferedWriter(new OutputStreamWriter(
                                        new FileOutputStream(file), "UTF-8"));
    PrintWriter writer = new PrintWriter(bw,true );
    String items[] = movieList.getItems();
    for(int i=0;  i<items.length;i++){
      writer.println(items[i]);
      System.out.println(items[i]);
    }
    bw.close();
    writer.close();
  }
}
```

화면의 리스트 정보를 파일에 저장합니다.

[실행결과]

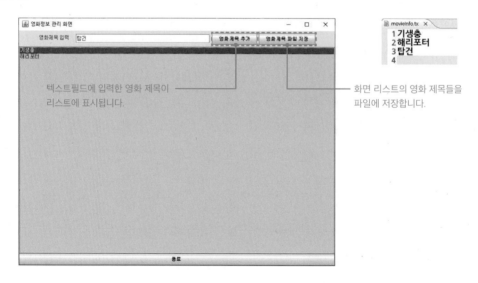

텍스트필드에 입력한 영화 제목이
리스트에 표시됩니다.

화면 리스트의 영화 제목들을
파일에 저장합니다.

다음 절에선 렌터카 프로그램에 MVC 디자인 패턴을 적용해서 화면 기능을 추가해 보겠습니다.

4 스윙으로 렌터카 프로그램 화면 구현하기

마지막으로 자바 스윙을 이용해서 렌터카 프로그램에 화면을 구현해 보겠습니다.

그림22-8 기능별로 화면을 추가한 프로젝트 구조

다음은 회원 기능을 화면을 추가한 후, MVC 디자인 패턴을 이용해서 각각의 기능을 수행하는 과정을 나타낸 그림입니다. 회원 화면 기능을 맡는 다이얼로그는 사용자의 입력이나 처리 결과를 출력하는 화면 기능을 수행합니다. Controller는 화면에서 전달된 정보를 파일에 저장하거나 조회합니다.

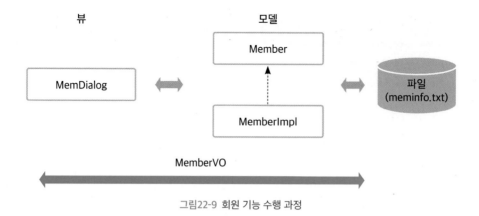

그림22-9 회원 기능 수행 과정

다음은 회원 정보를 조회한 후 테이블에 표시하는 예제입니다. 그리고 테이블의 회원 정보를 클릭해서 회원 정보를 수정 및 삭제하는 화면이 나옵니다. 회원 정보 조회 시, 조회한 회원 정보를 테이블에 표시한 후 마우스로 테이블의 특정 행을 클릭하면 이벤트 핸들러로 클릭한 행과 열을 얻어와서 해당 회원 정보를 수정, 삭제합니다.

[직접 코딩해 보기] 회원 정보 조회 화면

RentCarApp/com/oracle/rent/ch22/member/SearchMemDialog.java

```
package com.oracle.rent.ch22.member;

...

public class SearchMemDialog extends JDialog {
  JPanel panelSearch, panelBtn;
  JLabel lCarName;
  JTextField tf;
  JButton btnSearch;
  JButton btnModify;
  JButton btnDelete;

  JTable memTable;
  RentTableModel rentTableModel; _____ 렌터카 프로그램용 TableModel을 선언합니다.
  String[] columnNames = { "아이디", "비밀번호", "이름", "주소", "전화번호" };

  Object[][] memItems = new String[0][5]; // 테이블에 표시될 회원 정보 저장 2차원 배열
  int rowIdx = 0, colIdx = 0; //테이블 수정 시 선택한 행과 열 인덱스 저장

  Member memberController; _____ 컨트롤러를 선언합니다.

  public SearchMemDialog(Member memberController, String str) {
```

```java
        this.memberController = memberController;
        setTitle(str);
        init();
    }




    private void init() {
        memTable = new JTable();
        ListSelectionModel rowSel = memTable.getSelectionModel();
        rowSel.setSelectionMode(ListSelectionModel.SINGLE_SELECTION);
        rowSel.addListSelectionListener(new ListRowSelectionHandler());




        ListSelectionModel colSel = memTable.getColumnModel().getSelectionModel();
        colSel.setSelectionMode(ListSelectionModel.SINGLE_SELECTION);
        colSel.addListSelectionListener(new ListColSelectionHandler());

        panelSearch = new JPanel();
        panelBtn = new JPanel();

        lCarName = new JLabel("아이디");
        tf = new JTextField("회원 아이디를 입력하세요");
        btnSearch = new JButton("조회하기");
        btnSearch.addActionListener(new MemberBtnHandler());

        panelSearch.add(lCarName);
        panelSearch.add(tf);
        panelSearch.add(btnSearch);

        btnModify = new JButton("수정하기");
        btnDelete = new JButton("삭제하기");
        btnModify.addActionListener(new MemberBtnHandler());
        btnDelete.addActionListener(new MemberBtnHandler());

        panelBtn.add(btnModify);
        panelBtn.add(btnDelete);
        ...
    }

    private void loadTableData(List<MemberVO> memList) throws MemberException, IOException {
        if (memList != null  && memList.size() != 0) {
```

테이블 행 클릭 시 이벤트 처리합니다.

테이블 열 클릭 시 이벤트 처리합니다.

```java
      memItems = new String[memList.size()][5];
      for (int i = 0; i < memList.size(); i++) {
        MemberVO memVO = memList.get(i);
        memItems[i][0]=memVO.getId();
        memItems[i][1]=memVO.getPassword();
        memItems[i][2]=memVO.getName();
        memItems[i][3]=memVO.getAddress();
        memItems[i][4]=memVO.getPhoneNum();
       }


      rentTableModel = new RentTableModel(memItems, columnNames);
      memTable.setModel(rentTableModel);
    } else {
      message("조회한 정보가 없습니다.");
      memItems = new Object[10][10];
      rentTableModel = new RentTableModel(memItems, columnNames);
      memTable.setModel(rentTableModel);
    }
  }


//버튼 이벤트를 처리하는 내부 클래스
class MemberBtnHandler implements ActionListener {
  String id = null, password = null, name = null, address = null, phoneNum = null;
  List<MemberVO> memList = null;

  @Override
  public void actionPerformed(ActionEvent e) {
    if (e.getSource() == btnSearch) {
      String id = tf.getText().trim();
      memList = new ArrayList<MemberVO>();
      if (id != null && id.length() != 0) {
        try {
          MemberVO memVO = new MemberVO();
          memVO.setId(id);
          MemberVO result = memberController.viewMember(memVO);
          if(result != null) {
            memList.add(result);
            loadTableData(memList);
          } else {
            loadTableData(null);
          }

        } catch (MemberException | IOException e1) {
          e1.printStackTrace();
```

[조회] 버튼 클릭 시 입력 창에 아이디가 있는 경우 해당 아이디의 회원 정보를 조회 후, 테이블에 표시합니다.

```
                }
            } else {
                try {
                    memList = memberController.listMember();
                    loadTableData(memList);
                } catch (MemberException | IOException e1) {
                    e1.printStackTrace();
                }
            }
        } else if (e.getSource() == btnDelete) {
            id = (String) memItems[rowIdx][0];
            password = (String) memItems[rowIdx][1];
            name = (String) memItems[rowIdx][2];
            address = (String) memItems[rowIdx][3];
            phoneNum = (String) memItems[rowIdx][4];
            MemberVO memVO = new MemberVO(id, password, name, address, phoneNum);
            try {
                memberController.delMember(memVO);
                memList = memberController.listMember();
                loadTableData(memList);
            } catch (MemberException | IOException e1) {
                e1.printStackTrace();
            }
        } else if (e.getSource() == btnModify) {
            id = (String) memItems[rowIdx][0];
            password = (String) memItems[rowIdx][1];
            name = (String) memItems[rowIdx][2];
            address = (String) memItems[rowIdx][3];
            phoneNum = (String) memItems[rowIdx][4];
            MemberVO memVO = new MemberVO(id, password, name, address, phoneNum);
            try {
                memberController.modMember(memVO);
                memList = memberController.listMember();
                loadTableData(memList);
            } catch (MemberException | IOException e1) {
                e1.printStackTrace();
            }
        }
    } // end actionPerformed
} // end MemberBtnHandler
```

[조회] 버튼 클릭 시 입력 창에 아이디가 없는 경우 모든 회원 정보를 조회한 후, 테이블에 표시합니다.

[삭제] 버튼 클릭 시, 선택한 테이블의 행의 회원 정보를 얻습니다.

테이블에서 가지고 온 회원 정보를 컨트롤러로 전달해서 삭제 후, 다시 회원 정보를 테이블에 표시합니다.

[수정] 버튼 클릭 시, 선택한 테이블의 행의 회원 정보를 얻습니다.

테이블에서 가지고 온 회원 정보를 컨트롤러로 전달해서 수정 후, 다시 회원 정보를 테이블에 표시합니다.

```
//테이블의 행 클릭 시 이벤트 처리 내부 클래스
class ListRowSelectionHandler implements ListSelectionListener {
```

```java
      @Override
      public void valueChanged(ListSelectionEvent e) {
        if (!e.getValueIsAdjusting()) {
          ListSelectionModel lsm = (ListSelectionModel) e.getSource();
          rowIdx = lsm.getMinSelectionIndex();   //클릭한 행 인덱스를 얻습니다.
          //System.out.println(rowIdx + " 번째 행이 선택됨...");
        }
      }
    }


    //테이블의 열 클릭 시 이벤트 처리 내부 클래스
    class ListColSelectionHandler implements ListSelectionListener {
      @Override
      public void valueChanged(ListSelectionEvent e) {
        ListSelectionModel lsm = (ListSelectionModel)e.getSource( );
        colIdx=lsm.getMinSelectionIndex();   //클릭한 열 인덱스를 얻습니다.
        if (!e.getValueIsAdjusting()) {
          //System.out.println(rowIdx + " 번째 행, " + colIdx + "열 선택됨...");
        }
      }
    }
  }
}
```

렌터카 프로그램 메인 화면은 실행 시 화면 메뉴를 생성해서 화면 상단에 부착합니다. 그리고 각각의 메뉴 선택 이벤트를 처리할 핸들러를 내부 클래스로 구현합니다. 서브 메뉴 항목 선택 시 각각의 핸들러에서 해당 기능의 다이얼로그를 띄웁니다.

[직접 코딩해 보기] 렌터카 메인 화면

RentCarApp/com/oracle/rent/ch22/main/RentMainWindow.java

```java
package com.oracle.rent.ch22.member;

...

public class RentMainWindow extends JFrame {
  ...
  Member memberController;
  Car carController;            각 기능에 대한 컨트롤러를 선언합니다.
  Reserve resController;
  ...


  // 서브 메뉴 생성 메서드
```

```java
protected void startFrame() throws MemberException, IOException {
    frame.setJMenuBar(menuBar); //Frame에 메뉴 바를 부착합니다.
    menuBar.add(memberMenu); //메뉴 바에 "회원관리"항목을 부착합니다.

    //회원메뉴 관련 서브 메뉴 항목
    memberMenu.add(memMenu21 = new JMenuItem("회원등록"));
    memberMenu.add(memMenu22 = new JMenuItem("회원조회"));
    memberMenu.addSeparator(); // 분리선 설정하기
    memberMenu.add(memMenu23 = new JMenuItem("회원수정"));
    memberMenu.add(memMenu24 = new JMenuItem("회원삭제"));

    menuBar.add(carMenu); // 메뉴 바에 렌터카 메뉴를 답니다.
    //렌터카 메뉴 관련 서브 메뉴 항목
    carMenu.add(carMenu11 = new JMenuItem("챠량등록"));
    carMenu.add(carMenu12 = new JMenuItem("차량조회"));
    carMenu.addSeparator(); // 분리선 설정하기
    carMenu.add(carMenu13 = new JMenuItem("차량수정"));
    carMenu.add(carMenu14 = new JMenuItem("차량삭제"));

    menuBar.add(resMenu); // 메뉴 바에 예약 메뉴를 단다.
    //예약 메뉴 관련 서브 메뉴 항목
    resMenu.add(resMenu31 = new JMenuItem("예약등록"));
    resMenu.add(resMenu32 = new JMenuItem("예약조회"));
    resMenu.addSeparator(); // 분리선 설정하기
    resMenu.add(resMenu33 = new JMenuItem("예약수정"));
    resMenu.add(resMenu34 = new JMenuItem("예약취소"));

    menuBar.add(helpMenu);   //"도움말" 메뉴를 답니다.
    helpMenu.add(helpMenu41 = new JMenuItem("버전"));
    ...

    //메뉴 항목 선택 이벤트와 이벤트 리스너를 연결합니다.
    carMenu11.addActionListener(new CarHandler());
    carMenu12.addActionListener(new CarHandler());
    carMenu13.addActionListener(new CarHandler());
    carMenu14.addActionListener(new CarHandler());

    memMenu21.addActionListener(new MemberHandler());
    memMenu22.addActionListener(new MemberHandler());
    memMenu23.addActionListener(new MemberHandler());
    memMenu24.addActionListener(new MemberHandler());

    resMenu31.addActionListener(new ResHandler());
    resMenu32.addActionListener(new ResHandler());
```

```
    resMenu33.addActionListener(new ResHandler());
    resMenu34.addActionListener(new ResHandler());

    helpMenu41.addActionListener(new HelpHandler());

    //컨트롤러 생성
    memberController = new MemberImpl();
    carController = new CarImpl();
  }


  //회원 메뉴 선택시 이벤트를 처리하는 내부 클래스
  class MemberHandler implements ActionListener {
  @Override
    public void actionPerformed(ActionEvent e) {
      try {
        if (e.getSource() == memMenu21) {
          new RegMemDialog(memberController, "회원 등록창");  ............ [회원 등록] 다이얼로그를 엽니다.
        } else if (e.getSource() == memMenu22) {
          new SearchMemDialog(memberController,"회원 조회창");  .......... [회원 조회] 다이얼로그를 엽니다.
        } else if (e.getSource() == memMenu23) {

          ...

        }
      } catch(Exception ex) {
        ex.printStackTrace();
      }
    }
  } //end MemberHandler


  //렌터카 메뉴 선택 시 처리하는 이벤트 핸들러
  class CarHandler implements ActionListener {
    @Override
    public void actionPerformed(ActionEvent e) {
      if (e.getSource() == carMenu11) {
        new RegCarDialog("차량 등록창");  ........................... [차량 등록] 다이얼로그를 엽니다.
      } else if (e.getSource() == carMenu12) {
        new SearchCarDialog(carController, "차량 조회창");  ........... [차량 조회] 다이얼로그를 엽니다.
      } else if (e.getSource() == carMenu13) {
        ...
      }
    }
  } //end CarHandler
  ...
}
```

[실행결과]

최초 실행 시

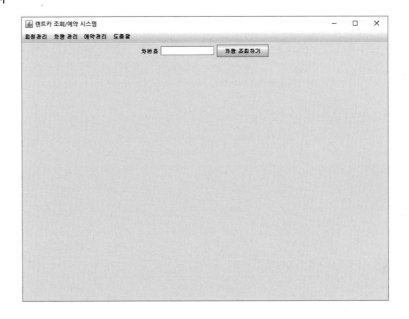

회원 관리 -> 회원 등록 클릭 시

회원 관리 -> 회원 조회 선택 시

아이디 입력 없이 클릭 시
모든 회원 정보를 조회합니다.

입력한 회원 아이디의 정보만 조회합니다.

[삭제하기] 버튼 클릭 시

[수정하기] 클릭 시

렌터카 기능과 예약 기능도 동일한 구조로 동작하므로 책 제공 소스나 동영상을 참고해 주세요.

연습 문제

1_ 6절 렌터카 조회/예약 프로그램의 "예약" 메뉴 기능을 구현해 보세요.

2_ 렌터카 프로그램을 참고해서 도서 쇼핑몰 화면을 구현해 보세요.

- ▾ ⊞ ch22
  - ▾ ⊞ common
    - ⟩ ⊞ exception
    - ⟩ 🗾 AbstractBase.java
    - ⟩ 🗾 BooksTableModel.java
    - ⟩ 🗾 DataUtil.java
  - ▾ ⊞ goods
    - ⟩ 🗾 Goods.java
    - ⟩ 🗾 GoodsExecption.java
    - ⟩ 🗾 GoodsImpl.java
    - ⟩ 🗾 GoodsVO.java
    - ⟩ 🗾 RegGoodsDialog.java
    - ⟩ 🗾 SearchGoodsDialog.java
    - 📄 goodsData.txt
  - ▾ ⊞ main
    - ⟩ 🗾 BookShopApp.java
  - ▾ ⊞ member
    - ⟩ 🗾 Member.java
    - ⟩ 🗾 MemberException.java
    - ⟩ 🗾 MemberImpl.java
    - ⟩ 🗾 MemberVO.java
    - ⟩ 🗾 RegMemDialog.java
    - ⟩ 🗾 SearchMemDialog.java
    - 📄 memberData.txt
  - ▾ ⊞ order
    - ⟩ 🗾 Order.java
    - ⟩ 🗾 OrderException.java
    - ⟩ 🗾 OrderImpl.java
    - ⟩ 🗾 OrderVO.java
    - ⟩ 🗾 RegOrderDialog.java
    - ⟩ 🗾 SearchOrderDialog.java
    - 📄 orderData.txt

BookShopApp 패키지 구조

23장

자바 데이터베이스

〉 시작 전 가볍게 읽기 〈

일반적으로 프로그램에서 사용되는
데이터를 파일에 저장하는 방법은 많은 단점이 있었습니다.
따라서 현재 프로그램에서 사용하는 데이터는 대부분 데이터베이스에 저장합니다.
데이터베이스 기본 사용법에 관해서 알아보겠습니다.

1 데이터베이스 정의

데이터베이스와 데이터베이스 관리 시스템(DBMS)의 차이점을 알아보겠습니다.

1.1 데이터베이스란?

데이터베이스(Database)란 여러 사람들이 사용하는 데이터를 저장하는 물리적인 저장소를 의미합니다. 예를 들어 도서관은 도서 정보를 미리 데이터베이스에 저장해 놓고 도서관 이용자가 단말기에서 도서 정보를 조회하면 단말기의 조회 프로그램이 데이터베이스에 접근하여 원하는 도서 정보를 제공해 줍니다.

데이터베이스
- 여러 사용자가 동시에 이용하는 데이터를 저장하는 물리적인 저장소
  - 도서관의 도서 정보 데이터베이스
  - 쇼핑몰의 상품 정보 데이터베이스

1.2 DBMS란?

DBMS(데이터베이스 관리 시스템, DataBase Management System)는 데이터베이스를 효율적으로 관리하는 시스템, 즉 프로그램을 의미합니다.

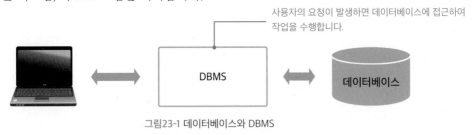

그림23-1 데이터베이스와 DBMS

데이터베이스는 단지 물리적인 저장소, 즉 하드디스크라고 할 수 있습니다. 데이터를 파일에 저장하든, 데이터베이스에 저장하든 결국 물리적인 저장 장치는 하드디스크입니다. 그러나 데이터를 DBMS를 통해서 데이터베이스에 저장하면 데이터를 더 효율적으로 다룰 수 있습니다.

> **DBMS(DataBase Management System)의 정의**
> - 데이터베이스를 효율적으로 관리하는 시스템 프로그램
> - 데이터베이스에 데이터를 추가, 조회, 변경, 삭제하는 등의 기능을 제공

그런데 이러한 물리적인 저장소인 데이터베이스에서 데이터를 저장하고, 조회 등의 기능을 구체적으로 수행하는 것이 **DBMS**입니다. 우리가 쉽게 Oracle이나 MySQL이라고 말하는 대상은 정확히 데이터베이스가 아니라 DBMS라고 해야 합니다. DBMS도 여러 종류가 있습니다. 현재는 관계형 DBMS가 가장 많이 사용됩니다. 우리가 실습하려고 하는 오라클도 관계형 DBMS입니다.

> **DBMS 종류와 관계형 DBMS의 특징**
> - DBMS 종류
>   - 계층형, 네트워크형, 관계형으로 구분
> - 관계형 DBMS의 특징
>   - 현재 가장 많이 사용되는 DBMS
>   - Oracle, MySQL, MS-SQL, …

2 오라클 DBMS 설치하기

실습에 사용할 오라클 DBMS와 데이터베이스 클라이언트 프로그램을 설치해 보겠습니다.

2.1 오라클 DBMS 설치하기

다음은 이 책에서 실습에 사용할 오라클 DBMS를 설치하는 과정입니다. 오라클 XE 버전은 교육용으로 제공하는 무료 오라클 DBMS입니다.

1 _ 검색 창에 "**오라클 18c XE 다운로드**"로 검색 후 해당 URL을 클릭해서 다운로드 페이지로 이동해서
합니다.

그림23-2 오라클 DBMS 검색

2 _ 다운로드 페이지 하단의 이전 버전 다운로드 페이지로 이동하는 링크를 클릭합니다.

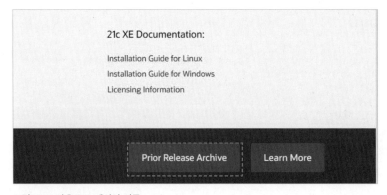

그림23-3 다운로드 페이지 이동

3 _ 다운로드 페이지에서 윈도우 운영체제에 해당되는 오라클 버전을 클릭해서 다운로드받습니다.

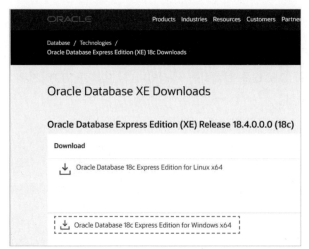

그림23-4 다운로드 버튼 클릭

4 _ [동의함]에 체크 후 다운로드 링크를 클릭합니다.

그림23-5 약관 동의 후 다운로드

5 _ [사용자 이름]과 [비밀번호]를 입력 후 [로그인]을 클릭해서 다운로드받습니다(계정이 없으면 새로 생성합니다).

그림23-6 오라클 계정 로그인

6 _ 다운로드받은 압축 파일의 압축을 해제합니다.

그림23-7 파일 압축 해제

7 _ 폴더로 이동해서 setup.exe를 클릭하여 설치를 시작합니다.

그림23-8 Setup 파일 실행

8 _ [다음]을 클릭합니다.

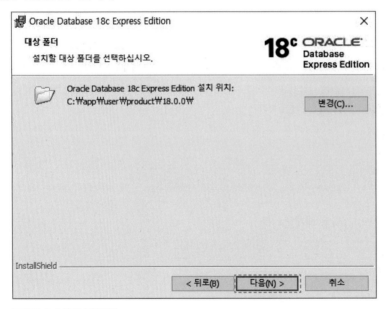

그림23-9 [다음] 클릭하기

9 _ [동의함]에 체크한 후, [다음]을 클릭합니다.

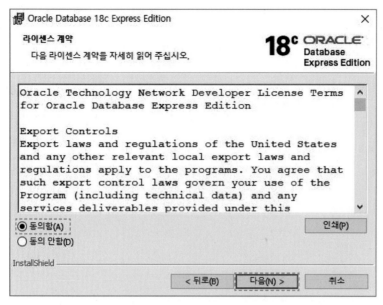

그림23-10 [동의함] 체크 후 [다음] 클릭하기

10 _ [다음]을 클릭합니다.

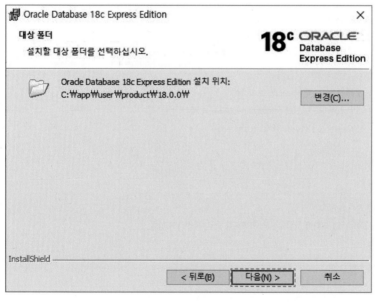

그림23-11 대상 폴더 확인 후 [다음] 클릭하기

11 _ 비밀번호를 입력 후, **[다음]**을 클릭합니다(필자는 "1234"를 사용합니다).

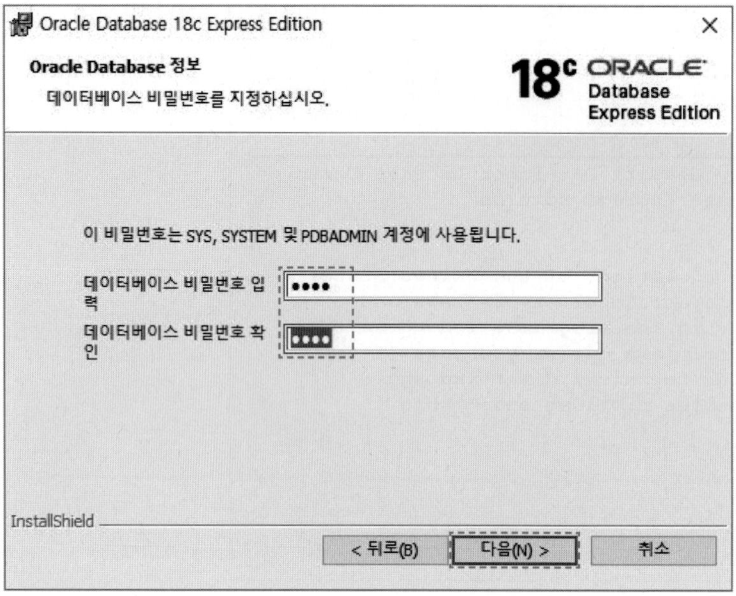

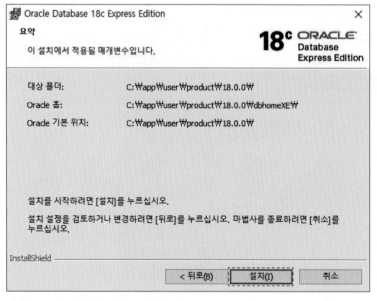

그림23-12 비밀번호 입력 후 [다음] 클릭하기

12 _ [설치]를 클릭합니다.

그림23-13 경로 확인 후 [설치] 클릭하기

13 _ 자동으로 설치를 진행합니다.

Oracle Database 18c Express Edition
Oracle Database 18c Express Edition 설치 중
선택한 프로그램 기능을 설치하고 있습니다.
18c ORACLE Database Express Edition
Oracle Database 18c Express Edition이(가) 설치되는 동안 기다리십시오. 몇 분 정도 걸릴 수 있습니다.
상태:
새 파일을 복사하는 중
InstallShield
< 뒤로(B)
다음(N) >
취소

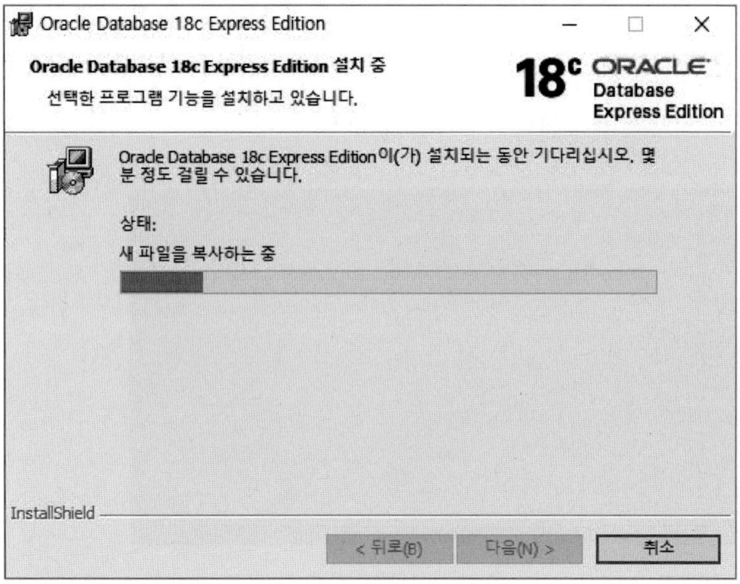

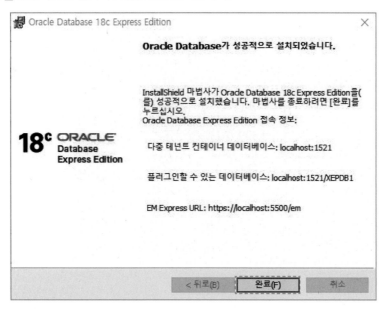

그림23-14 설치 진행 중

14 _ 성공적으로 설치되면 **[완료]**를 클릭합니다.

Oracle Database 18c Express Edition
Oracle Database가 성공적으로 설치되었습니다.
InstallShield 마법사가 Oracle Database 18c Express Edition을(를) 성공적으로 설치했습니다. 마법사를 종료하려면 [완료]를 누르십시오.
Oracle Database Express Edition 접속 정보:
18c ORACLE Database Express Edition
다중 테넌트 컨테이너 데이터베이스: localhost:1521
플러그인할 수 있는 데이터베이스: localhost:1521/XEPDB1
EM Express URL: https://localhost:5500/em
< 뒤로(B)
완료(F)
취소

그림23-15 설치 완료

다음은 설치한 오라클이 정상적으로 접속이 되는지 확인하고 실습에 사용할 사용자 계정을 생성하는 과정입니다.

1 _ 명령 프롬프트를 띄운 후, "**sqlplus**"를 입력합니다.

그림23-16 "sqlplus" 입력

2 _ 사용자명으로 SYSTEM을 입력한 후 Enter 키를 치면, 비밀번호에 설치 시 지정한 비밀번호를 입력해서 접속합니다.

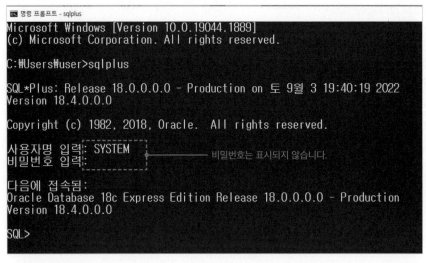

그림23-17 오라클 접속

3 _ 다음 SQL 명령어를 이용해서 실습 시 사용할 계정을 생성합니다.

```
create user C##user1 identified by 1234          사용자 계정은 user1이고, 비밀번호는 1234입니다.
default tablespace users
quota unlimited on users;          user1에 테이블 생성 시 저장 공간 허용량을 할당합니다.
```

4 _ 생성한 계정에 권한을 부여합니다.

```
grant resource, connect to C##user1;
```

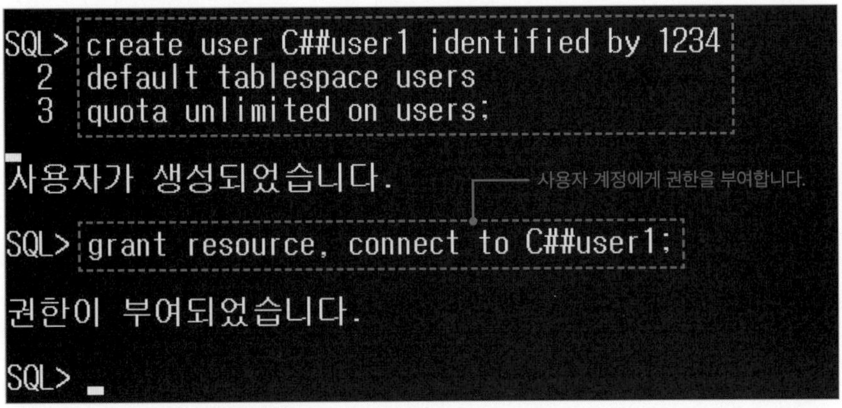

그림23-18 사용자 생성 및 권한 부여

5 _ exit 명령어로 sqlplus를 종료 후, 재실행해서, 생성한 **user1** 계정으로 접속합니다.

그림23-19 생성된 사용자 계정에 접속

2.2 SQL Developer 설치하기

데이터베이스 실습 시 명령프롬프트에서 sqlplus로 연동하면 불편합니다. 따라서 클라이언트가 오라클 데이터베이스 작업을 편리하게 할 수 있게 해 주는 프로그램인 SQL Developer를 설치해서 실습해 보겠습니다.

1 _ 검색 창에서 "**SQL developer 다운로드**"로 검색 후 링크를 클릭하거나 다음 URL을 입력 후 다운로드 페이지로 이동합니다.

(https://www.oracle.com/database/sqldeveloper/technologies/download/)

그림23-20 오라클 SQL Developer 검색

2 _ 윈도우 운영체제에서 사용할 수 있는 버전을 다운로드받습니다.

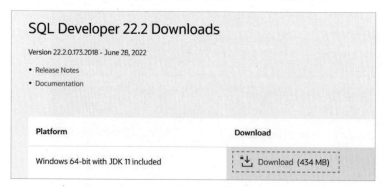

그림23-21 오라클 SQL Developer 다운로드

3 _ 다운로드받은 파일의 압축을 해제합니다.

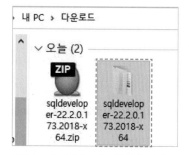

그림23-22 다운로드된 파일 압축 해제

4 _ SQL developer는 따로 설치 과정이 없으므로 압축을 해제한 후, 폴더로 이동해서 **sqldeveloper. exe**를 클릭해서 바로 실행합니다.

그림23-23 sqldeveloper.exe 실행

5 _ 정상적으로 실행되면 시작 페이지를 닫아줍니다.

그림23-24 실행 후 시작 페이지 종료

6 _ 좌측 탐색 창에서 **"Oracle 접속"**에 마우스 위치 후 우클릭하면 표시되는 항목 중 "새 접속"을 클릭합니다.

그림23-25 '새 접속' 클릭

7 _ 사용자 이름과 비밀번호에 sqlplus에서 생성한 계정과 비밀번호를 입력한 후, [테스트]를 클릭하여 [성공] 메시지를 확인합니다. [성공] 메시지가 나오면 [접속]을 클릭합니다.

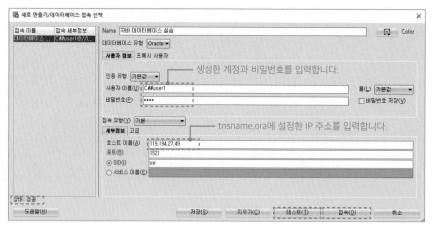

그림23-26 계정 테스트 및 접속

호스트 이름 얻기

OracleXE의 호스트 이름은 설치한 PC의 IP 주소로 자동 설정됩니다. [명령 프롬프트]에서 "ipconfig"를 입력해서 IP 주소를 얻거나 "C:₩app₩user₩product₩18.0.0₩dbhomeXE₩ network₩admin" 위치에 있는 tnsnames.ora 파일을 열어서 얻을 수 있습니다.

그림23-27 tnsnames.ora 파일 열기

```
# tnsnames.ora Network Configuration File: C:₩app₩user₩product₩18.0.0₩dbhomeXE₩N
# Generated by Oracle configuration tools.

XE =
  (DESCRIPTION =
    (ADDRESS = (PROTOCOL = TCP)(HOST = 119.194.27.49)(PORT = 1521))
    (CONNECT_DATA =
      (SERVER = DEDICATED)
      (SERVICE_NAME = XE)
    )
  )

LISTENER_XE =
  (ADDRESS = (PROTOCOL = TCP)(HOST = 119.194.27.49)(PORT = 1521))
```

그림23-28 호스트 이름 확인

8 _ 지정한 이름으로 접속명이 표시되면 정상적으로 연결됩니다.

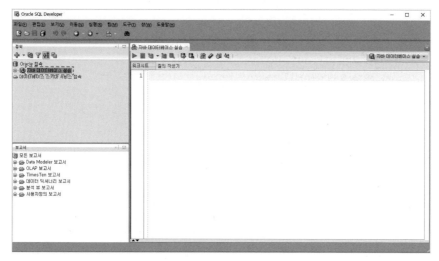

그림23-29 정상 연결 확인

다음은 로컬 PC가 아닌 원격 PC에서 설치한 OracleXE에 접속 시, 로컬 PC의 방화벽에 1521 포트로 접근을 허용하는 방법입니다.

1 _ 윈도우 검색 창에 **[방화벽]** 입력 후, **[Windows Defender 방화벽]**을 클릭합니다.

그림23-30 Windows Defender 방화벽 메뉴 진입

2 _ **[고급 설정]**을 클릭합니다.

그림23-31 [고급 설정] 진입

3 _ **[인바운드 규칙]**을 클릭 후, 우측의 **[새 규칙]**을 클릭합니다.

그림23-32 인바운드 규칙 생성

4 _ [포트]를 체크합니다.

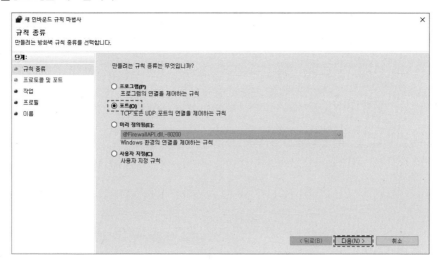

그림23-33 규칙 종류 설정

5 _ [TCP]를 체크 후, 오라클 포트 번호 1521을 입력합니다.

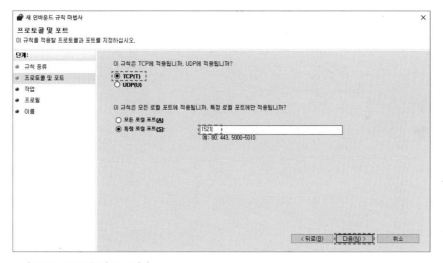

그림23-34 프로토콜 및 포트 설정

6 _ [연결 허용]을 체크합니다.

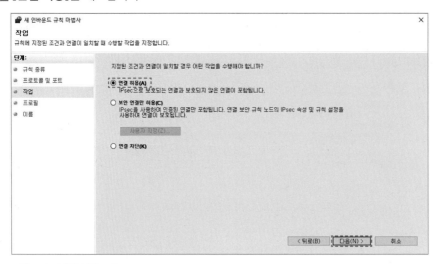

그림23-35 작업 설정

7 _ 기본 체크된 옵션 그대로 사용합니다.

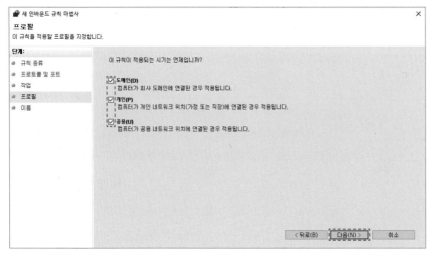

그림23-36 프로필 설정

8 _ 이름을 입력한 후, **[마침]**을 클릭합니다.

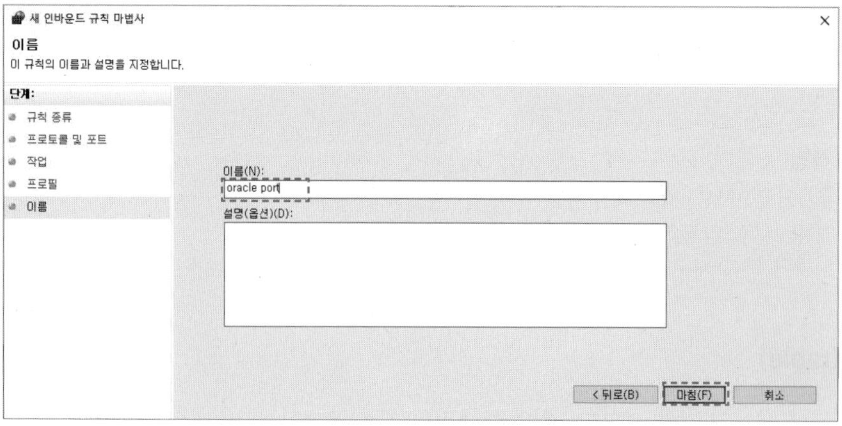

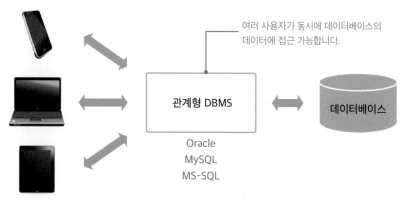

그림23-37 이름 설정

3 관계형 DBMS 알아보기

오라클 DBMS로 실습하기 전, 관계형 DBMS의 특징과 기본적인 사용법을 알아보겠습니다.

3.1 관계형 DBMS의 특징

관계형 DBMS는 그림처럼 여러 사용자와 데이터베이스 중간에 위치하면서 사용자들이 데이터베이스 접근 요청 시, 데이터베이스에 접근하여 작업한 결과를 각각의 사용자들에게 전달합니다.

그림23-38 여러 프로그램에서 관계형 DBMS로 데이터베이스에 접근하는 과정

기존의 파일 저장 방식은 여러 프로그램이 동시에 데이터 사용 시 많은 단점이 있었습니다. 이런 단점을 보완해서 나온 새로운 데이터 저장 방식이 데이터베이스입니다. 따라서 관계형 DBMS를 사용하면 여러 사용자들의 요청을 동시에 처리할 수 있습니다.

> **관계형 DBMS의 특징**
> - 여러 사용자가 동시에 접근해서 데이터 사용 가능
> - 실제 데이터는 데이터베이스의 테이블 형식으로 저장

3.2 3.2 테이블(table)

실제 데이터베이스에 데이터 저장 시, 테이블에 저장됩니다. 다음은 사원 데이터가 저장된 테이블의 구조입니다. 테이블은 그림처럼 여러 개의 컬럼(Column)으로 이루어집니다. 그리고 테이블에 데이터 저장 시 이 컬럼의 각각의 값을 한 개의 행으로 묶어 저장합니다. 이 행을 행 또는 로우(row)라고 합니다. 즉, 한 개의 행이 한 명의 사원 정보를 의미합니다.

테이블의 컬럼명을 나타냅니다.　　　　　　　　　　　　　　　　각각의 행이 한 명의 사원 정보를 의미합니다.

사번	이름	입사일자	급여	부서코드
7231	홍길동	20101212	3000000	10
7891	이순신	20110304	2500000	20
7766	박지성	20090819	2000000	30
7898	차범근	20080202	3500000	40

다음은 회사의 부서 정보를 저장하는 부서 테이블입니다. 각각의 행이 한 개의 부서 정보를 의미합니다.

부서코드	부서명	부서위치
10	총무부	서울
20	개발부	부산
30	기획부	대전
40	회계부	광주

다음은 테이블에 데이터를 추가하는 방법입니다. 테이블에 데이터는 한 개의 행 단위로 추가합니다. 이미 사원 테이블에 행을 추가한 상태입니다. 테이블의 데이터는 반드시 행 단위로 추가해야합니다. 또한 '차범근' 사원처럼 사번과 이름만으로 추가할 수 없습니다. 만약 컬럼의 값을 지정하지 않으면 그 컬럼의 값은 자동으로 null로 저장됩니다.

사번	이름	입사일자	급여	부서코드
7231	홍길동	20101212	3000000	10
7891	이순신	20110304	2500000	20
7766	박지성	20090819	2000000	30
7898	차범근			
7899	손흥민	null	null	nul

┗━ 테이블에 행 내 컬럼의 일부분만 저장할 수 없습니다.

테이블에 저장 시 행 내 컬럼의 값을 지정하지 않으면 null로 저장됩니다.

3.3 기본키(Primary Key)와 외래키(Foregin Key)

테이블에 행 단위로 저장 시 각각의 행은 다른 행과 구분되는 컬럼이 존재해야 합니다. 이 컬럼의 값은 다른 행의 값과 반드시 달라야 합니다. 행를 구분하는 컬럼을 **기본키(Primary Key)**라고 합니다.

기본키(Primary Key)의 정의
- 테이블의 각 행을 다른 행과 구분해 주는 역할을 하는 컬럼
- 기본키의 값은 다른 값과 중복되거나 null이 되는 것을 허용하지 않음

다음은 '**사번**' 컬럼이 기본키로 지정된 테이블입니다. 각각의 사원 행의 사번은 반드시 달라야 합니다. 그런데 "**손흥민**" 사원의 사번은 다른 행의 사번과 겹치므로 행 추가 시 에러가 발생합니다.

사번	이름	입사일자	급여	부서코드
7231	홍길동	20101212	3000000	10
7891	이순신	20110304	2500000	20
7766	박지성	20090819	2000000	30
7898	차범근	20080202	3500000	40
7231	손흥민	20100901	4000000	30

┗━ 사번이 겹치므로 테이블에 추가할 수 없습니다.

다음은 외래키의 정의입니다. 외래키는 테이블에 입력되는 데이터가 논리적으로 옳은 데이터인지 확인하는 용도로 사용됩니다.

외래키(Foreign Key)의 정의
- 2개 이상의 테이블 연결 시 사용
- 부모 테이블의 기본키인 동시에 자식 테이블의 컬럼

다음은 사원 테이블을 나타내고 있습니다. 사원 테이블의 부서코드는 사원들이 근무하는 부서를 의미합니다. 따라서 "홍길동" 사원의 근무 부서명은 총무부임을 알 수 있습니다. 부서코드처럼 2개의 테이블을 이어주는 컬럼을 외래키라고 합니다. 부서코드는 부서 테이블에서는 기본키로 쓰이고 있습니다.

사번	이름	입사일자	급여	부서코드
7231	홍길동	20101212	3000000	10
7891	이순신	20110304	2500000	20
7766	박지성	20090819	2000000	30
7898	차범근	20080202	3500000	40

부서 테이블의 기본키로 쓰입니다.

부서코드	부서명	부서위치
10	총무부	서울
20	개발부	부산
30	기획부	대전
40	회계부	광주

다음은 새로 입사한 "손흥민" 사원의 정보를 입력한 상태입니다. 그런데 "손흥민"의 부서코드는 50번입니다. 그러나 부서코드가 50인 부서는 부서 테이블에 존재하지 않습니다. 따라서 "손흥민" 사원 정보를 사원 테이블에 추가하려고 하면 에러가 발생합니다. 테이블에서 외래키로 지정된 컬럼의 값은 참조하는 다른 테이블의 해당 컬럼에 반드시 존재해야 합니다.

사번	이름	입사일자	급여	부서코드
7231	홍길동	20101212	3000000	10
7891	이순신	20110304	2500000	20
7766	박지성	20090819	2000000	30
7898	차범근	20080202	3500000	40
7899	손흥민	20220809	2500000	50

부서코드	부서명	부서위치
10	총무부	서울
20	개발부	부산
30	기획부	대전
40	회계부	광주

50번 부서는 부서 테이블에 존재하지 않으므로 사원 테이블에 추가할 수 없습니다.

지금까지 데이터베이스의 기본적인 이론을 알아봤습니다. 더 자세한 내용은 데이터베이스 관련 서적을 참고해 주세요.

→ 요점 정리 ←

- 데이터베이스에 저장된 데이터는 여러 사용자가 동시에 접근해서 사용합니다.
- DBMS는 데이터베이스의 데이터를 효율적으로 관리하는 시스템 프로그램입니다.
- 데이터베이스의 데이터는 테이블 형태로 저장됩니다.
- 기본키는 테이블의 저장되는 행들을 서로 구분하는 역할을 합니다.
- 외래키는 테이블에 추가되는 데이터의 논리적 무결성을 검증합니다.

4 **SQL문의 정의와 사용법**

실제 사용자가 데이터베이스에 접근하는 방법을 알아보겠습니다.

4.1 SQL문이란?

사용자 프로그램에서 데이터베이스의 데이터 요청 시 항상 DBMS를 거쳐서 요청하게 됩니다. 이 때 사용자가 DBMS에 요청하는 명령어를 SQL(Structured Query Language)문이라고 합니다.

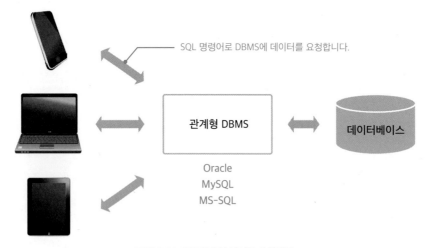

그림23-39 SQL문으로 데이터 요청하기

다음은 SQL문의 종류입니다. DDL과 DCL은 주로 데이터베이스 관리자들이 사용합니다.

SQL문의 종류

- DDL(Data Definitions Language)
  - 데이터베이스의 구조를 정의하는 명령문
  - 테이블의 생성, 삭제, 수정 등에 사용

- DML(Data Manipulation Language)
  - 데이터의 추가, 조회, 삭제, 수정 시 사용하는 명령문
  - 응용 프로그램에서 주로 사용

- DCL(Data Control Language)
  - 데이터베이스 권한에 관련된 명령문
  - 데이터베이스 관리자가 주로 사용

다음은 SQL 종류별 여러 가지 명령어들입니다. 자바와 같은 응용 프로그램은 DML을 주로 사용합니다.

구분	명령어	설명
DDL	CREATE	테이블을 생성합니다.
	DROP	테이블을 제거합니다.
	ALTER	테이블의 구조를 수정합니다.
DML	INSERT	테이블에 새로운 행을 추가합니다.
	UPDATE	테이블에 있는 행의 데이터를 수정합니다.
	DELETE	테이블에 있는 행을 삭제합니다.
	SELECT	테이블에 있는 데이터를 조회합니다.
	COMMIT	테이블의 변경된 사항을 영구 반영합니다.
	ROLLBACK	테이블의 변경된 사항을 초기 상태로 되돌립니다.
DCL	GRANT	사용자에게 데이터베이스 권한을 부여합니다.
	REVOKE	사용자의 권한을 박탈합니다.

표23-1 여러가지 SQL 명령어

4.2 SQL문 사용하기

SQL문 중 응용 프로그램 개발자들이 많이 사용하는 DDL과 DML의 각 명령문의 사용법에 대해서 알아보겠습니다. 다음은 오라클의 데이터 타입입니다. 실제로는 더 많은 데이터 타입을 제공하니, 관련 서적이나 검색 결과를 참고하세요.

데이터타입	설명
CHAR(n)	고정 길이 문자 타입
VARCHAR2(n)	가변 길이 문자 타입
NUMBER(P, S)	가변 숫자 타입 P는 소수점을 포함한 전체 자릿수 S는 소수점 자릿수
DATE	BC 4712년 1월 1일부터 9999년 12월 31일, 연, 월, 일, 시, 분, 초까지 입력 가능
TIMESTAMP	연도, 월, 일, 시, 분, 초 + 밀리초까지 입력 가능

표23-2 오라클의 데이터 타입

4.2.1 CREATE문

CREATE문은 데이터베이스에 데이터를 저장하는 테이블을 만드는 명령어입니다. 다음은 CREATE 문으로 테이블을 만드는 형식입니다.

CREATE TABLE 키워드 다음에 생성할 테이블 이름을 써 주고, 테이블의 컬럼명과 각 컬럼에 저장할 수 있는 데이터 타입을 명시합니다.

```
CREATE TABLE 테이블이름 (
    컬럼명1 데이터타입,
    컬럼명2 데이터타입,         다른 컬럼명은 반드시 ","로 구분합니다.
    ...
    컬럼명n 데이터타입
);
```

다음은 CREATE문으로 실제 회원 정보를 저장하는 테이블을 생성하는 SQL문입니다.

- VARCHAR2(10)는 컬럼의 데이터 타입을 문자열로 지정하고, 최대 10자까지 저장할 수 있습니다
- NUMBER(5) 타입은 컬럼의 데이터 타입을 실수나 정수를 의미하는 숫자로 지정하고, 최대 5자리까지 저장할 수 있습니다.

생성된 회원 테이블은 id와 name 컬럼에는 문자열을 저장할 수 있고, height, weight, age 컬럼에는 숫자만 저장 가능합니다.

[직접 코딩해 보기] CREATE문으로 회원 테이블 생성하기

텍스트

```
CREARE TABLE Member(
    id VARCHAR2(10) PRIMARY KEY,         회원 아이디를 기본키로 지정합니다.
    name VARCHAR2(10),
    height NUMBER(5),
    weight NUMBER(5),
    age NUMBER (5)
);         CREATE문 마지막을 반드시 ";"으로 마칩니다.
```

그럼, SQL Developer로 직접 테이블을 생성해 보겠습니다.

1 _ SQL Developer 워크 시트에 실행하려는 SQL문을 작성합니다.

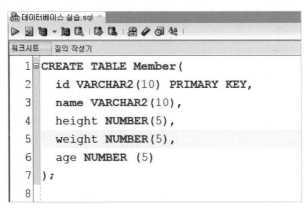

그림23-40 SQL문 작성

2 _ 마우스 커서를 CREATE문 마지막의 ";" 위치에 두고, SQL Developer 상단의 녹색 실행 버튼을 클릭해서 SQL문을 실행합니다.

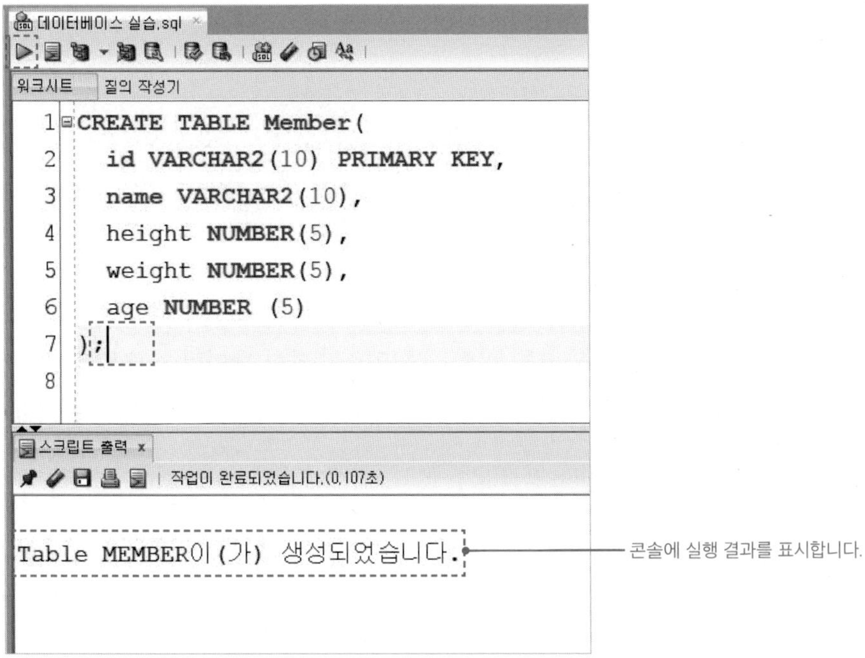

```
1 CREATE TABLE Member(
2   id VARCHAR2(10) PRIMARY KEY,
3   name VARCHAR2(10),
4   height NUMBER(5),
5   weight NUMBER(5),
6   age NUMBER (5)
7 );
8
```

스크립트 출력 x

작업이 완료되었습니다.(0,107초)

Table MEMBER이 (가) 생성되었습니다. ──── 콘솔에 실행 결과를 표시합니다.

그림23-41 SQL문 실행 및 출력 결과

3 _ 좌측 탐색기 창의 "**새로고침**"을 클릭한 후, 실습명 아래 테이블 항목을 클릭하면 생성한 테이블명과 컬럼 정보를 표시합니다.

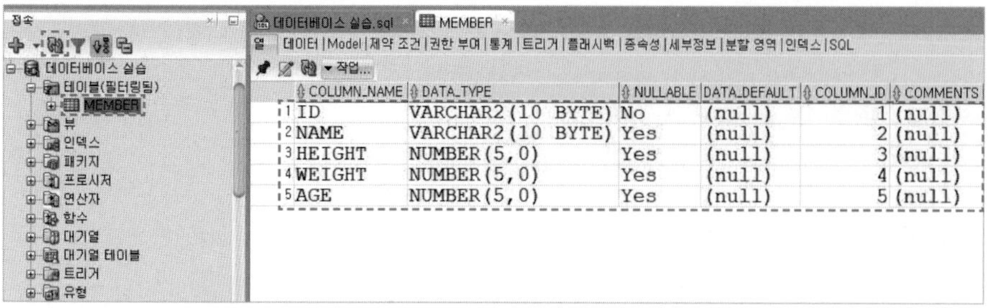

그림23-42 새로고침하여 생성 테이블 및 컬럼 표시

4.2.2 INSERT문

INESRT문은 테이블에 데이터를 행 단위로 추가하는 SQL 명령어입니다. 다음은 INSERT문의 형식입니다. 추가하려는 행은 테이블의 컬럼과 같은 데이터 타입의 값들을 콤마(,)로 구분해서 명시합니다. 컬럼명을 지정하지 않으면 테이블 생성 시 지정한 컬럼순으로 값들의 데이터 타입이 일치해야 합니다.

```
INSERT INTO 테이블명(컬럼명1, 컬럼명2, ..., 컬럼명n)
VALUES (값1, 값2, ..., 값n); ●──────── 컬럼의 데이터 타입과 동일한 데이터를 값으로 지정합니다.


INSERT INTO 테이블명
                                        컬럼명을 명시하지 않으면 값들은 테이블 생성 시 지정한
VALUES (값1, 값2, ..., 값n); ●──────── 컬럼명순으로 값들의 타입이 일치해야 합니다.
```

다음은 INSERT문으로 실제 회원 테이블에 회원 정보를 추가하는 SQL문입니다. 오라클의 문자열은 자바와 다르게 작은 따옴표(')로 묶습니다. INSERT문으로 추가한 데이터는 메모리의 임시 테이블에 저장됩니다. 회원 테이블에 영구 저장하기 위해선 **commit** 명령문을 실행해야 합니다.

[직접 코딩해 보기] INSERT문으로 회원 테이블 생성하기

```
INSERT INTO Member (id, name, height, weight, age)
VALUES ('0001','홍길동',175, 67, 24); ●──────── 컬럼명과 VALUES 다음에 나열한 값들의 타입을 일치해야 합니다.


INSERT INTO Member
VALUES ('0001','임꺽정',188, 78, 45); ●──────── 아이디 '0001'은 이미 존재하므로 추가할 수 없습니다.


INSERT INTO member
                                        컬럼명을 생략하면 테이블 생성 시 지정한
VALUES ('0002','임꺽정',188, 78, 45); ●──────── 컬럼명순으로 값들이 추가됩니다.
```

COMMIT; ●──────── 테이블에 추가한 회원 정보를 데이터베이스의 테이블에 영구 저장합니다.

다음은 INSERT문으로 회원 정보를 추가하는 과정입니다.

1 _ 워크 시트에 INSERT문을 작성한 후, 커서를 ";"에 위치시킨 뒤 녹색의 실행 버튼을 누릅니다.

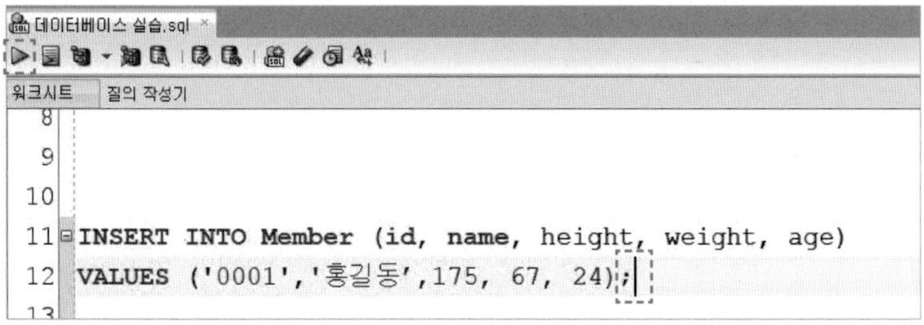

그림23-43 쿼리문 실행

2 _ 콘솔 창에 추가했다는 메시지가 출력됩니다.

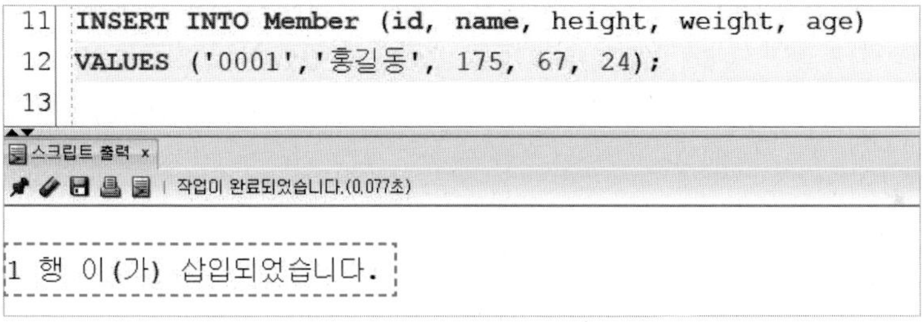

그림23-44 쿼리문 작업 완료

3 _ id가 같은 임꺽정 회원 정보를 입력 시 기본키가 중복되므로 에러를 발생시킵니다.

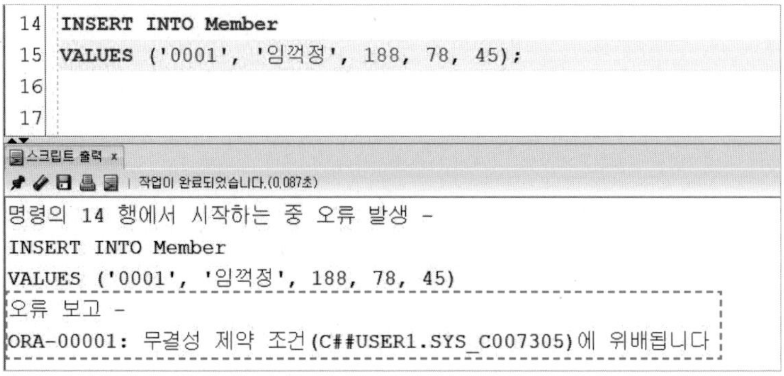

그림23-45 중복 아이디 입력 시 에러 발생

4 _ id가 다른 임꺽정 정보가 정상적으로 추가됩니다.

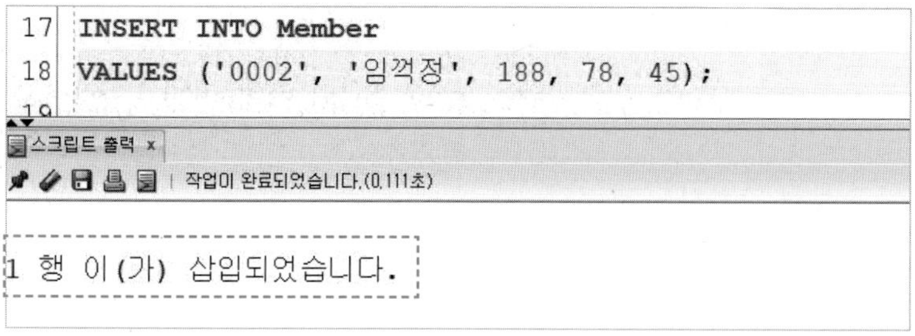

```
17  INSERT INTO Member
18  VALUES ('0002', '임꺽정', 188, 78, 45);
```

스크립트 출력 x

작업이 완료되었습니다.(0.111초)

1 행 이(가) 삽입되었습니다.

그림23-46 정상 쿼리문 작성

5 _ COMMIT 명령어 실행 후, SELECT 문으로 조회 시 테이블에 추가한 회원 정보가 정상적으로 조회됩니다.

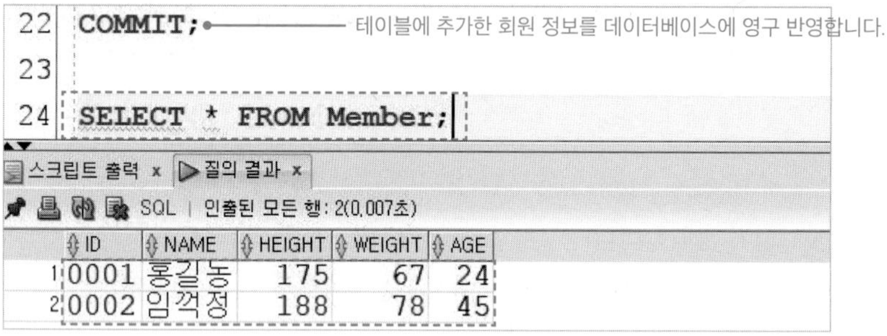

```
22  COMMIT;●━━━━━━━ 테이블에 추가한 회원 정보를 데이터베이스에 영구 반영합니다.
23
24  SELECT * FROM Member;
```

스크립트 출력 x   질의 결과 x

SQL | 인출된 모든 행: 2(0.007초)

	ID	NAME	HEIGHT	WEIGHT	AGE
1	0001	홍길동	175	67	24
2	0002	임꺽정	188	78	45

그림23-47 추가한 회원 정보 조회

4.2.3 SELECT문

SELECT문은 가장 많이 사용되는 SQL문으로 테이블의 데이터를 조회합니다. 다음은 SECECT문의 형식입니다. SELECT문은 조건식을 이용해서 원하는 데이터를 조회할 수 있습니다.

```
SELECT [ALL|DISTINCT]{*|컬럼명,...}
FROM 테이블명
[WHERE 조건]
[GROUP BY  {컬럼명,...}]
[HAVING 조건]
[ORDER BY {컬럼명,...} [ASC,DESC]];
```

다음은 모든 회원 정보를 조회하는 SELECT문입니다. "*"는 모든 컬럼을 의미합니다.

```
SELECT * FROM Member;
```

테이블의 모든 회원 정보를 조회합니다.

ID	NAME	HEIGHT	WEIGHT	AGE
1 0001	홍길동	175	67	24
2 0002	임꺽정	188	78	45

다음은 회원의 name 컬럼의 값 즉, 회원 이름만 조회하는 SELECT문입니다.

```
SELECT name FROM Member;
```

[실행결과]

각 행에서 지정한 name 컬럼의 값만 조회합니다.

NAME
1 홍길동
2 임꺽정

다음은 회원의 이름과 나이만 조회하는 SELECT문입니다.

```
SELECT name, age FROM Member;
```

[실행결과]

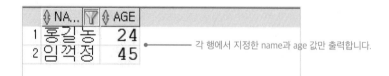

NA...	AGE
1 홍길동	24
2 임꺽정	45

각 행에서 지정한 name과 age 값만 출력합니다.

다음은 **ORDER BY** 구문을 이용해서 조회한 회원 정보를 height 컬럼값을 비교해서 내림차순으로 정렬합니다. **ORDER BY ASC**를 사용하면 오름차순으로 정렬합니다.

```
SELECT * FROM Member
ORDER BY height DESC;
```
각각의 행의 height 컬럼값을 비교해서 내림차순으로 정렬합니다.

[실행결과]

ID	NAME	HEIGHT	WEIGHT	AGE
1 0002	임꺽정	188	78	45
2 0001	홍길동	175	67	24

height 컬럼값이 큰 "임꺽정" 회원 정보가 먼저 출력됩니다.

이번에는 SELECT문에 **WHERE** 구문을 추가해서 조건식을 만족하는 행들만 조회합니다.

```
SELECT * FROM Member
WHERE name = '홍길동';
```

[실행결과]

① 테이블에서 모든 행을 조회합니다.

② 행에서 name의 값이 '홍길동'인 행만 조회합니다.

SELECT * FROM Member
WHERE name = '홍길동';

③ '홍길동' 회원 정보만 조회합니다.

SELECT * FROM Member
WHERE name = '홍길동';

다음은 age 컬럼값이 20보다 큰 회원 정보를 조회하는 과정입니다.

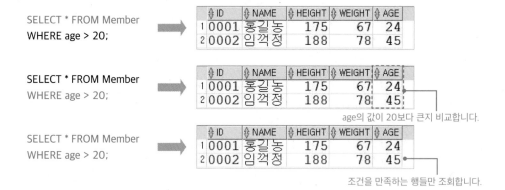

SELECT문의 WHERE 조건절에는 조건식을 여러 개 사용할 수 있습니다. 다음은 회원 중 키가 175와 같거나 작으면서 나이가 20살 이상인 회원 정보를 조회합니다.

```
SELECT * FROM Member
WHERE
height <= 175 AND age > 20;
```
━━━━━━ 동시에 두 조건식을 만족하는 행만 조회합니다.

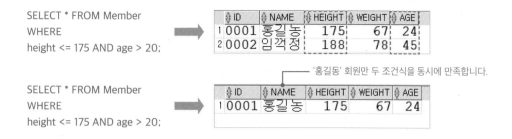

```
SELECT * FROM Member
WHERE
height <= 175 AND age > 20;
```

	ID	NAME	HEIGHT	WEIGHT	AGE
1	0001	홍길동	175	67	24
2	0002	임꺽정	188	78	45

'홍길동' 회원만 두 조건식을 동시에 만족합니다.

```
SELECT * FROM Member
WHERE
height <= 175 AND age > 20;
```

	ID	NAME	HEIGHT	WEIGHT	AGE
1	0001	홍길동	175	67	24

SELECT문은 가장 많이 쓰는 SQL문이므로 잘 알아 두어야 합니다. 그 외 다른 SELECT문 기능들은 다른 데이터베이스 서적을 참고하세요.

4.2.4 UPDATE문

UPDATE문은 테이블에 저장된 정보를 수정할 때 사용합니다. UPDATE문은 SET 다음에 컬럼명과 수정할 값을 콤마(,)로 구분해서 명시합니다. WHERE절이 있으면 조건식을 만족하는 행의 컬럼값만 수정합니다.

```
UPDATE 테이블명
SET 컬럼명1 = 값1,
    컬럼명2 = 값2,
       ...
    컬럼명n = 값n
[WHERE 조건식];
```

다음은 회원 테이블의 회원들의 나이를 모두 24로 수정하는 UPDATE문입니다. WHERE절이 없으므로 조회해 보면 모든 회원의 나이가 24로 변경됩니다.

```
UPDATE Member
SET age = 24;  ←──────── 테이블의 전체 행들의 age의 값을 24로 변경합니다.


SELECT * FROM Member;
```

[실행결과]

	ID	NAME	HEIGHT	WEIGHT	AGE
1	0001	홍길동	175	67	24
2	0002	임꺽정	188	78	24

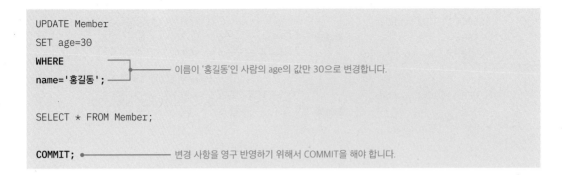

```
UPDATE Member
SET age=30
WHERE
name='홍길동';                        이름이 '홍길동'인 사람의 age의 값만 30으로 변경합니다.


SELECT * FROM Member;


COMMIT;                              변경 사항을 영구 반영하기 위해서 COMMIT을 해야 합니다.
```

[실행결과]

	ID	NAME	HEIGHT	WEIGHT	AGE
1	0001	홍길동	175	67	30
2	0002	임꺽정	188	78	24

'홍길동'의 나이만 30으로 변경됩니다.

4.2.5 DELETE문

DELETE문은 기존의 테이블의 행을 삭제할 때 사용됩니다.

```
DELETE FROM 테이블명
[WHERE 조건식];
```

다음은 회원 테이블의 모든 회원 정보를 삭제하는 DELETE문입니다. COMMIT전에 ROLLBACK
명령문을 사용하면 테이블의 상태를 삭제 전으로 복원합니다.

```
DELETE FROM Member;                  모든 회원 정보를 삭제합니다.


SELECT * FROM Member;


ROLLBACK;                            COMMIT하기 전의 테이블 상태로 되돌립니다.
```

[실행결과]

DELETE문으로 삭제 시

ID	NAME	HEIGHT	WEIGHT	AGE

ROLLBACK 명령 실행 시

삭제했던 레코드들이 복원됩니다.

	ID	NAME	HEIGHT	WEIGHT	AGE
1	0001	홍길동	175	67	30
2	0002	임꺽정	188	78	24

다음은 WHERE절을 이용해서 조건식에 해당되는 행만 삭제하는 DELETE문입니다.

```
DELETE FROM Member
WHERE
name = '홍길동';  ●──────── 이름이 '홍길동'인 회원 정보를 삭제합니다.

SELECT * FROM Member

COMMIT;
```

[실행결과]

ID	NAME	HEIGHT	WEIGHT	AGE
1 0002	임꺽정	188	78	24

4.2.6 COMMIT과 ROLLBACK

테이블의 데이터를 추가, 변경, 삭제 시 실제 메모리에 임시로 생성된 테이블에 데이터를 작업한 결과를 저장합니다. 실제 데이터베이스 저장소의 테이블에 영구 반영하기 위해서는 COMMIT 명령어를 이용해서 영구 반영합니다.

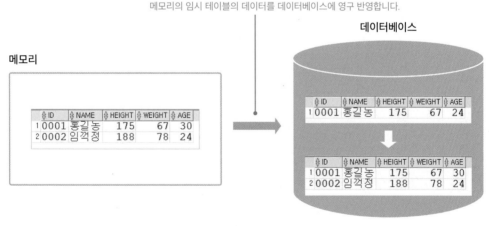

그림23-48 COMMIT 명령어 실행 시 메모리 상태

반대로 테이블의 데이터에 잘못된 작업을 하거나 원래의 데이터로 상태를 복원하려면 ROLL
BACK 명령어를 이용해서 복원합니다.

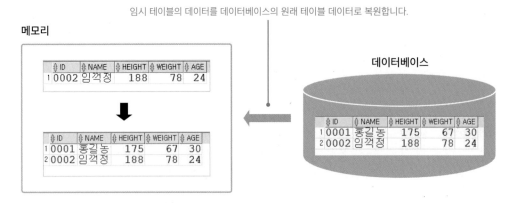

그림23-49 ROLLBACK 명령어 실행 시 메모리 상태

자바 JDBC 실습에 필요한 SQL문에 관해서 알아봤습니다. SQL문에 대한 더 자세한 내용은 데이
터베이스 관련 도서를 참고해 주세요.

➤ 요점 정리 ◀

- 사용자는 SQL문을 이용해서 데이터베이스에 접근합니다.
- 응용 프로그램 개발자는 주로 DML 명령어를 많이 사용합니다.
- DML 명령어 중 SELECT문이 가장 많이 사용됩니다.
- COMMIT은 테이블의 변경 사항을 영구적으로 반영합니다.
- ROLLBACK은 테이블의 변경 사항을 원래대로 복원합니다.

5 JDBC의 정의와 사용법

이 절에선 실제 자바에서 데이터베이스에 연결하는 방법을 알아보겠습니다.

5.1 JDBC란?

JDBC는 'Java Database Connectivity'의 약자로, 자바에서 데이터베이스를 연결하는 기능을 의미합니다. 그러나 이것은 좁은 의미이고, JDBC는 자바 프로그램에서 모든 종류의 DBMS와 일정하게 연결하는 기능을 의미합니다.

현재는 오라클 이외에 여러 가지 DBMS가 사용되고 있습니다. 따라서 자바 프로그램에서 DBMS와 연결 시 각각의 DBMS에서 제공하는 방법으로 연결해야 했습니다.

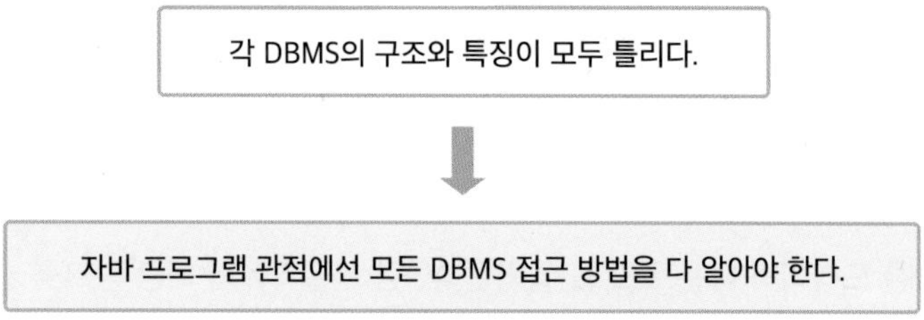

각 DBMS의 구조와 특징이 모두 틀리다.

자바 프로그램 관점에선 모든 DBMS 접근 방법을 다 알아야 한다.

그림23-50 기존 DBMS 접근 시 문제점

자바 프로그램 입장에서 모든 DBMS와 연결 방법을 알아야 하는 것은 불편한 작업입니다. 따라서 자바에서는 먼저 프로그램 입장에서 DBMS에 접근하는 공통적인 방법을 정의한 후, 그 방법을 각각의 DBMS에서 구현하여 접속하면 프로그램에선 표준화된 방법으로 모든 DBMS에 접근할 수 있게 했습니다.

각각의 DBMS에서 구현해서 제공하는 접속 기능을 **드라이버(Driver)**라고 합니다. 이 드라이버는 자바에서 접속 과정을 인터페이스로 미리 정의한 후, 각각의 DBMS 제공사에서 구현하여 제공합니다.

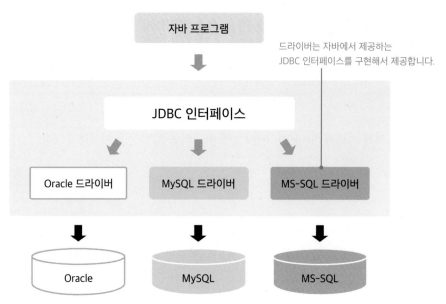

그림23-51 자바 프로그램에서 표준화된 방법으로 여러 DBMS에 접속하는 과정

5.2 JDBC 드라이버 설치하기

JDBC를 이용한 오라클 데이터베이스와 연동 과정을 알아보겠습니다. 먼저 연동하기 위해서는
오라클 드라이버를 홈페이지에서 다운로드받아야 합니다.

1 _ 검색 창에 "**오라클 드라이버 다운로드**"를 입력한 후, 검색 결과에서 해당 링크를 클릭합니다.

그림23-52 오라클 드라이버 다운로드 링크 진입

2 _ 다운로드 페이지에서 오라클 18c 버전의 드라이버를 다운로드받습니다.

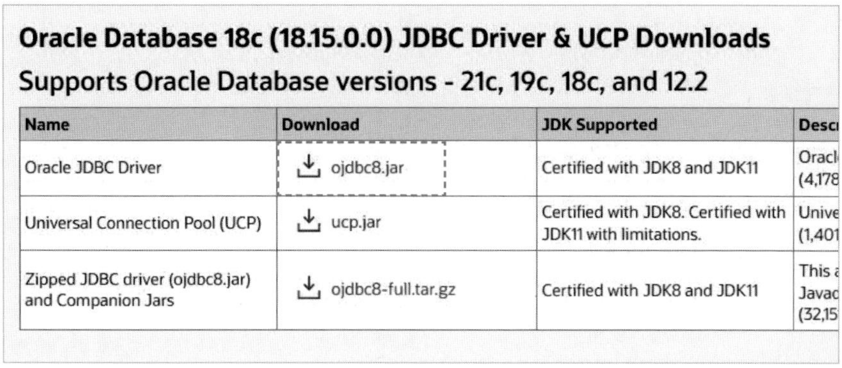

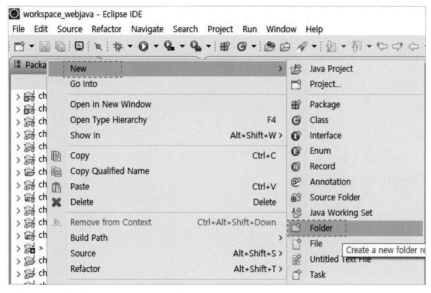

Oracle Database 18c (18.15.0.0) JDBC Driver & UCP Downloads
Supports Oracle Database versions - 21c, 19c, 18c, and 12.2

Name	Download	JDK Supported	Desc
Oracle JDBC Driver	⬇ ojdbc8.jar	Certified with JDK8 and JDK11	Oracl (4,178
Universal Connection Pool (UCP)	⬇ ucp.jar	Certified with JDK8. Certified with JDK11 with limitations.	Unive (1,401
Zipped JDBC driver (ojdbc8.jar) and Companion Jars	⬇ ojdbc8-full.tar.gz	Certified with JDK8 and JDK11	This a Javad (32,15

그림23-53 오라클 드라이버 다운로드

다운로드받은 드라이버를 이클립스 프로젝트에서 사용할 수 있도록 라이브러리로 설정해 보겠습니다.

1 _ 이클립스 프로젝트 위에 마우스 위치 후, **우클릭 -> New -> Folder**를 선택합니다.

그림23-54 우클릭 -> New -> Folder 클릭

2 _ 폴더이름으로 "lib" 입력 후, [Finish]를 클릭합니다.

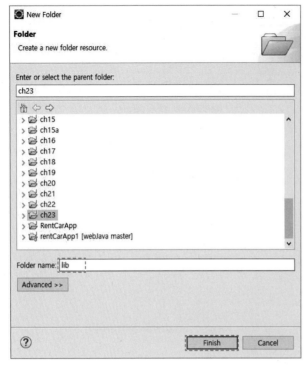

그림23-55 폴더 이름 설정

3 _ 다운로드 받은 드라이버를 lib 폴더에 복사해서 붙여넣습니다.

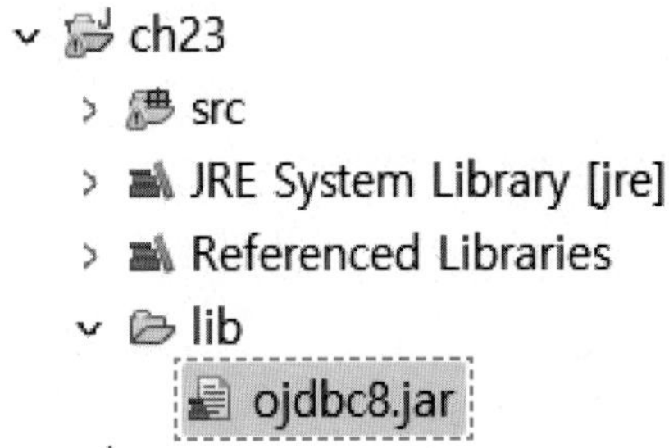

- ⌄ 📂 ch23
  - › 🐝 src
  - › 📚 JRE System Library [jre]
  - › 📚 Referenced Libraries
  - ⌄ 📂 lib
    - 📄 ojdbc8.jar

그림23-56 lib 폴더에 드라이버 파일 위치시키기

4 _ 프로젝트 위에 마우스 위치 후, **우클릭** -> Build Path -> **Configure Build Path**를 선택합니다.

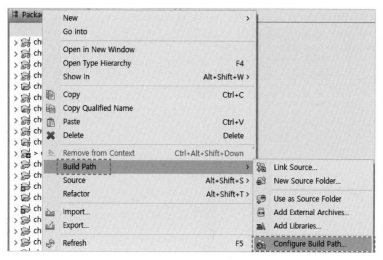

그림23-57 Build Path 설정

5 _ Libraries 탭에서 **Classpath**를 클릭한 다음, **Add JARs**를 클릭합니다.

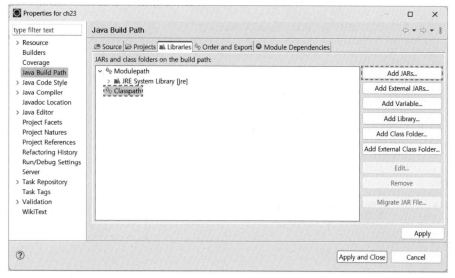

그림23-58 Add JARs 클릭

6 _ 프로젝트에 lib 폴더의 오라클 드라이버를 선택한 후, OK를 클릭합니다.

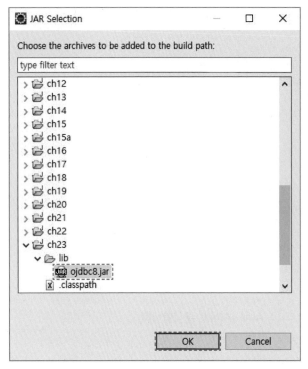

그림23-59 오라클 드라이버 선택

7 _ 오라클 드라이버의 Classpath가 지정된 것을 확인한 후, "Apply and Close" 를 클릭합니다.

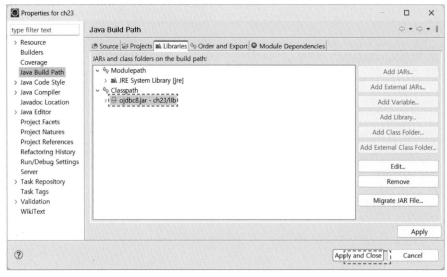

그림23-60 오라클 드라이버 적용

5.3 자바에서 오라클 DBMS 연동하기

자바에서 모든 DBMS와 연동 과정은 다음의 9개의 과정으로 이루어집니다.

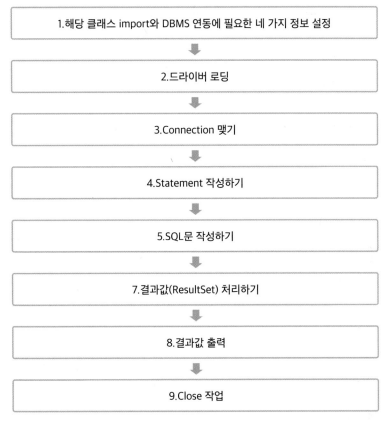

그림23-61 자바 프로그램에서 DBMS 연동 과정

다음은 원격의 데이터베이스에 접근하는 과정입니다. 클라이언트에서 원격 데이터베이스 접속 시, 설치된 IP 주소, 포트 번호, 그리고 아이디와 비밀번호가 있어야 합니다.

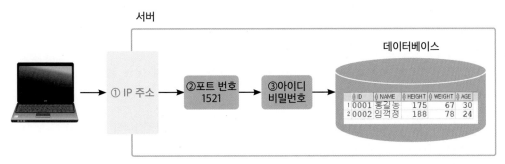

그림23-62 클라이언트에서 원격 데이터베이스에 접속하는 과정

실제 자바 코드로 오라클 DBMS에 접속하는 과정을 알아보겠습니다.

자바 코드에서 오라클 DBMS 연동 시 필요한 정보를 설정하는 상수들입니다. DBMS 종류에 따라서 상수들의 값만 변경해서 설정해 줍니다.

```java
private static final String driver = "연동할 드라이버 클래스명";
private static final String url = "jdbc:oracle:thin:@호스트명:1521:SID";
private static final String user = "사용자 계정";
private static final String pwd = "비밀번호";
```

- jdbc:oracle:thin : 여러 오라클 연동 방법 중에 TCP 프로토콜용 JDBC 드라이버로 연결한다는 의미입니다.
- 호스트명 : 오라클이 설치된 IP 주소를 의미합니다.
- 1521 : 연결할 오라클의 포트 번호입니다.
- SID : 연결할 데이터베이스명을 의미합니다. OracleXE는 데이터베이스명이 "XE"가 됩니다.

자바에서 DBMS로 SQL문을 전송할 때는 executeUpdate() 메서드와 executeQuery() 메서드를 사용합니다.

---

executeUpdate() 메서드와 executeQuery() 메서드

- executeQuery() 메서드
  - SELECT문 전송 시 사용

- executeUpdate() 메서드
  - INSERT, UPDATE, DELETE문 전송 시 사용

SELECT문으로 조회 시 DBMS는 조회한 행들을 다시 자바 프로그램으로 리턴합니다. 자바 프로그램은 DBMS에서 전송된 행들을 ResultSet 클래스로 처리합니다.

ResultSet 클래스 특징

- executeQuery() 메서드 실행 후 DBMS로부터 리턴되는 행들을 처리하는 클래스
- next()와 getter() 메서드로 행의 값들을 얻어옴

다음은 SELECT문으로 조회된 행들을 ResultSet으로 받아서 각각의 행의 컬럼값들을 가지고 오는 방법입니다.

① while문으로 rs.next() 메서드를 호출하면 내부의 커서가 다음 행으로 이동합니다.

② name 컬럼의 데이터 타입 varchar2는 자바의 String에 대응하므로 getString("name") 메서드로 커서가 위치한 행의 name 컬럼값을 얻습니다(name의 컬럼 인덱스가 2이므로 getString(2)로 얻을 수도 있습니다).

③ age 컬럼의 데이터 타입 number는 자바의 int에 대응하므로 getInt("age") 메서드로 age 컬럼값을 얻습니다(age의 컬럼 인덱스가 5이므로 getInt(5)로 값을 얻을 수도 있습니다).

④ while()문의 조건식으로 이동한 다음 행에서 과정을 반복합니다.

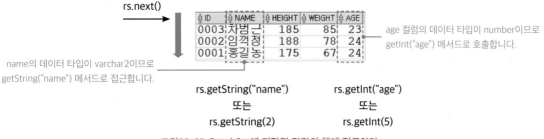

그림23-63 ResultSet에 저장된 각각의 행에 접근하기

[참고]

ResultSet의 행들의 컬럼 인덱스는 1부터 시작합니다.

다음은 오라클 DBMS와 연동하는 예제입니다. executeUpdate() 메서드를 이용해서 회원 정보를 추가하면, 추가한 행의 개수를 리턴합니다. 리턴되는 값으로 테이블에 행 추가 성공 여부를 판별할 수 있습니다.

[직접 코딩해 보기] 자바에서 오라클 DBMS 연동하기

ch23/sec01/ex01/JDBCTest.java

```java
package sec01.ex01;

import java.sql.Connection;
import java.sql.DriverManager;
import java.sql.ResultSet;          ----- 오라클 연동 시 필요한 클래스를 import합니다.
import java.sql.SQLException;
import java.sql.Statement;

public class JDBCTest {
    private static final String driver = "oracle.jdbc.driver.OracleDriver";
    private static final String url = "jdbc:oracle:thin:@119.194.27.49:1521:XE";
    private static final String user = "C##user1";
    private static final String pwd = "1234";

    public static void main(String[] args) {
        Connection conn = null;
        Statement stmt = null;
        ResultSet rs = null;

        try {
```

4가지 연결 정보를 상수로 설정합니다.

```
        Class.forName(driver); _____ Oracle 드라이버를 로드합니다.
        System.out.println("Oracle 드라이버 로딩 성공");


        conn = DriverManager.getConnection(url, user, pwd); _____ 사용자 계정과 비밀번호로 접속합니다.
        System.out.println("Connection 생성 성공");


        stmt = conn.createStatement(); _____ SQL문을 전송할 Statement 객체를 생성합니다.
        System.out.println("Statement 생성 성공");
                                                                       SQL문을 작성합니다.
        String query = "INSERT INTO Member (id, name, height, weight, age)
                                       VALUES ('0003','차범근', 185, 85, 23)";----

        System.out.println(query);
                                                   INSERT문을 전송해서 행을 추가 후
        int rows = stmt.executeUpdate(query); _____ 추가한 행 개수를 리턴합니다.
        System.out.println(rows+"개의 행 추가");
                                                                   두 번째 SQL문을 작성합니다.
        String query2 = "SELECT id, name, height, weight, age FROM Member ORDER BY id";----
        System.out.println(query2);


        rs = stmt.executeQuery(query2); _____ SELECT문을 전송한 후, 조회한 행들을 ResultSet으로 받습니다.
        while (rs.next()) {
          System.out.print("아이디는>>" + rs.getString("id"));
          System.out.print(", 이름은>>" + rs.getString("name"));
          System.out.print(", 키는>>" + rs.getInt("height"));          getter()에 컬럼명을
          System.out.print(", 체중은>>" + rs.getInt("weight"));   ----- 매개값으로 지정해서 행의
          System.out.print(", 나이는>>" + rs.getInt("age"));           컬럼값을 얻습니다.
          System.out.println();


          /*
          System.out.print("아이디: " + rs.getString(1)); -----
          System.out.print(", 이름: " + rs.getString(2));
          System.out.print(", 키: " + rs.getInt(3));              getter()에 컬럼 인덱스를 지정해서
          System.out.print(", 체중: " + rs.getInt(4));       ----- 행의 컬럼값을 얻습니다.
          System.out.print(", 나이: " + rs.getInt(5));   ----
          System.out.println();
          */
        }
    } catch(ClassNotFoundException e) {
        e.printStackTrace();
    } catch(SQLException e) {
        e.printStackTrace();
    } finally {
        try {
          rs.close(); ----
```

```
            stmt.close();      ┆--- close 작업을 합니다.
            conn.close();-----┆
        } catch (SQLException e) {}
    }
  }
}
```

[실행결과]

```
Oracle 드라이버 로딩 성공
Connection 생성 성공
Statement 생성 성공
INSERT INTO Member (id, name, height, weight, age) VALUES ('0003', 차범근', 185, 85, 23)
1개의 행 추가
SELECT * FROM Member ORDER BY id

아이디: 0001, 이름: 홍길동, 키: 175, 체중: 67, 나이: 24
아이디: 0002, 이름: 임꺽정, 키: 188, 체중: 78, 나이: 45
아이디: 0003, 이름: 차범근, 키: 185, 체중: 85, 나이: 23
```

SQL Developer로 조회하면 예제에서 추가한 "차범근" 회원 정보가 표시됩니다.

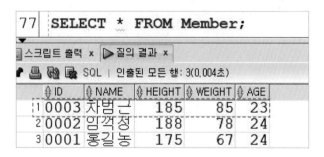

💡 알아두면 좋아요

- 문자열과 숫자를 얻는 getString()과 getInt() 메서드 외에도 다른 데이터 타입에 대한 getter 메서드도 제공하니, API 문서를 참고하세요.
- JDBC에선 INSERT, UPDATE, DELETE 문을 실행하면 SQL Developer와는 달리 자동으로 커밋됩니다. 수동으로 커밋 하려면, Connection의 setAutoCommit(false);로 설정한 후, commit()과 rollback() 메서드로 커밋과 롤백을 수행하면 됩니다.

```
conn.setAutoCommit(false);
...
conn.commit();    //커밋
conn.rollback();    //롤백
```

6 PreparedStatement 사용법

이번에는 Statement 보다 효율적으로 데이터베이스 작업을 수행하는 PreparedStatement의 기능을 알아보겠습니다.

6.1 PreparedStatement의 특징

앞 절에서 회원 정보를 조회하기 위해서 Statement 인터페이스를 이용해서 데이터베이스와 연동했습니다. 그런데 Statement를 이용해서 데이터베이스와 연동할 경우 SQL문을 전송할 때마다 DBMS에서 다시 SQL문을 컴파일해야 하므로 속도가 느리다는 단점이 있습니다. 따라서 자바에선 속도가 훨씬 빠른 PreparedStatement를 사용해서 데이터베이스와 연동합니다.

> **PreparedStatement의 특징과 용도**
> - Statement를 상속받으므로 기존의 기능을 그대로 사용 가능
> - 미리 컴파일된 SQL문을 DBMS에 전달하므로 훨씬 빠르게 데이터베이스 연동 가능
> - SQL문에 "?"를 넣을 수 있으므로 SQL문을 쉽게 작성할 수 있음

다음은 PreparedStatement로 데이터베이스에 연동하는 예제입니다. PreparedStatement 객체 생성 시 전달할 SQL문을 인자로 전달해서 객체를 생성합니다. 그리고 각각의 값들은 setter 메서드들의 인자로 "?"의 순서를 지정해서 데이터베이스에 전달합니다.

[직접 코딩해 보기] 자바에서 PreparedStatement로 DBMS 연동하기

ch23/sec01/ex02/PreparedStatementTest.java

```java
package sec01.ex02;

import java.sql.Connection;
import java.sql.DriverManager;
import java.sql.PreparedStatement;
import java.sql.ResultSet;
import java.sql.SQLException;

public class PreparedStatementTest {
    private static final String driver = "oracle.jdbc.driver.OracleDriver";
    private static final String url = "jdbc:oracle:thin:@119.194.27.49:1521:XE";
```

```java
private static final String user = "C##user1";
private static final String pwd = "1234";

public static void main(String[] args) {
  Connection conn = null;
  PreparedStatement pstmt = null;
  ResultSet rs = null;

  try {
    Class.forName(driver);
    System.out.println("Oracle 드라이버 로딩 성공");
    conn = DriverManager.getConnection(url, user, pwd);
    System.out.println("Connection 생성 성공");
                                              SQL문으로 미리 PrepredStatement 객체를 생성합니다.
    pstmt = con.prepareStatement("INSERT INTO Member (id, name, height, weight, age)
                                          VALUES ( ?,?,?,?,? )");
    System.out.println("PreparedStatement 생성 성공");


    pstmt.setString(1, "0004");
    pstmt.setString(2, "박지성");
    pstmt.setInt(3, 178);
    pstmt.setInt(4, 67);                      "?"의 순서를 지정해서 setter로 "?"의 값들을 세팅합니다.
    pstmt.setInt(5, 23);
    int rows = pstmt.executeUpdate();
                          회원 정보를 추가한 후, 추가한 행 개수를 리턴합니다.
    pstmt.setString(1, "0005");
    pstmt.setString(2, "류현진");
    pstmt.setInt(3, 167);
    pstmt.setInt(4, 45);                      "?"의 순서를 지정해서 setter로 "?"의 값들을 세팅합니다.
    pstmt.setInt(5, 18);
    pstmt.executeUpdate();
                       회원 정보를 추가한 후, 추가한 행 개수를 리턴합니다.
    pstmt = con.prepareStatement("SELECT id, name, height, weight, age FROM Member");
    /*
    pstmt = con.prepareStatement("SELECT id, name, height, weight, age
                                  FROM Member
                                  WHERE name = ?");
    pstmt.setString(1, "홍길동");              SELECT문의 조건식의 조건값을 세팅합니다.
    */
    rs = pstmt.executeQuery();                PreparedStatement로 회원 정보를 조회합니다.

    while (rs.next()) {
      System.out.print("아이디: " + rs.getString("id"));
```

```java
            System.out.print(" 이름: " + rs.getString("name"));
            System.out.print(" 키: " + rs.getInt("height"));
            System.out.print(" 체중: " + rs.getInt("weight"));
            System.out.print(" 나이: " + rs.getInt("age"));
            System.out.println();
        }
    } catch(ClassNotFoundException e) {
        e.printStackTrace();
    } catch(SQLException e) {
        e.printStackTrace();
    } finally {
        try {
            rs.close();
            pstmt.close();
            conn.close();
        } catch (SQLException e) {}
    }
  }
}
```

[실행결과]

```
Connection 생성 성공
PreparedStatement 생성 성공

아이디: 0001, 이름: 홍길동, 키: 175, 체중: 67, 나이: 24
아이디: 0002, 이름: 임꺽정, 키: 188, 체중: 78, 나이: 45
아이디: 0003, 이름: 차범근, 키: 185, 체중: 85, 나이: 23
아이디: 0004, 이름: 박지성, 키: 178, 체중: 67, 나이: 23
아이디: 0005, 이름: 류현진, 키: 167, 체중: 45, 나이: 18
```

7 DAO와 VO의 정의와 사용법

　자바에서 실제 데이터베이스 연동 기능을 구현 시 사용되는 DAO와 VO 클래스에 관해서 알아보겠습니다.

7.1 DAO와 VO의 특징

이제까지는 한 개의 클래스에 데이터베이스 연동 기능을 모두 구현해서 연동했습니다. 그런데 이런 방법으로 구현하면 데이터베이스 연동 기능이 복잡해졌을 때 유지보수에 여러 가지 문제가 발생할 수 있습니다. 따라서 현재는 데이터베이스 연동 기능만 따로 클래스로 분리해서 구현합니다. 이때 데이터베이스 연동 기능을 하는 클래스를 **DAO(Data Access Object)**라고 합니다.

> **DAO(Data Access Object) 클래스의 정의**
> - 자바 프로그램에서 데이터베이스 작업만 수행하는 클래스

다음은 VO(Value Object) 클래스의 정의입니다. VO 클래스는 데이터베이스 연동 시 작업하는 테이블의 컬럼을 필드로 선언해서 사용하는 방법입니다.

> **VO(Value Object)의 정의와 용도**
> - 정의
>   - 데이터베이스 연동 시 각각의 테이블에 대응되는 클래스
> - 용도
>   - 테이블의 데이터를 행 단위로 처리하는 데 사용

다음은 회원 테이블을 이용해서 MemberVO 클래스를 구현하는 과정입니다.

① 회원테이블의 컬럼명을 참고해서 해당되는 동일한 타입의 필드를 선언합니다.

```java
public class MemberVO {
    private String id;
    private String name;
    private int height;
    private int weight;
    private int age;

}
```

	ID	NAME	HEIGHT	WEIGHT	AGE
1	0001	홍길동	175	67	24
2	0002	임꺽정	188	78	45
3	0003	차범근	185	85	23
4	0004	박지성	178	67	23
5	0005	류현진	167	45	18

② 모든 필드를 매개변수로 갖는 생성자와 모든 필드의 getter/setter를 추가합니다.

```java
public class MemberVO {
    private String id;
    private String name;
    private int height;
    private int weight;
    private int age;
```

```java
public MemberVO(String id, String name, int height, int weight, int age) {
    this.id = id;
    this.name = name;
    this.height = height;
    this.weight = weight;
    this.age = age;
}


public String getId() {
    return id;
}


public void setId(String id) {
    this.id = id;
}


public String getName() {
    return name;
}
...

}
```

`----- 생성자 추가`

`----- getter/setter 메서드 추가`

🔍 알아두면 좋아요

필드 수가 많아지면 일일이 생성자와 getter/setter를 추가하기 불편합니다. 이클립스에선 자동으로 생성자와 getter/setter 추가 기능을 제공합니다. 이클립스 편집기에서 마우스 우클릭 -> Source -> "Generate Constructor using Fields.."와 "Generate Getters and Setters.."를 차례대로 선택해서 생성합니다.

↶ Undo Typing	Ctrl+Z	Toggle Comment	Ctrl+7
Revert File		Remove Block Comment	Ctrl+Shift+W
💾 Save	Ctrl+S	Generate Element Comment	Alt+Shift+J
Open Declaration	F3	Correct Indentation	Ctrl+I
Open Type Hierarchy	F4	Format	Ctrl+Shift+F
Open Call Hierarchy	Ctrl+Alt+H	Format Element	
Show in Breadcrumb	Alt+Shift+B	Add Import	Ctrl+Shift+M
Quick Outline	Ctrl+O	Organize Imports	Ctrl+Shift+O
Quick Type Hierarchy	Ctrl+T	Sort Members...	
Open With	>	Clean Up...	
Show In	Alt+Shift+W >		
		Override/Implement Methods...	
✂ Cut	Ctrl+X	Generate Getters and Setters...	
📋 Copy	Ctrl+C	Generate Delegate Methods...	
📋 Copy Qualified Name		Generate hashCode() and equals()...	
📋 Paste	Ctrl+V	Generate toString()...	
📋 Raw Paste		Generate Constructor using Fields...	
Quick Fix	Ctrl+1	Generate Constructors from Superclass...	
Source	Alt+Shift+S >	Externalize Strings...	

Generate Constructor Using Fields

그림23-64 이클립스에서 생성자와 getter/setter 생성하기

 **알아두면 좋아요**

VO 클래스의 필드 개수가 많아지면 추가할 getter/setter 메서드도 많아집니다. 롬복(Lombok) 오픈 소스 라이브러리를
사용하면 VO 클래스를 더 간결하고 쉽게 만들 수 있습니다. 자세한 내용은 부록을 참고해 주세요.

7.2 DAO와 VO를 이용해서 회원 기능 구현하기

다음은 DAO와 VO를 이용해서 회원 정보 추가와 조회 예제입니다. 회원 정보 조회 시 MemberDAO
에 조회한 행들로 다시 각각의 행에 해당되는 MemberVO 객체를 생성한 후, 각각의 행들의 컬럼값들
에 대응하는 MemberVO의 필드에 세팅하고 ArrayList에 저장하여 리턴합니다.

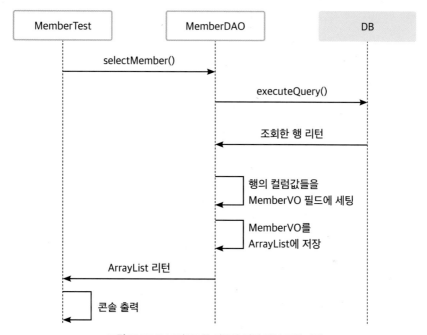

그림23-65 DAO와 VO를 이용한 회원 정보 조회 과정

MembreDAO는 회원 테이블에 회원 정보를 추가하거나 조회하는 두 개의 메서드가 구현되어 있
습니다.

[직접 코딩해 보기] MemberDAO 클래스

ch23/sec02/ex01/MemberDAO.java

```
package sec02.ex01;

import java.sql.Connection;
import java.sql.DriverManager;
import java.sql.PreparedStatement;
import java.sql.ResultSet;
```

```java
import java.sql.SQLException;
import java.util.List;

public class MemberDAO {
    private static final String driver = "oracle.jdbc.driver.OracleDriver";
    private static final String url = "jdbc:oracle:thin:@119.194.27.49:1521:XE";
    private static final String user = "C##user1";
    private static final String pwd = "1234";

    private Connection conn;
    private PreparedStatement pstmt;
    private ResultSet rs;



    public MemberDAO() {
        connDB(); _____ 생성자 호출 시 데이터베이스와 연결합니다.
    }


    //회원 조회 메서드
    public List<MemberVO> selectMember() throws SQLException, ClassNotFoundException {
        List<MemberVO> memList = new ArrayList<MemberVO>();
        pstmt = conn.prepareStatement("SELECT id, name, height, weight, age FROM Member ORDER BY
                                                                                      id ");

        ResultSet rs = pstmt.executeQuery();

        while (rs.next()) {
            String id = rs.getString("id");      ----------
            String name = rs.getString("name");
            int height = rs.getInt("height");
            int weight = rs.getInt("weight");
            int age = rs.getInt("age");

            MemberVO memberVO = new MemberVO();
            memberVO.setId(id);
            memberVO.setName(name);
            memberVO.setHeight(height);
            memberVO.setWeight(weight);
            memberVO.setAge(age);
            memList.add(memberVO);               ----------
        }
        return memList;
    }
```

행의 컬럼값을 가지고 온 후, MemberVO 객체의 필드에 저장한 뒤 다시 ArrayList에 저장합니다.

```java
//회원 추가 메서드
public void insertMember(MemberVO memberVO) throws SQLException, ClassNotFoundException{
  pstmt = conn.prepareStatement("INSERT INTO Member (id, name, height, weight, age)
                                                    VALUES (?, ?, ?, ?, ?)");

  pstmt.setString(1, memberVO.getId());      ┈┈┈┈┐
  pstmt.setString(2, memberVO.getName());            │
  pstmt.setInt(3, memberVO.getHeight());          ┊┈┈┈ 매개변수로 전달된 값을을 세팅한 후 테이블에 추가합니다.
  pstmt.setInt(4, memberVO.getWeight());          │
  pstmt.setInt(5, memberVO.getAge());        ┈┈┈┈┘
  pstmt.executeUpdate();
}


//데이터베이스 연결 메서드
private void connDB() {
  try {
    Class.forName(driver);
    System.out.println("Oracle 드라이버 로딩 성공");

    conn = DriverManager.getConnection(url, user, pwd);
    System.out.println("Connection 생성 성공");
  } catch(ClassNotFoundException e) {
    e.printStackTrace();
  } catch(SQLException e) {
    try {
      rs.close();
      pstmt.close();
      conn.close();
    } catch (SQLException e) {}
  }
}
```

실행 클래스에선 MemberDAO 객체를 생성한 후, 메서드를 호출해서 회원 정보를 추가하거나 회합니다.

[직접 코딩해 보기] 실행 클래스

ch23/sec02/ex01/MemberTest.java

```java
package sec02.ex01;

import java.sql.SQLException;
import java.util.ArrayList;
```

```java
public class MemberTest {
  public static void main(String[] args) throws ClassNotFoundException, SQLException {
    //DB 연동을 위해서 MemberDAO 객체 생성
    MemberDAO memberDAO=new MemberDAO();

    //회원 정보 추가
    MemberVO memberVO = new MemberVO("0006","손흥민", 177,67,29);
    memberDAO.insertMember(memberVO);                          메서드 호출 시 매개변수로 회원 정보를 전달해서
                                                               테이블에 추가합니다.

    //회원 정보 조회
    List<MemberVO> memList= memberDAO.selectMember();          메서드를 호출해서 조회한 회원 정보를
    for (int i=0; i < memList.size(); i++) {                   ArrayList로 리턴합니다.
      MemberVO _memberVO = (MemberVO) memList.get(i);
      String id=_memberVO.getId();
      String name= _memberVO.getName();
      int height= _memberVO.getHeight();
      int weight= _memberVO.getWeight();
      int age= _memberVO.getAge();
      System.out.println("아이디: " + id +
                         ", 이름: " + name +
                         ", 키: " + height +
                         ", 몸무게: " + weight +
                         ", 나이: " + age);
    }
  }
}
```

[실행결과]

```
Oracle 드라이버 로딩 성공
Connection 생성 성공


아이디: 0001, 이름: 홍길동, 키: 175, 몸무게: 67, 나이: 24
아이디: 0002, 이름: 임꺽정, 키: 188, 몸무게: 78, 나이: 45
아이디: 0003, 이름: 차범근, 키: 185, 몸무게: 85, 나이: 23
아이디: 0004, 이름: 박지성, 키: 178, 몸무게: 67, 나이: 23
아이디: 0005, 이름: 류현진, 키: 167, 몸무게: 45, 나이: 18
아이디: 0006, 이름: 손흥민, 키: 177, 몸무게: 67, 나이: 29          ──── 추가한 "손흥민" 정보를 조회합니다.
```

7.3 동적 SQL문 사용하기

다음의 여러 SQL문들은 첫 번째 SELECT문을 기반으로 WHERE 절이 추가된 구조입니다.

그런데 프로그래밍 시 세 개의 SQL문을 일일이 만들어서 사용하면 코드가 복잡해집니다. 세 개의 SELECT문은 첫 번째 SELECT문에 WHERE 조건절이 추가된 형태입니다. 따라서 SELECT문 요청 시 조건 값 유무를 판단해서 동적으로 WHERE 절을 추가해서 사용하면 조건식마다 일일이 SELECT문을 만들 필요 없이 한 개의 SELECT문으로 대체할 수 있습니다.

```
SELECT * FROM Member; ①

SELECT * FROM Member ②
WHERE
id ='hong';

SELECT * FROM Member ③ ──── SELECT문에 각각의 조건절이 추가되었습니다.
WHERE
id = 'hong'
AND age > 20;
```

selectMember() 메서드는 호출하는 곳에서 MemeberVO로 조회할 조건값을 전달받아서, name 필드의 값이 존재하면 SELECT문에 WHERE절을 추가하고 없으면 모든 회원 정보를 조회하는 SELECT문을 실행합니다.

[직접 코딩해 보기] MemberDAO

ch23/sec02/ex02/MemberDAO.java

```java
package sec02.ex02;

import java.sql.Connection;
import java.sql.DriverManager;
import java.sql.PreparedStatement;
import java.sql.ResultSet;
import java.sql.SQLException;
import java.util.List;

public class MemberDAO {
  private static final String driver = "oracle.jdbc.driver.OracleDriver";
  private static final String url = "jdbc:oracle:thin:@119.194.27.49:1521:XE";
  private static final String user = "C##user1";
```

```java
  private static final String pwd = "1234";

  private Connection conn;
  private PreparedStatement pstmt;
  private ResultSet rs;

  public MemberDAO() {
    connDB();
  }

  public List<MemberVO> selectMember(MemberVO memVO) throws SQLException,

ClassNotFoundException {
    String _name = memVO.getName();
    List<MemberVO> memList = new ArrayList<MemberVO>();
    String query = "SELECT * FROM Member ";

  if (_name != null && _name.length() != 0) {
    query+=" where name = ? ORDER BY id ASC";
    pstmt = conn.prepareStatement(query);
    pstmt.setString(1, _name);
  } else {
    query += " ORDER BY id ASC";
    pstmt = conn.prepareStatement(query);
  }

    ResultSet rs = pstmt.executeQuery();
    while (rs.next()) {
      String id = rs.getString("id");
      String name = rs.getString("name");
      int height = rs.getInt("height");
      int weight = rs.getInt("weight");
      int age = rs.getInt("age");

      MemberVO memberVO = new MemberVO();
      memberVO.setId(id);
      memberVO.setName(name);
      memberVO.setHeight(height);
      memberVO.setWeight(weight);
      memberVO.setAge(age);
      memList.add(memberVO);
    }
    return memList;
  }
```

_name의 값이 있으면 "SELECT * FROM Member WHERE name = ?" SQL문이 PreparedStatement에 전달됩니다.

```
        ...

    }
```

실행 클래스에서는 콘솔로 조회할 이름을 입력받아서 메서드로 전달합니다. 아무 이름도 입력하지 않으면 전체 회원 정보를 조회합니다.

[직접 코딩해 보기] 조건값을 입력받는 실행 클래스

ch23/sec02/ex02/MemberTest.java

```java
package sec02.ex02;

import java.sql.SQLException;
import java.util.ArrayList;
import java.util.Scanner;

public class MemberTest {
  public static void main(String[] args) throws ClassNotFoundException, SQLException {
    Scanner sc = new Scanner(System.in);
    System.out.println("이름을 입력해 주세요.");       ----- SQL문의 조건식에 사용할 이름을 입력받습니다.
    String _name = sc.nextLine();

    //DB 연동을 위해서 MemberDAO 객체 생성
    MemberDAO memberDAO=new MemberDAO();

    //회원 정보 조회
    MemberVO memVO  = new MemberVO();
    memVO.setName(_name);                                          조건값을 name 필드에 세팅 후
    List<MemberVO> memList = memberDAO.selectMember(memVO);        메서드로 전달합니다.

    for (int i=0; i < memList.size();i++) {
      MemberVO _memberVO = (MemberVO) memList.get(i);
      String id = _memberVO.getId();
      String name = _memberVO.getName();
      int height = _memberVO.getHeight();
      int weight = _memberVO.getWeight();
      int age = _memberVO.getAge();

      System.out.println("아이디: " + id +
                    ", 이름: " + name +
                    ", 키: " + height +
                    ", 몸무게: " + weight +
                    ", 나이: " + age);
```

```
        }
      }
    }
```

[실행결과]

아무 값도 입력하지 않은 경우

이름을 입력해 주세요

Oracle 드라이버 로딩 성공
Connection 생성 성공

                                                ── SELECT * FROM Member

아이디: 0001, 이름: 홍길동, 키: 175, 몸무게: 67, 나이: 24
아이디: 0002, 이름: 임꺽정, 키: 188, 몸무게: 78, 나이: 45
아이디: 0003, 이름: 차범근, 키: 185, 몸무게: 85, 나이: 23
아이디: 0004, 이름: 박지성, 키: 178, 몸무게: 67, 나이: 23
아이디: 0005, 이름: 류현진, 키: 167, 몸무게: 45, 나이: 18
아이디: 0006, 이름: 손흥민, 키: 177, 몸무게: 67, 나이: 29

"홍길동"을 입력한 경우

이름을 입력해 주세요.
홍길동
Oracle 드라이버 로딩 성공
Connection 생성 성공

                                                ── SELECT * FROM Member WHERE name = '홍길동'

아이디: 0001, 이름: 홍길동, 키: 175, 몸무게: 67, 나이: 24

→ 요점 정리 ←

- JDBC는 자바에서 모든 종류의 데이터베이스에 일관성 있게 접근하는 방법을 제공합니다.
- PreparedStatement를 사용하면 Statement보다 더 빠르고 효율적으로 데이터베이스와 연동할 수 있습니다.
- DAO 클래스는 자바 데이터베이스 연동 작업만 수행하는 클래스입니다.
- VO 클래스는 작업하는 테이블의 행에 대응하는 클래스입니다.
- 동적 SQL문을 사용하면 한 개의 SQL문으로 여러 SQL문을 동적으로 실행할 수 있습니다.

8 회원 정보 수정과 삭제 기능 구현하기

이번에는 회원 테이블에 있는 정보를 화면을 이용해서 추가(CREATE), 조회(READ), 수정 (UPDATE), 삭제(DELETE) 기능(CRUD)을 구현해 보겠습니다.

그림23-66 회원 CRUD 기능 구현하기

다음은 화면 기능을 하는 클래스들의 계층 구조입니다. BaseWindow에 공통 기능을 구현한 후, 상속받아서 사용합니다.

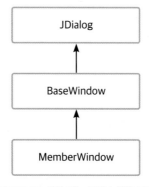

그림23-67 회원 기능 클래스 계층 구조

BaseWindow에선 공통으로 사용될 변수들과 최초 실행 시 MemberController를 통해서 조회한
회원 정보를 테이블에 표시하는 메서드가 구현되어 있습니다.

[직접 코딩해 보기] BaseWindow 클래스

ch23/sec03/ex01/window/BaseWindow.java

```
package sec03.ex01.window;

...

public class BaseWindow extends JDialog {
  protected  JFrame frame;
  protected  JPanel p1, p2;
  protected  JPanel part1,part2,part3,part4,part5;

  protected JTextField tId,tName,tHeight,tWeight,tAge;
  protected  JButton btnSearch, btnInsert,btnUpdate,btnDelete;
  protected  JLabel lId,lName,lHeight,lWeight,lAge;

  protected JTable memTable;
  protected Object[][] memItems = new String[0][5];
  protected MemTableModel memTableModel;
  protected String[] columnNames = { "아이디", "이름", "키", "몸무게", "나이" };

  protected MemberController memberController;
  protected int rowIdx = 0, colIdx = 0;

  public BaseWindow() {
    memberController =new MemberControllerImpl();
  }

  public void initTable() {
    memTable=new JTable();
    ...
    List<MemberVO> memList = new  ArrayList<MemberVO>();
    MemberVO memVO = new MemberVO();
    memList = memberController.listMember(memVO);
    loadTableData(memList);
  }
  ...
}
```

최초 실행 시 회원 정보 조회 후
테이블에 표시합니다.

회원 창에서는 각각의 버튼 클릭 시 핸들러를 이용해서 MemberController의 메서드들을 호출해서 CRUD 작업을 수행합니다.

[직접 코딩해 보기] MemberWindow 클래스

ch23/sec03/ex01/window/MemberWindow.java

```
package sec03.ex01.window
...
public class MemberWindow extends BaseWindow {

  public MemberWindow(){
    //화면 컴포넌트 초기화 수행합니다.
    ...
  }

  //회원 관리 화면을 구성합니다.
  public void createGUI() {
    ...
    initTable();

    //회원 정보 표시 테이블을 중앙에 위치시킵니다.
    frame.add(p1,BorderLayout.NORTH);
    frame.add(new JScrollPane(memTable), BorderLayout.CENTER);
    frame.add(p2,BorderLayout.SOUTH);
    frame.setSize(500,500);
    frame.setDefaultCloseOperation(JFrame.EXIT_ON_CLOSE);
    frame.setVisible(true);
  }

  public class MemberHandler implements ActionListener {
    String id = null, name = null;
    int height = 0, weight = 0, age = 0;

    public void actionPerformed(ActionEvent e) {
     if (e.getSource() == btnSearch) {
        String name = tName.getText();
        MemberVO memVO = new MemberVO();
        memVO.setName(name);
        List<MemberVO> memList= memberController.listMember(memVO);
        loadTableData(memList);
        return;
      } else if (e.getSource()==btnInsert) {
        MemberVO memVO = new MemberVO();
        id = tId.getText();
```

입력 창에 입력한 이름을 얻은 후 컨트롤러로 전달합니다.

```
       name = tName.getText();

       height = Integer.parseInt(tHeight.getText());

       weight = Integer.parseInt(tWeight.getText());

       age = Integer.parseInt(tAge.getText());


       memVO.setId(id);

       memVO.setName(name);

       memVO.setHeight(height);

       memVO.setWeight(weight);

       memVO.setAge(age);


       //회원 정보를 추가합니다.
       memberController.addMember(memVO);
    } else if (e.getSource()==btnUpdate) {
       id = (String) memItems[rowIdx][0];

       name = (String) memItems[rowIdx][1];

       height = Integer.parseInt((String)memItems[rowIdx][2]);

       weight = Integer.parseInt((String)memItems[rowIdx][3]);

       age = Integer.parseInt((String)memItems[rowIdx][4]);

       MemberVO memVO = new MemberVO(id, name, height, weight, age);
       memberController.modMember(memVO);
    } else if (e.getSource()==btnDelete) {
       id = (String) memItems[rowIdx][0];

       MemberVO memVO = new MemberVO(id, name, height, weight, age);
       memberController.removeMember(memVO);
    }


    List<MemberVO> memList = new  ArrayList<MemberVO>();

    MemberVO memVO = new MemberVO();

    memList = memberController.listMember(memVO);

    loadTableData(memList);
   }
 }


 public static void main(String args[]){
   MemberWindow memberWindow = new MemberWindow();

   memberWindow.createGUI();
 }
}
```

입력 창에 입력한 회원 정보를 얻은 후,
컨트롤러로 전달합니다.

회원 정보를 수정합니다.

회원 정보를 삭제합니다.

CRUD 작업 후 다시 테이블에
회원 정보를 로드합니다.

다음은 화면에서 입력받은 회원 정보를 데이터베이스에 전달하는 과정입니다. 각각의 클래스들
에 전달되는 회원 정보는 MemberVO의 필드에 세팅되어 전달됩니다.

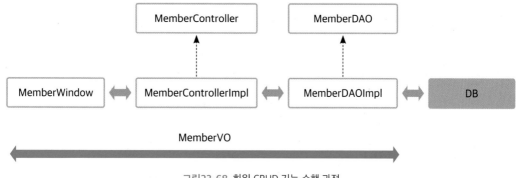

그림23-68 회원 CRUD 기능 수행 과정

MemberController 클래스는 화면에서 입력받은 데이터를 다시 MemberDAO로 전달하는 역할을 합니다.

[직접 코딩해 보기] MemberControllerImpl 클래스

ch23/sec03/ex01/controller/MemberControllerImpl.java

```java
package sec03.ex01.controller;

import java.sql.SQLException;
import java.util.ArrayList;

import sec03.ex01.dao.MemberDAO;
import sec03.ex01.dao.MemberDAOImpl;
import sec03.ex01.vo.MemberVO;

public class MemberControllerImpl implements MemberController{
  public MemberDAO memberDAO;

  public MemberControllerImpl() {
    memberDAO = new MemberDAOImpl();
  }

  @Override
  public List<MemberVO> listMember(MemberVO memVO) {
    List<MemberVO> memList = new ArrayList<MemberVO>();
    try {
    memList = memberDAO.selectMember(memVO);
    } catch (ClassNotFoundException | SQLException e) {
    e.printStackTrace();
    } return memList;
  }
```

```java
  @Override
  public void addMember(MemberVO memVO)   {
    try {
      memberDAO.insertMember(memVO);
    } catch (ClassNotFoundException | SQLException e) {
      e.printStackTrace();
    }
  }

  @Override
  public void modMember(MemberVO memVO)   {
    try {
      memberDAO.updateMember(memVO);
    } catch (ClassNotFoundException | SQLException e) {
      e.printStackTrace();
    }
  }

  @Override
  public void removeMember(MemberVO memVO) {
    try {
      memberDAO.deleteMember(memVO);
    } catch (ClassNotFoundException | SQLException e) {
      e.printStackTrace();
    }
  }
}
```

MembeDAOImpl에서는 전달된 회원 정보를 회원 테이블에 추가하거나, 테이블에서 조회한 회원 정보를 다시 호출한 곳으로 리턴합니다.

[직접 코딩해 보기] MemberDAOImpl 클래스

ch23/sec03/ex01/dao/MemberDAOImpl.java

```java
package sec03.ex01.dao;
...
public class MemberDAOImpl implements MemberDAO {
  private static final String driver = "oracle.jdbc.driver.OracleDriver";
  private static final String url = "jdbc:oracle:thin:@119.194.27.49:1521:XE";
  private static final String user = "C##user1";
  private static final String pwd = "1234";

  private static Connection conn;
```

```java
private PreparedStatement pstmt;
private ResultSet rs;

public MemberDAOImpl() {
  connDB();
}

//회원 정보 조회 메서드
public List<MemberVO> selectMember(MemberVO memVO) throws SQLException,
                                                      ClassNotFoundException {
  List<MemberVO> memList = new ArrayList<MemberVO>();
  String _name = memVO.getName();
  if (_name != null && _name.length() != 0) {
    pstmt = conn.prepareStatement("SELECT * FROM Member  WHERE name = ? ORDER BY id");
    pstmt.setString(1, _name);
  } else {
    pstmt = conn.prepareStatement("SELECT * FROM Member ORDER BY id");
  }

  ResultSet rs = pstmt.executeQuery();
  while (rs.next()) {
    String id = rs.getString("id");
    String name = rs.getString("name");
    int height = rs.getInt("height");
    int weight = rs.getInt("weight");
    int age = rs.getInt("age");

    MemberVO _memVO = new MemberVO();
    _memVO.setId(id);
    _memVO.setName(name);
    _memVO.setHeight(height);
    _memVO.setWeight(weight);
    _memVO.setAge(age);
    memList.add(_memVO);
  }
  rs.close();
  return memList;
}


//회원 정보 추가 메서드
public void insertMember(MemberVO memVO) throws SQLException, ClassNotFoundException {
  pstmt = conn.prepareStatement("INSERT INTO member (id, name, height, weight, age)
                                        VALUES ( ?,?,?,?,? )");
```

```java
    pstmt.setString(1, memVO.getId());
    pstmt.setString(2, memVO.getName());
    pstmt.setInt(3, memVO.getHeight());
    pstmt.setInt(4, memVO.getWeight());
    pstmt.setInt(5, memVO.getAge());
    int rows = pstmt.executeUpdate(); _____ 추가한 행의 개수를 리턴합니다.
    System.out.println(rows+"개의 레코드 추가");}


//회원 정보 수정 메서드
public void updateMember(MemberVO memVO) throws SQLException, ClassNotFoundException {
    pstmt = conn.prepareStatement("UPDATE member SET  name = ?"
                                            + ",height = ?"
                                            + ", weight = ? "
                                            + ",age = ? "
                                            + " WHERE id = ?");
    pstmt.setString(1, memVO.getName());
    pstmt.setInt(2, memVO.getHeight());
    pstmt.setInt(3, memVO.getWeight());
    pstmt.setInt(4, memVO.getAge());
    pstmt.setString(5, memVO.getId());
    int rows = pstmt.executeUpdate(); _____ 수정한 행의 개수를 리턴합니다.
    System.out.println(rows +"개의 레코드 수정");}


//회원 정보 삭제 메서드
public void deleteMember(MemberVO memVO) throws SQLException, ClassNotFoundException {
    pstmt = conn.prepareStatement("DELETE member WHERE id = ?");
    pstmt.setString(1, memVO.getId());
    int rows = pstmt.executeUpdate(); _____ 삭제한 행의 개수를 리턴합니다.
    System.out.println(rows+"개의 레코드 삭제");
  }
  ...
}
```

[실행결과]

최초 실행 시

전체 회원 정보를 테이블에 표시합니다.

"홍길동"으로 조회 시

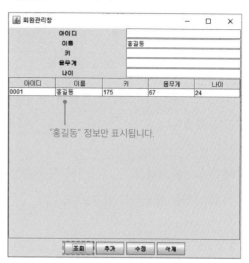

"홍길동" 정보만 표시됩니다.

"손흥민" 정보 입력 후, [추가] 버튼 클릭 시

"손흥민" 정보가 표시됩니다.

렌터카 프로그램에 데이터베이스 적용하기

렌터카 프로그램의 각 기능에 관련된 데이터를 이번에는 데이터베이스의 테이블에 저장하도록 실습해 보겠습니다.

다음은 렌터카 프로그램의 각 기능에서 사용하는 테이블 구조입니다. 예약 테이블은 회원 테이블과 렌터카 테이블을 참조하고 있습니다.

그림23-69 렌터카 프로그램 데이터베이스 테이블 구조

[직접 코딩해 보기] 각 기능별 테이블 생성하기

```
--회원 테이블
create table t_member(
  memId VARCHAR2(20)  PRIMARY KEY,    --아이디
  memPassword VARCHAR2(20),           --비밀번호
```

```
    memName VARCHAR2(30),              --이름
    memAddress VARCHAR2(200),            --주소
    memPhoneNum VARCHAR2(50)                --전화번호
);


--렌터카 테이블
CREATE TABLE t_Car (
    carNumber VARCHAR2(30) PRIMARY KEY,   --차 번호
    carName VARCHAR2(50),            --차 이름
    carColor VARCHAR2(30),           --차 색상
    carSize NUMBER(5),               --배기량
    carMaker VARCHAR2(50)             --제조사
);


--예약 테이블
CREATE TABLE t_Res (
    resNumber VARCHAR2(30) PRIMARY KEY,   --예약 번호
    resDate DATE,                         --예약일자
    useBeginDate DATE,          --이용 시작일자
    returnDate DATE,            --반납일자
    resCarNumber VARCHAR2(30),      --예약 차 번호
    resUserId VARCHAR2(20),         --예약자 아이디
```

회원 테이블과 렌터카 테이블에 외래키를 지정합니다.

```
    CONSTRAINT FK_RES_USER_ID FOREIGN KEY(resUserId) REFERENCES t_Member (id),
    CONSTRAINT FK_RES_CAR_NUMBER FOREIGN KEY(resCarNumber) REFERENCES t_Car (CarNumber)
);
```

[실행결과]

렌터카 프로그램은 MVC 패턴으로 각각의 기능의 하위 세부 기능을 window, controller, dao, exception, vo 패키지로 구분해서 각각의 클래스를 구현하고 있습니다.

그림23-70 기능별 렌터카 프로그램 패키지 구조

9.1 common 패키지

common 패키지에는 base 패키지가 추가되어서 MVC 패턴 구조에서 각 기능에 관련된 Controller, DAO, Window 클래스들이 공통으로 상속받는 추상 클래스들을 구현하고 있습니다.

그림23-71 common 패키지 하위에 위치한 base 패키지

BaseDAO 클래스에는 하위 DAO 클래스에서 데이터베이스 연동 시 공통으로 사용되는 필드와 메서드를 선언해서 사용합니다.

[직접 코딩해 보기] BaseDAO 클래스

RentCarApp/com/oracle/rent/ch23/common/base/AbstractBaseDAO.java

```java
package com.oracle.rent.ch23.common.base;

import java.sql.Connection;
import java.sql.DriverManager;
import java.sql.PreparedStatement;
import java.sql.ResultSet;

public abstract class AbstractBaseDAO {
  protected static final String driver = "oracle.jdbc.driver.OracleDriver";
  protected static final String url = "jdbc:oracle:thin:@119.194.27.49:1521:XE";
  protected static final String user = "C##user1";
  protected static final String pwd = "1234";

  static protected Connection conn = null; _____ DAO 객체 생성 시 한 번만 데이터베이스에 연결합니다.
  protected PreparedStatement pstmt = null;
  protected ResultSet rs = null;

  public BaseDAO() {
    if(conn == null) { -----¬
      connDB();             ¦----- 하위 DAO 객체 생성 시 한 번만 데이터베이스에 연결합니다.
    }                  ------┘
  }

  protected void connDB() {
    try {
      Class.forName(driver);
      System.out.println("Oracle 드라이버 로딩 성공");

      conn = DriverManager.getConnection(url, user, pwd);
      System.out.println("Connection 생성 성공");
    } catch(ClassNotFoundException e) {
      e.printStackTrace();
    } catch(SQLException e) {
      try {
        rs.close();
        pstmt.close();
        conn.close();
      } catch (SQLException e1) {}
    }
  }
}
```

다음은 렌터카 프로그램의 각 기능들의 클래스 계층 구조입니다. 각 기능들의 Window, ControllerImpl, DAOImpl 클래스는 추상 클래스인 AbstractBaseWindow, AbstractBaseController, AbstractBaseDAO를 각각 상속받습니다.

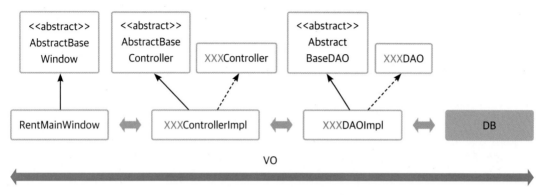

그림23-72 렌터카 프로그램 전체 클래스 계층 구조

9.2 member 패키지

회원 기능 클래스들이 위치한 member 패키지는 다시 controller, dao, exception, window, vo 패키지로 나뉘어서 클래스들을 구현합니다. Window 클래스의 기능들은 22장에서 사용한 기능을 그대로 사용합니다.

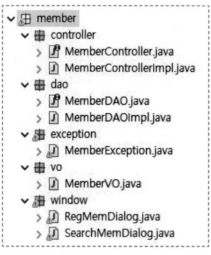

그림23-73 member 패키지 구조

MemberControllerImpl 클래스에선 윈도우의 요청이 오면 MemberControllerImpl 클래스의 메서드로 다시 MemberDAOImpl 클래스의 메서드를 호출합니다.

RentCarApp/com/oracle/rent/ch23/member/controller/MemberController.java

```java
package com.oracle.rent.ch23.member.controller;

...

public class MemberControllerImpl extends AbstractBaseController implements MemberController {
  public MemberDAO memberDAO;

  public MemberControllerImpl() {
    memberDAO = new MemberDAOImpl();
  }

  @Override
  public List<MemberVO> listMember(MemberVO memVO) {
    List<MemberVO> memList = new ArrayList<MemberVO>();
    try {
      memList = memberDAO.selectMember(memVO);
    } catch (ClassNotFoundException | SQLException e) {
      e.printStackTrace();
    }
    return memList;
  }

  @Override
  public void regMember(MemberVO memVO) {
    try {
      memberDAO.insertMember(memVO);
    } catch (ClassNotFoundException | SQLException e) {
      e.printStackTrace();
    }
  }

  @Override
  public void modMember(MemberVO memVO) {
    try {
      memberDAO.updateMember(memVO);
    } catch (ClassNotFoundException | SQLException e) {
      e.printStackTrace();
    }
  }

  @Override
  public void removeMember(MemberVO memVO) {
    try {
```

```
        memberDAO.deleteMember(memVO);
    } catch (ClassNotFoundException | SQLException e) {
        e.printStackTrace();
    }
  }
}
```

MemberDAOImpl 클래스는 MemberControllerImpl 클래스에서 호출 시 전달된 회원 정보를 테이블에 추가하거나 조회한 회원 정보를 리턴합니다.

[직접 코딩해 보기] MemberDAOImpl 클래스

RentCarApp/com/oracle/rent/ch23/member/dao/MemberDAOImpl.java

```java
package com.oracle.rent.ch23.member.dao;
...
public class MemberDAOImpl extends AbstractBaseDAO implements MemberDAO {

  //회원 조회 메서드
  public List<MemberVO> selectMember(MemberVO memVO) throws SQLException, ClassNotFoundException {
    List<MemberVO> memList = new ArrayList<MemberVO>();
    String _memName = memVO.getMemName();
    if (_memNname != null && _memNname.length() != 0) {
     pstmt = conn.prepareStatement("SELECT * FROM t_Member  WHERE memName = ? ORDER BY memId");
     pstmt.setString(1, _memName);
    } else {
      pstmt = conn.prepareStatement("SELECT * FROM t_Member ORDER BY memId");
    }
    ResultSet rs = pstmt.executeQuery();

    while (rs.next()) {
      String memId = rs.getString("memId");
      String memPassword = rs.getString("memPassword");
      String memName = rs.getString("memName");
      String memAddress = rs.getString("memAddress");
      String memPhoneNum = rs.getString("memPhoneNum");
      MemberVO _memVO = new MemberVO();

      _memVO.setId(memId);
      _memVO.setPassword(memPassword);
      _memVO.setName(memName);
      _memVO.setAddress(memAddress);
      _memVO.setPhoneNum(memPhoneNum);
      memList.add(_memVO);
```

```java
        } // end while

        rs.close();
        return memList;
    }
    //회원 정보 추가 메서드
    public void insertMember(MemberVO memVO) throws SQLException, ClassNotFoundException {
        pstmt = conn.prepareStatement("INSERT INTO t_member (memId
                                                            ,memPassword
                                                            ,memName
                                                            ,memAddress
                                                            ,memPhoneNum)
                                                            VALUES (?, ?, ?, ?, ?)");
        pstmt.setString(1, memVO.getMemId());
        pstmt.setString(2, memVO.getMemPassword());
        pstmt.setString(3, memVO.getMemName());
        pstmt.setString(4, memVO.getMemAddress());
        pstmt.setString(5, memVO.getMemPhoneNum());
        pstmt.executeUpdate();
    }


    //회원 정보 수정 메서드
    public void updateMember(MemberVO memVO) throws SQLException, ClassNotFoundException {
        pstmt = conn.prepareStatement("UPDATE t_member SET  memName = ?
                                                          ,memPassword = ?
                                                          ,memAddress = ?
                                                          , memPhoneNum = ? WHERE memId = ?");
        pstmt.setString(1, memVO.getMemName());
        pstmt.setString(2, memVO.getMemPassword());
        pstmt.setString(3, memVO.getMemAddress());
        pstmt.setString(4, memVO.getMemPhoneNum());
        pstmt.setString(5, memVO.getMemId());
        pstmt.executeUpdate();
    }


    //회원 정보 삭제 메서드
    public void deleteMember(MemberVO memVO) throws SQLException, ClassNotFoundException {
        pstmt = conn.prepareStatement("DELETE t_member WHERE memId = ?");
        pstmt.setString(1, memVO.getMemId());
        pstmt.executeUpdate();
    }
}
```

[실행결과]

새로운 회원 등록하기

모든 회원 정보 조회

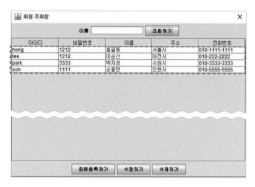

"손흥민" 회원 정보 조회

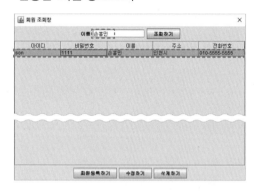

"손흥민" 회원 정보 수정하기

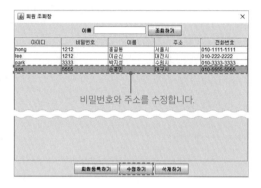

"손흥민" 회원 정보 삭제하기

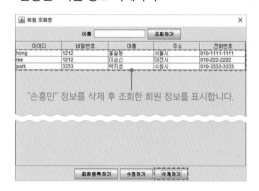

렌터카 조회 기능과 예약 기능도 회원 기능과 동일한 패키지 구조로 구현해서 제공합니다. 자세한 내용은 책 제공 소스와 동영상을 참고해 주세요.

연습 문제

1 _ 데이터베이스 설명입니다. 맞는 것은 O표, 틀린 것은 X표 하세요.

① 데이터베이스는 데이터가 저장되는 저장소를 의미합니다. (   )

② 여러 사용자들이 함께 사용하는 데이터는 데이터베이스에 저장해서 사용하면 편리합니다. (   )

③ 데이터베이스는 사용자의 요구를 자체적으로 처리하는 기능을 가지고 있습니다. (   )

④ 현재는 관계형 데이터베이스가 가장 많이 사용됩니다. (   )

2 _ 관계형 DBMS에 관한 설명입니다. 틀린 것을 고르세요.

① SQL문을 이용해서 여러 사용자가 동시에 데이터베이스의 데이터를 사용할 수 있습니다.

② DBMS는 각각의 데이터를 테이블에 따로 저장할 수 있습니다.

③ 테이블에 저장되는 행은 외래키를 이용해서 다른 행와 구분할 수 있습니다.

④ 기본키는 중복값이나 null을 허용하지 않습니다.

3 _ 다음과 같이 콘솔에서 회원 검색 조건을 입력받은 후, 각각의 조건에 맞는 회원 정보를 출력하는 코드를 MemberDAO 클래스에 작성해 보세요.

소스 코드: MemberTest.java

```
1   package sec04.ex01;
2
3   import java.sql.SQLException;
4   import java.util.ArrayList;
5   import java.util.Scanner;
6
7   public class MemberTest {
8     public static void main(String[] args) throws
9   ClassNotFoundException, SQLException {
```

```
10       String value = null;
11     Scanner sc = new Scanner(System.in);
12      System.out.println("검색 조건을 선택하세요. 1: 아이디, 2: 이름, 3: 나이,
13                                                    4: 모든 회원");
14      String temp = sc.nextLine();
15      int searchCon = Integer.parseInt(temp);
16
17      if(searchCon == 1) {
18        System.out.println("아이디를 입력해 주세요.");
19        value = sc.nextLine();
20      }else if(searchCon ==2) {
21        System.out.println("이름을 입력해 주세요.");
22        value = sc.nextLine();
23      }else if(searchCon ==3) {
24        System.out.println("나이을 입력해 주세요.");
25        value = sc.nextLine();
26      }
27
28      //DB 연동을 위해서 MemberDAO 객체 생성
29      MemberDAO memberDAO=new MemberDAO();
30      //이곳에 작성해 주세요.
31    }
32 }
```

[실행결과]

검색 조건을 선택하세요, 1: 아이디, 2: 이름, 3: 나이, 4: 모든 회원

2

이름을 입력해 주세요.

홍길동

아이디: 0001, 이름: 홍길동, 키: 175, 몸무게: 67, 나이: 24

4 _ 다음은 제품 관리 화면과 제품 정보 테이블 명세서입니다. 화면과 테이블을 만들어서 제품 CRUD 기능을 구현해 보세요.

속성명	컬럼명	자료형	크기	유일키 여부	NULL 여부	키
제품번호	prodCode	varchar2	10	Y	N	PK
제품이름	prodName	varchar2	30	N	N	
제품색상	prodColor	varchar2	20	N	N	
제품수량	prodQty	number	5	N	N	

제품 테이블(Product) 명세서

5 _ 렌터카 프로그램을 참고해서 도서 쇼핑몰 화면을 구현해 보세요.

```
✔ ⊞ ch23
  ✔ ⊞ common
    ✔ ⊞ base
      › 🗋 AbstractBaseController.java
      › 🗋 AbstractBaseDAO.java
      › 🗋 AbstractBaseWindow.java
    › ⊞ exception
    › 🗋 BooksTableModel.java
    › 🗋 DataUtil.java
  ✔ ⊞ goods
    ⊞ controller
    ⊞ dao
    ⊞ exception
    ⊞ vo
    ⊞ window
  ⊞ main
  ✔ ⊞ member
    ⊞ controller
    ⊞ dao
    ⊞ exception
    ⊞ vo
    ⊞ window
  ✔ ⊞ order
    ⊞ controller
    ⊞ dao
    ⊞ vo
    ⊞ window
```

BookShopApp 패키지 구조

24장

제네릭 심화

> 시작 전 가볍게 읽기 <

상속 관계에 있는 클래스들 간에는
어떻게 제네릭을 적용하는지 알아보겠습니다.

1 제한된 타입 파라미터(T extends 최상위 타입)

2 와일드 카드 타입(<?>, <? extends ...>, <? super...>)

3 제네릭 타입의 상속과 구현

1 제한된 타입 파라미터 (T extends 최상위 타입)

기본적인 제네릭 기능 하에서는 지정한 타입만 컬렉션 클래스에 저장 가능했습니다. 그러나 상속 관계를 이용해서 부모 클래스의 자식 클래스 객체들을 컬렉션에 저장할 수도 있습니다.

```
public <T extends 타입> 리턴타입 메서드(매개변수, ...) {...}
```

다음은 실습에 사용될 클래스들의 계층 구조입니다.

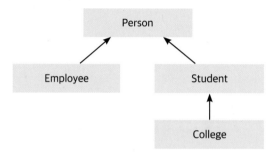

그림24-1 실습에 사용될 클래스 계층 구조

[직접 코딩해 보기] Person 클래스

ch24/sec01/ex01/Person.java

```java
package sec01.ex01;

public class Person {
  protected String name;

  public Person() {}

  public Person(String name) {
    this.name = name;
  }

  public String getName() {
    return name;
  }

  @Override
```

```java
  public String toString() {
    return "이름: " + name;
  }
}
```

[직접 코딩해 보기] Employee 클래스

ch24/sec01/ex01/Employee.java

```java
package sec01.ex01;

public class Employee extends Person {
  private int salary;   //급여

  public Employee(String name, int salary) {
    super.name = name;
    this.salary = salary;
  }

  public int getSalary() {
    return salary;
  }

  @Override
  public String toString() {
    String info = " 이름: " + name +", 급여: " + salary;
    return info;
  }
}
```

[직접 코딩해 보기] Student 클래스

ch24/sec01/ex01/Student.java

```java
package sec01.ex01;

public class Student extends Person {
  protected int grade;

  public Student() {}

  public Student(String name, int grade) {
    super.name= name;
    this.grade = grade;
  }
```

```java
  public int getGrade() {
    return grade;
  }

  @Override
  public String toString() {
    String info = "이름: " + name +", 학년: " + grade;
    return info;
  }
}
```

[직접 코딩해 보기] College 클래스

ch24/sec01/ex01/College.java

```java
package sec01.ex01;

public class College extends Student {
  private int credit;  //학점

  public College(String name, int grade, int credit) {
    super.name = name;
    super.grade = grade;
    this.credit = credit;
  }

  @Override
  public String toString() {
    String info = "이름: " + name + ", 학년: " + grade + ", 학점: " + credit;
    return info;
  }
}
```

Box 클래스는 〈T extends Person〉으로 지정되어 각각의 클래스 객체를 data 필드에 저장합니다.

[직접 코딩해 보기] 제네릭 타입으로 선언된 Box 클래스

ch24/sec01/ex01/Box.java

```java
package sec01.ex01;

public class Box<T extends Person> {          Person 클래스를 상속받는 클래스는 제네릭 타입으로 지정할 수
  private T data;                               있습니다.
```

```
  public T getData() {
    return data;
  }

  public void setData(T data) {
    this.data = data;
  }
}
```

실행 클래스에서 Box 클래스 객체 생성 후, getData() 메서드 호출 시 Person 클래스의 하위 클래스 객체만 매개변수로 전달됩니다.

[직접 코딩해 보기] 실행 클래스

ch24/sec01/ex01/BoxTest.java

```
package sec01.ex01;

public class BoxTest {
  public static void main(String[] args) {
    Box<Person> box = new Box<Person>();                Person 클래스 타입으로 제네릭을 지정해서
                                                        객체를 생성합니다.

    box.setData(new Person("손흥민"));
    System.out.println(box.getData());

    box.setData(new Student("홍길동", 3));               Person 클래스의 하위 클래스 객체는 setData( ) 메서드의
    System.out.println(box.getData());                  매개변수로 전달 가능합니다.

    box.setData(new College("이순신", 2, 23));
    System.out.println(box.getData());

//   box.setData(new String("안녕하세요!"));             String 클래스는 Person 클래스의 하위 클래스가
  }                                                     아니기 때문에 에러가 발생합니다.
}
```

[실행결과]

이름: 손흥민
이름: 홍길동, 학년: 3
이름: 이순신, 학년: 2, 학점: 23

2 와일드 카드 타입(<?>, <? extends ...>, <? super...>)

'?'(wildcard, 와일드카드)와 extends, super 키워드를 이용해서 상속 관계에 있는 클래스들의 제네릭 적용 범위를 제한할 수 있습니다.

- 제네릭 타입<?>: 모든 클래스 타입이나 인터페이스 타입이 적용됩니다.
- 제네릭 타입<? extends 타입>: 지정한 타입이나 하위 타입만 적용됩니다.
- 제네릭 타입<? super 타입>: 지정한 타입이나 상위 타입만 적용됩니다.

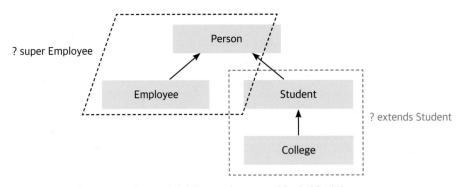

그림24-2 제네릭에 super와 extends 사용 시 적용 범위

다음은 메서드의 매개변수에 <? extends 타입>과 <? super 타입> 제네릭을 적용한 예제입니다. <? extends Student>를 메서드의 매개변수의 제네릭으로 지정하면 지정한 Student 타입과 하위 타입인 College 타입만 매개변수로 전달 가능합니다.

[직접 코딩해 보기] <? extends 타입>을 적용한 메서드

ch24/sec01/ex02/ExtendsTypeTest.java

```
package sec01.ex02;

import java.util.ArrayList;
import java.util.Collection;
import java.util.List;

public class ExtendsTypeTest {
  public static void printPersonList(List<?> list) {        모든 클래스 객체가 저장된 List 타입을
    for (Object obj : list) {                                 전달할 수 있습니다.
      System.out.println(((Person)obj).getName());
```

```
      }
    }
```

Employee 클래스와 하위 클래스 타입만 전달 가능합니다.

```
    public static void printEmployeeList(List<? extends Employee> list) {
      for (Employee employee : list) {
        System.out.println(employee.getSalary());
      }
    }

    public static void printStudentList(List<? extends Student> list) {
      for (Student student : list) {
        System.out.println(student.getGrade());
      }
    }
```

Student 클래스와 하위 클래스 타입만 전달 가능합니다.

```
    public static void main(String[] args) {
      List<Person> personList = new ArrayList<Person>();
      personList.add(new Person("홍길동"));
      personList.add(new Person("이길동"));
      personList.add(new Person("김길동"));

      List<Employee> employeeList = new ArrayList<Employee>();
      employeeList.add(new Employee("홍길동", 1000000));
      employeeList.add(new Employee("이길동", 2000000));
      employeeList.add(new Employee("김길동", 3000000));

      List<Student> studentList = new ArrayList<Student>();
      studentList.add(new Student("홍길동", 1));
      studentList.add(new Student("이길동", 2));
      studentList.add(new Student("김길동", 3));

      List<College> collegeList = new ArrayList<College>();
      collegeList.add(new College("홍길동", 1, 20));
      collegeList.add(new College("이길동", 2, 21));
      collegeList.add(new College("김길동", 3, 22));

      printPersonList(personList);
      printPersonList(employeeList);
      printPersonList(studentList);
      printPersonList(collegeList);
```

---- 모든 클래스 타입의 ArrayList가 매개변수로 전달됩니다.

```
//    printEmployeeList(personList);
      printEmployeeList(employeeList);
//    printEmployeeList(studentList);
```

------- Employee 클래스 타입의 ArrayList만 매개변수로 전달됩니다.

```
//  printEmployeeList(collegeList);

//  printStudentList(personList);
//  printStudentList(employeeList);
    printStudentList(studentList);  ┈┄
    printStudentList(collegeList);  ┈┄      ┄┄┄ Student 클래스와 하위 클래스 타입의 ArrayList만 매개변수로 전달됩니다.
  }


}
```

[실행결과]

```
홍길동
이길동
김길동
홍길동
이길동
김길동
홍길동
이길동
김길동
홍길동
……
```

<? super Employee>을 이용해서 메서드의 매개변수에 제네릭을 적용하면 지정한 Employee 타입과 상위 타입인 Person 타입만 매개변수로 전달됩니다.

[직접 코딩해 보기] <? super 타입>을 적용한 메서드

ch24/sec01/ex02/SuperTypeTest.java

```java
package sec01.ex02;

import java.util.ArrayList;
import java.util.List;
                                                      Employee 클래스와 그 상위 클래스 타입을
                                             ┌┈┈┈┈┈┄ 저장한 List만 전달합니다.
public class SuperTypeTest {                 ┆
  public static void printEmployeeList(List<? super Employee> list) {
    for (Object obj : list) {
      System.out.println(((Employee)(obj)).getSalary());
    }
  }
```

```java
public static void printStudentList(List<? super Student> list) {
    for (Object obj : list) {
        System.out.println(((Student)obj).getGrade());
    }
}
```

Student 클래스와 그 상위 클래스 타입을 저장한 List만 전달합니다.

```java
public static void main(String[] args) {
    List<Person> personList = new ArrayList<Person>();
    personList.add(new Person("홍길동"));
    personList.add(new Person("이길동"));
    personList.add(new Person("김길동"));

    List<Employee> employeeList = new ArrayList<Employee>();
    employeeList.add(new Employee("홍길동", 1000000));
    employeeList.add(new Employee("이길동", 2000000));
    employeeList.add(new Employee("김길동", 3000000));

    List<Student> studentList = new ArrayList<Student>();
    studentList.add(new Student("홍길동", 1));
    studentList.add(new Student("이길동", 2));
    studentList.add(new Student("김길동", 3));

    List<College> collegeList = new ArrayList<College>();
    collegeList.add(new College("홍길동", 1, 20));
    collegeList.add(new College("이길동", 2, 21));
    collegeList.add(new College("김길동", 3, 22));

    printEmployeeList(personList);
    printEmployeeList(employeeList);
//  printEmployeeList(studentList);
//  printEmployeeList(collegeList);

    printStudentList(personList);
//  printStudentList(employeeList);
    printStudentList(studentList);
//  printStudentList(collegeList);
    }
}
```

Person과 Employee로 지정한 ArrayList만 전달할 수 있습니다.

Person과 Student로 지정한 ArrayList만 전달할 수 있습니다.

[실행결과]

```
1000000
2000000
3000000
```

와일드 카드 타입 제네릭은 JDK의 API에서 제공하는 메서드의 매개변수에 많이 쓰입니다. 다음은 ArrayList 클래스의 메서드의 매개변수에 적용된 와일드카드 타입 제네릭을 나타내고 있습니다.

Method Summary

| All Methods | Instance Methods | Concrete Methods |

Modifier and Type	Method
void	add(int index, E element)
boolean	add(E e)
boolean	addAll(int index, Collection<? extends E> c)
boolean	addAll(Collection<? extends E> c)
void	clear()
Object	clone()
boolean	contains(Object o)
void	ensureCapacity(int minCapacity)
boolean	equals(Object o)
void	forEach(Consumer<? super E> action)

그림24-3 ArrayList의 와일드카드 타입 매개변수를 가지는 메서드들

3 제네릭 타입의 상속과 구현

부모 클래스에 제네릭이 적용된 경우 자식 클래스에도 부모 클래스의 제네릭을 상속받아서 사용할 수 있습니다. 다음 코드에서는 부모 클래스 Person에 〈A, B〉 제네릭을 선언합니다.

[직접 코딩해 보기] 부모 클래스

ch24/sec01/ex03/Person.java

```
package sec01.ex03;

public class Person <A, B> {_____ 부모 클래스에 <A, B> 제네릭을 선언합니다.
  protected A name;
  protected B age;

  public A getName() {
    return name;
  }
  public void setName(A name) {
    this.name = name;
  }

  public B getAge() {
    return age;
  }

  public void setAge(B age) {
    this.age = age;
  }
}
```

자식 클래스인 Student에서는 부모 클래스 Person의 <A, B> 제네릭을 상속받아서 적용하고 있습니다.

[직접 코딩해 보기] 자식 클래스

ch24/sec01/ex03/Student.java

```
package sec01.ex03;

public class Student<A, B, C> extends Person {
  private B grade; _____ 부모 클래스의 제네릭을 적용하고 있습니다.
  private C height;

  public B getGrade() {
    return grade;
  }
                                    ----- 부모 클래스의 제네릭을 적용합니다.
  public void setGrade(B grade) {
```

```
      this.grade = grade;
    }
    public C getHeight() {
      return height;
    }

    public void setHeight(C height) {
      this.height = height;
    }

    @Override
    public String toString() {
      String info = "이름: " + name
                    +", 나이: " + age
                    +", 학년: " + grade
                    +", 키: " + height;
      return info;
    }
  }
}
```

[직접 코딩해 보기] 실행 클래스

ch24/sec01/ex03/PersonTest.java

```
package sec01.ex03;

public class PersonTest {
  public static void main(String[] args) {
    Student<String, Integer, Double> hong = new Student<>(); ·----------┐
    hong.setName("홍길동");                                              제네릭을 지정해서 Student 객체를 생성합니다.
    hong.setAge(25);
    hong.setGrade(2);
    hong.setHeight(178.3);

    System.out.println(hong.toString());
  }
}
```

[실행결과]

이름: 홍길동, 나이: 25. 학년: 2, 키: 178.3

제네릭을 적용한 인터페이스를 구현한 클래스에서도 제네릭을 상속받아서 사용할 수 있습니다. 다음은 제네릭을 선언한 인터페이스를 구현하는 클래스에서 제네릭을 사용하는 예제입니다.

[직접 코딩해 보기] 제네릭을 선언한 인터페이스

ch24/sec01/ex04/Person.java

```
package sec01.ex04;

public interface Person<T, M> {--------------------- 인터페이스에 제네릭을 선언합니다.
  public void setName(T name);
  public void setAge(M age);
}
```

Person 인터페이스를 구현한 Student 클래스는 Person 인터페이스의 제네릭을 적용하고 있습니다.

[직접 코딩해 보기] 구현 클래스

ch24/sec01/ex04/Student.java

```
package sec01.ex04;

public class Student<T, M> implements Person<T, M> {
  private T name;
  private M age;

  @Override
  public void setName(T name) {
    this.name = name;
  }

  @Override
  public void setAge(M age) {
    this.age = age;
  }

  @Override
  public String toString() {
    String info = "이름: " + name +", 나이: " + age;
    return info;
  }
}
```

ch24/sec01/ex04/PersonTest.java

```
package sec01.ex04;

public class PersonTest {
  public static void main(String[] args) {
    Student<String, Integer> hong = new Student<>(); ----------- 구현 클래스 객체 생성 시 제네릭을 적용합니다.
    hong.setName("홍길동");
    hong.setAge(23);
    System.out.println(hong.toString());
  }
}
```

[실행결과]

```
이름: 홍길동, 나이: 23
```

연습 문제

다음 클래스들의 계층 구조를 참고해서 문제를 풀어 보세요.

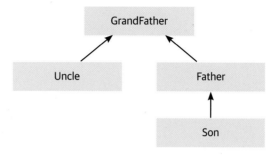

1_ 다음 코드에서 에러가 발생하는 부분을 찾아보세요.

소스 코드: FamilyTest.java

```
1   package sec02.ex01;
2
3   import java.util.ArrayList;
4   import java.util.List;
5
6   public class FamilyTest {
7     public static void printFamilyName(List<? extends Father> list) {
8       for (Grandfather family : list) {
9         System.out.println(family.getName());
10      }
11    }
12
13    public static void main(String[] args) {
14      List<Father> familyList = new ArrayList<Father>();
15      familyList.add(new Grandfather("홍할아버지"));
16      familyList.add(new Father("홍아버지"));
17      familyList.add(new Uncle("홍삼촌"));
18      familyList.add(new Son("홍아들"));
19      printFamilyName(familyList);
20    }
21  }
```

2 _ 메서드로 전달되는 가족들의 이름을 출력하는 코드를 완성해 보세요.

소스 코드: FamilyTest.java

```
1   package sec02.ex01;
2
3   import java.util.ArrayList;
4   import java.util.List;
5
6   public class FamilyTest {
7     public static void printFamilyName(List<? super Son> list) {
8       //이곳에 구현해 보세요.
9     }
10
11    public static void main(String[] args) {
12      List<Grandfather> familyList = new ArrayList<Grandfather>();
13      familyList.add(new Grandfather("홍할아버지"));
14      familyList.add(new Father("홍아버지"));
15      familyList.add(new Son("홍아들"));
16
17      printFamilyName(familyList);
18    }
19  }
```

25장

람다식

> 시작 전 가볍게 읽기 <

JDK8부터 추가된 함수형 프로그래밍에서 사용되는
람다식을 알아보겠습니다.

1 람다식이란?

2 람다식 기본 형식

3 함수형 인터페이스

4 람다식 활용

5 자바 API의 함수형 인터페이스

6 자바 API의 함수형 인터페이스의 디폴트 메서드와 정적 메서드

7 컬렉션 프레임워크와 함수형 인터페이스

1 람다식이란?

　자바는 객체 지향 언어입니다. 따라서 모든 기능을 클래스 기반으로 작성합니다. 이전에는 클래스 기반으로 구현해도 문제가 없었으나 빅데이터나 인공지능이 출현하게 되면서 대량의 데이터를 빠르게 병렬로 처리해야 하는 경우가 발생하게 되어, 이런 기능을 기존처럼 객체 지향적으로 프로그래밍을 하게 되면 수행 속도면에서 많은 단점이 발생하게 됩니다. 따라서 자바에서도 이런 기능을 효율적으로 구현하기 위해서 함수형 프로그래밍 방식인 람다식(Lambda Expression)을 도입하게 되었습니다.

2 람다식 기본 형식

　자바는 클래스 기반으로 기능을 구현합니다. 따라서 어떤 기능(함수)은 반드시 클래스 내에서 메서드로 구현해야 합니다. 그러나 람다식은 함수 형식으로 작성해야 하므로 자바에선 람다식을 익명 객체를 이용해서 구현합니다. 다음은 람다식의 형식입니다. "->" 기호를 이용해서 객체 생성 없이 바로 추상 메서드를 함수처럼 구현합니다.

```
public abstract 리턴타입 메서드명(입력매개변수, ...);
```

⬇

```
(입력매개변수, ...) ->{
//실행구문;       └── 람다식 기호
}
```

2.1 여러 가지 형태의 메서드(함수)를 람다식으로 변환하기

여러 가지 메서드를 람다식으로 변환해 보겠습니다.

매개변수와 리턴타입이 없는 메서드

매개변수와 리턴 타입이 없는 경우 메서드명을 생략한 후 "->"를 이용해서 람다식으로 변환합니다.

```
void methodA() {
  System.out.println("methodA() 호출");
}
```

```
( ) -> {
  System.out.println("methodA() 호출");
}
```

매개변수가 있고 리턴타입이 없는 메서드

매개변수가 있는 경우 매개변수를 같이 적용해 줍니다.

```
void methodB(int a) {
  System.out.println(a);
}
```
➡
```
(int a) -> {
  System.out.println(a);
}
```

매개변수가 없고 리턴타입만 있는 경우

```
int methodC( ) {
  return 10;
}
```
➡
```
( ) -> {
  return 10;
}
```

매개변수와 리턴타입이 있는 경우

매개변수와 return문을 구현부에 적용합니다.

```
int methodD(int a, int b) {
  return a + b;
}
```
➡
```
(int a, int b) -> {
  return a + b;
}
```

3 함수형 인터페이스

함수형 인터페이스를 알아보겠습니다.

3.1 함수형 인터페이스란?

람다식으로 구현하는 메서드는 인터페이스의 추상 메서드이어야 합니다. 그러나 람다식으로 구현하는 추상 메서드를 가지는 인터페이스는 한 개의 추상 메서드만 가져야 합니다. 즉, 한 개의 추상 메서드를 가지는 인터페이스를 **함수형 인터페이스(Functional Interface)**라고 합니다. 다음은 인터페이스 타입 변수를 람다식에 접근시키는 방법입니다.

```
인터페이스타입 변수 = 람다식:
```

이번에는 실제 인터페이스에 선언된 추상 메서드를 람다식으로 구현하는 방법입니다. 인터페이스의 추상 메서드를 람다식으로 구현하는 방법은 익명 객체 생성 시 추상 메서드를 구현하는 방법과 유사합니다. 먼저 추상 메서드를 익명 객체를 이용해서 구현합니다.

```
interface MyInterface {
  public abstract void methodA();
}
```
➡
```
MyInterface mi = new MyInterface() {
  public void methodA() {
      //실행구문
  }
};
```

3.2 @FunctionalInterface 사용하기

동일한 인터페이스의 추상 메서드를 람다식으로 구현하는 방법입니다. 익명 객체로 구현할 때보다 훨씬 간결하게 구현할 수 있습니다. **@FunctionalInterface**로 지정하면 인터페이스에 추상 메서드가 한 개만 선언되었는지 컴파일러가 체크할 수 있습니다.

```
@FunctionalInterface
interface MyFuncInterface {
  public abstract void methodA();
}
```
➡
```
MyFuncInterface mfi( ) -> {
                  //실행구문
                };
```

매개변수와 리턴 타입이 없는 추상 메서드를 람다식으로 구현하는 예제입니다. 람다식의 실행문이 한 개인 경우 람다식의 중괄호({})를 생략할 수 있습니다.

[직접 코딩해 보기] 매개변수와 리턴 타입이 없는 람다식

ch25/sec01/ex01/LambdaExpressionTest1.java

```java
package sec01.ex01;

@FunctionalInterface
interface MyFuncInterface{
  public void methodA();
// public void methodB();                          @FunctionalInterface로 지정한 인테페이스에 추상 메서드 추가 시
}                                                   에러가 발생합니다.

public class LambdaExpressionTest1 {
  public static void main(String[] args) {
    MyFuncInterface mfi1 = () -> {
     System.out.println("methodA() 호출");          매개변수와 리턴 타입이 없는 메서드를
    };                                              람다식으로 구현합니다.
    mfi1.methodA();                                 메서드를 호출합니다.

    MyFuncInterface mfi2 = () -> System.out.println("methodA() 호출");
    mfi2.methodA();                                 실행문이 한 개인 경우 중괄호를 생략할 수 있습니다.
  }
}
```

[실행결과]

```
methodA() 호출
methodA() 호출
```

추상 메서드에 매개변수가 선언되어 있으면 람다식에도 매개변수를 추가해 줍니다. 그리고 매개변수가 한 개이면 매개변수 데이터 타입과 괄호도 생략할 수 있습니다.

[직접 코딩해 보기] 매개변수가 있는 람다식

ch25/sec01/ex02/LambdaExpressionTest2.java

```java
package sec01.ex02;

@FunctionalInterface
interface MyFuncInterface{
  public void methodB(int a);                       매개변수가 한 개인 추상 메서드를 선언합니다.
```

```
  }

public class LambdaExpressionTest2 {
  public static void main(String[] args) {
    MyFuncInterface mfi1 = (int a) -> {
      System.out.println(a);                    ----- 매개변수를 구현합니다.
    };
    mfi1.methodB(10);

    MyFuncInterface mfi2 = (a) -> System.out.println(a); _____ 매개변수 타입을 생략할 수 있습니다.
    mfi2.methodB(20);

    MyFuncInterface mfi3 = a -> System.out.println(a); _____ 매개변수가 한 개인 경우 괄호도
    mfi3.methodB(30);                                                생략할 수 있습니다.
  }
}
```

[실행결과]

```
10
20
30
```

람다식의 구현 블록에 return문만 있으면 return 키워드와 구현 블록({})을 생략할 수 있습니다.

[직접 코딩해 보기] 리턴 타입이 있는 람다식

ch25/sec01/ex03/LambdaExpressionTest3.java

```
package sec01.ex03;

@FunctionalInterface
interface MyFuncInterface{
  public int methodC(int a, int b); _____ 리턴타입이 있는 추상 메서드를 선언합니다.
}

public class LambdaExpressionTest3 {
  public static void main(String[] args) {
    MyFuncInterface mfi1 = (int a, int b) -> {      ----- 매개변수와 return문을 구현합니다.
      return a + b;
    };

    int result1 = mfi1.methodC(10, 20);
    System.out.println(result1);
```

```
        MyFuncInterface mfi2 = (a, b) -> {return (a + b);};          매개변수 타입을 생략할 수 있습니다.
        int result2= mfi2.methodC(100, 200);
        System.out.println(result2);

        MyFuncInterface mfi3 = (a, b) -> a + b;          실행문인 return문 한 개면 return과 중괄호를
        int result3= mfi3.methodC(1000, 2000);                        생략할 수 있습니다.
        System.out.println(result3);
    }
}
```

[실행결과]

```
30
300
3000
```

4 람다식 활용

람다식 내에서 다른 메서드를 참조하거나 다른 클래스의 생성자를 참조해서 사용하는 경우가 있습니다.

4.1 인스턴스 메서드와 정적 메서드 참조

다음 예제에서는 람다식 내에서 MyMath 클래스의 객체 생성 후, 메서드를 호출합니다.

[직접 코딩해 보기] 람다식에서 인스턴스 메서드 호출하기

ch25/sec02/ex01/InstanceMethodRefTest1.java

```java
package sec02.ex01;

@FunctionalInterface
interface MyFuncInterface {
  void methodA();
}
```

```
class MyMath{
  public void print() {
    System.out.println("print() 메서드 호출");
  }
}


public class InstanceMethodRefTest1{
  public static void main(String[] args) {

    MyFuncInterface mfi1 = new MyFuncInterface() {
      @Override
      public void methodA() {
        MyMath myMath = new MyMath();
        myMath.print();
      }
    };
    mfi1.methodA();

    MyFuncInterface mfi2 = () -> {
      MyMath myMath = new MyMath();
      myMath.print();
    };
    mfi2.methodA();

  }
}
```

> 람다식에서 다른 클래스 객체 생성 후 메서드를 호출합니다.

> 람다식에서 다른 클래스 객체 생성 후 메서드를 호출합니다.

[실행결과]

```
print() 메서드 호출
print() 메서드 호출
```

람다식 내에서 클래스 객체 생성 후, 인스턴스 메서드를 호출하는 방법입니다. :: 기호를 이용해서 람다식으로 다른 클래스의 인스턴스 메서드를 참조할 수 있습니다.

```
클래스타입 참조변수 = new 클래스 생성자();
인터페이스타입 변수 = 참조변수::메서드명;
```

람다식에서 단지 다른 클래스의 인스턴스 메서드를 호출하는 경우 :: 기호를 이용해서 간단하게 구현할 수 있습니다.

다음 예제에서는 콘솔로 데이터를 출력하는 System.out.println() 메서드를 :: 기호를 이용해서 참조하는 메서드를 소개합니다.

[직접 코딩해 보기] :: 기호를 이용해서 인스턴스 메서드 참조하기

ch25/sec02/ex02/InstanceMethodRefTest2.java

```
package sec02.ex02;

@FunctionalInterface
interface MyFuncInterface {
  void methodA(int k);
}

class MyMath {
  public void print(int k) {
    System.out.println(k);           ┄┄┄ 메서드 호출 시 System.out 객체의 println() 메서드를 호출합니다.
  }
}

public class InstanceMethodRefTest2 {
  public static void main(String[] args) {
    MyMath myMath = new MyMath();
    MyFuncInterface mfi3 = System.out::println;
    mfi3.methodA(10);                ┄┄┄ :: 기호를 이용해서 println() 메서드를 호출합니다.
  }
}
```

[실행결과]

```
10
```

MyMath 클래스의 메서드를 :: 기호를 이용해서 참조하는 예제입니다. 인스턴스 메서드를 참조할 때는 :: 기호 앞에 참조 변수를 사용합니다.

[직접 코딩해 보기] :: 기호를 이용해서 인스턴스 메서드 참조하기

ch25/sec02/ex03/InstanceMethodRefTest3.java

```
package sec02.ex02;

@FunctionalInterface
interface MyFuncInterface {
  void methodA();
```

```
  }

class MyMath{
  public void print() {
    System.out.println("print() 메서드 호출");
  }
}

public class InstanceMethodRefTest3{
  public static void main(String[] args) {
    MyMath myMath = new MyMath();
    MyFuncInterface mfi3 = myMath::print;
    mfi3.methodA();
  }
}
```

┈┈┈┈ MyMath 인스턴스의 메서드를 호출합니다.

[실행결과]

```
print() 메서드 호출
```

다음은 람다식으로 정적 메서드를 호출하는 방법입니다. 정적 메서드가 선언된 클래스명 다음에 참조할 정적 메서드를 설정해 주면 됩니다.

> 클래스명::정적메서드명;

자바의 Math 클래스의 정적 메서드인 random() 메서드를 참조하는 예제입니다.

[직접 코딩해 보기] :: 기호를 이용해서 자바 API의 정적 메서드 호출하기

ch25/sec02/ex03/StaticMethodRefTest1.java

```
package sec02.ex04;

@FunctionalInterface
interface MyFuncInterface {
  double methodA();
}

class MyMath{
  public  double print() {
    return Math.random(); _____ Math 클래스의 random() 정적 메서드를 호출합니다.
  }
```

```
  }

public class StaticMethodRefTest1{
  public static void main(String[] args) {
    MyFuncInterface mfi = Math::random;
    double result = mfi.methodA();          :: 기호를 이용해서 정적 메서드를 참조합니다.
    System.out.println(result);
  }
}
```

[실행결과]

```
0.17989482578066285
```

사용자가 직접 만든 정적 메서드를 클래스명과 :: 기호를 이용해서 참조하는 예제입니다.

[직접 코딩해 보기] :: 기호를 이용해서 정적 메서드 호출하기

ch25/sec02/ex03/StaticMethodRefTest2.java

```
package sec02.ex03;

@FunctionalInterface
interface MyFuncInterface {
  void methodA();
}

class MyMath {
  public static void print() {
    System.out.println("print() 정적 메서드 호출");
  }
}

public class StaticMethodRefTest2 {
  public static void main(String[] args) {
    MyFuncInterface mfi3 = MyMath::print;
    mfi3.methodA();                     클래스 객체 생성 없이 클래스명을 명시해 줍니다.
  }
}
```

[실행결과]

```
print() 정적 메서드 호출
```

4.2 매개변수의 메서드 참조

람다식의 매개변수로 전달된 객체의 메서드를 참조 시 구현 방법을 알아보겠습니다. 다음 예제에서는 MyMath 클래스 객체를 람다식의 매개변수로 전달한 후, 다시 MyMath 클래스의 메서드를 호출해서 두 정수의 합을 출력합니다.

[직접 코딩해 보기] 매개변수로 전달된 객체의 메서드 참조하기

ch25/sec03/ex01/ParameterRefTest1.java

```java
package sec03.ex01;

@FunctionalInterface
interface MyFuncInterface {
  void methodA(MyMath myMath, int a, int b); ─────────── 매개변수로 객체가 전달됩니다.
}

class MyMath{
  public void print(int a, int b) {
    System.out.println(a + b);
  }
}

public class ParameterRefTest1 {
  public static void main(String[] args) {

    MyFuncInterface mfi1 = new MyFuncInterface() {
      @Override
      public void methodA(MyMath myMath, int a, int b) {       구현 블록에서 매개변수로 전달된 객체의
        myMath.print(a, b);                                    메서드를 호출합니다.
      }
    };
    mfi1.methodA(new MyMath(), 10, 20);

    MyFuncInterface mfi2 = (myMath, a, b) -> {
      myMath.print(a, b);                            매개변수 타입을 생략해서 구현할 수 있습니다.
    };
    mfi2.methodA(new MyMath(), 100, 200);
  }
}
```

```
30
300
```

다음은 :: 기호를 이용해서 매개변수로 전달된 인스턴스의 메서드를 참조하는 방법입니다.

```
클래스명::인스턴스메서드명
```

다음은 람다식에서 :: 기호를 이용해서 MyMath 클래스의 print() 메서드를 참조하는 예제입니다. 앞의 예제보다 간결하게 참조할 수 있습니다.

[직접 코딩해 보기] :: 기호를 이용해서 매개변수로 전달된 객체의 메서드 참조하기

ch25/sec03/ex02/ParameterRefTest2.java

```java
package sec03.ex02;

@FunctionalInterface
interface MyFuncInterface {
  void methodA(MyMath myMath, int a, int b);
}

class MyMath{
  public void print(int a, int b) {
    System.out.println(a + b);
  }
}

public class ParameterRefTest2 {
  public static void main(String[] args) {
    MyFuncInterface mfi3 = MyMath::print; _____ :: 기호를 이용해서 print() 메서드를 참조합니다.
    mfi3.methodA(new MyMath(), 1000, 2000);
  }
}
```

[실행결과]

```
3000
```

4.3 생성자 참조

람다식에서 단순히 생성자를 호출해서 객체를 리턴하는 경우는 생성자 참조로 대체할 수 있습니다. 다음은 익명 객체와 람다식으로 생성자를 호출해서 객체를 리턴하는 예제입니다.

[직접 코딩해 보기] 클래스 객체를 리턴하는 람다식 구현하기

ch25/sec04/ex01/ConstructorRefTest1.java

```java
package sec04.ex01;


@FunctionalInterface
interface MyFuncInterface {
  MyMath methodA();
}


class MyMath{
  public MyMath() {
    System.out.println("MyMath 기본 생성자 호출");
  }


  public MyMath(int a) {
    System.out.println("MyMath 매개변수가 한 개인 생성자 호출");
  }


  public void print(int a, int b) {
    System.out.println(a + b);
  }
}


public class ConstructorRefTest1 {
  public static void main(String[] args) {
    MyFuncInterface mfi1 = new MyFuncInterface() {
      @Override
      public MyMath methodA() {
        return new MyMath();
      }
    };
    MyMath myMath1 = mfi1.methodA();
    myMath1.print(10, 20);

    MyFuncInterface mfi2 = () -> {
      return new MyMath();
    };
```

기본 생성자와 매개변수가 있는 생성자를 선언합니다.

익명 객체에서 MyMath 객체를 리턴합니다.

람다식을 이용해서 MyMath 객체를 리턴합니다.

```
      MyMath myMath2= mfi2.methodA();
      myMath2.print(100, 200);
   }
}
```

[실행결과]

```
MyMath 기본 생성자 호출
30
MyMath 기본 생성자 호출
300
```

이번에는 :: 기호를 이용해서 람다식에서 객체를 참조하는 방법입니다. new 키워드를 이용합니다.

```
클래스명::new;
```

다음은 :: 기호로 클래스 객체를 참조하는 예제입니다. 앞의 예제보다 간결한 코드임에도 동일한
결과를 출력합니다.

[직접 코딩해 보기] :: 기호를 이용해서 객체 참조하기

ch25/sec04/ex02/ConstructorRefTest2.java

```
package sec04.ex02;

@FunctionalInterface
interface MyFuncInterface {
  MyMath methodA();
}

class MyMath{
  public MyMath() {
    System.out.println("MyMath 기본 생성자 호출");
  }

  public MyMath(int a) {
    System.out.println("MyMath 매개변수가 한 개인 생성자 호출");
  }

  public void print(int a, int b) {
    System.out.println(a + b);
  }
}
```

```java
public class ConstructorRefTest2 {
  public static void main(String[] args) {
    MyFuncInterface mfi3 = MyMath::new; ----
    MyMath myMath3 = mfi3.methodA();      ----
    myMath3.print(1000, 2000);
  }
}
```

메서드 호출 시 기본 생성자를 참조해서 MyMath 객체를
리턴합니다.

[실행결과]

```
MyMath 기본 생성자 호출
3000
```

다음은 매개변수가 있는 생성자를 호출하는 예제입니다. :: 기호로 생성자 참조 후, 함수형 인터
페이스의 methodB() 메서드를 호출하면 동일한 개수의 매개변수를 갖는 MyMath 생성자가 참조
됩니다.

[직접 코딩해 보기] :: 기호를 이용해서 매개변수가 있는 생성자 참조하기

ch25/sec04/ex02/ConstructorRefTest2.java

```java
package sec04.ex03;



@FunctionalInterface
interface MyFuncInterface {
  //MyMath methodA();
  MyMath methodB(int x);    ━━━━━━ 람다식 호출 시 매개변수가 한 개인 생성자가 호출됩니다.
}

class MyMath {
  public MyMath() {
    System.out.println("MyMath 기본 생성자 호출");
  }

  public MyMath(int a) {
    System.out.println("MyMath 매개변수가 한 개인 생성자 호출");
  }
    public void print(int a, int b) {
    System.out.println(a + b);
  }
}
```

```java
public class ConstructorRefTest3 {
  public static void main(String[] args) {
    MyFuncInterface mfi4 = MyMath::new;
    MyMath myMath4 = mfi4.methodB(10);
    myMath4.print(10000, 20000);
  }
}
```

---- 매개변수가 한 개인 생성자를 참조합니다.

[실행결과]

```
MyMath 매개변수가 한 개인 생성자 호출
30000
```

──── 매개변수가 한 개인 생성자가 호출됩니다.

∷ 기호를 이용해서 람다식에서 배열 객체를 참조할 수 있습니다.

```
타입[ ]::new;
```

다음은 ∷ 기호를 이용해서 배열 객체를 참조하는 예제입니다. 익명 객체와 람다식으로 구현할 때
보다 더 간결하게 구현할 수 있습니다.

[직접 코딩해 보기] ∷ 기호를 이용해서 배열 객체 참조하기

ch25/sec04/ex04/ArrayRefTest.java

```java
package sec04.ex04;


@FunctionalInterface
interface MyFuncInterface {
  int[] methodA(int len);  ------------------------------- 배열을 리턴합니다.
}

public class ArrayRefTest {
  public static void main(String[] args) {
    MyFuncInterface mfi1 = new  MyFuncInterface(){
      @Override
      public int[] methodA(int len) {
        return new int[len];
      }
    };

    int[] arr1 = mfi1.methodA(5);
```

---- 익명 객체로 구현합니다.

```
    System.out.println(arr1.length);                    ------- 람다식으로 구현합니다.

    MyFuncInterface mfi2 = (len) -> new int[len];
    int[] arr2 = mfi2.methodA(10);
    System.out.println(arr2.length);         ------------------ :: 기호를 이용해서 구현합니다.

    MyFuncInterface mfi3 = int[]::new;
    int[] arr3 = mfi3.methodA(15);
    System.out.println(arr3.length);
  }
}
```

[실행결과]

```
arr1.length: 5
arr2.length: 10
arr3.length: 15
```

5 자바 API의 함수형 인터페이스

자바에서 제공하는 표준 API에서 한 개의 추상 메서드를 가지는 인터페이스들은 모두 람다식을 이용해서 메서드를 구현할 수 있습니다. 다음은 Comparator 인터페이스에 선언된 추상 메서드인 compare() 메서드를 람다식으로 구현해서 학생들의 나이 순으로 정렬하는 예제입니다.

[직접 코딩해 보기] Comparator의 추상 메서드를 람다식으로 구현하기

ch25/sec05/ex01/ComparatorTest.java

```
package sec05.ex01;

import java.util.ArrayList;
import java.util.Collections;
import java.util.Comparator;
import java.util.List;

public class ComparatorTest {
  public static void main(String[] args) {
```

```
    List<Student> studentList = new ArrayList<Student>();
    studentList.add(new Student("홍길동", 20));
    studentList.add(new Student("이순신", 14));
    studentList.add(new Student("차범근", 17));
    studentList.add(new Student("손흥민", 13));

    //정렬 전
    for(Student student: studentList) {
      System.out.println(student);
    }
```

compare() 메서드를 람다식으로 구현합니다.

```
    Comparator comparator = (o1, o2)->((Student)o1).getAge() - ((Student)o2).getAge();
    Collections.sort(studentList,comparator);

    //정렬 후
    for(Student student: studentList) {
      System.out.println(student);
    }
  }
}
```

[실행결과]

```
이름: 홍길동, 나이: 20
이름: 이순신, 나이: 14
이름: 차범근, 나이: 17
이름: 손흥민, 나이: 13

이름: 손흥민, 나이: 13
이름: 이순신, 나이: 14
이름: 차범근, 나이: 17
이름: 홍길동, 나이: 20
```

JDK8부터는 빈번하게 사용되는 함수형 인터페이스는 java.util.function 패키지에서 미리 클래스로 만들어두어 제공합니다. 다음은 java.util.function 패키지에서 제공하는 표준 API 함수형 인터페이스들의 종류입니다.

종류	입출력 유무	설명
Consumer	매개값 → **Consumer**	매개값은 있고, 리턴값은 없음

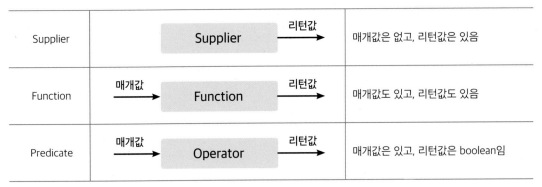

Supplier	Supplier ──리턴값──▶	매개값은 없고, 리턴값은 있음
Function	매개값──▶ Function ──리턴값──▶	매개값도 있고, 리턴값도 있음
Predicate	매개값──▶ Operator ──리턴값──▶	매개값은 있고, 리턴값은 boolean임

표25-1 자바 API의 표준 인터페이스

5.1 함수형 인터페이스

Consumer 인터페이스는 이름에서 알 수 있듯이 매개값으로 받아서 소비할 뿐 아무 리턴값이 없다는 의미입니다.

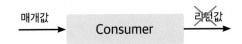

그림25-1 Consumer 함수형 인터페이스의 입출력 구조

다음은 Consumer 인터페이스의 API 문서입니다. Consumer 인터페이스는 accept() 추상 메서드를 가지고 있습니다.

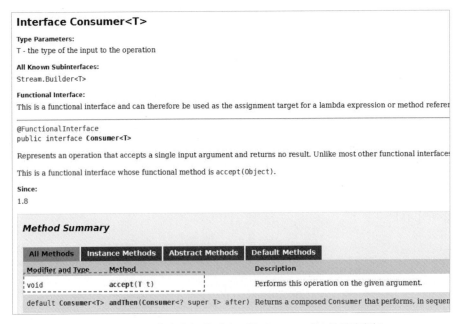

그림25-2 accept() 추상 메서드를 가지고 있는 Consumer 함수형 인터페이스

Consumer 함수형 인터페이스 사용 시 매개변수 타입에 대한 Consumer 인터페이스를 따로 제공합니다. 각각의 매개변수 타입 Consumer 함수형 인터페이스를 사용하면 직접 매개변수 타입을 지정해서 사용할 때보다 더 빠르게 처리할 수 있습니다.

매개변수 2개까지는 Consumer 함수형 인터페이스가 제공됩니다. 그러나 매개변수가 3개 이상인 경우는 프로그래머가 직접 구현해야 합니다.

인터페이스명	추상메서드	설명
Consumer<T>	void accept(T t)	객체 T를 받아서 연산에 사용합니다.
IntConsumer	void accept(int value)	int 값을 받아서 연산에 사용합니다.
LongConsumer	void accept(long value)	long 값을 받아서 연산에 사용합니다.
DoubleConsumer	void accept(double value)	double 값을 받아서 연산에 사용합니다.
BIConsumer	void accept(T t, U u)	객체 T와 U를 받아서 연산에 사용합니다.

표25-2 여러 가지 Consumer 함수형 인터페이스

다음은 여러 가지 Consumer 인터페이스를 이용해서 람다식으로 accept() 메서드를 호출하는 예제입니다. 매개값의 타입에 따라서 대응하는 Consumer 인터페이스를 사용할 수 있습니다.

[직접 코딩해 보기] 여러 가지 Consumer 인터페이스 사용하기

ch25/sec05/ex02/ConsumerTest.java

```java
package sec05.ex02;

import java.util.function.BiConsumer;
import java.util.function.Consumer;
import java.util.function.DoubleConsumer;
import java.util.function.IntConsumer;
import java.util.function.LongConsumer;

public class ConsumerTest {
  public static void main(String[] args) {
    Consumer<String> consumer = name-> System.out.println("이름: " + name);
    consumer.accept("홍길동");

    IntConsumer intConsumer = grade->System.out.println("학년: " + grade);
    intConsumer.accept(3);

    LongConsumer longConsumer = age->System.out.println("나이: " + age);
    longConsumer.accept(20L);
```

<String>으로 선언되었으므로 aceept() 메서드로 문자열을 전달합니다.

accept() 메서드로 정수를 전달합니다.

```
        DoubleConsumer doubleConsumer = height->System.out.println("키: " + height);
        doubleConsumer.accept(178.8);
```
- - - 매개변수가 두 개인 경우 사용합니다.
```
      BiConsumer<String, Integer> biConsumer =
                        (name, age) -> System.out.println("이름: " + name +", 나이: " + age);
      biConsumer.accept("이순신", 23);
    }
}
```

[실행결과]

이름: 홍길동
학년: 3
나이: 20
키: 178.8

이름: 이순신, 나이: 23

5.2 Supplier 함수형 인터페이스

Supplier 인터페이스는 매개값으로 전달되는 값은 없는 대신, 호출한 곳으로 결과값을 리턴합니다.

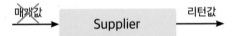

그림25-3 Supplier 함수형 인터페이스 입출력 구조

리턴값에 대응하는 Supplier 인터페이스가 제공됩니다.

인터페이스명	추상메서드	설명
Supplier\<T>	T get()	T 객체를 리턴합니다.
BooleanSupplier	boolean getAsBoolean()	boolean 값을 리턴합니다.
IntSupplier	int getAsInt()	int 값을 리턴합니다.
LongSupplier	longgetAsLong()	long 값을 리턴합니다.
DoubleSupplier	double getAsDouble()	double 값을 리턴합니다.

표25-3 여러 가지 Supplier 함수형 인터페이스

다음은 여러 가지 Supplier 함수형 인터페이스를 이용해서 람다식으로 값을 리턴받는 예제입니다.

[직접 코딩해 보기] 여러 가지 Supplier 함수형 인터페이스 사용하기

ch25/sec05/ex03/SupplierTest.java

```java
package sec05.ex03;

import java.util.function.BooleanSupplier;
import java.util.function.DoubleSupplier;
import java.util.function.IntSupplier;
import java.util.function.LongSupplier;
import java.util.function.Supplier;

public class SupplierTest {
  public static void main(String[] args) {
    Supplier<String> nameSupplier = ()-> "홍길동";                문자열을 리턴합니다.
    String name = nameSupplier.get();
    System.out.println("이름: " + name);

    IntSupplier intSupplier = () -> 17;                         int값을 리턴합니다.
    int age = intSupplier.getAsInt();
    System.out.println("나이: " + age);

    LongSupplier longSupplier = () -> 3L;                       long값을 리턴합니다.
    long grade = longSupplier.getAsLong();
    System.out.println("학년: " + grade);

    DoubleSupplier doubleSupplier = ()-> 178.7;                double값을 리턴합니다.
    double height = doubleSupplier.getAsDouble();
    System.out.println("키: " + height);

    BooleanSupplier booleanSupplier = () -> 10 > 20;           boolean값을 리턴합니다.
    boolean result = booleanSupplier.getAsBoolean();
    System.out.println("10 > 20 =  " + result);
  }
}
```

[실행결과]

```
이름: 홍길동
나이: 17
학년: 3
키: 178.7
10 > 20 = false
```

5.3 Function 함수형 인터페이스

Function 함수형 인터페이스는 매개값을 받아서 처리한 값을 리턴합니다.

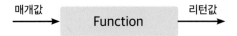

그림25-5 Function 함수형 인터페이스 입출력 구조

다음은 각각의 매개변수에 대응하는 Function 함수형 인터페이스입니다. 표25-4의 Function 함수형 인터페이스 외, 더 많은 인터페이스를 제공하므로 API 문서를 참고하세요.

인터페이스명	추상메서드	설명
Function<T , R>	R apply(T t)	객체 T를 받아서 연산 후 객체 R로 리턴합니다.
IntFunction<R>	R apply(int value)	int 값을 받아서 연산 후 객체 R로 리턴합니다.
DoubleFunction<R>	R apply(double value)	double 값을 받아서 연산 후 객체 R로 리턴합니다.
IntToDoubleFunction	double apply(int value)	int 값을 받아서 연산 후 double 값으로 리턴합니다.
LongToIntFunction	int apply(long value)	long 값을 받아서 연산 후 int 값으로 리턴합니다.
BiFunction<T, U, R>	R apply<T, U>	객체 T와 객체 U를 받아서 연산 후 객체 R로 리턴합니다.

표25-4 여러 가지 Function 함수형 인터페이스

다음은 여러 가지 Function 함수형 인터페이스 사용 예제입니다. 인터페이스의 추상 메서드를 람다식으로 구현 시 람다식의 매개변수명은 외부에서 사용하는 변수명을 사용할 수 없습니다.

[직접 코딩해 보기] 여러 가지 Function 함수형 인터페이스 사용하기

ch25/sec05/ex04/FunctionTest.java

```java
package sec05.ex04;

import java.util.function.BiFunction;
import java.util.function.DoubleFunction;
import java.util.function.Function;
import java.util.function.IntFunction;
import java.util.function.IntToDoubleFunction;

public class FunctionTest {
  public static void main(String[] args) {
    Function<Student, String> function = student -> student.getName();    // Student 객체를 입력받아서 문자열을 리턴합니다.
    String name = function.apply(new Student("홍길동", 2));
    System.out.println("학생 이름: " + name);
```

```
        IntFunction<Double> intFunction = value -> (3.28084 * value);        int값을 입력받아서 double값을
                                                                              리턴합니다.
        double feet1 = intFunction.apply(3);

        System.out.println("3  --> " + feet1);

                                                            double값을 입력받아서 int값을 리턴합니다.

        DoubleFunction<Integer> doubleFunction = value -> (int) (value / 3.28084);
        int meter1 = doubleFunction.apply(feet1);

        System.out.println(feet1 + "  --> " + meter1);

                                                      int값을 입력받아서 처리 후 double값을 리턴합니다.

        IntToDoubleFunction intDoubleFunction = value -> (int) (value / 3.28084);
        double feet2 = intFunction.apply(3);

        System.out.println("3 --> " + feet2);

                                                      람다식 외부에서 선언된 변수는 람다식의
                                                      매개변수로 사용할 수 없습니다.

//  BiFunction<String, Integer, String> biFunction = (name, age)->"전화번호: "+name+", 나이: "+age;
        BiFunction<String, Integer, String> biFunction = (nameValue, ageValue) -> "이름: " +
                                                          nameValue + ", 나이: " + ageValue;

        String info = biFunction.apply("이순신", 18);

        System.out.println(info);
    }       문자열과 int값을 입력받아서 처리 후 문자열을 리턴합니다.
```

[실행결과]

```
학생 이름: 홍길동
3 --> 9.84252
9.84252 --> 3


3 --> 9.84252
이름: 이순신, 나이: 18
```
텍스트

5.4 Predicate 함수형 인터페이스

Predicate 함수형 인터페이스는 매개값을 받아서 처리한 후 boolean값을 리턴합니다.

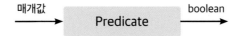

그림25-5 Predicate 함수형 인터페이스 입출력 구조

각각의 매개변수에 대응하는 Predicate 함수형 인터페이스가 제공됩니다.

인터페이스명	추상메서드	설명
Predicate<T>	boolean test(T t)	객체 T를 받아서 연산

DoublePredicate	boolean test(double value)	double 값을 받아서 연산
IntPredicate	boolean test(int value)	int 값을 받아서 연산
longPredicate	boolean test(long value)	long 값을 받아서 연산
BiPredicate<T, U>	boolean test(T t, U u)	객체 T와 객체 U를 입력받아서 연산

표25-5 여러 가지 Predicate 함수형 인터페이스

[직접 코딩해 보기] 여러 가지 Predicate 함수형 인터페이스 사용하기

ch25/sec05/ex05/PredicateTest.java

```java
package sec05.ex05;

import java.util.function.BiPredicate;
import java.util.function.DoublePredicate;
import java.util.function.IntPredicate;
import java.util.function.LongPredicate;
import java.util.function.Predicate;

public class PredicateTest {
  public static void main(String[] args) {
    Predicate<String> predicate = (str) -> str.length() > 10 ? true :false;    // 문자열을 받아서 처리 후, boolean값을 리턴합니다.
    boolean result1 = predicate.test("홍길동");
    System.out.println(result1);

    IntPredicate intPredicate = (value)->(value % 2 == 0) ? true:false;    // int값을 받아서 처리 후, boolean값을 리턴합니다.
    boolean result2 = intPredicate.test(14);
    System.out.println(result2);

    LongPredicate longPredicate = (value)->(value > 100) ? true : false;    // long값을 받아서 처리 후, boolean값을 리턴합니다.
    boolean result3 = longPredicate.test(50);
    System.out.println(result3);

    DoublePredicate doublePredicate = (value)->(value > 1000.0)? true : false;    // double값을 받아서 처리 후, boolean값을 리턴합니다.
    boolean result4 = doublePredicate.test(200.6);
    System.out.println(result4);

    BiPredicate<String, String> biPredicate = (str1, str2)->str1.equals(str2);    // 두 개의 문자열을 받아서 처리 후, boolean값을 리턴합니다.
    boolean result5 = biPredicate.test("홍길동","홍길동");
    System.out.println(result5);

    boolean result6 = biPredicate.test("홍길동","이순신");
    System.out.println(result6);
  }
}
```

```
false
true
false
false
true
false
```

5.5 Operator 함수형 인터페이스

Operator 함수형 인터페이스는 Function 함수형 인터페이스를 상속 받습니다. 따라서 매개값을 받아서 처리한 후 값을 리턴합니다. Function 함수형 인터페이스와 다른 점은 매개값 타입과 같은 값을 리턴할 때 주로 사용된다는 점입니다.

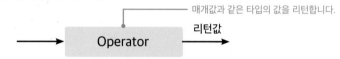

그림25-6 Operator 함수형 인터페이스 입출력 구조

다음은 여러 가지 Operator 함수형 인터페이스입니다. UnaryOperator는 단항 연산에 사용되고, BinaryOperator는 이항 연산에 사용됩니다. 각각의 데이터 타입에 대응하는 Operator 함수형 인터페이스가 제공되니 API 문서를 참고하세요.

인터페이스명	추상 메서드	설명
UnaryOperator<T>	T apply(T t)	객체 T를 받아서 연산 후 객체 T로 리턴합니다.
BinaryOperator<T>	T apply(T t, T t)	두 개의 객체 T를 받아서 연산 후 객체 T로 리턴합니다.

표25-6 여러 가지 Operator 함수형 인터페이스

[직접 코딩해 보기] 여러 가지 Operator 함수형 인터페이스 사용하기

ch25/sec05/ex06/OperatorTest.java

```java
package sec05.ex06;

import java.util.function.DoubleBinaryOperator;
import java.util.function.DoubleUnaryOperator;
import java.util.function.IntBinaryOperator;
import java.util.function.IntUnaryOperator;
import java.util.function.LongBinaryOperator;
import java.util.function.LongUnaryOperator;

public class OperatorTest {
```

```java
public static void main(String[] args) {
    IntUnaryOperator iou = (value) -> value * value;
    LongUnaryOperator lou = (value) -> (long) (value * value);
    DoubleUnaryOperator duo = (value) -> 3.14 * (value * value);
    System.out.println(iou.applyAsInt(10));
    System.out.println(lou.applyAsLong(20L));
    System.out.println(duo.applyAsDouble(5));


    IntBinaryOperator ibo = (value1, value2) -> value1 + value2;
    LongBinaryOperator lbo = (value1, value2) -> value1 * value2;
    DoubleBinaryOperator dbo = (value1, value2) -> value1 / value2;
    System.out.println(ibo.applyAsInt(10, 20));
    System.out.println(lbo.applyAsLong(100L, 200L));
    System.out.println(dbo.applyAsDouble(111.0, 12.0));
  }
}
```

각각의 데이터 타입에 대한 단항 연산을 수행합니다.

각각의 데이터 타입에 대한 이항 연산을 수행합니다.

[실행결과]

```
100
400
78.5

30
20000
9.25
```

5 자바 API의 함수형 인터페이스의 디폴트 메서드와 정적 메서드

각각의 자바 API의 함수형 인터페이스에서는 추상 메서드 외에 연산 시 편리하게 사용할수 있는 여러 가지 디폴트 메서드와 정적 메서드를 제공합니다.

6.1 andThen()과 compose() 디폴트 메서드

Consumer, Function, Operator의 함수형 인터페이스에서는 andThen()과 compose() 디폴트 메서드를 제공합니다. 이 2개의 디폴트 메서드는 2개의 함수형 인터페이스를 순서대로 연결해서, 첫 번째 함수형 인터페이스에서 처리한 결과값을 다음 함수형 인터페이스에서 받아서 작업할수 있게 합니다.

andThen()와 compose() 디폴트 메서드의 실행 순서입니다.

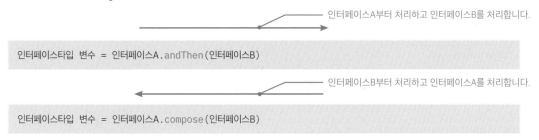

인터페이스A부터 처리하고 인터페이스B를 처리합니다.

인터페이스타입 변수 = 인터페이스A.andThen(인터페이스B)

인터페이스B부터 처리하고 인터페이스A를 처리합니다.

인터페이스타입 변수 = 인터페이스A.compose(인터페이스B)

모든 자바 API의 함수형 인터페이스에서 두 개의 디폴트 메서드를 제공하지는 않습니다. 다음은 Consumer 인터페이스에서 제공하는 andThen() 디폴트 메서드입니다.

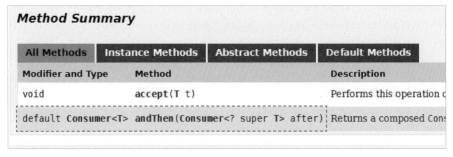

그림25-7 Consumer 함수형 인터페이스에서 제공하는 andThen() 디폴트 메서드

다음은 Function 인터페이스에서 제공하는 andThen()와 compose() 디폴트 메서드입니다. 두 메서드를 사용 시 API 문서를 참고하세요.

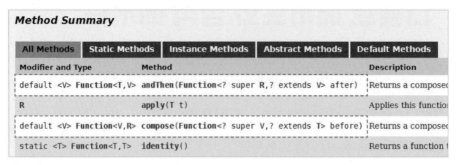

그림25-8 Function 함수형 인터페이스에서 제공하는 andThen()와 compose() 디폴트 메서드

다음은 Function 함수형 인터페이스를 이용하여 첫 번째 인터페이스에서 Address 객체를 얻어 와 두 번째 인터페이스에 전달해서 학생 주소를 출력하는 예제입니다. andThen()과 compose() 메서드는 인터페이스 실행 순서가 반대입니다.

[직접 코딩해 보기] Funtion 함수형 인터페이스로 andThen()과 compose() 메서드 사용하기

ch25/sec06/ex01/FunctionAndThenComposeTest.java

```java
package sec06.ex01;

import java.util.function.Function;

public class FunctionrAndThenComposeTest {
    public static void main(String[] args) {                     // 두 개의 Function 함수형 인터페이스를 구현합니다.
        Function<Student, Address> functionA = (s) -> s.getAddress();
        Function<Address, String> functionB = (a) -> a.getCity();
                                                                 // Address 객체를 다시 첫 번째 인터페이스로 전달합니다.
        Function<Student, String> functionAB = functionA.andThen(functionB);
        String city1 = functionAB.apply(new Student("홍길동",2,  new Address("대한민국", "서울시")));
        System.out.println(city1);
                                                                 // Address 객체를 다시 첫 번째 인터페이스로 전달합니다.
        Function<Student, String> functionBA = functionB.compose(functionA);
        String city2 = functionAB.apply(new Student("이순신",3 ,new Address("대한민국", "대전시")));
        System.out.println(city2);
    }
}
```

> 서울시
>
> 대전시

6.2 and(), or(), negate() 디폴트 메서드와 isEquals() 정적 메서드

Predicate 함수형 인터페이스에서는 and(), or(), negate() 디폴트 메서드를 제공합니다. 메서드 이름에서 알 수 있듯이 논리 연산자 &&, ||, ~ 연산자와 대응합니다. 예제를 통해서 구체적으로 알아보겠습니다.

다음은 두 개의 Predicate 함수형 인터페이스를 and(), or(), negate()로 연결해서 최종 결과값을 출력하는 예제입니다. and()는 두 개의 함수형 인터페이스의 결과값이 모두 true이면 true를 결과값으로 리턴합니다. or()는 두 중에 하나만 true이면 true를 리턴합니다. isEquals() 메서드는 정적 메서드로 매개변수로 지정한 값과 같은지 비교할 때 사용합니다.

[직접 코딩해 보기] and(), or(), negate(), isEquals() 메서드 사용하기

ch25/sec06/ex01/AndOrNegateTest.java

```java
package sec06.ex02;

import java.util.function.IntPredicate;
import java.util.function.Predicate;

public class AndOrNegateTest {
  public static void main(String[] args) {
    IntPredicate predicateA = value -> value > 10;
    IntPredicate predicateB = value -> value < 20;
    IntPredicate predicateAB;
    boolean result;

    //and()
    predicateAB = predicateA.and(predicateB);
    result = predicateAB.test(15); //15 > 10 && 15 < 20  --> true
    System.out.println(result);

    result = predicateAB.test(100);  //100 > 10 && 100 < 20  --> false
    System.out.println(result);
```

```java
    //or()
    predicateAB = predicateA.or(predicateB);
    result = predicateAB.test(15); //15 > 10 || 15 < 20  --> true
    System.out.println(result);


    result = predicateAB.test(100);  //100 > 10 || 100 < 20  --> true
    System.out.println(result);


    //negate()
    predicateAB = predicateA.negate();
    result = predicateAB.test(15); //!(15 > 10 || 15 < 20)  --> false
    System.out.println(result);


    result = predicateAB.test(100);  //!(100 > 10 || 100 < 20)  --> false
    System.out.println(result);


    //isEquals();
    Predicate<String> predicateC = Predicate.isEqual("홍길동");
    result = predicateC.test("이순신");
    System.out.println(result);  //false


    result = predicateC.test("홍길동");
    System.out.println(result);  //true
  }
}
```

[실행결과]

```
true
false

true
true

false
false

false
true
```

7 컬렉션 프레임워크와 함수형 인터페이스

컬렉션 프레임워크와 관련된 클래스들에 데이터를 저장한 후, 저장된 전체 데이터를 사용하는 일이 빈번합니다. 따라서 컬렉션 프레임워크에선 더 효율적으로 작업을 할 수 있도록 람다식 기능을 추가해서 제공합니다.

인터페이스	메서드	설명
Collection	removeIf(Predicate<? super E> filter)	주어진 Predicate를 만족시키는 요소 제거
List	replaceAll(UnaryOperator<E> operator)	Operator에 적용된 결과로 대체
Iterate	forEach(Consumer<? super T> action)	모든 요소에 action을 수행
Map	forEach(BiConsumer<? super K,? super V> action)	Map의 모든 entry에 action을 수행
	replaceAll(BiFunction<? super K,? super V, ? extends V> function)	BiFunction의 결과값으로 Map을 대체

표25-7 컬렉션 프레임워크에 적용된 함수형 인터페이스

7.1 컬렉션 프레임워크에 람다식 사용하기

컬렉션 클래스에 저장된 데이터를 람다식을 이용해서 간결하고 빠르게 처리해 보겠습니다. 다음은 컬렉션 클래스에서 람다식으로 정보를 출력하는 예제입니다. 기존의 for문이나 Iterator를 이용해서 출력하는 것과 비교해서 훨씬 간결하게 출력할 수 있습니다.

[직접 코딩해 보기] 컬렉션 클래스에 람다식 사용하기

ch25/sec06/ex01/AndOrNegateTest.java

```java
package sec07.ex01;

import java.util.ArrayList;
import java.util.HashMap;
import java.util.Iterator;
import java.util.List;
import java.util.Map;
import java.util.Set;

public class CollectionLambdaTest {
  public static void main(String[] args) {
```

```java
    List<Student> studentList = new ArrayList<>();
    studentList.add(new Student("홍길동", 2));
    studentList.add(new Student("이순신", 1));
    studentList.add(new Student("손흥민", 2));
    studentList.add(new Student("차범근", 3));
    studentList.add(new Student("임꺽정", 2));

    //for문으로 학생 이름 출력
    for (int i = 0; i < studentList.size(); i++) {
      Student student = studentList.get(i);
      System.out.println(student.getName());
    }

    //람다식으로 학생 이름 출력
    studentList.forEach(s -> System.out.println(s.getName()));

    //람다식으로 3학년 학생 이름만 출력
    studentList.removeIf(s -> s.getGrade() == 1 || s.getGrade() == 2);
    studentList.forEach(s -> System.out.println(s.getName()));

    studentList.replaceAll(s -> new Student("홍길동", 3));
    studentList.forEach(s -> System.out.println(s.getName()));

    Map<String, Integer> scoreMap = new HashMap<>();
    scoreMap.put("홍길동", 90);
    scoreMap.put("이순신", 80);
    scoreMap.put("차범근", 77);
    scoreMap.put("손흥민", 87);
    scoreMap.put("임꺽정", 99);

    //Iterator로 (key,value) 출력
    Set<String> keySet = scoreMap.keySet();
    Iterator<String> iterator = keySet.iterator();
    while (iterator.hasNext()) {
      String key = iterator.next();
      int value = scoreMap.get(key);
      System.out.println("key=" + key + ", value=" + value);
    }

    //람다식으로 (key, value) 출력
    scoreMap.forEach((k,v) -> System.out.println("key=" + k +", value=" + v));
  }
}
```

[실행결과]

홍길동
이순신
손흥민
차범근
임꺽정

차범근

홍길동

key=홍길동, value=90
key=차범근, value=77
key=손흥민, value=87
key=이순신, value=80
key=임꺽정, value=99

연습 문제

1 _ 함수형 인터페이스를 이용하여 두 수의 합을 출력해야 합니다. 익명 객체를 참고해 두 수의 합을
람다식을 이용해서 출력해 보세요.

소스 코드: LambdaExpressionTest.java

```
1   package sec08.ex01;
2
3   @FunctionalInterface
4   interface MyInterface {
5     void add(int a, int b);
6   }
7
8   public class LambdaExpressionTest {
9     public static void main(String[] args) {
10      MyInterface myInterface1 = new MyInterface() {
11        @Override
12        public void add(int a, int b) {
13          System.out.println(a + b);
14        }
15      };
16      myInterface1.add(10, 20);
17
18      //이곳에 구현해 주세요.
19      myInterface2.add(10, 20);
20    }
21  }
```

2 _ 다음과 같이 출력 결과가 나오도록 구현해 보세요.

소스 코드: LambdaExpressionTest.java

```
1   package sec08.ex02;
2
3   @FunctionalInterface
4   interface MyFuncInterface {
5      MyMath methodA();
6   }
7
8   class MyMath{
9      //이곳에 구현해 주세요.
10  }
11
12  public class LambdaExpressionTest {
13     public static void main(String[] args) {
14
15        //이곳에 구현해 주세요.
16        int result = myMath.max(100, 200);
17        System.out.println(result);
18     }
19  }
```

[실행결과]

```
200
```

3 _ [저장] 버튼과 [취소] 버튼을 클릭 시, 아래와 같이 출력되도록 람다식을 이용해서 구현해 보세요.

소스 코드: Button.java

```
1  package sec08.ex03;
2
3  public class Button {
4    @FunctionalInterface
5    public static interface ClickListener{
6      void onClick();
7    }
8
9    private ClickListener clickListener;
10
11   public void setClickListener(ClickListener clickListener) {
12     this.clickListener = clickListener;
13   }
14
15   public void click() {
16     this.clickListener.onClick();
17   }
18 }
```

소스 코드: CarTest.java

```
1    package sec08.ex03;
2
3    public class ButtonTest {
4      public static void main(String[] args) {
5        Button btnSave = new Button();
6       Button btnCancel = new Button();
7
8        //이곳에 구현해 주세요.
9
10     }
11   }
```

[실행결과]

저장 버튼을 클릭했습니다.
취소 버튼을 클릭했습니다.

4 _ 다음과 같이 Consumer 함수형 인터페이스를 이용해서 출력 결과가 나오도록 구현해 보세요.

소스 코드: Consumer.java

```
1   package sec08.ex04;
2
3   import java.util.function.Consumer;
4
5   public class ConsumerTest {
6     public static void main(String[] args) {
7       Consumer<Student> consumer1;
8       Consumer<Student> consumer2;
9
10      //이곳에 구현해 주세요.
11      consumer1.accept(new Student("홍길동", 2) );
12
13      //이곳에 구현해 주세요.
14      consumer2.accept(new Student("이순신", 3) );
15    }
16  }
```

[실행결과]

이름: 홍길동
이름: 이순신, 학년: 3

5 _ 다음과 같이 ArrayList에 저장된 학생 중에 1학년과 3학년 학생의 이름과 학년을 람다식을 이용해서 출력해 보세요.

소스 코드: CollectionLambdaTest.java

```
1  package sec08.ex05;
2  ...
3  public class CollectionLambdaTest {
4    public static void main(String[] args) {
5      List<Student> studentList = new ArrayList<>();
6      studentList.add(new Student("홍길동", 2));
7      studentList.add(new Student("이순신", 1));
8      studentList.add(new Student("손흥민", 2));
9      studentList.add(new Student("차범근", 3));
10     studentList.add(new Student("임꺽정", 2));
11
12     //이곳에 구현해 주세요.
13
14   }
15 }
```

[실행결과]

이름: 이순신, 학년: 1
이름: 차범근, 학년: 3

6 _ HashMap에 저장한 학생 정보를 이용해서 학생의 이름과 시험 점수를 출력해 보세요.

소스 코드: MapLambdaTest.java

```
1   package sec08.ex06;
2   ...
3   public class MapLambdaTest {
4     public static void main(String[] args) {
5       Map<Student, Integer> scoreMap = new HashMap<>();
6       scoreMap.put(new Student("홍길동", 2), 90);
7       scoreMap.put(new Student("이순신", 3), 80);
8       scoreMap.put(new Student("차범근", 1), 77);
9       scoreMap.put(new Student("손흥민", 2), 87);
10      scoreMap.put(new Student("임꺽정", 1), 99);
11
12      //이곳에 구현해 주세요.
13    }
14  }
```

[실행결과]

```
key=홍길동, value=90
key=이순신, value=80
key=임꺽정, value=99
key=차범근, value=77
key=손흥민, value=87
```

26장

....

스트림

> **시작 전 가볍게 읽기** <

JDK8에서 추가된 스트림을 이용하면
컬렉션, 배열 등에 저장된 요소들을 하나씩 참조하는 동시에
코드를 실행할 수 있는 기능을 제공합니다.

1 스트림이란?

　ChatGPT(Chat Generative Pre-Trained Transformer)나 알파고 같은 인공지능이나 빅데이터를 처리하는 프로그램은 여러 CPU(멀티 코어)가 병렬 동작하여 대용량의 데이터를 처리해야 합니다. 따라서 객체 지향 개념보다는 작업을 빠르게 하는 것이 더 중요합니다. 스트림(Stream)은 대용량의 데이터를 빠르게 처리하기 위해서 도입되었습니다.

그림26-1 수백개의 GPU로 데이터를 처리하는 알파고 그림

1.1 스트림의 특징

자바 프로그래밍 시 데이터는 배열이나 컬렉션 클래스에 저장해서 사용했습니다. 그러나 각각의 저장된 데이터를 가지고 와서 작업하는 방법은 모두 달랐습니다. 빠른 작업을 위해서는 데이터 소스로에서 표준화된 방법으로 데이터를 가져온 후 연산해야 합니다.

다음은 List에 저장된 데이터를 Iterator와 Stream을 이용해서 출력하는 과정입니다. Stream을 사용하면 훨씬 빠르고 간결하게 데이터를 다룰 수 있습니다.

[직접 코딩해 보기] Stream을 이용해서 데이터 출력하기

ch26/sec01/ex01/StreamTest.java

```
package sec01.ex01;

import java.util.Arrays;
```

```java
import java.util.Iterator;
import java.util.List;
import java.util.stream.Stream;

public class StreamTest {
  public static void main(String[] args) {
    List<String> fruitList1 = Arrays.asList("apple","banana","orange","mango","strawberry");
    Iterator<String> iterator = fruitList1.iterator();
    while(iterator.hasNext()) {
      String fruit = iterator.next();
      System.out.println(fruit);
    }

    //Stream을 사용할 경우
    List<String> fruitList2 = Arrays.asList("apple","banana","orange","mango","strawberry");
    Stream<String> fruitStream2 = fruitList2.stream();          스트림 객체를 얻습니다.
    fruitStream2.forEach(name->System.out.println(name));        스트림 객체로 얻어온 데이터를
                                                                 forEach() 메서드로 출력합니다.
  }
}
```

[실행결과]

```
apple
banana
orange
mango
strawberry

apple
banana
orange
mango
strawberry
```

> **스트림의 장점**
> - 람다식을 사용해서 간결하게 요소들을 다룰 수 있습니다.
> - 대용량의 데이터를 병렬로 처리할 수 있습니다.
> - 데이터를 최종 처리하기 전에 여러 가지 중간 처리를 할 수 있습니다.

2 스트림 종류

자바에서 제공하는 스트림 클래스를 이용하면 여러 가지 데이터 소스에서 데이터를 스트림으로 변환해서 일관성 있고 빠르게 처리할 수 있습니다.

다음은 여러 가지 데이터 소스에 대한 스트림 클래스들입니다. API 문서를 보면 더 많은 데이터 타입에 대응하여 메서드를 지원하고 있습니다.

리턴 타입	메서드	데이터 소스
Stream<T>	java.util.Collection.stream() java.util.Collection.paralleStream()	컬렉션
Stream<T>	Arrays.stream(T[ ]) Steam.of(T[ ]) Arrays.stream(Int[ ]) IntStream.of(int[ ])	배열
IntStream	IntStream.range(int, int) IntStrea,.rangeClosed(int, int)	int 범위
LongStream	LongStream.range(long, long) LongStream.rangeClose(long, long)	long 범위
Stream<Path>	Files.find(Path, int, BiPredicate, FileVisitOption)	디렉터리
Stream<String>	Files.lines(Path, Charset)	텍스트 파일
IntStream	Randoms.ints()	랜덤 수

표26-1 여러가지 스트림 클래스

2.1 컬렉션에서 스트림 얻기

다음은 studentList〈Student〉 컬렉션에서 Stream 객체를 얻어와서 학생 정보를 출력하는 예제 입니다. List에서 stream() 메서드를 호출해서 스트림 객체를 얻습니다.

[직접 코딩해 보기] 컬렉션으로부터 스트림 얻기

ch26/sec02/ex01/CollectionToStreamTest.java

```
package sec02.ex01;

import java.util.ArrayList;
import java.util.List;
import java.util.stream.Stream;
```

```java
public class CollectionToStreamTest {
  public static void main(String[] args) {
    List<Student> studentList = new ArrayList<Student>();
    studentList.add(new Student("홍길동", 2));
    studentList.add(new Student("이순신", 3));
    studentList.add(new Student("박찬호", 1));
    studentList.add(new Student("손흥민", 2));

    Stream<Student> stream = studentList.stream();  ●————— ArrayList를 Stream 객체로 리턴합니다.
    stream.forEach(s->System.out.println(s.getName()));
  }
}
```

[실행결과]

```
홍길동
이순신
박찬호
손흥민
```

2.2 배열에서 스트림 얻기

다음은 배열에서 스트림을 얻어와서 학생 정보를 출력하는 예제입니다. 배열에서도 컬렉션에서 스트림 객체를 얻는 것과 동일한 방법으로 스트림 객체를 얻어서 학생 정보를 출력하고 있습니다. 배열의 타입이 기본 타입인 경우 각각의 기본 타입을 빠르게 처리할 수 있는 스트림 클래스를 제공합니다. int 타입 배열은 intStream으로 처리하면 빠르게 처리할 수 있습니다.

[직접 코딩해 보기] 배열로부터 스트림 얻기

ch26/sec02/ex02/ArrayToStreamTest.java

```java
package sec02.ex02;

import java.util.Arrays;
import java.util.stream.IntStream;
import java.util.stream.Stream;

  public class ArrayToStreamTest {
    public static void main(String[] args) {

    Student[] stdArr = {new Student("홍길동", 2),
                        new Student("이순신", 3),
```

```
                    new Student("박찬호", 1),
                    new Student("손흥민", 2)};  -------------- 배열을 스트림 객체로 리턴합니다.

  Stream<Student> stdStream = Arrays.stream(stdArr);
  stdStream.forEach(s->System.out.println(s.getName()));

  int[] intArr = {1,2,3,4,5};
  IntStream intStream = Arrays.stream(intArr);  --------------  정수 타입 배열은 IntStream으로 빠르게
  intStream.forEach(i->System.out.print(i +", "));              처리할 수 있습니다.
  }
}
```

[실행결과]

```
홍길동
이순신
박찬호
손흥민


1, 2, 3, 4, 5,
```

2.3 특정 정수 범위에서 스트림 얻기

IntStream의 range()나 rangeClosed() 메서드를 사용하면 숫자 데이터에서 두 수 사이의 숫자를
얻을 수 있습니다.

[직접 코딩해 보기] 두 정수 범위에서 스트림 얻기

ch26/sec02/ex03/IntStreamRangeClosedTest.java

```java
package sec02.ex03;

import java.util.stream.IntStream;

public class IntStreamRangeClosedTest {
  static int sum = 0;

  public static void main(String[] args) {
    IntStream intStream1 = IntStream.range(0, 100);  //100이 포함되지 않습니다.
    IntStream intStream2 = IntStream.rangeClosed(0, 100);  //100이 포함됩니다.
    intStream1.forEach(i -> sum += i);
    System.out.println("총합: " + sum);
```

```
        intStream2.forEach(i -> sum += i);
        System.out.println("총합: " + sum);
    }
}
```

[실행결과]

```
총합: 4950
총합: 10000
```

2.4 랜덤 수에서 스트림 얻기

Rondom 클래스의 ints(), longs(), doubles() 메서드를 이용해서 스트림을 얻는 예제입니다. 메서드의 매개변수로 랜덤 수의 개수를 지정해 줍니다. 매개변수가 두 개인 ints() 메서드는 랜덤 수의 범위를 지정할 수 있습니다.

[직접 코딩해 보기] 파일로부터 스트림 얻기

ch26/sec02/ex04/RandomStreamTest.java

```
package sec02.ex04;

import java.util.Random;
import java.util.stream.DoubleStream;
import java.util.stream.IntStream;

public class RandomStreamTest {
    public static void main(String[] args) {
        IntStream intStream1 = new Random().ints(5); ................ 5개의 임의의 정수로 스트림을 얻습니다.
        intStream1.forEach(System.out::println);

        IntStream intStream2 = new Random().ints(1, 50).limit(10); ......... 1에서 50 사이의 정수를 얻은 후,
        intStream2.forEach(s->System.out.print(s +", ") );                  10개 출력합니다.

//      IntStream intStream3 = new Random().ints();
//      intStream3.forEach(System.out::println);

        DoubleStream doubleStream1 = new Random().doubles(5); ......... 5개의 임의의 실수로 스트림을 얻습니다.
        doubleStream1.forEach(System.out::println);
    }
}
```

```
-1322174467
-270009177
1584982888
-99670016
2004104325
```

```
12, 7, 13, 24, 10, 49, 46, 26, 22, 19,          ━━━━━ limit(10)에 의해서 10개만 출력합니다.
```

```
0.18074918794146944
0.2589416592099078
0.5882614900327291
0.019534825070741244
0.033008195628015935
```

2.5 파일로부터 스트림 얻기

Files 클래스의 정적 메서드 lines()로 파일에서 스트림을 얻을 수 있습니다.

[직접 코딩해 보기] 파일로부터 스트림 얻기

ch26/sec02/ex05/FileToStreamTest.java

```java
package sec02.ex05;

import java.io.IOException;
import java.nio.charset.Charset;
import java.nio.file.Files;
import java.nio.file.Path;
import java.nio.file.Paths;
import java.util.stream.Stream;

public class FileToStreamTest {
  public static void main(String[] args) throws Exception {
    Path path = Paths.get(FileToStreamTest.class.getResource("student.txt").toURI());
    Stream<String> fileStream = Files.lines(path, Charset.defaultCharset());
    fileStream.forEach(System.out::println);
  }
}
```

파일의 절대경로를 얻은 후, Path 객체를 얻습니다.

운영체제의 기본 인코딩을 지정 후, 파일로부터 스트림을 얻습니다.

[실행결과]

이름	과목	점수
홍길동	국어	80
이순신	국어	90
임꺽정	국어	78
홍길동	영어	76
이순신	영어	88
임꺽정	영어	56
홍길동	수학	70
이순신	수학	67
임꺽정	수학	77

3 스트림 파이프 라인

자바 스트림은 대량의 데이터에서 평균값, 최대값, 조건에 맞는 결과값, 그리고 통계등을 쉽게 얻을 수 있습니다.

3.1 중간 처리와 최종 처리

자바 스트림은 중간 처리와 최종 처리 스트림으로 나눌 수 있습니다. 최종 처리 스트림을 제외한 중간 처리 스트림은 19장의 자바 IO 스트림 클래스처럼 연결해서 사용할 수 있습니다.

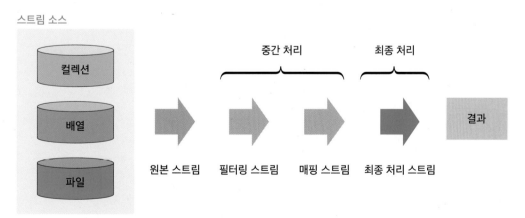

그림26-2 중간 처리 스트림과 최종 처리 스트림으로 결과를 출력하는 과정

다음은 학생 컬렉션에서 중간 스트림을 이용해서 해당 정보를 필터링해서 최종 처리 스트림을 이용해서 Student 컬렉션에서 2학년 학생들의 시험 점수 평균을 얻어서 출력하는 과정입니다.

① Student 컬렉션에서 스트림을 얻습니다.

② Stream 인터페이스의 중간 처리 메서드인 filter() 메서드로 학년별로 학생들을 분류해서 결과값의 스트림을 얻습니다.

③ Stream 인터페이스이 중간 처리 메서드인 mapToInt() 메서드로 학생들의 점수로 이루어진 스트림을 얻습니다.

④ 최종 처리 메서드인 average() 메서드로 시험 점수 평균을 구한 후, 출력합니다.

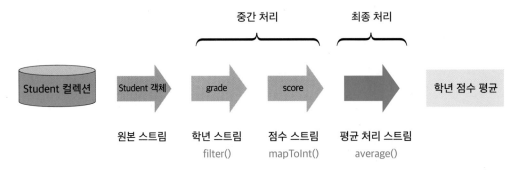

그림26-3 Stduent 컬렉션에서 학년별 점수 평균을 얻는 과정

다음은 Student 컬렉션에서 스트림을 얻어와서 중간 처리 스트림과 최종 처리 스트림을 생성한 후, 2학년 학생들의 시험 점수 평균을 구하는 예제입니다. 실제 스트림 처리 과정은 3학년 학생 시험 평균 점수를 구하는 과정처럼 원본 스트림 메서드를 호출한 후, 바로 다음 처리 메서드를 호출하는 방식으로 간결하게 사용하는 것이 일반적입니다.

[직접 코딩해 보기] 파일로부터 스트림 얻기

ch26/sec03/ex01/StreamPipelineTest.java

```
package sec03.ex01;

import java.util.ArrayList;
import java.util.List;
import java.util.OptionalDouble;
import java.util.stream.IntStream;
import java.util.stream.Stream;

public class StreamPipelineTest {
  public static void main(String[] args) {
    List<Student> studentList = new ArrayList<>();
    studentList.add(new Student("홍길동", 2, 70));
    studentList.add(new Student("이순신", 3, 80));
```

```
        studentList.add(new Student("박찬호", 1, 90));
        studentList.add(new Student("손흥민", 2, 100));
        studentList.add(new Student("차범근", 3, 77));
        studentList.add(new Student("임꺽정", 1, 88));
```

컬렉션에서 원본 스트림을 얻습니다.

```
        Stream<Student> stdStream = studentList.stream();
        Stream<Student> gradeStream = stdStream.filter(s->s.getGrade()== 2);
        IntStream scoreStream = gradeStream.mapToInt(Student::getScore);
        OptionalDouble optionalDouble= scoreStream.average();
        double avgScore1 = optionalDouble.getAsDouble();
        System.out.println("2학년 평균 점수: " + avgScore1);
```

filter() 메서드로 2학년 학생으로 구성된 스트림을 얻습니다.

2학년 학생 스트림에서 학생들의 점수를 스트림으로 얻습니다.

최종 처리 스트림 메서드로 시험 점수 평균을 구합니다.

```
        double avgScore2 = studentList.stream()           원본 스트림
                                .filter(s->s.getGrade()== 3)
                                .mapToInt(Student::getScore)    중간 처리 스트림
                                .average()           최종 처리 스트림
                .getAsDouble();
        System.out.println("3학년 평균: " + avgScore2);
    }
}
```

[실행결과]

```
 2학년 평균 점수: 85.0
 3학년 평균: 78.5
```

4 중간 처리 스트림 메서드

중간 처리 스트림 메서드에 관해서 자세히 알아보겠습니다. 중간 처리 메서드는 크게 필터링, 매핑, 정렬, 루핑 기능으로 나눌 수 있습니다.

4.1 필터링 메서드

필터링 메서드는 스트림에 조건을 적용해서 요소에 작업을 수행합니다.

리턴타입	메서드	설명
Stream	distinct()	중복 제거
Stream	filter(Predicate)	조건식을 만족하는 요소만 선택
IntStream	filter(IntPredicate)	
DoubleStream	filter(DoublePredicate)	

표26-2 중간 처리 필터링 메서드

다음은 필터링 메서드로 과일 이름을 출력하고 있습니다.

[직접 코딩해 보기] distinct()와 filter() 메서드 사용하기

ch26/sec03/ex01/DistinctAndFilterTest.java

```java
package sec04.ex01;

import java.util.Arrays;
import java.util.List;

public class DistinctAndFilterTest {
  public static void main(String[] args) {
    List<String> fruitList = Arrays.asList("apple", "banana", "apple", "mango",
                                     "strawberry", "banana", "mango");

    fruitList.stream()
        .distinct()  ──────────────── 과일 이름의 중복을 제거합니다.
        .forEach(System.out::println);

    fruitList.stream()
        .filter(s->s.length() < 6) ──── 문자 개수가 6개보다 적은 과일 이름만 선택합니다.
        .forEach(System.out::println);

    fruitList.stream()
        .distinct()
        .filter(s->s.length() < 6) ──── 과일 이름의 중복을 제거 후, 문자 개수가 6개보다 작은 과일 이름만 선택합니다.
        .forEach(System.out::println);
  }
}
```

[실행결과]

```
apple
banana
```

```
mango
strawberry

apple
apple
mango
mango

apple
mango
```

4.2 매핑(변환) 메서드

매핑 메서드는 스트림의 요소를 다른 요소들로 변환하는 작업을 수행합니다.

4.2.1 flatMapXXX() 메서드

flatMapping 메서드는 한 개의 요소를 여러 개의 요소로 변환(1: n)할 때 사용합니다.

리턴타입	메서드	설명
Strream<R>	flatMap(Function<T, Stream<R>>)	객체 T를 Stream<R>로 변환
DoubleStream	flatMap(DoubleFunction<DoubleStream>)	double 타입을 DoubleStream으로 변환
IntStream	flatMap(IntFunction<IntStream>)	int 타입을 IntStream으로 변환
DoubleStream	flatMapToDouble(Function<T, DoubleStream>)	객체 T를 DoubleStream으로 변환

표26-3 여러 가지 flatMapXXX 메서드

다음은 flatMap() 메서드로 스트림에서 한 개의 문자열을 나눈 후, 다시 여러 개의 토큰으로 이루어진 스트림을 얻어와서 토큰을 출력하는 예제입니다.

[직접 코딩해 보기] flatMap() 메서드를 이용해서 문자열 출력하기

ch26/sec04/ex02/FlatMapTest.java

```java
package sec04.ex02

import java.util.Arrays;
import java.util.List;

public class FlatMapTest {
  public static void main(String[] args) {
    List<String> studentList = Arrays.asList("홍길동 2 80", "이순신 3 77", "손흥민 2 88");
```

```
    studentList.stream()
        .flatMap(element->Arrays.stream(element.split(" ")))●──────── 토큰을 스트림으로 리턴합니다.
        .forEach(token -> System.out.println(token));
    }
}
```

[실행결과]

```
홍길동
2
80
이순신
3
77
손흥민
2
88
```

4.2.2 mapXXX() 메서드

mapXXX 메서드는 스트림의 요소를 다른 타입의 요소로 변환(1 : 1) 시 사용합니다. 각각의 데이터 타입을 다른 타입으로 변환하는 더 많은 mapXXX() 메서드가 API 문서에 설명되어 있습니다.

리턴 타입	메서드	설명
IntStream	mapToInt(ToIntFunction\<T>)	객체 T를 int 타입으로 변환
DoubleStream	mapToDouble (ToDoubleFunction\<T>)	객체 T를 double 타입으로 변환
LongStream	mapToLong(ToLongFunction\<T>)	객체 T를 long 타입으로 변환
…	…	…

표26-4 여러 가지 MapXXX 메서드

다음은 mapToInt() 메서드로 Student 객체의 시험 점수를 가지고 스트림으로 변환하는 예제입니다.

[직접 코딩해 보기] mapXXX 메서드를 이용해서 문자열 출력하기

ch26/sec04/ex02/MapXXXTest.java

```
package sec04.ex03;

import java.util.ArrayList;
import java.util.List;
```

```
public class MapXXXTest {
  public static void main(String[] args) {
    List<Student> studentList = new ArrayList<>();
    studentList.add(new Student("홍길동", 2, 70));
    studentList.add(new Student("이순신", 3, 80));
    studentList.add(new Student("박찬호", 1, 90));
    studentList.add(new Student("손흥민", 2, 100));
    studentList.add(new Student("차범근", 3, 77));
    studentList.add(new Student("임꺽정", 1, 88));

    studentList.stream()
        .mapToInt(Student::getScore) ●──────── 각각의 Student 객체의 점수만 얻어와서 스트림을 얻습니다.
        .forEach(System.out::println);
  }
}
```

[실행결과]

```
70
80
90
100
77
88
```

4.3 정렬 메서드

정렬 메서드는 스트림의 요소를 정렬하는 기능을 제공합니다. 스트림의 요소가 기본 타입이거나 문자열인 경우는 자동으로 정렬합니다. 그러나 요소들이 객체 타입인 경우 Comparator를 구현해서 sorted() 메서드의 매개변수로 전달해야 합니다.

리턴 타입	메서드	설명
Stream<T>	sorted()	스트림 요소들을 정렬
Stream<T>	sorted(Comparator<T>)	스트림 요소들을 Comparator에 따라 정렬
DoubleStream	sorted()	double 요소들을 오름차순으로 정렬
IntStream	sorted()	int 요소들을 오름차순으로 정렬

표26-5 여러 가지 정렬 메서드

다음은 기본 타입 데이터를 저장한 List를 스트림으로 변환해서 정렬 후 출력하는 예제입니다.

ch26/sec04/ex04/StreamSortedTest.java

```
package sec04.ex04;

import java.util.Arrays;
import java.util.List;

public class StreamSortedTest {
  public static void main(String[] args) {
    List<Integer> scoreList = Arrays.asList(77, 67, 88, 98, 73, 68);
    scoreList.stream()
       .sorted() ●─────────────── 오름차순으로 정렬합니다.
       .forEach(System.out::println);
  }
}
```

[실행결과]

```
70
80
90
100
77
88
```

다음은 Comparator를 이용해서 Student 객체를 시험 점수순으로 정렬해서 출력하는 예제입니다.

[직접 코딩해 보기] Comparable 인터페이스를 구현한 Student 클래스

ch26/sec04/ex04/Student.java

```
package sec04.ex04;

public class Student implements Comparable<Student> {
  private String name;
  private int grade;
  private int score;
  ...

  @Override
  public int compareTo(Student o) {      ┊----- Comparable 인터페이스의 compareTo() 메서드를 구현합니다.
```

```
      return Integer.compare(score, o.score);
  }
}
```

Comparable 인터페이스를 구현한 Student 객체의 sorted() 메서드를 호출 시 compareTo() 메
서드에 구현한 대로 시험 점수순으로 Student 객체를 정렬하는 예제입니다.

[직접 코딩해 보기] 실행 클래스

ch26/sec04/ex04/ScoreSortedTest.java

```
package sec04.ex04;

import java.util.ArrayList;
import java.util.Comparator;
import java.util.List;

public class ScoreSortedTest {
  public static void main(String[] args) {
    List<Student> studentList = new ArrayList<>();
    studentList.add(new Student("홍길동", 2, 70));
    studentList.add(new Student("이순신", 3, 80));
    studentList.add(new Student("박찬호", 1, 90));
    studentList.add(new Student("손흥민", 2, 100));
    studentList.add(new Student("차범근", 3, 77));
    studentList.add(new Student("임꺽정", 1, 88));

    studentList.stream()
        .sorted()                               시험 점수를 오름차순으로 정렬합니다.
        .forEach(s->System.out.print(s.getScore()+", "));

    studentList.stream()
        .sorted(Comparator.reverseOrder())       시험 점수를 내림차순으로 정렬합니다.
        .forEach(s->System.out.print(s.getScore()+", "));
  }
}
```

[실행결과]

```
70, 77, 80, 88, 90, 100,
100, 90, 88, 80, 77, 70,
```

4.4 루핑 메서드

지금까지 스트림의 모든 요소들을 반복하기 위해서 최종 처리 메서드인 forEach() 메서드를 사용했습니다. 중간 처리 스트림에서는 peek() 메서드를 이용하면 요소 전체에 반복 작업을 할 수 있습니다.

다음은 peek() 메서드로 fiter() 메서드가 리턴한 스트림의 요소들을 출력하는 예제입니다. peek() 메서드는 최종 처리 메서드인 forEach() 메서드가 실행해야 호출되어서 실행됩니다. 따라서 peek() 메서드 단독으로는 요소들을 출력하지 못합니다.

[직접 코딩해 보기] 실행 클래스

ch26/sec04/ex05/PeekTest.java

```java
package sec04.ex05;

import java.util.Arrays;
import java.util.List;

public class PeekTest {
  public static void main(String[] args) {
    List<String> fruitList = Arrays.asList("apple", "banana", "apple", "mango", "strawberry",
                                                         "banana", "mango");
/*
  fruitList.stream()
        .distinct()
        .filter(s -> s.length() < 8)        ─── 중간 처리 메서드는 단독으로 실행되지 않습니다.
        .peek(a->System.out.println(a ));
*/

  fruitList.stream()
        .distinct()
        .filter(s -> s.length() < 8)
        .peek(a->System.out.println(a))
        .filter(s -> s.startsWith("a"))     ─── 중간 처리 메서드가 리턴하는 스트림의 요소들을 출력합니다.
        .peek(a->System.out.println(a))
        .forEach(System.out::println);
  }
}
```

[실행결과]

apple ●─────── 요소들을 한 개씩 최종 메서드까지 처리하면 다음 요소에 동일하게 처리합니다.

```
apple
apple
banana
mango
```

이외에도 skip()와 limit() 같은 중간 처리 메서드를 제공합니다.

5 최종 처리 스트림 메서드

최종 처리 메서드들을 알아보겠습니다. 최종 처리 스트림 메서드는 크게 매칭, 집계, 루핑, 수집 기능을 제공합니다.

5.1 Optional 클래스

스트림으로 데이터를 처리 후 결과값이 null이 되는 경우가 발생하면 여러 가지 문제를 일으킬 수 있습니다. 따라서 null이 발생하는 것을 대비해서 JDK8에서는 Optional 클래스를 제공합니다. Optional 클래스는 결과값이 null인 경우 디폴트값을 설정할 수 있습니다.

다음은 Optional 클래스에서 제공하는 메서드입니다. double 타입 외에 다른 메서드는 API 문서를 참고하세요.

리턴타입	메서드	설명
boolean	isPresent()	값 저장 유무 판별
T double	orElse(T) orElse(double)	저장된 값이 없는 경우 디폴트값 지정
void	ifPresent(Consumer) ifPresent(DoubleConsumer)	저장된 값이 있는 경우 처리

표26-6 Optional 클래스의 메서드

다음은 Optional 클래스를 이용해서 3가지 방법으로 스트림 객체에서 null을 처리하는 예제입니다. 스트림 객체에 어떤 요소도 없는 경우 NoSuchElementException 예외가 발생합니다.

[직접 코딩해 보기] Optional 클래스로 null 처리하기

ch26/sec05/ex01/OptionalTest.java

```java
package sec05.ex01;

import java.util.ArrayList;
import java.util.List;
import java.util.OptionalDouble;

public class OptionalTest {
  public static void main(String[] args) {
    List<Student> studentList = new ArrayList<Student>(); _____ ArrayList에 저장된 객체가 없습니다.

    //NoSuchElementException 예외 발생
    double scoreAvg = studentList.stream()
                              .mapToInt(s->s.getScore())
                              .average()
                              .getAsDouble();



    //isPresent() 사용하기
    OptionalDouble optional =studentList.stream() _____ double값을 저장합니다.
                                    .mapToInt(s->s.getScore())
                                    .average();

    if (optional.isPresent()) { //평균값이 존재하는 경우
    System.out.println(optional.getAsDouble());    _____ double값을 얻습니다.
    } else {
    System.out.println("시험 점수를 입력하세요");
    }

    //orElse() 이용하기
    double scoreAvg =studentList.stream()
                              .mapToInt(s->s.getScore())
                              .average()
                              .orElse(0.0);    //0.0
    System.out.println(scoreAvg);

  //ifPresent()에 람다식 이용하기
    studentList.stream()
              .mapToInt(s->s.getScore())
              .average()
              .ifPresent(a->System.out.println(a));   //평균값이 존재할 경우 출력

  }
```

```
      }
```

[실행결과]

```
시험 점수를 입력하세요
0.0
```

5.2 매칭 메서드

매칭 메서드는 각 데이터 타입별로 allMatch(), anyMatch(), noneMatch() 메서드가 제공됩니다. int 타입 외 다른 메서드들은 API 문서를 참고하세요.

리턴타입	메서드	설명
boolean	allMatch(Predicate\<T> predicate)	모든 Stream 요소들이 모든 조건을 만족하는지 판별
	anyMatch(Predicate\<T> predicate)	임의의 Stream 요소가 조건을 만족하는지 판별
	noneMatch(Predicate\<T> predicate)	모든 Stream 요소가 조건을 만족하지 않는지 판별
boolean	allMatch(IntPredicate\<T> predicate)	모든 IntStream 요소들이 모든 조건을 만족하는지 판별
	anyMatch(IntPredicate\<T> predicate)	임의의 IntStream 요소가 조건을 만족하는지 판별
	noneMatch(IntPredicate\<T> predicate)	모든 IntStream 요소가 조건을 만족하지 않는지 판별

표26-7 여러 가지 매칭 메서드

다음은 매칭 메서드들을 이용해서 스트림에 조건식을 만족하는 요소가 있는지 판별하는 예제입니다.

[직접 코딩해 보기] 매칭 메서드 사용하기

ch26/sec05/ex01/OptionalTest.java

```java
package sec05.ex02;

import java.util.Arrays;

public class MatchTest {
  public static void main(String[] args) {
    int[] scoreArr = {55, 66, 77, 88, 99};
    boolean result;
    result = Arrays.stream(scoreArr)
                 .allMatch(a -> a < 100); ............... 스트림의 모든 요소가 100보다 큰지 판별합니다.
    System.out.println(result);
```

```
    result = Arrays.stream(scoreArr)
                    .anyMatch(a -> a > 100); ----------------- 스트림의 임의의 요소가 100보다 큰지
    System.out.println(result);                              판별합니다.

    result = Arrays.stream(scoreArr)
                    .noneMatch(a -> a > 100); -------------- 스트림의 모든 요소가 100보다 크지 않은지
    System.out.println(result);                              판별합니다.
  }
}
```

[실행결과]

```
true
false
true
```

5.3 기본 집계 메서드

대량의 데이터 처리 시 데이터에 대한 여러 가지 집계 데이터를 구하는 경우, 집계 메서드를 사용해서 쉽게 구할 수 있습니다. 이런 식으로 대량의 데이터를 가공해서 값을 출력하는 과정을 **리덕션(Reduction)**이라고 합니다. 다음은 여러 가지 집계 메서드들입니다.

리턴타입	메서드	설명
long	count()	스트림 요소 수량
OptionalXXX	findFirst()	스트림 첫 번째 요소
Optional<T> OptionalXXX	max(Comparator<T>) max()	스트림 요소 중 최대 요소
Optional<T> OptionalXXX	min(Comparator<T>) min()	스트림 요소 중 최소 요소
OptioanlDouble	average()	스트림 요소 평균
int, long, double	sum()	스트림 요소 총합

표26-8 여러 가지 집계 메서드

다음은 여러 가지 집계 메서드를 이용해서 점수들을 출력하는 예제입니다.

[직접 코딩해 보기] 집계 메서드 사용하기

ch26/sec05/ex03/AggregationTest.java

```java
package sec05.ex03;

import java.util.Arrays;

public class AggregationTest {
  public static void main(String[] args) {
    int[] scoreArr = {55, 66, 77, 88, 99};
    long count = Arrays.stream(scoreArr).count(); ------------------- 스트림 전체 요소 개수를 얻습니다.
    System.out.println("count = " + count);

    count = Arrays.stream(scoreArr)
                  .filter(s -> s > 70)
                  .count();
    System.out.println("count = " + count);

    int sum = Arrays.stream(scoreArr)
                    .filter(s -> s > 70)
                    .sum();
    System.out.println("sum = " + sum);

    double scoreAvg = Arrays.stream(scoreArr)
                            .average()
                            .getAsDouble();
    System.out.println("average = " + scoreAvg);

    int max = Arrays.stream(scoreArr)
                    .max()
                    .getAsInt();
    System.out.println("max = " + max);

    int first = Arrays.stream(scoreArr)
                      .findFirst()
                      .getAsInt();
    System.out.println("first = " + first);
  }
}
```

```
count = 5
count = 3
sum = 254
average = 77.0
max = 99
first = 55
```

5.4 사용자 집계 메서드

count(), sum() 같은 기본 집계 메서드 외에 reduce() 메서드를 이용해서 프로그래머가 직접 원하는 집계 메서드를 만들어서 사용할 수 있습니다. 다음은 사용자 집계 메서드를 사용하는 reduce() 메서드들입니다. 다른 타입의 reduce() 메서드는 API 문서를 참고하세요.

인터페이스	리턴 타입	메서드
Stream	Optional<T>	reduce(BinaryOperator<T> accumulator)
	T	reduce(T identity, BinaryOperator<T> accumulator)
IntStream	OptionalInt	reduce(IntBinaryOperator op)
	int	reduce(int identity, IntBinaryOperator op)

표26-9 여러 가지 reduce() 메서드

다음은 reduce() 메서드로 학생들의 시험 점수 총점을 구하는 예제입니다. **reduce(BinaryOperator〈T〉 accumulator)**와 **reduce(T identity, BinaryOperator〈T〉 accumulator)** 메서드로 학생들의 총점을 구할 수 있습니다.

[직접 코딩해 보기] reduce() 메서드 사용하기

ch26/sec05/ex04/ReduceTest.java

```java
package sec05.ex04;

import java.util.ArrayList;
import java.util.List;

public class ReduceTest {
  public static void main(String[] args) {
    List<Student> studentList = new ArrayList<>();
    studentList.add(new Student("홍길동", 2, 70));
    studentList.add(new Student("이순신", 3, 80));
    studentList.add(new Student("박찬호", 1, 90));
```

```
        studentList.add(new Student("손흥민", 2, 100));

        int total1 = studentList.stream()
                                .mapToInt(Student::getScore)
                                .sum();
        System.out.println(total1);

        int total2= studentList.stream()
                            .map(Student::getScore)
                            .reduce((a,b) -> a + b)_____ reduce() 메서드로 학생들의 점수를 누적시킵니다.
                            .get();
        System.out.println(total2);

        int total3 = studentList.stream()
                            .map(Student::getScore)
                            .reduce(0, (a,b) -> a + b);_____ reduce() 메서드로 학생들의 점수를 누적시킵니다.
        System.out.println(total3);
    }
}
```

[실행결과]

```
340
340
340
```

5.5 요소 수집 메서드

스트림에서 제공하는 collect() 메서드를 이용해서 출력 결과를 컬렉션으로 저장할 수 있습니다. 다음은 collect() 메서드를 이용해서 컬렉션을 얻는 방법입니다. collect() 매개변수에 Collectors 클래스의 정적 메서드를 매개변수로 전달해서 해당 컬렉션을 얻습니다.

리턴 타입	메서드	설명
List<T>	collect(Collectors.toList())	스트림 요소를 List로 변환합니다.
Collection<T>	collect(Collectors.toCollection(<T>))	스트림 요소를 정한 Collection<T>로 변환합니다.
Map<K, U>	collect(Collectors.toMap (key, value))	스트림 요소를 Map(K, U)로 변환합니다.

표26-10 여러 가지 collect() 메서드

다음은 Student 객체가 저장된 ArrayList를 스트림으로 받아들여서 collect() 메서드의 매개변수에 Collectors 클래스의 toList() 정적 메서드를 지정해서 List로 변환하는 예제입니다. Collectors 클래스의 toSet()이나 toMap() 정적 메서드를 지정하면 Set이나 Map으로 변환할 수 있습니다.

[직접 코딩해 보기] collect() 메서드 사용하기

ch26/sec05/ex05/CollectorTest.java

```java
package sec05.ex05;

import java.util.ArrayList;
import java.util.HashSet;
import java.util.List;
import java.util.Map;
import java.util.Set;
import java.util.stream.Collectors;

public class CollectorTest {
  public static void main(String[] args) {
    List<Student> studentList = new ArrayList<>();
    studentList.add(new Student("홍길순", 2, 70, Student.FEMALE));
    studentList.add(new Student("이순신", 3, 80, Student.MALE));
    studentList.add(new Student("박세리", 1, 90, Student.FEMALE));
    studentList.add(new Student("손흥민", 2, 100, Student.MALE));
    studentList.add(new Student("김연아", 3, 100, Student.FEMALE));

    //List를 배열로 변환                                          스트림 요소를 Student 타입 배열로 변환합니다.
    Student[] stdArr = studentList.stream().toArray(Student[]::new); -------
    Arrays.stream(stdArr).forEach(s->System.out.println(s.toString()));

    //여학생만 List로 저장
    List<Student> femaleList = studentList.stream()
                                  .filter(s->s.getGender() ==Student.FEMALE)
                                   .collect(Collectors.toList());
    femaleList.stream()
          .forEach(s->System.out.println(s.getName()));

    //남학생들만 HashSet에 저장
    Set<Student> maleList = studentList.stream()
                                  .filter(s->s.getGender() == Student.MALE)
                                   .collect(Collectors.toCollection(HashSet::new));
    maleList.stream()                                      스트림 요소들을 HashSet에 저장합니다.
          .forEach(s->System.out.println(s.getName()));
```

```
    //HashMap에 (이름, Student)로 저장
    Map<String, Student> studentMap = studentList.stream()
                                      .collect(Collectors.toMap(s->s.getName(), s->s));
    studentMap.forEach((k,v)->System.out.println(k +", " + v.getScore()));
    }
}
```

[실행결과]

```
홍길순, 2, 70, 2
이순신, 3, 80, 1
박세리, 1, 90, 2
손흥민, 2, 100, 1
김연아, 3, 100, 2

홍길순
박세리
김연아

손흥민
이순신

김연아, 100
박세리, 90
손흥민, 100
홍길순, 70
이순신, 80
```

5.6 요소 그루핑 메서드

collect() 메서드의 집계 기능을 이용하면 대량의 데이터를 처리해서 편리하게 통계 데이터를 추출할 수 있습니다.

5.6.1 partitioningBy() 메서드

partitioningBy()는 스트림 요소를 두 개의 집합으로 분할할 때 사용하는 메서드입니다. 다음은 partitioningBy() 메서드를 이용해서 학생들은 성별로 분류하는 예제입니다.

[직접 코딩해 보기] partitioningBy() 메서드를 이용해서 성별로 분류하기

ch26/sec06/ex01/PartitioningByTest.java

```java
package sec06.ex01;

import java.util.ArrayList;
import java.util.List;
import java.util.Map;
import java.util.stream.Collectors;

public class PartitioningByTest {
  public static void main(String[] args) {
    List<Student> studentList = new ArrayList<>();
    studentList.add(new Student("홍길순", 2, 70, Student.FEMALE));
    studentList.add(new Student("이순신", 3, 80, Student.MALE));
    studentList.add(new Student("박세리", 1, 90, Student.FEMALE));
    studentList.add(new Student("손흥민", 2, 100, Student.MALE));
    studentList.add(new Student("김연아", 3, 100, Student.FEMALE));
    studentList.add(new Student("류현진", 1, 78, Student.MALE));

    Map<Boolean, List<Student>> stdBygender = studentList.stream()
                        .collect(Collectors.partitioningBy(s->s.getGender() == Student.MALE));
    List<Student> maleList = stdBygender.get(true);                 ┌── 학생들은 성별로 분류합니다.
    List<Student> femaleList = stdBygender.get(false);

    maleList.stream().forEach(s->System.out.println(s.toString()));
    femaleList.stream().forEach(s->System.out.println(s.toString()));
  }
}
```

[실행결과]

```
이순신, 3, 80, 1
손흥민, 2, 100, 1
류현진, 1, 78, 1

홍길순, 2, 70, 2
박세리, 1, 90, 2
김연아, 3, 100, 2
```

5.6.2 groupingBy() 메서드

데이터들을 더 세부적으로 분류할 경우 groupingBy() 메서드를 사용하면 편리합니다.

다음은 groupingBy() 메서드로 학생들을 조건으로 분류하는 예제입니다. 먼저 groupingBy() 메서드 매개값으로 각 학생들의 성별 정보를 전달해서 성별로 분류합니다. 학년별로 분류한 후, 다시 성별로 분류하기 위해서는 학년별로 분류하는 groupingBy() 메서드의 매개값으로 성별로 분류한 groupingIngBy() 메서드의 결과값을 전달하면 됩니다.

세부적으로 groupingBy() 메서드를 호출하면 결과값은 Map의 value가 다시 Map이 되는 형태가 됩니다.

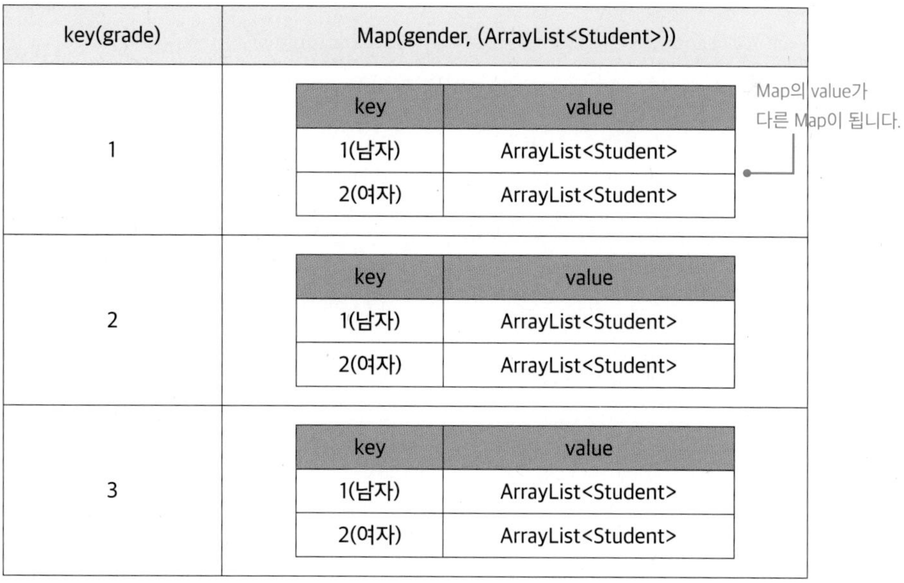

key(grade)	Map(gender, (ArrayList<Student>))	
1	**key** / 1(남자) / 2(여자)	**value** / ArrayList<Student> / ArrayList<Student>
2	**key** / 1(남자) / 2(여자)	**value** / ArrayList<Student> / ArrayList<Student>
3	**key** / 1(남자) / 2(여자)	**value** / ArrayList<Student> / ArrayList<Student>

Map의 value가 다른 Map이 됩니다.

그림26-4 groupingBy() 메서드로 학년별, 성별로 그루핑한 후 Map의 상태

[직접 코딩해 보기] GroupingBy() 메서드를 이용해서 학년별, 성별로 분류하기

ch26/sec06/ex01/GroupingByTest.java

```java
package sec06.ex01;

import java.util.ArrayList;
import java.util.List;
import java.util.Map;
import java.util.stream.Collectors;

public class GroupingByTest {
  public static void main(String[] args) {
```

```
        List<Student> studentList = new ArrayList<>();
        studentList.add(new Student("홍길순", 2, 70, Student.FEMALE));
        studentList.add(new Student("이순신", 3, 80, Student.MALE));
        studentList.add(new Student("박세리", 1, 90, Student.FEMALE));
        studentList.add(new Student("손흥민", 2, 100, Student.MALE));
        studentList.add(new Student("김연아", 3, 100, Student.FEMALE));
        studentList.add(new Student("류현진", 1, 78, Student.MALE));
        studentList.add(new Student("차범근", 1, 77, Student.MALE));
```

┌── key는 학년, value는 학년에 해당되는 학생 객체 List가 됩니다.

```
    Map<Integer, List<Student>> stdGroupByGrade = studentList.stream()
                            .collect(Collectors.groupingBy(Student::getGrade));
```
                                    └── 학년별로 분류합니다.

```
    stdGroupByGrade.forEach((k, v)-> {
      v.stream().forEach(s->System.out.println(s.toString()));
    });
```

┌── key는 학년, value는 성별과 학생 리스트가 저장된 Map이 됩니다.

```
    Map<Integer, Map<Integer, List<Student>>> stdGroupByGradeGender = studentList.stream()
                        .collect(Collectors.groupingBy(Student::getGrade,
                            Collectors.groupingBy(Student::getGender)));
```
                                        └── groupingBy() 메서드 매개변수로 성별로 분류한
                                            결과를 전달합니다.

```
    stdGroupByGradeGender.forEach((k, v)-> {
        v.forEach((k1, v1)-> {
          v1.stream().forEach(s->System.out.println(s.toString()));
        });
      });
    }
}
```

[실행결과]

```
박세리, 1, 90, 2
류현진, 1, 78, 1
차범근, 1, 77, 1
홍길순, 2, 70, 2
손흥민, 2, 100, 1
이순신, 3, 80, 1
김연아, 3, 100, 2


┌─────────────────────────────┐
│ 류현진, 1, 78, 1             │
│ 차범근, 1, 77, 1             │
└─────────────────────────────┘
```

```
박세리, 1, 90, 2
손흥민, 2, 100, 1
홍길순, 2, 70, 2                           ──────── 학년별로 분류 후, 다시 성별로 분류합니다.
이순신, 3, 80, 1
김연아, 3, 100, 2
```

5.7 그루핑 매핑 및 집계 메서드

스트림 데이터를 그루핑한 후, 각각의 그루핑 데이터에 대해서 여러 가지 집계나 매핑 기능을 제공합니다.

다음은 성별로 그루핑한 학생들의 시험 평균과 학생 수를 구하는 예제입니다. 그루핑 평균과 개수를 구하는 메서드 외에 다른 메서드도 제공하는 API 문서를 참고하세요.

[직접 코딩해 보기] 그루핑 데이터에 집계 메서드 사용하기

ch26/sec06/ex01/GroupingByTest.java

```java
package sec06.ex02;

import java.util.ArrayList;
import java.util.List;
import java.util.Map;
import java.util.stream.Collectors;

public class GroupingReductionTest {
  public static void main(String[] args) {
    List<Student> studentList = new ArrayList<>();
    studentList.add(new Student("홍길순", 2, 70, Student.FEMALE));
    studentList.add(new Student("이순신", 3, 80, Student.MALE));
    studentList.add(new Student("박세리", 1, 90, Student.FEMALE));
    studentList.add(new Student("손흥민", 2, 100, Student.MALE));
    studentList.add(new Student("김연아", 3, 100, Student.FEMALE));
    studentList.add(new Student("류현진", 1, 78, Student.MALE));
    studentList.add(new Student("차범근", 1, 77, Student.MALE));

    Map<Integer, Double> mapByGender1 = studentList.stream()
                            .collect(
                              Collectors.groupingBy(
                                Student::getGender,
                                Collectors.averagingDouble(Student::getScore)
    ));
```
그루핑한 남학생 평균과 여학생 평균을 얻습니다. ─────┘

```
        double maleAvg = mapByGender1.get(Student.MALE);
        System.out.printf("남학생 평균: %.1f\n", maleAvg);
        double femaleAvg = mapByGender1.get(Student.FEMALE);
        System.out.printf("여학생 평균: %.1f\n", femaleAvg);

        Map<Integer, Long> mapByGender2 = studentList.stream()
                                    .collect(
                                        Collectors.groupingBy(
                                            Student::getGender,
                                        Collectors.counting()
        ));                                    └──── 그루핑한 남학생 수와 여학생 수를 얻습니다.

        long maleCnt = mapByGender2.get(Student.MALE);
        System.out.println("남학생 수: " + maleCnt);

        long femaleCnt = mapByGender2.get(Student.FEMALE);
        System.out.println("여학생 수: " + femaleCnt);
    }
}
```

[실행결과]

```
남학생 평균: 83.8
여학생 평균: 86.7


남학생 수: 4
여학생 수: 3
```

연습 문제

1 _ 다음과 같이 과일 이름 중 문자 'a'로 시작하는 과일 이름만 출력하도록 코드를 작성해 주세요.

소스 코드: FruitTest.java

```
1   package sec08.ex01;
2
3   import java.util.Arrays;
4   import java.util.List;
5
6   public class FruitTest {
7     public static void main(String[] args) {
8       List<String> fruitList = Arrays.asList("apple","banana","apple","mango",
9                                               "strawberry","banana", "mango");
10      fruitList.stream()
11              //이곳에 구현해 주세요.
12                .forEach(a->System.out.println(a));
13
14    }
15  }
```

[실행결과]

```
apple
```

2 _ 다음과 같이 사원들의 평균 임금을 출력하는 코드를 구현해 보세요.

소스 코드: StreamTest.java

```
1   package sec08.ex02;
2
3   import java.util.Arrays;
4   import java.util.List;
5
6   public class StreamTest {
7     public static void main(String[] args) {
8       List<Employee> empList = Arrays.asList(
9         new Employee("홍길동", 30, "총무부", 2000000),
10        new Employee("이순신", 32, "회계부", 3000000),
11        new Employee("박지성", 40, "인사부", 4000000),
12        new Employee("손흥민", 26, "개발부", 2400000),
13        new Employee("차범근", 28, "회계부", 2700000),
14        new Employee("박찬호", 40, "인사부", 5000000)
15      );
16
17      double avgSalary = empList.stream()
18        //이곳에 구현해 주세요.
19
20      System.out.println("평균 임금: " + avgSalary);
21    }
22  }
```

[실행결과]

평균 임금: 2820000.0

3 _ 다음과 같이 회계부 직원의 정보를 출력해 보세요.

소스 코드: StreamTest.java

```
1   package sec08.ex03;
2
3   import java.util.Arrays;
4   import java.util.List;
5   import java.util.stream.Collectors;
6
7   public class StreamTest {
8     public static void main(String[] args) {
9       List<Employee> empList = Arrays.asList(
10          new Employee("홍길동", 30, "총무부", 2000000),
11          new Employee("이순신", 32, "회계부", 3000000),
12          new Employee("박지성", 40, "인사부", 4000000),
13          new Employee("손흥민", 26, "개발부", 2400000),
14          new Employee("차범근", 28, "회계부", 2700000),
15          new Employee("박찬호", 40, "인사부", 5000000)
16      );
17
18      List<Employee> list = empList.stream()
19      //이곳에 구현해 주세요.
20
21      list.forEach(s->System.out.println(s.toString()));
22    }
23  }
```

[실행결과]

```
이순신, 32, 회계부, 3000000
차범근, 28, 회계부, 2700000
```

4 _ 다음과 같이 부서별로 회원 정보를 출력해 보세요.

소스 코드: StreamTest.java

```
1   package sec08.ex04;
2
3   import java.util.Arrays;
4   import java.util.List;
5   import java.util.Map;
6   import java.util.stream.Collectors;
7
8   public class StreamTest {
9     public static void main(String[] args) {
10      List<Employee> empList = Arrays.asList(
11        new Employee("홍길동", 30, "총무부", 2000000),
12        new Employee("이순신", 32, "회계부", 3000000),
13        new Employee("박지성", 40, "인사부", 4000000),
14        new Employee("손흥민", 26, "개발부", 2400000),
15        new Employee("차범근", 28, "회계부", 2700000),
16        new Employee("박찬호", 40, "인사부", 5000000)
17      );
18
19      //이곳에 구현해 주세요.
20
21    }
22  }
```

[실행결과]

```
홍길동, 30, 총무부, 2000000
이순신, 32, 회계부, 3000000
차범근, 28, 회계부, 2700000
박지성, 40, 인사부, 4000000
박찬호, 40, 인사부, 5000000
손흥민, 26, 개발부, 2400000
```

27장

스레드 심화

> 시작 전 가볍게 읽기 <

현재의 컴퓨터는 여러 개의 CPU를 가지고 있는 경우가
대부분입니다. 멀티 코어 환경에서 스레드를
사용하는 방법을 알아보겠습니다.

1 스레드 그룹

프로그램 실행 시 여러 개의 스레드가 동시에 실행되어서 기능을 수행합니다. 각각의 기능에 관련된 스레드를 스레드 그룹으로 묶어서 관리하면 편리합니다. 다음은 스레드가 소속된 스레드 그룹을 얻는 코드입니다.

```
ThreadGroup group = Thread.currentThread().getThreadGroup();
String groupName = group.getName();
```

다음은 사용자 정의 스레드를 실행 해서 스레드가 속한 스레드 그룹 정보를 출력하는 예입니다.

[직접 코딩해 보기] TestThread 클래스

ch27/sec01/ex01/TestThread.java

```java
package sec01.ex01;

public class TestThread extends Thread {
  @Override
  public void run() {
    while (true) {
      try {Thread.sleep(1000);} catch (InterruptedException e){}
    }
  }
}
```

Thread 클래스의 정적 메서드인 getAllStackTraces() 메서드를 이용해서 스레드 정보와 스레드 소속 그룹 이름을 얻을 수 있습니다. 자바 프로그램 실행 시 JVM은 실행에 필요한 스레드를 system 스레드에 포함시킵니다. 그리고 이 system 하위 스레드 그룹으로 main 스레드 그룹을 생성한 후, main 스레드를 포함시킵니다. 사용자 생성 스레드를 명시적으로 스레드 그룹을 지정하지 않으면 main 스레드 그룹에 포함됩니다. 실행 클래스에서 생성한 TestThread는 main 스레드 그룹에 속합니다.

[직접 코딩해 보기] 실행 클래스

ch27/sec01/ex01/ThreadGroupTest1.java

```java
package sec01.ex01;

import java.util.Map;
import java.util.Set;

public class ThreadGroupTest1 {
  public static void main(String[] args) {
    TestThread testThread = new TestThread();
    testThread.setName("testThread");
    testThread.setDaemon(true);
    testThread.start(); _____ 사용자 정의 스레드를 실행합니다.

    Map<Thread, StackTraceElement[]> map = Thread.getAllStackTraces(); _____ 모든 스레드 정보를
    Set<Thread> threads = map.keySet();                                          얻습니다.
    for(Thread t : threads) {
      System.out.println("스레드 이름: " + t.getName());
      System.out.println("소속 그룹: " + t.getThreadGroup().getName());
      System.out.println();
    }
  }
}
```

[실행결과]

```
스레드 이름: Finalizer
소속 그룹: system

스레드 이름: Notification Thread
소속 그룹: system
```

```
스레드 이름: testThread
소속 그룹: main
```
— main 스레드 그룹에 속합니다.

1.1 스레드 그룹 생성

다음은 명시적으로 스레드 그룹을 만드는 코드입니다.

```java
ThreadGroup tg = new ThreadGroup(String name);
ThreadGroup tg = new ThreadGroup(ThreadGroup parent, String name);
```

스레드 그룹 생성 시 부모 스레드 그룹을 지정하지 않으면 현재 스레드가 속한 스레드 그룹의 하위 그룹으로 생성됩니다. 예를 들어 main 스레드에서 새로운 스레드 그룹을 생성하면 이 스레드 그룹은 main 스레드 그룹의 하위 그룹이 됩니다.

스레드 그룹을 생성하여 스레드를 포함시켜서 사용하면 스레드가 많은 경우 일일이 스레드마다 작업하지 않고 스레드 그룹에만 작업하면 포함된 스레드에 일괄적으로 작업을 적용시킬 수 있습니다.

다음은 특정 스레드 그룹에 스레드를 포함시키는 코드입니다. 스레드 객체 생성 시 생성자에 포함될 스레드 그룹을 지정해 줍니다.

```
Thread t = new Thread (ThreadGroup group, String threadName);
```

다음은 사용자가 생성한 스레드를 스레드 그룹에 포함시킨 후, 스레드 그룹에 interrupt() 메서드를 호출해서 포함된 스레드들에게 일괄적으로 interruptException 예외를 처리하는 예제입니다.

[직접 코딩해 보기] TestThread 클래스

ch27/sec01/ex02/TestThread.java

```java
package sec01.ex02;

public class TestThread extends Thread {
  public TestThread(ThreadGroup threadGroup, String threadName) {
    super(threadGroup, threadName); _____ 스레드 그룹과 이름을 설정합니다.
  }

  @Override
  public void run() {
    while (true) {
      try {
       Thread.sleep(1000);
      } catch (InterruptedException e) {                    InterruptedException 발생 시
        System.out.println(getName()+ " 스레드 인터럽트 발생");   스레드를 종료합니다.
        break;
      }
    }
    System.out.println(getName() + " 종료");
  }
}
```

다음 예제에서는 사용자 정의 스레드 생성 시 포함될 스레드 그룹을 지정해서 스레드를 생성합니다. 스레드 그룹에 interrupt() 메서드를 호출하면 소속된 스레드에 InterruptedException 이 발생합니다. 반면에 main 스레드는 myThreadGroup에 속하지 않으므로 5초 후 정상 종료됩니다.

[직접 코딩해 보기] 실행 클래스

ch27/sec01/ex02/ThreadGroupTest2.java

```java
package sec01.ex02;

import java.util.Map;
import java.util.Set;

public class ThreadGroupTest2 {
  public static void main(String[] args) {
    ThreadGroup myThreadGroup = new ThreadGroup("myThreadGroup");       ·········· 스레드 그룹을 생성합니다.
    TestThread testThread1 = new TestThread(myThreadGroup, "testThread1");
    TestThread testThread2 = new TestThread(myThreadGroup, "testThread2");
                                                                        스레드 생성 시 포함될
                                                                        스레드 그룹을 지정합니다.
    testThread1.start();
    testThread2.start();

    System.out.println("[main 스레드 그룹]");
    ThreadGroup mainGroup = Thread.currentThread().getThreadGroup();   ········· 현재 실행 중인 스레드의
    mainGroup.list();                                                           소속 스레드를 얻습니다.

    try{Thread.sleep(2000);}catch (InterruptedException e){}

    myThreadGroup.interrupt();  _____ main 스레드 그룹의 하위 스레드 그룹에 인터럽트를 호출합니다.
    System.out.println();

    try {Thread.sleep(5000);} catch (InterruptedException e) {}

    System.out.println("5초 후 main 종료");
  }
}
```

[실행결과]

```
[main 스레드 그룹]
java.lang.ThreadGroup[name=main,maxpri=10]
    Thread[main,5,main]
    java.lang.ThreadGroup[name=myThreadGroup,maxpri=10]
        Thread[testThread1,5,myThreadGroup]
        Thread[testThread2,5,myThreadGroup]
```

```
testThread2 스레드 인터럽트 발생
testThread1 스레드 인터럽트 발생
testThread2 종료
testThread1 종료


5초 후 main 종료
```

main 스레드 그룹의 하위 그룹에 interrupt() 메서드가
호출 되므로 main 스레드 그룹에 속한 main 스레드는
InterruptedException이 호출되지 않습니다.

2 스레드풀

서버 프로그램 같은 경우 사용자에게서 동시에 요청이 들어오면 각각의 스레드를 생성해서 요청을 처리합니다. 그러나 갑작스럽게 사용자가 몰리는 경우 스레드 수를 늘려서 서비스를 처리하면 CPU가 사용하는 메모리 사용량이 늘어나서 되레 성능 저하를 초래합니다. 이럴 때 스레드풀을 이용하면 사용자의 요청이 늘어나더라도 스레드 수는 일정하게 관리할 수 있습니다.

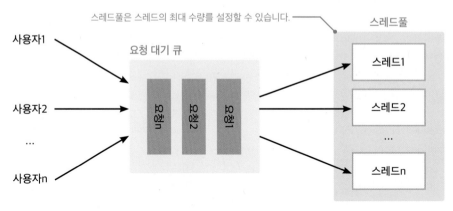

그림27-1 스레드풀을 이용한 사용자 요청 처리 과정

스레드풀은 ExecutorService 인터페이스를 구현한 클래스인 Executors 클래스의 메서드를 호출해서 생성할 수 있습니다.

메서드	초기 스레드 수	코어 스레드 수	최대 스레드 수
newCachedThreadPool()	0	0	Integer.MAX_VALUE
newFixedThreadPool(int nThreads)	0	nThreads	nThreads

표27-1 스레드풀 생성 메서드

● 초기 스레드 수: 스레드풀 객체가 생성될 때 기본적으로 생성되는 스레드 수

- 코어 스레드 수: 스레드풀에서 유지하는 최소한의 스레드 수
- 최대 스레드 수: 최대 생성 가능한 스레드 수

3 톰캣의 스레드풀 구조

스레드풀 기능이 많이 사용되는 분야는 톰캣과 같은 웹 서버입니다. 웹 서버는 동시에 여러 사용자의 요청을 처리해야 하므로 스레드풀 기능을 사용해서 사용자의 요청을 동시에 처리합니다.

톰캣 웹 서버가 어떻게 스레드풀을 이용해서 사용자 요청을 처리하는지 간단하게 알아보겠습니다. 다음은 톰캣에서 스레드풀을 이용해서 요청 처리 전 요청을 저장하는 큐의 기능입니다.

- maxConnections: 톰캣이 최대로 동시에 처리할 수 있는 커넥션을 저장하는 큐
- acceptCount: maxConnections 이상의 요청이 들어왔을 때 요청이 대기하는 대기열의 큐

톰캣이 서버에서 실행하면서 사용자의 요청이 들어오면 각 요청을 maxConnections 큐에 저장 후, 각각의 요청을 처리할 스레드를 스레드풀에 생성해서 요청을 처리합니다. 톰캣이 스레드풀에 유지해야 하는 최소 스레드 수는 10개입니다. 그리고 최대한 생성할 수 있는 스레드 수인 maxThreads는 200개까지 가능합니다.

일반적으로 스레드는 서버에 부담을 주므로 톰캣은 동적으로 스레드풀의 스레드 수를 조절해서 작업을 수행합니다. 즉, 사용자의 요청이 많아지면 스레드풀의 스레드 수를 늘리고, 사용자 요청이 적으면 스레드풀의 스레드 수를 줄여서 작업을 수행합니다.

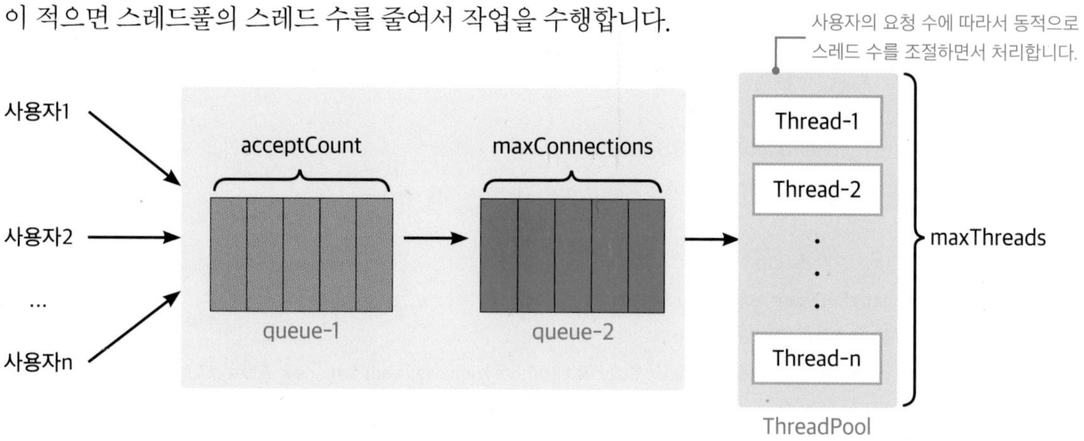

그림27-2 톰캣의 큐와 스레드풀 구조

4 스레드풀을 이용해서 다중 채팅 프로그램 구현하기

스레드풀을 이용해서 다중 채팅 프로그램을 구현해 보겠습니다. 서버는 클라이언트의 접속 요청을 받으면 Client 객체를 생성해서 동기화된 ArrayList에 저장됩니다.

클라이언트로부터 메시지가 수신되면 스레드풀의 스레드를 이용해서 메시지를 전송합니다. 이 때 ExecutorService와 Executor 클래스의 submit()와 execute() 메서드를 이용합니다.

메서드	설명
Future<T> submit(Runnable task)	스레드풀의 스레드들의 작업 처리 후 처리 결과를 리턴합니다.
void execute(Runnable command)	스레드풀의 스레드들의 작업 처리 후 처리 결과를 리턴하지 않습니다.

표27-2 ExecutorService와 Executor의 메서드

[직접 코딩해 보기] 스레드풀을 이용한 서버 클래스

ch27/sec02/ex01/ThreadPoolChatServerTest.java

```
package sec02.ex01;

import java.io.IOException;
import java.io.InputStream;
import java.io.OutputStream;
import java.net.InetSocketAddress;
import java.net.ServerSocket;
import java.net.Socket;
import java.util.ArrayList;
import java.util.Collections;
import java.util.Iterator;
import java.util.List;
import java.util.concurrent.ExecutorService;
import java.util.concurrent.Executors;

public class ThreadPoolChatServerTest {
    static ExecutorService executorService; //스레드풀
    static ServerSocket serverSocket;
    static List<Client> connections = Collections.synchronizedList(new ArrayList<Client>()); 

    static void startServer() { //서버 시작 시 호출
```

ArrayList를 동기화 객체로 생성합니다.

```java
//스레드풀 생성
executorService = Executors.newFixedThreadPool(Runtime.getRuntime().availableProcessors());
```
                                              ⌐------ PC의 코어 개수로 코어 스레드의 개수를 설정합니다.

```java
//서버 소켓 생성 및 바인딩
try {
  serverSocket = new ServerSocket();
  serverSocket.bind(new InetSocketAddress("localhost", 8888));
} catch (Exception e) {
  if (!serverSocket.isClosed()) {
    stopServer();
  }
  return;
}


//수락 작업 생성
Runnable runnable = new Runnable() {
  @Override
  public void run() {
    System.out.println("[서버 시작]");
    while (true) {
      try {
        //연결 수락
        Socket socket = serverSocket.accept();
        System.out.println("[연결 수락: " + socket.getRemoteSocketAddress() + ": "
                                       + Thread.currentThread().getName() + "]");
        //접속명 수신
        byte[] byteArr = new byte[100];
        InputStream inputStream = socket.getInputStream();
        int readByteCount = inputStream.read(byteArr);
        String nickName = new String(byteArr, 0, readByteCount, "UTF-8");
        System.out.println("접속명: " + nickName);

        //클라이언트 접속 요청 시 Client 객체 ArrayList에 저장
        Client client = new Client(socket, nickName);
        connections.add(client);
        System.out.println("[연결 개수: " + connections.size() + "]");
      } catch (Exception e) {
        if (!serverSocket.isClosed()) {
          stopServer();
        }
        break;
      }
    } /end While
  }
```

```java
      };

      //스레드풀에서 처리
      executorService.submit(runnable); ----------------- 스레드풀의 스레드 작업 후, 처리 결과를 리턴하지 않습니다.
   }

   static void stopServer() { //서버 종료 시 호출
      try {
         //모든 소켓 닫기
         Iterator<Client> iterator = connections.iterator();
         while (iterator.hasNext()) {
            Client client = iterator.next();
            client.socket.close();
            iterator.remove();
         }
         //서버 소켓 닫기
         if (serverSocket != null && !serverSocket.isClosed()) {
            serverSocket.close();
         }
         //스레드풀 종료
         if (executorService != null && !executorService.isShutdown()) {
            executorService.shutdown();
         }
         System.out.println("[서버 멈춤]");
      } catch (Exception e) {}
   }

   static class Client {
      Socket socket;

      Client(Socket socket, String nickName) {
         this.socket = socket;
         send(nickName+"님! 접속을 환영합니다.");
         receive();
      }

      void receive() {
         //메시지 수신 스레드 생성
         Runnable runnable = new Runnable() {
            @Override
            public void run() {
               try {
                  while (true) {
                     byte[] byteArr = new byte[100];
```

```java
        InputStream inputStream = socket.getInputStream();

        //메시지 수신
        int readByteCount = inputStream.read(byteArr);

        //클라이언트가 정상적으로 Socket의 close()를 호출했을 경우
        if (readByteCount == -1) {
          throw new IOException();
        }

        System.out.println("[요청 처리: " + socket.getRemoteSocketAddress() + ": "
                            + Thread.currentThread().getName() + "]");

        //문자열로 변환
        String data = new String(byteArr, 0, readByteCount, "UTF-8");

        //클라이언트가 stop server라고 보내오면 서버 종료
        if (data.equals("stop server")) {
          stopServer();
        }

        //모든 클라이언트에게 메시지 전송
        for (Client client : connections) {
          client.send(data);
        }
      }
    } catch (Exception e) {
      try {
        connections.remove(Client.this);
        System.out.println("[클라이언트 통신 안됨: " + socket.getRemoteSocketAddress() + ": "
                            + Thread.currentThread().getName() + "]");
        socket.close();
      } catch (IOException e2) {}
    }
  }
};

//스레드풀에서 처리
executorService.submit(runnable);
}

void send(String data) {
  // 메시지 송신 스레드 생성
  Runnable runnable = new Runnable() {
```

```java
        @Override
        public void run() {
          try {
            //클라이언트로 메시지 전송
            byte[] byteArr = data.getBytes("UTF-8");
            OutputStream outputStream = socket.getOutputStream();
            //메시지 전송
            outputStream.write(byteArr);
            outputStream.flush();
          } catch (Exception e) {
            try {
              System.out.println("[클라이언트 통신 안됨: " + socket.getRemoteSocketAddress() + ": "
                                              + Thread.currentThread().getName() + "]");
              connections.remove(Client.this);
              socket.close();
            } catch (IOException e2) {}
          }
        }
      };
      //스레드풀에서 처리
      executorService.submit(runnable);
    }
  }

  public static void main(String[] args) {
    startServer();
  }
}
```

클라이언트는 접속 요청 후, 메시지를 입력하여 다시 서버에서 메시지를 받아 콘솔로 출력합니다.

[직접 코딩해 보기] 클라이언트 클래스

ch27/sec02/ex01/ThreadPoolChatClientTest.java

```java
package sec02.ex01;

import java.io.IOException;
import java.io.InputStream;
import java.io.OutputStream;
import java.net.InetSocketAddress;
import java.net.Socket;
import java.util.Scanner;
```

```
public class ThreadPoolChatClientTest {
  static Socket socket;
  static String nickName ;    //대화명

  static void startClient(String nickName) {
    //스레드 생성
    Thread thread = new Thread() {
      @Override
      public void run() {
        try {
          //소켓 생성 및 연결 요청
          socket = new Socket("localhost", 8888);
          send(nickName); _____ 소켓으로 연결 후, 입력한 대화명을 전송합니다.
        } catch (Exception e) {
          System.out.println("[서버 통신 안됨]");
          if (!socket.isClosed()) {
            stopClient();
          }
          return;
        }

        //서버에서 보낸 메시지 받기
        receive();
      }
    };
    //스레드 시작
    thread.start();
  }

  static void stopClient() {
    try {
      System.out.println("[연결 끊음]");
      //연결 끊기
      if (socket != null && !socket.isClosed()) {
        socket.close();
      }
    } catch (IOException e) {}
  }

  static void receive() {
    while (true) {
      try {
        byte[] byteArr = new byte[100];
        InputStream inputStream = socket.getInputStream();
```

```java
            //메시지 수신
            int readByteCount = inputStream.read(byteArr);

            //서버가 정상적으로 Socket의 close()를 호출했을 경우
            if (readByteCount == -1) {
              throw new IOException();
            }

            //바이트 데이터를 문자열로 변환
            String message = new String(byteArr, 0, readByteCount, "UTF-8");
            System.out.println(message);
          } catch (Exception e) {
            System.out.println("[서버 통신 안됨]");
            stopClient();
            break;
          }
        }
      }
    }

    static void send(String data) {
      //스레드 생성
      Thread thread = new Thread() {
        @Override
        public void run() {
          try {
            //서버로 메시지 전송
            byte[] byteArr = data.getBytes("UTF-8");
            OutputStream outputStream = socket.getOutputStream();
            //메시지 전송
            outputStream.write(byteArr);
            outputStream.flush();
          } catch (Exception e) {
            System.out.println("[서버 통신 안됨]");
            stopClient();
          }
        }
      };
      thread.start();
    }

    public static void main(String[] args) {
      Scanner sc = new Scanner(System.in);
      System.out.println("대화명을 입력하세요.");
      nickName = sc.nextLine();
```

```
      startClient(nickName);

    while (true) {
      String message = sc.nextLine();
      //exit 입력하면 해당 클라이언트 종료
      if (message.equals("exit"))
        break;
      send(nickName + ": "+ message);
    }
    stopClient();
  }
}
```

[실행결과]

스레드풀을 이용해서 채팅 서버 구현 시, 클라이언트가 갑자기 늘어나더라도 스레드 개수를 일정하게 유지할 수 있으므로 메모리나 CPU를 효율적으로 사용할 수 있습니다.

5 병렬 처리

현재 컴퓨터 작업은 한 개의 CPU가 수행하는 경우는 거의 없습니다. CPU 내에 여러 개의 코어(멀티 코어)가 각자 병렬적으로 연산을 수행합니다. 따라서 스트림에서도 대량의 데이터나 연산을 병렬 처리하는 기능을 지원하고 있습니다.

5.1 동시성과 병렬성

한 개의 CPU(싱글 코어)에서 여러 작업(멀티 스레드)을 수행하는 것을 **동시성**(Concurrency)이라고 합니다. 최근에는 CPU에 여러 개의 연산 장치(멀티 코어)가 내장되어 있어서 각각의 코어가 각각의 작업을 수행하는 것을 **병렬성(Parallelism)**이라고 합니다.

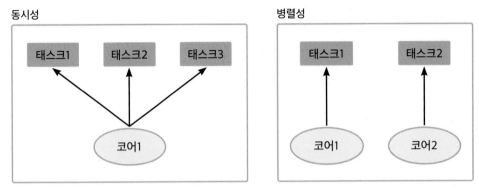

그림27-3 동시성과 병렬성

5.2 스트림 데이터 병렬 처리 과정

다음은 각각의 코어가 스트림 데이터를 분할해서 병렬 처리한 결과를 합쳐서 출력하는 과정입니다. 인공 지능처럼 대량의 데이터를 처리해야 하는 경우 각각의 코어가 데이터를 분할해서 병렬 처리한 후, 결과를 합쳐서 출력하는데 사용할 수 있습니다.

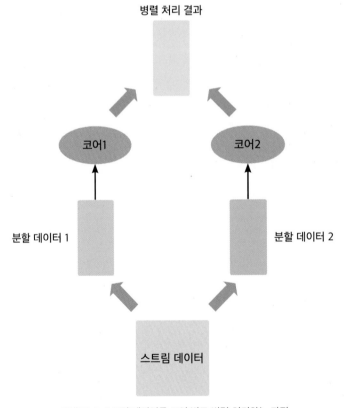

그림27-4 스트림 데이터를 코어 별로 병렬 처리하는 과정

다음은 스트림의 요소들을 오름차순으로 정렬해서 출력하는 예제입니다. Stream 클래스의 parallel() 메서드를 호출하면 요소들의 출력을 여러 개의 코어가 병렬로 수행하므로 요소들의 값이 정렬되어 출력되지 않습니다. List나 Set 컬렉션에서는 parallelStream() 메서드로 병렬 처리를 수행할 수 있습니다.

[직접 코딩해 보기] parallel() 메서드로 스트림 병렬로 실행하기

ch27/sec03/ex01/ParallelTest.java

```java
package sec03.ex01;

import java.util.Random;
import java.util.stream.IntStream;

public class ParallelTest {
  public static void main(String[] args) {
    int cores = Runtime.getRuntime().availableProcessors(); ──────────── 실행되는 CPU의 코어 개수를
    System.out.println("코어 개수: " + cores);                                          얻습니다.

    IntStream intStream1 = new Random().ints(1, 5000).limit(10).sorted();
    intStream1.forEach( s -> {
      Thread thread = Thread.currentThread();
      System.out.println(s +" - " + thread.getName());       ───── 싱글 코어가 스트림의 데이터를 출력합니다.
    });

    IntStream intStream2 = new Random().ints(1, 5000).limit(100).sorted();
    intStream2.parallel().forEach( s -> {
      Thread thread = Thread.currentThread();                 ───── 멀티 코어가 병렬로 스트림의 데이터를
      System.out.println(s +" - " + thread.getName());              출력합니다.
    });
  }
}
```

[실행결과]

```
코어 개수: 4

817 - main
1086 - main
1240 - main
1594 - main    ────────── 싱글 코어가 스트림의 데이터를 출력합니다.
2490 - main
2982 - main
3341 - main
```

```
4043 - main
4566 - main
4663 - main
```

```
3115 - main
3158 - main
269 - ForkJoinPool.commonPool-worker-2
446 - ForkJoinPool.commonPool-worker-2
480 - ForkJoinPool.commonPool-worker-2
......
```

4개의 코어가 스트림의 데이터를 병렬로 출력하므로
정렬되어서 출력되지 않습니다.

다음은 1에서 100000000까지의 정수를 스트림으로 얻은 후, 싱글 코어와 멀티 코어를 이용해서
평균을 구하는 예제입니다. 병렬 처리 시 훨씬 빠르게 평균을 구할 수 있습니다.

[직접 코딩해 보기] 병렬 처리로 평균 구하기

ch27/sec04/ex01/ParallelTest2.java

```java
package sec04.ex01;

import java.util.stream.IntStream;

public class ParallelTest {
  public static void main(String[] args) {
    double avg = 0.0;
    long startTime = 0;
    long endTime = 0;
    long workTime = 0;
```
1에서 100000000까지의 정수를 스트림으로 얻습니다.
```java
    IntStream intStream1 = new Random().ints(1, 100000000).limit(100000000).sorted();
    IntStream intStream2 = new Random().ints(1, 100000000).limit(100000000).sorted();


    startTime = System.currentTimeMillis();
    avg = intStream1.average().getAsDouble();
```
싱글 코어로 스트림의 평균을 구합니다.
```java
    endTime = System.currentTimeMillis();
    workTime = endTime - startTime;
    System.out.println("intStream1 평균: " + avg+", 작업 시간: " + workTime +"ms" );

    startTime = System.currentTimeMillis();
    avg = intStream2.parallel().average().getAsDouble();
```
멀티 코어로 스트림의 평균을 구합니다.
```java
    endTime = System.currentTimeMillis();
    workTime = endTime - startTime;
    System.out.println("intStream2 평균: " + avg+", 작업 시간: " + workTime +"ms" );
```

```
    }
}
```

[실행결과]

---

intStream1 평균: 5.000083855576305E7, 작업 시간: 21335ms

intStream2 평균: 4.999875786448635E7, 작업 시간: 14674ms

연습 문제

1 _ 스레드 그룹과 스레드풀에 관한 설명입니다. 맞는 것은 O표, 틀린 것은 X표 하세요.

- 스레드 생성 시 스레드 그룹을 지정하지 않으면 main 스레드 그룹에 포함됩니다. (   )

- 자바 프로그램을 실행하면 JVM은 system 스레드 그룹과 main 스레드 그룹을 자동으로 생성합니다. (   )

- 스레드 그룹에 interrupt() 메서드를 호출하면 상위 스레드 그룹의 스레드에서 InterruptedException이 발생합니다. (   )

- 스레드풀을 사용하면 사용자의 요청이 많아져도 스레드의 생성을 제한할 수 있습니다. (   )

28장

NIO

〉 시작 전 가볍게 읽기 〈

자바 입출력 작업 시 IO 스트림은 블로킹,
스트림 중심의 설계로 단순한 사용 사례에 적합하며
NIO는 논블로킹, 채널 및 버퍼 중심의 설계로
복잡한, 고성능의 작업에 더 적합합니다.

1 NIO의 특징

JDK1.4에서는 I/O 기능을 향상시킨 New I/O(이하 NIO) 기능을 도입했습니다.

1.1 NIO의 특징

NIO 기능은 java.nio 패키지와 하위 패키지에서 제공합니다.

패키지명	설명
java.nio	자바 기본 데이터 타입에 대한 버퍼 클래스들을 제공합니다.
java.nio.channels	채널과 셀렉터를 제공합니다.
java.nio.charset	문자 세트 인코딩과 디코딩 기능을 제공합니다.

표28-1 java.nio 패키지와 주요 하위 패키지

NIO의 특징

- 기존의 I/O는 스트림을 기반으로 입출력 작업을 수행했습니다. 따라서 입출력 시 별도의 입출력 스트림 클래스들을 생성해서 동작합니다. 그러나 NIO는 채널(Channel) 방식으로 동작하므로, 입출력을 하나의 채널을 이용해서 동시에 수행할 수 있습니다.

- I/O 작업 시 빠른 입출력을 위해서 버퍼 기능을 하는 BufferedInputStream이나 BufferedOutputStream과 같은 필터 스트림을 사용했습니다. 그러나 NIO는 기본적으로 버퍼 기능이 내장되어 있어서 훨씬 빠르게 입출력 작업을 수행합니다.

- I/O를 이용해서 데이터를 입출력하기 위해서 read()나 write() 메서드를 호출하면 입출력 담당 스레드가 블로킹(대기 상태)가 됩니다. 따라서 프로그램의 다른 스레드는 입출력 담당 스레드가 작업 종료하기 전에는 아무 일도 할 수 없습니다. 그러나 NIO에서는 블로킹 중인 스레드에 인터럽트를 발생시켜 언제든지 논블로킹 상태를 만들 수 있습니다.

2 버퍼

NIO는 버퍼를 통해서 입출력 작업을 수행합니다.

java.nio 패키지에는 boolean 타입을 제외한 기본 데이터 타입을 다루는 버퍼들이 제공됩니다.
MappedByteBuffer는 ByteBuffer 클래스의 하위 클래스로 파일의 내용에 랜덤하게 접근하기
위해서 제공하는 버퍼입니다.

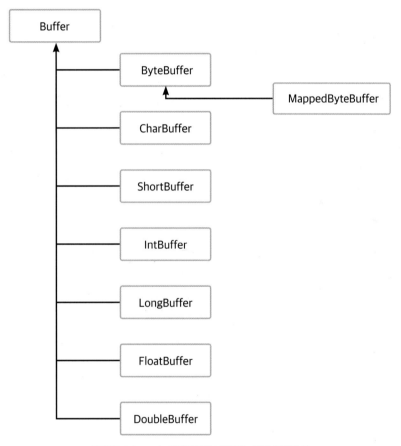

그림28-1 java.nio 패키지에서 제공하는 버퍼 클래스들

버퍼는 버퍼 생성 위치에 따라서 다시 논다이렉트와 다이렉트 버퍼로 나눌 수 있습니다. 버퍼가
JVM이 관리하는 힙 메모리에 생성되면 **논다이렉트 버퍼**라고 합니다.

논다이렉트 버퍼는 JVM이 관리하므로 프로그램에서 **빠르게** 접근할 수 있습니다. 그러나 버퍼의 용량이 크기가 작으므로 대량의 데이터를 처리하기에는 불편합니다.

운영체제가 관리하는 메모리에 생성되는 버퍼는 **다이렉트 버퍼**입니다. 다이렉트 버퍼는 대량의 데이터를 처리할 때 사용하면 편리합니다.

2.1 버퍼 생성하기

메모리에 버퍼를 생성하기 위해서는 allocate() 메서드를 호출하면 됩니다. 다이렉트 버퍼를 사용할 경우에는 allocateDirect() 메서드를 호출하면 됩니다. 다음은 allocate() 메서드로 최대 100개의 바이트 데이터와 int 데이터를 저장하는 버퍼를 생성하는 코드입니다.

```
ByteBuffer byteBuffer = ByteBuffer.allocate(100);
Intbuffer intBuffer = IntBuffer.allocate(100);
```

2.2 버퍼의 구성 요소

버퍼는 메모리에 생성되면 크기는 절대 변경할 수 없습니다. 버퍼는 다음의 속성들을 이용해서 데이터를 관리합니다.

속성	설명
capacity	버퍼가 사용할 수 있는 최대 용량을 의미합니다. 버퍼 용량은 한번 정해지면 절대 변경할 수 없습니다.
limit	버퍼에서 읽거나 쓸 수 있는 위치의 한계를 의미합니다. 이 값은 capacity 값보다 적거나 같습니다.
position	현재 읽거나 쓸 수 있는 버퍼의 위치값을 의미합니다. position의 값이 limit의 값과 같으면 더 이상 읽거나 쓸 수 없습니다.
mark	mark() 메서드로 현재의 버퍼의 position을 표시할 수 있습니다.

표28-2 버퍼의 구성 요소

처음 버퍼를 생성하면 position의 값은 0이 되며, limit는 capacity의 값과 같습니다. 다음은 capacity가 5인 버퍼를 생성한 상태입니다.

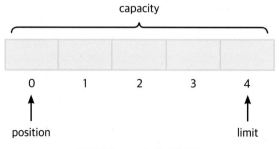

그림28-2 capacity가 5인 버퍼

버퍼의 속성은 다음의 대소 관계를 가집니다.

```
0 < mark < posisition < limit < capacity
```

2.3 버퍼의 동작 원리

버퍼에서 이루어지는 작업은 크게 get, put, clear, rewind, flip으로 이루어집니다. 다음은 각각의 작업을 담당하는 메서드입니다.

리턴타입	메서드	설명
int	capacity()	버퍼의 용량을 리턴합니다.
Buffer	clear()	버퍼의 데이터는 삭제하지 않은 채 버퍼의 position을 0으로 설정하고 limit를 capacity로 설정한 후 버퍼 객체를 리턴합니다.
	flip()	버퍼의 limit를 현재 position으로 설정한 후, position을 0으로 설정하고 버퍼 객체를 리턴합니다.
boolean	hasRemaining()	버퍼의 현재 position과 limit 사이에 데이터가 있으면 true, 없으면 false를 리턴합니다.
int	limit()	버퍼의 limit를 리턴합니다.
Buffer	mark()	버퍼의 현재 position을 mark로 설정한 버퍼 객체를 리턴합니다.
int	position()	버퍼의 현재 position을 리턴합니다.
Buffer	position(int newPosition)	매개값으로 position을 설정한 버퍼 객체를 리턴합니다.
int	remaining()	버퍼의 현재 position과 limit 사이의 데이터의 수를 리턴합니다.
Buffer	rewind()	버퍼의 position을 0으로 하고, mark를 제거한 버퍼 객체를 리턴합니다.

표28-3 Buffer 클래스의 주요 메서드들

get /put 작업

get/put 작업은 get()과 put() 메서드로 버퍼에 데이터를 읽거나 쓰는 작업을 의미합니다. 이 때 put 계열 메서드로 데이터를 쓰게 되면 자동으로 position의 값은 증가하게 됩니다. poistion의 값은 최대 limit 값만큼 가질 수 있습니다.

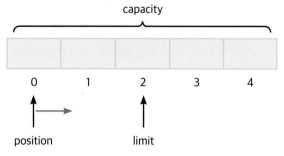

그림28-3 첫 번째 버퍼 요소에 데이터 추가 시 이동하는 position 속성

clear 작업

clear 작업은 clear() 메서드를 이용해서 버퍼에 있는 실제 데이터를 삭제하는 작업이 아니라 position을 0으로 설정하고, limit를 capacity로 설정하는 작업입니다.

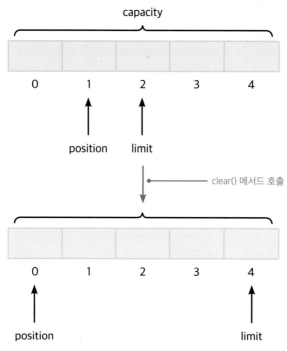

그림28-4 clear() 메서드 호출 후 버퍼 상태

rewind 작업

rewind() 메서드를 이용해서 position을 0으로 설정하고, mark를 제거하는 작업을 수행합니다. 이 메서드를 이용해서 put() 메서드로 추가한 데이터를 모두 취소하고 다시 설정하거나 처음부터 끝까지 읽기 위해서 사용합니다.

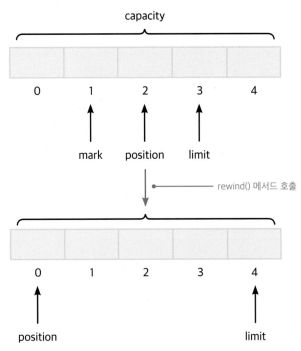

그림28-5 rewind() 메서드 호출 후 버퍼 상태

flip 작업

flip() 메서드를 호출해서 limit를 현재 position으로 설정한 후, position을 0으로 하고 만약 mark를 설정되어 있으면 0으로 초기화합니다. 이 작업은 put() 메서드로 추가한 데이터를 처음부터 position까지 읽을 경우에 사용합니다.

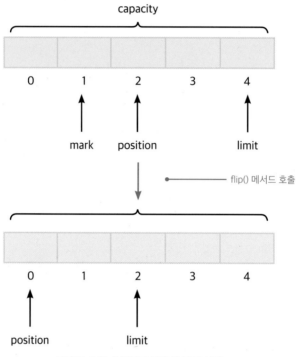

그림28-6 flip() 메서드 호출 시 버퍼 상태

다음은 IntBuffer를 생성한 후 속성과 메서드를 사용하는 예제입니다. put() 메서드를 버퍼에 정수를 추가할 때마다 position의 값이 1씩 증가합니다.

[직접 코딩해 보기] IntBuffer 사용하기

ch28/sec01/ex01/IntBufferTest.java

```
package sec01.ex01;

import java.nio.IntBuffer;

public class IntBufferTest {
  public static void main(String[] args) {
    int position = 0;
    IntBuffer intBuffer = IntBuffer.allocate(5); _____ 5개의 정수를 저장하는 버퍼를 생성합니다.
    System.out.println("position: " + intBuffer.position() +" limit: " + intBuffer.limit()) ;
```

```java
    intBuffer.put(10); //정수를 차례대로 추가할 때마다 position의 값을 1씩 증가시킵니다.
    System.out.println("position: " + intBuffer.position() +" limit: " + intBuffer.limit());

    intBuffer.put(20);
    System.out.println("position: " + intBuffer.position() +" limit: " + intBuffer.limit());

    intBuffer.put(30);
    System.out.println("position: " + intBuffer.position() +" limit: " + intBuffer.limit());

    intBuffer.put(40);
    System.out.println("position: " + intBuffer.position() +" limit: " + intBuffer.limit());

    intBuffer.put(50);
    System.out.println("position: " + intBuffer.position() +" limit: " + intBuffer.limit());

    intBuffer.flip(); //현재 position을 limit로 설정하고, position을 0으로 설정합니다.
    while (intBuffer.hasRemaining()) { // 현재 position과 limit 사이에 데이터가 있으면 차례대로 출력합니다.
      position = intBuffer.position();
      System.out.println("position: " + position+", 값: " + intBuffer.get());
    }

    intBuffer.clear(); //현재 position을 0으로 설정한 후, limit를 capacity로 설정합니다.
    intBuffer.put(4, 60); //마지막 요소에 값을 넣습니다.
    intBuffer.rewind();
    while (intBuffer.hasRemaining()) {
      position = intBuffer.position();
      System.out.println("position: " + position+", 값: " + intBuffer.get());
    }
  }
}
```

position의 값을 가지고 옵니다.

[실행결과]

```
position: 0 limit: 5
position: 1 limit: 5
position: 2 limit: 5
position: 3 limit: 5
position: 4 limit: 5
position: 5 limit: 5

position: 0, 값: 10
position: 1, 값: 20
position: 2, 값: 30
position: 3, 값: 40
```

```
position: 4, 값: 50

position: 0, 값: 10
position: 1, 값: 20
position: 2, 값: 30
position: 3, 값: 40
position: 4, 값: 60
```

3 채널

버퍼에 저장된 데이터를 입출력하기 위해서 채널 기능이 도입되었습니다. 채널은 버퍼와 입출력 장치에 일관성 있는 입출력 작업을 수행할 수 있게 합니다. 버퍼의 데이터를 채널을 이용해서 여러 가지 I/O 장치에서 입출력 작업하는 과정을 알아보겠습니다.

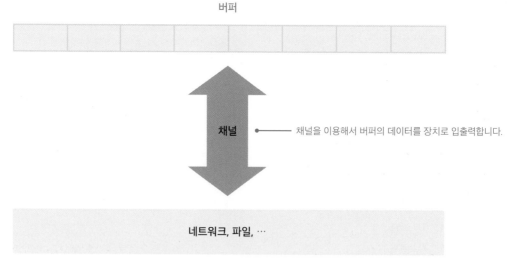

그림28-7 Channel과 Buffer의 관계

3.1 FileChannel

FileChannel 클래스는 추상 클래스입니다. 따라서 open() 메서드를 호출하거나 FileInput Stream과 FileOutputStream, RandomAccessFile 클래스의 getChannel() 메서드를 호출해서 객체를 얻을 수 있습니다.

다음은 open() 메서드를 호출해서 FileChannel 객체를 얻는 방법입니다.

```
FileChannel fileChannel = FileChannel.open(Paths path, OpenOption … options)
```

다음은 FileChannel의 여러 가지 옵션 상수들입니다.

상수	설명
READ	읽기용으로 파일을 엽니다.
WRITE	쓰기용으로 파일을 엽니다.
CREATE	파일이 존재하지 않으면 파일을 새로 생성합니다.
CREATE_NEW	새 파일을 만듭니다. 이미 파일이 존재하면 예외를 발생시킵니다.
APPEND	기존 파일의 끝에 내용을 추가합니다.

표28-4 여러 가지 FileChannel 옵션 상수들

다음은 FileChannel을 이용해서 파일로 데이터를 출력한 후, 다시 입력받아서 콘솔로 출력하는 예제입니다. FileChannel을 이용해서 파일 입출력 시 사용하는 메서드인 read()와 write() 메서드는 19장 자바 IO에서 사용한 입출력 메서드인 read()와 write() 메서드의 사용법과 동일합니다.

[직접 코딩해 보기] FileChannel을 사용해서 파일에 입출력하기

ch28/sec02/ex01/FileChannelTest.java

```java
package sec02.ex01;

import java.io.IOException;
import java.nio.ByteBuffer;
import java.nio.channels.FileChannel;
import java.nio.file.Paths;
import java.nio.file.StandardOpenOption;

public class FileChannelTest {
  public static void main(String[] args) throws IOException {
    FileChannel fileChannel = FileChannel.open(Paths.get("src\\sec02\\ex01\\test.txt"),
                                      StandardOpenOption.CREATE,
                                      StandardOpenOption.READ,
                                      StandardOpenOption.WRITE);

    //파일 쓰기
    String message = "안녕하세요";
    ByteBuffer byteBuffer1 = ByteBuffer.allocate(20);
    byteBuffer1.put(message.getBytes());
```

```
        byteBuffer1.flip();
        fileChannel.write(byteBuffer1);  _____ 버퍼의 데이터를 파일로 출력합니다.

        //파일 읽기
        ByteBuffer byteBuffer2 = ByteBuffer.allocate(20);
        fileChannel.position(0);  _____ FileChannel의 position을 0으로 이동시킵니다.
        fileChannel.read(byteBuffer2);  _____ 파일의 데이터를 버퍼로 읽어 들입니다.
        byteBuffer2.flip();
        byte[] b = byteBuffer2.array();
        System.out.println(new String(b));

        fileChannel.close();
    }
}
```

[실행결과]

버퍼의 데이터를 파일에 출력한 경우

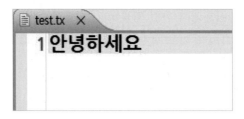

파일에서 읽어 들여서 콘솔로 출력한 경우

3.2 SocketChannel과 ServerSocketChannel

SocketChannel은 네트워크 입출력 시 사용되는 클래스입니다. 기존의 소켓이나 소켓을 이용한 IO의 최대 단점은 accept() 메서드 호출 전까지 블로킹된다는 점입니다. 그러나 SocketChannel을 사용하면 논블로킹 방식으로 네트워크 입출력 기능을 구현할 수 있습니다. 다음은 SocketChannel의 정적 메서드인 open() 메서드를 이용하여 SocketChannel 객체를 생성하는 방법입니다.

```
try {
  SocketChannel sChannel = SocketChannel.open();
} catch(IOException e){ ... }
```

ServerSocketChannel은 기존의 ServerSocket과 기능이 동일합니다. 다른 점은 논블로킹 모드로 동작할 수 있다는 점입니다. 다음은 ServerSocketChannel의 open() 정적 메서드로 Server SocketChannel 객체를 얻는 방법입니다.

```
try {
  ServerSocketChannel serverChannel = ServerSocketChannel.open();
} catch(IOException e) { ... }
```

3.3 Selector

블로킹 모드로 실행되는 소켓 프로그램은 클라이언트가 접속하기 전까지 accept() 메서드에 의해서 블로킹 상태가 됩니다. 따라서 다중의 클라이언트 요청을 처리하기 위해서는 멀티 스레드 기능을 이용해서 처리해야 합니다. 클라이언트가 증가할 경우 각각의 클라이언트마다 스레드가 생성되므로 서버에 부하를 주게 되어서 대형 시스템에는 적합하지 않은 방식입니다.

따라서 논블로킹 방식을 이용해서 클라이언트 요청을 처리하면 accept()나 read() 메서드 호출 시 더 이상 블로킹되지 않고 실행됩니다. 더 나아가서 특정 클라이언트의 요청을 처리하는 Channel 을 지정해서 사용할 수 있게 만들었습니다. 이렇게 클라이언트의 요청을 처리하는 특정 Channel 을 지정하는 기능을 Selector 클래스가 수행합니다.

3.3.1 Select 객체 생성

Selector 클래스를 이용하면 클라이언트의 요청을 처리하는 Channel을 지정할 수 있습니다. 다음은 Selector 클래스의 정적 메서드인 open() 메서드로 Selector 객체를 얻는 방법입니다.

```
try {
  Selector selector = Selector.open();
} catch(IOException e){ ... }
```

3.3.2 selector 등록

생성된 Selector 객체는 등록을 해야 합니다. 등록은 SelectableChannel 클래스의 register() 메서드를 이용합니다. register() 메서드를 Selector를 등록하면 해당 Selector에 대한 고유 SelectionKey를 리턴합니다.

```
public final SelectionKey register(Selector selector, int ops) throws
                                   CloseChannelException
```

register() 메서드에서 첫 번째 매개변수는 채널에 등록할 Selector 객체를 의미하고, 두 번째 매개변수는 클라이언트의 요청 시 해당 SelectableChannel에게 어떻게 동작할 것인지 설정하는 옵션입니다. 각각의 옵션은 "|" OR 연산자를 이용해서 한 번에 여러 개를 설정할 수 있습니다.

상수	설명
OP_ACCEPT	ServerSocketChannel의 연결 수락 작업
OP_CONNECT	SocketChannel의 연결 작업
OP_READ	SocketChannel의 데이터 읽기 작업
OP_WRITE	SocketChannel의 데이터 쓰기 작업

표28-5 register() 메서드의 옵션 상수들

3.3.3 Selector 객체 사용

SelectableChannel에 등록된 Selector 객체를 사용하려면 select() 메서드를 호출해야 합니다. select() 메서드를 호출하면 SeleableChannel에 등록된 Selector 객체들의 작업 수행을 준비한 후 작업 수행이 준비된 Selector 객체의 수를 의미하는 값을 리턴합니다.

```
int key = selector.select();
```

4 NIO를 이용해서 멀티 채팅 예제 구현하기

NIO의 버퍼와 채널을 이용해서 네트워크 멀티 채팅 기능을 구현해 보겠습니다.

4.1 채팅 서버 구현하기

먼저 클라이언트들의 메시지를 수신 후 다시 모든 클라이언트에게 송신하는 채팅 서버를 구현하겠습니다. 채팅 서버에서는 클라이언트의 접속마다 스레드를 생성할 필요 없이 Select를 이용해서 접속하는 모든 클라이언트에게 논블로킹 모드로 메시지를 전송합니다.

[직접 코딩해 보기] Selector를 이용해서 채팅 서버 구현하기

ch28/sec03/ex01/NIOMultiChatServer.java

```
package sec03.ex01;

...

public class NIOMultiChatServer {
  private String host = "localhost";
  private int port = 9988;
  private Selector selector;
  private ServerSocketChannel serverChannel;
  private ServerSocket serverSocket;
  private List<SocketChannel> list = new ArrayList<>();

  public NIOMultiChatServer(){
    try {
      selector = Selector.open();                           Selector 객체를 생성합니다.
      serverChannel = ServerSocketChannel.open();           ServerSocketChannel 객체를 생성합니다.
      serverChannel.configureBlocking(false);               논블로킹 모드로 설정합니다.
      serverSocket = serverChannel.socket();
      InetSocketAddress isa = new InetSocketAddress(host,port);
      serverSocket.bind(isa);
      serverChannel.register(selector,SelectionKey.OP_ACCEPT);
    } catch(IOException e){
      e.printStackTrace();                        Selector를 등록합니다. ACCEPT 요청 시
    }                                             ServerSocketChannnel에 알립니다.
```

```
      startServer();
  }


  private void startServer(){
    try {
      while (true) {
        System.out.println("요청을 기다리는 중...");
        selector.select(); _____ 다른 요청이 들어오는지 감시합니다.
        Iterator iterator = selector.selectedKeys().iterator(); _____ 선택된 채널의 키를 Iterator로
                                                                          리턴합니다.

        while (iterator.hasNext()) {
          SelectionKey key = (SelectionKey)iterator.next();
          if (key.isAcceptable()) {
            accept(key);                                                 선택된 키가 OP_ACCEPT이면
          } else if(key.isReadable()) {                                  accept() 메서드로 요청 처리하고,
            read(key);                                                   OP_READ이면 read() 메서드로
          }                                                              요청 처리합니다.
          iterator.remove();
        }
      }
    } catch(Exception e){
      e.printStackTrace();
    }
  }
                                                          SelectKey의 channel() 메서드로
                                                          ServerSocketChannel 객체를 얻습니다.
  private void accept(SelectionKey key){
    ServerSocketChannel serverChannel = (ServerSocketChannel) key.channel(); _____
    SocketChannel socketChannel = null;
    try {
      socketChannel = serverChannel.accept(); _____ SocketChannel 객체를 얻습니다.
      if (socketChannel == null) return;
      socketChannel.configureBlocking(false); _____ 논블로킹 모드로 설정합니다.
      socketChannel.register(selector,SelectionKey.OP_READ); _____ SelectorChannel을 Selector에
      list.add(socketChannel); _____ ArrayList에 SocketChannel를 저장합니다.                OP_READ로 등록합니다.
    } catch (Exception e) {
      e.printStackTrace();
    }
  }


  public void read(SelectionKey key){
    SocketChannel socketChannel = (SocketChannel)key.channel();
    ByteBuffer buffer = ByteBuffer.allocateDirect(1024);
    try {
      int read = socketChannel.read(buffer);       _____ read() 메서드로 전송된 메시지를 버퍼에 저장합니다.
```

```
    } catch(IOException e){
      try {
        socketChannel.close();
      } catch(IOException e1) {}
      list.remove(socketChannel);
    }

    try {
      broadCasting(buffer); //모든 클라이언트에게 버퍼의 내용을 전송합니다.
    } catch (IOException e) {
      e.printStackTrace();
    }

    buffer.clear();_____ 버퍼를 비웁니다.
  }

  public void broadCasting(ByteBuffer buffer) throws IOException{
    buffer.flip();
    for (int i=0 ; i<list.size() ; i++) {
      SocketChannel sc = (SocketChannel)list.get(i);
      sc.write(buffer);                                버퍼의 메시지를 모든 클라이언트에게
      buffer.rewind();                                 전송합니다.
    }
  }

  public static void main(String[] args){
    new NIOMultiChatServer();
  }
}
```

4.2 Selector를 이용한 메시지 수신 스레드 구현하기

다음은 서버에서 전송된 메시지를 수신하는 클라이언트의 메시지 수신 스레드입니다. 수신 스레드에서 Selector를 이용해서 논블로킹으로 서버의 메시지를 수신합니다.

[직접 코딩해 보기] 클라이언트 메시지 수신 스레드

ch28/sec03/ex01/NIOMultiClientThread.java

```
package sec03.ex01;

...

public class NIOMultiClientThread extends Thread {
  private NIOClient mc;
```

```java
private Charset charset;
private CharsetDecoder decoder;

public NIOMultiClientThread(NIOClient mc) {
  this.mc = mc;
  charset = Charset.forName("UTF-8");
  decoder = charset.newDecoder();
}

public void run() {
  String message = null;
  String[] receivedMsg = null;
  Selector selector = mc.getSelector();             Selector 객체를 얻습니다.
  boolean isStop = false;
  while (!isStop) {
    try {
      selector.select();                            다른 요청이 들어오는지 감시합니다.
      Iterator iterator = selector.selectedKeys().iterator();   선택된 채널의 키를 Iterator
                                                                 타입으로 변환합니다.

      while (iterator.hasNext()) {
        SelectionKey key = (SelectionKey) iterator.next();
        if (key.isReadable()) {
          message = read(key);                                  선택된 키가 OP_READ이면
        }                                                       read() 메서드로 처리합니다.
        iterator.remove();
      } // end while
      receivedMsg = message.split("#");
    } catch (Exception e) {
      e.printStackTrace();
      isStop = true;
    }

    ...
  }
}

public String read(SelectionKey key) {
  SocketChannel sc = (SocketChannel) key.channel();            전달된 key값으로 SocketChannel
  ByteBuffer buffer = ByteBuffer.allocateDirect(1024);         객체를 얻습니다.
  try {
    sc.read(buffer);                                           버퍼의 메시지를 읽어 들입니다.
  } catch (IOException e) {
    e.printStackTrace();
    try {
      sc.close();
```

```
      } catch (IOException e1) {}
    }
    System.out.println(buffer);
    buffer.flip();
    String message = null;
    try {
      message = decoder.decode(buffer).toString();
    } catch (CharacterCodingException e) {
      e.printStackTrace();
    }
    System.out.println("message: " + message);
    return message;
  }
}
```

4.3 클라이언트 프로그램 구현하기

다음은 키보드로 입력한 메시지를 송신하고, 서버에서 전송된 메시지를 수신하는 클라이언트 프로그램입니다. main() 메서드에서 메시지 수신 스레드를 실행해서 논블로킹 모드로 메시지를 수신합니다.

[직접 코딩해 보기] 클라이언트 프로그램

ch28/sec03/ex01/NIOClient.java

```
package sec03.ex01;
...
public class NIOClient implements ActionListener {
  private Selector selector;
  private SocketChannel sc;
  private ByteBuffer buffer;

  private JFrame jframe;
  private JTextField jtf;
  private JTextArea jta;
  private JLabel jlb1;
  private JPanel jp1, jp2;
  private String id;
  private JButton jbtn;

  public NIOClient(String argId) {
    ...
  }
```

```
...
public void init() throws IOException {
    buffer = ByteBuffer.allocateDirect(1024); _____ Buffer 객체를 생성합니다.
    selector = Selector.open(); _____ Selector 객체를 생성합니다.
    sc = SocketChannel.open(new InetSocketAddress("localhost",9988));
    sc.configureBlocking(false); _____ 논블로킹 모드로 설정합니다.
    sc.register(selector,SelectionKey.OP_READ); _____ Selector를 OP_READ로 등록합니다.
    NIOMultiClientThread ct = new NIOMultiClientThread(this);
    Thread t = new Thread(ct);
    t.start(); _____ 메시지 수신 스레드를 실행합니다.
}
...
public static void main(String args[]) throws IOException {
    JFrame.setDefaultLookAndFeelDecorated(true);
    Scanner sc = new Scanner(System.in);
    System.out.print("id : ");
    String id = sc.next();
    NIOClient cc = new NIOClient(id);
    cc.init();
   sc.close();
  }
}
```

[실행결과]

아이디 lee로 실행한 경우

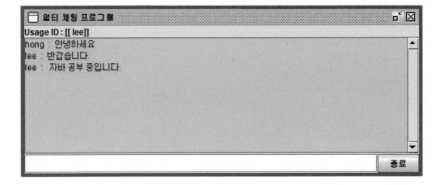

아이디 hong으로 실행해서 메시지를 송수신하는 경우

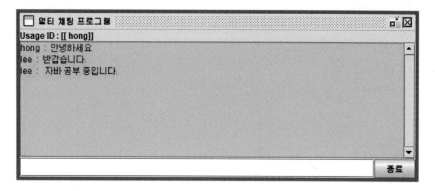

연습 문제

1 _ random() 메서드로 1.0에서 100.0 사이의 10개의 다른 실수를 생성한 다음, DoubleBuffer에 저장 후 버퍼에 저장된 실수들의 평균을 구해보세요.

2 _ FileChannel 클래스를 이용해서 이미지 파일을 복사하는 기능을 구현해 보세요.
(원본 이미지 파일 : flowers.jpg)

29장

어노테이션

> 시작 전 가볍게 읽기 <

자바의 어노테이션(Annotation)은 코드에
메타데이터를 추가하는 방법으로,
코드의 동작을 설명하거나 수정하는 데 사용됩니다.

1 어노테이션이란?

다음은 Student 클래스의 getStudInfo() 메서드를 오버라이딩한 College 클래스입니다. 오버라이딩한 메서드는 @Override 어노테이션을 지정하므로 훨씬 가독성이 높아집니다.

```java
package sec01.ex01;

public class College extends Student {
  private int courses;
  ...
  @Override
  public String getStudInfo() {
    System.out.println("College 클래스의 getStudInfo() 메서드입니다.");
    return "이름 >> "+ name + ", 학년 >> " +grade + ", 학점 >> " + courses;
    }
}
```

1.1 어노테이션 사용 방법

다음은 어노테이션 사용 방법입니다. @Override 처럼 @다음에 어노테이션 이름을 지정하면 됩니다.

@어노테이션이름

다음은 어노테이션을 사용하는 이유입니다. 어노테이션을 사용하기 전에는 특정 기능을 자바 코드로 작성하거나 XML 파일로 따로 관리했습니다. 그러나 어노테이션을 사용하면 추가적인 코드 작성 없이 해당 자바 코드에 설정이나 기능을 바로 적용할 수 있습니다.

- 소스 코드의 가독성을 높입니다.
- 컴파일 시 문법 에러를 체크할 수 있습니다.
- 실행 시 특정 기능을 실행하도록 정보를 제공합니다.

2 표준 어노테이션

@Override처럼 자바에선 미리 자주 사용하는 기능을 어노테이션으로 제공하고 있습니다. 다음은 자바에서 제공하는 표준 어노테이션입니다.

어노테이션	설명
@Override	컴파일러에게 오버라이딩 메서드임을 알립니다.
@deprecated	앞으로 기능을 제공되지 않는 기능임을 미리 알립니다.
@SupressWarnings	경고가 나타나지 않도록 합니다.
@SafeVarargs	제네릭의 가변 인자에 사용합니다.
@FunctionalInterface	함수형 인터페이스임을 알립니다.
@Native	native 메서드에서 참조되는 상수 앞에 붙입니다.

표29-1 자바 표준 어노테이션

이 중 @SupressWarinings 어노테이션을 알아보겠습니다. 다음은 List와 ArrayList 객체를 사용해서 ArrayList에 객체를 저장하는 예제입니다. @SupressWarinings를 main() 메서드에 지정했으므로 List와 ArrayList에 제네릭 타입을 지정하지 않아도 경고가 발생하지 않습니다. 그리고 @SupressWarinings의 속성으로 "rawtypes"를 지정했으므로 ArrayList 객체에 Object 객체를 저장해도 경고가 발생하지 않습니다.

[직접 코딩해 보기] @SuppressWarnings 사용하기

ch29/sec02/ex01/SuppressWarningsTest.java

```
ckage sec02.ex01;
package sec02.ex01;

import java.util.ArrayList;
import java.util.List;

public class SuppressWarningsTest {
  @SuppressWarnings({ "unchecked", "rawtypes" })
  public static void main(String[] args) {
    List studentList = new ArrayList();  //unchecked로 지정하므로 경고가 발생하지 않습니다.
    studentList.add(new  Object());      //rawtypes로 지정하므로 경고가 발생하지 않습니다.
  }
}
```

표29-1의 표준 어노테이션 이외에 어노테이션에 대해서 여러 가지 정보를 제공하는 어노테이션도 있습니다. 이런 어노테이션을 **메타 어노테이션**이라고 합니다.

자바의 메타 어노테이션은 **@Target, @Documented, @inhrerited, @Retention, @Repeatable**이 있으며, java.lang.annotation 패키지에서 자세한 기능을 확인할 수 있습니다.

3 사용자 정의 어노테이션

프로그래밍 시 표준 어노테이션 외에 자신이 직접 어노테이션을 정의해서 사용할 수 있습니다.

다음은 사용자 정의 어노테이션 선언 방법입니다. @interface를 이용해서 선언합니다.

```
public @interface AnnotationName {
  타입 elementName() default 값;
  ...
}
```

다음은 Student 클래스의 메서드에 사용자가 만든 어노테이션을 적용하는 예제입니다. 다음은 MyAnnotation으로 사용자가 직접 어노테이션을 정의했습니다. **@Target** 어노테이션으로 @MyAnnotation 적용 시 메서드에 적용되게 합니다. 그리고 어노테이션 적용 시 name과 address 요소의 값을 설정할 수 있습니다.

[직접 코딩해 보기] 사용자 정의 어노테이션 만들기

ch29/sec03/ex01/MyAnnotation.java

```
package sec03.ex01;

import java.lang.annotation.ElementType;
import java.lang.annotation.Retention;
import java.lang.annotation.RetentionPolicy;
import java.lang.annotation.Target;

@Retention(RetentionPolicy.RUNTIME) ................. 실행 시 어노테이션이 적용되게 설정합니다.
@Target(ElementType.METHOD) ......................... 메서드에 어노테이션을 적용합니다.
public @interface MyAnnotation {
  String name()   default "무명씨";
  String address() default "서울시";
}
```

다음은 어노테이션이 적용된 Student 클래스입니다. 각각의 메서드에 어노테이션이 적용됩니다.

[직접 코딩해 보기] 어노테이션이 적용된 Student 클래스

ch29/sec03/ex01/Student.java

```
package sec03.ex01;

public class Student {
  @MyAnnotation ........................... name과 address에는 기본값이 적용됩니다.
  public void method1() {
    System.out.println("method1 호출");
  }

  @MyAnnotation(name = "이순신")
  public void method2() {
    System.out.println("method2 호출");
  }

  @MyAnnotation(name = "박지성", address = "부산시")
  public void method3() {
    System.out.println("method3 호출");
  }
}
```

다음은 자바의 리플렉션 기능을 이용해서 어노테이션 정보를 얻어온 후, 출력하는 실행 클래스입니다. getMethod() 메서드 호출 시 메서드 이름을 매개값으로 전달해서 어노테이션 정보를 얻습니다.

[직접 코딩해 보기] 어노테이션이 적용된 Student 클래스

ch29/sec03/ex01/MyAnnotationTest.java

```java
package sec03.ex01;

import java.lang.annotation.Annotation;
import java.lang.reflect.Method;

public class MyAnnotationTest {
  public static void main(String[] args) throws NoSuchMethodException, SecurityException {
    Method method = Student.class.getMethod("method1");
    Annotation[] annotations = method.getDeclaredAnnotations();
    for (Annotation annotation : annotations) {
      if (annotation instanceof MyAnnotation) {
        MyAnnotation myAnnotation = (MyAnnotation) annotation;
        System.out.println("name: " + myAnnotation.name());
        System.out.println("address: " + myAnnotation.address());
      }
    }


    //method2 메서드에 선언된 MyAnnotation의 어노테이션 객체를 얻어옵니다.
    Annotation annotation = Student.class.getMethod("method2").getAnnotation(MyAnnotation.class);
    if (annotation instanceof MyAnnotation) {
      MyAnnotation myAnnotation = (MyAnnotation) annotation;
      System.out.println("name: " + myAnnotation.name());
      System.out.println("address: " + myAnnotation.address());
    }


    //method3 메서드에 선언된 MyAnnotation의 어노테이션 객체를 얻어옵니다.
    annotation = Student.class.getMethod("method3").getAnnotation(MyAnnotation.class);
    if (annotation instanceof MyAnnotation) {
      MyAnnotation myAnnotation = (MyAnnotation) annotation;
      System.out.println("name: " + myAnnotation.name());
      System.out.println("address: " + myAnnotation.address());
    }
  }
}
```

자바 리플렉션 getMethod()로 메서드 method1을 얻어옵니다.

메서드에 선언된 어노테이션 객체를 얻어옵니다.

어노테이션에서 지정한 값들을 출력합니다.

[실행결과]

```
name: 무명씨
address: 서울시

name: 이순신
address: 서울시

name: 박지성
address: 부산시
```

부록에서 제공하는 롬복 라이브러리처럼 특정 라이브러리나 프레임워크에서도 자체 어노테이션을 제공하므로, 웹 애플리케이션 개발 시 사용법을 학습해서 적용하면 됩니다.

4 리플렉션

프로그래밍 실행 중에 메모리의 클래스 객체로부터 클래스명, 클래스의 메서드 정보, 클래스의 필드 정보 등을 얻을 필요가 있습니다. 따라서 자바는 실행 중인 객체로부터 정보를 얻는 기능을 제공하는데 이것을 **리플렉션(reflection)**이라고 합니다.

클래스에 관련된 정보는 java.lang.Class의 forName() 메서드를 이용해서 얻을 수 있습니다. 그리고 필드, 생성자, 메서드 정보는 java.lang.reflect 패키지의 클래스들을 이용해서 얻을 수 있습니다.

다음은 리플렉션을 이용해서 Student 클래스 정보를 출력하는 예제입니다.

[직접 코딩해 보기] Student 클래스

ch29/sec04/ex01/Student.java

```java
package sec04.ex01;

public class Student {
    public String name;
    private String age;
```

```java
  protected int grade;
  String address;

  public Student() {
    System.out.println("Student 기본 생성자 호출");
  }

  public Student(String name, int grade) {
    System.out.println("매개변수가 있는 Student 생성자 호출");
    this.name = name;
    this.grade = grade;
  }

  public void study() {
    System.out.println("시험 공부를 합니다.");
  }

  public int test() {
    System.out.println("시험 점수입니다.");
    return 0;
  }

  public String getStudInfo() {
    System.out.println("Student 클래스의 getStudInfo() 메서드입니다.");
    return "이름: " + name + " , 학년: " + grade;
  }
}
```

다음 코드에서는 java.lang.reflection 패키지의 여러 클래스들을 이용해서 Student 클래스 정보를 얻고 있습니다. 접근 제한자는 getModifier() 메서드를 이용해서 얻습니다. getModifier()로 얻은 접근 제한자 종류는 각각의 지정한 정수로 리턴합니다. 그 외 java.lang.reflection 패키지에선 더 많은 기능을 제공하고 있습니다.

[직접 코딩해 보기] 실행 클래스

ch29/sec04/ex01/ReflectionTest.java

```java
package sec04.ex01;

import java.lang.reflect.Constructor;
import java.lang.reflect.Field;
import java.lang.reflect.Method;
```

```
public class ReflectionTest {
  public static void main(String[] args) throws ClassNotFoundException {
    Class clazz = Class.forName("sec04.ex01.Student");

    //생성자 가져오기
    Constructor[]  constructors = clazz.getDeclaredConstructors();
    for(Constructor c : constructors) {
      System.out.println(c.getParameterCount()); //생성자의 매개변수 개수를 출력합니다.
    }

    //메서드 가져오기
    Method[] methods = clazz.getDeclaredMethods();
    for(Method m : methods) {
      System.out.println(m.getName()); //메서드 이름을 출력합니다.
    }

    //필드 가져오기
    Field[] fields = clazz.getDeclaredFields();
    for(Field f : fields) {
      System.out.println(f.getName() +", " +f.getModifiers()); // 필드명과 접근 제한자 종류를
                                                                출력합니다
    }
  }
}
```

[실행결과]

```
0
2 ──────────── 생성자 매개변수 갯수

test
study ──────── 메서드명
getStudInfo

name, 1          필드명과 접근 제한자 종류
age, 2           public: 1
                 protected: 2
grade, 4         private: 4
address, 0 ───── default: 0
```

연습 문제

1 _ 다음 중 어노테이션의 특징이 아닌 것은?

① 소스의 가독성을 높입니다.

② 컴파일 시 문법 에러를 판별할 수 있습니다.

③ 사용자는 어노테이션을 직접 작성해서 사용할 수 없습니다.

④ 프로그램 실행 시 특정 기능을 실행하도록 정보를 제공합니다.

2 _ 다음의 어노테이션 기능을 설명해 주세요.

- @Override

- @deprecated

- @SupressWarnings

- @Native

30장

유용한 클래스들

〉 **시작 전 가볍게 읽기** 〈

마지막으로 프로그래밍 시에 자주 사용되는
여러 가지 클래스들의 기능들을 차례대로 알아보겠습니다.
각각의 클래스들의 세부 기능들이 필요할 때는 ChatGPT에게 물어보거나
구글링을 해 보세요.

1 정규 표현식과 Pattern 클래스

프로그램의 회원 가입 시 아이디와 비밀번호를 생성해야 합니다. 비밀번호 생성 시 항상 대소문자와 숫자, 특수문자를 포함해서 만들어야 합니다. 가입자가 비밀번호를 생성 후, 규칙대로 만들었는지 정규 표현식을 이용해서 확인할 수 있습니다.

1.1 자바 정규 표현식

다음은 자바의 정규 표현식 문법을 구성하는 요소들입니다.

기호	설명
^	문자열의 시작
$	문자열의 끝
.	임의의 한 문자
*	문자가 0번 이상 발생
+	문자가 1번 이상 발생
?	문자가 0번 또는 1번 이상 발생
[ ]	문자의 집합 범위를 나타냄 [0-9] : 숫자(0부터 9) [a-z]: 알파벳(a부터 z)
{ }	횟수 또는 범위를 의미
( )	소괄호 안의 문자를 하나의 문자로 인식
|	or 조건
₩	확장 문자의 시작
₩b	단어의 경계
₩B	단어가 아닌 것이 경계
₩A	입력의 시작 부분
₩G	이전 매치의 끝
₩Z	입력의 끝이지만 종결자가 있는 경우
₩z	입력의 끝
₩s	공백 문자
₩w	알파벳이나 숫자
₩W	알파벳이나 숫자를 제외한 문자
₩d	[0-9]와 동일

₩D	숫자를 제외한 문자

표30-1 자바의 정규 표현식 요소들

다음은 정규 표현식 요소들을 조합해서 만든 프로그램에서 자주 사용하는 정규 표현식들입니다.

표현식	설명
^[0-9]*$	숫자
^[a-zA-Z]*$	영문자
^[가-　]*$	한글
₩₩+@₩₩w+₩₩.₩₩w+(₩₩.₩₩w+)?	이메일 주소
^₩d{2,3}-₩d{3,4}-₩d{4}$	전화 번호
^01(?:0|1[6-9])-(?:₩d{3}|₩d{3}|₩d{4}-₩d{4}$	휴대폰 번호

표30-2 자주 사용되는 정규 표현식들

자바의 정규 표현식은 java.util.regex 패키지의 클래스들을 이용합니다. 주로 Pattern 클래스와 Matcher 클래스가 사용됩니다.

1.2 Pattern 클래스

문자열에 대해서 Pattern 클래스의 matches() 메서드로 정규 표현식을 매개값으로 전달해서 검증할 수 있습니다. 다음은 Pattern 클래스의 matches() 메서드로 입력받은 이메일 주소가 유효한지 검증하는 예제입니다.

[직접 코딩해 보기] Pattern 클래스로 유효한 이메일 주소 검증하기

ch30/sec01/ex01/PartternTest.java

```java
package sec01.ex01;

import java.util.Scanner;
import java.util.regex.Pattern;

public class PartternTest {
  public static void main(String[] args) {
    Scanner sc = new Scanner(System.in);
    String  regExp = "\\w+@\\w+\\.\\w+(\\.\\w+)?"; //이메일 주소 정규식

    System.out.println("이메일 주소를 입력하세요");
    String email = sc.nextLine();
```

```
      boolean result = Pattern.matches(regExp, email); _____ 정규식을 이용해서 이메일을 검증합니다.
      System.out.println("입력한 이메일: " + email+", " + result);
  }
}
```

[실행결과]

정상적인 이메일 입력 시

이메일 주소를 입력하세요
lee@test.com
입력한 이메일: lee@test.com, true

텍스트

이메일 주소를 입력하세요
lee#test.com
입력한 이메일: lee#test.com, false

1.3 Matcher 클래스

Matcher 클래스는 대상 문자열과 패턴이 일치하는 부분을 찾거나 전체 일치 여부 등을 판별하기
위해 사용됩니다. 다음은 Matcher 클래스를 이용해서 정규식에서 지정한 "**${id}**"을 문자열에서 찾
은 후, 실제 아이디명으로 대체하는 예제입니다. 정규식은 "**${id}**"와 "**${ id }**"처럼 "**id**" 문자열 앞,
뒤에 공백이 있는 경우에도 "hong"으로 대체합니다.

[직접 코딩해 보기] Matcher 클래스로 문자열 대체하기

ch30/sec01/ex01/MatcherTest.java

```
package sec01.ex01;

import java.util.regex.Matcher;
import java.util.regex.Pattern;

public class MatcherTest {
  public static void main(String[] args) {
    String html1 = "<html>아이디: <b>${id} </b></html>";
    String html2 = "<html>아이디: <b>${id} </b>  <b> ${    id  } </b> </html>";
    String html3 = "<html>아이디: <b>#{id} </b></html>";

    String regEx = "[$][{]\\s*+(id)\\s*+[}]"; _____ "${id}" 문자열에 대응하는 정규식을 설정합니다.
    Pattern pattern = Pattern.compile(regEx);
```

```
    Matcher matcher1 = pattern.matcher(html1);_____ 문자열에 대응하는 Matcher 클래스 객체를 리턴합니다.
    boolean isFound1 = matcher1.find();_____ 첫 번째 문자열에 정규식의 문자열 패턴을 찾습니다.
    if (isFound1 == true) {
      String resultHtml1 = html1.replaceAll(regEx, "hong");_____ "${id}"문자열을 "hong"으로 대체합니다.
      System.out.println(resultHtml1);
    }

    Matcher matcher2 = pattern.matcher(html2);
    boolean isFound2 = matcher2.find();
    if (isFound2 == true) {
      String resultHtml2 = html2.replaceAll(regEx, "hong");_____ 두 번째 문자열에서 "${id}"의 문자열
      System.out.println(resultHtml2);                                 패턴을 발견해서 모두 "hong"으로
    }                                                                  대체합니다.

    Matcher matcher3 = pattern.matcher(html3);
    boolean isFound3 = matcher3.find();_____ 문자열에 "${id}"가 없으므로 false를 리턴합니다.
    if (isFound3 == true) {
      String resultHtml3 = html3.replaceAll(regEx, "hong");
      System.out.println(resultHtml3);
    }
  }
}
```

[실행결과]

```
<html>아이디: <b>hong </b></html>
<html>아이디: <b> hong </b> <b> hong </b></html>      ◀──── 문자열에서 모든 "${id}"를 "hong"으로 대체합니다.
```

1.4 Pattern 클래스와 Matcher 클래스를 이용해서 비밀번호 체크하기

다음은 Pattern 클래스와 Matcher 클래스를 이용해서 비밀번호 생성 시 정규식에서 지정한 영문, 특수문자, 숫자가 포함되어 있는지 체크하는 예제입니다.

[직접 코딩해 보기] Pattern 클래스와 Matcher 클래스를 이용해서 비밀번호 체크하기

ch30/sec01/ex01/CheckPasswordTest.java

```
package sec01.ex01;

import java.util.Scanner;
import java.util.regex.Matcher;
import java.util.regex.Pattern;
```

```java
public class CheckPasswordTest {
  private static String checkPassword(String id, String pwd) {
    //비밀번호 포맷 여부를 확인(영문, 특수문자, 숫자 포함 8자 이상)합니다.
    Pattern passPattern1 = Pattern.compile("^(?=.*[a-zA-Z])(?=.*\\d)(?=.*\\W).{8,20}$");
    Matcher passMatcher1 = passPattern1.matcher(pwd);

    if (!passMatcher1.find()) {
      return "비밀번호는 영문과 특수문자, 숫자를 포함하여 8자 이상이어야 합니다.";
    }

    //반복된 문자를 확인합니다.
    Pattern passPattern2 = Pattern.compile("(\\w)\\1\\1\\1");
    Matcher passMatcher2 = passPattern2.matcher(pwd);

    if (passMatcher2.find()) {
      return "비밀번호에 동일한 문자를 연속해서 사용할 수 없습니다.";
    }

    //아이디 포함 여부를 확인합니다.
    if (pwd.contains(id)) {
      return "비밀번호에 ID를 포함할 수 없습니다.";
    }

    //특수문자를 확인합니다.
    Pattern passPattern3 = Pattern.compile("\\W");
    Pattern passPattern4 = Pattern.compile("[!@#$%^*+=-]");

    for (int i = 0; i < pwd.length(); i++) {
      String s = String.valueOf(pwd.charAt(i));
      Matcher passMatcher3 = passPattern3.matcher(s);

      if (passMatcher3.find()) {
        Matcher passMatcher4 = passPattern4.matcher(s);
        if (!passMatcher4.find()) {
          return "비밀번호에 특수문자는 !@#$%^*+=-만 사용 가능합니다.";
        }
      }
    }

    //연속된 문자를 확인합니다.
    int ascSeqCharCnt = 0;  //오름차순 연속 문자 카운트
    int descSeqCharCnt = 0; //내림차순 연속 문자 카운트

    char char0;
```

```java
    char char1;
    char char2;

    int diff01;
    int diff12;

    for (int i = 0; i < pwd.length() - 2; i++) {
      char0 = pwd.charAt(i);
      char1 = pwd.charAt(i + 1);
      char2 = pwd.charAt(i + 2);

      diff01 = char0 - char1;
      diff12 = char1 - char2;

      if (diff01 == 1 && diff12 == 1) {
        ascSeqCharCnt += 1;
      }

      if (diff01 == -1 && diff12 == -1) {
        descSeqCharCnt -= 1;
      }
    }

    if (ascSeqCharCnt > 1 || descSeqCharCnt > 1) {
      return "비밀번호에 연속된 문자열을 사용할 수 없습니다.";
    }
    return "유효한 비밀번호입니다.";
  }

  public static void main(String[] args) {
    Scanner sc = new Scanner(System.in);
    System.out.println("아이디를 입력하세요");
    String id = sc.nextLine();
    System.out.println("비밀번호를 입력하세요");
    String password = sc.nextLine();

    String result = checkPassword(id, password);
    System.out.println(result);
  }
}
```

[실행결과]

비밀번호에 특수문자가 포함되지 않는 경우

```
아이디를 입력하세요
lee
비밀번호를 입력하세요
leebs1234
비밀번호는 영문과 특수문자, 숫자를 포함하여 8자 이상이어야 합니다.
```

비밀번호에 문자, 특수문자, 숫자가 포함된 경우

```
아이디를 입력하세요
lee
비밀번호를 입력하세요
dlqudtmd1@3$
유효한 비밀번호입니다.
```

❷ Objects 클래스

Object 클래스와 유사한 이름을 갖는 Objects 클래스는 java.util 패키지에 포함되어 있습니다.

2.1 compare(T a, T b, Comparator<T> c) 메서드

compare() 메서드는 두 객체의 대소를 비교할 때 사용합니다. 다음은 java.util.Comparator 인터페이스를 구현한 클래스입니다.

[직접 코딩해 보기] Comparator 인터페이스 구현 클래스

ch30/sec02/ex01/ScoreComparator.java

```java
package sec02.ex01;

import java.util.Comparator;

public class ScoreComparator implements Comparator<Student> {

    @Override
```

```
    public int compare(Student s1, Student s2) {
      if(s1.score < s2.score) return -1;
      else if(s1.score == s2.score) return 0;
      else return 1;
    }
  }
```

> compare() 메서드로 전달된 Student 객체의
> score 필드값을 비교해서 결과를 리턴합니다.

Student 객체를 생성 후, Objects 클래스의 compare() 메서드로 비교한 Student 객체와 ScoreComparator 객체를 전달해서 score 필드값을 비교 후 결과를 리턴합니다.

[직접 코딩해 보기] Comparator 인터페이스 구현 클래스

ch30/sec02/ex01/ScoreComparator.java

```java
package sec02.ex01;

import java.util.Objects;

public class CompareTest {
  public static void main(String[] args) {
    Student s1 = new Student("홍길동", 1, 80);
    Student s2 = new Student("이순신", 2, 88);
    Student s3 = new Student("임꺽정", 1, 77);

    int result1 = Objects.compare(s1, s2, new ScoreComparator());
    System.out.println(result1);

    int result2 = Objects.compare(s1, s3, new ScoreComparator());
    System.out.println(result2);
  }
}
```

> compare() 메서드 매개값으로
> SoreComparator 객체를
> 전달합니다.

[실행결과]

```
-1
1
```

2.2 equals(), deepEquals() 메서드

Objects 클래스의 equals() 와 deepEquals() 메서드는 두 객체가 같은지 비교할 때 사용합니다. 두 배열을 deepEquals() 메서드를 비교 시, Arrays 클래스의 deepEquals()와 결과값이 같습니다.

다음은 두 개의 객체를 equals()와 deepEquals() 메서드로 비교하는 예제입니다. 두 배열을 Objects 클래스의 deepEquals()로 비교한 결과는 Arrays 클래스의 deepEquals() 메서드로 비교한 결과와 같습니다.

[직접 코딩해 보기] Objects 클래스의 equals()와 deepEquals() 메서드 사용하기

ch30/sec03/ex01/EqualsDeepEqualsTest.java

```java
package sec03.ex01;

import java.util.Arrays;
import java.util.Objects;

public class EqualsDeepEqualsTest {
  public static void main(String[] args) {
    String str1 = "hello";
    String str2 = "hello";
    String str3 = "HELLO";
    System.out.println(Objects.equals(str1, str2)); //true
    System.out.println(Objects.equals(str1, str3));  //false
    System.out.println(Objects.equals(str1, null));  //false
    System.out.println(Objects.deepEquals(str1, str2));  //true

    Integer[] intArr1 = {100, 200};
    Integer[] intArr2 = {100, 200};
    System.out.println(Objects.equals(intArr1, intArr2));  //false
    System.out.println(Objects.deepEquals(intArr1, intArr2));  //true          Arrays.deepEquals()
    System.out.println(Arrays.deepEquals(intArr1, intArr2));  //true           메서드의 결과값과
    System.out.println(Objects.deepEquals(intArr1, null));      //false        같습니다.
  }
}
```

[실행결과]

```
true
false
false
true

false
true
true
false
```

2.3 2.3 hash()와 hashCode() 메서드

hashCode() 메서드는 매개변수로 전달된 객체의 필드값을 이용해서 해시코드를 생성합니다. hash() 메서드도 매개변수로 전달된 값들을 이용해서 해시코드를 생성합니다. hash() 메서드는 클래스에서 hashCode() 메서드를 오버라이딩할 때 리턴값으로 주로 사용합니다.

다음 Student 객체의 필드를 이용해서 hash() 메서드와 hashCode() 메서드로 해시코드를 생성하는 예제입니다. hash()와 hashCode() 메서드에서 해시코드 생성 시 사용되는 값들이 Student 객체의 필드 값들이므로 생성되는 해시코드가 동일합니다.

[직접 코딩해 보기] Objects 클래스의 hash()와 hashCode() 메서드 사용하기

ch30/sec04/ex01/HashCodeTest.java

```java
package sec04.ex01;

import java.util.Objects;

public class HashCodeTest {
  public static void main(String[] args) {
    Student s1 = new Student("홍길동", 1, 90);
    Student s2 = new Student("홍길동", 1, 90);
    System.out.println(s1.hashCode());
    System.out.println(Objects.hashCode(s2)); ------------- hashCode() 메서드로 전달된 객체의 필드값들을
  }                                                         이용해서 해시코드를 생성합니다.

  static class Student {
    String name;
    int grade;
    int score;

    public Student(String name, int grade, int score) {
      this.name = name;
      this.grade = grade;
      this.score = score;
    }

    @Override
    public int hashCode() {
      return Objects.hash(name, grade, score); ------------- hashCode() 메서드 오버라이딩 시 return문에서
    }                                                        해시코드를 리턴하는데 사용됩니다.
  }
}
```

[실행결과]

498631942

498631942

2.4 isNull(), notNull(), requireNonNull() 메서드

프로그램 실행 시 NullPointerException은 자주 발생하는 예외 중 하나입니다. Objects 클래스의 isNull(), notNull(), requireNonNull() 메서드를 이용해서 실행 중 발생하는 NullPointer Exception을 처리할 수 있습니다.

다음은 Objects의 isNull(), notNull(), requireNonNull() 메서드로 참조 변수의 null 여부를 체크하는 예제입니다. requireNonNull() 메서드는 매개값이 null인 경우 NullPointerException을 발생시킵니다. 그러나 매개값이 null인 경우 requireNonNull() 오버로딩 메서드는 예외 발생 시 사용자가 직접 예외 메시지를 지정할 수 있습니다.

[직접 코딩해 보기] Objects 클래스의 isNull(), notNull(), requireNonNull() 메서드 사용하기

ch30/sec05/ex01/NullTest.java

```java
package sec05.ex01;

import java.util.Objects;

public class NullTest {
  public static void main(String[] args) {
    String str1 = "이순신";
    String str2 = null;

    System.out.println(Objects.isNull(str1));  //false
    System.out.println(Objects.isNull(str2));   //true

    System.out.println(Objects.nonNull(str1));  //true
    System.out.println(Objects.nonNull(str2));   //false

    try {
      String result1 = Objects.requireNonNull(str1);
      System.out.println(result1);
    } catch (Exception e) {
      System.out.println(e.getMessage());
    }
```

```
    try {
  //String result2 = Objects.requireNonNull(str2);   //NullPointerException   발생
    String result2 = Objects.requireNonNull(str2,"이름이 없습니다.");____str2가 null인 경우 "이름이
                                                                      없습니다." 메시지를 전달합니다.
  } catch (Exception e) {
    System.out.println(e.getMessage());
  }
 }
}
```

[실행결과]

```
false
true

true
false

이순신
이름이 없습니다.
```

３ java.time 패키지

자바에서 시간이나 날짜 관련 정보는 Date 클래스나 Calendar 클래스를 통해서 얻을 수 있습니다. 그러나 시간 정보를 비교하거나 조작하는 기능 등 좀 더 많은 요구가 발생함에 따라 java.time 패키지의 클래스들을 이용해서 기능을 제공하도록 발전하였습니다.

3.1 날짜와 시간 객체 생성

java.time 패키지에는 여러 가지 날짜와 시간을 표현하는 클래스를 제공합니다.

클래스명	설명
LocalDate	로컬 날짜 클래스
LocalTime	로컬 시간 클래스

LocalDateTime	로컬 날짜 및 시간 클래스
ZonedDateTime	특정 타임존 날짜와 시간 클래스
Instant	특정 시점의 타임스탬프 클래스

표30-3 java.time 패키지의 클래스들

다음은 java.time의 클래스들을 이용해서 현재 시간 정보를 얻는 예제입니다. Instant 클래스를 이용해서 for문 수행 전의 타임스탬프와 수행 후 타임스탬프를 구해서 for문 수행 시간을 얻을 수 있습니다.

[직접 코딩해 보기] java.time 패키지의 클래스로 날짜와 시간 정보 얻기

ch30/sec06/ex01/LocalDataAndTimeTest.java

```java
package sec06.ex01;

import java.time.Instant;
import java.time.LocalDate;
import java.time.LocalDateTime;
import java.time.LocalTime;
import java.time.temporal.ChronoUnit;

public class LocalDataAndTimeTest {
  public static void main(String[] args) {
    LocalDate currDate = LocalDate.now(); ............. 로컬 날짜 정보를 얻습니다.
    System.out.println(currDate);

    LocalDate targetDate = LocalDate.of(2023, 7, 22);
    System.out.println(targetDate);

    LocalTime currTime = LocalTime.now(); ............. 로컬 시간 정보를 얻습니다.
    System.out.println(currTime);

    LocalDateTime currDateTime = LocalDateTime.now(); ......... 로컬 날짜와 시간 정보를 동시에 얻습니다.
    System.out.println(currDateTime);

    Instant instant1 = Instant.now(); .............. 타임스탬프를 얻습니다.
    for (int i = 0 ; i< 10000000;i++) {}
      Instant instant2 = Instant.now(); ............. for문 수행 후 타임스탬프를 얻습니다.

    System.out.println(instant1);
    System.out.println(instant2);
    System.out.println("for문 수행 시간: " + instant1.until(instant2, ChronoUnit.NANOS) +"
```

```
      nanos");
    }
  }
```

[실행결과]

```
2022-10-11
2023-07-22

16:53:18.483444300

2022-10-11T16:53:18.483444300

2022-10-11T07:53:18.484443100Z
2022-10-11T07:53:18.493438Z
for문 수행 시간: 8994900 nanos
```

3.2 날짜와 시간 정보 얻기

LocalDate와 LocalTime 클래스는 여러 가지 날짜와 시간 정보를 얻을 수 있는 메서드를 제공합니다. 다음은 LocalDateTime 클래스의 여러 가지 메서드를 이용해서 로컬 날짜와 시간을 각각 구하는 예제입니다. LocalTime 클래스에는 윤년 여부를 알 수 있는 메서드도 제공합니다. 각각의 클래스에서 제공하는 기능은 API 문서를 참고하세요.

[직접 코딩해 보기] java.time 패키지의 클래스로 날짜와 시간 정보 얻기

ch30/sec06/ex02/LocalDateTimeTest.java

```java
package sec06.ex02;

import java.time.LocalDateTime;

public class LocalDateTimeTest {
  public static void main(String[] args) {
    LocalDateTime now = LocalDateTime.now();
    System.out.println(now);

    System.out.println(now.getYear() +"년");
    System.out.println(now.getMonthValue() +"월");
    System.out.println(now.getDayOfMonth() +"일");
    System.out.println(now.getDayOfWeek());
    System.out.println(now.getHour()+"시");
```

```
        System.out.println(now.getMinute()+"분");
        System.out.println(now.getSecond()+"초");
    }
}
```

[실행결과]

```
2022-10-11T17:02:15.739293100

2022년
10월
11일
TUESDAY
17시
2분
```

3.3 날짜와 시간 연산하기

java.time 패키지의 클래스들은 생성한 날짜와 시간 정보를 더하거나 빼는 연산하는 기능을 제공합니다. 다음은 LocalDateTime 클래스의 날짜와 시간 메서드로 현재 시각에서 년, 월, 일을 수정해서 날짜를 출력하는 예제입니다.

[직접 코딩해 보기] 날짜 연산 메서드로 날짜 수정하기

ch30/sec06/ex02/DateTimeOperationTest.java

```
package sec06.ex03;

import java.time.LocalDateTime;

public class DateTimeOperationTest {
  public static void main(String[] args) {
    LocalDateTime now = LocalDateTime.now();
    System.out.println(now);

    LocalDateTime now2 = now.plusYears(3); //3년 증가
    System.out.println(now2);

    LocalDateTime now3 = now.minusMonths(3);   //3개월 감소
    System.out.println(now3);

    LocalDateTime now4 = now.plusDays(10); //10일 증가
    System.out.println(now4);
```

```
        }
    }
```

```
2022-10-11T17:16:34.923917300
2025-10-11T17:16:34.923917300
2022-07-11T17:16:34.923917300
2022-10-21T17:16:34.923917300
```

java.time.temporal 패키지의 TemporalAdjuster 인터페이스를 사용하면 특정 년, 월, 일에 관한 세부 정보를 쉽게 얻을 수 있습니다. TemporalAdjuster 인터페이스를 이용하면 요일 정보도 수정할 수 있습니다. 자세한 기능은 API 문서를 참고하세요.

[직접 코딩해 보기] 년, 월 정보 수정하기

ch30/sec06/ex04/TemporalAdjusterTest.java

```java
package sec06.ex04;

import java.time.LocalDateTime;
import java.time.temporal.TemporalAdjusters;

public class TemporalAdjusterTest {
  public static void main(String[] args) {
    LocalDateTime now = LocalDateTime.now();
    System.out.println(now);

    //년 정보 변경
    LocalDateTime testDateTime = null;
    testDateTime = now.with(TemporalAdjusters.firstDayOfYear());    //해의 첫 번째 날
    System.out.println(testDateTime);

    testDateTime = now.with(TemporalAdjusters.lastDayOfYear());    //올해의 마지막 날
    System.out.println(testDateTime);

    testDateTime = now.with(TemporalAdjusters.firstDayOfNextYear());    //올해의 마지막 날
    System.out.println(testDateTime);

    //월 정보 변경
    testDateTime = now.with(TemporalAdjusters.firstDayOfMonth());    //이번달의 첫 번째 날
    System.out.println(testDateTime);
```

```
    testDateTime = now.with(TemporalAdjusters.lastDayOfMonth());  //이번달의 마지막 날
    System.out.println(testDateTime);

    testDateTime = now.with(TemporalAdjusters.firstDayOfNextMonth());  //다음 달의 첫 번째 날
    System.out.println(testDateTime);
  }
}
```

[실행결과]

```
2022-10-12T12:29:00.832670200

2022-01-01T12:29:00.832670200
2022-12-31T12:29:00.832670200
2023-01-01T12:29:00.832670200

2022-10-01T12:29:00.832670200
2022-10-31T12:29:00.832670200
2022-11-01T12:29:00.832670200
```

3.4 날짜와 시간 비교하기

java.time 패키지의 클래스들은 날짜 데이터 사이의 차이나 남은 시간을 구하는 기능을 제공합니다. 다음은 until() 메서드와 between() 메서드를 이용해서 두 날짜에 사이의 남은 년, 월, 일 정보를 구하는 예제입니다. Period 클래스를 이용하면 두 날짜의 각각의 년, 월, 일의 차이를 구할 수 있습니다.

[직접 코딩해 보기] 년, 월, 일 정보 수정하기

ch30/sec06/ex05/DateTimeComapreTest.java

```java
package sec06.ex05;

import java.time.LocalDateTime;
import java.time.Period;
import java.time.temporal.ChronoUnit;

public class DateTimeComapreTest {
  public static void main(String[] args) {
    LocalDateTime beginDateTime = LocalDateTime.of(2022, 8, 1, 9, 0, 0);
    System.out.println("지원 시작 일자:" + beginDateTime);
```

```java
LocalDateTime endDateTime = LocalDateTime.of(2023, 10, 21, 9, 0, 0);
System.out.println("지원 종료 일자:" + endDateTime);

if (beginDateTime.isBefore(endDateTime)) { _____ 매개값의 날짜보다 이전 날짜인지 판별합니다.
    System.out.println("지원 가능 기간입니다.");
} else if (beginDateTime.isEqual(endDateTime)) { _____ 매개값의 날짜와 동일한 날짜인지 판별합니다.
    System.out.println("오늘이 종료일입니다.");
} else if (beginDateTime.isAfter(endDateTime)) { _____ 매개값의 날짜보다 이후 날짜인지 판별합니다.
    System.out.println("지원이 마감되었습니다.");
}

//until() 메서드
long remainYears1 = beginDateTime.until(endDateTime, ChronoUnit.YEARS);
System.out.println("남은 년: " + remainYears1);

long remainMonths1 = beginDateTime.until(endDateTime, ChronoUnit.MONTHS);
System.out.println("남은 월: " + remainMonths1);

long remainDays1 = beginDateTime.until(endDateTime, ChronoUnit.DAYS);
System.out.println("남은 일: " + remainDays1);

//between() 메서드
long remainYears2 = ChronoUnit.YEARS.between(beginDateTime, endDateTime);
System.out.println("남은 년: " + remainYears2);

long remainMonths2 = ChronoUnit.MONTHS.between(beginDateTime, endDateTime);
System.out.println("남은 월: " + remainMonths2);

long remainDays2 = ChronoUnit.DAYS.between(beginDateTime, endDateTime);
System.out.println("남은 일: " + remainDays2);

//Period의 between() 메서드
Period period = Period.between(beginDateTime.toLocalDate(), endDateTime.toLocalDate());
System.out.println("남은 년: " + period.getYears());      ┐
System.out.println("남은 월: " + period.getMonths());     ├─ 두 날짜의 년, 월, 일의 각각의 차이값을 구합니다.
System.out.println("남은 일: " + period.getDays());       ┘
    }
}
```

[실행결과]

```
지원 시작 일자: 2022-08-01T09:00
지원 종료 일자: 2023-10-21T09:00
```

```
지원 가능 기간입니다.
남은 년: 1
남은 월: 14
남은 일: 446

남은 년: 1
남은 월: 2
남은 일: 20
```

Period 클래스를 이용해서 두 날짜의 년, 월, 일 차이를 구합니다.

java.time 패키지에는 날짜나 시간을 원하는 형식으로 출력하거나, 각각의 정보를 파싱하는 기능도 제공합니다. 프로그래밍 시 필요할 때 API 문서를 참고하거나 ChatGPT를 이용해서 구현하면 됩니다.

４ 자바의 문자 세트

자바에서 다루는 여러 가지 문자 세트(문자 인코딩)를 알아보겠습니다.

4.1 아스키와 유니코드

아스키(ASCII)는 미국 정보 교환 표준 부호(American Standard Code for Infomation Interchange)의 약자로, 8비트로 영문, 특수문자, 제어코드를 표현합니다. 실제 7비트는 정보를 표현하고 첫 번째 비트(MSB)는 통신 에러 검출을 위해 사용하는 패리티 비트입니다.

패리티 비트

아스키 코드

| 0 | 1 | 2 | 3 | 4 | 5 | 6 | 7 |

그림30-1 아스키 코드의 구조

DEC	HEX	OCT	Char	DEC	HEX	OCT	Char	DEC	HEX	OCT	Char
0	00	000	Ctrl-@ NUL	43	2B	053	+	86	56	126	V
1	01	001	Ctrl-A SOH	44	2C	054	,	87	57	127	W
2	02	002	Ctrl-B STX	45	2D	055	-	88	58	130	X
3	03	003	Ctrl-C ETX	46	2E	056	.	89	59	131	Y
4	04	004	Ctrl-D EOT	47	2F	057	/	90	5A	132	Z
5	05	005	Ctrl-E ENQ	48	30	060	0	91	5B	133	[
6	06	006	Ctrl-F ACK	49	31	061	1	92	5C	134	₩
7	07	007	Ctrl-G BEL	50	32	062	2	93	5D	135	]
8	08	010	Ctrl-H BS	51	33	063	3	94	5E	136	^
9	09	011	Ctrl-I HT	52	34	064	4	95	5F	137	_
10	0A	012	Ctrl-J LF	53	35	065	5	96	60	140	`
11	0B	013	Ctrl-K VT	54	36	066	6	97	61	141	a
12	0C	014	Ctrl-L FF	55	37	067	7	98	62	142	b
13	0D	015	Ctrl-M CR	56	38	070	8	99	63	143	c
14	0E	016	Ctrl-N SO	57	39	071	9	100	64	144	d
15	0F	017	Ctrl-O SI	58	3A	072	:	101	65	145	e
16	10	020	Ctrl-P DLE	59	3B	073	;	102	66	146	f
17	11	021	Ctrl-Q DC1	60	3C	074	<	103	67	147	g
18	12	022	Ctrl-R DC2	61	3D	075	=	104	68	150	h
19	13	023	Ctrl-S DC3	62	3E	076	>	105	69	151	i
20	14	024	Ctrl-T DC4	63	3F	077	?	106	6A	152	j
21	15	025	Ctrl-U NAK	64	40	100	@	107	6B	153	k
22	16	026	Ctrl-V SYN	65	41	101	A	108	6C	154	l
23	17	027	Ctrl-W ETB	66	42	102	B	109	6D	155	m
24	18	030	Ctrl-X CAN	67	43	103	C	110	6E	156	n
25	19	031	Ctrl-Y EM	68	44	104	D	111	6F	157	o
26	1A	032	Ctrl-Z SUB	69	45	105	E	112	70	160	p
27	1B	033	Ctrl-[ESC	70	46	106	F	113	71	161	q
28	1C	034	Ctrl-₩ FS	71	47	107	G	114	72	162	r
29	1D	035	Ctrl-] GS	72	48	110	H	115	73	163	s
30	1E	036	Ctrl-^ RS	73	49	111	I	116	74	164	t
31	1F	037	Ctrl_ US	74	4A	112	J	117	75	165	u
32	20	040	Space	75	4B	113	K	118	76	166	v
33	21	041	!	76	4C	114	L	119	77	167	w
34	22	042	"	77	4D	115	M	120	78	170	x
35	23	043	#	78	4E	116	N	121	79	171	y
36	24	044	$	79	4F	117	O	122	7A	172	z
37	25	045	%	80	50	120	P	123	7B	173	{
38	26	046	&	81	51	121	Q	124	7C	174		
39	27	047	'	82	52	122	R	125	7D	175	}
40	28	050	(	83	53	123	S	126	7E	176	~
41	29	051	)	84	54	124	T	127	7F	177	DEL
42	2A	052	*	85	55	125	U				made by Lee Jae-wook

그림30-2 아스키 코드표

따라서 1바이트로 표현할 수 있는 문자의 수는 2^7=128개가 됩니다. 그러나 한글은 자음과 모음의 조합 개수만 하더라도 128개를 넘습니다. 이런 단점을 보완해서 등장한 문자 세트가 유니코드(Unicode)입니다.

유니코드는 문자를 2byte로 표현하므로, $(2^{16}=65536)$개의 문자를 표현할 수 있습니다.

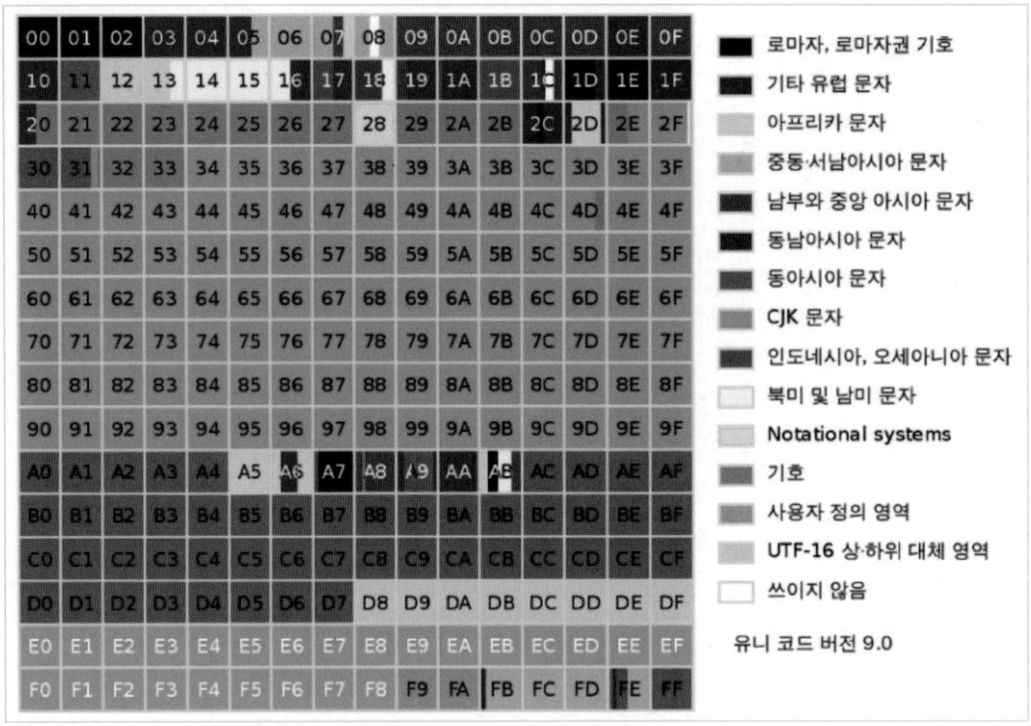

	로마자, 로마자권 기호
	기타 유럽 문자
	아프리카 문자
	중동·서남아시아 문자
	남부와 중앙 아시아 문자
	동남아시아 문자
	동아시아 문자
	CJK 문자
	인도네시아, 오세아니아 문자
	북미 및 남미 문자
	Notational systems
	기호
	사용자 정의 영역
	UTF-16 상·하위 대체 영역
	쓰이지 않음

유니 코드 버전 9.0

그림30-3 유니코드의 다국어 기본 구조

4.2 한글 전용 문자 세트(EUC-KR)

컴퓨터가 처음 나왔을 때 사용한 한글 문자 세트에는 이미 완성된 한글과 한자만 포함되었습니다. 이후 기존의 완성형 한글 문자 세트와 아스키 문자를 추가해서 2byte에 한글을 표현하는 문자 세트가 EUC-KR입니다. 또한 EUC-KR 한글 문자 세트는 2byte의 완성형 한글로 이루어져 있으므로 자주 사용되지 않는 '꽳' 같은 문자는 표현할 수 없습니다. 지금도 한글 웹 페이지에선 EUC-KR이 표준으로 사용되고 있습니다.

B0A0		가	각	간	갇	갈	갉	갊	감	갑	값	갓	갔	강	갖	갗
B0B0	같	갚	갛	개	객	갠	갤	갬	갭	갯	갰	갱	갸	갹	갼	걀
B0C0	걋	걍	걔	걘	걜	거	걱	건	걷	걸	걺	검	겁	것	겄	경
B0D0	겆	겇	겈	겉	게	겐	겔	겜	겝	겟	겠	겡	겨	격	겪	견
B0E0	겯	결	겸	겹	겻	겼	경	곁	계	곈	곌	곕	곗	고	곡	곤
B0F0	곧	골	곪	곬	곯	곰	곱	곳	공	곶	과	곽	관	괄	괆	

B1A0		괌	곱	괏	광	괘	괜	괠	괩	괬	괭	괴	괵	괸	괼	굄
B1B0	굅	굇	굉	교	굔	굘	굡	굣	구	국	군	굳	굴	굵	굶	굻
B1C0	굼	굽	굿	궁	궂	귀	귁	권	궐	궜	궝	궤	궷	귀	귁	귄
B1D0	귈	귐	귑	귓	규	균	귤	그	극	근	귿	글	긁	금	급	긋
B1E0	긍	긔	기	긱	긴	긷	길	긻	김	깁	깃	깅	깆	깊	까	깍
B1F0	깎	깐	깔	깖	깜	깝	깟	깠	깡	깥	깨	깩	깬	깰	깸	

그림30-4 모든 한글에 고유 코드를 부여한 EUC-KR 문자 세트
(출처:https://uic.io/ko/charset/show/mac-korean/)

그런데 마이크로소프트의 윈도우 운영체제에선 EUC-KR을 그대로 사용하지 않고 기존에 자주 사용하지 않는 한글도 EUC-KR에 포함해서 윈도우의 한글 문자 세트로 제공하고 있습니다. 이 문자 셋이 MS949입니다. MS-949도 완성형이며 EUC-KR과 호환이 됩니다.

다음은 영문자와 한글이 EUC-KR과 MS949 문자 세트로 표현되는 예제입니다. EUC-KR와 MS949 문자 세트는 영문자는 1byte 한글은 2byte를 할당해서 처리합니다. EUC-KR은 완성형 문자 세트이므로 지원하지 않는 '꽭' 같은 문자는 표현하지 못합니다.

[직접 코딩해 보기] EUC-KR과 MS949 문자 세트로 한글 표현하기

ch30/sec07/ex01/EUCKRAndMS949Test.java

```
package sec07.ex01;

import java.io.UnsupportedEncodingException;

public class EUCKRAndMS949Test {
    public static void main(String[] args) throws UnsupportedEncodingException {
        byte[] b1 = "a".getBytes("EUC-KR");
        byte[] b2 = "a".getBytes("MS949");
        System.out.println(b1.length);
        System.out.println(b2.length);

        //byte 데이터 --> 문자열
        System.out.println(new String(b1, "EUC-KR"));
        System.out.println(new String(b2, "MS949"));
```

```java
        byte[] b3 = "사".getBytes("EUC-KR");  _____ byte 배열을 지정한 문자 세트의 문자열로 변환합니다.
        byte[] b4 = "사".getBytes("MS949");
        System.out.println(b3.length);
        System.out.println(b4.length);

        //byte 데이터 --> 문자열                          byte 배열을 지정한 문자 세트의
        System.out.println(new String(b3, "EUC-KR")); _____ 문자열로 변환합니다.
        System.out.println(new String(b4, "MS949"));

        byte[] b5 = "꽳".getBytes("EUC-KR");   //EUC-KR에서 지원하지 않으므로 1byte가 할당됩니다.
        byte[] b6 = "꽳".getBytes("MS949");
        System.out.println(b5.length);
        System.out.println(b6.length);

        //데이터 --> 문자열
        System.out.println(new String(b5, "EUC-KR")); //EUC-KR에서 지원하지 않으므로 글자가 깨집니다.
        System.out.println(new String(b6, "MS949"));    //"꽳"

        //'가'의 EUC-KR 고유코드 출력하기
        byte[] b7 = "가".getBytes("EUC-KR");
        for(byte b : b7) {
            System.out.printf("%02X", b);  //B0A1
        }
    }
}
```

[실행결과]

```
1
1
a
a

2
2
가
가
1
2
꽳
B0A1
```

4.3 UTF-8과 UTF-16

UTF-8과 UTF-16은 대표적인 유니코드입니다. UTF-8과 UTF-16은 문자를 2byte에 저장합니다. 그런데 UTF-16은 CPU가 문자를 어떻게 읽을 지를 저장하는 정보(이것을 little Endian/Big endian이라고 합니다)를 따로 2byte를 할당해서 문자 저장 시 추가합니다.

다음은 UTF-16 문자 세트로 영문과 한글에 문자열의 고유 코드를 얻어와서 출력하는 예제입니다. UTF-16으로 문자열을 저장하면 추가로 2byte가 더 할당됩니다.

[직접 코딩해 보기] UTF-16 문자 세트 사용하기

ch30/sec07/ex02/UTF16Test.java

```java
package sec07.ex02;

import java.io.UnsupportedEncodingException;

public class UTF16Test {
  public static void main(String[] args) throws UnsupportedEncodingException {
    byte[] b1 = "aaa".getBytes("UTF-16");          ┈┈┐
    byte[] b2 = "가나다".getBytes("UTF-16");        ┈┈┘┈┈ 8byte를 출력합니다.
    System.out.println(b1.length);
    System.out.println(b2.length);

    for(byte b : b1) {                  ┈┈┐
      System.out.printf("%02X ", b);    ┊┈┈ 고유 코드를 출력합니다.
    }                                   ┈┈┘

    for(byte b : b2) {
      System.out.printf("%02X ", b);
    }

    System.out.println(new  String(b1, "UTF-16"));
    System.out.println(new  String(b2, "UTF-16"));
  }
}
```

[실행결과]

```
8
8

FE FF 00 61 00 61 00 61
```

```
FE FF AC 00 B0 98 B2 E4

aaa
가나다
```

다음은 UTF-8에 관해서 알아보겠습니다. UTF-8은 현재 가장 많이 사용되는 유니코드 문자 세트입니다. UTF-8은 세계 모든 문자를 포함할 수 있도록 바이트를 이용해서 문자를 표현합니다. 영문은 1byte가 할당되고, 한글은 3byte가 할당됩니다.

다음은 UTF-8로 문자열을 다루는 예제입니다. 영문자에는 1byte가 할당되고, 한글에는 한 문자당 3byte가 할당됩니다.

[직접 코딩해 보기] UTF-8 문자 세트 사용하기

ch30/sec07/ex03/UTF8Test.java

```java
package sec07.ex03;

import java.io.UnsupportedEncodingException;

public class UTF8Test {
  public static void main(String[] args) throws UnsupportedEncodingException {
    byte[] b1 = "aaa".getBytes("UTF-8");
    byte[] b2 = "가나다".getBytes("UTF-8");

    System.out.println(b1.length);   //3byte
    System.out.println(b2.length);   //9byte

    for(byte b : b1) {
      System.out.printf("%02X ", b);
    }

    for(byte b : b2) {
      System.out.printf("%02X ", b);
    }

    System.out.println(new  String(b1, "UTF-8"));
    System.out.println(new  String(b2, "UTF-8"));
  }
}
```

[실행결과]

```
3
9

61 61 61
EA B0 80 EB 82 98 EB 8B A4

aaa
가나다
```

4.4 Charset 클래스로 문자열 다루기

자바의 Charset 클래스를 이용하면 문자 세트 정보를 얻거나 설정할 수 있습니다.

다음은 Charset의 메서드를 이용해서 시스템에서 제공하는 문자 정보를 얻는 예제입니다. forName() 메서드의 매개값으로 문자 세트 이름을 전달하면 해당 문자 세트 객체를 리턴합니다. 만약 시스템에서 해당 문자 세트를 지원하지 않으면 **UnsupportedEncodingException** 예외를 발생시킵니다. x-windows-949는 MS949 문자 세트와 호환되는 문자 세트입니다(윈도우에선 MS949가 기본 문자 세트이고, 맥 운영체제에선 UTF-8이 기본 문자 세트입니다).

[직접 코딩해 보기] Charset을 이용해서 문자 세트 정보 알아보기

ch30/sec08/ex01/CharsetTest1.java

```java
package sec08.ex01;

import java.nio.charset.Charset;

public class CharsetTest1 {
  public static void main(String[] args) {
    Charset cs1 = Charset.defaultCharset();      //시스템의 기본 문자 세트를 얻습니다.
    Charset cs2 = Charset.forName("MS949");      //MS949 문자 세트 객체를 리턴합니다.
    Charset cs3 = Charset.forName("UTF-8");      //UTF-8 문자 세트 객체를 리턴합니다.

    System.out.println(cs1);
    System.out.println(cs2);  //x-windows-949
    System.out.println(cs3);

    System.out.println(Charset.isSupported("MS949"));  //시스템의 MS949를 지원 여부를 판별합니다.
    System.out.println(Charset.isSupported("UTF-8"));  //시스템의 UTF-8을 지원 여부를 판별합니다.
  }
```

```
    }
```

```
UTF-8
x-windows-949
UTF-8

true
true
```

다음은 getBytes() 메서드로 문자열을 byte 데이터로 변환 시, Charset의 메서드를 이용해서 변환되는 문자에 Charset를 이용해서 명시적으로 문자 세트를 지정하는 예제입니다. getByte() 메서드로 문자 세트 지정 시, 매개값을 지정하지 않으면 운영체제(이클립스 사용 시 이클립스에 설정한 문자 세트)로 변환됩니다.

[직접 코딩해 보기] Charset를 이용해서 명시적으로 문자 세트 지정하기

ch30/sec08/ex02/CharsetTest2.java

```java
package sec08.ex02;

import java.io.UnsupportedEncodingException;
import java.nio.charset.Charset;

public class CharsetTest2 {
    public static void main(String[] args) throws UnsupportedEncodingException {
        byte[] b1 = "사과".getBytes();   //이클립스의 기본 문자 세트가 적용 (UTF-8)
        byte[] b2 = "사과".getBytes(Charset.defaultCharset());    //UTF-8
        byte[] b3 = "사과".getBytes(Charset.forName("MS949"));    //2바이트
        byte[] b4 = "사과".getBytes("UTF-8");

        System.out.println(b1.length);
        System.out.println(b2.length);
        System.out.println(b3.length);
        System.out.println(b4.length);
    }
}
```

[실행결과]

```
6
6
4
6
```

다음은 byte[] 배열 데이터를 다시 문자열로 변환 시 Charset를 이용해서 명시적으로 문자 세트를
적용하는 예제입니다. 문자열로 변환 시 반드시 byte[] 배열에 사용된 문자 세트로 변환해야 원래
의 한글이 출력됩니다.

[직접 코딩해 보기] 배열에 명시적으로 문자 세트 지정하기

ch30/sec08/ex03/CharsetTest3.java

```java
package sec08.ex03;

import java.io.UnsupportedEncodingException;
import java.nio.charset.Charset;

public class CharsetTest3 {
  public static void main(String[] args) throws UnsupportedEncodingException {
    byte[] b1 = "사과".getBytes("UTF-8");

    String str1 = new String(b1);
    String str2 = new String(b1, Charset.defaultCharset());
    String str3 = new String(b1, Charset.forName("MS949"));  ········ 원래의 문자 세트와 다른 문자 세트로
    String str4 = new String(b1, "UTF-8");                            변환되므로 정상적으로 변환되지
                                                                      않습니다.
    System.out.println(str1);
    System.out.println(str2);
    System.out.println(str3);
    System.out.println(str4);
  }
}
```

[실행결과]

```
사과
사과
?귧怨?    ●────── 다른 문자 세트로 변환 시 한글이 깨집니다.
사과
```

4.5 다른 문자 세트로 변환하기

자바 프로그램이 네트워크나 데이터베이스 등 다른 문자 세트를 사용하는 시스템과 데이터를
주고 받을 경우, 원래의 문자 세트를 변환해서 전달하는 경우가 있습니다. 다음은 한글 문자열
을 EUC-KR로 변환 후, 다시 UTF-8로 변환하는 예제입니다. 자바에선 다른 문자 세트로 변환 시
String 객체로 먼저 변환 후, 다른 문자 세트로 변환합니다.

[직접 코딩해 보기] 다른 문자 세트로 변환하기

ch30/sec08/ex04/CharsetConversionTest.java

```
package sec08.ex04;

import java.io.UnsupportedEncodingException;
import java.nio.charset.Charset;

public class CharsetConversionTest {
  public static void main(String[] args) throws UnsupportedEncodingException {
    String originalStr = "안녕";
    System.out.println("원본 문자열: " + originalStr);
                                                        // String 객체 문자열을 EUC-KR로 인코딩합니다.
    byte[] euckrStringBuffer = originalStr.getBytes(Charset.forName("EUC-KR"));
    System.out.println("EUC-KR 문자열 길이: " + euckrStringBuffer.length);
                                                        // byte[] 데이터를 EUC-KR
    String decodedFromEucKr = new String(euckrStringBuffer, "EUC-KR");   // 문자열로 디코딩합니다.
    System.out.println("EUC-KR로 변환된 문자열: " + decodedFromEucKr)
                                                        // String 객체 문자열을
    byte[] utf8StringBuffer = decodedFromEucKr.getBytes("UTF-8");   // UTF-8로 인코딩합니다.
    System.out.println("UTF-8 문자열 길이: " + utf8StringBuffer.length);
    String decodedFromUtf8 = new String(utf8StringBuffer, "UTF-8");   // byte[] 데이터를 UTF-8
    System.out.println("UTF-8로 변환된 문자열: " + decodedFromUtf8);   // 문자열로 디코딩합니다.
  }
}
```

[실행결과]

```
원본 문자열: 안녕

EUC-KR 문자열 길이: 4
EUC-KR로 변환된 문자열: 안녕

UTF-8 문자열 길이: 6
UTF-8로 변환된 문자열: 안녕
```

31장

부록

> **시작 전 가볍게 읽기** <

자바 프로그래밍 시 사용되는 컴퓨터 관련 지식과
자바 관련 기능을 알아봅니다.

1 여러 가지 수 체계

2 자바의 음수 표현법

3 자바의 실수 표현법

4 비트 연산자와 시프트 연산자

5 JVM 구조

6 같은 파일에 여러 클래스 선언하기

7 롬복 사용하기

8 재귀 메서드

9 자바 라이브러리 만들기

10 모듈 만들기

11 자바 표준 모듈

12 JDK 구성 요소들

1 여러 가지 수 체계

사람은 일상생활에서 10진수를 주로 사용합니다. 반면에 컴퓨터는 명령어나 데이터를 2진수로 변환해서 사용합니다. 8진수와 16진수도 2진수를 다룰 때 많이 사용합니다. 따라서 2진수, 8진수, 10진수, 16진수 간에 어떻게 변환되는지 알아두면 프로그래밍 시 편리합니다.

10진수	2진수	8진수	16진수
0	0000	0	0
1	0001	1	1
2	0010	2	2
3	0011	3	3
4	0100	4	4
5	0101	5	5
6	0110	6	6
7	0111	7	7
8	1000	10	8
9	1001	11	9
10	1010	12	A
11	1011	13	B
12	1100	14	C
13	1101	15	D
14	1110	16	E
15	1111	17	F

표31-1 컴퓨터에서 사용되는 여러 가지 진수

1.1 10진수와 2진수 사이 변환하기

10진수 88을 2진수로 변환하는 방법입니다. 88을 2진수로 변환하는 과정입니다.

① 그림처럼 2로 88을 나눈 후 몫과 나머지를 그림처럼 표시합니다.
② 그림처럼 몫을 2로 계속 나눈 후, 나머지를 표시합니다.
③ 2로 더 이상 나누어 지지 않으면 나머지를 아래에서 위로 차례대로 나열하면 88에 대한 2진수 01011000₂을 얻습니다.

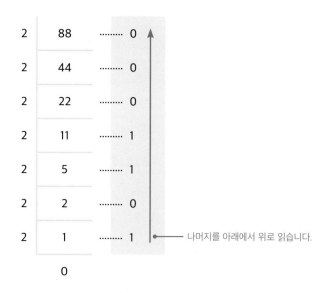

그림31-1 정수 88을 2진수로 변환하는 과정

반대로 이번에는 01011000_2을 10진수로 변환하는 방법입니다. 2진수의 각 자리는 그림처럼 자리수에 해당되는 가중치가 부여됩니다. 그 가중치와 각 자리의 2진수를 곱해서 더하면 됩니다.

2진수	0	1	0	1	1	0	0	0
가중치	2^7	2^6	2^5	2^4	2^3	2^2	2^1	2^0
10진수		64		16	8			

0을 곱한 경우를 제외하고 합을 구해보면

$$01011000_2 = 2^6 + 2^4 + 2^3 = 88$$

을 구할 수 있습니다.

1.2 2진수에서 8진수와 16진수로 변환하기

프로그래밍 시 2진수에서 8진수나 16진수로 변환해서 사용하는 경우가 자주 있습니다. 먼저 2진수에서 8진수로 변환하는 방법입니다.

① 2진수를 우측 비트부터 세 개씩 구분합니다.
② 각각의 비트를 가중치와 곱해서 합을 구합니다.
③ 세 자리마다 합을 구한 후, 좌측에서 나열하면 8진수가 됩니다.

2진수	0	1	0	1	1	0	0	0
가중치	2^1	2^0	2^2	2^1	2^0	2^2	2^1	2^0
8진수	2^0		$2^1 + 2^0$			0		

따라서

$$01011000_2 = 130_8$$

이 됩니다.

반대로 130_8를 2진수로 변환하려면 각각의 자릿수를 3개 비트를 갖는 2진수로 변환 후 차례대로 나열하면 됩니다.

① 1은 001_2로 변환됩니다.

② 3은 011_2로 변환됩니다.

③ 0은 000_2으로 변환됩니다.

차례대로 나열하면

$$130_8 = 001011000_2$$

이 됩니다.

다음은 2진수를 16진수로 변환하는 방법입니다. 16진수는 2진수를 4개씩 구분해서 작업합니다.

④ 2진수를 우측 비트부터 네 개씩 구분합니다.

⑤ 각각의 비트를 가중치와 곱해서 합을 구합니다.

⑥ 네 자리 마다 합을 구한 후, 좌측에서 나열하면 16진수가 됩니다.

2진수	0	1	0	1	1	0	0	0
가중치	2^3	2^2	2^1	2^0	2^3	2^2	2^1	2^0
16진수	$2^3 + 2^0$				2^3			

따라서

$$01011000_2 = 58_{16}$$

이 됩니다.

16진수를 2진수로 변환하는 방법은 8진수의 과정과 동일합니다.

① 5를 0101$_2$로 변환합니다.

② 8을 1000$_2$으로 변환합니다.

따라서

$$58_{16} = 01011000_2$$

이 됩니다. 8진수와 16진수 사이의 변환을 원래의 수를 먼저 2진수로 변환 후 다른 진수의 수로 변환하면 됩니다.

다음은 Integer 클래스의 정적 메서드를 이용해서 10진수를 2진수, 8진수, 16진수로 변환하는 예제입니다.

[직접 코딩해 보기] Integer 클래스를 이용해서 진수 변환하기

ch31/sec01/ex01/NumberConversionTest.java

```java
package sec01.ex01;

public class NumberConversionTest {
  public static void main(String[] args) {
    int decimal = 88;
    String binary = Integer.toBinaryString(decimal);      //10진수 -> 2진수
    String octal = Integer.toOctalString(decimal);        //10진수 -> 8진수
    String hexaDecimal = Integer.toHexString(decimal);    //10진수 -> 16진수
    System.out.println("10진수: " + decimal);
    System.out.println("2진수: " + binary);
    System.out.println("8진수: " + octal);
    System.out.println("16진수: " + hexaDecimal);
  }
}
```

[실행결과]

```
10진수: 88
2진수: 1011000
8진수: 130
16진수: 58
```

2 자바의 음수 표현법

자바에서 정수를 2진수로 변환해서 메모리에 저장하면 가장 왼쪽 비트는 부호 비트로 사용되고, MSB(Most Significant Bit)라고 부릅니다. 자바에서 임의의 정수를 표현하려면 2의 보수를 취한 후, 1을 더해주면 됩니다. 다음은 음의 정수 -10을 얻는 과정입니다.

그림31-2 음수 -10을 얻는 과정

다음은 양의 정수 10을 이용해서 음의 정수 -10을 만드는 예제입니다. 자바는 음수를 2의 보수를 이용해서 표현합니다.

[직접 코딩해 보기] 정수 -10 얻기

ch31/sec02/ex01/MinusIntegerTest1.java

```java
package sec02.ex01;

public class MinusIntegerTest1 {
  public static void main(String[] args) {
    int num1 = 0b1010;  //양의 정수 10
    int num2 = ~0b1010;  //양의 정수 10의 보수
    int num3 = num2 + 1;  //양의 정수 10의 보수에 1을 더합니다.
    int num4 = ~0b1010 + 1; //양의 정수 10의 보수에 1을 더합니다.

    System.out.println(num1);
    System.out.println(num2);
    System.out.println(num3);
    System.out.println(num4);
  }
}
```

```
10
-11
-10
-10
```

다음은 정수 10과 -10을 더한 결과를 출력하는 예제입니다. 2진수로 표현된 10과 -10을 더하면 0
이 됩니다.

[직접 코딩해 보기] 10과 -10 더하기

ch31/sec02/ex01/MinusIntegerTest2.java

```java
package sec02.ex01;

public class MinusIntegerTest2 {
  public static void main(String[] args) {
    int num1 = 0b1010;
    int num2 = ~0b1010 + 1;

    System.out.println("num1: " + num1);
    System.out.println("num2: " + num2);
    System.out.println("num1 + num2: " + (num1 + num2));    //10과 -10을 더하면 0이 됩니다.
  }
}
```

[실행결과]

```
num: 10
num2: -10
num1 + num2: 0
```

3 자바의 실수 표현법

자바의 정수는 2진수로 변환해서 메모리에 저장합니다. 실수도 역시 0과 1로 저장해야 하는데 이렇게 실수를 2진수로 표현하는 방식을 **부동소수점 표현 방식**이라고 합니다.

3.1 부동 소수점 표현 방식

표31-2은 float와 double 타입 실수의 부호부, 지수부, 가수부에 할당되는 비트 수를 나타내고 있습니다. double 타입은 float 타입보다 할당되는 비트 수가 크므로 더 크고 더 정밀하게 실수를 표현할 수 있습니다.

자료형	크기	부호	지수	가수
float	32비트	1비트	8비트	23비트
double	64비트	1비트	11비트	52비트

표31-2 float와 double 자료 타입의 부동소수점 저장 방식

그림31-3은 실수를 부동소수점 방식으로 표현하는 형식입니다. 일단 컴퓨터는 실수를 부동소수점 표현 방식으로 변환한 후 각각의 해당되는 부분을 2진수로 변환해서 저장합니다.

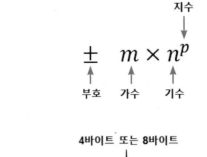

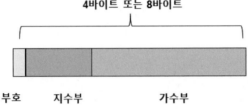

그림31-3 실수의 부동 소수점 표현 방식

다음은 float형 실수가 실제 메모리에 저장되는 과정을 설명하고 있습니다.

1 _ 실수를 정수 부분이 한 개만 남도록 소수점을 이동시킨 후 지수 표기법으로 변환합니다.

2 _ 부호부, 지수부, 가수부를 지수 표기법 형식에 따라서 2진수로 변환 후 32비트에 나누어서 저장합니다.

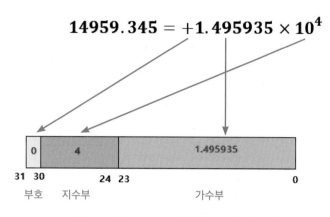

그림31-4 실수 14959.345의 부동 소수점 표현 방식

컴퓨터는 2진수로 변환해서 데이터를 연산 후 결과를 출력합니다. 따라서 자바에서 실수끼리 연산 시 필연적으로 오차가 발생합니다. 다음처럼 3.0에서 2.1을 빼면 자바에선 0.9가 아니라 다른 결과가 나옵니다. 부동 소수점 방식은 거듭제곱과 기타 공식을 이용해서 근사치를 표현하는 방식이기 때문입니다.

```
System.out.println(3.0 - 2.1);    // 0.8999999999999999
```

3.2 BigInteger와 BigDecimal 클래스

금융이나 과학 분야에선 자바에서 제공하는 정수 범위보다 더 큰 수와 더 정밀한 계산이 필요한 경우가 발생합니다. 그러나 기존의 부동 소수점 방식으로는 정밀한 결과를 얻을 수 없었으므로, 자바에선 BigInteger와 BigDecimal 클래스를 제공해서 정밀한 계산 결과를 얻을 수 있게 했습니다.

다음은 BigInteger 클래스를 이용해서 Long 타입 정수 범위보다 더 큰 정수를 계산하는 예제입니다. 금융이나 과학분야에선 Long 타입 정수의 범위보다 더 큰 정수들을 다루는 경우가 있으므로 편리하게 사용할 수 있습니다.

[직접 코딩해 보기] BigInteger 사용하여 큰 정수 계산하기

ch31/sec03/ex01/BigIntegerTest.java

```java
package sec02.ex01;

import java.math.BigInteger;

public class BigIntegerTest {
  public static void main(String[] args) {
    System.out.println("Long 타입 최대 정수: " + Long.MAX_VALUE);
    System.out.println("Long 타입 최소 정수:" + Long.MIN_VALUE);

    BigInteger bValue1 = new BigInteger("100000000000000000000");
    BigInteger bValue2 = new BigInteger("-99999999999999999999");
    BigInteger addResult = bValue1.add(bValue2);
    BigInteger mulResult = bValue1.multiply(bValue2);

    System.out.println("큰 수의 덧셈 결과: " + addResult);
    System.out.println("큰 수의 곱셈 결과:" + mulResult);
  }
}
```

메서드를 이용해서 Long형 int 범위를 넘어서는 정수들을 계산합니다.

[실행결과]

```
Long 타입 최대 정수: 9223372036854775807
Long 타입 최소 정수: -9223372036854775808

큰 수의 덧셈 결과: 1
큰 수의 곱셈 결과: -9999999999999999999900000000000000000000
```

다음은 BigDecimal을 이용해서 두 실수의 차와 나눈 결과를 얻는 예제입니다. 자바에서 3.0에서 2.1을 뺀 결과값은 오차가 발생합니다. 그러나 BigDecimal을 이용해서 계산하면 오차가 발생하지 않습니다.

[직접 코딩해 보기] BigDecimal 사용하여 두 실수 연산하기

ch31/sec03/ex01/BigDecimalTest.java

```java
package sec02.ex01;

import java.math.BigDecimal;

public class BigDecimalTest {
```

```
public static void main(String[] args) {
    System.out.println(3.0 - 2.1);

    BigDecimal d1 = new BigDecimal("3.00");
    BigDecimal d2 = new BigDecimal("2.1");
    BigDecimal d3 = d1.subtract(d2); ----------------------- 메서드를 이용해서 두 실수의 차를 구합니다.

    double result1 = d3.doubleValue();
    System.out.println("뺀 결과: " + result1);

    BigDecimal d4 = d1.divide(d2, 3, BigDecimal.ROUND_CEILING); ------- 실수로 나눈 결과를 소수점 이하
    double result2 = d4.doubleValue();                                  넷째 자리에서 반올림합니다.
    System.out.println("나눈 결과: " + result2);
  }
}
```

[실행결과]

0.8999999999999999

뺀 결과: 0.9
나눈 결과: 1.429

4 비트 연산자와 시프트 연산자

비트 연산자와 시프트 연산자는 비트 단위로 연산을 수행합니다. 먼저 비트 연산자를 알아보
겠습니다.

4.1 비트 연산자

다음은 비트 연산자 종류를 나타냅니다. 비트 연산자의 동작은 비교 연산자와 유사합니다. 그러
나 비교 연산자와는 달리 각각 연산자의 기호는 한 개만 사용합니다.

연산자	의미	설명
&	논리곱(AND)	두 비트 모두 1일 때만 1

|	논리합(OR)	두 비트 중 한 개만 1이면 1
^	배타적 논리합(XOR)	두 비트의 값이 다르면 1
~	부정(NOT)	비트 반전

표31-3 여러가지 비트 연산자

다음은 두 개의 비트에 각각의 비트 연산자를 수행한 결과입니다. A^B는 두 비트의 값이 다른 경우 1을 출력합니다.

A	B	A & B	A | B	A ^ B
0	0	0	0	0
0	1	0	1	1
1	0	0	1	1
1	1	1	1	0

A	~A
0	1
1	0

표31-4 비트 연산자의 진리표

다음은 두 정수 8과 25에 & 연산을 수행하는 과정입니다. 두 정수는 2진수로 변환 후 각각의 비트에 논리곱 연산을 수행합니다. 두 비트가 모두 1인 경우에만 1이 됩니다. 최종 결과값은 24가 됩니다.

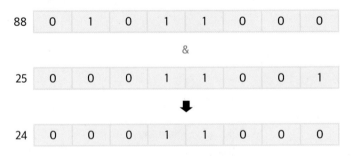

그림31-5 88 & 25의 수행 과정

다음은 88과 25의 각 비트에 논리합(|) 연산을 수행하는 과정입니다. 두 비트 중 한 개만 1이면 1이 됩니다. 최종 결과값은 89가 됩니다.

그림31-6 88 | 25의 수행 과정

다음은 88에 ~연산을 수행하는 과정입니다. 최종 값은 -89가 됩니다.

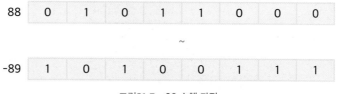

그림31-7 ~88 수행 과정

다음은 88과 25에 각각의 비트 연산자를 적용해서 결과를 출력하는 예제입니다.

[직접 코딩해 보기] 비트 연산자 사용하기

ch31/sec04/ex01/BitOperatorTest.java

```java
package sec03.ex01;

public class BitOperatorTest {
  public static void main(String[] args) {
    System.out.println("88 & 25 = " + (88 & 25));
    System.out.println("01011000 & 00011001 = " + (0b01011000 & 0b00011001));

    System.out.println("88 | 25 = " + (88 | 25));
    System.out.println("01011000 | 00011001 = " + (0b01011000 | 0b00011001));

    System.out.println("88 ^ 25 = " + (88 ^ 25));
    System.out.println("01011000 ^ 00011001 = " + (0b01011000 ^ 0b00011001));

    System.out.println("~88 = " + (~88));
    System.out.println("~01011000 = " + ~0b01011000);
  }
}
```

```
88 & 25 = 24
01011000 & 00011001 = 24

88 | 25 = 89
01011000 | 0011001 = 89

88 ^ 25 = 65
01011000 ^ 00011001 = 65

~88 = -89
~01011000 = -89
```

4.2 시프트 연산자

시프트 연산자는 비트를 좌우로 이동시키는 기능을 합니다.

연산자	설명
x<<y	정수 x의 각 비트를 y만큼 왼쪽으로 이동시킵니다(빈 자리는 0으로 채워집니다).
x>>y	정수 y의 각 비트를 오른쪽으로 이동시킵니다(빈 자리는 정수의 최상위 비트로 채워집니다).
x>>>y	정수 x의 각 비트는 y만큼 오른쪽으로 이동시킵니다(빈 자리는 0으로 채웁니다).

다음 정수 2를 왼쪽으로 3비트 이동시키는 과정입니다. 2 << 3은 2를 32비트로 표현한 다음 왼쪽으로 3비트 이동시킵니다. 비트를 3비트 이동할 때 맨 왼쪽 3비트는 밀려서 버려지고, 맨 오른쪽에는 0으로 채워집니다. 따라서 최종값은 16이 됩니다.

그림31-8 2 << 3 수행 과정

다음은 정수 16을 우측으로 3비트 이동하는 과정입니다. 16 >> 3은 16을 32비트로 표현한 다음, 오른쪽으로 3비트 이동시킵니다. 맨 오른쪽 3비트는 버려지고, 맨 왼쪽 3비트는 최상위 부호 비트와 같은 0으로 채워집니다.

그림31-9 16 >> 3 수행 과정

다음은 음의 정수인 -16을 오른쪽으로 3비트 이동하는 과정입니다. 음수를 오른쪽으로 이동하면 맨 왼쪽의 3비트는 부호 비트의 값인 1로 채워지고, 맨 오른쪽의 3비트는 버려지게 됩니다. 따라서 최종값은 -2가 됩니다.

그림31-10 -16 >> 3 수행 과정

다음은 -16을 3비트 오른쪽으로 논리적 시프트 연산자를 이용해서 이동하는 과정입니다. 논리적 시프트 연산자로 이동하면 맨 왼쪽의 3비트는 0으로 채워집니다.

그림31-11 16 >>> 3 수행 과정

다음은 앞에서 알아본 시프트 연산자 실습 예제입니다. 시프트 연산자는 데이터 암호화 작업이나 IOT와 같은 전자 기기 제어 작업등에 많이 사용됩니다.

[직접 코딩해 보기] 시프트 연산자 사용하기

ch31/sec04/ex01/ShiftOperatorTest.java

```java
package sec03.ex01;

public class ShiftOperatorTest {
  public static void main(String[] args) {
    System.out.println("2 << 3 = " + (2 << 3));
    System.out.println("16 >> 3 = " + (16 >> 3));
    System.out.println("-16 >> 3 = " + (-16 >> 3));
    System.out.println("-16 >>> 3 = " + (-16 >>> 3));
  }
}
```

[실행결과]

```
2 << 3 = 16
16 >> 3 = 2
-16 >> 3 = -2
-16 >>> 3 = 536870910
```

5 JVM 구조

자바 프로그램 실행 시 JVM은 프로그램 실행을 위한 메모리를 할당해서 각각의 기능에 맞게 메모리를 사용합니다.

5.1 JVM의 전체 구조

JVM의 메모리 구조를 알아보기 전에 먼저 JVM의 전체적인 실행 과정을 세부적으로 알아보겠습니다. 다음은 자바 소스를 작성한 후, 컴파일해서 실행 시 JVM이 실행되어 자바 프로그램을 실행하는 과정입니다.

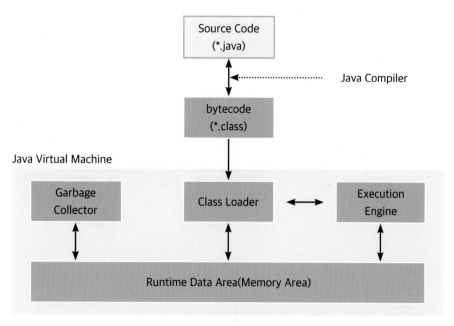

그림31-12 자바 프로그램 실행 과정

1 _ Source Code

프로그래머가 작성한 코드를 Java Compiler가 컴파일합니다.

2 _ bytecode:

JVM이 실행 시 bytecode를 Class Loader로 보냅니다.

3 _ Class Loader:

JVM 내로 클래스 파일을 로드하고, 링크를 통해 배치하는 작업을 수행하는 모듈입니다.
런타임 시에 동적으로 클래스를 로드합니다.

4 _ Execution Engine:

Class Loader에 저장된 bytecode를 해석해서 명령어 단위로 분류한 후, 하나씩 실행합니다.

5 _ Garbage Collector

사용하지 않거나 필요 없는 객체들을 메모리에서 제거합니다.

6 _ Runtime Data Area(Memory Area)

프로그램 실행을 위해서 JVM이 운영체제로부터 할당받은 메모리 영역입니다.

5.2 JVM 메모리 구조

JVM 메모리는 크게 5개 영역으로 나눌 수 있습니다.

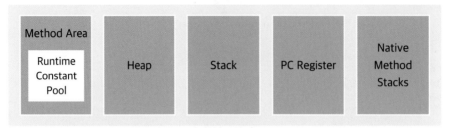

그림31-13 JVM Runtime 메모리 구조

1 _ Method Area

JVM이 실행되면서 할당되는 영역입니다.

Class 정보 전역변수 정보, static 변수 정보가 저장됩니다.

Runtime Constant Pool에는 '상수' 정보가 저장됩니다.

모든 스레드 정보가 공유됩니다.

2 _ Heap

new 연산자로 생성된 객체, 배열같은 동적으로 생성된 데이터가 저장되는 영역입니다.

Heap에 저장된 데이터는 Garbage Collector가 처리하지 않는 한 소멸되지 않습니다.

참조 타입 데이터가 저장됩니다.

3 _ Stack

메서드 호출 시 지역변수나 매개변수가 생성되는 영역입니다.

4 _ PC Register

스레드 생성 시 생성되는 영역입니다.

JVM이 실행하고 있는 현재 위치를 저장하는 역할을 합니다.

5 _ Native Method Stack

Java 외에 다른 언어(C, C++)로 구성된 메서드 실행 시 사용되는 영역입니다.

다음은 new 연산자로 Student 객체 생성 후, Student 타입 참조 변수에 대입 시, 메모리의 구조를 나타냅니다. Student 객체는 Heap 영역에 생성됩니다. 반면에 main() 메서드 내에서 선언된 변수 s는 Stack 영역에 생성되어서 main() 메서드가 종료하면 Stack 영역에서 소멸됩니다.

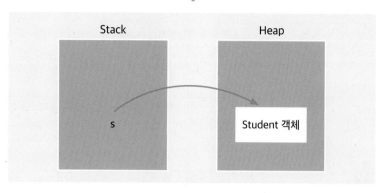

Student s = new Student();

그림31-14 객체 생성 시 메모리 구조

6 같은 파일에 여러 클래스 선언하기

자바 프로그래밍 시 하나의 파일에는 하나의 클래스만 선언해서 사용하는 것이 일반적입니다. 그러나 클래스의 기능이 간단한 경우는 같은 파일에 두 개의 클래스를 선언해서 사용할 수 있습니다. 다음은 한 개의 파일에 여러 개의 클래스를 선언하는 방법입니다.

올바른 작성 예	설명
파일명: Student.java public class Student {...} class Student2{...}	public으로 선언된 클래스가 존재하는 경우, 소스 파일의 이름은 반드시 public으로 선언된 클래스와 같아야 합니다.
파일명: Student.java class Student {...} class Student2 {...}	public으로 선언된 class가 없는 경우, 소스 파일 이름은 둘 중 어떤 클래스 이름도 가능합니다.

다음은 잘못 작성한 예입니다.

잘못 작성 예	설명
파일명: Student.java public class Student {...} public class Student2 {...}	하나의 파일에서는 public으로 선언된 class가 두 개가 되어서는 안됩니다.
파일명: Student.java public class Student1 {...} class Student2 {...}	소스 파일의 이름이 public으로 선언된 클래스의 이름과 일치하지 않습니다.
파일명: student1.java public class Student1 {...} class Student2 {...}	소스 파일 이름과 public으로 선언된 클래스의 이름과 대소문자까지 일치하지 않습니다.

7 롬복 사용하기

VO 클래스 작성 시 필드의 개수가 많아지면 작성해야 할 getter/setter 메서드도 많아집니다. 따라서 오픈 소스 라이브러리인 롬복(Lombok)에서 제공하는 어노테이션을 사용하면 getter, setter, 생성자, toString(), hashCode()를 자동으로 생성할 수 있습니다.

먼저 롬복 라이브러리를 다운로드받아서 설치합니다.

1 _ 구글에서 "lombok 다운로드"로 검색 후, 다운로드 링크를 클릭합니다.

그림31-15 롬복 검색

2 _ "Download 1.18.24"를 클릭해서 다운로드받습니다.

그림31-16 롬복 다운로드 링크 클릭

3 _ 윈도우 검색창에 [**명령 프롬프트**] 입력 후, [**관리자 권한으로 실행**]을 선택해서 명령 프롬프트를 실행합니다.

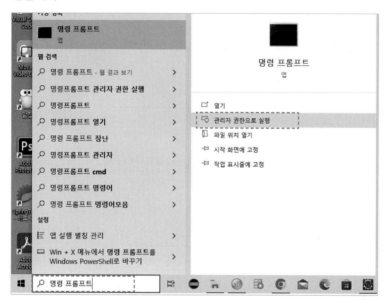

그림31-17 명령 프롬프트 실행

4 _ 다운로드받은 위치로 이동한 후, 명령 프롬프트에서 다음과 같이 명령어를 입력해서 lombok.jar를 실행합니다.

```
java -jar lombok.jar
```

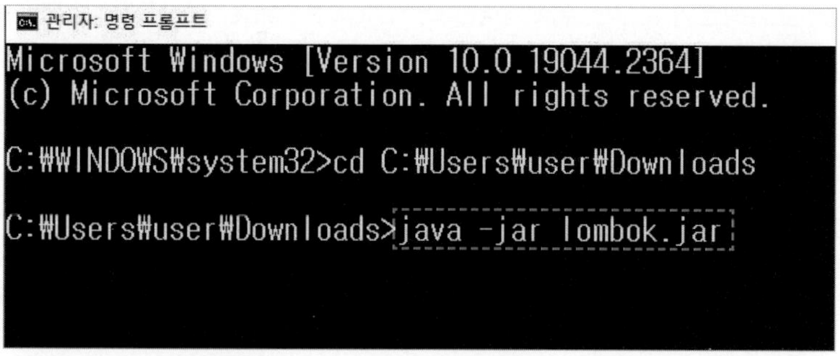

그림31-18 명령 프롬프트 화면

5 _ 롬복을 설치할 IDE를 자동으로 검색하면, [install/update]를 클릭합니다.

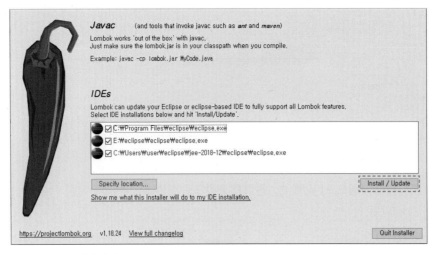

그림31-19 롬복 설치 화면 1

6 _ 설치가 완료되었으면, [Quit Installer]를 클릭합니다.

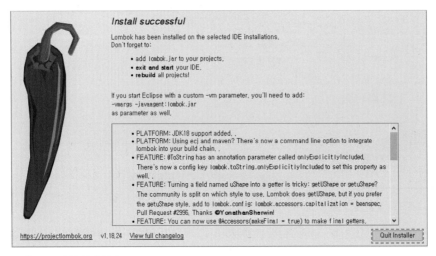

그림31-20 롬복 설치 화면 2

7 _ 이클립스를 재실행 한 후, 프로젝트명 **마우스 위치 > 우클릭** > New > Folder 를 선택해서 "lib"로 새
폴더를 만들어준 후, lombok.jar를 붙여 넣습니다.

- ∨ 🗁 ch31
  - > ➤ JRE System Library [jre]
  - > 🗃 src
  - > ➤ Referenced Libraries
  - ∨ 🗁 lib
    - 📄 lombok.jar

그림31-21 롬복 파일 배치

8 _ lombok.jar를 마우스 선택 후, **우클릭 > Build Path > Add to Build Path**을 선택해서 프로젝트에서 라이브러리를 사용할 수 있게 합니다.

```
∨ 🗂 ch31
  > ➡️ JRE System Library [jre]
  > 🔧 src
  ∨ ➡️ Referenced Libraries
    > 🔟 lombok.jar
  ∨ 📂 lib
      📄 lombok.jar
```

그림31-22 롬복 라이브러리 활성화

다음은 롬복에서 사용되는 어노테이션들입니다. 각각의 어노테이션을 이용해서 클래스의 getter, setter, 생성자, toString(), hashCode(), equals() 메서드를 포함할 수 있습니다. 이 모든 것을 한 꺼번에 지정하고 싶으면 @Data로 지정하면 됩니다.

어노테이션	설명
@Getter	Getter 메서드 추가
@Setter	Setter 메서드 추가
@EqualsAndHashCode	equals()와 hashCode() 메서드 추가
@ToString	toString() 메서드 추가
@NoArgsConstructor	기본 생성자 추가
@AllArgsConstructor	모든 필드 초기화 생성자 추가
@RequiredConstructor	final 또는 @NonNull로 지정된 필드만 초기화시키는 생성자 추가
@NonNull	지정한 필드에 null을 허용하지 않음
@Data	모든 어노테이션의 요소들을 추가(매개변수 있는 생성자는 제외)

표31-4 롬복의 여러가지 어노테이션

다음은 MemberVO 클래스에 각각이 롬복 어노테이션을 적용한 예제입니다. 롬복 어노테이션을 적용하면 자동으로 해당 어노테이션의 코드를 추가해 줍니다.

[직접 코딩해 보기] MemberVO 클래스에 lombok 어노테이션 적용하기

ch31/sec05/ex01/MemberVO.java

```
package sec05.ex01;

import lombok.AllArgsConstructor;
import lombok.Data;
import lombok.Getter;
import lombok.NoArgsConstructor;
```

```
import lombok.Setter;
import lombok.ToString;

//@Data _____ @AllArgsConstructor를 제외한 모든 어노테이션의 요소들을 한 번에 추가합니다.
@Getter
@Setter
@ToString
@NoArgsConstructor
@AllArgsConstructor
public class MemberVO {
    private String id;
    private String name;
    private int height;
    private int weight;
    private int age;
}
```

그림31-23 적용 어노테이션 요소 확인

실행 클래스에서 롬복 어노테이션으로 생성한 요소들을 사용해서 회원 정보를 출력하고 있습니다.

[직접 코딩해 보기] 실행 클래스

ch31/sec05/ex01/MemberTest.java

```
package sec05.ex01;

import sec05.ex01.MemberVO;

public class MemberTest {
  public static void main(String[] args) {
    MemberVO member1 = new MemberVO("0001","손흥민", 177,67, 29);
    String id = member1.getId();
    String name = member1.getName();
    System.out.println("아이디: " + id +", 이름: " + name);

    System.out.println(member1.toString());
    System.out.println(member1.hashCode());
  }
}
```

[실행결과]

```
아이디: 0001

MemberVO(id=0001, name=손흥민, height=177, weight=67, age=29)

925858445
```

8 재귀 메서드

자바에서 메서드를 사용하려면 다른 메서드에서 메서드명으로 호출해서 사용합니다. 그런데 메서드에서 자기 자신을 다시 호출해서 사용하는 경우가 있습니다. 이것을 **재귀 메서드(recursive method)**라고 합니다.

다음은 n!(n팩토리얼)을 재귀 메서드를 구현한 코드입니다. factorial(5) 를 호출하면 다시 factorioal() 메서드 내에서 factorial(4)를 호출하게 됩니다. Factorial(4)는 다시 factorial(3)을 호출하게 되어 결국 매개값이 1이 될 때까지 자신을 호출합니다.

```
factorial(5)=5*factorial(4)=5*4*factorial(3)=5*4*3*factorial(2)=5*4*3*2*factorial(1)
=5*4*3*2*1
```

```
long factorial(int n){
    long result =0;
    if (n == 1) {
        result = 1;
    } else {                         ┈┈┈ 매개값이 1이면 더 이상 자기 자신을 호출하지 않습니다.
        result = n * factorial(n-1);
    }
    return result ;                  ┈┈┈ 자기 자신을 호출하면서 매개값 4를 전달합니다.
}
```

다음은 재귀 메서드를 이용해서 팩토리얼 기능을 구현한 예제입니다. 재귀 메서드는 반복문이 무한 반복에 빠지기 쉬우므로 종료 조건을 명확히 해 주어야 합니다.

[직접 코딩해 보기] 팩토리얼 구하기

ch31/sec06/ex01/FactorialTest.java

```java
package sec06.ex01;

public class FactorialTest {
    public static void main(String[] args) {
        System.out.println(factorial(5));
        System.out.println(factorial(15));
```

```
      System.out.println(factorial(0));
      //System.out.println(factorial(-1)); _ _ _ _ _ _ _ _ _ _ _ _ 에러 메시지를 출력합니다.
   }

   private static long factorial(int n) {
      long result = 0;
      if (n < 0) {
         throw new IllegalArgumentException("음수는 허용하지 않습니다.");
      } else if (n == 0) {
         result = 1 ;
      } else if (n == 1) {                           매개값이 1이면 더 이상 자기 자신을
         result = 1;                                 호출하지 않습니다.
      } else {
         result =n * factorial(n - 1);
      }
      return result;
   }
}
```

[실행결과]

```
120

1307674368000

1
```

⑨ 자바 라이브러리 만들기

자바는 수많은 라이브러리를 제공합니다. 자바 프로그래머는 자신이 만든 자바 기능을 다른 사람들이 재사용할 수 있도록 쉽게 라이브러리를 만들 수 있습니다.

9.1 이클립스에서 자바 라이브러리 만들기

다음은 자바 클래스들을 jar 파일로 된 라이브러리를 만드는 과정입니다.

jar(java archive) 파일은 라이브러리로 제공하는 클래스와 인터페이스들을 압축한 파일입니다.

1_ 이클립스에서 my_db_lib이라는 이름으로 새로운 자바 프로젝트를 생성합니다.

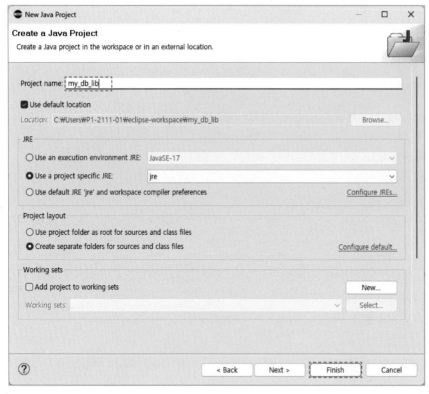

그림31-24 자바 프로젝트 명명

2_ 프로젝트의 src 아래에 mysql과 oracle 패키지를 각각 생성 후, 각각의 데이터베이스로 연결하는 클래스들을 작성합니다.

```
∨ 🗁 my_db_lib
  > 🛢 JRE System Library [jre]
  ∨ 🗁 src
    ∨ ⊞ mysql
      > 🗋 MySqlDriver.java
    ∨ ⊞ oracle
      > 🗋 OracleDriver.java
```

그림31-25 데이터베이스 연결 클래스 작성

[직접 코딩해 보기] MySQL로 연결하는 클래스

my_db_lib/mysql/MySqlDriver.java

```java
package mysql;
public class MySqlDriver {
  public void connect() {
    System.out.println("mysql 드라이버로 연결합니다.");
```

```
    }
  }
```

[직접 코딩해 보기] oracle로 연결하는 클래스

my_db_lib/oracle/OracleDriver.java

```java
package oracle;

public class OracleDriver {
  public void connect() {
    System.out.println("오라클 드라이버로 연결합니다.");
  }
}
```

---

3 _ 프로젝트명 위에 마우스 위치하고 **우클릭 > [New] > [Folder]**를 선택 후, 생성 위치를 'my_db_lib' 프로젝트로 지정하여 폴더 이름을 "ext"로 적어 새 폴더를 생성합니다.

그림31-26 프로젝트 하위 폴더 생성

4 _ 프로젝트에 새로운 폴더가 생성됨을 확인합니다.

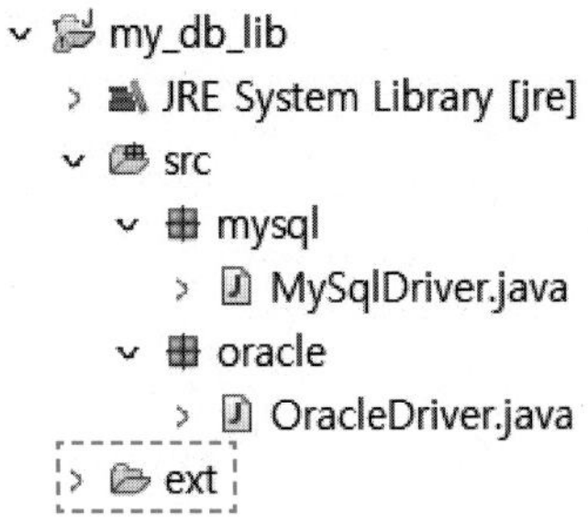

- ✓ 🗁 my_db_lib
  - › 🛋 JRE System Library [jre]
  - ✓ 📁 src
    - ✓ ⊞ mysql
      - › 📄 MySqlDriver.java
    - ✓ ⊞ oracle
      - › 📄 OracleDriver.java
  - ┊ › 🗁 ext ┊

그림31-27 폴더 생성 확인

5 _ 프로젝트명 위 마우스 위치 후 **우클릭 -> [Export]**를 선택합니다.

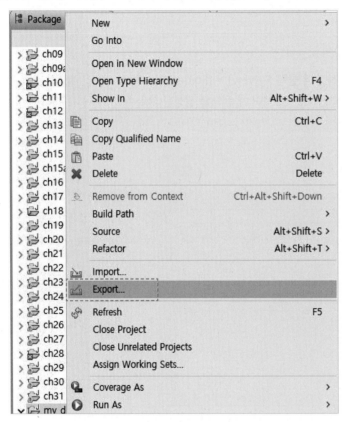

그림31-28 우클릭 -> [Export] 선택

6 _ [java] 항목을 확장하고 [JAR file]을 선택 후, [Next]를 클릭합니다.

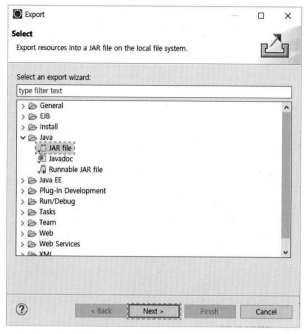

그림31-29 JAR 파일 생성

7 _ my_db_lib 프로젝트를 선택한 후, 라이브러리에 포함할 항목으로 src만 체크하고 나서 browse를 클릭합니다.

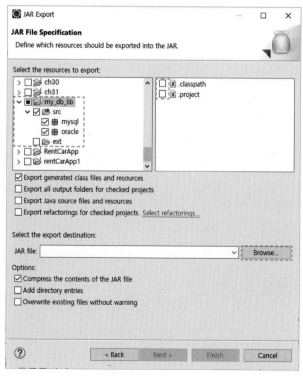

그림31-30 파일 생성 위치 확인

8 _ jar 파일 생성 위치를 my_db_lib 프로젝트의 ext 폴더로 지정한 후, 생성할 파일명을 "**my_db_lib**"로 입력하고 [**저장**]을 클릭합니다.

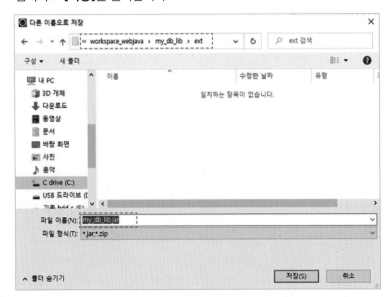

그림31-31 파일 생성 위치를 탐색기로 확인

9 _ jar 파일명과 생성 위치를 확인 후, [**finish**]를 클릭합니다.

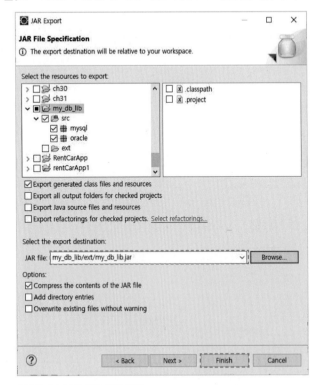

그림31-32 파일 생성 절차 종료

10 _ 프로젝트의 ext 폴더에 **my_db_lib.jar**가 생성되었음을 확인합니다.

그림31-33 my_db_lib.jar 생성 확인

11 _ 탐색기로 workspace의 해당 프로젝트의 ext 폴더의 jar 파일을 열어보면 각각의 패키지에 클래스가 존재합니다.

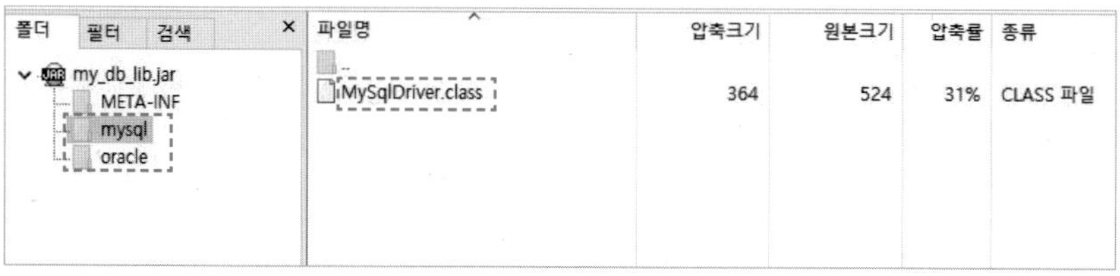

폴더	필터	검색	×	파일명	압축크기	원본크기	압축률	종류
my_db_lib.jar								
META-INF				MySqlDriver.class	364	524	31%	CLASS 파일
mysql								
oracle								

그림31-34 클래스 파일 확인

9.2 jar 라이브러리 사용하기

이제 jar 파일로 만들어진 라이브러리를 다른 프로젝트에서 사용해 보겠습니다.

1 _ myApp1이라는 이름으로 새로운 자바 프로젝트를 생성합니다.

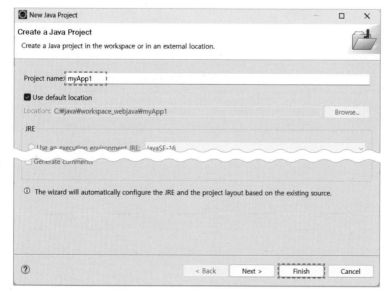

그림31-35 클래스 이름 설정

2 _ 프로젝트명 위에 마우스 위치 후, **우클릭** > [Build Path] > [Configure Build Path..]를 클릭합니다.

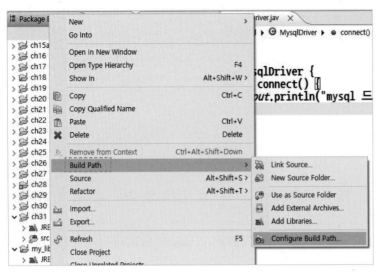

그림31-36 [Configure Build Path..] 클릭

3 _ Libraries 탭을 클릭 후, ClassPath를 선택해서, **[Add External JARs]** 버튼을 클릭합니다.

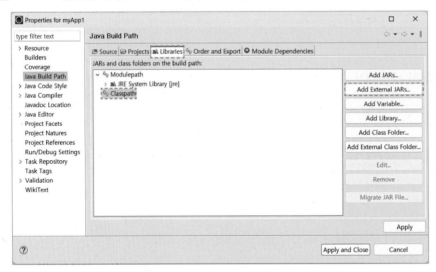

그림31-37 [Add External JARs] 클릭

4 _ 라이브러리가 생성된 my_db_lib 프로젝트의 ext 폴더로 이동해서 my_db_lib.jar를 선택 후, [열기]를 클릭합니다.

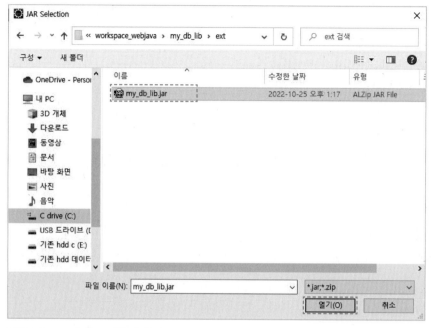

그림31-38 my_db_lib.jar 선택 후 열기

5 _ ClassPath에 라이브러리가 선택되었음을 확인 후, [Apply and Finish]를 클릭합니다.

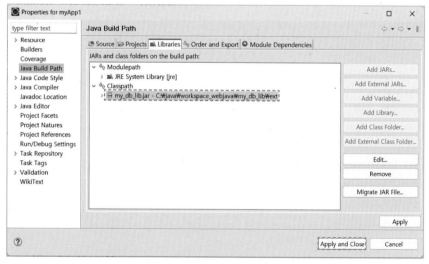

그림31-39 라이브러리 선택 확인

6 _ myApp1 프로젝트의 **Referenced Libraries**에 지정한 라이브러리가 표시됩니다.

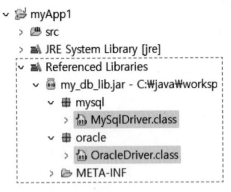

그림31-40 표시된 라이브러리

7 _ myApp1 프로젝트의 src에 main 패키지 생성 후, **AppMain.java**를 작성합니다.

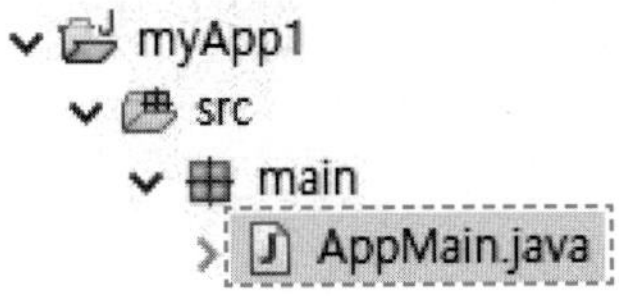

- ∨ 🗁 myApp1
  - ∨ 🗁 src
    - ∨ ⊞ main
      - › 🗐 AppMain.java

그림31-41 java 파일 작성

[직접 코딩해 보기] 라이브러리의 클래스 사용하기

myApp1/main/AppMain.java

```java
package main;

import mysql.MySqlDriver;
import oracle.OracleDriver;          ── CassPath에 설정한 다른 라이브러리에서 import합니다.

public class AppMain {
  public static void main(String[] args) {
    OracleDriver driver1 = new OracleDriver();
    driver1.connect();

    MySqlDriver driver2 = new MySqlDriver();
    driver2.connect();
  }
}
```

오라클 드라이버로 연결합니다.

mysql 드라이버로 연결합니다.

10 모듈 만들기

JDK9부터 기존의 라이브러리의 단점을 해결하고, 대규모 기능 구현을 쉽게 할 수 있도록 모듈 기능을 제공합니다. 기존의 라이브러리는 외부에서 모든 패키지의 클래스에 접근할 수 있었습니다. 그러나 어떤 경우에는 보안 등의 이유로 패키지에 접근을 제한해야 할 경우가 발생하는데 기존의 라이브러리는 그런 기능을 제공하지 않았습니다. 그러나 모듈은 패키지에 접근을 제한하는 기능을 제공합니다.

다음은 쇼핑몰 구현 시 오라클에 있는 주문, 회원, 공통 기능을 제공하는 라이브러리의 구성입니다.

oracle 연동 라이브러리

주문 패키지	회원 패키지	공통 패키지

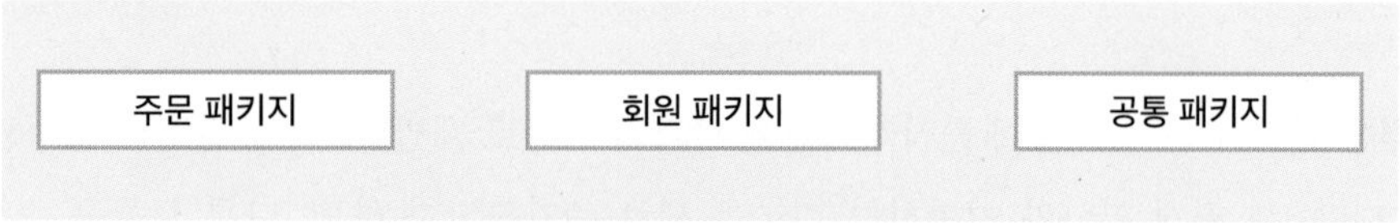

그림31-42 oracle 연동 라이브러리에 포함된 기능

그런데 갑자기 다른 쇼핑몰과 통합되어서 기존 쇼핑몰에 추가해서 다른 쇼핑몰의 상품 정보도 제공해야 할 수 있습니다. 이 경우 다음과 같이 MySQL과 연동하는 라이브러리를 이용해서 기능을 구현할 수 있습니다.

MySQL 연동 라이브러리

상품 패키지	주문 패키지	공통 패키지

그림31-43 MySQL 연동 라이브러리에 포함된 기능

각각의 라이브러리의 **[공통 패키지]**는 각각의 라이브러리 내에서만 사용되지 외부에 공개하지 않아도 됩니다. 그런데 기존의 자바 라이브러리는 모든 패키지에 접근을 허용했습니다.

다음 그림은 모듈을 이용해서 각각의 라이브러리의 공통 패키지는 해당 모듈 내에서만 접근하도록 하는 모습을 나타냅니다.

그림31-44 모듈의 공통 패키지에 접근 금지 기능

그리고 애플리케이션의 규모가 커지면 각각의 기능을 모듈로 분리해서 개발한 후, 다시 각각의 모듈을 조립해서 새로운 애플리케이션을 만들 수 있습니다. 따라서 각각의 모듈은 또 다른 애플리케이션 개발 시 재사용할 수 있고, 유지보수 면에서도 유리합니다.

다음 그림은 규모가 큰 쇼핑몰 애플리케이션을 각각의 모듈로 개발한 후, 조립해서 완성한 상태를 나타냈습니다. 새 결제 회사와 연동하는 기능을 새로 추가하고자 하면, 다른 모듈은 정상적으로 사용하면서 결제 모듈만 따로 개발하여 서비스하면 됩니다.

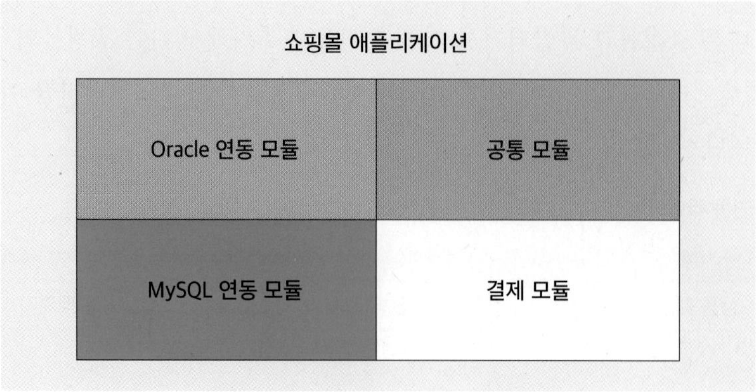

쇼핑몰 애플리케이션

Oracle 연동 모듈	공통 모듈
MySQL 연동 모듈	결제 모듈

그림31-45 모듈을 조립해서 만든 쇼핑몰

다음은 실습으로 구현할 애플리케이션의 구조입니다. 두 개의 모듈에서 각각의 데이터베이스에 저장된 상품 정보를 가지고 와서 쇼핑몰에 표시하는 기능입니다.

그림31-46 두 개의 모듈로 구현하는 쇼핑몰

10.1 oracle 연동 모듈 생성하기

먼저 oracle 연동 모듈을 만들어 보겠습니다.

1 _ 이클립스에서 "oracle_module" 프로젝트명으로 새로운 자바 프로젝트를 생성한 후, 이번에는 하단의 [Create module-info.java file] 항목을 체크한 후, [Finish]를 클릭합니다.

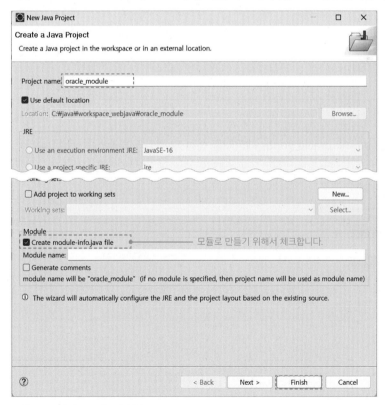

그림31-47 자바 프로젝트명 설정

2 _ 모듈 이름은 프로젝트명과 동일하게 입력한 후, [Create]를 클릭합니다.

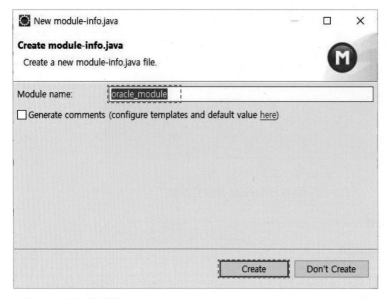

그림31-48 모듈 이름 설정

3 _ 프로젝트가 생성되면서 src 패키지에 **module-info.java**가 생성됩니다.

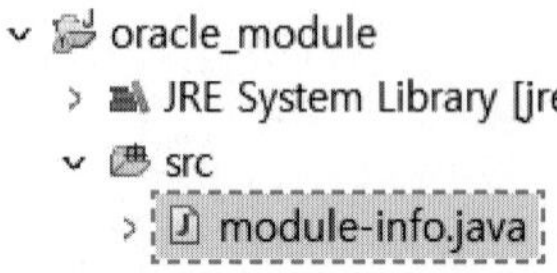

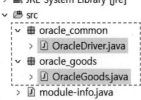

그림31-49 생성된 module-info.java

4 _ src 하위에 **oracle_common**과 **oracle_goods** 패키지를 생성 후 각각의 클래스를 생성합니다.

> oracle_module
>> JRE System Library [jre]
>> src
>>> oracle_common
>>>> OracleDriver.java
>>> oracle_goods
>>>> OracleGoods.java
>>> module-info.java

그림31-50 패키지와 클래스 생성

5 _ module-info.java를 열어서 외부에서 oracle_goods 패키지에 접근할 수 있도록 "**exports oracle_goods**"를 적습니다(exports 키워드 다음에 패키지명을 지정하면 패키지를 외부에서 접근 가능하게 합니다. 패키지명을 지정하지 않으면 외부에서 접근할 수 없습니다).

그림31-51 패키지를 외부에서 접근 가능하도록 설정

10.2 mysql 연동 모듈 생성

1 _ "**mysql_module**" 프로젝트명으로 두 번째 자바 프로젝트를 생성합니다.

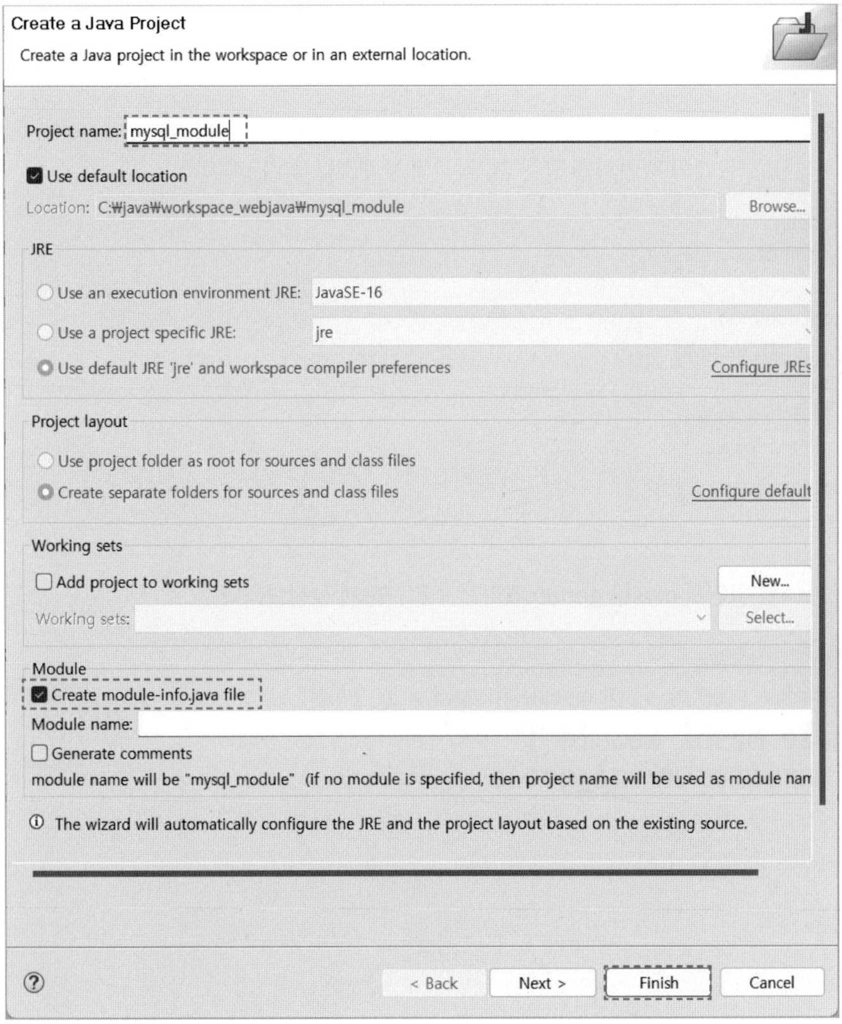

Create a Java Project
Create a Java project in the workspace or in an external location.

Project name: mysql_module

☑ Use default location

Location: C:\java\workspace_webjava\mysql_module   Browse...

JRE

○ Use an execution environment JRE: JavaSE-16

○ Use a project specific JRE: jre

◉ Use default JRE 'jre' and workspace compiler preferences   Configure JREs

Project layout

○ Use project folder as root for sources and class files

◉ Create separate folders for sources and class files   Configure default

Working sets

☐ Add project to working sets   New...

Working sets: Select...

Module

☑ Create module-info.java file

Module name:

☐ Generate comments

module name will be "mysql_module" (if no module is specified, then project name will be used as module nan

ⓘ The wizard will automatically configure the JRE and the project layout based on the existing source.

⑦   < Back   Next >   Finish   Cancel

그림31-52 두 번째 자바 프로젝트명 설정

2 _ 모듈 이름을 프로젝트명과 동일하게 입력 후, **[Create]**를 클릭합니다.

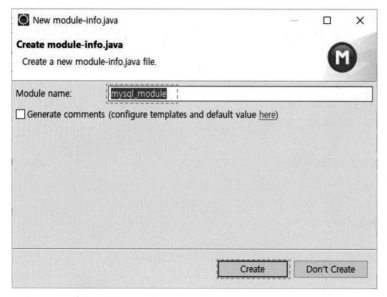

그림31-53 모듈 이름 설정

3 _ 프로젝트를 생성하고 두 개의 패키지를 만든 후, 각각의 클래스를 추가합니다.

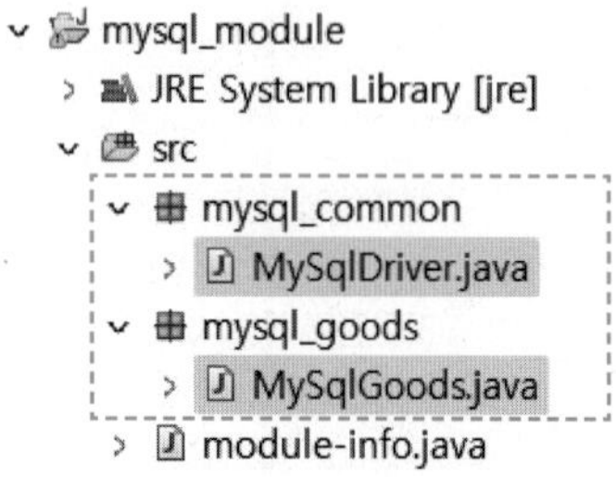

```
∨ 🗂 mysql_module
   > 🔖 JRE System Library [jre]
   ∨ 🗁 src
      ∨ ⊞ mysql_common
         > 🗋 MySqlDriver.java
      ∨ ⊞ mysql_goods
         > 🗋 MySqlGoods.java
      > 🗋 module-info.java
```

그림31-54 패키지 생성 후 클래스 추가

4 _ module-info.java를 열어서 **mysql_goods** 패키지만 접근하게 설정합니다.

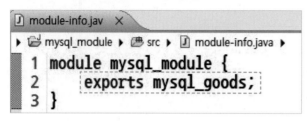

```
1  module mysql_module {
2      exports mysql_goods;
3  }
```

그림31-55 패키지 접근 권한 설정

10.3 생성된 모듈 사용하기

이제 다른 자바 애플리케이션에서 각각의 모듈의 기능을 추가해서 이용해 보겠습니다.

1 _ 모듈을 사용하는 애플리케이션도 모듈이므로 자바 프로젝트 생성 시 항상 "Create module-info.java file"을 체크한 후, [Finish]를 클릭합니다.

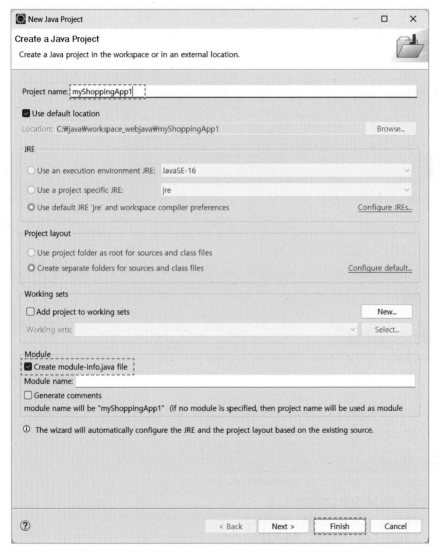

그림31-56 프로젝트 생성 시 모듈 생성 설정

2 _ 모듈 이름을 프로젝트 이름과 동일하게 입력 후, [Create]를 클릭합니다.

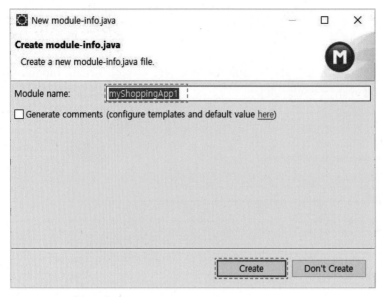

그림31-57 모듈 이름 설정 후 Create 클릭

3 _ 프로젝트가 생성되면, **module-info.java**를 엽니다.

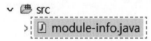

그림31-58 자바 파일 열기

4 _ module-info.java에 **requires** 키워드를 이용해서 의존하는 두 개의 모듈명을 지정합니다(requires 키워드는 지정한 모듈을 사용한다는 의미입니다).

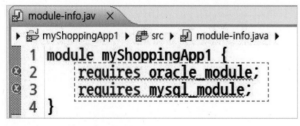

그림31-59 키워드로 모듈명 지정

5 _ 에러를 없애기 위해서 프로젝트명 위에 마우스를 이동시키고 **우클릭** > [Build Path] > [Configure Build Path..]를 클릭한 후, [Projects 탭] > [ModulePath] > [Add] 버튼을 클릭합니다.

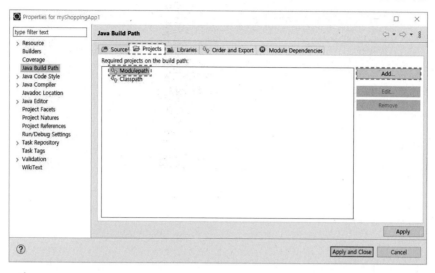

그림31-60 Add 버튼 클릭

6 _ 추가할 프로젝트를 체크한 후 [OK]를 클릭합니다.

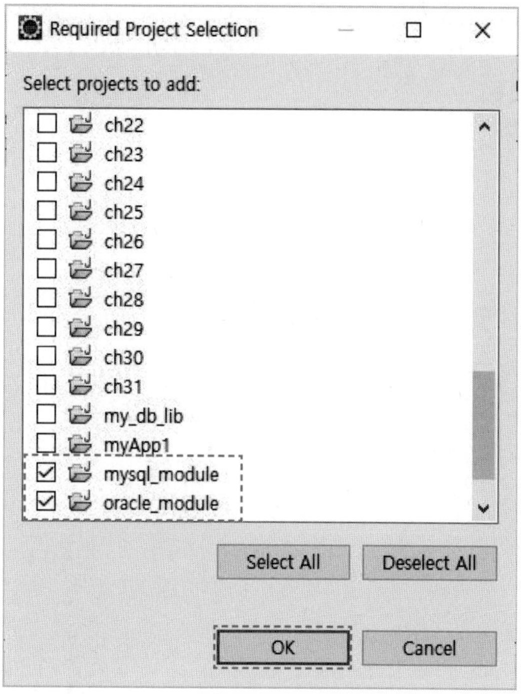

그림31-61 추가할 프로젝트 지정

7 _ 두 개의 모듈이 추가되었음을 확인 후, **[Apply and close]**를 클릭합니다.

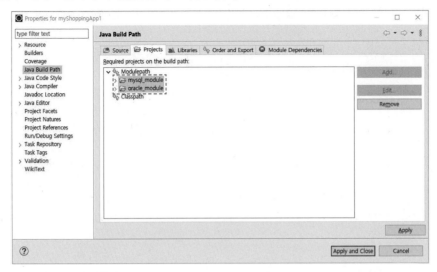

그림31-62 모듈 추가 확인

8 _ module-info.java 파일의 에러가 사라짐을 확인합니다.

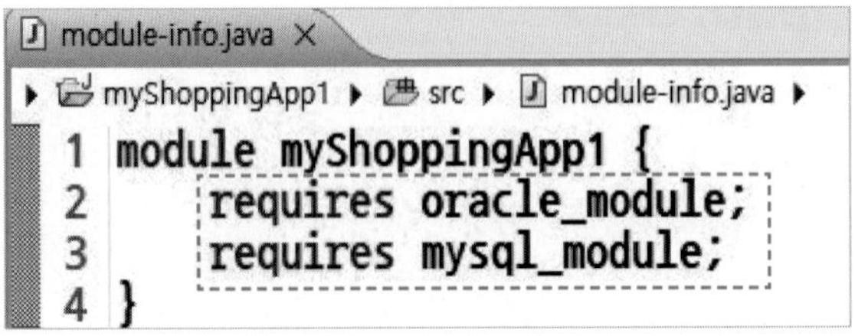

```
module-info.java ×
myShoppingApp1 ▸ src ▸ module-info.java ▸
1  module myShoppingApp1 {
2      requires oracle_module;
3      requires mysql_module;
4  }
```

그림31-63 에러 사라짐 확인

9 _ 프로젝트의 src 아래 main 패키지를 생성 후, AppMain 클래스를 작성합니다.

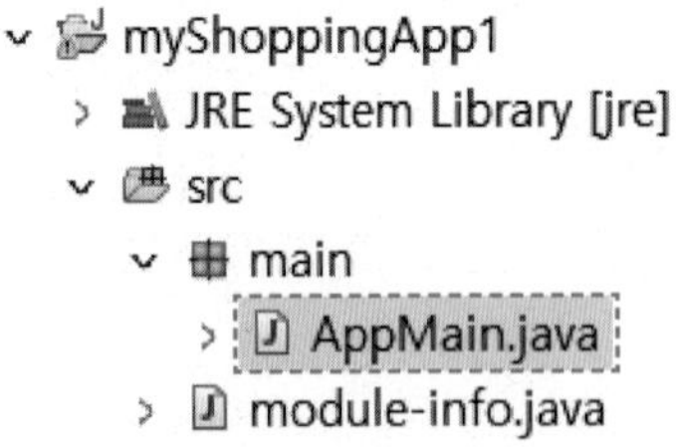

```
myShoppingApp1
  > JRE System Library [jre]
  v src
    v main
      > AppMain.java
  > module-info.java
```

그림31-64 AppMain 클래스 작성

다음은 다른 모듈에 있는 클래스를 import해서 기능을 구현하는 AppMain 클래스입니다.

[직접 코딩해 보기] 다른 모듈에서 클래스 import하기

myShoppingApp1/main/AppMain.java

```
package main;

import mysql_goods.MySqlGoods;        ┌---┐
import oracle_goods.OracleGoods; ----┘    └---- 다른 모듈의 클래스를 import합니다.

public class AppMain {
  public static void main(String[] args) {
    OracleGoods oracleGoods = new OracleGoods();
    oracleGoods.listGoods();

    MySqlGoods mySqlGoods = new MySqlGoods();
    mySqlGoods.listGoods();
  }
}
```

[실행결과]

```
Oracle 데이터베이스에 연결합니다.
Oracle 데이터베이스에서 상품 정보를 조회합니다.

mySql 데이터베이스에 연결합니다.
mySql 데이터베이스에서 상품 정보를 조회합니다.
```

10.4 배포용 jar 파일 만들기

모듈을 라이브러리처럼 기능만 다른 프로그래머가 사용하거나 배포할 땐 앞의 방법으로는 사용할 수 없습니다. 다음은 모듈을 배포용 jar 파일 형태로 만들어서 사용하는 과정입니다.

1 _ mysql_module과 oracle_module로 자바 프로젝트를 생성 후, 각각의 프로젝트에 **ext**로 폴더를 생성합니다.

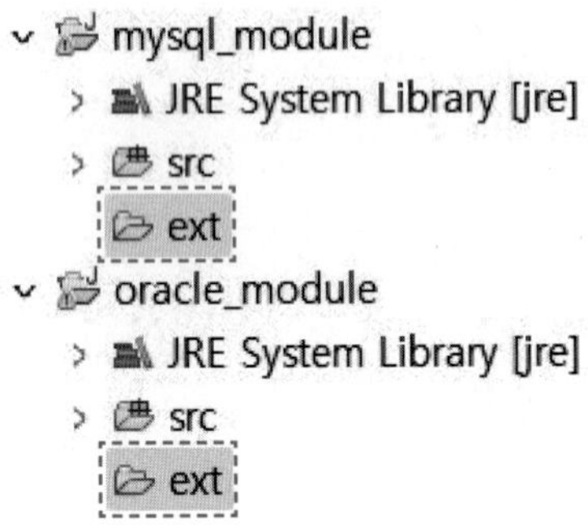

> ✓ 🗁 mysql_module
>   > ▥ JRE System Library [jre]
>   > 🗁 src
>   🗁 ext
> ✓ 🗁 oracle_module
>   > ▥ JRE System Library [jre]
>   > 🗁 src
>   🗁 ext

그림31-65 ext 폴더 생성

2 _ oracle_module 프로젝트명 위에 마우스 위치 후, **우클릭 > [Export]**를 선택한 뒤 [JAR 파일] 선택하고 [Next]를 클릭합니다.

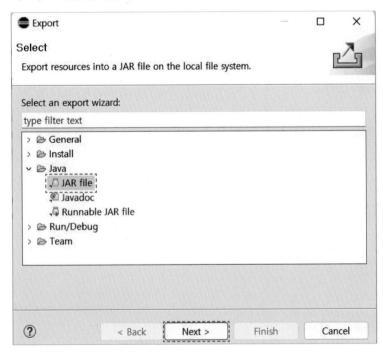

그림31-66 JAR 체크 후 Next 클릭

3 _ oracle_muodule을 선택 후, jar 파일로 만든 src만 체크하고 **[browse]**를 클릭해서 oracle_module 의 ext 폴더에 **oracle_module.jar**로 저장되게 지정합니다.

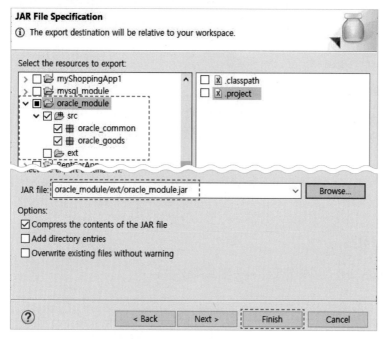

그림31-67 JAR 파일 저장 지정

4 _ 프로젝트 탐색기로 oracle_module.jar가 ext 폴더에 생성되었음을 확인합니다.

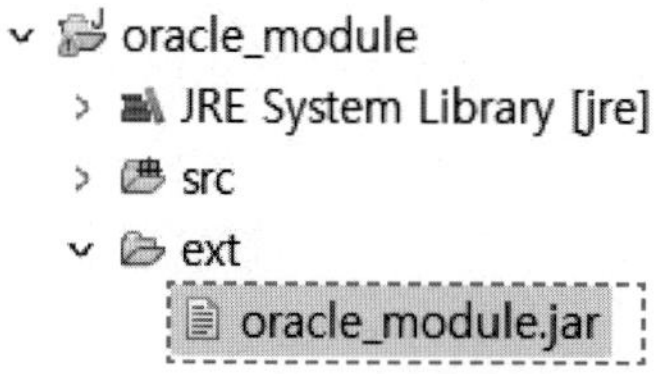

- ∨ 🗁 oracle_module
  - 〉 ➡️ JRE System Library [jre]
  - 〉 🗁 src
  - ∨ 🗁 ext
    - 📄 oracle_module.jar

그림31-68 oracle_module.jar 생성 확인

5 _ mysql_module 자바 프로젝트에 대해서도 동일한 과정으로 ext 폴더에 mysql_module.jar를 생성했음을 확인합니다.

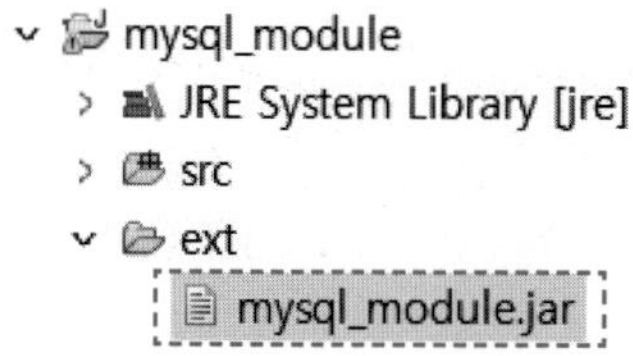

- ∨ 🗁 mysql_module
  - 〉 ➡️ JRE System Library [jre]
  - 〉 🗁 src
  - ∨ 🗁 ext
    - 📄 mysql_module.jar

그림31-69 mysql_module.jar 생성 확인

라이브러리용 jar 파일과 모듈 배포용 jar 파일 구별법

라이브러리용 jar파일과 모듈 배포용 jar 파일은 물리적으로 동일한 형태를 가집니다. 그러나 모듈
배포용 jar 파일을 열어보면 항상 module-info.class를 포함하고 있습니다.

그림31-70 모듈 배포용 jar 파일

10.5 모듈용 jar 파일 사용하기

이제 모듈 배포용 jar를 다른 애플리케이션에서 사용해 보겠습니다.

1 _ myShoppingApp2로 자바 프로젝트를 생성합니다. 반드시 **[Create module-info.java file]**을 체크
해 줍니다.

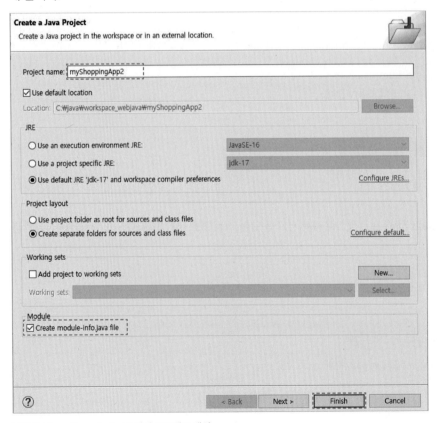

그림31-71 myShoppingApp2 자바 프로젝트 생성

2 _ module-info.java를 열어서 **requires** 키워드를 이용해서 애플리케이션에서 사용할 두 개의 모듈을 지정합니다.

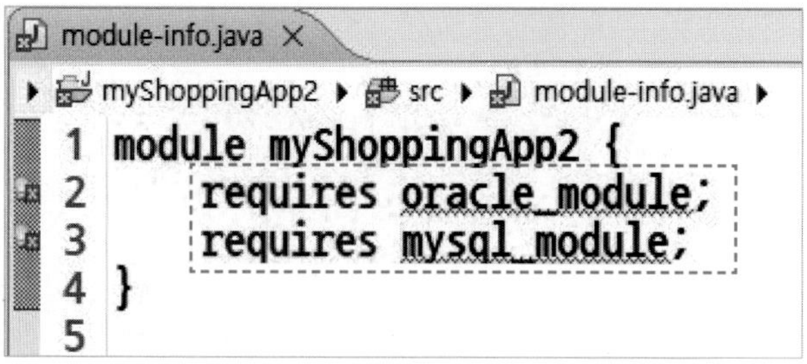

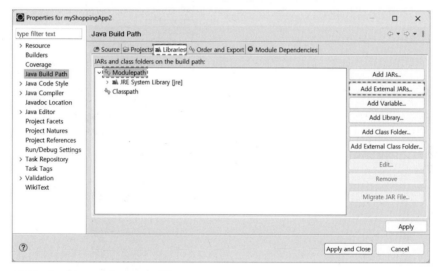

그림31-72 사용할 모듈 지정

3 _ 에러를 없애기 위해서 프로젝트명 위에 마우스를 위치하고 **우클릭** > [Build] > [Configure Build Path...] 를 선택한 후, [Libraries 탭] > [ModulePath] > [Add External JARSs...]를 선택합니다.

그림31-73 Add External JARSs… 선택

4 _ 각각의 ext 폴더의 jar 파일을 찾아서 선택 후, **[열기]**를 클릭해서 두 개의 jar 파일을 선택합니다.

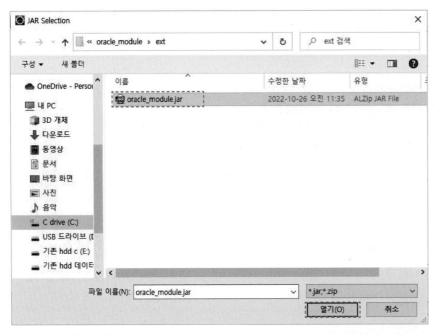

그림31-74 jar 파일 선택 1

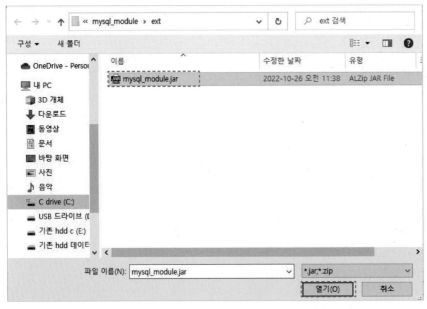

그림31-75 jar 파일 선택 2

5 _ 두 개의 jar를 파일을 지정한 후, **[Apply and Close]**를 클릭합니다.

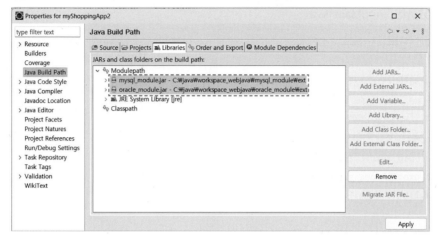

그림31-76 Apply and Close 클릭

6 _ 에러가 사라졌음을 확인합니다.

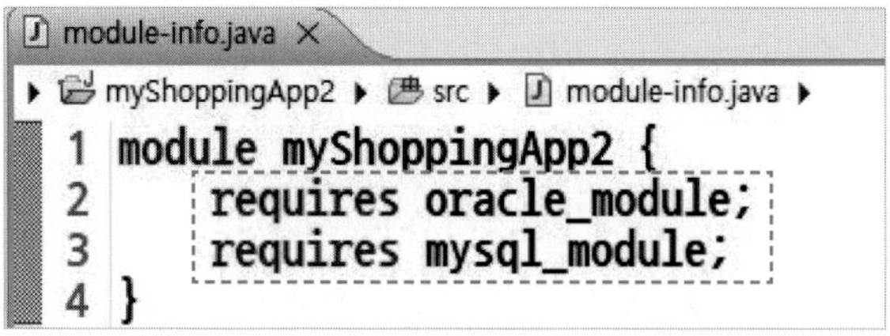

```
module-info.java ×
▶ 🗁 myShoppingApp2 ▶ 🏗 src ▶ 🗋 module-info.java ▶
1  module myShoppingApp2 {
2      requires oracle_module;
3      requires mysql_module;
4  }
```

그림31-77 에러가 사라졌음을 확인

7 _ 프로젝트에 main 패키지를 생성 후, AppMain 클래스를 작성해서 실행하면 동일한 결과가 출력됩니다.

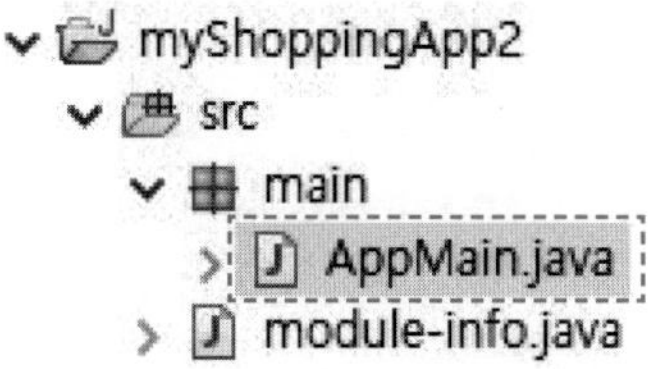

```
∨ 🗁 myShoppingApp2
  ∨ 🏗 src
    ∨ ⊞ main
      〉 🗋 AppMain.java
  〉 🗋 module-info.java
```

그림31-78 결과 확인

[직접 코딩해 보기] 다른 모듈 배포용 jar 파일 사용하기

myShoppingApp2/main/AppMain.java

```java
package main;

import mysql_goods.MySqlGoods;      ┄┄┄┐
                                     ├┄┄┄ 다른 모듈의 클래스를 import합니다.
import oracle_goods.OracleGoods;  ┄┄┄┘

public class AppMain {
  public static void main(String[] args) {
    OracleGoods oracleGoods = new OracleGoods();
    oracleGoods.listGoods();

    MySqlGoods mySqlGoods = new MySqlGoods();
    mySqlGoods.listGoods();
  }
}
```

[실행결과]

```
Oracle 데이터베이스에 연결합니다.
Oracle 데이터베이스에서 상품 정보를 조회합니다.

mySql 데이터베이스에 연결합니다.
mySql 데이터베이스에서 상품 정보를 조회합니다.
```

프로젝트 형태로 모듈을 참고할 경우 모듈이 수정되면 바로 프로젝트에서 적용할 수 있습니다. 반면에 다른 외부에 오픈 소스로 공개할 경우는 jar 파일로 모듈을 사용하는 방법이 더 좋습니다. 따라서 각각의 방법이 장단점을 가지고 있다고 할 수 있겠습니다.

11 자바 표준 모듈

JDK9부터는 자바의 라이브러리는 모듈로 구성해서 제공하고 있습니다. 이 책에서 배운 기능들은 java.base 모듈에 포함되어 있습니다.

All Modules	Java SE	JDK	Other Modules
Module	Description
java.base	Defines the foundational APIs of the Java SE Platform.
java.compiler	Defines the Language Model, Annotation Processing, and Java Compiler APIs.
java.datatransfer	Defines the API for transferring data between and within applications.
java.desktop	Defines the AWT and Swing user interface toolkits, plus APIs for accessibility, audio, imaging, printing, and JavaBeans.
java.instrument	Defines services that allow agents to instrument programs running on the JVM.
java.logging	Defines the Java Logging API.
java.management	Defines the Java Management Extensions (JMX) API.
java.management.rmi	Defines the RMI connector for the Java Management Extensions (JMX) Remote API.
java.naming	Defines the Java Naming and Directory Interface (JNDI) API.
java.net.http	Defines the HTTP Client and WebSocket APIs.
java.prefs	Defines the Preferences API.
java.rmi	Defines the Remote Method Invocation (RMI) API.
java.scripting	Defines the Scripting API.
java.se	Defines the API of the Java SE Platform.

그림31-79 Java SE의 여러 가지 모듈

다음은 JDK17에서 제공하는 Java SE에 포함된 모듈들의 의존 관계를 나타내는 그림입니다. Java.base은 모든 모듈들이 의존하는 기본 모듈입니다.

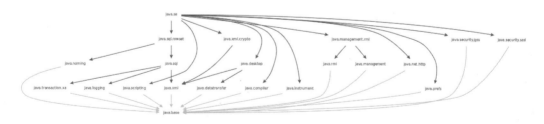

그림31-80 JDK20의 모듈 관계도
출처:https://docs.oracle.com/en/java/javase/20/docs/api/java.se/module-summary.html

그럼 애플리케이션에선 다른 모듈들이 필요할 때 어떻게 하면 될까요? 모듈 의존 관계에서 java.se가 가장 상위 모듈이므로 java.se만 requires로 설정하면 다른 모든 모듈들을 사용할 수 있습니다.

```
module myShoppingApp {
  requires java.se;
}
```

그럼 JDK의 기능을 모듈별로 제공해서 좋은 점이 뭘까요? 이유는 자바 프로그램 실행 시 사용하지 않는 기능도 API로 추가되어서 JRE에 의해서 메모리에 로드되는 점이 있습니다.

1.4절에서 설명했듯 Java ME는 모바일의 자바 프로그램 개발 시 사용됩니다. 그런데 모바일이나 임베디드에서 사용하는 이용해서 개발한 자바 프로그램을 Java ME 기술로 개발 후 실행하려면 사용하지 않는 Java SE의 모든 API를 같이 추가해서 실행해야 합니다. 이런 방식은 실행 환경이 좋지 않은 사물인터넷(IOT)이나 임베디드 기기에서는 비효율적입니다. 따라서 JDK9부터는 모듈별로 나누어서 기능을 구현할 수 있으므로 프로그래머가 자신이 사용하는 기능만 선택해서 JRE의 API에 추가하면 어떤 환경에서도 빠르게 실행할 수 있게 되었습니다.

12 JDK 구성 요소들

	Java Language					
Java Language	Java Language					
	java	javac	javadoc	jar	javap	JPDA
Tools & Tool APIs	JConsole	Java VisualVM	Java DB	Security	Int'l	RMI
	IDL	Deploy	Monitoring	Troubleshoot	Scripting	JVM TI	Web Services
Deployment	Java Web Start		Applet / Java Plug-in			
	JavaFX					
User Interface Toolkits	Swing	Java 2D	AWT	Accessibility		
	Drag and Drop	Input Methods	Image I/O	Print Service	Sound	
Integration Libraries	IDL	JDBC	JNDI	RMI	RMI-IIOP	Scripting
	Beans	Int'l Support	Input/Output	JMX		
Other Base Libraries	JNI	Math	Networking	Override Mechanism		
	Security	Serialization	Extension Mechanism	XML JAXP		
	lang and util	Collections	Concurrency Utilities	JAR		
lang and util Base Libraries	Logging	Management	Preferences API	Ref Objects		
	Reflection	Regular Expressions	Versioning	Zip	Instrumentation	
Java Virtual Machine	Java HotSpot Client and Server VM					

그림31-81 JDK의 구성 요소들

상상력은 지식보다 더 중요하다. 지식은 한계가 있지만
상상력은 세상의 모든 것을 끌어안을 수 있다.
나는 그 상상력을 자유롭게 이용한 예술가이다.

알버트 아인슈타인

초보 개발자를 위한 자바

1판 1쇄 발행 2023년 12월 15일

저　　자 | 이병승
발 행 인 | 김길수
발 행 처 | ㈜영진닷컴
주　　소 | (우)08507 서울 금천구 가산디지털1로 128
　　　　　STX–V타워 4층 401호
등　　록 | 2007. 4. 27. 제16-4189호

©2023. ㈜영진닷컴

ISBN | 978-89-314-6988-2

이 책에 실린 내용의 무단 전재 및 무단 복제를 금합니다.
파본이나 잘못된 도서는 구입하신 곳에서 교환해 드립니다.

영진닷컴
프로그래밍 도서

영진닷컴에서 출간된 프로그래밍 분야의 다양한 도서들을 소개합니다.
파이썬, 인공지능, 알고리즘, 안드로이드 앱 제작, 개발 관련 도서 등 초보자를 위한 입문서부터
활용도 높은 고급서까지 독자 여러분께 도움이 될만한 다양한 분야, 난이도의 도서들이 있습니다.

**하루 만에 배우는
안드로이드 앱 with 코틀린**

서창준 저
384쪽 | 25,000원

**풀스택 개발이 쉬워지는
다트&플러터**

이성원 저
720쪽 | 40,000원

실용 SQL

앤서니 드바로스 저
460쪽 | 30,000원

클린 코드의 기술

Christian Mayer 저
192쪽 | 20,000원

**JAVA 언어로 배우는
디자인 패턴 입문**

유키 히로시 저
560쪽 | 32,000원

**파이썬 코드로 배우는
Git&Github**

유광명 저
384쪽 | 20,000원

**KODE VICIOUS
개발 지옥**

조지 V. 네빌-닐 저
400쪽 | 28,000원

**백엔드를 위한
Go 프로그래밍**

탠메이 박시, 바히어 카말 저
192쪽 | 22,000원

**백엔드를 위한
Django REST
Framework with 파이썬**

권태형 저 | 248쪽 | 18,000원

**코딩 테스트로 시작하는
파이썬 프로그래밍**

다니엘 진가로 저
380쪽 | 24,000원

**김변수와 시작하는
코딩생활 with 파이썬**

코뮤니티 운영진(휴몬랩) 저
376쪽 | 18,000원

**딥러닝을 위한
파이토치 입문**

딥러닝호형 저
320쪽 | 25,000원